Propyläen
Geschichte Deutschlands

Zweiter Band

Propyläen Geschichte Deutschlands

Herausgegeben von Dieter Groh

unter Mitwirkung von
Hagen Keller
Heinrich Lutz †
Hans Mommsen
Wolfgang J. Mommsen
Peter Moraw
Rudolf Vierhaus
Karl Ferdinand Werner

Zweiter Band

PROPYLÄEN VERLAG
BERLIN

Hagen Keller

Zwischen regionaler Begrenzung und universalem Horizont

Deutschland im Imperium der Salier und Staufer 1024 bis 1250

PROPYLÄEN VERLAG
BERLIN

Text- und Bildredaktion: Wolfram Mitte
Betreuung der Tabellen und Karten: Anneliese Möller
Landkarten und Graphiken: Jean Claude Lézin
Register: Josef Schulte

Gesamtgestaltung: Andreas Brylka
Herstellung: Karin Greinert

Satz: Fotosatz Otto Gutfreund, Darmstadt
Offsetreproduktionen: Gries GmbH, Ahrensburg
Druck: Johs. Weisbecker, Frankfurt am Main
Buchbinderische Verarbeitung: May & Co, Darmstadt

Printed in Germany 1986
ISBN 3 549 05812 8

Inhalt

Meiner Frau

Meinen Eltern

Vorwort

Dieser Band ist für Leser geschrieben, die mehr von ihrer eigenen Geschichte wissen und sie besser verstehen möchten. Dabei soll nicht alles, was sich in einem geographisch fest umrissenen Raum zwischen 1024 und 1250 abgespielt hat, hier als Geschichte Deutschlands zusammengefaßt werden. Von einem »deutschen Königreich« und von »deutschen Landen« wird in der Salierzeit schon gesprochen, aber mit dem heutigen Deutschland decken beide sich nur zum Teil. Die Darstellung nimmt eher die namengebende historische Einheit als Bezugspunkt, die unter Verlagerung ihrer Schwerpunkte und Grenzen eine bis heute reichende Tradition begründet hat. Doch nichts von dem, was die hochmittelalterliche Entwicklung bestimmte, läßt sich im engeren Sinne als »deutsche« Geschichte verstehen. Nationale Identitäten gab es nicht; auch politisch war das deutsche Königreich Teil eines umfassenderen Gebildes. Von der Epoche der Salier und Staufer kann dieses Werk dem Leser nur dann ein angemessenes Bild vermitteln, wenn in der Geschichte Deutschlands die Entwicklung eingefangen wird, die sich von der Jahrtausendwende bis zur Mitte des 13. Jahrhunderts im Abendland vollzog.

Die gestellte Aufgabe verlangte eine Auswahl, die gewichtet und wertet. Nach der inhaltlichen Seite wurden Abgrenzungen durch die Tatsache erleichtert, daß der Propyläen Verlag eine Kunstgeschichte und eine Geschichte der Literatur herausgebracht hat, in welchen die hier behandelte Epoche ebenfalls dargestellt ist. Insofern konnte sich der Verfasser auf den Bereich seiner unmittelbaren Fachkompetenz beschränken. Vom Bauen etwa ist durchaus die Rede, doch Bautätigkeit erscheint unter dem Aspekt menschlichen Handelns, das von wirtschaftlichen und gesellschaftlichen Voraussetzungen abhängig und von zeitbedingten Motiven geleitet ist, weniger unter dem der ästhetischen Gestaltung.

Die Darstellung will nicht alles ansprechen, was es im Hochmittelalter, insbesondere in Deutschland, an Faszinierendem und Wissenswertem gegeben hat. Sie versucht vielmehr, entscheidende Wandlungen und Entwicklungen in ihren Zusammenhängen und ihrer Widersprüchlichkeit zu verdeutlichen und dadurch dem Leser die Epoche in ihrem Gesamtcharakter vor Augen zu führen. Deshalb wurde weder die chronologische Abfolge als durchgängiges Darstellungsprinzip gewählt, dem sich Entwicklungsstränge entzogen hätten, noch eine Aufgliederung in größere Längsschnitte, bei der die Verflechtung mit den Wandlungen in anderen Lebensbereichen nicht sichtbar geworden wäre. Stufe für Stufe sollen bald Quer-, bald Längsverbindungen betont werden, damit horizontale und vertikale Bezüge wie in einem Koordinatennetz ablesbar bleiben. Vielleicht ist es so gelungen, nicht nur einem den Problemen ferner stehenden Leser die Vorgänge verständlich zu machen, sondern auch denjenigen

Anregung zu geben, die mit der Epoche bereits vertraut oder sogar als Forscher mit ihr befaßt sind.

Den Dank, den ich vielen Menschen schulde, empfinde ich um so tiefer, als der Band unter starker anderweitiger Beanspruchung geschrieben wurde. Jede Hilfe bedeutete hier Entlastung und Ermunterung zugleich. Die Kollegen Dieter Groh und Peter Moraw haben das ganze Manuskript, die Kollegen Karl Ferdinand Werner und Gerd Althoff sowie mein Vater Rudolf Keller große Teile davon gelesen und durch Hinweise und Kritik zu seiner Verbesserung beigetragen. Dem Briefwechsel und Gespräch mit meinem Lehrer Gerd Tellenbach verdanke ich wertvolle Anregungen, vielen Kollegen in Münster kompetenten Rat in Einzelfragen. Die Betreuung des Werkes im Propyläen Verlag war in jeder Hinsicht vorbildlich; so, wie der Band vorliegt, wäre er ohne den Einsatz von Wolfram Mitte, der das Manuskript intensiv mit durchgearbeitet und den Tafelteil im wesentlichen gestaltet hat, nicht realisiert worden. Einige Graphiken gehen auf Ausarbeitungen von Studenten der Universität Münster zurück, die meisten wurden von Mitarbeitern vorbereitet; diese haben in allen Stadien der Herstellung auch die Korrekturen mitgelesen. Das Register wurde von meinem früheren Mitarbeiter Josef Schulte erstellt. Frau Maria Böckmann hat das Manuskript mit größter Sorgfalt in eine Druckvorlage umgesetzt und mir durch den unermüdlichen und selbständigen Einsatz bei der Erledigung aller dienstlichen Aufgaben die Konzentration auf diese Darstellung erleichtert. Allen Helfern gilt herzlicher Dank.

Im Feld anderer Verpflichtungen hat die Niederschrift des Werkes volle zwei Jahre gedauert. Auf einem Porträt des Autors wäre die rotgestromte Katze, der die ruhige Gegenwart des Schreibenden behagt, die einzige Idylle. Verwandte und Freunde, Kollegen und Studenten sahen den Verfasser, wenn überhaupt, dann in Eile, bedrängt von Terminen und Fragen, die ihn verfolgten. Arbeitspausen gab es während dieser Zeit kaum. Meine Frau hat dies alles mit mir geteilt und mir viele Aufgaben abgenommen. Ihr Anteil am Gelingen des Bandes ist größer, als die Widmung es ausdrücken kann. Meine Eltern schließe ich in die Widmung mit dem Wunsch ein, daß es auch meiner Mutter vergönnt sein möge, das fertige Werk in die Hand zu nehmen.

Münster, im Juli 1986 Hagen Keller

Die Deutschen und ihr Reich

Hochmittelalterliche Prägungen und Fixierungen der deutschen Geschichte

Wer sich mit dem hochmittelalterlichen Deutschland befassen will, nähert sich einer in vieler Hinsicht fremdartigen Welt. Auch wer als Deutscher dabei in die eigene Geschichte zurückblickt, wird bald gewahr, daß man die »altdeutsche Kaiserzeit« in gewohnten Kategorien nur schwer erfassen und beschreiben kann. Die Gefahr von Mißverständnissen und Fehldeutungen rührt aber nicht nur aus der Andersartigkeit jener Epoche her und aus der stets begrenzten Fähigkeit des späteren Betrachters, im Bemühen, eine ferne Vergangenheit wieder gegenwärtig zu machen, zugleich kritische Distanz zu den Sichtweisen und Gewohnheiten der eigenen Zeit zu gewinnen. Wo Menschen von damals in ihren überlieferten Aussagen einem unvoreingenommenen Zuhörer durchaus erläutern könnten, wie sie gelebt und ihre Welt, ihr Tun und ihr Schicksal gesehen haben, schieben sich zwischen ihre Angaben und das heutige Verständnis leicht auch Vorurteile und Klischees, in denen frühere Generationen die Geschichte Deutschlands gedeutet, gefeiert oder verurteilt haben. Das Bild von der Epoche, in der sich in Mitteleuropa lebende Menschen zuerst als Deutsche verstanden und Deutschland ihren Namen gegeben haben, ist durch ererbte Beurteilungskriterien in besonderem Maße vorgeformt. Denn nachdem das Heilige Römische Reich, das die Kaiser des Mittelalters regiert hatten, 1806 endgültig untergegangen war, wurde die Vergangenheit der Deutschen nicht zum Gegenstand einer politisch neutralen Geschichtswissenschaft. Die »Gesellschaft für ältere deutsche Geschichtskunde«, die der Freiherr vom Stein 1819 ins Leben rief und die seit 1826 in den »Monumenta Germaniae Historica« die Quellen zur deutschen Geschichte des Mittelalters herauszugeben begann, verstand ihre Arbeit als Dienst an der Nation, der 1815 die staatliche Zusammenfassung vorenthalten worden war. Gab doch die mittelalterliche Kaiserzeit dem Nationalbewußtsein der Deutschen Rückhalt und Bestätigung: Sie war der historische Beweis dafür, daß die Sprach- und Kulturnation einst eine staatliche Existenz in politischer Größe besessen hatte, und legitimierte das Verlangen nach deren Erneuerung. Aus dem Ringen um den modernen Nationalstaat der Deutschen, aus der Frage nach dem Weshalb seines Fehlens und nach dem Wie einer möglichen Verwirklichung sind Bewertungen und Urteilskategorien hervorgegangen, die oft heute noch in eine falsche Richtung lenken, wenn man Zugang zur Geschichte Deutschlands in der Zeit der Salier und Staufer sucht.

Will man sich von solchen tradierten Vorurteilen befreien, ist ein Blick auf den Hintergrund ihrer Entstehung unentbehrlich. Das 19. Jahrhundert wurde zum

Zeitalter des Historismus nicht nur unter dem wissenschaftlichen und wissenschaftstheoretischen Aspekt, unter dem man es gewöhnlich so bezeichnet. Keine andere Epoche hat wohl in diesem Maße versucht, die eigene Gegenwart und insbesondere die eigenen Wünsche und Zielsetzungen aus der Geschichte zu legitimieren. Gerade für die Deutschen, die ihre politische Gegenwart nicht bejahten, rechtfertigte die Geschichte zunächst nicht das, was sie hatten; sie bestärkte sie vielmehr in dem, was sie herbeisehnten, herbeiführen wollten. Das Denken in historischen Ansprüchen, mit der Entwicklung des europäischen Nationalismus eng verknüpft, verlor sich in Deutschland nicht, als seit 1871 das neue Deutsche Reich eintrat in die historische Legitimation des deutschen Nationalstaates aus dem hochmittelalterlichen Kaiserreich, die im Zeitbewußtsein schon vorgeformt war. Doch erst einmal feierten die Deutschen den neuen preußischen Kaiser und das neue Reich, feierten die Hohenzollern sich selbst im Kostüm der alten Kaiserherrlichkeit. Der im Kyffhäuser schlafende Herrscher war erwacht und in Gestalt Wilhelms I. aus seinem Berg herausgetreten – nicht als Anwalt der Armen, der die Ordnung des Rechts wiederaufrichtete und dem Reich Frieden gab, als den man ihn seit dem späten 13. Jahrhundert erwartet hatte, sondern als Garant neuer Größe, der den Deutschen ihren angemessenen Platz unter den führenden Nationen sichern würde. Mehr als sechs Jahrhunderte schienen im Geschichtsbewußtsein der Deutschen, soweit es um ihre staatliche Existenz ging, zu verschwimmen als eine Zeit des Verfalls, in der ein noch immer nicht völlig überwundener Partikularismus Schritt für Schritt die Auflösung des alten, nun glücklich erneuerten »Deutschen Reiches« herbeigeführt hatte.

Gewiß ist das heutige Bild der Salier- und Stauferzeit nicht mehr durch die historische Kostümierung geprägt, die sich das zweite Kaiserreich zulegte, oder gar durch die verklärende Huldigung, in der schon vorher romantischer Geist die alten Kaiserbauten verschönert, ergänzt und vollendet hatte. Viele der architektonischen Denkmäler jener Berufung auf das mittelalterliche Kaisertum sind im Krieg zerstört worden; anderswo hat eine auf die Wiedergewinnung alter Formen ausgerichtete Restaurierung die Zutaten des 19. Jahrhunderts entfernt oder eine auf funktionale Lösungen drängende Bautätigkeit die öffentlichen Gebäude, Bahnhöfe oder Industriebauten in Neoromanik ersetzt. Die politische Botschaft der Pfarrkirchen, die man in Form von Stauferdomen in die Stadterweiterungen der Gründerzeit gesetzt hat, erreicht das heutige Bewußtsein nicht mehr, und kaum jemand gewinnt den Zugang zur Epoche der Salier und Staufer noch über Hohenstaufenburgen, die Wilhelm II. erneuern ließ. Aber ist die unreflektierte Gleichsetzung des mittelalterlichen Imperiums mit einem deutschen Staat im allgemeinen Geschichtsbewußtsein – nicht nur dem der Deutschen – damit ganz überwunden? Wird die Behauptung seiner Kontinuität im zweiten Kaiserreich wirklich hinterfragt?

Nachdem unter dem Nationalsozialismus noch einmal wesentliche Elemente der »nationalstaatlichen« Deutung des deutschen Hochmittelalters ins Volk getragen worden sind, um auch der Gewalt, dem Größenwahn und dem Rassismus den Schein einer historischen Legitimation zu geben, neigt die Geschichtswissenschaft heute dazu, die unbestreitbar andersartige Welt der mittelalterlichen Kaiserzeit als eine fremde Welt darzustellen. Zumindest im Bereich der politischen Geschichte und der Verfassungsgeschichte kann das Bemühen, diese Epoche in den ihr gemäßen Kategorien zu verstehen, fast gleichgesetzt werden mit dem Bestreben, von den Maßstäben einer am Nationalstaat orientierten Geschichtsbetrachtung loszukommen. Die Abkehr von anachronistischen Urteilskriterien dieser Art konnte in der Mediävistik um so deutlicher ausfallen, als die großen, für die weitere europäische Geschichte wichtigen Entwicklungen sich ohnehin nur als gemeinabendländische Phänomene erklären und erforschen lassen. Seit Jahrzehnten ist kein wissenschaftlich ernstzunehmendes Werk mehr erschienen, das die Kaisergeschichte des Mittelalters als Geschichte des deutschen Staates behandelt. Man schreibt – wenn nicht überhaupt versucht wird, in der Darstellung des Hochmittelalters die abendländische Geschichte als Einheit zu erfassen – sehr bewußt Geschichte eines Imperiums, dessen Eigenart einzelne Historiker schon vor 1871 gegen die nationale Einfärbung und Umwertung verteidigten; und man sieht sie eingebettet in den Zusammenhang der christlich-abendländischen Welt, in der dem Kaiser eine mit heutigen Vorstellungen eines Amtes nur schwer zu fassende Verantwortung und eine in modernen Kategorien der Staatlichkeit kaum zu beschreibende Führungsrolle zufiel.

In diesem Wechsel der Perspektive liegt allerdings die Gefahr, daß das Problem staatlicher Kontinuität und Diskontinuität nicht mehr wirklich in den Blick genommen wird. Eine Darstellung des Hochmittelalters kann sich aber den Fragen, die aus der späteren Geschichte heraus gestellt werden, nicht entziehen. Denn wo versucht wird, Unterschiede in der Verfassung und Gesellschaftsstruktur der europäischen Staaten auch noch des 18. und 19. Jahrhunderts zu erklären oder Besonderheiten der deutschen, französischen, italienischen, englischen Entwicklung während der Neuzeit aus der Geschichte zu begründen, greift jeder Erklärungsversuch notwendigerweise bis in das Hochmittelalter zurück. Dort begann trotz aller abendländischen Gemeinsamkeiten eine Differenzierung, eine Grundlegung für nationale Besonderheiten in der europäischen Kultur; damals, im 11. bis 13. Jahrhundert, haben sich in allen europäischen Reichen Strukturen ausgeformt, die Kontinuität bis in das 18. Jahrhundert bewahrten. Selbst die spätere Staatenordnung Europas ist im politischen Gefüge des Hochmittelalters in gewisser Weise vorgezeichnet. An solchen unbestreitbaren Fakten setzten die Aktualisierungen und Rückprojektionen im 19. und 20. Jahrhundert an. Will die Wissenschaft vom Mittelalter verhindern, daß obsolete Deutungen der mittelalterlichen Kaiserpolitik und ihrer Auswirkungen auf die deutsche

Geschichte wiederauferstehen, sobald ein Rückblick in die Vergangenheit helfen soll, die historischen Bedingungen unserer eigenen Existenz zu erhellen, so kann sie sich nicht auf die Aufgabe beschränken, die mittelalterliche Welt in ihrer Eigenart darzustellen. Sie muß zeigen, wodurch sich die hochmittelalterlichen Zustände und Phänomene von den Verhältnissen und Erscheinungen des 19. und 20. Jahrhunderts unterscheiden, mit welchen man sie in unzutreffender Weise identifiziert hat. Sie muß aber zugleich die Frage mitbedenken, wie diese ferne Welt trotz ihrer Andersartigkeit zur Grundlage für Gestaltungen wurde, die einem durch die europäische Kultur geprägten Menschen vertraut erscheinen und in manchem noch die Gegenwart bestimmen.

Nicht darin lag die Quelle der Mißverständnisse, daß man die eigenen Anfänge dort suchte, wo erstmals die äußeren Umrisse der europäischen Staaten sichtbar wurden, wo man von einem deutschen Reich zu sprechen begann oder sich Menschen aus verschiedenen Völkern und Regionen erstmals als Deutsche bezeichneten. Grundannahmen, welche im 19. Jahrhundert die Versenkung in die Geschichte bestärkten, sind zugleich die Ursache für spezifische Schwierigkeiten in der Deutung vergangener Epochen. Das deutsche Volk wurde als etwas verstanden, das in seinem Wesen vom 10. bis zum 19. und 20. Jahrhundert identisch blieb, obwohl die Formen seiner Existenz dem geschichtlichen Wandel unterlagen. Daß die deutsche Nation aus einer im Hochmittelalter geformten Gemeinschaft hervorging, die man schon damals, wenn auch in anderer Weise, als Volk angesehen und mit dem Namen »deutsch« belegt hatte, und daß sie dennoch etwas Junges und ganz Neues war – das wurde in der Beurteilung ihrer Geschichte weitgehend ignoriert. Denn man verstand die Völker als historische Individuen, die in der Geschichte ihre angeborenen Anlagen entfalteten, falls nicht äußere Einwirkung sie an dieser Selbstverwirklichung oder gar an der Wahrung ihrer Identität hinderte. Gerade weil die deutsche Nation nicht, wie andere, zur Einheit im eigenen Staat gelangt war, trat die Frage nach den bösen Mächten in den Vordergrund, die sie auf dem auch ihr bestimmten Weg aufgehalten hatten. Denn diese Einheit hatte, wie man zu sehen glaubte, das deutsche Volk schon einmal besessen, als es jugendlich kraftvoll sogar zur Führungsmacht im Abendland wurde. Wie man die hochmittelalterliche Gemeinschaft der Deutschen mit der modernen Nation gleichsetzte, so identifizierte man auch das Reich der Ottonen, Salier und Staufer mit dem deutschen Staat. An solchen Identifizierungen lag es, wenn sich dem Jahrhundert des Historismus bestimmte Aspekte der Geschichtlichkeit entzogen: vor allem innere, strukturelle Wandlungen, durch die aus älteren Vorformen etwas qualitativ Neues, Andersartiges entstand.

Die Mißverständnisse verschärften sich noch, als man Geschichte nicht nur wie in der Aufklärung als universalen Entwicklungsprozeß der Völker zur Vervollkommnung verstand, sondern noch dazu glaubte, das Ziel der Entwicklung inhaltlich festlegen zu können. Seit der Mitte des 19. Jahrhunderts waren viele Historiker überzeugt, daß der geschichtliche Prozeß stets von den gleichen Gesetzen – sei es der menschlichen Natur, sei es der gesellschaftlichen Struktur – bestimmt sei. Karl Marx und Friedrich Engels trafen sich darin mit dem auf den nationalen Machtstaat fixierten Heinrich Sybel, dessen Verurteilung der mittelalterlichen Kaiserpolitik selbst dort, wo sie abgelehnt wurde, das Bild der Deutschen vom Verlauf ihrer eigenen Geschichte auf das nachhaltigste beeinflußt hat. Aus stets gültigen Gesetzen glaubte man einen Schlüssel zu objektiver historischer Erkenntnis zu gewinnen. Aus der vermeintlichen Gewißheit über das Ziel, das man selbst wieder aus der Geschichte erschloß, nahm man sich das Recht, ja propagierte sogar die Pflicht, die Geschichte und die in ihr wirkenden Kräfte wertend darzustellen – wiewohl Leopold von Ranke sich in abgeklärt-resignierendem Widerspruch dagegen verwahrte.

Aus dieser Einstellung heraus meinte man auch, die dicken Farbschichten, mit denen der Klerus als Schreiber der Chroniken die Realpolitik der Kaiserzeit übermalt habe, ablösen zu müssen und zu können, um die realen Motive der damals Handelnden und den wahren Charakter des historischen Geschehens zu erkennen. Wie man das 1871 gegründete Reich mit dem mittelalterlichen identifizierte, als dessen Erneuerung man es verstand, so schienen auch seine Gegner im Äußeren und im Inneren noch dieselben zu sein, die schon das alte Reich vernichtet hatten. Der Kulturkampf, der deutsch-französische Gegensatz, das Verhältnis der Einzelstaaten zum Reich, Minderheitenprobleme wie die Polen-Frage – all das wurde historisch kostümiert wie das neugegründete Reich selbst. Gerade weil man aus den Fehlern der Geschichte lernen wollte, wirkten die falschen Gleichungen und Gleichsetzungen in fataler Weise auf das Geschichtsbild zurück. Die allgemeine Beurteilung des mittelalterlichen Kaisertums hat sich von Bismarcks »Nach Canossa gehen wir nicht!« bis heute nicht ganz befreien können. Dabei hat die Mediävistik längst dargelegt, wie wenig das Ereignis von 1077, das von den deutschen Historikern jahrzehntelang unter »realpolitischen« Gesichtspunkten diskutiert worden ist, mit dem Anlaß und der Vorstellung zu tun hatte, die hinter dieser Äußerung standen. Man hat die Geschichte mit den Problemen der eigenen Zeit befrachtet – obwohl es diese Probleme im Hochmittelalter nicht gab oder sie sich dort ganz anders stellten.

Am folgenreichsten für das Bild der deutschen Geschichte war, daß man auch die Verfassungsstruktur des mittelalterlichen Reiches aus solchen modernen Perspektiven interpretierte. Die Staatlichkeit der germanisch-fränkischen Frühzeit sah man auf eine Art Konstitutionalismus von König und Volk gegründet. Dieser Staat habe dann, weil sich die Funktionsträger die Ämter aneigneten und in ihrer Familie erblich machten, eine feudale Auflösung erfahren. Die liberale Generation von 1848 hatte sich für diesen Prozeß vor allem wegen des vermeintlichen Verlustes einer germanisch-altdeutschen Gemeinfreiheit interessiert, das heißt im Hinblick auf die Begründung persönlicher Abhängigkeiten und die Ausbildung einer Ständegesellschaft, zu deren Folgen man die Entwicklung der deutschen Kleinstaaterei rechnete. Doch dann stellten die Männer von 1871 und ihre Nachfahren die vermeintliche Auflösung der Zentralgewalt in den Mittelpunkt der Deutung. Nach ihrer Auffassung hatten die Partikulargewalten mit ihren egoistischen Sonderinteressen in Deutschland den monarchischen Machtstaat verhindert, dessen Grundform man im frühdeutschen Reich bereits ausgebildet sah. Diesen jahrhundertealten Partikularismus galt es zu überwinden, wenn man Einheit und Größe zurückgewinnen wollte. So rückte man die Entwicklung der mittelalterlichen Herrschaftsordnungen und die Entfeudalisierung Deutschlands in der Gegenwart in eine nationale Perspektive. Diese erlaubte es zwar, in beiden Epochen die guten von den schlechten Deutschen zu unterscheiden, aber aus ihr heraus erschienen die Probleme jener fernen Zeit verzerrt und viele der eigenen am falschen Ort.

Die Fixierung auf das nationale Problem und den zentralisierten Machtstaat hatte zur Folge, daß in der deutschen Geschichtswissenschaft lange der politischen und besonders der Verfassungsgeschichte ein absoluter Vorrang eingeräumt wurde: Hier schien die Verbindung der Historie mit den Lebensfragen der Nation unmittelbar gegeben zu sein. Doch trotz der großartigen Leistungen der verfassungs- und rechtsgeschichtlichen Forschung, von denen die Geschichtswissenschaft noch heute zehrt, wurde in den Wertungen der spezifische Charakter des mittelalterlichen Herrschaftsgefüges verkannt und damit vieles von den hochmittelalterlichen Voraussetzungen für die Entwicklung zum »Staat« im modernen Sinne übersehen. Vor allem in bezug auf die deutsche Geschichte war der lange Weg der Verdichtung zu modernen Formen staatlicher Organisation auf diesen Prämissen nur schwer nachvollziehbar. Denn das Charakteristische der Entwicklung war nicht eine wie auch immer geartete »feudale Auflösung« des »Staates« – den es so noch nicht gegeben hatte –, sondern die Entwicklung von neuen Elementen der Staatlichkeit, die im Spätmittelalter allmählich zu einer »politischen Ordnung« verdichtet wurden, aus der dann der frühneuzeitliche europäische »Staat« erwuchs.

Daß die Geschichtswissenschaft im 19. Jahrhundert überall gerade das Hochmittelalter in den Mittelpunkt nationaler Betrachtungen und Deutungen gerückt hat, war kein Zufall. Stellt man die Reiche und Herrschaftsverhältnisse, die zu Beginn des 11. Jahrhunderts bestanden, kartographisch dar, so zeichnen sich Einheiten ab, welche die Namen späterer Staaten und Nationen tragen. Die damaligen Reiche scheinen vieles von der gesamten Staatenkonstellation des späteren Europa vorzuformen. Um 900 war davon das meiste nicht oder allenfalls in noch unentschiedenen Ansätzen vorhanden. Der Zeit danach kommt offensichtlich ein besonderer Stellenwert für die staatliche Entwicklung

Die europäischen Reiche um 1050 (nach Steinhart)

Europas zu. Wie man 1963 das Millennium des polnischen Staates feiern konnte, so reichen auch andere Staaten Nord- und Osteuropas auf monarchisch strukturierte Reichsbildungen des Hochmittelalters zurück, die Kontinuität bis in die Moderne erlangt haben. Auch in Dänemark, Norwegen und Schweden, Böhmen, Ungarn und Kroatien wurde dieses Stadium bereits im 10. Jahrhundert erreicht. Die englischen Kleinreiche wurden damals dauerhaft unter einer Herrscherdynastie zusammengefaßt und blieben eine Einheit in den politischen

Wechselfällen des 11. Jahrhunderts. Auf dem Boden des karolingischen Imperiums trennten sich im frühen 10. Jahrhundert das west- und das ostfränkische Reich endgültig voneinander. Während das ehemalige Lothar-Reich seinen Charakter als selbständiges Regnum verlor und im ostfränkisch-deutschen Reich aufging, erlangte das junge Königreich Burgund in neu festgelegten Grenzen eine über Jahrhunderte reichende Kontinuität, obwohl es schon hundertfünfzig Jahre nach seiner Entstehung unter die Herrschaft der römisch-deutschen Kaiser und Könige kam. Bis zu seinem Ende war das karolingische Großreich immer wieder geteilt, neu zusammengefaßt und wieder anders geteilt worden; die karolingischen Nachfolgestaaten – das westfränkisch-französische und das ostfränkisch-deutsche, das italische und das burgundische Reich – sind dagegen nicht mehr geteilt worden, auch wenn der Herrscher mehrere Söhne hatte. Umgekehrt bewirkte die Zusammenfassung mehrerer Reiche unter einem König und einer Dynastie nun keine Verschmelzung mehr: Das ostfränkisch-deutsche und das italische Reich blieben als Regna unterschieden, wenngleich sie seit 961 für Jahrhunderte derselben Herrschaft unterstanden, und das 1033 von Konrad II. für das Imperium gewonnene burgundische Reich ist weder mit dem deutschen noch mit dem italischen verwachsen. Weder die dänische Herrschaft über England oder Norwegen noch die ungarische über Kroatien, noch die englische Hoheit über Schottland hat den Charakter dieser Regna als eigener Einheiten aufgehoben. Nichts kann die Qualität, die die europäischen Reiche im Hochmittelalter gewannen, besser verdeutlichen als die neue, für die Geschichte der europäischen Monarchien so wichtig gewordene Rechtsfigur der Personalunion.

In Mitteleuropa haben zudem die Grenzen der Reiche, die seit dem 10. Jahrhundert hervortreten, eine für moderne Verhältnisse, aber auch im Vergleich zum Frühmittelalter erstaunliche Konstanz gewonnen. Zwischen den karolingischen Nachfolgestaaten blieben sie, wie sie im 10. Jahrhundert gezogen wurden, für Jahrhunderte bestehen; zwischen dem Heiligen Römischen Reich deutscher Nation und Frankreich wurden sie 1648 noch einmal weitgehend auf der Linie bestätigt, auf der sich beide Reiche um 925 abgegrenzt hatten. Auch die Grenzen zwischen dem deutschen Reich und Böhmen, Dänemark oder Ungarn gewannen seit dem 10. Jahrhundert zunehmend an Festigkeit. In den westslawischen Gebieten zwischen dem deutschen und dem polnischen Reich zog sich der Prozeß der Fixierung bis zum 13., ja 14. Jahrhundert hin, weil hier eine dauerhafte eigene Staatenbildung nach dem Muster der abendländischen Königreiche nicht gelungen war.

Die Grenzen haben Dauer erlangt durch die Formen gegenseitigen Verhaltens, welche die abendländischen Reiche – an die Gestaltung der Beziehungen zwischen den karolingischen Teilreichen im späten 9. Jahrhundert anknüpfend – im Hochmittelalter entwickelten. Wer seinen Herrschaftsbereich ausdehnen wollte, mußte ein zweites Königreich hinzugewinnen, wodurch seine Herrschaft in den

Augen der Zeitgenossen einen imperialen Charakter annahm; er konnte auch einen fremden König oder Fürsten in Lehnsabhängigkeit bringen. Oder er konnte seine reale Machtsphäre dadurch erweitern, daß er von einem überlegenen Herrscher in dessen Reich Lehen mit den daraus resultierenden Vasallenpflichten übernahm. Solche Lehnsabhängigkeiten tangierten freilich die Rangordnung. So hätte der Kaiser nicht Lehen vom König von Frankreich nehmen können. Während der dänische König Holstein zu Lehen vom römisch-deutschen König und Kaiser trug, hat der König von Frankreich, auf Gleichrangigkeit mit den Nachfolgern der ostfränkischen Könige bedacht, eine solche Lehnsabhängigkeit durchaus vermieden. Er konnte aber nicht verhindern, daß die Grafen von Flandern, seine Vasallen, auch Lehen in Lothringen nahmen und damit Vasallen des deutschen Königs wurden, während lothringische Fürsten, Vasallen eines ranghöheren und mächtigeren Herrschers, zunächst nicht in ein derartiges Verhältnis zu dem Frankenkönig im Westen traten. Die festen Grenzen der Reiche wurden also von konkreten, sich verändernden Machtkomplexen vielfach überschnitten, ohne daß sie dadurch in Frage gestellt worden wären.

Weil sein Herrscher als Kaiser alle anderen Könige an Rang überragte, war das Imperium in der Gestaltung solcher Verhältnisse besonders flexibel, und hierin liegt zweifellos ein Grund für die Dauerhaftigkeit seiner Grenzen. Dort, wo die Reichsgewalt wie im niederburgundischen Arelat mit dem Niedergang der Staufer praktisch fortfiel, wo sie wie in großen Teilen Italiens während des Spätmittelalters allmählich erlosch oder wo sie wie gegenüber der Schweizerischen Eidgenossenschaft nicht mehr durchgesetzt werden konnte, begannen sich die Grenzen schon im Spätmittelalter zu verändern, oft mehr in einem allmählichen Qualitätswandel der Zuordnung, bisheriger oder neuer Bindungen, als durch plötzliche Entscheidungen. Erst im 17. Jahrhundert, nach dem Westfälischen Frieden, wird ein grundsätzlicher Wandel der zwischenstaatlichen Beziehungen erkennbar: Von nun an wurden die Grenzen zwischen den europäischen Staaten verschoben, wurden Reiche amputiert oder geteilt und deren ehemalige Teile in andere »Länder« eingegliedert. Eine neue Auffassung vom Staat, derzufolge dem Herrscher volle Souveränität im ganzen Hoheitsgebiet zustand, die Entwicklung einer einheitlichen Staatsgewalt, wie es sie im Mittelalter nicht gegeben hatte, ließen es nicht mehr zu, daß ein Monarch Herrschaftsrechte verschiedener Qualitätsstufen in seiner Hand versammelte. Sie ließen auch keinen Platz mehr für die differenzierten, juristisch nie eindeutig zu definierenden Rangabstufungen und Bindungen, auf welchen die mittelalterliche Staatenordnung in Europa beruhte und die trotz der sich im Hoch- und Spätmittelalter durchsetzenden Vorstellung von der prinzipiellen Gleichrangigkeit der europäischen Monarchien bis dahin fortbestanden.

Daß auf der Karte Europas im Hochmittelalter die späteren Staaten hervortreten, wurde im 19. Jahrhundert oft so verstanden, als hätten bereits existierende

Völker zu ihrer politischen Einheit im eigenen Staat gefunden. Heute gilt zumeist umgekehrt die Kontinuität der hochmittelalterlichen Reiche bis in die Moderne, die weitgehende Konstanz ihrer Grenzen über viele Jahrhunderte hinweg als entscheidende Voraussetzung für die Entstehung der europäischen Nationen. Sie scheinen gewissermaßen den Rahmen gegeben zu haben, in dem sich aus älteren ethnischen und politischen Gruppierungen die neuen Völker bilden konnten, die es in Europa seit dem Hochmittelalter gibt. Genau besehen ist aber auch diese Aussage nur bedingt richtig. Zwar konnten Bayern und Schwaben, Sachsen und Franken, Thüringer und Friesen, die man um 900 noch als eigene Völker ansah, wohl erst dadurch zu Deutschen werden, daß es Heinrich I. gelungen war, die auseinanderdriftenden Teile des ostfränkischen Reiches zusammenzuhalten; und in diesen Prozeß der Entstehung eines neuen Großvolkes wurden auch die Lothringer einbezogen, die 925 die Herrschaft des ostfränkischen Königs anerkannt hatten. Aber Deutsche und Italiener sind nicht zu einem Volk geworden, obwohl sie seit 961 für Jahrhunderte gemeinsam unter denselben Herrschern standen, obwohl es vor allem in salischer Zeit zu dynastischen Verbindungen zwischen herausragenden Adelsfamilien beider Reiche kam, obwohl deutsche Große in Italien – zum Teil sogar als Bischöfe – tätig wurden und italienische Große häufig in Deutschland am Herrscherhof erschienen. Selbst dort grenzten sich die Völker gegeneinander ab, wo politische Herrschaften die Hoheitsgrenze der Reiche überschnitten: Die Marken von Verona und Aquileja zum Beispiel unterstanden seit der Mitte des 10. Jahrhunderts dem Herzog von Bayern und später dem Herzog von Kärnten; sie blieben aber Teil des italischen Reiches, und ihre Großen, Adel und hohe Geistlichkeit, gehörten zu den Italienern. Die Unterscheidung scheint durch die Zusammenfassung unter einem Kaiser eher deutlicher in das Bewußtsein gedrungen zu sein. Hat man doch in Reichsitalien am Anfang des 11. Jahrhunderts erstmals im politischen Sinne von »den Deutschen« gesprochen und damit eben den König und seine Umgebung aus sächsischen, fränkischen, bayerischen, schwäbischen und lothringischen Großen gemeint. Und gleichzeitig wurde von deutschen Chronisten die Bezeichnung »die Unsern« nicht mehr allein auf die Angehörigen des eigenen Stammes angewandt. Gerade bei Aktionen in Italien und Rom meint sie das deutsche Heer, das aus Deutschland kommende Gefolge des Herrschers insgesamt.

Fragt man nach den hochmittelalterlichen Voraussetzungen für die Entstehung der europäischen Völker und Nationen, kann man demnach nicht einfach auf den politischen Rahmen verweisen, in dem sich die Nationenbildung als allmählicher Prozeß vollzog. Man muß vielmehr mitbedenken, weshalb die abendländischen Reiche nicht mehr mit den fluktuierenden Machtbereichen der Könige und Herrscherdynastien gleichgesetzt werden können. Und dann erkennt man: Ihre Kontinuität beruhte darauf, daß ihre Großen jeweils als eine Gemeinschaft verstanden und anerkannt wurden, die zusammen mit dem König das

Reich lenken sollte, ja sogar in diesem Zusammenwirken mit dem Herrscher das Reich »bildete«. Diese Auffassung wurde im Hochmittelalter für die Staatlichkeit im ganzen Abendland konstitutiv.

Die Gemeinschaft der Großen mit dem meist ihrem Kreis entstammenden, von ihnen gewählten oder zumindest anerkannten König in der Herrschaft über das Reich ist auch der Bezugspunkt für die seit dem 11. Jahrhundert hervortretenden Äußerungen eines neuen Wir-Gefühls, das man gern als erste Artikulation eines »Nationalgefühls« versteht. Nur in diesem Kontext haben derartige Äußerungen einen politischen Stellenwert, nämlich den Bezug auf ein Reich, auf einen Staat. Wenn sich im 12. Jahrhundert auf den Kreuzzügen Deutsche, Franzosen und Provenzalen stritten, wenn sich die deutschen Gotland-Fahrer zusammenschlossen, wenn es um 1200 in Paris zu einer Schlägerei zwischen deutschen Studenten und den Einheimischen kam, so offenbarten sich dabei Vorläufer eines »nationalen« Zusammengehörigkeitsgefühls. Aus dem Zusammenschluß in der Fremde, aus der Begegnung mit anderen Sitten und Gebräuchen, anderer Sprache, anderem Recht ist es geboren. Stereotypen, in denen die europäischen Völker sich wechselseitig charakterisierten, sind durch die intensive Begegnung innerhalb der abendländischen Gemeinschaft des Hochmittelalters entstanden – mit dem »perfiden Albion« etwa benutzte noch die Wilhelminische Ära ein Klischee, das in jener Zeit aufgekommen ist. Aber solchen Äußerungen des Zusammengehörigkeitsbewußtseins fehlte die politische Dimension, eine Verbindung zum Verhältnis der europäischen Könige und Reiche. Wenn sich viele aus einer Region in der Fremde trafen, schlossen sie sich auch in engeren landsmannschaftlichen Wir-Gruppen zusammen. Wo diese sich auf dauerhafte regionale Gemeinschaften wie die deutschen »Stämme« gründeten, sprachen sie sich und anderen ebenfalls bestimmte Eigenschaften zu. Die geringe Reichweite und Tiefenwirkung der Königsherrschaft, die Beschränkung politischer Partizipation auf die Adelsschicht beließen derartige Solidarisierungen und Zusammenschlüsse auf der Grundlage der Vertrautheit und der gleichen Gewohnheiten noch außerhalb des Bereiches, in dem es um politische Rang- und Machtfragen zwischen europäischen Staaten ging.

Doch auch das Reichsbewußtsein der Großen hat mit einem Volks- oder Nationalbewußtsein nur bedingt zu tun, weil ihre Bindung und Loyalitätspflicht gegenüber dem Reich anders definiert war als zwischen dem Bürger und seiner Nation in der Moderne. Wenn ein Herrscher die Großen als eine in sich gestufte Gemeinschaft anerkannte, mit der zusammen er zu regieren beauftragt war, so sollte darin die Garantie für eine Ordnung liegen, die jedem seinen Rang und sein Ansehen, seine Macht und sein Recht wahrte und ihm durch Teilhabe an der Herrschaft des Königs sogar eine Steigerung seiner Position ermöglichte. Nur soweit die Herrschaftsordnung dies leistete, waren die Großen zum Dienst für den König bereit und, wie sie glaubten, verpflichtet. Fühlten sich Große in ihrem

Rang mißachtet, in ihrem Recht gekränkt, in ihrer Stellung geschädigt, so haben sie jederzeit auch gegen den König zu den Waffen gegriffen – die Geschichte der Salier und Staufer ist erfüllt von derartigen Rebellionen. Und in diesen Machtkämpfen haben die »deutschen« Könige und Kaiser ebenso Bündnisse mit »auswärtigen« Königen und Fürsten gegen oppositionelle Große geschlossen, wie diese dort Rückhalt im Kampf gegen ihren König suchten. Jede nationale Perspektive wäre solchen Vorgängen unangemessen. Es ging um Machtverhältnisse unter den Herrschaftsträgern im Reich. Das Reich war mit dem Königtum, wo dieses seine Integrationsaufgabe verfehlte, nicht identisch: Erst in der Gemeinsamkeit von König und Großen gewann es seine Einheit als Ordnung staatlichen Charakters.

Die Großen in ihrer Summe bildeten allerdings keinen organisierten Verband, der aus sich heraus handlungsfähig war. Hierfür fehlten alle Institutionen und Verfahren. Zwar lassen sich gerade im deutschen Königreich seit dem 11. Jahrhundert Bemühungen erkennen, Formen und Regeln zu finden für das gemeinsame Handeln der Fürsten in der Verantwortung für das Ganze. Derartige Versuche sind jedoch nirgends an ihr Ziel gelangt. In den Belangen des Reiches war ein Handeln der Großen ohne den König und Kaiser sozusagen auch theoretisch nicht vorgesehen. Zur Integration des Reiches, zur Konsensbildung unter den Herrschaftsträgern blieb er unentbehrlich.

Angesichts dieser Zuordnung von König, Großen und Reich, die im monarchisch-ständischen Dualismus späterer Jahrhunderte fortlebte, ist es nicht möglich, in den fürstlichen Gewalten die partikularistischen Kräfte zu sehen, denen das Königtum als der »Staat« und die Verkörperung der Einheit gegenüberstand. Alexander von Roes führte 1281 in Köln den offensichtlichen Machtverlust des Imperiums darauf zurück, daß unter den Staufern das Einvernehmen zwischen Kaisertum und Papsttum zerbrochen war und die Staufer das Reich nur noch mit ihrer oberdeutschen Umgebung regierten, ohne die vornehmen rheinischen und niederdeutschen Fürsten an den Entscheidungen zu beteiligen. Nicht Fürstenegoismus, sondern der »Partikularismus« der Herrscherdynastie erschien ihm als Ursache für den Niedergang von Kaisertum und Königsherrschaft. Das stets neue Zusammenwirken von König und Fürsten blieb die Vorbedingung der Tätigkeit für das Ganze, wie auch das Imperium auf das Zusammenwirken von Kaisertum und Papsttum gegründet war.

Erst im Rückblick aus der Neuzeit konnte die Gleichsetzung von Königtum und Reich als entscheidende Durchgangsstufe auf dem Weg zum Einheitsstaat der Moderne erscheinen. Doch diese Gleichsetzung wurde erst im Absolutismus erreicht. Ohne Einschränkung kann sie im Grunde nur für das von den Deutschen neidvoll bewunderte Frankreich als die organisatorische Grundlegung des späteren Nationalstaates gelten. Sieht man auf die gesamteuropäische Entwicklung, so ist das »Modell Frankreich« kaum weniger ein Sonderfall als der Weg zum Nationalstaat in Deutschland oder Italien, in England oder Polen. In jedem dieser Fälle wirkten sich hochmittelalterliche Entwicklungsansätze aus, die in der weiteren Geschichte der Reiche eine unterschiedliche Gewichtung erfuhren: einheitsstiftende ebenso wie solche, die der neuen Form nationalstaatlicher Einheit eher entgegenstanden.

Nirgends in Europa war eine Gleichsetzung von Königtum und Reich um 1250 anerkannt. Es gehört gerade zu den Kennzeichen der hochmittelalterlichen Entwicklung, daß das Reich gewissermaßen über das Königtum gestellt wurde, weil auch die Fürsten es mittrugen und dem König ein Amt im Reich zugewiesen war, in dem er sich vor Gott zu verantworten hatte. Bis weit über das Mittelalter hinaus blieben Könige und Fürsten, Königtum und Stände Gegenspieler und Gegner gerade im Streit um das Reich, dessen Bestand man ihrem Zusammenwirken anvertraut glaubte. In Deutschland wurde schon unter den Staufern deutlich, daß die Fürsten jene Gleichsetzung – die Identifizierung des »herrscherlichen Partikularismus« mit dem Interesse des Reiches – nicht hinnehmen würden. Das Schicksal der Staufer hat diese Frage nicht erst aufgeworfen: Sie wurde im Hochmittelalter zur Strukturfrage aller abendländischen Reiche. Die hier behandelte Epoche hat dieses Problem den folgenden Jahrhunderten ungelöst übergeben. Der monarchische Anspruch des Absolutismus – Ludwigs XIV. »L'état c'est moi« – wurde bewußt gegen mittelalterliche Auffassungen der Staatlichkeit formuliert.

Mit einem Staat im heutigen Sinn kann das mittelalterliche Herrschaftsgefüge nicht gleichgesetzt werden. Es gab keine Rechts- und Friedensordnung, die allein von oben, durch eine »Zentralgewalt« staatlichen Charakters garantiert werden konnte. Träger »staatlicher« Funktionen waren neben und mit dem Herrscher auch die Großen. Ihrer Stellung, ihrem abgestuften Rang gerecht zu werden, war ein wesentlicher Teil der Herrscheraufgabe. Deshalb kann man im Bereich der politischen Strukturen Rechtsordnung und Machtordnung begrifflich nicht klar voneinander trennen. Denn in bezug auf die Rangfragen, die das Herrschaftsgefüge bestimmten, ließen sich Recht und Anspruch kaum unterscheiden. Doch Ansprüche konnten mit dem Gewohnten kollidieren, das in einer traditionalen Gesellschaft zugleich als das Rechtmäßige galt. In den Konflikten, die sich hieran entzündeten, fand man in der damaligen Gesellschaft nur selten den Weg zum friedlichen Austrag. Die Ordnungsgarantien waren rückbezogen auf ein System der Rache und Selbsthilfe. Die Schwachen übereigneten sich dem Schutz der Mächtigen. Die Mächtigeren mußten aber vom Gebrauch willkürlicher Gewalt gegen die weniger Starken abgehalten werden. In der Zügelung der »Gewaltigen«, der Hilfe für die weniger Starken und für die, die den Schutz eines Mächtigen entbehrten, sah man eine wesentliche Aufgabe des Königtums. Zur Erfüllung dieser Aufgabe hatte der König keinen eigentlichen Apparat zur

Verfügung oder allenfalls Rudimente eines solchen, die zumeist aus Relikten der römischen Reichsorganisation abgeleitet waren. Was er besaß, war in der Regel die größere Macht sowie die – auf sein Ansehen wie auf seine materiellen Mittel gegründete – Fähigkeit, die Großen an sich zu binden. Dadurch konnte er ausgleichend oder richtend auf ihre Streitigkeiten einwirken und über sie seinen Willen auch in ihrem Machtbereich wirksam werden lassen. Was ihn über alle Großen, selbst über die mächtigsten, erhob, was seine Überlegenheit erst voll wirksam werden und das Königtum sogar in Phasen der Schwäche als Zentrum des gesamten Herrschaftsgefüges erscheinen ließ, war aber nicht die materielle Basis, sondern die sakrale Legitimation seiner Herrschergewalt. Vor seinem Gottesgnadentum galten im Rahmen des religiös fundierten Weltverständnisses alle Herrschaftsansprüche der Großen als sekundär.

Doch der religiös verstandene Herrschaftsauftrag des Königtums war nur ein Teil der damaligen Wirklichkeit. Durch die eigene Macht der Großen, durch die Drohung, die auch von ihrer Position ausging, durch den Schutz, den auch sie Schwächeren gewährten, verfügten sie von Anfang an über eine Gewalt, die von der des Königs unabhängig war und mit ihr konkurrierte. Die Adelsfamilien übten in ihrem Besitz und über ihre Leute eigene Herrschaft aus; sie wahrten – mehr oder weniger an den geltenden Normen orientiert – hier selbst Ordnung und Frieden und gewährten Schutz, ohne daß der König einzugreifen hatte. Lediglich in den »Außenbeziehungen«, dem konfliktreichen Verhältnis der Großen untereinander, das auch durch Streit zwischen Schutzbefohlenen und Abhängigen gestört werden konnte, war der König gefordert. Er mußte zum Schutz von Volk und Reich die bewaffnete Auseinandersetzung verhindern oder, weil er sie bei der fehlenden institutionellen Basis nur selten verhindern konnte, wenigstens mit seiner überlegenen Macht beenden.

Diese Eigenständigkeit der Adelsherrschaft, der sich die kirchlichen Herrschaften angeglichen haben, wurde im Mittelalter nie überwunden. Aber nach den vergeblichen Bemühungen der Karolingerzeit, die Ordnung des Reiches durch eine Verbesserung und Neugestaltung der königlichen Herrschaftsorganisation zu garantieren, wurde im Hochmittelalter nach neuen Formen menschlichen Zusammenlebens gesucht. Von diesen neuen Formen ist manches wichtig geworden für die Entwicklung in Richtung auf den neuzeitlichen Staat; vieles jedoch – und oft das, was die politisch-herrschaftliche Organisation zunächst vorrangig bestimmte – wurde später in einem langwierigen und konfliktreichen Prozeß als Hindernis auf diesem Weg wieder eliminiert. Zunächst verstärkte sich die polyzentrische, den Kriterien moderner Staatlichkeit widersprechende Struktur des Herrschaftsgefüges. Aber in dieser Entwicklung begann die allmähliche Verdichtung zu Formen institutioneller Staatlichkeit, die sich im Spätmittelalter fortsetzte. Mit den damals ausgebildeten Mitteln sollten neue Aufgaben bewältigt werden oder solche, die zu bewältigen die alte Herrschaftsorganisation nie in der Lage gewesen war, deren Lösung aber eine neue Dringlichkeit erhielt unter den gesellschaftlichen Veränderungen, die sich im Hochmittelalter vollzogen. Weil bis dahin eine organisierte politische Gesamtordnung kaum bestand, weil das, was man von den Ordnungsfunktionen her als »Staat« bezeichnen würde, ein Gefüge sich vielfach überschneidender und konkurrierender Herrschaftsansprüche war – deren Koordinierung weder mit Hilfe institutioneller Regelungen noch durch Berufung auf ein religiöses Ordnungsideal gelang –, begann die Verdichtung nicht auf der Ebene der großräumigen Einheiten, etwa auf der des Reiches. Sie setzte vielmehr in kleinsten Zellen an, innerhalb einzelner Herrschaften des Königs, der Fürsten, der Kirchen und des Adels. Hier sind damals Ansatzpunkte zur Intensivierung der Staatlichkeit geschaffen worden, die im weiteren Verlauf der europäischen Geschichte als Möglichkeiten zu verändernder Neugestaltung genutzt wurden.

Die soziale Entwicklung, durch die damals neue Probleme aufgeworfen wurden, läßt sich mit wenigen Stichworten umreißen: Bevölkerungswachstum, Siedlungsverdichtung, Verstädterung, erhöhte Mobilität immer breiterer Gruppen der Gesellschaft. Obwohl es sich um langfristige Prozesse handelte, wurden sie von den Zeitgenossen registriert. Sie lösten Maßnahmen aus, mit welchen man den Auswirkungen des Wandels begegnen und diesen selbst für eigene Ziele nutzen wollte. Die Notwendigkeit, mehr Rechtssicherheit in den kleinen Lebenskreisen zu schaffen, dort intensiver zu regulieren, wo sich das Zusammenleben und Zusammenwirken einer wachsenden Bevölkerung immer intensiver gestaltete, schuf und festigte Formen der politischen Organisation, die einer staatlichen Gesamtordnung eher hinderlich waren. Die neuen Entwicklungen und die Reaktionen darauf griffen verändernd in die gewohnten Verhältnisse ein. Dies vermehrte die Konflikte in einer Gesellschaft, in der in bezug auf Besitzungen und Ansprüche das ältere Recht als das bessere, als das eigentliche Recht galt, das durch das »Unrecht« jüngerer Entwicklungen geschmälert wurde, und in der man gewohnt war, tatsächlichen oder vermeintlichen Rechtsverletzungen mit eigener Gewalt zu begegnen. Eine Steigerung des herrschaftlichen Zugriffs bedeutete ebenfalls die Verletzung alter Rechte und konnte die gewaltsame Gegenwehr der Betroffenen auslösen. Die Veränderungen im Herrschaftsgefüge milderten deshalb die Spannungen nicht, die der gesellschaftliche Wandel hervorrief, sondern verschärften sie häufig bis hin zur bewaffneten Auseinandersetzung.

Brachte die Verdichtung der Herrschaftsorganisation den Beherrschten dennoch ein Mehr an Sicherheit? Man ist angesichts der ständigen Friedensstörungen, Fehden und Gewalttaten geneigt, die Frage zu verneinen – und zögert dann, wenn man etwa an die Entfaltung von Städtewesen, Handel und Verkehr, an die Entstehung des mittelalterlichen Bürgerrechts oder die Entwicklung des bäuerlichen Rechtsstatus denkt. Unzweifelhaft haben sich im Hochmittelalter die formalen Rechtsgarantien, die rechtlichen Fixierungen und Zusicherungen für den Status aller gesellschaftlichen Gruppen vermehrt. Der Wille, das Zusammenleben der Menschen durch eine immer genauere rechtliche Definition der gesellschaftlichen Verhältnisse und menschlichen Beziehungen friedlich zu gestalten, kann geradezu als Kennzeichen der damaligen Entwicklung in Europa gelten. Doch wer war imstande, eine Verletzung solcher Rechte zu verhindern oder zu ahnden? Blieb es letztlich nicht so, daß Rechte nur wirklich besaß, wer sie wirksam schützen konnte? Zwar organisierten sich nun auch Menschen, die nicht zu den Herrschaftsträgern und Mächtigen gehörten, etwa die Bewohner einer Stadt oder die auf den gleichen Wegen und in den gleichen Zonen Handel treibenden Fernkaufleute, durch eidlichen Zusammenschluß, um sich und ihre Rechte zu verteidigen. Aber es vermehrte nur die Konflikte in der Gesellschaft, wenn außer den alten Herrschaftsträgern nun die neuen Eidgenossenschaften, neben Adel und geistlichen Herren auch Stadtgemeinden das mit Gewalt zu behaupten suchten, was sie in einer sich verändernden Welt als ihr wohlerworbenes Recht ansahen.

In diesem Spannungsfeld gelangte die Gleichsetzung von Königtum und Herrschaftsordnung, die durch biblische Vorbilder und die Theologie der Kirchenväter längst vorbereitet war, zu neuer politischer Bedeutung. Inspiriert von der theokratischen Idee des Gottesgnadentums und unterstützt durch alte kirchliche Überzeugungen von der gottgewollten Ordnung der Welt haben die abendländischen Könige seit dem 12. Jahrhundert versucht, Königtum und Reich stärker miteinander zu identifizieren, Herrschermacht, staatliche Ordnungsgewalt und Gemeinwohl weitgehend in eins zu setzen und diese Zuordnung rechtlich und mit neuen Argumenten zu untermauern. In der Entwicklung zur Staatlichkeit wurde diese Gleichsetzung zu einem bestimmenden Faktor. Aber nirgends in Europa war sie damals bereits anerkannt. Sie stand gegen den Anspruch des Adels auf Herrschaft aus eigenem Recht, drohte die Teilhabe der geistlichen und weltlichen Fürsten am Reich zu mindern.

In Deutschland waren König und Fürsten seit der Salierzeit in ihrem Herrschaftsausbau, ihrer Territorialpolitik zu Konkurrenten geworden; und die Konkurrenz nahm mit der Verdichtung und Intensivierung der Herrschaftsausübung zu. In den sich mehrenden Konflikten erschien auch der König als Partei. Da es in solchem Streit einen Richter über den Parteien nicht gab, waren die Großen kaum bereit, Veränderungen zuzustimmen, die einseitig dem König einen Machtzuwachs verschafften. Aber die Suche nach Formen der Koordination und des Ausgleichs, nach gegenseitigen Garantien und gemeinsamen Normen begann schon damals. Auch sie wurde ein wichtiger Faktor in der Entwicklung zum europäischen Typus des Staates.

Dennoch bliebe man im Bann falscher Rückprojektionen und Aktualisierungen, würde man die Veränderungen und Neuschöpfungen für sich als entscheidende Etappen, vielleicht sogar als bewußte Entscheidungen auf dem Weg zum modernen Staat darstellen. In der Zeit, die hier beschrieben wird, war der »Staat« keine Institution, die einer isolierenden Betrachtung zugänglich wäre. Die Herrschaftsordnung wurde als Teil einer Weltordnung verstanden, die durch und durch von Gott bestimmt und auf Gott orientiert war. Nur von Gott her erhielt Herrschaft eine Legitimation, die sie über bloße Gewaltausübung erhob. Doch Kirche und Reich waren nicht völlig identisch. Einerseits überschritt die Kirche in der Verantwortung ihrer Hierarchie den Bereich, der herrscherlicher Bevormundung zugänglich sein durfte, andererseits galt auch das Königtum als unmittelbar von Gott gesetzte Institution religiösen Charakters, der Aufgaben vorbehalten waren, welche Vertreter der kirchlichen Hierarchie nicht wahrnehmen durften. Beide bildeten aber eine nicht zu scheidende Einheit, weil ihnen vor Gott eine gemeinsame Verantwortung für das Volk, dem Herrscher eine Verantwortung für die Kirche und der Kirche für die Herrschaftsordnung sowie den Herrscher als Person gegeben war.

Jede Betrachtung, die die »staatlichen« Entwicklungen aus diesem Kontext isoliert, blickt notwendigerweise zu kurz. Selbst wenn das Königtum seit dem 12. und 13. Jahrhundert in Recht und Geschichte Grundlagen einer zusätzlichen Legitimation suchte, geschah dies nicht, um den »Staat«, die Königsherrschaft, ihres religiös-kirchlichen Charakters zu entkleiden. Vielmehr sollte gerade die eigene religiöse Grundlage der Königsherrschaft verteidigt werden. Nirgends ist das Königtum im Hochmittelalter von der religiösen Begründung seiner Herrschaft abgerückt oder gar in den Bereich einer weltlich verstandenen Staatlichkeit vorgestoßen; es hat vielmehr neue, fast merkwürdig wirkende Formen gesucht, um seinen theokratischen Anspruch zu unterstreichen. Und keine der anerkannten Herrscheraufgaben wurde als rein innerweltlicher »Staatszweck« verstanden, sondern alle hatten – ob es um den Schutz des Reiches nach außen oder die Wahrung von Recht und Frieden im Innern ging – eine religiöse Dimension, waren bezogen auf eine Ordnung, die die irdische Welt überstieg. Nur in diesem Spannungsfeld lassen sich die Wandlungen der politischen Organisation adäquat begreifen.

Die Diskrepanz zwischen dem religiösen Auftrag an die vom König zu garantierende Herrschaftsordnung und der Realität der Herrschaftsformen wurde im Hochmittelalter als drängendes, das Heil der Menschen gefährdendes Problem empfunden. Unter dem Druck neuer Ordnungsaufgaben versuchte man in immer neuen Anläufen, die Widersprüche zu überwinden, Übereinstimmung zwischen Norm und Wirklichkeit herbeizuführen. Liebe und Demut, nicht Zwang und Furcht sollten das Zusammenleben der Christen bestimmen, jeder an seinem Platz aus seiner Verpflichtung für das Ganze handeln, freiwillig seine Leistung für das Wohl aller erbringen. Friedensbünde wurden geschlossen, die

Gewaltanwendung in der christlichen Gesellschaft ausschließen sollten, »Recht« als bindende Grundlage für die Herrschaftsausübung wurde schriftlich fixiert. Diese Leitbilder und Tendenzen haben für die Gestaltung der Staatlichkeit in Europa fundamentale Bedeutung erlangt. Zu verstehen, in ihren Voraussetzungen und Wirkungen zu erkennen, sind auch sie nur auf dem Hintergrund der religiösen Erneuerungsbewegung dieser Zeit und im Kontext eines viel breiteren Wandels, der sich in der hochmittelalterlichen Gesellschaft vollzog. Der Wandel betraf nicht nur die Herrschaftsorganisation und ihren religiös-kirchlichen Hintergrund, sondern Leben und Denken der Menschen insgesamt.

Das Hochmittelalter gilt in der Geschichtswissenschaft als Phase des Wachstums und der Entfaltung, eines allgemeinen Aufschwungs, den man als »Aufbruch« der gesamten Gesellschaft versteht. Diese Charakterisierung zielt nicht nur auf die Geschichte Deutschlands. Mit dem lapidaren Satz, Europa – das Abendland der Gegenwart – sei im 11. und 12. Jahrhundert entstanden, beginnt eine geistesgeschichtliche Untersuchung über diese Epoche, die den programmatischen Titel »Aufgang Europas« trägt. Und mag man auch aus anderer Perspektive die Bedeutung der spätmittelalterlichen Jahrhunderte etwas höher gewichten oder auf bedeutsame Entscheidungen schon in der Zeit vor 1000 verweisen, so würde doch niemand diesem Satz grundsätzlich widersprechen. Wo Historiker über die mittelalterlichen Grundlagen des modernen Staates handeln, wo vom mittelalterlichen Ursprung der modernen Gesellschaft und der Grundlegung der späteren Weltstellung des Abendlandes die Rede ist, wird abgehoben auf Entwicklungen, die sich seit dem 11. und 12. Jahrhundert vollzogen, und auf die bestimmende Prägung, die Europa in seiner weiteren Geschichte von jener Epoche her erhielt. Auch in der marxistischen Geschichtswissenschaft gilt das Hochmittelalter als die Zeit, in welcher die europäische Feudalgesellschaft durch eine besondere Entfaltung der Produktivkräfte und der Klassenstruktur Organisationsformen entwickelte, die den Grund gelegt haben für die Sonderstellung der europäischen Gesellschaft im weltgeschichtlichen Evolutionsprozeß. Die Zeit vor der Jahrtausendwende erscheint demgegenüber als Vorgeschichte, als Ausformung jener vielgliedrigen Einheit, in der das Abendland dann gemeinsam dem Wandel unterlag, der für die späteren Epochen der europäischen Geschichte prägend wurde.

Wo von den mittelalterlichen Grundlagen des modernen Staates, der modernen Gesellschaft die Rede ist, meinen die Autoren, sieht man genauer hin, mit dem Wort »modern« nicht eigentlich die heutige Gegenwart. Diese ist durch nachmittelalterliche Prozesse, vor allem durch Entwicklungen während der beiden letzten Jahrhunderte, in einer Weise geprägt, daß es schon eines weiten Überblicks bedarf, um die Bedeutung – meist nur noch die mittelbare Bedeutung – hochmittelalterlicher Weichenstellungen auch für die heutige Existenz auszumachen. Gewiß: Wo von Kommune, Parlament oder Rat(sgremium) gesprochen wird, gebraucht man Begriffe, die in jener Epoche ihre politisch-institutionelle Bedeutung erhielten; bei Abstimmungen und Wahlen werden noch manche Regeln und Verfahren angewendet, die erstmals im 12./13. Jahrhundert aufgekommen sind; in Bankwesen und Kreditgeschäft erinnern Fachausdrücke und Formen an deren Anfänge, die wiederum in der Zeit um 1200 lagen; und wer auf Warenmessen Geschäfte abschließt, folgt einer Praxis, die von den europäischen Kaufleuten seit dem 12. Jahrhundert entwickelt wurde. Wenn es ein öffentliches Notariat gibt, wenn die Gemeinden Grundbücher führen, so leben hier ebenfalls Institutionen nach, die im Hochmittelalter begründet wurden. Alle diese Beispiele, denen man leicht weitere hinzufügen könnte, belegen die entscheidende Bedeutung dieser Epoche für die weitere europäische Entwicklung. Aber wirkliche Gegenwart hat das Mittelalter in solchen Erscheinungen nicht mehr. Sie stehen heute in völlig anderem Zusammenhang, und vielfach hat das, was noch – oder wieder – den mittelalterlichen Namen trägt, der Sache nach nur noch wenig mit dem gemein, was in den hochmittelalterlichen Anfängen so bezeichnet wurde.

Im 18. Jahrhundert dagegen hatten überall noch Strukturen, Einrichtungen, Verhältnisse und Rechtsgewohnheiten, die im Hochmittelalter entstanden waren, eine bestimmende Kraft. Die Territorien des alten Reiches waren zwar Staaten in einem moderneren Sinne, aber sie setzten sich aus Herrschaften und Herrschaftskomplexen zusammen, von denen viele bereits im 12. Jahrhundert geschaffen worden waren. Regiert wurden sie meist noch von Fürstenhäusern, die – wie die Habsburger, Hohenzollern und Welfen – im 11. Jahrhundert als dynastisch strukturierte, sich an bestimmte Herrschaftszentren bindende Adelsgeschlechter in die Geschichte eingetreten sind. Die Gesellschaft Deutschlands war noch in Stände gegliedert, deren Grundmuster sich im 11. und 12. Jahrhundert verfestigt und seit dem 13. Jahrhundert kaum mehr verändert hatte. Die menschliche Siedlung und Landnutzung war – nach einem nachhaltigen Bevölkerungsrückgang durch Seuchen und Krieg seit der Mitte des 14. Jahrhunderts – kaum irgendwo über die Grenzen hinaus vorgeschoben, die um 1300 erreicht waren. Die Stadtbewohner lebten fast überall innerhalb eines Mauerringes, den die Bürger im späten 12. und frühen 13. Jahrhundert erstmals auf dieser Linie gezogen hatten; die bedeutenden, das heißt volkreichen und wirtschaftlich starken Städte, hatten ihren Vorsprung vor anderen zum größten Teil schon vor 1250 erlangt. Die Zunftorganisation, deren Entstehung um 1100 erkennbar wird, regelte noch das Handwerk. An der Spitze der Städte standen Bürgermeister und Rat, zu dem nur ein bestimmter Kreis von Bürgern Zugang hatte – das sind Organisationsformen, die sich in Deutschland erstmals gegen 1200 nachweisen lassen. Neben den Territorialstaaten gehörten zum Verband des alten Reiches reichsunmittelbare Städte, deren Status im 13. Jahrhundert definiert worden war, als königliche Städte der Staufer sich nicht einer fürstlichen Herrschaft unterstellen wollten. Gesellschaftliche und politische Strukturen des alten Reiches bewahrten bis zu den Umwälzungen im Gefolge der napoleonischen Kriege bei allem Wandel im einzelnen ein hochmittelalterliches Grundmuster. Und selbst wo die tragenden Institutionen – Kirche, Königtum, Adel und Adelsherrschaft oder auch Formen bäuerlicher Genossenschaft – auf eine noch ältere Geschichte zurückblicken, haben sie im 11. und 12. Jahrhundert entscheidende Veränderungen erfahren, durch die sie seither klar von den frühmittelalterlichen Ausprägungen abgehoben sind.

Ein großer Bogen scheint so die Zeit vom 11. bis zum 18. Jahrhundert zusammenzuspannen zu einer Einheit, die in der heutigen Geschichtswissenschaft – aus europazentrierter Perspektive – immer deutlicher als eine der großen Phasen der historischen Entwicklung gesehen wird: als die erste Großepoche der abendländisch-europäischen Geschichte. Als das Zeitalter der »alteuropäischen« oder »altständischen Gesellschaft« hat man diese Einheit bezeichnet; und auf diesen inneren Zusammenhang heben primär auch die Autoren ab, die von mittelalterlichen Grundlagen des modernen Staates und der modernen Gesellschaft sprechen. Ein qualitativer Wandel, der in der traditionellen Epochengliederung den Beginn der Neuzeit markiert, wird mit dieser Sicht nicht geleugnet. Aber er erscheint eher als Weiterentwicklung und neue Entfaltung innerhalb eines sein Grundgefüge bewahrenden Systems, wobei der Wandel nur einzelne Lebensbereiche sofort erfaßte: Religion und Kirche, das Denken, die Kunst, auch den Staat, aber zunächst stärker noch in der Theorie als in der tatsächlichen Organisation, während die gesellschaftliche Gliederung, die Lebensweisen der Menschen, die Formen der Produktion und Handelsorganisation, ja selbst der Technik, sieht man von einzelnen Sektoren wie dem Bergbau ab, nur langsam in den Wandel hineingezogen wurden. Man darf nicht vergessen, daß die traditionelle Epochengliederung, der zufolge um 1500 die Neuzeit begonnen hat, schon im 17. Jahrhundert in der Geschichtswissenschaft Verbreitung fand, als die Menschen das, was sie vom Mittelalter trennte oder trennen sollte, deutlicher sahen als das, was sie mit ihm verband. Nach den Umwälzungen des 19. und 20. Jahrhunderts tritt heute das jenen sieben bis acht Jahrhunderten Gemeinsame derart in den Vordergrund, daß dem, was sich in ihrem Verlauf veränderte, mehr graduelle Bedeutung zuzukommen scheint.

In den Veränderungen, die in der zweiten Hälfte des 18. Jahrhunderts einsetzten, lag qualitativ ein fundamentaler Wandel, durch den sich die heutige Welt und auch schon die der wilhelminischen Zeit von der des 18. Jahrhunderts wohl deutlicher unterscheidet als diese von der des Hochmittelalters. Die Sonderstellung, die der europäischen Kultur und Gesellschaft in der weltgeschichtlichen Entwicklung zufiel, ist aber schon vorher klar erkennbar – gleichgültig ob man die überseeische Expansion oder das Rechtssystem betrachtet, das hohe Maß der Schriftlichkeit im gesellschaftlichen und kulturellen Leben oder den Einsatz technischer Möglichkeiten im Arbeitsprozeß, ob man die Organisation von Handel und Kreditwesen oder die Art des staatlichen Zugriffs auf den einzelnen als Kriterium nimmt, die über den Bereich fiskalischer Erfassung und politischer Kontrolle hinausreicht, oder die Formen gemeindlicher Organisation, ständischer Repräsentation, öffentlicher Kommunikation. Ein spezifisch zugreifendes Denken, das alle Lebensbereiche immer mehr durchdringt, sucht seit dem Hochmittelalter auch das Irrationale mit sich wandelnden Mitteln rational zu erfassen und in sein System zu zwingen. Entscheidende Kennzeichen dieser europäischen Kultur, die in der Überformung und Transformation anderer Kulturen Weltkultur geworden ist, lassen sich auf hochmittelalterliche Weichenstellungen zurückführen. Insofern ist es durchaus berechtigt, wenn man von einer mittelalterlichen Grundlegung der modernen Welt gesprochen hat. Die »evolutionäre Qualität«, durch die sich die Feudalgesellschaft des europäischen Mittelalters vor ähnlich strukturierten Gesellschaften anderer Kulturkreise und Epochen auszeichnet, hat sich damals durchgesetzt und ihre transformierende Wirkung seither immer weiter entfaltet.

Zählt man jedoch die geschichtlichen Kräfte auf, die im abendländischen Hochmittelalter dominierten, so wird daraus eher ein Gegenbild zur Moderne als eine Skizze ihrer Anfänge und Grundlegung: Es waren Mönchsorden und Rittertum, Gottesfrieden und Kreuzzüge; ein Königtum, das geistlichen Charakter beanspruchte und kirchliche Funktionen übernahm; ein Papsttum, das aus seinem geistlichen Auftrag heraus monarchische Weltherrschaft für sich reklamierte; ein auf weltliche Herrschaft gegründetes geistliches Fürstentum, wie es damals in Konkurrenz zur fürstlich werdenden Adelsherrschaft zur Ausbildung kam. Jede menschliche Lebensgemeinschaft und jede politische Ordnung besaß zugleich einen religiösen Charakter und war in den Formen ihres Vollzugs mehr oder weniger kirchlich geprägt; die Gewißheit vom Wirken Gottes in allen Erscheinungen, von der Kraft seiner Heiligen und von den ständigen Umtrieben des Teufels war allgemein; und die Sorge um das jenseitige Heil, die Lebende und Tote zu einer Gemeinschaft verband, machte das »Danach« in vielfältiger Weise zum Orientierungspunkt des irdischen Lebens, konkreten menschlichen Verhaltens. In dem Wandel, dem die Organisationsformen, Lebensweisen und Geisteshaltungen der abendländischen Gesellschaft vom 11. bis zum 13. Jahrhundert unterlagen, blieb das Alte, Überkommene gegenwärtig und wirkte fort. Nur durch Einzelformen, nicht insgesamt scheint das Neue über das Mittelalter hinauszuweisen; und als sie zur Ausbildung gelangten, waren auch diese Einzelformen ganz und gar in Zeittypisches eingebunden.

So würde man das Wesen der Epoche zweifellos verfehlen, wollte man sie einseitig aus der Perspektive eines in die Moderne weisenden Wandels betrachten und behandeln. Fragt man nach dem, was im Zentrum von Leben und Denken der damaligen Menschen stand, nach den charakteristischen Erscheinungen und den dominanten Kräften, so stößt man auf viele Phänomene, die keine Kontinuität in die Moderne erlangt haben oder in ihr zu Sonderformen und Randerscheinungen geworden sind. Für das Verständnis des Hochmittelalters liegt eine Schwierigkeit gerade darin, daß dem modernen Betrachter vieles vertraut erscheint, weil es – obschon mehr oder weniger vermittelt – in die Grundlagen der eigenen Existenz eingegangen ist. Aber es gehörte ursprünglich in ganz andere Zusammenhänge. Das zeigt sich nicht nur, wenn man nach der Entwicklung der Monarchie und ihres Verhältnisses zum Staat fragt. Unbestreitbar ist der Aufstieg des Stadtbürgertums für die weitere Geschichte Europas von grundlegender Bedeutung geworden – und doch erfaßt man nur begrenzte Sektoren seiner Wirklichkeit, wenn man das städtische Leben und Wirtschaften des Hochmittelalters in den Kategorien bürgerlich-kapitalistischer Existenz beschreibt. Das vielstimmige Rufen nach Freiheit und Freiheiten, das sich, in der Kirche beginnend, seit dem 11. Jahrhundert Bahn brach, wird mißverstanden, wenn man darin liberale Freiheitsforderungen mithört, und die Formen genossenschaftlicher Autonomie, die seit dem 12. Jahrhundert in immer weitere Bereiche der gesellschaftlichen Organisation vordrangen, waren kein Ausdruck demokratischer Tendenzen im Sinne späterer Epochen – auch wenn das Autonomiestreben und die Gemeindebildung des Hochmittelalters mittelbar für die Entstehung der modernen Formen von Bedeutung wurden. Die Aristoteles-Rezeption läßt sich in eine Entwicklungslinie bringen mit humanistischen Bestrebungen in der Renaissance und der Grundlegung moderner Wissenschaft – aber sie erfolgte in Lebenszusammenhängen und mit Zielsetzungen, die aus der Perspektive der späteren Epochen nicht mehr in den Blick treten. Gerade das, was vertraut erscheint, leitet bei der Annäherung an das Mittelalter oft in die Irre, wenn man zu fragen vergißt, ob es damals nicht einen anderen Sinn und Stellenwert hatte.

So stößt man bei der Erforschung des scheinbar leicht Verständlichen plötzlich auf ganz und gar Fremdartiges, das man nur schwer ein- und zuordnen kann. Fiktives besaß für die damaligen Menschen oft eine heute kaum noch begreifliche Realität, Reales galt oft als Träger von Eigenschaften und Bedeutungen, die mit menschlichen Sinnen nicht erfaßbar waren – und trotzdem gestaltete in Technik, Wirtschaftsorganisation und Rechtsetzung ein spezifischer Wirklichkeitssinn das Leben der Menschen in zunehmendem Maße. In einer Gesellschaft, in der freiwillige Armut als höchstes Ideal der Lebensführung, Reichtum als eine der größten Gefahren für das Seelenheil und Wucher als Übergabe in die Klauen des Teufels galt, entstanden jene Formen des Geld- und Kreditwesens, des Bankgeschäftes, der Handelssozietäten, die manche Forscher schon in bezug auf das 13. Jahrhundert von einem Frühkapitalismus sprechen ließen. In einer Gesellschaft, in der sich Buchführung, kaufmännische Gewinnkalkulation und eine Marktorientierung auch der landwirtschaftlichen Produktion entwickelten, ging die Führungsschicht mit ihrem Reichtum in einer Weise um, die unter wirtschaftlichen Kategorien als ziellose Verschwendung erscheint und die sich innerhalb des politischen Ranggefüges und des Herrschaftssystems doch – wohl noch eindeutiger als die verschwenderische Staatsrepräsentation der Barockzeit – als normgerechtes und zweckgerichtetes Verhalten erklären läßt. Solche Widersprüche stellen den Betrachter vor ein grundsätzliches Problem: Wie kann dieses Zeitalter als Epoche gelten, in der eine Grundlegung für die europäische Moderne erfolgte – wenn diese Moderne doch erst mit seiner Überwindung, in einer bewußten Distanzierung vom Mittelalter, im Abbau gerade hochmittelalterlicher Neubildungen Gestalt gewann?

Daß die hier dargestellte Zeit gekennzeichnet ist durch tiefgreifende Strukturveränderungen, bedeutet nicht, daß sie als Übergangsepoche aufzufassen ist, in der bis dahin Gültiges seine Kraft verlor. Die Neuschöpfungen verdrängten das Alte nicht, sondern brachten vielfach Möglichkeiten, die in ihm angelegt waren, zur vollen Entfaltung. Sie wollten seit Jahrhunderten akzeptierten Verpflichtungen gerecht werden, sollten das Gültige festigen oder noch reicher gestalten. Wo Elemente der Tradition von einer Seite angezweifelt wurden, suchten andere zu deren Verteidigung eine noch tiefere Begründung und steigerten den Anspruch auf Verbindlichkeit.

Ohne wirklichen Bruch mit dem Überkommenen, eingebunden in das, was seit Jahrhunderten gültig war und weiterhin gültig blieb, formte sich so das Neue aus, das die damalige Zeit in die geschichtliche Entwicklung einbrachte: in Theologie und Kirche, im politischen Leben und im Rechtsdenken, in der Struktur menschlicher Gemeinwesen, in den Techniken praktischer Lebensbewältigung. Im Hinblick auf die erweiterten Dimensionen des Geisteslebens, auf neue Fragehaltungen und ein neues Ich-Bewußtsein der Menschen, auf die Vielfalt der kulturellen Blute, in der die lateinische Christenheit einen ihr verlorengegangenen Teil antiker Literatur aus dem Griechischen und Arabischen zurückgewann und gleichzeitig eine sich der Volkssprachen bedienende Laienkultur zur Schriftlichkeit brachte, ist es üblich geworden, von der »Renaissance des 12. Jahrhunderts« zu sprechen. Aber diese hochmittelalterliche »Renaissance« kannte kein »Mittelalter«, das sie verwarf, um Vorbildern einer davor liegenden Epoche neue Anerkennung zu verschaffen. Sie »erneuerte«, indem sie es neu durchdrang und überhöhte, ein jahrhundertealtes Erbe, ohne es grundsätzlich in Frage zu stellen.

Seit der Mitte des 11. Jahrhunderts hat man sich unter Berufung auf die offenbarte Wahrheit immer entschiedener gegen schlechte Zustände und falsche Gewohnheiten der eigenen Zeit gewandt. Fest eingewurzelte Unsitten und Irrtümer sollten ausgerissen, der Christenheit sollte ihre rechte Ordnung zurückgegeben werden. Doch geschah selbst dies kaum in der Hoffnung, damit für immer bessere Zeiten heraufzuführen. Vom Verfall, von der Wende zum Schlechteren, glaubte man jede Generation bedroht: Das war das Zeichen der menschlichen Unvollkommenheit und der Hinfälligkeit dieser Welt, war ein Schicksal, das Menschen und von Menschen Gestaltetes immer neu einholte. Nur die Ausrichtung auf das, was nicht in dieser Welt gründete, konnte hier einen Gegenhalt bieten – und die Orientierung am Vorbild der Alten, bei denen man auch damals neu Belehrung suchte. Die Notwendigkeit der Reform, die Aufgabe der Erneuerung war jeder Generation gestellt, die wirklich ernst machen wollte mit den offenbarten, schriftlich tradierten Normen, die wirklich versuchen wollte, den anerkannten Vorbildern nachzuleben.

So hat die moderne Geschichtswissenschaft Wellen der Erneuerung schon im Mittelalter entdeckt, die sie als »Renaissancen« charakterisierte: um 800, um 1000, vor allem im 12. Jahrhundert. Jede war von religiösen Impulsen angestoßen und mit dem Willen zu kirchlicher Reform verbunden. Jedesmal brachte der erneute Rückgriff auf Quellen – insbesondere auf die schriftlichen Quellen – der eigenen Kultur eine erweiterte Aneignung und engere Zusammenführung der Traditionselemente, am intensivsten wiederum in der Zeit vom späten 11. bis zum 13. Jahrhundert: im Bemühen um Verwirklichung »evangelischen«, apostelgleichen Lebens, in der Neuaneignung römischen und altkirchlichen Rechts, griechischer Philosophie, lateinischer Dichtung und arabisch-antiker Medizin, in der dichterischen Ausformung alter Heldenepen zur Buchliteratur und der Kodifizierung gelebter Gewohnheiten und Rechtsnormen.

Reformation und Renaissance stehen – trotz ihrer Selbstdistanzierung von den »abergläubischen« Jahrhunderten der Papstkirche und der Unkultur eines »barbarisch-gotischen« Mittelalters – noch unter dem Einfluß dieser Lebenshaltung. Es ist durchaus berechtigt, Mittelalter und Neuzeit erst dort voneinander abzugrenzen, wo der Wille zur Verbesserung und Neugestaltung der eigenen Welt sich nicht mehr an den verkündeten ewigen Wahrheiten und den Vorbildern vergangener Zeiten orientiert, sondern an einer vom Menschen selbst entworfenen Zukunft. Ein solches Fortschrittsdenken war dem Reformwillen des Mittelalters – sieht man von den am Rand der Häresie stehenden Entwürfen einer spiritualistischen Religiosität ab, wie sie wiederum erstmals im 12. Jahrhundert aufgekommen sind – durchaus fremd.

Daß eine Gesellschaft, die durch den zentralen Platz der jüdisch-christlichen Wort- und Buchreligion in ihrem Leben, durch das formende Erbe der lateinischen Antike in ihrer Schriftlichkeit und durch das Festhalten an Elementen einer auf Mündlichkeit gegründeten archaischen Gedächtniskultur eine bereits ungewöhnliche geschichtliche Tiefe besaß, eine derartige Entfaltung erlebte, ohne daß die Kräfte, die sie in neue Dimensionen führten, das Gesamtgefüge sprengten – das ist es, was dem Hochmittelalter jenen Eindruck eines »Höhepunktes« der geschichtlichen Entwicklung verschafft hat, den viele Betrachter artikulieren.

Gewiß, ein solches Urteil wird immer problematischer und fragwürdiger, je mehr man versucht, es im historischen Vergleich zu analysieren und im Detail zu begründen. Doch der Eindruck einer in der Ganzheit gehaltenen Vielfalt, in der das Kleine oft eine Welt für sich darzustellen scheint und doch an einer gesamtheitlichen Ordnung partizipiert, hat durchaus reale Bezugspunkte. Wenn man die Kultur des Mittelalters bestimmt sieht durch die prägenden Komponenten des Christentums, des antiken Erbes und der vor allem durch germanische Völker eingebrachten archaischen Gesellschafts- und Denkformen, so kann man mit gleichem Recht sagen, daß sich diese Elemente erst vom 11. bis zum 13. Jahrhundert gegenseitig ganz durchdrungen haben. Hier hat die lateinische Christenheit die Neubegegnung mit antikem Wissen von der Welt gesucht, das sie in patristischer Zeit auszuscheiden begonnen und im Frühmittelalter weitgehend verloren hatte, nun aber in ihr Weltbild integrieren wollte. Hier wurde eine im Mündlichen verankerte, von antikem oder kirchlichem Recht nur punktuell beeinflußte Rechtstradition allmählich von Normen einer in der Schriftlichkeit gründenden Rechtskultur erfaßt. Hier erhielt die aus archaischen Strukturen entwickelte Organisation der germanisch-romanischen Reiche im wiederbelebten Anspruch kaiserlich-römischer Staatlichkeit eine Ausdeutung, die verändernd auf Herrscherbewußtsein und Herrschaftsausübung zu wirken begann. Hier wurde das religiös-kirchliche Gemeindeverständnis zusammengeführt mit genossenschaftlichen Lebensformen, die sowohl von antik-mittelmeerischen als auch von archaisch-nordalpinen Ausprägungen menschlicher Gemeinschaftsbildung beeinflußt waren. Dieser Prozeß bewirkte Einheit und Reichtum des hochmittelalterlichen Abendlandes. Dessen innere Zusammengehörigkeit in allen Erscheinungen und Entwicklungen tritt immer deutlicher hervor, obwohl damals zugleich eine immer stärkere Differenzierung nach Ländern, Regionen und Lebenskreisen eingesetzt hat. Daß das Abendland in dieser Zeit immer mehr zu einer von den gleichen Kräften geformten Einheit zusammenwuchs und gleichzeitig regionalen Sonderentwicklungen unterlag, die langfristig wirksam blieben und durchaus zu den Ansatzpunkten der europäischen Nationenbildung gerechnet werden können, sind komplementäre Aspekte der »Aufbruchsepoche«.

Das Abendland war in seiner ganzen Geschichte vielleicht nie einheitlicher geprägt als in der Zeit des 11. bis 13. Jahrhunderts. Über die lateinisch-christliche Gemeinsamkeit hinaus trugen dazu vor allem drei Faktoren bei: zunächst die Grundlegung in der Kultur des Karolingerreiches, die auch die nicht zum Frankenreich gehörenden Teile Europas immer intensiver durchdrang und dort zur Anpassung und Angleichung eigener Traditionselemente führte; sodann die Prägung durch gesellschaftliche Entwicklungen, die das ganze Abendland erfaßten und so die Gemeinsamkeiten akzentuierten; schließlich das Aufkommen immer neuer Bewegungen, die in der ganzen lateinischen Christenheit Widerhall fanden und Lebensgemeinschaften begründeten, die in alle europäischen Reiche ausgriffen und durch ihren eigenen Zusammenhalt auch für das Ganze einheitsstiftend wirkten.

Die karolingische Grundlegung wird im ersten Band der »Propyläen Geschichte Deutschlands« dargestellt, so daß hier wenige Stichworte genügen. In allen abendländischen Reichen, die geschichtliche Kontinuität erlangt haben, wurde das Königtum als monarchisches Gottesgnadentum verstanden. Seinen Aufgaben in der Weltordnung entsprechend, wurden ihm bestimmte Herrscherprärogativen zugesprochen und bestimmte Zeichen der Herrschaft zugeordnet, um diese Stellung, die über das konkret Erfahrbare hinausging, im Symbol sichtbar zu machen. Die Auffassung vom Königtum war durch und durch vom kirchlichen Amtsgedanken geprägt. Aber es wurde nicht als von der Kirche verliehenes Amt verstanden. Wenigstens bis in das späte 11. Jahrhundert blieb in der lateinischen Christenheit unbestritten, daß der König seine Herrschaft unmittelbar von Gott empfing. Liturgische Formen standen im Zentrum der Herrschaftsrepräsentation.

Überall teilte dieses Königtum die Herrschaft mit einem Adel, der seine Macht nicht allein dem König verdankte. Was vom Volk konkret als Herrschaftsgewalt erfahren wurde, war diese Adelsmacht. Die Eingliederung des Adels in das Gefüge des Reiches geschah über das Lehnswesen, das die Beziehung zwischen König und Adel regelte, das aber durch die Möglichkeit der Weitergabe von Lehen an Untervasallen zugleich hierarchische Abstufungen im Adel schuf. Fast überall hob sich auf dieser Basis eine fürstliche Herrschaft heraus, deren Inhaber das Vorbild des Königtums imitierten und in der Wahrnahme von Ordnungsaufgaben vielfach an Stelle des Königs handelten, der zur Erfüllung dieser Aufgabe nicht in der Lage war. Die Kirchen hatten Anteil an dieser zersplitterten Herrschaftsgewalt. Ihre Machtkomplexe waren denjenigen des Adels vergleichbar. Die Könige, manchmal auch Fürsten, zogen die Prälaten und das Kirchengut zur Erfüllung der Ordnungsaufgaben mit heran. Durch die Ausstattung der Kirchen trugen sie selbst wieder dazu bei, deren weltliche Herrschaftsstellung zu verstärken. Die Vergabe von Kirchengut als Lehen schuf vielfältige Formen der Überschneidung von Kirchen- und Adelsherrschaft und gab den Vasallen, also Laien, Möglichkeiten zur Einflußnahme, die – etwa durch Beteiligung an Bischofs- und Abtswahlen – weit in das kirchliche Leben hineinreichen konnte.

In der kirchlichen Organisation selbst legten die karolingischen Reformen den Grund für die Erneuerung einer auf die bischöfliche Kollegialität gegründeten hierarchischen Struktur: in der Wiedereinführung der Metropolitanverfassung, der Wiederbelebung der Provinzialsynoden und der Stärkung der bischöflichen Aufsicht, durch Regeln für das gemeinsame Leben des Weltklerus, für die rechtliche Stellung der Domkapitel, für Ausbildung und Tätigkeit der Landgeistlichen. Auch wenn manches davon bald wieder vom Verfall bedroht war, blieben die in karolingischer Zeit aufgerichteten Normen der Bezugspunkt späterer Reformen und wirkten dadurch fort.

In das hierarchische System nicht voll eingegliedert war das Mönchtum, obwohl das Klosterwesen in karolingischer Zeit der normierenden Regelung nicht weniger unterlag als die übrige kirchliche Organisation. Die Festlegung auf die Regel Benedikts von Nursia und die Bemühungen um die Vereinheitlichung der klösterlichen Lebensgewohnheiten schufen die Grundlage für weitreichende Gemeinsamkeiten der monastischen Entwicklung bis tief in das 12. Jahrhundert hinein. Die Klosterkultur war – trotz des Anteils bischöflicher Schulen – der eigentliche Träger für die Ausbreitung der karolingischen Normschrift, von der die weitere Schriftentwicklung im ganzen Abendland ihren Ausgang nahm, für das gereinigte Latein der Schriftkultur, für die Tradierung eines »Bildungskanons«, der trotz aller hochmittelalterlichen Erweiterungen die Basis des lateinischen Mittelalters blieb. Die Eigenständigkeit des Mönchtums nicht neben, sondern in einer sich hierarchisch ordnenden Kirchenverfassung kann selbst als ein karolingisches Erbe gelten, das im Hochmittelalter fortwirkte, und ebenso das, was schon in der Karolingerzeit Bischofskirchen und Klöster, Königtum und Laienwelt zu der Einheit »Kirche« verband: die Gebetsbünde und Gebetsverbrüderungen, in denen vielschichtige Lebensgemeinschaften, Geistliche und Laien, sich und ihre Toten dem rettenden Gebet vor allem der Mönche anvertrauten. Es ist diese Funktion, welche die Klöster damals fast in die Mitte der Gesellschaft gerückt hat.

Von karolingischen Modellen geprägt war weithin auch die Organisation agrarischer Produktion, die auf Grundherrschaften als den eigentlichen Einheiten basierte und insofern untrennbar mit der Herrschaftsorganisation verbunden war. Das Land, das die bäuerlichen Familien bearbeiteten, war in der Regel nicht deren eigener, sondern herrschaftlicher Besitz. Die Bauern konnten zwar nicht von ihm vertrieben werden, aber ihr Stück Land bildete eine Wirtschaftseinheit mit einem Herrengut, dem die einzelnen Bauernstellen jeweils zugeordnet waren. Was den Grad persönlicher Abhängigkeit, die Formen der Hörigkeit anlangt, so bestanden hier bereits im karolingischen Imperium erhebliche regionale Unterschiede, die aus älteren Sozialstrukturen abzuleiten sind. Diese regionale Differenzierung verschwand auch nicht unter den einheitlicher werdenden Strukturprinzipien, nach welchen später das Verhältnis abhängiger Bauern zu ihrem Herrn und der bäuerlichen Bevölkerung insgesamt zu der intensiver geübten Herrschaftsgewalt von zunehmend hoheitlichem Charakter geregelt wurde.

Die im Karolingerreich ausgebildeten und in seinen Nachfolgereichen weiterentwickelten Formen haben sich über die ehemaligen Grenzen des fränkischen Reiches hinaus ausgebreitet auf die gesamte lateinische Christenheit, die im Hochmittelalter die zweite große Phase ihrer Expansion erlebte. Die Mission und die mit ihr verbundene Ausbildung neuer monarchisch gelenkter Reiche in Ost- und Nordeuropa, die entscheidende Impulse aus Deutschland und dem römisch-deutschen Imperium erhielten, die Reconquista auf der Iberischen Halbinsel, die materiell und ideell in Aquitanien und Burgund bei Adel und Mönchtum Rückhalt fand, die normannische Herrschaftsübernahme in England und die normannische Reichsgründung in Süditalien, die beide von Nordfrankreich ausgingen, schließlich die Errichtung der Kreuzfahrerstaaten haben als äußere Ereignisse zur Ausbreitung der karolingischen Formen beigetragen. Aber die Vereinheitlichung war zugleich ein von inneren Kräften getragener Vorgang, der auch die einheitsstiftenden Bewegungen in der abendländischen Gesellschaft ermöglichte. Dabei waren es nicht die hochkarolingischen Formen, die sich im ganzen Abendland verbreiteten, sondern spät- und nachkarolingische Um- und Weiterbildungen. Aus dieser Perspektive erscheint die karolingische Grundlegung Europas nicht nur als ein Geschehen, das mit den Namen Karls des Großen, seines Vaters Pippin und seines Sohnes Ludwig verbunden ist, sondern als ein Prozeß, der seine volle Wirkung erst nach der Auflösung des Frankenreiches entfaltete und selbst wieder in den Zusammenhang des abendländischen Aufbruchs gehört.

Die Einheit des abendländischen Kulturkreises tritt im Hochmittelalter dadurch noch deutlicher hervor, daß gemeinsame Entwicklungen in allen seinen Teilen vergleichbare Strukturen entstehen ließen. Die frühere Grenze zwischen den einst von römischer Stadtkultur und Großgrundbesitzorganisation geprägten Gebieten des Südens und Westens und den archaischen Agrargesellschaften im Norden und Osten begann sich zu verwischen. Noch in der Karolingerzeit war diese Grenzscheide deutlich; vom späteren Deutschland waren nur die Gebiete westlich des Rheins und südlich der Donau bis zu einem gewissen Grad mit Gallien und Italien vergleichbar. Schon unter den Saliern verloren die strukturellen Unterschiede zwischen beiden Kulturräumen an Bedeutung. Zwar blieben ein Entwicklungsvorsprung des Rheinlandes und ein Kulturgefälle vom Westen und Süden Deutschlands zum Nordosten hin bis weit in das Spätmittelalter sichtbar. Aber Städte und Handelsaustausch, Grundherrschaften und Landgemeinden, geistliche Fürsten und adelige Dynasten prägten das Leben überall in Deutschland in ähnlichen Formen. Das Gewicht von Zentren wie Würzburg oder Bamberg, Hildesheim oder Magdeburg, Goslar oder Lübeck, des Welfenhofes in Braunschweig oder der Wartburg unter den Landgrafen von Thüringen beweist, wie der Ausgleichsvorgang bis zum Ausgang der Stauferzeit voranschritt. Für den hochmittelalterlichen Strukturwandel ist das Zurücktreten verschiedenartiger geschichtlicher Voraussetzungen, unterschiedlicher kultureller Prägungen der einzelnen Zonen Europas vielleicht das deutlichste Indiz.

Als Ausgangspunkt dieser Entwicklung muß wohl eine unbestreitbare, aber in ihren Ursachen schwer zu erklärende und zahlenmäßig kaum zu präzisierende Grundtatsache gelten: das starke Bevölkerungswachstum, das in der Zeit um 1000 deutlicher erkennbar wird und seinen Höhepunkt – mit leichten regionalen Verschiebungen – um und nach 1300 erreicht hat. Rodung, Landesausbau und Kolonisation zeigen die Zunahme unmittelbar an. Wo landwirtschaftliche Nutzung möglich war, wurde der Wald, der bis dahin in weiten Teilen Europas die Siedlungsinseln der Menschen umschloß, auf Reste reduziert. Bis in den Osten und Norden, wo naturräumliche Gegebenheiten als Barriere wirkten, oder bis in die Gebirge hinein bildete nun überall die offene Kulturlandschaft den Lebensraum der abendländischen Gesellschaft. Geschlossene Dorfsiedlungen oder gemeindlich verfaßte Nachbarschaften ließen das typische Leben auf verstreuten, eigenständigen Einzelgehöften und in kleinen Weilern zu einer landschaftsgebundenen Sonderform menschlichen Daseins werden.

Wohl noch einschneidender als die Veränderungen im agrarischen Bereich war für Wirtschaft und Gesellschaft des Hochmittelalters eine andere Entwicklung: Die Städte und stadtartigen Siedlungen vermehrten sich, ihre Einwohnerzahlen wuchsen rasch. Städtisches Leben, gekennzeichnet durch enge Nachbarschaft und gegenseitiges Aufeinanderangewiesensein, aber auch durch den meist weitreichenden Radius der Außenbeziehungen, wurde in ganz Europa zu einer Grundform menschlicher Existenz. Der städtische Markt stieg zum Orientierungspunkt und Umschlagplatz der agrarischen und handwerklichen Produktion auf. In der städtischen Wirtschaft, im Handel der städtischen Kaufleute sammelte sich der gesellschaftliche Reichtum; und Könige, Fürsten und Herren holten sich von dort einen wesentlichen Teil der Mittel, die sie zum Ausbau ihrer Herrschaftsposition verwendeten. Überall in Europa begannen nun Städte und Stadtbürger als politische Kraft den bisherigen Herrschaftsträgern selbständig gegenüberzutreten. Und überall entwickelte sich eine spezifisch städtisch-bürgerliche Kultur, die sich zwar in ihren Einzelformen durchaus an die des Adels und der Kirche anlehnte, aber abgehoben war von der Einbindung in Herrschaftsrepräsentation und Kult – ein eigenständiges Milieu, das auf einer neuen Ebene Gemeinsamkeiten der europäischen Kulturentwicklung schuf oder sie verstärkte. Bestandteil dieser Kultur war das hochspezialisierte Handwerk, das mit Erzeugnissen von höchster Qualität und größtem Raffinement seit dem Hochmittelalter auch die Sachkultur des Adels und der Kirche mitformte. Ein weiträumiger Warenaustausch, in den außer Luxusartikeln und Gütern des gehobenen Konsums bereits Lebensmittel zur Befriedigung des täglichen Bedarfs einbezogen wurden, war am Ausgang der Stauferzeit nicht nur für Adel, Geistlichkeit und Kaufmannschaft, sondern bis in die städtischen Mittelschichten hinein die Grundlage der Existenz und Lebensgestaltung.

Bevölkerungsverdichtung, zunehmende Mobilität und ein immer komplexer werdendes Beziehungsgefüge der Gesellschaft verlangten nach intensiveren Formen der Staatlichkeit. Die Formen, in denen sich die Herrschaftsverdichtung und -intensivierung vollzog, verliehen den Lebensbedingungen in den verschiedenen Teilen Europas ein einheitliches Grundmuster. Die ländliche und städtische Bevölkerung mußte überall vergleichbare Pflichten und Lasten übernehmen oder als verbindlich anerkennen, denen Adel und Klerus aufgrund ihrer Standesprivilegien zumeist enthoben waren. Handel und Verkehr unterlagen überall ähnlichen Abschöpfungen fiskalischer Natur, die aber durch Sonderprivilegierung durchbrochen werden konnten. Das Leben all derer, die nicht selbst Herrschaftsrechte besaßen oder kirchliche Immunität genossen, also der Bauern, der Handwerker, der Kaufleute, war geregelt durch ein System statusbezogener Bindungen, Auflagen und Abgaben, dem überall gleichartige Prinzipien zugrunde lagen – mochten die Einzelheiten von Land zu Land, von Ort zu Ort noch so sehr variieren. Gerade weil die Herrschaftsträger im 11. und 12. Jahrhundert ihre Forderungen zunächst gesteigert und ihren Zugriff verstärkt hatten, kam es überall in Europa zur schriftlichen Fixierung, die, eingebunden in die Aufzeichnung örtlicher Rechtsgewohnheiten, auch jenen Komplex der Leistungen und Abgaben – anders gesehen: die »Rechte« des Herrn – festschrieb. Änderungen waren damit nicht ausgeschlossen: sei es durch Privilegierung, das heißt durch eine ebenfalls schriftlich gegebene Vergünstigung, mit welcher ein Herrschaftsträger zumeist auf allgemeine Tendenzen reagierte, sei es durch neue Vereinbarungen zwischen dem Herrn und einer Genossenschaft. Diese konnten die Stadtbürger mit Hilfe ihres Geldes zunehmend zu ihren Gunsten gestalten, während die Bauern nach Verbesserungen im 12. Jahrhundert dann im Spätmittelalter unter herrschaftlichem und wirtschaftlichem Druck häufig genug auch Statusverschlechterungen hinnehmen mußten.

Im Zuge der gesellschaftlichen Entwicklung setzten sich gerade im städtischen, aber auch im bäuerlichen Bereich Prinzipien für die Organisation menschlicher Gemeinwesen durch, die eine völlig neue Art obrigkeitlicher Gewalt begründeten. Sie bezog ihre Legitimation nicht, wie die bisher geübte Herrengewalt, aus einer göttlichen Weltordnung und einer seit Jahrhunderten ererbten Position. Die Gemeinschaft selbst band sich durch Eid an gemeinsam anerkannte oder vereinbarte Normen und unterstellte sich zu deren Durchsetzung dem Gebot und Gericht von Männern aus ihrer Mitte. Auch diese eidgenossenschaftlich-kommunale Bewegung gehört zu den gemeinabendländischen Erscheinungen des Hochmittelalters, und sie entfaltete ihre Wirksamkeit genau dort, wo die soziale Dynamik das Leben am deutlichsten umgestaltete: in den Stadt- und Landgemeinden, in Gilden, Zünften und Bruderschaften. Weil den Herrschaftsträgern ein Apparat zur kontinuierlich eingreifenden Verwaltung fehlte, übernahmen Genossenschaften und Gemeinden, denen bestimmte Nutzungsrechte überlassen, bestimmte Bereiche zu autonomer Regelung übergeben wurden, Leistungsgarantien, für deren Einlösung die Gemeinschaft in ihrer Gesamtheit verantwortlich war. Aus der Selbstverpflichtung, in einer Art Bringschuld jedes einzelnen gegenüber der Gemeinschaft und ihren Repräsentanten, entwickelte sich ein neues Verhältnis zur öffentlichen Gewalt, das dann auch die Herrschenden zur Intensivierung und Stabilisierung ihrer Machtausübung zu nutzen versuchten. Ein wesentliches Element europäischer Staatlichkeit resultiert aus diesem Prinzip. Auf dem Weg zum modernen Staat wurde allerdings die eidgenossenschaftlich-kommunale Grundlage der Verpflichtung zunächst immer mehr von einem monarchischen Herrschaftsmonopol zurückgedrängt, das aus einer religiösen Definition der Obrigkeit seine Rechtfertigung bezog.

Vermehrung und Verdichtung der Bevölkerung führten im ganzen Abendland auch zu intensiverer Organisation der kirchlichen Erfassung und der Seelsorge. Die damit verbundene Vertiefung der Christianisierung ließ Bräuche, die noch in den verschiedenartigen paganen Traditionen früherer Völker gründeten, immer mehr zurücktreten. Die Gemeinsamkeit der christlich-kirchlichen Lebensformen im Abendland wurde noch dadurch verstärkt, daß die römische Kirche – Papsttum und Kurie – seit der Mitte des 11. Jahrhunderts wirklich das normierende Zentrum und, hierarchisch gesehen, die Spitze der lateinischen Christenheit wurde und daß in der systematisierenden Aneignung der kirchlichen Rechtstradition auch der rechtliche Rahmen kirchlichen Lebens zunehmend vereinheitlicht wurde.

So lebten die Menschen Europas in Organisationssystemen, deren Prinzipien im Verlauf der hochmittelalterlichen Entwicklung in vielem immer ähnlicher wurden. Auch wo man sich bewußt an Vorbilder aus entwickelteren Zonen anlehnte, beruhte die Entfaltung auf autochthonen Kräften. Das ganze Abendland war von der gleichen sozialen und wirtschaftlichen Dynamik erfaßt und erlebte in deren Gefolge, geformt von gleichartigen Kräften, überall einen in die gleiche Richtung weisenden Wandel.

In diesen Wandel griffen einheitsstiftende Bewegungen ein, deren Ursprung sich deutlicher lokalisieren läßt. Dennoch ist hier vor einem Denkschema zu warnen, das in einer frühest nachweisbaren Konkretisierung den Ausgangspunkt einer langen, sich verzweigenden Ursachenkette sieht, die ein ganzes Zeitalter veränderte. So etwa hat man lange Cluny nicht nur für den Herd aller monastischen Reformen bis zu den neuen Ordensgründungen der Zeit um 1100 gehalten, sondern auch für die Geburtsstätte des Reformpapsttums und der vielfältigen Bemühungen um kirchliche Reform und religiöse Erneuerung; oder man wollte den ganzen Investiturstreit mit seinen Auswirkungen auf die Position des Kaiser- und Königtums aus »folgenschweren Ideen« eines oder weniger Männer ableiten. Was in den äußeren Formen als Nachahmung, als Folgewirkung eines punktuellen Neuansatzes erscheint, erweist sich aber unter strukturellen Gesichtspunkten vielfach zugleich als eine eigene Bildung, die ähnlichen Antrieben ihre Gestaltung verdankt. In einer konkreten Lebensgemeinschaft verdichteten sich gemeinabendländische Tendenzen plötzlich zu einem Neubeginn. Diese Umsetzung strahlte auf andere Orte aus, weil man auch dort – aus der gleichen Problemlage und ähnlichen Verhältnissen heraus – auf der Suche nach solchen Formen war.

In der Gesellschaft des Hochmittelalters stellten religiöse Anliegen ein dynamisches Moment von größter Wirkung dar. Religiöse Bewegungen waren es vor allem, die die lateinische Christenheit seit dem 11. Jahrhundert immer enger zusammenführten, auch wenn der Streit um den richtigen Weg die Lebensgemeinschaften manchmal fast zerriß. Selbst dort, wo ihre Anfänge zugleich als Reaktion auf Veränderungen des Gesellschaftsgefüges zu verstehen sind, wurden sie rasch zu einer eigenständigen Kraft, die auch außerhalb des Ursprungsmilieus das Trachten der Menschen auf gemeinsame Ziele lenkte. Religiöse Gemeinschaften, die die Grenzen der Reiche überschritten, verstärkten den abendländischen Zusammenhalt: zunächst Klosterverbände, die sich – wie derjenige des burgundischen Cluny – innerhalb der bestehenden Einheit des benediktinischen Mönchtums gegen andere Klöster abgrenzten mit dem Ziel, strenger, regelgetreuer zu leben; seit der Zeit um 1100 dann neue Orden wie die Zisterzienser, Prämonstratenser oder Kartäuser, die sich über die ganze lateinische Christenheit ausbreiteten, weil sie überall Gönner fanden, die neue Klöster stifteten, und Menschen, die in diesen Klöstern den Weg zu wahrhaft christlicher Vervollkommnung zu finden hofften.

Der Ruf nach kirchlicher Reform wurde im 11. Jahrhundert immer lauter und vielstimmiger; und im Versuch der Verwirklichung führten vielfältige Ansätze zu immer reicherer Ausgestaltung des die ganze Gesellschaft durchdringenden kirchlichen Lebens. Verstärkung der Einheit und zunehmende Vielfalt der Formen sind auch hier nur zwei Aspekte ein und derselben Entfaltung. Wer das Neue verstehen will, das damals wirksam zu werden begann, wird zunächst eher auf die Vereinheitlichung blicken müssen. Zu einer Institution, die man im Singular als »die Kirche« bezeichnen kann, sind die abendländischen Kirchen erst in der Mitte des 11. Jahrhunderts geworden. Damals trat das Papsttum auch im hierarchischen Sinne an die Spitze der abendländischen Christenheit. Die römische Kurie wurde nun deren organisatorisches Zentrum. Die Zeit von der Mitte des 11. bis gegen die Mitte des 12. Jahrhunderts, in der sich diese Entwicklung vollzog, wird in vielen Darstellungen als »Zeitalter der Kirchenreform« abgehandelt. Initiativen zur Erneuerung des kirchlichen Lebens gab es auch vorher schon. Das »Reformpapsttum« wurde aus den abendländischen Kirchen heraus aufgebaut, oft gegen das stadtrömische Milieu, und es verdankte der Zustimmung in weiten Teilen der lateinischen Christenheit den Erfolg, den es trotz aller Widerstände auf Dauer errang. Päpste, Kardinäle und Kurialen kamen nun aus den verschiedensten Teilen Europas; der Reformwille führte

Ideen zusammen, die im Abendland verbreitet und aus unterschiedlichsten Quellen gespeist waren. Das »Reformpapsttum« wurde aber dann selbst zum Vorkämpfer der Erneuerung und Vereinheitlichung und hat mit seinen Forderungen und Maßnahmen tiefgreifende Veränderungen in der abendländischen Welt bewirkt oder ausgelöst. Daß die katholische Kirche in der neuen Gestalt der Papstkirche ihre gültige und, wie man meinte, den alten Normen entsprechende Verfassung besaß, wurde bis in das 15. Jahrhundert nur noch von Randgruppen ernsthaft bestritten.

So ist die Entwicklung, in der die römische Kurie zum Haupt und Zentrum »der Kirche« wurde, eingebettet in die religiöse Bewegung des Hochmittelalters, die keineswegs zu Ende war, als nicht mehr Rom die vorwärtstreibenden Impulse gab. Es kennzeichnet diese Bewegung, daß der Ruf nach Reform zunächst nie von den Oberen, dem Episkopat oder dem Königtum, ausging, sondern von einzelnen, die zum radikalen Bruch mit der bisherigen Lebensführung entschlossen waren und mit Gleichgesinnten einen Neuanfang zu setzen versuchten. Dennoch darf man die religiöse Bewegung nicht nur als individuelle Suche nach dem Heil, als Bemühen allein um die Rettung der eigenen Seele verstehen. Stets zielte die eigene Umkehr auf die Bekehrung anderer mit. Man glaubte fest, durch den Neubeginn in dieser Gemeinschaft für die Kirche insgesamt zu wirken.

»Die Kirche« – das war die Lebensgemeinschaft der Christen im umfassendsten, die irdische Gegenwart überschreitenden Sinne. In ihr hatten, wie man seit Beginn des 11. Jahrhunderts immer bildhafter herausstellte, einzelne Stände gemäß ihrer Lebensform ihre für das Ganze unverzichtbare Funktion. Niemand – weder der einzelne in seinem Familienverband noch der Herrscher mit seinem Reich, weder die Kirchen als Institutionen und Gemeinschaften noch ihre Prälaten – konnte das Gebet der Mönche, der weltverneinenden Asketen, entbehren. In einer Ordnung, die das Irdische als vorübergehenden Abschnitt eines weiteren Lebenszusammenhangs umschloß, wies die Weltflucht ihnen gewissermaßen die Mittlerposition zu. Ihr Gebet vermochte den Toten im Jenseits fürbittend Beistand zu leisten und zugleich von dorther Hilfe für die Gläubigen in das Diesseits zu holen. Deshalb war es nicht nur ein Problem der Klosterzucht, ob die Mönche aus tiefster Zerknirschung des Herzens Gott anflehten und lobten oder nur die Lippen bewegten, ob ihr Verzicht auf individuellen Besitz bloß das Alibi für ein gutes Leben im reichen Kloster war, ob sie die auferlegte Askese sozusagen unter bestmöglicher Schonung absolvierten oder sich strenger kasteiten, als in der Regel vorgeschrieben war. Deshalb wurde jede monastische Erneuerungsbewegung mitgetragen von einem großen Kreis von Laien und Weltklerikern, die durch vielfältige Unterstützung die Verwirklichung des strengeren Mönchtums ermöglichten und so Anteil an den »Verdiensten« der Asketen zu erhalten hofften. Ferner konnte kein Christ die Sakramente entbehren, deren Verwaltung den Bischöfen und Priestern anvertraut war. Doch waren sie gültig, wenn Unwürdige sie spendeten, Priester, die das Gebot der Keuschheit verletzten, die für ihre Weihe Geld gegeben hatten? Obwohl die grundsätzliche Entscheidung, daß die Gültigkeit der Sakramente nicht von der Würdigkeit des Spenders, sondern von Glauben und Haltung des Empfängers abhing, schon in der alten Kirche gefallen war, erregte dieses Problem die Christenheit im 11. Jahrhundert wie nie zuvor. Aber das Heil der Christenheit hing wiederum nicht nur vom vorbildlichen Leben der Mönche und Priester ab. Auch von den Laien wurde seit dem 11. Jahrhundert in zunehmendem Maße gefordert, ein evangelisches oder apostolisches, das heißt an der Lehre des Evangeliums und am Vorbild der urkirchlichen Gemeinde ausgerichtetes Leben zu führen. Diese Forderung fand starken Anklang und löste auch Reaktionen aus, welche die sich festigende klerikal-hierarchische Struktur der Kirche von außen her immer wieder in Frage zu stellen drohten. Von allen verlangte man eine Besinnung auf den Quell des Heils, das die Christenheit nur durch den aktiven Beitrag aller ihrer Glieder erlangen konnte.

Es gehört zu den Folgen dieser Reformen, vor allem der vom Papsttum geprägten, wenn die Kirche seit dem Hochmittelalter zu dem geworden ist, als das sie noch heute begriffen wird: eine Institution, welche die Geistlichkeit, sie von den Laien deutlich scheidend, zusammenfaßt und einem eigenen Recht unterstellt. Doch damit war sie noch keine Einrichtung, deren Kompetenz auf den religiösen Sektor des Lebens beschränkt ist, als die man sie im 19. und 20. Jahrhundert häufig genug gesehen hat. Denn einen von anderen Lebensbereichen abzugrenzenden »religiösen Sektor« gab es nicht. Die Auseinandersetzung um weltliche und geistliche Gewalt, die diese Epoche erfüllte, erhielt ihre für die damaligen Menschen so grundsätzliche Bedeutung und Schärfe daraus, daß in einer Ordnung, die alle Parteien als untrennbare Einheit verstanden, Platz und Funktion ihrer Komponenten strittig geworden waren. Auch in der sich institutionell abgrenzenden Kleriker- und Papstkirche wurden Kirche und Christenheit weiter als Einheit gedacht. Daraus resultierte ja gerade der Anspruch der geistlichen Gewalt auf Überordnung über alle anderen Institutionen der menschlichen Gesellschaft. Wenn diese allesamt ihre Ordnungsprinzipien aus göttlicher Normsetzung herleiteten – war dieser Anspruch dann nicht konsequent?

Zu einer allein von Menschen geistlichen Standes getragenen, hierarchisch auf das Papsttum ausgerichteten Institution formierte sich die Kirche unter dem starken Einfluß von Rechtssätzen, die im Laufe der Jahrhunderte – tatsächlich oder angeblich – von Synoden und Päpsten formuliert worden waren und die man im Zeitalter des Reformpapsttums zu sammeln, zu ordnen, wiederzubeleben und weiterzubilden begann. Doch diese Hinwendung zum kanonischen Recht war, auch wo sie vielleicht den Ausgangspunkt kirchlicher Reformen im engeren Sinne bildete, nur eine Begleit- und Folgeerscheinung der religiösen

Bewegung. Sie suchte Orientierung für die Verwirklichung wahren Christentums: in den Normen der kirchlichen Tradition, im Leben der Heiligen, vor allem aber in dem von Christus selbst gewiesenen Weg zum »Leben«. In diesem Bemühen trat die Berufung auf die evangelischen Gebote und die apostolische Gemeinschaft um so mehr hervor, je mehr die Laien durch die Vertiefung der Christianisierung und ihre bewußte Mobilisierung für die Kirchenreform Anteil an Fragen des kirchlichen Lebens nahmen. So begann mit dem 11. Jahrhundert im Abendland auch eine Zeit der Häresien. Oft waren sie nicht in einer dogmatischen Abweichung zu greifen. In der Lebensform fast ungebildeter Menschen erkannte man eine Distanzierung von der allgemeinen Kirche, die nicht im theologischen Disput, sondern bloß im konkreten Verhalten zu beweisen war: etwa in der Weigerung, ein Küken zu töten.

Je mehr die Kirche sich rechtlich definierte und sich in ihrer Hierarchie als ausschließlich klerikale Institution verstand, desto häufiger fanden die religiösen Bewegungen ihre Neuerer und ersten Träger außerhalb dieser Institution. »Die Kirche« hat solche Neuansätze teils aufgegriffen, teils durch Regulierung und Kanalisierung in die kirchliche Organisation einzugliedern vermocht oder, wo sie ihr als häretisch und nicht integrierbar erschienen, ihre Träger zu vernichten versucht. Die Auseinandersetzung zwischen einem religiösen Reformwillen, der auf die christliche Gesellschaft insgesamt zielte, und einer Amtskirche, die ihre Reformbedürftigkeit nie grundsätzlich bestritt, aber durch die Neuansätze oft dogmatische Grundpositionen und ihre hierarchische Struktur in Frage gestellt sah, setzte sich über das Spätmittelalter hinweg bis in das Zeitalter der Reformation fort. Erst Gegenreformation und staatliches Kirchenregiment konnten solchen religiösen Bewegungen ihre auf Veränderung der ganzen Gesellschaft zielende Stoßrichtung nehmen.

Dieser gemeinsame Grund – nicht einfach des christlichen Glaubens, sondern des stets neuen Bemühens um vorbildliches Christentum, Verwirklichung des Evangeliums in der Gesellschaft und allen ihren Ordnungen – verstärkte die Einheit des abendländischen Kulturkreises im Hochmittelalter mehr als alle anderen Gemeinsamkeiten. Dennoch waren konkrete Begegnungen und Lebensgemeinschaften an der Ausbildung gemeinsamer Lebensformen in höchstem Maße beteiligt. Oft waren sie unmittelbarer Ausdruck der religiösen Bewegungen; so die Ordensgründungen, in denen sich das Mönchtum zu immer neuen Formen verzweigte und über das ganze Abendland ausbreitete. Das Wirken der Bettelorden macht deutlich, wie sehr das Leben überall in Europa seit dem 13. Jahrhundert von einheitlichen Kräften geformt sein konnte.

Nicht abzulösen von den religiösen Bewegungen sind, auch wenn diese Zuordnung nicht alle Aspekte erfaßt, die Kreuzzüge als Gemeinschaftsunternehmungen der abendländischen Christenheit, durchgeführt mit oder ohne Beteiligung der Könige, aber nie ohne bestimmenden päpstlichen Einfluß; sie waren fast immer zugleich ein spontaner Aufbruch, den zu ordnen nur mühsam gelang. Die Pilgerbewegung, in der sich seit dem 11. Jahrhundert die Menschen zu Hunderten und Tausenden an den Kultstätten und auf den Straßen Europas begegneten, die Bruderschaften, die, von den Wallfahrtsstätten her begründet, Menschen an vielen Orten auch nach der Pilgerfahrt noch zu einer Gemeinschaft verbanden, das Ringen um die Theologie, um die Überwindung von Widersprüchen in der christlichen Lehre und in der kirchlichen Tradition, das am Anfang der neuen Schulen in Frankreich stand, zu denen Menschen aus dem ganzen Abendland strebten – all dies entfaltete sich im Bannkreis der religiösen Erneuerung, die das Kennzeichen der Epoche ist. Auch das Rittertum als gemeinsame Lebensform des Adels im Abendland hat von dort Anstöße erhalten, die eine innere Gemeinsamkeit des Krieger- und Herrentums erst hervortreten ließen: durch die christliche Spiritualisierung der Adelsethik, durch die kirchliche Legitimierung eines christlichen Kriegerstandes aus seiner Funktion für die christliche Gesellschaft. Zwar waren Rittertum, Hohe Schulen, Pilgerwesen und Kreuzzüge mehr als das, was sich aus der religiösen Perspektive erfassen läßt. Aber von dorther bezogen sie zunächst den größten Teil ihrer einheitsstiftenden, gemeinschaftsbegründenden Kraft.

Obwohl auf solche Weise das Abendland während des Hochmittelalters immer mehr zu einer Einheit zusammenwuchs, war die Epoche zugleich die Phase einer langfristig wirksamen Differenzierung. Gemeinsame Antriebe brachten eine Vielzahl eigener Bildungen hervor. Die »Vielgestalt des 12. Jahrhunderts« ergab sich nicht nur aus dem Neben- und Miteinander von Altem, das gültig blieb, und Neuem, das zunehmend an Wirkkraft gewann, sondern auch aus der Ausdifferenzierung regionaler Eigentümlichkeiten, die in der Um- und Neugestaltung erfolgte.

Diese Differenzierung erlaubt es, schon für die Zeit der Salier und Staufer in anderer Weise »Geschichte Deutschlands« zu schreiben als noch für die Karolingerzeit. Im abendländischen Zusammenhang beginnt sich das Regnum Teutonicum, das deutsche Königreich, immer deutlicher als besondere Einheit zu artikulieren, obwohl es politisch nur einen Teil des auch die Königreiche Italien und Burgund einschließenden Imperiums darstellt. Dennoch würde sich ein falsches Bild ergeben, wollte man die »deutschen« Sonderbildungen und Eigentümlichkeiten einfach als das Ergebnis innerer Entwicklungen schildern. Eingebunden in gemeinabendländische Tendenzen läßt sich die Geschichte Deutschlands in dieser Zeit weder nur als eine eigenständige Entfaltung begreifen noch allein aus Anstößen und Einflüssen erklären, die von außen kamen. Gewiß, viele Strömungen im gesellschaftlichen und geistigen Bereich, die der Epoche ihr Gepräge gaben, nahmen erstmals Gestalt an außerhalb der Gebiete, die man zum deutschen Königreich rechnete: religiöse Bewegungen mit den monasti-

König Heinrich III. bei der Entgegennahme des für ihn geschaffenen Perikopenbuches. Dedikationsbild in der zwischen 1039 und 1043 in der Benediktinerabtei Echternach entstandenen Prachthandschrift. Bremen, Staats- und Universitätsbibliothek

Geistlicher mit dem Modell der von Gott geweihten Kirche St. Laurentius zu Erwitte.
Steinrelief westfälischer Herkunft, um 1170. Erwitte, Katholische Pfarrkirche

schen Neuansätzen und häretischen Gruppenbildungen, die sie hervorbrachten; das Rittertum und die Lebensformen höfischer Kultur; neue Denkformen in Theologie, Philosophie und Jurisprudenz; neue Normen für die Organisation politischer Gemeinschaften oder herrschaftlicher Gewaltausübung. Und doch würde man die Antriebskräfte der geschichtlichen Entwicklung gründlich verkennen, wollte man Mönchtum und Frömmigkeitsformen, Rittertum und Kreuzzugsgedanken, Geistesleben und Herrschaftskonzeptionen in Deutschland einfach als die Imitation westlicher oder südlicher Vorbilder beschreiben. Es waren eigenständige Kräfte, die sich in der Fortentwicklung eigener Voraussetzungen wie in der Anlehnung an anderswo entstandene Ausdrucksformen gleichgerichteter Bestrebungen entfalteten. Gemeinabendländische Entwicklungstendenz und regionale Sonderbildung, Vereinheitlichung und Differenzierung griffen so ineinander, daß eine Geschichte Deutschlands zum Spiegel für die abendländische Geschichte im Hochmittelalter werden kann.

Es war vor allem der unterschiedliche herrschaftlich-rechtliche Rahmen, der in der allgemeinen Entfaltung die abendländischen Reiche zu Einheiten werden ließ, in denen gemeinsame Entwicklungstendenzen zu jeweils eigenen Gestaltungen führten. Denn damals waren auch die sozialen Strukturen und das wirtschaftliche Leben ganz wesentlich durch Normen des Herrschaftssystems bestimmt, welche durch rechtliche Bindung die Weiterbildungen kanalisierten. Obwohl die städtische Entwicklung in Deutschland unmittelbar mit der Entfaltung des Städtewesens im ganzen Abendland verbunden ist und weitgehend synchron mit ihr verläuft, kann man spätestens von 1200 an von der »deutschen Stadt« sprechen, weil Regensburg, Trier und Bremen, Zürich, Soest und Lübeck – bei aller jeweiligen Eigenart und trotz regionaler Unterschiede – in verfassungsrechtlicher Stellung, innerer Organisation und sozialem Gefüge Gemeinsamkeiten aufweisen, durch die sie sich deutlich von der »italienischen Stadt« unterscheiden. Auch der rechtliche Rahmen für das Leben der Bauern, in den ländlichen Genossenschaften und Gemeinden, nahm damals spezifisch deutsche Züge an. Die »Weistümer«, in denen dieser Rahmen mit seinen Besonderheiten für jede einzelne Lebensgemeinschaft schriftlich fixiert wurde, ähnlich wie dies in der Aufzeichnung der »Gewohnheiten« in anderen Ländern geschah, hielten vor allem hochmittelalterliche Zustände oder deren spätmittelalterliche Weiterbildung fest. Den Brüdern Grimm erschienen sie als so »deutsch«, daß sie glaubten, in ihnen Relikte »uralter« Verhältnisse vor sich zu haben, aus denen sich ein germanischer Urzustand rekonstruieren ließe.

Die hochmittelalterliche Differenzierung trat im Herrschaftsgefüge der abendländischen Reiche selbst vielleicht noch deutlicher zutage. Obwohl Adel und Adelsherrschaft in ganz Westeuropa ein Fundament in den frühen Germanenreichen und der ethnischen Mischkultur ihrer Oberschicht hatten und obwohl seit etwa 800 das Lehnswesen, seit etwa 1100 Formen des Rittertums Existenz und

Selbstverständnis dieses Adels im ganzen Abendland bestimmten, setzte sich in Deutschland während des 12. und 13. Jahrhunderts eine Abgrenzung des hohen vom niederen Adel durch, die es so in anderen Reichen nicht gab, schloß sich nur hier ein Fürstenstand rechtlich gegen den übrigen, auch den gräflichen Adel ab, blieb auch im niederen Adel von Belang, wer von seinen Vorfahren her zu den Edelfreien, den freien Herren, und wer zum Adel ministerialischer Herkunft, zu den Dienstmannen, gehörte. Nur hier erlangte ein geistliches Fürstentum geschichtliche Dauer und gewann die Landeshoheit, obwohl sich die Entwicklungsansätze um 950 von denen in Frankreich oder Italien noch kaum unterschieden. Und während die Individualsukzession des ältesten Königssohnes, die im Abendland seit dem 10. Jahrhundert überall üblich wurde, sich in Frankreich zur Erblichkeit des Königtums verdichtete, an der in geregelter Folge später auch die Seitenverwandten partizipierten, gelangte im römisch-deutschen Imperium das Wahlprinzip zum Durchbruch. 1077 war es erstmals als verbindlicher Grundsatz formuliert worden von der Fürstenopposition, die Heinrich IV. für abgesetzt erklärte und Rudolf von Rheinfelden zum König erhob. 1125 von der Mehrheit der Großen gewissermaßen als Verfassungsprinzip angenommen, wurde es um 1150 von Otto von Freising bereits als ehrenvolles Vorrecht des römischen Reiches bezeichnet, von Kaiser Heinrich VI. aber im Vergleich zu den anderen abendländischen Monarchien als Anomalie empfunden, die zu beseitigen er sich 1193 bis 1196 vergeblich bemühte. Mit dem Ende des staufischen Kaisertums hatte sich nicht nur das Recht auf freie Wahl des Königs endgültig durchgesetzt, sondern auch bereits eine Gruppe von Kurfürsten herausgehoben, denen bei der Wahl die maßgebliche Entscheidung zufiel. Obwohl Otto von Freising das Wahlprinzip aus der besonderen Stellung und Würde des Kaisertums begründete, waren die Wähler nicht die Großen des Imperiums, sondern die deutschen Fürsten. Und nicht aus der Geschichte des Kaisertums ist es abzuleiten, wenn hier das Wahlprinzip Geltung erlangte, sondern aus einem für das ostfränkisch-deutsche Königreich spezifischen Verhältnis von König und Großen, das im frühen 10. Jahrhundert begründet worden war und sich unter den Ottonen und Saliern immer weiter gefestigt hatte.

Unbeschadet aller Gemeinsamkeiten gewannen so im hochmittelalterlichen Aufbruch des Abendlandes die Regna, die Königreiche, als eigene Einheiten Gestalt. Entfaltung und Wandel führten in ihnen zur Ausbildung spezifischer Sonderformen, durch die sie sich deutlicher voneinander abhoben, während im Innern herrschaftliche Zusammenfassung und Rechtsordnung Angleichungsvorgänge begünstigten und Gemeinsamkeiten betonten. Niemals aber sind die Hoheitsgrenzen der Reiche, die ja nicht einmal wirkliche Herrschaftsgrenzen waren, zu einer Art Kulturscheiden geworden. Der lothringische Westen war und blieb stark auf die Gebiete Frankreichs orientiert, mit denen zusammen er einst die Kernzone des Karolingerreiches gebildet hatte, in Süddeutschland sind

Einflüsse von jenseits der Alpen spürbar, und im Osten haben die Grenzen der Reiche weder Slawen und Deutsche geschieden noch die Ausbreitung von Verfassungsformen wie der »deutschen Stadt« behindert. Für die Mobilität der Menschen hatten die politischen Grenzen im Abendland ohnehin geringe Bedeutung.

Aus dem Hinweis auf einen sich vom 11. bis in das 18. Jahrhundert spannenden Entwicklungsbogen ergibt sich, daß das Jahr 1250 nicht als scharfe Epochengrenze verstanden werden kann. Nur für die Geschichte des Imperiums bedeutete das Ende der Staufer eine wirkliche Zäsur. Der Versuch war gescheitert, römisches Kaisertum und deutsches Königtum noch einmal ungeschieden als Ausdruck ein und derselben Herrschergewalt zur Geltung zu bringen und dem universalen Anspruch des Imperiums im Bereich der lateinischen Christenheit erstmals ein reales Fundament zu geben. Auch wenn deutsche Könige weiterhin die Kaiserkrone erwarben, wenn sie Reichsitalien weiterhin als ihr Herrschaftsgebiet betrachteten und gelegentlich versuchten, die Reichsgewalt südlich der Alpen wieder wirksamer wahrzunehmen, drehte sich die politische Geschichte der Deutschen von nun an eindeutiger um Deutschland selbst. Und das Kräftefeld, das sie bestimmte, ordnete sich neu, weil sich Lage und Stärke seiner Pole verändert hatten. Das Königtum mußte seine Machtgrundlagen neu organisieren und war in seiner räumlichen Präsenz reduziert, in seiner Durchsetzungskraft geschwächt, die fürstliche Landesherrschaft trat dominierend hervor, und die Städte erhielten, obwohl verfassungsrechtlich noch lange nicht als tragende Glieder des Reiches anerkannt, ein erhebliches politisches Gewicht. Bei genauerem Zusehen erkennt man, daß die neue Konstellation sich bereits im 12. Jahrhundert vorbereitet hatte und um 1200 das politische Geschehen schon in starkem Maße bestimmte. Das Aussterben der Staufer hat also die Welt keineswegs verändert. Aber von den vielfältigen Tendenzen, die sich anscheinend bis in die Spätzeit Friedrichs II. (1212–1250) in der Schwebe hielten, erlangte nun das, was sich seit der zweiten Hälfte des 11. Jahrhunderts neu entwickelt hatte, das Übergewicht.

Weitet man das Panorama aus, so kann man diese Feststellung verallgemeinern: Im 13. Jahrhundert setzte sich das, was seit dem 11. Jahrhundert zur Ausbildung gekommen war, allgemein durch und gewann prägende Kraft. Von dem Älteren, das bis dahin dominiert hatte, erhielt manches einen reduzierten Stellenwert, ohne daß es völlig zurückgedrängt wurde. Selbstverständlich kann das Jahr 1250 ebensowenig wie ein anderes den qualitativen Umschlag fest datieren, doch es leistet als Orientierungswarte gute Dienste, wenn man den Wandel überschauen will. Damals hatten die neuen Bettelorden mit ihren Konventsgründungen ganz Deutschland ebenso erfaßt wie das übrige Europa; sie haben neuen, für das Spätmittelalter bestimmenden Frömmigkeitsformen zum Durchbruch verholfen, dem abendländischen Mönchtum neue Trägerschichten erschlossen, aber dessen alte Einheit gesprengt und zumindest an ihrem Rand Gruppen toleriert, die in Verhalten und Wort eine bis zur Reformation fortwirkende Kritik an kirchlichen Doktrinen und kirchlichem Hierarchieanspruch übten. Damals hatte im kirchlichen und weltlichen Bereich die zur Schriftlichkeit tendierende Rechtskultur ihren Siegeszug begonnen, waren die Techniken für die spätmittelalterliche Verkehrswirtschaft mit ihrem europaweiten, auf Spezialisierung der Produktion gegründeten Austausch entwickelt. Damals hatten die neuen Universitäten – auch wenn es in Deutschland noch keine gab und die Deutschen in Italien und Frankreich studierten und lehrten – in Verfassung, Wissenschaftsorganisation und Lehrbetrieb die Gestalt gewonnen, die sie bis in die frühe Neuzeit behielten. Damals, im Zeitalter Alberts des Großen (um 1193–1280) und des Thomas von Aquin (um 1225–1274), sind die großen Summen entstanden, die – Theologie, Philosophie, Naturerkenntnis und Gesellschaftslehre auf Jahrhunderte prägend – auf den seit 1100 geschaffenen Grundlagen das Wissen von der Welt zusammenfaßten und es mit den Glaubenswahrheiten in ein System zu fügen suchten. Die Aufzählung ließe sich fortsetzen. Fast alle diese Phänomene waren um 1200 bereits vorhanden, vieles in ersten Anfängen, manches schon voll ausgebildet. Aber zu einer die Gesamtgesellschaft prägenden Bedeutung kamen sie erst im Laufe des 13. Jahrhunderts: Um 1250 trat diese schon klar hervor.

Noch weniger als das Jahr 1250 kann das Datum, mit dem die Darstellung dieses Bandes einsetzt, als Zäsur in der historischen Entwicklung gelten. Im Hinblick auf die Herrschafts- und Staatenordnung, auf Reich und Königtum lagen wichtige Nebenansätze schon im 10. Jahrhundert. Im übrigen könnte man darüber streiten, ob die Darstellung, wenn sie den hochmittelalterlichen Aufbruch und Wandel schildern will, besser mit den schon deutlichen Zeichen für den Aufschwung des Handels und den ersten Indizien für den beginnenden Landesausbau in der Zeit um 1000 einsetzen sollte oder erst um 1050, als in Kirche, Herrschaftsorganisation, Gesellschaftsstruktur und Geistesleben Veränderungen sichtbar werden, welche dann die europäische Entwicklung tief und langwirkend geprägt haben. Der Beginn der Salierzeit eignet sich auch hier für einen Ausblick auf die damals bestimmenden Kräfte und das sich abzeichnende Neue, auf bisher Erreichtes, auf ungelöste Probleme, auf neuartige Tendenzen. Für sich genommen erscheint jedoch der Dynastiewechsel von 1024 selbst aus der Perspektive der Königsgewalt in Deutschland und der Kaiserherrschaft im Imperium als ein äußerliches Ereignis, mit dem keine strukturellen Veränderungen, keine Neugruppierung der politischen Kräfte verbunden waren. Bei der personalen Struktur der Herrschaft war aber durchaus die Frage gestellt, wie sich die neue Einheit des deutschen Königreiches und des römischen Kaiserreiches im Wechsel der Dynastie behaupten, wie sich das Verhältnis von Königtum,

Fürsten und Reich, von Königsherrschaft in Deutschland und kaiserlicher Herrschaft über das Imperium gestalten würde. Probleme, die in der Entwicklung Deutschlands unter den Saliern und Staufern virulent wurden, kündigten sich mit dem Übergang der Herrschaft an ein neues Königsgeschlecht erstmals an.

Das Reich der Salier
im Umbruch der frühmittelalterlichen Welt
(1024–1152)

Gefährdete Machtentfaltung

Die »deutschen Lande« an der Schwelle einer neuen Zeit

Als Kaiser Heinrich II. am 13. Juli 1024 starb, erlosch im Mannesstamm die Dynastie, unter deren Herrschaft das ostfränkische Reich sich in seiner äußeren Gestalt und seiner inneren Organisation tiefgreifend verändert und zugleich ein neues Selbstverständnis gewonnen hatte. Das »Reich der Ostfranken«, dessen germanische Völker unter Karl dem Großen fest in das karolingische Imperium eingegliedert worden waren, hatte sich in den hundert Jahren ottonischer Herrschaft zu einer Einheit umgeformt, in der nicht mehr die Franken mit »ihrem« König dominierten, sondern die Großen aller Stämme gleichrangig an Reich, Königtum und Herrschaftsgewalt Anteil hatten. Diese Einheit begann man nun als das »Reich der Deutschen«, als »deutsches Königreich« zu begreifen. Seiner fränkischen Fundierung war man sich dabei noch immer bewußt; ja, als die mächtigsten und erfolgreichsten Könige im Abendland waren seine Herrscher und ihre Helfer stolz darauf, die Tradition des karolingischen Imperiums erneuert weiterzutragen. Insofern verstanden sie ihr Reich immer noch als ein fränkisches, von seiner Machtfülle her gesehen bisweilen sogar als das »Reich der Franken« schlechthin, obwohl niemand den Königen im werdenden Frankreich bestritt, daß auch sie ein Regnum Francorum regierten. Mit dem Kaisertum besaßen aber die deutschen Könige des erneuerten ostfränkischen Reiches zugleich das »römische Reich«. Dies war ihre höchste Würde, begründete ihren Vorrang im Abendland, auch vor den anderen Frankenkönigen im Westen. Mit ihrem König und Kaiser am römischen Imperium Anteil zu haben, war ein wesentliches Element in dem Bewußtsein, das die Großen verschiedener älterer Völker zu der neuen, »deutsch« genannten Einheit verband. So war die Auffassung von diesem Reich mehrdeutig: noch fränkisch in der Berufung auf die karolingische Tradition, schon deutsch im Hinblick auf das die Kaiserherrschaft tragende Königreich und auf die Gemeinschaft des Herrschers mit seinen Großen, vor allem aber römisch, womit der historische Rang, ja sogar eine heilsgeschichtliche Qualität des Reiches bezeichnet war. Für die Vorstellungswelt des frühen 11. Jahrhunderts steigerten sich diese drei Elemente des Reichsverständnisses in ihrer Verbindung gegenseitig, und gerade das deutsche gelangte zu Anerkennung und Würde erst dadurch, daß es den beiden anderen Gegenwart, geschichtliche Wirkkraft verlieh.

In der salischen Epoche war das Imperium, sieht man auf die Gesamtkonstellation, von christlichen oder wenigstens teilweise christianisierten Reichen umgeben. Die Invasionen nichtchristlicher Kriegerverbände, die Beutezüge der Normannen, Ungarn und Sarazenen, lagen bereits zurück. Auseinandersetzungen mit den Slawen, die aufs Ganze gesehen ohnehin die Bedrohten waren, betrafen nur den östlichen Grenzbereich. Sie erhielten ihre Zuspitzung oft genug aus den wechselnden Streitigkeiten und Bündnissen zwischen sächsischen Großen und slawischen Fürsten oder aus der Auflehnung gegen die von außen kommende, aber auch von einheimischen Kräften begünstigte Mission, die mit einer Verstärkung des sächsisch-deutschen Einflusses Hand in Hand ging und die alten gemeinschaftsstiftenden Kulte der slawischen Völker zu verdrängen begann. Bis zur Bedrohung durch die Tataren gegen Mitte des 13. Jahrhunderts blieb das Abendland verschont von Einfällen fremder, nicht dem gleichen Kulturkreis zugehörender Mächte.

Vom äußeren Druck, unter dem es in den Jahrzehnten um 900 gelitten hatte, war das christliche Abendland jedoch nicht nur durch militärische Erfolge über die Invasoren befreit worden. Ein innerer Wandlungsprozeß, der mit Niederlagen auf den Beutezügen allenfalls indirekt zusammenhing, ließ auch bei den heidnischen Völkerschaften im Norden und Osten größere Reiche unter der Herrschaft einer Dynastie entstehen. Bis zum Beginn der Salierzeit waren diese neuen Reiche für das Imperium zu respektablen Nachbarn geworden: mögliche Bündnispartner, obwohl man ihnen Gleichrangigkeit nicht zugestehen wollte, im Hinblick auf manche Ziele aber auch ernstzunehmende Widersacher oder Konkurrenten. Durch Heiraten mit Angehörigen westlicher, vor allem deutscher Königshäuser und Dynastenfamilien wurden die Herrscher dieser Reiche in die »Familie der Könige« und in den sich bildenden europäischen Hochadel aufgenommen; und durch die Orientierung am abendländischen Vorbild drangen dessen Formen der Staatlichkeit und Herrschaftsrepräsentation in den Norden und Osten vor. Doch die Christianisierung, die – wie die gesamte frühmittelalterliche Mission – bei den Fürsten und in der Führungsschicht begonnen hatte, war noch nicht abgeschlossen, die angestrebte monarchische Herrschaft noch keineswegs gefestigt, die Ausdehnung der Reiche noch im Fluß. Verwicklungen und Umschwünge ließen die Machthaber oder ihre Gegner oft genug Rückhalt beim Lenker des Imperiums suchen und gaben umgekehrt diesem immer wieder Gelegenheit, auf die Gestaltung der Machtverhältnisse einzuwirken. Denn gerade im Hinblick auf die Anrainer im Osten und Norden war ein Problem neu zu lösen. Hier hatten Völkerschaften und Fürsten lange, wiewohl nicht kontinuierlich, in tributärer Abhängigkeit vom karolingischen und ottonischen Imperium gestanden. Am Anspruch auf eine Suprematie hielten die römisch-deutschen Kaiser fest. Doch wie war diese konkret zu gestalten, wenn sie nicht mehr in Tributzahlungen archaisch organisierter Verbände ihre Anerkennung fand, sondern als das Verhältnis zweier Reiche definiert werden mußte?

Während sich so auch in Skandinavien und im östlichen Europa Reiche festigten, die später zum Rahmen für die Entstehung eigener Nationen geworden sind, ist es im Gebiet der slawischen Völker zwischen Elbe und Oder zu einer solchen dauerhaften Staatenbildung nicht gekommen. Mit wechselndem Erfolg hatten die ottonischen Herrscher versucht, sich hier durch den Ausbau von Grenzmarken, die diesen Raum in abgestufter Intensität erfaßten, und durch den Aufbau einer kirchlichen Organisation die Vorherrschaft zu sichern. Im Bemühen, sich zwischen dem dominierenden Imperium und dem mit ihm oft verbündeten Polen zu behaupten, im Süden und Norden zusätzlich von den Böhmen und Dänen bedrängt, haben diese Stämme erstaunlich zäh an ihren Traditionen festgehalten; selbst ihre Christianisierung hat mehrfach vernichtende Rückschläge erlitten. Ihr Kampf um die Selbständigkeit verquickte sich mit einem Widerstand gegen strukturelle Wandlungsprozesse, der die Transformation ihrer bisherigen Existenz in eine eigene neue Identität verhinderte. Die stärkeren Nachbarreiche, das deutsche vor allem und das polnische, haben sich auf die Dauer durchgesetzt; und mit der Siedlungsbewegung des 12. Jahrhunderts wurde dieses Gebiet zum Boden für die Bildung der »deutschen Neustämme«, in denen auch die slawische Bevölkerung aufging.

Der Fortfall äußerer Bedrohungen ist häufig als eine der wichtigsten Ursachen für den allgemeinen Aufschwung des Abendlandes im Hochmittelalter bezeichnet worden. Man könnte, um die Epoche zu charakterisieren, sogar hinzufügen, daß auch Kriege zwischen den Königreichen im Vergleich zu anderen Phasen der europäischen Geschichte recht selten und nie von längerer Dauer gewesen sind. In ihren Schäden blieben sie punktuell und hatten keine längerfristig spürbaren Nachwirkungen auf Bevölkerungsdichte, Wirtschaftsleben und Kultur. Dennoch wird man die »Aufbruchsepoche der abendländischen Gesellschaft« kaum ursächlich auf die äußere Sicherheit Europas zurückführen können. Denn eine Zeit des Friedens war das Hochmittelalter wahrlich nicht.

Der latent stets gegenwärtige, immer wieder offen ausbrechende Unfriede im Innern, den in Deutschland auch die gegen 1100 einsetzenden Landfriedensbemühungen bestenfalls auf befristete Zeit und oft nur regional begrenzt eindämmen konnten, verweist auf ein grundsätzliches Merkmal der politischen Ordnung jener Zeit. Staatliche Gewalt war nicht in einem institutionellen Zentrum versammelt, sondern auf viele Träger verteilt. Adelsfamilien großen und kleinen Zuschnitts partizipierten an der Herrschaftsausübung nicht einfach durch Delegation von seiten des Königs, sondern kraft eigenen Rechts. Die weltlichen und geistlichen Fürsten sahen selbst in ihren Ämtern nicht nur übertragene Funktionen mit einer zugehörigen Ausstattung, sondern vorrangig eigene Hoheitsrechte und eigenen Besitz. Dem entsprachen die Formen, in welchen die Inhaber von Herrschaftsgewalt ihre Konflikte austrugen. Auf die tatsächliche oder vermeintliche Verletzung eines Rechtes, auf gewaltsame Übergriffe, auf Mißachtung, ja selbst auf eine wirtschaftliche Beeinträchtigung durch Konkurrenz reagierten sie mit Gewalt. Die »bewaffnete Selbsthilfe«, wie die Forschung dieses Verhalten nennt, war zwar aus religiös-moralischer Perspektive nie ganz anerkannt, aber in den adeligen Verhaltensnormen fest verankert und gehörte de facto zum »Rechtssystem« der Zeit. Selbst gegenüber dem König haben die Großen häufig zu den Waffen gegriffen. Es ging darum, Rang und Ansehen, für die der materielle Status sozusagen nur das zugehörige Attribut bildete, zu wahren oder zu steigern. Diese »Fehden« bedeuteten nichts anderes als eine kriegerische Unternehmung zur Schädigung des Gegners, seiner Güter, seiner Bauern, seiner Burgen, seiner Märkte und Städte. Auch wenn Deutschland, wie das Abendland überhaupt, in der Zeit der Salier und Staufer von Invasionen verschont blieb und große Kriege nur selten sah, prägten die Auseinandersetzungen zwischen dem König und seinen Großen sowie der Fürsten und Adeligen untereinander und die Bedrohung des Volkes durch Kampfeslust und kriegerische Gewalt der Herrschenden den Alltag menschlicher Existenz.

Wenn man heute das Ende der Invasionen in seiner Bedeutung für die hochmittelalterliche Blüte Europas geringer einschätzt, als namhafte Vertreter früherer Forschergenerationen es getan haben, so geht dies nicht zuletzt auf eine veränderte Beurteilung der unmittelbaren Auswirkungen der Invasionen selbst zurück. Das frühe 10. Jahrhundert gilt – bei aller Unsicherheit der Berechnungsgrundlagen – nicht mehr als eine Zeit, in der die Bevölkerungszahlen in West- und Mitteleuropa einen Tiefstand erreicht hatten. Vielmehr scheinen die kriegerischen Einfälle einen allgemeinen Aufwärtstrend, dessen Anfänge schon im 8. Jahrhundert erkennbar werden, nur aufgehalten oder in manchen Regionen kurzfristig noch einmal umgekehrt zu haben. Mit der ottonischen Stabilisierung des Reiches kam dann der demographische und wirtschaftliche Aufschwung in Deutschland voll und – sieht man zum Beispiel auf die Entwicklung der Bischofsstädte und der neuen Marktorte rechts des Rheins – erstaunlich rasch zum Durchbruch. Er entfaltete eine Dynamik, die von äußeren Ereignissen anscheinend kaum beeinträchtigt wurde. Das Zeitalter des Investiturstreits brachte Deutschland und Reichsitalien jahrzehntelange Kämpfe zwischen Heinrich IV. und der Fürstenopposition, zwischen königlicher und päpstlicher Partei, zwischen Heinrich V. und seinem Vater und dann wiederum zwischen König und oppositionellen Fürsten. In diesem Zeitalter, in dem sich zeitweilig im Reich zwei Könige, in Bistümern zwei Bischöfe, in Herzogtümern zwei Herzöge, auf Klostergut zwei Äbte und zwei Vögte bekriegten, gelangten in Deutschland die Städte erstmals zu einer eigenständigen wirtschaftlichen Blüte, begannen Marktorte zu Städten heranzuwachsen, zeitigten Rodung und Landesausbau die ersten großen Erfolge. Die italienischen Stadtkommunen, ebenfalls in dieser Epoche entstanden, erreichten ihre erste Blütezeit, als sie jahre- und jahrzehntelang von den staufischen Kaisern mit dem Aufgebot des Reiches bekämpft oder gar zerstört wurden und sich in Zeiten des Friedens mit der Reichsgewalt gegenseitig selbst bekämpften und zerstörten. Der strukturell bedingte Unfriede der abendländischen Feudalgesellschaft hat offensichtlich weder die Steigerung der landwirtschaftlichen Produktivität und die zunehmende gewerbliche Differenzierung noch die Intensivierung und Verdichtung des Handelsaustauschs behindert, noch gar die starke Zunahme der Bevölkerung und das Wachsen der Städte aufgehalten.

Die Auswirkungen des Wachstums traten im 11. Jahrhundert erstmals sichtbar zutage, und der Wandel wurde auch den Zeitgenossen bewußt. Hatten die Einfälle der Heiden und die Unfähigkeit der Christenheit, ihnen wirksam entgegenzutreten, die in der christlichen Gesellschaft des Mittelalters stets gegenwärtige Endzeiterwartung bestärkt, so blickte man nun, nachdem das tausendste Jahr nach Christi Geburt überstanden war, distanzierter auf die schrecklichen Vorzeichen zurück, die sein Herannahen begleitet hatten. Das Weltende war ausgeblieben: Es gab Zeichen für eine Besserung des Zustands der Welt, für ein verändertes Verhalten der Christen vor Gott und zu ihren Nächsten. Zur Zeit Kaiser Heinrichs III. schrieb im burgundischen Cluny der Mönch Rodulfus Glaber in seine Chronik: »Als nun das besagte Jahr schon herannahte, geschah es, daß man fast im ganzen Erdkreis, vor allem aber in Italien und in den gallischen Landen, die Gotteshäuser erneuerte; obwohl die meisten, gut und schön gebaut, dies gar nicht nötig hatten, versuchte doch jede christliche Gemeinschaft die anderen dadurch zu übertreffen, daß sie ein schöneres benutzte. Es war gleichsam so, als würde die Welt selbst, nachdem sie, sich schüttelnd, das Alter abgeworfen hatte, allerorten ein hell leuchtendes Kleid aus Kirchen anlegen. Damals bauten so die Gläubigen fast alle Kirchen der Bischofssitze schöner aus und viele andere Klöster verschiedener Heiliger und auch die kleineren Gotteshäuser in den Dörfern.« Die Erneuerung und Verschönerung der Kirchen war für den burgundischen Mönch das Zeichen einer Verjüngung der Welt, in der Menschen Leistungen vollbrachten, die von keiner äußeren Notwendigkeit gefordert waren, sondern einem inneren Antrieb entsprangen und durch den Willen menschlicher Gemeinschaften, die anderen zu übertreffen, gesteigert wurden. Und in der Tat kann vielleicht nichts besser als diese »Erneuerung der Kirchen« den Aufbruch, den neuen Tätigkeitsdrang und die neuen Möglichkeiten der abendländischen Gesellschaft nach der Jahrtausendwende verdeutlichen.

Auch in Deutschland war die ottonisch-salische Epoche eine Zeit regster und großartiger Bautätigkeit. Nur wenig Karolingisches hat die Mitte des 11. Jahrhunderts überdauert, ohne daß es zumindest umgeformt und vergrößert wurde. Neubauten ersetzten die alten Bischofs- und Abteikirchen; zahlreiche Klöster wurden neu gestiftet, wobei nun auch Adelsgründungen Basiliken erhielten wie früher die Königsklöster; unter den Pfarrkirchen vermehrten sich die massiven Steinbauten, sie wurden größer und turmbewehrt. Um die Domburgen entstand, auf das geistlich-fürstliche Zentrum bezogen und insofern der »Stadt« zugeordnet, durch bischöfliche Gründung ein Kranz von Klöstern und Stiften, deren

Eine frühsalische Bischofsstadt: Utrecht im 11. Jahrhundert (nach Herzog)

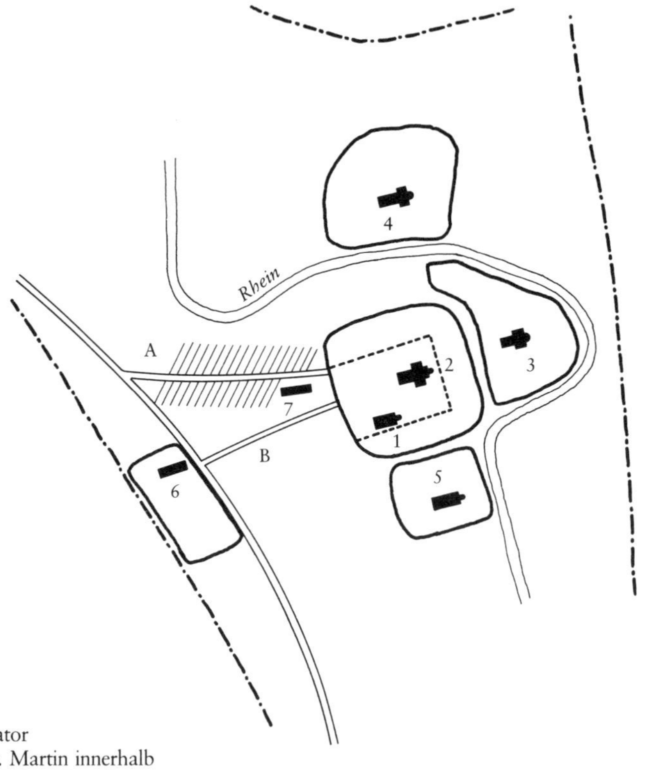

1 St. Salvator
2 Dom St. Martin innerhalb des römischen Kastells
3 St. Peter
4 St. Jan
5 St. Paul
6 St. Marien
7 Buurkerk

A Markt
B Burchstraat
—·—·— Stadtmauer des 12. Jahrhunderts

Kirchen einem karolingischen Dom ebenbürtig waren: St. Pantaleon in Köln, St. Michael in Hildesheim, St. Peter in Utrecht dokumentieren heute noch die Bautätigkeit damaliger Bischöfe, die gleichzeitig als Erneuerer ihrer Dome und Gründer weiterer Klöster hervorgetreten sind.

Als Prototyp eines bischöflichen Bauherrn kann Meinwerk von Paderborn (1009–1036) gelten, wie ihn die Vita aus dem 12. Jahrhundert schildert. Stolz auf Adel und Reichtum seiner Familie, unermüdlich für die Mehrung von Besitz und Hoheitsrechten seiner Kirche tätig, straff in der Verwaltung des Kirchengutes und streng in der Aufsicht über die Hörigen, aber auch aus eigenen Mitteln um die Milderung von Hungerkatastrophen oder die Linderung individueller Not bemüht, leistete er im Königsdienst weit mehr, als der Herrscher fordern durfte; und wenngleich gerade bei ihm darüber gescherzt wurde, daß er über dem Engagement in diesen Dingen die Sicherheit im Latein verlor, war er doch gut ausgebildet und um das liturgische Leben, die kirchliche Disziplin, die Vorbildlichkeit des Mönchtums in seiner Diözese nicht weniger besorgt als um den äußeren Wohlstand und Glanz seines Bistums. Als er es übernahm, war der Wiederaufbau des durch einen Brand zerstörten Domes schon bis zur Fensterhöhe gediehen. Aber das Begonnene war ihm nicht ansehnlich genug. Unverzüglich ließ er das Stehende abreißen und ein prächtigeres Werk beginnen. Als er starb, war es vollendet. Nördlich des Doms war eine große neue Kaiserpfalz errichtet mit der noch erhaltenen, »durch griechische Bauwerker« geschaffenen Bartholomäuskapelle, auf der Südseite ein neuer Bischofspalast, ebenfalls mit zwei Kapellen. Die Domburg war mit steinernen Mauern und überhöhten Tortürmen umgeben, westlich von ihr das große Abdinghof-Kloster, im Osten das Busdorf-Stift hochgezogen, für dessen Kirchenbau Meinwerk eigens die Maße der Grabeskirche in Jerusalem hatte aufnehmen lassen. Sein Tod soll die Errichtung weiterer Klöster im Norden und Süden der Domburg verhindert haben, die zusammen mit den vollendeten seinen Sitz in Kreuzesform umgeben hätten. Mönche sollten in ihnen durch ihr Gebet den göttlichen Schutz für Bischofssitz und Stadt, für das dem Bischof anvertraute Volk, erflehen. Nur beiläufig wird neben diesen Werken der Ausbau der Marktsiedlung vor der Domburg und die Errichtung von Handwerkervierteln zur Versorgung der Klöster erwähnt.

Wie Rodulfus Glaber haben Zeitgenossen auch in Deutschland diese Aktivität als das Einsetzen einer »Bauwelle« empfunden, die einem veränderten menschlichen Verhalten entsprang. »Unter diesem Bischof«, schrieb um 1075 ein Mönch im Kloster Herrieden über Heribert von Eichstätt (1021–1042), »nahm bei uns der Abbruch alter Bauten und die Erbauung neuer seinen Anfang.« Die Vorgänger seien mit kleinen und mittelgroßen Gebäuden zufrieden gewesen. »Dieser Bischof aber und alle seine Nachfolger haben entweder neue Kirchen oder neue Pfalzen oder neue Burgen errichtet« – wo die Um- und Neugestaltung einmal begonnen hatte, setzte sie sich über Generationen fort. Nicht Notwendigkeit gab in vielen Fällen den Anlaß, sondern ein Tätigkeitsdrang, der religiös gesinnten, altmodischen Zeitgenossen unheimlich wurde. »Quadratisches in Rundes umzubauen«, erschien dem Chronisten Eichstätts geradezu als angeborener Zwang, den Bischof Heribert mit anderen aus Würzburg stammenden Männern gemein hatte. Für seinen Zeitgenossen Adam von Bremen, der 1074/75 schrieb, trug die Aktivität Erzbischof Adalberts (1043–1072) pathologische Züge. Ein Brand hatte 1041 den alten Dom vernichtet; noch Adalberts Vorgänger hatte einen Neubau nach dem Vorbild des Kölner Doms begonnen. Der neue Erzbischof wollte einen Dom nach dem Vorbild der Bischofskirche von Benevent haben, und um das Riesenwerk möglichst rasch voranzutreiben, ließ er alles abreißen, was Steine hergab: die von seinen Vorgängern an der Domburg begonnene

Ringmauer, die an manchen Stellen schon bis zu den Zinnen gediehen, überall aber mindestens fünf bis sieben Ellen hoch war, den in italienischer Bauweise neu errichteten, mit sieben Kammern ausgestatteten Torturm zur Marktsiedlung hin, ja selbst das Domstift, »das aus Hausteinen aufgeführt war und in seiner Schönheit die Augen der Beschauer erfreute«. Sobald wie möglich wollte er alles Abgerissene neu und schöner wieder aufbauen lassen; das Domkapitel sollte auch Speisesaal, Schlafraum, Keller und Werkstätten ganz aus Stein erhalten – wenn nur jetzt das Wichtigste, der Dombau, rasch voranschritt. Nicht selten wurde selbst kostbares liturgisches Gerät für die Baufinanzierung zerstört – auch hier in dem Willen, das Vernichtete bald durch Schöneres zu ersetzen.

Die Bautätigkeit hat sich jedoch nicht in der Erneuerung vorhandener und in der Gründung neuer Kirchen erschöpft. Die Könige errichteten sich größere Pfalzen, die Bischöfe prächtigere Paläste, die Klöster feste und geräumige Stadthöfe, um mit ihrem wirtschaftlichen Potential und ihrem Bedarf Anschluß an den aufblühenden Markt zu gewinnen. Der Burgenbau, der von Adelsgeschlechtern, geistlichen Fürsten und den Königen selbst bald in scharfer Konkurrenz vorangetrieben wurde, erreichte nach der Mitte des 11. Jahrhunderts seinen ersten Höhepunkt: auch hier meist in steinernen Konstruktionen von bisher ungekannter Wehrhaftigkeit. Der Bau von Brücken und Straßen, der Ausbau von Marktplätzen oder Flußhäfen trat hinzu. War zu Beginn der Salierzeit meist nur der Kern einer »Stadt« – die Dom- oder Klosterburg – befestigt, dazu, jeweils einzeln, die neu gegründeten Klöster, die diese »Burg« umgaben, und begann man auch bei diesen Siedlungskernen oft erst damals, das Holz-Erde-Werk durch Wehranlagen in Stein zu ersetzen, so wurde zum Beispiel in Basel schon um 1100 die erste mächtige Mauer um die ganze Stadt gezogen. 1106 haben die Bürger von Köln die Mauer der Stadt ohne Einverständnis des Erzbischofs ganz erheblich erweitert und dann durch eine hohe Bußsumme die Anerkennung des veränderten Zustandes erkauft. Auch die Profanbauten wurden mit Unruhe und Eile vorangetrieben. In Zürich ließ Konrad II. die karolingische Pfalz, die noch seinem Vorgänger bei mehreren Aufenthalten gedient hatte, einschließlich der Fundamente abbrechen und durch einen Neubau ersetzen. Am Ort Goslar soll – nach Adam von Bremen – Heinrich III. Mühle und Jagdhaus in die prachtvolle Pfalzstadt mit dem Königspalast, dem Stift SS. Simon und Juda und weiteren Kirchen verwandelt haben. In Boppard erwarb Heinrich IV. Häuser von seinen Ministerialen und ließ sie einebnen, um den Marktplatz zu vergrößern. Sein Burgenbau im Harz gab Adel und Volk in Sachsen Anlaß zum bewaffneten Aufstand gegen seine Herrschaft. Auch hier wurde der plötzliche Neuansatz von den Zeitgenossen in aller Schärfe empfunden.

Obwohl die Kirchenbauten im einzelnen unbestreitbar als Akt gläubiger Devotion zu werten sind und als Gesamterscheinung einen neuen religiösen Aufbruch signalisieren, kann der Tätigkeitsdrang, die rastlose Aktivität, das

Erzbischof Albero von Trier mit dem Modell der neuen Stadtbefestigung. Rechtes Drittel eines Steinreliefs vom Trierer Neutor, um 1147. Trier, Ratssaal, ehemalige Augustinerkirche. – Werkmeister und Baumeister im »himmlischen Palast«. Steinrelief vom Basler Georgsturm für die beim Münsterbau Verantwortlichen, den Architekten und den Bauaufseher, bald nach 1150. Basel, Münster

Erzbischof Anno II. von Köln als Kirchengründer. Miniatur in der um 1183 in der Benediktinerabtei Siegburg entstandenen »Vita Annonis«. Darmstadt, Hessische Landes- und Hochschulbibliothek. – Bischof Hermann I. von Bamberg als Gründer des Kollegiatstifts St. Jakob mit dem Kirchenmodell. Miniatur in dem Anfang des 12. Jahrhunderts in Bamberg entstandenen Traditionsbuch des Stifts. Bamberg, Staatsarchiv ständige Erneuern kaum aus der religiösen Haltung des 11. Jahrhunderts erklärt werden. Der Wille, Neues zu schaffen, hat sich nicht im Neubauen erschöpft. Von Erzbischof Adalbert berichtet Adam, er habe, sich im Kampf gegen die Natur des Landes verzehrend, auf ungeeigneten Böden seiner Diözese Gärten und Weinberge anzulegen versucht und trotz aller Mißerfolge jedem, der ihm dabei half, reichlich Entschädigung für die aufgewandte Mühe versprochen. Vielleicht war er es, der die ersten Anstöße zur Marschenkolonisation an der Niederweser gab. Der im 11. Jahrhundert einsetzende Landesausbau gehört jedenfalls unter diesem Aspekt in den Zusammenhang der neuen Lebenshaltung. Ganz offensichtlich hatte die unruhige Aktivität nicht nur die Führungsschicht ergriffen. Die rasche Ausweitung des Fernhandels, der Mut der Kolonisten, die gewohnte Umgebung zu verlassen und in der Fremde durch eigene Arbeit eine neue Existenz zu gründen, die Pilgerfahrten, die im 11. Jahrhundert sehr plötzlich zur Massenbewegung wurden, von den Zeitgenossen auch als solche erkannt und geschildert, die Kreuzzüge, bei denen der spontane Auszug unzureichend gerüsteter, ja fast mittelloser Menschenmengen zu Katastrophen führte – alle diese Erscheinungen zeigen, daß der hochmittelalterliche Aufbruch insgesamt von einer neuen Mentalität getragen war. Nur so ist vielleicht zu verstehen, warum die Bautätigkeit trotz stärkster Belastungen breiten Beifall fand. Rodulfus Glaber hat für seine Heimat die Erneuerung der Kirchen als Wettstreit christlicher Gemeinschaften beschrieben; und auch in Deutschland wird die euphorische Anteilnahme der Gemeinden immer wieder erwähnt. Ein Mönch des Klosters St. Trond bei Lüttich, der aus kirchlicher Reformgesinnung und aus Sorge um die Wirtschaftskraft des Klosters kritisch über die Bautätigkeit des Abtes Adalhard (1055–1082) berichtet, schildert dennoch die Begeisterung, mit der die Menschen zum Neubau der Klosterkirche beitrugen, zu dem wiederum keinerlei Anlaß bestand. Die Säulen wurden wegen der Schönheit des Steins in der Gegend von Worms beschafft und zu Schiff nach Köln transportiert. Eine jubelnde Menschenmenge habe sie – gewissermaßen um die Wette und ohne jede Hilfe von Zugtieren, selbst die Maas ohne Brücke überquerend – von dort bis zum Kloster gezogen: über Aachen und Maastricht eine Strecke von mindestens hundertdreißig Kilometern.

Was jede Generation seit der Jahrtausendwende allerorts an Neuem schuf, geht über das hinaus, was die Gesellschaft der Karolingerzeit zu leisten fähig war. Trotz des unbestreitbaren religiösen Hintergrundes sind die Kirchenbauten des 11. Jahrhunderts nicht nur ein Gradmesser für die Steigerung und Vertiefung von Glauben und Frömmigkeit, auch wenn beides zweifellos zu den Kennzeichen der Epoche gehört. Glaube und Wollen allein haben die Steine nicht versetzt. Ohne ein deutliches Mehr an Arbeitskräften, ohne eine erheblich höhere Produktivität, ohne für karolingische Verhältnisse schwer vorstellbare Vermögen und Einkünfte in der Hand der kirchlich-adeligen Führungsschicht konnte das nicht geschaffen werden, was in jeder Bischofsstadt, bei fast jedem Kloster, in Marktorten und Dörfern, aber auch in kaum betretenen Einöden und auf ungenutzten Bergkuppen neu entstand. Wiewohl eine Bautätigkeit großen Stils überall von der persönlichen Initiative einzelner Männer und der Gunst politischer Faktoren mitgetragen war, zeigt ihr Einsetzen stets einen wirtschaftlichen Aufschwung an, in dem sich die jeweilige Stadt und Zone bereits befanden. In Köln und Mainz, in Metz, Lüttich oder dem im Italien-Handel hervortretenden Konstanz setzt die große Welle schon vor, in Hildesheim und Paderborn erst nach der Jahrtausendwende ein, in Würzburg und Worms um 1000, in Eichstätt mit Beginn der Salierzeit, in Münster und Osnabrück sogar erst gegen die Mitte des 11. Jahrhunderts. Obwohl Erzbischof Brun von Köln (953–965) der Bruder Kaiser Ottos des Großen war und über erhebliche Macht verfügte, schritten die von ihm begonnenen Bauten nur langsam voran, während sich unter den Nachfolgern bis hin zu Erzbischof Anno (1056–1075) an Zahl, Umfang und Bauzeit der Projekte gewissermaßen Schritt für Schritt ablesen läßt, wie die Wirtschaftskraft des Bistums und parallel dazu wohl auch die organisatorischen Fähigkeiten und Möglichkeiten der Bauherren wuchsen. In Bremen, wo 965 ein vom König privilegierter Markt eingerichtet und das Land unter den Ottonen allmählich vor Raubüberfällen gesichert worden war, hatte Erzbischof Unwan (1013–1029), ein Vetter Meinwerks von Paderborn, mit einer gewissen Neugestaltung begonnen: Er ließ Haine abholzen, die die Marschbewohner »in törichter Verehrung« aufsuchten, ließ aus dem Holz Kirchen errichten und die Palisaden des Bischofssitzes ausbessern und verstärken. Erst Erzbischof Bezelin (1035–1043) hat mit Mauer, Torturm und schließlich dem Domneubau in Bremen, mit der Errichtung einer steinernen Kirche und eines festen Turmhauses in Hamburg die eigentliche Phase des Neubauens eingeleitet, das dann sein Nachfolger Adalbert in weit größerem Umfang fortsetzte. Für jeden Einzelfall bestätigt das, was an Nachrichten und Indizien vorliegt, daß die Bauwelle an einen bereits erkennbaren wirtschaftlichen Aufschwung des Ortes gebunden war. Betätigungsdrang und Erneuerungswille fanden ihren Rückhalt in dieser steigenden Leistungsfähigkeit.

Trotzdem hat die Bautätigkeit die Kräfte der damaligen Gesellschaft bis zum äußersten beansprucht und insbesondere denjenigen, die mit ihren Händen den Reichtum erst schaffen mußten, kaum zu tragende Lasten aufgebürdet. Die Bauten verschlangen, wie häufig betont wird, Unsummen. Sie wurden aber wohl nur zum geringen Teil in Lohnarbeit errichtet; Wanderhandwerker, die Meinwerk von Paderborn halfen, dürften zu Beginn der Salierzeit noch Ausnahmen gewesen sein. Das Gros der Arbeitskräfte kam aus der Grundherrschaft des Bauherrn und mußte die Leistungen zusätzlich erbringen. Durch ihre Bautätigkeit hätten die Bischöfe von Eichstätt das ihnen dienende Volk in äußerste Armut gebracht, schreibt der Mönch aus Herrieden. Denn fast die ganze Zeit, in der Mist auszubringen, zu pflügen und andere Feldarbeit zu verrichten war, sei auf das Herbeischaffen und Aufeinanderschichten von Steinen verwendet worden. Dessen ungeachtet habe man von den Bauern die geschuldeten Naturalabgaben, Geldzinse und Dienste streng eingetrieben. Für Adam von Bremen ruinierte Erzbischof Adalbert auf solche Weise seine Diözese völlig. Bedrückung, Leid und Verzweiflung der ärmeren Bevölkerung werden von kritischen Chronisten nicht verschwiegen. Nirgends hat die erhöhte Produktivität dazu beigetragen, die häufig wiederkehrenden Hungerkatastrophen zu verhindern. Adalberts Wirtschaften hatte in Bremen dazu geführt, daß selbst während einer Hungersnot vom dortigen Spital keine Almosen verteilt wurden. Meinwerk von Paderborn ließ während einer Notzeit in Köln zwei Schiffe voll Korn kaufen, um seinen Hörigen am Niederrhein zu helfen. Otto von Bamberg (1102–1139) heuerte während eines Hungersterbens Leute an, die gegen Lohn die Toten zu Hunderten und Tausenden in Massengräbern beerdigten. Hätten die Bischöfe nicht mehr für die Notleidenden tun können, wenn sie weniger ehrgeizige Projekte verfolgt hätten?

Und trotzdem ist die Entwicklung ambivalent zu sehen. Denn die Bautätigkeit kann dem gesellschaftlichen Wohlstand aufs Ganze gesehen nicht entscheidend geschadet haben: Entstand doch während dieser Jahrzehnte in den Städten eine zahlenmäßig starke Kaufmannschaft, deren Reichtum alles übertraf, was in dieser Gruppe bisher üblich war, entwickelte sich eine breite Handwerkerschicht, die sich in ihrem Beruf spezialisieren konnte, schien selbst der bäuerliche Lebensstandard sich damals über den der vorausgegangenen Jahrhunderte zu erheben. Bedenkt man das Ausmaß der Bautätigkeit, so muß diese selbst ein wirtschaftliches Stimulans von kaum zu überschätzender Bedeutung gewesen sein. Denn in den Städten haben über Jahrzehnte hinweg meist mehrere Großbaustellen nebeneinander bestanden, und die Tätigkeit der Bauherren war dabei keineswegs auf die Städte beschränkt. Zu den Bauten, die Erzbischof Adalbert in Bremen und Hamburg errichten ließ, kamen mehrere Propsteien und etliche Burgen hinzu. Adalhard von St. Trond hat nicht nur die großartige Abteikirche, sondern zwei weitere Gotteshäuser in der sich zur Stadt entwickelnden Klostersiedlung, dazu elf Dorfkirchen und einen Stadthof in Lüttich errichten lassen. Man muß Technik und Ausstattung dessen, was von diesen Bauten noch erhalten ist oder bei Ausgrabungen aufgedeckt wurde, im Detail betrachten, um zu ermessen, wie viele spezialisierte Handwerker, für die andere das für den täglichen Lebensunterhalt Notwendige schufen, hier neben den Bauern aus der Grundherrschaft tätig gewesen sein müssen. Zweifellos blieben die besseren unter ihnen nicht an einen Ort gebunden, wenn ihre Auftraggeber anderswo neue Projekte in Angriff nahmen. Bischof Otto von Bamberg, der zuvor für den Dombau in Speyer verantwortlich gewesen war, hat – neben dem Neubau des Doms und Domstifts sowie des Michaelsklosters in Bamberg – auf den weitgestreuten Besitzungen seines Bistums vierzehn Kirchen und vier Pfalzbauten, sechs Zellen und sechs Burgen errichten lassen, dazu fünfzehn Klöster: je zwei in den Diözesen Würzburg, Bamberg und Passau, sechs im Bistum Regensburg, je eines in den Sprengeln von Halberstadt, Eichstätt und Aquileja – die Kirchen in seinem pommerschen Missionsgebiet nicht mitgezählt. So trug die intensive Bautätigkeit in Deutschland nicht nur zur handwerklichen Spezialisierung und zur technischen Perfektionierung der damit Befaßten und zur arbeitsteiligen Differenzierung der Gesellschaft bei, sondern auch zur gesellschaftlichen Mobilität; und mit ihr dürften neue Techniken und Erfahrungen weitervermittelt worden sein. Handwerker und Kaufleute, das heißt die Gruppen, deren Aufstieg vielleicht mehr als andere Entwicklungen die sozialen Veränderungen im Hochmittelalter kennzeichnet, haben offensichtlich – zieht man eine Gesamtbilanz – von der dauernden Bautätigkeit eher profitiert.

Den Bischöfen und allen sonstigen Auftraggebern galten die Kirchenbauten zunächst als Zeugnisse religiöser Devotion, der Verehrung Gottes, und sie wurden auch von den Zeitgenossen primär so verstanden. Die Tätigkeit war ein Zeichen dafür, daß Bischöfe in Erfüllung ihres Amtes, ihrer Hirtenpflichten alles für ihre Kirche, für Bistum und Diözesen gaben, was in ihrem Vermögen stand. Einen Widerspruch zu adeliger Selbstdarstellung sahen sie darin nicht. Meinwerk war stolz darauf, mit seinem Reichtum das arme Bistum Paderborn vermögend und angesehen zu machen, und Adalbert von Hamburg-Bremen gab es als ein Zeichen seines Adels aus, daß er sein und seiner Kirche Gut im Dienst des Reiches und für die Erhöhung seines Bistums verschwende. Die Bautätigkeit, die neue Aktivität überhaupt muß demnach auch als Ausdruck eines neuartigen fürstlichen Repräsentationswillens gelten. Die Bischöfe hatten von den Königen Hoheitsrechte verschiedenster Art erhalten; auf den Gütern und über die Hintersassen ihrer Kirchen richteten ihre Vasallen als Vögte wie sonst die in königlichem Auftrag handelnden Grafen; Grafen selbst waren ihre Vasallen geworden. Wenn der König das Reichsheer aufbot, waren allenfalls die Herzöge in der Lage, ihm eine größere Zahl von Panzerreitern zuzuführen als ein durchschnittlicher Reichsbischof. In der Bautätigkeit, die die Bischofsstädte erfaßte, wurde also nicht nur ein kirchliches Zentrum neu gestaltet, sondern der Sitz eines geistlichen Fürsten, der an Macht und Einfluß den Großteil des Adels im Reich übertraf und der in seinen Urkunden, Münzen und Siegeln, ja sogar in Herrschaftszeichen und Hofhaltung die bisher dem König vorbehaltenen Formen der Herrschaftspräsentation zu imitieren begann. Die härtere Belastung der Bevölkerung gehört auch in diesen Zusammenhang; sie ist, wie die Bautätigkeit selbst, ein Indiz für Veränderungen im Herrschaftsgefüge: Das Verhältnis von Herrschaftsträgern und der Herrschaft Unterworfenen war im Wandel begriffen.

Sieht man die Bewegung, in die Welt und Gesellschaft während des 11. Jahrhunderts gerieten, so stellt sich als entscheidende Frage, wieweit die bisherigen politischen Strukturen der neuen Dynamik gewachsen waren. Sie ist ein zentrales Thema dieses Bandes; denn unzweifelhaft prägten Elemente der Herrschaftsorganisation, die im Hochmittelalter entstanden sind, die Herrschaftsordnung in Deutschland weit über das Mittelalter hinaus. Wer sollte in der Zeit eines dichter und komplizierter werdenden Sozialgefüges das Zusammenleben der Menschen regeln, unter ihnen das Recht, die Rechtsordnung wahren? Die Herrschaftsrechte von König, Adel und geistlichen Herren überschnitten sich am gleichen Ort, ja häufig sogar in bezug auf die gleichen Familien. Die einzelnen Herrschaftsansprüche waren nicht immer klar geschieden und wurden durch Übertragung der Rechte an Vasallen oder Dienstleute noch vieldeutiger. Ein Gefüge personaler Beziehungen und Abhängigkeiten, das nur in groben Zügen hierarchisch geordnet war, eine Summe sich vielfach überschneidender, institutionell nicht wirklich koordinierter Herrschaften – das war der »Staat« zu Beginn dieser Epoche. Verlangten die Veränderungen nicht neue, intensive Formen der Staatlichkeit? Noch galt ein archaisches Rechtssystem, das ganz wesentlich auf gewaltsame Selbsthilfe und auf persönliche Schutz- und Abhängigkeitsverhältnisse gegründet war. Mußten nicht wenigstens die Auswirkungen stets drohenden Unfriedens auf jene Gruppen abgemildert werden, die mit ihrer Arbeit materiell das Leben einer wachsenden und anspruchsvoller werdenden Gesellschaft trugen?

Daß die alten Institutionen die Ordnung der christlichen Welt nicht mehr garantierten, daß tradierte Verhaltensformen der Herrschaftsträger in einer verwirrten Weltordnung den Schwachen mehr Unterdrückung brachten als Schutz, Recht und Frieden, spürte man im 11. Jahrhundert vielerorts; und man versuchte mit ungewöhnlichen Mitteln, das Zusammenleben der Christen auf eine neue Basis zu stellen. In Südfrankreich, wo eine wirksame Königsgewalt überhaupt fehlte, hatten Bischöfe im Verein mit mächtigen Fürsten schon um die Jahrtausendwende eine Bewegung initiiert, welche die Zeit der Gewalt durch ein neues, der Lehre Christi entsprechendes Verhalten ablösen sollte: Herrschaftstragender Adel und Volk schlossen sich unter Führung der Geistlichkeit zu Gottesfriedensbünden zusammen. Die kriegerische Führungsschicht verpflichtete sich, bei Streitigkeiten nicht zu den Waffen zu greifen, sondern den gerichtlichen oder schiedsgerichtlichen Austrag zu suchen. Die Schwachen und Wehrlosen, die Witwen und Waisen, aber auch die Bauern mit ihren Häusern, ihrem Arbeitsgerät und ihrem Vieh, die Kaufleute mit ihren Wagen und Waren sollten absoluten Schutz vor unrechter Gewalt genießen. Wer den Friedenseid nicht leistete, wurde aus der kirchlichen Gemeinschaft ausgeschlossen; bald schon gingen mancherorts die Friedensbünde selbst gegen die Eidverweigerer vor, um sie zum Beitritt zu zwingen, und verfolgten gemeinsam Friedensbrecher. Bis zum Beginn der Salierzeit war die Bewegung – gefördert vom französischen König, dem sie eine Stärkung seiner Herrschaftsgewalt versprach – bis nach Nordfrankreich vorgedrungen. Würde sie auch auf das deutsche Königreich übergreifen, vor allem auf Lothringen, das unter Kaiser Heinrich II. nie aus den Adelsfehden und den Rebellionen gegen den König herausgekommen war? Bischof Gerhard von Cambrai (1012–1051), dessen Diözese kirchlich zum französischen Erzbistum Reims gehörte, war 1023 aufgefordert, sich mit seinen Diözesanen einem neuen Gottesfriedensbund anzuschließen; Adel und Volk seines Bistums drängten auf Beteiligung. Doch der von Heinrich II. eingesetzte Bischof, der wegen der dauernden Kämpfe den seit 1012 geplanten Neubau des Doms erst 1023 beginnen konnte, lehnte eine Beteiligung ab, weil er hier eine unzulässige Vermischung der Funktionen und Aufgaben sah: die Anmaßung einer Herrscherprärogative durch die Bischöfe. Wie Gerhard dürften in Deutschland noch die meisten der Verantwortlichen gedacht haben, trotz sichtbarer Mängel in der Durchsetzung der Königsherrschaft. Erst nach 1080, als das Reich gespalten und von jahrelangem Krieg zerfleischt war, griff die Gottesfriedensbewegung auch auf Deutschland über. Zu Beginn der Salierzeit erhoffte man Frieden und Recht noch immer vom König, von der Durchsetzung seiner Herrschaft in der komplizierter werdenden Welt.

Dem steigenden Anspruch an die Königsherrschaft standen aber nur unzureichende Mittel zu ihrer Ausübung gegenüber. Eine Organisation, die es dem König erlaubt hätte, das Reich von einem Zentrum her kontrollierend zu erfassen und von dort seinen Willen zur Geltung zu bringen, gab es nicht. Die Eigenherrschaften des Adels waren der Kompetenz des Königtums entzogen, und die wachsenden Herrschaften der Kirchen standen, soweit es sich um Reichskirchen handelte, nur unter einer aus dem besonderen Schutz rührenden Oberhoheit des Königs, die diesem keine direkte Herrschaft auf Kirchengut erlaubte. Etwas dem Beamtentum Vergleichbares fehlte völlig, zumindest zu Beginn der salischen Epoche. Wo der König von seiner Macht und seinen Befugnissen delegierte, gab er Güter und Rechte zu Lehen an Vasallen, also an adelige Herrschaftsträger, die zugleich über vom König unabhängige Machtgrundlagen verfügten. Auch in den Lehen von seiten des Königs sollten sie nach eigenem Willen Herrschaft ausüben. Der König erwartete nicht Rechenschaft über irgendeine Form der Amtsführung. Die Vasallen waren ihm für ihre Lehen zu Diensten und zum Wohlverhalten, zur Treue, verpflichtet, das heißt – soweit man die Verpflichtungen konkretisieren kann – zum Besuch der königlichen Hoftage, zur Mitwirkung im Rat des Königs, vor allem zur Heerfolge mit ihrer Lehnsmannschaft. Diese Verpflichtung der Großen stellte – neben den in Eigenregie verwalteten Besitzungen und Rechten des Königs, dem Königsgut – die wichtigste Basis der königlichen Herrschaftsausübung dar.

Auch in räumlicher Hinsicht fehlte der Königsherrschaft ein Zentrum. Eine Hauptstadt gab es nicht, nicht einmal eine bevorzugte Residenz. Die Könige zogen mit ihrem Hof und ihrem Gefolge im Reich umher, verweilten an einem Ort länger, an einem anderen kürzer. Aber die Ortswahl war nicht beliebig.

Festtagsaufenthalte Heinrichs III.

Jahr	Weihnachten	Ostern	Pfingsten
1039/40	Regensburg	Ingelheim	Lüttich
1040/41	Münster	Maastricht	Worms (?)
1041/42	Straßburg	Köln	Würzburg
1042/43	Goslar	Lüttich	Paderborn
1043/44	Trier	Nimwegen (?)	
1044/45	Speyer	Goslar	am ungarischen Königshof
1045/46	Goslar	Utrecht	Aachen
1046/47	Rom, Kaiserkrönung	Mantua	Speyer
1047/48	Pöhlde	Regensburg	Solothurn
1048/49	Freising	Merseburg	
1049/50	Pöhlde	Maastricht	
1050/51	Pöhlde (?)	Köln	Paderborn
1051/52	Goslar	Speyer	Zürich
1052/53	Worms	Merseburg	Goslar (?)
1053/54	Oetting/Inn	Mainz	Quedlinburg
1054/55	Goslar	Mantua	Florenz
1055/56	Zürich	Paderborn	Goslar (?)

(Jahresbeginn Weihnachten)

Denn zunächst einmal konnte der König mit seinem zahlenmäßig starken Gefolge nur auf seinen eigenen Gütern Station machen: in den Königspfalzen und Königshöfen, zu denen in salischer Zeit stets noch ausgedehnte Grundherrschaften gehörten. Die Königsvasallen haben nur in Ausnahmesituationen dem König Gastung gewährt; wo sie den Herrscher dennoch auf ihre Güter einluden, durften sie einen großzügigen Erweis herrscherlicher Freigiebigkeit als Gegenleistung erwarten. Anders die Bistümer und Königsklöster, die »Reichskirchen«: Von ihnen oder, personal gesprochen, von den Bischöfen und Reichsäbten konnte der König Aufnahme in ihrer Residenz, auf ihren Gütern oder Beiträge zum Unterhalt seines Gefolges in seinen eigenen Pfalzen fordern. Seit der ottonischen Zeit haben sich die Herrscher in zunehmendem Umfang auf diese Dienste der Reichskirchen gestützt und im Gegenzug immer mehr Rechte an die Kirchen vergeben, deren Häupter dadurch zu Kirchenfürsten wurden. Seit dem 11. Jahrhundert bemühten sich Bischöfe, die auf Erhöhung und Bereicherung ihrer Kirchen bedacht waren, sogar um Königsbesuche in ihrer Stadt. Jedenfalls konnte, als Konrad II. im Jahr 1024 zu regieren begann, der Herrscher grundsätzlich von jedem Bischof Gastung oder einen Beitrag zum Unterhalt des Gefolges erwarten, falls er in dessen Stadt oder in der Nähe seiner Besitzungen Hof halten wollte.

Mit dieser Verbreiterung der materiellen Basis für den Umzug des Königs im Reich veränderte sich die Art und Weise, in der die Königsherrschaft zur Geltung gebracht, im Reich präsent wurde. Ähnlich wie die Karolinger hatten auch die Ottonen das Reich von eindeutigen landschaftlichen Schwerpunkten her regiert. Dies waren im 10. Jahrhundert die Eigengüter im östlichen Sachsen und die fränkische Erbmasse am Mittelrhein und Untermain sowie im niederlothringischen Raum. Die Präsenz der Königsherrschaft im Reich war vornehmlich dadurch gewährleistet, daß die Großen aus dem ganzen deutschen Reichsgebiet, mithin Bayern, Schwaben, Elsässer und Oberlothringer, den König in diesen fränkisch-sächsischen Zentren der Königsherrschaft aufsuchen mußten. Da aber die Elemente einer auf Hof und König ausgerichteten Reichsverwaltung, die es unter den Karolingern gegeben hatte, unter den Ottonen weitgehend fortfielen, waren Einfluß und Kontrolle des Herrschers in den von ihm selten besuchten Fernzonen der Königsherrschaft wenig intensiv. Seit der Zeit um 1000 hatte das Königtum seine Präsenz im Reich dadurch verstärkt, daß sich der Herrscher, gestützt auf die von den Reichskirchen gewährte Gastung, an Orten und in Gegenden zeigte, die seine Vorgänger nicht oder nur auf raschem Durchzug betreten hatten. Die Intensivierung der Königsherrschaft während der Salierzeit beruhte ganz wesentlich auf dieser Verstärkung der Königspräsenz in großen Teilen des Reiches. Von der Gegenwart des Königs erhofften sich alle Gruppen der Gesellschaft die Sicherung des Rechts, die Zurückdrängung der Gewalt, den wirksameren Schutz der Schwachen und Friedwilligen.

Die Verstärkung der Königspräsenz war jedoch weniger auf eigene Machtmittel und Besitzungen des Königs gegründet als auf den Beitrag, den insbesondere die geistlichen Fürsten zur Herrschaftsausübung des Königs leisteten. Königsherrschaft und Fürstenherrschaft verschränkten sich immer mehr, und die Verdichtung der Herrschaftsordnung schien zunächst weitgehend auf dieser Verschränkung zu beruhen. Die Frage nach der Tragfähigkeit dieses Fundaments stellt sich nicht erst im historischen Rückblick. Daß die Koordination von Königs- und Fürsten- beziehungsweise Adelsherrschaft vielfach nicht gelang, daß sich – trotz des bestimmenden Einflusses des Königs auf Besetzung der Bistümer – an den nicht abreißenden Rebellionen gegen den König fast immer auch Bischöfe beteiligten, entging den Zeitgenossen nicht. Hier, im Verhältnis der Herrschaftsträger zueinander, lag der Quell des Unfriedens, auf den man als Folge viele andere Störungen der Ordnung zurückführte. Aber gab es im Streit der Mächtigen mehr als den religiösen Appell, um dem Volk Schutz und Sicherheit zu bieten? Um seines Amtes wirklich zu walten, die Ordnung des Reiches, das Recht und den Frieden zu garantieren, brauchte der König zusätzliche Herrschaftsmittel. Doch ließen die Großen es zu, daß dem Königtum aus den wachsenden Anforderungen an die Herrschaftsordnung eine Machtsteigerung auf neuen Fundamenten zuwuchs?

Für den, den die deutschen Großen zum König erhoben, war die Durchsetzung seiner Herrschaft im Königreich nur Teil einer weiteren Aufgabe, die ihm als Nachfolger im römischen Imperium zufiel. Südlich der Alpen, in Reichsitalien, wohin Heinrich II. nur dreimal in feldzugartigen Kampagnen gekommen war, gestalteten sich die Friedenswahrung und die Integration der Großen unter die Königsherrschaft eher noch schwieriger als in Deutschland. Und schon 1002 hatte sich gezeigt, daß ein Teil der italienischen Großen durchaus bereit war, die Personalunion ihres Regnum mit dem deutschen Königreich zu lösen. Aber hätte der, der 1024 in Deutschland zum Nachfolger Heinrichs II. gewählt wurde, auf die Herrschaft über beide Reiche und damit wohl auf die Kaiserwürde verzichten können, ohne sich der Herrschaft unwürdig zu erweisen? Ein solcher Verzicht hätte für die damalige Zeit außerhalb alles Vorstellbaren gelegen. Die Herrschaft über Ober- und Mittelitalien brachte dem von den Deutschen erhobenen, in Aachen gekrönten König einen gewaltigen und sehr realen Machtzuwachs, das Kaisertum eine Würde, die ihn über alle Könige erhob, und, mit dem Schutz der römischen Kirche, zugleich eine Verpflichtung, die den Vorstellungen vom sakralen Charakter des Herrschertums erst ihre ganze Fülle verlieh. Und mochten manche der aufgebotenen deutschen Großen dem König nur halbherzig zum Rom-Zug folgen – einem Herrscher zu dienen, der alle anderen Könige Europas überragte, mit ihm das römische Imperium zu lenken und zu beherrschen, erhöhte auch sie. So beanspruchte jeder, den die deutschen Fürsten zum König bestimmten, die Herrschaft über das ganze Reich, das sein Vorgänger regiert und ihm hinterlassen hatte. Das Königtum übernehmen hieß, die Herrschaft nicht nur in Deutschland, sondern im Imperium durchzusetzen.

Königsherrschaft in und über dem Rangstreit der Großen

Im deutschen Königreich und im Imperium gelangten 1024 die sogenannten Salier zur Herrschaft, ein fränkisches, vor allem am Mittelrhein begütertes Geschlecht, das bis 1125 in vier Generationen die Könige und Kaiser stellte. Grundlagen und Formen der Königsherrschaft wurden vom Dynastiewechsel kaum tangiert, und deshalb haben die mit ihm verbundenen Probleme meist wenig Beachtung gefunden. In männlicher Linie war die Nachkommenschaft Heinrichs I. mit dem Tod seines Urenkels Heinrich II. erloschen. Aus der erforderlichen Neuwahl ging aber ein Mann als König hervor, der zu ihrem Verwandtenkreis gehörte, weil eine seiner Urgroßmütter die Tochter Ottos des Großen war. Erbrechtliche Vorstellungen im strengen Sinne waren hierfür nicht ausschlaggebend, denn es gab näherberechtigte Verwandte der Ottonen als die Salier. Aber waren die Wähler nicht einem »Geblütsrecht« gefolgt, das nur

Nachkommen der alten Dynastie einen Anspruch auf den Thron einräumte? So sind nicht nur die Vorgänge von 1024, sondern überhaupt die Rechtsgrundlagen der deutschen Königserhebung lange interpretiert worden; und da die Staufer das Königtum tatsächlich als Erben der Salier beanspruchten, war mit dieser Interpretation ein Kontinuitätsstrang von Heinrich I. bis zum letzten Staufer gewonnen. Er ließ die »deutsche Kaiserzeit« bis zum Interregnum als eine auf das Königshaus gegründete Einheit erscheinen und wertete die Forderung nach freier Wahl des Herrschers zum Ausdruck partikularistischer Tendenzen, egoistischer Fürsteninteressen ab.

Der prekären Balance zwischen Herrscherdynastie und Reich, die zum Wesen des hochmittelalterlichen Königtums in Deutschland gehört, wird eine solche Sicht der Thronfolgevorgänge nicht gerecht. Bereits im Hinblick auf den Dynastiewechsel von 1024 ignoriert sie wichtige Fakten. Zunächst: Schon 1002 wollten viele den Nachfolger für Otto III. in gemeinsamer Beratung suchen; diese wäre wohl nicht zugunsten Heinrichs II. ausgegangen, hätte er nicht eine Wahlversammlung verhindert und die Anerkennung seines Erbanspruchs mit Waffengewalt und List durchgesetzt. Sodann: Die Salier haben es offensichtlich vermieden, sich auf eine Abstammung von Otto dem Großen zu berufen; in den für Heinrich III. geschriebenen, 1045 abgeschlossenen »Taten Kaiser Konrads« hat der Hofkapellan Wipo sie übergangen und die von Gott gelenkte Wahl durch die Fürstenmehrheit als den allein legitimierenden Grund des salischen Königtums dargestellt. Und schließlich: Erstmals wird 1024 die Formalisierung des Wahlaktes in einer feierlichen Kur erwähnt, bei der der Erzbischof von Mainz die erste Stimme abgab, wie er sie von da an stets beanspruchte. Waren damals schon die Weichen zum Wahlkönigtum gestellt, das eine starke Gruppe von Fürsten ein halbes Jahrhundert später für immer zum Verfassungsprinzip erheben wollte?

Die Frage reißt Alternativen auf, die sich so grundsätzlich zu Beginn der Salierzeit wohl noch nicht stellten. Gewiß war die Wahlvorstellung lebendig, und sie bezog zweifellos eine Bestärkung daraus, daß es den Fürsten 1024 gelang, eine gemeinsame Wahl abzuhalten. Dort hatte – so jedenfalls sah man es in der Umgebung Heinrichs III. – der »größere und bessere Teil« den Geeignetsten aus der Gruppe der ranghöchsten Fürsten für das Königsamt ausgewählt. Doch wo ein König einen Sohn besaß, war er ihm bisher fast immer und überall in der Herrschaft gefolgt. Die Vorstellung von der »Wahl des Geeignetsten« schloß eine Einigung auf den Sohn des Königs um so weniger aus, als diese Abstammung – im Hinblick auf Rang, Verbindungen und Einfluß und auf die materielle Basis der Macht – selbst als hervorragendes Kriterium der Eignung galt und alle Verfahren für eine geregelte Willensbildung fehlten, die einer »freien« Wahlentscheidung die Anerkennung garantierten. Die Frage war aber, wie sich ein Anspruch auf Erbfolge im Königtum vereinbaren ließ mit der

Mitverantwortung der Großen für das Reich. Mußte ein dynastisch-erbrechtliches Denken, wie es sich damals im Adel allgemein durchsetzte, nicht die Teilhabe der Fürsten an der Königsherrschaft mindern, wenn es auch auf das Verhältnis von Königshaus und Reich bezogen wurde? Diese Frage – nicht der Gegensatz abstrakter Verfassungsprinzipien, von Erbrecht und Wahlrecht, wie man sie heute versteht – wurde zum Strukturproblem des deutschen Königreiches.

Konrad II., gewählt am 6./7. September in den Rhein-Auen gegenüber von Oppenheim und am darauffolgenden Fest Mariä Geburt in Mainz gekrönt, sah wie seine ottonischen Vorgänger den eigenen Sohn von vornherein als den künftigen Herrscher. Bevor er nach Italien aufbrach, designierte er Anfang 1026 den achtjährigen Heinrich zum Nachfolger; als Kaiser aus Rom zurückgekehrt, ließ er ihn Ostern 1028 in Aachen von den Großen zum König wählen und vom Kölner Erzbischof krönen, der hier erstmals das Krönungsrecht in Aachen zugesprochen bekam und dessen Nachfolger es behielten. Von da an wurde Heinrich III. stets und ganz offiziell als König bezeichnet. Aber er hat vor dem Tod seines Vaters keine königliche Regierungshandlung vorgenommen; und er unterschied später streng zwischen den Jahren seiner Regierung, die erst 1039 begannen, und den schon ab 1028 gezählten Jahren seiner »Ordination«. Die Königsweihe war also mit der Übernahme der Königsherrschaft nicht identisch. Diese Unterscheidung behielt man auch für Heinrich IV. bei. Noch rascher als sein Vater hat Heinrich III. die dynastische Thronfolge abgesichert: Kaum war der langerwartete Sohn Ende 1050 geboren, ließ sein Vater die Großen ihm Treue schwören; als gerade Dreijähriger wurde er zum König erwählt, im Sommer 1054 gekrönt. 1056 ging die Herrschaft in schwieriger Situation an den unmündigen Erben über.

Deutlicher als in der Ottonenzeit ist in den Selbstzeugnissen des salischen Königtums von Anfang an der dynastische Gedanke faßbar: so auf den Bleibullen, mit denen Konrad nach 1028 die Kaiserurkunden versehen ließ, oder in der Art, wie Kaiserin und Thronfolger als Bittsteller in den Privilegien genannt werden, aber auch in panegyrischen Gedichten des Hofkreises oder in dem Apsisfresko, mit dem der Patriarch von Aquileja den 1031 geweihten Dom schmücken ließ. Vor allem aber hat Konrad II. damit begonnen, eine Grabkirche für die Herrscherdynastie zu errichten, die von seinen Nachkommen immer reicher ausgestaltet wurde: den Dom zu Speyer. Von den fünf sächsischen Vorgängern hatte jeder an einem anderen Ort sein Grab gefunden. Die Salierkaiser wurden in Speyer beigesetzt, obwohl sie alle fernab von der Herrschergrablege starben. Zahlreiche Stiftungen machten die Bischofskirche von Speyer, neben deren Patron Stephanus nun unter salischem Einfluß Maria als Patronin hervortrat, zum Zentrum des Gebetsgedenkens für die Herrscherdynastie. In Prunkhandschriften, den »Goldenen Evangelienbüchern«, die Heinrich III. in der

Besitzergreifung vom Reich durch den Herrscher: Königsumritt Konrads II. von September 1024 bis Juli 1025 (nach Mayer)

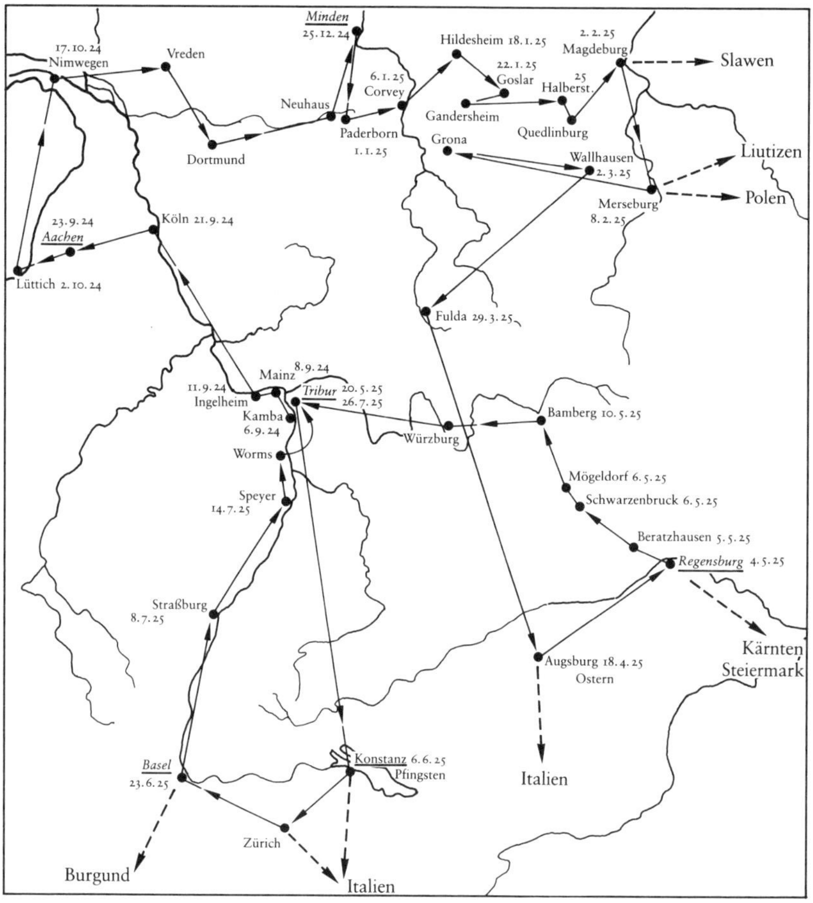

Einwirkung auf benachbarte Gebiete oder Reiche

bezeugte Aufenthaltsorte

erwähnter Hoftag

Daten geben den bezeugten Aufenthalt an

Abtei Echternach herstellen ließ, wurde der dynastische Zusammenhang im Bildprogramm gezeigt, am deutlichsten in einem für die Kirche von Speyer bestimmten Codex. Aus Speyer stammen auch ungewöhnliche Münzen, die mit dem Bild zweier Herrscher – Konrads und Heinrichs – geprägt wurden.

Wie in Frankreich unter den ersten Capetingern, so trat in Deutschland mit den Saliern ein stärker dynastisch bestimmtes Verständnis der Königsherrschaft hervor. Doch die Capetinger haben, indem sie das Kloster St. Denis als Grablege wählten, ihre Herrschaft von Anfang an in die große Tradition des Frankenreiches und der Karolinger gestellt. Als Könige und Kaiser haben die Salier dagegen ihr Familiengedenken nicht an einem Platz verankert, der mit der Herrschaft ihrer Vorgänger oder mit dem imperialen Rang ihres Reiches verbunden war: weder in Aachen, wo Karl der Große und Otto III. ruhten, noch an einem Ort, den sie gewissermaßen als Zeichen kaiserlicher Stifterfrömmigkeit zu hohem Rang erhoben, wie Otto I. Magdeburg oder Heinrich II. Bamberg. Dort, wo ein Schwerpunkt ihrer Eigengüter lag, aber wiederum nicht in der traditionsreichen Frankenstadt Worms, in deren Dom Konrads Vorfahren bestattet waren, sondern in dem eher bescheidenen Bistum Speyer, schufen sie sich den Mittelpunkt, der die Generationen über den Tod des Einzelnen hinaus zu einer Gemeinschaft verband.

Zur Zeit Heinrichs IV. wird gesagt, die Salier hätten das ärmliche Speyer durch ihre Stiftertätigkeit zu hohem Rang erheben wollen, weil sie nicht in der Lage waren, aus ihrem Besitz ein neues Bistum auszustatten. So wurden sie zu den »zweiten« Gründern des Bistums, indem sie ihm zu Reichtum, Ansehen und – durch ihre Grablege – gewissermaßen zu imperialem Rang verhalfen. »Neugründer« ihrer Hochkirche zu werden, fühlten sich damals auch Bischöfe berufen, die – wie etwa Meinwerk von Paderborn – beträchtliche Mittel ihrer Sippe für die Dotation und die Ausgestaltung ihres Bistums einsetzten. Die Markgrafen von Meißen begannen zunächst damit, ihre an verschiedenen Orten beerdigten Verwandten in das Stift zu überführen, das sie in Naumburg gründeten. Dann schenkten sie die werdende Stadt an diese Kirche und erreichten, als sich das Aussterben der Familie bereits abzeichnete, von Konrad II. und Papst Johannes XIX. 1028, daß das Hochstift Zeitz dorthin verlegt wurde. Noch heute zeugen die berühmten, zwei Jahrhunderte später geschaffenen Stifterfiguren im Westchor des Domes von der Dauer des »Gedächtnisses«, das auf die Fortdauer des Gebetsgedenkens für die Stifter gegründet war, für die »Fundatoren« des in Naumburg prächtiger erneuerten Bistums. Daß neben Petrus und Paulus, den Patronen des Bistums, wie bei den Saliern in Speyer auch hier als Patronin der Stifterfamilie die Gottesmutter trat, verdient mit dem Blick auf das Aufblühen der Marienverehrung in den folgenden Jahrzehnten Beachtung.

An staufischen Maßstäben gemessen, war das Herkunftsbewußtsein der Salier das einer Hochadelsfamilie, nicht das eines zum Königtum allein berufenen Geschlechts. Die Abstammung von Otto dem Großen wurde offensichtlich bewußt nicht betont. Daß Heinrich III. über seine Mutter Gisela von Karl dem Großen abstammte, wurde in seiner Umgebung gefeiert, hob ihn jedoch nur auf das Niveau manch anderer Adelsfamilie im Reich. Daß Konrad zu den »adeligsten Männern im deutschen Frankenreich« gehörte, daß seine Mutter aus uraltem lothringischen Geschlecht stammte, das man sogar auf die merowingischen Könige »trojanischer Herkunft« zurückführte, und daß deren Brüder stets mit Königen und Herzögen im Streit lagen, daß Konrad selbst bis zu seiner Wahl fast nichts vom Reich zu Lehen hatte, wurde gerühmt. Das sind Elemente adeligen Selbstverständnisses, die man ähnlich etwa aus der späteren welfischen Hausüberlieferung kennt. Und in der Tat: Zahlreiche Familien im Reich galten als »nicht weniger adelig denn der König«.

Gerade weil die Könige in Deutschland die volle Herrschaft über das ganze Reich durchgesetzt hatten, wurde das Verhältnis von Königshaus und Fürsten in ganz anderer Weise zum Problem als in Frankreich. In ihrem engeren Herrschaftsbereich stand den Capetingern keine ebenbürtige Familie gegenüber; in den mächtigen Fürstentümern, die als fast selbständige Einheiten der Krondomäne mehr beigeordnet waren und deren Inhaber höchst selten am Königshof erschienen, hatte der König relativ geringen Einfluß. Die deutschen Fürsten dagegen partizipierten an der Königsherrschaft durch ihr Gewicht am Hofe und ihre Funktionen im Reich, in dem die Herrschergewalt des Königs überall wirksam wurde. Ihr Verhältnis zum König war durch diese Aufgaben- und Interessenverflechtung mitbestimmt, doch auch durch die Konkurrenz der Fürstengeschlechter zum Königshaus, das sie durch das mit ihrer Zustimmung vergebene Königsamt auf eine höhere Ebene gehoben sahen, von dem sie aber keinesfalls eine Minderung ihres Ranges hinnehmen wollten. Daß die Wahl 1024 auf Konrad fiel, lag nicht zuletzt daran, daß von den amtierenden Herzögen aus jeweils anderen Gründen keiner zur Übernahme der Herrschaft geeignet erschien: weder der von Ober- noch der von Niederlothringen, weder der von Schwaben noch der von Bayern oder gar der von Kärnten. Trotz dieser günstigen Ausgangskonstellation und der raschen Wahlentscheidung war der Erfolg Konrads nicht gesichert. Die Sachsen, die wohl gewußt hatten, daß keiner ihrer Großen Chancen auf das Königtum besaß, blieben geschlossen der Wahlhandlung fern und zogen es vor, mit dem bereits geweihten König die Bedingungen für seine Anerkennung auszuhandeln. Die Lothringer verließen, als ihr Kandidat der Wahl des von der Mehrheit favorisierten Konrad beitrat, den Wahlort noch vor der Kur und Huldigung; die Bischöfe Lothringens schworen in die Hand ihrer Herzöge, nur nach gemeinsamer Entscheidung einen König anzunehmen. Erst am Weihnachtstag 1025 ist die Huldigung der Lothringer erfolgt, nachdem schon bald der Erzbischof von Köln und dann andere Bischöfe aus der Front ausgebrochen waren und es Konrad ermöglicht hatten, in Aachen den Thron Karls des Großen, den »Erzstuhl des Reiches«, zu besteigen.

Eine im Einvernehmen der Großen anberaumte Wahl, auf der niemand der Entscheidung widersprach, welche die Mehrheit traf und gültig vollzog, die rechtmäßige Krönung durch den Erzbischof von Mainz, die Besitzergreifung vom Reich durch einen Umritt – alle diese Formalakte sicherten dem König keineswegs die allgemeine Anerkennung. 1039 wollte Herzog Gozelo von

Niederlothringen dem schon 1028 gekrönten Heinrich III. die Huldigung versagen. Als dieser 1053 seinen Sohn zum König wählen ließ, versprachen die Großen Treue nur unter dem Vorbehalt, »daß er ein gerechter König sein würde« – obwohl man ihn bald darauf salbte und krönte. 1057 gab es unter den Sachsen Pläne, dem unmündigen Heinrich IV. die Herrschaft zu entreißen, solange seine Jugend noch Gelegenheit dazu bot – aus Rache für die »Ungerechtigkeiten«, die Heinrich III. ihnen angetan habe, und aus Furcht, daß der Sohn die Politik des Vaters in Sachsen fortführe. Auch dem rechtmäßigen König, dem »Gesalbten des Herrn«, konnten Anerkennung und Gehorsam verweigert werden.

Verweigert wurde ihm der Gehorsam häufig genug. Aufstände zu bekämpfen, war für die Salier ein wesentlicher Teil ihrer Regierungstätigkeit. Konrad II. sah sich einer solchen Rebellion schon gegenüber, bevor sein Königtum im ganzen Reich anerkannt war. Sein jüngerer Vetter Konrad, der bei der Königswahl Kandidat der Lothringer gewesen war und durch seinen Verzicht die »einhellige Wahl« ermöglicht hatte, sein Stiefsohn, der wohl eben mündig gewordene Herzog Ernst II. von Schwaben, sowie der Graf Welf II. verschworen sich mit Herzog Friedrich von Oberlothringen gegen den König. Obwohl ein bewaffneter Zusammenstoß durch Vermittlungsbemühungen – etwa des Abtes Bern von der Reichenau oder der Königin Gisela, die Schwägerin Friedrichs, Tante Konrads des Jüngeren und Mutter Ernsts II. war – verhindert werden konnte, kam es zu gewaltsamen Aktionen. Nur Friedrich und Ernst hatten sich mit dem König versöhnt, als dieser 1026 zum Rom-Zug aufbrach. Doch Ernst verließ in Italien das königliche Heer und unterstützte Welf in einer Fehde gegen den zum Reichsverweser bestimmten Bischof von Augsburg, dessen Diözese und Stadt mit Feuer und Schwert verheert wurden. Gegen den aus Italien zurückkehrenden Kaiser versuchte Ernst, die Vasallenpflicht einmahnend und an die alte schwäbische Treue appellierend, den Adel seines ganzen Herzogtums aufzubieten. Erst als einige Grafen ihm die Gefolgschaft im Kampf gegen den königlichen Oberlehnsherrn verweigerten, unterwarf er sich; wenig später ergaben sich auch Konrad der Jüngere und Graf Welf der Gnade des Kaisers. Haft, Entzug der Lehen, Konfiskation des Besitzes, Zerstörung der Burgen – die Strafe war hart. Doch schon nach kurzer Zeit wurden die Rebellen begnadigt und wieder in ihre Ämter eingesetzt. 1030 erhob sich der Schwabenherzog erneut; im Kampf gegen die Helfer Konrads, von denen viele das Leben verloren, fand er mit seinen Getreuen den Tod.

Wenn auch die Welle der großen Aufstände damit zunächst abgeebbt war, zeigen Ereignisse der Folgezeit, daß die Grundlagen der Königsherrschaft für moderne Begriffe weiterhin unsicher blieben. Dennoch darf die Herrschaft Konrads II. als besonders stabil gelten, zumindest ab 1030; nach dem einhelligen Urteil der Forschung brachte kaum einer der deutschen Kaiser die Königsgewalt so nachdrücklich und so unumstritten zur Geltung wie er. Heinrichs III. Regierung begann in Deutschland verhältnismäßig ruhig und gefestigt. 1044 jedoch brach ein Streit um die Vergabe der lothringischen Herzogtümer aus, in dem der Herrscher seine Entscheidung mehrfach änderte, ohne wirklich Herr der Lage zu werden. Widerstände gegen seine Verfügungen in Sachsen, die den Streit zwischen dem Erzbischof von Hamburg-Bremen und den sächsischen Adelsfamilien, vor allem den Billungern, eher verschärften als beruhigten, traten hinzu. In Bayern erhob sich 1053 der erst wenige Jahre zuvor eingesetzte Herzog Konrad und mußte vertrieben werden. Mehrfach sprechen die Quellen von Mordplänen gegen den Kaiser. Das letzte Komplott wurde 1055 geschmiedet: vom Bischof von Regensburg, dem Grafen Welf III. und dem abgesetzten Herzog von Bayern, der zum König ausersehen war. Nur das Geständnis des sterbenden Welf, der den Kaiser brauchte, um seiner Tochter und deren Sohn das Familienerbe zu sichern, soll die Pläne aufgedeckt haben. Des öfteren wurden Reichsfürsten von Gegnern umgebracht; Fehden entbrannten immer wieder in allen Teilen des Reiches.

Konflikte entzündeten sich überall, wo Entscheidungen Rangordnung und Machtgefüge zu verändern drohten. Streit entstand, wenn Ämter oder Lehen nach dem Tod ihrer Inhaber neu zu vergeben waren, sei es vom König an seine Vasallen, sei es von den Fürsten an die ihrigen. Auch in lokale Konflikte wurde der König hineingezogen – war es doch eine zentrale Herrscheraufgabe, sie zu schlichten. Solche Auseinandersetzungen blieben selten auf einen Punkt beschränkt; und es war schwer, sie wirklich zu beenden. Wo sich ein Großer erhob, war er nicht nur auf seine eigenen Vasallen und Machtmittel angewiesen, sondern konnte fast immer mit Freunden rechnen, die auf jeden Fall zu ihm halten würden, und stets bestand die Gefahr, daß sich mit ihm potentielle Gegner des Königs in und außerhalb des Reiches verbanden. Wenn es dem Herrscher gelungen war, eine Verschwörung niederzuwerfen, verharrten oft einzelne Beteiligte in ihrem Widerstand wie jener Graf Werner, der sich nach der Unterwerfung des Herzogs Ernst dem König noch monatelang auf der Kiburg bei Zürich widersetzte. Die Treue zu diesem Freund, den Konrad II. nicht begnadigen wollte, war eine Ursache dafür, daß der Herzog einen neuen Aufstand begann; und so wurden unbewältigte Reste eines Konflikts häufig genug Anlaß eines neuen.

Die Schwierigkeiten, mit denen Heinrich III. in Lothringen von 1044 bis 1056 rang und die er ohne endgültige Klärung hinterließ, können die Situation exemplarisch verdeutlichen. Herzog Friedrich von Oberlothringen hatte bei seinem Tod keinen männlichen Erben hinterlassen, und so hatte Kaiser Konrad 1033 das Herzogtum dem niederlothringischen Herzog Gozelo übergeben. War doch der Westen des Reiches dadurch besonders bedroht, daß Graf Odo von der Champagne, der als Verwandter König Rudolfs III. von Burgund Ansprüche auf

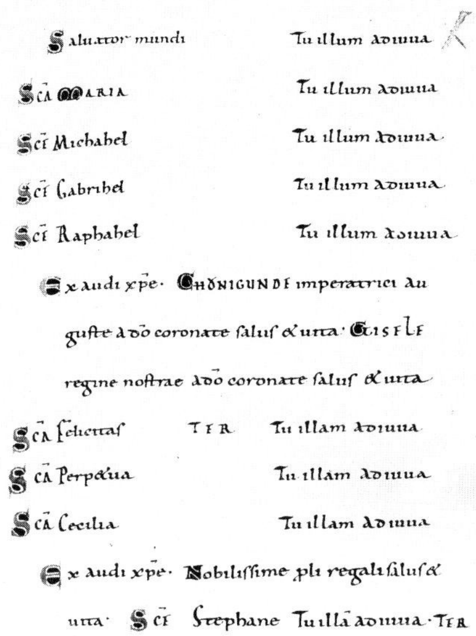

Salvator mundi — Tu illum adiuva
Sca Maria — Tu illum adiuva
Sci Michahel — Tu illum adiuva
Sci Gabrihel — Tu illum adiuva
Sci Raphahel — Tu illum adiuva
Exaudi xpe. Chunigunde imperatrici augustę a deo coronatę salus & vita. Gisle reginę nostrae a deo coronatę salus & vita.
Sca Felicitas TER Tu illam adiuva
Sca Perpetua — Tu illam adiuva
Sca Cecilia — Tu illam adiuva
Exaudi xpe. Nobilissime pli regali salus & vita. Sce Stephane Tu illa adiuva. TER

Heiligenlitanei mit Fürbitten, unter anderem für die Kaiserin Kunigunde und die Königin Gisela. Seite in einem wohl zwischen 1024 und 1027 im Mindener Bistum entstandenen Graduale. Wolfenbüttel, Herzog August-Bibliothek. – Königin Gisela beim Einzug in die Kirche. Miniatur in dem zwischen 1039 und 1043 in der Benediktinerabtei Echternach entstandenen Perikopenbuch für Heinrich III. Bremen, Staats- und Universitätsbibliothek

Die Stadt Köln als getreue Tochter der römischen Kirche mit dem hl. Petrus, dem Patron des Erzstiftes und des Kölner Domstiftes, inmitten der Stadtmauer. Erstes Wachssiegel der Stadt, zwischen 1114 und 1119 oder um 1150. Köln, Historisches Museum dessen Reich erhob, mehrfach Feldzüge nach Lothringen unternahm. Die Zusammenlegung der Herzogtümer bewährte sich: Während der Kaiser Aufstände in Italien bekämpfte, schlug Gozelo mit seinen Truppen 1037 bei der Grenzfeste Bar-le-Duc ein riesiges Heer Odos vernichtend. Odo selbst und mehrere angesehene Grafen aus seinem Gefolge waren unter den angeblich sechstausend Toten. Als nun Gozelo I. 1044 starb, beanspruchte sein Sohn Gottfried, der schon seit Jahren an der Seite seines Vaters tätig war und sich in der Schlacht bei Bar Ruhm erworben hatte, die Nachfolge in beiden Herzogtümern, während Heinrich III. darauf bestand, daß Niederlothringen Gottfrieds Bruder Gozelo II. übergeben werden müsse. Der König schien es darauf angelegt zu haben, über einen königstreuen Vormund die Verwaltung Niederlothringens in die eigene Hand zu bekommen. Zwar begab sich Gottfried in der Hoffnung auf eine Einigung an den Hof, doch warf man ihm dort Konspiration mit dem französischen König vor. Ein Zeichen der Auflehnung sah man vor allem darin, daß er seine Vasallen auf drei Jahre Hilfe gegen jedermann hatte schwören lassen – das hieß: im Konfliktfall auch gegen den König oder gegen die königstreuen Bischöfe in Lothringen, falls sie von denen ebenfalls Lehen hielten. Als ihm deshalb die Lehen, also auch die Herzogtümer und seine Grafenrechte in Verdun, abgesprochen wurden, trat Gottfried in den offenen Aufstand. Bezeichnenderweise hat sich der König sofort um Verbündete bemüht: Einem Sohn des Grafen von Flandern gab er ein Gebiet im heutigen Belgien zu Lehen, auf das Gottfried Anspruch erhob, und vergrößerte so die flandrische Machtposition auf Reichsboden. Den rheinischen Pfalzgrafen Otto, einen Bruder des Kölner Erzbischofs, und dessen in Niederlothringen mächtige Familie verpflichtete er sich durch die Verleihung des Herzogtums Schwaben; die Pfalzgrafenwürde erhielt Ottos Vetter. Obwohl die Aktionen des königlichen Heeres in Lothringen wegen einer Hungersnot eingestellt werden mußten, wich Gottfried diesem Druck und unterwarf sich im Juli 1045 dem König. Im Jahr darauf wurde er begnadigt und erhielt das oberlothringische Herzogtum. Niederlothringen dagegen, die ältere Position der Familie, wurde anderweitig vergeben.

Schon bis zu diesem Zeitpunkt lassen sich in dem Streit Zielsetzungen erkennen, die Herzog und König zu Gegnern machten. Was Gottfried beanspruchte, war mehr als ein Erbrecht am Herzogsamt, wie es in der ersten Hälfte des 11. Jahrhunderts weitgehend anerkannt war und dem der König in seinem Falle durch die Übertragung eines Herzogtums Rechnung getragen hätte. In Gottfrieds Weigerung, ein Herzogtum seinem jüngeren Bruder zu überlassen, zeigt sich das Streben nach dynastischer Herrschaftskonzentration: Die wichtigsten Lehen und Ämter sollten in der Hand des ältesten Sohnes bleiben und mit den Zentren des Familiengutes zu einem Komplex verschmolzen werden. Eine solche Entwicklung hätte dem Königtum schon bald die Mittel entzogen, mit deren Hilfe es seinen Willen zur Geltung bringen und die Großen neu zur Treue verpflichten konnte. Auf der Seite des Königtums läßt sich seit Heinrich II. die Absicht erkennen, den Amtscharakter des Herzogtums deutlicher zu betonen und zugleich die Herzogsgewalt als solche dadurch zu schwächen oder auszuhöhlen, daß der König Besitzungen und Rechte aus dem herzoglichen Machtkomplex an sich zog oder wenigstens eine Mitnutzung durchsetzte. Das gelang, indem der König, vordergründig sogar den dynastischen Tendenzen Rechnung tragend, unmündigen Herzogssöhnen die Nachfolge zugestand, für die er selbst oder einer seiner Vertrauten dann die Regentschaft führte. In Schwaben haben so zwischen 1003 und 1038 nur für acht Jahre mündige Herzöge regiert. Ein Herzogtum für den König oder einen seiner Söhne selbst einzubehalten, war ein anderer Weg. Heinrich III. hatte, als er 1039 die Herrschaft antrat, alle drei süddeutschen Herzogtümer in der Hand: Schwaben von 1038 bis 1045, Bayern, das er 1042 wegen der gefährlichen Entwicklungen in Ungarn wieder aufgab, seit 1027 und Kärnten von 1039 bis 1047; Bayern übereignete er, nachdem er es 1047–1049 noch einmal selbst geleitet hatte, 1053 seinem dreijährigen Sohn Heinrich, 1054 dem noch jüngeren Konrad, nach dessen Tod 1055 seiner Gemahlin Agnes. Wo neue Herzöge eingesetzt wurden, wählte man Männer, die im Gebiet des Herzogtums nicht verwurzelt waren, und merkwürdig oft waren es solche, die keine Söhne hatten. Diese Politik wollte Heinrich III. offensichtlich auch in Niederlothringen verfolgen, wo der vielleicht debile Gozelo II. wohl weder selbständig regiert noch eine neue Dynastie begründet hätte. Die Macht der Herzogsfamilie in Lothringen wäre auf diese Weise deutlich verringert worden.

Die Auseinandersetzung mit Gottfried war nicht beendet. Als Heinrich III. am Weihnachtstag 1046 in Rom zum Kaiser gekrönt wurde, nahm er von der Indulgenz, die er allen Gegnern gewährte, Gottfried namentlich aus – eine unerhörte Schmach für den Herzog. In Lothringen begannen erneut Unruhen: Auseinandersetzungen zwischen dem Grafen Dietrich von Holland und den Vertretern des Kaisers explodierten in einem Aufstand, in dessen Verlauf die kaiserlichen Truppen in die Flucht geschlagen wurden. Nun schlossen sich Dietrich, Gottfried, Balduin V. von Flandern und der Graf vom Hennegau in einem Bündnis zusammen. Die Kaiserpfalz Nimwegen, die Bischofsstadt Verdun wurden eingeäschert, die Güter der Gegner – der Parteigänger des Königs, vor allem der Bischofskirchen – verheert. Der Kaiser erklärte zwar Gottfried für abgesetzt, mußte aber darauf hoffen, daß sich die Familie der Grafen vom Elsaß, denen er Oberlothringen verlieh, durchsetzen würde. Er selbst bemühte sich um eine Koalition von fast europäischer Dimension: Zunächst schloß er ein Freundschaftsbündnis mit dem französischen König, dem Schwager und Lehnsherrn des Grafen von Flandern, dann mit den englischen und dänischen Königen, die – nachdem die Truppen der Bischöfe von Lüttich, Utrecht und Metz den Grafen von Holland geschlagen und getötet hatten – mit ihren Flotten die flandrischen

Häfen blockierten; schließlich verhängte Papst Leo IX., der ehemalige Bischof Bruno von Toul, als er 1049 nach Deutschland kam, den Bann über Gottfried und Balduin und begleitete den Kaiser auf dessen Bitte nach Köln und Aachen. Jetzt unterwarf sich Gottfried, bald darauf auch Balduin. Doch schon 1050 mußte Heinrich einen neuen Feldzug gegen Balduin unternehmen, der erneut Frieden schloß und den Treueid leistete – bis zum nächsten Konflikt im darauffolgenden Jahr: Gegen den Willen des Kaisers, der als Lehnsherr die Zustimmung hätte geben müssen, heiratete er die Witwe des Grafen vom Hennegau und erweiterte dadurch seine Machtposition in Niederlothringen erheblich. Von nun an kam der Streit nicht mehr zur Ruhe. Als Heinrich III. 1056 gestorben war, sah sich die Regentschaft gezwungen, alsbald Frieden zu schließen: Balduin V. und sein Sohn huldigten dem Königskind und erhielten dafür alle Gewinne im Reichsgebiet bestätigt. Der Tod des Kaisers brachte auch Gottfried die Gelegenheit, die Anerkennung der Reichsregierung für den Coup zu erlangen, mit dem er 1054 den Kaiser überrascht hatte: Er hatte die Witwe des mächtigsten der italienischen Großen, des Markgrafen Bonifaz von Canossa, geheiratet, Beatrix, die Tochter des ehemaligen Herzogs Friedrich von Oberlothringen, deren Besitzungen seine Position im Westen des Reiches verstärkten und ihn zum mächtigsten Mann in Mittelitalien machten. Heinrich III. war hiergegen mit aller Macht eingeschritten, hatte Beatrix und deren einzige Tochter Mathilde gefangengesetzt und es sogar erreicht, daß Gottfrieds Bruder Friedrich, Kardinaldiakon und päpstlicher Kanzler, aus Rom fliehen mußte. Doch 1056 machte die Kaiserin Agnes auch mit Gottfried Frieden, und dessen Bruder Friedrich wurde im August 1057 als Stephan IX. Papst.

Die Kämpfe Heinrichs III. in Lothringen standen in europäischen Zusammenhängen und zugleich in reichsweiten Dimensionen; das Maß an Verflechtung würde bei einer ausführlicheren Analyse noch deutlicher hervortreten. Eine Betrachtung der Details würde aber auch zeigen, daß der Verlauf der Konflikte sehr stark mitbestimmt wurde durch relativ geringfügige Streitfragen, die sich mit den bestehenden Gegensätzen verbanden. Bündnisse, die im Kampf geschlossen wurden, schufen neue Fronten, wie etwa der Pakt Heinrichs III. mit dem Grafen von Arras gegen Balduin, den der mit dem Grafen im Streit liegende kaisertreue Bischof von Cambrai als Schädigung seiner Interessen empfand. Wenn die Gegner hochgestellt und einflußreich genug waren, konnten lokale Konflikte das Herrschaftsgefüge bis in die Führungsspitze des Reiches erschüttern, wie der Burgenstreit zwischen Bischof Gebhard von Regensburg und Herzog Konrad von Bayern, der 1053 zur Absetzung des Herzogs führte. Dieser rebellierte und fand dabei die militärische Unterstützung des Königs von Ungarn. Sich wechselnd zu schlagen und zu vertragen, gehörte ebenso zur adeligen Lebensart wie die Vererbung von Feindschaften in der Familie: War doch derselbe Bischof Gebhard 1055 das Haupt der Verschwörer, die den Kaiser ermorden und dem abgesetzten Bayernherzog die Königskrone verschaffen wollten.

Im Hinblick auf solche Vorgänge hat man das letzte Jahrzehnt Heinrichs III. als Phase einer Herrschaftskrise verstehen wollen, doch kaum mit Recht; sonst dürfte man fast die ganze »deutsche Kaiserzeit« als Krisenepoche bezeichnen. Häufigkeit und Dauer der Konflikte wechselten; und wenn sie den lokalen Rahmen überschritten, erfaßten sie doch nur sehr selten das ganze Reich. Daß sie mit Waffen ausgetragen wurden, war damals als Rechtsform anerkannt. Den Zeitgenossen galt die Herrschaft Konrads II. und Heinrichs III. als ein Höhepunkt kaiserlicher Machtentfaltung. Es sind die strukturellen Probleme des damaligen Herrschaftsgefüges, vor welchen Heinrich III. stand; und man kann ihn nur daran messen, wie weit es ihm unter den Bedingungen seiner Zeit und ihrer Staatlichkeit gelang, den Herrscherwillen zur Geltung zu bringen und dem Kaisertum das ihm gebührende Ansehen zu verschaffen. Trotz aller Unruhen und trotz einer gelegentlich recht deutlichen Kritik an den beiden ersten Saliern wurde ihnen zuerkannt, daß sie mächtige Herrscher, wirkliche Kaiser waren, die dem großen Vorbild Karl mit Erfolg nacheiferten.

Wo lagen die Probleme, die zu immer neuen Zusammenstößen zwischen König und Großen, zum Streit der Großen untereinander führten? Grundlegende Veränderungen in Herrschaftsgefüge und -organisation schufen während des 11. Jahrhunderts spezifische Konfliktsituationen, aus denen sich unter vorgegebenen Einstellungen rasch bewaffnete Auseinandersetzungen entwickelten. Zeitspezifische Streitfragen lösten jedoch Abläufe aus, die in der Karolinger- und Ottonenzeit, in der Stauferzeit und im Spätmittelalter ganz ähnlich ausgesehen haben. Deshalb kann man die Konflikte kaum zutreffend beurteilen, wenn man sie nur auf die Gegensätze zurückführt, die sich aus der gesellschaftlichen Entwicklung, aus der königlichen Politik oder dem Ausbau der Adelsherrschaften während des 11. Jahrhunderts ergaben.

Das zeigt bereits die Forschungsgeschichte. Seit gut hundertfünfzig Jahren versucht man, die Ursachen solcher Aufstände zu ermitteln; zu fast jedem gibt es eine umfangreiche Literatur. Aber trotz der verfeinerten Methoden der Quellenkritik und trotz aller positivistischen Akribie wurde selten ein sicheres Ergebnis erzielt. Die Quellen nennen kaum einen der Anlässe, in denen die Forschung die Ursachen sucht. Ob Herzog Ernst, der über seine Mutter Gisela mit König Rudolf von Burgund verwandt war, Ansprüche auf dessen Erbe erhob, ob es ihm um Durchsetzung seiner Herzogsgewalt auch im Elsaß und im burgundischen Grenzgebiet ging, ob eine nie überwundene menschliche Entfremdung zwischen Stiefvater und -sohn die letzte Ursache war – all das wurde erwogen, und doch ist es beim Non liquet geblieben. In Lothringen erhob sich 1044 Gottfried, weil er sich mit einem der lothringischen Herzogtümer begnügen und das andere seinem jüngeren Bruder überlassen sollte. Aber es bleibt offen, wie er seinen

Herrschaftsformen des »Reisekönigtums« unter Heinrich III.: Privilegien für Empfänger im Elsaß und in Schwaben (nach Steinhart)

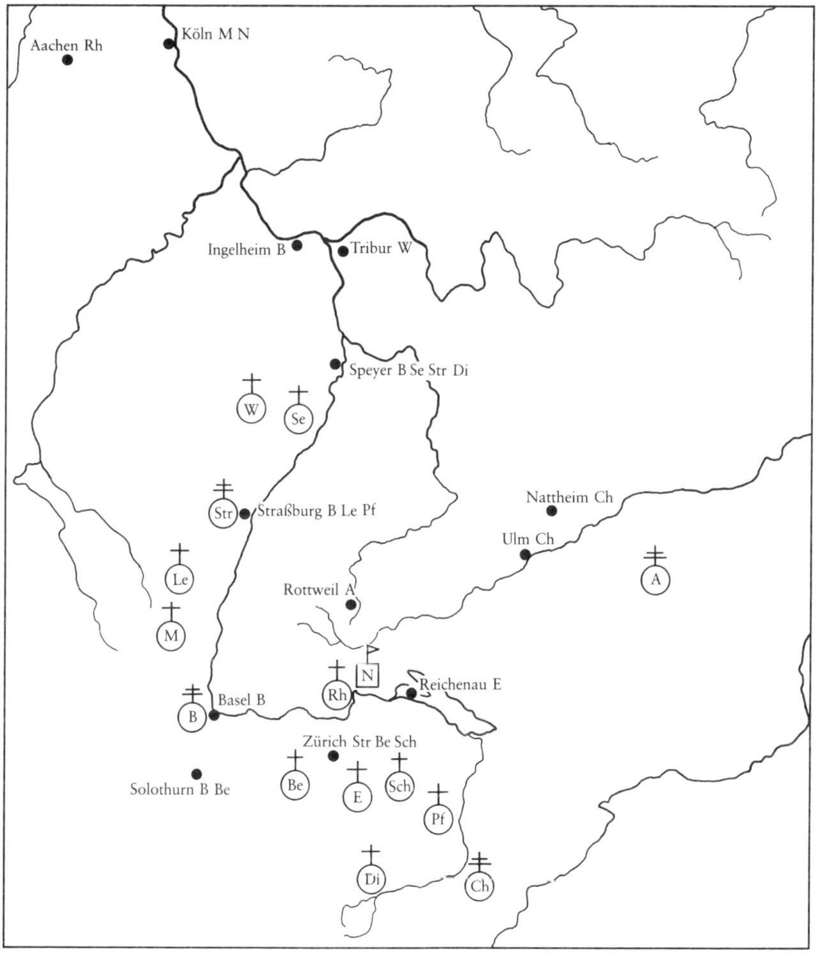

● Ort der Urkundenausstellung mit Hinweis auf den Empfänger

Sitz des Empfängers

Bischofskirche

Kloster

Graf

Empfänger

A	Augsburg		
B	Basel	N	Nellenburg
Be	Beromünster	Pf	Pfäfers
Ch	Chur	Rh	Rheinau
Di	Disentis	Sch	Schännis
E	Einsiedeln	Se	Selz
Le	Leberau	Str	Straßburg
M	Murbach	W	Weißenburg

Anspruch begründete, ja, ob er überhaupt eine Argumentation für nötig hielt. Erfährt man einmal den konkreten Anlaß für eine Erhebung gegen den König oder für Kämpfe der Großen untereinander, erscheint er meist als relativ geringfügig, so daß man versucht ist, nach den »wahren« Motiven zu fragen. Aber darf man Menschen des 11. Jahrhunderts Antriebe des Handelns unterstellen, die damals nie in Betracht gezogen wurden?

Haß und Zorn, Hochmut oder Mißachtung, Demütigung und Kränkung genügten den Zeitgenossen oft, um das Geschehen zu erklären; und hinter vordergründigen Anlässen blieb für sie meist eine Form des Rangstreites, der Kampf um die Anerkennung einer bestimmten Stellung, das letzte Motiv. Im permanenten Streit der Großen war meist nur der bereit, den Schiedsspruch des Herrschers anzuerkennen, zu dessen Gunsten er ausfiel, während sein Gegner in der königlichen Entscheidung eine Demütigung sah, die auch den König zu seinem Gegner machte. Ob eine Entscheidung gerecht war, wurde nicht einfach an einem rechtlichen Sachverhalt gemessen, der sich als solcher ohnehin oft nicht klären ließ, sondern daran, ob der Herrscher mit dieser Entscheidung der Stellung des Betroffenen, den geleisteten Diensten und den Verdiensten um das Reich Rechnung trug. Ein Brief des greisen Gerhard von Cambrai an Heinrich III., der den Bischof im Streit mit seinem Kastellan 1042 nicht bedingungslos unterstützte, ist mit seiner offenen Gehorsamsverweigerung, seinen scharfen Worten und einer bösen Drohung ein Beispiel dafür. Die Parteinahme eines Großen für einen Rebellen war oft mehr davon bestimmt, daß er ihm durch Freundschaftseide verpflichtet war, die er nicht ohne Verlust an Ansehen verletzen konnte, als von der Überzeugung, daß das Recht auf der Seite des Königsgegners lag.

Konrad II. gilt unter den ottonischen und salischen Kaisern als der nüchternste. Zufällig zeigt ein ausführlicher Bericht, wie er sich in einer hochpolitischen Angelegenheit, dem Prozeß gegen Herzog Adalbero von Kärnten, persönlich verhielt. Der Zusammenstoß wird nur als »Wiederaufleben alten Hasses« erklärt. Der Kaiser habe 1035 vor den versammelten Fürsten zwei Markgrafen befohlen, dem abwesenden Adalbero Herzogtum und Mark abzusprechen; doch diese bestanden darauf, daß nur vor dem Herzog von Bayern, dem Königssohn Heinrich, verhandelt werden könne. Der Kaiser legte dem herbeigerufenen Thronfolger die Kränkung dar und verlangte, obwohl ihm dessen Freundschaft mit Adalbero bekannt war, daß er jenen mit allen Mitteln verfolge und den Entzug des Herzogtums befürworte. Daß der Sohn mit Rücksicht auf einen Freundschaftspakt, den er mit Adalbero geschlossen hatte, sich standhaft weigerte, die Maßregelung zu unterstützen, erregte den Vater so sehr, daß er ohnmächtig zusammenbrach. Später wurden die Fürsten erneut zusammengerufen, und vor aller Augen fiel der Kaiser seinem Sohn zu Füßen und beschwor ihn unter Tränen, sich seines Vaters zu besinnen, die Schadenfreude der Feinde nicht zu vergrößern, dem Reich keine Schmach und sich selbst keine Schande dadurch zu bereiten, daß er mit seinem Vater verschiedener Meinung sei. Jetzt erst lenkte Heinrich ein und eröffnete seinem Vater den Inhalt des Eides, den er auf Anraten seines Erziehers, des Bischofs von Freising, geleistet hatte, der damit Adalbero in der Treue zum Herrscher zu bestärken hoffte. Noch einmal verlor der Kaiser die Fassung und warf den beschämten Bischof »unter einer Flut unziemlicher Beschimpfungen« aus dem Gemach. Dann wurde das befohlene Urteil über den Herzog gesprochen. Von Anlaß und Ursachen des Konflikts, von den im Fürstengericht vorgebrachten Argumenten erfährt man nichts. Der Wormser Kleriker, der seinen Bischof auftragsgemäß über die Vorgänge am Hofe unterrichtete und sich auf den Erzbischof von Köln und den Bischof von Würzburg als Gewährsmänner berief, scheint nicht in dem Bewußtsein geschrieben zu haben, seinem Herrn etwas Wesentliches vorzuenthalten. Ob dem Kärntner demonstriert werden konnte, daß er die Gnade des Herrschers verloren hatte, ob die Fürsten bereit waren, den Machtspruch des Königs mitzutragen, ob Vater und Sohn zusammenstanden oder sich gegeneinander ausspielen ließen – darum ging es.

Auf dieser Ebene sieht auch die Epik des 12. Jahrhunderts die Konflikte innerhalb der Adelswelt, zwischen dem König und seinen Fürsten und zwischen den Fürsten untereinander. Das Epos von »Herzog Ernst«, wohl bald nach der Mitte des 12. Jahrhunderts entstanden, vielleicht auf älteren Gestaltungen des Stoffs beruhend, hat dem unglücklichen Stiefsohn Konrads II. kein persönliches Denkmal gesetzt, sondern eine exemplarische Situation mit seinem Namen und Schicksal verbunden. Versucht man Personen und Fakten im historischen Geschehen zu verifizieren, so bleiben aus der Geschichte des Herzogs nur die Rolle eines Stiefsohns des Kaisers, sein Name und der seines Freundes Werner/Wetzel, vielleicht auch die Liebe der Mutter, die sich bei ihrem zweiten Mann für den Sohn verwendet. Manches hat im Aufstand Liudolfs gegen seinen Vater Otto den Großen Entsprechungen, anderes mag Konstellationen aus dem staufisch-welfischen Konflikt widerspiegeln, doch kaum ein Detail paßt historisch gesehen zum anderen. Gerade dadurch wird unterstrichen, daß es nicht um Geschichte, sondern um Grundsituationen adeliger Existenz im damaligen Herrschaftsgefüge geht: Der bayerische Herzog erschlägt den rheinischen Pfalzgrafen aus Rache dafür, daß dieser ihn beim Kaiser verleumdet und so um die Huld gebracht hat; er wird geächtet und muß sein Land verlassen, nachdem er sich mit unterlegenen Kräften tapfer gegen die Reichsgewalt gewehrt hat. Diese Grundsituation, für die man leicht unter jedem Herrscher Beispiele nennen könnte, wird zum Konflikt zwischen engsten Verwandten verdichtet, die nach den Vorstellungen der Zeit zusammenwirken müßten, auch wenn sie nicht ein Blut sind: Stiefvater und Stiefsohn, zwischen denen die Gemahlin des einen und leibliche Mutter des anderen steht. Das Exil führt den Herzog – das Epos stammt ja bereits aus der

Epoche der Kreuzzüge – auf einer Jerusalem-Fahrt in eine Traum- und Gegenwelt, in der er Abenteuer besteht, wie man sie aus den Geschichten von Sindbad dem Seefahrer kennt, und zum Heidenkrieg im Heiligen Land. Hier kann er Kampfesmut und Stärke beweisen außerhalb der Ordnung, zu deren Störung er beigetragen hatte. Anders als die Geschichte des wahren Herzogs Ernst schließt im Epos die des Helden mit einem Happy-End, das wohl als Mahnung an die Welt der Zuhörer und Leser zu verstehen ist: Nach Deutschland zurückgekehrt, wohin ihm sein Ruhm vorausgeeilt war, erlangt der Herzog die Gnade des Kaisers wieder und erhält sein Herzogtum zurück. Verzeihen, das Eingeständnis früherer Mißverständnisse, wird Grundlage der neuen Harmonie, nicht die Klärung von Sachfragen, die den Konflikt ausgelöst haben könnten, oder eine Genugtuung im rechtlichen Sinne, die Ernst geleistet hätte.

Solche Haltungen sind es, in welchen die Christenheit des 11. Jahrhunderts den einzigen Ausweg sah, der aus dem ständigen bewaffneten Streit der Adelswelt herausführen könnte. So sind aus einem religiösen Anliegen heraus ganz ungewöhnliche Anstöße erfolgt, durch die Heinrich III. dem Reich Frieden geben wollte. Auf einer Synode in Konstanz trat er im Oktober 1043 erstmals vor das Volk, gewährte öffentlich allen Verzeihung, die etwas gegen ihn getan hatten, und bat jeden und befahl kraft seiner königlichen Gewalt allen, ihren Widersachern zu verzeihen und unverbrüchlich Frieden zu halten. An Weihnachten wiederholte er in Trier das gleiche Gebot. Im Sommer 1044, nach dem Sieg über die Ungarn bei Menfö, den man als ein Wunder ansah, das Christus am König und seinem Heer vollzogen hatte, gehörte dieses Verzeihen wiederum zu den Akten, mit denen man Gott Dank für seine Hilfe und Gnade abstattete. War es möglich, die schreckliche Wirklichkeit der kriegerischen Gesellschaft, die für das Volk Zerstörung und Elend brachte, aus diesem religiösen Neubeginn heraus zu überwinden?

Die Verhältnisse waren nicht so – trotz der Begeisterung, mit der viele dem König gefolgt waren und mit der die Chronisten von der Initiative berichten. Als Gottfried von Lothringen 1044 diese Situation nutzen wollte, um die Gnade Heinrichs zu erlangen, und Gehorsam in allen Dingen versprach, blieb seine Vorbedingung, daß er beide Herzogtümer erhalte. Heinrich dagegen sagte ihm, seines Gelöbnisses bei Menfö eingedenk, Straffreiheit für alle Verletzungen der königlichen Majestät zu, wenn Gottfried seinem Bruder ohne Anspruch auf Oberhoheit ein Herzogtum überlasse. Der Machtkampf blieb und führte unmittelbar zum offenen Konflikt.

So war die Basis beschaffen, auf der die beiden ersten Salier das abendländische Kaisertum zu einer Machtfülle steigerten, die es seit seiner Erneuerung unter Otto dem Großen nicht besessen hatte. Es wäre falsch zu sagen, daß sie die Machtfülle trotz solcher Konflikte und Gefährdungen der Königsherrschaft erreichten. Jede Königsherrschaft, jede Reichsbildung der damaligen Zeit, ob groß oder klein, beruhte auf solchen Strukturen. Nur weil man dies verkannte, konnte man im 19. Jahrhundert darüber streiten, ob die Italien- und Kaiserpolitik nicht Kräfte band, die für die Durchsetzung einer starken Königsgewalt in Deutschland fehlten. Nicht so sehr die Auseinandersetzung zwischen König und Fürsten, sondern der permanente Machtkampf unter den Großen, in den der Herrscher – meist Partei für eine Seite nehmend – wiederum mit kriegerischen Mitteln eingreifen mußte, war das eigentliche Ordnungsproblem der Zeit. Nichts hätte sich an diesen Strukturen geändert, wenn die Ottonen und Salier nicht nach Italien und Rom gezogen wären. Sie hätten vielmehr auf etwas verzichtet, das ihnen Ansehen und Machtfülle verlieh und somit der Durchsetzung des herrscherlichen Willens in Deutschland förderlich war. Nur beim Rom-Zug, der der Erhöhung ihres Herrn zum Kaiser galt, hatten die Großen dem Herrscher über die Sechs-Wochen-Frist hinaus Heerfolge zu leisten, durch die das Lehnsrecht sonst militärische Aktionen begrenzte. Der Stolz der Fürsten, mit dem eigenen König das römische Kaisertum zu besitzen, war ein einigender Faktor. Den beiden ersten Saliern ist so die Integration und Unterordnung der Kräfte im Gefüge des Reiches trotz des für die Zeitgenossen naturgegebenen Rangstreites in der herrschaftstragenden, das heißt Gewalt staatlichen Charakters ausübenden Schicht gelungen, nie vollständig zwar, aber in erstaunlichem Umfang: Darauf beruhte ihre Macht, der bewunderte Glanz ihrer Herrschaft.

Das Kaisertum Konrads II. und Heinrichs III.

Wenn der neue König Herr des Imperiums sein sollte – war es dann möglich, daß nur die »deutschen« Großen ihn wählten? Nach dem Tod Heinrichs II. beschwor der Abt der Reichenau den Bischof von Como, sich in seinem Königreich dafür einzusetzen, die Wahl der Fürsten abzuwarten, damit die bisherige Gemeinschaft unter einem Herrscher fortgesetzt würde. »Was mit Gottes Hilfe unserem Reich zum Nutzen beschlossen werden wird, das wird auch euch zum Wohl dienen; denn alles unsere ist auch das eure, und umgekehrt alles eure auch das unsere. Dich, o berühmtes Italien, grüßt als Schwester das Frankenreich und rät zum Bündnis der Einheit...« Doch waren die anderen Glieder des Imperiums bereit, allein »die Deutschen« über die Vergabe der Herrschaft entscheiden zu lassen? Wenn die Sohnesfolge im Königshaus abriß, bedeutete die Wahlentscheidung eine Krise der kaiserlichen Herrschaft über mehrere Reiche. Oder hätte eine Alternative darin gelegen, daß Deutsche, Italiener und Burgunder gemeinsam den Herrn des Imperiums wählten, wie es Wipo 1045 gegenüber dem noch söhnelosen Heinrich III. vertrat, daß neben dem Böhmenherzog sogar die Ungarn teilnahmen, was gerade damals für ganz kurze Zeit möglich erschien?

Diesem Ideal stand – von allen politischen Schwierigkeiten abgesehen – bereits die räumliche Ausdehnung des Imperiums entgegen. Wenn schon das fränkisch-deutsche Königreich nicht durch die Gemeinsamkeit seiner Großen zusammengehalten werden konnte, wie sollte dies dann für das ganze Imperium möglich sein? Die Herrschaft über mehrere Reiche wurde in ihrem Fortbestand vor allem durch dynastische Kontinuität gesichert. Aber Heinrich II. hatte keine Kinder hinterlassen.

Auch 1024 war es in erster Linie der oberitalienische Episkopat, der den von den deutschen Fürsten gewählten König als Herrn annahm und 1025 auf dem Pfingsthoftag in Konstanz zur Huldigung erschien. Wie 1002 gab es jedoch in Italien Kräfte, welche die Verbindung ihres Königreiches mit dem der Deutschen lösen wollten. Der Gegensatz zu den Bischöfen und zur ottonischen Politik, die die Macht der Bischöfe gesteigert hatte, einte diese Partei. Aus eigener Kraft war sie nicht in der Lage, sich gegen das deutsche Heer und die Gegner im eigenen Reich zu behaupten; und so bot sie das Königtum zunächst dem französischen König Robert oder dessen Sohn an, dann dem nicht minder mächtigen Herzog von Aquitanien, wobei man auch hier ersatzweise den Sohn als König annehmen wollte.

Wilhelm V. von Aquitanien, einer der angesehensten und glanzvollsten Fürsten im damaligen Abendland, wollte kommen, wenn sich alle Markgrafen, Bischöfe und die übrigen Großen Reichsitaliens für seinen Sohn entschieden. Sofort begann er, eine Koalition zu organisieren, die Konrad II. am Italien-Zug hindern sollte. Er vermittelte einen Ausgleich zwischen seinem Vetter, dem mächtigen Grafen Odo von der Champagne, und König Robert, die beide Verbindung zu Herzog Friedrich von Oberlothringen aufnahmen, der Konrad noch nicht gehuldigt hatte und sich eben mit Herzog Ernst und Konrad dem Jüngeren verbündete. Ein Angriff des französischen Königs und seines Vasallen Odo auf Lothringen schien unmittelbar bevorzustehen; der Bischof von Cambrai sah sich bereits genötigt, König Robert um Schonung seines Bistums zu bitten, während andere Bischöfe Lothringens sich König Konrad zuwandten. Doch unvorhergesehene Ereignisse nahmen der Koalition ihre Handlungsfähigkeit. Odo von der Champagne sah das Bündnis mit dem König als Gelegenheit, zunächst mit dem Grafen von Anjou abzurechnen, und erlitt eine vernichtende Niederlage. Im französischen Königshaus löste der Tod des Thronfolgers Hugo einen erbitterten Kampf zwischen König und Königin darüber aus, welcher der anderen Söhne im Königtum nachfolgen sollte. Wilhelm selbst hatte mit Unruhen in seinem Machtbereich zu tun. Und in Italien entwickelte sich die Situation zuungunsten der aquitanischen Kandidatur. Vergeblich hatte Wilhelm gehofft, unter Berufung auf die gelobte Freundschaft sowie durch das Versprechen von hohem Lohn und weitreichendem Einfluß auf seine künftige Regierung Bischof Leo von Vercelli auf seine Seite zu ziehen, der einst ein Stützpfeiler für die Macht

Ottos III. und Heinrichs II., aber auch der meistgehaßte Gegner des weltlichen Adels im westlichen Oberitalien war. Wilhelms Parteigänger in Italien konnten weder Leo noch Erzbischof Aribert von Mailand für ihre Sache gewinnen, wie sie es versprochen hatten. Die weltlichen Großen richteten an den Thronkandidaten unverhüllt das Ansinnen, daß er Bischöfe absetzen und ihnen genehme erheben müsse, wenn er ihre Unterstützung erhalten wolle. Hierzu war der Herzog auf keinen Fall bereit, und so bat er – wie man aus der zufällig erhaltenen Korrespondenz weiß – seine italienischen Freunde, nach Wegen zu suchen, die ihm und seinem Sohn ohne Schaden an ihrer Ehre den Rückzug ermöglichten. Bezeichnenderweise fürchtete er am meisten, daß publik würde, er habe selbst von dem Abenteuer Abstand nehmen wollen. Daß er nicht bereit war, für eine mögliche Erhöhung – über deren chimärenhaften Charakter Leo von Vercelli in einem Brief an Wilhelm freundschaftlich spottete – unter vollem Risiko zu kämpfen, hätte seinem Ansehen am meisten geschadet.

So gelangte der deutsche König fast ohne sein Zutun zu einem zweifachen Erfolg. Friedrich und die übrigen lothringischen Großen unterwarfen sich Ende 1025. Daraufhin suchte auch Herzog Ernst den Frieden mit dem König. Schon um Mariä Lichtmeß konnte der König sein Heer bei Augsburg zur Rom-Fahrt sammeln, und noch im Februar 1026 wurden die Alpen überschritten. Der Zeitpunkt zeigt, daß dem Herrscher die Verpflegung des Heeres aus freiwilligen Lieferungen gesichert erschien; außerdem ist nicht bekannt, daß der König auf Widerstand gestoßen wäre, als er über Verona und Mailand nach Vercelli zog, wo er die Treue des Bischofs Leo belohnte, indem er das Osterfest in dessen Stadt feierte. Die Krönung zum König des »Reiches Italien«, das ganz Oberitalien und den größten Teil Mittelitaliens umfaßte, hatte Ende März der Erzbischof von Mailand im Dom der Metropole vollzogen. Wie 1002 hielt man also auch dieses Mal eine eigene Krönung zum König Italiens für angebracht, die aber bei der Weitergabe der Herrschaft im salischen Geschlecht wieder unterblieb. Bis zum Untergang der Staufer hat es seitdem keinen ernstzunehmenden Versuch mehr gegeben, die Zusammenfassung der beiden Königreiche in einer Hand, ihre gemeinsame Bindung an das Kaisertum zu lösen. Der Anspruch der römisch-deutschen Kaiser auf Reichsitalien blieb unbestritten; doch gefestigt, wirklich durchgreifend war ihre Herrschaft dort noch weniger als nördlich der Alpen.

Friedrich Barbarossa hat später seinen Vorgängern, seinen salischen Vorfahren, die Vernachlässigung der Herrschaftspositionen in Italien vorgeworfen; und deshalb muß man sich die salische Ausgangssituation vergegenwärtigen, wenn man den staufischen Neuansatz richtig einordnen will. Wie gesagt, beruhte die Herrschaft der deutschen Könige in Reichsitalien im Grunde auf dem Prinzip der Personalunion; die gesonderte Krönung zum König Italiens läßt dies deutlich hervortreten. Der Herrscher »besaß« zwei Reiche und trug dem dadurch Rechnung, daß er an seinem Hofe für jedes eine eigene Kanzlei einrichtete. Offen-

Deutsche Bischöfe als Teilnehmer an den Italien-Zügen Konrads II. und Heinrichs III. (nach Zielinski)

Febr. 1026–Juli 1027	Dez. 1036–Sept. 1038	Sept. 1046–Mai 1047	März/Apr.–Dez. 1055
Erzbischöfe	*Erzbischöfe*	*Erzbischöfe*	*Erzbischöfe*
Poppo v. Trier (1015–1047)	Poppo v. Trier (1015–1047)	Hermann v. Köln (1036–1056)	Adalbert v. Bremen (1043–1072)
Aribo v. Mainz (1021–1031)	Hermann v. Köln (1036–1056)	Balduin v. Salzburg (1041–1060)	
Pilgrim v. Köln (1021–1036)		Adalbert v. Bremen (1043–1072)	
Hunfried v. Magdeburg (1023–1051)			
Thietmar v. Salzburg (1025–1041)			
Bischöfe	*Bischöfe*	*Bischöfe*	*Bischöfe*
Werner v. Straßburg (1001–1028)	Azecho v. Worms (1025–1044)	Severus v. Prag (1030–1067)	Gebhard III. v. Regensburg (1036–1060)
Bruno v. Augsburg (1006–1029)	Kadaloh v. Naumburg (1030–1044)	Eberhard v. Konstanz (1034–1046)	Eppo v. Naumburg (1045–1079)
Meinwerk v. Paderborn (1009–1036)	Bruno v. Würzburg (1034–1045)	Gebhard III. v. Regensburg (1036–1060)	
Adalbold v. Utrecht (1010–1026)	Rudolf v. Paderborn (1036–1051)	Poppo v. Brixen (1039–1048)	
Warmann v. Konstanz* (1026–1034)	Bruno v. Minden (1036–1055)	Suitger v. Bamberg (1040–1047)	
Bruno v. Toul* (1026–1051)		Thietmar v. Chur (1040–1070)	
		Gebhard I. v. Eichstätt (1042–1057)	
		Arnold v. Worms (1044–1065)	
		Eppo v. Naumburg (1045–1079)	
		Hermann v. Straßburg* (1046–1065)	
		Theoderich v. Verdun* (1046–1089)	
		Theoderich v. Konstanz* (1047–1051)	

* in Italien ernannt

sichtlich unterschied man unter den Saliern auch zwischen Hoftagen für deutsche und solchen für italienische Angelegenheiten. »Deutsche« Probleme wurden mit den dafür zuständigen Großen nur ausnahmsweise auf italienischem Boden beraten oder gar entschieden, und nur ganz selten noch wurden Königsurkunden für deutsche Empfänger in Italien ausgestellt. Dennoch gab es Faktoren, die das Prinzip der Personalunion zurücktreten und Italien eher als aus der Ferne regiertes Nebenland des Königs und Kaisers erscheinen ließen. Daß die Königserhebung Sache der deutschen Großen war, daß der in Mainz oder Aachen gekrönte König sofort die volle Herrschaft über das Imperium beanspruchte, daß es zu einer italienischen Krönung oft gar nicht kam – das alles schwächte das Prinzip ab. Ähnlich wie Heinrich II. haben Konrad II. und Heinrich III. nur wenige Italien-Züge von jeweils begrenzter Dauer unternommen: Von zweiunddreißig Regierungsjahren haben beide zusammengerechnet lediglich etwas mehr als vier Jahre südlich der Alpen verbracht. Doch für die langen Zeiten der »Fernregierung« wurde nie eine geregelte Regentschaft bestellt. Hoftage für die Italiener fanden oft im deutschen Reichsgebiet statt, allerdings in Grenznähe, in Konstanz, Zürich, Augsburg oder Basel. Das Lehnsgesetz, das Konrad II. 1037 für Italien erließ, zitierte Bischöfe oder Markgrafen und deren große Vasallen zur Entscheidung von Lehnsstreitigkeiten auch nach Deutschland vor den König. Erzkanzler für Italien war der Erzbischof von Köln; der Kanzler war ebenfalls stets ein Deutscher. Mit Personal ausgestattet wurde die italienische Kanzlei offenbar nur für die Italien-Züge. Nach der Rückkehr löste man sie auf und beschäftigte die Notare anderweitig. Italienische Große, die in Deutschland ein Privileg erbaten, brachten einen eigenen Schreiber mit, der unter Aufsicht des Kanzlers die Königsurkunde ausfertigte. So fehlte nahezu alles, was der Herrschaftsorganisation des italischen Reiches wenigstens eine gewisse institutionelle Kontinuität hätte verleihen können. Symptomatisch ist: Nach dem Tod Heinrichs II. hatten die Einwohner von Pavia die Pfalz in der Königsstadt zerstört, die bis dahin Sitz für die Zentral- und Finanzverwaltung des Reiches gewesen war. Konrad hat die Pavesen bestraft und zur Wiederherstellung des alten Zustandes verurteilt – doch ein Wiederaufbau ist nicht mehr erfolgt.

Von gleicher Natur wie in Deutschland waren die Beziehungen der Herrscher zu den Großen Italiens; und immer wieder kam es auch hier zu ähnlichen Konflikten. Dennoch war die Position des Herrschers schon dadurch eine andere, daß ihm in Italien die breite eigene Machtbasis fehlte, die er nördlich der Alpen in seinem Familiengut und in ausgedehnteren Reichsgutkomplexen besaß. Um so entscheidender für die Herrschermacht war die Gestaltung des Verhältnisses zu den Großen. Vielleicht noch mehr als in Deutschland gründete die Herrscherposition in Italien auf einem Bündnis mit dem Episkopat. Aber zwischen den Bischöfen und dem Lehnsadel bis hinauf zu den Markgrafen gab es fast unüberbrückbare Gegensätze, welche durch die bischofsfreundliche Politik der Herrscher noch vertieft wurden. Ein allgemeiner Aufstand der großen und kleinen Lehnsträger, der »Valvassoren«, zwang Konrad dazu, den bisher begünstigten Bischöfen entgegenzutreten, wobei er einige sogar in Haft nahm – und sich die unversöhnliche Gegnerschaft des Mailänder Erzbischofs und seiner Stadt zuzog. Bei der vergeblichen Belagerung Mailands erließ er 1037 die vom Vasallenadel geforderte schriftliche Garantie für die Erblichkeit der Lehen und gegen willkürlichen Lehensentzug: sein berühmtes Lehnsgesetz, das später zum Ausgangspunkt für die Kodifizierung der lehnsrechtlichen Gewohnheiten wurde. Auf die Dauer hat diese Entscheidung die Spannungen in der fürstlich-adeligen Führungsschicht vermindert.

Die Position der Bischöfe war aber noch von anderer Seite bedroht. Mancherorts geriet die Stadtbevölkerung selbst mit dem Bischof in Konflikt, dessen herrschaftliche Maßnahmen und fiskalische Forderungen man – wie in Cremona um 1030 – nicht mehr akzeptieren wollte. In Mailand entzündeten sich um 1045 Auseinandersetzungen zwischen dem Adel, der die bischöfliche Herrschaft trotz aller Spannungen trug, und dem Volk. Die Position der Kräfte, auf die sich der König stützte, wurde damit von einer neuen Seite in Frage gestellt. Als sich genau zu der Zeit, in der Kaiser Heinrich III. starb, die sozialen Spannungen mit religiösen Unruhen verbanden, die bis in das frühe 12. Jahrhundert andauerten und sich wiederum vornehmlich gegen die Bischöfe, den hohen Klerus und dessen adelige Verwandtschaft richteten, berührte dies die Grundlagen des Herrschaftssystems – auch wenn die Bedrohung Episkopat und Adel zunächst entschiedener auf die Seite Heinrichs IV. treten ließ als je zuvor.

Der neue politische Faktor, der unter den ersten Saliern in Italien erkennbar wird, war die Stadt – vier Jahrzehnte später zeigte sich auch in Deutschland erstmals ihr politisches Gewicht. Noch waren es einzelne Städte, die aktiv wurden, noch ist völlig unklar, wer wirklich handelte, wer führte, welche Gruppen beteiligt waren, wie sich die Willensbildung vollzog. Die Einwohnerschaft konnte den Bischof zeitweilig vertreiben, Maßnahmen verhindern oder erzwingen, für oder gegen den König Stellung beziehen. In Deutschland fiel unter Heinrich IV. die Parteinahme von Städten meist zugunsten des Königs aus. In Italien dagegen, wo die Gegenwart des Herrschers zugleich die Einquartierung des deutschen Heeres bedeutete, war das Verhältnis der Kaiser zu den Städten von vornherein belastet. Immer wieder kam es vor, daß aus nichtigem Streit zwischen einem Deutschen und einem Einheimischen ein blutiges Gemetzel entstand. So bei der Kaiserkrönung Konrads II. in Rom aus dem Streit um eine Kuhhaut, weil auf beiden Seiten andere zugunsten ihrer Landsleute eingriffen. Und in den Straßenschlachten haben die in die Enge getriebenen Deutschen wiederholt Stadtteile in Brand gesetzt, um durch den Feuerschein die draußen verstreut lagernden Truppen zu Hilfe zu rufen. Nicht nur in Pavia, sondern in fast allen Städten wollte man deshalb keine Königspfalz mehr innerhalb der Mauern haben. Lieber brachte man den Hof in einer Klosterpfalz vor der Stadt unter. Das italische Reich haben die Könige und Kaiser, wenn sie dorthin kamen, hauptsächlich vom Feldlager aus regiert; und das Fodrum, das »Pferdefutter«, die Heersteuer der Italiener, galt ihnen dort als eines der wichtigsten und einträglichsten Herrschaftsrechte.

Trotz dieser fremdartig anmutenden Form der Regierung ist festzuhalten: Nicht Schwäche, sondern Stärke kennzeichnet die Position der ersten Salier in Italien, wenn man sie mit der anderer Kaiser oder mit der anderer Könige im damaligen Abendland vergleicht. Doch diese Position blieb stets gefährdet: Sie mußte durch vielfachen Einsatz gewissermaßen ständig neu gesichert werden.

Mit der Herrschaft über Reichsitalien verbunden, aber ihr rechtlich nicht zugehörig, war die Herrschaft des Kaisers in Rom und in dem von den Päpsten als Besitz der römischen Kirche beanspruchten Gebiet. Noch war dieses »Patrimonium beati Petri« kein Kirchenstaat im späteren Sinne, in dem die Hoheitsgewalt statt einem weltlichen Fürsten dem Papst allein zustand. Er teilte sie mit dem Kaiser, der zugleich »Vogt der römischen Kirche« war. Doch beschränkte sich die kaiserliche Stellung in Rom nicht auf die Funktionen, die etwa der Vogt einer deutschen Hochkirche an Stelle des Bischofs wahrnahm, dessen Vasall er war, das heißt auf Ausübung der Gerichtsbarkeit, Führung des militärischen Aufgebots und Schutz des Kirchengutes. Sie hatte Herrschaft und Schutzgewährung in einem umfassenderen Sinn zum Inhalt, die freilich nie gegen den anerkannten Papst ausgeübt werden konnten. Tatsächlich bestand ein Kondominium von kaiserlicher und päpstlicher Gewalt, in dem die Kompetenzen beider Seiten rechtlich nicht eindeutig definiert waren; sie wurden damals um so weniger geklärt, je mehr das Zusammenwirken von Kaisertum und Papsttum als Grundpfeiler für die rechte Ordnung in der Christenheit galt. Auch die territoriale Reichweite des päpstlichen Hoheitsanspruchs hatte keine eindeutigen Grenzen. Nach den feierlichen Pergamenten, auf denen der Kaiser bei seiner Krönung die Rechte der römischen Kirche bestätigte, erstreckten sich diese von Sizilien bis zu den Nordgrenzen von Ligurien, Toskana und Romagna. Wirklich zur Geltung gebracht wurden sie nur in Rom und in seinem von Orvieto und Acquapendente über die Sabina und die römische Campagna bis nach Terracina und Anagni reichenden Dukat. Schon in Ravenna dominierte die kaiserliche Gewalt eindeutig, und erst recht wurden Bologna und Ferrara zusammen mit dem Regnum Italicum regiert, zu dem die Markgrafschaft Tuszien und das Herzogtum Spoleto ohne jede Einschränkung gehörten.

Der erste Italien-Zug war für Konrad II. und für Heinrich III. zugleich der Rom-Zug. Beide haben die Stadt der Apostelfürsten lediglich zur Kaiserkrönung betreten. Konrad blieb etwa drei Wochen dort, während derer sich Römer und Deutsche sowie die Gefolge italienischer Großer blutig stritten, Heinrich fast vier Wochen, die so friedlich verlaufen zu sein scheinen wie wenige andere Herrscheraufenthalte. In einer Zeit, in der die Wirksamkeit der Herrschergewalt in stärkstem Maße abhängig war von der persönlichen Gegenwart des Herrschers, der diese durch periodisch wiederkehrenden Besuch der wichtigsten Orte und Regionen des Reiches zu verwirklichen suchte, haben die »Kaiser der Römer« Rom nur ein einziges Mal selbst aufgesucht. Dennoch waren dort von Heinrich II. bis in die Zeit Heinrichs III. die Herrschaftsverhältnisse fast ungewöhnlich stabil. Von den Kaisern geduldet und gefördert, herrschten in Rom die Grafen von Tuskulum, aus deren Familie auch die Päpste dieser Jahrzehnte kamen.

Unter Heinrich III. jedoch sahen die Tuskulaner ihre lange unbestrittene Position wieder von ihren alten Konkurrenten, den Creszentiern, Grafen der Sabina, bedroht. Gegen Benedikt IX., der 1032 als Zwölfjähriger Papst geworden war, erhoben diese, von einem römischen Aufstand unterstützt, einen der ihren zum Papst. Nachdem die Partei der Tuskulaner diesen Silvester III. vertrieben hatte, verzichtete Benedikt, dem schwere Verfehlungen vorgeworfen wurden, auf die Papstwürde und ließ sich dafür von dem in Aussicht genommenen Nachfolger, Gregor VI., bisher Archipresbyter der römischen Kirche, der als integrer Mann galt, eine hohe Entschädigungssumme bezahlen – angeblich tausend Pfund Paveser Münze. Das war die Situation, die Heinrich III. 1046 zum Eingreifen veranlaßte.

Vom König einberufene Synoden in Pavia, Sutri und Rom sprachen Benedikt IX., Silvester III. und Gregor VI. jedes Anrecht auf den Papststuhl ab und erhoben schließlich den Bischof Suidger von Bamberg am Weihnachtstag 1046 als Clemens II. zum Papst. Er wurde sofort inthronisiert und krönte im unmittelbaren Anschluß daran Heinrich zum Kaiser. Zudem erhielt der Salier eine Würde, die seine Stellung in Rom festigen sollte und die später an seinen Sohn überging: Er wurde zum Patricius der Römer erklärt, also formal neben dem Papst zum Herrn Roms gemacht; dadurch kam ihm künftig das entscheidende Gewicht bei der Papstwahl zu. Auf Clemens II. (1047 gestorben) sind noch vier Päpste deutscher Herkunft gefolgt. So erschien die Stellung des Kaisers in Rom unter Heinrich III. stärker als je zuvor. Die Schwierigkeiten, mit denen die deutschen Päpste in der Stadt selbst zu kämpfen hatten, zeigen aber, daß auch hier nicht eine Position auf Dauer gewonnen war.

Als ein Gipfelpunkt kaiserlicher Machtentfaltung gilt die Zeit der ersten Salier auch deshalb, weil sie das römische Imperium durch den Erwerb Burgunds um ein ganzes Königreich erweitern und die kaiserliche Hegemonie gegenüber den neuen Reichen im Osten und Norden in einem Maße durchsetzen konnten, wie dies sonst kaum gelungen ist.

König Rudolf III. von Burgund hatte keine legitimen Söhne, und schon 1006 ging man davon aus, daß dies so bleibe. Die burgundischen Könige hatten zu den

Der Dom zu Speyer mit Maria als Patronin und dem Jesuskind. Zweites Wachssiegel der Stadt, zwischen 1212 und 1231. Speyer, Historisches Museum der Pfalz

Kaiser Konrad II. als Stammvater des salischen Hauses. Federzeichnung in einer um 1130 wohl in der Benediktinerabtei Corvey entstandenen Handschrift »Chronicon universale« des Ekkehard von Aura. Berlin, Staatsbibliothek Preußischer Kulturbesitz

Ottonen in einem Schutzverhältnis gestanden, das diesen eine Art Suprematie über ihr Reich verlieh. Da Heinrich II. zugleich der nächste Verwandte Rudolfs war, vermachte dieser ihm für den Fall seines Todes sein Reich. Nach langem Zögern stimmten 1018 auch die burgundischen Großen der Designation zu – da starb 1024 der zum Nachfolger ausersehene Neffe vor seinem Onkel. Der mehrfach bekräftigte Vertrag enthielt offensichtlich keine Regelung für diesen Fall. Konrad II. ließ von Anfang an keinen Zweifel daran, daß er sich durch die Nachfolge im Königtum überall da als Rechtsnachfolger Heinrichs II. sah, wo man dessen Ansprüche und Rechte von der Person ablösen und auf das Reich beziehen konnte. Doch war eine solche »transpersonale Staatsauffassung« damals noch ungewöhnlich. Sie wurde keineswegs allgemein akzeptiert, so auch nicht von den burgundischen Großen bezüglich der Thronfolge in ihrem Reich. König Rudolf muß schon bald zu einer neuen Vereinbarung bereit gewesen sein, denn er war Ostern 1027 bei Konrads Kaiserkrönung in Rom zugegen; und unmittelbar nach der Rückkehr aus Italien erneuerte er mit dem Kaiser in Basel den alten Vertrag. Das burgundische Königtum sollte auf Konrads Sohn Heinrich übergehen, der ja schon zum Thronfolger designiert war. Offensichtlich nahm man das Verwandtschaftsband als Brücke für die Übertragung des Reiches; durch seine Mutter Gisela war Heinrich ein Großneffe Rudolfs. Aber ein Erbrecht entschied auch hier nicht über die Nachfolge. Ohne die Zustimmung der burgundischen Großen – oder, wenn man den Vorwurf der Tyrannis zu tragen bereit war, ohne ihre gewaltsame Unterwerfung – konnte die Königsherrschaft in ihrem Reich nicht gewonnen werden.

Im September 1032, als Konrad II. gerade einen Feldzug nach Polen unternahm, starb Rudolf; ein burgundischer Adeliger überbrachte dem Kaiser die Insignien des Königs. Schneller reagierte Graf Odo von der Champagne, ein Neffe Rudolfs, der von großen Teilen Hochburgunds Besitz ergriff. Auf einem Winterfeldzug, auf dem nachts die Hufe der Pferde am Boden festfroren, demonstrierte Konrad seinen Anspruch auf das burgundische Königtum. Er kam nur bis zum Neuenburger See, und nicht einmal das von Odos Anhang verteidigte Murten wurde erobert. Aber an Mariä Lichtmeß 1033 konnte in der Klosterkirche von Payerne/Peterlingen ein Wahl- und Krönungsakt vollzogen werden, mit dem der Kaiser – formal vielleicht für seinen Sohn – die Herrschaft in Burgund antrat. Durch ein Bündnis mit König Heinrich von Frankreich zwang er Odo zum Verzicht. Doch erst ein koordinierter Feldzug, bei dem die Italiener unter Führung des Mailänder Erzbischofs durch das Wallis, Konrads burgundische Anhänger von Vienne her und der Kaiser selbst aus dem Norden auf Genf vorstießen, sicherte den Erwerb Burgunds, der am 1. August 1034 durch einen demonstrativen Krönungsakt in der Kathedrale von Genf gefestigt wurde.

Odo von der Champagne hatte vielleicht nur darauf abgezielt, das burgundische Reich unter der Hoheit des Kaisers als Unterkönig lenken zu können. Doch

Konrad setzte die unmittelbare Herrschaft des Kaisers und deutschen Königs durch. Das Königtum der burgundischen Rudolfinger galt freilich stets als schwach; dauerhaft präsent und wirksam war es im Grunde nur in der heutigen Westschweiz, in den Alpen und südlich des Genfer Sees. Die Provence stand lediglich nominell unter der Hoheit der Könige, und auch um Lyon und Vienne konnten diese sich allein über die Besetzung der Bischofsstühle Einfluß verschaffen. Hieran hat sich naturgemäß durch die Angliederung Burgunds an das Imperium wenig geändert. Vielmehr trat im Raum um Genf die Herrschergewalt eher noch zurück, während sie in der späteren Franche-Comté, wo die Rudolfinger nie richtig Fuß gefaßt hatten, nun spürbarer wurde. Die Erzbischöfe von Besançon erhielten das Erzkanzleramt für Burgund und waren meist wichtige Stützen der Reichsgewalt. Mehr als Italien blieb das Königreich Burgund zunächst ein Nebenland der deutschen Könige und römischen Kaiser. Das zeigt sich nicht zuletzt darin, daß die Kaiserin Agnes die Aufsicht über das Regnum 1057 dem Schwabenherzog Rudolf überließ.

Auch im Verhältnis zu den noch jungen Reichsbildungen im Osten – zu Polen, Böhmen und Ungarn – bezeichnet die Regierungszeit der beiden ersten Salier einen Höhepunkt der Machtentfaltung. Begünstigt wurden die Erfolge durch innere, meist dynastisch bestimmte Auseinandersetzungen um die Herrschaft, die in allen drei Reichen in zum Teil grausamen Formen ausgetragen wurden. Selbst wenn sich die deutschen Könige hier oft zum Eingreifen aufgefordert, ja sogar verpflichtet fühlen konnten, bleibt die Frage, ob die Parteinahmen und Feldzüge der Salier auf die Herrschaftsverhältnisse nicht eher destabilisierend wirkten, als daß sie deren Festigung begünstigt hätten. Klar erkennbar ist ihr Ziel, die Erhabenheit der kaiserlichen Stellung, den Vorrang des Imperiums in der lateinischen Christenheit in der Gestaltung der Beziehungen zu diesen drei Reichen zur Geltung zu bringen. Die Voraussetzungen dafür lagen freilich in jedem Fall anders.

Böhmen war ein Herzogtum, das seit Anfang des 11. Jahrhunderts eindeutig als Lehen vom Reich definiert wurde. Zwar übten die Salier dort keine unmittelbare Herrschaft aus wie etwa in Bayern, und der Herzog wurde von den einheimischen Großen gewählt, aber er mußte sein Herzogtum unter Leistung eines Lehnseides vom deutschen König empfangen. Gerade Konrad II. und Heinrich III. setzten es durch, daß die Herzöge regelmäßig die großen Hoftage auf Reichsboden besuchten – vor allem in Regensburg, Bamberg oder Merseburg, später in Nürnberg – und Heerfolge leisteten; und Wipo sah 1045 den Böhmenherzog gleichberechtigt und in einer Reihe mit den Herzögen von Bayern, Kärnten, Schwaben, Ober- und Niederlothringen, Sachsen und Rheinfranken als fürstlichen Teilnehmer an der deutschen Königswahl. Wenn 1114 Wratislaw I. auf der Hochzeit Heinrichs V. mit Mathilde von England das Amt des Erzschenken versah, so ist diese Einbeziehung des Böhmenherzogs

Heiratsverbindungen von Přemysliden und Piasten mit deutschen Adeligen im 11. Jahrhundert (nach Isenburg)

- Břetislaw I.
  Hz. v. Böhmen 1035–1055
  ⚭ Judith v. Schweinfurt
  - Spytihniew II.
    Hz. v. Böhmen 1055–1061
    ⚭ Hidda v. Wettin-Meißen
  - Wratislaw II. (I.)
    Fs. v. Olmütz 1054–1056, 1058–1061
    Hz. v. Böhmen 1061–1085
    Kg. v. Böhmen 1085–1092
    - Břetislaw II.
      Hz. v. Böhmen 1092–1100
      ⚭ Luitgart v. Bogen
      † 1094
    - Bořiwoj II.
      † 1124
      Fs. v. Brünn u. Znaim 1097–1100
      Hz. v. Böhmen 1100–1107, 1117–1121
      ⚭ 1099 Helbirg, T. Mkgf. Luitpolds II. v. d. Ostmark
    - Judith die Jüngere
      † 1108
      ⚭ Wiprecht v. Groitzsch
      † 1124
  - Konrad I.
    Fs. v. Znaim 1054–1092
    Fs. v. Brünn 1061–1092
    Hz. v. Böhmen 1092
    ⚭ Wirpirk (Aribonin?)
    - Lutold
      Fs. v. Znaim 1092–1097, 1100–1112
      ⚭ Ida v. Babenberg
  - Otto I. der Schöne
    Fs. v. Brünn 1055–1061
    Fs. v. Olmütz 1061–1087
    - Otto II. der Schwarze
      † 1126
      Fs. v. Olmütz 1107–1110, 1113–1125
      Fs. v. Brünn 1123–1125
      ⚭ Sophie v. Berg

- Mieszko I.
  † 992
  Hz. v. Polen 964
  2. ⚭ 978 Oda, T. Mkgf. Dietrichs v. d. Nordmark
  - Boleslaw I. Chrobry
    † 1025
    Hz. v. Polen 992, Kg. 1025
    1. ⚭ 986 Heminilde, T. Mkgf. Rigdags v. Meißen
    4. ⚭ 1018 Oda, T. Mkgf. Ekkehards I. v. Meißen
    - Mieszko II. Lambert
      † 1034
      Hz. (Kg.) v. Polen 1025
      ⚭ um 1013 Richeza, Nichte Ks. Ottos III., T. Pfgf. Ezzos
      † 1063
      - Kasimir I. Karl
        † 1058
        Hz. v. Polen 1040
        - Wladislaw I. Hermann
          † 1102
          Hz. v. Polen 1079
          3. ⚭ 1088 Judith, T. Ks. Heinrichs III.
    - Reginlinde
      ⚭ um 1010 Hermann I.
      Mkgf. d. Lausitz u. v. Meißen
    - Mathilde
      ⚭ um 1035
      Mkgf. Otto v. Schweinfurt

Fs.	Fürst
Hz.	Herzog
Kg.	König
Ks.	Kaiser
Mkgf.	Markgraf
T.	Tochter
⚭	verheiratet
†	gestorben

in den Kreis der deutschen Fürsten in erster Linie ein Ergebnis der salischen Politik.

Obwohl einige der Herzöge ihre Erziehung in Deutschland erhalten hatten, war das Verhältnis nicht nur friedlich. Heinrichs III. Heer erlitt 1040 eine vernichtende Niederlage, die der König im folgenden Jahr durch ein riesiges Aufgebot erst wettgemacht haben wollte, bevor er auf die Versöhnungs- und Unterwerfungsangebote Břetislaws I. einging. Der Konflikt hatte seine eigentlichen Ursachen nicht im Verhältnis Böhmens zum Reich, sondern in den böhmischen Versuchen, Teile Polens zu gewinnen, die Heinrich III. ebenso unterband wie seine Vorgänger die Inbesitznahme Böhmens durch die polnischen Piasten, die nahe Verwandte der böhmischen Přemysliden waren. Immerhin wurde in diesen Auseinandersetzungen geklärt, daß Schlesien zum polnischen Reichsgebiet gehören sollte. Dagegen konnte der böhmische Herzog, der Konrad II. gegen Polen militärisch unterstützte, damals seine Herrschaft über Mähren fest etablieren.

Die Beherrscher Polens sollten offensichtlich in ein ähnliches Verhältnis zum deutschen König gezwungen werden, wie es die böhmischen Herzöge anerkannten, mit Lehnshuldigung, Hoffahrtpflicht und Heerfolge. Auch hier knüpfte Konrad II. unmittelbar an die Politik Heinrichs II. an, der jedoch sein Ziel trotz der Bündnisse mit den heidnischen Liutizen gegen die christlichen Polen nie ganz erreicht hatte, ja nicht einmal die Expansion des polnischen Reiches unter Boleslaw Chrobry, der auch Pommern gewann, unterbinden konnte. Anders als die böhmischen Herzöge hielten die polnischen in der Lausitz und den Elb-Marken Lehen vom Reich, die konkrete Verpflichtungen begründeten. Diese sah man verletzt, als Boleslaw sich nach dem Tod Heinrichs II. zum König krönen ließ und sein Sohn Mieszko II. dies wenig später wiederholte. Nach mehreren Feldzügen schloß Konrad 1033 mit Mieszko einen Frieden, in dem dieser auf die Königswürde und auf seine Lehen im Reich verzichtete und das Vasallitätsverhältnis zum Kaiser bekräftigte. Rechtlich war die Stellung Polens nun analog zu derjenigen Böhmens geregelt, doch spätere Ereignisse zeigen, daß die inneren Wirren das Problem hier eher vertagt hatten.

Auseinandersetzungen innerhalb der ungarischen Königsdynastie und nicht die nie abreißenden Grenzkonflikte waren es, die Heinrich III. mehrfach nach Ungarn ziehen ließen. Die militärischen Erfolge führten dazu, daß König Peter I., Sohn eines Dogen von Venedig und Neffe des letzten Ungarnkönigs, sogar in ein Lehnsverhältnis zum deutschen König trat – eine Episode, die schon 1046 mit Peters Sturz ein Ende fand. Immerhin wurde damals durch Gebietsabtretungen die umstrittene Westgrenze des ungarischen Königreiches endgültig fixiert. Auch in Ostmitteleuropa gewannen die Grenzen der Reiche allmählich eine dauerhafte Kontur.

Eine Grenzziehung, die das Gebiet nördlich der Eider dem Königreich Dänemark zuteilte, zu dem es bis 1867 gehörte, war mit das Ergebnis der Vereinbarungen, die Konrad II. mit König Knut, dem neuen Hegemon des Nordens, traf. Dieser hatte die Königreiche England, Dänemark und Norwegen unter seine Herrschaft gebracht, vielleicht auch Schottland seiner Hoheit unterworfen. Als

Pilger war er 1026 durch Frankreich und Italien nach Rom gezogen, wo er 1027 zusammen mit König Rudolf von Burgund der Kaiserkrönung des ersten Saliers beiwohnte. Seine Tochter wurde 1035 mit Heinrich III. verlobt; doch Knut starb noch im gleichen Jahr, sein Großreich zerfiel, Heinrichs Gemahlin Gunhild starb 1038. Auch die von Heinrich III. und den deutschen Päpsten geförderten Pläne Erzbischof Adalberts, Hamburg-Bremen zur Metropole für die Mission des gesamten Nordens zu machen, ja durch die Erhebung des Erzbischofs zum Patriarchen eine hierarchische Überordnung über die sich unter einem eigenen Erzbischof verselbständigende dänische Kirchenprovinz zu wahren, blieben Episode. Sie beleuchten aber in ihrer Weise den Vorrang des Imperiums im Abendland, auf den allein solche Hoffnungen und Pläne gegründet werden konnten.

Seit dem 19. Jahrhundert hat die Geschichtswissenschaft Kriege, Bündnisse und Heiraten, aber auch Missionspläne und den Anspruch auf kirchliche Metropolitangewalt gern als Ausdruck der Machtpolitik europäischer Staaten gedeutet, in der es um den Aufbau und die Erweiterung von Fürstentümern, um die Unabhängigkeit von Reichen und – vielleicht – um einen Weltherrschaftsanspruch des Imperiums ging. Für eine solche Interpretation fehlte in frühsalischer Zeit eine entscheidende Voraussetzung: die Existenz institutionell gefestigter Staaten. Die »europäische Politik« spielte sich in einem personalen Beziehungsgeflecht ab, in dem die Konstellationen fortwährend und rasch wechselten. Sie war stets mehr augenblicksbezogene Gestaltung der Rangordnung unter den Königen und Fürsten als eine von längerfristiger Zielsetzung bestimmte Planung, bei der man Staaten und Territorien und deren gegenseitiges Verhältnis im Auge gehabt hätte.

Von allen Ordnungen der politischen Organisation, von allen Reichen war für die Zeitgenossen die dauerhafteste die, der man heute am wenigsten einen staatlichen Charakter zusprechen würde, der rechtlich gesehen keinerlei irdische Machtmittel zugehörten und die in bezug auf die Reichweite des Herrschaftsanspruchs nie klare Grenzen besaß: das römische Imperium. Es hatte sozusagen eine in der Heilsgeschichte fixierte Bestandsgarantie. Als letztes der vier »Weltreiche«, der im zweiten Buch Daniel erwähnten »Königtümer«, würde es dauern bis zum Jüngsten Tag. Nie in der Geschichte hatte das Imperium die konkrete Herrschaft über den ganzen Erdkreis besessen, auch nicht unter Augustus, mit dem es an die Römer gekommen war. Auch dieses letzte »Weltreich« verlagerte seine Schwerpunkte, war von den Römern an die Griechen und von diesen an die Franken gekommen; an die Stelle Karls des Großen war später mit Otto dem Großen ein Sachse, nun die salische Dynastie getreten. Mit dem Wechsel der Träger veränderten sich die Grenzen des Bereiches, in dem der Kaiser selbst Herrschaft ausübte – in Formen und mit Mitteln, die sich von der Königsherrschaft nicht unterschieden.

Der das römische Imperium lenkte, war nicht nur ein Großkönig, der mehrere Reiche besaß. Tradition und Bedeutung des Imperiums verliehen ihm eine einzigartige Würde, deren Vorrang im Kreis der abendländischen Könige und Fürsten niemand bestritt. Auch wenn König Knut der Große über England, Dänemark und Norwegen herrschte und seinen Einfluß bis zu den »Inseln des Nordens« fühlbar werden ließ, stand Konrad II. als Beherrscher des römischen Reiches über ihm. Als den Scheitel der Pyramide, den alles überragenden Berggipfel, den weithin sichtbaren Leuchtturm der Herrschertugenden, als Richtschnur herrscherlicher Verhaltensnormen – in solchen Bildern hat man damals den Zeitgenossen das Kaisertum vorgestellt. Einer rechtlichen Definition der kaiserlichen Gewalt sind diese Bilder nicht zugänglich; statisch-passiv erscheint in ihnen der Lenker des Imperiums als Haupt einer hierarchisch geordneten Welt. Die Erhabenheit beruhte nicht auf dem personengebundenen Ansehen des jeweiligen Kaisers, sondern war das Wesensmerkmal der Würde, die ihm als dem Herrscher über das römische Reich zukam. Die kaiserliche Gewalt wurde ihm nicht erst mit der Kaiserkrönung verliehen. Er besaß sie bereits als König, und das Imperium bestand fort, auch wenn nach dem Tod eines Kaisers Jahre vergingen, bis der nachfolgende König die Kaiserwürde erwarb.

So trug die Idee des Imperiums dazu bei, eine Auffassung zu bestärken, die den kirchlich geprägten Vorstellungen vom Königsamt entsprach: Das Reich stellte eine über der Person des Königs stehende Größe dar und war in seinem Bestand nicht – wie man im Frankenreich der Merowinger und Karolinger geglaubt hatte – an das Weiterleben der Königssippe gebunden. Dem Reich selbst, nicht nur der Person oder der Familie des Königs, standen Rechte zu, in die der Nachfolger auch beim Wechsel der Dynastie eintrat. »Ist der König tot, so bleibt doch das Reich bestehen, so wie ein Schiff bleibt, dessen Steuermann fällt«, soll Konrad II. den Vertretern Pavias entgegengehalten haben, als sie die Zerstörung der Königspfalz mit dem Hinweis zu verteidigen suchten, sie hätten damals keinen König gehabt und so könne man sie nicht anklagen, das Haus des Königs zerstört zu haben. Der frühsalische Bericht über diesen Streit formuliert erstmals im Mittelalter klar eine »transpersonale Staatsauffassung«, die die Voraussetzung bildet für die Ausbildung der Lehre von den Regalien und von der Unveräußerlichkeit der Kronrechte in spätsalischer und staufischer Zeit.

Anders als das römische Imperium waren Königreiche vergänglich – das zeigte die profane Geschichte ebenso, wie die biblische es bewußt demonstrierte. Macht und Tüchtigkeit der Herrscher und ihrer Helfer verliehen dem Reich Bestand – wenn Gottes Gnade dazukam, der jedes Reich seine Existenz, jeder König seine Herrschaft verdankte. Trotz der Überzeugung von ihrer Vergänglichkeit gewannen die Königreiche an Festigkeit. Im Abendland wurden ihre Hoheitsgrenzen kaum noch in Frage gestellt. Das heißt nicht, daß man sie im kriegerischen Machtkampf nicht überschritt: War man doch stets darauf aus, den Gegner in seinem Gebiet zu schädigen. Ob aber die Könige Frankreichs noch immer auf den Gewinn Lothringens und Aachens sannen, wie man ihnen in Lüttich unterstellte, muß als sehr fraglich gelten. Nur unter den neuen Reichen im Osten und Norden wurde expansive Gewaltpolitik noch in ähnlichen Formen geübt, wie sie bis in das 10. Jahrhundert unter den germanischen Reichen des Westens üblich gewesen waren. Die Kaiser suchten in diesem Kräftespiel eine regulierende Oberhoheit des Imperiums zu behaupten. Mit der Möglichkeit, daß sie in einem dieser Reiche die Herrschaft so übernehmen könnten wie in Italien oder Burgund, hat freilich nie jemand gerechnet. Zweifellos hätten dafür alle strukturellen und personalen Voraussetzungen gefehlt.

Auch im Westen waren die Bedingungen politischen Handelns damals andere als in der europäischen Machtpolitik späterer Zeiten. Herzog Wilhelm V. von Aquitanien war 1024 mehr zögernd der Einladung gefolgt, für seinen Sohn die italienische Königskrone zu gewinnen, Graf Odo von der Champagne versuchte auf einem Feldzug, die Herrschaftsgewalt über Burgund im raschen Zugriff an sich zu reißen – doch keiner von beiden hätte sein Ziel mit eigenen Kräften erreichen können. Es fehlte ein staatlicher Apparat, der sich durch gelungene militärische Operationen in Besitz nehmen und mit dessen Hilfe sich dann das unterworfene Gebiet beherrschen ließ. Beide Prätendenten hatten allenfalls die Möglichkeit, durch Versprechungen ihren Anhang in Italien oder Burgund zu vergrößern und die Gegner durch militärische Interventionen einzuschüchtern. Und auch Konrad II. konnte, wenn er die Reiche dauerhaft gewinnen wollte, nur darauf setzen, daß eine die Herrschaft des Kaisers favorisierende Partei das Heft in der Hand behielt, weil sie sich von seiner Gunst und Hilfe Vorteile versprach und die Gegner seine Stärke fürchteten. Wem es gelang, die Machtverhältnisse im Innern eines Reiches durch sein Auftreten zu seinen Gunsten zu gestalten, der hatte das Königtum gewonnen. Deshalb war die Auseinandersetzung um Burgund kein Erbfolgekrieg im Stil des 17. Jahrhunderts, den Konrad für seinen Sohn Heinrich gegen Odo führte, sondern ein Kampf um die Huldigung der burgundischen Großen. Konrad konnte auf Rechtstitel verweisen und seine Würde als Nachfolger im Imperium in die Waagschale werfen. Odo hätte für ein burgundisches Königtum die Anerkennung der Großen oder aber die Einsetzung als Unterkönig durch Konrad II. gebraucht. Wilhelm hätte eine Legitimation nur daraus ziehen können, daß sich die Großen Italiens mehr oder weniger geschlossen gegen den deutschen König, gegen die direkte Herrschaft des Kaisers entschieden. Ohne eine solche Legitimierung erschienen ihre Unternehmungen als Usurpationsversuche, als die sie in den zeitgenössischen Quellen auch charakterisiert wurden – unter religiösem Aspekt als Ausdruck eines gewaltsamen Machtstrebens verurteilt und doch in der Welt der europäischen Fürsten als Ausdruck adeliger Lebenshaltung bewundert.

In der Tat war die persönliche Rangerhöhung überall das letzte Ziel der

Aktionen. Odos ständige Kriege – die Eroberung von Grafschaften, Burgen und Städten an der Loire, die Vorstöße gegen die französische Krondomäne oder den Machtbereich der Grafen von Flandern, die Feldzüge nach Lothringen und Burgund – machten ihn zum Prototyp eines Verhaltens, das unter »seinesgleichen« üblich war. Natürlich ging es in seinen Kämpfen nicht nur um den Rang, sondern um konkrete Machtpositionen, auf deren Gewinn die Rangerhöhung beruhte. Aber hier wurde kein dauerhaftes Gebilde staatlichen Charakters aufgebaut, wie es die burgundischen Herzöge im 15. Jahrhundert schaffen wollten. Der gesamte Machtkomplex konnte schon unter den Söhnen dessen, der ihn geschaffen hatte, wieder zerfallen; denn noch waren erbrechtliche Regelungen, die den Zusammenhalt der Besitzungen und Rechte durch Heraushebung einer Hauptlinie sicherten, im Rechtssystem nicht fest verankert.

An den Auseinandersetzungen um Italien, Burgund und Lothringen wurde etwas von dem Geflecht persönlicher Beziehungen sichtbar, in dem der europäische Hochadel seit dem 11. Jahrhundert stand und das den Hintergrund des europaweiten Streits der Fürsten um Ansehen, Rang und Macht abgab. Nicht zuletzt trugen die Heiraten dazu bei, dieses Netz verwandtschaftlicher Bindungen immer dichter zu gestalten. Die Ehe König Heinrichs I. von Frankreich mit der Tochter des Großfürsten Jaroslaw von Kiew mag die äußeren Grenzen abstecken. Anna war von ihrem Vater dem deutschen König zugedacht gewesen, doch Heinrich III. hatte, nachdem seine erste Gemahlin 1038 in Italien gestorben war, sich bereits für Agnes von Poitou, die Tochter Wilhelms V. von Aquitanien, entschieden. Annas Schwestern waren mit den Herrschern von Norwegen, Ungarn und Polen verheiratet, ihr Bruder mit einer byzantinischen Prinzessin, ihre Mutter war eine schwedische Königstochter. Deutsche Adelsfamilien waren mit den herrschenden Dynastien in Ungarn, Böhmen, Polen oder Dänemark ebenso verschwägert wie mit den italienischen Markgrafengeschlechtern. Als Rudolf III. von Burgund starb, hätten im ganzen Abendland Neffen und Großneffen als potentielle Erben bereitgestanden. Aber ein dynastisch verfestigtes Erbrecht, in das auch die Frauen einbezogen waren, gab es damals noch nicht. Die Heiraten dienten, selbst wenn solche Ehen Ansprüche auf einen Teil des Erbes begründen konnten, nicht unmittelbar einer auf Vergrößerung des Machtbereiches zielenden Erwerbspolitik.

Im Augenblick ihres Abschlusses mochte eine Heirat ein politisches Bündnis bekräftigen. Doch die Bündnisse hielten stets nur wenige Jahre, schlugen oft in Feindschaft um und wurden vielleicht wieder erneuert. War der Gemahl gestorben, kehrten die Witwen nicht selten in ihre Heimat zurück. Die Eheschließungen dienten deshalb kaum einer längerfristigen Politik. Bei der rechtlichen Stellung, welche die Frau einnahm, ließ sich über sie kein sicherer Einfluß gewinnen. Rechtsverbindlich handeln konnte sie nach dem Tod ihres Mannes nur unter Mitwirkung eines Vormundes. Aber es brachte Konrad II. lediglich einen Prestigegewinn, keinen Rechtstitel, daß sich die Witwe Rudolfs III. mit ihrem »Vogt« Anfang 1033, im strengen Winter die Alpen von Vienne nach Oberitalien und von dort nach Zürich überquerend, an seinen Hof begab und so den Vertrag von 1027 bekräftigte. Nur im Imperium hatte sich die Auffassung durchgesetzt, daß die Kaiserin »Teilhaberin des Reiches« war, so daß Theophanu und Adelheid die Regentschaft für Otto III., Agnes für Heinrich IV. führen konnten.

Man hat oft darauf verwiesen, daß die deutschen Herrscher des Mittelalters durch die Kaiserkrönung keinerlei Machtmittel gewannen, die sie nicht vorher schon besaßen. Heinrich III. war, als er drei streitenden Päpsten ihre Würde aberkennen und dann einen seiner Bischöfe zum Papst wählen ließ, weder Kaiser noch Patricius. Trotzdem greift die formalrechtlich scheinbar so plausible Aussage zu kurz. Für die Zeitgenossen der ersten Salier stand fest, daß der König, den die deutschen Fürsten erhoben oder der die Herrschaft vom Vater übernahm, der zukünftige Kaiser war und daß ihm von Anfang an die volle Gewalt über das Imperium zukam. Der Anspruch auf das Königreich Italien, den Konrad schon unmittelbar nach seiner Krönung erhob, war darauf gegründet. Als man den noch nicht elfjährigen Heinrich in Aachen zum König gesalbt hatte, ließ sein Vater Urkunden mit einer Bleibulle besiegeln, die auf der Vorderseite Konrad als »Kaiser der Römer« zeigte, auf der Rückseite Heinrich als »Hoffnung des Imperiums«. Als Heinrich 1033 für mündig erklärt worden war, verwendete die Königskanzlei Bullen, auf denen die Bilder von Kaiser und König nebeneinandergestellt waren, während die Rückseite das »Goldene Rom« zeigte mit der Umschrift: »Rom als Haupt der Welt lenkt die Zügel des Erdenrunds.« Die ersten Salier haben also ihre Herrschaft von Anfang an als kaiserliche verstanden; und ihr Reich wurde unabhängig von der Kaiserkrönung auch von den Nachbarn als das »römische Kaiserreich« anerkannt. Aber man erwartete von den Königen, daß sie persönlich von der »Hauptstadt der Welt« Besitz ergriffen und sich durch den Erwerb der Kaiserkrone als ihrer Vorgänger würdig erwiesen.

Selbst wenn mit der Kaiserkrone kaum Herrschaftsrechte im formalen Sinne verbunden waren, war das Kaisertum ein Machtfaktor von realem Gewicht. Denn die Königsgüter und Königsrechte, auf die sich die Herrschaft stützte, stellten keinen staatlichen Machtapparat dar, mit dem sich ein Reich regieren ließ. Sie waren vielmehr Stützpunkte und Machtmittel, die der König nutzte, um seine eigentliche Aufgabe erfüllen zu können: seine Beziehungen zu den Großen so zu gestalten, daß er Frieden zu stiften vermochte und seine Herrschaft in allen Teilen des Reiches spürbar werden ließ. Das Ansehen, das der Besitz des Imperiums seinen Herrschern verlieh, erweiterte deren Macht- und Einflußsphäre in einer Weise, die der Durchsetzung des herrscherlichen Willens zugute kam. Auch wenn deutsche oder italienische Fürsten in Zeiten eines Aufstandes Hilfe jenseits der Reichsgrenzen suchten, haben sie normalerweise nicht die selbständige Politik getrieben, die etwa der König von Frankreich von seinen großen Vasallen hinnehmen mußte; umgekehrt gelang es dem Lenker des Imperiums viel leichter als dem französischen König, im Konflikt mit seinen Großen bei auswärtigen Königen und Fürsten eine wirksame Unterstützung zu gewinnen. In einer Welt, in der Ruhm und Ansehen zu den ersten Zielen herrscherlicher und adeliger Politik gehörten und durch ihre Wirkung auf das personale Beziehungsgeflecht ganz konkrete Macht begründeten, war der institutionell gesicherte, von allen anerkannte Vorrang des Kaisertums das höchste, was ein Herrscher gewinnen konnte.

Sieht man die politischen Verhältnisse und Vorgänge im damaligen Europa so, dann wird das überlegene Potential sichtbar, über das die deutschen Könige als Herren des Imperiums trotz allen adeligen Machtstreits verfügten, erkennt man aber auch den persönlichen Erfolg der ersten Salier. Daß es Heinrich III. während seines Rom-Zugs 1046 gelang, den französischen König Heinrich I. durch Briefe vom befürchteten Einfall nach Lothringen abzuhalten, erschien einem Chronisten in Lüttich so bemerkenswert, daß er das Schreiben hinsichtlich seiner Wirkkraft mit den Briefen des Apostels Paulus verglich. Befehlen konnte selbst der Kaiser dem König von Frankreich nichts. Nach byzantinischem Vorbild schrieb man ihm aber die Kraft apostelgleichen Wirkens zu: Was Otto III. erfüllt hatte, scheint unter Heinrich III. in veränderten Formen wiederaufgelebt zu sein.

Otto III. hatte erstmals Männer aus seiner Umgebung zu Päpsten erhoben, beginnend mit seinem Vetter als dem ersten römischen Bischof aus Deutschland. 1046 eröffnete Heinrich III. die kurze Phase, in der deutsche Bischöfe, von denen einige ihr Bistum beibehielten, zur päpstlichen Würde gelangten – mit Wirkungen, die die damalige Welt veränderten. Denn unter diesen Kirchenfürsten, die wie der Kaiser selbst vom Bewußtsein ihres religiösen Auftrags erfüllt waren, übertrug sich der gesteigerte Anspruch des Kaisertums auf die päpstliche Gewalt. Konnte der Nachfolger Petri an Ansehen und Glanz hinter dem zurückstehen, dem Gott zwar das Imperium, jedoch nur ein irdisches Reich anvertraut hatte? Mit Sutri und Rom hat das Zeitalter des Reformpapsttums begonnen, in dem Fragen, die noch nie gestellt worden waren, die bisherige Ordnung der Welt erschütterten.

Gewohnte Ordnung – gültige Normen?

Reich und Kirche

Was in Sutri und Rom geschah, erscheint als Höhepunkt einer Entwicklung, die im Imperium Reich und Kirche, Königsherrschaft und Bischofsgewalt immer enger zusammengeführt hatte. Wie Heinrich III. im Deutschen Königreich und im Imperium mit den Bischöfen zusammenwirkte, um liturgischen Dienst, Kirchenzucht, Klosterdisziplin und geistliche Bildung zu heben und zu verbessern, so sollte nun auch das Zentrum der lateinischen Kirche im gemeinsamen Bemühen des Kaisers und des römischen Bischofs geordnet werden. Die Verurteilung mehrerer Päpste, die Promotion des Bischofs von Bamberg auf den Stuhl Petri waren Signale für einen Neubeginn: Die von Heinrich III. einberufenen Synoden hatten den Willen zur Reform nach Rom getragen. Die Kurie wurde zum Sammelpunkt für reformeifrige Männer aus Lothringen und dem übrigen Deutschland, aus Italien, Burgund und Frankreich, die ihre Bildung in den besten Schulen gewonnen hatten und zum Teil monastischen Richtungen strengster Observanz angehörten. Der beherrschende Einfluß auf die Auswahl der Bischöfe, den die Könige in Deutschland besaßen, sollte Heinrich III. als dem Patricius der Römer nun auch in der Stadt der Apostelfürsten zufallen. Als auf Suidger von Bamberg Bischöfe von Brixen, Toul und Eichstätt als Päpste folgten, schienen die Nachfolger Petri zu Partnern des Kaisers in der herrscherlichen Sorge für die Kirchen und das kirchliche Leben zu werden und ihm durch den Vorrang des Bischofs von Rom Einfluß- und Wirkmöglichkeiten zu eröffnen, die die Grenzen des Imperiums weit überschritten. In der Gemeinsamkeit von Kaisertum und Papsttum sah man die Einheit der lateinischen Christenheit verkörpert, die sich 1054 – unter Papst Leo IX., dem elsässischen Grafensohn und ehemaligen Bischof von Toul, und unter maßgeblichem Einfluß des zum Kardinalbischof erhobenen Burgunders Humbert aus dem Vogesenkloster Moyenmoutier – endgültig von der griechischen Kirche trennte.

Doch es kam ganz anders, als man 1046 hoffen und glauben mochte. Kaum war Heinrich III. gestorben, geriet die von der religiös gesinnten, den Reformern nahestehenden Kaiserin Agnes geführte Regentschaft mit der römischen Kirche in Konflikt. Dreißig Jahre nach Sutri hatte der Papst den Sohn des Kaisers vom Königsamt suspendiert. Zuvor hatte Heinrich IV. mit einer Mehrheit des Reichsepiskopats Gregor VII. für abgesetzt erklärt – und mußte dann, um nicht die Herrschaft zu verlieren, im Januar 1077, barhäuptig und barfuß als Büßer vor der Burg Canossa im schneebedeckten Apennin stehend, doch jenen »Hildebrand« als rechtmäßigen Nachfolger Petri anerkennen, den er ein Jahr zuvor hatte verdammen lassen als machtgierigen falschen Mönch, der auf dem usur-

Das »Reisepapsttum« Leos IX.

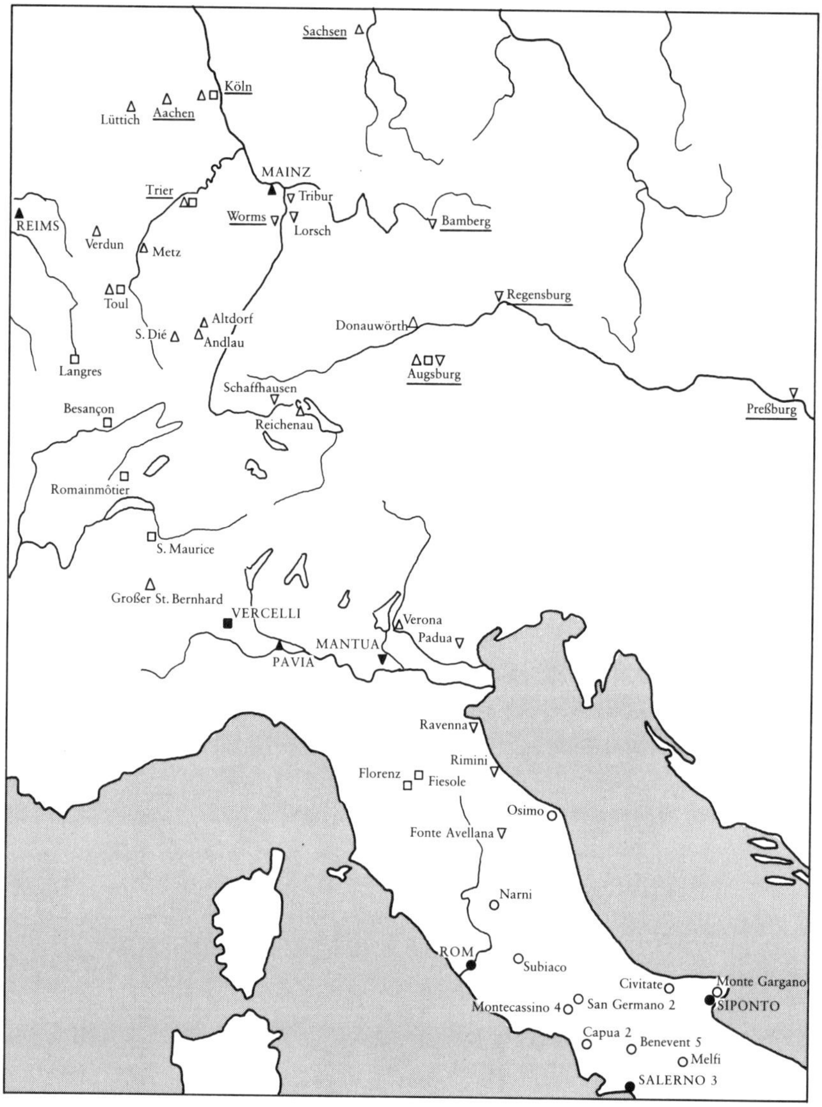

△ 1. Reise (Mai 1049 – Januar 1050)
□ 2. Reise (Juli 1050 – Februar 1051)
▽ 3. Reise (August 1052 – März 1053)
●▲■▼ Synoden

——— Orte, an welchen der Papst gemeinsam mit Kaiser Heinrich III. bezeugt ist
○ Aufenthaltsorte in Mittel- und Unteritalien (7 Reisen, 1049 – 1054), Zahlen geben die Anzahl der Besuche an

Anwesenheit des Papstes Leo IX. in Rom

1049: Februar (am 12. Februar)
26. März bis 15. April (Synode)
1050: *Ende Januar/Anfang Februar*
29. April bis 2. Mai (Synode)
Juni
1051: April (Synode)
November
1052: April
Juli
1053: 21. März bis April (Synode)
1054: April (am 19. April gestorben)

Normalschrift: Aufenthalt gesichert
Kursivschrift: Aufenthalt vom Reiseweg her möglich

pierten Papstthron saß. Die Einheit der abendländischen Kirche schien zerrissen zu sein. Ihre Häupter standen in unversöhnlicher Härte gegeneinander, und die Anhänger von Papst und Kaiser zerstörten wechselseitig Kirchen und Klöster und töteten Christen. Hatte Heinrich III. mit dem, was er auf dem Weg zur Kaiserkrönung veranlaßte, einen schicksalhaften Fehler begangen?

Die Vorgänge von Sutri und Rom lassen sich nicht verstehen, wenn man sie als politische Entscheidungen wertet, die nach Belieben auch anders hätten getroffen werden können. Zeitgenossen haben in ihnen die wahre Entfaltung kaiserlicher Hoheit gesehen, allerdings nicht wegen des äußeren Machtgewinns. Heinrich III. erfüllte in seiner Verantwortung vor Gott die Pflicht, die er aufgrund seiner kaiserlichen Stellung erfüllen mußte. Nur aus den zeitgenössischen Vorstellungen vom Königtum – insbesondere von Stellung und Aufgaben des Herrschers, der das römische Imperium lenkte – werden die Vorgänge verständlich, die dem Reformpapsttum zum Durchbruch verhalfen, und nur sie erklären die Tiefe und Erbitterung des Streites, der das Imperium unter Heinrich IV. erschütterte.

Seit der ottonischen Zeit hatte die Idee des Gottesgnadentums dem Herrscher im Denken der Menschen eine über die politische Verantwortung hinausreichende Stellung vermittelt. »Du bist der Statthalter Christi in dieser Welt«, rief während der Krönungsmesse im Mainzer Dom Erzbischof Aribo Konrad II. zu. In seiner Predigt verlieh er dem Nachdruck, was mit der Herrscherweihe am König vollzogen und durch die Gebetsformeln der Krönungsliturgie unterstrichen wurde: Salbung und Krönung ließen Konrad teilhaben an Christi Priesterkönigtum, das schon im Alten Testament in der Gestalt des Königs und

Hohenpriesters Melchisedek präfiguriert erschien, ließen ihn zum Abbild und Stellvertreter Christi werden.

Vom König als »Vicarius Christi« wurde ein Verhalten vor Gott gefordert, das sich Leben und Lehre Christi zum Vorbild nahm. Unbedingter Gehorsam gegen Gott, Demut vor Gottes Macht waren Maßstäbe solchen Verhaltens. Es ist nicht nur für moderne Menschen schwer nachvollziehbar, sondern widerspricht auch fast allen Vorstellungen, die das Mittelalter mit Herrschaft und Machtausübung verband – und doch galt der ottonisch-salischen Zeit die demütige Erniedrigung vor Gott als die erste Herrschertugend, weil allein durch sie die Hilfe Gottes und damit Erfolg und Stärke der Herrschaft zu gewinnen waren. Dies stellte Aribo von Mainz in seiner Predigt Konrad II. vor Augen. Die Annalen des Klosters Niederaltaich berichten, wie sich Heinrich III. 1041 vor dem Zug nach Böhmen »mit seinen Fürsten vor Gott erniedrigte« und so die Hilfe dessen erlangte, der ihn 1040 in der Niederlage des deutschen Heeres die menschliche Ohnmacht hatte spüren lassen, oder wie er auf Ungarn-Zügen mit seinem Heer glänzende Erfolge errang, weil er in Demut nicht auf seine eigene Macht vertraute, sondern die Siege allein Gott zuschrieb. Jede Schlacht war nach Auffassung des Chronisten ein Gottesurteil; und die Gnade Gottes gewinnen konnte nur, wer sich nach gewissenhafter religiöser Vorbereitung ganz in Gottes Hand begab.

Wenn Gott allein dem König die Herrschaft, die Macht und alle seine Erfolge gab, dann konnte keine Herrscheraufgabe wichtiger sein als die »Verherrlichung Gottes«, dessen Kirchen die Pracht des irdischen Königshofes an Glanz überstrahlen mußten. Die Errichtung und Verschönerung von Kirchen und Klöstern, deren Ausstattung mit goldenem Kirchengerät und kostbarsten Codices, die Sicherung des ständigen Gebets und die Sorge für die Ausgestaltung des liturgischen Opfers und Gotteslobes waren Herrschertätigkeit schlechthin. Sie diente nicht nur dem Seelenheil des Stifters und seiner Angehörigen, sondern von ihr hingen Bestand und Wohl des Reiches ab. Die Blüte des Kirchenbaus, der Malerei, der Goldschmiede- und Buchkunst steht im Imperium ganz in diesem von den Herrschaftsvorstellungen und ihrem religiösen Grund bestimmten Kontext. Denn auch die Bischöfe und Äbte wollten mit der Vermehrung und Verschönerung ihrer Kirchen den Herrscher in seiner vornehmsten und wichtigsten Aufgabe, der Förderung des »Cultus divinus«, unterstützen. Gerade die großen bischöflichen Bauherren der Zeit waren den Herrschern und dem Königshaus besonders eng verbunden.

Pracht und Erhabenheit der kirchlichen Kunst, Zeugnis für die Gottesverehrung des Herrschers und aller seiner Herrschaft Unterstellten, bildeten ein kostbares Gehäuse für das wirkungsvolle Gebet zum König der Könige, der seinem irdischen Abbild die Herrschaft gab. »Möge die gesamte Kirche der Heiligen zum Herrn beten und Fürbitte leisten, damit unser Herr und König die Würde, die er heute hier rein von Gott empfängt, unverletzt bewahre, soweit das

Die Prozession mit dem Leichnam des Erzbischofs Anno zwischen Tod und Begräbnis, vom 4. bis 11. Dezember 1075

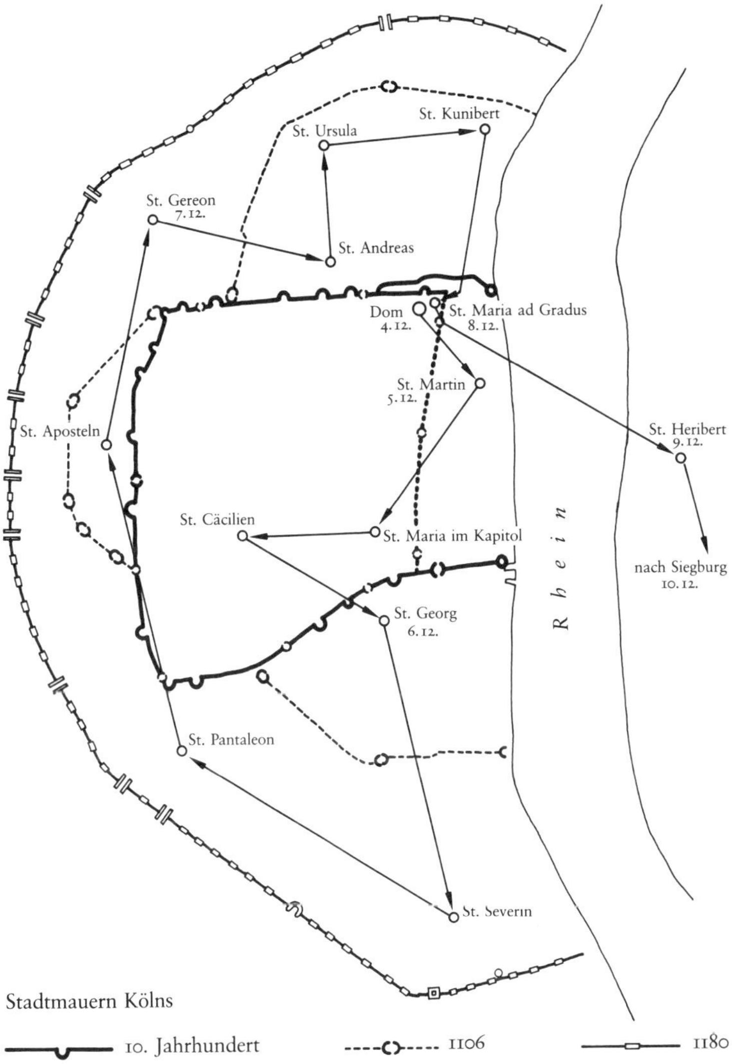

ein Mensch vermag«, sagte Erzbischof Aribo während der Krönungsfeier in Mainz und bezeichnete damit die zentrale Aufgabe, die allen Kirchen im Reich, insbesondere den Domstiften und Königsklöstern, oblag. Hochmut, Neid, Begierden, Habsucht, Zorn, Ungeduld und hartherzige Strenge befleckten, wenn der König sich ihnen hingab, nicht nur die Würde des Königtums und beleidigten dadurch Gott, sondern brachten Gefahr für alle der Königsherrschaft Untergebenen. Um auf dem rechten Weg zu bleiben, um dem Land Recht, Gerechtigkeit und Frieden geben zu können, brauchte der Herrscher Gottes Hilfe, und die Fürbitte, die dafür in den Kirchen geleistet wurde, konnte nicht intensiv genug sein. In Klöstern und an Domkirchen ließen sich die Herrscher in die Gemeinschaft der geistlichen Brüder oder Schwestern aufnehmen, um als Mitglieder der Gott dienenden Konvente Anteil an deren Verdiensten zu erlangen und über das Erdenleben hinaus deren Gebetshilfe zu gewinnen. Dieses vielstimmige Gebet mußte der Herrscher durch eigenes Verhalten unterstützen: durch fromme Stiftungen, durch die Bereitschaft zum Verzeihen, durch Bußfertigkeit, vor allem durch die fortwährend erneuerte, öffentlich gezeigte Beteiligung am kirchlichen Gottesdienst.

Von seiner Erhebung bis zum Tod war deshalb das Auftreten des Königs eingebunden in liturgische Formen der Herrschaftsrepräsentation. Soviel Preis mit einemmal und an einem Ort habe Gott von den Menschen noch nie erhalten wie an dem Tag, als man Konrad II. vom Wahlort zur Salbung nach Mainz geleitete, meint der Biograph des Kaisers. Und feierlich gekrönt wurde ein Herrscher nicht nur am Tag der Königsweihe. Jeweils zu Weihnachten, Ostern und Pfingsten, auch an einigen anderen Festen und Heiligengedenktagen empfing der Herrscher erneut die Krone, selbstverständlich ohne Salbung, die nicht wiederholt werden konnte, jedoch mit einem vollen liturgischen Zeremoniell. Die »Festkrönungen« machten stets aufs neue die Würde sichtbar, die dem Herrscher durch die Hand der Priester von Gott gegeben wurde. Mit Fasten und Beichte bereitete er sich auf das Tragen der Krone vor – vielleicht auch dann, wenn er, ohne vorhergehende kirchliche Feier, etwa auf Hoftagen oder zum Empfang auswärtiger Gesandter in vollem Ornat mit der Krone erschien. Durch Teilnahme an Kirchweihen oder durch die Gegenwart bei Bischofsweihen demonstrierten gerade im 11. Jahrhundert die deutschen Könige gern ihre Stellung in der Kirche. Wo der Herrscher auf seinem Umzug durch das Reich erschien, wurde er unter Glockengeläut mit Lobgesängen liturgischen Charakters empfangen; vom Klerus in Prozession geleitet, ging er an den Feiertagen von seinen Gemächern zur Kirche und von dort zurück. Staatsakte wurden meist auf heilige Tage gelegt; und die Verbindung der großen Hoftage mit dem kirchlichen Festkalender unterstrich den religiös-kirchlichen Charakter jeder rechtmäßigen Königsherrschaft.

Die öffentliche Präsentation des Herrschertums im kirchlich-liturgischen Leben, die stets die Erhabenheit des Herrschers in dieser Welt zeigen und seine Fürbitte suchende Demut vor Gott bezeugen sollte, setzte sich beim Herrscherbegräbnis fort. Konrad II. starb am Pfingstmontag 1039 in Utrecht, nachdem er am Fest selbst zusammen mit seiner Gemahlin und seinem Sohn noch einmal die Krone empfangen hatte. Wipo berichtet: »Des Kaisers Eingeweide wurden zu Utrecht beigesetzt; und der König begabte den Grabesort reich mit Geschenken und Grundbesitz. Den übrigen, denkbar prächtig umhüllten und eingesargten Leichnam geleiteten die Kaiserin und ihr königlicher Sohn nach Köln und führten ihn zu allen Stiften dieser Stadt, und ebenso in Mainz, Worms und den dazwischenliegenden Orten, wobei sich jeweils das ganze Volk betend dem Zug anschloß; zahllose Fürbitten und reiche Opfergaben wurden für das Heil seiner Seele dargebracht; am dreißigsten Tag nach seinem Tode setzte man ihn unter hohen Ehren bei in der Stadt Speyer, die der Kaiser selbst, wie später auch sein Sohn, sehr ausgezeichnet hat.« Auf dem Weg zum Begräbnisort folgte der Leichenzug einem Brauch, den die Menschen in den besuchten Städten vom Zeremoniell nach dem Tod eines Bischofs kannten. An allen Kirchenportalen und zuletzt beim Begräbnis habe Heinrich III. in demutvollster Ehrerbietung den Leib des Vaters auf seinen Schultern mitgetragen.

Königszeremoniell, herrscherliche Kultsorge, Gebetsverbrüderungen und Gedenkstiftungen gründeten in alten Traditionen. Die gesteigerten Formen, die unter den Ottonen zur Ausbildung gelangt waren, führten die Salier auf einen Höhepunkt, der die kirchliche Herrschaftsrepräsentation des europäischen Königtums für Jahrhunderte prägte. Doch der symbolische Gehalt der Handlungen, ihre »herrschaftstheologische« Bedeutung, wurde reduziert, als dem Herrscher die Stellung zu Gott und Aufgaben in der Kirche abgesprochen wurden, die in ottonisch-salischer Zeit zur Steigerung der kirchlich-liturgischen Herrscherdarstellung geführt hatten. So konnten im 12. Jahrhundert weltliche Formen der Herrschaftsrepräsentation neben den kirchlichen an Gewicht gewinnen.

In welche Dimensionen die ottonisch-salische Herrschaftsauffassung vorstieß, zeigt sich am besten, wenn man das Verhältnis des Königs zu den Bischöfen und Bistümern betrachtet. Nicht zufällig hat sich die Auseinandersetzung um das Verhältnis von königlicher und priesterlicher Gewalt schließlich auf die Frage zugespitzt, welcher Anteil an der Bischofseinsetzung dem König zukommen dürfe. Es ging dabei nicht so sehr um den Einfluß des Herrschers auf die Auswahl der Bischöfe, obwohl in der Frühzeit Heinrichs IV. personelle Fehlentscheidungen das Problem verschärften; es ging nicht nur um die Verletzung kirchlicher Rechte in konkreten Einzelfällen, derentwegen es mehrfach zu Konflikten kam; es ging vor allem um die theologische Begründung, die hinter dem Anspruch des Königs stand, über die Bischofsstühle verfügen zu können. Erst als man gelernt hatte, das theologische Grundproblem von den Rechts- und Machtfragen zu scheiden, konnte man 1122 im Wormser Konkordat wenigstens äußerlich den Investiturstreit beilegen, wie man die Auseinandersetzung um die Beteiligung des Herrschers an der Vergabe der Bischofsstühle rückblickend schon damals bezeichnete.

Eine Einflußnahme der Herrscher auf die Erhebung neuer Bischöfe läßt sich in den christlichen Reichen des Abendlandes weit zurückverfolgen. Was sie rechtfertigen konnte, war eine Aufsichtspflicht des Königs, die aus der Verantwortung für die rechte Ordnung seines Reiches resultierte, die er vor Gott trug; und je mehr man vom Gottesgnadentum des Herrschers, seiner unmittelbaren göttlichen Berufung zum Königsamt überzeugt war, desto weiter und intensiver konnte man diese Aufsichtspflicht verstehen. Unmittelbare praktische Bedeutung erhielt sie dadurch, daß überall da, wo der königliche Einfluß kein Gegengewicht bildete, Adelsfamilien sich der Bischofsstühle und Bistümer bemächtigten und sie wie eigenen Familienbesitz behandelten. Auch Heinrich III. gewann 1046 Zustimmung nicht zuletzt deshalb, weil sein Vorgehen den Stuhl, auf dem der Nachfolger Petri saß, aus dem Machtkampf der römischen Adelsfamilien herauszulösen versprach. Und zur Sicherung gegen die Ambitionen der Großen schien selbst dem Reformpapsttum, als es um die Freiheit der Kirche von weltlicher, nicht zuletzt königlich-kaiserlicher Bevormundung kämpfte, die kaiserliche Gewalt unentbehrlich – nur durfte der Schutz, den sie gewährte, nicht seinerseits die Freiheit der Kirche bedrohen. Die Einflußnahme des Königs auf die Vergabe der Bistümer konkurrierte aber mit dem kirchenrechtlich begründeten Anspruch von Klerus und Volk der Diözese, den eigenen Bischof zu wählen, sowie mit dem kanonisch anerkannten Recht des Metropoliten und der Mitbischöfe, an der Wahl eines neuen geistlichen Hirten mitzuwirken. Wenigstens formal mußte die Beteiligung des Königs solchen Rechten Rechnung tragen.

Im römisch-deutschen Imperium hat sich die Einflußnahme des Königs zur weitgehenden Verfügungsgewalt über die Bistümer gesteigert. Die Entscheidung über die Bischofswahl fiel im Rat des Königs. War die Zeit Heinrichs II. noch erfüllt von Streitigkeiten zwischen König und Domkapiteln, die ihr Wahlrecht verteidigten, so lehnte sich unter Heinrich III. kaum mehr jemand gegen die königliche Erneuerung des bischöflichen Hirten auf. Diese Entwicklung war von einer Entfaltung der symbolischen Formen begleitet, welche die Bindung an den König und die königliche Verfügungsgewalt über die Bistümer unterstrichen. Die künftigen Bischöfe mußten dem König vor ihrer Einsetzung nicht nur einen Treueid schwören. Als Teilhaber seiner Herrschaft leisteten sie – sicher bezeugt seit Heinrich II. und Konrad II. – eine Lehnshuldigung, indem sie wie die weltlichen Vasallen ihre gefalteten Hände dem König reichten, der sie mit den seinen umschloß. Der König seinerseits verlieh das Bistum, indem er dem Mann seiner Wahl Symbole der bischöflichen Gewalt gab. Schon in der Karolingerzeit scheint in solchen Fällen der Erwählte den Bischofsstab seines Vorgängers aus der Hand des Königs empfangen zu haben, wie es unter den Ottonen allgemein üblich wurde. Unter Heinrich II. ist dann belegt, daß der König bei der Designation des neuen Bischofs diesen zusätzlich noch mit dem Bischofsring investierte.

Es war durchaus üblich, bei der Übertragung von Besitz oder Ämtern den Empfänger durch symbolische Zeichen in die Verfügungsgewalt über ein Gut oder in die Befugnisse eines Amtes einzuweisen. Der Empfänger eines Grundstücks erhielt aus der Hand des Schenkers oder Verkäufers Scholle, Halm und

Zweig; der Eigenkirchenherr, der einen Kleriker für sein Bethaus bestellte, übergab diesem das Glockenseil, die Altardecke oder ein Buch für den Gottesdienst. Auch im Lehenswesen waren solche Investitursymbole üblich; beispielsweise empfing der adelige Vasall die Herrschaftsgewalt über ein Herzogtum oder eine Grafschaft mittels einer Fahnenlanze. Aber konnte der König ein Bistum durch die Übergabe von Stab und Ring verleihen, den Symbolen des geistlichen Amtes, die ein Bischof als Zeichen der Verantwortung für Christi Herde und der Vermählung mit seiner Kirche bei seiner Weihe aus der Hand des Metropoliten entgegennahm? Und war es mit dem geistlichen Amt vereinbar, daß der Bischof, der als Geistlicher möglichst nicht einmal schwören sollte, sich als Vasall dem Herrscher gegenüber verpflichtete und band wie ein Laie? »Empfange die Kirche« – so begann die Formel, mit der der König die Übergabe der Investitursymbole begleitete. War es seine Kirche, die er vergab?

Die Vorstellungen und die tatsächlichen Verhältnisse entwickelten sich zunächst durchaus in der gleichen Richtung. Wiederum seit dem 11. Jahrhundert sah man im König den Herrn der Reichskirchen, die unter seinem Schutz standen und über die er fast wie ein Eigenkirchenherr verfügte. Und auch die Treueverpflichtung des Bischofs gegenüber dem König nahm immer deutlicher Züge der vasallitischen Treuebindung an. Denn die Bischöfe – und die Äbte der Reichsklöster – leisteten Heerfolge wie die weltlichen Fürsten und führten dem Heer des Königs große Lehnsmannschaften zu; sie hatten die Hoftage des Königs zu besuchen, um ihm ihren Rat zu leihen; ihre Kirchen trugen materiell in erheblichem Umfang zum Unterhalt des Königshofes und des zahlreichen Königsgefolges bei. Vom König erhielten die Reichskirchen Güter und Herrschaftsrechte geschenkt, wie er sie sonst zu Lehen ausgab. Je mehr die Bischöfe sich mit dem Potential der Hochkirchen im Reichsdienst engagierten, desto reichere Zuwendungen erwarteten sie vom König. Umgekehrt steigerten die Herrscher im 11. Jahrhundert unter Hinweis auf die Schenkungen ihre Ansprüche an die Reichskirche. »Wem mehr gegeben wird, von dem wird auch mehr gefordert«, so begründete Heinrich II. diesen Zusammenhang.

Die Herrscher trieben die Entwicklung zum geistlichen Fürstentum selbst voran, um mit Hilfe der Bischöfe und der kirchlichen Organisation ihren stets auch religiös verstandenen Ordnungsaufgaben gerecht zu werden. Für die Herrschaftsordnung des Reiches und die Regierungstätigkeit der Salier wurden die Bischöfe die zentralen Figuren. Die aufblühenden, rasch wachsenden Bischofsstädte standen unter ihrer Gerichtsbarkeit; auch der Marktverkehr in diesen Städten fiel in ihre Aufsicht und Rechtsprechung. Im städtischen Mittelpunkt sowie an weiteren Marktplätzen aus dem Besitz ihrer Kirche verfügten die Bischöfe über das Münzrecht. Unter den Saliern scheint ihnen sogar eine Aufsicht über das Münzwesen in ihrer Diözese zugefallen zu sein. Die Münzstätten von Klöstern und weltlichen Dynasten mußten sich in Gewicht und Feingehalt nach der jeweiligen bischöflichen »Leitmünze« richten. Zollstellen und Silbergruben, Forst- und Wildbänne kamen in bischöfliche Hand. Seit dem späten 10. Jahrhundert erwarben viele Bischöfe in ihrer Diözese Grafenrechte. Von Erzbischof Adalbert von Hamburg-Bremen wird berichtet, er habe mit dem Bischof von Würzburg gleichziehen wollen, der alle Grafschaften seiner Diözese besaß und somit in seinem Sprengel eine »herzogliche« Gewalt ausübte.

Die Privilegierung der Bistümer in Deutschland und Italien ging mit einer wachsenden Einflußnahme der Könige auf die Besetzung der Bischofsstühle einher. Im Interesse der Herrscher mußte es liegen, solche Positionen in die Hand vertrauter und zuverlässiger Helfer zu bringen. Aber lag dieser Entwicklung eine wohldurchdachte Planung zugrunde, die derartige Herrschaftsrechte den Laien, die sie ihren Söhnen vererbten, entziehen und mittels einer geschickten Personalpolitik als »Reichskirchengut« indirekt in der Verfügungsgewalt des Königs halten wollte? Die in der Geschichtswissenschaft vorherrschende instrumentale Deutung der »Reichskirchenpolitik« dürfte den Vorstellungen der damaligen Zeit kaum wirklich adäquat sein, obwohl die Menschen der Salierzeit hier Machtfragen und materielle Interessen angesprochen sahen. Denn als dem Königtum die Investitur der Bischöfe und die Einflußnahme auf ihre Wahl bestritten wurden, dauerte es lange, bis die Verteidiger seiner Position auf den Gedanken kamen, ein »Investiturrecht« daraus abzuleiten, daß die Bistümer in erheblichem Umfang mit Königsrechten ausgestattet waren. Erst als man diesen materiellen Zusammenhang isoliert hatte, zur Zeit Heinrichs V., konnte man über Lösungen der Streitfragen nachdenken. Der Kompromiß mußte der Tatsache gerecht werden, daß die »Diener des Altars« zugleich »Diener des Hofes« geworden waren und, wie Papst Paschalis II. 1111 anerkannte, Mittel in der Hand hielten, ohne deren Beitrag der König seine Aufgabe gar nicht erfüllen konnte. Der Anspruch des Königs auf Investitur der Bischöfe erschien dann als eine begründbare Konsequenz. Er hatte aber andere Wurzeln.

Als sich diese Verflechtung in ottonischer und frühsalischer Zeit entwickelte, haben nur wenige darin grundsätzlich einen Schritt zur Verweltlichung der Kirchen gesehen. Lediglich Begleiterscheinungen wurden in diesem Sinne kritisiert. Die Bischöfe sahen es als Verdienst an ihrer Kirche und deren Heiligen an, wenn es ihnen gelang, ihr Bistum auf diese Weise zu erhöhen und so noch mehr von der Verantwortung und Fürsorge für die leibliche Existenz ihrer »Schafe« zu übernehmen. Die Herrscher waren überzeugt, den Kirchen Gottes durch ihre Schenkungen den Platz und die Ehre zu geben, die ihnen in dieser Welt gebührten, und hierfür Stabilität ihrer Herrschaft und himmlischen Lohn zu gewinnen. Wenn der Herrscher auf Erden Stellvertreter des Himmelskönigs war, mußte er dann nicht an der Berufung derer mitwirken, die in der Nachfolge der Apostel für die Kirche Christi wirken sollten? Das Königtum selbst wurde als von Gott verliehenes Amt verstanden – bezogen in allen seinen Aspekten auf das christliche Volk, das der Herrscher zusammen mit den Bischöfen zum Heil führen und vor äußeren und inneren, vor sichtbaren und unsichtbaren Feinden schützen sollte. Die »Ordination« des Königs sah man in Analogie zur Bischofsweihe. Heinrich III. pochte gegenüber Wazo von Lüttich auf seinen geistlichen Rang und war in höchstem Maße darüber aufgebracht, daß der Bischof die Gleichstellung der Königssalbung mit der Bischofsweihe bestritt. War der König nicht das »Haupt der Kirche« in seinem Reich, ihr »Lenker und Schützer«? Sollten die Bischöfe mit ihm in seiner Sorge für die Kirchen nicht »wie die liebsten Glieder vereint« sein?

Wie sich eine Bischofserhebung im Imperium am Vorabend des Investiturstreits vollzog, sei an einem besonders gut dokumentierten Beispiel verdeutlicht. Viktor II., der sein Bistum Eichstätt auch als Papst behalten hatte, war am 28. Juli 1057 in Arezzo gestorben. Am 20. August wurde Gundekar, ein Kapellan der Kaiserin Agnes, die die Regierung für den unmündigen Heinrich IV. führte, von der Regentin in der Pfalz Tribur bei Mainz mit dem Bischofsring investiert, in Gegenwart der Erzbischöfe von Mainz und Mailand und der Bischöfe von Bamberg und Lucca. Noch in der Stunde, in der die Todesnachricht eintraf, soll über das Bistum verfügt worden sein. Gundekar, der seine Ausbildung in Eichstätt erhalten hatte und insofern seinem künftigen Wirkungskreis verbunden war, blieb weiterhin am Hofe und empfing am 5. Oktober in Speyer den Bischofsstab, wie es heißt, mit allgemeiner Zustimmung des Klerus und der adeligen Vasallen seines Bistums sowie der bischöflichen »Familia«, also des Hörigenverbandes einschließlich der Ministerialität. Offensichtlich hatte sich die Kaiserin versichert, daß die Einsetzung Gundekars in Eichstätt nicht auf Widerstand stoßen würde, bevor die Investitur mit dem Hirtenstab im Rahmen eines feierlichen Sonntagsgottesdienstes vor den Erzbischöfen von Mainz, Köln, Trier und Mailand, den Bischöfen von Regensburg, Würzburg, Worms, Speyer, Straßburg, Konstanz, Chur, Verdun, Sitten und Pavia, mehreren Äbten und einem zahlreichen Klerus vollzogen wurde. Am 17. Oktober wurde Gundekar in Eichstätt inthronisiert; am 27. Dezember, dem Tag des Evangelisten Johannes, empfing er wiederum am Königshof, in der sächsischen Pfalz Pöhlde, die Bischofsweihe. Außer der Kaiserin, dem jungen König und dem Mainzer Metropoliten wirkten die Erzbischöfe von Bremen und Magdeburg, die Bischöfe von Bamberg, Konstanz, Speyer, Hildesheim, Paderborn und Verden, von Meißen und Merseburg, von Sitten und Lucca und ein Bischof aus Polen mit. Als päpstlicher Legat war Hildebrand, der spätere Papst Gregor VII., zugegen.

In Gundekars eigenen Aufzeichnungen über seine Erhebung zum Bischof spiegelt sich etwas vom Glanz des in und über der Reichskirche stehenden, für sie und zugleich aus ihr heraus handelnden Herrschertums der ersten Salier. Anfang Oktober in Speyer, dann um Weihnachten in Goslar und Pöhlde tagte, feierte und opferte die Regentin mit dem König im Beisein mehrerer Erzbischöfe

Die »Reichskirche« zur Zeit Konrads II. und Heinrichs III.: die Bischofssitze und Diözesen (nach Behrmann/Steinhart)

--------Kirchenprovinzen

----------Diözesen

Erzstift

Hochstift

wichtiges bischöfliches Kloster

Von den zahlreichen bischöflichen Klöstern und Stiften wurden nur ganz wenige aufgenommen, die als Überlieferungszentren, als Ausgangspunkt für Reformen oder als Wallfahrtsorte für die frühe Salierzeit von besonderer Bedeutung sind.

die dem König direkt unterstehenden oder eng mit dem Königshof verbundenen Klöster und Stifte (nach Behrmann/Steinhart)

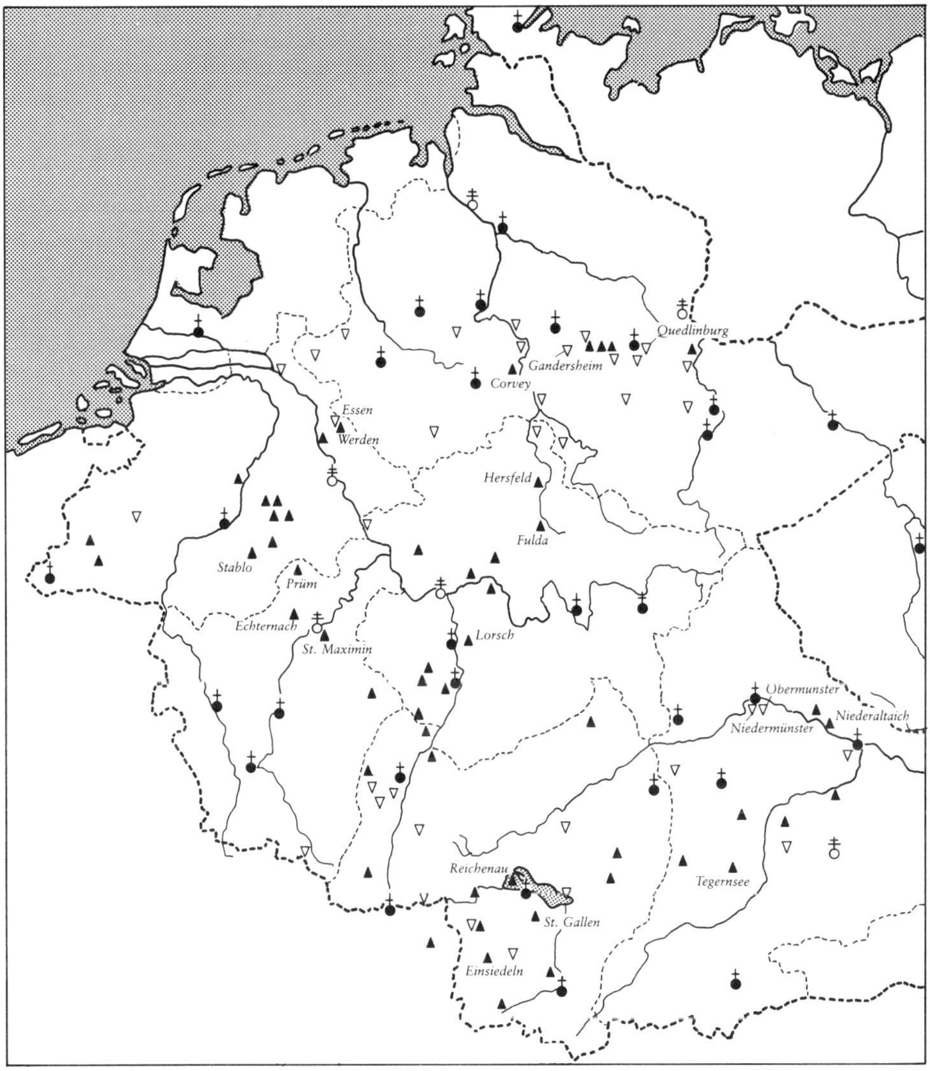

------- Grenzen des deutschen Königreichs
--------- Grenzen der Herzogtümer
Erzstift
Hochstift
▲ Männerkonvente (Klöster und Stifte)
▽ Frauenkonvente (Klöster und Stifte)

Namentlich hervorgehoben sind Klöster, deren Überlieferung für die Geschichte der frühen Salierzeit von Bedeutung ist.

und zahlreicher Bischöfe. Eine Urkunde zeigt, daß Anfang Februar 1057 wieder mindestens zwei Erzbischöfe und sechs Bischöfe am Hofe weilten, und das Osterfest am 19. April, für das keine Namen überliefert sind, dürfte kaum weniger Prälaten zum König nach Magdeburg gerufen haben als das Weihnachtsfest in Goslar. Vor dieser feierlichen Präsenz der Reichskirche am Hofe wurden die öffentliche Investitur und die Weihe Gundekars vollzogen. Doch die Entscheidung war zuvor schon im kleinen Kreis gefallen und durch die Übergabe des Ringes definitiv geworden.

Man hat dieses Verhältnis von Königtum und Reichskirche als »Staatskirchentum« bezeichnet, doch es wird durch diese Charakterisierung in seinem Wesen nicht voll erfaßt. Denn die Kirche war keine abgrenzbare und in sich zusammengeschlossene Institution, die dem Reichsoberhaupt in einem definierbaren Rechtsverhältnis unterstand. In den damals vorherrschenden Überzeugungen hatten sich Reich und Kirche fast vollständig durchdrungen, Herrscheraufgabe und Herrschaftszweck waren weitgehend auf die »Kirche Christi« hin definiert. Diese Einheit der kirchlich-religiösen und der staatlich-politischen Ordnungen verlor in den folgenden Jahrzehnten ihre unbezweifelte Gültigkeit. Darin lag ein Bruch mit Überzeugungen und Traditionen, die sich in Jahrhunderten gefestigt hatten. Der Umbruch begann aber als Reaktion auf eine Entwicklung, die sich in ottonischer Zeit verstärkt, seit der Jahrtausendwende beschleunigt und unter Heinrich III. noch einmal gesteigert hatte. Drohte die Indienstnahme für das Königtum die Kirchen Gottes nicht in Verflechtungen hineinzuziehen, die sie ihrem Heilsauftrag entfremden konnten? Als sich unter den ersten Saliern die Königsherrschaft in ihrem Charakter zu wandeln begann und die Reichskirchen immer mehr eigene Herrschaftsinteressen entwickelten, kamen Zweifel an den Formen auf, in welchen die Herrscher bisher in ihrem »Kirchenreich« geschaltet hatten.

Die Anerkennung der königlichen Kirchenherrschaft war an die Voraussetzung gebunden, daß der Königsdienst der Bischöfe und ihr Dienst an ihrer Kirche als gleichgerichtete, zusammengehörende Bemühungen erschienen. Aufgaben und Ansprüche des geistlichen Fürstentums durften auch in der Diözese selbst nicht mit der Fürsorge des geistlichen Hirten für seine Herde kollidieren. An die persönliche Integrität des Bischofs waren damit höchste Anforderungen gestellt. Nicht nur Frömmigkeit und Lebenswandel, sondern auch sein Verhalten als fürstlicher Herrschaftsträger konnte zum Maßstab seiner Amtsführung werden. Soziales Unbehagen und religiöse Kritik konnten an diesem Punkt zusammentreffen und sich gegenseitig steigern.

Hört man auf die zeitgenössischen Urteile, so überwog im frühen 11. Jahrhundert der Gewinn für die Kirchen eindeutig die Belastungen, die aus dem Königsdienst erwuchsen. Daß die weltliche Macht der Bischöfe verstärkt wurde, schien für das Volk einen Zuwachs an Rechtssicherheit und Schutz zu bringen.

König Heinrich III. beim Einzug in die Kirche und Maiestas Domini. Miniaturen in dem zwischen 1039 und 1043 in der Benediktinerabtei Echternach für diesen Herrscher geschaffenen Perikopenbuch. Bremen, Staats- und Universitätsbibliothek

Weihrauchgefäß in Form eines kreuzförmigen Zentralbaus. Vergoldeter Bronzeguß, eine Arbeit des Gozbert von Trier, um 1100. Trier, Domschatz

Reliquienschrein in Form einer sechstürmigen Basilika. Walroßzahnschnitzerei vermutlich mittelrheinischer Herkunft aus Sayn bei Koblenz, vielleicht um 1180. Brüssel, Musées Royaux d'Art et d'Histoire

Investitur des Kölner Erzbischofs: Übergabe des Zepters und der Fahnenlanze durch den Kaiser und des Palliums durch den Papst. Emailscheibe auf der Dachfläche des zwischen 1160 und 1170 in Köln entstandenen St.-Heribert-Schreins. Köln, St. Heribert

Auch denjenigen, die später auf diese Jahrzehnte zurückblickten, erschienen sie meist als eine Blütezeit ihrer Kirche. Der Wormser Domscholaster Hermann rühmte um 1116 die Tugenden und Verdienste Bischof Burkhards (1025 gestorben): »Mochten auch mehrere Männer wunderbarer Heiligkeit ihm auf dem Wormser Stuhl vorangegangen sein, so war im Vergleich zu seinem Pflanzen und Aufbauen diese Kirche in geistlichen und in weltlichen Dingen vor ihm sozusagen gestaltlos. Dies bezeugen Klerus und Volk, in väterlicher Liebe erzogen, bezeugt die verschönerte und vergrößerte Stadt, bezeugt das mit Gütern und viel Besitz reich gemachte Bistum, bezeugen die Klöster und Stifte, die er äußerst dürftig vorfand und mit Schenkungen überreich ausstattete oder gänzlich neu errichtete. Die Satzungen des Kirchenrechts hat er mit großem Fleiß in einem klar abgefaßten Corpus zusammengetragen, dem Hörigenverband der Bischofskirche gab er ein eigenes, schriftlich fixiertes Recht. Kurz: Strahlend von allen Gütern hinterließ er selig die Wormser Kirche im Mittagsglanz.«

Das Urteil über die Bischöfe, die nach 1050 wirkten, ist meist zwiespältiger, gleichgültig ob es von Zeitgenossen oder rückschauenden Betrachtern formuliert wurde. Selbst eine so bewunderte Gestalt wie Gunther, der 1057 vom Kanzler des Königs zum Bischof von Bamberg promoviert wurde, trug Züge, die irritierten. An Geist und Bildung soll ihn unter seinesgleichen niemand übertroffen haben, und in der Ausübung der Religion erschien er als untadelig. Schönheit und Ebenmaß seiner Gestalt faszinierten die Menschen, und als er 1064 zusammen mit Erzbischof Siegfried von Mainz und den Bischöfen von Regensburg und Utrecht siebentausend Pilger nach Jerusalem führte, drängten überall, wo er Rast hielt, Menschenscharen in sein Gemach, um ihn zu sehen, und viele glaubten, es müsse der König selbst sein, der hier im Gewand eines Bischofs die Wallfahrt unternahm. Trotzdem können die Chroniken der Klöster Hersfeld und Niederaltaich ein gewisses Befremden über die Pilger, die in Gold und Seide gehüllt und mit einem Gefolge von Heeresstärke ins Heilige Land zogen, nicht unterdrücken. Die Reichtümer, die man zur Schau stellte, erweckten Habgier in den Gebieten, die man durchzog; die Pilger mußten sich der Überfälle erwehren, kurz vor Jerusalem noch in einer regelrechten Schlacht, obwohl sie eigentlich keine Waffen tragen und keine Gewalt anwenden durften. Was hier vielleicht nur als unangemessene Begleiterscheinung registriert wurde, zeigte sich an anderer Stelle deutlicher als ein Widerspruch, der sich aus der Entwicklung der bischöflichen Stellung zum Fürstentum ergab. Die Bischöfe erwarben für ihre Kirchen Herrschaftsrechte und Besitz, die diese reicher zu machen schienen, als sie es je waren – aber diese Politik verschlang mehr, als sie einbrachte, und für die Armenfürsorge blieb immer weniger übrig. Dem Kloster St. Trond spendeten, von den vielerlei anderen Gaben abgesehen, die Pilgermassen Woche für Woche so viel Geld, daß man manchmal mit dem Zählen nicht nachkam; dennoch war der Abt so sehr in Geldnot, daß er Stücke aus dem Kirchenschatz zerbrechen und einschmelzen ließ, weil ihn der Erwerb von Besitz und Burgen und seine Bautätigkeit mehr kosteten, als die Pilgergaben und die große Grundherrschaft abwarfen. Die »Erhöhung« der Kirchen und ihrer Prälaten hatte oft nicht mehr das rechte Verhältnis zu dem, was diese in ihrer eigentlichen Aufgabe leisteten.

Die königliche Kirchenherrschaft hatte aber noch eine zweite Voraussetzung. Dem Herrscher mußte es gelingen, bei der Vergabe der kirchlichen Ämter die Machtansprüche der Adelsfamilien auszutarieren, die mit ihm das Reich regierten. Sowohl auf der Ebene des Reiches als auch im lokalen Rahmen mußte den Interessen einzelner Großer und ihres Anhangs Rechnung getragen werden, ohne daß die königliche Politik insgesamt als die Begünstigung Einzelner gegenüber der Gesamtheit, als ständige Bevorzugung einer Partei erschien. Wenn dennoch bei der Besetzung der Reichskirchen die Position des Königtums durch die Erhebung dem König eng verbundener Männer gestärkt werden sollte, so kam alles auf Autorität und Umsicht des Herrschers an.

Die Verfügung über die Bistümer begann dem Königtum zu entgleiten, nachdem Anno von Köln 1062 den zwölfjährigen König durch den Anschlag von Kaiserswerth in seine Gewalt gebracht und damit die Regentschaft an Stelle der Kaiserin Agnes übernommen hatte. Anno hat seine Position sofort benutzt, um seinem Bruder das Erzbistum Magdeburg zu verschaffen, was dort als Gewaltakt empfunden, aber noch nicht mit Gewalt beantwortet wurde. Von den vier Bischöfen, die Heinrich IV. 1065 unter dem Einfluß Adalberts von Bremen ernannte, stießen drei in ihren Diözesen auf Widerstand. Als 1066 Adalbert aus seiner führenden Rolle am Hofe verdrängt wurde und Anno von Köln für kurze Zeit noch einmal zur Macht kam, wollte er gegen den Willen der Trierer dort seinen Neffen zum Bischof machen. Als dieser versuchte, seinen Erzstuhl mit Gewalt in Besitz zu nehmen, wurde er gefangengenommen und ermordet; die Gewalttat blieb ungerächt. Auch von den Bischöfen, die der junge König in den folgenden Jahren selbst erhob, konnten sich etliche in ihren Diözesen nicht durchsetzen, und der König ließ sie teilweise wieder fallen. Schon bevor der Investiturstreit begann, war die Verfügungsgewalt des Königs über die Bistümer praktisch eingeschränkt.

Dennoch hat man sie ihm noch nicht theoretisch bestritten. Mehrfach haben diejenigen, die sich erfolgreich einem Kandidaten des Königs widersetzten, dann einen anderen Vorschlag des Königs akzeptiert. Wo an den Papst appelliert worden war, verwies dieser den Fall zur Untersuchung und Entscheidung an Synoden des deutschen Episkopats. Der Protest richtete sich noch gegen die Vorgehensweise des Königs und gegen einzelne Kandidaten, nicht gegen das »System«. Doch es waren auch grundsätzlichere Fragen möglich, und sie wurden teilweise schon gestellt, bevor es zu solchen Konflikten kam. In der Kirche selbst schien vieles im argen zu liegen. Priester lebten im Konkubinat oder waren sogar verheiratet, Mönche und Nonnen brachen ihre Keuschheitsgelübde,

Laien kümmerten sich nicht um die kirchlichen Satzungen, die Ehen unter Verwandten bis zum siebten Grad verboten. Aber weder die Bischöfe noch der König stellten die Mißstände ab. War dies ein Wunder, wenn man sah, wie Bischöfe und Äbte zu ihrem Amt gelangten?

Gerade gegenüber einer solchen kirchlich-religiösen Kritik hing die Glaubwürdigkeit der königlichen Kirchenherrschaft entscheidend davon ab, ob der Herrscher selbst vor deren Maßstäben bestehen konnte. In den lothringischen Reformkreisen, in denen die ersten Zweifel an ihrer Rechtmäßigkeit geäußert wurden, hatte schon Heinrich III. Anstoß erregt. Seine Ehe mit Agnes von Poitou war nach der kirchenrechtlichen Auffassung der Zeit Inzest, weil beide eine gemeinsame Urgroßmutter hatten. Für streng gesinnte Männer wie den Abt Siegfried von Gorze war es keine Beruhigung, sondern ein Ärgernis, wenn 1043 bei der Verlobung in Besançon achtundzwanzig Bischöfe zugegen waren und wohl ebenso viele dann bei der Krönung der Königin in Mainz assistierten. Heinrich III. selbst war einer solchen Nahehe entsprossen, der Erzbischof von Mainz hatte deshalb seiner Mutter die Krönung verweigert – und nun beging der König, anstatt für seine Eltern Buße zu tun, unter den Augen des Episkopats die gleiche Sünde. War die Gefügigkeit der geistlichen Hirten vielleicht die Folge der königlichen Verfügungsgewalt über die Bistümer?

Die Einsetzung der Bischöfe durch den König wurde noch problematischer, als Kaiserin Agnes für Heinrich IV. die Regentschaft führte. In der kirchlichen Hierarchie war für Frauen kein Platz. Doch nun verlieh eine Frau dem künftigen Bischof Ring und Stab. An der römischen Kurie bezeichnete Humbert von Moyenmoutier dies schon 1057/58 als unhaltbar. Und über die Kandidaten entschied nicht der herrscherliche Stellvertreter Christi, über sie entschieden Berater, die versuchten, ihren Verwandten oder Günstlingen die fürstliche Macht und das hohe Einkommen der Bischofskirchen zuzuschanzen. Der junge Heinrich IV. galt als zügellos. Zu dem Anspruch, die Kirche zu lenken und die Bistümer zu vergeben, paßte dies nicht. Personelle Fehlentscheidungen mußten da als Bestätigung aller Vorbehalte wirken. Der St. Galler Mönch Adalbero, den er als Bruder Herzog Rudolfs von Schwaben zum Bischof von Worms erhob, war nicht nur gelähmt und unförmig dick, sondern wohl zur Ausübung seines Amtes überhaupt nicht in der Lage. Der Kandidat des Königs für das Bistum Speyer war fünfzehn Jahre alt, hatte also nicht das kanonisch vorgeschriebene Alter. Mehrere Bischöfe sollen ihr Amt durch teure Summen erkauft und dann versucht haben, das investierte Geld möglichst rasch aus ihrem Bistum herauszupressen. Gegen die Lebensführung anderer wurden schwere Vorwürfe erhoben.

Würden derartige Mißstände durch die Einflußnahme des Kaisers auch bei der Besetzung des päpstlichen Stuhles eintreten? Daß der Nachfolger Petri gewissermaßen wie ein Reichsbischof in die Reichskirche eingegliedert zu werden drohte, hatte die Bemühungen Heinrichs III. von Anfang an problematisch gemacht. Als

Clemens II. Ende 1047 starb und der abgesetzte Tuskulaner Benedikt IX. noch einmal vom Papstthron Besitz ergriff, beriet man nicht nur am deutschen Hofe über die Lage, sondern auch in Kreisen des französischen Episkopats. Ein Gutachten, das dafür erstellt wurde, verwarf zwar die Wiederanerkennung Benedikts IX. ebenso wie eine mögliche Wiedereinsetzung Gregors VI., wollte aber auch verhindern, daß der Kaiser erneut seinen Kandidaten auf den Papststuhl brachte. Scharf ging der Autor mit Heinrichs III. Vorgehen Ende 1046 ins Gericht, dem er jegliche Legitimation absprach. Der »gottverhaßte« Kaiser habe eine eigene Kreatur vor allem deshalb erhoben, weil Gregor VI. seine inzestuöse Ehe wohl niemals gebilligt hätte. Und er lobte die französischen Bischöfe, daß sie Anfang 1047 die von Papst und Kaiser nach Rom einberufene Synode nicht besuchten, weil sie dem, an dessen Erhebung sie nicht mitgewirkt hätten, auch keinen Gehorsam schuldig seien. Der höchste Bischof müsse von allen Bischöfen der Christenheit gewählt und könne nicht durch den Willen des Kaisers bestimmt werden. Wenngleich dieses Gutachten wohl keine größere Wirkung hatte, zeigt es ein grundsätzliches Problem auf. Weil der Bischof von Rom das Haupt der ganzen abendländischen Kirche war und durch die Wirksamkeit des Reformpapsttums nun überall als solches anerkannt wurde, konnte er nicht unter der Macht eines Kaisers stehen, den man außerhalb der Grenzen des Imperiums nicht als Herrn oder als den eigenen Königen übergeordnete Instanz anerkannte.

Schon bald nach dem Tod Heinrichs III. zerbrach im Imperium jene Gemeinsamkeit von Papsttum und Kaisertum, die 1046 begründet worden war. Die Regentschaft war nicht in der Lage, dem Reformkreis in Rom jenen Schutz zu gewähren, den er brauchte, um sich gegen die Ambitionen der stadtrömischen Adelsfamilien zu behaupten. 1057 war es ihm durch Überrumpelung der Gegenkräfte gelungen, mit Friedrich von Lothringen einen Mann aus seinen Reihen als Stephan IX. zum Papst zu machen. Der Konsens der Reichsregierung zur Erhebung dieses unter Heinrich III. umstrittenen Mannes hatte nicht eingeholt werden können. 1058 handelten die römischen Adelskreise schneller als die Reformer. Diese sahen sich gezwungen, im Machtbereich des Herzogs Gottfried von Niederlothringen und Tuszien dem in Rom erhobenen Benedikt X. einen zweiten Papst entgegenzustellen. Sie wählten den aus dem französischen Teil Burgunds stammenden Bischof von Florenz, der sich als Papst Nikolaus II. nannte.

Unter ihm wurde 1059 das Papstwahldekret beschlossen, das derartigen Wahlen eine Rechtsbasis geben sollte. Nach dem Tod des Papstes sollten zunächst die sieben Kardinalbischöfe über die Nachfolge beraten und dann die achtundzwanzig Kardinalpriester zur Wahl hinzuziehen. Der gemeinsame Vorschlag sollte den übrigen Kardinälen sowie dem Klerus und Volk von Rom zur Zustimmung vorgelegt werden. Ließen die Umstände eine reguläre Papstwahl in Rom nicht zu, so konnten die Kardinäle auch außerhalb Roms, notfalls sogar als eine Art Rumpfparlament, eine gültige Papstwahl vornehmen. Von zu respektierenden Rechten Heinrichs IV. ist dabei nur in allgemeiner Form die Rede. Doch für einen maßgeblichen Einfluß des Herrschers auf die Papstwahl, wie Heinrich III. ihn ausgeübt hatte, ließ dieses Verfahren keinen Raum mehr. Der »Senat« der römischen Kirche handelte stellvertretend für die lateinische Christenheit.

Noch im selben Jahr entzündete sich ein zusätzlicher Konflikt. Da weder die Reichsregierung noch Gottfried von Tuszien wirkliche Hilfe im Kampf gegen Benedikt X. leisteten, schloß Nikolaus II. ein Bündnis mit den bisher von Reformpäpsten und Kaisermacht gemeinsam bekämpften Normannen. Die Normannenfürsten nahmen die Gebiete, die sie in Unteritalien erobert hatten, vom Papst zu Lehen. Als dessen Vasallen verpflichteten sie sich zu treuer Hilfe und gelobten, im Falle einer strittigen Papstwahl die Partei im Kardinalkollegium zu unterstützen, die von den besseren Intentionen geleitet war und am ehesten gemäß den Zielen des Reformpapsttums entschied. Die Normannen hatten sich aber in langobardischen Fürstentümern etabliert, die bisher vom Imperium zu Lehen gingen. So war die Stellung des Kaisers nicht nur durch ihre Einbeziehung in die Papstwahl, sondern auch durch den Eingriff in Hoheitsrechte des Imperiums tangiert. Die Kaiserin Agnes und ihre Berater wollten nun den Papst in Schranken weisen: Sie weigerten sich, seinen Legaten zu empfangen, und erklärten päpstliche Entscheidungen für ungültig.

Als Nikolaus II. am 20. Juli 1061 starb, sahen die römischen Adelskreise die Chance, mit Unterstützung des Hofes den Einfluß auf das Papsttum zurückzugewinnen. Sie schickten an Heinrich IV. die Abzeichen der Patriciuswürde und erbaten die Nominierung eines neuen Hirten. Die Reformer dagegen erhoben am 30. September den Bischof Anselm von Lucca zum Nachfolger Petri und erzwangen am folgenden Tag mit normannischer Hilfe seine Inthronisation. Wohl in Kenntnis dieser Vorgänge machte eine Synode deutscher und italienischer Bischöfe, die die Kaiserin Agnes auf Ende Oktober nach Basel einberufen hatte, den Bischof Cadalus von Parma zum Papst. Damit hatte die Reichsregierung selbst ein Schisma gegen das Reformpapsttum geschaffen. Alexander II. wurde von den Normannen und von Gottfried von Tuszien gestützt. Vergeblich versuchte Cadalus, sich mit oberitalienischen Truppen gewaltsam den Zugang nach Rom zu verschaffen. Die Regentschaft für Heinrich IV., die in dieser Frage gespalten war, machte keinen ernsthaften Versuch, den in Basel erhobenen Honorius durchzusetzen. Eine Synode, die 1064 in Mantua unter dem Vorsitz des Erzbischofs Anno von Köln tagte, bestätigte Alexander II. vorläufig in seinem Amt; doch man ließ Honorius nicht definitiv fallen. Die Reichsregierung stand in gespanntem Verhältnis zu dem Papst, der sich in Rom durchsetzte und der außerhalb des Imperiums als der rechtmäßige Lenker der römischen und abendländischen Kirche angesehen wurde.

In dieser spannungsgeladenen Konstellation entwickelte sich aus Auseinandersetzungen um Einzelmaßnahmen und Einzelfragen von unterschiedlicher Tragweite allmählich der große Streit. Selbst den entschiedenen Reformern wurden die grundsätzlichen theologischen und ekklesiologischen Dimensionen der aufbrechenden Streitfragen erst allmählich bewußt. Doch als man die einzelnen Konfliktpunkte zusammensah und sie gewissermaßen als Aspekte eines einzigen großen Problemkomplexes begriff, stieß man auf bisher nie gestellte Fragen. Waren in der ottonisch-frühsalischen Zeit Prinzipien und Kompetenzen, welche man noch in der Karolingerzeit geschieden hatte, immer mehr verschmolzen, so ließ nun eine für das Mittelalter neuartige Radikalität des Denkens den Ruf nach einer Trennung von Kirche und Laienwelt laut werden, die weiter ging als alle bisherigen Unterscheidungen.

Diese Konflikte waren freilich in Entwicklungen eingebettet, die damals die gewohnten Lebensordnungen insgesamt veränderten. Diejenigen, die von der Notwendigkeit einer Reform überzeugt waren, riefen diesen Veränderungen ein »Zurück« entgegen: zurück zur Lehre Christi, zurück zu den Lebensformen der Urgemeinde, zur strengen Verwirklichung dessen, was in der Kirche als gültige Norm anerkannt war. Dieser Ruf fand breiten Widerhall. Er führte die lateinische Christenheit zusammen und entzweite sie zugleich. Wie konnte ein solches Zurück einer sich entfaltenden und differenzierenden Gesellschaft Gestalt geben? Ließen sich die Fragen der Zeit reduzieren auf die Aufgabe, die Kirche als die umfassende christliche Lebensgemeinschaft zu ordnen? Die Hochkirchen und ihre fürstlichen Oberhirten waren hineingezogen in einen Wandel der Herrschaftsorganisation, der damals auf allen Ebenen Konflikte in eine Gesellschaft trug, die sich als Ganze im Umbruch befand. Was unter religiös-kirchlichem Aspekt problematisch geworden war, ließ sich nicht aus diesem breiteren Kontext isolieren. Man hätte die Gesellschaft von Grund auf verändern müssen, um die Welt auf den jenseitigen Orientierungspunkt hin neu auszurichten.

Herrschaft und Volk

Die zunehmende Verflechtung von sakral verstandener Königsherrschaft und fürstlich werdender Bischofsgewalt, die man »das ottonisch-salische Reichskirchensystem« genannt hat, war eingebunden in einen Wandel der überkommenen Strukturen, der nicht nur das Verhältnis des Königs zu den Großen, der Adelsfamilien zu den geistlichen Fürsten erfaßte. Er veränderte den Status aller Gruppen und Schichten, auch das Beziehungsfeld zwischen den Hörigenverbänden der großen Grundherrschaften und ihrem fürstlichen Herrn, die Rechtsstellung bisher noch freier Bauern oder Stadtbewohner. Am Hofe der Fürsten und des Königs, im Herrschaftsdienst, in der grundherrlichen Verwaltung gelangten Familien zu Macht und Einfluß, die eigentlich selbst zu den Hörigen zählten, deren Auftreten aber schon bald manchen Herrschaftsträger in die Defensive drängte und deren Härte und Willkür sie oft als diejenigen erscheinen ließ, die das Volk am schlimmsten bedrückten.

Mit dem Aufstieg dieser Ministerialen erhielt das mittelalterliche Herrschaftssystem ein neues Gesicht. Sie schoben sich zwischen die Abhängigen und ihre adelig-fürstlichen Herren, die nach der bis dahin gültigen Auffassung den sozial Schwächeren nicht nur Schutz gewährten, sondern sie auch »ernährten«, indem sie ihnen Land und Arbeit gaben. In Waffen und wie herrische Adelige leicht zur Gewalt bereit, übten nun die Ministerialen, Untervögte, Meier, Verwalter gegenüber dem Volk meist die unmittelbare Herrschaft aus. Aber sie taten es nicht im eigenen Namen – wiewohl oft genug brutal und schamlos zum eigenen Vorteil – und waren nicht diejenigen, die den ihrer Gewalt Unterworfenen die Rechts- und Schutzgarantien boten, die allein Herrschaft legitimierten. So zeigt der Aufstieg der Ministerialität einen tiefgreifenden, konfliktträchtigen Wandel in der Beziehung zwischen Herrschenden und Beherrschten an. Das auf personalen Bindungen beruhende Verhältnis zwischen einem Mächtigen, das heißt einer Adelsfamilie oder dem Inhaber eines Bistums oder Klosters, und seinen Hörigen und Schutzbefohlenen begann sich allmählich in eine Ordnung zu verwandeln, in der sich Rechte der Herrschaft und Leistungspflichten der dieser Herrschaft Unterworfenen oder von ihrem Herrschaftsrecht Betroffenen gegenüberstanden. Die abgeleitete Zwangsgewalt der Ministerialen, die so oft als Unrecht erschien, wurde dabei zu einem tragenden Pfeiler des Herrschaftssystems. Aber parallel dazu objektivierte sich allmählich auch die personale Schutzgarantie. Man ging dazu über, Rechte der Herrschaftsträger und Verpflichtungen oder Berechtigungen der Beherrschten schriftlich zu fixieren. Dies geschah nicht zuletzt in der Absicht, die in der Herrschaftsorganisation neu hervortretenden Kräfte an dauerhafte Satzungen zu binden.

Alle diese Tendenzen gelangten in der Zeit Heinrichs IV. erstmals voll zur Wirkung. Die Ausbildung des »Reichskirchensystems« hat keine dieser Entwicklungen selbst ausgelöst, doch sie beschleunigte den Wandel und machte seine Auswirkungen in Bereichen sichtbar, wo feste, überkommene Leitbilder ein ethisches Defizit, die Diskrepanz zu geltenden Normen, augenfällig werden ließen. Die Zeitgenossen erfuhren den Umbruch als Störung der alten Ordnung, die sie für die gerechte hielten. Bischöfe und König verhielten sich anders, als es den Idealen entsprach. Die Gestalt des geistlichen Hirten nahm neue Züge an. Seit dem ausgehenden 10. Jahrhundert wird von Bischöfen berichtet, die die Hörigen der Kirche strenger behandelten als bisher und in ihren Grundherrschaften neue, höhere Abgaben forderten. Solche Aussagen sind um so ernster zu nehmen, als sie dem Leitbild des fürsorgenden Bischofs widersprachen, das durch die Lebensbeschreibungen vieler heiliger Bischöfe im Bewußtsein fest verankert war. Der Herrschaftsdruck nahm zu, in den Machtbereichen der geistlichen Fürsten ebenso wie in denen des Adels. Und auch die zur Schau getragene Haltung verstärkte das Gefühl einer neuartigen Unterdrückung.

»Seine Pfarrkinder behandelte er mit großer Härte, obwohl er sie doch hätte lieben und umsorgen müssen wie der Hirt seine Schafe«, schreibt Adam über Adalbert von Hamburg-Bremen, der von 1063 bis 1066 den bestimmenden Einfluß auf den jungen Heinrich IV. besaß. Die Aufsässigkeit, Zuchtlosigkeit und Unbelehrbarkeit seiner Diözesanen habe der Erzbischof brechen wollen. »Daher ließ er bei jeder Gelegenheit, wenn sich einer von ihnen vergangen hatte, den Schuldigen sofort einsperren oder seinen gesamten Besitz einziehen, und lachend versicherte er, leibliches Elend sei heilsam für die Seele, Güterverlust reinige von Vergehen. So kam es, daß auch seine obersten Verwalter, denen er selbst seine Stellvertretung anvertraut hatte, maßlos rafften und plagten.« Meinwerk von Paderborn soll, als Händler verkleidet, zu Bauernhäusern seiner Grundherrschaft gezogen sein; und wo er Gärten voller Unkraut sah, ließ er die Bauersfrau durch die Brennesseln und Dornen schleifen. Unter seinesgleichen galt Meinwerk als vorbildlicher Bischof und stand bei Heinrich II. und Konrad II. in höchster Gunst. Aber wie wirkte diese Form der »Erziehung« im Volk? »Im Eintreiben der Zinsen, die alljährlich gefordert werden, war er bekanntlich ungemein streng«, heißt es von Benno II. von Osnabrück. »Nicht selten zwang er die Bauern durch eine Tracht Prügel, ihre Schuldigkeit zu tun. Aber das wird ihm jeder verzeihen und wie er für eine dringend notwendige Maßnahme erachten, der die Menschen dieses Landes und ihr eingefleischtes Grundlaster, ihre Treulosigkeit und Verschlagenheit, selber ertragen muß.« Zwar betont der Abt von Iburg, der die Lebensbeschreibung des Bischofs verfaßte, wie mitleidvoll und mildtätig der Bischof gegen alle war, die sich unverschuldet in Not befanden. »Missetäter dagegen, Ehebrecher, Meineidige, Gotteslästerer, Sonn- und Feiertagsschänder wie alle, die kirchliche Gesetze übertreten und sich vor dem Synodalgericht strafbar gemacht hatten, rief er mit furchterregender Strenge zur Ordnung.« Die harten Strafen des weltlichen Gerichts habe er, wo es ging, abzumildern versucht, »allerdings nicht so, daß die Tat gänzlich ungestraft blieb und so zu neuen und vielleicht noch schlimmeren Untaten reizte«. Seinem Zorn ließ er stets freien Lauf, man wußte nicht, ob aus wirklicher Unbeherrschtheit oder in bewußter Demonstration – aber dadurch habe er seinen Untergebenen überall Ehrfurcht und Schrecken eingejagt. Der Wille zur Besserung und Disziplinierung des Volkes und brutal geübte Herrengewalt lagen eng beieinander.

Es wäre falsch, aus solchen Episoden zu schließen, das Unbehagen, das seit der Jahrhundertmitte immer deutlicher artikuliert wurde, gehe auf das menschliche Versagen einzelner Bischöfe zurück. Sieht man auf Bildungsstand und Lebensführung der Prälaten, auf die Aufbauleistung in ihren Diözesen und ihren Dienst

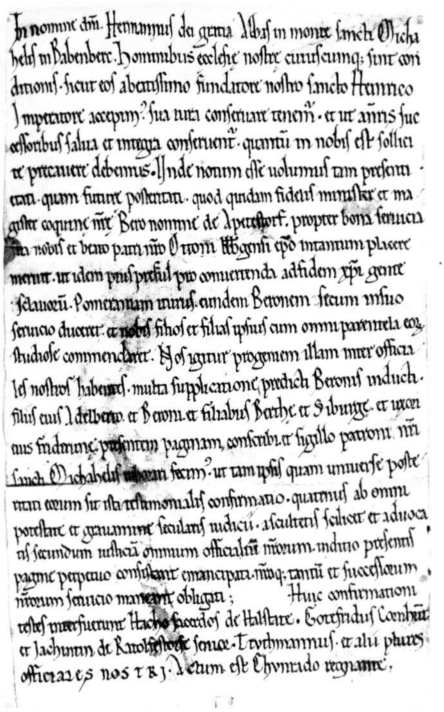
In nomine dn̄i. Hermannus dei gratia Abbas in monte sancti Micha
helis in Babenberc. Hominibus ecclesie nostre cuiuscumque sint con
ditionis. sicut eos a beatissimo fundatore nostro sancto Heinrico
Imperatore accepimus. sua iura conseruare tenemur. et ut annis suc
cessoribus salua et integra conseruentur. quantum in nobis est sollici
te precauere debemus. Unde notum esse uolumus tam presenti
etati. quam future posteritati. quod quidam fidelis ministerialis et ma
gister coquine nostre Bero nomine de Apetestorf. propter bona seruicia
sua nobis et beato patri nostro Ottoni Babenbergensi episcopo intantum placere
meruit. ut idem pius presul pro conuertenda ad fidem Christi gente
Sclauorum. Pomeraniam iturus. eundem Beronem secum in suo
seruicio duceret. et nobis filios et filias ipsius cum omni parentela eorum
studiose commendaret. Nos igitur progeniem illam inter officia
les nostros habentes. multa supplicatione predicti Beronis inducti.
filiis eius Adelberto. et Beroni. et filiabus Berthe et Siburge. et uxori
eius Friderune. presentem paginam conscribi. et sigillo patroni nostri
sancti Michahelis insigniri fecimus. ut tam ipsis quam uniuerse poste
ritati eorum sit ista testimonialis confirmatio. quatenus ab omni
potestate et grauamine secularis iudicii. a sculteti scilicet et aduoca
ti secundum iusticiam omnium officialium nostrorum. iudicio presentis
pagine perpetuo consistant emancipati. nostroque tantum et successorum
nostrorum seruicio maneant obligati; Huic confirmationi
testes interfuerunt Hacho sacerdos de Halstate. Gotefridus Cornhut
et Iachuntin de Ratolfestorf senior. Tuthmannus. et alii plures
officiales nostri. Actum est Chunrado regnante.

Aufnahme der Familie des Küchenmeisters Bero von Abtsdorf als Ministeriale durch Abt Hermann von Michelsberg zu Bamberg im Zuge seiner Fürsorge für die Teilnehmer an den Missionsreisen des Bischofs Otto von Bamberg nach Pommern. Urkunde aus dem Jahr 1139 in einer Abschrift von 1147. München, Bayerisches Hauptstaatsarchiv. – Erzbischof Eberhard I. von Salzburg mit Pastorale und Evangelienbuch, den Zeichen für Hirten- und Lehramt. Messingtypar, vor 1164. Salzburg, Museum Carolino Augusteum

König, Ritter, Bischof. Schachfiguren, Walroßzahnschnitzerei skandinavischer Herkunft, um 1200. London, British Museum. – Bauern bei der Feldarbeit: beim Pflügen mit einem vom Maulesel gezogenen dreiteiligen Räderpflug, beim Säen und beim Eggen mit einem Pferdegespann. Aus dem vor 1082 im Auftrag des Bischofs Odo von Bayeux mehrfarbig gestickten Wollteppich, einem bildlichen »Protokoll« der normannischen Eroberung Englands. Bayeux, Kathedrale am Reichsganzen, auf die Sorge für die Domschulen, das Mönchtum und das kirchliche Leben überhaupt, so kann man dem Episkopat zur Zeit der ersten Salier ein hohes Niveau zuerkennen, und er war in vielen Diözesen durch eindrucksvolle Gestalten vertreten. Die geistlichen Hirten rechtfertigten das herrische Gebaren aus ihrer Pflicht zur Belehrung und Erziehung des Volkes und aus der Verantwortung gegenüber ihrer Kirche. Die Bischöfe wollten in der Verwaltung der ihnen anvertrauten Kirche als gute Arbeiter im Weinberg des Herrn wirken, wollten mit dem ihnen überlassenen Pfund wuchern. Im Licht der biblischen Gleichnisse erschien ihnen die Vermehrung des Kirchengutes als wesentlicher Teil ihrer Amtspflicht. Das Engagement im Erwerb von Herrschaftsrechten und Besitztümern und in deren Verwaltung war nur Teil eines weiteren Bemühens, das etwa dem Kirchenbau ebenso gelten mußte wie der Ausgestaltung des Kirchengesangs. Von einer Verweltlichung der Kirche glaubte man gerade wegzustreben. So wurde der Aufstieg der Ministerialen und Meier in den kirchlichen Herrschaften gerade dadurch gefördert, daß man die Geistlichen und Mönche aus der Außenverwaltung des Kirchengutes, der einzelnen Grundherrschaften und Fronhöfe, herauszog, weil eine solche Tätigkeit nicht der geistlichen Aufgabe ihres Standes entsprach.

Dieses umfassende Bemühen, das man im Sinne der königlich-bischöflichen Kirchenlenkung als Reform bezeichnen kann, verband sich mit dem Willen zu verbessernder Umgestaltung der vorgefundenen Lebensbedingungen. Was sein Vorgänger zwanzig Jahre zuvor noch als »Salzwüste« bezeichnet hatte, sollte sich nach dem Willen Adalberts von Bremen künftig als Kulturland mit Gärten und Weinbergen darbieten. Benno von Osnabrück hatte sich – nicht aus der Praxis, sondern durch Studium – ein stupendes Wissen in allen Fragen der Landwirtschaft erworben, ob es nun um die richtige Anlage der Gebäude, um Rinder- oder Schafzucht, um die Aussaat oder andere Probleme des Landbaus ging. Wege, die bis dahin nicht einmal in nassen Sommern passierbar waren, ließ er durch das Ausheben von Straßengräben und Verbessern des Belags selbst für den Winter benutzbar machen. Die Strenge in der »Erziehung« des Volkes und dieser Wille zur Neu- und Umgestaltung gehörten zusammen. Dabei darf man den religiösen Aspekt nicht übersehen, unter dem dies alles im 11. Jahrhundert stand. Die Herrschenden suchten zwar ihren Vorteil, aber sie waren überzeugt, zugleich für eine Ordnung zu wirken, die allein Gott den Menschen gegeben hatte.

Ein gewandeltes Verständnis von der menschlichen Gesellschaft, das sich im Zuge dieser Entwicklungen Bahn brach, bestärkte sie in ihrer Haltung. Bis zum 10. Jahrhundert unterschied man unter den Menschen Mächtige, herausgehoben durch Reichtum und Waffengewalt, und Arme, worunter man alle verstand, die sich nicht selbst gegen die Gewaltigen schützen konnten. Obwohl die Vorstellung einer übergreifenden Rechtsordnung nicht fehlte, die der König sichern

Der Grundbesitz der Reichsabtei Prüm und seine Verdichtung im Hochmittelalter (nach Schwab)

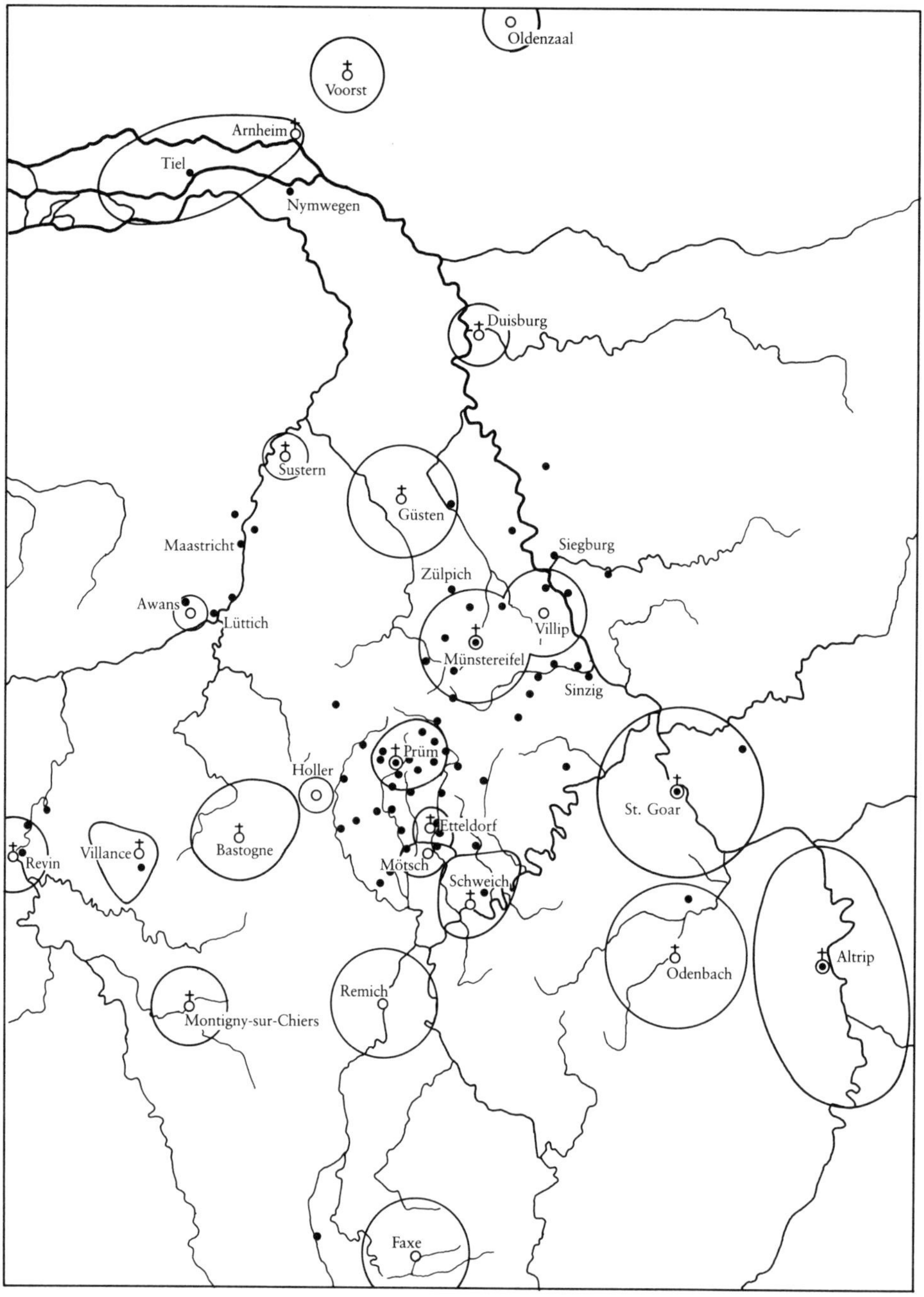

Grundherrschaftliche Organisation 893

- Hauptzentrum
- Lokales Zentrum mit Kirche
- Lokales Zentrum
- Einzugsbereiche der Zentren
- Orte, die 1222 zusätzlich genannt werden

oder, wo sie durch Streit gestört war, immer wieder neu herstellen sollte, setzte sich die Gesellschaft gewissermaßen aus einzelnen Gruppen zusammen, die sich um die Mächtigen scharten. In diesen Gruppen beruhten Leistung und Gegenleistung auf personalen Verpflichtungen, die in der Gewohnheit verankert waren. Was man als übergreifende Rechtsordnung bezeichnen kann, bestand mehr aus subjektiven Rechten, deren Verletzung Rache oder eine Entschädigung erheischte, als aus einem System objektiver Normen, deren Mißachtung an sich verwerflich war.

Seit der Jahrtausendwende begann ein neues Gesellschaftsbild diesen Vorstellungskomplex zu überlagern. Als Bischof Gerhard von Cambrai 1023 und 1034 Gottesfriedensbünde in seiner Diözese ablehnte, soll er öffentlich dargelegt haben, daß das »Haus Gottes«, die christliche Gesellschaft, in drei Ständen geordnet sei: Den »Betern« – Bischöfen, Geistlichen und Mönchen – oblag die Sorge für das Seelenheil und die Belehrung der Menschen; die »Kämpfer« – König, Fürsten und Adel – hatten den Frieden unter den Menschen zu wahren und das Reich zu schützen; die »Bauern« einschließlich der Händler, bisher als die von den Mächtigen »Ernährten« betrachtet, trugen mit ihrer Arbeit das Leben der ganzen Gesellschaft. Nur im Zusammenwirken aller konnte das Ganze Bestand haben. Deshalb war es notwendig, daß jeder an seinem Ort und in seinem Stand seine Aufgabe erfüllte. Auch andere »Gesellschaftsmodelle« wurden während des 11. Jahrhunderts in Deutschland propagiert. Alle waren gespeist aus kirchlicher Tradition, aus Gesellschaftslehren der Kirchenväter oder aus karolingischen Denkansätzen und wurden aus biblischen Vorbildern legitimiert. Übereinstimmend gingen sie von einem Ganzen aus, dem alle, auch die unteren Schichten, jeweils durch eine spezifische Funktion dienten. Diese Vorstellung war im mittelalterlichen Abendland neu. Sie konnte die Strenge rechtfertigen, mit der die Oberen ihre Untergebenen zur Erfüllung der Pflichten anhielten. Und sie ließ, wie die Bischofsviten klar zeigen, Verstöße gegen die Ordnung als Ausdruck der Bosheit, Verstocktheit und Gottlosigkeit erscheinen, die deswegen eine Züchtigung verlangten. Das neue Verständnis der menschlichen Gesellschaft und das zugehörige Verhalten der Herrschenden bereiteten einen grundsätzlichen Wandel im Rechts- und Strafsystem vor, der in den Jahrzehnten um 1100 zum Durchbruch kommen sollte.

Im Volk mußte die neuartige Strenge und Unerbittlichkeit der Herrschenden um so mehr empören, als sich eine Zunahme der Belastung vor allem aus neuen Forderungen ergab, die die Betroffenen für unberechtigt hielten. Die normalen Zinse und Dienste, die ein Bauer dem Grundherrn für den genutzten Hof leisten mußte, steigerten sich nicht. Sie waren gewohnheitsrechtlich fixiert. Allenfalls wandelte man damals Naturalabgaben oder Arbeitsleistungen teilweise in Geldzinse um, die in festen Pfennigbeträgen erhoben wurden. Mit der raschen Münzverschlechterung im 11. Jahrhundert verloren sie an realem Wert, so daß sich die Belastung der Bauern in diesem Bereich sogar verringern konnte. Die Bedrückung ergab sich aus Leistungen für den Bau von Kirchen oder von Burgen, für den Unterhalt der Burgbesatzungen oder für die herrschaftliche Hofhaltung, aus Beiträgen anläßlich der Heerfahrt des Fürsten oder adeligen Herrn, aus Abgaben für die Nutzung von Wasser, Weide und Wald, die bis dahin weitgehend frei war, oder aus Heirats- und Todfallabgaben, die auch da gefordert wurden, wo eine sachliche Berechtigung kaum erkennbar war.

Ein Beispiel für die Situation: Die Bauern von Wohlen im Aargau, von denen eine Chronik des Klosters Muri berichtet, waren ursprünglich freie Leute. Sie hatten aber einem in der Gegend mächtigen Großen ihren Besitz übergeben und ihn dann zur Bebauung gegen einen vereinbarten Zins von ihm als Leihegut zurückgenommen. Auf diese Weise wollten sie den Schutz des Adeligen gewinnen. Der verlangte jedoch von ihnen zunächst bei besonderen Gelegenheiten zusätzliche Leistungen, dann regelmäßige Frondienste beim Schneiden und Einbringen des Heus und einen jährlichen Zins von einem oder zwei Hühnern für die Waldnutzung. Als Heinrich III. nach Solothurn kam, wollten die Bauern vor ihm Klage führen, wurden aber von den Hofleuten nicht vorgelassen. Damit waren sie in einen Status hinabgedrückt, den sie als Hörigkeit empfanden. Der Adelige hatte für seine Forderung eine wirtschaftliche Rechtfertigung: Während die armseligen Bauerngütchen für ihn nichts abwarfen, brachen die Bauern »sein« Land um und zerstörten »seine« Wälder. Der Ertrag der Grundrente nahm ab, und die neuen Abgaben sollten ihm Anteil an dem Zugewinn verschaffen, der durch intensivere Nutzung bisheriger Landreserven erzielt wurde.

Was in Wohlen geschah, spiegelt eine allgemeine Entwicklung, die ihre Ursache in der Unzulänglichkeit der Mittel hatte, mit welchen der König seinen Aufgaben gerecht werden sollte. Die Schwachen brauchten einen nahen und wirksamen Schutz. Durch die Beteiligung an der Herrschaft des Königs wurden den geistlichen Hirten, die durch ihre Weihe dem von Gott eingesetzten König besonders nahestanden, Aufgaben des Königtums übertragen, das man selbst als religiöses Amt verstand. Die Stellung des Bischofs am Hof garantierte, daß ein Unrecht, das einem seiner Schutzbefohlenen angetan wurde, rasch vor den König kam. Den Hörigen von St. Trond, das nicht einmal Königskloster war, habe nirgends im Reich jemand auch nur ein Haar zu krümmen gewagt, weil der Bischof von Metz, dem die Abtei gehörte, am Hofe eine gewichtige Position einnahm. Deshalb wurden damals in den Städten immer mehr Menschen freiwillig Zinspflichtige und damit Schutzbefohlene der Bischofskirche oder einer großen Abtei. Der zunehmende Fernhandel profitierte von derartigen Garantien, und er profitierte auch davon, daß man seit dem 11. Jahrhundert Brücken zu bauen und die Straßen zu verbessern und zu sichern begann.

Doch die Entwicklung hatte auch schwerwiegende Beeinträchtigungen für die Beherrschten zur Folge. Der Kaufmann mußte hinnehmen, daß neue Zollstellen errichtet wurden oder ihm gegen Bezahlung das schützende Geleit des in der Gegend mächtigen Herrn aufgezwungen wurde. Wer schutzsuchend seine Freiheit aufgegeben hatte, mußte erfahren, daß von ihm plötzlich nicht nur der vereinbarte Kopfzins gefordert wurde. Er gehörte nun zur »Familia«, zum Hörigenverband des Herrn. Leicht konnte es geschehen, daß man auch von ihm nahm, was man von Hörigen gewöhnlich erhielt. Starb er, gehörte des beste Stück Vieh oder das beste Gewand dem Herrn. Nahm der Mann eine Frau, die einen anderen Leibherrn hatte, was bei der zunehmenden Mobilität in den wachsenden Städten immer häufiger vorkam, so war eine Heiratsabgabe fällig – falls die Ehe nicht, was rechtlich möglich war, zwangsweise geschieden wurde. Starb der Mann aus einer solchen Ehe, nahm dessen Herr seinen Hinterbliebenen zwei Drittel des Vermögens. Das hatte in der ländlichen Gesellschaft eine alte Grundlage. Der Mann brachte zur Ernährung seiner Familie Boden mit, der seinem Leibherrn gehörte und diesem erhalten bleiben sollte; seine Witwe dagegen fiel mit den Kindern an ihren Herrn. Doch auch in der Stadt, wo Kaufleute und Handwerker ihr Vermögen durch ihre Arbeit erwirtschafteten, wurden bei Ehen mit »Ungenossen« der Witwe und ihren Kindern zwei Drittel des Vermögens entzogen, das der Mann hinterlassen hatte.

So wuchsen mit der Intensivierung und lokalen Verdichtung der Herrschaftsorganisation Belastung und Bedrückung der Bevölkerung. Vielfach entbehrten die neuen Forderungen nicht ganz eines Rechtsgrundes. Von alters her trug das Volk zur Errichtung und Verproviantierung der Fluchtburgen bei, in denen es – mit seiner Habe und möglichst sogar mit seinem Vieh – bei Gefahr Schutz finden sollte. Doch nun wurden in großer Zahl neuartige Burgen errichtet, steinerne Bauten lediglich für Herren und ihr kriegerisches Gefolge. Angeblich dienten auch diese Burgen dem Schutz des Friedens; aber sie waren Herrschaftsmittelpunkte mit ständigen Besatzungen, die Abgaben eintrieben und das bäuerliche Leben reglementierten. Die Belastung durch die herkömmliche Mithilfe beim Kirchenbau übertraf alles bisher Gewohnte. Der frühere Wohlstand habe sich in Armut verwandelt, und die alte Fröhlichkeit sei einer äußerst gedrückten Stimmung gewichen – so wurden für Eichstätt die Auswirkungen der bischöflichen Bauwut beschrieben. Seine Diözese Hamburg-Bremen soll Erzbischof Adalbert durch seine Bautätigkeit zugrunde gerichtet haben. Nicht nur die Burgen, auch die Propsteien seien »Schlupfwinkel für Räuberbanden« geworden, die, mit den Pröpsten an der Spitze, das Volk mit ihren ungewohnten Forderungen aussaugten und piesackten. Adalberts Engagement im Reichsdienst habe schwer auf den Hörigen der Bremer Kirche gelastet; der Markt von Bremen sei an den Rand des Ruins gebracht worden, weil die fremden Kaufleute ihn wegen der hohen Abgaben und der Härte der bischöflichen Beamten mieden. Die »Aufsässigkeit« des Volkes in Adalberts Diözese war nicht zuletzt eine Auflehnung gegen die bischöflichen Herrschaftsmethoden.

Es paßt zu den Angaben über eine gedrückte Stimmung, die im Volk herrschte, wenn gerade im späteren 11. Jahrhundert Chronisten entsetzt von einzelnen Gewaltakten gegen Herrschaftsträger oder ihre Helfer berichten. Meist waren dies spontane Reaktionen auf Einzelmaßnahmen oder gegen Einzelpersonen. Aber auch als isolierte Ereignisse sind sie Indizien für Spannungen in der Gesellschaft, die sich gewaltsam entladen konnten. Als Erzbischof Anno 1074 das schon mit Waren beladene, zum Auslaufen bereite Schiff eines Kölner Kaufmanns requirierte, um den Bischof Friedrich von Münster rheinabwärts bringen zu lassen, löste dies in der Stadt einen Aufstand aus, der den Erzbischof zur Flucht zwang und dessen Herrschaft über die Stadt vorübergehend aufhob. Und als die von der königlichen Burgenpolitik und von den Zehntforderungen der Bischöfe betroffenen Bauern in Sachsen und Thüringen sich der Adelsopposition anschlossen, war das Königtum des jungen Heinrich IV. dort ernsthaft in Frage gestellt.

Daß die Veränderungen der Herrschaftsorganisation mit dem Bevölkerungswachstum und seinen Auswirkungen zusammengesehen werden müssen, zeigt sich etwa an den Einschränkungen der Nutzung von Weide und Wald, von der die bäuerliche Bevölkerung besonders betroffen war. Unbebautes Land, wozu vor allem die noch ausgedehnten Wälder gehörten, stand ursprünglich in der Verfügungsgewalt des Königs; doch es war allgemeiner Nutzung nur dort entzogen, wo man einen herrschaftlichen Forst ausgegrenzt und ausschließlich für den König oder eine Kirche oder eine Adelsfamilie reserviert hatte. Die den Dorf- oder Markgenossen gehörenden Gemeinländereien gingen oft ohne eindeutige Grenze in das Wildland über. Zurodung durch einzelne Bauern als allmählicher Vorgang wurde wohl weitgehend toleriert. Damit war es im 11. Jahrhundert vorbei, als eine wachsende Bevölkerung den Wald für Viehweide, Schweinemast und Stallstreu und vor allem durch Holzschlag immer intensiver auszubeuten und ihn durch den Gewinn neuen Ackerlandes zu verkleinern begann.

Ein guter Indikator für diese Entwicklung ist die Welle königlicher Wildbann- und Forstverleihungen, die gegen die Jahrtausendwende rasch anstieg und sich gegen Ende des 11. Jahrhunderts verlief. Große, noch zusammenhängende Waldgebiete wurden dadurch einer Aufsicht unterstellt, daß der König einem Bistum, einem Kloster oder einem Adeligen den Wildbann übergab. Dieser entzog das Waldgebiet nicht grundsätzlich dem Gebrauch der Anwohner. Dem Herrn reservierte er nur die Jagd auf Hochwild. Daraus resultierte aber ein Aufsichtsrecht über alles, was im Bereich des Wildbanns die Natur veränderte oder der allgemeinen Nutzung offenstand. Die Förster des Herrn überwachten den Wald, sorgten für die Einhaltung von Nutzungsregelungen und -einschränkungen, erhoben entsprechende Abgaben oder Bußgelder für Verstöße und Waldfrevel. Rodungen mußten vom Herrn genehmigt werden. Der Wildbann erstreckte sich meist nicht nur auf das geschlossene Waldgebiet, sondern erfaßte auch genutztes Land an seinen Rändern und in seinem Innern. Bei der Wildbannverleihung war deshalb die Zustimmung der nutzungsberechtigten Anwohner vonnöten; die Salier hoben sie in den Privilegien auch hervor. Daraus darf man wohl schließen, daß die intensivere Aufsicht und Reglementierung in gewissem Umfang sogar von der betroffenen Bevölkerung als notwendig empfunden wurde. Wenn die königlichen Wildbannverleihungen nach etwa 1080 kaum noch eine Rolle spielten, so lag dies daran, daß nun Fürsten und Adel überall in ihrem Machtbereich Aufsicht und Verfügungsgewalt über die noch ungenutzten Wald- und Wildlandflächen gewannen, während die Könige das, was ihnen verblieben war, zu eigener Territorialherrschaft auszubauen versuchten. Die Forsthoheit, die sich daraus entwickelte, ist in Deutschland zu einer wichtigen Grundlage der späteren Landesherrschaft geworden.

Solche Beschränkungen haben die bäuerliche Bevölkerung unmittelbar getroffen und die Herrschaftsstellung des Adels oder der geistlichen Fürsten verstärkt. Die Bauern im aargauischen Wohlen mußten etwa seit 1040 für die Nutzung eines bestimmten Waldes ihrem Herrn Zins entrichten; damit erkannten sie wohl seine Gerichtsbarkeit in Fragen der Waldnutzung an. Im nordwestlichen Teil des Teutoburger Waldes mästeten die Bauern ihre Schweine in den Wäldern und trugen um 1070 bei einer besonders reichen Eichelernte die Früchte sackweise nach Hause. Der Bischof von Osnabrück betrachtete einen großen Wald als Besitz seiner Kirche. Doch die Bauern vertrieben den bischöflichen Verwalter, der sie mit Waffengewalt am Betreten hindern wollte. Sie waren der Meinung, daß ihnen hier ihr altes Recht der Waldnutzung entzogen werde. Die ritterlichen Vasallen und Ministerialen am Bischofshof wollten gegen die aufsässigen Bauern sofort losschlagen, doch der Bischof zog es vor, sie zunächst durch den Kirchenbann gefügiger zu machen. Mit einem juristischen Trick setzte er sich in eine günstige Beweisposition, und sein Vogt umritt, gefolgt von den Bauern und der bischöflichen Partei, das Waldstück, das fortan als »Sundern« allein der bischöflichen Nutzung vorbehalten sein sollte. Der Bischof ließ den ihm zugesprochenen Berg abholzen und errichtete darauf eine Burg und das Kloster Iburg. Die Stimmung der Bauern blieb weiterhin feindlich. Noch rabiater wurden Bauern im Schwarzwald. Sie warfen dem Abt des neugegründeten Klosters St. Georgen vor, daß Leute, »die vom Raub lebten«, keine Mönche seien, Leute, die sich ein Gebiet aneigneten, das bisher allen gehört habe. Die Meere und Länder der Erde würden nicht ausreichen, um die Unersättlichkeit der Mönche zu stillen, die noch das letzte Stückchen Wald oder Busch an sich rissen, das übriggeblieben sei. Wieder ging es um einen Wald, der zur Gründung des Klosters gerodet worden war. Schließlich bewaffneten die Bauern sich mit Spießen und Stangen, um das Kloster zu überfallen. Der schwäbische Herzog schlug den Aufruhr nieder (zwischen 1092 und 1096). Bei einem zweiten Anlauf gelang es dann dem Abt, bei den Bauern einen völligen Sinneswandel herbeizuführen und sie zu Freunden der Mönche zu machen.

Formal gesehen war bei diesen Streitigkeiten keine Partei voll im Recht. Der Bischof von Osnabrück warf den westfälischen Bauern vor, sie wollten das Eigentum seiner Kirche in ihren Gemeinbesitz überführen; umgekehrt behaupteten die Schwarzwälder, die Mönche hätten Gemeineigentum in ihren Besitz genommen. Der Adelige im Aargau merkte, wie sein Wald an Wert verlor, ohne daß er eine Gegenleistung erhielt; doch die Bauern sahen sich durch seine Forderung eines Rechtes beraubt, das ihre Vorfahren, wie sie meinten, stets besessen hatten. Die freie Nutzung von Wald und Weide war ein subjektives Recht, das die süddeutschen Bauern ebenso wie die norddeutschen durch ihren Status und die Zugehörigkeit zu einer Siedlungsgemeinschaft beanspruchen konnten. Sie dehnten dieses Recht aber auf Objekte aus, die von ihm früher kaum in nennenswertem Umfang tangiert wurden. Die Fürsten und Adeligen beriefen sich auf ein Eigentumsrecht, das letztlich in einem Vorbehalt zugunsten des Königs wurzelte, das aber ursprünglich kaum mit den bäuerlichen Nutzungsansprüchen kollidierte und deshalb nie wirklich gegen sie abgewogen worden war. Auf altes Recht und Herkommen konnten beide Seiten verweisen.

In einer solchen Situation lag im Rechtsverfahren, das den Streit klären sollte, bereits eine Vorentscheidung in der Sache. Die Bauern um die Iburg wollten »ihre Nutzungsberechtigung durch Eid verteidigen nach dem herkömmlichen gemeinen Recht dieses Landes«. Ihr altes, in Gewohnheit und mündlicher Tradition wurzelndes Rechtsverständnis ließ eine Unterscheidung zwischen Gewohnheit und Rechtsordnung, zwischen formalem und geübtem Recht nicht zu. Was als altes Recht galt, paßte sich den allmählichen Veränderungen in der Lebensgemeinschaft an. Hätten sie beschwören dürfen, daß sie den Wald seit drei oder vier Jahrzehnten ungehindert nutzten, so hätten sie nach dieser Auffassung auch ihr altes Recht bewiesen, das niemand verändern durfte. Der Bischof setzte aber sein Privilegienrecht dagegen: Das Gelände gehöre aufgrund älterer Verfügung zu seinem Hof Dissen, und deshalb habe sein Vogt unter Eid die Grenzen des Gebietes zu bezeichnen, das Eigentum der Osnabrücker Kirche sei. Dem nie aufgezeichneten, sich langsam wandelnden und doch als alt und unveränderlich verstandenen Gewohnheitsrecht der Bauern wurde ein einmal fixierter Rechtszustand, ein auf Privileg gegründetes Besitzrecht der Kirche, entgegengehalten und erwies sich nun als ein besseres, weil älteres Recht.

Wie damals ein neues Rechtsverständnis in die überlieferten Gewohnheiten einbrach, zeigt sich noch deutlicher in den Zehntstreitigkeiten, die in Thüringen, Ostsachsen und Westfalen ausgetragen wurden. Aufgrund von Verfügungen, die bis in die Missionszeit zurückreichten, flossen die Zehnten von Kirchen, die den Klöstern Fulda, Hersfeld, Corvey, Herford und anderen Grundherren gehörten, nicht der Bischofskirche, sondern den Eigenkirchenherren selbst zu. Als Heinrich IV. ohnehin im Streit mit den Sachsen und Thüringern lag, hielt der Erzbischof von Mainz die Zeit für günstig, um seiner Kirche alle Zehnten in seinem Diözesansprengel zu sichern. Das betraf in erster Linie die Eigenkirchenherren, insbesondere die großen Abteien. Doch die zehntpflichtigen Bauern waren insofern mitbetroffen, als sie bisher wohl nur eine gewohnheitsmäßige Abgabe entrichteten, die vielleicht nie den zehnten Teil ihres Ertrags ausgemacht hatte und ihm bei der gesteigerten landwirtschaftlichen Produktivität längst nicht mehr entsprach. Auch dies drohte sich bei einer Umstellung zu ändern. Auf einer Synode, die 1073 in Erfurt über die Forderung des Erzbischofs entscheiden sollte, »erschien der König, erschien der Erzbischof, beide begleitet von einer großen Schar Gelehrter, richtiger: Sophisten, die sie aus verschiedenen Orten mit großem Eifer zusammengeholt hatten, damit sie ihnen die kanonischen Satzungen nicht nach ihrem richtigen Sinn, sondern nach dem Wunsche des Erzbischofs auslegten und seinen Anspruch durch sophistische Beweise erhärteten, weil es keine echten gab«, schrieb dazu der Hersfelder Mönch Lampert. Allgemeine Normen des Kirchenrechts, alte kanonische Satzungen wurden nicht nur gegen jahrhundertealte Gewohnheiten auch der kirchlichen Rechtspraxis gekehrt, sondern ebenso gegen Privilegien der Kirchen, die zum Teil auf Karl den Großen zurückgingen. Vom König unter Druck gesetzt, der jeden Appellationsversuch an den Papst durch massive Drohungen unterband, willigten die Äbte von Hersfeld und Fulda schließlich in den kirchenrechtlich zulässigen Kompromiß ein: in die Teilung der Zehnten. Damit waren die Thüringer unterlegen, die auf Ansehen, Macht und Redegewandtheit der Äbte gehofft hatten.

Daß hier neuartige Rechtsprinzipien vertreten wurden, deren Durchsetzung Widerstände hervorrufen mußte, war den Akteuren deutlich bewußt. Auch Benno II. von Osnabrück hatte, als er sich 1077 auf einer Synode in Worms alle Zehnten seiner Diözese zusprechen ließ, keinen anderen Rechtsgrund in der Hand als den Hinweis auf die Verfügungsgewalt und allgemeine Gewohnheit aller Kirchen und Bischöfe, auf ein »offenkundiges Recht«, dessen Nichtbeachtung eine Beraubung seiner Kirche darstelle. Benno hoffte mit seinem Anliegen durchzudringen, als er von den Gegnern Heinrichs IV. aus seinem Bistum vertrieben war. Nun mußte der König seine Treue belohnen, mußte ihm für seinen zeitweiligen Verzicht auf das Leben als Kirchenfürst wenigstens einen künftigen Lohn in Aussicht stellen; und umgekehrt waren seine Gegner auch die des Königs, der deshalb an ihrer Schädigung interessiert sein müsse. Für Heinrich IV., der zögerte und sich vorbehielt, das Synodalurteil gegebenenfalls zu verwerfen, hatte der Bischof noch ein zusätzliches Argument: »Da der König wegen seiner Sünden von Gott schon so großem Unglück überlassen zu sein schien, mußte er doch alles daransetzen, um durch gerechtes Richten die Höchste Gerechtigkeit wieder zu versöhnen, die er durch ungezähltes Unrecht, vor allem durch Vernachlässigung der Rechtsprechung, fast zu jeder Zeit seines

Lebens beleidigt hatte.« Um die alten Kaiserurkunden der Gegner zu entwerten, fälschte man in der Umgebung des Bischofs eine ganze Serie von Privilegien, die sein Recht als das ältere und damit höhere erwiesen. Benno erhielt schließlich die Zehnten zugesprochen. Doch konnten die Gegner eine solche Verbindung von Rechtserneuerung, die Privilegien von berühmten Kaisern und Königen annullierte, und Parteiverfahren anders auffassen denn als ein schreiendes Unrecht, das König und Bischöfe ihnen antaten?

Es war ein Merkmal der Zeit, daß in all den Veränderungen fast jeder glaubte, sein altes Recht wiederherstellen und durchsetzen zu müssen, und dabei Dinge beanspruchte, die seine Vorgänger und er nie besessen hatten. Adalbert von Hamburg-Bremen wollte seiner Kirche die »Freiheit« zurückgewinnen, die sie unter Erzbischof Adaldag (937–988) genossen habe. Gewiß, die Herrschaft der Herzöge und Markgrafen, durch die er seine Kirche bedrängt sah, hatte es damals in dieser Form noch nicht gegeben. Doch die Hamburger Kirche hatte im 10. Jahrhundert auch keine Grafschaften besessen, wie Adalbert sie zum Ärger und Nachteil dieser Adelsfamilien erwarb, denen sie dann teilweise als bischöfliche Lehen wieder überlassen wurden. Mit Hilfe von Burgen, wie Adalbert sie zur Sicherung seiner Macht errichten ließ, hatte Adaldag das Land nicht beherrscht; und deshalb schuf sich beispielsweise in Hamburg der billungische Herzog gegenüber Erzbischof Bezelins neuem Turmhaus sofort seine eigene Burg, um die Macht an diesem Platz nicht ganz an seinen geistlichen Konkurrenten zu verlieren. Der Rangstreit und Machtkampf der Großen erhielt durch neue Anlässe zusätzliche Nahrung, und die Gegensätze in der Führungsschicht verschärften sich rasch.

Für die frühe Salierzeit stand noch unumstößlich fest, daß der König richtungweisend zu ordnen hatte, was in diesem Umbruch durch Unrecht verwirrt erschien. Gerade das religiöse Verständnis des Königsamtes und der Gesellschaftsordnung steigerte die Anforderung an die Herrscheraufgabe immer höher. Nur wo die Königsmacht ganz versagte, rang man sich vorübergehend zu der Auffassung durch, daß die Lücke von anderen ausgefüllt werden mußte; und stets bedurfte dieses Abweichen von der normativen Ordnung stärkster religiöser Legitimation.

Recht und Friede wurden unter Heinrich III. mehr als je zuvor als Ziel und Rechtfertigungsgrund der Königsherrschaft herausgestellt. Wipo, der für den König in den »Taten Kaiser Konrads« zugleich eine Art Fürstenspiegel schrieb, berichtet, wie der erste Salier auf dem Weg zur Krönung von einem Bauern, einer Waise, einer Witwe und einem Verbannten mit Klagen aufgehalten wurde und wie er sofort Recht sprach oder den Fall zur Klärung gewissenhaft einem seiner Fürsten übertrug. »Der Rechtspflege widmete er mehr Eile als der Königskrönung« – diesem Ideal sollte auch Heinrich folgen. Doch der Mönch Otloh von St. Emmeram (um 1070 gestorben) gibt in seinem »Buch der Visionen« das

Grafschaftserwerbungen und »Zwölfbistumsplan« Erzbischof Adalberts von Hamburg-Bremen (nach Trillmich/Lammers)

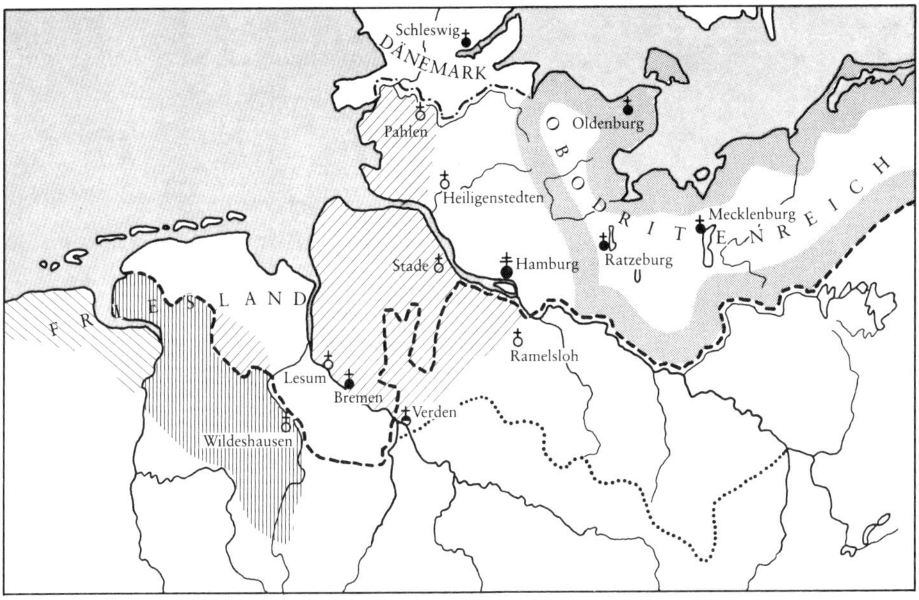

-----Grenze der Erzdiözese Hamburg-Bremen ············Grenze des beanspruchten Bistums Verden

Erwerb von Grafschafts- und Vogteirechten 1057–1063

der Brunonen

des Hauses Werl

des Hauses Stade

Residenz des geplanten Patriarchats

Bestehende Suffraganbistümer

Geplante Bistumsgründungen

Traumgesicht eines Regensburger Bettlers wieder, der einen verzweifelten Mann den Kaiser um Gehör für seine Klage rufen sah: Alles, was er besaß, habe er schon ausgegeben, während er am Ort der Hofhaltung vergeblich auf den Rechtsspruch des Königs warte. »Verschwinde, du Bauerntölpel, dafür habe ich jetzt keine Zeit; es sind wichtige Reichsangelegenheiten zu beraten«, hörte der Arme vom König jedesmal auf seinen Hilferuf; und genauso erging es einem zweiten, einem dritten – dafür, so die Vision, war dem Herrscher eine göttliche Strafe bestimmt. Beschreibt Wipo in den »Taten Kaiser Konrads« das Ideal, Otloh im Traumgesicht des Bettlers die Wirklichkeit? Den Bauern von Wohlen war es jedenfalls genauso ergangen. Und auch von Bischöfen wurde gesagt, daß sie wegen ihres politischen Engagements für das Volk und seine Klagen immer seltener erreichbar waren.

Die Herrschaft Heinrichs III. hat demzufolge bei den Zeitgenossen ein zwiespältiges Urteil hinterlassen, obwohl sie ihn in seiner Frömmigkeit deutlich über seinen Vater stellten. Die unermüdlichen Bemühungen des Kaisers um Recht und Frieden wurden oft gelobt. Dennoch scheint die Diskrepanz zwischen dem propagierten Ziel und dem Zustand des Reiches, zwischen den Bemühungen und dem Erfolg im Laufe seiner Regierungszeit größer geworden zu sein. »Zu dieser Zeit murrten sowohl die Großen des Reiches wie die Geringeren immer mehr gegen den Kaiser und klagten, er falle seit längerer Zeit vom eingeschlagenen Weg der Gerechtigkeit, Friedensliebe, Frömmigkeit, Gottesfurcht und vielfältigen Tugenden, auf dem er von Tag zu Tag hätte Fortschritte machen sollen, allmählich mehr und mehr ab zur Gewinnsucht und zur Nachlässigkeit und werde bald viel schlechter sein als bisher«, schrieb auf der Reichenau Hermann der Lahme zum Jahr 1053 in seine Chronik. Da der Mönch nur ein Jahr später starb, war dieses Urteil nicht retrospektiv. Die Großen versprachen Heinrich III. damals für seinen Sohn Gehorsam nur unter dem Vorbehalt, daß er ein gerechter Herrscher sein werde. Doch Heinrich IV. übernahm 1056 das Königtum als sechsjähriges Kind; und unter denjenigen, die für ihn die Regentschaft führten, wurden Unzufriedenheit und Unbehagen immer größer.

Die Zeitgenossen sahen die Ursache für die Mißstände im persönlichen Versagen des Königs, seiner Berater, einzelner Herrschaftsträger oder ihrer Helfer. Doch war der König in der Lage, dem archaischen Herrschaftsideal noch zu entsprechen? Die Salier waren dazu gewillt. Noch regelmäßiger als ihre Vorgänger durchzogen sie das Reich, um überall die Rechtsordnung zu festigen. Aber die Anforderungen stiegen. Ein Fall wie der der Bauern von Wohlen wäre früher wohl kaum vor den König gebracht worden. Mit ihren Urkunden griffen die Salier immer häufiger in das Beziehungsfeld von Abhängigen und ihren Herren ein, was besagt, daß der König auch für die Ordnung der hier aufbrechenden Konflikte verantwortlich wurde. Obwohl die Anforderungen an die Ordnungsgewalt zunahmen, entwickelte das Königtum keine Organisation, mit der es ihnen hätte gerecht werden können. Gemeinsame Bemühungen und noch engere Kooperation von Herrscher und Großen erschienen fast als die einzigen Mittel, das religiöse Gerechtigkeits- und Ordnungspostulat zu erfüllen. Doch unter der Regentschaft für Heinrich IV. nahmen Machtkampf und Rangstreit der Großen zu, bis dann das Königtum seine Fähigkeit zur Integration des Reiches für Jahrzehnte verlor.

Mitten in der Zeit der Wirren, als das Reich gespalten war und die Parteien sich überall mit Waffengewalt bekämpften, griff die Gottesfriedensbewegung auf Deutschland über. Sie fixierte das Zusammenwirken der Herrschaftsträger für die Rechtsordnung in ganz neuen Formen. Die Gewaltigen verpflichteten sich gegenseitig durch Eid zur Einhaltung vereinbarter Normen und zu ihrer gemeinsamen Durchsetzung. Die Gottesfrieden der achtziger Jahre übernahmen die französischen Vorbilder und sollten auf Dauer gelten. Sie untersagten Waffenführung und Fehde generell jeden Freitag, Samstag und Sonntag oder gar von Mittwoch abend bis Montag früh, dazu in der gesamten Advents- und Weihnachtszeit, von Fastenbeginn bis Pfingsten sowie an Apostel- und wichtigen Heiligenfesten einschließlich des Vortages. Doch schon in den neunziger Jahren kam die für Deutschland typische Form des Landfriedens auf: Die Großen einer bestimmten Provinz, Schwabens oder Frankens oder des Elsaß, beschworen auf einige Jahre oder Monate, selbst Frieden zu halten und die Respektierung des Friedens in ihrem Machtbereich durchzusetzen. In dieser Zeit sollten innerhalb ihres Landes die Friedensbestimmungen Tag für Tag eingehalten werden. 1103 hat Heinrich IV. in Mainz einen solchen Frieden für das ganze Reich beschwören lassen und damit ein für seine Nachfolger wichtiges Vorbild gegeben. Die ersten Landfrieden waren jedoch ohne Mitwirkung des Königs beschlossen worden; die Fürsten nahmen sich in ihrem Einflußgebiet der Ordnung des damals fast führungslosen Reiches selbständig an.

Reisende Kaufleute, Bauern bei der Feldarbeit wurden in den Gottes- und Landfrieden unter einen generellen Schutz gestellt, der unberechtigte Übergriffe gegen sie unterbinden und die gerichtliche Regelung von Streitfällen erzwingen sollte. Überschwenglich feiert der Autor, der unmittelbar nach dem Tod Heinrichs IV. dessen Wirken ein Denkmal setzte, die Sicherheit, die der Reichsfriede von 1103 gerade für die Kaufleute gebracht habe. Den Schaden hätten die »Räuber« davongetragen: diejenigen, die entlang der Flüsse von ihren befestigten Flecken aus die Schiffe aufbrachten, etwa um neue Passierzölle durchzusetzen, die längs der Handelsstraßen aus Hinterhalten die Kaufleute überfielen, etwa um sie zur Annahme ihres Geleits oder zum Benutzen zollpflichtiger Straßen zu zwingen. Die »Räuber« – das waren die Fürsten und der Adel, die den Handel mit neuen fiskalischen Forderungen beschwerten. Sie waren auf den »Raub« angewiesen, meint der Autor, weil sie ihren Grundbesitz als Lehen ausgegeben hatten, um ihr kriegerisches Gefolge zu vergrößern und möglichst die Konkurrenten zu übertreffen. Sie brauchten den »Raub«, wenn sie nicht von ihren schäumenden Rossen auf Ackergäule umsatteln, sich nicht mit naturfarbenem Tuch statt in scharlachrote Gewänder kleiden, nicht eiserne statt goldene Sporen tragen wollten. Kriegerische Macht und höfische Pracht wurden hauptsächlich über die erpreßten, als Unrecht empfundenen neuen Abgaben finanziert, während die Landgüter und die alten Grundrenten zur Ausstattung von Vasallen verwendet wurden. Der Autor wußte, daß es eine Utopie war, wenn er Fürsten und Adel dazu aufrief: »Gebt dem Acker die Menschen wieder, die ihr ihm für den Waffendienst entzogen habt; richtet die Zahl der Gefolgsleute nach dem Maß eurer Mittel; kauft eure Güter wieder zurück, die ihr töricht verschleudert habt, um viele Krieger zu gewinnen – und eure Keller und Scheunen werden Überfluß haben an allen Gütern!«

Wiesen solche Friedensinitiativen einen Weg zu mehr Sicherheit und Gerechtigkeit? Sie verboten zunächst nur Gewaltanwendung, auch die Gewalt von Untergebenen gegen ihre Herren; bloß das Schlagen eines Hausknechts oder Lehrlings sollte nicht als Friedensbruch gelten. Aber sie hoben die Probleme nicht auf, derentwegen es zu Konflikten kam. Selbst wenn in späteren Landfrieden immer häufiger auch Handlungen untersagt wurden, die zum Anlaß für gewaltsamen Streit werden konnten, war dadurch keine Lösung für Konflikte vorgezeichnet, die sich aus der gesellschaftlichen Entwicklung ergaben.

Mehr noch als die Landfrieden wurden für den Wandel des Rechtssystems die Versuche bedeutsam, die Konflikte zwischen den Herrschenden und den ihrer Herrschaft Unterstellten durch Fixierung der gemeinsamen Rechtsbasis auszuräumen. Solche Bemühungen setzten dort an, wo die Bedrückung konkret in Erscheinung trat, und sie banden nicht nur die Fürsten und Hoheitsträger auf der einen und die Bauern und Hörigen auf der anderen Seite. Sie sollten in erster Linie diejenigen an das Recht binden, die unmittelbar Herrschaftsgewalt ausübten: die Vasallen und Ministerialen, die Untervögte und Meier, kurz alle, die man als das »Herrschaftspersonal« ansprechen könnte, wenngleich sie im Herrschaftssystem der Zeit selbständig handelnde kriegerische Gewalthaber waren.

Die Chronik von St. Hubert, einem zu den strengen lothringischen Reformrichtungen gehörenden Kloster in den Ardennen, berichtet einen Vorfall aus dem Jahr 1081: Im Dorf Chuvency forderte der Vogt von den Klosterleuten ungerechte Fronden und bestand so brutal auf ihrer Einhaltung, daß der trächtigen Kuh eines Armen zu früh das Kalb abging. Daraufhin spannte der Vogt statt der Kuh den Mann einen ganzen Tag lang unter das Pflugjoch. Als der Abt das erfuhr, stellte er den Hochvogt zur Rede, der mit der Untat seines Untervogtes nichts zu tun haben wollte. Auf einem Gerichtstag mußte der Verwalter der Klostergüter im Dorf über die Leistungen aussagen, zu denen die Bauern verpflichtet waren, und als frommer und rechtschaffener Mann bewies er durch Eid und das Gottesurteil der Kaltwasserprobe, daß dem Vogt derartige Frondienste nicht zustanden. Das Recht wurde gewiesen, um die Leistungsverpflichtungen für die Zukunft festzulegen.

Seit der Salierzeit begann man, solche Rechtsverhältnisse auch schriftlich zu fixieren. Bischof Burkhard von Worms, der Erzieher Konrads II., war der erste, der zwischen 1023 und 1025 in dem berühmt gewordenen Hofrecht für die Angehörigen der bischöflichen »Familie«, für den Verband der Hörigen und Schutzbefohlenen der Wormser Kirche, das »Recht« in dieser Weise aufzeichnen ließ. Zu den frühen Beispielen gehört die Urkunde, in der Udo, der Nachfolger Papst Leos IX. als Bischof von Toul, genau feststellte, welche Rechte und

Befugnisse der Graf als bischöflicher Vasall in der Stadt wahrnehmen durfte. Anlaß waren die Übergriffe des amtierenden Grafen, der wegen der Bedrückung des Volks abgesetzt wurde.

Solche Rechtsaufzeichnungen und die Gottes- und Landfriedensbünde hatten das gleiche Ziel: »Zwietracht und Kampf zwischen streitenden Parteien auszureißen und durch Gerechtigkeit Frieden und Eintracht zu säen«, wie es der Bischof von Toul 1069 formulierte. Durch ihr Ineinandergreifen haben beide Entwicklungen das Rechtssystem bald grundlegend verändert. Vereinbartes und gewiesenes Recht, das man nun immer häufiger schriftlich niederlegte und zusätzlich beschwor, sollten die Basis für einen neuartigen Rechtsfrieden werden, der für alle Menschen an einem Ort oder in einer ganzen Provinz Geltung besaß. Wer ihn brach, sollte grausam bestraft werden. Denn wer einen Diebstahl beging, einen Menschen verletzte oder erschlug, hatte nicht mehr nur anderen geschadet, denen Entschädigung und Genugtuung zu gewähren waren, sondern gegen das Recht, gegen die Gemeinschaft verstoßen, gegen Gott gesündigt und mußte dafür büßen.

Daß das Ganze der Ordnung durch herrschaftliche Lenkung bedürfe, blieb unbestritten, ja, man empfand die Präsenz einer lenkenden und strafenden Herrschaftsgewalt als dringende Notwendigkeit. Aber nur das Recht konnte herrschaftlichen Zwang legitimieren: So entschieden und mit so konkretem Bezug war dies bislang nicht gesagt worden. Doch selbst die Verstärkung des herrschaftlichen Zugriffs stürzte damals Menschen in Zweifel. Wer auf das Leben Christi sah und seine Lehre ernst nahm, erschrak zutiefst nicht nur über die nackte Gewalt, sondern über den martialischen Aspekt jeglicher Herrschaftsausübung. Mußte in einer Ordnung, die sich auf das Evangelium Christi berief, nicht eher Liebe als Zwang das gegenseitige Verhalten bestimmen, das der Herren ebenso wie das der Untergebenen? Mußte gerade gegenüber den sozial Schwachen von den Herren nicht eher Barmherzigkeit geübt als Gesetzesstrenge angewandt werden? In jenen Jahrzehnten, in welchen der Herrschaftsdruck zunahm und gerade geistliche Fürsten sich häufig als furchterregende Herren erwiesen, wurde auch diese Frage nachdrücklich gestellt.

Mönchtum und christliche Gesellschaft

Seit dem 10. Jahrhundert haben sich in der lateinischen Christenheit immer wieder Menschen zusammengetan, um in kleinen Gruppen mit der Verwirklichung eines wahrhaft christlichen Lebens neu zu beginnen und durch ihr Beispiel andere zur Nachfolge zu bewegen. Diese vielfachen Anläufe müssen, wenngleich sie von verschiedenen Punkten ausgingen und zu unterschiedlichen Formen der

Konkretisierung gelangten, als Ausdruck einer großen Bewegung verstanden werden, die einer vertieften, immer stärker auf den Gottessohn und das Evangelium orientierten Aneignung des Christentums entsprang. Sie hat das Hochmittelalter entscheidend geprägt und die individuellere, in der Mystik gipfelnde Gottessuche späterer Jahrhunderte vorbereitet. Die Unbedingtheit der Hingabe an die über der Welt stehende Macht und der Wille zu strenger Disziplinierung waren Teil eines Ringens mit der kaum zu zügelnden Vitalität. Impulsivität und soziale Verhaltenszwänge führten die Menschen in ihrem Handeln ständig in Konflikt mit den göttlichen Normen und dem religiös sanktionierten Recht. Die gleiche Verbindung von spontaner Entscheidung und gesellschaftlichem Zwang ließ sie dann oft den Gegensatz zwischen ihrem Verhalten und dem Gottesgebot ganz plötzlich als existentielle Bedrohung des eigenen Lebens und des Heils aller erkennen und führte – wie bei den »Räubern«, die 1083 im Wald von Afflighem in Brabant mit einem eremitisch-asketischen, ganz auf die Nächstenliebe und den Armutsgedanken ausgerichteten Leben begannen – zu spektakulären Beispielen der Umkehr.

In der zweiten Hälfte des 11. und am Anfang des 12. Jahrhunderts mobilisierte der religiöse Impuls Menschen in allen Schichten der Gesellschaft stärker als je zuvor. Viele, ganze Familien und Personengruppen, entsagten der Welt und wandten sich dem Mönchtum, mehr und mehr auch anderen Formen eines als »apostolisch« oder »evangelisch« verstandenen Lebens zu. Zurückzukehren zur »Lebensform der Urkirche«, worunter man meist all das verstand, was aus der alten Kirche bis zu Gregor dem Großen überliefert war, wurde zum Leitmotiv der Bemühungen. Orientierung und Legitimation suchte man in der Lehre Christi, der Bibel, der altkirchlichen Tradition. Der Wille zur Reform führte zu einer Rückorientierung auf die schriftliche Überlieferung. Was hier und dort schon gefragt und gedacht worden war und weitergetragen in den Schulen derer, die sich um eine vertiefte, das Kirchenrecht einschließende geistliche Bildung bemühten, begann im 11. Jahrhundert die Menschen zu erregen und in ihrem Verhalten zu bestimmen. Das Vorbild von Heiligen, von frommen Männern und Frauen, an dem man sich bisher ausgerichtet hatte und an das man sich weiterhin hielt, schien für die Ordnung des Ganzen allein nicht mehr zu genügen. In der Überlieferung suchte man immer entschiedener nach dem Normativen, Grundsätzlichen. Die Reaktionen auf die Veränderungen in der damaligen Gesellschaft werden nur aus dieser Haltung, aus der religiösen Weltsicht verständlich. Das vertieft aufgenommene Christentum wirkte in der das ganze Abendland erfassenden Bewegung weit über den Bereich hinaus, den man heute als den kirchlich-religiösen Sektor bezeichnen würde.

Das vielfältige Streben nach religiöser Erneuerung, das breite Gruppen der hochmittelalterlichen Gesellschaft in stets neuen Wellen erfaßte, tritt in das Blickfeld des Historikers zuerst als eine monastische Bewegung. Daß die Nach-

Laie und Mönch bei der Arbeit im Skriptorium. Unterer Teil einer Miniatur in dem zwischen 1039 und 1043 in der Benediktinerabtei Echternach entstandenen Perikopenbuch für Heinrich III. Bremen, Staats- und Universitätsbibliothek. – Der Maler Sintram, Augustinerchorherr im Stift Marbach, und die Schreiberin Guta, Nonne im Konvent von Schwarzenthann, als Bittsteller vor Maria. Obere Hälfte einer Seite in dem 1154 in beiden Klöstern entstandenen Guta-Sintram-Codex. Straßburg, Bibliothèque du Grand Séminaire. – Tod des Mönches Swicher und Berücksichtigung seiner als gutes Werk betrachteten Schreibarbeit am Buch bei der Seelenwägung. Unteres Bildfeld einer Miniatur in einer zwischen 1160 und 1165 im Benediktinerkloster Prüfening entstandenen Handschrift der »Etymologiae« des Isidor von Sevilla. München, Bayerische Staatsbibliothek

Bodenerschließung durch Zisterziensermönche: Fällen eines Baumes, Spalten des Holzes, Ernten des Getreides. Bildinitialen in einer um 1111 im Kloster Cîteaux entstandenen Handschrift der »Moralia in Job« Gregors des Großen. Dijon, Bibliothèque Publique folge Christi in Selbstverleugnung, Abkehr von der Welt, Verzicht auf irdischen Besitz, Orientierung auf das Jenseits in Kontemplation und Gebet am vollkommensten durch das Mönchsleben verwirklicht wurde, war zu Beginn der Salierzeit in Deutschland noch die allgemeine Überzeugung. Männer wie der niedriggeborene, skurrile Priester Heimrad (1019 gestorben) aus Meßkirch, der, von den Oberen geschunden, als Prediger durch Hessen und Westfalen zog, bevor er sich mit einer kleinen Schar von Weggefährten auf dem Berg Hasungen niederließ, oder Gunther (1045 gestorben), ein thüringischer Grafensohn, der um dieselbe Zeit als Eremit in den Bayerischen Wald ging und sich trotz der Förderung durch Konrad II. und Heinrich III. weigerte, seine Eremitengemeinschaft bei Rinchnach zum Mönchskonvent werden zu lassen, wurden zwar von vielen bewundert und gefördert, waren aber noch Randerscheinungen des kirchlichen Lebens. Wer Gebetshilfe suchte, um Seelenheil zu erlangen, verlangte sie über den Tod hinaus, bis zum Jüngsten Tag. Er mußte sich um deren dauerhafte Erfüllung bemühen, und dazu brauchte er das Kloster als Institution. So wurde der religiöse Neubeginn im Hochmittelalter, so verschiedenartig die Ansätze auch sein mochten, stets in die monastische Tradition zurückgeholt.

Man hat die Jahrhunderte von 1000 bis 1300 als die große Zeit der Klöster bezeichnet, und man darf dies tun, wenn man nicht vergißt, daß diese Epoche zugleich eine große Zeit der Kathedralen und Stadtmauern, der Burgen und Pfalzen, der Handelsstraßen, Märkte und Rodungssiedlungen war. Schon während des 10. Jahrhunderts hatte die Zahl der Klöster erheblich zugenommen. Was seit etwa 1050 in einem Jahrhundert an Klöstern neu gegründet wurde, muß man europaweit bereits nach Hunderten zählen, und seit dem 12. Jahrhundert geht der Zuwachs in die Tausende. Seit dem 10. Jahrhundert stand hinter den Klostergründungen oft der Wille, nicht einfach ein weiteres, sondern ein besseres Kloster zu schaffen. Diese Distanzierung vom gängigen Klosterleben nahm seit der zweiten Hälfte des 11. Jahrhunderts zu. Die Vermehrung der Klöster ist vor allem darauf zurückzuführen, daß dieser Wille zu bedingungsloser Umkehr und Weltentsagung bei Geistlichen und Laien, bei Adeligen und im Volk euphorische Anerkennung fand. Viele hofften, durch Stiftungen und Schenkungen Anteil an den Verdiensten zu gewinnen, die sich strenge Asketen vor Gott erwarben. Der Neuansatz wurde nicht nur für Neugründungen übernommen, sondern ebenso in alte Abteien mit ehrwürdiger Tradition verpflanzt, weil deren Herren – Könige, Bischöfe, Adelige – sich wirksamere Gebetshilfe von regeltreueren und frommeren Mönchen sichern wollten. So ist manch frommer Mann, der die Nachfolge Christi wörtlicher nahm, als sie sich im Kloster verwirklichen ließ, schließlich wieder zum Klostergründer oder gar zum Haupt einer ganzen »Reformgruppe« geworden.

Was die Adelsgesellschaft den Klöstern an Förderung zuteil werden ließ, war untrennbar mit der Sorge für das »Gedächtnis«, die »Memoria«, ihrer verstorbenen Angehörigen verknüpft. Insbesondere für die Frauen gehörte es zu den vordringlichsten Aufgaben, ihrer Familie durch fromme Stiftungen das liturgische Gedenken in monastischen oder klerikalen Gemeinschaften zu sichern. Von Witwen wird oft berichtet, wie sie ihr Leben ganz in den Dienst solcher Fürbitte für ihren Gatten und die übrige Verwandtschaft stellten. Ihre eigene Lebensführung, ihr eigenes Gebet war Teil dieses Bemühens. Oft haben sie Klöster gestiftet; in Frauenkonventen übernahmen sie nicht selten selbst die Leitung oder vertrauten sie einer dafür erzogenen Tochter an. Zur Feier der Liturgie und damit zum Vollzug des Gebetsgedenkens bedurften die Frauenklöster oder Kanonissenstifte freilich der priesterlichen Betreuung durch eine Gruppe von Mönchen oder Chorherren, deren liturgisches Opfer die Nonnen oder Stiftsdamen mit ihrem Gebet – meist von einer abgeschirmten Empore aus, nicht im Altarraum selbst – unterstützten.

Die Gaben, die den Klöstern dargebracht wurden, dienten nicht bloß dem Lebensunterhalt der Mönche und Nonnen, sondern wollten deren Gebet durch karitative Tätigkeit unterstützen. Herrscher, Bischöfe, Adelige und vermögende Leute haben durch Stiftungen gesichert, daß zusammen mit den liturgischen Leistungen jährlich an ihrem Todestag den Armen ein Almosen zukam. Kaiser Heinrich IV. erhöhte 1102 die Zahl der Armenspeisungen, die am Todestag seiner Großmutter Gisela vom Domkapitel von Speyer vorzunehmen waren, um weitere zweihundert. Als der Mönch Heinrich, der sich um sein Kloster Reichenau besonders verdient gemacht hatte, verstarb, ordnete Abt Bern für dreißig Tage ein tägliches Meßopfer für sein Seelenheil an; dazu sollten am ersten Tag 100, am dritten 200, am siebten 300 und am dreißigsten 400, zusammen also 1.000 Arme verköstigt werden. In Cluny wurde am Todestag jedes Mönches, der dort die Profeß abgelegt hatte, Jahr für Jahr die Präbende des Verstorbenen zur Speisung eines Armen verwendet; um 1100 belief sich allein die daraus erwachsende Verpflichtung auf weit über 12.000 Armenspeisungen jährlich. Die Verbindung von Gebetsgedenken und sozialkaritativer Spende prägte nahezu jegliche menschliche Gemeinschaftsbildung bis in Zusammenschlüsse politischer Art. König Heinrich II., seine Gemahlin, fünfzehn Erzbischöfe und Bischöfe sowie Herzog Bernhard von Sachsen schlossen 1005 eine Verbrüderung, in der sie sich beim Tod jedes Mitgliedes des Gebetsbundes neben liturgischen Leistungen zu Armenspeisungen verpflichteten. Innerhalb von dreißig Tagen sollten König und Königin jeweils 1.500, jeder der Bischöfe 300 und der Herzog 500 Arme speisen. Als mit Bischof Notker von Lüttich 1008 der erste aus diesem Kreis starb, müßten demnach 7.700 Armenspeisungen erfolgt sein; zusätzlich wurden 3.600 Silbermünzen an Arme verteilt. Auch in solchen Bünden wurde die Gebetshilfe von klösterlichen Gemeinschaften erbracht, die den Verbrüderten als ihren Wohltätern verpflichtet waren.

Als die Salier zur Herrschaft gelangten, hatte eine Welle der Erneuerung vor allem Klöster in Burgund, Frankreich und Lothringen erfaßt. Zwei Männer ragten als bewunderte Vorbilder hervor: Wilhelm, von Geburt Italiener, Abt von St. Bénigne in Dijon (1031 gestorben), und Richard (1046 gestorben), der an der Domschule von Reims erzogene Abt von St. Vannes in Verdun. Beide waren vom Vorbild Clunys geprägt. Ihnen wurden bedeutende Klöster zur Reform übergeben: Wilhelm, dessen Wirksamkeit sich noch stärker auf dem Boden Frankreichs entfaltete, erhielt St. Arnulf und Gorze in der Diözese Metz sowie St. Evre und St. Mansui in der Stadt und Moyenmoutier in der Diözese Toul, Richard jeweils mehrere Klöster in den Diözesen Cambrai, Lüttich, Verdun sowie in benachbarten französischen Bistümern. Poppo von Stablo (1048 gestorben), ein Schüler Richards, der unter anderem bei Kaiser Konrad und Erzbischof Pilgrim von Köln in hohem Ansehen stand, brachte auch im Reich die neuen Anstöße über Lothringen hinaus zur Wirkung.

Der lothringische Reformkreis stellte innerhalb des Reichsmönchtums eine abgrenzbare Gruppierung dar. Die Orientierung am Vorbild des burgundischen Cluny brachte nicht nur die Einführung von Bräuchen und Lebensformen mit sich, die in Deutschland ungewohnt waren, sondern wollte eine neue religiöse Haltung in das Mönchsleben hineintragen. Gemessen an den strengeren Lebensformen und an dem neuen Geist erschien das Leben in den alten Klöstern als korrupt, als Abfall vom eigentlichen Vorsatz des Mönchtums. Hier wurde diese Kritik als ungerechtfertigte Herabsetzung empfunden. Man begegnete ihr mit dem Vorwurf der Neuerungssucht und der Heuchelei. Ekkehard von St. Gallen bezeichnete die lothringischen Reformer sogar als Schismatiker, weil sie die Einheit des Mönchtums und damit der Kirche sprengten. Doch die Auseinandersetzungen innerhalb des Mönchtums charakterisieren nicht die allgemeine Haltung zu den neuen Bestrebungen. Wenn bei der Reform eines Klosters ein Teil des alten Konventes auszog, weil er mit den Neuerungen nicht einverstanden war, so füllten sich die Mauern stets rasch mit den vielen, die von der Regelstrenge und der Glaubensglut der neuen Mönche angezogen waren. Wie schon die monastischen Neuansätze im 10. Jahrhundert, so war auch die neue Welle der Klosterreform ebenfalls stark von gebildeten Weltklerikern geprägt, die sich dem Mönchtum zuwandten und es rein und streng verwirklichen wollten. Die entscheidende Förderung verdankte dieses Mönchtum den Bischöfen und den Königen, ferner einzelnen Adelsfamilien, aus deren Reihen die Mönche ja hauptsächlich kamen. Richard von St. Vannes und Poppo von Stablo erhielten vom Herrscher das Angebot, ein Bistum zu übernehmen. Sie lehnten ab, aber manch einer ihrer Schüler ist solchem Ruf gefolgt. So stand die lothringische Klosterreform der frühen Salierzeit ganz innerhalb der von Königtum und Episkopat gelenkten Reichskirche.

Für diesen Kreis war die Erneuerung des Mönchtums aber nur Teil eines übergreifenden Anliegens. Dadurch weist sein Engagement auf die Reformbe-

Klosterreformen durch Abt Poppo von Stablo (nach Aßelmeyer)

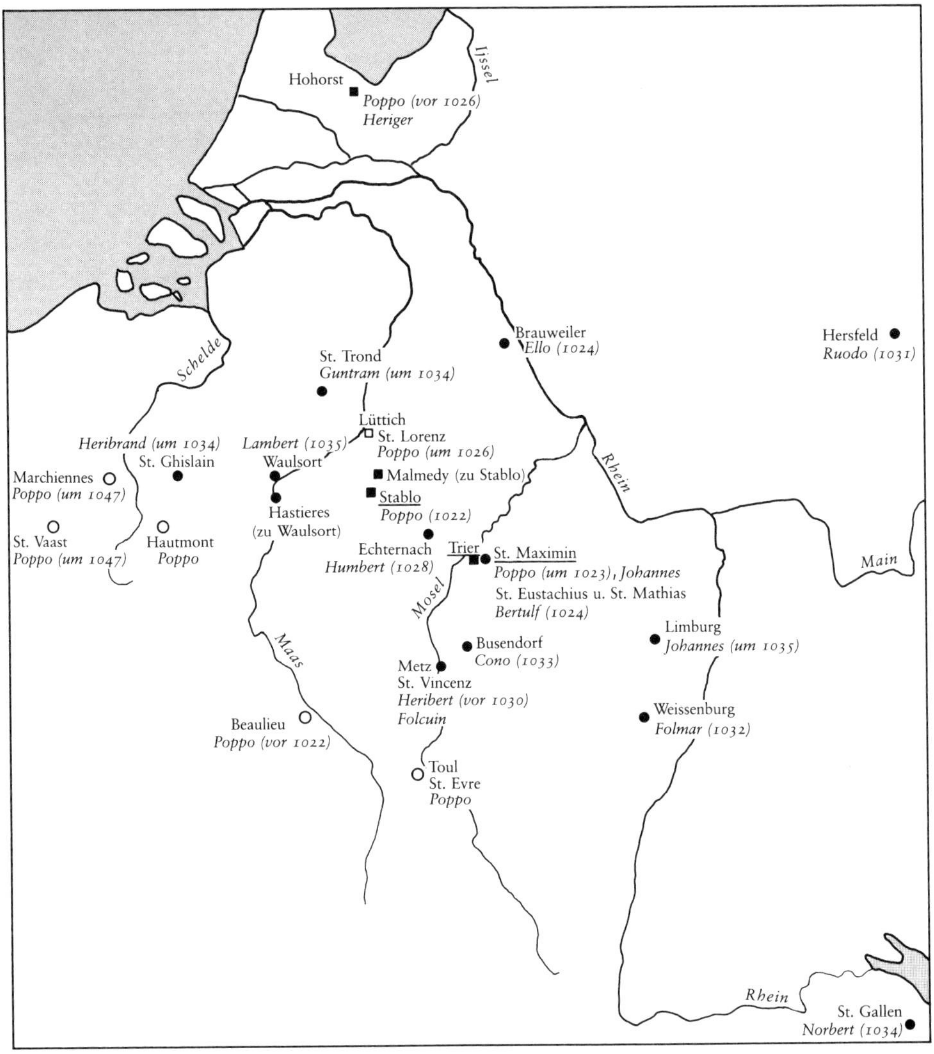

- ■ Poppo als Abt bezeugt
- □ Von Poppo aufgegeben
- ● Einsetzung eines Schülers
- —— Zentrum des Wirkens
- ○ Wirken Poppos erschlossen

mühungen in der zweiten Hälfte des 11. Jahrhunderts hin. Seine Funktion in der Kirche, der christlichen Gesellschaft, konnte ein noch der Welt verhaftetes und insofern unfreies, zudem in seinen Lebensformen lasches Mönchtum ebensowenig erfüllen wie ein Klerus, der durch Simonie – den Kauf oder Verkauf geistlicher Ämter und Weihen – und Nikolaitismus – Priesterehe oder Konkubinat – verdorben war. Die Abschaffung solcher Mißstände wurde seit der Zeit Kaiser Heinrichs II. immer mehr auch vom Herrscher und vom Episkopat als Aufgabe angenommen und besonders nach 1046 von kaiserlich-päpstlichen Synoden mit Nachdruck eingeschärft.

Die Ziele, die Herrscher und Bischöfe mit der Förderung des Mönchtums verbanden, müssen wiederum vor dem Hintergrund gesehen werden, daß man im 11. Jahrhundert die Christenheit als ein Ganzes verstand. Nur wenn jeder Stand seine Funktion erfüllte, konnte »das Haus Gottes«, »die Kirche«, Bestand haben und zum Heil gelangen. Wie man jetzt die Gliederung der Gesellschaft in Klerus, Adel und Volk als die zum Zusammenwirken verpflichteten Stände der lehrenden Beter, der schützenden Krieger und der alle ernährenden Arbeiter beschrieb, so fand auch die bestehende Gliederung in Mönche, Weltklerus und Laien eine funktionale Ausdeutung. Sie orientierte sich an den Verdiensten vor Gott, die jeder dieser Stände durch seine Lebensführung erreichte. Der verheiratete Laie konnte mit Hilfe der anderen Stände bestehen, indem er sich an Gottes Gebot und die Kirchengesetze hielt. Doch der enthaltsame Klerus, der ihm die Sakramente vermittelte, stand hoch über ihm. Eine engelsgleiche Vollkommenheit erreichten aber nur diejenigen, welche im Kloster ihre Unschuld bewahrten und ihren Sinn ganz auf das Jenseits richteten. Ihr Gotteslob und ihr Gebet entfalteten eine besondere Kraft und konnten auch allen anderen Erleichterung für ihre Sünden verschaffen, zumal denen, die ihnen das Leben allein für Gott ermöglichten. Die Betonung von Regelstrenge und Gehorsam war die Begleiterscheinung einer aus der Verpflichtung auf das Ganze gerechtfertigten Disziplinierung.

Damit das Mönchtum seine Funktion erfüllen konnte, galt es, all das abzubauen, was von seinem Vorsatz ablenken konnte. Fremdbestimmung über das Kloster, die Herrschaft von Laien ebenso wie die von Bischöfen, mußte möglichst unterbunden werden. Die »Freiheit« des Klosters – die Autonomie des Konventes, vor allem bei der Wahl des Abtes – sollte verhindern, daß das Mönchtum von der ihm zugewiesenen Aufgabe abgeführt wurde. Nur wo Eingriffe von außen in das Klosterleben zur Abwehr einer Verweltlichung geschahen, nahm man sie hin und begrüßte sie sogar. Den Kontakt der Mönche mit der Welt außerhalb des Klosters, etwa die Verbindung mit Verwandten und Freunden, wollte man reduzieren. Der heitere, manchmal scherzende Umgang der Mönche untereinander, den Ekkehard von St. Gallen lebendig schildert, wurde als Ausgelassenheit verurteilt; ein strengeres Schweigegebot, der Ersatz gesprochenen

Wortes durch Zeichen, sollte Schwatzhaftigkeit unterbinden. Der Vorbehalt gegen die Lektüre klassisch-heidnischer Autoren, der im abendländischen Mönchtum seit den karolingischen Reformen zurückgetreten war, wurde wieder deutlicher artikuliert. Der absolute Verzicht auf eigenen Besitz wurde eingeschärft, der Hang zu bequemer, sogar kostbarer Kleidung sollte eingedämmt werden. Strengeres Fasten, häufigeres Wachen, längeres und intensiveres Chorgebet, vertiefte Kontemplation und persönliche Askese sollten den Vorsatz des Mönchtums Wirklichkeit werden lassen. In das Kloster zurückgezogen, sollten die Mönche stellvertretend für alle Stände die Selbstverleugnung in der Nachfolge Christi in strengster Form verwirklichen.

Die Ausbreitung der klösterlichen Lebensform seit der zweiten Hälfte des 11. Jahrhunderts hing mit der zunehmenden Kraft der religiösen Bewegung unmittelbar zusammen. Es war vor allem die Welt außerhalb der Klöster, die die monastischen Reformbewegungen schuf, indem sie Mönche aus vorbildlichen Abteien in die eigenen Stiftungen rief. Klostergründer förderten bewußt ein regelstrengeres Mönchtum oder neue, sich auf die Urkirche berufende Gemeinschaften wie die Regularkanoniker, die unter Verzicht auf Privateigentum und im Gehorsam ähnlich wie Mönche in Klöstern zusammenlebten. Aber die religiöse Erklärung erfaßt nicht alle Aspekte des Phänomens.

Im 12. Jahrhundert wurde Otto von Bamberg nach dem Sinn seiner zahlreichen Klostergründungen gefragt: Gebe es denn von solchen Konventen nicht bereits mehr als genug? Der Bischof sah sich in einer Rolle, die der des barmherzigen Samariters vergleichbar war: Er schaffe Herbergen für diejenigen, die diese Welt zerschunden am Wegrand liegen ließ. Dann setzte er die Zunahme der Klöster in enge Beziehung zu den Veränderungen des Lebens: Da sich die Menschheit stark vermehrt habe, reiche die Zahl der bestehenden »Herbergen« nicht aus. Ja, das Gebot »Mehret Euch!« sei zwar für die Frühzeit richtig gewesen; jetzt aber, da es schon viel zu viele Menschen gebe, sei Enthaltsamkeit vonnöten – und um sie zu üben, seien die Klöster genau die richtigen Stätten. Damit sind, wie sich an Ottos eigenen Gründungen zeigen ließe, noch nicht alle Motive der Stifter aufgezählt. Zwischen Klosterneugründungen und Neusiedlungs- und Rodungsvorgängen bestand oft ein unmittelbarer Zusammenhang, nicht anders als zwischen adelig-fürstlichem Herrschaftsausbau und Klostergründung. Die weltlichen Zielsetzungen sind vom religiösen Impuls nicht ablösbar. Gerade bei der Förderung der sogenannten Reformklöster in der späten Salierzeit oder der Zisterzienser wird die Verquickung mit anderen Motiven und Entwicklungen sehr klar. Doch man darf religiöse und weltliche Motive nicht nach modernen Kategorien scheiden: Wer ein Kloster gründete, ein besonders frommes Mönchtum förderte, hoffte dadurch Gott auf seiner Seite zu haben – in seiner diesseitigen Existenz, nicht zuletzt zur Festigung seiner Herrschaft, und auf dem Weg zum künftigen Leben.

Das schwäbische Reformmönchtum bis 1105 (nach Jakobs/Behrmann)

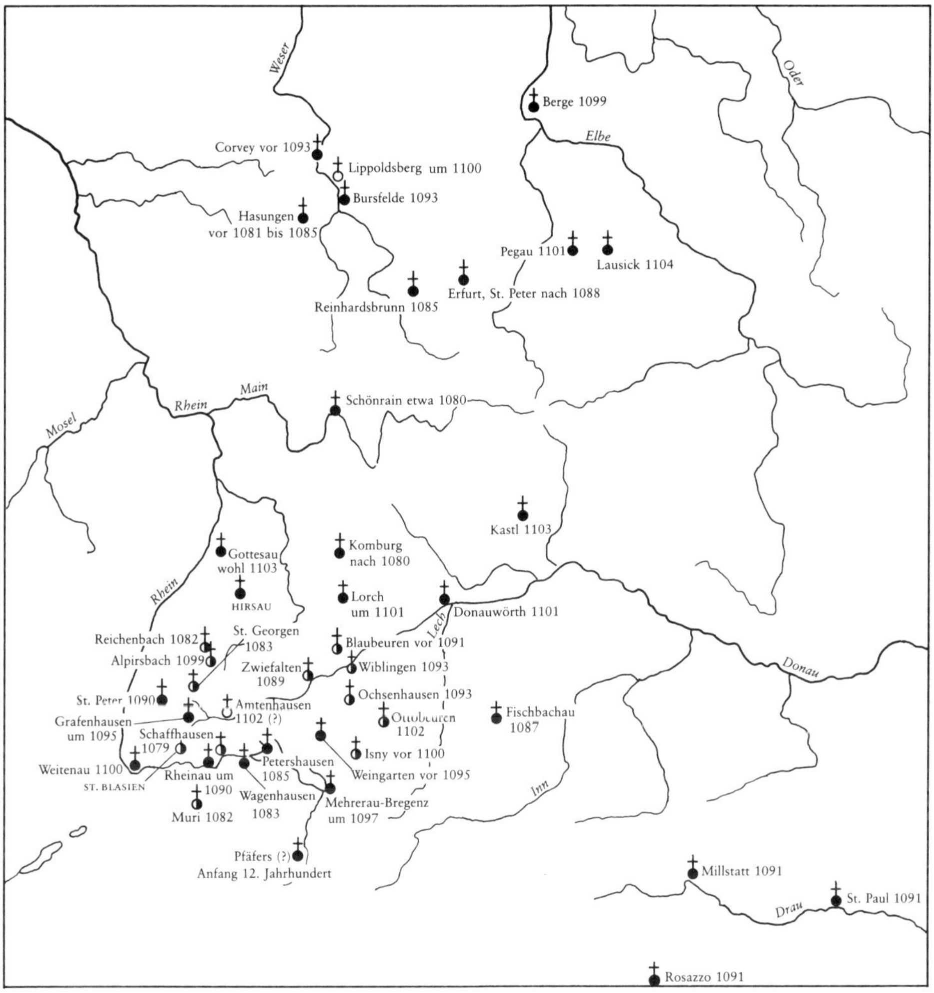

Männerkloster

Frauenkloster

Doppelkloster oder Männer- und Frauenkloster an einem Ort
(Nonnenkonvente teilweise erst nach 1105 belegt)

Jahreszahlen geben das Datum der Reform an

Sieht man auf die innere Ordnung der Klöster, auf den Willen zum Neubeginn oder, wie die modernen Historiker sagen, zur Reform, so werden einzelne Wellen erkennbar. Nach dem Höhepunkt der lothringischen Bemühungen in der Zeit Konrads II. begann gegen 1070 in Deutschland eine neue Phase. Sie erfaßte vor allem die rechtsrheinischen Gebiete und erreichte im »schwäbischen Reformmönchtum« ihre größte Kraft. Auch hier gab das Mönchtum Clunys oder mit der burgundischen Abtei verbundener Gemeinschaften das Vorbild.

1070 setzte Erzbischof Anno von Köln in sein neu gegründetes Kloster Siegburg zwölf Mönche, die er aus Fruttuaria, der Familiengründung Wilhelms von Dijon in Piemont, mitgebracht hatte und deren Art, Mönchtum zu verwirklichen, das Leben in seiner Gründung bestimmen sollte: Nie dürfe diese Lebensform abgeändert werden. Kurz darauf führte er in St. Pantaleon in Köln, 1071 in der thüringischen Abtei Saalfeld, 1072 im sauerländischen Kloster Grafschaft die Gewohnheiten, die »Consuetudines«, des oberitalienischen Vorbilds ein. Herzog Rudolf von Schwaben eröffnete 1072 dem Mönchtum Fruttuarias den Einzug in das Schwarzwaldkloster St. Blasien, das die Grablege seiner zweiten Gemahlin und seiner Söhne wurde. Im Breisgau übertrugen Adelige dem Markgrafen Hermann (1074 gestorben) eine Kirche, damit er sie an Cluny übergebe und die burgundische Abtei dort einen Konvent einrichte. Hermann, der Stammvater der Markgrafen von Baden, trat selbst als Mönch in Cluny ein.

In alten Reichsklöstern war man verunsichert. Aus Hersfeld schickte man den Mönch Lampert vierzehn Wochen lang nach Saalfeld und Siegburg, damit er sich ein Urteil über die neuartigen Mönche bilde, die das Volk und besonders die Vornehmen »nicht für Menschen, sondern für Engel, nicht für Fleisch, sondern für Geist hielten«. Aus Monte Cassino erbat man sich ein Gutachten, ob die Gewohnheiten von Fruttuaria wirklich der Regel Benedikts entsprächen. Lampert hielt die eigenen Gewohnheiten für regelgemäßer. Er mußte aber einräumen, daß das bisherige Klosterleben in Verruf gebracht wurde durch Leute, die das Mönchtum bloß als Weg zu einträglichen Ämtern betrachteten, für die sie – als die »Armen Christi« – Unsummen auszugeben in der Lage waren. Die Furcht vor der Einführung der neuen, strengeren Regeln habe manchmal bis zu fünfzig Mönche aus dem betroffenen Kloster zur Flucht veranlaßt, weil sie lieber »ihr Seelenheil durch Rückkehr in die Welt aufs Spiel setzen wollten, als über ihre Kraft hinaus das Himmelreich mit Gewalt zu erobern«.

In Deutschland ist der eigentliche Durchbruch eines am Vorbild Clunys ausgerichteten Mönchtums mit dem Namen Hirsau verknüpft. Ein Graf von Calw hatte 1069 das verfallene Kloster im Nordschwarzwald neu dotiert und zur inneren Formung Mönchen aus Einsiedeln anvertraut. 1075 verlieh er ihm eine Freiheit, wie sie in Deutschland noch kein Kloster besaß, und legte sie König und Papst zur Bestätigung vor. Als der offene Kampf schon ausgebrochen war, im Jahr des Canossa-Gangs und der Erhebung eines Gegenkönigs, beschloß Abt

Wilhelm auf Anregung eines päpstlichen Legaten, das Leben in Hirsau nach den Regeln und Gewohnheiten Clunys zu gestalten. Kaum war dies 1079 vollzogen, haben Bischöfe und Adelige Hirsauer Mönche in ihre eigenen Klöster gerufen und dort deren Lebensformen eingeführt. Als die Anziehungskraft Hirsaus zu Beginn des 12. Jahrhunderts nachließ, sorgten durch Hirsau geformte Klöster wie St. Georgen, Schaffhausen oder Admont für weitere Ausbreitung. Gleichzeitig mit dieser zweiten Wirkungsphase der Hirsauer entfalteten Siegburg und seine Tochterklöster, darunter St. Pantaleon zu Köln, sowie St. Blasien und besonders das bischöflich-passauische Kloster Göttweig mit seinem aus St. Blasien stammenden Abt Hartmann ihre Ausstrahlungskraft. Auf diese Weise waren in Deutschland die strengen Formen des Mönchtums – vor der Ausbreitung neuer Orden – cluniazensisch-hirsauisch geprägt. In der Mitte des 12. Jahrhunderts verloren jene Impulse ihre Kraft. Schon Papst Innozenz II. (1130 bis 1143) gebot den Äbten des neuen Zisterzienserordens, die ihnen aus Hirsau zugelaufenen Mönche dem Mutterkloster zurückzuschicken. Eine noch strengere Ausprägung des Benediktinertums zog diejenigen an, die in radikaler Abkehr von der Welt Gott suchten.

Das Reformmönchtum fand einen Zustrom, den die Klöster oft kaum aufzunehmen vermochten. Es gab spektakuläre Fälle der Umkehr: Selbst Adelige, Grafen und Markgrafen hätten sich als Köche, Bäcker und Schweinehirten im Dienst der Mönche erniedrigt. Als das Kloster Petershausen bei Konstanz den Hirsauern übergeben wurde, wichen zwar viele der alten Mönche auf die Reichenau aus, aber in kürzester Zeit hatte sich unter dem neuen Abt ein Konvent von vierzig Mönchen und fünfzig Laienbrüdern zusammengefunden. Menschen hohen und geringen Standes ermöglichten mit ihren Stiftungen das rasche Anwachsen der Gemeinschaften und die rege, von neuen Formprinzipien bestimmte Bautätigkeit, die die Klöster entfalteten.

Die Konversion ganzer Familien, die für diese Zeit besonders oft bezeugt ist, ergab ein besonderes Problem. Wenn ein Mann mit allen seinen Söhnen in ein Kloster eintrat – wo sollten dann die Frauen bleiben, die vom gleichen Willen zu einem Leben allein für Gott beseelt waren? In einem adeligen Damenstift, in dem nicht einmal das Gelübde der Armut und der lebenslangen Ehelosigkeit gefordert war, konnten sie ihren Vorsatz kaum verwirklichen. Und die Nonnenklöster hatten – vielleicht aufgrund der strengeren Maßstäbe der Zeit – vielerorts keinen guten Ruf. So kam es im Umkreis des schwäbischen Reformmönchtums bald auch zur Gründung von Klöstern für Benediktinerinnen, die von den Männerkonventen geistlich betreut wurden. Mit den Gemeinschaften der regulierten Chorherren nahmen die nach denselben Regeln lebenden Chorfrauengemeinschaften ebenfalls zu. Aber noch 1126 begründete Erzbischof Friedrich von Köln die Gründung von Nonnenwerth auf einer Insel im Rhein damit, daß es in seinem Sprengel fast kein Kloster gebe, »in dem eine Frau Zuflucht finden könne, die dem Gelübde der Enthaltsamkeit entsprechen wolle«. Auch die neuen Orden des 12. Jahrhunderts standen vor dem Problem der Betreuung und Versorgung von Frauen, die von demselben Ideal ergriffen waren wie die zur Umkehr entschlossenen Männer. Die Lösung war deshalb schwierig, weil die Frauen einerseits der geistlichen Betreuung bedurften, der Kontakt zwischen den Brüdern und Schwestern aber beide in ihren Gelübden gefährden konnte. Manches im religiösen Aufbruch gegründete Doppelkloster wurde später durch Verlegung des Frauen- oder des Männerkonvents wieder getrennt.

Anders als Cluny hat Hirsau keinen Klosterverband geschaffen. Ehe der Abt von Cluny ein Kloster zur Reform übernahm, forderte er normalerweise, daß es seiner Abtei übertragen wurde. Alle Mönche der von Cluny abhängigen Klöster und Priorate leisteten die Profeß im Mutterkloster und in die Hand seines Abtes, und alle galten nach ihrem Tod in Cluny als eigene Mönche, für die man betete und Almosen spendete wie für jeden, der am Ort selbst gelebt hatte. Diese Rechtsformen finden sich bei Hirsau, St. Blasien oder Siegburg nicht, auch wenn selbstverständlich zwischen Hirsau und einem unter Mitwirkung seines Abtes reformierten Kloster enge Beziehungen bestanden. Was dem hirsauischen Mönchtum die Einheit gab, das waren die »Konstitutionen«, die schriftliche Fassung der klösterlichen Lebensvorschriften, die Wilhelm in Anlehnung an die cluniazensischen Gewohnheiten aufgezeichnet hatte. Ursprünglich hatte man solche klösterlichen Bräuche nicht schriftlich fixiert. Sie wurden gelebt und durch Einübung weitergegeben. In Hirsau sind sie zum verbindlichen Gesetz geworden, das alle Einzelheiten regelte, etwa die Zeichensprache in einundzwanzig Kapiteln. Gegner der Hirsauer haben gespottet, diese seien so auf Einhaltung ihrer Klosterregeln bedacht, daß sie das Evangelium Christi darüber vergäßen. Ähnlich wie Wilhelm für Hirsau hat ein Jahrzehnt später der Prior Manegold, ein Vorkämpfer für das gemeinsame, klösterliche Leben im Säkularklerus, für sein Stift Lautenbach in den Vogesen eine solche Klosterregel geschrieben, die auf andere regulierte Chorherrengemeinschaften übertragen wurde. Für die neuen Orden, die in der Zeit um 1100 auf dem Boden Frankreichs entstanden, war dann eine schriftliche »Verfassung« geradezu konstitutiv. In dieser Bindung an geschriebene Normen äußerte sich eine Grundtendenz der Epoche.

Im Zeitalter des Konflikts zwischen Königtum und Reformkirche reichte die Wirksamkeit der Hirsauer weit über ihre Klöster hinaus. Hirsau bedeutete unter Heinrich IV. ein Bekenntnis zur päpstlichen, gregorianischen Partei. Nichts ließ den schwäbischen Reformkreis in seinem Gehorsam gegen die römische Kirche wanken, die zum Zentrum des Erneuerungswillens geworden war. Wer befürchtete, sich durch den Kontakt mit Exkommunizierten zu beflecken, zu denen unter den Oberen, Geistlichen wie Laien, damals viele gehörten, zog sich in ein Kloster der Hirsauer zurück. Wer an der Wirksamkeit der Sakramente zweifelte, die simonistische oder unkeusche Priester verabreichten, hoffte deren gültige

Spende bei den Hirsauern zu finden. Dem Kampf gegen den Laieneinfluß in der Kirche, dem Kampf um die »Freiheit der Kirche«, der viel weiter zielte als die früheren Simonieverbote, hatten sie sich ganz und gar verschrieben. Ihre Gegner höhnten erstaunt, was das für ein neues Geschlecht von Mönchen sei: Es gelobte den Rückzug aus der Welt hinter die Klostermauern und zog predigend durch die Lande, um für die päpstliche Sache zu agitieren und alle Stände zu mönchischen Lebensformen zu bekehren.

Es waren die Parteiungen in Deutschland, die diese Stellungnahme des schwäbischen Reformmönchtums provozierten, nicht die Einflüsse Clunys. Gefördert wurden die Hirsauer von jenen Kräften, die den Kern der Opposition gegen Heinrich IV. bildeten. Diese Bindung traf mit jener Unbedingtheit zusammen, die in der persönlichen Entscheidung für das Mönchtum Hirsaus lag. Cluny dagegen bewahrte sich trotz der Unterstützung für die Kirchenreform und der Treue zum Papsttum während der »Spaltung« der Kirche stets eine Art Neutralität über den Parteien. Abt Hugo von Cluny brach den Kontakt zu seinem Patensohn Heinrich IV. nie ab. Als exkommunizierter Anhänger des Kaisers konnte Bischof Burkhard von Basel das dortige St. Alban zum Cluniazenserkonvent machen. Der kaiserliche Benno II. von Osnabrück holte in sein Kloster Iburg Abt und Mönche aus Siegburg und St. Pantaleon in Köln. Die Hirsauer mußten dagegen die mainzischen Klöster verlassen, als 1085 ein kaiserlicher Erzbischof auf jenen Siegfried folgte, der 1077 den Gegenkönig Rudolf gekrönt und sie dorthin gerufen hatte.

Trotz solcher Verstrickungen muß das schwäbische Reformmönchtum als Höhepunkt der mönchischen Bewegung im damaligen Deutschland gelten. Neuartige Einrichtungen lassen es in manchem als eine Art Vorläufer der Zisterzienser erscheinen, die sich nach 1120 in Konkurrenz zu ihnen ausbreiteten. Schon in Hirsau wollte man keine Mönche mehr, die als Kinder ohne eigene Entscheidung in das Kloster gegeben wurden. So verliehen Kleriker, die Mönche werden wollten, und Mönche, die strengere und regeltreuere Lebensformen suchten, der Bewegung das geistige Profil. Von diesen Mönchen trennte man in Hirsau die Laien, die in das Kloster eintraten. Laienbrüder wohnten nicht innerhalb der Klausur mit den Vollmönchen zusammen, erhielten nicht die Tonsur, die bei den Hirsauern größer war als üblich, trugen anders als die Mönche einen Bart und eine andere Tracht. Sie erledigten weltliche Geschäfte und Arbeiten außerhalb der Klostermauern, während die Klerikermönche sich um so mehr ihren geistlichen Aufgaben widmen sollten. Einer Grundtendenz der Zeit entsprechend, wurden also auch innerhalb des Klosters Geistliche und Laien nach spezifischen Funktionen und ihrer jeweils eigenen Lebensform geschieden. Diese Neuerung, die den bisherigen Auffassungen vom Wesen der klösterlichen Gemeinschaft widersprach, setzte sich wenig später auch in Cluny und bei den Zisterziensern durch.

Die Scheidung beider Gruppen innerhalb der Konvente hatte eine weitere Klerikalisierung des benediktinischen Mönchtums zur Folge, die auf längere Sicht dessen Stellung in der christlichen Gesellschaft schwächte. Zunächst jedoch erschloß sie neuen gesellschaftlichen Gruppen den Weg zur mönchischen Daseinsform. Während sich in den Konventen der alten Reichsabteien vornehmlich Adelige oder Edelfreie sowie Söhne von aufstrebenden Ministerialen sammelten, konnten hier auch Niedriggeborene und Niedriggestellte in das Kloster eintreten. Darüber hinaus übernahmen unter dem Einfluß von Hirsauer Mönchen ganze Dorfgemeinden mönchische Lebensmaximen und ahmten, geistlich vom Kloster betreut, in Enthaltsamkeit und Gütergemeinschaft urkirchlich-apostolische Lebensformen nach. Ideale des Mönchtums sollten die christliche Gesellschaft über die bestehenden Standesunterschiede hinweg zu einer Gemeinde Gottes vereinen.

Man vertraute darauf, daß das erneuerte Mönchtum die innere Kraft besaß, seinen Vorsatz auch künftig durchzuhalten. Man fürchtete aber, daß äußere Verflechtungen diesen Vorsatz gefährden könnten, und forderte deshalb für das neue Mönchtum eine neuartige Freiheit. »Freiheit der Kirche« war das Schlagwort, das im Zeitalter Gregors VII. alle Bemühungen um Reform der Kirche sammelte. Freiheit vom Einfluß der Laien, Freiheit zu innerer Selbstbestimmung schien die Voraussetzung für die Verwirklichung aller anderen Ziele zu sein und allein der gottgewollten Ordnung zu entsprechen. Doch auch die Kirchen und Klöster bedurften des konkreten Schutzes weltlicher Macht. Darin lag das eigentliche Problem: Wie konnte man Schutz von Herrschaft trennen in einer Welt, in der man sie bisher als untrennbare Einheit, fast als zwei verschiedene Wörter für dieselbe Sache verstanden hatte?

Schon Leo IX. hatte für die Gründungen seiner Familie im Elsaß ein neues Modell entwickelt. In Anlehnung an das Vorbild Clunys wurden sie dem päpstlichen Stuhl übertragen, der ihnen ihre »Freiheit« garantierte; die Vogtei jedoch sollte ungeteilt und gebunden an die benachbarte Stammburg in der Familie weitervererbt werden. Damit war aber das herkömmliche Eigenkirchenrecht nicht wirklich überwunden, in dem die Reformer um Gregor VII. die Wurzel vieler Übel in der Kirche sahen. Auch die schwäbischen Reformmönche hielten die »römische Freiheit« für eine entscheidende Voraussetzung, um die Kontinuität ihres Mönchtums zu sichern. Doch sie forderten für ihre Klöster die freie Wahl des Vogtes und ausdrücklich auch das Recht zu dessen Abwahl, falls er gegen seine Pflichten verstieß. Die Vogtei und damit die Gerichtsbarkeit über die Leute auf dem Klostergut ist dennoch fast überall in der Hand der Stifterfamilie geblieben; aber sie galt als ein Amt, dessen Inhaber von Abt und Mönchen benannt wurden und dessen Kompetenzen wiederum meist schriftlich fixiert waren. Seine Gerichtsgewalt mußte dem Vogt zusätzlich vom Herrscher durch den »Königsbann« übertragen werden, so daß er auch in dieser Hinsicht nicht als eigener Herr, sondern als Träger einer Funktion staatlichen Charakters erschien. Bei der Einweisung des Abtes wurde auf die Übergabe eines Investitursymbols, des Abtsstabes, verzichtet, um alle besitzrechtlichen Vorstellungen auszuschalten. Der Konvent wählte den Abt, stellte dem Klerus und dem Volk den Gewählten vor, und dann empfing dieser vom Bischof die Weihe. In Deutschland bedeuteten diese Neuerungen eine Zwischenstufe zu dem, was dann die Zisterzienser in noch konsequenteren Formen verwirklichten.

Die neuen Regelungen zur Sicherung der klösterlichen »Freiheit« zeigen einen Umbruch im Verhältnis von König und Kirche wie im Verhältnis von König und Adel an. Bis dahin war man der Meinung gewesen, daß es der König sei, der einem Kloster das größtmögliche Maß an Freiheit garantierte, indem er ihm Königsschutz, Immunität und Wahlrecht verbriefte. Wollte ein Adeliger seiner Gründung dauerhaften Bestand geben, so übertrug er das Kloster dem König. Ein solcher Vorgang ist letztmals unter Heinrich III. zum Jahr 1045 bezeugt. Doch hatte der Stifter 1036 erklärt, daß er sein Kloster Beromünster nur dann auf diese Weise sichern wolle, wenn er keinen anderen Weg finde. Offensichtlich wurde die königliche Kirchenherrschaft nicht mehr als Garantie der klösterlichen »Freiheit« angesehen. Der Adel vermied es, mit einer Stiftung aus seinem Familiengut die Macht des Königs zu stärken. Die Klöster wurden enger an die eigene Dynastie gebunden und in deren Herrschaftsbildung integriert. Waren bis in die Frühzeit Heinrichs IV. die Klöster, die dem Herrscher selbst oder königsnahen Reichsbischöfen unterstanden, die Orientierungspunkte des monastischen Lebens im Reich, so wurden nun adelige und bischöfliche Neugründungen, die keine unmittelbare Verbindung zum König besaßen, zu den Vorbildern des Mönchtums und den Zentren klösterlicher Kultur.

Die aus der mönchischen Bewegung kommenden Impulse zur Erneuerung der Gesamtkirche, der Ordnung in der christlichen Welt, sind unter Heinrich III. vom Herrscher, vom Episkopat und nach 1046 vor allem vom Papsttum zu allgemeinerer Wirksamkeit gebracht worden. Nicht mehr so sehr die Unterstützung für charismatische Einzelne und ihre Jünger, die durch das Beispiel ihres Lebens und die überzeugende Kraft ihres Wortes für die Kirche Christi wirkten, sondern der Wille zu einer hierarchisch-herrschaftlichen Ordnung des Ganzen scheint die neuen Bemühungen zu charakterisieren. Die königlich-päpstlich-bischöfliche Reform der Kirche verband sich mit den Tendenzen zu strafferer herrschaftlicher Lenkung der christlichen Menschheit.

Der Kampf gegen Simonie und Nikolaitismus wurde auf den Synoden in verschärfter Form propagiert. Insbesondere die Simonie wurde als Häresie verstanden, die die Ungültigkeit der Weihen und damit aller aus ihr folgenden priesterlichen Handlungen nach sich zog. Papst Leo IX. nahm Reordinationen vor, wo die Weihe durch einen simonistisch erhobenen Bischof erfolgt war oder nicht ausgeschlossen werden konnte. Im Kampf gegen den Laieneinfluß in der

Kirche faßte Humbert von Moyenmoutier den Simoniebegriff in Anlehnung an patristische Erörterungen sehr viel weiter als bisher. Simonie lag nicht nur vor, wenn das Amt gegen Geld vergeben wurde, sondern auch dann, wenn die Fürsprache von Verwandten und Freunden die Entscheidung herbeigeführt hatte oder wenn der, der das Amt vergab, von dem Ernannten bestimmte Dienste erwartete. Für seine Protagonisten war der erweiterte Kampf gegen die Simonie ein tiefes religiöses Anliegen, kein Instrument in einem anders motivierten Machtkampf. Obwohl es eigentlich nahelag, daß er die Herrschaft des Königs über die Reichskirche tangieren würde, hat man diese Konsequenz zunächst nicht ausdrücklich gezogen. Bisher hatte die Reform dem Kaiser entscheidende Unterstützung verdankt. Erhoffte man von Heinrich IV. dasselbe, sobald er die Regierung übernehmen würde?

Reinigung und Erneuerung der Kirche waren damals nicht nur ein Anliegen der Oberen, die für die Ordnung in der christlichen Welt verantwortlich waren. Daß in den werdenden Kommunen Oberitaliens, in Mailand und seinen Nachbarstädten, breite Bevölkerungsgruppen in ungewöhnlichen Formen den Kampf gegen Ämterkäuflichkeit und Priesterehe aufnahmen, hat zu Konflikten geführt, welche die Beziehung zwischen dem salischen Hof und dem Reformpapsttum aufs schwerste belasteten. Angeführt von Klerikern und Mönchen, die gegen die Mißstände in der Kirche predigten, boykottierten Laien die Gottesdienste von Geistlichen, denen Simonie oder mangelnde Enthaltsamkeit vorgeworfen wurde, hinderten sie einzelne Priester daran, zum Altar zu treten, und beschimpften den Domklerus, wenn er in Prozessionen durch die Straßen zog. Es kam sogar so weit, daß der Erzbischof im Dom beim Gottesdienst gestört wurde. Päpstliche Legaten konnten den Streit nicht wirklich schlichten. Bezeichnenderweise blieb es jedoch auch hier nicht bei spontanen Willkürakten. Man vereinbarte in gemeinsamer Beratung und Entschließung die Ordnung, die künftig in der Stadt gelten sollte, und beschwor sie. Der Klerus mußte sich schriftlich zur Enthaltsamkeit verpflichten. Wer die Unterschrift nicht leistete, wer sich den gemeinsamen Beschlüssen widersetzte, sollte die Stadt verlassen. Die Vereinbarungen sollten die rechte Ordnung und den Frieden in der Stadt sichern. Aber diese Vorgänge, die bereits auf eine eigene Organisation der Stadtgemeinde hinführten, untergruben zugleich die bisherige Stellung des Erzbischofs, die herkömmliche kirchliche und weltliche Ordnung in der Stadt. Wie konnten Laien darüber entscheiden, ob die Priesterehe erlaubt war, was man nicht nur in Mailand, sondern auch in Schwaben theologisch beweisen zu können glaubte? War es zulässig, daß Laien gegen tatsächliche oder angebliche Simonisten vorgingen, wo doch allein ein kirchliches Gericht einen solchen Vorwurf untersuchen durfte? Von den Zielen der fast revolutionären Bewegung, die man »Pataria« nannte, konnten sich Alexander II. und Gregor VII. ebensowenig distanzieren, wie sie den frommen Eifer desavouieren wollten. Die von den Unruhen Betroffenen, die Gegner der

Pataria, kritisierten die unzulässigen, gegen die herkömmliche Rechtsordnung verstoßenden Formen. Hob diese Kritik die Mißstände auf? Gregor VII. hat später in Mailand und ebenso in Deutschland die Laien ausdrücklich zum Vorgehen gegen den Klerus ermächtigt, wo die Ermahnungen der kirchlichen Oberen und insbesondere des Papstes nichts nützten. Doch selbst Bischöfen, die die Reformforderungen anerkannten, waren bei ihrer Verwirklichung Grenzen gesetzt. Was sollte der Bischof von Konstanz tun, wenn sich in seiner Diözese 3.600 Pfarrer versammelten und gemeinsam beschlossen, an der Priesterehe festzuhalten?

Die Unbedingtheit des Willens zur Reinigung und Erneuerung der Kirche erlaubte keine Kompromisse. Es ging um die Durchsetzung der Prinzipien. Im Verhältnis zwischen dem Papsttum und dem deutschen Hof rückte das Problem der Simonie in den Mittelpunkt. Heinrich III. soll sich von ihr ganz frei gehalten haben. Es war zweifellos nicht nur die geschärfte Empfindlichkeit der Reformer, sondern auch das Verhalten des jungen Heinrich IV., das bei seinen Bischofserhebungen immer wieder den Vorwurf der Simonie laut werden ließ. Bischöfe wurden zur Rechtfertigung nach Rom zitiert. Heinrich IV. versicherte zwar seine persönliche Unschuld, räumte aber die Möglichkeit simonistischer Bestechung seiner Berater ein. Die Folge war, daß einige seiner Räte exkommuniziert wurden. Der König hätte nicht mehr mit ihnen verkehren dürfen; doch wie sollte er sich von ihnen trennen, da sie nicht seine Beamten, sondern Große mit eigener Macht, fast seine Verbündeten waren? Die Verknüpfung der Mailänder Probleme mit dieser Frage führte 1075 und Anfang 1076 zum Bruch zwischen Gregor VII. und Heinrich IV.

In der aufbrechenden Verwirrung mündete das Bedürfnis nach religiösem Neubeginn in immer radikalere Forderungen. Alte Gewohnheiten wurden verworfen, tief verwurzelte Überzeugungen in Frage gestellt, ja als Irrtümer gebrandmarkt. Wer die durch das Herkommen sanktionierte Ordnung zu verteidigen glaubte, sah die Welt durch unerhörte Anmaßungen und Neuerungen in ein Chaos gestürzt. Die Reformer dagegen verurteilten übliche Verhaltensweisen und gängige Auffassungen als Abfall von den alten und gottgesetzten Normen, deren Verwirklichung doch auch ihre Gegner anzustreben meinten. Die Basis für eine Verständigung schien verlorengegangen zu sein.

Auf seiten der Reformer waren viele von dem Willen getrieben, die aufgeworfenen Fragen sozusagen unter den Augen des göttlichen Richters zu klären und die christliche Welt zur rechten Ordnung zurückzuführen. Papst Gregor VII., der dem Zeitalter das Gepräge gab, hat diesen Willen auf die knappste Formel gebracht: »Christus hat nicht gesagt: ›Ich bin die Gewohnheit‹; er sagte: ›Ich bin die Wahrheit‹.« Doch wo lag die Wahrheit? Nur dreißig Jahre nach Sutri waren Gregor VII. und seine Umgebung davon überzeugt, daß der Papst, wenn es um solche Fragen ging, über Kaisern und Königen stand und sie zur Rechenschaft ziehen konnte – aus seiner mit niemandem teilbaren Verantwortung für die Kirche, die Christus dem Petrus und dessen Nachfolgern übertragen hatte. Wenn die dem Nachfolger Petri verliehene Binde- und Lösegewalt über den Tod hinaus wirksam war, um wieviel mehr mußte sie dann in dieser Welt gelten, wenn es um Fragen der kirchlichen Ordnung ging? War etwa der König nicht wie jeder andere Mensch unter das Hirtenamt des Episkopats gegeben, der wiederum hierarchisch der Disziplinargewalt der römischen Kirche unterstand? Gregor VII. war davon überzeugt; und seine Gegner, die Parteigänger des von diesem Anspruch unmittelbar getroffenen Saliers, wußten dem kein durchschlagendes Argument entgegenzusetzen. Sie versuchten, die Rechtmäßigkeit des Papsttums Gregors VII. zu bestreiten, freilich ohne damit in der abendländischen Kirche durchzudringen; sie suchten in der Geschichte und fanden, daß Gregors Vorgehen gegen Heinrich ohne Beispiel sei. Hatten nicht vorbildhafte Kaiser die Stellung in der Kirche eingenommen, die der falsche Mönch auf dem Papststuhl nun dem rechtmäßigen Inhaber des Imperiums bestritt und die man doch als von Gott und Christus sanktioniert aus der Heiligen Schrift und den Satzungen der Väter beweisen zu können meinte? Der neue päpstliche Anspruch schien die Kirche zu spalten.

Doch hielten solche Argumente der »Wahrheit« stand, mit der Gregor VII. sein Handeln rechtfertigte? Nicht nur sahen er und seine Helfer sich ganz in Übereinstimmung mit dem geoffenbarten Wort, nicht nur fand man auch in seiner Umgebung Beispiele in der Geschichte, die seine Entscheidungen lediglich als Konsequenz von Positionen erscheinen ließen, welche die Kirche immer behauptet hatte. Die kirchliche Tradition schien – in der Interpretation, die ihr die Reformer gaben – ganz eindeutig zugunsten der päpstlichen Forderungen zu sprechen. Was hatte bereits Papst Gelasius I. 494 dem Kaiser Anastasius über den Vorrang der priesterlichen vor der kaiserlichen Gewalt und über den höheren Rang des Bischofs von Rom gegenüber allen anderen Priestern geschrieben? War nicht seinerzeit schon einem Kaiser entgegengehalten worden, daß er »Sohn der Kirche, nicht Bischof der Kirche« sei? Und was sagte die lange Reihe von Konzilsbeschlüssen über den Primat des Bischofs von Rom, über die kanonische Form der Bischofserhebung, über die Einmischung von Laien in das kirchliche Leben? All das begann man nun zu sammeln und integrierte es – vor allem nachdem der offene Kampf sich beruhigte – in ein neues dogmatisches Gebäude. Aber es war nicht diese Wiederentdeckung des kirchlichen Rechts, einschließlich passender, zum Teil nicht mehr als solche erkannter Fälschungen, die Gregor VII. und seine Umgebung leitete. Es war der unumstößliche Glaube an Rang und Verantwortung des Nachfolgers Petri. »Daß die römische Kirche niemals in Irrtum verfallen ist und nach dem Zeugnis der Schrift niemals irren wird«, gehörte zu den Grundüberzeugungen, aus denen folgte, daß der Papst Untergebene vom Treueid gegenüber Sündern lösen konnte und »daß es ihm

Die Arbeiter im Weinberg, die bösen Winzer, das große Gastmahl

Gleichnisdarstellungen in dem Goldenen Evangelienbuch von Echternach
Nürnberg, Germanisches Nationalmuseum

Die hier nebeneinander wiedergegebenen drei Bildseiten (76 v., 77 r. und 77 v.) einer Folge von vier Gleichnissen, die wie die anderen erzählenden Darstellungen und viele der Zierseiten der Evangelienanfänge im Original auf Purpurgrund farbwirksam stehen, sind Teil eines umfangreichen Zyklus über das Leben Christi. Schmale Gold- und Purpurbänder tragen Bildtitel in Hexametern und dienen der Gliederung in drei Bildstreifen mit den zeitlich aufeinanderfolgenden Szenen.

Das Gleichnis von den Arbeitern im Weinberg (Matthäus 20,1–16)

Im oberen Bildstreifen zwei Gruppen von Arbeitern, die der Hausvater zu verschiedenen Tageszeiten für die Arbeit in seinem Weinberg einstellt, wobei er mit der ersten einen Groschen als Tagelohn verabredet, der anderen gerechten Lohn verspricht. In der Mitte die Arbeit im Weinberg: das Hacken des Bodens und das Beschneiden der Reben. Unten das Einstellen einer letzten Gruppe in der elften Stunde des Tages und die Lohnzahlung: Alle erhalten einen Groschen, gegen den Protest der ersten Gruppe.

Das Gleichnis von den bösen Winzern (Matthäus 21,33–41; Markus 12,1–12; Lukas 20,9–19)

Oben mit Kelter und Turm der umzäunte Weinberg, den der Hausvater an die Winzer verpachtet. In der Mitte schickt er zur Ernte seine Knechte aus; doch sie werden von den Winzern mit Lanzen, Knüppeln und Steinen verwundet und getötet. Unten die Aussendung des Sohnes; aber auch er wird von den Pächtern getötet und sein Leichnam aus dem Weinberg entfernt.

Das Gleichnis vom großen Gastmahl (Lukas 14,16–24)

Der Reiche bittet durch seinen Diener zum Gastmahl, aber die Geladenen entschuldigen sich, was im mittleren und unteren Bildstreifen jeweils rechts dargestellt ist: Einer weist auf sein neuerworbenes Landgut, ein anderer auf seine Ochsen, und der dritte hat sich eine Frau genommen. Statt ihrer hat der Reiche die Blinden, Lahmen und Krüppel zur Tafel gebeten; links machen sie sich auf den Weg und werden oben bewirtet.

Die Eindringlichkeit der Bilderzählung, das Bemühen um die Vielzahl der Details lassen an Naturbeobachtung und an unmittelbare Alltagsschilderung denken. Doch die Bilderfolge steht in einer Tradition, die bis in die Spätantike zurückreicht; man vermutet die Bildquelle im 6. Jahrhundert. In dem überaus kunstvoll komponierten Ausstattungssystem dieses prachtvollen Evangelienbuches ist der Zyklus in vier Gruppen unterteilt, entsprechend der Absicht, den Schmuck jeweils am Anfang der vier Evangelientexte zu konzentrieren. Die Gleichnisdarstellungen sind dem Lukas-Evangelium vorangestellt.

Die Handschrift im Format 44,5 × 31,0 cm gehört zu einer Gruppe von zehn erhaltenen Codices, die im zweiten Viertel des 11. Jahrhunderts im Benediktinerkloster Echternach entstanden sind. Besonders nahestehend in Art und Aufwand des Buchschmucks wie im großen Format sind zwei Evangelienbücher, die durch Stifter und Bestimmungsort von besonderem Rang sind. Beide ließ Kaiser Heinrich III. anfertigen: das eine um 1045/46 für den Dom in Speyer (jetzt im Escorial), das andere um 1050 für die von ihm gegründete Stiftskirche St. Simon und Juda in Goslar (jetzt in der Universitätsbibliothek Uppsala).

Beide Handschriften enthalten bildliche Darstellungen des hohen Auftraggebers. Im Echternacher Codex hingegen befindet sich kein solches Stifterbild; die besonderen Umstände seiner Entstehung bleiben somit im dunkeln. Bis ins ausgehende 18. Jahrhundert, bis zur Säkularisation des Klosters, befand er sich in Echternach, 1794 von den Mönchen als bewegliche Habe mitgenommen. Er wurde nicht nur in Echternach geschrieben und illuminiert, sondern war auch für den liturgischen Gebrauch am Ort selbst bestimmt.

Dieser Nürnberger Codex wird als der älteste der Echternacher Handschriftengruppe des 11. Jahrhunderts datiert: um 1030. Damals ging der Wiederaufbau der Klosterkirche von Echternach – nach einem Brand von 1016 – seiner Vollendung entgegen; er wurde 1031 geweiht. Das könnte der Anlaß für die Stiftung dieser prunkvollen Evangelienhandschrift gewesen sein, für die im Kloster der fast ein halbes Jahrhundert ältere kostbare Buchdeckel bereits vorhanden war, den Kaiserin Theophanu und ihr Sohn König Otto III. gestiftet hatten. Abt war in jenen Jahren der aus St. Maximin in Trier stammende und als Erneuerer von Echternach geltende Humbert (1028–1051), von dem Verbindungen zur Kaiserin Gisela, der Gemahlin Konrads II. und Mutter Heinrichs III., zu vermuten sind.

Lit.: Das Goldene Evangelienbuch von Echternach, Codex Aureus Epternacensis, Hs 156 142 aus dem Germanischen Nationalmuseum, Nürnberg, Faksimile-Band und Kommentar-Band von R. Kahsnitz, Frankfurt am Main und Stuttgart 1982; R. Kahsnitz, U. Mende und E. Rücker, Das Goldene Evangelienbuch von Echternach, Eine Prunkhandschrift des 11. Jahrhunderts, Frankfurt am Main 1982.

(Ursula Mende)

AD CAENAM MAGNAM MVLTOS VOCAT HIC HOMO QVIDA. HANC INOPES INTRANT FORTES ET ADEE RECVS
PAVPERES
HOMO QVIDAM
ADHVC LOCVS
EXCVSA ROGO ME RETINENT COMMERTIA VILLAE. NE COGAS IRE QM IVGA VADO PROBARE.
VOCATVS
PROPTER CONIVGIVM NON ILLVC PERGERE POSSVM.

erlaubt ist, Kaiser abzusetzen«. Wer an solchen Konsequenzen zweifelte, schien den Primat des römischen Bischofs zu bestreiten und hatte sich damit von der Kirche getrennt.

So wurde die Epoche der beiden letzten Salier ein Zeitalter des Streites und des Kampfes, das den nachfolgenden Generationen eine veränderte Welt hinterließ. Damals begannen Fragen die Christenheit zu spalten, die eindeutig und verbindlich zu beantworten auch späteren Generationen schwerfiel. Das Verhältnis von Reich und Kirche, die Rechte der königlichen und priesterlichen Gewalt und deren Stellung in einer nach Gottes Gebot zu ordnenden Welt wurden strittig – und sie blieben es, als Kompromisse den offenen Konflikt beendet hatten. Das haben schon die Zeitgenossen und diejenigen, die aus der frühen Stauferzeit auf die vergangenen Jahrzehnte zurückblickten, deutlich ausgesprochen. Auch die moderne Geschichtswissenschaft wertet das »Zeitalter des Investiturstreits« als Epoche eines Umbruchs, der mit den Umwälzungen im Zeitalter der Reformation und der Französischen Revolution verglichen werden darf. Doch wo wird im geschichtlichen Strom jene Beschleunigung sichtbar, die auf den Katarakt des späten 11. Jahrhunderts hinführt?

Man hat oft die Linien nachgezogen, die das lothringische Reformmönchtum mit dem Reformpapsttum verbinden. Daß bereits diese Mönche entschieden gegen Simonie und Nikolaitismus, gegen den Laieneinfluß in der Kirche eintraten und daß vor allem die Reformgruppe um Leo IX. von dorther geprägt war, kann kaum die plötzliche Sprengkraft erklären, welche diese Forderungen nach der Jahrhundertmitte entfalteten. Auch wenn die Bestrebungen im Mönchtum zusätzliche Impulse aus der Beschäftigung mit dem Kirchenrecht erhielten, dem man sich damals in lothringischen Domschulen fleißig widmete, bietet dies keine ausreichende Erklärung.

Wer die Entwicklung nach der Jahrhundertmitte betrachtet, kann fast überall einen neuen Zeitgeist spüren, der Aussagen und Forderungen der Überlieferung wörtlicher nimmt, der grundsätzlicher fragt und schärfer unterscheidet als frühere Generationen. Diese neue Haltung war nicht auf den kirchlichen Bereich beschränkt, wiewohl man sie vom religiösen Impuls nirgends ablösen kann. Im Denken der Menschen selbst, in Theologie und Philosophie, im Umgang mit dem Recht zeichnet sich der Beginn einer neuen Epoche ab. Bleibt man im Bereich des Streits, der damals zwischen Papsttum und Königtum ausbrach, so zeigt sich ein Zustand geistiger Spannung, der bis dahin nicht zu beobachten war. Dabei artikulieren sich Persönlichkeiten deutlicher als zuvor. Viele – freilich stets Geistliche, denn zumindest in Deutschland stammte damals noch alles Geschriebene von ihrer Hand – waren von dem Bedürfnis getrieben oder wurden von Betroffenen dazu veranlaßt, zu den Streitfragen der Zeit schriftlich Stellung zu nehmen, um die eigene Position zu rechtfertigen, die gegnerische zu widerlegen oder bloßzustellen. Viele dieser Streitschriften, in denen versucht wurde, die Argumente für oder gegen die alte Ordnung, für oder gegen neue Ansprüche in eine Art System zu bringen, haben keine weitere Verbreitung gefunden. Sie wurden wohl wenig gelesen und haben noch seltener das Handeln der Menschen beeinflußt. Aber sie waren trotz des Willens zu mehr theoretisch-theologischer Klärung getragen von der leidenschaftlichen Erregung, aus der heraus auch die politischen Manifeste der Zeit diktiert wurden. Mit ihnen versuchten, wiederum erstmals im Mittelalter, die Protagonisten des Streits auf beiden Seiten die Haltung der Zeitgenossen zu beeinflussen. Heinrich IV. und seine Helfer haben sich dabei besonders hervorgetan. Vor einer von den Problemen der Zeit zerrissenen Öffentlichkeit wurde ein Propagandadialog geführt, in dem neben alten Überzeugungen auch kühnste neue Gedanken formuliert wurden.

Der Motor der Radikalisierung war nicht das Mönchtum. Es wurde vielmehr selbst von diesem Zeitgeist erfaßt und dadurch in die Auseinandersetzungen hineingezogen. Nirgends läßt sich das Reformmönchtum insgesamt in die Fronten des Investiturstreits pressen. Auch im Reichsmönchtum waren die politischen Stellungnahmen verschieden. Sieht man von den Hirsauern ab, so scheint der mönchische Lebensvorsatz selbst in einer Zeit, in der Parteinahme nicht zu umgehen war, vielerorts zu der ihm angemessenen Zurückhaltung geführt zu haben. Als der Streit zu Beginn des 12. Jahrhunderts abklang, entfaltete das benediktinische Mönchtum in Deutschland noch einmal seine volle Wirksamkeit, geradezu als seien seine Energien in der Zeit des Investiturstreits aufgestaut gewesen. Schon im Verlauf des 11. Jahrhunderts hatte aber die religiöse Bewegung auch Kräfte freigesetzt, die kaum noch in eine Erneuerung des traditionellen Mönchtums einzubinden waren. Sie kamen in Italien und Frankreich früher und stärker zur Entfaltung als in Deutschland. Doch erst die große Auseinandersetzung, die sich in der Zeit eines tiefgreifenden gesellschaftlichen Wandels vollzog, ließ die religiöse Bewegung in neue Bahnen durchbrechen.

Dem Hauptziel der Reform, der hierarchischen Strukturierung der Kirche, entsprach das, was sich im Rahmen der religiösen Bewegung damals im Abendland neu entwickelte, nur zum Teil: etwa die Kanonikerreform, die auch den Säkularklerus in klösterlichen Chorherrengemeinschaften einer Regel unterstellte, oder die neuen, auf dem Boden Frankreichs entstandenen Orden, die sich seit dem Ausgang der Salierzeit auch in Deutschland auszubreiten begannen. Sie waren bereit, sich ganz der Diözesangewalt der Bischöfe zu unterstellen, von der sich das ältere Reformmönchtum aus Furcht vor bischöflicher Herrschaft über die Klöster oft zu befreien versucht hatte. Die Wirren des Investiturstreits haben aber die kirchliche Hierarchie vielfach auch in Frage gestellt. Wenn Papst und Kaiser gegeneinander standen und der Episkopat gespalten war, dann mußte dies die ohnehin vorhandenen Tendenzen zur eigenen Suche nach dem rechten Weg bestärken. Solche Tendenzen reichten bis in die untersten Schichten des

Volkes. Sie artikulierten sich bereits, ehe der große Streit begann: Petrus Damiani, Abt eines strengen italienischen Eremitenordens und dann im Kardinalskollegium einer der wichtigsten Köpfe der Reform, behauptet, Bauern und Fuhrknechte hätten in der Bibel nach Anhaltspunkten gesucht, um Totenfürbitten und Oblationen ablehnen zu können. In Frankreich bestritt ein predigender Bauer, der großen Anklang fand, die biblische Rechtfertigung der Zehnten. Otloh von St. Emmeram richtete an die Laien die Ermahnung, nicht dem schlechten Beispiel der Kleriker zu folgen, sondern dem Wissen, das ihnen Gottes Gnade zugeteilt habe. Mehr und mehr suchte man im Evangelium nach den Regeln richtigen Lebens. Die Haltung der Reformer zur überkommenen Ordnung konnte ihrerseits nichtbiblische Autoritäten in Frage stellen. Gregor VII. selbst hat in vielfachen Wendungen die »Gewohnheit«, in der man bis dahin zugleich die rechte Ordnung gesehen hatte, zum Inbegriff des Unrechts gestempelt, wenn Heinrich IV. und seine Anhänger sich gegen die päpstlichen Neuerungen auf sie beriefen. So ist die Zeit um 1100 durch religiöse Neuansätze gekennzeichnet, die sich schwer in die sich hierarchisch ordnende Klerikerkirche eingliedern ließen. Die Wirksamkeit der Wanderprediger, von denen einige wie Norbert von Xanten neue Orden gründeten, verstieß gegen die Grundsätze der stabilen kirchlichen Ordnung und ließ sich dennoch kaum bremsen. Nicht zuletzt die Frauen, die in der monastisch orientierten Reform nur sehr eingeschränkt einen eigenen Platz finden konnten, nahmen neuartige Formen religiösen Lebens an; das Vorbild der Frauen um Jesus und die Apostel bestärkte sie in ihrer neuen Rolle. Der Übergang zu den damals aufkommenden Häresien war fließend.

Für die Heilsuche des Einzelnen verlor so das herkömmliche Mönchtum sein bisheriges Monopol, selbst wenn seine unverzichtbare Funktion für das Heil der christlichen Gesellschaft noch von niemandem bestritten wurde und das 12. Jahrhundert auch in Deutschland als eine Blütezeit des Klosterwesens bezeichnet werden muß.

Das Reich in der Krise

Schicksal und Kämpfe Heinrichs IV.

Die Regierung Heinrichs IV. füllt genau ein halbes Jahrhundert. Bis zu Friedrich III. (1440–1493) hat kein Kaiser des Mittelalters länger geherrscht als er. Nur bei wenigen dürfte sich in der Spanne ihres Wirkens so viel verändert haben wie zwischen dem Herbst 1056, als dem sechsjährigen Salier die Herrschaft vorzeitig zufiel, und dem Zeitpunkt seines Todes im August 1106. Und doch ist es bloß eine chronologische Bestimmung, wenn man von einem »Zeitalter« Heinrichs IV. spricht. Der Herrscher hat diese fünf Jahrzehnte in seiner Stellung mitgestaltet und den Ereignissen oft durch sein persönliches Verhalten eine Wendung gegeben, aber er hat seine Zeit nicht zukunftweisend geprägt, wie es Gregor VII. trotz äußeren Scheiterns durch sein zwölfjähriges Pontifikat gelungen ist. In eine Epoche des Umbruchs legt das Schicksal des dritten Saliers das Maß eines Menschenlebens, an dem für den späteren Betrachter der Ablauf der Zeit und die Veränderung der Welt, Tendenzen der geschichtlichen Entwicklung und zugleich Gegensätze und Widersprüche des Geschehens abzulesen sind.

Den Lebensweg Heinrichs IV. nachzuzeichnen, heißt, die Geschichte einer Herrschaftskrise zu schreiben. Sie war zunächst Ausdruck eines gestörten Verhältnisses zwischen König und Großen, man kann auch sagen: zwischen König und Reich. Gewiß war es dann der Kampf mit dem Papsttum, der das Königtum Heinrichs IV. bis in die Fundamente erschütterte. Er hat alle Gegensätze im Reich polarisiert; er hat die tiefen und breiten Gräben aufgerissen, die zu überbrücken auch nach 1106 nur mühsam gelang. Aber die innere Desintegration des Reiches war bereits im Gange, als es zum offenen Konflikt mit dem Papsttum kam. Und sie erreichte 1077 mit der Absetzung Heinrichs IV. und der Erhebung eines Gegenkönigs eine Zuspitzung, die Gregor VII. gern vermieden hätte. Hier wurde erstmals die Frage gestellt, wer wirklich für das Reich handelte: der König oder die gegen ihn opponierenden Großen.

Bis zu einem gewissen Grad war Heinrich IV. in den Konflikt bereits hineingestellt, als er Ostern 1065 mit noch nicht fünfzehn Jahren die Regierung verantwortlich übernahm. Vor seinem Tod hatte Heinrich III. 1056 die Sorge für Reich und Sohn seiner Gemahlin und Papst Viktor II. anvertraut. Sie sollten den König lenken, der auch als Kind formal die Herrschergewalt ausübte. Doch der Papst war 1057 gestorben, und die Kaiserin Agnes, die im Reich nicht den Rückhalt einer starken Verwandtschaft besaß, versuchte allein mit einem kleinen Kreis von Vertrauten zu regieren. Obwohl sie schon bald die Herzogtümer Schwaben, Kärnten und Bayern neu vergeben konnte, ohne Erbansprüche berücksichtigen zu müssen, und obwohl Erzbischof Anno von Köln in Niederlothringen sofort einen dauerhaften Ausgleich zwischen den streitenden Parteien herbeiführen und Gottfried, Balduin und andere Große mit der Reichsregierung versöhnen konnte, gelang es Agnes nicht, einen zuverlässigen Kreis persönlicher Helfer zu gewinnen. Selbst die Bischöfe, die sie erhoben hatte, gaben ihrer Regentschaft im kritischen Augenblick keinen Rückhalt. Anno von Köln entriß ihr im Einvernehmen mit anderen Großen, darunter Otto von Northeim, der 1061 das Herzogtum Bayern erhalten hatte, 1062 die Regierungsgewalt. Als sich der Hof in der Pfalz auf der Rhein-Insel Kaiserswerth aufhielt, entführte Anno den jungen König zu Schiff. Vergebens versuchte der Zwölfjährige, sich durch einen Sprung in den Fluß zu befreien; Markgraf Ekbert sprang hinterher und holte ihn zurück. Doch die Fürsten, für die die Teilhabe an der Herrschaft über das Reich eine Bestätigung ihres Ranges bedeutete, waren nicht gewillt, einigen wenigen aus ihren Reihen die Regentschaft zu überlassen. Da für die kollektive Willensbildung formale Regeln noch weitgehend fehlten, wurden die Auseinandersetzungen oft in heftigen Formen geführt, und die Richtung bestimmte der, der die stärkste Gruppe unter den Großen an sich binden konnte. Vor allem Erzbischof Adalbert von Hamburg-Bremen setzte sich neben, zeitweilig vor Anno von Köln. Die Rivalität zwischen dem adelsstolzen Adalbert und dem Emporkömmling Anno war nicht nur von unterschiedlichen Zielsetzungen in der Reichspolitik, sondern wohl auch durch persönliche Animositäten geprägt.

Im Streit um die Führung der Regentschaft rechtfertigten die wichtigsten Männer ihr Verhalten aus der Sorge für das Reich. Das waren nicht nur leere Beteuerungen. Schon die Entmachtung der Kaiserin Agnes hatte wohl hauptsächlich das Ziel, den unbedachten, der Politik Heinrichs III. widersprechenden und für Heinrich IV. tatsächlich unheilvollen Konflikt mit dem Reformpapsttum zu beenden. Als 1063 ein Ungarn-Zug beschlossen wurde, setzten die Großen durch besonders sorgfältige Vorbereitung alles daran, den ersten Feldzug des jungen Königs zu einem vollen Erfolg werden zu lassen. Adalbert von Hamburg-Bremen behauptete von sich, daß er zu den wenigen gehöre, die alles für den Dienst am Reich einsetzten, während die meisten nur nach eigenem Gewinn strebten; andere dagegen warfen gerade ihm diesen Egoismus vor und begründeten ihr Vorgehen gegen ihn aus der Verantwortung für das Reich. Anno von Köln distanzierte sich 1065 von denjenigen, die damals so taten, als hätten sie Kirche und Reich in ihrer Hand, ohne für das Wohl beider zu handeln. Dieses Reichsbewußtsein der führenden Männer spiegelt – unbeschadet der Tatsache, daß sie um die konkreten Entscheidungen heftig stritten – den Erfolg der Ottonen und ersten Salier bei der Einbindung der politischen Kräfte in das Reichsganze.

Es war selbstverständlich, daß diejenigen, die sich während der Regentschaft über das zu fordernde Maß hinaus im Reichsdienst engagierten, für ihren

Erzbischof Anno von Köln im Dienst für Kirche und Reich (nach Busch/von den Brincken)

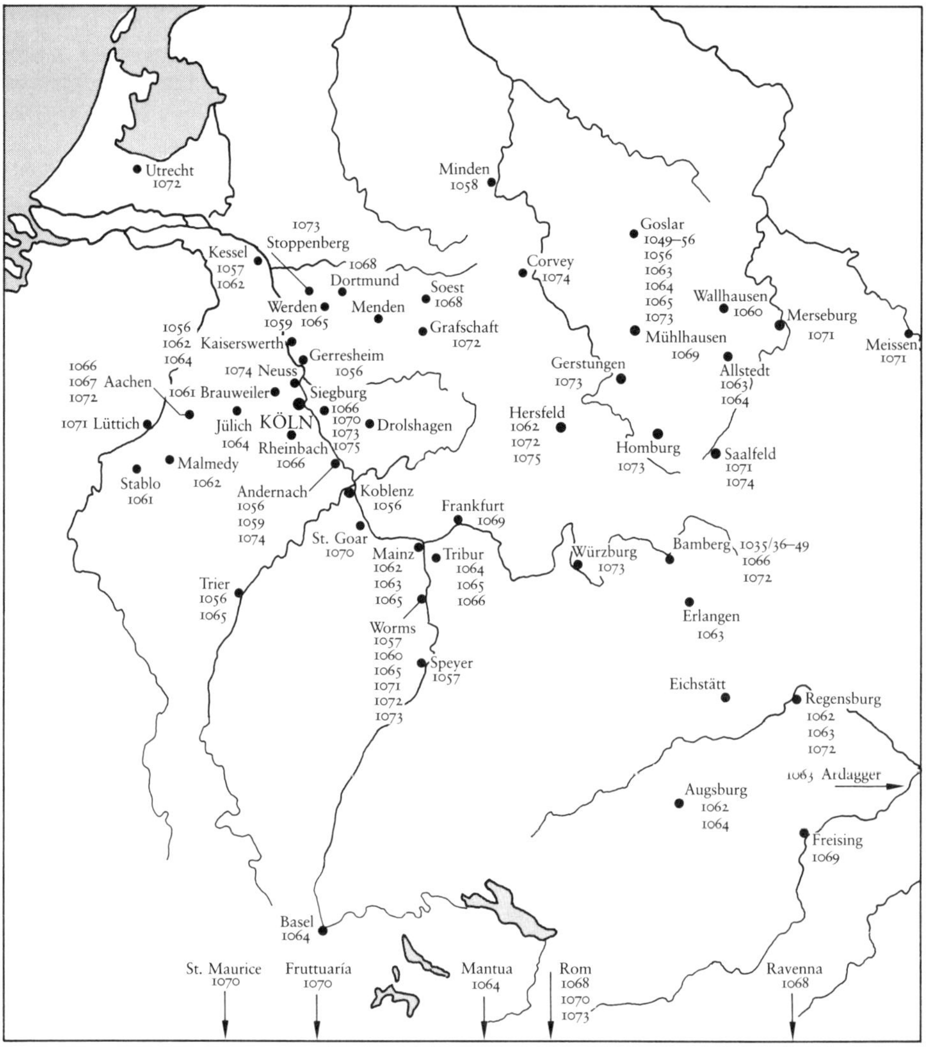

Aufwand entschädigt und für ihren Einsatz »geehrt« werden mußten. Dennoch läßt sich nicht nachweisen, daß Königsgut und Reichsrechte unter der Regentschaft in so großem Umfang verschleudert worden seien, wie man oft behauptet hat. Es scheint so, als sei vieles durch vorläufige Regelungen in der Schwebe gehalten worden, bis der junge König die Herrschaft selbständig übernahm. Probleme, die er lösen sollte, gab es genug: die Gegensätze im Reich, die durch

Herrschaftsausbau und beginnende Territorialpolitik der Großen verschärft wurden; das Schisma; die Stellung des Papsttums in Rom; die Normannenfrage in Süditalien; Machtverschiebungen im Gebiet der Slawen, die der Mission neue Chancen eröffneten; Kämpfe im ungarischen Königshaus, in denen die salierfeindlichen Kräfte Rückhalt beim polnischen Herrscher fanden, der mit dem zum Reichsfürsten werdenden Böhmenherzog im Streit lag.

Man wartete den Martinstag 1065 nicht ab, an dem der König das fünfzehnte Lebensjahr vollendete, sondern übergab ihm die Regierung schon im Rahmen des Osterhoftages, den man in der Salierstadt Worms beging: Am Dienstag nach Ostern wurde der König zum Zeichen der Mündigkeit mit dem Schwert umgürtet. Hier wurde ein Zug nach Italien und Rom beschlossen. 1064 war Alexander II. nur vorläufig als Papst bestätigt worden. Rechtlich stand eine endgültige Entscheidung noch aus. Cadalus von Parma, der im oberitalienischen Episkopat über einen starken Anhang verfügte, war bisher nicht bereit, auf die Würde zu verzichten, die ihm 1061 zugesprochen worden war. Mit der Klärung dieser Frage hätte der Rom-Zug dem Fünfzehnjährigen sofort die Kaiserkrone bringen können.

In Augsburg fand Mitte Mai der Pfingsthoftag des Königs statt. Kein Zweifel, daß sich hier das Heer zum Aufbruch nach Italien sammeln sollte. Doch der Zug wurde plötzlich abgeblasen. Die Enttäuschung im Kreis der Reformer war groß. Fast zehn Jahre lang hatte das Reformpapsttum ohne Unterstützung durch die Regentschaft um seine Position in Rom gekämpft. Nun verschob der König, als er erstmals seine höchste Pflicht wahrnehmen sollte, das bereits angelaufene Unternehmen ohne ersichtlichen Grund. Ein Brief, den Petrus Damiani an Heinrich schrieb, zeigt, welche Chance vergeben wurde. Die Geschichte des dritten Saliers wäre zweifellos anders verlaufen, wenn er damals das Bündnis mit dem Reformpapsttum erneuert und von Alexander II. die Kaiserkrone empfangen hätte.

Die Gründe für den schicksalhaften Aufschub des Rom-Zuges liegen im dunkeln. Aus einem Rechtfertigungsschreiben Annos an Alexander II. geht hervor, daß der Erzbischof und Gottfried von Lothringen noch zu Hause saßen, als Heinrich bereits in Augsburg eingetroffen war. Sie seien beide zum Aufbruch bereit gewesen; nur hätten sie nicht mit dem König über den Brenner und Trient ziehen, sondern den Weg durch Lothringen und Burgund nehmen wollen, um dann in Verona zu den anderen zu stoßen. Ob in Augsburg oder Verona – der König hätte in jedem Fall etwa einen Monat lang auf die beiden für den Italien-Zug wichtigsten Männer, den italienischen Erzkanzler und den Markgrafen von Tuszien, warten müssen. Nicht nur am Hofe erweckte Annos undurchsichtiges Verhalten Mißtrauen. Gegenüber Alexander II. glaubte der Erzbischof sich gegen die Unterstellung verteidigen zu müssen, er habe darauf gesetzt, daß das Unternehmen ihm die Papstwürde einbringen könne, daß also der König das

Schisma zwischen Alexander II. und Cadalus-Honorius durch Absetzung beider und die Erhebung eines deutschen Bischofs zum Papst beenden würde.

Trotz der Mündigkeitserklärung des Saliers bestanden die Gegensätze und das Mißtrauen zwischen den führenden Männern fort. Nach wie vor waren ihre persönlichen Rivalitäten mit dem Streit um schicksalhafte Entscheidungen für das Reich verquickt. Nun aber wurde der als selbständig geltende König in diese Konflikte hineingezogen, ohne daß man ihm volle Kompetenz in den Angelegenheiten des Reiches zugebilligt hätte. Als schwankendes Rohr, das jeder auf seine Seite bog, der sein Vertrauen besaß, als von falschen Einflüsterungen geleiteter Jüngling, der den Notwendigkeiten des Reiches und der Würde seines Amtes nicht gerecht wurde, haben ihn diejenigen in den folgenden Jahren bezeichnet, die mit seinem Tun nicht einverstanden waren.

Der König und seine Berater, voran Erzbischof Adalbert, suchten die Gegensätze zu besänftigen durch das damals wichtigste Mittel der Integration: indem der König diejenigen durch seine Freigebigkeit ehrte, auf deren Unterstützung er angewiesen war. Wenige Wochen nach dem Mißerfolg in Augsburg begann Heinrich IV. in ganz ungewöhnlicher Form über Reichsklöster und Königsgüter zu verfügen. Der Bischof von Brixen erhielt das Kloster Polling, der von Freising Benediktbeuern, der Speyerer Limburg an der Haardt und St. Lambert, der Konstanzer Rheinau. Dem Herzog von Schwaben wurde Kempten, dem von Bayern Niederaltaich übertragen. Erzbischof Adalbert bekam die ehrwürdigen Abteien Lorsch und Corvey, dazu die einträglichen Fiskalgüter Duisburg und Sinzig. Anno von Köln erhielt, obwohl er den König gerade desavouiert hatte, die Klöster Inden und Vilich und außerdem Malmedy, das bisher unauflösbar mit Stablo verbunden war. Und Gottfried, der ebenfalls nicht in Augsburg erschienen war, wurde mit dem Herzogtum Niederlothringen belehnt, das ihm seit 1044 verweigert worden war. Auch bei der Besetzung der 1065 frei gewordenen Bistümer Bamberg, Worms und Straßburg versuchte der König, sich mächtige süddeutsche Familien zu verpflichten. Doch bald zeigte sich, daß er durch diese Maßnahmen kaum Rückhalt gewonnen, sondern nur zusätzliche Konflikte entfacht hatte.

Das erste Weihnachtsfest, das der mündig gewordene König feierte, wurde wohl überraschend von Goslar nach Mainz verlegt und blieb hinter dem Glanz zurück, den der Anlaß forderte. Mitte Januar stellten die Fürsten den jungen König vor die Alternative, Adalbert von Hamburg-Bremen aus seinem Rat zu verbannen oder abzudanken. Der Erzbischof floh. In der Regierung des Reiches war Heinrich nun mit einer sich keineswegs immer einigen Fürstengruppe zusammengespannt, zu der die drei süddeutschen Herzöge und die Erzbischöfe von Mainz, Köln und Salzburg gehörten. Anno von Köln und Otto von Northeim, der Bayernherzog, waren die Wortführer, die Männer, die schon 1062 den Anschlag von Kaiserswerth inszeniert hatten.

Kaiser Heinrich IV. zwischen seinen Söhnen Konrad und Heinrich V. sowie drei Äbte des Klosters St. Emmeram zu Regensburg, Ramwald zwischen Eberhard I. und Rotpert. Miniatur in dem um 1100 in St. Emmeram entstandenen Evangeliar für Heinrich IV. oder V. Krakau, Schatzkammer der Kathedrale

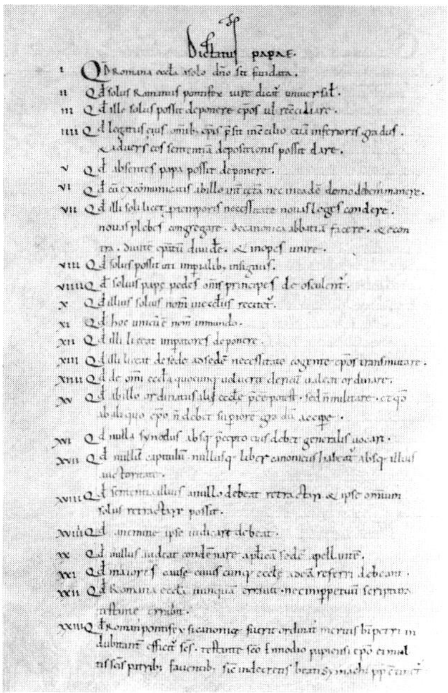

Markgräfin Mathilde von Tuszien, treue Tochter der römischen Kirche und Vertreterin des »Weibersenats« um Gregor VII., bei der Entgegennahme ihrer Biographie aus den Händen des Verfassers Donizo. Miniatur in der 1114/15 in Canossa entstandenen »Vita Mathildis«. Rom, Biblioteca Apostolica Vaticana. – Thesen des Papstes Gregor VII. über Vorrechte, Ansehen und Stellung des christlichen Oberhirten und der römischen Kirche. Erste Seite des »Dictatus papae« vom Jahr 1075 in dem »Register« der zwischen 1073 und 1083/84 in der päpstlichen Kanzlei entstandenen Briefe. Rom, Biblioteca Apostolica Vaticana

Kaiser und Papst als gleichgeordnete Gewalten: Heinrich V. und Paschalis II. zur Zeit des Investiturstreites. Miniatur in einer um 1113 von Ekkehard von Aura überarbeiteten Weltchronik des Frutolf von Michelsberg. Cambridge, Corpus Christi College. – Übergabe des Zepters durch den Papst an den Kaiser. Miniatur in einer in der zweiten Hälfte des 12. Jahrhunderts wohl in Köln entstandenen Handschrift des »Decretum Gratiani«. Köln, Dombibliothek

König Rudolf von Schwaben. Bronzerelief mitteldeutscher Herkunft auf der Platte seines Grabmals im Dom zu Merseburg, kurz nach 1080. – Sachsenkönig Widukind. Stuckrelief niederdeutscher Herkunft mit Resten der Bemalung auf der Platte des umgestalteten, barocken Grabmals in der Stiftskirche zu Enger im Kreis Herford, vermutlich letztes Viertel des 11. Jahrhunderts

In den Belangen des Reiches erschienen die Fürsten offiziell weiterhin als diejenigen, mit deren Rat der König handelte. Die Urkunden, die die königliche Kanzlei verließen, führten sie als Befürworter oder Bittsteller auf. Keiner ist häufiger genannt als Anno von Köln, den der König nach seiner Schwertleite aus Rache für Kaiserswerth angeblich als ersten mit Krieg überziehen wollte. Wichtige Angelegenheiten wie die endgültige Bereinigung des Schismas hätte der König wohl ganz nach dem Willen der Fürsten geregelt. Doch wo er nicht führte, setzten sich in der Reichspolitik Machtkampf und Intrigen der Großen fort. Auch ein auf Anfang 1067 angesetzter Rom-Zug, zu dem Alexander II. den Herrscher hilfeflehend aufgerufen hatte, unterblieb. Wieder stand Heinrich bereits in Augsburg, wo sich die Truppen zu Mariä Lichtmeß sammeln sollten, als die Nachricht eintraf, daß Gottfried von Niederlothringen und Tuszien selbständig nach Italien aufgebrochen war. Abermals zog sich der Herrscher zur Enttäuschung der Kurie von seinem Plan zurück.

Damit unterblieb ein ordnendes Eingreifen des Königs in Oberitalien, wo die Position der königstreuen Bischöfe vor allem in Mailand, Cremona und Piacenza durch die Unruhen der Pataria angeschlagen war. Die Aufgabe der Schlichtung fiel dem Papsttum zu. Da Alexander II., ein gebürtiger Mailänder, als Freund der Pataria galt, verschärfte diese Konstellation auch die Gegensätze zwischen dem oberitalienischen Episkopat und der römischen Kurie. Ansehen und Einwirkungsmöglichkeiten der Reichsgewalt sanken. Als Herzog Otto 1068 zusammen mit Anno von Köln wegen des Schismas nach Rom reiste und auf dem Rückweg in königlichem Auftrag einen Gerichtstag bei Piacenza halten wollte, konnte er sich trotz der Unterstützung durch Gottfried von Tuszien nicht durchsetzen. »Aus Hochmut und aus einem gleichsam angeborenen Haß« hätten es »die Italiener« abgelehnt, sich der Entscheidung eines »deutschen« Herzogs zu unterstellen. Das richtete sich weniger gegen die Herrschaft Heinrichs als gegen seine Abwesenheit. Denn die Ablehnung Herzog Ottos wurde mit dem Verdacht begründet, daß er in Italien Parteigänger für eine Konspiration gegen seinen Herrn zu gewinnen hoffe. Man wußte nicht mehr, ob die Beauftragten des Herrschers in seinem Sinne oder gegen ihn handelten.

Untätig blieb Heinrich auch in den Wirren, die durch Adalberts Vertreibung vom Hofe in dessen Sprengel ausgelöst wurden. Ohne Hilfe vom König mußte sich der einst führende Reichsfürst den Forderungen und Angriffen sächsischer Adelsfamilien beugen. Den billungischen Herzögen, den Markgrafen von Stade und anderen Grafenfamilien überließ er gezwungenermaßen Rechte und umfangreiche Güter seiner Kirche als Lehen, ohne dadurch wirklich Vasallenhilfe zu gewinnen. Hatte Adalbert vorher angestrebt, seine Kirche von weltlicher Vorherrschaft zu »befreien«, so sah Magnus Billung, der Sohn Herzog Ordulfs, jetzt die Gelegenheit, die »aufrührerische« Kirche endlich zu bändigen. Die Auseinandersetzungen tobten, als gäbe es keine übergeordnete Herrschergewalt.

Als Folge der Entmachtung Adalberts wertete man in Bremen den völligen Zusammenbruch der Christianisierung im Gebiet zwischen Elbe und Oder. Unter dem Fürsten Gottschalk hatte die Mission bei den Obodriten rasche Fortschritte gemacht. Das Bistum Oldenburg war wiedererrichtet, in Ratzeburg und Mecklenburg waren neue Bischofssitze geschaffen worden; außerdem waren Klöster in Alt-Lübeck und Lenzen entstanden. Gottschalk, im Kloster Lüneburg erzogen, war dabei, seine Herrschaft nach dem Vorbild der christlichen Reiche zu organisieren und hatte auch Teilverbände des Liutizenbundes unterworfen. Im Sommer 1066 fegte ein Aufstand zur Verteidigung der alten Sitte und Religion dies alles hinweg; der Fürst, die Bischöfe, auch Äbte, Priester und andere Christen wurden grausam umgebracht oder den alten Göttern geopfert. Angriffe der Slawen führten zu schweren Menschenverlusten im nordelbingischen Sachsen und in Stormarn. Hamburg wurde niedergebrannt. Auch hier blieb es zunächst den sächsischen Großen überlassen, die Verteidigung zu organisieren und Strafexpeditionen durchzuführen. Anfang 1068 stieß Bischof Burkhard von Halberstadt bis nach Rethra vor, wo das zentrale Heiligtum der Liutizen zerstört wurde. Eine ähnliche Expedition im folgenden Winter, die der König selbst anführte, veränderte die Lage nicht. Dann blockierte der Konflikt der Sachsen mit Heinrich IV. weiterreichende Aktionen im ostelbischen Gebiet. 1072, nach dem Tod Erzbischof Adalberts und Herzog Ordulfs, wurde Hamburg erneut verwüstet. Ganz Nordelbingien geriet unter obodritische Hoheit; ein Teil der Holsten soll nach Süden ausgewandert sein, um im Harzgebiet eine neue Heimat zu suchen. Wie 983 wurden auch 1066 die Erfolge der Christianisierung völlig zunichte gemacht – nicht zur Zeit der Regentschaft, sondern unter der eigenverantwortlichen Herrschaft des jungen Königs.

In dieser Situation – ohne greifbare Erfolge, ohne persönliches Ansehen, wie es sich einst Otto III. als Fünfzehnjähriger sofort verschafft hatte, ohne Rückhalt bei den mächtigen Reichsfürsten – trat Heinrich IV., dem manche einen sittenlosen Lebenswandel nachsagten, 1069 mit einem schockierenden Anliegen vor die Großen. Der Bericht Lamperts von Hersfeld läßt eine persönliche Not spüren, die den Jüngling zu seiner öffentlichen Erklärung trieb: »Er passe mit seiner Gemahlin nicht zusammen; lange habe er die Augen der Menschen getäuscht, aber nun wolle er sie nicht länger täuschen; er könne ihr nichts vorwerfen, was ihre Verstoßung rechtfertige, aber er sei – er wisse nicht, durch welche Schikkung, durch welche Gottesstrafe – unfähig, die eheliche Gemeinschaft mit ihr zu vollziehen. Er bitte die Fürsten daher bei Gott, ihn von der Fessel dieser unter bösem Vorzeichen geschlossenen Ehe zu lösen und eine Scheidung gutwillig zuzulassen, damit er ihr und sie ihm, wenn Gott es füge, den Weg zu einer glücklicheren Ehe eröffne. Und damit niemand verletzte Keuschheit als Hindernis für eine zweite Eheschließung geltend machen könne, versichere er unter Eid, daß er sie so, wie sie ihm gegeben wurde, unbefleckt und in unversehrter

Jungfräulichkeit gehalten habe.« Berta von Turin, dem König in frühester Kindheit anverlobt und 1066 angetraut, bestätigte die Aussagen und gab ihre Zustimmung. Den Fürsten erschien der Antrag nach Lampert »abscheulich und mit der königlichen Majestät völlig unvereinbar«. Doch sie wagten es nicht, den Plan, auf den der König fixiert war, offen abzulehnen, und vertagten die Entscheidung auf eine Synode, die nach Mainz einberufen wurde.

Zu dieser wurde aus Rom der ehrwürdige Petrus Damiani als päpstlicher Legat entsandt, um die Scheidung zu verhindern. Es war eine Konsequenz der ottonisch-salischen Herrschertheologie, daß an den, der als König weit über alle Menschen erhaben war, auch die strengsten Maßstäbe angelegt werden mußten. Der König durfte durch sein Verhalten den seiner Herrschaft Unterworfenen kein Beispiel zum Schlechten geben und das Wohl aller nicht dadurch gefährden, daß er den Zorn Gottes auf sich zog. Der den Zeitgeist prägende Wille, die religiösen Normen ganz durchzusetzen, ließ Kompromisse kaum noch zu. Nur mit Mühe konnte man den König, der am liebsten in Sachsen geblieben wäre, als er vom Inhalt der päpstlichen Botschaft erfuhr, dazu bewegen, den Kardinal und die zusammengerufenen Fürsten wenigstens in Frankfurt anzuhören. Der Papst drohte mit der Verweigerung der Kaiserkrönung, wenn Heinrich auf seinem Vorsatz beharre. Nun artikulierten auch die Fürsten offen ihre Mißbilligung. »Sie baten den König bei Gott, seinen Ruhm nicht zu schädigen und den königlichen Namen nicht durch den Unflat einer so schändlichen Tat zu besudeln. Er solle ferner den Verwandten der Königin nicht Grund zum Abfall und berechtigten Anlaß zur Erregung von Unruhen im Reich geben; denn diese würden, wenn sie Männer wären, da sie ja durch ihre Krieger und ihren Reichtum große Macht in Händen hätten, die schwere Beleidigung ihrer Angehörigen ohne Zweifel durch eine aufsehenerregende Aktion sühnen wollen. Durch diese Rede mehr gebrochen als umgestimmt, sagte der König: ›Wenn das bei Euch unabänderlich beschlossen ist, so will ich mir selbst Zwang antun und, so gut ich es vermag, die Bürde tragen, die ich nicht ablegen kann‹.« Mit wenigen Begleitern zog sich Heinrich sofort nach Sachsen zurück.

Mußte Heinrich IV., der nach diesem Vorfall seine Gemahlin akzeptierte und von ihr mehrere Kinder erhielt, sich in seinen persönlichen Neigungen der Staatsräson beugen? Von einer derartigen Objektivierung des Staates und seiner eigengesetzlichen Notwendigkeiten war man damals noch sehr weit entfernt. In dem personalen Beziehungsgefüge, das die politische Ordnung des Reiches darstellte, war von allen Herrschaftsträgern und in erster Linie vom König ein bestimmtes Verhalten gefordert. Wo Heinrich gegen solche Erwartungen verstieß, fühlten sich nicht mehr nur die Betroffenen gekränkt und rebellierten, sondern »die Großen« – sicher nie alle, aber doch eine Gruppe angesehenster Fürsten – begannen sein Verhalten und ihre eigene Pflicht immer strenger an der Würde des Königsamtes zu messen. Das brachte in die Auseinandersetzungen einen neuen, grundsätzlichen Zug. 1069 hat Heinrich dies erstmals erfahren, auch wenn es ihn vielleicht nur in seinem Argwohn gegen die führenden Männer bestärkte.

Schon in den Jahren zuvor, in einer Phase der Distanz zu den in der Reichspolitik führenden Großen, hatte der König mit dem Ausbau seiner Machtpositionen im Gebiet um den Harz begonnen, dem er sich nun vor allem widmete. Hier blieb er in seinen Entscheidungen vom Rat der Fürsten weitgehend unabhängig. Er stützte sich vorwiegend auf einen Stab von landfremden Helfern, zumeist Ministerialen schwäbischer Herkunft. Sie trieben den Bau von Burgen voran und organisierten um sie herum die Herrschaft des Königs so, wie es dem damals modernsten Standard des fürstlich-adeligen Herrschaftsausbaus entsprach. Das Zentrum des gesamten Komplexes bildete Goslar. Mit seiner Pfalz und dem Stift St. Simon und Juda war es schon unter Heinrich III. zur wichtigsten Königsresidenz geworden und hatte ältere Pfalzorte wie Frankfurt überflügelt. Aufgrund der ergiebigen Silbervorkommen hatte der König dort die bei weitem ertragreichste Münze auf deutschem Boden in der Hand.

Daß es 1066 zu Einfällen der Slawen nach Sachsen gekommen war und man durchaus mit Vergeltungsaktionen für die deutschen Feldzüge in das Land der Liutizen rechnen mußte, lieferte dem König einen bequemen Vorwand, um den Burgenbau zu forcieren. Die Bewohner des Landes waren zunächst zu aktiver Mithilfe bereit. Doch dann wurden zum Unterhalt der Besatzungen ungewohnte Abgaben und Leistungen gefordert, und wo man sie nicht freiwillig gab, erzwangen oder holten sich die »Räuber« auf den Burgen, was sie haben wollten. Wie es die Herrschaftsträger anderswo schon praktizierten, begann der König, in seinem sächsischen Machtbereich die Nutzung von Wald, Wasser und Weide einzuschränken und mit »Gebühren« zu belegen. Der steigende Bedarf einer wachsenden Bevölkerung gab Anlaß zu regulierendem Eingreifen und eröffnete die Möglichkeit, neuartige Forderungen durchzusetzen. Die Sachsen erkannten, daß der Burgenbau des Königs einem ungewohnten Zweck diente.

Der Zugriff des Königs wurde allgemein als schreiendes Unrecht, als eine Form der Verknechtung, als Zerstörung der alten Freiheit angesehen. Die moderne Forschung sucht nach den Rechtstiteln, die das Vorgehen begründen könnten. Der König habe offensichtlich entfremdete Reichsrechte, ehemaliges Königsgut der Ottonen zurückgewinnen wollen; vielleicht seien die Bewohner des Landes sogar Nachfahren von Königsfreien gewesen, deren Leistungspflicht reaktiviert werden sollte. Doch der einzige zeitgenössische Autor, der in einem 1075 geschriebenen Preisgedicht für den König Partei nahm, begründete die Maßnahmen aus einer aktuellen Zielsetzung, aus der auch geistliche und weltliche Fürsten den Burgenbau rechtfertigten. Die Intensivierung der Herrschaftsorganisation durch die Schaffung wehrhafter Anlagen sollte dem »Volk« Frieden und Schutz vor »räuberischer Unterdrückung« bringen – vor dem gewaltsamen

Herrschaftsausbau konkurrierender, als nicht legitimiert betrachteter Herrschaftsträger. Heinrich handelte nicht anders als der Hamburger Erzbischof oder der billungische Herzog. Doch derjenige, der den herkömmlichen Rechtszustand veränderte, war hier der König. Bei der gerichtlichen Klärung der Leistungspflichten wandte man Verfahren an, die die Sachsen als Rechtsverdrehung empfanden. Wie bei den Zehntstreitigkeiten scheint man sich auch hier gegen gewohnheitsrechtliche Nutzungen und Ansprüche der Bewohner auf allgemeine Normen oder eine unter anderen Bedingungen fixierte frühere Rechtslage berufen zu haben. Dazu kamen Gewalt- und Willkürakte des königlichen Herrschaftspersonals, das auf den geringsten Widerstand mit brutalen Maßnahmen reagierte. Auch diese »Räuber« handelten im Namen des Königs.

Der Machtsteigerung der Großen, die nach dem Recht der Stärkeren die Schwachen unter ihre Herrschaft zwangen, wollte der König durch eigenen Herrschaftsausbau begegnen. So waren es auch die mächtigsten sächsischen Fürsten, mit denen der König zunächst in Konflikt geriet: Otto von Northeim, aufgrund eines windigen Zeugnisses 1070 des Hochverrats angeklagt, dem das Herzogtum Bayern entzogen wurde, und Magnus Billung, der Sohn Herzog Ordulfs, der sich mit Otto verbündete. Nach erbarmungslos geführten Fehden, die das Land verwüsteten, unterwarfen sich beide und kamen in Haft. Durch derartige Auseinandersetzungen wurde der Druck auf die Bevölkerung in Sachsen verschärft. Denn Heinrich war gezwungen, sich dort noch häufiger und länger aufzuhalten. Das Königsgut reichte nicht als wirtschaftliche Basis hierfür. Die Beiträge der Großen zur Hofhaltung des Königs blieben teilweise aus, während die Versorgungslasten durch die Heeresaufgebote wuchsen. So gesellte sich zu den fürstlichen Gegnern, deren Herrschaftsbildung – wie die der Billunger und des Northeimers oder die der Bischöfe von Hildesheim und Halberstadt – durch die Konkurrenz des Königs beeinträchtigt wurde, die bäuerliche Bevölkerung einschließlich der kleineren Grundherren; aber auch Gewerbetreibende aus der Königsstadt Goslar, Händler, Schmiede, Bäcker oder Fleischer beteiligten sich später an den Kämpfen gegen die Helfer des Königs.

Die eigentliche Auseinandersetzung zwischen dem König und den Sachsen begann 1073, nachdem auch im Zehntstreit mit dem Erzbischof von Mainz die Entscheidung zuungunsten der Ostsachsen und Thüringer gefallen war. Am 29. Juni brüskierte der König in Goslar die sächsischen Fürsten. Daraufhin verständigte sich ein Großteil der Sachsen in konspirativer Absicht und stellte dem Salier ein Ultimatum. Der überraschte König floh aus Goslar auf die Harzburg, wo ihn ein sächsisches Heer einschloß. In nächtlicher Flucht verließ Heinrich seine sicherste Burg in Sachsen und schlug sich vom 9. bis 12. August in Begleitung weniger Großer und wegkundiger Führer durch die dichten Wälder südwärts bis nach Eschwege und dann weiter zum Kloster Hersfeld durch. Dort waren bereits die ersten Truppen für einen Polen-Feldzug eingetroffen. Doch die

Fürsten weigerten sich, ihre Kontingente nun gegen die aufrührerischen Sachsen zu führen. Sie hielten es für besser, wenn die erhitzten Gemüter sich zunächst abkühlten, und sagten auf den 5. Oktober das Erscheinen mit neuen Truppen zu, um gegebenenfalls die Feinde des Königs niederzuwerfen.

Die Sachsen schlossen nun auf einer Stammesversammlung einen Bund zur Behauptung ihrer Freiheiten und Rechte und zwangen diejenigen, das Land zu verlassen, die – wie Erzbischof Liemar von Bremen oder Bischof Benno II. von Osnabrück, beide Süddeutsche ministerialischer Abstammung – der Eidgenossenschaft nicht beitraten. Einzelne Fürsten bemühten sich inzwischen um einen Vergleich. Heinrich lehnte den von Erzbischof Siegfried von Mainz ausgehandelten Tag in Gerstungen ab, auf dem beide Parteien ihre Klagepunkte vortragen sollten. Trotzdem trafen sich die Fürsten dort und nötigten auch den König, Beauftragte abzusenden. Der ausgehandelte Kompromiß zeigt nachdrücklich, wie hier die Fürsten um das Reich bemüht waren, obwohl sie dem König schon seit längerer Zeit vorwarfen, nur noch mit einer Kamarilla aus Männern niederer Herkunft zu regieren, und obwohl die drei süddeutschen Herzöge, auch der 1070 als Nachfolger Ottos von Northeim eingesetzte Bayernherzog Welf, 1072 den Hof zeitweilig ganz gemieden hatten. Sie leisteten dem König Heerfolge, doch sie forderten, daß er sich auch in der sächsischen Frage an ihren Rat halte.

Als die Sachsen weiterhin die Burgen des Königs belagerten, versuchten die Erzbischöfe Siegfried und Anno Anfang 1074 erneut zu vermitteln. Im Februar willigte der König in eine Vereinbarung ein, für die auf der Gegenseite Otto von Northeim eintrat. Kernpunkt war die Zusage des Königs, seine Befestigungen schleifen zu lassen. Doch als dies nicht geschah, zerstörte die umwohnende Bevölkerung die Harzburg mitsamt ihrer Kirche, dem Kirchenschmuck und allen Gebäuden. Dabei wurden die Gräber von Angehörigen des Königs geplündert. Es kennzeichnet die Haltung der Reichsfürsten, daß sie nun, als die Sachsen die geforderte Genugtuung nicht bedingungslos leisteten und weiterverhandeln wollten, den König auch militärisch voll unterstützten. In einer für beide Seiten verlustreichen Schlacht wurde am 9. Juni 1075 an der Unstrut bei Homburg das sächsische Aufgebot vom Heer des Königs und der Fürsten geschlagen und das Bauernkontingent der Sachsen in einem fürchterlichen Blutbad vernichtet. Ein nochmaliger Aufmarsch des Königs brachte die Sachsen im Herbst zur endgültigen Unterwerfung. Heinrich ließ die Rebellen seinen Zorn spüren, aber er nahm Otto von Northeim wieder unter seine wichtigsten Berater auf, was die nach der Niederlage von Homburg ohnehin zerstrittenen Sachsen weiter spaltete.

Ein Hoftag zu Weihnachten in Goslar demonstrierte den Triumph des Königs. Der noch nicht zweijährige Sohn Heinrichs und Bertas, Konrad, wurde zum künftigen König bestimmt, die Schar der anwesenden Großen auf die Nachfolge vereidigt. Doch dem Fest fehlte der wahre Glanz. Nur wenige der Fürsten waren

Die bezeugten Aufenthaltsorte Heinrichs IV. im sächsischen Raum: 1056 bis Frühjahr 1076 und Sommer 1076 bis 1106 (nach Brühl)

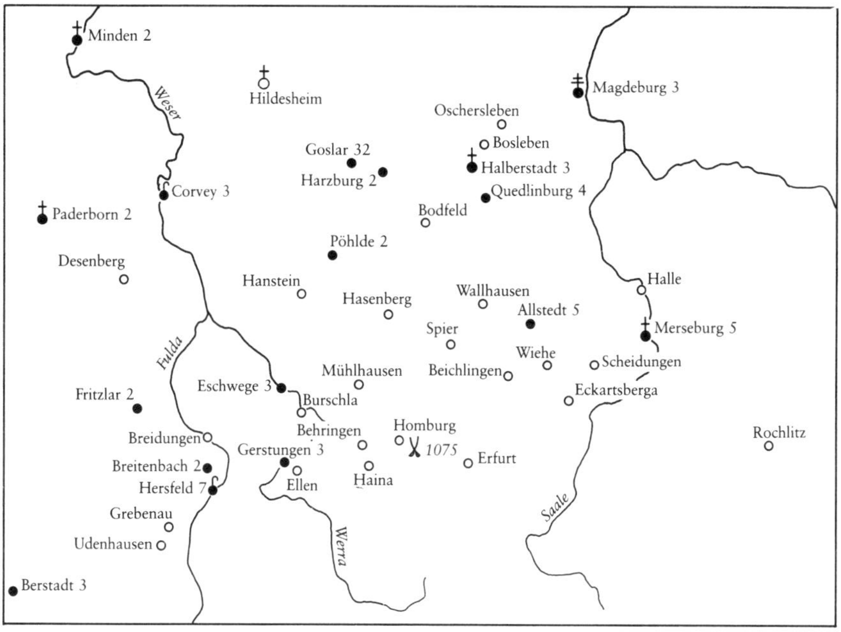

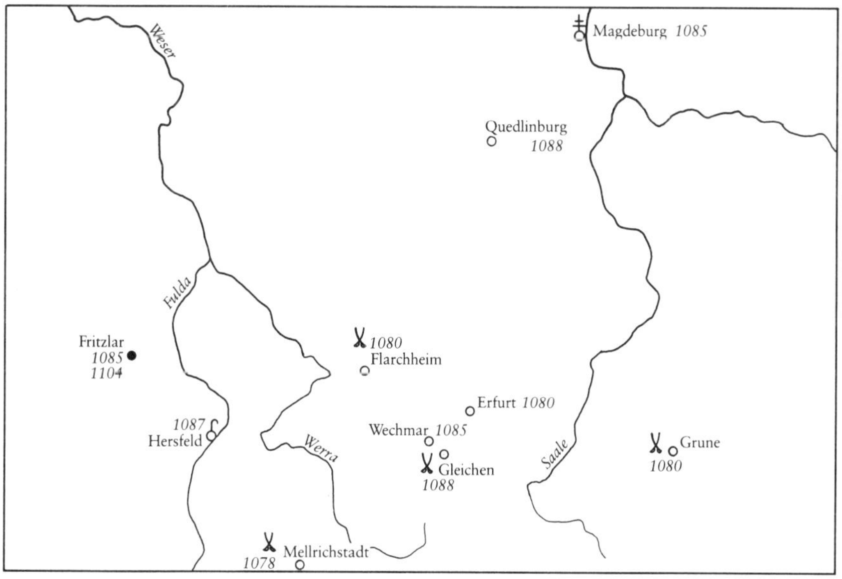

- Kloster
- Bischofssitz
- Erzbischofssitz
- ○ ein Aufenthalt
- ● mehrere Aufenthalte mit Anzahl der nachweisbaren Besuche
- Schlacht mit Jahresangabe

erschienen. Und während der Feiertage traf eine drohende Botschaft des Papstes ein, aus der sich rasch der Konflikt entwickelte, der Heinrichs weiteres Schicksal bestimmte. Nur noch einmal, im Februar und März 1076, kehrte der Salier nach Goslar zurück. Dann entrissen ihm neue Aufstände das, was seine wichtigste Basis im Norden des Reiches hatte werden sollen. Nun waren nicht mehr nur die Sachsen Heinrichs Gegner, sondern auch süddeutsche Fürsten, und der Kampf gegen den König erhielt dadurch, daß er sich mit dem Streit zwischen Königtum und Papsttum verband, eine neue Dimension.

In den Mailänder Wirren hatte Heinrich sich seit 1071 offen über die Verfügungen Alexanders II. hinweggesetzt und mit seinen Anweisungen den Gegensatz schrittweise verschärft. Auf der römischen Fastensynode 1073 war deswegen der Bann über fünf königliche Räte verhängt worden. Kurz darauf war der Papst gestorben. Während der Begräbnisfeierlichkeiten hatte das anwesende Volk den Archidiakon Hildebrand, der die päpstliche Politik seit langem bestimmte, in einem spontanen Akt, den man als Zeichen göttlicher Inspiration ansah, zum Nachfolger ausgerufen.

Ende 1072 hatten die Fürsten den König dazu gebracht, ihnen wieder ein angemessenes Gewicht in seinem Rat einzuräumen; und die Sachsen-Feldzüge des Jahres 1073 unterstrichen, daß der König auf ihre Unterstützung angewiesen war. Das Pontifikat Gregors VII. begann im Zeichen der Verständigung. Ein Brief Gregors vom 1. September 1073 zeigt, daß Rudolf von Schwaben sich beim Papst für die Einheit von Imperium und Kirche und damit wohl zugunsten Heinrichs verwendet hatte. In mehreren Schreiben betonte Gregor damals sein Wohlwollen gegenüber dem König und die Bereitschaft zum Zusammenwirken. Nach der Flucht von der Harzburg schickte der König seinerseits einen Brief voller Selbstanklagen und Ergebenheitsbeteuerungen an den Papst. Erstaunt stellte dieser fest, ein solches Schreiben hätte noch nie ein römischer Bischof von einem König empfangen. Selbst in der Mailänder Frage wollte Heinrich ganz gehorsam sein. War der Brief mit Wissen der Fürsten, vielleicht unter dem Einfluß Rudolfs von Schwaben geschrieben? Oder versuchte der König, dem die Fürsten den sofortigen Rachefeldzug gegen die Sachsen versagten, nun seinerseits die Initiative des Herzogs zu übertrumpfen und, wie er es 1075 nachweislich wollte, ohne die Fürsten zu einer Entente mit dem Papst zu gelangen?

Während ein Teil des deutschen Episkopats, darunter Heinrich IV. nahestehende Männer, Anfang 1074 in ein sehr gespanntes Verhältnis zu Gregor VII. geriet, blieb das Einvernehmen zwischen Papst und König anscheinend erhalten. Die Bischöfe standen allein, als Gregor in ungewohnter, den bisherigen Rechtsauffassungen widersprechender Weise in die kirchliche Ordnung des deutschen Königreiches einzugreifen begann, Bischöfe »wie seine Gutsverwalter« nach Rom zitierte, um dort über irgendwelche Vorwürfe gegen sie zu verhandeln, Synoden in Deutschland anberaumte und diese von seinen Legaten leiten lassen wollte. Betraf dies etwa die Königsherrschaft nicht? Reich und König hatten, wie schon die Auseinandersetzungen und Verhandlungen mit den Sachsen zeigten, noch immer nicht zusammengefunden.

Im Sommer 1075 sah es so aus, als könnten die divergierenden Kräfte erstmals zusammengeführt werden. Die Ausschreitungen bei der Zerstörung der Harzburg hatten die Fürsten auf die Seite des Königs treten lassen und ihm den Sieg über die Rebellen ermöglicht; führende sächsische Große versuchten, sich mit dem König zu arrangieren. Auch im Verhältnis von Papsttum und Reichsepiskopat zeichneten sich Verständigungsmöglichkeiten ab. Zwar waren die Beschlüsse der römischen Fastensynode 1075 geeignet, die Spannungen zwischen Kurie und Episkopat zu verschärfen und sogar den König, dessen Räte wegen simonistischer Praktiken und Untätigkeit in der Mailänder Frage erneut exkommuniziert worden waren, in den Konflikt hineinzuziehen. Doch den Erzbischöfen Siegfried von Mainz und Liemar von Bremen, der mit den drei gelehrtesten Männern des Reiches eine wohlvorbereitete Rom-Reise unternahm, gelang es, strittige Fragen mit dem Papst zu klären und in ihm Vertrauen in die Reformwilligkeit des deutschen Episkopats zu wecken. Gregor hoffte, in Heinrichs Reich mit königlicher Hilfe die Kirche von Simonie und Unkeuschheit der Priester zu reinigen.

Schwer verständlich sind die brüsken Volten im politischen Verhalten des Königs während der folgenden Monate. Nachdem die Großen ihm den Sieg über die Sachsen ermöglicht hatten, schickte er eine geheime Botschaft nach Rom. In dem Brief an den Papst stellte er die ungeheuerliche Behauptung auf, »daß fast alle Fürsten meines Reiches sich mehr über unsere Zwietracht als über unser Einvernehmen freuen«, und kündigte weitere Boten für Geheimverhandlungen an. Niemand dürfe davon etwas erfahren außer seiner Mutter Agnes, der Markgräfin Beatrix von Tuszien und deren Tochter Mathilde. Die drei Fürstinnen besaßen bei Gregor VII. so großen Einfluß, daß sich deutsche Bischöfe über den »Weibersenat« empörten, der die römische Kirche regiere. Aber wenige Monate später setzte sich der König in der Mailänder Frage über alle Zusicherungen hinweg, die er dem Papst gegeben hatte. Bald nach seinem Sieg in Sachsen hatten in Mailand seine Parteigänger die Oberhand gewonnen und den Patarener-Führer Erlembald erschlagen. Obwohl der vom König erhobene Erzbischof Gottfried und der Elekt der päpstlich-patarinischen Partei lebten, gab Heinrich das Erzbistum einem dritten. Zugleich setzte er neue Hirten in den mittelitalienischen Bistümern Spoleto und Fermo ein, ohne sich mit dem Papst, der hier als Metropolit fungierte, zu verständigen. Nach der Vorgeschichte waren Heinrichs Maßnahmen eine Provokation, der schärfste Zurechtweisung folgen mußte. Gregor VII. war über dieses Verhalten um so mehr empört, als er sich auch da um Verständigung bemüht hatte, wo die Kirchengesetze Entscheidungen forderten, die die königlichen Rechte zu tangieren schienen. Drohend wies der Papst darauf hin, daß der König sich aus der Kirche ausschlösse, wenn er mit gebannten Räten verkehre.

Bis dahin glich das Spannungsverhältnis zwischen Gregor VII. und Heinrich IV. durchaus den Konflikten, die der Papst mit anderen europäischen Königen, in besonderer Schärfe mit Philipp I. von Frankreich, durchfocht. Die Auseinandersetzungen der Kurie mit dem Reichsepiskopat unterschieden sich in ihren Anlässen nicht von dem Prinzipienstreit, den sie etwa mit den Bischöfen in Frankreich oder England führte, ohne daß es dort zum definitiven Bruch gekommen wäre. Den »deutschen Landen« jedoch brachte die Konfrontation mit den radikalen Reformforderungen Gregors VII. Jahrzehnte des Kampfes und der Zerrissenheit. Was im Grunde eine Krise begrenzten Ausmaßes war, die sich auf konkrete Beschwerdepunkte zurückführen ließ, geriet den Akteuren zu Beginn des Jahres 1076 außer Kontrolle und zeitigte rasch Wirkungen von ungeahnten Dimensionen (R. Schieffer).

Die Aktionen und Reaktionen beider Seiten erfolgten in einem für die damaligen Verkehrsverhältnisse erstaunlichen Tempo. Die päpstliche Drohung, am 8. Dezember in Rom abgesandt, platzte am 1. Januar 1076 in den Goslarer Siegesjubel. Am 24. Januar waren zwei Drittel des deutschen Episkopats auf einer Synode in Worms um den König versammelt. Die Bischöfe kündigten »Hildebrand« den Gehorsam auf und begründeten mit schweren Anklagen, daß er nicht mehr Papst sein könne. Der König befahl ihm abzudanken und forderte die Römer zur Wahl eines neuen Papstes auf; im Sommer wolle er selbst in Italien erscheinen. Während die Briefe nach Rom gebracht wurden, schloß sich ein Großteil des oberitalienischen Episkopats der Erklärung der deutschen Bischöfe an.

Kurz vor dem 14. Februar trafen die Wormser Manifeste in Rom ein. Als sie bei der Eröffnung der großen Fastensynode verlesen wurden, soll nur der entschlossene persönliche Einsatz des Papstes den Boten des Königs das Leben gerettet haben, so gewaltsam entlud sich die Empörung der Versammelten. In einem Gebet zu Petrus rief Gregor am folgenden Tag vor der Synode den Apostelfürsten, die Gottesmutter und Paulus als Zeugen dafür an, daß alle Vorwürfe, die man in Worms gegen ihn erhoben hatte, unwahr seien, und untersagte Heinrich die Ausübung der Königsherrschaft, entband alle Christen vom Treueid, den sie dem König geschworen hatten, verbot, daß jemand ihm weiterhin wie einem König diene, und exkommunizierte den Salier kraft der petrinischen Binde- und Lösegewalt.

Die päpstliche Sentenz, um den 22. Februar abgeschickt, erreichte den König in Utrecht, wo er am 27. März das Osterfest zu feiern gedachte. Heinrich wollte nun den Papst aus der Kirchengemeinschaft ausschließen lassen. Doch Bischof Pibo von Toul, ehemaliger Kanzler des Königs, der den Spruch im Ostergottesdienst verkünden sollte, floh Hals über Kopf vom Hofe, und mit ihm der Bischof von Verdun und andere hohe Geistliche. Das Verdammungsurteil sprach dann der greise Ortsbischof Wilhelm. Am selben Tag wurde das von ihm errichtete St.-Petersstift durch Blitzschlag eingeäschert, und als der Bischof genau einen Monat später plötzlich qualvoll starb, war für viele klar, daß ihn die Strafe Gottes und des heiligen Petrus getroffen hatte. Zu Pfingsten rief der König eine Synode nach Worms ein, die in einem förmlichen Rechtsverfahren Gregor aburteilen sollte. Wegen mangelnder Beteiligung wurde sie auf den 29. Juni nach Mainz vertagt. Aber auch dort fehlten viele Fürsten, und die anwesenden Bischöfe konnten nicht gemeinsam tagen, weil Udo von Trier jede Kontaktnahme mit den vom Papst gebannten Erzbischöfen von Mainz und Köln verweigerte. Nur eine Minderheit des deutschen Episkopats stand noch hinter dem König.

Wie war es möglich, daß Heinrich die zunächst so breite Zustimmung innerhalb weniger Monate verloren hatte? Einige Bischöfe hatten schon das Wormser Manifest nur unter Druck unterschrieben. Tief war der Zwiespalt, in dem sich die geistlichen Hirten befanden: Sie wollten, wie später von Benno II. von Osnabrück, einem der beständigsten Anhänger Heinrichs, gesagt wurde, niemals ungehorsam gegen den Papst sein und dennoch dem König stets treu bleiben. Dem Reich und dem König zugleich zu dienen, dem Papst gehorsam zu sein und zugleich für die ganze Kirche zu wirken, war unmöglich geworden durch die Dimension, welche die Auseinandersetzung spätestens in Utrecht erhielt. Der schon in Worms zutage tretenden Tendenz folgend, spitzte der König den Konflikt mit dem Papst so zu, daß es in ihm nur einen Sieger und einen Verlierer geben konnte. Hatte man zunächst dem Papst noch konkrete Verfehlungen vorgeworfen, freilich ohne den Angeklagten zu hören oder ihm irgendeine Möglichkeit zur Verteidigung zu geben, so argumentierte eine Propagandafassung des Wormser Abdankungsbefehls, die man seither verbreiten ließ, aus einem Kirchenverständnis, das die ottonisch-salische Herrschaftstheologie übersteigerte. Gewiß hatte Gregor der Zwei-Gewalten-Lehre des Papstes Gelasius I. eine Interpretation gegeben, die den geistlich begründeten Vorrang des Priestertums in einer Weise akzentuierte, daß sie als hierarchische Überordnung über das Königtum erscheinen konnte. Das war die Konsequenz der Tatsache, daß man kirchliche und weltliche Ordnung als ungeschiedene und untrennbare Einheit und als ein und derselben religiösen Aufgabe dienend verstand. Gregor VII. forderte nicht für sich weltliche Gewalt. Aber er war zutiefst durchdrungen von der Überzeugung, daß er mit seinen geistlichen Strafmitteln auch Könige und Fürsten dazu zwingen müsse, die rechte Ordnung in der christlichen Welt zu verwirklichen. In Utrecht hielt man diesem Anspruch die Auffassung entgegen, daß der König seine Herrschaft unmittelbar von Christus empfange und deshalb allein von Gott gerichtet werden könne – es sei denn, er fiele vom Glauben ab. Die Suspendierung vom Königsamt wurde als Absetzung interpretiert, und damit erschien Gregor als derjenige, der in unerhörter Anmaßung die gültige

Ordnung zu verkehren versuchte. Von königlicher Seite wurde damals die Zwei-Schwerter-Lehre entwickelt, um die Unabhängigkeit der Königsherrschaft von der priesterlichen Gewalt zu begründen. Der König wurde mit einer solchen Argumentation der priesterlichen Disziplinargewalt entzogen. Das war eine letzte, erst hier gezogene Konsequenz der theokratischen Herrschaftsauffassung, die ihn aus dem Laienstand immer höher herausgehoben hatte. Es war aber auch eine taktisch zu verstehende Antwort auf den Kirchenbann.

Gregor ließ auf der Februarsynode dem König trotz der unerhörten Angriffe gegen seine Person und auf sein Amt den Weg zur Buße. Er mahnte, an die Tugend der Barmherzigkeit appellierend, im Sommer 1076 die auf Absetzung des Königs und Neuwahl sinnenden deutschen Fürsten nachdrücklich, Heinrich diesen Weg nicht abzuschneiden. Unbeschadet der Leitsätze, die im »Dictatus papae« formuliert waren, fiel es ihm schwer, einer Absetzung selbst als Ultima ratio zuzustimmen. Er hat stets betont, daß die Fürsten, wenn sie einen solchen Schritt für unumgänglich hielten, aus ihrer eigenen Verantwortung handelten und er ihre Entscheidung nicht legitimieren könne. Er sah es als Aufgabe seines Amtes, als seine Verantwortung vor Gott an, die Kirche, das heißt die ganze katholische Christenheit, ohne Schonung seiner Person zur rechten Ordnung zu bringen und insbesondere die »Häresie« der Simonie und die Unkeuschheit der Priester auszurotten. Es war die Pflicht der Könige, der Bischöfe, aller Fürsten, gegen solche Mißstände vorzugehen: Das war der Gehorsam gegen Christus, gegen Petrus und dessen »Vikar«, den er forderte. Offensichtlich schien es ihm durchaus denkbar, daß »gläubige Fürsten« mit seinem geistlichen Rat das Reich regierten, bis der König in die Kirche zurückgefunden hatte.

Noch im selben Jahr wurde Heinrich in demütigender Weise gezwungen, die Position preiszugeben, die er in Worms, Utrecht und zuletzt in Mainz beansprucht hatte. Das lag nicht nur an der gewagten theologischen Begründung dieser Position und an dem kirchenrechtlich fragwürdigen Verfahren gegen den Papst. Profilierte Vertreter des Episkopats und wichtigste Große hatten an der Januarsynode nicht teilgenommen. Bereits um Ostern formierte sich um die drei süddeutschen Herzöge, den Erzbischof von Salzburg, den Patriarchen von Aquileja und andere angesehene oberdeutsche Prälaten eine entschiedene Opposition, die auch auf die ostsächsischen Bischöfe und den wiederaufflackernden Widerstand in Sachsen zählen konnte. In diesem Kreis wurde schon im Sommer darüber gesprochen, einen anderen König zu erheben. Nach einer Versammlung in Ulm berief man auf Mitte Oktober einen Fürstentag nach Tribur ein, auf dem die Frage gemeinsam entschieden werden sollte.

Die Fürsten, die in der Königspfalz auf dem rechten Rhein-Ufer zusammenkamen, waren sich in der Zielsetzung nicht einig. Während eine Gruppe auf Neuwahl drängte, suchte eine andere nach Wegen, den Salier zum Gehorsam gegen den Papst und zum Einvernehmen mit den Fürsten zurückzuführen – man könnte sagen: ihn durch erzwungene Umkehr mit Kirche und Reich zu versöhnen. Heinrich, der mit seinem schwindenden Anhang jenseits des Rheins im befestigten Oppenheim saß, wollte nicht nur eine Neuwahl verhindern, sondern unter allen Umständen auch einer Unterwerfung gegenüber Gregor VII. entkommen. Seine Angebote steigerten sich schließlich zu dem Vorschlag, den Fürsten die Regierung des Reiches voll zu übertragen, wenn sie ihm weiterhin den Königstitel und die Zeichen der Königswürde ließen. Der Herrscher war also bereit, gewissermaßen wie ein Unmündiger unter eine fürstliche Regentschaft zurückzukehren, wenn ihm der Bußgang erspart blieb. Doch zur Einheit in Kirche und Reich konnte man auf diesem Weg schwerlich gelangen. Eine Mehrheit, zu der Fürsten beider Seiten zusammenfanden, ließ Heinrich schließlich keine andere Wahl, als die unter Mitwirkung der päpstlichen Legaten ausgehandelte Erklärung nach Rom zu schicken: daß er sich unter dem Einfluß »einiger Leute« gegen den apostolischen Stuhl und seinen Papst Gregor habe hinreißen lassen, daß er das frühere Urteil aufgrund »heilsamer Einsicht« ändere, daß er dem Papst Gehorsam erweisen und für Verfehlungen Genugtuung leisten werde. Und er forderte alle auf, seinem Beispiel zu folgen.

Wohl um die Zustimmung der »Absetzungspartei« zu dem Kompromiß zu erlangen, erklärten die Fürsten, sie würden Heinrich nicht mehr als König anerkennen, falls er länger als ein Jahr exkommuniziert sei. Außerdem forderten sie den Papst auf, nach Deutschland zu kommen, um ihren Streit mit dem König zu schlichten. Denn dieser Streit dauerte an, selbst wenn sich im Konflikt zwischen Papst und König eine Lösung ergeben sollte. Am 2. Februar 1077, kurz vor Ablauf der dem König gesetzten Frist, sollten beide Parteien mit Gregor in Augsburg zusammentreffen.

Um das Erscheinen des Papstes in Deutschland und damit eine Koppelung der kirchlichen und der fürstlichen Klagen zu verhindern, bot Heinrich an, zur Bußleistung nach Rom zu fahren. Als Gregor dies mit Rücksicht auf die in Tribur getroffenen Vereinbarungen ablehnte, entschloß sich der Salier Mitte Dezember, dem nach Deutschland aufgebrochenen Papst entgegenzuziehen. Über Besançon, wo er Weihnachten feierte, und den tief verschneiten Mont Cenis, der unter unsäglichen Strapazen überschritten wurde, erreichte er in der letzten Januarwoche südöstlich von Parma die Burg Canossa. Dort gewährte die Markgräfin Mathilde von Tuszien Gregor, der vom zunächst bedrohlich erscheinenden Kommen Heinrichs gehört und in Mantua vergeblich auf das von den deutschen Fürsten zugesagte Geleit gewartet hatte, Unterkunft und Schutz.

Wie der als Büßer gekleidete König hier nach dreitägigem Warten vor der Burg auf Bitten der Markgräfin Mathilde und des Abtes Hugo von Cluny, seines Taufpaten, am 28. Januar 1077 vom Papst wieder in die Kirchengemeinschaft aufgenommen wurde, gehört zu den Szenen, die während des 19. Jahrhunderts einen festen Platz im Geschichtsbild der Deutschen erhalten haben. Der Herrscher, der, wenn er seine Macht nutzen konnte, alle Könige des Abendlandes überragte, mußte sich vor dem Vertreter der priesterlichen Gewalt als reuiger Sünder beugen. Finster und wortkarg, ohne etwas zu sich zu nehmen, soll er nach der Kommunion beim Versöhnungsmahl gesessen und mit den Fingernägeln auf der Tischplatte gekratzt haben. Aber er hatte sein Königtum gerettet und konnte nun den Kampf um die Herrschaft aufnehmen, der die restlichen drei Jahrzehnte seines Lebens erfüllen sollte.

In Canossa hatte Heinrich durch Eid gelobt, im Streit mit den Großen des Reiches innerhalb eines von Gregor festzusetzenden Zeitraums entweder sich dessen Urteil zu unterwerfen oder einen von ihm empfohlenen Vergleich anzunehmen und ihn überdies nicht an einer Reise über die Alpen zu hindern. Doch er hatte vorerst die Auseinandersetzung mit dem Papsttum vom Streit mit den Fürsten abtrennen können, und den Papst, der dem Büßer die Rekonziliation nicht verweigern durfte, in einen Konflikt mit der fürstlichen Opposition in Deutschland gebracht.

Die Partei, die schon in Tribur zur Neuwahl schreiten wollte, berief einen Fürstentag nach Forchheim ein, auf dem der persönlich erwartete Gregor VII. sich durch Legaten vertreten ließ. Sie bestritt die Wirksamkeit der Rekonziliation in Canossa, weil Heinrichs Verhalten keine Änderung habe erkennen lassen. Wie der Salier selbst die Sentenz der Fastensynode von 1076 als Absetzungsversuch gedeutet hatte, so sah die radikale Fürstenfronde die Suspendierung vom Königsamt und die Lösung vom Treueid als ein Absetzungsurteil an. Von ihm hätte sich Heinrich nur dann binnen Jahr und Tag befreit, falls er sichtbare Genugtuung für seine Verfehlungen leistete. In einem förmlichen Verfahren wurde dem Salier das Königtum abgesprochen und dann am 15. März 1077 Herzog Rudolf von Schwaben zum König gewählt. Aus der ersten Reihe der Fürsten waren nur wenige zugegen, aber sie waren Männer von größtem Gewicht: die drei süddeutschen Herzöge, dazu Otto von Northeim, die Erzbischöfe von Mainz, Salzburg und Magdeburg, vier weitere Bischöfe, vielleicht auch Herzog Magnus von Sachsen und Markgraf Udo von Stade. Abgesandte anderer Großer sollen die in Forchheim Versammelten ermächtigt haben, an ihrer Stelle zu handeln. Bei der Wahl wurde festgesetzt, daß in Zukunft das Königtum niemandem, wie es bisher Gewohnheit war, als Erbe zufallen solle; vielmehr solle der König hinfort stets in freier Wahl gefunden werden. In Mainz wurde Rudolf anschließend gekrönt.

Die Opposition gegen die Herrschaft des Saliers hatte eine Situation geschaffen, die sich nur durch Kampf, im Bürgerkrieg, entscheiden ließ. Ungeachtet der Gegnerschaft namhafter Fürsten besaß Heinrich einen starken Rückhalt. Rudolf verließ Schwaben, weil er hier trotz der Unterstützung durch mächtige Adelsgeschlechter nicht wie ein König hätte auftreten können. Sachsen, das Heinrich damals endgültig verlor, wurde Rückzugsgebiet und Basis für die Saliergegner im Reich. Die Pfalzstadt Goslar beherbergte nun die Gegenkönige. Heinrich dagegen fand sogar Aufnahme in Bischofsstädten, deren Häupter gegen ihn standen. Die Stadtbevölkerung vertrieb – wie dies die Wormser schon 1073 getan hatten und die Mainzer 1077 unmittelbar nach der Krönung Rudolfs taten – den ungeliebten Stadtherrn aufgrund seiner Feindschaft zum König. Zum letzten Mal für lange Zeit wurden in den Kämpfen Aufgebote alter Art eingesetzt; neben den Rittern zogen vor allem auf seiten des Saliers Kontingente in die Schlacht, die man als Bauern betrachtete und wegen ihrer Anmaßung entmannte, als sie in Gefangenschaft gerieten.

Die Kämpfe waren blutig. Beide Parteien verwüsteten ganze Landschaften mit Feuer und Schwert. Viele Klöster wurden zerstört, weil sie als Bastionen der einen oder der anderen Partei galten. In den großen Schlachten – am 7. August 1078 bei Mellrichstadt in der Nähe von Schweinfurt, am 27. Januar 1080 bei Flarchheim nahe Mühlhausen, am 15. Oktober 1080 an der Elster – wurde das Gottesurteil gesucht. Heinrich hat sie mehrfach dienstags geschlagen, an dem Wochentag, an dem er mit dem Schwert umgürtet worden war, das er unmittelbar von Gott zu haben glaubte. Jeden Dienstag ließ er für diejenigen beten, die für ihn und das Reich gefallen waren.

Zu denjenigen, die Heinrich als Tyrannen und Zerstörer der Rechtsordnung bekämpften, gehörten als Kern neben den Sachsen weltliche und geistliche Fürsten, die in Verbindung mit Gregor VII. standen und die Kirchenreform unterstützten. Dennoch handelte damals nicht eine Partei, die sich der päpstlichen Sache verschrieben hatte, sondern eine Fürstenfronde, die die Herrschaft des Saliers nicht mehr ertragen wollte. Vom Papst erwartete sie um so mehr Unterstützung, als Heinrich gegen dessen kirchliche Forderungen handelte und diejenigen verfolgte, die sich als gehorsame Söhne »der Kirche« auf Gregors Seite stellten.

Die Erhebung Rudolfs zum König war entgegen einer ausdrücklichen päpstlichen Empfehlung geschehen. Sie zerstörte das, wofür Canossa in Gregors Augen der erste Schritt sein sollte: die Wiederherstellung der Einheit von Kirche und Reich. Bis 1080 hat sich der Papst für keinen der beiden um die Herrschaft kämpfenden Könige entschieden. Die Selbstzerfleischung des von ihm bewunderten Reiches beklagend, drängte er die Fürsten zu einer Zusammenkunft, um zu untersuchen, auf wessen Seite mehr Recht sei. Auf der Grundlage einer solchen Entscheidung wollte er den Frieden wiederherstellen. Die Opposition war von dieser »Neutralität« und dem fortgesetzten Gesandtenverkehr zwischen Gregor und Heinrich tief betroffen. In Sachsen warf man dem Papst Abkehr von seiner früheren Prinzipienstrenge vor: Er solle die Briefe seiner Anhänger als den Hahnenschrei hören, der einst Petrus an die Verleugnung des Herrn erinnerte. Wie die Unterscheidung von Suspendierung und Absetzung ihrem Denken nur schwer zugänglich war, so verstanden sie auch den Langmut nicht, mit dem der

Papst einen Herrscher zur Umkehr zu bewegen hoffte, der in manifester Form gegen Kirchengesetze verstieß.

Die Synoden, mit denen Gregor VII. Frieden herbeiführen wollte, wurden nicht zuletzt von Heinrich selbst hintertrieben. Denn der Salier konnte sich nicht einem Gericht stellen, das seine und Rudolfs Ansprüche gleichrangig behandelte. Schritt für Schritt gelang es ihm, seine Position zu festigen, obwohl er keine militärische Überlegenheit errang. Von der Fastensynode 1080 forderten beide Parteien eine klare Stellungnahme. Heinrich soll mit der Erhebung eines Gegenpapstes gedroht haben, falls der Papst Rudolf nicht exkommuniziere. Gregor VII. verhängte daraufhin zum zweiten Mal den Bann über den Salier, weil er alle Friedensverhandlungen verhindert habe. Auf Heinrichs Pfingsthoftag in Mainz wurde beschlossen, gemeinsam mit den Bischöfen Italiens in Brixen einen neuen Papst zu wählen. Dort erhob man Erzbischof Wibert von Ravenna als Clemens III. zum Gegenpapst. Von den Bischöfen des deutschen Reiches waren nur sieben zugegen. Von einem, dem aus seinem Bistum vertriebenen Benno von Osnabrück, wird erzählt, wie er aus Furcht vor dem König nicht zu widersprechen wagte, sich aber der Mitwirkung an der Wahl entzog. Unbemerkt versteckte er sich in der Kirche unter dem Altar, bis alles entschieden war. Als der Salier an den Rhein zurückkehrte, rückten sogar Bischöfe von dem Vorgehen in Brixen ab, die noch in Mainz für eine Neuwahl plädiert hatten. Würde sich die Brixener Entscheidung gleich der 1076 in Worms ausgesprochenen Absetzung des Papstes wieder als Fehleinschätzung der Kräfte erweisen?

Eine völlige Wende brachte für den Salier die Schlacht an der Elster, obwohl sein Heer erneut geschlagen wurde. Denn Rudolf von Schwaben, sein Gegner, fiel dort am 15. Oktober 1080. Ihm war im Kampf die rechte Hand abgeschlagen worden. Dieser Verlust der Schwurhand erschien als Gottesurteil, und zwar um so mehr, als Gregor VII. auf der letzten Fastensynode die Apostelfürsten um Segen und Erfolg für König Rudolf und um strafende Vernichtung Heinrichs gebeten und diesem Ostern 1080 sogar den baldigen Untergang prophezeit hatte, falls er sich nicht bis zum 1. August aus dem Bann löse. Die Opposition in Deutschland war gelähmt, auch wenn sie im August 1081 noch einmal einen wenig bedeutenden Fürsten, Graf Hermann von Salm, zu ihrem König erkor. Heinrich konnte nun versuchen, seine Herrschaft in Italien durchzusetzen. Nach mehreren Anläufen eroberte er Rom und ließ sich Ostern 1084 von »seinem« Papst zum Kaiser krönen. Der Markgräfin Mathilde hatte er schon 1081 einen Teil ihrer Machtpositionen entrissen.

Die Erhebung Wiberts von Ravenna zum Papst hat dem Salier taktisch und propagandistisch einen Vorteil verschafft: Nun konnte er als Kaiser eine Synode zur Beseitigung des Schismas fordern. Es war klar, daß Gregor niemals zustimmen würde. So wurde es möglich, ihn als denjenigen hinzustellen, der eine Beendigung des langen Streites verhinderte. Heinrich hatte den Machtkampf, der sich an seiner Person und seiner Herrschaft entzündet hatte, endgültig auf die grundsätzliche Ebene gehoben, auf der Gregor VII. vorher die spirituelle Auseinandersetzung um die Stellung des Nachfolgers Petri in der Christenheit angesiedelt hatte. Jetzt war der Gegensatz wirklich ein Ringen zwischen Kaisertum und Papsttum um Anspruch und Recht der beiden Gewalten. Der Kampf mit der durch den Tod ihrer führenden Köpfe geschwächten Fürstenopposition war völlig in den Hintergrund getreten.

Als Gregor Rom verlassen und Exil bei den Normannen in Süditalien gesucht hatte, wo er in Salerno am 25. Mai 1085 starb, war der Salier bereits nach Deutschland zurückgekehrt. Hier fand er weitgehende Anerkennung, obwohl eine von dem späteren Papst Urban II. geführte Legation nach dem Scheitern eines Vermittlungsversuches den Kaiser und seinen Anhang Anfang 1085 scharf verurteilt hatte. Ende April oder Anfang Mai konnte Heinrich einen großen Hoftag in Mainz abhalten, auf dem er einen Reichsfrieden verkündete. Vier Erzbischöfe und siebzehn Bischöfe aus deutschem Gebiet, dazu der Bischof von Prag, der dem König seit 1077 als Kanzler gedient hatte, und der Bischof von Lausanne bestätigten Wibert als Papst und sprachen die Absetzung aller gregorianischen Bischöfe im deutschen Königreich aus: der Erzbischöfe von Salzburg und Magdeburg sowie von dreizehn weiteren geistlichen Hirten. Der Kaiser erhob den Herzog Wratislaw von Böhmen, der mit seinen Truppen ihm in allen Kämpfen treu zur Seite gestanden hatte, zum König. Heinrich IV. stand auf dem Gipfel seiner Macht. Der Widerstand gegen seine Herrschaft bröckelte ab. 1087 konnte er sogar seinen Sohn Konrad zum König krönen lassen. Vom Reformpapsttum ging wegen langer Sedisvakanzen und dem kurzen Pontifikat Viktors III. keine Bedrohung aus.

Was in dieser Zeit der kaiserlichen Erfolge die Opposition nicht in vereinzelte Widerstandsgruppen zerfallen ließ, war der Wille zur Kirchenreform, als deren eigentlichen Gegner man den Salier sah, war die Treue zum Reformpapsttum. Heinrich hatte sich, als er 1084 von Wibert die Kaiserkrone entgegennahm, unwiderruflich an den Gegenpapst gebunden, den die Gregorianer niemals anerkennen konnten. Als 1088 mit Urban II. ein Papst erhoben wurde, der in den abendländischen Kirchen außerhalb des Imperiums einen sicheren Rückhalt fand und bald auch in Italien und Deutschland seinen Anhang vergrößerte und verstärkte, geriet Heinrich IV. erneut unter Druck.

1090 zog er nach Italien, um den weiteren Kampf dort zu führen. Aber nach anfänglichen Erfolgen wendete sich sein Glück. Erstmals schlossen sich 1093 in Oberitalien auch Städte gegen ihn zusammen und agierten gemeinsam mit seinen von Mathilde von Tuszien geführten Gegnern. Im selben Jahr ging sein Sohn Konrad, im folgenden seine zweite Gemahlin Praxedis, die Witwe des Grafen Heinrich von der Nordmark und Tochter eines Großfürsten von Kiew, ins päpstliche Lager über. Die welfisch-tuszische Allianz, 1089 durch die Hochzeit der dreiundvierzigjährigen Mathilde mit dem achtzehnjährigen Welf V. geschlossen, und die Feindschaft der im südlichen Schwaben mächtigen Zähringer versperrten dem Kaiser die Wege zur Rückkehr nach Deutschland, wo seine Gegner an Boden gewannen. Untätig, zeitweilig wie verschollen, hielt er sich von 1093 bis 1097 im Gebiet von Verona und Padua auf.

Es war die Zeit, in der Urban II. im März 1095 in Piacenza, im November in Clermont den heiligen Krieg zur Befreiung Jerusalems predigte und in der ungeordnete Volkshaufen und ritterliche Heere zum ersten Kreuzzug nach Palästina aufbrachen. Gottfried von Bouillon (1100 gestorben), der Herzog von Niederlothringen, und sein Bruder Balduin von Boulogne führten im August 1096 eines der ersten geordneten Kontingente in den Orient. 1099 wurde Jerusalem erobert; von Gottfrieds Belagerungsturm aus waren die ersten christlichen Krieger in die Stadt eingedrungen. Als »Vogt des Heiligen Grabes« übernahm der Herzog die Herrschaft im Heiligen Land. Nach seinem Tod trat sein Bruder an seine Stelle und nahm den Königstitel an. Beide hatten ihre Güter in Nordfrankreich und Lothringen verkauft. Wie viele, Reiche und Arme, waren sie von Anfang an darauf aus, eine neue Existenz zu gründen. Das gewohnte Leben hatte seine Verbindlichkeit, für viele auch seine Ordnung verloren. In den rheinischen Bischofsstädten hatten nach Tausenden zählende Scharen bei ihrem Aufbruch die blühenden Judengemeinden vernichtet, ohne daß die bischöflichen Stadtherren diesen helfen konnten oder sie zu schützen wagten. Die ordnende Macht des Kaisers war in dieser Zeit des Aufbruchs, der Gewalt und der Wirren nicht präsent. Das Gegenkönigtum, das 1088 erloschen war, hatte sich als ungeeigneter Weg zur Lösung der Probleme im Reich erwiesen. Einzelne Fürsten und Fürstengruppen begannen dort, wo sie gebieten konnten, ihre eigene Macht als die eigentliche Ordnungsgewalt zu etablieren.

Als Heinrich Pfingsten 1097 aus Italien nach Deutschland zurückgekehrt war, profitierte er von der allgemeinen Kriegsmüdigkeit, vielleicht auch von dem massenweisen Auszug aus dem entwickelten und dichtbevölkerten Westen des Reiches. In vielen Streitigkeiten, die der Kampf zwischen Salier- und Fürstenpartei geschaffen oder vertieft hatte, wurde ein Ausgleich gefunden. Freilich mußte dieser den neuen Realitäten Rechnung tragen. In den zentralen Machtbereichen ihrer Familien hatten einzelne Fürsten, gestützt auf Rechtstitel oder Gewalt, ihre Position ausgebaut. Sie garantierten in ihrem »Herrschaftsgebiet« die Durchsetzung der neuartigen Landfrieden. Die ersten Grundlagen für die Ausbildung fürstlicher Territorien waren geschaffen. So hatte etwa Herzog Bertold im Südwesten Schwabens seine Vorherrschaft durchgesetzt, während er im Norden vor Friedrich weichen mußte, dem Heinrich IV. 1079 das Herzogtum verliehen und seine Tochter Agnes zur Frau gegeben hatte. 1098 konnte der Streit um die Herzogswürde in Schwaben beigelegt werden: Friedrich behielt sie. Aber Bertold der Jüngere mit seinem Machtbereich im Breisgau und Südschwarzwald, am

Hochrhein und in Zürich, dem alten »Vorort« des Herzogtums, den er vom Herrscher neu zu Lehen erhielt, war der Gewalt des Herzogs von Schwaben nicht mehr unterstellt. Ebenso galt der welfische Machtkomplex in Ostschwaben als ein vom Herzogtum Schwaben unabhängiges Herrschaftsgebiet. Seit etwa 1100 benannte man diese Familien nach Burgen in ihrem Machtzentrum: nach Zähringen, nach Staufen, nach Altdorf. Ihre fürstliche Herrschaft wurde bald erblich wie ein Herzogtum. Gleichzeitig wurde das Herzogtum Bayern wieder Welf IV. übertragen und sein Sohn Welf, der sich von Mathilde getrennt und so Heinrich die Rückkehr nach Deutschland ermöglicht hatte, als künftiger Erbe anerkannt. Bei wichtigen Anlässen erschien selbst Herzog Magnus von Sachsen am Hofe, der gegenüber den Slawen ganz selbständig handelte und um 1093 Gottschalks Sohn Heinrich bei den Obodriten wieder zur Macht verholfen hatte. Auf der Basis dieses Ausgleichs erreichte der Kaiser im Mai 1098, daß die Fürsten über König Konrad die Absetzung aussprachen und seinen zweiten Sohn Heinrich zum künftigen König bestimmten.

Trotz Festigung der Salierherrschaft blieb nach diesen Ansätzen ein Aufschwung aus, wie er nach 1084 zu erkennen gewesen war. Obwohl Papst Urban II. 1099 und der Gegenpapst Clemens 1100 starben, gelang es nicht, das gespannte Verhältnis zwischen Kaisertum und römischer Kirche abzubauen. Vielmehr erneuerte Paschalis II. 1102 Heinrichs Exkommunikation. Zerknirscht schrieb der Kaiser an seinen Taufpaten, Abt Hugo von Cluny, daß er den Ruin der Kirche, den er selbst verschuldet habe, wiedergutmachen, königliche und priesterliche Gewalt wieder zur Eintracht führen und nach Festigung des Friedens nach Jerusalem wallfahren wolle, wohin 1101 bereits einige süddeutsche Fürsten aufgebrochen waren. Der Reichslandfriede von 1103, Vorbild für die Friedensgesetze späterer Herrscher, von seinem Biographen als Hilfe für Kaufleute und Arme gegen die Gewalttaten der Fürsten gepriesen, scheint der Vorbereitung eines solchen Unternehmens gedient zu haben.

Doch die Herrschaft des dritten Saliers zog sich ohne sichtbare Erfolge hin. Ein kleinerer, aber signifikanter Anlaß leitete 1104 seine endgültige Entmachtung ein. Während eines königlichen Hoftages in Regensburg griffen Ministerialen, von Bewohnern der Stadt unterstützt, einen ihnen verhaßten Grafen an. Von der dritten bis zur neunten Stunde des Tages wurde der Turm, in dem sich der Graf mit seinem Gefolge verbarrikadiert hatte, berannt; dann gelang es, die Tore zu brechen. Graf Sigehard von Burghausen wurde enthauptet, nachdem man ihm noch Beichte und Kommunion zugestanden hatte. Der Herrscher hatte nicht eingegriffen, weder zu seiner Rettung, noch um die Selbstjustiz nichtadeliger Leute zu bestrafen. Die Großen, deren Verhältnis zu den aufsteigenden Ministerialen unter Heinrich IV. stets gespannt war, konspirierten erneut. Um sich Herrschaft und Reich zu erhalten, trat der Königssohn auf ihre Seite. Ein neuer Bürgerkrieg begann, in dem Heinrich IV. die Schlachtenentscheidung herbeiführen wollte, Heinrich V. jedoch die bewaffnete Auseinandersetzung mit dem Vater lieber vermieden hätte. Als Vater und Sohn im Sommer 1105 mit ihren Truppen nördlich von Regensburg am Fluß Regen zusammenstießen, traten die Fürsten nicht zum Kampf an. Ohne Wissen Heinrichs IV., aber auch ohne persönliche Beteiligung Heinrichs V. schlossen sie eine Vereinbarung, aufgrund derer sich beide Heerlager noch in derselben Nacht auflösten.

In der Lebenstragödie Heinrichs IV. hatte damit der letzte Akt begonnen. Zwar verfügte er noch über Anhänger, zumal in Niederlothringen und in den rheinischen Städten, doch sein Sohn hatte durch das Einvernehmen mit den Fürsten die Herrschaftsgewalt in der Hand. Zu Weihnachten 1105 sollte eine Reichsversammlung in Mainz die Herrschaftsübernahme offiziell kundtun. Heinrich IV. hoffte, sein Schicksal durch persönliches Erscheinen noch einmal wenden zu können. Gegen die Zusicherung freien Geleits veranlaßte sein Sohn ihn, ohne Streitmacht nach Mainz zu kommen. Aber schon auf dem Weg dahin ließ er ihn gefangensetzen und in die Königspfalz Ingelheim verbringen. Ein glänzender Hoftag, auf dem von den Fürsten nur der greise Magnus von Sachsen fehlte, bestätigte den letzten Salier im Königtum. Vom gefangenen Vater erpreßte er die Auslieferung der Reichsinsignien und den Thronverzicht. Daß es dem alternden Salier gelang, aus der Haft zu entfliehen, daß er beim Bischof von Lüttich und beim Herzog von Niederlothringen tatkräftige Unterstützung fand, daß selbst die Kölner Bürger für ihn gegen seinen Sohn kämpften, daß schließlich Heinrich V. beim Vorstoß auf Lüttich geschlagen wurde, war nur die letzte Episode eines verlorenen Kampfes.

Vom Volk in Lüttich fast wie ein Heiliger verehrt, dessen Überreste Heilung von Krankheit und Fruchtbarkeit der Felder bewirkten, war der Salier dort am 7. August 1106 im Kirchenbann gestorben. Noch fünf Jahre lang blieb der Sarg mit seinem Leichnam in einer ungeweihten Kapelle zu Speyer stehen, ehe der dortige Bischof nach päpstlicher Erlaubnis die Aufnahme in die Königsgruft des Domes gestattete: der Kirche, die Heinrich IV. zu einem in der damaligen Christenheit einmaligen Bau hatte gestalten lassen.

In seinem dreißigjährigen Ringen um die Herrschaft hat der Salier Größe bewiesen als zäher, die Situationen nutzender, rasch reagierender, aber die Stärke seiner Position oft überschätzender Kämpfer, der es zudem verstand, in der geistigen Auseinandersetzung scharfsinnige Helfer zu gewinnen. Wo es nicht um seine Sache ging, sondern um das Reich, um Wohl und Nutzen des Ganzen, blieb ihm Größe versagt selbst in Phasen äußeren Erfolgs, in denen er wie 1085 und 1103 mit der Verkündung großer Rechtsfrieden für das Reich wirken wollte. Über weite Strecken seiner Regierungszeit konnte der dritte Salier nicht in der vorgegebenen und von ihm stets beanspruchten Rolle des Königs auftreten. In seinem Stolz und Mut erkannte man einen königlichen Sinn; doch voll Zorn oder Schmerz registrierten Zeitgenossen die Diskrepanz zwischen seinem

Verhalten und den normsetzenden Vorbildern. Wenngleich der persönliche Charakter Heinrichs IV. in den Quellen deutlicher hervortritt als der seiner Vorgänger, wird seine Individualität doch nicht erkennbar, wo er als König erfolgreich wirkte, sondern dort, wo er sich nach dem Urteil der Chronisten unköniglich benahm oder wo er als Herrscher kurz vor dem Scheitern stand.

Siebzig Jahre nach Canossa verlieh Otto von Freising dem Trauma Ausdruck, unter dem die Staufer als Nachfahren Heinrichs IV. noch immer standen: Die Kirche habe das Reich zerschmettert, »als sie beschloß, den römischen König nicht als den Herrn der Welt zu achten, sondern wie ein aus Lehm geformtes Geschöpf mit dem Bannschwert zu schlagen«. Die Weigerung Heinrichs IV., sich als Mensch und Laie der priesterlichen Hirtengewalt zu unterwerfen, war eine Reaktion auf eine Steigerung des priesterlich-päpstlichen Anspruchs auf geistliche Lenkung der Christenheit, der in der Radikalität seiner Konsequenzen die unabhängige Verantwortung des Königs für das Reich in Frage stellte. Doch Heinrich hatte die Überzeugung von der Gottunmittelbarkeit des Königtums, von der Christus-Stellvertreterschaft des Herrschers seit 1076 zu Maximen forciert, die trotz ihrer propagandistisch wirkungsvollen Präsentation unhaltbar waren vor der Rationalität der neuen Theologie und der systematisierenden Erneuerung des Kirchenrechts, die sich damals entfalteten. In der sich institutionell ausformenden und hierarchisch strukturierenden Kirche, die sich auf die Quellen ihrer Existenz und ihrer Stellung besann, gab es für ein Herrschertum dieser Art keinen Platz. Zugleich fehlte dem Anspruch Heinrichs IV. von Anfang an ein reales Fundament: Waren es nicht zwei Jahrzehnte lang vor allem die Fürsten gewesen, die das Reich gelenkt hatten? Waren sie es nicht gewesen, die manchmal Reich und Kirche vor der Unvernunft des Königs hatten bewahren müssen? Der Salier hatte seine selbständige Herrschaft in einem gestörten Verhältnis zu einem Teil der reichsbewußten Fürsten und zu den kirchenbewußten Reformern begonnen. Als er deswegen angegriffen wurde, berief er sich darauf, durch Gottes Einsetzung der zu sein, der für Reich und Kirche handelte und sprach, konnte aber diesen Anspruch in der konkreten Auseinandersetzung nie durchhalten. An solchen Widersprüchen ist Heinrich IV. gescheitert. Der Herrschaftsantritt Heinrichs V. zeigt, daß sein Vater ihm kein Fundament hinterließ, auf dem die Königsmacht wiederaufgerichtet werden konnte. Die Kontinuität von Reich und Königtum wurde von den Fürsten weitergetragen, die mit »ihrem« König für die Ordnung des Ganzen zusammenwirken wollten.

Fürstliches Bemühen um neue Stabilität

Heinrich V. konnte seine Herrschaft mit einer Demonstration für das Einvernehmen von König und Fürsten, für die Einheit im Reich beginnen, wie sie seinem Vater vielleicht nie gelungen war. Mehr als fünfzig Reichsfürsten waren zugegen, als er am 6. Januar 1106 in Mainz mit den Reichsinsignien die Herrschaft übernahm. Selbst wenn Heinrich IV. nach der Flucht aus Ingelheim in Niederlothringen und am Niederrhein noch einmal Unterstützung fand, in Gebieten, die jahrzehntelang eher Nebenschauplätze des großen Geschehens waren, riß sein kurzer Kampf als »Gegenkönig« nur hier vorübergehend die alten Gegensätze auf. Auch Papst Paschalis II., der den jungen Salier 1104 aus der Exkommunikation gelöst und von dem Sicherheitseid gegenüber dem Vater entbunden hatte, hoffte auf Verständigung. Er wirkte in den folgenden Jahren mit, um die Schismen zu überwinden, die in den Reichskirchen während der Kämpfe entstanden waren. Freilich gab es einen grundsätzlichen Konfliktpunkt, in dem er nicht nachzugeben bereit war: Der König sollte auf die Investitur der Bischöfe und auf die Lehnshuldigung der Prälaten verzichten. Bevor diese Frage nicht geklärt und damit das Verhältnis zum Papsttum nicht bereinigt war, ließ sich die eigentliche Aufgabe, die den Nachfolgern Heinrichs IV. gestellt war, nicht lösen: dem Reich eine stabilere Ordnung wiederzugeben und das Zusammenwirken von König und Fürsten neu zu definieren.

Das Investiturproblem war während des Kampfes zwischen Heinrich IV. und Gregor VII. recht plötzlich aufgetaucht. Zwar hatte schon unter Nikolaus II. eine Synode 1059 untersagt, Kirchen aus der Hand von Laien entgegenzunehmen, doch dieses Verbot war wohl nur auf Niederkirchen, jedenfalls nicht auf die vom König vorgenommenen Investituren bezogen. Ein Investiturverbot, das Gregor VII. 1075 aussprach, war vermutlich speziell auf die Mailänder Verhältnisse gemünzt. Erst die Fastensynode 1078, deren Entscheidungen 1080 bekräftigt wurden, verurteilte die königliche Investitur generell als unkanonisch. Der Erlaß kam so plötzlich, daß sich mehrere Bischöfe gegenüber Vorwürfen aus Rom damit herausredeten, von einem Investiturverbot noch nie etwas gehört zu haben. Auch Rudolf von Schwaben nahm trotz seiner Treue zum Papsttum Bischofsinvestituren vor. Der Zeitpunkt der Verkündigung gab den Anhängern Heinrichs den Ansatzpunkt für ihre Polemik: Nicht aus Sorge um die Kirche, sondern aus Haß gegen den König sei das Verbot ergangen. Der salische Hof blieb um so unbefangener bei der bisherigen Übung, als sich diejenigen, die ihr Bistum von Heinrich IV. empfingen, ohnehin gegen das Reformpapsttum stellten. Die Frage der Investitur spielte aber in der Auseinandersetzung zwischen geistlicher und königlicher Gewalt zunächst nicht die zentrale Rolle. Sie galt als Begleiterscheinung der eigentlichen Übel, in der sich der zugespitzte theokratische Anspruch des Königtums, der Hochmut weltlicher Herrschaft artikulierte.

Die gravierenden Probleme bei der Bischofserhebung waren die Sicherung der kanonischen Wahl und die Ausschaltung der Simonie. In den Vordergrund rückte die Investiturfrage als Rechtsproblem im Verhältnis zwischen Kirche und Königsherrschaft erst unter dem Pontifikat Urbans II.; man erkennt es um 1095 an den Auseinandersetzungen des Papstes mit dem französischen König und denen des Erzbischofs Anselm von Canterbury mit dem englischen Herrscher.

Auch Heinrich V. hat die Bischöfe seines Reiches in der herkömmlichen Form investiert, und einer der ersten, der 1105 von ihm Ring und Stab entgegennahm, war zum Spott kritischer Beobachter ein Abt von Hirsau, der zum Bischof von Speyer promoviert wurde. Das Papsttum bestand jedoch auf der Durchsetzung einer Rechtsnorm, welche die aktive Mitwirkung von Laien im Leben der sich klerikalisierenden Kirche zurückdrängen und zugleich der Verwicklung des Klerus in weltliche Geschäfte entgegenwirken sollte. In Frankreich hatte sich eine mehr stillschweigende Regelung angebahnt, die 1107 offiziell angenommen wurde. Im selben Jahr schloß der König von England mit der Kurie ein Konkordat, in dem er auf die Investitur, nicht aber auf das Hominium, die Lehenshuldigung der Bischöfe, verzichtete. Heinrich V. war, wie die Argumentation seines Vertreters auf der päpstlichen Synode in Châlons-sur-Marne 1107 zeigte, zu einem ähnlichen Kompromiß nicht bereit. Seine ganze Verhandlungsführung bis zum Wormser Konkordat läßt erkennen, daß es ihm dabei um Machtfragen, um die materielle Basis der Königsherrschaft ging. Der Hinweis, daß auch der König von Frankreich sich mit dem Treueid begnüge und ihm die Bischöfe trotzdem alles Geschuldete leisteten, brachte ihn nicht von seiner Haltung ab. Denn was »das Geschuldete« war, wurde von den Reformern ja selbst in Frage gestellt, wenn sie an der Servitienpflicht der Reichskirchen, zumindest an ihrer rechtlichen Fixierung, Anstoß nahmen und den Kriegsdienst der Bischöfe verurteilten. Hier hatte der deutsche König und römische Kaiser mehr zu verlieren als andere Herrscher im Abendland: weil er seine Macht ganz wesentlich auf diese Beiträge der Reichskirchen stützte. Zudem waren einzelne Fürsten unter Heinrich IV. ihrer Servitienpflicht immer weniger nachgekommen. Das Königtum dagegen war jetzt auf solche Leistungen um so mehr angewiesen, als seine eigene Machtbasis – etwa durch den Verlust der sächsischen Positionen – geschwächt worden war.

In Châlons hatte Heinrich V. klar definieren lassen, was er als das »Recht des Kaisertums« ansah: Bei kirchlichen Wahlen mußte Einvernehmen mit dem Herrscher hergestellt werden. Danach erst durften Klerus und Volk die Wahl in den kanonischen Formen vollziehen. Die Weihe sollte frei und unentgeltlich erfolgen; doch der Bischof hatte vom Kaiser »für die Regalien« die Investitur mit Ring und Stab einzuholen sowie den Treueid und die Lehenshuldigung zu leisten. Heinrich wollte die Investitur als Belehnungsakt verstanden wissen und hielt das Hominium als Rechtsgrund für die Vasallenleistungen für unentbehrlich. Zur Investitur beanspruchte er aber weiterhin die Symbole des geistlichen Amtes. Er forderte überdies den für die Vorstellungen der Reformer vom kirchlichen Amt besonders anstößigen »Handgang« und wollte maßgeblich am Wahlverfahren beteiligt bleiben. Die Verfügungsgewalt über die Reichskirche wurde dabei als Instrument der Herrschermacht gesehen, nicht als Ausfluß der gottunmittelbaren Stellung des Königs. Das konnte die Verständigung im Grundsätzlichen erleichtern, erschwerte aber vielleicht den praktischen Kompromiß. Wichtig war für den Salier, daß ein Großteil der Fürsten das Königsrecht durchaus verteidigte und daß selbst kompromißbereite Kräfte die Ehrenrechte des Reiches, den Honor regni, gewahrt wissen wollten. Doch in welchen Formen durfte sich das Recht des Königs manifestieren?

Heinrich V. verlobte sich 1110 mit Mathilde, der Tochter Heinrichs I. von England, der den Konflikt in seinem Reich durch das Konkordat von 1107 beendet hatte. Die Mitgift von 10.000 Mark Silber kam dem längst angekündigten Rom-Zug zugute, den der Salier im August 1110 antrat. Vor der Kaiserkrönung mußten die Streitfragen zwischen Herrscher und Papst bereinigt werden. In Geheimverhandlungen, an welchen zumindest keiner der geistlichen Fürsten beteiligt war, wurde offensichtlich auf Initiative des Papstes ein Plan entwickelt, mit dem man das Investiturproblem radikal zu lösen hoffte. Die Reichskirchen sollten dem König sämtliche Regalien zurückgeben, die sie von früheren Herrschern erhalten hatten: Städte, Herzogtümer, Markgrafschaften, Grafschaften, Münzen, Zölle, Märkte, Reichsvogteien, Zentgerichte, Königshöfe einschließlich zugehörender Nutzungen, Ministerialen, Reichsburgen. Die Zehnten und die Oblationen der Gläubigen sowie das, was aus privatem Gut geschenkt worden war, würden hinfort die materielle Ausstattung der Kirchen bilden. In der Urkunde, die den Verzicht ratifizieren sollte, wird das »Reichskirchensystem« als Ursache für eine Verweltlichung der Geistlichkeit scharf kritisiert und als Ausgangspunkt für die untragbaren Mißbräuche der Laieninvestitur und Simonie hingestellt. Paschalis strebte eine funktionale Scheidung von Geistlichkeit und Laien an, die er in der Laieninvestitur ebenso verletzt sah wie etwa im Kriegs- und Hofdienst der Bischöfe. Dafür versprach der König, künftig auf die Investitur zu verzichten. Doch der Plan erwies sich als so unrealistisch, daß Heinrich von der Geschichtsforschung meist verdächtigt wird, er habe das Scheitern vorausgesehen.

Am 12. Februar 1111 sollten unmittelbar vor der Kaiserkrönung die Verzichturkunde des Königs und der päpstliche Befehl an Bischöfe und Äbte, dem König alle Regalien zurückzugeben, in der Peterskirche verlesen werden. Als der Wortlaut der päpstlichen Urkunde bekanntgegeben wurde, erhob sich unter den Fürsten, die nicht geahnt hatten, was auf sie zukam, ein unbeschreiblicher Tumult. Es zeigte sich rasch, daß die Vereinbarung nicht zu realisieren war. Deshalb ließ der Salier den Papst und die Kardinäle noch in der Peterskirche

Kaiser Heinrich IV. bei der Übergabe von Krone, Reichsapfel und Zepter an seinen Sohn und Nachfolger Heinrich V. Federzeichnung in einer um 1130 wohl in der Benediktinerabtei Corvey entstandenen Handschrift »Chronicon universale« des Ekkehard von Aura. Berlin, Staatsbibliothek Preußischer Kulturbesitz. – Kaiser Lothar II. bei der Übergabe der Schutzurkunde vom 14. Mai 1136 an den Abt der Benediktinerabtei Vornbach. Federzeichnung in dem in der zweiten Hälfte des 12. Jahrhunderts entstandenen Traditionsbuch des niederbayerischen Klosters. München, Bayerisches Hauptstaatsarchiv

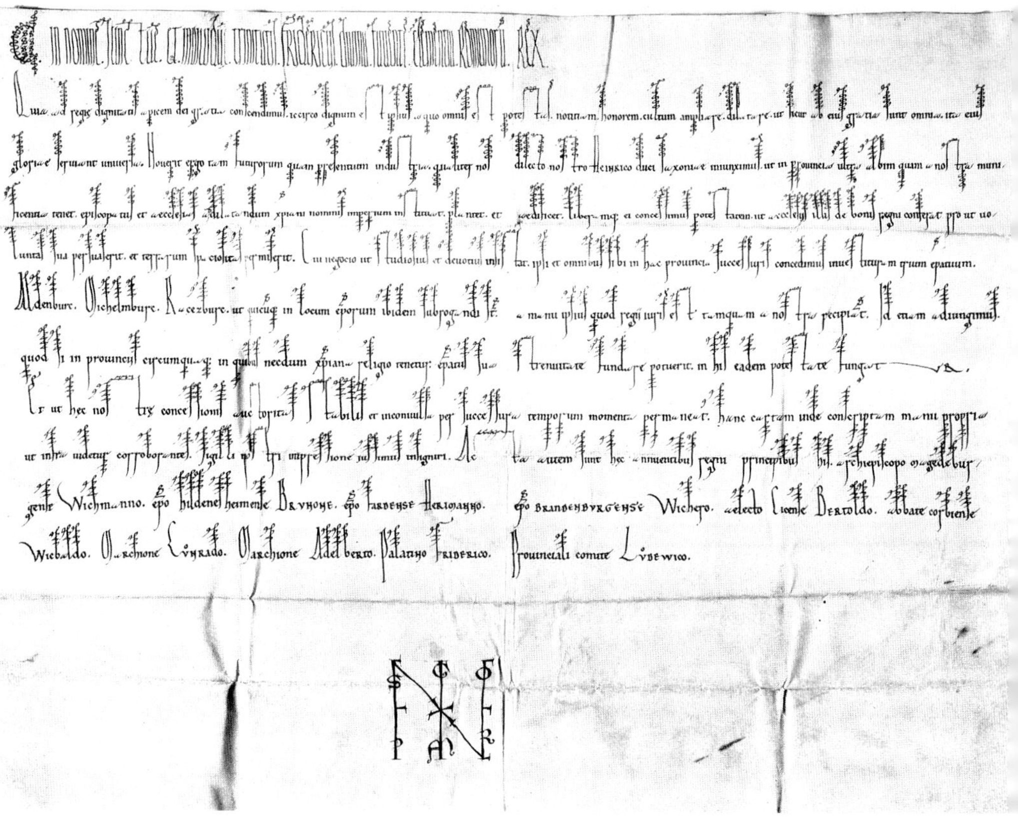

Übertragung des königlichen Rechts der Investitur an Herzog Heinrich den Löwen von Sachsen durch Friedrich Barbarossa: für die Bischöfe von Oldenburg, Mecklenburg und Ratzeburg und alle anderen im benachbarten Gebiet zu gründenden Bistümer. Unfertige lateinische, wohl in Goslar Anfang Juni 1154 ausgestellte Pergamenturkunde. Wolfenbüttel, Niedersächsisches Staatsarchiv wegen Vertragsbruchs gefangennehmen. Den Römern, die sofort zu den Waffen griffen, gelang es nicht, Paschalis II. zu befreien. In der Nacht vom 15. zum 16. Februar zog sich der Salier aus Rom zurück und führte die Gefangenen mit. Der Papst wurde schließlich gezwungen, dem König die Investitur mit Ring und Stab in einem feierlichen Privileg als Recht zu garantieren und ihm die Kaiserkrönung zuzusagen, die er am 13. April im Petersdom vollzog, der von Truppen umstellt war.

Heinrichs V. Politik folgte einem Muster, das schon seinem Vater zum Verhängnis geworden war: Ohne Mitwirkung der betroffenen Fürsten und auf ihre Kosten suchte er eine Verständigung mit dem Papst; als sie mißlang, riß er durch eine plötzliche Schwenkung die Fürsten in einen neuen Konflikt mit dem Reformpapsttum hinein, den sie in dieser Form niemals wollten. Die Gewaltsamkeit des Vorgehens übertraf noch, was man von Heinrich IV. gewohnt war: In Formen des Rechts wurde das Unrecht festgezurrt. Dabei waren die Fürsten dem Herrscher in großer Zahl nach Italien gefolgt, und etliche von ihnen hatten seit 1105 auf eine Übereinkunft zwischen König und Papst hingearbeitet. Die Ereignisse bewirkten, daß auch dem letzten Salier eine Fürstenopposition entgegentrat, die er trotz zeitweiliger Erfolge nicht niederwerfen konnte.

Obwohl sich Paschalis II. bis zu seinem Tod an den erpreßten Eid hielt, Heinrich nicht zu exkommunizieren, erklärte die von ihm geleitete Lateransynode im März 1112 das »Pravileg«, wie man das Privileg nannte, das er ein Jahr zuvor hatte ausstellen müssen, für ungültig, und wenig später wurde von einer Synode in Vienne der Bann über den Kaiser ausgesprochen. Waren nach Heinrichs V. Herrschaftsantritt die Auseinandersetzungen im Reich trotz der ungelösten kirchenrechtlichen Fragen wieder als die alten Fehden um Recht, Macht und Ansprüche erschienen, die den Alltag des politischen Lebens bestimmten, so erhielten sie nun erneut jene grundsätzliche Dimension, die den konkreten Streit als Ringen um Ordnungsprinzipien für Reich und Kirche erscheinen ließ. Kräfte, mit denen Heinrich beim Aufstand gegen den Vater zusammengewirkt hatte, standen jetzt gegen ihn. Trotz der ungesicherten Macht im deutschen Königreich, trotz der schweren Niederlagen, welche sein Heer im Oktober 1114 bei Andernach und am 11. Februar 1115 in der Schlacht am Welfesholz bei Eisleben erlitten hatte, ging der Kaiser im März 1116 erneut über die Alpen, um die Güter der 1115 verstorbenen Markgräfin Mathilde in Besitz zu nehmen. Zur Kurie geriet der Salier in eine immer schärfere Frontstellung. 1118 ließ er gegen den neu gewählten Gelasius II. sogar noch einmal einen Gegenpapst erheben. In Deutschland kämpften seine staufischen Neffen gegen die fürstliche und kirchenreformerische Opposition; doch die ganze Nordhälfte Deutschlands war dem salischen Einfluß entzogen. An eine Lösung des Investiturproblems war unter dieser Konstellation nicht zu denken.

Die theoretischen Grundlagen für einen Kompromiß waren seit Jahren erarbeitet. Man hatte gelernt, in den Rechten eines Bischofs die Gewalt über das weltliche Gut seiner Kirche, über die Temporalien, von der sakramental-geistlichen Hirtengewalt, der Verwaltung der Spiritualien, zu unterscheiden. Man hatte ferner erkannt, daß es spezifische Rechte des Königtums, Regalien, gab, die man, wenn sie in Kirchenbesitz übergegangen waren, von anderen Temporalien trennen konnte. Auf solchen Unterscheidungen beruhten die Vereinbarungen zwischen dem Papsttum und den Königen von Frankreich und England; um sie war es 1107 bei den Verhandlungen in Châlons gegangen, und sie lagen dem Vorschlag von 1111 zugrunde. Die Ansprüche des Herrschers an die Hochkirchen setzten am Regalienbesitz der Bistümer an – dies erkannten beide Seiten. Ließ sich nicht eine kirchenrechtlich und ekklesiologisch unanfechtbare Form finden, die dem Herrscher die Leistungen sicherte, die man ihm von kirchlicher Seite nicht vorenthalten wollte? Im Reich und an der Kurie drängten auch Männer auf einen Kompromiß, die von den umkämpften Prinzipien, von den »Ehrenrechten des Reiches« und von der »Freiheit der Kirche«, nichts aufgeben wollten.

Ein Ultimatum der Fürsten zwang den Kaiser 1118 zur Rückkehr nach Deutschland: Er solle sich in Würzburg den Anklagen stellen; falls er nicht erscheine, werde man ihn der Königsherrschaft entheben. Obwohl Heinrich das Würzburger Treffen verhindern konnte und bei der Rückkehr seinen Gegnern den herrscherlichen Zorn mit Feuer und Schwert demonstrierte, nötigten ihn die geistlichen und weltlichen Großen, am 24. Juni 1119 eine Reichsversammlung bei Mainz abzuhalten, auf der – wie ausdrücklich gesagt wird – ihn seine Gegner und seine Freunde zur Verkündigung eines Friedens brachten und sein Versprechen erlangten, sich zur Versöhnung mit der Kirche auf einer Synode des neu erhobenen Papstes Calixtus II. einzufinden. Im Oktober stand der Abschluß eines Konkordats unmittelbar bevor. Er scheiterte vermutlich daran, daß die Vertreter des Papstes den Wortlaut des vereinbarten Vertragstextes im letzten Augenblick in einer Weise abändern wollten, die Heinrich als Beeinträchtigung der Reichsrechte ansah. In Reims erneuerte Calixtus II. den über Heinrich verhängten Bann. Doch die Teilnehmer des dortigen Konzils verhinderten eine Verschärfung des Investiturverbots, die den Ausgleich erschwert hätte. Die Gegensätze in Deutschland brachen erneut auf. Schon drohte ein frontaler Zusammenstoß zwischen den kaiserlichen Truppen, die Mainz belagerten, und einem vom Erzbischof herbeigeführten Entsatzheer, als erneut Fürsten beider Seiten Friedensgespräche vermittelten. Unbeschadet der Rechte des Reiches sollte der Kaiser mit Rat und Hilfe der Fürsten den Streit mit der Kirche beilegen, lautete die ultimative Forderung, auf die sich die Fürsten des Reiches im Herbst 1121 festlegten. Auch für das Ende der Verhandlungen setzten sie im Verein mit den päpstlichen Legaten einen Termin.

Ein Jahr später, am 23. September 1122, konnte bei Worms das Konkordat zwischen der römischen Kirche, für die der Papst sprach, und dem König geschlossen werden. Heinrich verzichtete auf die Investitur mit Ring und Stab und gewährte den Kirchen die kanonische Wahl und die freie Weihe ihrer Vorsteher. Der Papst erlaubte dem Salier, daß im deutschen Königreich die Wahlen der Bischöfe und Reichsäbte in seiner Gegenwart durchgeführt würden, ohne Simonie und ohne irgendwelche Gewalt, damit er bei Meinungsverschiedenheiten nach Rat des Metropoliten und der Mitbischöfe die vernünftiger entscheidende Partei unterstützen könne. Der Gewählte sollte vor der Weihe durch die Übergabe eines Zepters die Regalienleihe erhalten und dazutun, was er dem König schuldete, wie man Lehnshuldigung und Treueid in nicht festgelegter Form umschrieb. In den anderen Teilen des Imperiums sollte die Regalieninvestitur von den Prälaten nach der Weihe innerhalb von sechs Monaten eingeholt werden. Die Verfügungsgewalt über die Regalien – über Hoheitsrechte, die man von ihrem Charakter und ihrer Qualität her, nicht nur aufgrund ihrer nachweisbaren Herkunft, als Königsrechte verstand – wurde den Bischöfen und Reichsäbten oder -äbtissinnen nun mittels eines lehnsrechtlichen Symbols übertragen: Als Träger eines »Zepterlehens« wurden die geistlichen Fürsten in die Lehenshierarchie eingeordnet, so wie die weltlichen Fürsten vom Herrscher ihren Platz durch ihr »Fahnenlehen« zugewiesen bekamen.

Offen lassen die Vertragsurkunden, mit denen jede Partei in Worms der anderen ihre Zugeständnisse verbriefte, einen wichtigen Punkt: Während der Kaiser die römische Kirche und damit eine dauerhafte, überpersönliche Institution privilegierte, war die päpstliche Urkunde nur für Heinrich V. persönlich ausgestellt. Betrachtete Calixtus II. das Wormser Konkordat als ein Zugeständnis an den Salier, über das mit seinen Nachfolgern jeweils neu zu verhandeln war? Von der Kurie wurde der Vertrag später so interpretiert, und es spricht einiges dafür, daß gerade diese nur vorläufige Festlegung die Übereinkunft für die strengen Reformer, nicht zuletzt für den Papst selbst, annehmbar machte. Auch im deutschen Episkopat bewerteten Männer wie die Erzbischöfe von Mainz oder von Salzburg das Konkordat als faulen Kompromiß. Daß die Erhebung eines Bischofs mit einem Akt der Investitur verbunden blieb, daß die geistlichen Hirten weiterhin die Lehenshuldigung leisten sollten, zeigte ihnen, daß man die Scheidung von Geistlichkeit und Laien, die Trennung von kirchlichen und weltlichen Aufgaben nicht durchgesetzt hatte. Doch wem anders als dem Salier persönlich hätte Calixtus II. die kirchlichen Zugeständnisse garantieren sollen? Ein »Reichsrecht« war das Investiturrecht nicht; denn das Reich wurde, wie die Fürsten es 1121 sehr klar formuliert und demonstriert hatten, von ihnen und vom König gemeinsam getragen. An der Investitur hatten die Fürsten keinen Anteil. Aber an wen ließ sich ein überpersönliches Königsrecht adressieren, wenn man Königtum und Reich nicht gleichsetzen konnte? Auch aus diesem Grund mag die päpstliche Urkunde nur für Kaiser Heinrich ausgestellt worden sein.

Heinrich V. starb am 23. Mai 1125. Mit ihm erlosch die salische Dynastie. Die Sicherung und Festigung des Friedens zwischen Königtum und Kirche gehörte für die Fürsten zu den vordringlichsten Aufgaben, die bei der Neuwahl zu bedenken waren. Allerdings hatten die Geschehnisse nach 1122 gezeigt, daß sich das Verhältnis zwischen Königtum und Fürsten durch Beilegung des Investiturstreits allein nicht bereinigen ließ. Die Spannungen hatten andere Ursachen und waren von dem Konflikt zwischen dem salischen Königtum und dem Reformpapsttum lediglich überlagert, wiewohl erheblich verschärft worden. Konnte man nach dem Aussterben der Salier hier einen Neubeginn setzen?

Eine Friedensordnung im Sinne anstaltlicher Staatlichkeit war das Herrschaftsgefüge der mittelalterlichen Reiche in keiner Phase. Doch die Konflikte zwischen König und Großen, die bis dahin der Rang- und Machtordnung in einer personalen Konstellation galten, hatten seit Heinrich IV. einen neuartigen Charakter erhalten. Der Ausbau der Königspositionen zu Herrschaften territorialen Charakters, wie ihn der Salier vor allem im Harz begonnen hatte, brachte das Königtum auf lokaler Ebene, an ganz konkreten Punkten in Konkurrenz zu den Großen, unter denen das Wettrennen um neuartige Machtgrundlagen bereits begonnen hatte. Mit den gleichen Mitteln suchten Herrscher und Fürsten, sich bestimmte Positionen zu sichern und durch deren Ausbau andere Große im selben Raum zurückzudrängen: durch die Errichtung von Burgen, die nicht zu Lehen ausgegeben, sondern von Ministerialen verwaltet wurden, durch herrschaftliche Beschlagnahme der Landreserven, in denen dann die Rodung den Machtbereich des jeweiligen Herrn vergrößerte, durch die Konzentration alter und neuer Herrschaftsrechte in ihrer Hand.

Viele Forscher haben die Bemühungen Heinrichs IV. um den Ausbau der Königsherrschaft in der Gegend um den Harz als wegweisende Entscheidung gewürdigt. Unbestreitbar hat der Salier etwas begonnen, das zum Modell für spätere Herrscher wurde, nicht zuletzt für seine staufischen Nachfahren. Doch anfangs war sein Engagement nur Ausdruck einer bestimmten historischen Situation. Das Reich war damals mehr in Händen der Fürsten als in der Hand des Königs. Heinrich zog sich auf eigene Positionen, auf seine Stützpunkte und Einkünfte im Harz zurück, in denen er ohne die Fürsten, nach eigenem Willen, schalten konnte und die er durch Ausbau aufzuwerten versuchte. War dies wirklich der Weg des Königtums? Abgesehen davon, daß manche Zeitgenossen Heinrichs IV. lange Aufenthalte in Sachsen als Vernachlässigung der herrscherlichen Pflichten werteten, brachte diese Konkurrenz den König in eine Situation, in der er seine Aufgabe des Ausgleichs und der Rechtswahrung nicht mehr erfüllen konnte. Denn er war ja in den oft gewaltsamen Auseinandersetzungen selbst Partei, war nicht der ordnende und vermittelnde Herrscher, sondern ein konkurrierender Fürst, der die Königskrone trug und gegen die Pflichten seines Amtes die Königsmacht zum Schaden der Fürsten, zu seinem eigenen Vorteil einsetzte. Der Ruf nach einem Fürstengericht, das im Streit zwischen dem König und oppositionellen Großen ein unparteiliches Urteil fällen sollte, durchzieht deshalb die Geschichte der beiden letzten Salier. Ein solches Fürstengericht, dessen Spruch der König zwar erbitten, dem er sich aber selbst unterwerfen mußte, hat dann unter den Staufern feste Gestalt gewonnen und insbesondere unter Friedrich II. nicht selten gegen den Herrscher entschieden. Die Schlichtung von Streitigkeiten zwischen dem König und einzelnen Großen, die sich aus der territorialpolitischen Konkurrenz ergaben, blieb eines der schwierigsten Ordnungsprobleme des hoch- und spätmittelalterlichen Reiches.

Selbst auf den Mediävisten kann die nie abreißende Serie territorialpolitischer Konflikte und Fehden ermüdend wirken. In die Reichsgeschichte gehören sie nicht so sehr deshalb, weil der König einer der Protagonisten war, sondern aufgrund der Folgen, die sich aus ihnen für das Verhältnis des Herrschers zu einzelnen Fürsten oder gar zu ganzen Teilen des Reiches ergaben. So geriet Heinrich V. in Gegensatz zu seinem Kanzler Adalbert, der noch 1111 als sein Vertrauter die Verhandlungen mit der Kurie führte, kaum daß er ihn 1112 zum Erzbischof von Mainz erhoben hatte. Es waren nicht nur Divergenzen in den kirchenpolitischen Auffassungen, die nach dem Scheitern des Konkordatsplans von 1111 aufbrachen, sondern territorialpolitische Auseinandersetzungen zwischen dem Salier, der den Ausbau seiner Stellung am Mittelrhein forcierte, und dem Sproß der Grafenfamilie von Saarbrücken, der hier die Position seines Erzstiftes stärken wollte und sich dazu mit anderen Konkurrenten des Kaisers aus seinem eigenen Verwandtschafts- und Freundeskreis verband. Heinrichs brutales Vorgehen gegen den Erzbischof, dessen Freilassung die Mainzer 1115 erzwangen und der nach dreijähriger Haft nur noch aus Haut und Knochen bestanden haben soll, entfremdete ihm die bedeutendste Stadt im deutschen Land, in der sein Vater auch dann Aufnahme gefunden hatte, wenn die Erzbischöfe gegen ihn standen. Außerdem wurde Adalbert zum Führer der Oppositionsgruppe, in der sich der kirchenpolitische Gegensatz zum Salier mit dem Widerstand gegen das verband, was man als Willkür- und Unrechtsherrschaft ansah. Die Folgen dieser Konstellation für die Reichsgeschichte reichten über den Tod Heinrichs V. hinaus. Aus ähnlichen Ursachen gehörte der Erzbischof von Köln zu den Widersachern des Kaisers, und auch dessen Stadt stand mittlerweile, anders als unter Heinrich IV., meist gegen den Salier.

Im Streit Heinrichs V. mit Lothar von Supplinburg wird eine zusätzliche Konfliktebene erkennbar. Es ging um die Herzogsgewalt in Sachsen und ihr Verhältnis zum Königtum und somit um ein Problem, das erst 1180 mit dem Sturz Heinrichs des Löwen eine spektakuläre Lösung fand. In Oberlothringen war die Herzogsgewalt durch die königliche Politik schon 1044 entscheidend geschwächt worden; in Niederlothringen hatte sich ihr Niedergang beschleunigt, seitdem Heinrich IV. dem Neffen und Adoptivsohn Gottfrieds des Buckligen

(1069–1076), Gottfried von Bouillon, die Herzogswürde verweigert und sie seinem erst zweijährigen Sohn Konrad übertragen hatte. In Schwaben hatten die Staufer 1098 mit Rücksicht auf Zähringer und Welfen auf herzogliche Gewalt über die ganze Stammesprovinz verzichten müssen. Durch die Parteinahme der Welfen für das Reformpapsttum war auch in Bayern die Herzogswürde nach 1076 kein entscheidender Machtfaktor mehr gewesen; erst die Wiedereinsetzung der Welfen 1098 wurde durch deren Treue zu den Saliern, dann durch die enge familiäre Bindung an König Lothar III. zum Ausgangspunkt für den erneuten Aufbau einer starken Herzogsgewalt.

Dagegen hatten die Sachsenaufstände, in denen man das gemeinsame und geschlossene Handeln des ganzen Stammes sogar durch Eidgenossenschaften absicherte, sowie die weitgehende Ausschaltung des Königtums die Kompetenz der mächtigen Billunger als Herzöge deutlich erweitert. Als Herzog Magnus 1106 starb, ohne Söhne zu hinterlassen, überging der König dessen Schwiegersöhne, den Welfen Heinrich den Schwarzen und den Askanier Otto von Ballenstedt, und erhob unter Zerschlagung des billungischen Machtkomplexes Lothar von Supplinburg zum Herzog, einen vornehmen, aber damals nicht übermäßig reich begüterten Grafen, dem er offensichtlich nicht die gleiche Machtentfaltung zutraute. Lothar aber, dessen Besitz durch Erbschaften rasch anwuchs und der sich im Bereich von Braunschweig, Helmstedt und Halberstadt einen bedeutenden Schwerpunkt schuf, beanspruchte als Herzog noch weitergehende Rechte als seine billungischen Vorgänger. Er setzte selbständig Grafen und sogar Markgrafen ein und erkannte die vom König erhobenen Männer nicht an. Obwohl er sich durch sein Vorgehen und seine aggressive Territorialpolitik Feinde schuf, besaß er in Sachsen einen sicheren Rückhalt. Heinrich konnte zwar Lothar und dessen Parteigänger 1114 zu einer demütigenden Unterwerfung zwingen, bei der die aufständischen Großen ihr Leben durch Auslieferung ihrer Güter und Burgen erkaufen mußten, doch nach der Niederlage am Welfesholz war das salische Königtum aus dem Nordosten des Reiches verdrängt, und Lothar wurde durch den weiteren Ausbau seiner Stellung in Sachsen und im angrenzenden slawischen Gebiet zum wohl mächtigsten Fürsten in Deutschland. Als sächsische, insbesondere nordelbingische Kontingente den Obodritenfürsten Heinrich bei der Expansion seines Machtbereichs unterstützten und so das Terrain für den Beginn der deutschen Ostsiedlung vorbereiteten, hatte der König daran keinen, der Sachsenherzog aber maßgeblichen Anteil.

Schwierig und komplex waren also die Probleme, über die die Fürsten 1125 bei der Neuwahl eines Königs entscheiden mußten: Würde es gelingen, den Norden und Westen des Reiches wieder mit dem Süden und Südwesten zusammenzuführen, wo mit den Staufern, Welfen, Babenbergern und Zähringern salierfreundliche Kräfte den Ton angaben, auf Bischofsstühlen aber auch sehr entschiedene Kirchenreformer saßen? Würde es gelingen, den Frieden mit der

Das Obodritenreich (nach Escher)

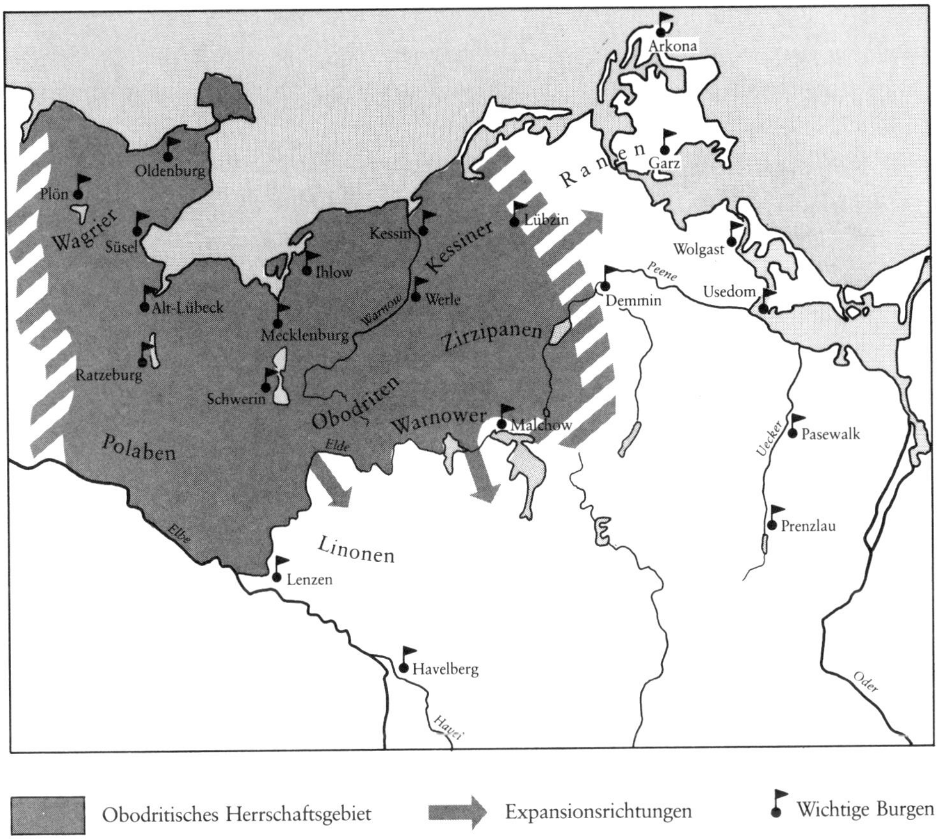

römischen Kirche weiter zu festigen und dabei den Ehrenrang des Imperiums zu wahren? Würde es gelingen, eine im ganzen Reich akzeptierte Königsgewalt zu erneuern, dem Reich durch das Zusammenwirken von König und Fürsten seine Ordnung zurückzugeben? Ein neues Verhältnis zwischen König, Fürsten und Reich hatten 1077 die Wähler Rudolfs von Rheinfelden dadurch zu begründen versucht, daß sie für die Zukunft die freie Wahl des Königs vereinbarten. Für die Salier gab es jedoch nie einen Zweifel am erblichen Herrschaftsrecht ihrer Dynastie; unter Heinrich IV. hatte man in Ravenna sogar aus dem römischen Recht neue Argumente für das Erbrecht am Königtum bezogen. Im Jahr 1125 aber glaubte man, neu beginnen zu können. Wenn überhaupt, so ließ sich jetzt das Verfassungsprinzip durchsetzen, das die Fürstenopposition 1077 propagiert hatte.

Über die Vorgänge bei der Königswahl liegen ausführliche Berichte vor. Von der Forschung wurden sie meist gegen ihren Wortlaut gelesen, weil sich die Historiker eine Auffassung zu eigen machten, die 1125 eine Parteiforderung war: daß der Staufer Friedrich als Neffe Heinrichs V. von Rechts wegen der Nachfolger des Saliers hätte werden müssen. Unter dieser Prämisse mußten Handlungen, die schließlich zu einem anderen Wahlergebnis führten, als stauferfeindliche Machenschaften erscheinen. Was die Quellen als Motive nannten, wertete man als Verschleierung des Stauferhasses führender Reichsfürsten. Doch was 1125 bei der Königswahl in Mainz wirklich geschah, war bei allen Rivalitäten und unvorhergesehenen Wendungen im Ablauf des Geschehens die Fortsetzung eines Bemühens um das Reich, zu dem Fürsten jeder Partei auch vorher immer wieder zusammengefunden hatten.

Diejenigen, die wohl gegen Ende Juni in Speyer an der Beisetzung des letzten Saliers teilnahmen, schlugen den übrigen Fürsten brieflich vor, am Bartholomäus-Tag, dem 24. August, in Mainz zur Beratung über die Belange des Reiches und über die Nachfolge im Königtum zusammenzukommen. Der Vorschlag wurde in vorsichtige Formulierungen gekleidet: Nur unter dem Zwang zum Handeln unterbreite man ihn ohne allgemeine Beratung und selbstverständlich unter Vorbehalt der Zustimmung des Briefempfängers; man wolle sich mit der Initiative keinerlei Sonderrolle anmaßen und die gemeinsam zu treffende Entscheidung in nichts präjudizieren. Allein darum bitte man den Empfänger der Botschaft: Eingedenk der Bedrückung, durch die die Kirche mit dem ganzen Reich bisher beschwert worden sei, möge er die göttliche Vorsehung anrufen, daß sie bei der Nachfolgeregelung Kirche und Reich vor einem derartigen Joch bewahre. Natürlich lag in dieser Aussage eine Kritik an der Herrschaft der beiden letzten Salier, aber sie war ohne personalisierte Vorwürfe auf die Zustände während der letzten Jahrzehnte formuliert. Solche Zustände mußten durch die richtige Wahlentscheidung der Fürsten vermieden werden. Um der Reichsversammlung in Mainz günstige Bedingungen zu sichern, wurden die Empfänger des Rundschreibens – erhalten ist der Brief an Bischof Otto von Bamberg – aufgefordert, in ihrem Machtbereich einen Frieden bis zum Wahltermin und vier Wochen darüber hinaus zu befehlen.

Zur Wahl erschienen so viele Fürsten, wie man sie noch nie an einem Ort gesehen zu haben glaubte. Die bewaffneten Gefolge lagerten zu beiden Seiten des Rheins, der Sachsen- und der Bayernherzog mit dem Markgrafen Leopold von Österreich auf dem rechten, Herzog Friedrich von Schwaben mit seinem Anhang auf dem linken Ufer. Die Beratungen fanden jedoch in Mainz selbst statt, wohl in der erzbischöflichen Pfalz, wo die Fürsten mit den übrigen hinzugezogenen Laien und Geistlichen in fester Sitzordnung tagten. Man bemühte sich, in Entsprechung zu den Tendenzen im kirchlichen Bereich, die ungeregelten Verhandlungen, wie sie noch für die Königswahl von 1024 charakteristisch waren, zu formalisieren, um der Entscheidung die allgemeine Annahme zu sichern. Eine

Schwierigkeit ergab sich daraus, daß ein Enkel Heinrichs IV. von vornherein Anspruch auf die Nachfolge erhob: Herzog Friedrich II. von Schwaben, den der letzte Salier zum Erben seiner Güter eingesetzt hatte. Zugleich scheint Herzog Lothar von Sachsen mit Aspirationen auf das Königsamt nach Mainz gekommen zu sein. In diesen beiden Männern polarisierten sich die Gegensätze, die das Reich vor allem zwischen 1112 und 1122 gespalten hatten, und die Entscheidung für den einen oder den anderen konnte leicht das Wiederaufleben des Bürgerkrieges bedeuten. Denn ein Mehrheitsprinzip kannte man für Wahlen damals noch nicht; seine Anwendung wäre auch praktisch unmöglich gewesen, weil der Kreis der »Wahlberechtigten« in keiner Weise umschrieben war.

Um die geforderte Einhelligkeit der Wahlentscheidung herbeizuführen, griff man zu einem damals neuartigen Verfahren. Die Wahlversammlung übertrug ihr Entscheidungsrecht an eine kleine Gruppe. Diese sollte sich auf einen Kandidaten einigen, den dann alle als König annehmen würden – ein ähnlicher Gedanke sollte später die Ausbildung der Kurfürstenwahl begünstigen. Doch das Gremium, in dem sämtliche Stämme vertreten waren, brachte nur einen Dreiervorschlag zustande. Neben den Herzögen von Schwaben und Sachsen war als möglicher Kompromißkandidat Markgraf Leopold hinzugekommen. Die eigentliche Wahlentscheidung sollte die Versammlung treffen. Nun forderte der Erzbischof von Mainz als Leiter des Verfahrens von jedem der drei Vorgeschlagenen einen Eid, daß er denjenigen, den die Versammelten gemeinsam wählten, als Herrn und König anerkennen werde. Und da Friedrich sich offensichtlich auf Erbansprüche berief, fügte man hinzu: zur Ehre der Kirche und des Reiches und zur dauerhaften Sicherung der freien Wahl. Den Eid, den Leopold und Lothar schworen, leistete Friedrich nicht; durch diesen »Hochmut« bestärkte er diejenigen, die seine Kandidatur ablehnten. Die Beratungen begannen noch einmal von vorn. Leopold und Lothar mußten ausdrücklich auf alle Ansprüche verzichten, die sie aus der Nominierung vielleicht hätten ableiten können. Möglicherweise waren bereits neue Kandidaten, etwa der Bayernherzog, der Welfe Heinrich der Schwarze, im Gespräch. Plötzlich brach ein Tumult aus. Die Anhänger Lothars hoben den Herzog auf ihre Schultern, riefen »Lothar sei König!« und begannen die Königslaudes zu singen. Jetzt war höchste Gefahr. Die empörten Fürsten wollten sofort ausziehen, die ganze Versammlung drohte auseinanderzulaufen, weil eine so wichtige Entscheidung nicht so unbedacht getroffen werden könne. Da ließ Erzbischof Adalbert die Türen schließen. Eindringlich mahnte er zusammen mit den päpstlichen Legaten die Versammelten, jetzt keine Situation zu schaffen, die zum Thronfolgekrieg führen werde. Nachdem diejenigen, von denen der Tumult ausgegangen war, den gekränkten Fürsten, auch Lothar, Genugtuung geleistet hatten, begann man zu verhandeln, um die Zustimmung aller zur Wahl des Sachsenherzogs zu erlangen – denn da eine Partei ihn schon zum König ausgerufen hatte, war Einhelligkeit nur noch herbeizuführen, wenn

Verwandtschaftstafel der Könige und Königskandidaten in der ersten Hälfte des 12. Jahrhunderts (nach Aßelmeyer)

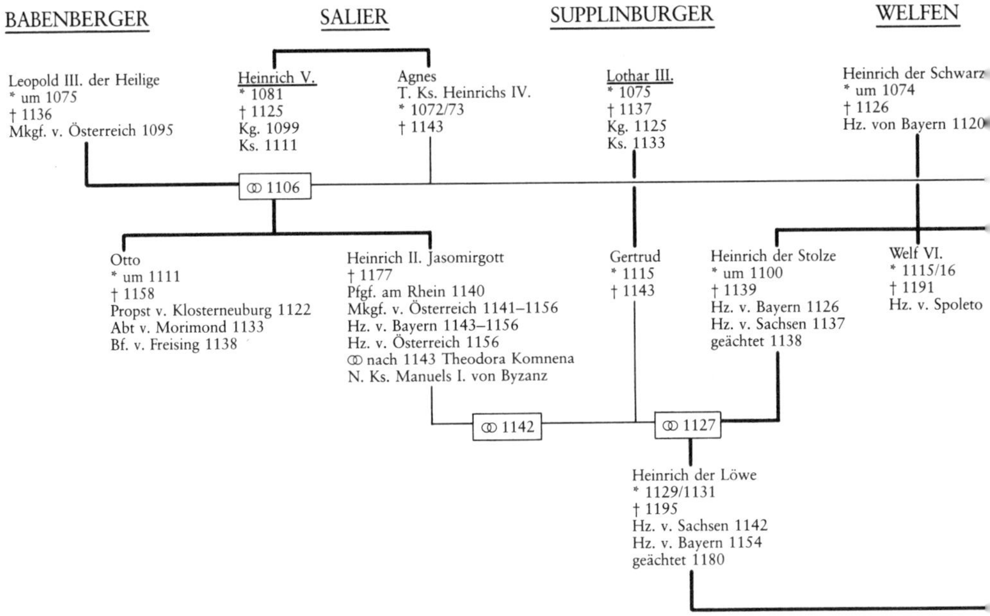

trotz des irregulären Vorgangs jedermann Lothar als König akzeptierte. Dieses Ziel wurde erreicht; auf Zureden anderer Fürsten trat schließlich sogar Herzog Friedrich von Schwaben der Wahl bei.

Aus der Wahl war der Fürst als neuer König hervorgegangen, der über die stärkste Machtgrundlage verfügte. Wenn der Supplinburger seine sächsische Basis mit dem Reichsgut der Salier vereinigte, dann besaß er die Mittel, um die Herrschaft des Königs wieder im ganzen Reich präsent werden zu lassen. Für die Kirchenreformer war er annehmbarer als der vorbelastete Staufer, der bis 1122 ganz auf Heinrichs V. Seite gestanden hatte. Aber Lothar III. war nicht der »Pfaffenkönig«, zu dem man ihn aus der stauferfreundlichen national-imperialen und antiklerikalen Perspektive im 19. Jahrhundert gemacht hat. Im Schisma, das 1130 bei der Papstwahl in Rom ausgebrochen war, stellte er sich auf die Seite, die die Traditionen des Reformpapsttums fortführte und in den abendländischen Kirchen nicht zuletzt durch den Einsatz Bernhards von Clairvaux allgemeine Anerkennung fand. Trotzdem hielt er die Kaiserrechte des Wormser Konkordats fest, ohne den Konflikt mit den radikalen Kritikern der Vereinbarung im Reichsepiskopat zuzuspitzen.

Lothar war ohne Söhne und bei seiner Erhebung zum König bereits zweiund-

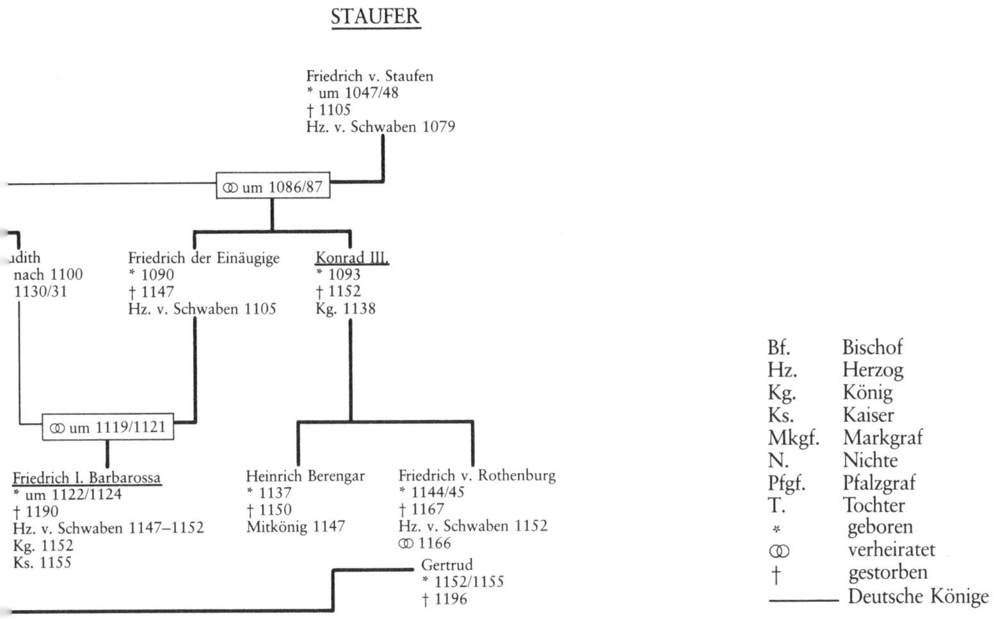

fünfzig Jahre alt. Das konnte für später eine Neuwahl ohne Erbansprüche erhoffen lassen. Aber wohl noch während der Beratungen in Mainz wurde die Ehe zwischen Lothars einziger Tochter Gertrud und dem Sohn des Bayernherzogs vereinbart. Im Jahr darauf folgte Heinrich der Stolze seinem Vater im Herzogtum. Damit konnte nach dem Tod Lothars sein Schwiegersohn als noch mächtigerer Kandidat für das Königsamt zur Verfügung stehen.

So hatte sich bei der Königswahl 1125 die Sorge der Fürsten für das Reich bewährt, obwohl in ihrem Verlauf unvorhersehbare Wendungen eingetreten waren. Freilich kam es darauf an, daß der Sachse die Basis am Mittelrhein in die Hand bekam, die das eigentliche Zentrum des Reiches war. Altes, noch aus dem Karolingererbe stammendes Königsgut und salisches Familiengut waren hier eine fast unauflösliche Verbindung eingegangen. Das enge politische Bündnis Heinrichs V. mit seinen staufischen Neffen ließ an manchen Punkten Reichs-, Salier- und Stauferbesitz als einen einzigen Machtkomplex erscheinen. Der am Fuß der Reichsburg Trifels gelegene Hof Annweiler war beispielsweise von den Staufern gegen elsässische Eigengüter eingetauscht worden, um eine Herrschaftsposition zu verstärken, die durch salisches Hausgut und staufische Kirchenlehen vom Straßburger Bischof ergänzt wurde. Die Trennung von Reichsgut, das dem König, und salischem Hausgut, das den Staufern gehören sollte, hätte die Auflösung territorialer Machtkonzentration bedeutet, die über Jahrzehnte systematisch aufgebaut worden war. Lothar forderte sie aber und mußte sie fordern, wenn er sein Königtum durchsetzen wollte. Denn es ging nicht nur darum, Reichs- und Königsrechte zu behaupten. Aus der Perspektive des Königs bildeten die Güter des Reiches wiederum eine Basis, die mit den Leistungen zusammengehörte, die der König in diesem Raum von den Reichskirchen erhielt, mit den Servitien der Bistümer Mainz, Worms, Speyer und Straßburg, von Reichsabteien wie Lorsch und Weißenburg, mit der Nutzung der einträglichen Regalien während der Sedisvakanzen. Die Rolle der rheinischen Bischofsstädte als Aufenthaltsorte des Königs und als Tagungsorte der Reichsversammlungen beruhte auch auf den eigenen königlichen Machtpositionen, über die die Salier in dieser Landschaft verfügt hatten.

In der Forderung nach Herausgabe des Reichsgutes, das die Staufer als salisches Erbe in Besitz genommen hatten, wurde der König von den Großen unterstützt. Ende Dezember 1125 klärte ein Fürstenspruch, daß auch die Güter, die Könige aufgrund von Ächtungen konfisziert hatten oder die – wie etwa der Fiskus Alzey – gegen Reichsbesitz eingetauscht worden waren, als Reichsgut zu gelten hätten, nicht als Hausgut der Salier. Freilich blieb trotz der prinzipiellen Unterstützung der Reichsposition in dieser Frage die Hilfe der Fürsten eher lau, als Lothar begann, seine Forderungen militärisch durchzusetzen; vielleicht erwartete man einen Vergleich, der den Streit friedlich beendet hätte. Der König erlitt 1127 bei seinen Angriffen auf das von den Staufern okkupierte Nürnberg Niederlagen. Die Staufer dagegen antworteten auf die Angriffe mit der Erhebung Konrads zum Gegenkönig. Für sie war die Frage nach der Scheidung von Reichs- und Hausgut damit obsolet geworden. Ihr »Königtum« legitimierte den Anspruch auch auf das Reichsgut. Obwohl sich Lothar selbst am Oberrhein, im Kampf um Speyer und das Elsaß, gegen die Saliernachfahren durchsetzen konnte, kam ein Vergleich erst 1135 zustande. Wie er im einzelnen aussah, ist unbekannt. Anscheinend überließ Lothar den Staufern auch Teile des Reichsgutes als Lehen, doch keinesfalls alles. So mußten sie zum Beispiel auf Nürnberg verzichten, das der Kaiser seinem Schwiegersohn, dem Bayernherzog, übergab.

Während seiner letzten Regierungsjahre betrieb Lothar eine Politik, die nicht allein die Machtgrundlagen des Königtums, sondern vor allem die seines Schwiegersohnes stärken sollte. Der Welfe hatte nach dem Tod des Kaisers neben seinem reichen Eigengut umfangreichen Besitz in der Hand: die beiden starken Herzogtümer Sachsen und Bayern, dazu wichtige Reichsburgen wie Nürnberg, außerdem mit den Mathildischen Gütern in Mittel- und Oberitalien und der Markgrafschaft Tuszien den bei weitem wichtigsten Machtkomplex südlich der Alpen. Nicht nur der Schwiegervater, der ihm die Reichsinsignien anvertraute, sondern auch eine Mehrheit der Großen sah in Heinrich dem Stolzen den künftigen König, zu dessen Wahl man Pfingsten 1138 wiederum in Mainz zusammenkommen wollte.

Doch die Staufer und ihr Anhang kamen dem Wahlakt zuvor. Legitimiert durch die Mitwirkung eines päpstlichen Legaten inszenierte eine kleine Fürstengruppe um den Erzbischof von Trier in Koblenz eine Wahl, die dem ehemaligen Gegenkönig Konrad das Königtum brachte. Die überrumpelte Mehrheit der Fürsten wollte auch dieses Mal keinen Bürgerkrieg, sondern erkannte Konrad als König an; sogar Herzog Heinrich übergab dem Staufer alsbald die Reichsinsignien. Damals jedoch brach der staufisch-welfische Gegensatz offen aus, weil der neue König Heinrich dem Stolzen nicht zwei Herzogtümer überlassen wollte. Als sich der Welfe weigerte, eins herauszugeben, entzog Konrad ihm beide. Sachsen erhielt Albrecht der Bär, der aber aus dem Herzogtum vertrieben wurde, und Bayern kam an den Markgrafen Leopold IV. von Österreich, der sich dort ebenfalls nicht voll durchsetzen konnte. Es kam dem Staufer zugute, daß der Welfe schon 1139 starb – wie manche behaupteten, durch Gift – und nur einen unmündigen Sohn hinterließ. Doch Konrad wurde der Konflikte, die er mit der Ächtung Heinrichs des Stolzen ausgelöst hatte, während seiner ganzen Regierungszeit nie wirklich Herr. Daß die Sachsen unter Führung Heinrichs des Löwen, aber auch süddeutsche Große wie Konrad von Zähringen im Mai 1147 nicht mit ihrem König zum zweiten Kreuzzug aufbrachen, sondern mit dem sogenannten Wendenkreuzzug ein gesondertes, schon für Zeitgenossen fragwürdiges Unternehmen starteten, beleuchtet den Zustand, in dem das Reich sich befand.

Bischof Otto von Freising, den Staufern verwandt, sah in den letzten Jahren Konrads III. Imperium und Königtum auf einem Tiefpunkt ihrer Entwicklung angelangt. Düster sinnierte er in seiner »Geschichte der beiden Staaten« über die Ursachen des Verfalls. Kaum zehn Jahre später revidierte er in den »Taten Kaiser Friedrichs« sein früheres Urteil. Mit der Erhebung Friedrich Barbarossas zum König, die am 4. März 1152, keine drei Wochen nach dem Tod seines Onkels Konrad, erfolgte, hatte für ihn wie für andere Beobachter eine neue, glanzvollere Zeit begonnen. Konrad hatte darauf verzichtet, nach dem Tod seines ersten, bereits zum Nachfolger bestimmten Sohnes Heinrich auch seinem zweiten Sohn, dem erst sechsjährigen Friedrich, das Königtum zu übertragen. Er designierte seinen Neffen Friedrich, den Herzog von Schwaben, und versuchte so, das Königtum in der staufischen Familie zu halten, ohne dem fürstlichen Anspruch auf freie Wahl entgegenzutreten. Die Fürsten selbst entschieden sich bei der Wahl für die staufische Kontinuität, die in der damaligen Situation allein ein starkes Königtum garantieren konnte. Heinrich der Löwe verfügte nicht mehr über die starke Machtposition in Sachsen, Franken, Bayern, Schwaben, Ober- und Mittelitalien, die seinen Vater für die Nachfolge Lothars III. empfohlen hatte. Zugleich brachte Friedrich Barbarossa eine gute Voraussetzung mit, um die

Gegensätze im Reich zu überbrücken. Seine Mutter Judith war eine Tochter Heinrichs des Schwarzen; er war also der Vetter Heinrichs des Löwen. So schien der Staufer geradezu berufen, den Bau des Reiches durch Überwindung des staufisch-welfischen Gegensatzes zu sichern und, wie Otto von Freising schrieb, als »Verwandter beider Geschlechter gleich wie ein Eckstein den klaffenden Riß der beiden Wände zu vereinigen«.

Durch ihr Verhalten hatten die Fürsten über Jahrzehnte hinweg entscheidend zur Stabilisierung des Reiches und der erschütterten Königsgewalt beigetragen. Nicht an ihnen und auch nicht am Wahlprinzip, das sie durchzusetzen versuchten, lag es, wenn 1138 ein vielleicht wesentlich stärkeres Königtum der Welfen verhindert wurde, sondern am Anspruch und am Selbstverständnis der Staufer, die die salische Überzeugung vom Erbrecht im Königtum übernommen hatten und sich der Fürstenmehrheit nicht beugen wollten.

Reichsbewußtsein und Reichsbegriff

Im Namen des Reiches hatte die Fürstenopposition in Deutschland ihren Kampf gegen die Salierkönige geführt. Aus der Verantwortung für die Ehre des Reiches, ja sogar für die Würde des Königtums legitimierte sie ihr Vorgehen gegen einen Herrscher, der in ihren Augen seine Legitimation preisgab, wenn er sich gegen die Kirche Gottes stellte und den vernichten wollte, dem Christus die Sorge für sie anvertraut hatte. Königtum und Reich wurden einander entgegengestellt, wie dies bis dahin nicht geschehen war.

In diesem Auseinanderrücken von König und Reich manifestierte sich eine neue Realität. Ihren deutlichsten Ausdruck fand sie in dem Ultimatum, mit dem die Großen 1121 Heinrich V. den Weg zum Frieden mit der Kirche wiesen: »Das ist der Ratschlag, auf den sich die Fürsten hinsichtlich des Streites zwischen dem Herrn Kaiser und dem Reich geeinigt haben«, begann der Würzburger Spruch, und er schloß mit einer Zusicherung, welche die Gemeinschaft der Fürsten als die Repräsentation der Gesamtheit gegenüber dem Eigenwillen des Herrschers erscheinen ließ. Sollte der Kaiser an einem der Fürsten Rache nehmen wollen, so würden sie alle mit seiner Erlaubnis, also ohne daß dies als Vorgehen gegen den König aufgefaßt werden durfte, ihren Bund bekräftigen und den Herrscher ermahnen, seine Handlungen einzustellen. Sollte der Kaiser sich darüber hinwegsetzen, so würden die Fürsten gemeinsam gemäß dem Inhalt ihres gegenseitigen Treueschwurs handeln. Ähnlich war nach Lampert von Hersfeld und dem Sachsen Bruno schon die Fürstenopposition gegen Heinrich IV. vorgegangen.

Durch die Berufung auf die Ehre des Reiches und das gemeinsame Wohl nahmen Aktionen gegen den König einen neuen Charakter an. Was früher die

Auflehnung Einzelner gegen ein Unrecht oder eine Kränkung gewesen war, eine Fehde, in der es um die Klärung gegenseitiger Ansprüche ging, erschien als ein im Namen des Reiches und des Rechtes ausgeübter kollektiver Widerstand. An dieser Perspektive änderte auch die Tatsache nichts, daß weiterhin Parteien gegeneinander standen und man auf der Seite des Königs die Opposition als Rebellion gegen den gottgesetzten Herrscher betrachtete. Die Teilhabe am Reich machte es »den« Fürsten geradezu zur Pflicht, Unrecht, das der Gesamtheit zugefügt wurde, nicht hinzunehmen und das Reich vor einem schlechten, unchristlichen Herrscher zu schützen, selbst wenn er zahlreiche Fürsten als »Komplizen« hatte.

In den Streitschriften der Zeit stellte die Legitimität eines solchen Vorgehens gegen den König ein heißdiskutiertes Problem dar. War er nicht der »Gesalbte des Herrn«, gegen den keiner die Hand erheben durfte? Die Parteigänger des Saliers hielten daran fest. Doch scharf formulierte Manegold von Lautenbach dagegen, daß man einen König, der seinem Amt nicht gerecht werde, verjagen müsse wie einen Schweinehirten, der seine Herde vernachlässige; das war die drastische Sprache, in der auch die Patarener in Mailand vor dem Volk agitiert hatten. Die Verbindung des Streits zwischen Fürsten und König mit dem Gegensatz zwischen Königtum und Papstkirche ermöglichte es, ein Widerstandsrecht gegen den König zu postulieren, wo dieser die Ordnung in ihr Gegenteil zu verkehren schien.

Niedergeschrieben wurden solche Gedanken erst nach der Wahl Herzog Rudolfs zum Gegenkönig; doch man hat 1077 bei eben diesem Akt die Trennung von König und Reich nachdrücklich betont. Weil das Reich kein Eigen des Königs, sondern ihm nur zur Verwaltung anvertraut sei, könne es nicht vererbt werden, wie es bisher üblich war; es stehe im freien Ermessen des Volkes, wem es das Königsamt anvertrauen wolle. Das Königtum stellte eine auf das Reich und die Gemeinschaft seiner Bewohner bezogene überpersönliche Institution dar. Als einzelne Fürsten ihre Zustimmung zur Wahl von ganz konkreten Versprechungen abhängig machen wollten, Otto von Northeim etwa davon, daß ihm das Herzogtum Bayern zurückgegeben werde, intervenierten die päpstlichen Legaten gegen eine solche Form der Wahlkapitulation: Rudolf werde nicht König jedes Einzelnen, sondern der Gesamtheit, und deshalb müsse sein Versprechen genügen, Gerechtigkeit gegen jedermann zu üben. Alle Einzelzusagen seien eine Form der Simonie, also des Ämterkaufs oder der Bestechung.

Von da an war die Nachfolgeregelung im deutschen Königreich und damit im römischen Imperium durch das Wahlprinzip geprägt. Zwar konnte Friedrich Barbarossa seinen Sohn Heinrich unangefochten schon früh zum Nachfolger wählen und krönen lassen, erreichten Konrad III., Heinrich VI. und Friedrich II., daß die Großen in die Thronfolge ihrer Söhne einwilligten, was allerdings in keinem Fall in der vorgesehenen Form Wirklichkeit wurde. Die Erhebung der

Königssöhne zu Lebzeiten ihres Vaters kleidete man aber in einen formellen Wahlakt mit feierlicher Kur, bei dem der Herrscher unter Umständen nicht einmal zugegen war. Die Erbfolge wurde in Formen gesichert, die ein Wahlrecht der Fürsten gelten ließen. Deshalb konnte Eike von Repgow schon vom Kurfürstenkollegium in seiner festen Form berichten, als Friedrichs II. Herrschaft in Deutschland unangefochten und die Thronfolge eines Staufers noch wahrscheinlich war. Das gesteigerte Selbstverständnis der Staufer, das von Gott ausersehene Herrschergeschlecht zu sein, negierte das Wahlrecht nicht, sondern setzte ihm den Mythos entgegen, daß durch die göttliche Prädestination das Kaisertum stets zu diesem Geschlecht zurückgekehrt und in ihm erblich sei, auch wenn die Fürsten zeitweilig Herrscher aus anderen Häusern erhoben. Als 1157 die päpstlichen Legaten in Besançon die Auffassung vertraten, Hadrian IV. habe Friedrich das Kaisertum verliehen, verwahrte sich der Staufer dagegen energisch: Die Kaiserwürde habe er von Gott durch die Wahl der Fürsten erhalten.

Obwohl die Salier und die Staufer die Trennung von Königtum und Reich nie wirklich anerkannten, hat schon Heinrich IV. das neue Bewußtsein der Fürsten in den Dienst seiner Sache zu nehmen vermocht. Gerade in den Krisensituationen stellte er ihnen vor Augen, daß ihre Ehre mit der Achtung ihres Königs untrennbar verbunden sei. Als er 1076 in Oppenheim die Regierungsgewalt in die Hand der Fürsten legen wollte, soll er diesen vorgehalten haben, daß sie den »Glanz des deutschen Reiches« zerstörten, wenn sie ihm die Königswürde und die Insignien der Königsherrschaft entzögen, die ihn als den von Gott bestimmten Stellvertreter Christi erscheinen ließen. Ein Widerstandsrecht im Namen des Reiches konnte ein König von Gottes Gnaden den Fürsten niemals zugestehen, obgleich das, was 1121 in Würzburg von den Fürsten formuliert wurde, davon nicht weit entfernt war.

Die Großen, in der Geschichtsschreibung und in den Königsdiplomen immer häufiger als »Principes«, als Fürsten, bezeichnet, wurden vom König selbst auf ihre Verantwortung, auf ihren Anteil am Reich angesprochen. Als Heinrich V. 1107 zu einem Feldzug gegen Robert von Flandern aufbot, teilte er den Fürsten mit, daß der Graf »in unser Königreich eingefallen sei und zur Schande aller, die in ihm leben, unser Bistum Cambrai an sich gerissen« habe. Der im Aufruf zur Heerfolge angesprochene Fürst müsse erwägen, wenn er auf seine eigene Ehre halte, daß die alle treffende Schmach des Reiches auch ihm persönlich angetan worden sei. Nach der Vita Heinrichs IV. soll Heinrich V. 1106, als er bei der Verfolgung des Vaters auf bewaffneten Widerstand stieß, empört an die Fürsten geschrieben haben: »Da ich bei der Übernahme der Herrscherwürde nur eueren Vorschlägen gefolgt bin, sollte es da jemand ungestraft wagen dürfen, zu aller Schmach das Reich und mich mit Waffengewalt zu überfallen?... Diese Schmach trifft mich nicht allein: auch ihr seid verachtet worden! Jene Vermessenen wollen euere Beschlüsse nicht anerkennen... Daher wurde dieses Unrecht mehr dem

Kaiser Karl der Große im Gebet vor der Schlacht mit kreuzgezeichneten, todgeweihten Rittern. Aus einem Relieffeld auf der Dachfläche des Karl-Schreins, einer zwischen 1200 und 1215 in Aachen entstandenen Goldschmiedearbeit. Aachen, Domschatz

Kaiser Friedrich Barbarossa mit Bischof Otto von Freising, seinem Geschichtsschreiber. Steinskulpturen am linken Gewände des Westportals vom Dom zu Freising, zwischen 1200 und 1205

Reich angetan als mir selbst; denn der Sturz eines Hauptes, und sei es auch des höchsten, ist ein Schaden für das Reich, der ausgebessert werden kann, die Mißachtung der Fürsten aber ist der Untergang des Reiches.«

Das waren die Auspizien, unter denen Heinrich V. seine Herrschaft begann; und die Vorgänge bei der Königswahl von 1125 bekräftigten das neue Verhältnis der Großen zu Reich und Königtum. Mochte noch soviel Egoismus und personalisierter Machtkampf im Spiel sein – den Fürsten ging es im Grundsätzlichen nicht darum, die Macht des Königs zu schwächen; denn ein machtvolles Königtum steigerte den »Honor regni«, an dem sie selbst mit ihrem »Honor« partizipierten. Aber das Verhalten des Königs konnte den Honor regni und damit die Ehre der Fürsten unter Umständen mehr beeinträchtigen als der Kampf gegen den König. Als Bischof Walram von Naumburg 1095 versuchte, sächsische Große für Heinrich zu gewinnen und dabei schrieb: »Jedem Reich dient Eintracht zum Nutzen«, hielt Bischof Herrand von Halberstadt dagegen: »Für ein Reich dieser Art bezeichnen wir Eintracht als schädlich.«

Doch was war das Reich, in dessen Namen deutsche Fürsten sich gegen ihren König erhoben? Recht unvermittelt tauchen in den deutschen Quellen gegen 1075 Begriffe auf, die das »deutsche Reich« erstmals klar als solches benennen: in den Annalen von Niederaltaich, bei Lampert von Hersfeld, bei Berthold von Reichenau und Bernold von Konstanz, bald darauf bei Manegold von Lautenbach und Bruno von Merseburg, dann gegen 1100 fast überall, wo Geschichte aufgezeichnet wurde. »Regnum Teutonicum« oder »Regnum Teutonicorum«, »deutsches Königreich« oder »Königreich der Deutschen« und entsprechend »König der Deutschen« wurden als feststehende Begriffe verwendet, während vorher eine solche Begriffsbildung allenfalls angeklungen war. Wo die Bezeichnung gebraucht wurde, ging es meist um den Streit der Fürsten mit dem König, und die Autoren, die sie zuerst verwendeten, standen auf seiten der fürstlichen Opposition. Spiegelt der deutsche Reichsbegriff das Selbstverständnis der Fürsten wider, die während der Minderjährigkeit Heinrichs IV. das Reich in ihre Hände genommen hatten und von denen viele es nun vor einem schlechten König schützen wollten? Die Fürsten Deutschlands waren es ja, die gegen den Herrscher opponierten und dabei ihren Widerstand zum Handeln für das Reich erklärten. Sie haben das Zusammenwirken mit dem Papsttum angestrebt, aber nie versucht, die Großen Italiens und Burgunds zu Teilhabern ihrer Bündnisse und ihrer gemeinsamen Aktionen zu machen, obwohl enge persönliche Verbindungen bestanden.

Diese »supragentile« Gemeinschaft, die in dem um 1080 entstandenen Anno-Lied auch in deutscher Sprache – »diutsche liuti, diutsche man, in diutschemi lande, wider diutsche lant« – angesprochen wurde, setzte sich aus den Gemeinschaften der Schwaben, Bayern, Sachsen und Franken, aus alten Völkern also, zusammen. Repräsentanten dieser Gruppen sollten 1125 für die Gemeinschaft aller deutschen Fürsten über die Königswahl entscheiden. Fünf solche »Glieder« wurden anerkannt, wenn 1106 je ein Bischof aus Lothringen, Sachsen, Franken, Schwaben und Bayern als Abgesandte des Reiches mit dem Papst über das Investiturproblem verhandeln sollten.

Etwa gleichzeitig mit den frühesten deutschen Quellen, erstmals 1074, hat auch Gregor VII. die neuen Begriffe gebraucht. In seinen Briefen erscheinen sie relativ häufig, und es mag durchaus in seiner Absicht gelegen haben, durch die Verwendung des neuen Begriffs das deutsche Königreich in eine Reihe mit den übrigen abendländischen Königreichen zu stellen und die beanspruchte Position dadurch zu stärken, daß er das Königtum Heinrichs IV. klar von der durch den Papst zu verleihenden Kaiserwürde schied. Die eindringlichste Untersuchung über Aufkommen und Verbreitung der deutschen Reichs- und Königsauffassung schloß daraus, daß Gregor VII. mit seinen weitverbreiteten Briefen dem Begriff »deutsches Königreich« auch in Deutschland zum Durchbruch verhalf. Oder hat der Papst eine Bezeichnung übernommen, die den Empfängern seiner Briefe geläufig war? Jedenfalls umschrieb sie die neue Realität, auf die er sich an solchen Stellen bezog, genauer als ältere Begriffe. Hier begannen die Deutschen ihr Königreich klarer vom Imperium zu scheiden, als man es bis dahin getan hatte, und diese Scheidung ist rasch in das allgemeine Bewußtsein gedrungen. Von den Königen freilich hat sich keiner als »Rex Teutonicorum« bezeichnet. Das hätte eine Minderung seiner Stellung bedeutet. Lenkte nicht jeder, den die deutschen Fürsten zum König erhoben, das römische Imperium, das nicht nur mehrere Königreiche umfaßte, sondern ihm darüber hinaus eine einzigartige Würde verlieh? Im Reich der Salier begann man, die »römischen Imperatoren« von Augustus bis zum lebenden Kaiser durchzuzählen, und berief sich nachdrücklicher als zuvor auf Karl den Großen, durch den das römische Kaisertum an die Franken gelangt war. Heinrich V. hat als erster den Titel offiziell getragen, der dann der reguläre Titel des von den Deutschen erhobenen Königs wurde: »durch die Gunst der göttlichen Gnade König der Römer«. Ganz vereinzelt hatte ihn Heinrich IV. schon verwendet. Vorher hatte dem Königstitel jegliche Präzisierung gefehlt; nur dem Kaisertitel war unter den Ottonen der Römername hinzugefügt worden.

Wenn Heinrich V. den neuen Titel annahm, als er an der Spitze der Fürstenopposition seinem Vater die Herrschaft entriß, wenn Lothar III. ihn weiterführte, der durch die freie Wahl zum Königtum gelangt war, dann haben die Fürsten die Konzeption mitgetragen, die hinter dem Titel stand. Die Kanzlei Konrads III. unterstrich den imperialen Anspruch, indem sie diesem Königstitel noch »et semper augustus« hinzufügte und damit ein weiteres Glied des Kaisertitels »Romanorum imperator augustus« zur Kennzeichnung schon der Königsherrschaft benutzte. Die Großen des deutschen Königreiches entschieden in ihrer Wahl über die Herrschaft im Imperium Romanum – das war ihr Ehrenrecht, und es verlieh ihnen einen besonderen Rang. An diesem Bewußtsein der Fürsten scheiterten die Versuche des Papsttums, direkten Einfluß auf die Wahl des deutschen Königs und künftigen Kaisers zu gewinnen.

Die deutlichere Scheidung der Königreiche innerhalb des Imperium Romanum, auf die dann auch die Bestimmungen des Wormser Konkordats Bezug nahmen, und die institutionelle Abgrenzung der Gemeinschaft, die den Kaiser wählte, warf erneut die Frage nach dem Charakter des römischen Reiches auf. In der Kaiserchronik heißt es noch zu 1110, Heinrich V. sei über die Alpen gezogen, um »die weiten Gebiete Italiens in die Gemeinschaft des germanischen Königreichs durch brüderlichen Frieden und gemäß der alten Rechte und Gesetze einzugliedern«. Doch was war die Grundlage der Herrschaft des deutschen Königs jenseits der deutschen Grenzen? Es war vor allem die Nachfolge im Kaisertum und das, was diese begründet hatte: der Erfolg der Waffen. Barsch wies Friedrich Barbarossa 1155 eine Gesandtschaft des Volkes von Rom ab, das sich gegen den Papst in einer Stadtkommune nach oberitalienischem Vorbild organisiert hatte und ihm die Kaiserkrone anbot: Die Siege Karls des Großen und Ottos des Großen, die Kraft der Franken und Deutschen waren es, welchen er die Herrschaft über Rom und das römische Reich rechtmäßig verdankte, und die nicht erlahmte Tüchtigkeit, durch die er sie behauptete. Das war nicht zynische Berufung auf Gewalt. Denn noch immer galten Schlachtentscheidungen als Gottesurteile. Gott war es selbst, der das Imperium den Römern genommen und den Franken gegeben hatte. Der alten Idee von der »Translatio imperii« verlieh die Berufung auf das Eroberungsrecht, die damals auch gegenüber Burgund fiel, einen neuen Akzent. Das deutsche Königreich als Institution, seine rechtmäßigen Herrscher und die Gemeinschaft seiner Fürsten, trugen das Imperium; die Herrschaft über den »römischen Erdkreis« galt ihnen als ein ihrem deutschen Reich zustehendes Recht, das sie gemeinsam behaupten und verteidigen mußten.

Es war ein Ausdruck der neuen transpersonal-institutionellen Auffassung vom Reich, daß man nach dem Aussterben der Salier deren Hausgut, das dem privaten Erbgang unterlag, strikt zu trennen versuchte vom Reichsgut, über das der Nachfolger im Königsamt verfügen sollte. Die der Unfreiheit entstammenden, aber zu politischer Bedeutung und adelsähnlichem Sozialprestige gelangten Helfer des Herrschers wurden nicht, wie es bei ihrer persönlichen Bindung nahegelegen hätte, »Königs-,« sondern »Reichsministerialen« genannt, und was dem Königtum zustand, verstand man als »Reichsrechte«. Schon im Investiturstreit wurde von einem italienischen Parteigänger Heinrichs IV. die Auffassung formuliert, daß der Herrscher Reichsrechte nicht auf Dauer vergeben könne, weil er den Besitz des Reiches, für das er handle wie der Vormund für sein Mündel, nicht schmälern und seine Nachfolger mit seinen Entscheidungen nicht binden dürfe. Der Streit, den diese Auffassung auslöste, hatte zunächst nur theoretische Bedeutung. In seinem Mittelpunkt stand nicht der Regalienbesitz der Hochkirchen, sondern die Gültigkeit der Konstantinischen Schenkung, einer Fiktion, auf der die Rechtsansprüche des Papsttums auf weltliche Herrschaftspositionen in Italien basierten. Auch das Gegenargument wurde im 12. Jahrhundert bald gefunden: Mit Zustimmung der Fürsten, die für das Reich, für die Gesamtheit bindend zu entscheiden in der Lage waren, konnte der Herrscher, wie beispielsweise Gerhoch von Reichersberg meinte, Reichsbesitz für immer veräußern. Erst im späteren Mittelalter erhielt die Vorstellung von der »Unveräußerlichkeit der Reichsrechte« verfassungsrechtliche Bedeutung. In Frankreich und England, wo die Reichsrechte als »Kronrechte« galten, kam sie dem Königtum mehr zugute als in Deutschland, wo vor allem die Mitsprache der Fürsten bei der Vergabe von Reichsgut institutionalisiert wurde – äußerlich sichtbar darin, daß Fürsten später diesbezügliche Privilegien mitbesiegelten oder in eigenen »Willebriefen« ihre Zustimmung gaben. Schwache Herrscher suchten hierdurch ihre Autorität zu stärken, die Kurfürsten eine Mitsprache im Reich abzusichern.

Die Formel »König und Reich« faßt das Problem, das durch diese Entwicklung gestellt war, am prägnantesten zusammen. Im 12. Jahrhundert sprachen die Könige und Kaiser in ihren Diplomen von »Servitien«, die »uns und dem Reich geschuldet« werden, von »unseren und des Reiches Rechten«. Die Formel war ambivalent; sie knüpfte an die Scheidung an und war meist als Gleichung gemeint. Wie andere europäische Könige haben die Staufer neben den Honor imperii, wie seit Friedrich Barbarossa konsequent gesagt wurde, einen anderen Begriff gestellt, um die institutionelle Bindung an das Königtum zum Ausdruck zu bringen. Der »Honor coronae«, die Krone, die der König persönlich trug, die jedoch ein überpersönliches Symbol für die Kontinuität der Königsherrschaft war, sollte als Zentrum der Rechte von Königtum und Reich erscheinen. Zum Tragen kam die Vorstellung der Kronrechte in den Monarchien, in denen eine Kontinuität der Dynastie gegeben war. In Deutschland trat die staufische Konzeption später wieder zurück: Hier wurden die Kronrechte auf die Dauer doch als Reichsrechte verstanden. Zugeordnet wurden sie unter den Staufern freilich nicht dem deutschen Königreich, sondern dem Imperium. Die Reichsfürsten waren nun »Principes imperii«, die Reichsministerialen »Ministeriales imperii«, die Reichsrechte, die zum Honor imperii gehörten, »Iura imperii«. Der staufische Kaisergedanke sog seit dem Herrschaftsantritt Friedrich Barbarossas viel von dem auf, was sich seit der spätsalischen Zeit an »deutschem« Reichsbewußtsein entwickelt hatte, oder lenkte es neu in imperiale Bahnen.

Honor, Ehre, darf nicht als eine nur abstrakt-moralische Kategorie verstanden werden. Für das Mittelalter war das Wort ein zentraler politischer Begriff, der alles umfaßte, was die Stellung, vor allem die Herrschaftsstellung einer Person oder Institution und ihren Platz innerhalb eines Ranggefüges, ausmachte: vom

Ansehen und Ehrenrang bis zu ganz konkreten Einkünften, Abgaben und Dienstleistungen. Den Honor regni, den Honor imperii galt es zu wahren, auch wenn man an Handlungen des Herrschers Anstoß nahm; in der Berufung auf ihn lag der Appell zur Gemeinsamkeit, zur Solidarität zwischen Fürsten und Herrscher. Friedrich Barbarossa hat das Schlagwort meisterhaft eingesetzt, um Unterstützung für seine Politik zu gewinnen. Auch eine scheinbar periphere Beeinträchtigung der Reichsrechte konnte als Angriff auf den Honor imperii verstanden werden. Gerade an Barbarossa hat die moderne Forschung das sichere Gespür dafür bewundert, wo die Beeinträchtigung einer königlichen Position abstrakte Rechte, Grundsätze der Herrschaftslegitimation und des Herrschaftsanspruchs berührte. Wenn der Kaiser und seine Umgebung den grundsätzlichen Aspekt einer Auseinandersetzung hervorhoben, so kam darin nicht nur das herrscherliche Selbstbewußtsein zum Ausdruck, sondern auch die Absicht, die Verletzung des Honor regni für alle aufzuzeigen.

Die Solidarisierung der politischen Gemeinschaft um den Honor regni war nicht auf Deutschland beschränkt. Er erfaßte das gesamte Abendland und brachte neue Töne in die Auseinandersetzungen zwischen den abendländischen Reichen sowie zwischen diesen und der von Rom gelenkten Kirche. Auch kleinere Einheiten innerhalb der Königreiche verstanden sich als Gemeinschaft im Zeichen ihres Honor neu. Die Ehrenrechte der Stadt und des Stadtpatrons wurden in Oberitalien schon in den letzten Jahrzehnten des 11. Jahrhunderts zum Schlagwort, unter dem sich die werdenden Stadtkommunen bekämpften oder sich in Mailand die Verteidiger der alten Ordnung gegen die revolutionären Tendenzen der als Rom-hörig diffamierten Pataria sammelten. Die »Ehre des Landes« mobilisierte 1127/28 in Flandern das Volk, vor allem das der Städte, zum bewaffneten Widerstand gegen den vom französischen König eingesetzten Grafen. Und obschon das Stichwort im Streit zwischen Heinrich IV. und den Sachsen so nicht fiel, zeigen vielfältige Aussagen der Geschichtsschreiber ebenso wie die Formen, in welchen die Sachsen ihren gemeinsamen Widerstand zur Verteidigung des »Vaterlandes« und seiner Rechte organisierten, daß auch dort dieses Bewußtsein wirksam war. Als 1153 außerhalb Schwabens im Hofgericht Friedrich Barbarossas dem Herzogtum die Grafschaft Chiavenna aberkannt wurde, weil der Bischof von Como ältere Rechtsansprüche nachgewiesen hatte, sahen die schwäbischen Großen den Honor ihres Herzogtums so sehr verletzt, daß sie dem Herrscher nicht mehr dienen könnten, wenn die Entscheidung nicht aufgehoben würde. Auch ohne monarchische Spitze begannen sich politische Lebensgemeinschaften nun als Verbände zu begreifen, die als Gesamtheit von allen zu verteidigende Rechte besaßen.

In diesen Kontext gehört es, wenn bei den Auseinandersetzungen zwischen den europäischen Königen und Königreichen Töne laut wurden, die einem neuen Bewußtsein Ausdruck verliehen: daß nicht nur Könige und ihre Großen, sondern

»Deutsche«, »Franzosen«, »Italiener« oder »Engländer« sich gegenüberstanden. Es sind dies die »nationalen« Akzente, wie sie etwa in der Umgebung des französischen Königs fielen, als er 1124 seine Truppen unter dem Banner des heiligen Dionysius sammelte, um einen Angriff Heinrichs V. abzuwehren. Aus solchen Einstellungen heraus erschien ein Eingreifen in die Ordnung der Kirche, wie es Friedrich Barbarossa in dem 1159 ausgebrochenen Schisma als Aufgabe des Kaisers ansah, als Ausdruck der Präpotenz eines Reiches und Volkes in Fragen, die die lateinische Christenheit gemeinsam entscheiden mußte. »Wer hat die Deutschen zu Richtern über die Nationen ernannt?« war die empörte Frage, die Johannes von Salisbury damals stellte.

Zum politischen Schlagwort war Honor regni oder Honor imperii in Deutschland während der Auseinandersetzung zwischen Königtum und Papstkirche geworden, und es behielt hier stets einen engen Bezug zu der besonderen Konstellation, die durch die Stellung von Papst und Kaiser in der lateinischen Christenheit gegeben war. Im Kampf zwischen Heinrich IV. und Gregor VII. erreichte die Berufung des Königs auf seine und des Reiches Ehre seine Gegner kaum, soviel diesen am Reich auch gelegen sein mochte. Denn was der Ehre des Reiches diente, war selbst strittig geworden; und für manche der Protagonisten mag es Prinzipien gegeben haben, die höher standen: die Freiheit der Kirche, der Gehorsam gegen Gott. Doch schon unter Heinrich V., als es um den tragbaren Kompromiß mit dem Papsttum, um die Klärung von Rechtsfragen ging, zeigte sich die integrierende Wirkung des neuformulierten Leitbildes. In ihrem Ultimatum von 1121 versicherten die Fürsten, sich in der Investiturfrage für eine Lösung einzusetzen, die die Rechte des Reiches wahrte. Handlungen der Päpste, die seinen Ehrenrang in Frage stellen konnten, wurden immer kritischer betrachtet, ja zurückgewiesen: etwa der Versuch, den Strator-Dienst, den der Herrscher dem Papst zu leisten pflegte, indem er dessen Pferd am Zügel führte und beim Absteigen den Steigbügel hielt, in einen Lehnsdienst umzudeuten. Darauf konnte Rainald von Dassel setzen, als er 1157 auf dem Reichstag von Besançon den doppeldeutigen Begriff »Beneficium« im Brief Hadrians IV. nicht mit »Wohltat«, sondern mit »Lehen« übersetzte, durch das Friedrich das Kaisertum vom Papst erhalten habe. Der empörte Widerspruch der Fürsten gegen eine solche Rechtsauffassung, die die Stellung des Kaisers herabgemindert hätte, war abzusehen; und der Staufer hatte es leicht, den Vorfall propagandistisch hochzuspielen. Daß die kaiserliche Gewalt nicht von der priesterlichen abhängig war, daß dem Kaiser sein »Schwert« nicht vom Papst, sondern unmittelbar von Gott gegeben war, das blieb in der politischen Öffentlichkeit Deutschlands, bei einer Mehrheit der Fürsten, feste Überzeugung. Der kaiserlichen Gewalt des »Königs der Römer« fügte der Papst nur die Weihe und den Titel hinzu.

Die Zwei-Schwerter-Lehre, in der Umgebung Heinrichs IV. während des Frontalangriffs auf Gregor VII. von Gottschalk von Aachen erstmals ausformuliert, sollte die Gleichrangigkeit beider Gewalten, ihre unmittelbare Einsetzung durch Gott und die Scheidung ihrer Funktionen verdeutlichen. Die beiden Schwerter symbolisierten dabei die geistliche und die weltliche Zwangs- und Strafgewalt; wer sie führte, stand an der Spitze einer Hierarchie, in der allein derartige Befugnisse legitim nach unten weitergegeben wurden. Die zugrundeliegende Lukas-Stelle (22, 35–38) war dunkel, und schon um 1100 wurde der Zweifel geäußert, daß die Allegorie einen Sinn ergäbe, wenn man sie auf das Verhältnis von priesterlicher und königlicher Gewalt anwende. Aber die Lehre von den beiden Schwertern hat sofort die theoretische Diskussion um das Gewaltenverhältnis beherrscht. Man konnte sie im päpstlichen Sinne deuten, indem man mit Bernhard von Clairvaux sagte, daß ein Schwert von der Kirche, das andere für die Kirche zu führen sei. Dadurch wurde der Papst gewissermaßen zum Ausgangspunkt aller Gewalt über Menschen, die ihm von Christus übergeben worden war: Er allein war Stellvertreter Christi auf Erden, er besaß die »Vollgewalt«. Im 13. Jahrhundert wurde deshalb sogar formuliert: »Der wahre Kaiser ist der Papst.« Entscheiden ließ sich der Streit um die Richtigkeit der einen oder der anderen Deutung nicht. Die Frage hatte, wie zu Beginn des 13. Jahrhunderts in Bamberg formuliert wurde, keinen Richter, sondern nur einen Vollstrecker; letztlich würde sie durch den Ausgang der konkreten Auseinandersetzung entschieden. Der Autor hielt es für fromm zu glauben, daß der Kaiser sein Schwert vom Papst habe (G. Tellenbach). Doch bei aller Frömmigkeit nahmen die Herrscher und die Mehrzahl der Fürsten diesen Glauben nicht an. Wenn der Anspruch abgelehnt wurde, der hinter der päpstlichen Version der Zwei-Schwerter-Lehre stand, so emanzipierten sich Kaisertum und Reich, deren Gottunmittelbarkeit ja durch die Allegorie unterstrichen werden sollte, damit nicht von ihrer religiösen Begründung. Sie wiesen jedoch eine Bevormundung durch die neuartige Institution der Papst- und Klerikerkirche zurück, welche der Überzeugung des Reformpapsttums von seiner unteilbaren Verantwortung für alle Ordnungen der Christenheit entsprungen war.

Der Glaube an das Gottesgnadentum des Herrschers war durch den Streit um das Recht von königlicher und priesterlicher Gewalt nicht wirklich erschüttert worden. Die Herrscher beriefen sich stets auf diese Legitimation. Fast jedes Königsprivileg verlieh dem Ausdruck, etwa wenn es bei Friedrich Barbarossa heißt: »Weil es dem Höchsten gefiel, uns mit dem Öl des Erbarmens zu salben und uns auf den Gipfel der Herrschaft zu erheben«, oder: »Seitdem wir durch die Güte Gottes das Steuer des römischen Reiches halten«, oder: »Da die göttliche Gnade es für würdig gehalten hat, uns durch den Namen und die Krone des römischen Reiches zu erhöhen«. Daß die Fürsten den König und Kaiser wählten, tat dem Gottesgnadentum keinen Abbruch, denn man glaubte, sie seien dabei von Gott inspiriert und letztlich Werkzeuge der göttlichen Vorsehung. Deshalb begann der Wahlakt mit der Anrufung des Heiligen Geistes und schloß mit dem Dank des »Te deum«. Und auch in Salbung und Krönung durch Priesterhand wirkte Gott selbst. Aus der priesterlichen Vermittlung ließ sich nicht ableiten, daß der Papst die kaiserliche Gewalt verlieh. Theologisch begründet konnte er nur das Recht für sich reklamieren, die Würdigkeit dessen zu prüfen, dem er die Weihe spenden sollte. Ein solches »Approbationsrecht« haben die Päpste dann auch für sich beansprucht – mit besonderem Nachdruck Innozenz III., der durch die Doppelwahl von 1198 reale Einwirkungsmöglichkeiten besaß. Doch das Recht, den König zu wählen, der zum künftigen Kaiser bestimmt war und von Anfang an, mit der Wahl und der Königskrönung in Aachen, rechtmäßig die Herrschaft über das römische Imperium übernahm, verteidigten die Fürsten auch gegen den päpstlichen Approbationsanspruch.

Mit dem Streit um das Verhältnis der beiden Gewalten war eine Diskussion um Weltordnung und Herrschaftslegitimation aufgebrochen, welche die politische Theorie im Abendland auf Jahrhunderte beherrschte. Schon bald wurden neue Argumente benutzt. Eine zusätzliche Legitimation für die unmittelbare Einsetzung durch Gott fanden Königtum und Kaisertum auf zwei Feldern: in der Geschichte und im Recht. Auch dies bedeutete noch für lange Zeit kein Abweichen von der religiösen Grundlegung jeglicher Herrschaftsordnung. Denn alle Geschichte war ja von Gott gelenkt und in die Heilsgeschichte einbezogen, und alles Recht gründete in der gottgesetzten Ordnung und stand unter religiöser Sanktion. Doch in der Geschichte entdeckte man ein König- und Kaisertum, das nicht von der geistlichen Gewalt eingesetzt war: die Könige des Alten Testaments; Kaiser Augustus, in dessen Reich Christus geboren worden war; Konstantin, dem die römische Kirche ihre herausragende weltliche Herrschaftsstellung verdankte. Und gab es nicht neben dem Recht der Kirche, den kanonischen Satzungen, ein Kaiserrecht, mit dem die Kirche nichts zu tun hatte, das Recht des christlichen Römerreiches, das für die Ordnung der nichtkirchlichen Dinge geschaffen war? In ihm suchten die Stauferkaiser eine Legitimation für ihr Handeln und die Rechtfertigung ihres Anspruchs auf Gottunmittelbarkeit. Friedrich II. hat später in Sachen des Rechts die gleiche Stellung und Funktion beansprucht, die der Papst in Sachen des Glaubens einnahm: aufgrund der Berufung und Erleuchtung durch Gott, die er mit seinem Amt empfing.

Die Neugestaltung der Lebensverhältnisse in der Entfaltung menschlichen Denkens und Handelns

Der Aufbruch

Öffnung des Welthorizonts

Während des Ringens um die Ordnung von Reich und Kirche hatte sich das Leben der Menschen tiefgreifend zu verändern begonnen. Viel Neuartiges hatte sich verbreitet. In der Christenheit war kaum ein Landstrich noch eine Welt für sich, in der man ohne Verbindung zu anderen Ländern Europas lebte. Vielfältige Anlässe führten eine immer größere Zahl von Menschen aus der Umgebung heraus, in die sie hineingeboren waren. Zu Land oder zur See überbrückten sie weite Entfernungen, und die Fremde erschien ihnen nicht mehr nur als bedrohlich, sondern auch als lockendes Ziel.

Im Kontrast zur heutigen Mobilität wird die Gesellschaft Alteuropas gern als statisch beschrieben. Diese Charakterisierung trifft aber nicht für alle Phasen ihrer Geschichte in gleichem Maße zu. Sie ist stark von frühneuzeitlichen Verhältnissen bestimmt: Die »gute Policey« des Obrigkeitsstaates wies damals jedem Untertanen seinen Platz zu, an dem er sein Auskommen haben und zum allgemeinen Wohl beitragen sollte, und erstrebte eine sich selbst genügende Autarkie. Im Hoch- und Spätmittelalter dagegen waren die Menschen weniger ortsfest, ihre Beweglichkeit nahm seit der Jahrtausendwende deutlich zu. Auch wenn die Seßhaften, in ihrem Lebenskreis Verharrenden stets in der Mehrzahl geblieben sind, prägen Pilger und Fernkaufleute, Kreuzfahrer und in die Ferne ziehende Rodungssiedler, in der Fremde studierende Scholaren und städtische Neubürger, die oft von weither zugezogen waren, das Gesicht der Epoche.

Bereits in der politischen Organisation des Früh- und Hochmittelalters war ein relativ hohes Maß an Mobilität angelegt. Zentrum des Reiches war der wandernde Königshof, den die Großen immer wieder aufsuchten, den Herrscher dann oft über eine Strecke seines Umzugs begleitend. Sie und der Herrscher selbst führten dabei ein beachtliches Gefolge von Vasallen und Hofgeistlichen, Kriegern und Troßknechten mit sich. Viele hundert, oft mehrere tausend Menschen waren ständig mit dem König unterwegs, von denen ein Teil bereits weite Entfernungen zurückgelegt hatte, um an den Hof zu gelangen. Die Herrschaft über Italien und Burgund führte den Kaiser und sein Gefolge über die Grenzen Deutschlands hinaus.

Doch nicht nur der König übte seine Herrschaft in dieser Weise aus. Auch die Adeligen, deren Besitzungen und Lehen über Hunderte von Kilometern verstreut sein konnten, die Inhaber der Reichskirchen, deren Güter über weite Gebiete des Reiches verteilt waren, mußten bald da, bald dort sein oder Beauftragte schikken, wenn sie ihre Rechte und Einkünfte behaupten wollten. Denn eine auf Schriftlichkeit gegründete Verwaltung fehlte fast ganz. Besitz dieser Größenordnung war mit Herrschaft gleichbedeutend. Herrschaft wurde persönlich ausgeübt, und wer sich nicht von Zeit zu Zeit als Herr in Erinnerung brachte, drohte seine Rechte an den zu verlieren, der sie an seiner Stelle wahrnahm. Das war beim König nicht anders: Wo er sich nicht selbst zeigte, mußten Beauftragte handeln, die unmittelbar vom Hofe kamen, oder die Großen jener Gegend mußten persönlich vor ihm erscheinen, um die »Gegenwart des Königs« zu erfahren.

Die Struktur der Grundherrschaften mit ihren weitgestreuten Besitzinseln trug dazu bei, daß auch in der bäuerlichen Schicht die Ortsbindung immer wieder durchbrochen wurde. Nicht nur Spezialisten, etwa Bauhandwerker, holte man gern wenigstens zeitweilig an den Ort, an dem man sie gerade brauchte. Wenn zur Versorgung mit Wein, wie allgemein üblich, die Abtei Fulda beispielsweise Güter am Ober- und Mittelrhein, das Kloster St. Trond Höfe an der Mosel besaß, so müssen Jahr für Jahr Fähr- und Fuhrleute aus der klösterlichen Grundherrschaft unterwegs gewesen sein, um den Wein in die Keller der Äbte zu transportieren. Später, im 13. Jahrhundert, wurden die entfernten Rebgüter abgestoßen, weil es inzwischen billiger und sicherer war, den Wein auf dem Markt zu kaufen. Eine spezialisierte Kaufmannschaft schaffte das, was am Ort gefragt war, zu günstigeren Bedingungen oder in besserer Qualität herbei. Schon das zeigt etwas von dem Wandel, der sich während des 11. und 12. Jahrhunderts vollzogen hat.

Dieser Wandel ist beinahe leichter im Bereich menschlicher Einstellungen zu fassen als durch eine Summe von Einzelbeispielen oder gar durch Zahlen zu belegen. Während im Frühmittelalter eine Verpflanzung in die Fremde als existentielle Bedrohung empfunden wurde, die man manchmal als Vorwegnahme des Todes beging, wurde nun der in die Fremde Ziehende geradezu zum Leitbild der Gesellschaft. Der fahrende Ritter mag ein fiktives Ideal gewesen sein, dem nicht einmal die Realität auf den Kreuzfahrten nach Nordspanien oder Palästina ganz entsprach; doch die Adelsgesellschaft der höfischen Zeit erkannte sich in dieser Fiktion wieder. Auf der Suche nach Wissen in der Fremde zu leben, dem Ruhm großer Gelehrter folgend von Stadt zu Stadt zu ziehen, bestimmte den Weg der Gebildeten, nicht nur der Weltgeistlichen, auch vieler Mönche; das Gelübde der Ortsbeständigkeit wurde dadurch fast außer Kraft gesetzt. War man früher dem armen Fremden überall mit Mißtrauen begegnet, drohte ihm nur allzuleicht die Versklavung, so wurde nun das »Fremde beherbergen« zum karitativen Ideal für diejenigen, die ihren Besitz nach Christi Gebot verwenden wollten. Auch mittellose Leute zogen jetzt als geschützte Pilger über die Straßen Europas, gefördert von den Reichen, die Hospize gründeten oder beschenkten. In Mirakelberichten wurde selbst armen Leuten vor Augen geführt, welche Gottesstrafe andere ihres Standes ereilte, die einem bettelnden Wallfahrer Brot oder Beherbergung abgeschlagen hatten. Dabei sah man durchaus, daß Herbergen und Wallfahrtsstätten leicht zu Schlupfwinkeln für Diebe, Dirnen und unredliche Händler wurden, und wußte, daß mancher Pilger weniger aus Devotion als aus Neugier unterwegs war oder daß Entwurzelte von einem Wallfahrtsort zum anderen zogen, um auf diese Weise ihr Leben zu fristen. Hatte Kaufmannschaft früher als Dienst für einen weltlichen oder kirchlichen Herrn gegolten, unter königlichem Schutz in kleinen Gruppen von Spezialisten betrieben, um einen Hof mit Luxusgütern zu versorgen, so war sie jetzt Beruf und Geschäft einer immer breiter und reicher, weltläufiger und selbstbewußter werdenden Schicht, die einen Markt belieferte und die sich innerhalb städtischer Siedlungsgemeinschaften selbst zu organisieren begann.

Eine Öffnung des Horizonts zeigt sich ebenso darin, wie man der Fremde begegnete. Auch im Frühmittelalter waren Menschen nach Rom gepilgert, darunter Herrscher, Bischöfe, Äbte und andere Hochgestellte aus allen Teilen des Abendlandes. Doch man erfährt kaum, was sie auf ihrem Weg wahrgenommen haben. Sie haben an den Wallfahrtsstätten gebetet, haben in Rom Itinerarien benutzt, in denen die Heiligengräber und Monumente rechts und links der Routen aufgelistet waren. Sie müssen die Kirchen und Kunstwerke bewundert haben, da sie manches davon zu Hause nachschaffen ließen. Aber niemand hat davon genauer berichtet. Im 12. Jahrhundert gab Hildebert von Lavardin dem Staunen und dem Schmerz Ausdruck, die ihn zwischen den Zeugen antiker Größe überkamen. Fremde Völker und fremde Stätten wurden beschrieben, um sie anderen bekannt zu machen. Der damals verfaßte Pilgerführer, der die Wege durch Frankreich und Nordspanien nach Santiago de Compostela schildert, unterrichtet über die zu durchquerenden Länder und den Charakter ihrer Bewohner, notiert Fremdartiges und gibt praktische Hinweise, beschreibt zuletzt sehr ausführlich die Kirche des Apostels und das Treiben am Ort der Jakobus-Verehrung. Adam von Bremen fügte in seine Hamburger Kirchengeschichte detaillierte Angaben über Lebensweise und Geschichte der Slawen ein und widmete ein ganzes Buch der Beschreibung Nordeuropas, um die Ziele Erzbischof Adalberts und die Bedeutung des Erzbistums für die Mission verständlich zu machen. Vieles, darunter manches Phantastische, hatte er als wissenschaftlich bemühter Autor alten Autoritäten entnommen. Das Wesentliche verdankte er aber der Beobachtung und Erfahrung von Leuten, die er befragt hatte; selbst die Entdeckung Grönlands und »Winlands«, der neufundländischen Inseln vor Nordamerika, durch wikingische Seefahrer war ihm bekannt. Um den Beurteilungshintergrund für Friedrich Barbarossas Handeln in Italien zu vermitteln, gab Otto von Freising, der dort gewesen und weit in der Welt herumgekommen war, nicht nur eine literarische Skizze über die Lage der Lombardei, über die Natur des Landes und seiner Bewohner, sondern erklärte zudem die dortigen Verhältnisse aus weit zurückreichenden historischen Voraussetzungen sowie aus der geschichtlichen Entwicklung der jüngsten Jahrzehnte. Wer etwas von der Welt sah oder hörte, nahm auch das Fremdartige wahr und teilte es mit. Einzelne entdeckten selbst bei den heidnischen Slawen oder den Muslimen Gewohnheiten, die Christen gut angestanden hätten.

Die neue Mobilität der hochmittelalterlichen Gesellschaft wird besonders augenfällig in der Entwicklung der Pilgerfahrten. Dabei reicht das christliche Wallfahrtswesen in die Antike zurück, und die »Peregrinatio religiosa« als Ideal christlicher Selbstverwirklichung hatte auch im Frühmittelalter Menschen zu den Stätten der Märtyrer und Heiligen geführt. Noch im 10. Jahrhundert gehörten die Pilger, die in den Quellen erwähnt werden, meist der Oberschicht an. Seit dem 11. Jahrhundert erscheinen Pilgerfahrten plötzlich als Massenphänomene. Vornehme und Niedriggeborene, Reiche und Arme, Männer und Frauen, Erwachsene und Kinder waren zu den heiligen Stätten unterwegs, wo sie zu Hunderten zusammentrafen, Hilfe für die Gebrechen des Leibes oder das Heil der Seele suchend, um Nachkommenschaft bittend, eine Schuld büßend oder ein Gelübde erfüllend, für den zuteilgewordenen Beistand Gottes und seiner Heiligen dankend oder ihn für die Zukunft erheischend. Im ganzen Abendland blühten Pilgerzentren auf: alte, die sich schon immer eines Zustroms erfreut hatten, solche, die erst jetzt zu Bedeutung gelangten, und ganz neue, in denen das Volk Helfer fand, die es selbst erlebt hatte oder von denen ihnen Ältere berichteten. Zu den letzteren gehörten das Grab Heimrads auf dem Hasunger Berg und das Sebalds in Nürnberg, die Lampert von Hersfeld um 1070 als die bedeutendsten Wallfahrtsorte in Deutschland galten. Kirchen, die noch keinen »attraktiven« Heiligen besaßen, versuchten ihrem bislang unbeachteten Patron oder Stifter Ruhm zu verschaffen oder weitere Reliquien zu erwerben, um den Ansässigen einen nahen Nothelfer zu sichern und zugleich von den Gaben fremder Pilger zu profitieren.

Stets heben die Quellen den massenhaften Zustrom zu den sich mehrenden Pilgerzentren hervor. Das Gewimmel der Pilger auf dem Hasunger Berg rief bei Zeitgenossen die Assoziation an einen Ameisenhaufen hervor. Die Klostersiedlung von St. Trond soll wie eine belagerte Stadt ausgesehen haben, weil sich an allen Zugangswegen schon weit vor dem Ort Zelte, Laubhütten und andere provisorische Unterkünfte drängten. Die Kaufleute konnten mit Tragtieren, Karren und Wagen kaum herbeischaffen, was zur Versorgung solcher Menschenmengen notwendig war. In St. Trond sei man manchmal mit dem Zählen des Geldes kaum nachgekommen, das die Pilger neben vielerlei Gaben – Tieren jeder Art und Größe, Stoffen, Schmuck, Silberdraht – nicht nur an Festtagen, sondern das ganze Jahr hindurch als Oblationen darbrachten, wobei sich auch Diebe und untreue Kustoden an dem Segen bereicherten. Vielerorts warteten Menschenscharen schon morgens auf das Öffnen der Kirchentüren. Um- und Neubauten wurden geplant, damit die Gotteshäuser solche Mengen fassen konnten und einen halbwegs geordneten Besuch des Heiligengrabes gestatteten.

An den Wallfahrtsorten wurden zur Zeit der Heiligenfeste häufig Jahrmärkte abgehalten, von denen sich einige – wie etwa die von St. Gilles in der Provence – zu Messen von europäischer Bedeutung entwickelten. Doch an den großen Zentren fand der Jahrmarkt gewissermaßen täglich statt. Das Heiligengrab zog nicht nur Pilger aus vielen Ländern an, sondern auch Händler, Schaulustige und Gauner jeder Art.

Es ist keine Verbrämung andersartiger Interessen, wenn der im 11. Jahrhundert einsetzende Brückenbau oft als gutes Werk für die Pilger beschrieben wird. Überfahrten waren teuer, und mancher Reisende kam beim Kentern der überladenen Kähne geschäftstüchtiger Fährleute ums Leben. Im Bergell sagten Bauern im 12. Jahrhundert aus, daß sie die Paßstraße freiwillig instandhielten: aus Barmherzigkeit und Nächstenliebe. Die Pilger stellten die Masse der Benutzer. Die Kaufleute und Händler zog man über Brücken- und Straßenzölle zur Mitfinanzierung der frommen, aber auch gewinnbringenden Werke heran. Manche versuchten, ihre Waren an den Zollstellen vorbeizuschmuggeln, indem sie sich als Pilger tarnten.

In Zahlen lassen sich Ausmaß und Intensität dieser Pilgerbewegung schwer fassen. Sie waren aber unzweifelhaft sehr hoch. Mit Abt Richard von St. Vanne brachen 1025 rund 700 Menschen nach Jerusalem auf, bei der Wallfahrt der deutschen Bischöfe 1064 sollen es 7.000 oder gar 12.000 gewesen sein, die über den Balkan und durch Kleinasien nach Jerusalem zogen. Trotz der ganz lückenhaften Überlieferung sind im 11. Jahrhundert, vor den Kreuzzügen, Jerusalem-Pilger aus allen Teilen Deutschlands nachzuweisen, und sie gehörten nicht nur den Oberschichten an. In St. Gilles, das man auf dem Weg nach Santiago gern besuchte, sind aufgrund zufälliger Nennung im 12. Jahrhundert Pilger aus Augsburg, Regensburg, Passau, Mainz, Nimwegen, Siegburg, Erfurt, Zeitz und Schleswig bezeugt. Das Bruderschaftsbuch von St. Matthias in Trier vermittelt einen Einblick in die Anziehungskraft eines deutschen Wallfahrtsortes im 12. und 13. Jahrhundert: Obwohl es nur fragmentarisch erhalten ist, nennt es Matthias-Bruderschaften ehemaliger Pilger an fast hundertvierzig großen und kleinen Orten.

Sieht man auf die Bewegungsrichtung, so führten die großen Wallfahrten Menschen aus dem nördlichen Europa in den Süden, aus der Mitte des Kontinents an seine Peripherie. Die Skandinavier nahmen den Weg meist durch Deutschland, aber auch Engländer und Schotten zogen nicht selten längs des Rheins nach Süden; und wer auf dem Landweg ins Heilige Land gelangen wollte, erreichte spätestens in Regensburg die Donau, deren Lauf er dann folgte. Auch innerhalb Deutschlands gingen die Pilgerzüge vorwiegend vom Norden und Osten in westliche und südliche Richtung. Von der allgemeinen Intensivierung des Verkehrs profitierend, entstanden später in Siegburg und Marburg Wallfahrtsorte, die zumindest zeitweilig einen ungewöhnlichen Zulauf hatten.

Als nach der Ermordung Thomas Beckets (1170) Pilger zu seinem Grab in Canterbury strömten, wallfahrteten dorthin auch Menschen aus den Teilen Deutschlands, aus denen die Kaufleute nach England zu fahren pflegten, also vom Niederrhein und von der Nordseeküste. Aber keiner dieser Orte im nördlichen Europa konnte sich mit den großen Wallfahrtsstätten der abendländischen Christenheit im Süden messen oder auch nur mit den alten Pilgerzentren an den dorthin führenden Straßen.

Rom, mit seinen Märtyrergräbern und Gedenkstätten schon immer ein bevorzugtes Ziel der Pilger, wurde noch häufiger aufgesucht, seitdem die Kurie zum Zentrum der lateinisch-katholischen Kirche und zur Wirkungsstätte für Geistliche aus allen abendländischen Reichen geworden war. Die Wallfahrt ließ sich mit der Erledigung kirchlicher Angelegenheiten verbinden. Im südlichen Italien besaß das Michaelsheiligtum auf dem Monte Gargano nach wie vor große Anziehungskraft. In Bari suchte man nun den heiligen Nikolaus auf, dessen Reliquien 1087 aus dem griechischen Osten entführt worden waren, den Schutzheiligen der Kaufleute, unter dessen Patrozinium man auch in Deutschland viele Kirchen stellte. Die Intensität der Pilgerfahrten nach Jerusalem nahm im 11. Jahrhundert erheblich zu. Der damals bevorzugte Landweg führte fast immer über Byzanz. Nachdem die Sarazenen von den Normannen aus der Apenninenhalbinsel verdrängt waren und Venedig, Genua und Pisa die Vorherrschaft auf dem Mittelmeer gewonnen hatten, wählten immer mehr Jerusalem-Pilger den Seeweg ins Heilige Land. Im Westen erlebte Santiago de Compostela als neuer Wallfahrtsort einen kometenhaften Aufstieg; durch die Reconquista verbanden sich hier Pilgerfahrt und Heiliger Krieg gegen die Muslime schon vor der eigentlichen Kreuzzugszeit. Außer auf dem Landweg wurde Santiago seit der zweiten Hälfte des 12. Jahrhunderts immer häufiger auch zu Schiff erreicht. Lissabon wurde 1147 durch eine Flotte von englischen, flämischen und niederdeutschen Schiffen den Mauren entrissen – selbstverständlich hatte man sich vorher am Grab des Apostels der Hilfe des heiligen Jakobus, des Patrons der christlichen Kämpfer gegen die Mauren, versichert. Die Kölner sollen 1180 sogar geplant haben, mit einer großen Flotte die Reliquien des Heiligen zu rauben.

Die Kreuzzüge, als bewaffnete Wallfahrten zur Befreiung des Heiligen Grabes verstanden, steigerten die Orient-Fahrten in ungeahnte Dimensionen und verliehen ihnen einen völlig neuen Charakter. Tausende brachen auf, viele zu vorübergehendem Aufenthalt, viele, um zu erobern und zu bleiben. Spontan verkauften Menschen Hab und Gut in ihrer Heimat, und manche, die sie deshalb verlachten, folgten tags darauf ihrem Beispiel. Doch nur eine Minderheit, zumeist die, die als Ritter oder Adelige schon zu Hause zu den Bessergestellten gehörten, dürfte gewonnen haben, was sich alle erhofften. Noch vor den Ritterheeren war viel fanatisiertes Volk aufgebrochen, plündernd und mordend, in Haufen, die

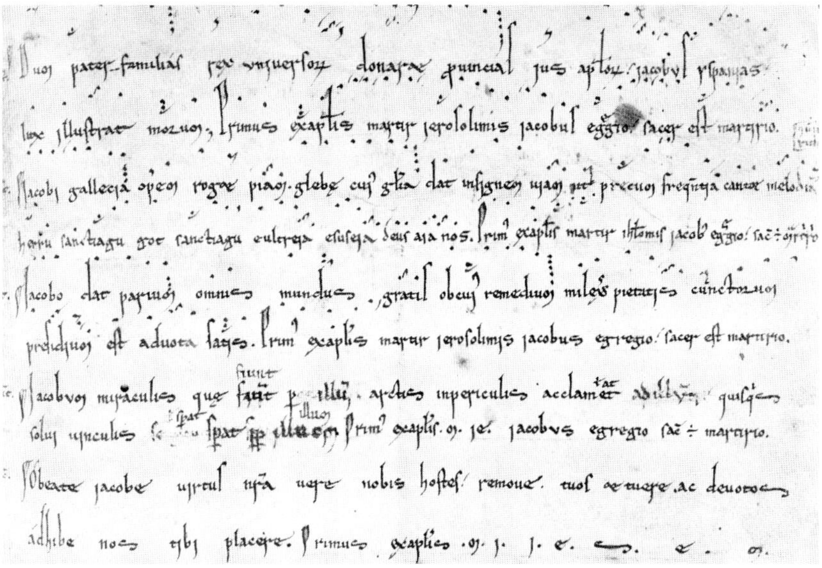

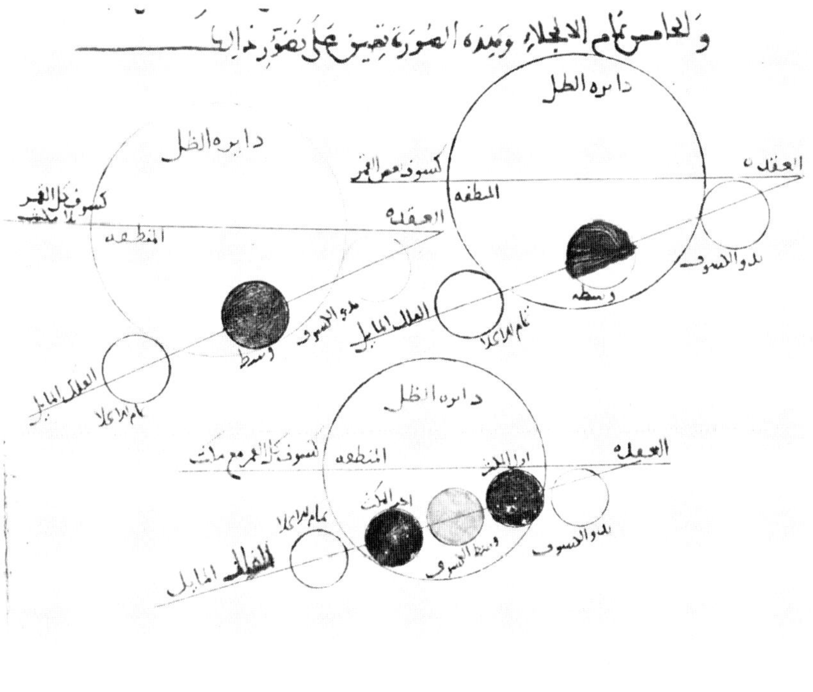

Pilgerlied für die Wallfahrt zum Schrein des Apostels Jakobus in Santiago de Compostela mit Neumen für zwei Stimmen und einer Anrufung des Apostels in deutscher Sprache (Zeile 4). Anfang einer Seite in der um 1172 entstandenen, von einer Pilgerin aus Flandern gestifteten Abschrift des »Liber Sancti Jacobi«. Santiago de Compostela, Museo Diocesano. – Mondfinsternisse. Federzeichnung auf der unteren Hälfte einer Seite in einer 1238 entstandenen arabischen Abschrift des Lehrbuchs über die Sternkunde von Bīrūnī, dem wohl bedeutendsten, weitgereisten Naturwissenschaftler des islamischen Mittelalters. Berlin, Staatsbibliothek Preußischer Kulturbesitz

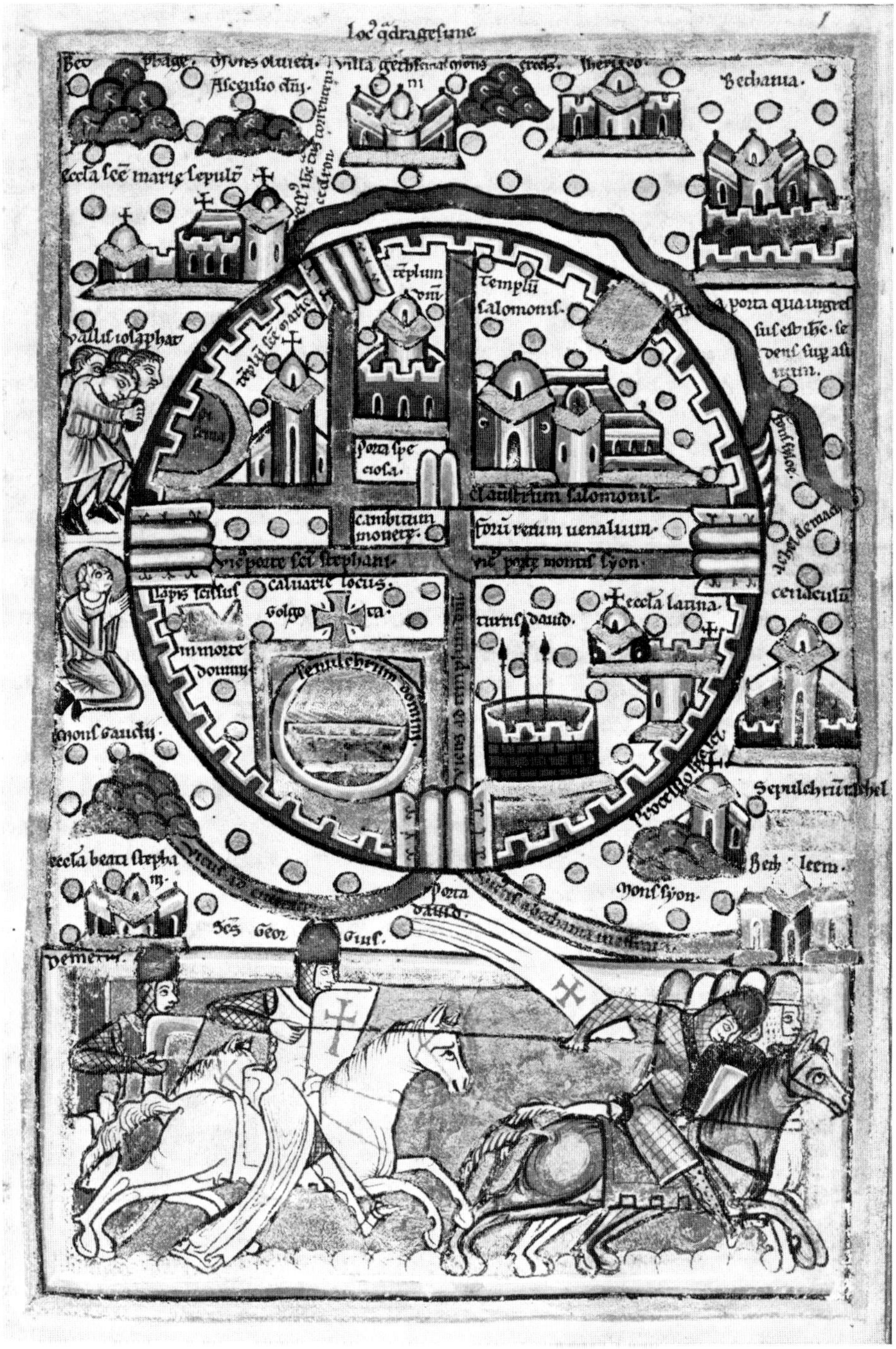

Geostete Palästina-Karte mit Jerusalem im viergeteilten Kreisschema als Zentrum und mit westlich der Stadt dargestellten Kreuzfahrern bei der Verfolgung muslimischer Reiter. Miniatur in einer zwischen 1170 und 1180 vielleicht in St. Bertin entstandenen Sammelhandschrift. Den Haag, Koninklijke Bibliotheek nach Tausenden zählten, aber zumeist das Ziel nicht erreichten, ja nicht einmal bis nach Byzanz kamen. Einer dieser Haufen, der 1096 unter Führung des Nahegau-Grafen Emicho nach Mainz zog und dort 1.014 Juden umbrachte, soll allein 12.000 Mann gezählt haben, andere waren kaum kleiner. Erst nach diesem Massenauszug, der die Judengemeinden in Speyer, Worms, Mainz, Trier und Metz, in Köln, Neuß, Xanten, Regensburg und Prag – nach vorsichtiger Schätzung 4.000 bis 5.000 Menschen – vernichtete, wenn sie nicht zur Verleugnung ihres Glaubens bereit waren und sich taufen ließen, folgten die Ritterheere, kleiner zwar, aber beim Aufbruch zumindest nach vielen Hundert zählend.

Die Kreuzzüge, wie man die Fahrten seit dem 13. Jahrhundert nannte, werden oft als eine Reihe von wenigen großen Unternehmungen dargestellt: ein erster Kreuzzug, den Papst Urban II. predigte und zu dem vorwiegend Nordfranzosen, Lothringer und Provenzalen aufgebrochen sind; der zweite, wenig erfolgreich, den der deutsche König Konrad III. und König Ludwig VII. von Frankreich anführten; der dritte, auf dem Friedrich Barbarossa beim Bad im Fluß Saleph den Tod fand; der vierte, ganz zu Schiff unternommen, den die Venezianer gegen päpstliche Verbote nach Konstantinopel umlenkten und mit der Errichtung des lateinischen Kaiserreiches im Osten beendeten; der fünfte, auf dem sich der gebannte Kaiser Friedrich II. selbst zum König von Jerusalem krönte; dann die Züge, die seit der Mitte des 13. Jahrhunderts den Untergang der Kreuzfahrerstaaten verhindern sollten, an denen die Deutschen aber kaum noch Anteil hatten.

Entscheidend für die Öffnung des Abendlandes waren jedoch nicht so sehr die großen Heereszüge, sondern die ständigen Verbindungen zwischen den Kreuzfahrerstaaten und dem Westen, welche das byzantinische Reich miteinbezogen. Der diplomatische Verkehr mit dem Kaiserhof in Konstantinopel war intensiv, denn von Anfang an hatte man die Kreuzzüge als Ausdruck der Solidarität der lateinischen mit der griechischen Christenheit verstanden, die durch die Expansion der türkisch-mohammedanischen Seldschukenreiche bedroht war. Die großen Unternehmungen wurden um so gründlicher vorbereitet, als der bürokratisch zentralisierte Staat der Byzantiner für den Durchzug verbindliche Verträge forderte, aber auch erhebliche Leistungen für die Heereskontingente garantieren mußte. Die Koordination des Kampfes gegen die islamischen Staaten und Völker, die Hoheitsansprüche des Ostkaisers gegenüber den Kreuzfahrerstaaten, nicht zuletzt die byzantinische Mittelmeer-Politik, für die der Gegensatz zu den Normannen in Süditalien und die Abhängigkeit des oströmischen Reiches von der Flotte der privilegierten, aber wenig geliebten Venezianer Konstanten bildeten, dann unter Manuel I. noch einmal der Traum, Italien wieder unter die Herrschaft des wahren »Kaisers der Römer« zurückzuführen – all dies schuf vielfältigen Anlaß zur Begegnung und machte dem Westen byzantinische Staatskunst und Diplomatie vertrauter als bisher. Die Hoffnung der Nachfolger Petri, über die militärische Unterstützung des byzantinischen Reiches auch in der griechischen Kirche die Anerkennung als geistliches Haupt der Christenheit zu gewinnen, verstärkte die Kontakte und weckte im Westen, so etwa in bayerisch-österreichischen Klöstern, reges Interesse an den christologischen Diskussionen in der Ostkirche. Westliche Prälaten wie Bischof Anselm von Havelberg nahmen als Beobachter an Synoden der orthodoxen Kirche teil. Man bemühte sich um bisher unbekannte Texte griechischer Theologen, die von Italienern wie Burgundio von Pisa oder Leo Tuscus, gelehrten, diplomatisch tätigen Laien, ins Lateinische übersetzt wurden. Die Kulturbegegnung verlief einseitig: Die byzantinische Welt, gefangen im Bewußtsein ihrer kulturellen Überlegenheit gegenüber den westlichen Barbaren, deren schlechten Ruf die Kreuzfahrer oft genug bestätigten, blieb Fremdem weitgehend verschlossen; die große Kolonie der Venezianer am Bosporus bekam den Haß des Volkes mehrfach in pogromartigen Ausschreitungen zu spüren. Die Offenen, Lernenden waren, bei allem Haß auf die »arroganten und falschen« Byzantiner, die Abendländer, die »über See« an den Küsten Vorderasiens sich ihre neue Welt eroberten.

Vom Westen, ohne dessen militärische Unterstützung sie sich nicht behaupten konnten, haben sich die Kreuzfahrerstaaten nie getrennt. Von dort kamen die wesentlichen Elemente ihrer politischen Organisation, wenn auch auf neuem Boden und unter ständiger Bedrohung manches straffer und rationaler gestaltet wurde. Von dort stammten der König von Jerusalem und die Inhaber der anderen Fürstentümer, die alle in den europäischen Hochadel mit seinen familiären Verflechtungen integriert blieben, stammten die Ritter, die den ständigen Kampf gegen die Mohammedaner führten. Deren Zahl dürfte in den einzelnen Kreuzfahrerstaaten selten einige Hundert überschritten haben. Doch zog die Eroberung, vom Gefolge der Ritter abgesehen, Siedler und Händler nach. In der Zeit, in der Friedrich Barbarossa zum Kreuzzug aufbrach, wird die Zahl der »Franken« allein für das Königreich Jerusalem auf etwa 100.000 geschätzt. Die kirchliche Organisation mit den Patriarchaten von Jerusalem und Antiochia unterstand dem Papst, der dort durch Legaten und delegierte Richter eingriff wie in der gesamten lateinischen Christenheit. Der Episkopat rekrutierte sich aus dem abendländischen Klerus. Mönche aus dem Westen wurden Hüter der heiligen Stätten; das Heilige Grab etwa vertraute man 1099 dem Abt von Allerheiligen in Schaffhausen an. Die geistlichen Ritterorden, die im Heiligen Land entstanden, Templer, Johanniter und schließlich der Deutsche Orden, wurden im Abendland reich mit Grundbesitz und Herrschaftsrechten ausgestattet und verklammerten so Ost und West. Große Kolonien der Venezianer, Genuesen und Pisaner, daneben auch solche der Leute aus Amalfi, Marseille und Montpellier sicherten die ständige Verbindung und steigerten den Mittelmeerhandel um ein Vielfaches. Zwischen den großen Unternehmungen zogen Fürsten und Ritter in kleineren Gruppen den Kreuzfahrern nach, um sie in ihrem Kampf zu unterstützen. Nur eine Minderheit blieb im Orient, die meisten kehrten zurück, Wunderbares berichtend, das die Phantasie der Daheimgebliebenen anregte. Von manchen konnten den Angehörigen nur noch die Gebeine überbracht werden, so von Herzog Welf IV., der 1101 auf Zypern gestorben war und in Weingarten bestattet wurde, oder von Landgraf Ludwig IV. von Thüringen, dessen Tod für seine Frau Elisabeth, die ungarische Königstochter, der letzte Anstoß war, sich ganz den Armen zu widmen, um seinem Seelenheil zu dienen. Für diejenigen, die wie Friedrich Barbarossa ihr Grab im fernen Land gefunden hatten, ließen die Angehörigen in den Kirchen zu Hause beten. Nach Heiltum von den Stätten des Wirkens und Leidens Christi war man überall im Westen begierig, Reliquienverehrung und Reliquienschacher blühten. All dies öffnete den Blick nach außen, schuf Verbindungen auch persönlicher Art zu einer entfernten Welt. Darin lag eine Voraussetzung dafür, daß die abendländische Gesellschaft mit der äußeren Erweiterung des Gesichtsfeldes auch neue geistige Anregungen aufnehmen, ja gewissermaßen sich selbst neu verstehen lernte.

In den lateinischen Fürstentümern Kleinasiens eignete man sich an, was man in Wehrbau und Kriegstechnik kennenlernte, entwickelte es weiter und vermittelte vieles nach Westen. Es ist die Frage, ob das Abendland damals nicht mehr an Technischem übernahm, als sich in den Quellen nachweisen oder im Vergleich sicher erkennen läßt. Auch Elemente der Lebenskultur oder neuartiger Luxus haben von dorther Eingang in den Lebensstil der abendländischen Höfe gefunden. Aber das Verhältnis zwischen Christen und Muslimen war in Palästina stark von einer Frontmentalität bestimmt. Die große arabische Bibliothek in Tripolis wurde bei der Eroberung zerstört, die jüdische von Jerusalem verkauft. Bei der Einnahme Jerusalems 1099 hatte man die einheimische Bevölkerung niedergemetzelt. Das Konkubinat mit einer Mohammedanerin wurde seit 1120 durch Entmannung und das Abschneiden der Nase bestraft. Aufgrund der vermehrten Kontakte waren Übersetzer leichter zu finden, aber die Stätten der geistigen Begegnung und Auseinandersetzung mit dem Islam, der Rückgewinnung von Teilen antiker Wissenschaft aus dem Arabischen, lagen im Westen. Die intensivere Begegnung mit islamischer Kultur suchten die Abendländer nicht bei den seldschuckischen Türken Kleinasiens, sondern bei deren alten Trägern in Nordspanien und Süditalien, auch in Ägypten, dort, wo sich dieser Kontakt schon vor den Kreuzzügen angebahnt hatte.

Aufnahmebereitschaft und Lernbegier waren groß. Die Horizonterweiterung durch die Kreuzzüge und durch die Begegnungen, die sie mit sich brachten, vollzog sich in einer Gesellschaft, die sich geistig bereits weit geöffnet und sich ihre eigenen Traditionen in neuer Weise anzueignen begonnen hatte. Die Träger der Schriftkultur, ausschließlich Kleriker, wenn man von Italien absieht, zeigten schon seit dem späten 10. und frühen 11. Jahrhundert eine weit ausgreifende Mobilität und forderten vom Gebildeten eine Horizonterweiterung. Als der

Würzburger Heribert 1022 das Bistum Eichstätt übernahm, verachtete er den dortigen Domscholaster, »weil er seine Ausbildung nicht am Rhein oder in Gallien erhalten hatte«. Der Regensburger Mönch Hartwig von St. Emmeram besuchte um 1020 die Domschule des Bischofs Fulbert in Chartres und brachte von dort Werke heidnischer Autoren mit, welche Bildungshungrige in seinem Konvent, wie den begabten Otloh, faszinierten. In Deutschland förderte die Realität der Reichskirche den Ortswechsel, wenn Kanoniker aus verschiedenen Domkapiteln als Kapelläne am Hof dienten, bevor sie dann ein Bistum erhielten. Als der Hofkapellan und Halberstädter Domherr Hermann 1032 das Erzbistum Bremen bekam, waren unter seinen Kapellänen aus Halberstadt Siudger und Adalbert, die später selbst in den Hofdienst gingen und von denen der eine Bischof von Bamberg und 1046 schließlich Papst, der andere Erzbischof von Hamburg-Bremen wurde. Die Hofkapelle war Treffpunkt für adelige und gebildete Geistliche aus dem ganzen Reich, und sie führte Männer zusammen, die, obwohl vergleichsweise jung, schon weit herumgekommen waren.

Eine Karriere wie diejenige Bennos II. von Osnabrück war kein Einzelfall. In Schwaben geboren, erhielt er seine erste Ausbildung in Straßburg und lernte dann bei dem berühmten Hermann dem Lahmen auf der Reichenau, einem der vielseitigsten Gelehrten seiner Zeit, bevor er »nach Abschluß der Lernjahre als Vagant nach Art der Studenten« andere Städte besuchte und schließlich um 1040 den Bischof von Straßburg auf einer Pilgerfahrt nach Jerusalem begleitete. Nach der Rückkehr lebte er in Speyer, wo »die Kleriker aus allen Teilen des Reiches zusammenströmten«, weil Heinrich III. hier »dem Studium der Wissenschaften zu höchstem Ansehen verholfen hatte«. Obwohl er berühmt und reich wurde, hielt es ihn dort nicht, denn »er verachtete es, in einem geruhsamen Leben zu erlahmen«, wollte »nie und nimmer verfrüht zu Amt und Würden gelangen, vielmehr durch Übung des Geistes und körperliche Arbeit hinzulernen, was es hinzuzulernen gab«. Er ging mit dem König in dessen neues Zentrum Goslar, wurde Domscholaster in Hildesheim, vertrat den Bischof im weltlichen und geistlichen Gericht, begleitete das bischöfliche Kontingent mit dem Heer des Königs nach Ungarn, diente erneut als Verwalter und Baumeister am Hof in Goslar, versah dann für Erzbischof Anno die weltlichen Geschäfte der erzbischöflichen Kirche zu Köln, kehrte nach Hildesheim zurück und erhielt 1068 das Bistum Osnabrück. Diese Beweglichkeit des Klerus und der immer wieder bezeugte Wissensdrang trugen dazu bei, daß sich um berühmte Lehrer »Schulen« bildeten, die in kürzester Zeit zu Anziehungspunkten für wissensdurstige und karrierehungrige Männer aus weiten Teilen des Abendlandes wurden.

Noch bevor die ersten Kreuzfahrer aufbrachen, hatte man an manchen Orten in neuer Weise zu fragen begonnen. Manegold von Lautenbach, der um 1085 als gregorianischer Pamphletist gegen Heinrich IV. hervortrat und zuvor als Wanderlehrer in Frankreich gewirkt hatte, wandte sich bereits gegen die Anwendung der neuen dialektischen Methode in der Theologie, die sich von französischen Schulzirkeln her auszubreiten begann. Mit Berengar von Tours (1088 gestorben), dem Schüler Fulberts von Chartres, und dem aus Aosta stammenden, lange in der Normandie wirkenden Anselm von Canterbury (1109 gestorben) rechnete ihn Otto von Freising zu den drei Gelehrten, die die Wissenschaft von Osten nach Westen, von Griechenland nach Gallien und Spanien verpflanzt haben, und Wolfger von Prüfening bezeichnete ihn in seinem Schriftstellerkatalog als den »Lehrer der modernen Lehrer«, das heißt als einen der Begründer der Frühscholastik.

Es waren die »Schulen« in Frankreich, Schülerkreise um berühmte Lehrer in Laon und Orléans, in Chartres und Paris, die seit etwa 1100 besondere Anziehungskraft entfalteten. Angehörige des Mailänder Domkapitels, die nachher selbst das Erzbistum leiteten, gingen ebenso dorthin wie Otto von Freising oder jener Vizelin, der später der erste Bischof von Lübeck wurde und der 1123 das Amt des Domscholasters in Bremen aufgab, um drei Jahre lang in Laon zu studieren. In diesem Milieu wurde das begierig aufgegriffen und weiterverarbeitet, was damals aus der byzantinischen und arabischen Welt neu in das Abendland gelangte: Theologie und römisches Recht aus dem griechischen Osten, aristotelische Philosophie, Medizin, Astronomie aus dem islamischen Süden. Doch die Kulturbegegnung war nicht nur eine Sache der Gelehrten. Orientalisch-Fremdartiges und Wunderbar-Phantastisches fanden Eingang in die neue volkssprachliche Literatur, formten Motive in der bildenden Kunst. Die höfische Welt lernte neue kostbare Stoffe oder neue Musikinstrumente kennen. Den Reichen wurde seltener Luxus zur Gewohnheit. Kaufleute beschafften das Gefragte aus dem Orient. Mit der Bussole übernahmen westliche Seefahrer ein ihnen bislang unbekanntes Instrument der Navigation.

Zeitgenossen meinten zu spüren, daß mit der neuen Beweglichkeit der Intellektuellen gefährliche Denkweisen aufkamen. Rupert von Deutz, Bernhard von Clairvaux oder Gerhoch von Reichersberg waren überzeugt davon, daß durch die Mißachtung der »Stabilitas loci« ein recht kurzer Weg vom zuchtlosen Leben zu »zuchtlosen Fragen« führte, die notwendig in falscher Lehre endeten (P. Classen). Doch ihre Warnungen haben weder die Mobilität der Studierenden noch die Beweglichkeit des Geistes und die Verbreitung der neuen Bücher eingedämmt. Mit sichtlicher Freude an der eigenen Laszivität pflegten »Vaganten« wie der Archipoeta in ihren Liedern einen frivolen Ton, den die höfische Welt einschließlich großer Teile der Geistlichkeit als Ausdruck der Diesseitsfreude begeistert aufnahm. Mag auch früher schon nicht alles von dem religiösen Ernst durchdrungen gewesen sein, der die schriftlichen und bildlichen Äußerungen der ottonisch-salischen Zeit beherrscht – jetzt wagte man dies auszusprechen, in denkerischem Zweifel oder in spöttischer, aber die Gültigkeit der Prinzipien voraussetzender Ironie.

Zur Überwindung regionaler Begrenzungen und zur Verflechtung der einzelnen Landschaften Europas trug auf ganz anderer Ebene die Ausweitung des Handels bei. In den Jahrzehnten, in denen sich die Pilgerfahrten zum Massenphänomen entwickelten, nahm der Fernhandel rasch an Intensität, Volumen und Reichweite zu. Der Aufschwung hatte in Deutschland bereits unter den Ottonen begonnen; ein qualitativer Sprung in Dimensionen, die alles Frühmittelalterliche hinter sich ließen, vollzog sich auch hier seit dem 11. Jahrhundert. Der Austausch steigerte sich kontinuierlich zu der Verflechtung, die für die europäische Wirtschaft seit der Mitte des 13. Jahrhunderts kennzeichnend ist.

Zunächst waren die Handelsströme noch durch das Gefälle von Süden nach Norden bestimmt. Der zunehmende Aufwand für die königliche Herrschaftsrepräsentation, die Entwicklung des geistlichen Fürstentums und adeliger Fürstenhöfe zog an, was die Länder um das Mittelmeer zu Luxus und Verfeinerung der Lebenskultur beitragen oder vom Orient her vermitteln konnten. Die wirtschaftliche Blüte Deutschlands unter den Ottonen und Saliern sowie die herrschaftliche Verbindung mit Italien beschleunigten den Prozeß der Ausweitung. Arabische Reisende notierten erstaunt, in welchen Mengen Pfeffer, Ingwer und andere Gewürze in Mainz zum Kauf angeboten wurden. Kostbare Seidenstoffe, Purpur und Damast erscheinen schon vor den Kreuzzügen fast überall im Besitz der Kirchenfürsten, und selbst die Domherren von Hildesheim hatten in der frühen Salierzeit ihre Gewänder mit Seide ausgeschlagen, ehe sie, durch die Vision eines Mitbruders aufgeschreckt, dafür wieder das heimische Leinen verwendeten. Dann aber nahm der Warenstrom von Norden nach Süden, von Osten nach Westen zu. Flandrisches Tuch, das im 13. Jahrhundert aufgrund seiner unerreichten Qualität und wegen des Umfangs der Produktion den europäischen Tuchmarkt beherrschen sollte, wurde schon vor 1050 in die Provence und nach Barcelona exportiert. Pelzwerk aus dem Osten und Norden kennzeichnete überall nicht nur die Kleidung der weltlichen Herrenschicht, sondern auch die der adeligen Geistlichkeit. Fuchs und Zobel gehörten zum Standard der höfischen Mode; dem Domkapitel von Mailand erschien Hermelinbesatz für seine Mäntel unabdingbar; Kragen und Besatz aus Marderkehlen machten einen Persianermantel für hohe Herren gerade noch annehmbar. Die Länder jenseits der Reichsgrenzen lieferten, was im Reich selbst und bei seinen westlichen und südlichen Nachbarn gefragt war. Es blieb ein Ruf in der Wüste, wenn Adam von Bremen seinen Mitmenschen die unverdorbenen Sitten im Baltikum vorhielt und Helmold von Bosau dies hundert Jahre später für seine Zeitgenossen wiederholte: Die dortigen Völker schätzten, wie beide meinten, den modischen Luxus so gering, daß sie die begehrten Felle gegen das daheim verachtete, aber nützliche Grautuch der deutschen Händler vertauschten.

Der Handel mit den Gebieten, aus denen man Rauchwerk und zunehmend auch andere Waren, etwa Rohmetall oder Honig, bezog, hat sich seit der

Fundorte von Dortmunder Münzen des 10./11. Jahrhunderts (nach Berghaus)

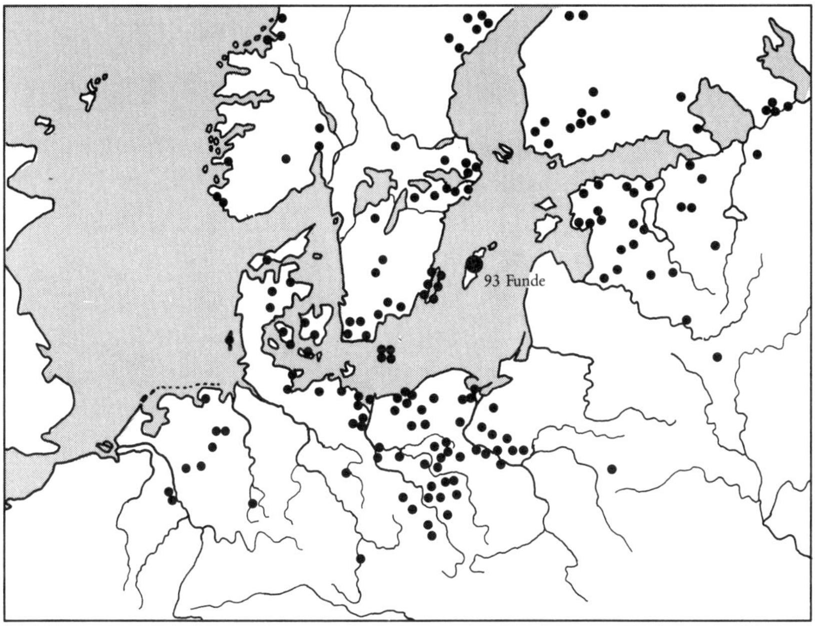

Große Schatzfunde mit Dortmunder Münzen
Myrände, Gotland (nach 1036): 1.620 Silbermünzen, darunter 34 aus Dortmund
Österby, Gotland (nach 1079): 3.000 Silbermünzen, darunter 82 aus Dortmund
Mannegårda, Gotland (nach 1102): 2.447 Silbermünzen, darunter 36 aus Dortmund
Wichmjez', UdSSR (nach 1090): 13.398 Silbermünzen, darunter 26 aus Dortmund

Jahrtausendwende ausgeweitet. Das läßt sich an den Funden deutscher Münzen ablesen, die in Skandinavien und Osteuropa gemacht werden. In diesen Ländern wurden die deutschen Prägungen, vermischt mit englischem, byzantinischem oder arabischem Geld und mit ungeprägtem Edelmetall, gehortet, ähnlich wie die germanischen Fürsten der Völkerwanderungszeit oder die merowingischen Frankenkönige einen Hort aus Gold und Silber besaßen. Viele von diesen Schätzen wurden dem Boden anvertraut. Wenn einer von modernen Ausgräbern wieder gehoben wird, ist an den jüngsten Prägungen abzulesen, wann etwa er vergraben worden ist. Aufgrund einer Vielzahl solcher Funde läßt sich erkennen, wie der Zustrom deutscher Denare im Verlauf des 11. Jahrhunderts anschwoll und wie sich, wenn beispielsweise Basler Pfennige erst seit dem späten 11. Jahrhundert häufiger erscheinen, der Radius des Handels wohl allmählich erweiterte. Der Export aus den Ländern um die Ostsee stieg, doch man erwarb zunächst nicht in gleichem Umfang Waren von den Kaufleuten aus dem Westen.

Deren Tauschpartner waren vor allem am Silber interessiert, dessen Feingehalt die Münzprägung garantierte. Als die Nachfrage nach westlichen Waren zunahm, als die deutschen Kaufleute selbst nach Gotland oder gar bis Nowgorod fuhren und Händler anderer Völker aus dem Geschäft verdrängten, wurden in den skandinavischen und slawischen Ländern immer seltener Münzhorte vergraben. Man ging auch dort mit Geld nun anders um. Die ehemaligen Randgebiete waren einbezogen in den wechselseitigen Austausch, der sich in Europa entwikkelte.

Schon aus geographischen Gründen fiel den Kaufleuten aus Deutschland im Austausch mit Ostmittel- und Nordeuropa eine führende Rolle zu. Regensburg, von wo aus im 12. Jahrhundert regelmäßig Handelskarawanen donauabwärts und bis nach Kiew zogen, oder Magdeburg, im Hochmittelalter auch kultureller Ausstrahlungspunkt nach Osten, waren als Grenzplätze für den Handel mit den Slawen seit alters von Bedeutung. Die politische Hegemonie des ottonisch-salischen Imperiums gegenüber den neuen Reichen erleichterte den Kaufleuten in diesen Gebieten ihr Geschäft. In den sächsischen Marken waren neue Handelsplätze emporgekommen, etwa das durch seine Salzquellen zusätzlich begünstigte Halle. Otto von Bamberg konnte dort die besten und farbenschönsten Tuche, darunter purpurfarbene Seide oder den aus Leinen und Baumwolle hergestellten Barchent, Stoffe aus dem Orient, für seine Missionsreisen kaufen, um sie zusammen mit anderen Waren und Salz über Saale, Elbe und Havel nach Havelberg zu verschiffen. Im Norden war Bardowick ein alter Grenzhandelsplatz. Doch mit dem Ende der Normanneneinfälle und den Reichsbildungen in Dänemark und Skandinavien begannen ihm zunächst Haithabu, dann im 11. Jahrhundert das benachbarte, zum Bischofssitz gewordene Schleswig und bald darauf Alt-Lübeck den Rang abzulaufen. Denn auch den Salinen von Lüneburg, deren Produktion für den Handel Bardowicks ein Standortvorteil war, erwuchs in Oldesloe eine für den Ostseehandel günstiger gelegene Konkurrenz. Das von Heinrich dem Löwen neu gegründete, rasch aufblühende Lübeck wurde als Handelsstadt die eigentliche Erbin dieser älteren Stätten.

In den skandinavischen Münzfunden sind – nach den königlichen Münzen aus Goslar, wo sich am Rammelsberg die damals bedeutendsten Silbergruben Deutschlands befanden – die Prägungen aus Köln mit Abstand die häufigsten. Darüber hinaus stammen besonders viele Stücke aus den rheinischen Bischofsstädten oder von Handelsplätzen im Mündungsgebiet des Rheins, während etwa Regensburg prozentual nicht in dem Umfang vertreten ist, der bei seiner Bedeutung und beim Ausstoß seiner Münze zu erwarten wäre. Daraus ist wohl zu schließen, daß ein erheblicher Teil der aus Skandinavien gelieferten Waren am Rhein den Verkehrsweg erreicht haben dürfte, der Nord- und Südeuropa damals mehr als alle anderen verband. Denn für den Warentransport stellten Flüsse die wichtigsten Verkehrswege dar, nicht nur bei der Tal-, sondern meist auch bei der

Bergfahrt. Der Rhein ermöglichte den Schifftransport von der Nordsee bis an den Fuß der Alpen, und wer die damals bevorzugten Bündner Pässe benutzte, konnte über den Walensee das Schiff nehmen, dann im Süden über den Lago di Como fahren und über die schiffbare Adda wiederum das Flußsystem des Po erreichen. Vom Rhein konnte man durch die Burgundische Pforte in das Rhône-Tal gelangen oder auch zu den häufig begangenen Pässen in den Westalpen, dem Großen St. Bernhard oder dem Mont Cenis. Die Blüte der rheinischen Bischofsstädte beruhte nicht zuletzt auf ihrer Lage an dieser transeuropäischen Verkehrsachse und – wie im Falle von Worms, Mainz und Köln – an deren Kreuzungspunkten mit den großen, seit vorgeschichtlicher Zeit benutzten Verbindungswegen zwischen West- und Osteuropa.

Von Westen erreichten die Straßen aus dem entwickelten Maas-Land in Köln die Süd-Nord-Verbindung längs des Rheins. Der Hellweg, aus dem Gebiet der Slawen kommend und Deutschland am Rand der Mittelgebirge durchquerend, ließ sich in Köln erstmals an einen Handelsplatz von europäischer Bedeutung heranführen. Im England-Handel gewannen die Kölner eine Vorherrschaft und überflügelten rasch die Händler aus Deventer oder Tiel. In der Mitte des 12. Jahrhunderts erhielten sie vom englischen König schriftlich die Bestätigung ihrer Privilegien; ihre Gildehalle in London wurde später das Haus der deutschen Kaufleute überhaupt. Durch seine Verkehrslage war Köln für den Austausch mit Nordwesteuropa, Skandinavien und dem Ostseegebiet der bedeutendste Platz, ehe die Hanse zur See neue Ost-West-Verbindungen im Norden Europas erschloß. Weiter südlich hatte Mainz als Zielpunkt der von Osten kommenden Verkehrswege einen ähnlichen Rang. Worms lag an der alten »Frankenstraße«, die aus dem Pariser Becken zur Donau führte. Die Bedeutung des Rheins und seiner Nebenflüsse für den Verkehr innerhalb Deutschlands läßt der Koblenzer Zolltarif erahnen; er zeigt, aus welchen Städten Kaufleute im 11. Jahrhundert den Strom regelmäßig befuhren.

Kaum abzuschätzen ist, wie groß die Gruppe der am Fernhandel beteiligten Kaufleute innerhalb einer Stadt gewesen sein könnte. Als sich 1074 die Kölner gegen den Erzbischof erhoben, dann aber von dessen Vasallen und Kriegern niedergeworfen wurden, sind nach Lampert nachts aus der Stadt mehr als sechshundert »steinreiche Kaufleute« zum König geflohen, um sich in Sicherheit zu bringen und gegen das Strafgericht des Erzbischofs zu klagen; zu dieser Zeit sei Köln nach Mainz die volkreichste Stadt in Deutschland gewesen. Im 12. Jahrhundert soll der heilige Anno bei einem Sturm zweihundert Kölner aus Seenot gerettet haben, die miteinander nach England unterwegs waren. Bernward von Hildesheim, ebenfalls als Nothelfer angerufen, rettete zahlreiche Seefahrer, die von Bremen aus übersetzten. Doch solch zufällige Aussagen können keine genauere Vorstellung vermitteln. Nur eines wird im Vergleich deutlich: Die Zahl der Fernpilger übertraf wohl die der Fernkaufleute bei weitem.

Handelsverkehr auf dem Rhein im 11. Jahrhundert (nach Hess)

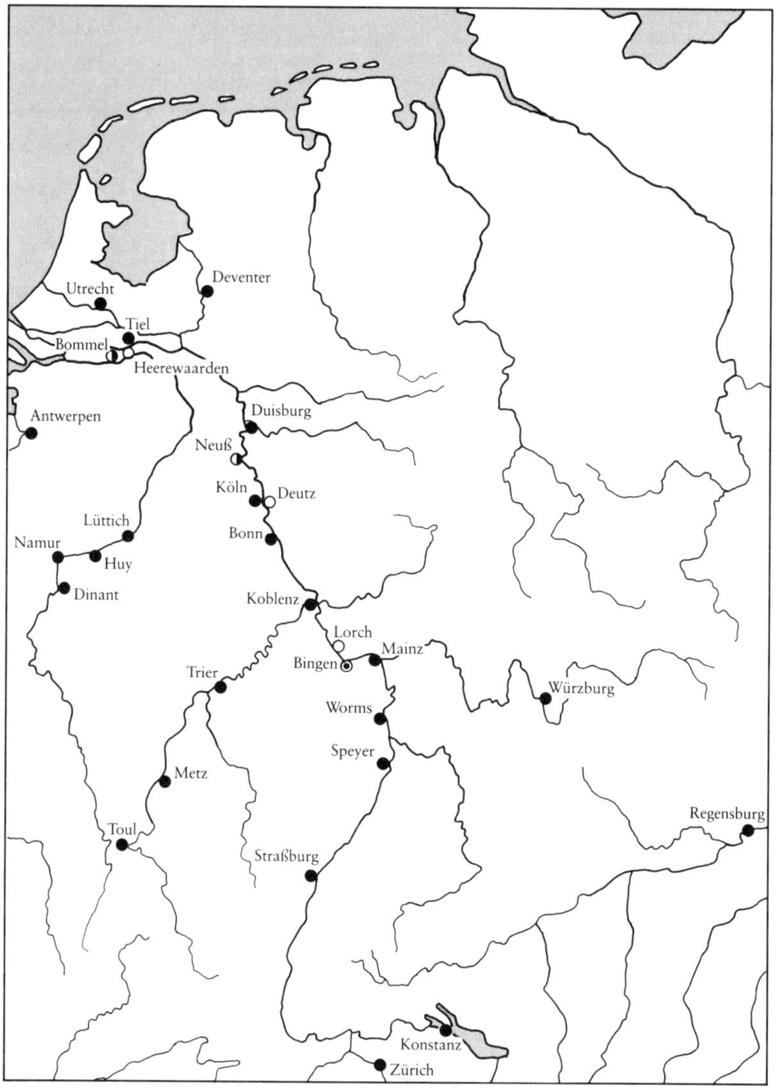

Herkunftsorte der im Koblenzer Zolltarif erwähnten Kaufleute

● Münzstätte im 11. Jahrhundert in Betrieb

◑ Prägung im 11. Jahrhundert wahrscheinlich

⊙ Ort mit Münzrecht

○ Ort ohne Münzrecht und Prägetätigkeit

Passierzölle in Koblenz bei der Bergfahrt

Herkunft	Güter als Zoll	Geld als Zoll (in Denaren)	Zoll für Wein* (in Denaren)
Schiffszoll:			
Huy, Dinant, Namur und alle Maasstädte	1 Kupferkessel, 2 Becken	–	2
Lüttich	2 Ziegenfelle, 2 Becken	–	2
Flandern und Antwerpen	1 Widderfell für Satteldecke, 1 Käse	–	2
Zaltbommel	1 Käse	–	2
Heerewaarden	1 Salm	–	–
Tiel und zugehörige Orte	1 Salm	–	2
Utrecht			
(Ostern bis Herbst)	1 Salm	–	2
(Herbst bis Ostern)	120 Heringe	–	2
Deventer			
(Aschermittwoch bis Ostern)	120 Heringe	–	2
(Ostern bis Herbst/14. September)	20 Aale	–	2
Duisburg, Neuß	1 Tafel Wachs	–	1
Deutz	–	1	1
Köln, Bonn			
(Grundtarif)	–	4	1
(mit Herbstzuschlag)	1 Tafel Wachs	4	2
Mainz, Bingen, Lorch und Speyer	–	4	1
Straßburg	–	6	2
Konstanz, Zürich	–	10	–
Regensburg, Würzburg	–	6	2
Trier	–	4	2
Metz und Toul	–	8	2
Wegezoll:			
Sklave	–	4	
Saumtier	–	4	
Waren:			
Schwerter	10 Prozent	–	
Jagdfalke	–	4	

* Auf der Bergfahrt für den Transport bei der Talfahrt erhoben; im allgemeinen war die Talfahrt zollfrei

Der Aufschwung von Wirtschaft und Handel, in Deutschland seit der ottonischen Zeit zu erkennen, beruhte jedoch nicht nur und wohl nicht einmal in erster Linie auf der Zunahme des Fernhandels mit weitem Radius. Neben den alten Zentren entstanden vielerorts neue Märkte und Marktflecken, die in wechselseitigen Austausch mit den größeren Städten der Region und mit entfernteren Handelsplätzen traten. So dürften Kontakte entstanden sein, die auch Handwerkern und bäuerlich lebenden Menschen den Entschluß erleichterten, an einen anderen Ort zu ziehen, um eine neue Existenz zu beginnen. Manchmal war der Aufbruch von Siedlern sehr eng mit der Handelstätigkeit verknüpft, etwa wenn um 1180 viele Leute einem Kölner Goldschmied ins Grenzgebiet der Thüringer und Slawen folgten, um dort Erz zu graben. Man strebte in Gebiete, von denen Leute berichteten, die dort gewesen waren. Niemand reiste allein. Man tat sich zu Fahrtgemeinschaften zusammen, oft zufällig, wie es sich aus dem Zusammentreffen an den Ausgangspunkten oder auf der Reise ergab, und schloß sich denen an, die den anvisierten Zielort und die Wege dahin aus Erfahrung kannten. Karten oder praktischem Zweck dienende Wegbeschreibungen gab es kaum. Denn abstrakt-räumliche Vorstellungen von der bewohnten Welt, wie sie im Abendland seit dem 12. und 13. Jahrhundert allmählich ausgebildet wurden, fehlten noch; und sie, nicht nur Schriftkundigkeit wären die Voraussetzung für die Benutzung solcher Hilfsmittel gewesen.

Derartige Formen der Mobilität haben zweifellos keinen »Welthorizont« aufgetan. Menschen wechselten aus einem engen Lebenskreis in einen neuen, der vielfach kaum weiter war als der alte. Doch sie lösten sich aus traditionellen Bindungen und öffneten sich für anderes als das, was sie und ihre Vorfahren bislang kannten. Viele hofften auf Verbesserung ihrer Lage, orientierten sich an den Lockungen möglichen Gewinns. Ihr Leben veränderte sich, wenn sie sich aus einer breiteren bäuerlichen Tätigkeit, zu der vielerlei Handwerkliches gehörte, auf ein Handwerk spezialisierten, das nun allein ihren Lebensunterhalt trug. Aus einer dörflichen Siedlung kommend, die nur aus wenigen Familien bestand, traten sie hinein in die enge Nachbarschaft volkreicherer Orte, die sich zu Städten entwickelten, wie man sie in Deutschland zumindest rechts des Rheins bis dahin nicht gekannt hatte. Diese Mobilität, selbst schon Ausdruck sich wandelnder Lebenshaltungen, hat den Menschen eine neuartige Beweglichkeit und Öffnung ihres Denkens vermittelt. Nicht nur bei der geistigen Elite, den Gelehrten und Scholaren, ist dies wahrzunehmen. Die Findigkeit in der praktischen Lebensbewältigung wuchs deutlich; vieles nahm man nicht mehr hin, wie man es vorfand, sondern gestaltete es so um, daß es den Bedürfnissen besser angepaßt war.

Die Lösung aus der Selbstverständlichkeit überkommener Bindungen, die Begegnung mit dem Fernen und Fremden sind freilich nicht die alleinigen Kennzeichen der Epoche. Auch vehemente Formen der Abwehr, feindselige

Intoleranz gegen Einzelpersonen und Gruppen, die betonte Abschließung der eigenen Gemeinschaft gegen »die anderen« nahmen zu. In der Auseinandersetzung mit den neuen Formen des Fragens und Urteilens war der Häresievorwurf schnell bei der Hand. Während des Aufbruchs ins Heilige Land sah Deutschland die ersten Pogrome des Mittelalters, und 1147 wiederholten sich die Schrekkensszenen. Die Erfolge der Franzosen im Orient hervorkehrend, riefen 1108 die Bischöfe und Großen Ostsachsens zu einem Kriegszug gegen die heidnischen Wenden auf und appellierten dabei auch an siedlungswillige Eroberer: »Die Heiden sind ganz schlimm, aber ihr Land ist überreich an Fleisch, Honig, Mehl, Vögeln, und wenn es bebaut wird, bringt es in allem so üppige Ernten, daß ihm keines verglichen werden kann. Daher, o ihr Sachsen, Franken, Lothringer und Flamen, ihr berühmten Männer und Bezwinger der Welt, hier könnt ihr eure Seelen retten und, wenn ihr wollt, das beste Land zur Besiedlung gewinnen.« Als 1147 dann ein Kreuzzug gegen die Wenden geführt wurde, war es ein Eroberungskampf, in dem das Kriegsvolk nichts von Schonung der slawischen Bevölkerung wissen wollte. Und die Haltung der Anführer kommentierte Helmold von Bosau im Rückblick so: »Vom Glauben war wenig die Rede, sondern nur vom Geld.«

Nicht zufällig wurden denjenigen, die man mit dem Aufruf von 1108 gewinnen wollte, die Erfolge »der Franzosen« vor Augen gehalten. Man wußte durchaus, daß viele Lothringer und Rheinländer an der Eroberung Palästinas beteiligt waren, und in Niederlothringen, Brabant und Flandern, in Köln, Lüttich und Aachen, wohin der Aufruf gegangen war, wußte man es erst recht. Aber man hoffte, mit dem Hinweis auf die Heldentaten der Franzosen den Stolz anzustacheln und den Willen zu bestärken, die als hochmütig angesehenen Krieger aus dem Nachbarreich zu übertreffen. Solche Äußerungen, Vorstufen für das Volksbewußtsein der europäischen Nationen, werden im 12. Jahrhundert häufiger. Odo von Deuil, der mit König Ludwig VII. von Frankreich am zweiten Kreuzzug teilnahm, räumt die Überheblichkeit seiner Landsleute ein, sagt aber auch, daß sie die Deutschen als unerträglich empfanden. Johann von Würzburg, der um 1165 eine Art Pilgerhandbuch für die heiligen Stätten Palästinas schrieb, hebt nicht nur die Waffentaten der deutschen Ritter besonders hervor. Voll Empörung stellt er fest, im Heiligen Land werde der Anteil der Deutschen an der Eroberung Jerusalems schlichtweg unterschlagen, ja die »Verunglimpfer unseres Volkes« löschten durch die Entfernung von Grabsteinen die Erinnerung daran bewußt aus. Das sei möglich, weil die meisten Deutschen nach der Eroberung der Stadt in die Heimat zurückgekehrt seien und andere »Nationen« – Franzosen, Lothringer, Normannen, Provenzalen, Italiener, Spanier und Burgunder – sie besetzt hätten. Wären die Deutschen geblieben, dann wären die Grenzen der Kreuzfahrerstaaten schon weit über den Nil und über Damaskus hinaus vorgeschoben, meinte der in seinem Stolz als Deutscher gekränkte Mainfranke (L. Schmugge).

Engere Nachbarschaft und dauerhafte Begegnungen riefen mit der Öffnung des Horizonts ein bewußteres Zusammenrücken der Gruppen hervor, die sich »von Natur aus« als zusammengehörig betrachteten und intensiver miteinander verkehrten. Man grenzte sich von anderen ab, und manchmal wurden dabei ausgeprägte Feindbilder entwickelt. Während sich das Gesichtsfeld erweiterte, fühlten sich die Lebens- und Herkunftsgemeinschaften des Abendlandes in einer neuartigen Konkurrenz. Eigenes wurde um so deutlicher betont, je mehr die Gemeinsamkeiten zunahmen, Spannungsreichtum und Vielfalt wuchsen trotz der enger werdenden Verflechtung. Doch auch dies war ein Aspekt der Öffnung, die sich damals in der europäischen Gesellschaft vollzog.

Gestaltung der Kulturlandschaft

Vielleicht noch einschneidender als die Erweiterung und Intensivierung der Außenbeziehungen war für die Menschen die Verdichtung ihres Zusammenlebens. In allen Ländern Europas nahm die Bevölkerung deutlich zu. Diese demographische Entwicklung war der Hintergrund für den Landesausbau und das städtische Wachstum, für eine Ausweitung und Umgestaltung der bewohnten Welt, die das alltägliche Leben nachhaltig veränderte.

Bevölkerungsanstieg und Siedlungsverdichtung lassen sich durch Einzelbeobachtungen überall und für Landstriche sehr unterschiedlichen Charakters nachweisen. Doch die Geschichtswissenschaft hat Mühe, das Ausmaß des demographischen Wachstums zu beziffern, und sei es nur in grober Annäherung. Denn nirgends gab es eine Verwaltung, die Menschen erfaßte, die Bevölkerungszahlen festhielt und deren Entwicklung verfolgte. Zählte man in einer belagerten Stadt die Haushalte oder Köpfe, um Lebensmittel rationieren zu können, wie dies in den oberitalienischen Kommunen während des Kampfes gegen Friedrich Barbarossa wohl vorkam, verloren die Aufzeichnungen jedes Interesse, sobald ihr Anlaß verschwunden war, und kamen abhanden. Wo Verzeichnisse über Abgaben angelegt wurden, blieben sie einmalige Bestandsaufnahmen, weil man sie nicht fortschrieb; und Personenzahlen oder gar die Einwohnerzahl einer Siedlung lassen sich aus solchen Angaben nicht ohne weiteres erschließen. Auch indirekte Beweisführung gestaltet sich schwierig. Wenn man die Zahl der Siedlungen, die für ein bestimmtes Gebiet in den Urkunden des 8. bis 10. Jahrhunderts genannt werden, mit derjenigen vergleicht, die sich den Dokumenten des Hochmittelalters entnehmen läßt, sind Rückschlüsse durch die Tatsache erschwert, daß aufgrund zunehmender Schriftlichkeit in hochmittelalterlichen Urkunden auch Orte erstmals bezeugt sind, die sich archäologisch schon als Siedlungen des 6. und 7. Jahrhunderts nachweisen lassen. Das Flächenwachstum der Städte, an den Erweiterungsphasen der Umwallung ablesbar, kann über den Anstieg der Einwohnerzahlen nur dann genauere Auskunft geben, wenn man Art und Dichte der Bebauung kennt und abzuschätzen vermag, wie groß die Familien oder Wohngemeinschaften waren, die in den Häusern lebten – aber in der Bauweise erfolgte vom 11. bis 13. Jahrhundert ein einschneidender Wandel. Die Auswertung fossilen Pollenniederschlags, in dem sich die starke Zunahme des Getreideanbaus und die Verringerung oder qualitative Veränderung der Waldbestände abzeichnet, ist kaum auf die Bevölkerungsdichte umzurechnen. So sind alle Zahlenangaben mit vielen Unsicherheitsfaktoren behaftet, die Tatsache des starken Wachstums ist jedoch evident und wurde schon im 12. Jahrhundert registriert.

Für Mitteleuropa schätzt man die Zunahme zwischen dem Ende des 10. und dem Anfang des 14. Jahrhunderts – ähnlich wie für andere Länder West- und Nordeuropas – auf etwa das Dreifache, für das zum Imperium der Salier und Staufer gehörende Nord- und Mittelitalien bei deutlich höheren Ausgangszahlen auf eine Verdoppelung. Dabei war in den Altsiedellandschaften mit ihrer am Bodenertrag gemessen bereits um 1000 recht hohen Dichte die Wachstumsrate geringer als in den Gebieten, die erst durch Kolonisation und Landesausbau stärker besiedelt wurden. So hat man beispielsweise für das spätere Land Sachsen von 1100 bis 1300 eine Verzehnfachung der Bevölkerung errechnet, während nach einer groben Schätzung für das Mosel-Gebiet in der Zeit zwischen 1000 und 1250 eine Verdreifachung angenommen wird, was einer jährlichen Wachstumsrate von ungefähr 0,5 Prozent entspricht.

Obgleich der Bevölkerungsanstieg sich schwer in Zahlen fassen läßt, ist er an den Begleiterscheinungen und Folgen deutlich abzulesen. Für Deutschland ist der qualitative Wandel der Lebensbedingungen und -formen, der sich vom 11. bis zum 13. Jahrhundert vollzog, in seiner Wirkung sogar mit den Auswirkungen der industriellen Revolution im 19. und 20. Jahrhundert verglichen worden. Wohl nie, wenn nicht eben mit der Industrialisierung, haben sich in derart kurzer Zeit so viele Orte in Siedlungen städtischen Charakters verwandelt wie in der Stauferzeit. Weder davor noch danach waren die Siedlungen auf deutschem Boden so zahlreich wie um 1300. Die Straßen überquerten nun die Flüsse oder Bergschluchten auf Brücken, und viele Verbindungen verliefen auf anderen Trassen als die Wege, die man – oft seit Urzeiten – bis ins 11. Jahrhundert benutzt hatte. Felder und Weiden hatten den Wald weithin verdrängt. Hätte man einen Menschen aus der Zeit Konrads II. in die Friedrichs II. versetzt, er hätte die Welt, die ihm vertraut war, kaum wiedererkannt.

Die landwirtschaftlich genutzten Flächen reichten nicht mehr aus, um den Nahrungsbedarf zu befriedigen. Denn bei Getreide erntete man im Durchschnitt nur etwa das Dreifache des Saatguts, und dieser Wert wurde in Deutschland selbst in der Wachstumsphase wohl nicht wesentlich gesteigert. Den Flächenertrag deutlich zu heben, gelang in Oberitalien, wo man im späten 12. Jahrhundert ein dichtes Bewässerungsnetz anlegte und die längere Vegetationsperiode nutzte, um nach der Getreideernte noch Hirse anzubauen oder als Zwischenfrucht Leguminosen einzusäen, die dann zur Verbesserung des Bodens untergepflügt wurden; möglicherweise sind seit der Mitte des 13. Jahrhunderts auch am Niederrhein spürbare Ertragssteigerungen erzielt worden. In der Regel aber war eine wachsende Bevölkerung auf Neulandgewinnung angewiesen.

So wurde das Hochmittelalter überall in Europa »die große Zeit der Rodungen«. Der Mensch drang in agrarisch bisher kaum genutzte Zonen oder nur schwer nutzbares Gelände ein. Die Mittelgebirge und der Alpenrand, die großen Fluß- und Talauen, die Marschen an der Nordsee wurden zu Kulturlandschaften umgestaltet, bisher umgangene Feuchtgebiete, schwer zu bearbeitende oder weniger ertragreiche Böden zum ersten Mal bestellt. Rodungstrupps stießen in die Wälder vor; das »Unland« schwand. In den Ausbaulandschaften häuften sich die Klostergründungen. Die Adeligen oder die Kirchenfürsten, die dahinterstanden, waren interessiert daran, daß das unbebaute Land erschlossen wurde, über das sie die Verfügungsgewalt erlangt hatten. Mochten Bauern unter der direkten Hoheit des Herrn roden oder unter der Regie eines Klosters, dessen Vogtei bei ihm lag – sie stärkten seine Herrschaft und erweiterten sie in ein Gebiet hinein, in dem ihm kein Konkurrent gegenüberstand.

Im Zuge adeliger Herrschaftsbildung ist beispielsweise der Schwarzwald seit der Mitte des 11. Jahrhunderts durch bäuerliche Rodung aufgesiedelt worden. Daß große Teile bis dahin ausgespart geblieben waren, hatte seine Ursache wohl mehr in der Bodenqualität als in der Höhenlage. Wo von Osten, von der Baar her, die ertragreichen und gut zu bearbeitenden Böden der Muschelkalkschichten in das Gebirge hineinreichten wie bei Bonndorf oder Löffingen, war schon die alemannische Siedlung des 6. bis 8. Jahrhunderts auf beachtliche Höhen gestiegen; dagegen hatte man die tiefer gelegenen Buntsandsteinplatten des nördlichen Gebirgsteils oder der westlichen Vorgebirgsschollen sowie die Urgesteinszonen des Südschwarzwalds gemieden. Die Reformklöster des schwäbischen Adels zeigen, mit der Wiedererrichtung von Hirsau und der Umgestaltung der Einsiedelei von St. Blasien beginnend, das Vordringen menschlicher Siedlung an. Die Möglichkeit zur Erschließung von Neuland, nicht mehr die weltabgeschiedene Lage im dunklen Wald, war jetzt das leitende Motiv bei der Platzwahl. Mit weithin sichtbaren Burgen auf den Vorgebirgskuppen und an den Talengen demonstrierten die aufstrebenden Dynasten ihren Herrschaftsanspruch.

Noch vor der Mitte des 12. Jahrhunderts waren die deutschen Mittelgebirge im großen und ganzen aufgesiedelt. Waldhufendörfer im Nordschwarzwald, angelegt wohl noch unter dem Stifter von Hirsau, Graf Adalbert von Calw (1099 gestorben), die sogenannten Streifen-Einödfluren im zähringischen Einflußgebiet, bei denen sich das zu einem Hof gehörende Land in festgelegter

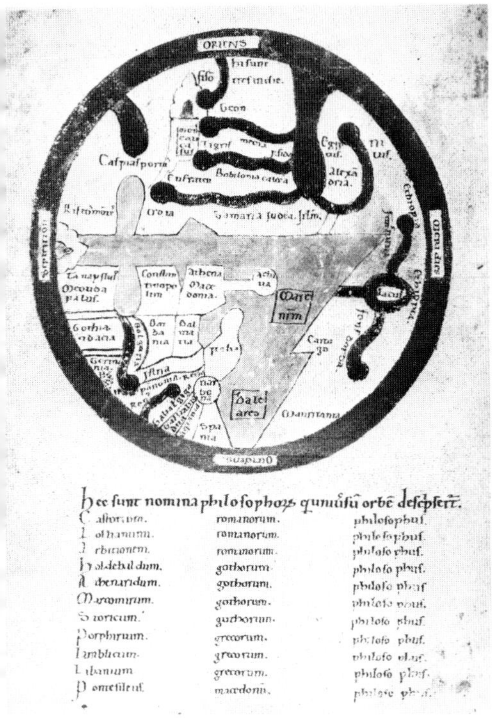

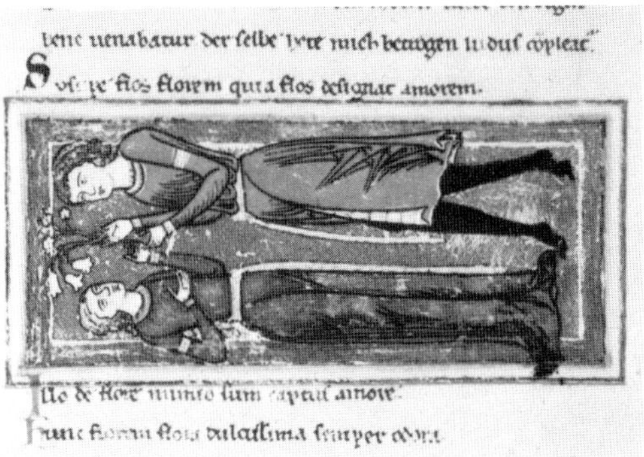

Weltkarte im T-Schema: mit Asien in der oberen Hälfte, Europa, Mittelmeer und Afrika in der unteren, mit Don, Schwarzem Meer und Nil. Seite in der 1118 wohl in Italien vollendeten geographisch-historischen Enzyklopädie »Historiae variae« des Guido von Pisa. Brüssel, Bibliothèque Royale. – Zechgelage und Liebeserklärung. Miniaturen in der um 1230 im Kloster Benediktbeuern entstandenen Handschrift »Carmina burana«, der umfangreichsten unter den erhaltenen Sammlungen von Vagantenliedern. München, Bayerische Staatsbibliothek

Seetüchtiges Segelschiff mit Heckruder. Mosaik in S. Giovanni Evangelista in Ravenna, Anfang des 13. Jahrhunderts

Breite über das Tal bis in die bewaldeten Kammregionen zieht, bezeugen hier wie anderswo die herrschaftliche Lenkung des Vorgangs. Von den so geschaffenen Höfen und Siedlungskammern wurden später durch spontanen Ausbau noch Zugewinne erzielt. Wo durch Bergbau wegen des großen Holzbedarfs Kahlschläge entstanden, versuchte man, diesem oft kargen Boden durch Anbau von Hafer oder Beweidung wenigstens einen bescheidenen Ertrag abzuringen. Da die Stollen oft weit von den bestehenden Siedlungen entfernt waren, schufen die Erzgräber hier für ihre Familien nähere Wohnmöglichkeiten.

In den Alpen begann der Mensch erst jetzt systematisch, sich die Hochflächen als Weiden zu erschließen. Damals entstand die Kultur der Alphirten mit ihrem halbnomadischen Leben. Der für das Bäuerliche aufgeschlossene Chronist des Klosters Muri hat sie um 1150 als etwas Besonderes erstmals beschrieben. Dabei war zunächst wohl nicht die Rinderhaltung, die erst seit dem 14. Jahrhundert zu dominieren scheint, die Existenzgrundlage für die Bergbewohner, sondern die Schafzucht. Schon im 12. Jahrhundert brachen Streitigkeiten um die Hochweiden aus, in den Alpen ebenso wie in den Abruzzen. Ein Beispiel dafür sind die Auseinandersetzungen zwischen dem Kloster Einsiedeln und den Leuten aus Schwyz, Fehden, die, mit der Vorgeschichte der Eidgenossenschaft verknüpft, bis ins 14. Jahrhundert fortdauern sollten. Dem Kloster war von den Königen einst das weite Hochtal geschenkt worden, in dem es lag. Man hatte dabei nicht in linearen Grenzen gedacht; der Besitz endete irgendwo in den breiten, unwegsamen Wald- und Schroffenflanken des Bergkamms. Doch die Schwyzer hatten ihre Herden immer höher hinaufgeführt und in nahezu zweitausend Metern Höhe die Scheide überwunden, die ihr Tal von dem des Klosters trennte. Nun begann der Streit um die Nutzung der Weiden, welche die Hirten erschlossen hatten, obwohl das Kloster sie als seinen Besitz reklamierte.

Wohl nur zögernd und erst unter weiterem Bevölkerungsdruck ist den Sommerunterkünften der Hirten die bäuerliche Dauersiedlung auf Höhen gefolgt, wo sie eine Existenzgrenze des seßhaften Bauerntums in seiner mühevollsten Form markiert. In der Schweiz und in Vorarlberg entstanden seit etwa 1200 die Walsersiedlungen, wobei herrschaftliche Initiative und bäuerliche, oft der Landnot entspringende Siedlungsbereitschaft wiederum ineinandergriffen.

Etwa gleichzeitig mit der Aufsiedelung der Mittelgebirge hatte im Norden Deutschlands die Erschließung von Neuland begonnen. Während die Versuche Erzbischof Adalberts, in seiner Diözese Hamburg/Bremen Intensivkulturen anlegen zu lassen, nach Adams Bericht wenig erfolgreich waren, hat sich von seinem zweiten Nachfolger Friedrich eine Urkunde erhalten, mit der er 1113 neu angesiedelten Holländern eine günstige Rechtsstellung verbriefte. An der Niederweser erhielten sie Sumpfland zugewiesen, um es trockenzulegen und zu bebauen. Dort und an der Unterelbe folgten bald weitere Neubrüche. Das Recht, das den Holländern bei Stade gewährt war, sollte auch für Niederlassungen im

Stedinger Land gelten, worüber Erzbischof Hartwig 1149 einen Vertrag mit zwei Siedlungsunternehmern schloß. Die Holländerkolonien sind als Marschhufensiedlungen mit regelmäßigen, von Entwässerungsgräben begrenzten Flurstreifen und längs der Straße und des Wasserabzugsgrabens gereihten Höfen in neuzeitlichen Flurkarten noch erkennbar. Wie in den Mittelgebirgen ergaben sich auch hier aus der Rodung rationell zu nutzende Flureinteilungen, die den einzelnen Familien bei der Bewirtschaftung große Selbständigkeit ließen.

Holländer und Flamen wurden offensichtlich als Spezialisten gerufen, wo es versumpfte Niederungen zu kultivieren galt. Die Grundformen der Technik, künstliche Entwässerung von Feuchtgebieten und Deichbau gegen Überflutungen, waren bekannt und wohl im ganzen flämisch-holländisch-friesischen Raum verbreitet, aber sie scheinen erst im Verlauf des 11. Jahrhunderts zum System der Einpolderung mit reguliertem Wasserauslaß verbunden worden zu sein. Angewandt wurde dieses System in Holland zunächst vornehmlich im Gebiet der Flußmarschen am Unterlauf von Rhein und Maas. Diese Technik breitete sich aus, als Siedler zur Verfügung standen, die Land urbar machen wollten, und als die Herren selbst Initiativen entwickelten, um Ödland der Nutzung zuzuführen. Schon Graf Balduin V. wurde vom Erzbischof von Reims um 1050 überschwenglich für die Erfolge im Landesausbau gelobt, durch die in Flandern das frühere Wildland fruchtbarer geworden sei als das alte Kulturland. Doch der Höhepunkt der Kolonisation fällt ebenfalls ins 12. Jahrhundert, als die Grafen Dietrich (1128–1168) und Philipp (1168–1191) vom Elsaß sie lenkten. Zur gleichen Zeit wurden im Hochstift Utrecht große Landgewinne erzielt. Die Marschenkolonisation an Weser und Elbe fügt sich genau in diesen zeitlichen Rahmen. Bald erlangte auch der Bau von Seedeichen zum Küstenschutz Bedeutung und wurde, meist unter herrschaftlicher Lenkung, immer straffer organisiert.

Die Kolonisation des Hochmittelalters erhielt für die deutsche Geschichte eine besondere Relevanz, weil in ihrem Verlauf eine intensive Durchdringung der slawischen Gebiete im Osten mit Menschen aus dem viel dichter besiedelten Westen Deutschlands erfolgte. Die frühesten Zeugnisse stammen aus dem Gebiet der Sorbenmark und sind verknüpft mit der 1090 begonnenen Gründung des Klosters Pegau an der Elster durch den Markgrafen Wiprecht von Groitzsch. Um 1104 brachte er aus Franken, wo seine Mutter verheiratet war, viele Bauern mit, »die den Gau – das Land zwischen Pleiße und Mulde – nach völliger Rodung des Waldes besiedeln und künftig zu Erbrecht besitzen sollten«. 1108 sind Rodungsdörfer des Hochstifts Naumburg in diesem Raum bezeugt, und seit der Jahrhundertmitte wird auch der Landesausbau der Staufer im Pleißner Königswald greifbar. Was hier geschah, unterscheidet sich nicht grundsätzlich von der Erschließung der Mittelgebirge im Westen. Allerdings wurden die Siedlerrechte schriftlich bestätigt, so daß die rechtlichen Aspekte des Vorgangs besser zu fassen sind. Zu den alten slawischen Dörfern kamen neue hinzu. Ganze Landstriche wurden unter Kultur genommen, wobei beispielsweise in den Hochstiften Naumburg, Meißen und Magdeburg wiederum Holländer und Flamen zur Rodung von Feuchtgebieten eingesetzt wurden. Neben Franken, Sachsen und Lothringern waren, wie aus einer Halberstädter Urkunde von 1123 hervorgeht, Slawen an der Landgewinnung beteiligt und erhielten als Neusiedler dieselben Vorrechte wie die aus dem Westen zugezogenen Deutschen.

Vielfach feindlich und zum Teil unter blutigen Kämpfen verliefen die Siedlungsvorgänge dort, wo seit langem politische Auseinandersetzungen tobten, die sich mit Gegensätzen des Kults verbanden: im obodritischen Machtbereich, bei den Wenden. Dort waren Sachsen und insbesondere die Leute aus Holstein, Stormarn und Dithmarschen immer wieder auf Feldzügen eingedrungen, hatten auch an Eroberungskriegen obodritischer Fürsten gegen Nachbarvölker teilgenommen oder bei slawischen Gegenschlägen schwere Verluste hinnehmen müssen. Selbst den Sachsen galten die Nordelbinger als rauhes Volk, zwar sehr gastfreundlich, aber auf Diebstahl und Straßenraub ebenso erpicht wie ihre heidnischen Nachbarn. »Denn bei den Holsten dient Stehlen wie Schenken dem Ansehen«, erläutert Helmold. »Wer nicht zu erraffen weiß, gilt für schwach und ruhmlos.« Angeblich waren sie oft froh, wenn slawische Übergriffe ihnen den Vorwand für einen Rachezug lieferten; die Fürsten hätten die Slawen, von denen sie Abgaben erhielten, meist lieber geschont.

Hier, wo Kriege vor 1140 ganze Landstriche entvölkert hatten, wo dann 1147 mit dem Wendenkreuzzug eine blutige Eroberungskampagne durchgeführt wurde, hat die Siedlung aus den westlichen Teilen des Reiches schon in den ersten Wellen ein beachtliches Ausmaß angenommen und dann, als sächsische Fürsten, wie die Askanier in Brandenburg, die Nachfolge slawischer Verwandter antraten, die einheimische Bevölkerung in einem Maße überlagert, daß diese sich allmählich assimilierte. Den Ausbau der Kulturlandschaft trugen aber die Zuwanderer nicht allein. Als der noch im Knabenalter stehende Heinrich der Löwe dem Grafen Adolf von Holstein 1143 das Land Wagrien bestätigt hatte, »begann Adolf die Burg Segeberg wieder aufzubauen und umgab sie mit einer Mauer. Da das Land verlassen war, schickte er Boten in alle Lande, nämlich nach Flandern und Holland, Utrecht, Westfalen und Friesland, daß jeder, der zu wenig Ackerboden habe, mit seiner Familie kommen solle, um das beste Land zu erhalten, ein geräumiges Stück, das Frucht in Fülle bringe, von Fisch und Fleisch überquelle und günstige Weiden biete. Den Holsten und Stormarn ließ er sagen: ›Habt ihr euch nicht das Land der Slawen unterworfen und es mit dem Blut eurer Brüder und Väter bezahlt? Warum wollt ihr als letzte kommen, es in Besitz zu nehmen? Seid die ersten...‹ Darauf brach eine zahllose Menge aus verschiedenen Völkerschaften auf, nahm Familien und Habe mit und kam zu Adolf nach Wagrien, um das versprochene Land in Besitz zu nehmen. Und zwar erhielten

Der Zug der Holsten nach Wagrien im 12. Jahrhundert (nach Prehn)

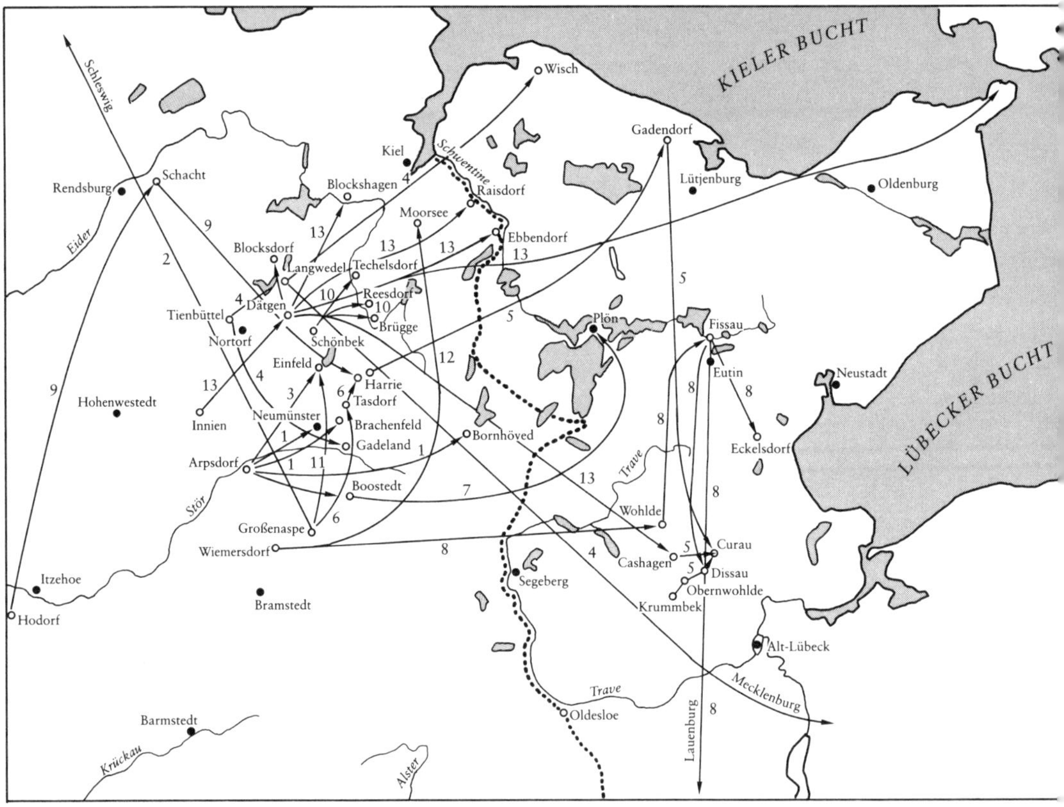

In den Quellen genannte Geschlechter:

1 Ammoniden
2 Ekenevorde
3 de Erpesthorpe
4 de Godelande-Langwedel-Wish
5 de Godendorpe
6 de Horge
7 Horne, Senior terrae Wagirensis
8 Imikonen
9 Schacht vel de Ho
10 de Sconenbeke-Swin
11 de ut aspe
12 de Wimeresthorpe
13 de Ennigge-Dodeken-Bloc

•••••••••••••• Limes Sax

zuerst die Holsten Wohnsitze in dem am besten geschützten Gebiet westlich Segeberg, an der Trave, in der Ebene Schwentinefeld und im Landstrich, der sich von der Schwale bis zum Grimmelsberg und zum Plöner See erstreckt. Das Darguner Land besiedelten die Westfalen, das Eutiner die Holländer und Süsel die Friesen. Das Plöner Land blieb noch unbewohnt. Oldenburg und Lütjenburg sowie die anderen Küstengegenden ließ er von Slawen besiedeln, die ihm zinspflichtig wurden.«

Was die Annalen von Pegau und Helmold beschreiben, war Teil eines sich trotz anfänglicher Rückschläge beschleunigenden historischen Prozesses: der »deutschen Ostsiedlung«, der mit zeitlicher Verzögerung eine Kolonisationsbewegung aus den Ländern Ostmitteleuropas nach Osten entspricht. Sich weit über das Jahr 1250 hinaus erstreckend, nahm sie je nach Zeit, Raum und politischem Rahmen unterschiedliche Formen an. Bernhard von Clairvaux hatte dem Wendenkreuzzug die theologisch abgestützte, aber böse Losung »Bekehrung oder Vernichtung« mitgegeben und so Feindschaften angeheizt, die in diesem Raum ohnehin bestanden. Doch selbst wenn später der Deutsche Orden wiederum unter dem Zeichen des Kreuzes archaische, heidnisch gebliebene Völker des Baltikums in schonungslosem Kampf christianisierte, charakterisieren solche Vorgänge nicht das Gesamtphänomen der Siedlungsbewegung. Und obwohl gerade sie – durch das Zusammenleben oder die alltägliche Begegnung – das Besondere der aus den »deutschen Landen« Kommenden und der Eingesessenen bewußt machte, trafen hier nicht Deutschtum und Slawentum aufeinander, sondern Neusiedler und Alteinwohner, die trotz verschiedener Sprache und Gewohnheiten zueinander finden mußten und, wie die in beiden Richtungen verlaufenden Assimilationsprozesse erkennen lassen, dazu auch bereit waren. An der Kultivierung von Land war die eingeborene Bevölkerung mitbeteiligt; man kann sogar nachweisen, daß auch Rodungsbauern slawischer Herkunft nach »deutschem Recht« angesiedelt wurden, mithin die Privilegien der Neusiedler erlangten. Nirgends aber verband sich Siedlung mit dem Hoheitsanspruch eines Reiches. Sie blieb Teil eines fürstlichen Herrschaftsausbaus, bei dem Reichsgrenzen durchaus respektiert, allerdings die politischen Gemeinschaften der Völker zwischen Polen und Deutschland nicht als staatliche Gebilde gleichen Ranges anerkannt wurden. In Polen und Böhmen entwickelten die Zuzügler eine Solidarität mit der Gemeinschaft, in der sie nun lebten, vor allem mit ihrem Fürsten, der sie angeworben und begünstigt hatte und dessen Herrschaftsgebiet sie gegebenenfalls auch gegen Heeresaufgebote deutscher Fürsten verteidigten.

Wie in den Mittelgebirgen und auf den Marschen waren Rodung und Siedlung im Gebiet der Slawen Teil einer sichtbaren Überformung des Landes durch Menschenhand. Die Dörfer vervielfachten sich und waren meist erheblich größer als früher. Städte und Marktsiedlungen wurden, wie das Beispiel Lübeck zeigt, in bewußter Planung angelegt, welche der Qualität des Standorts Rechnung trug und unter Umständen alte Verkehrslinien umzulenken versuchte. Alte Mittelpunkte erhielten eine neue Gestalt und Funktion oder verloren ihre Bedeutung. An die Stelle slawischer Fürstensitze, die stets auch für das Volk Orte des Wohnens waren, traten als Herrschaftsmittelpunkte steingefügte Adelsburgen oder Bischofssitze. Klöster entstanden, Kirchen zeigten den Aufbau eines Pfarrsystems an. Selbst in schon vorher missionierten Gebieten wuchs die Zahl der Gotteshäuser während des 12. und 13. Jahrhunderts ständig, in der Diözese

Merseburg auf mindestens das Sechs-, in der von Naumburg auf das Acht- bis Neunfache. Die Bauwerke verliehen dem Landschaftsbild Akzente, durch die es sich den altbesiedelten Zonen im Westen anglich.

Wo die Christianisierung vorher noch nicht Fuß gefaßt hatte, vollzog sich teilweise ein abrupter Wandel der äußeren Formen. Im Wechsel von Herrschaft und Religion, im Zustrom von fremden Menschen mit anderer Sprache, anderen Bräuchen und Kenntnissen, im Vordringen eines ungewohnten Rechts wurde eine handwerklich hochstehende, zu erstaunlichen organisatorischen Leistungen fähige, aber schriftlose Kultur überformt von dem im Abendland aufgebrochenen Willen zum Aufbauen, Neugestalten und Verändern und von den mit ihm verbundenen technischen Fortschritten. Der starke Zustrom trug zur Auflösung ethnischer Gruppierungen und ihrer Traditionen bei. Das ermöglichte später die Ausbildung von »Neustämmen« deutscher Sprache wie der Mecklenburger, Brandenburger oder Pommern.

Noch bedeutsamer für die Gestaltung der Kulturlandschaft als die Ausweitung der Siedlung in bisherige Randzonen war die Verdichtung, die sich in den Altsiedellandschaften vollzog, dort, wo weiterhin die meisten Menschen lebten und verkehrten. Die Veränderung hatte hier durch Binnenrodung und Nutzungsintensivierung schon vor der Zeit der großen Rodungen begonnen und setzte sich bis in das 13. Jahrhundert fort. Das beherrschende Phänomen war die starke Ausweitung des Getreideanbaus, und das heißt: Wälder und Viehweiden, vor allem lichte Hutewälder oder buschwerkbestandene Feuchtzonen, mußten neuen Ackerflächen weichen. Sieht man von den modernen Ballungsräumen ab, so sind heute die Waldflächen vielerorts ausgedehnter, als sie es um und nach 1250 waren. Als Rohstoffquelle freilich war Wald unentbehrlich: für das immer knapper und wertvoller werdende Bauholz, für das häusliche Feuer und den stark wachsenden gewerblichen Energiebedarf, auch für das Vieh, für dessen Haltung Brache, Stoppelfelder und geschnittene Wiesen nicht genügten. So mußten gerade in den dicht besiedelten Ackerbaulandschaften die verbliebenen Wälder geschützt werden. Die Menschen lebten in einem offenen Kulturland mit einzelnen abgegrenzten Waldstücken. Nur auf ungünstigen Böden blieben größere zusammenhängende Forste erhalten wie der Reinhardswald zwischen Weser und Diemel oder die Hardt-Wälder in der Oberrhein-Ebene.

Erst im 12. Jahrhundert, meist später als die Mittelgebirge, wurden die Talauen der Flüsse gerodet. Wasserregulierung, Überschwemmungsschutz und schweres, von Pferden gezogenes Arbeitsgerät waren nötig, um Kulturen auf dem Auelehm anzulegen. Vielleicht haben deshalb Klöster, die im Rodungsgebiet errichtet wurden, vor allem solche der Zisterzienser, bei der Erschließung gerade dieser Landstriche Regie geführt.

Selbst dort, wo Ackerbau nicht möglich war, verdrängten Kulturen das Wildland. Hatte man bisher Wein in der Ebene oder auf hausnahem Hang

Die Plansiedlung Mecklenbeck bei Münster (nach Müller-Wille)

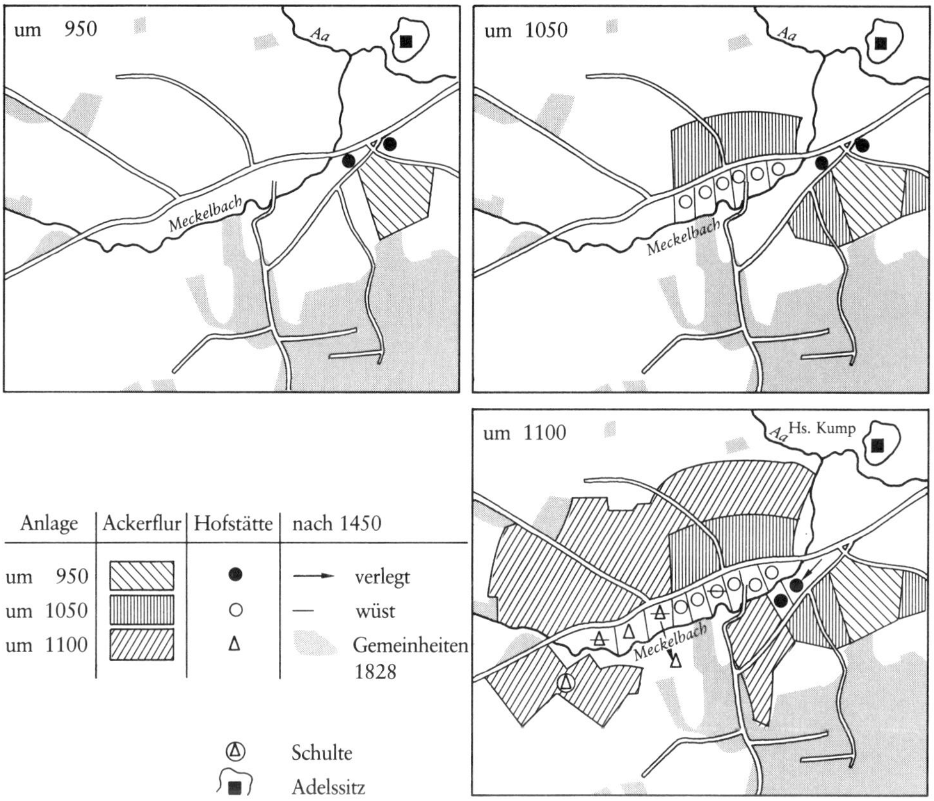

Jahr	Anzahl	Hoffläche/Morgen		Ackerfläche/Morgen		Gesamtfläche/Morgen	
		gesamt	je Hof	gesamt	je Hof	gesamt	je Hof
um 950	2	9	4,5	27	12	16,5	8,25
um 1050	8	28	3,5	83	10	111	14
um 1100	12	50,3	4,3	221	19	271	23

gezogen, so wurden seit dem 11. Jahrhundert am Rhein große Rebberge neu angelegt. Weinbau als Intensivkultur entwickelte sich dort zur wichtigsten Grundlage der bäuerlichen Existenz. Um die Mitte des 11. Jahrhunderts bepflanzte man den Rüdesheimer Berg, im 12. Jahrhundert den Johannesberg und den Rotenberg bei Geisenheim, den Rauenthaler Berg, die Hänge bei Aßmannshausen und Lorch und den Steinberg; um Bacharach, Oberriesen, St. Goar, Boppard und Lahnstein breitete sich der Weinbau aus (W. Abel). Auch in einer dichtbesiedelten Zone wie dem Elsaß muß der Weinbau damals erheblich ausgedehnt worden sein, wie sich aus der Bedeutung des »Elsässers« im überregionalen Handel des 12. Jahrhunderts schließen läßt; dabei hat man wiederum wohl nicht die Äcker, sondern extensiv genutztes Land in Rebberge verwandelt.

In den sich immer dichter bevölkernden Altsiedellandschaften waren die Arbeitsgeräte und Agrartechniken erprobt worden, die dann die guten Erträge auf neu kultiviertem Land, insbesondere den schweren Lehmböden, ermöglichten: etwa der schollenwendende, mit eiserner Pflugschar und Streichbrett versehene Beetpflug, der tiefer griff als die bis dahin verbreiteten Hakenpflüge, mit denen man den Boden in engen, längs und quer gezogenen Furchen nur ritzte; oder die Anschirrung mittels eines Kummets, die erst die dem Ochsengespann überlegene Zugkraft des Pferdes zur Wirkung kommen läßt; dann die Dreifelderwirtschaft, die durch geregelte, für die ganze Dorfflur geltende Fruchtfolge nicht nur die Erträge steigerte, sondern auch eine bessere Verteilung der Feldarbeit über das Jahr und damit eine rationellere Nutzung der bäuerlichen Arbeitskraft erlaubte. Auch diese Techniken waren vom Prinzip her seit längerer Zeit bekannt und wurden in den großen Grundherrschaften teilweise schon angewendet, aber sie fanden erst mit der Bevölkerungsvermehrung und Siedlungsausweitung allgemeine Verbreitung.

Aus den Altsiedellandschaften stammten auch die neuen Formen des Hausbaus, mit denen der Grundriß der Dörfer eine festere Gestalt erhielt. Die ältere slawische Siedlung läßt sich im deutschen Osten archäologisch deshalb oft deutlich von den Dörfern der Kolonisten abgrenzen, weil der Umbruch zeitlich mit der Ausbreitung technischer Neuerungen zusammenfiel, die sich auch auf deutschem Boden damals erst durchsetzten. Bisher hatte man die tragenden Pfosten selbst bei großen Hallenhäusern in den Boden eingegraben, wo sie unvermeidlich mit der Zeit abfaulten. Nach längstens fünfzig Jahren mußte ein solcher Bau völlig erneuert werden; das war nicht selten mit einer Verlegung verbunden. Ein frühmittelalterliches Gehöft bestand aus mehreren Gebäuden, von denen die kleineren, zum Teil als Grubenhäuser in den Boden eingetieft, ohne viel Aufwand errichtet waren. Seit dem 12. Jahrhundert ging man dazu über, die Häuser in Ständerbauweise auf Steinfundamente zu setzen, weshalb man sie durch Zimmermannsfachwerk versteifen mußte. Jetzt konnte ein Haus Generationen überdauern; selbst wenn es abbrannte, blieb die Hofstätte mit ihrem Fundament der Ausgangspunkt für den Wiederaufbau. In der Folge lohnte sich gegebenenfalls auch eine mehrgeschossige Nutzung des Haupthauses, das die bisher üblichen, regellos errichteten Nebengebäude in fester Zuordnung eingliederte. Daraus haben sich dann im Spätmittelalter landschaftsgebundene Formen des Bauernhauses entwickelt, die weniger Platz benötigten als die alten Gehöfte und vielerorts auch im Dorf Häuser und Menschen eng zusammenrückten.

Die Heilige Familie im Schutz des türmebewehrten Bethlehem mit Schafhirten und ihrer Herde vor den Mauern der Stadt. Walroßzahnschnitzerei mittelrheinischer Herkunft aus Köln, zweites oder drittes Viertel des 12. Jahrhunderts. Köln, Schnütgen-Museum

Palas der Burg Kunos von Münzenberg auf einem Basaltkegel der Wetterau in Oberhessen. Ansicht von Nordosten auf die Hofseite der zwischen 1170 und 1180 neu errichteten Anlage

Ehemalige Benediktinerklosterkirche Paulinzella im nördlichen Thüringer Wald. Ansicht von Osten in die 1112 bis in das dritte Viertel des 12. Jahrhunderts erbaute dreischiffige Säulenbasilika

Die Donau-Brücke in Regensburg. Amtssiegel des Regensburger Brückenmeisters, um 1300. München, Bayerisches Hauptstaatsarchiv. – Die Reichsstadt Boppard mit der Pfarrkirche und dem heiligen Severus im Tor der zinnenbekrönten Stadtmauer. Messingtypar, zweites Siegel der Stadt, zwischen 1228 und 1236. London, British Museum

Beobachtungen weisen darauf hin, daß das Bevölkerungswachstum im Hochmittelalter von einer günstigen Klimaentwicklung, einer Wärmeperiode, begleitet war, wie dann die Stagnation um und nach 1300 und der katastrophenbedingte Rückgang danach mit einer erkennbaren Klimaverschlechterung einhergingen. Doch in welchem Maße konnte sich ein langfristiger Durchschnittstrend auswirken in einer Wirtschaft, in der es keinerlei über die nächste Ernte hinausreichende Vorratshaltung gab? Für die Zeit Konrads II. und Heinrichs III. sind die Chroniken – die freilich vom Wetter stets nur die Katastrophen, auch einmal eine besonders reiche Ernte, aber nie das als normal Empfundene festhalten – voller Nachrichten über strenge Winter mit langdauernden Frostperioden und über nasse Sommer, die die Ernten verdarben und Hungerkatastrophen, Epidemien und Viehseuchen zur Folge hatten. Im frühen 12. Jahrhundert berichtet Ekkehard von Aura generalisierend von guten Jahren, und für die Zeit Lothars III. schreibt der Annalista Saxo: »Seine Zeit war erfreulich. Denn sie strömte geradezu über von günstigerem Klima, fruchtbaren Ernten jeder Art, Überfluß an allen Dingen, nicht nur in Deutschland, sondern im Erdkreis.« Gleichzeitig verzeichnen Chroniken aus einzelnen Gegenden Deutschlands fast Jahr für Jahr Unwetter, Mißernten und Hungersnöte mit Tausenden von Toten. Trotzdem stieg die Bevölkerung bis nach 1300 an.

Man würde den Aufbruch, der die Kulturlandschaft neu gestaltet hat, nicht verstehen, wollte man Rodung und Siedlungsausweitung einfach als ein durch Land- und Nahrungsmangel hervorgerufenes Ausweichen aus übervölkerten Gegenden in menschenarme Gebiete erklären. Die Siedlungsbewegung war gelenkt, nicht nur von Fürsten, adeligen Herren und kirchlichen Institutionen, sondern auch durch die Tätigkeit derjenigen, die als deren Vertragspartner, als Lokatoren, das Terrain erkundeten und dann die Menschen anwarben, herführten und beaufsichtigten. Sie war Teil eines von neuen Einstellungen getragenen Bemühens, die eigenen Lebensbedingungen durch Umgestaltung des Lebensraumes zu verbessern. Die Fähigkeit, stets etwas Gewinnbringendes zu erfinden, wenn man ihn in praktischen Fragen zu Rate zog, die Abt Norbert von Iburg an Bischof Benno II. von Osnabrück gerühmt hat, war eine Gabe, aber auch eine Haltung, die dem verändernden Aufbruch in jener Epoche allenthalben zugrunde lag.

Plakativ könnte man den Wandel vielleicht so charakterisieren: Man errichtete eine Mühle nicht mehr dort, wo sich am Wasserlauf zufällig ein günstiger Platz bot, sondern holte das Wasser dahin, wo man die Mühle errichten wollte. Weder die Wassermühle noch die Einrichtung eines dazugehörenden Mühlenkanals waren Neuerfindungen. Aber jetzt, da sich mit der Bevölkerungsvermehrung und dem Anstieg des Brotanteils an der Nahrung, mit dem Wachstum städtischer Siedlungen und der Ausbildung eines spezialisierten Bäckergewerbes die Zahl der Mühlen vervielfachte, scheute man aufwendigere Wasserableitungen nicht, um eine oder mehrere Mühlen in der Nähe der Burg, des Dorfes, des Klosters oder der Stadt zu haben. Selbst schwierige technische Werke wurden in Angriff genommen. In Salzburg taten sich die Mönche von St. Peter und das Domkapitel zusammen, um einen dreihundertsiebzig Meter langen, etwa einen Meter breiten und zwei Meter hohen Stollen durch den Mönchsberg hauen zu lassen, durch den ein Bach geleitet wurde, dessen Wasser beide Konvente für den Betrieb ihrer Mühle und für andere Zwecke nutzen konnten. Sie heuerten einen Meister Albert an, unter dessen Leitung das Werk 1137 begonnen und 1143 abgeschlossen wurde, obwohl zwischendurch ein Bergsturz den größten Teil des Stollens wieder verschüttet hatte. Nachdem man diesen 1160 durch Gewölbe gesichert hatte, konnte der Kanal Jahrhunderte überdauern. Nicht nur für die Mühlen schuf man derartige Werke. In den werdenden Städten brauchten Handwerker wie die Gerber und die Färber Wasser bei ihren Häusern und Werkstätten. Ihre Ansiedlung und die Wasserzufuhr mußten koordiniert werden. Wo das Gelände günstig war, wurde mancherorts ein Netz von Stadtbächen angelegt, die an den Straßen entlangliefen.

Das Streben nach nutzbringender Verbesserung erstreckte sich nicht minder auf die Erschließung von Baumaterial und Rohstoffen. Als der Dombau in Cambrai nicht rasch genug fortschritt, weil man die Steine über mehr als dreißig Meilen heranholen mußte, ließ Bischof Gerhard so lange die Wälder durchsuchen, bis man in nur vier Meilen Entfernung geeignete Steinbrüche fand. Während Erzbischof Adalbert in Bremen wegen des Mangels an Steinen für den Dombau andere Gebäude abtragen ließ, fing man nach 1050 an, rheinischen Tuff, der systematisch als Baumaterial gebrochen wurde, an den Niederrhein, später auch an die Nordseeküste zu verschiffen. Gebiete am Oberrhein lieferten Sandstein, beispielsweise Säulen für St. Trond bei Lüttich. Den Einwohnern von Duisburg erlaubte Lothar III., im Königsforst ohne Befragen seiner Beamten Steine zum Bau ihrer Häuser auszugraben oder zu hauen.

Wie der Mensch mit dem wachsenden Materialbedarf die Natur stärker auszubeuten begann und auch dadurch verändernd in das Unland vorstieß, wird am Bergbau deutlich. Bodenschätze waren schon immer ein Anreiz für das Eindringen in Wald und Wildnis, aber man hatte Erze bisher vor allem in Siedlungsnähe abgebaut, während man nun auch in unerschlossenen Gebieten nach Lagerstätten zu suchen begann. Und man schürfte nicht mehr nur in Oberflächenwannen oder in waagerecht geschlagenen Gängen. Die »Miracula sancti Annonis« und andere Quellen bezeugen für das 12. Jahrhundert abgeteufte Schächte, in die Hauer in Körben hinabgelassen wurden. Auch Eisenerze, früher dem Bedarf entsprechend meist in kleineren Mengen in Hofnähe oder bei Großbaustellen ausgeschmolzen und am Ort von Schmieden, oft Wanderhandwerkern, verarbeitet, wurden nun in größerem Stil abgebaut und dort verhüttet, wo ausreichend Holz zur Verfügung stand. Schon damals bildeten sich Zonen heraus, für deren Wirtschaft die Produktion von Eisen und Eisenwaren eine wichtige Rolle spielte, so im Sauer- und Siegerland. Die Landesherren fingen an, auch den bisher ungeregelten Abbau von Eisenerz als Regal zu behandeln wie die Gewinnung von Silber und Buntmetallen. Das Ausmaß des Eingriffs in die Natur spiegelt sich darin, daß an Pollenprofilen aus Bergbauzonen der Mittelgebirge im 12. und 13. Jahrhundert eine Ausbreitung der Fichte beobachtet werden kann, von der die ursprünglichen Buchenbestände vorübergehend stark zurückgedrängt wurden.

Wo sich menschliche Siedlung verdichtet und ausdehnt, wo ganze Bereiche erstmals intensiv genutzt werden, verdichtet und erweitert sich notwendigerweise das System der Wege, und manche Verbindung erhält ein neues Gewicht. Seit dem 11. Jahrhundert begann sich das Verkehrssystem in Deutschland so tiefgreifend zu verändern, daß man auch dies aus weiterreichenden technischen Neuerungen, aus einer bewußten Gestaltung erklären muß. Vielleicht zeichnet sich der Wandel in einem indirekten Zeugnis früher ab als in expliziten Belegen: Hatte man bisher, wenn Schifftransport nicht möglich war, Güter hauptsächlich auf dem Rücken von Lasttieren befördert, so werden in den Quellen neben den gewohnten einachsigen Karren immer häufiger vierrädrige Wagen genannt, für die man Straßen oder Pisten benötigte und mit denen man tiefere Furten kaum passieren konnte. Damit korrespondieren Nachrichten über den Bau von Brükken, durch die zumindest die von den Römern nicht besetzt gewesenen Teile Deutschlands erstmals feste Flußübergänge erhielten. Die Main-Brücke bei Würzburg (vor 1133), die große Donau-Brücke bei Regensburg, die von 1135 bis 1146 mit dreihundert Metern Gesamtlänge auf sechzehn tonnengewölbten Bogen errichtet wurde und den Verkehrsbedürfnissen bis ins 20. Jahrhundert genügte, die Inn-Brücke bei Passau (1143) haben als große Werke an einer europäischen Fernstraße sicher von Erfahrungen profitiert, die man anderswo und zunächst an kleineren Bauten gewonnen hatte. Von diesen erfährt man nur durch Zufall, etwa wenn berichtet wird, daß auf der Nagold-Brücke ein Gelähmter sich an Krücken Abt Wilhelm von Hirsau entgegenschleppte, der eine Wunderheilung für den Armen erlangte. In Frankreich sowie über die Maas bei Lüttich sind größere Brücken schon in der Salierzeit errichtet worden. Auch dem Wagentransport kam die Verlagerung der Fernverbindungen in die Täler entgegen. Als Feuchtniederungen waren sie von den Altstraßen gemieden worden; diese verliefen auf den Höhenrücken, zumal auch die Siedlungen meist auf Hochterrassen lagen. Jetzt wurden die Talwege bevorzugt, und Fürsten und Adelige erkannten bald, daß es ihren Finanzen zugute kam, wenn sie solche Straßen ausbauen und pflegen ließen und dafür von den Benutzern Zölle oder Abgaben für schützendes Geleit erhoben.

Die Besiedelung einsamer, wegloser Gegenden ermöglichte es, neue Fernstraßen einzurichten. Für den Verkehr aus dem südlichen Oberrhein-Tal in Richtung auf die Bündner Pässe gewann die Verbindung vom neugegründeten Freiburg über den Schwarzwald nach Schaffhausen im 12. Jahrhundert rasch an Bedeutung, denn sie verkürzte hier, wo der Hochrhein wegen der starken Strömung für die Bergfahrt nicht genutzt werden konnte, den Weg nach Zürich. Auch solche Straßen verliefen im Tal und erreichten dann in kurzem und direktem Anstieg die Höhe. Wegen häufiger Zerstörung durch Wildwasser bedurften sie wohl schon damals der überwachten Pflege. Der hochmittelalterliche Ausbau hat das Verkehrssystem in den deutschen Landschaften trotz aller späteren Verbesserungen in seinen Grundzügen bis in das Industriezeitalter bestimmt.

Die für die menschlichen Lebensformen einschneidendste, das Bild bewohnter Landschaften vielleicht am nachhaltigsten prägende Veränderung lag in der Stadtentwicklung. In einem Zeitraum von weniger als zweihundert Jahren hat sich in Mitteleuropa die Zahl der Städte mindestens verzehnfacht, und die stadtartigen Siedlungen aus älterer Zeit sowie viele der neuentstandenen Städte sind innerhalb von drei bis vier Generationen an Fläche und Einwohnerzahl auf ein Mehrfaches gewachsen. Mit dieser Entwicklung nahmen die größeren nichtagrarischen Siedlungen in Mitteleuropa die Gestalt an, die seither als Merkmal der Stadt gilt und sie den auf antiken Grundlagen gewachsenen Städten des Mittelmeerraumes vergleichbar macht. Insofern kann man von einem Prozeß der Verstädterung sprechen, der sich unter den Saliern und Staufern vollzog. Seither ist in Deutschland das innere Gefüge menschlicher Lebensräume auf Städte orientiert. Bis zur Industrialisierung sind die Großstädte des 13. Jahrhunderts bedeutende Städte, die von der damaligen Entwicklung nur durch kleinere Stadtgründungen erfaßten Gegenden in der Regel stadtarme Gebiete geblieben.

Wie vielen Siedlungen man zu Beginn der Salierzeit städtischen Charakter zusprechen kann, ist exakt schwer zu bestimmen. Sämtliche Bischofssitze zählten zweifellos dazu, ferner die wichtigen königlichen Pfalzorte wie Aachen, Frankfurt, Zürich und dann Goslar, an denen außer den zur Königsresidenz gehörenden Einrichtungen meist mehrere Kirchen, darunter ein Pfalzstift, standen. Um alte Klöster wie Fulda oder St. Gallen hatten sich Siedlungen mit erhöhter Bevölkerungskonzentration gebildet, die keinen rein agrarischen Charakter besaßen, oder waren, wie bei St. Trond, in der Entwicklung begriffen. Auch einzelne mit Markt- und Münzrecht ausgestattete Plätze der Kirchenfürsten oder des Adels, oft ebenfalls um eine Stiftskirche und den Herrensitz gruppiert, wuchsen zu Orten heran, die man nicht mehr als Dörfer ansprechen kann, zum Beispiel Soest, Xanten oder Lüneburg.

Das Stadtbild freilich entsprach kaum irgendwo unserem Stadtbegriff, der von einem Modell ausgeht, das sich in Deutschland erst im 12. Jahrhundert gefestigt hat: der geschlossenen, möglichst ummauerten Siedlung, in der sich die Häuser in Zeilen reihen und der Markt gewissermaßen das Zentrum bildet. Die Stadt der frühen Salierzeit sah anders aus. Die »Burg«, mancherorts schon mit einer steinernen Mauer umgeben, anderswo noch durch Graben, Wall und Palisade geschützt, bildete den Kern der Siedlung: Sitz eines geistlichen Fürsten oder Stützpunkt des nur gelegentlich anwesenden Herrschers beziehungsweise eines weltlichen Großen. Von daher bezeichnete das deutsche Wort »Burg« damals zumeist das, was man später Stadt nannte, wie nicht nur an Städtenamen wie Regensburg, Naumburg oder Freiburg deutlich wird, sondern vor allem am Begriff »Bürger«, der den Stadtbewohner meint und nicht den Insassen der neuartigen festen Herrensitze, auf die sich der Bedeutungsgehalt von »Burg« seit etwa 1200 verengte. Als »Stadt« galt die »Burg« freilich erst, wenn diesem Kern weitere Elemente zugeordnet und angegliedert waren. Eine Markt- und Gewerbesiedlung gehörte überall dazu, lag aber gewöhnlich außerhalb der Umwallung; lediglich bei einigen Römerstädten wie Regensburg oder Köln war sie durch Ergänzung der jahrhundertealten Mauern in den geschützten Bereich einbezogen. Ein Kranz von Klöstern und Stiften prägte das Bild städtischer Zentralorte in ganz eigener Weise: Räumlich oft für sich stehend, im Hinblick auf die Autonomie der Konvente rechtlich auf sich gestellt, von einem eigenen Siedlungsareal umgeben und gegebenenfalls separat befestigt, bildeten sie ideell Teile der Stadt und wurden in deren wirtschaftliches Leben mehr und mehr einbezogen. Man hat, um ein solches Agglomerat zu kennzeichnen, vor allem hinsichtlich der Bischofsstädte, geradezu von einer »Sakrallandschaft« gesprochen.

Wie beherrschend die Kirchen mit ihren Konventsgebäuden, die Pfalzbauten der Könige und mancher Kirchenfürsten gewirkt haben müssen, kann man sich erst vorstellen, wenn man sich daneben die damaligen Formen des Wohnbaus vergegenwärtigt. Steinhäuser fehlten, sieht man von dem herrschaftlichen Gebäudekomplex oder einem festen Turm des Stadtherrn ab. Das Volk wohnte in Gehöften, die denen aus den Dörfern glichen: Pfostenbauten mit Flechtwerk und Strohdach, ein Haupthaus mit Nebengebäuden, die oft halb in den Boden eingetieft waren. Die im 11. Jahrhundert faßbaren Handwerkersiedlungen bestanden aus dicht gedrängten oder aneinandergereihten Holzhütten, wo möglich mit eigenem Brunnen versehen, da eine Wasserzufuhr von außen noch weitgehend fehlte. Eine städtische Wohnkultur, die sich qualitativ von der ländlichen unterschied, gab es noch nicht, auch wenn sich Leben und Treiben in der »Stadt« von den Lebens- und Wirtschaftsformen des Dorfes in vielem bereits deutlich abhoben.

Wie in der Rodungstätigkeit zeichneten sich in der Stadtentwicklung einschneidende Wandlungen erstmals unter den beiden letzten Saliern ab. Jetzt begann man die blühenden Bischofssitze, soweit sie sich nicht innerhalb eines römischen Befestigungsringes befanden, in ganzem Umfang, unter Einschluß der Marktsiedlung, zu ummauern, in Würzburg vielleicht schon vor 1057, sicher aber vor 1100, als auch in Basel die erste große Stadtmauer entstand. Die Fläche des Kölner Stadtgebietes wurde 1106 von 122 auf 223 Hektar erweitert, 1180 auf 405 Hektar. Nicht zufällig wurde in Bremen die von Erzbischof Adalbert abgebrochene Mauer der Domburg nicht erneuert; auch dort befestigte man einige Jahrzehnte später einen wesentlich weiteren Bereich, der die werdende Bürgerstadt einschloß. Dieser Prozeß erlangte im 12. Jahrhundert seinen Höhepunkt und Abschluß. Als Heinrichs IV. Urenkel Friedrich Barbarossa starb, waren sämtliche Orte, die man in frühsalischer Zeit als Städte bezeichnen kann, nach Art der ehemaligen Römerstädte von einer festen, turmbewehrten Mauer umschlossen.

Zu diesen Plätzen waren aber viele Orte hinzugetreten, die von ihrer Bevölkerungszahl, wirtschaftlichen Struktur und ihrem Aussehen her ebenfalls schon Städte darstellten. Um Klöster, Wallfahrtsstätten, Marktplätze oder Herrschaftssitze waren sie entstanden, begünstigt durch die Verkehrslage oder durch Lagerstätten von Salz, Erz oder Ton, die man in wesentlich größerem Umfang ausbeutete als bisher. Für Schaffhausen, Münzstätte seit 1045 und dann durch die Gründung des Allerheiligenklosters eines der bedeutenden monastischen Zentren in Schwaben, nennt ein um 1150 entstandenes Verzeichnis hundertzwölf bebaute Hofstätten mit neun Bier- und zwei Weinschenken, und man schätzt, daß der Marktflecken einschließlich der Mönche und Dienstleute des Klosters an die tausend Einwohner besaß. Auch solche Orte wurden im Verlauf des 12. Jahrhunderts durch Mauern befestigt, und sie, nicht die Bischofssitze, waren das Vorbild für die Stadtgründungen der Stauferzeit.

Mit spontanem Wachstum waren Elemente der Planung verbunden. Große Straßenmärkte wurden angelegt, aus denen sich fast überall die repräsentativen Hauptstraßen der Städte entwickelten, weil hier den reichen Kaufleuten abgeteilte Hofstätten zugewiesen worden waren. Vorhandene Marktplätze wurden erweitert, gegebenenfalls durch Niederlegung von Häusern, oder zum alten Markt kamen neue Plätze für bestimmte Produkte hinzu: ein Kornmarkt oder Roggenmarkt, ein Rindermarkt und dergleichen, was sich in Straßen- und Platznamen vielerorts bis heute erhalten hat. Den Markt ergänzten Handwerkerstraßen oder -viertel, die ebenfalls geplant werden mußten. Denn manche Gewerbe brauchten Wasser, andere waren wegen der mit ihrer Produktion verbundenen üblen Gerüche oder wegen der Brandgefahr zu isolieren. Den Hauptmarkt bezog man nach Möglichkeit in eine repräsentative Gestaltung des Stadtbildes ein, wofür Würzburg ein besonders eindrucksvolles Beispiel liefert: Dort führt die nach dem Bau der Brücke wohl neugestaltete Marktstraße, den Fernhandelsweg vom Main-Übergang her aufnehmend, auf den Dom zu; sie war nicht nur der Ort des Reichtum demonstrierenden Handels, sondern auch der Prozessionsweg für die einziehenden Bischöfe und Könige, die in der St.-Gotthard-Kapelle auf der Brücke die Gewänder für das Pontifikalamt, für die Bischofsweihe oder die Festkrönung anlegten und von dort feierlich zum Dom geleitet wurden.

Phasenplan der baulichen Verdichtung an der Stadthausgasse in Basel (nach Eichin)

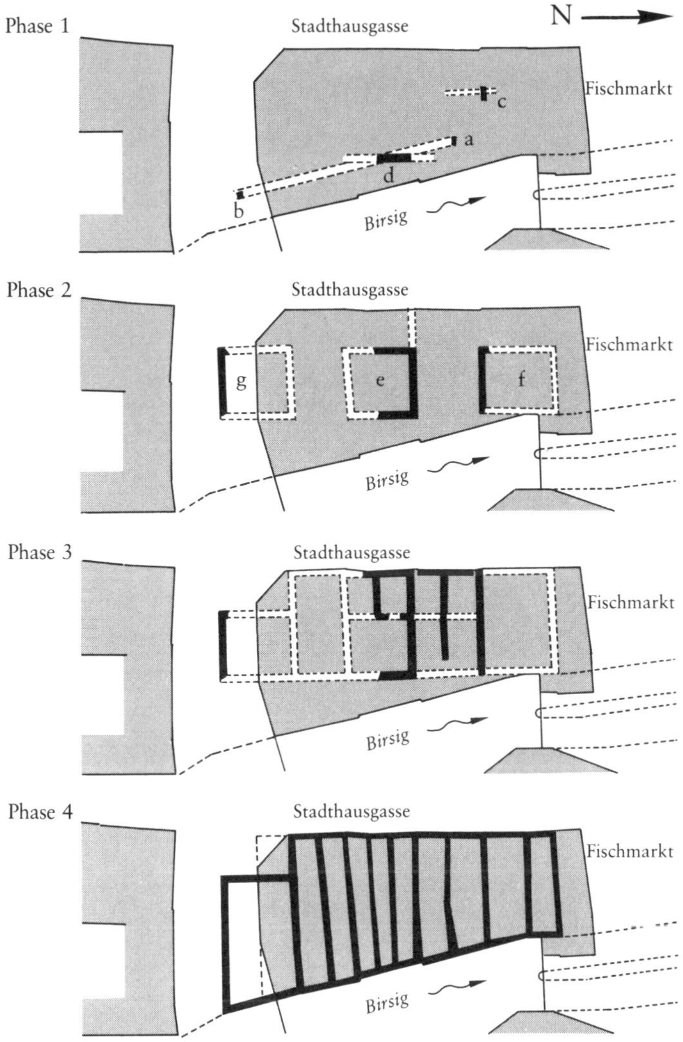

Die gerasterte Fläche entspricht dem Bauzustand im 19. Jahrhundert

Phase 1
a/b Uferverbauung am Birsig
c Mauerrest mit Lehmboden
d Mauer aus Kieselwacken im Lehmverband, 10./11. Jahrhundert

Phase 2
e/f/g quadratische Kernbauten, 11. Jahrhundert

Phase 3
Erweiterung gegen Stadthausgasse und Ausbau zwischen Kernhäusern, 12. Jahrhundert

Phase 4
Umbauten, Parzellenteilung und Ausbau gegen Birsig, Ende 13. Jahrhundert

------ Abweichung von der heutigen Baulinie

Seit dem 12. Jahrhundert wurden Städte gezielt gegründet. Auch diese »Gründungsstädte« nutzten zumeist Plätze, deren Gunst schon vorher menschliche Siedlung angezogen hatte. Das früheste Beispiel, die Gründung von Freiburg im Breisgau im Jahr 1120, schloß an eine vorhandene, Wasserableitungen der Dreisam nutzende Siedlung gewerblichen Einschlags zu Füßen der Adelsburg auf dem Schloßberg an. Ihr wurde im Westen eine breite Marktstraße vorgelagert mit Hofstätten von fünfzig auf hundert Fuß, etwa sechzehn auf zweiunddreißig Metern, auf denen die neu zugezogenen Kaufleute ihre Häuser errichten sollten. Was als Marktgründung alten Stils gedacht war, erhielt insofern eine zukunftweisende Form, als den Neusiedlern ähnlich wie den bäuerlichen Kolonisten »Freiheiten« schriftlich garantiert wurden, die für die ganze Siedlungsgemeinschaft, nicht nur für die zuziehenden Kaufleute galten. Die begünstigten »Bürger« sollten die Stadt in einem grob abgesteckten Rahmen als ihr eigenes Werk errichten. Durch die Privilegierung der gesamten Einwohnerschaft steht Freiburg an der Spitze der Stadtgründungen, die mit dazu beitrugen, das Gesicht der deutschen Landschaften zu verändern.

Stadtgründung wurde im 12. Jahrhundert zum wichtigsten Instrument fürstlicher Herrschaftsverdichtung für die Zähringer, Staufer und Welfen, für die Grafen vom Elsaß in Flandern, für die Askanier in den Kolonisationsgebieten östlich der Elbe, um nur wenige Beispiele zu nennen. Die Pfalzorte der Könige oder die residenzartig genutzten Burgen und Höfe der Fürsten bedurften der Ergänzung durch eine Stadt: Sie, nicht mehr vornehmlich eine große Grundherrschaft, bildete die wirtschaftliche Basis der Hofhaltung und Herrschaftsausübung in einem bestimmten Raum. Sie bot, wie Konrad III. gegenüber den Einwohnern von Duisburg betonte, Unterkunftsmöglichkeiten für diejenigen, die zum Hofe kamen und in dem burgartig umgestalteten Herrschaftssitz nicht untergebracht werden konnten. In ihr hatten auch diejenigen Häuser, denen die Bewachung der Pfalzburg und die Verwaltung von Stadt und Umland oblag, vor allem die Ministerialen des Stadtherrn. Staufische Neugründungen wie Hagenau und Gelnhausen oder das wieder zu Bedeutung gelangende Frankfurt verkörpern den Typus der neuen Pfalzstädte, die zu den bevorzugten Aufenthaltsorten der Könige wurden.

Der Aufschwung während des 11. und 12. Jahrhunderts leitete einen Wandel in den Formen städtischen Bauens und menschlichen Wohnens ein. Gemauerte Kernbauten von quadratischem, turmartigem Grundriß, zu denen man sich wohl noch hölzerne Gebäude hinzudenken muß, wurden schon im späten 11. Jahrhundert errichtet, nicht zufällig gestreut, sondern in lockeren Reihen, die auf die Ausbreitung neuer Bauformen in einem planender Kontrolle unterliegenden Siedlungsareal schließen lassen. War die Entwicklung des Steinhauses mit der Entfaltung adeliger Wohnformen verknüpft, so blieb man im Übergang zum Fachwerkbau auf Steinfundamenten der Bauweise näher, die sich auch auf dem

Wagner und Bäcker bei der Arbeit. Steinreliefs auf je einer von der entsprechenden Zunft gestifteten Säule im Dom von Piacenza, 12. Jahrhundert

Weinlese und Aussaat. Steinreliefs von Benedetto Antelami aus seinem Zyklus von Monatsdarstellungen im Baptisterium zu Parma, Anfang des 13. Jahrhunderts

Dorf durchzusetzen begann. Auch in der Stadt verfestigte sich der Grundriß der Siedlung jetzt für Jahrhunderte. Mit den neuen Bauformen waren Voraussetzungen für eine Verdichtung des Lebens gegeben. Das rasche Flächenwachstum der Städte im späten 11. und 12. Jahrhundert war dadurch mitbedingt, daß bei den alten Hausformen der Zuzug nur durch eine derartige Ausweitung aufzufangen war. Nun rückten die Wohngebäude enger aneinander und wuchsen in die Höhe. Die großen Hofstätten, die man bei Stadtgründungen des 12. Jahrhunderts den Neusiedlern zuwies und die auch in alten Städten bis dahin dem Bedarf eines Haushalts entsprachen, teilten sich gewissermaßen in der Länge, gaben Raum für zwei nebeneinanderliegenden Häuser, die mit einer schmalen, aber bald mehrstöckigen Front an die Straße grenzten.

Städte, eine Vielzahl in jeder Landschaft, große und kleine, alle mauerumwehrt, mit Tortürmen, die im Höhenwachstum mit den sich mehrenden Kirchtürmen wetteiferten, mit Häusern, wie sie früher allenfalls Könige oder Bischöfe besaßen, bildeten die Zentren zumindest des wirtschaftlichen Lebens; auf sie führten die Straßen zu, deren Brücken die Flüsse überspannten. Die Wege durchquerten ein weithin offenes, bebautes Land, das außerhalb unwegsamer Berglagen nur noch in gemeindlich genutzten Allmenden und herrschaftlichen Forsten größere Waldinseln aufwies. Dörfer, einander nahe benachbart und in den ertragreichen Agrarlandschaften oft von beachtlicher Größe, bestätigten überall die Gegenwart von Menschen. Burgen machten sichtbar, wer sie beherrschte, Klöster, wem sie außer dem Burgherrn zinspflichtig waren. Die zahlreichen Neugründungen gerade des 12. Jahrhunderts, zumeist strengen Orden angehörend und die abgeschiedene Lage suchend, erneuerten das Bild der Autarkie einer monastischen Lebensgemeinschaft, das die von stadtartigen Siedlungen umgebenen alten Abteien nicht mehr boten. So wurde vom 11. bis zum 13. Jahrhundert auf älterem Grundriß die Kulturlandschaft ausgeformt, die trotz einiger Rückschläge in der Wüstungsperiode des Spätmittelalters für Jahrhunderte der Lebensraum der Deutschen geblieben ist.

Menschliches Zusammenwirken

Grundlage für die Um- und Neugestaltung der bewohnten Welt war ein wachsender gesellschaftlicher Reichtum. Auffallenderweise nahm mit der Bevölkerungsvermehrung nicht die Not zu, sondern der Wohlstand immer größerer Bevölkerungsteile. Neue Formen menschlichen Zusammenwirkens haben diesen Aufschwung ermöglicht. Seit dem 11. Jahrhundert beschleunigte sich ein Prozeß, der weitreichende Wirkungen haben sollte, zusehends: die Differenzierung der Aufgaben und Funktionen und die Professionalisierung der Tätigkeiten innerhalb der Gesellschaft. Eine rasch fortschreitende Arbeitsteilung und Spezialisierung steigerte in allem, was Menschen taten, die Leistung und führte zu erstaunlichen Verbesserungen von Qualität und Ertrag. Gegenseitige Abhängigkeiten wurden größer, Verflechtungen dichter und vielfältiger. Der Austausch nahm zu, selbst die bäuerliche Existenz verlor ihre weitgehende Autarkie.

Nach einer Schätzung wäre die Ackerflur von mindestens zehn Dörfern notwendig gewesen, um eine Stadt von 3.000 Einwohnern mit Getreide zu versorgen. Dabei ist nicht berücksichtigt, daß durch den Eigenbedarf der Bauern sowie durch die Abschöpfung von seiten der Grundherren, Kirchen und Herrschaftsträger bereits ein Großteil der Ernten aufgebraucht wurde. Eine solche Überschlagsrechnung macht bewußt, in welch einschneidende Veränderungen das städtische Wachstum eingebunden war. Große Städte wie Köln und Mainz oder städtische Verdichtungsräume wie Flandern waren auf weiträumige Lebensmittelzufuhr angewiesen. Noch hatte keine Stadt in Deutschland ein eigenes Landgebiet, das sie beherrschte und dessen Produktion sie wie die italienischen Stadtkommunen auf die Bedürfnisse ihrer Versorgung ausrichten konnte. Auch dem Stadtherrn gehörte das Umland nicht allein, und von den Erträgen seines großen Grundbesitzes konnte er selbst nur wenig in die Stadt lenken, da er den Großteil seiner Ländereien zu Lehen oder auch zur Bepfründung der Geistlichkeit vergeben hatte. Wer als Stadtbewohner nicht über eigene Grundrenten verfügte, aus denen er seine Bedürfnisse befriedigen konnte, war auf den Markt angewiesen.

Der Markt lebte jedoch nur zum Teil vom freien Austausch zwischen Dörfern und Stadt. Die bäuerliche Produktion war in großem Umfang in Grundherrschaften eingebunden, an die Erträge abgeführt werden mußten. Abgaben an Herrschaftsträger und Zehnten schmälerten das, was den Bauernfamilien verblieb, noch mehr. Für die Versorgung der Stadtbevölkerung spielten deshalb die Grundherrschaften eine wichtige Rolle. Die Erträge ihrer Güter wurden aber nicht unbedingt in die nächste Stadt geführt, sondern vielfach von Händlern aus verkehrsgünstig gelegenen Orten aufgekauft und in die städtischen Zentren oder zu großen Umschlagplätzen gebracht. Manch kleinere Stadt im agrarischen Umland ist dadurch im 13. Jahrhundert zu Wohlstand gelangt, und die Wirtschaftsmacht der Hansestädte an Ost- und Nordsee beruhte zunehmend auch darauf, daß sie den Export von Getreide und anderen Nahrungsmitteln aus fruchtbaren Ackerbaugebieten Mittel- und Osteuropas in den dichter bevölkerten, verstädterten Westen fast monopolisieren konnten. Doch zunächst waren es meist die Grundherren selbst, die den Weg auf den städtischen Markt suchten. Die Stadthöfe von Klöstern – etwa von St. Trond in Lüttich und Köln, von Tegernsee, Niederaltaich und Seeon in Regensburg – bezeugen diese Orientierung deutlich. Vor allem die Zisterzienser, die ihre Güter von Konversen und Lohnarbeitern in Eigenregie bebauen ließen, richteten gezielt Wirtschaftshöfe in größeren und kleineren Städten ein. Indem sie dort für ihre Eigenleute das Bürgerrecht erwarben, gewannen sie Anteil an den Marktprivilegien der Eingesessenen sowohl für den Verkauf ihrer Produkte als auch beim Einkauf für den eigenen Bedarf.

Dennoch bot die städtische Entwicklung auch den Bauern selbst Möglichkeiten, den städtischen Markt zu beliefern und so Geldmittel zu erwerben, um Handwerker und Arbeitsgeräte zu bezahlen. Die Einbindung des Hörigen in die grundherrliche Eigenwirtschaft hatte sich seit dem 10. Jahrhundert gelockert, Hand- und Spanndienste auf dem Herrengut hatten abgenommen, zum Teil waren die festgelegten Naturalabgaben in Geldzinse umgewandelt worden. Obwohl der bäuerliche Haushalt auf umfassende Eigenversorgung orientiert blieb, gab es im Hinblick auf den Handel und die Versorgung städtischer Märkte landschaftliche Spezialisierungen auf bestimmte Produkte wie den Wein. In Stadtnähe gewann der Gartenbau an Bedeutung. Flachs und Färbepflanzen, also Rohprodukte für die gewerbliche Produktion, wurden ebenfalls im bäuerlichen Kleinbetrieb gezogen und verbanden diesen mit der wirtschaftlichen Entwicklung der Stadt.

Dagegen wurde das Rohmaterial für die vielerorts aufblühende Wolltuchherstellung, den vielleicht wichtigsten Wirtschaftszweig der Epoche, wiederum meist von den großen Grundherrschaften bezogen. Sie vor allem lieferten den Stadtbewohnern Fleisch und Käse, soweit diese solche Produkte nicht aus eigener bescheidener Viehhaltung gewannen. Denn nur Großgrundbesitzer verfügten über Ländereien, die eine marktorientierte extensive Nutzung zuließen. Gesonderte Viehhöfe werden schon im 12. Jahrhundert erwähnt; in grundherrlichen Hofrechten wurde den Bauern garantiert, daß sie nicht gegen ihren Willen zu Hirten gemacht werden dürften. Da sich Frischfleisch nicht weit transportieren ließ, trieb man Vieh über große Entfernungen zu den städtischen Schlachtbänken, von Friesland beispielsweise nach Köln. Sollten Fleisch und Fisch konserviert werden, so brauchte man Salz, an dessen Produktion die Klöster oft selbst wieder verdienten; besonders die Zisterzienser haben sich auf den Erwerb von Salzpfannen oder den Betrieb ganzer Salinen verlegt. So wurde die grundherrliche Wirtschaft von der städtischen Entwicklung erfaßt und orientierte sich mehr und mehr und wohl ausgeprägter als die bäuerliche auf deren Bedürfnisse.

Noch rascher und einschneidender dürfte die Entwicklung des städtischen Handwerks in die Struktur der grundherrlichen Wirtschaft eingegriffen haben. Was die Herrenschicht für das tägliche Leben brauchte, war bisher vielfach von Hofhandwerkern und in deren eigenen Werkstätten hergestellt worden, die den Markt teilweise mitversorgten. Für die Tuchherstellung hatte es – neben der Weberei im bäuerlichen Haushalt, von der die Herren durch Abgaben profitierten – manufakturartige Werkstätten gegeben, in welchen hörige Frauen zu Dutzenden am Webstuhl saßen. Ein Verzeichnis des mittelitalienischen Klosters

Farfa aus dem 10. Jahrhundert zählt für die Werkstatt auf einem seiner Haupthöfe auf: dreißig Mägde, die gut, sechsundzwanzig, die mittelmäßig arbeiteten, sowie weitere, mit welchen man offensichtlich nicht zufrieden war. Im frühen 11. Jahrhundert vermachte Graf Dodiko von Warburg dem Bischof Meinwerk mit anderen Gütern ein derartiges »Frauenhaus«, allerdings mit der Auflage, daß die dort Hörigen künftig nicht mehr zu solcher Arbeit herangezogen werden sollten. Die Zeit dieser Werkstätten ging zu Ende. Immer häufiger nennen die Quellen Weber, die in den werdenden Städten wohnten, und erwähnen, was diese produzierten: Tuche, welche von Kaufleuten exportiert wurden. Jetzt differenzierte sich die Weberei in verschiedene Gewerbe. In Köln, wo damals schon zunftartige Zusammenschlüsse für mehrere Sparten der Tuchweberei bestanden, vereinigten sich 1149 die »Bettziechenweber« in einer neuen Bruderschaft, die sich auf die Herstellung einer bestimmten Art von Bettdecken spezialisierte.

Solche Entwicklungen lassen sich in allen Handwerkszweigen verfolgen, wenngleich die zeitgenössische Überlieferung überaus spärlich ist. Bei der Wolltuchherstellung hatten im 13. Jahrhundert Scherer, Walker und Tuchspanner ihre je eigenen Aufgabenbereiche; die Färberei war der Produktion als besonderes Gewerbe zugeordnet, und schon seit langem hatten die Weber das Garn nicht mehr selbst gesponnen. Bei der Herstellung von Lederwaren war nicht nur die Gerberei ein selbständiger Berufszweig. Während es 1128 in Würzburg noch eine gemeinsame Gruppe der Schuster gab, hatten dort 1169 die »Kurdewaner«, welche das »edle«, nach Cordoba im islamischen Spanien benannte Schuhwerk aus Ziegenleder herstellten, ihren eigenen Verband. Daneben gab es Sattler, Taschner, Handschuhmacher und Gürtler. Das vornehme Kürschnerhandwerk war von diesen Gewerben ohnehin völlig geschieden.

Man muß die Phantasie spielen lassen, um sich die Wirkung dieser Entwicklung auf Kleidung, Aussehen und Gehabe der Menschen vorzustellen. Die Bildzeugnisse der Zeit sind nicht differenziert genug, um den Wandel in der Sachkultur zu dokumentieren, und nur sehr undeutlich spiegeln die seit der Mitte des 11. Jahrhunderts zunehmenden Klagen kirchlicher Reformer gegen den neuen Kleiderluxus oder gegen das Eindringen der, wie sie meinten, verweichlichten westlichen Mode diesen Prozeß. Der höfische Prunk – Hunderte von bunten Zelten, dazu farbenfrohe Kleidung selbst für die Troßknechte, kostbarste Waffen für Tausende von Rittern – für das große Fest 1184 anläßlich der Schwertleite der Barbarossa-Söhne, die Differenzierung der Trachten nach Stand und Beruf, die prächtigen, raffiniert geschnittenen Gewänder, bekannt durch die spätmittelalterlichen Miniaturen, all dies wurde in dieser Form und Vielfalt erst durch den Wandel in der Struktur des Handwerks möglich. Zwar hatte es bei den Herrschenden und Herren zweifellos auch vorher einen Kleiderluxus gegeben, der das weit übertraf, was Menschen aus dem Volk sich vorstellen konnten: Stoffe aus fernen Ländern, Kleinodien, die von Leuten hergestellt wurden, mit welchen sie keinen Umgang hatten. Doch nun war selbst Erlesenstes auf dem Markt zu bestaunen; es wurde von Meistern produziert, die mit einfachen Handwerkern zu einer Zunft gehörten und, wenn auch vielleicht in einem schöneren Haus, mit ihnen in derselben Gasse oder demselben Viertel wohnten. Gesetze und Kleiderordnungen wollten später dafür sorgen, daß der Luxus dennoch nur denjenigen zugänglich war, denen er anstand, und daß sich biedere Bürger nicht durch Renommiersucht wirtschaftlich ruinierten.

Seit dem ausgehenden 13. Jahrhundert läßt sich durch Zahlen belegen, welch erstaunliches Volumen Tuchproduktion und -handel angenommen hatten – erstaunlich im Hinblick auf den Umfang der Produktion an einem Ort, die Weiträumigkeit des Verkaufs, die Intensität des Umschlags an einem Handelsplatz, was man in vorindustriellen Verhältnissen nicht erwartet. Für das Hochmittelalter beziehen sich die spärlichen Nachrichten über den Tuch- und Kleiderbedarf meist auf Bevölkerungsgruppen, die Luxus meiden sollten. Der Vorratsverwalter des Klosters St. Trond hatte um 1100 jährlich dreißig bis vierzig Mönche einzukleiden mit Pelzmantel, kapuzenversehenem Überwurf, Kutte, Hose, zwei Hemden, acht Paar Strümpfen, einem Paar Stiefel und einem Paar hoher Schuhe, vier Paar weiterer Schuhe samt dem nötigen Schuhfett; dazu kam die Kleidung für über dreißig Diener des Konvents. All das kaufte er auf dem Markt, und die Mittel dazu mußte er wenigstens zur Hälfte aus dem Verkauf der Naturalabgaben von bestimmten Höfen aufbringen. Von einem Gut im Bistum Paderborn, das Heinrich II. geschenkt hatte, wurde später am Todestag des Kaisers jährlich ein Armer eingekleidet mit Hemd, Hose, Rock, Obergewand, Strümpfen, Stiefeln, Schuhen und Handschuhen sowie Mütze und Gürtel. Das war sozusagen das Minimum menschenwürdiger Kleidung. Wer mehr als ein armer Dörfler oder ein Bettler sein wollte, dürfte kaum noch in Kleidern aus selbstgefertigtem Tuch gegangen sein. Die Nachfrage stieg, zumal die nach noch feinerer Qualität. Für die Adeligen gab es nach oben keine Grenzen, für die hohe Geistlichkeit allenfalls die, die ihr Stand ihr ziehen sollte, aber selten zog. Die Kleidung der städtischen Führungsschicht in der Stauferzeit dürfte gemessen mit den Maßstäben des frühen 11. Jahrhunderts nahezu fürstlich erschienen sein.

Vornehm, wie man es sich zu Beginn der Salierzeit nicht hätte vorstellen können, begannen Städter im 12. Jahrhundert auch zu wohnen. Diese Entwicklung ging mit einer Professionalisierung des Bauens und einer Spezialisierung der beteiligten Handwerke einher. Schriftlich ist hierüber besonders wenig überliefert, doch Zeugen dafür stehen mancherorts noch heute. Für das 12. Jahrhundert beweist die Ausbreitung des Sichtmauerwerks aus behauenen Quadern, welches nicht mehr verputzt werden mußte, daß statt der Hörigen, die unter Anleitung von Spezialisten das grobe, mörtelreiche Mauerwerk der früheren Zeit aufgeschichtet hatten, nun ausgebildete Steinmetze und Maurer tätig waren. Zum Setzen großer Quader brauchte man Hebezeug, das in raschem technischem Fortschritt verbessert wurde und es erlaubte, die Zahl der benötigten Träger – mehr und mehr Lohnarbeiter, nicht mehr fronpflichtige Hörige – zu reduzieren. Erst als Berufsmaurer in größerer Zahl zur Verfügung standen, nämlich im Laufe des 12. Jahrhunderts, nahm der Backsteinbau zu, insbesondere dort, wo Hausteine fehlten. Die Ausbreitung des Fachwerkbaus, vor allem in Form des mehrstöckigen Hauses, war an die Existenz geschulter Zimmerleute gebunden.

Geschick und Findigkeit der Handwerker hoben freilich nicht nur die Lebensqualität, sondern wurden von Anfang an in den Dienst der Kriegführung genommen. Der Prunk der ritterlichen Ausrüstung wurde ebenso gesteigert wie die Gefährlichkeit der Waffen, vor der man sich durch noch bessere und schwerere Panzerung zu schützen versuchte. Bei Bischof Otto von Bamberg hatte ein Schmied, der Wurfgeschosse herzustellen versprach, gegen die weder Schild noch Panzer nutzten, keinen Erfolg. Doch wie viele kriegerische Herren hätten solche Dienste ausgeschlagen? Als der »geniale Meister« Marchese, der für die Mailänder die wirkungsvollen Wurfmaschinen zur Verteidigung Cremas konstruiert hatte, 1160 zu Friedrich Barbarossa überlief, mußte die starke Festung kapitulieren: Er entwarf jene Belagerungsmaschinen, auf die Friedrich Barbarossa die Söhne der Eingeschlossenen binden ließ, damit sie von den Geschossen ihrer eigenen Väter zerschmettert würden. Aber nicht diese Maßnahme brachte dem Kaiser den Erfolg, sondern die Konstruktionen des Marchese, die seinen eigenen Wurfmaschinen standhielten. Auch aus Deutschland wird berichtet, wie es gelang, Mauern zu brechen, die für uneinnehmbar galten, und man kann an erhaltenen Denkmälern verfolgen, wie die Wehrhaftigkeit und Festigkeit der Burgen wuchs, die man in der Stauferzeit allerorts unter Beteiligung von Steinmetzen, Maurern, Zimmerleuten und Schmieden errichtete.

Überall wurde ein in die Grundherrschaft integriertes oder von wandernden Werkleuten mit vielseitigem Geschick ausgeübtes Gewerbe abgelöst durch ein professionelles Handwerk von hohem Spezialisierungsgrad, das sich, soweit es nicht an Lagerstätten von Erz oder Ton gebunden war, in der Stadt niederließ. Das Schmiedehandwerk hatte sich von der Roheisenproduktion getrennt, mit der es in der agrarischen Gesellschaft des Frühmittelalters häufig verbunden gewesen war. Gold- und Silberschmied war ein eigener Beruf. Bei der Herstellung von Eisenwaren gab es viele Sondersparten, nicht nur für den wachsenden Bedarf an ritterlicher Kampf- und Turnierausrüstung, sondern beispielsweise auch Nagelschmiede, Nadelmacher und Schlosser. Bei der Holzverarbeitung unterschied man Zimmerleute und Schiffbauer, Wagner und Böttcher, und bei letzteren waren die Faßbinder nicht mit den Handwerkern identisch, welche die in allen Schichten benutzten hölzernen Trinkbecher herstellten, die man ebenfalls aus Dauben band. In Köln wurde um 1180 der Bruderschaft der Drechsler ihre eigene Organisation bestätigt. Um 1200 lassen sich für Regensburg achtundzwanzig selbständig organisierte Gewerbe belegen.

Die rasche Entfaltung des städtischen Gewerbes bot handwerklich geschickten Hörigen wohl günstige Voraussetzungen, um aus der Grundherrschaft herauszutreten. Nur ganz selten lassen sich derartige Bewegungen so gut verfolgen wie in einem Einkünfteverzeichnis des Klosters Werden an der Ruhr, das um 1150 festhält, wer von den abgewanderten Hörigen noch einen Kopfzins an einen der Haupthöfe der klösterlichen Güterverwaltung bezahlte – mit dem resignierenden Zusatz: »Darüber hinaus haben sich viele in verschiedene Gegenden davongemacht.« Wie aus den Wanderungsbewegungen hervorgeht, wurde die Mobilität kaum durch die städtische Entwicklung ausgelöst. Dennoch waren für viele, die aus ihrer bisherigen Umgebung heraustraten, die werdenden Städte das Ziel, und bei etlichen ist ausdrücklich erwähnt, daß sie als Handwerker, als Weber, dort ihren Lebensunterhalt fanden.

Die gewerbliche Produktion einer Stadt wurde zur wesentlichen Grundlage für Erfolg und Reichtum ihrer Kaufmannschaft. Ganz deutlich spiegelt sich dies in den Quellen des 13. Jahrhunderts. Doch schon im 11. Jahrhundert zeichnet sich die Entwicklung ab, der die Kaufleute ihren sozialen Aufstieg verdankten. Sie konnten an den Verteilungspunkten, den Jahrmärkten und den Umschlagplätzen für den Handel mit Nord- und Osteuropa, Waren anbieten, die in ihrer Heimat produziert wurden und die sie günstiger einkauften als andere Händler. Besondere Qualitäten wurden häufig nach dem Herkunfts- oder Herstellungsort benannt, Warenkenntnis bei Händlern und Kunden bestimmte die Geschäfte nicht nur an den Messeorten. Selbst in Polen wußte man Schleier und Gürtel aus Zürich zu schätzen, in Florenz, dem Zentrum einer eigenen Wolltuchproduktion von europäischem Rang, kleidete sich der Stadtadel in das feine scharlachrote Tuch aus Ypern, während sich das Volk dort an die etwas gröbere, grüngefärbte Ware aus Cambrai hielt. Umgekehrt kauften die Fernhändler in der Fremde nicht mehr, wie früher, für feste Auftraggeber, etwa einen Hof oder ein Kloster, oder um in Konkurrenz mit anderen die Waren auf einem entfernten Umschlagplatz anzubieten. Im Blick hatten sie vor allem den Markt ihrer Stadt, den sie kannten und auf dem sie als Einheimische Privilegien genossen. Insofern wurden ihre Unternehmungen rationeller, die Geschäfte kalkulierbarer. Wenn deutsche Kauffahrer im Ostseehandel die Konkurrenten aus Gotland oder Nowgorod seit der Mitte des 12. Jahrhunderts rasch zurückdrängten, so beruhte ihre Überlegenheit nicht zuletzt auf dieser Verbindung mit dem Gewerbe und dem Markt ihrer Heimatstädte.

Mit der Intensivierung des Handelsaustausches entwickelte sich ein eigenständiges Transportgewerbe, zumal mit dem städtischen Wachstum der Transport von Massengütern zunahm. Nicht nur Schiffer, sondern auch Fuhrleute gewannen eine eigene Bedeutung. Als Abt Wilhelm von Hirsau (1090 gestorben) von

Abwanderung Werdener Höriger in die sich bildenden Städte: um 1125–1150 (nach Hömberg in korrigierter Version von Look)

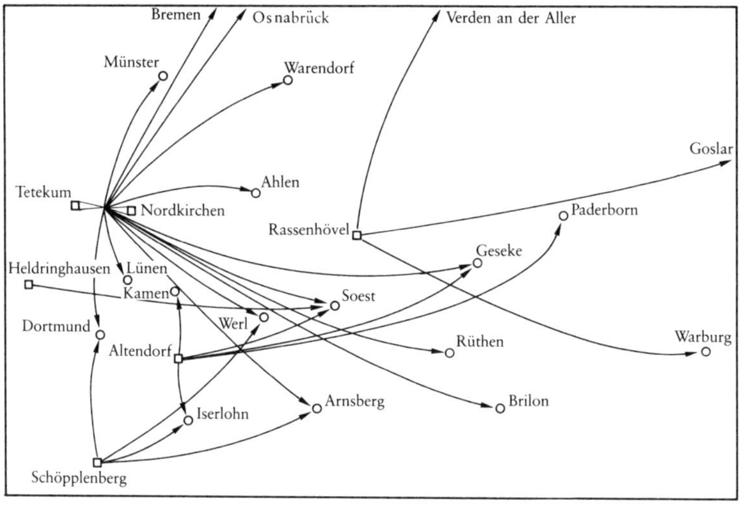

□ Werdener Villikationshaupthöfe ○ Stadt oder werdende Stadt

Wanderungsbewegungen überregionalen Charakters in der Grundherrschaft des Klosters Werden (Zinsleute des Fronhofs Rassenhövel): um 1125–1150 (nach Look)

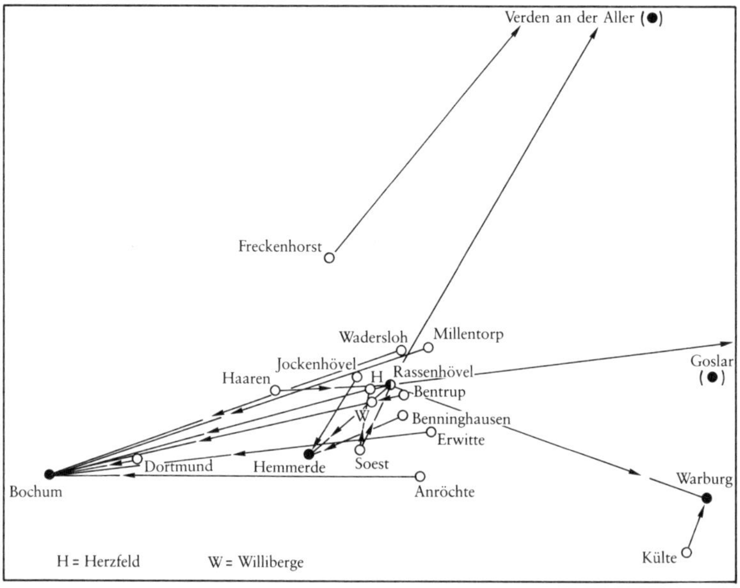

● Zuwanderer bezeugt
○ Abwanderer bezeugt
◐ Zu- und Abwanderer bezeugt

Zu- und Abwanderungen im engeren Bereich des Werdener Fronhofs Rassenhövel: um 1125–1150 (nach Look)

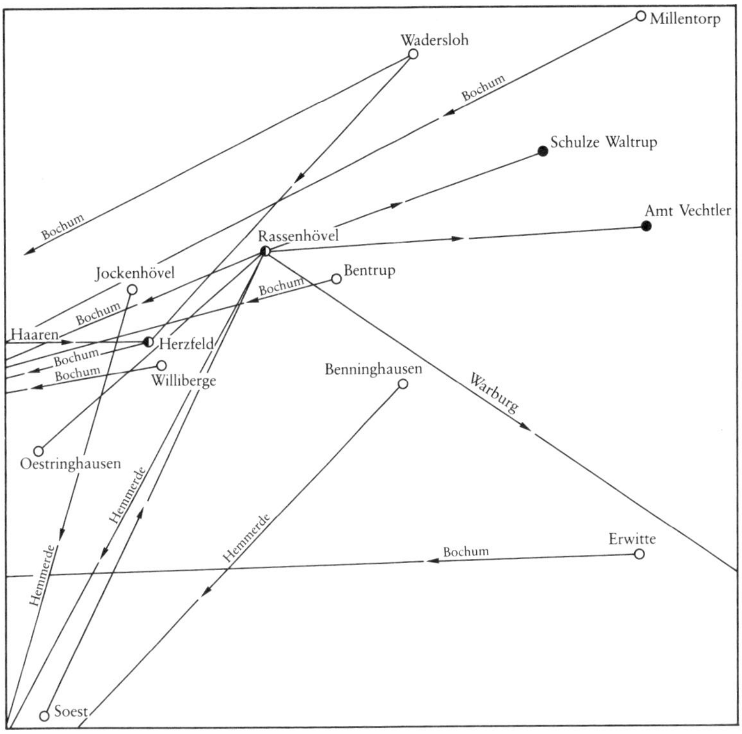

einem Verehrer in Mainz eine große Menge Wein geschenkt bekam, ließ er diesen nicht von seinen Hörigen holen, heuerte vielmehr Fuhrleute an, die den Transport in eigener Verantwortung organisierten und gemeinsam für den Schaden aufkommen wollten, der nach einem Unfall durch das Auslaufen eines Fasses entstanden war. Welchen Umfang schon damals Transportprobleme annehmen konnten, zeigt ein Brief von etwa 1128, den Bischof Otto von Bamberg auf seiner zweiten Missionsreise nach Pommern erhielt. Abt Wignand von Theres hatte auftragsgemäß – man nimmt an, in Goslar – Kupferplatten für ein feuersicheres Dach des Bamberger Doms gekauft, doch von den 700 Zentnern Kupfer trotz größter Anstrengungen erst 300 bis in die Gegend von Schmalkalden verfrachten können. Zwei, drei Generationen später bewältigte das entwickelte Fuhrgewerbe auf verbesserten Wegen derartige Transporte leichter. Wagner, Seiler, Böttcher, Kummetmacher, Sattler und Schmiede stellten her, was die Fuhrleute für ihren Beruf benötigten. Die Zugtiere dürften sie meist von Grundherren gekauft haben, die für den eigenen Bedarf und für den Markt Pferdezucht betrieben.

Die Umstrukturierung des Handwerks während der Salier- und Stauferzeit hatte die Lebensführung der arbeitenden Menschen verändert. Die einzelne Familie war gewissermaßen zur grundlegenden Produktionseinheit geworden: Mann und Frau und Kinder, dazu noch die »Lehrkinder«, die im 12. Jahrhundert erstmals erwähnt werden. Beruf und Haushalt, Werkstatt und Wohnung rückten unter dem Dach der Kleinfamilie zusammen; die neuen Formen des Hausbaus erlaubten, daß dies im wörtlichen Sinn geschehen konnte. Selbst Tuch wurde überwiegend von städtischen Webern hergestellt. Gerade die Tuchweberei war kein reines Männerhandwerk; denn die Frauen arbeiteten wohl häufig an den Webstühlen mit; die Garnmacherei blieb, auch wo sie zunftmäßig organisiert war, weitgehend ein Frauenberuf. Aber die Männer gaben in den Zünften den Ton an, wenngleich Frauen die Mitgliedschaft erwerben konnten, und waren verantwortlich für die Arbeit, die ihre Werkstatt verließ. Der Haushalt fiel in die Zuständigkeit der Frau, die nicht mehr eine Hörige innerhalb eines Gesindes war, sondern ein eigenes, obschon oft bescheidenes Haus zu führen hatte. Bei der langen Abwesenheit der Fernkaufleute oder beim vorzeitigen Tod eines Handwerkers konnte sie jetzt in eigenständiger Verantwortung handeln. Diese Rolle von Haushalt und Familie im Arbeitsprozeß kennzeichnet den Abschluß einer Entwicklung, in deren Verlauf Menschen aus den Unterschichten zu einer für sie neuen Selbständigkeit gelangt waren.

Nur zögernd waren im Frühmittelalter Verbindungen von Mann und Frau unter Sklaven oder Hörigen als eheartiges Verhältnis respektiert worden. Erst mit der Abgrenzung des einzelnen bäuerlichen Haushalts innerhalb der Großgrundherrschaft hatte unter den Karolingern die Bauernfamilie, ein Elternpaar mit seinen Kindern, Gestalt angenommen, und bis zur Salierzeit waren die Bauernstellen dann auch wirtschaftlich selbständig geworden. Doch die Leibherren achteten darauf, daß ihre Hörigen Verbindungen nur untereinander schlossen. Seit dem 11. Jahrhundert begann man, Ehen zwischen Eigenleuten verschiedener Herren als dringliches Problem zu regeln. Angesichts der zunehmenden Mobilität erwiesen sich die herkömmlichen Beschränkungen insbesondere in den wachsenden Städten als unzuträglich und kaum praktikabel. Seit der spätsalischen Zeit garantierten Privilegien vereinzelt, daß ein Mann seine Frau nach freiem Willen von überallher, das heißt ohne Beschränkung auf den Hörigenverband seines Herrn, heimführen durfte. Häufiger freilich gab es Streit um Ehen, die ohne Erlaubnis der Herren abgeschlossen wurden, und noch häufiger um die Höhe der Heiratsgebühr, mit welcher deren Einwilligung erkauft werden mußte. Unter den Staufern war die Zustimmung oft nur noch Formsache: Man zahlte dem Herrn einen feststehenden Betrag für die »Ausheirat«; und so ist es für lange Zeit geblieben.

In welch komplexen Zusammenhängen eine Entwicklung stand, die für die Gestaltung des Arbeitslebens so wichtig geworden ist, lehrt ein Blick auf die

Veränderungen in Eherecht und Eheauffassung, die sich im 11. und 12. Jahrhundert durchsetzten. Im frühen Mittelalter war die Eheschließung aufgrund eines Vertrags mit den sippen- und familienrechtlichen Gewalthabern der Braut erfolgt, und nur mühsam war durchgesetzt worden, daß wenigstens eine Zustimmung der Braut vorliegen mußte. Vom Kirchenrecht her wurde dann die Auffassung bestimmend, die Papst Alexander III. (1159–1181), ein gelehrter Jurist, in der Formel bekräftigte: »Der Konsens allein begründet eine gültige Ehe.« Das gegenseitige Jawort, in der Regel, aber nicht notwendig vor den Verwandten gesprochen, genügte; die mündige Frau konnte formalrechtlich selbst über ihre Heirat entscheiden. Eltern oder Brüder der Braut behielten ein Ehebewilligungsrecht, dessen Mißachtung nicht die Gültigkeit der Ehe, sondern allenfalls das Erbe der Frau in Frage stellte. Zumindest in den oberen Schichten blieb der Einfluß der Eltern auf die Verheiratung der Töchter groß. So betrieben die städtischen Patrizier ähnlich wie die Adeligen eine gezielte Heiratspolitik. Doch von den rechtlichen Strukturen her wurde hier die Einzelfamilie die grundlegende Lebenseinheit, als die sie auch im Produktionsprozeß erscheint. Die Frau gewann eine Anerkennung ihrer Eigenständigkeit, mit der das archaische Frühmittelalter überwunden war.

Die unmittelbaren Wirkungen dieser Entwicklung könnten über das hinausgehen, was die Quellen sicher erkennen lassen. Schon um 1100 ereiferte sich ein Mailänder Kleriker über die Kleinwüchsigkeit, die überhandnähme, seitdem die Menschen heirateten, kaum daß sie erwachsen waren. Früher habe ein Mann bis zum dreißigsten oder vierzigsten Lebensjahr gewartet und dann kräftige Kinder gezeugt, aus denen stattliche Menschen geworden seien. Die medizinisch begründete Empfehlung an die Männer, im Hinblick auf die Konstitution ihrer Kinder die Heirat hinauszuzögern, findet sich des öfteren. So könnte es durchaus sein, daß das starke Bevölkerungswachstum durch eine vom Wandel im Eherecht und in der Stellung der Frau begünstigte Änderung der Heiratsgewohnheiten mitverursacht war.

Im städtischen Rechtsleben setzte sich das Prinzip der ehelichen Gütergemeinschaft durch, in der das Familienvermögen Mann und Frau »zu gesamter Hand« gehörte. Beim Tod eines Ehegatten sollte der andere den ganzen Nachlaß erben, wie Friedrich Barbarossa den Bürgern von Speyer und Worms bestätigte und wie es im Freiburger Stadtrecht schon vorher festgelegt war, dessen lateinische Bestimmung in der deutschen Übersetzung von 1293 lautete: »Ein wip ist genoz irs mannes, und der mann des wipes, und erbet ein wip iren mann und ein mann sin wip.« Das war die Grundlage der städtisch-bürgerlichen Wirtschaftsführung der Kaufleute und Handwerker und ein Teil der Freiheit, die den Städter von den meisten Dorfbewohnern unterschied – auch wenn in Einzelregelungen, besonders bei Kinderlosigkeit der Ehe, Unterschiede von Stadt zu Stadt, etwa zwischen Dortmund und Soest, bestanden.

Wenngleich an dieser Entwicklung vieles modern anmutet, wäre es ein Mißverständnis, die städtische Sozialstruktur des 13. Jahrhunderts als eine Vorwegnahme der bürgerlichen Gesellschaft des 19. Jahrhunderts anzusehen. Die Einordnung der Menschen in ihre Sippe, in die »Familia« eines adeligen Herrn, in den Wirtschaftsverband eines grundherrlichen Hofes war abgelöst worden durch neue Formen der Gemeinschaftsbindung, welche den Einzelnen in seiner Lebensführung einer nicht weniger strengen Normierung und Kontrolle unterstellten. Sie ließen ihm allerdings eine größere Verfügungsgewalt über sich selbst und schützten ihn und seine Angehörigen als Glieder der Gemeinschaft vor einer Verletzung ihrer Rechte durch Willkürakte. Formal gesehen scheinen diese neuen Gruppierungen auf freiwilligem Zusammenschluß zu beruhen. Doch wer ein Handwerk ausüben wollte, mußte der Zunft beitreten, wer mit vollem Recht in der Stadt leben wollte, mußte den Bürgereid schwören und allen daraus folgenden Pflichten nachkommen, wer an der Nutzung von Gemeinländereien partizipieren wollte, mußte der Dorfgemeinde angehören und an ihren Lasten mittragen. Die neuen Formen der Sozialbindung verlangten ein explizites Ja zur Gemeinschaft, die Selbstverpflichtung zur Anerkennung ihrer Normen und Regeln.

Das Zunftwesen, wie es sich im 12. und 13. Jahrhundert ausgebildet hat, spiegelt diese Entwicklung recht deutlich. Seine Ursprünge sind dunkel; selbst die Vorformen dürften in Deutschland kaum vor das 11. Jahrhundert zurückreichen. Doch in dieser Zeit scheint dann die stadtherrliche Aufsicht über den Lebensmittelmarkt und bestimmte Sparten gewerblicher Produktion in einer Weise organisiert worden zu sein, die auf die einsetzende Spezialisierung und auf den Zusammenschluß gleicher Handwerke ausgerichtet war. In den wenigen Urkunden, die seit dem frühen 12. Jahrhundert für einzelne Städte die Existenz für sich organisierter Gewerbe belegen, zeigt sich, daß die Bruderschaft, später Zunft oder Innung genannt, Verantwortung für die Qualität der Produkte oder Waren übernahm und sich dazu von Obrigkeit und Gemeinde garantieren ließ, daß nur Mitglieder der Bruderschaft den Beruf ausüben durften. Manchmal wurde dabei eine Zahl festgelegt wie in der Wormser »Ordnung« von 1107, der ältesten erhaltenen Zunfturkunde überhaupt, die zwar gestattete, daß jeder Fischer seinen eigenen Fang auf dem Markt anbot, die aber das Recht zum Aufkauf von Fischen, eines leicht verderblichen Nahrungsmittels, für den Markt strikt auf dreiundzwanzig Erbfischer beschränkte, denen beim Tod jeweils einer ihrer Söhne nachfolgen sollte. Für die meisten Gewerbe gab es derartige Beschränkungen im 12. und 13. Jahrhundert noch nicht. Doch jeder, der ein Handwerk ausüben wollte, mußte gegen eine Gebühr die Bruderschaft erwerben und sich deren Regeln unterwerfen.

Die Urkunden aus dem 12. Jahrhundert enthalten selten Konkretes über die Aufgaben der Zunft nach außen. Die Kölner Urkunde von 1180 für die

Einrichtung einer Bruderschaft der Drechsler legt beispielsweise fest, daß Holzhändler, wenn sie es verlangten, spätestens am folgenden Tag für ihre Lieferung bezahlt werden mußten und daß der einem Kunden zugesagte Termin um höchstens zwei Wochen überzogen werden durfte. Etwas mehr erfährt man über das innere Leben der Bruderschaft: Die Aufnahmegebühren für Handwerker, Lehrkinder und nichtpraktizierende Mitglieder waren mit zwölf, vier und zwei Schillingen gestaffelt, doch den Gemeinschaftsverpflichtungen durfte sich keiner entziehen. Teilnahme an der Beerdigung eines verstorbenen Bruderschaftsangehörigen war für Männer und Frauen Pflicht; wer sie versäumte, zahlte ebenso eine Buße wie der, der sich der auferlegten Totenwache entzog. Aus der Bruderschaftskasse wurden vier Pfund Wachs für Kerzen gestiftet. Die Bettlakenweber hatten zusammen mit den Leinenwebern mittels Kies und Holz ein Feuchtgelände am Kölner Rhein-Markt in einen trockenen Platz für ihre Verkaufsstände verwandelt und ließen sich 1149 bei der Einrichtung ihrer eigenen Bruderschaft garantieren, daß sie ihn weiterhin mitnutzen durften. Auch wenn der städtische Handwerker in eigener Verantwortung und auf eigene Rechnung produzierte, wurde seine Tätigkeit fest in eine Organisation eingebunden, die ihn weit über den Beruf hinaus in eine Lebensgemeinschaft stellte, der er sich nicht entziehen konnte. Die Bindungen und Verpflichtungen nahmen zu, je mehr später den Zünften Aufgaben in der politischen Organisation und im kirchlichen Leben der Stadt zugewiesen wurden und je mehr die tonangebenden Kaufleute die Abhängigkeit ihres Handels von einer garantierten Warenqualität erkannten.

Auch wo die Bauern aus dem grundherrlichen Wirtschaftsverbund herausgetreten waren, war es nicht ihrer Entscheidung überlassen, was sie anbauten. Bestimmend für ihre Produktion wurde der Flurzwang. In ganz Deutschland bürgerten sich Systeme eines festgelegten Fruchtfolgewechsels ein. Am weitesten verbreitet war die Dreifelderwirtschaft, das heißt die Abfolge von Winterfrucht, Sommergetreide und Brache, die nun häufig durch den Anbau von Gemüse »besömmert« wurde. In ihrem Geltungsbereich war außer den Gärten das gesamte Ackerland des Dorfes in drei Gewanne oder Zelgen eingeteilt, in denen alle dasselbe anbauen mußten und die, da man keine Wege gelassen hatte, nach dem Aufgehen der Saat erst wieder bei der Ernte betreten werden durften. Dies verlangte Regelungen, über die die Gemeinde mitbeschloß, die aber den Einzelnen zwingend banden.

Flurzwang und Zunftzwang sind nur Ausschnitte aus der intensiveren Reglementierung, der das Leben seit dem Hochmittelalter unterworfen war. Stärker als bisher wurden die Menschen für die Gemeinschaft in die Pflicht genommen und bei Verstößen gegen deren Mitglieder und gegen das Gemeinschaftsleben auch strenger bestraft. Im Erziehungswillen und in der Herrschaftsverdichtung von König, geistlichen Fürsten und Adel hatte sich diese Tendenz schon im 11. Jahrhundert abgezeichnet. Sie verstärkte sich, als die städtischen und dörflichen

Siedlungsgemeinschaften zu Gemeinden im organisatorischen Sinne wurden und – mit einem von außen abgesteckten Bereich selbständiger Regelungskompetenz – innerhalb des politischen und kirchlichen Ordnungsgefüges feste Funktionen erhielten. Das Zusammenrücken der Menschen, das Wohnen Haus an Haus oder sogar Wand an Wand, verlangte nachbarliche Vereinbarungen und koordinierende Regelungen. Und es schuf durch Nachbarschaftskontrolle die Voraussetzung für einen stärkeren Sozialzwang. Die Seelsorge, intensiviert durch die Verkleinerung der Pfarreien und durch die Entfaltung der volkssprachlichen, auf die konkreten Lebensumstände bezugnehmenden Predigt, wirkte tief auf die Menschen ein. Wo die Kirche Grundlagen wirtschaftlichen Erfolgs wie Kaufmannsgewinn oder Zinsnehmen angriff, wo sie Sitten bekämpfte, die im gesellschaftlichen Leben fest verankert waren wie die Eß- und Trinkgelage bei den Gemeinschaftsfeiern von Gilden, Bruderschaften und Zünften oder wie die Turnierfeste des Adels und der städtischen Führungsschicht drang sie mit ihren Verboten und Warnungen bei der Allgemeinheit kaum durch, sondern konnte allenfalls Einzelne aus solchen Gewohnheiten herausreißen. Um so stärker war die Wirkung, wo sich die kirchlichen Forderungen mit Normen des Gemeindelebens und der herrschaftlich-obrigkeitlichen Ordnungswahrung verbanden.

Ständische Differenzierung

In der Gesellschaft Deutschlands erlangten unter den Staufern neben dem Adel zwei neue Gruppen Gewicht: die Ministerialen und die Stadtbürger. Um 1200 bildeten sie Stände mit einem eigenen Recht, und an Reichtum wurden selbst Adelsfamilien von manchem Ministerialen oder Stadtbürger übertroffen. Zu Beginn der Salierzeit hätte man weder die einen noch die anderen einem spezifischen Milieu mit privilegierter Stellung zuweisen können.

Wie sich das Gesellschaftsgefüge während des 11. und 12. Jahrhunderts veränderte, zeigt sich besonders deutlich in der Ausformung der Ministerialität. Aus den Hörigenverbänden der großen Grundherrschaften, der kirchlichen wie der weltlichen, hoben sich einzelne Familien heraus, die eine bevorrechtete Stellung im Herrendienst erlangten, und zwar als eine in ihrer Familie erbliche Position. Zum »Dienst« durfte ihr Herr sie nur noch als Truchseß, Mundschenk, Kämmerer, Marschall oder Oberjäger heranziehen. Als Ministerialen versahen sie demnach die Ansehen bringenden Hofämter, die bei besonders feierlichen Anlässen von den Vornehmsten der adeligen Vasallen wahrgenommen wurden. Ihre Hauptaufgabe war der Kriegsdienst, den sie ihrem Herrn in ritterlicher Ausrüstung und eingegliedert in den Kampfverband der übrigen »Ritter«, der adeligen und freien Vasallen, leisteten. Dafür erhielten sie erbliche Dienstlehen aus der Grundherrschaft ihres Herrn, die ihnen Auskommen und Abkömmlichkeit sicherten, also einen herrenmäßigen Lebensstil ermöglichten. Selbst unmündigen oder nachgeborenen Söhnen durfte das väterliche Lehen nicht entzogen werden. Konnte oder wollte ein adeliger Herr einem zum Dienst bereiten Ministerialensohn kein Lehen geben, so konnte dieser einem anderen Herrn dienen, nur nicht als »Dienstmann«, sondern »frei«. Das bedeutete wohl, daß er in diesem Fall wie ein freier, adeliger Mann echte Lehen annehmen sollte, die beide Seiten, Lehensherr und Vasall, als gleichberechtigte Vertragspartner mit begrenzten, festgelegten Pflichten banden; hingegen durfte er nicht die einseitige, bedingungslose Treue- und Gehorsamsverpflichtung eingehen, die für den Ministerialenstatus charakteristisch war. Innerhalb der Familia, des Hörigenverbandes, bildeten die Ministerialen eine gesonderte Gruppe mit eigenem Recht und eigenem Gericht. Gegenüber den übrigen Hörigen, ja auch gegenüber freien Bauern und Stadtbewohnern gewannen sie durch den Herrschaftsdienst bald einen adelsähnlichen Stand.

Nach der Mitte des 11. Jahrhunderts wurden die Ministerialen von ihren Herren immer häufiger ihre Sonderrechte schriftlich garantiert. Das älteste erhaltene Dienstrecht wurde 1061/62 aufgezeichnet, als ein Vasall des Bischofs Gunther von Bamberg dem Hochstift Güter zwischen Enns und Ybbs mitsamt den zugehörigen Eigenleuten übertrug. Der Vasall wollte, daß seine Dienstmannen das Recht der bischöflichen Ministerialen genießen sollten, und dabei wurde festgehalten, worin dieses bestand. Auf die Existenz derartiger Sonderrechte weist auch ein Privileg hin, mit dem Heinrich IV. 1064 den Ministerialen des Klosters Einsiedeln das Recht der Dienstleute von St. Gallen bestätigte. Was sich um 1060 bereits als gefestigte Rechtsgewohnheit darstellte, kann aber damals nicht sehr alt gewesen sein. Denn das Hofrecht, das Bischof Burkhard von Worms um 1025 seiner Familia gab, enthält nur undeutliche Hinweise auf den sich entwickelnden Sonderstatus dieser Gruppe, und auch das Recht der Limburger Klosterleute, das Konrad II. 1035 verbriefte, zeigt lediglich Ansätze zu ihrer Absonderung. In der Praxis mag damals schon vieles so gehandhabt worden sein, wie es die Dienstrechte wenig später festschrieben, doch als »Recht« galten die Gewohnheiten für beide Seiten erst nach der Jahrhundertmitte. Offensichtlich besaßen die Ministerialen jetzt genügend Gewicht, um derartige Statusgarantien zu erlangen.

Der Aufstieg der Ministerialität setzte in der Zeit ein, in der sich die Formen adeliger und kirchlicher Herrschaftsausübung zu wandeln begannen. Auch andere Funktionsträger der Grundherrschaften schufen sich damals eine bessere Position, die sie rechtlich abzusichern trachteten. Gegen 1050 beschrieb Ekkehard von St. Gallen das Gebaren der Meier, denen die Verwaltung der klösterlichen Fronhöfe überlassen war. Diese hätten begonnen, polierte Waffen und Schilde zu führen, hätten gelernt, die Hörner mit anderem Klang als die übrigen

Dörfler zu blasen, hätten Hunde gehalten, zunächst um Hasen, dann um Wölfe, schließlich um Bären und Eber zu jagen, und hätten gesagt: »Die Keller sollen die Höfe und Äcker bewirtschaften; wir wollen unsere Lehnsgüter verwalten und uns der Jagd widmen, wie es Männern geziemt.« Hundert Jahre später klagte Abt Markward von Fulda (1150–1165), daß die Vorratskammern der reichen Abtei leer seien, weil die Fronhöfe des Klostergutes in der Hand von Laien waren und die Meier die besten Hufen für sich behielten, um sie »nach Lehensrecht« ihren Söhnen zu vererben; dem Kloster würde auf diese Weise die Hälfte der rechtmäßigen Leistungen und Abgaben vorenthalten. Doch wo der Abt sie gerichtlich von den Meiern zu erzwingen suchte, »entglitten diese durch eine trügerische und schlaue Begründung ihres Rechts, das sie ›Lehensrecht‹ nennen, mit gewundenen Reden gleich Schlangen seinen Händen«. Wo er konnte, ersetzte Markward die bisherigen Meier als Gutsverwalter durch Mönche oder hörige Bauern; doch kam er nicht recht voran, weil sich die »Ministerialen« gegenseitig unterstützten. Er stand vor demselben Problem wie Abt Wibald von Stablo, der sich 1140 an den König wandte, weil »die Ministerialen auf seinen Gutshöfen ihre Ämter, nämlich das Richter- und das Meieramt, als Lehen und nach Erbrecht besitzen wollten«. Konrad III. verfügte, daß kein Schulze oder Meier sein Amt länger innehaben solle, als der Abt an seinem Dienst Gefallen finde, und daß den Söhnen keinerlei Erbanspruch an Amt und Amtsausstattung ihrer Väter zustehe. Das allerorten auftretende Problem war mit einer solchen königlichen Entscheidung nicht aus der Welt geschafft. Die Hörigen, denen Aufgaben innerhalb der grundherrlichen Güterverwaltung oder der Niedergerichtsbarkeit übertragen waren, die mit entsprechenden Befugnissen und einem einträglichen, sie aus den übrigen Bauern heraushebenden Amtsgut ausgestattet waren, beanspruchten ähnliche Vorrechte wie die ritterlichen Ministerialen. Vor allem wollten sie die ihnen überlassenen Güter als erbliche Dienstlehen betrachtet wissen. Offensichtlich teilten viele diese Rechtsauffassung, vor allem ihre Standesgenossen, die bei einer gerichtlichen Auseinandersetzung an der Urteilsfindung mitwirkten.

Solche Streitigkeiten haben ihre Wurzeln in dem Prozeß der Differenzierung, von dem die grundherrlichen Hörigenverbände während des Herrschaftsausbaus im 11. Jahrhundert erfaßt worden waren. Damals hatten die Adeligen und die geistlichen Herren Hörige zur Wahrnehmung von Funktionen herangezogen, in denen Verwaltung und delegierte Herrschaftsausübung schwer zu trennen waren. Gleichzeitig hatten sie ihre kriegerische Mannschaft verstärkt, indem sie Hörige durch entsprechende materielle Ausstattung zum Waffendienst verpflichteten. Die neuerbauten Burgen brauchten ihre Verteidiger, die von den Burgherren beanspruchten Rechte ihre »Verwalter«, welche die Forderungen auch mit Waffengewalt eintreiben konnten. Die Urkunden aus der Mitte des 12. Jahrhunderts fassen dieses ganze Herrschaftspersonal oft noch unter dem

Die Bronzegießer Riquin, Abraham und Waismuth. Meisterdarstellungen auf dem linken Flügel der zwischen 1152 und 1156 in Magdeburg hergestellten Bronzetür im Westportal der Kathedrale zu Nowgorod

Romanischer Kirchenbau: Bildhauer bei der Bearbeitung eines Kapitells mittels Klipfel und Schlageisen, Baumeister mit Hammer und Richtscheit, Steinmetz beim Quadersetzen. Oberes linkes Feld einer Federzeichnung in einer um 1175 im Benediktinerkloster Prüfening entstandenen Handschrift der »Vitae et passiones Apostolorum«. München, Bayerische Staatsbibliothek

Begriff »Ministeriales« zusammen, obwohl längst nicht alle am Dienstrecht der vornehmen Ministerialen teilhaben sollten. Nicht überall sind die Meier eindeutig von den zum Kriegsdienst verpflichteten Ministerialen abzugrenzen, auch wenn man zum Beispiel in Stablo streng zwischen dem »Ius ministeriorum«, dem für die Ämter geltenden Recht, und dem »Ius beneficiorum«, dem Recht der Dienstlehen, zu unterscheiden begann. Nur beim letzteren galt Erblichkeit der Ausstattung, wodurch der bevorrechtete Status auch für die Nachkommen gesichert war. Und dieses Lehnsrecht, das mit dem der freien und adeligen Vasallen nicht ganz identisch war, aber wie dieses auf dem Prinzip der Erblichkeit beruhte, sollte nur für die »Milites«, die ritterlich dienenden Ministerialen, gelten.

In die Differenzierung der grundherrlichen Familia hatte ein weiterer Prozeß eingegriffen: die Absonderung einer Schicht von Kriegern, für die der Herrendienst das ihren Status bestimmende Merkmal und die kriegerisch-herrenmäßige Lebensform die Basis des Sozialprestiges bildeten. Obwohl Reste der ursprünglichen Unfreiheit die Ministerialen weiterhin vom Adel trennten, wurde ihr Status geformt von der Gemeinschaft mit adeligen Vasallen, in der sie im Gefolge ihres Herrn, in der Orientierung auf seinen Hof standen. In dieser Gemeinschaft bahnte sich der Übergang zum Rittertum an, das dann Adel und Ministerialität noch enger zusammenband. Daß die Ministerialität zu einem adelsähnlichen, aber gesonderten Stand wurde, dessen rechtliche Stellung durch das Dienstrecht definiert war, stellt sich dabei als Besonderheit der deutschen Entwicklung dar. Selbst wenn man schließlich den Ministerialen das Prädikat »nobilis«, adelig, zuerkannte, blieb man in dem Bewußtsein, daß es der Herkunft nach einen vornehmen Adel gab, dessen Angehörige sich später »edel und fry« nannten, also Edelfreie oder Freiherren waren.

Was sich jedoch im ganzen Abendland verfolgen läßt, ist eine rechtlich eindeutige Abgrenzung des Adels, bei der die Ritterbürtigkeit zum entscheidenden Kriterium wurde, das heißt die Herkunft aus einer Familie, in der die ritterliche Lebensform als ererbtes Vorrecht galt. Nicht jeder, der es sich leisten konnte, durfte sie annehmen. Das Kriegshandwerk wurde ein Vorrecht der Ritter- und Herrenschicht. Noch in der Frühzeit Heinrichs IV. waren vom König und seinen Gegnern Bauernkontingente in die Schlachten geführt worden, doch hatte man dies bereits damals als unangemessen empfunden. Militärtechnisch und von der Herrschaftsorganisation her hatte sich der Bauernkrieger überlebt. Als man in den Gottesfrieden die Bauern unter besonderen Schutz stellte, schränkte man zugleich ihr Recht zum Waffentragen ein: Nur die Wehrlosen und Friedfertigen wollte man schützen. In seinem Landfrieden von 1152 stellte Friedrich Barbarossa das Waffentragen der Bauern unter Strafe, und in jenen Jahren dichtete in Regensburg der Pfaffe Konrad über den Bauersmann: »Wird ein Schwert bei ihm gefunden, da soll man ihn führen gebunden zu dem

Kirchzaun. Da nehme man den Bauern und schlage ihm Haut und Haar ab. Wird er aber angegriffen, soll er sich mit der Gabel (Krücke) wehren. Dieses Recht setzte ihnen König Karl (der Große).« Waffenführen war ein Vorrecht der Ritter, der Adeligen geworden. Es schied sie klar von den Bauern, auch wenn die Quellen zeigen, daß die aufgerichtete Schranke immer wieder durchbrochen wurde.

Für die alteuropäische Ständeordnung, wie sie sich im 11. und 12. Jahrhundert herausgebildet hat, wurde die Scheidung zwischen Ritter und Bauer konstitutiv; erst mir ihr entwickelte sich, jedenfalls außerhalb des städtischen Rechtskreises, eine eindeutige, rechtlich definierte Grenze zwischen adeligen Familien und dem nichtadeligen Volk. Erst von da an kann man von einem »Bauernstand« sprechen, obwohl die Welt des Frühmittelalters durch und durch agrarisch bestimmt war. Nach allem, was die Sprachgeschichte ermittelt hat, fehlte aber den frühmittelalterlichen Autoren ein Begriff für »Bauer« sowohl in unserem heutigen, wirtschaftlich bestimmten als auch in einem älteren, ständischen Sinne. Wo sie entsprechende lateinische Begriffe etwa aus der Bibel in der Volkssprache wiedergaben, behalfen sie sich mit der Übersetzung »Knechte« oder mit sprachlichen Neuschöpfungen. Erst im Laufe des 11. Jahrhunderts erscheint auf deutschem Boden die Vorstellung »Bauer« im lateinischen wie im deutschen Begriff: als der Mann, der mit seiner Arbeitskraft, seinem Gerät und seinem Vieh das Land bebaut und Abgaben an einen Herrn leistet, dessen Herrschaft er untersteht. Das Wort bezeichnet ihn von seiner Tätigkeit und seiner Rechtsstellung her, läßt aber offen, ob er ein Unfreier ist oder ein mehr oder weniger freier Mann – so wie sich hinter dem »Miles«, dem Ritter, ein unfreier Ministeriale oder ein freier Vasall verbergen kann.

Die Scheidung von Ritter und Bauer verschaffte den Hörigen, die zum Waffendienst herangezogen wurden, den Anteil am Ministerialenrecht, den man den Meiern und Schulzen verweigern wollte. Diese blieben normalerweise Bauern, wenngleich man sie nun einer bäuerlichen Oberschicht zurechnen muß. Sie traten nicht aus dem Dorf heraus, sondern erlangten einen oft durch Sonderrechte abgesicherten Vorrang in der bäuerlichen Gemeinde. Im elsässischen Kloster Ebersheim unterschied man 1163 unter den Eigenleuten, die zu den Fronhöfen gehörten, drei Gruppen, die man fast als Stände bezeichnen könnte: die »Familia ministerialis«, also die Kriegsdienst leistende Ministerialität mit erblichen Lehen, die der Autor als »sehr vornehm und kriegstüchtig, so daß sie ohne weiteres dem (edel-)freien Stand verglichen werden kann«, charakterisiert; dann die »Familia censualis et oboediens«, die Oberschicht des bäuerlichen Hörigenverbandes, die als sehr angesehen, »permagnifica«, und zufrieden mit ihrem vorteilhaften Rechtsstatus bezeichnet wird; schließlich die »Familia servilis et censualis«, die breite hörige Bauernschaft. Zwischen der ersten und der zweiten Gruppe verlief wohl die Grenze, welche die Äbte von Stablo und

Fulda damals ziehen wollten. Doch Wibald von Stablo ließ sich gleichzeitig vom König garantieren, daß er auch bäuerliche Hörige und Halbfreie zu Ministerialen machen könne, wenn er dies wolle, und noch in der Mitte des 13. Jahrhunderts zeichnete Wernher der Gartenaere das satirische Bild vom Meiersohn Helmbrecht, der sich in ungebührlicher Weise in das höherstehende ritterliche Milieu hineinzuschieben versuchte. Der Prozeß, in dessen Verlauf bäuerlich lebende Menschen Anteil an den Lebensformen des ritterlichen Adels erlangten, war noch nicht abgeschlossen.

So bedeutsam solche Übergänge zwischen dem bäuerlichen und dem ritterlichen Leben für die hochmittelalterliche Sozialgeschichte sind, so haben die erstaunlichen Karrieren einzelner Ministerialengeschlechter, die ihnen einen Platz unter den führenden Familien des Reiches verschafften, doch dort begonnen, wo die Sonderstellung der Ministerialität zuerst ihre rechtliche Anerkennung fand, nämlich im Hof- und Herrschaftsdienst, in der verantwortlichen Tätigkeit im Auftrag des Herrn und oft genug in seiner unmittelbaren Umgebung. Bei dem damals einsetzenden Burgenbau erhielten die Ministerialen ein eigenes Aufgabenfeld; denn die Fürsten und Adeligen wollten diese Mittelpunkte ihrer Macht nicht in die Hand freier Vasallen geben, sondern setzten zu ihrer Hut zumeist Ministerialen ein. Dabei bildeten die Ministerialen nicht einfach die ständige bewaffnete Besatzung, die man zur Verteidigung benötigte. Die angeseheneren waren durch ihre Herrschaftsaufgabe und Kommandogewalt herausgehoben. In ruhigen Zeiten wohnten die Ministerialen häufig in eigenen Burgmannensitzen innerhalb der zur Feste gehörenden Siedlung.

Zu welch bedeutendem Machtfaktor die Ministerialität schon in spätsalischer Zeit geworden war, bekamen Adelige zu spüren, die ihre Vorrechte nicht anerkennen wollten. 1102 verlor Graf Ludwig von Mömpelgard durch eine Ministerialenrevolte das Leben, 1103 Graf Konrad von Beichlingen, 1104 Graf Sigehard von Burghausen. Niemand konnte verhindern, daß sich 1146 in Sachsen Reichsministerialen und Dienstmannen anderer Herren ohne deren Erlaubnis zu Standestagen trafen und ein Standesgericht abhielten (K. Bosl). In Trier erhoben sich 1131/32 die Ministerialen des Erzstifts, weil die Wahl Erzbischof Alberos ohne ihre Zustimmung erfolgt war. Von ihrem Anführer, dem Kämmerer und Burggrafen Ludwig von der Brücke, einem Ministerialen, schreiben die »Gesta Alberonis«: »Burggraf Ludwig hatte Erzbischof Gottfried (1124–1129) so von sich abhängig gemacht, daß er sagen konnte, er habe die Bischofspfalz zu Lehen und alle bischöflichen Einkünfte müßten dorthin gebracht werden. Er habe für den Unterhalt des Bischofs und seiner Kapelläne zu sorgen, und alle übrigen zum Bistum gehörigen Dinge seien ihm unterstellt. Die Aufgabe des Bischofs dagegen sei es, Messen zu lesen, Kleriker zu ordinieren und Kirchen zu weihen; als sein Recht erklärte er, das Land zu regieren, alle Geschäfte im Bistum zu regeln und die Kriegsmannschaft zu befehligen. Für die

Mahlzeiten des Bischofs lieferte er täglich einen Sester Wein und zwei Sester Bier, während er selbst wie ein großer Fürst Tafel hielt. Er trat überall mit einer großen Gefolgschaft von Rittern auf und regierte in jeder Weise das ganze Land.« Obwohl es Albero gelang, dem übermütigen Burggrafen nach und nach seine Macht zu entreißen, hielt sich dieser lange in Trier, während der Erzbischof in Pfalzel residieren mußte. Rückhalt gab den Ministerialen eine Eidgenossenschaft mit den Bürgern von Trier, die der König ohne Erfolg verbot (K. Schulz).

Sieht man vom städtischen Bereich ab, in dem sich die Konflikte zwischen dem geistlichen Stadtherrn und Teilen seiner Ministerialität mit dem Autonomiestreben der werdenden Stadtgemeinden verbanden, scheinen die Spannungen zwischen den Ministerialen und ihren Herren während der Stauferzeit in dem Maße abgenommen zu haben, in dem die gesellschaftliche Anerkennung der Ministerialität stieg und das beanspruchte Standesrecht immer weniger angefochten wurde. Die intensiver gestaltete Herrschaft des Königs und der Fürsten beruhte entscheidend auf dem Einsatz der Ministerialen. Für die Staufer war die Reichsministerialität, in der teilweise auch Ministerialen der Hochstifte dienten, der stärkste und sicherste Pfeiler ihrer Macht. Namen wie Markward von Annweiler, den man hinsichtlich seines Einflusses noch über Rainald von Dassel gestellt hat, Werner von Bolanden, Heinrich von Kalden, Volkmar von Kemnat oder der Truchsessen von Waldburg und der Schenken von Limburg oder Winterstetten sind aus der Geschichte der Staufer nicht wegzudenken. Längst beruhte ihre Stellung nicht mehr allein auf Reichsgütern, die ihnen ihr königlicher Herr überließ; sie hatten daneben Lehen von vielen Herren genommen, so daß sie über umfangreiche Ländereien und zahlreiche Burgen geboten. Kein Wunder, daß es altadelige Geschlechter trotz ihres Familienstolzes nicht verschmähten, ihren Töchtern durch Verheiratung mit einem Ministerialen eine gute Partie zu verschaffen. Und mancher Freiherr scheute sich nicht, seinen Status aufzugeben und in die Dienstmannschaft eines Fürsten einzutreten, um als Ministeriale zusätzliche Güter und vor allem neue Karrierechancen zu erhalten. Den Fürsten war dies nur recht. Erlangten sie doch dadurch Einfluß auf Positionen, die bisher nicht ihrer Eigenherrschaft unterstanden, was der Tendenz zur Territorienbildung entgegenkam.

Welche Macht und welches Ansehen die Ministerialität im Laufe weniger Jahrzehnte gewann, läßt sich an ihrem Vordringen in der adelsstolzen Reichskirche ablesen. Im 12. Jahrhundert stellten Ministerialen mancherorts schon einen beträchtlichen Teil des Domkapitels oder gelangten, wie beispielsweise in Augsburg, in unmittelbarer Folge zur Bischofswürde. Gerade in den Reichskirchen gab es aber auch eine gegenläufige Tendenz. In Köln, Straßburg und anderen Bistümern, vor allem in alten Reichsklöstern, forderte man für die Aufnahme in Kapitel oder Konvent edelfreie Abkunft. Später höhnte man, daß

Jesus Christus keine Chance gehabt hätte, Domherr in Straßburg zu werden, weil er die acht edelfreien Urgroßeltern nicht vorweisen konnte, die man für die Aufnahme verlangte. Doch auch wo die Schranke zwischen altadeligen und ministerialischen Geschlechtern gefallen war, standen Domkapitel oder Konvente normalerweise Menschen bürgerlicher Abkunft nicht offen, geschweige denn Bauern. Der Adel blieb unter sich, auch wenn er die Ministerialen aufgenommen hatte. Mit den freien Herren verschmolzen diese im Laufe des 13. Jahrhunderts zum »niederen Adel«, gegen den sich der Hochadel im »Fürstenstand« bereits abgegrenzt hatte und über dem auch der gräfliche Adel rechtlich noch eine Sonderstellung wahrte.

Das Gewicht, das dem Stadtbürgertum in der Stauferzeit zuwuchs, hatte andere Grundlagen als der Aufstieg des Ministerialenstandes. Einen Bürgerstand gibt es ebenfalls erst seit dem 12. Jahrhundert; Vorstufen lassen sich nur in das ausgehende 11. Jahrhundert zurückverfolgen. Wie bei den Ministerialen war der Stand des Bürgers definiert durch die Zugehörigkeit zu einem Rechtskreis: Erst mit der Ausbildung eines spezifischen Stadtrechtes, dem der Stadtbewohner unterstellt war, hat sich auch ein Bürgerrecht entwickelt; es leitete sich aus der Zugehörigkeit zu einer Gemeinde ab, der als Gemeinschaft dieses Stadtrecht zugesprochen war. Insofern läßt sich die Ausbildung eines Bürgerstandes nur auf dem Hintergrund der Gemeindebildung während des 11. und 12. Jahrhunderts verstehen, die auch bei der Abgrenzung des Bauernstandes eine wichtige Rolle gespielt hat. Seine soziale Dynamik erhielt der Aufstieg des Bürgertums vor dem 13. Jahrhundert aber kaum vom Stadtrecht her, sondern dadurch, daß sich die wirtschaftliche Entwicklung mit den Differenzierungsprozessen verband, denen die Hörigenverbände der großen Herren damals unterlagen. Dies gilt sowohl für die Ausbildung eines städtischen Meliorats, dessen Reichtum den Neid manches Adeligen erregen konnte, als auch einer breiten städtischen Mittelschicht, die nicht nur Freizügigkeit erlangte, sondern eine Befreiung von herrschaftlichen Ansprüchen erreichte, die den Status des Bürgers als besonders »frei« erscheinen ließ.

Die Ausbildung einer städtischen Führungsschicht, die schon im 12. Jahrhundert notfalls auch dem Stadtherrn Widerstand leisten und ihm neue Rechte abtrotzen konnte, ist wiederum eng mit der Geschichte der Ministerialität verknüpft. Denn auch die sich erweiternden, zu wirtschaftlicher Blüte gelangten Städte unterstanden der Herrschaft der Fürsten: einige der des Königs, andere der weltlicher oder geistlicher Herren. Die großen, wirtschaftlich führenden Orte waren Bischofsstädte. Die Stadtherren ließen die Rechte, die sie in der Stadt besaßen und die oft auf königliche Verleihung zurückgingen, von Ministerialen verwalten, so die Münze, den Markt und den Zoll. Auch die richterlichen Funktionen wurden häufig Ministerialen übertragen, wenngleich das Burggrafenamt in etlichen Städten in der Hand adeliger Vasallen blieb. Das älteste Straßburger Stadtrecht, um 1150 aufgezeichnet, vom Bischof ähnlich wie ein

Hofrecht gegeben, zeigt die gewichtige und selbständige Rolle, die den Ministerialen und der stadtherrlichen Organisation zufiel. Dort heißt es: »Alle Beamten dieser Stadt unterstehen der Gewalt des Bischofs, so daß entweder er selbst oder die, die er ernannt hat, sie einsetzen sollen. Die Höheren sollen die Niederen einsetzen, soweit sie ihnen unterstellt sind. Keinem darf der Bischof ein öffentliches Amt anvertrauen als einem, der zur Hausgenossenschaft seiner Kirche gehört, das heißt zur bischöflichen Familia. Vier Beamte aber, in deren Händen die Leitung der Stadt liegt, setzt der Bischof mit eigener Hand ein, und zwar den Schultheißen, den Burggrafen, den Zöllner und den Münzmeister.« Die Aufgabenbereiche dieser obersten Amtsträger werden genau beschrieben. Beim Burggrafen heißt es unter anderem, daß er die Ammeister fast aller Zünfte in der Stadt bestellt, nämlich die der Sattler, Kürschner, Handschuhmacher, Schuster, Schmiede, Müller, Küfer, Becherer, Schwertfeger, Obsthändler und der Schenkwirte, über die er richten soll, wenn sie in ihrem Amt eine Verfehlung begangen haben. Die bischöfliche Münze, unter dem Münzmeister zumeist von einer Münzerhausgenossenschaft betrieben, Marktaufsicht und Zollerhebung waren einträgliche Aufgabenfelder, welche die Amtsträger eng mit dem wirtschaftlichen Leben in Verbindung brachten. So nimmt es nicht wunder, daß von den reichen städtischen Geschlechtern, wie die jüngere Forschung immer klarer nachweisen konnte, viele der Ministerialität entstammten. Selbst für die »Richerzeche«, die in Köln in den letzten Jahrzehnten des 12. Jahrhunderts gleichzeitig als Vertretung der Bürgerschaft und als Organisation der führenden städtischen Geschlechter erscheint, gilt, daß sie zu einem guten Teil aus Ministerialen bestand. Das Kölner Bürgertum im ausgehenden 12. Jahrhundert »ist, wenn man auf zwei oder mehr Generationen innerhalb einer Familie blickt, durch die Verbindung von kaufmännischer beziehungsweise geldgeschäftlicher Tätigkeit, Mitgliedschaft in der Richerzeche, Bekleidung stadtherrlicher Ämter wie des Schöffen- oder Zöllneramts, Zugehörigkeit zur Ministerialität des Domstifts und nicht zuletzt durch ›Militia‹, Ritterschaft oder Ritterwürde, gekennzeichnet« (Th. Zotz). In der städtischen Oberschicht schlossen sich Rittertum und Bürgertum keineswegs aus. Von dem Kölner Bürger und Ministerialen Karl, Sohn des Zöllners Karl von der Salzgasse, wird berichtet, wie er mit einem vornehmen Gefährten von einem Turnier in Worms zu dem großen Hoffest zog, mit dem Friedrich Barbarossa 1184 die Schwertleite seiner Söhne feiern ließ. Auf dem Weg dahin gelangten beide zur Einsicht in die Eitelkeit alles Irdischen und faßten den Entschluß, übers Meer in das Heilige Land zu fahren. Als ihnen klar wurde, daß auch dort edle Pferde, schöne Frauen und glänzende Waffen ihr Leben bestimmen würden, gingen sie zur Zisterze Himmerod und gelobten, fünf Jahre lang kein Turnier zu besuchen. Kurze Zeit später trat Karl in das Kloster ein. Es war eine typische Adelsbekehrung, die der Kölner Bürger aus ministerialischem Geschlecht vollzog.

Zuwanderung nach Köln im 12. Jahrhundert (nach Ammann)

Die Karte wurde aufgrund der von Ortsnamen abgeleiteten Zunamen in den Kölner Schreinsurkunden erstellt, die nur Leute erwähnen, welche mit Immobilientransaktionen zu tun hatten. Da solche Urkunden bloß für wenige Stadtteile überliefert sind, kann die Karte nicht mehr als einen Eindruck von der Reichweite der Zuwanderung vermitteln.

Gewiß bestand das städtische Meliorat um 1200 nicht nur aus Dienstmannen des Hochstifts und der großen städtischen Klöster. Reiche Kaufleute sind auch im 10. und 11. Jahrhundert bezeugt, und zweifellos waren darunter viele freien Standes; haben doch bei der Gründung von Freiburg und Lübeck ebenfalls angesehene freie Kaufleute als Vertragspartner des Stadtgründers mitgewirkt. Das Lehrgedicht »Der gute Gerhard« des Rudolf von Ems rühmt, wie der Kölner Erzbischof zur Zeit Ottos I. den Sohn des christlichen und edelmütigen Gerhard zum Ministerialen gemacht habe, und hebt dabei das Waffenführen als Zeichen der ritterlichen Lebensart hervor: »dîn sun der ist ein koufman / und ouch ein harte stolzer kneht. / der sol dienstmannes reht / enphâhen und leiten swert / in ritterschefte werden wert. / der werlde hoehste werdekeit / bejagt ein man der wâpen treit.« Wie hier Vorstellungen einer ständischen Absonderung des Ritteradels in die städtische Vorstellungswelt eindrangen, zeigt sich an der Abschließung der städtischen Domkapitel und Stifter gegen das Eindringen von Neureichen in ihre Konvente: So empörten sich beispielsweise die Mönche von St. Pantaleon in Köln darüber, daß ein »Plebeius nummatus« sie zur Aufnahme seines Sohnes zu zwingen versuchte.

Formierte sich die Spitze der städtischen Gesellschaft vielerorts in unmittelbarer Verbindung zum Aufstieg der Ministerialität, so wurde für die Ausbildung von Freiheitsrechten, wie sie später den Bürgerstand kennzeichnen, die Entwicklung der Zensualität von besonderer Bedeutung. Daß Freie sich gegen einen niedrigen Kopfzins von wenigen Pfennigen oder Wachs im Gegenwert in den Schutz kirchlicher Institutionen begaben, daß Unfreie von ihren Herren zu diesem Zensualenrecht an Kirchen geschenkt wurden, war zunächst kein spezifisch städtisches Phänomen, sondern läßt sich innerhalb der kirchlichen Grundherrschaften schon seit dem 8. und 9. Jahrhundert belegen. Von Knechtsdiensten sollten sie frei sein, und deshalb wurde der Status der Zensualen häufig als »Freiheit« bezeichnet. War ursprünglich mit dem Status der Wachszinser eine Eingliederung in den grundherrlichen Hörigenverband verknüpft, wenn auch zu besonders günstigen Bedingungen, so erhielt mit der städtischen Entwicklung des 11. Jahrhunderts das Moment der Freizügigkeit, die mit der Zensualität verbunden war, ein immer größeres Gewicht. Allerdings hatte sich eingebürgert, daß die Kirchenfürsten, denen die Zensualen unterstanden, von ihnen wie von ihren Hörigen auch eine Todfallabgabe, eine Heiratsgebühr und, bei Heirat mit einer nicht zur Familia gehörenden Frau, das als besonders drückend empfundene Buteil forderten, das heißt beim Tod des Mannes zwei Drittel des Nachlasses einzogen. In den Städten kam es nun im Verlauf des 12. Jahrhunderts dahin, daß zunächst die Einziehung des Buteil verboten oder aufgegeben wurde, später die Todfallabgabe und mancherorts wohl auch der Kopfzins abgeschafft wurden. Hatte sich im späten 10. und 11. Jahrhundert die Zahl derjenigen stark vermehrt, die durch Eintritt in die Zensualität den Schutz eines mächtigen Herrn

Weberei und Wirkerei, Gerberei und Schusterhandwerk, Ackerbau, Schmiede- und Zimmermannskunst. Federzeichnungen in dem zwischen 1210 und 1220 im steierischen Zisterzienserkloster Reun bei Graz entstandenen Musterbuch für Illuminatoren. Wien, Österreichische Nationalbibliothek

Der Laienkünstler Hildebert mit seinem Gehilfen Everwin im Skriptorium beim Verfluchen einer nagenden Maus. Federzeichnung in einer um 1140 in Böhmen entstandenen Handschrift des Werkes »De civitate Dei« von Augustin. Prag, Domkapitelbibliothek. – Unterricht in einer Pfarrschule. Kolorierte Federzeichnung in einer Anfang des 13. Jahrhunderts wohl im steierischen Zisterzienserkloster Reun bei Graz entstandenen Grammatik. Wien, Österreichische Nationalbibliothek. – Fortuna im Glücksrad beim Geben und Nehmen von Macht und Wohlergehen und drei Parzen mit dem Lebensfaden, in den Ecken die vier Jahreszeiten. Unteres Bildfeld einer Miniatur in der kurz vor 1241 im Kloster Scheyern entstandenen Handschrift »Antiquitates Judaicae…« von Flavius Josephus. München, Bayerische Staatsbibliothek

Tafel der Verwandtschaftsgrade zur Ermittlung kirchenrechtlicher Ehehindernisse. Miniatur in einer zwischen 1160 und 1170 in Salzburg entstandenen Handschrift des »Decretum Gratiani«. München, Bayerische Staatsbibliothek

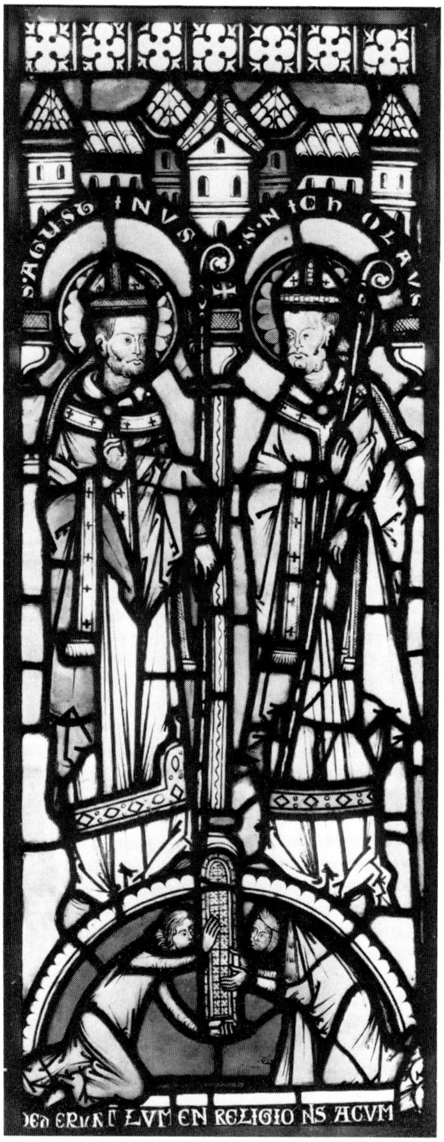

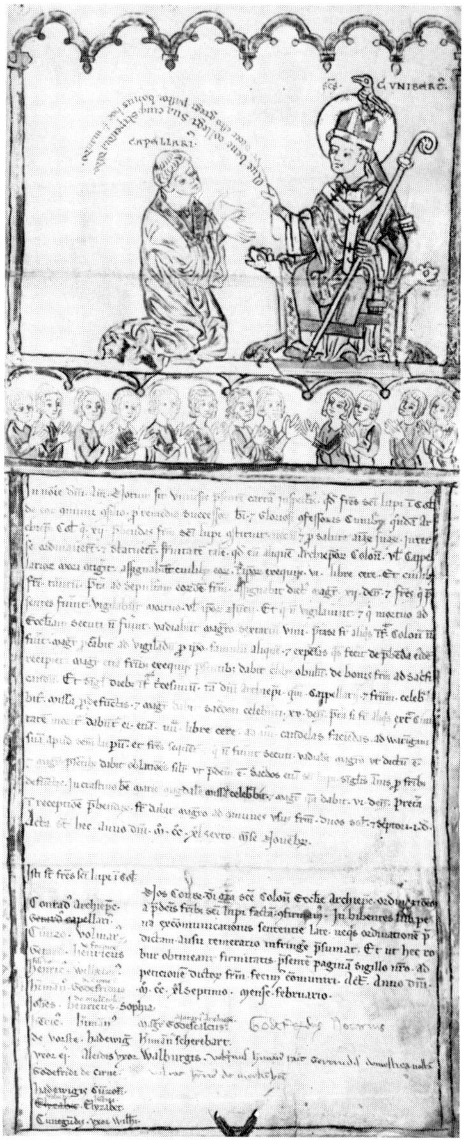

Augustin und Nikolaus als Bischöfe in pontifikaler Robe mit einem vornehmen, ein Glasfenster darbringenden Stifterpaar. Scheibe eines Kirchenfensters wohl mittelrheinischer Herkunft, zwischen 1240 und 1250. Darmstadt, Hessisches Landesmuseum. – Statuten der Bruderschaft St. Lupus mit einer Darstellung der Gründerlegende: Erzbischof Kunibert von Köln mit dem vor ihm knienden Vorsteher des Hospitals St. Lupus und den ersten zwölf Brüdern. Urkunde des Kölner Erzbischofs Konrad von Hochstaden vom Februar 1248 mit einer Namensliste der Bruderschaftsmitglieder und ihrer Ehefrauen. Köln, Historisches Archiv und Rechtssicherheit an ihrem städtischen Wohnort suchten, so fielen in der Stadt jetzt Verpflichtungen fort, die an die Zugehörigkeit der Bürger zur Familia eines Grundherrn erinnerten.

Diese Entwicklung verlief nicht überall gleichmäßig. Vor allem in den im Zuge der Territorialpolitik neu gegründeten Städten des 13. Jahrhunderts blieb der Kopfzins erhalten, wenn er nicht in einen Arealzins umgewandelt wurde. Viele Städte waren auch um des Friedens willen gezwungen, den umliegenden Adeligen zu garantieren, daß sie von den in die Stadt ziehenden Hörigen weiterhin ihren Zins erhalten würden. Das Zensualenrecht und seine Verbesserungen in der Stadt während der spätsalischen und frühstaufischen Zeit waren eine wesentliche Grundlage für den Aufstieg des Bürgertums. Außerdem hatten die Zensualen wirtschaftliche Vergünstigungen. So brauchten die Angehörigen der bischöflichen Familia in Straßburg, wenn sie etwas verkauften, was sie mit eigener Hände Arbeit geschaffen hatten, keinen Marktzoll zu bezahlen und ebensowenig für das, was sie für den eigenen Bedarf erwarben. Für die Entwicklung des Handwerks hatte die Bindung an den Stadtherrn dadurch noch eine besondere Bedeutung, daß manche Handwerker zwar zu Leistungen an den Bischof verpflichtet waren, aber teilweise Aufträge und wirtschaftliche Vorteile erhielten, die ihnen eine besondere Stellung in der Handwerkerschaft der Stadt sicherten.

Mitten im Aufbruch, der ganzen Bevölkerungsgruppen eine Verbesserung ihres Rechtsstandes und ihrer wirtschaftlichen Lage brachte, wuchs eine Ständeordnung heran, die den Einzelnen eindeutiger an seinen Ort in der Gesellschaft wies und neue Schranken zwischen den Menschen errichtete. Die alten Unterscheidungen zwischen frei und unfrei, die vielfach abgestuften Verhältnisse geminderter Freiheit waren damit nicht verschwunden. Sie wurden vielmehr von den neuen Zuordnungen überlagert. Die Rechtsgarantien und Freiheiten, die den einzelnen Gruppen in ihrem jeweiligen Lebenskreis zugesprochen wurden, schufen trotz gemeinsamer Grundprinzipien eine Vielfalt ortsspezifischer Rechtsverhältnisse. Eike von Repgow verzichtete darauf, die Rechte der Ministerialen abzuhandeln, weil sie je nach Herrn und Gegend so verschiedenartig seien, daß er niemals damit fertig würde. Das gleiche läßt sich von den Hof- und Dorfrechten und von den Stadtrechten sagen, die das Leben in den bäuerlichen oder bürgerlichen Gemeinschaften regelten und die Rechtssicherungen, die Freiheiten, festhielten, an denen jedes Mitglied der Gemeinschaft Anteil hatte.

Auch das Modell einer funktionalen Dreiteilung der Gesellschaft war keineswegs vergessen. Es nahm vielmehr eine rechtliche Bedeutung an, nachdem man die Kirche als eine nach dem eigenen, dem kanonischen Recht lebende Institution des Klerus verstand und sich die Krieger als Ritter durch ihr adeliges Standesrecht klar vom Volk abgegrenzt hatten. Freilich war dieses Raster viel zu grob, als daß man die gesellschaftliche Wirklichkeit darauf hätte projizieren können. Unter der Geistlichkeit gab es Weltkleriker und Mönche oder Nonnen; Päpste, Bischöfe, Äbte und Äbtissinnen hatten jeweils ihre eigenen Aufgaben und Pflichten; bei den Herrschaft ausübenden Laien hatte der König sein spezifisches Amt, gab es im Adel Fürsten und ministerialische Ritter, die man gar nicht als einheitliche Gruppe hätte betrachten können. Und durch die städtische Rechtsentwicklung hatten sich im »Nährstand« die Bürger längst von den Bauern getrennt, und im differenzierten Sozialgefüge der Stadt gab es vom ritterlichen Adel bis zum Bewohner ohne Bürgerrecht vielfache Abstufungen, die auch im Dorf nicht fehlten. So variiert die Zahl der Stände, die beispielsweise Prediger im 13. Jahrhundert nannten, wenn sie Menschen über ihre standesspezifischen Pflichten und Lebensformen belehrten, immerzu; man konnte fünfzehn oder sogar einunddreißig Stände nennen.

»Ordo vel professio« kennzeichneten den Status eines Menschen, was meist gleichbedeutend war mit dem Status seiner Familie. Die Zuordnungen waren auf Stand und Beruf, auf die Zugehörigkeit zu einem spezifischen Rechtskreis und auf die Merkmale der Tätigkeit in der Gesellschaft bezogen. Das Ausmaß des gesellschaftlichen Wandels bestärkte viele in der Furcht, daß die Welt der Menschen aus den Fugen geraten und die Menschheit ihr Heil verlieren könne. Peter von Blois sah Not und Hunger auf die Menschen zukommen – als Folge der Auflösung der alten Gesellschaftsordnung durch horizontale und vertikale Mobilität. Wieweit er damit recht hatte, ist schwer abzuschätzen, weil für den Historiker die Verbesserung der Lebensbedingungen und des Wohlstandes vieler Menschen leichter zu fassen ist als die Zunahme der Not, die eine solche Entwicklung vielleicht für andere mit sich brachte. Es war nachweislich die Not, die viele Kolonisten ausziehen ließ, um in der Ferne nach einer besseren Existenz zu suchen. Erst allmählich lockte das günstigere Recht, das man als Siedler erwarb oder als städtischer Neubürger erhielt, und die Grundherren versuchten, zumal in der Nähe großer Städte, der Abwanderung dadurch zu begegnen, daß sie ihren Hörigen bessere Rechte, zum Beispiel das freiere Zensualenrecht, gewährten. In diesem Wandel glaubten viele, man müßte durch eine immer genauere schriftliche Fixierung des Rechts, durch immer detaillierter werdende Regelungen die Ordnung herbeiführen, die den Unfrieden beendete, der dem christlichen Gemeinschaftsideal so sehr widersprach. Zwischen übergreifenden Normen und konkreten Einzelregelungen wurde in diesem Prozeß der Verschriftlichung kaum unterschieden, und so entstand jene Parzellierung der Gesellschaft in Gruppen mit vielerlei Einzelrechten, die man dann eifersüchtig gegen eine Beeinträchtigung verteidigte. Von daher zeigt die spätmittelalterliche Gesellschaft in Deutschland oft ein Bild von verwirrender Vielfalt. Doch in allen diesen Differenzierungen behauptete sich als Grundmuster die Scheidung des Adels vom Volk, auch wenn man im ritterlichen Adel zunächst noch die Familien ministerialischer Herkunft von den Edelfreien unterschied.

Selbst dort, wo die urkirchlich-christliche Gemeinschaft verwirklicht werden sollte, im Kloster, begannen sich die neuen Scheidungen auszuwirken. Noch in der Mitte des 11. Jahrhunderts wurde ein Laie, der als Erwachsener in ein Kloster eintrat, Mönch im vollen Sinne, obwohl er im liturgischen Dienst nicht in gleicher Weise zu gebrauchen war wie diejenigen, die man schon im Kloster erzogen hatte oder die als Kleriker den Eintritt ins Mönchtum vollzogen. So war es auch in Cluny, wo man solche Konversen nur nach ihrem Bildungsstand und der begrenzten Verwendungsfähigkeit von anderen Mönchen unterschied. Seit dem 12. Jahrhundert wurden immer weniger Laien als Konversen unter die Mönche aufgenommen. Man wollte möglichst nur noch Gebildete oder Bildungsfähige im Konvent haben. Mönchtum und Regularklerus glichen sich dadurch weiter aneinander an. Gleichzeitig trat aber ein neuer Typ von Konversen auf: der Laienbruder, der nicht zu den Mönchen zählte, den man anders behandelte und gesondert vom Mönchskonvent unterbrachte. Hier griff die ständische Scheidung ein: Adelige wurden möglichst als Vollmönche aufgenommen, Bauern nur als Laienbrüder. Sogar wenn jemand auf dem Sterbebett die Mönchskutte nahm, um sicherer in den Himmel zu kommen, machte man den Adeligen zum Vollmönch, den Bauern zum Laienbruder. Die Zisterzienser hielten von vornherein beide Gruppen getrennt. Die Laienbrüder waren Arbeitspersonal, denen man Bücher und Studien nicht gestattete und die nur an Sonn- und Festtagen an den Offizien beteiligt wurden. Bereits bei der Rekrutierung wurde unterschieden: Die Laienbrüder nahm man aus den unteren Schichten, während Adelige Vollmönche werden mußten. Als man im 12. Jahrhundert auch Adelige unter den Laienbrüdern entdeckte, die in tiefer Demut ihren Stand verbargen, um den Mönchen dienen zu können, erhob das Generalkapitel der Zisterzienser Einspruch und verbot für die Zukunft ein derartiges Verhalten.

Welche Tendenzen hier in der Mitte des 12. Jahrhunderts miteinander rangen, verdeutlicht ein Briefwechsel zwischen der Äbtissin Tenxwind von Andernach und Hildegard von Bingen. Die »Magistra« Tenxwind, der hervorragende Kenntnisse in der göttlichen Lehre nachgerühmt wurden, war Schwester des Abtes Richard von Springiersbach, der innerhalb der Regularkanonikerbewegung eine radikale Richtung vertrat. Aus dem Doppelkloster Springiersbach, einer Gründung ihrer Familie, die zur Ministerialität der rheinischen Pfalzgrafen gehörte, hatte Tenxwind den Nonnenkonvent herausgelöst und ihm bei Andernach ein eigenes Kloster gegeben. Hildegard von Bingen stand damals gerade im Begriff, den von ihr geleiteten Nonnenkonvent im Doppelkloster Disibodenberg in ein neues Kloster nahe des Rheins, den Rupertsberg, zu verlegen. Tenxwind kritisierte ungewöhnliche Bräuche in Hildegards Kloster, die ihrer Meinung nach weder durch die Bibel noch durch die Kirchenväter legitimiert waren. Scharf verurteilte sie dabei, daß die adelige Hildegard nur Töchter aus edelfreien und angesehenen Familien in ihren Konvent aufnahm, Nichtadeligen und weniger Begüterten aber die Aufnahme verweigerte. Hatte nicht Christus die Apostel unter Fischern, Niedrigen und Armen ausgewählt? Petrus und Paulus bezeugten, daß es vor Gott kein Ansehen der Person gebe. Doch Hildegard replizierte: Gott selbst habe festgesetzt, daß der geringere Stand nicht über den höheren sich erheben solle, wie dies schon Satan und Adam taten, die höher hinaus wollten, als ihnen zugewiesen war. Und dann fragte die deutsche Prophetin, die damals mit päpstlicher Erlaubnis in ihrem Buch »Scivias« ihre Vision von der göttlichen Ordnung der Welt niederschrieb: »Welcher Mensch sperrt sein ganzes Vieh in einen Stall, die Ochsen, Esel, Schafe und Widder, wo sie sich gegenseitig nur beunruhigen würden?« Würde man unterschiedliches Volk in einem Konvent vereinen, so würden sich Hochmut und Minderwertigkeitsgefühle verbreiten, und man würde sich gegenseitig in Haß zerfleischen, wenn jemand aus dem höheren Stand über den aus niedrigerem herfiele oder ein Geringerer über den Höheren aufstiege. Gott selbst hat Unterschiede und Abstufungen nach Rang geschaffen, in der Tierwelt ebenso wie unter den Menschen oder in der Engelshierarchie im Himmel. Hildegard sah, wie aus »Scivias« noch deutlicher hervorgeht, die Menschheit geteilt in den höherstehenden Adel, zu dessen Auftrag Herrschaft und Führung gehören, und das niedere Volk, das zu Gehorsam und Unterwerfung verpflichtet sei. Das entsprach zweifellos der Realität, und dieses Denken setzte sich unter immer neuem Einfluß biblischer Ordnungsvorstellungen bis zu der strikten Unterscheidung vom »Recht der Obrigkeit« und der »Obligation der Untertanen« in der absolutistischen Staatslehre fort. Doch war dies mit der Lehre Christi vereinbar? Durfte es solche Unterscheidungen in einer Gemeinschaft geben, die sich die urkirchliche Gemeinde zum Vorbild nahm? Das blieb die beunruhigende Frage, die von religiösen Bewegungen immer wieder in die Gesellschaft hineingetragen wurde.

Konstanten geistiger Orientierung im Wandel der Mentalität

Wege christlicher Selbstverwirklichung

Die Lehre Jesu Christi stellt alle menschlichen Gewohnheiten in Frage; vor ihr verlieren gesellschaftliche Normen ihre Gültigkeit. Wer das Evangelium wörtlich nahm, konnte sich zu keiner Zeit in dieser Welt einrichten, zumindest nicht in der Welt, wie sie war. Und doch mußte er in ihr lebend sein Heil suchen, und auch die Kirche Gottes als Institution, außerhalb der es nach mittelalterlicher Überzeugung keinen Weg zum ewigen Leben gab, mußte in ihr die Gestalt finden, in der sie die Menschen zum Heil führen konnte. Das »Zeitalter der Kirchenreformen« hatte begonnen mit dem Ringen um Regelstrenge des Mönchtums, um Reinheit des Priestertums, um Befreiung der Kirche aus Verflechtungen, die ihren Auftrag gefährdeten. Doch ehe der Kampf durchgefochten war, sahen sich viele, die Gott suchten, vor eine grundsätzlichere Forderung gestellt: Sie standen am »Scheideweg zum evangelischen Leben« (M. D. Chenu).

Über Jahrhunderte hinweg hatte man nicht daran gezweifelt, daß es nur eine Ausprägung der wahren Christus-Nachfolge gab: das Mönchtum. Mochten Einzelne als Eremiten oder als lebenslang eingemauerte Klausner einen »härteren und steileren Weg« zu Gott suchen, so sah man doch die urkirchliche Gemeinde fortgeführt in der klösterlichen Gemeinschaft, in der Gehorsam gegenüber dem Abt-Vater, Keuschheitsgebot, Gemeineigentum und brüderliche Verbundenheit herrschen sollten. Stellvertretend für alle Glieder der Kirche nahmen die Mönche das Kreuz auf sich. Die anderen Gläubigen, Kleriker und Laien, sollten von den Bischöfen zu einem christlichen Leben gemäß den Pflichten ihres Standes angeleitet werden, ohne daß man von ihnen die wörtliche Befolgung der evangelischen Gebote erwartete.

Eine derart feste Rollenzuweisung wurde im ausgehenden 11. Jahrhundert erschüttert. Ungewohnte Formen christlicher Selbstverwirklichung zogen die Menschen in ihren Bann. Sie ließen die geregelte monastische Christus-Nachfolge entweder ganz hinter sich oder wollten im Mönchsleben selbst die evangelischen Gebote wörtlich, nicht nur symbolisch umsetzen. Die Armutsbewegung der Wanderprediger, als häretisch verurteilte Gruppenbildungen sowie die Gründung monastischer Orden, welche sich vom alten Mönchtum betont abgrenzten und dessen bisherige Einheit sprengten, sind Ausdrucksformen einer neuen Welle der religiösen Bewegung. Die Bemühungen um ein »evangelisches« oder »apostolisches« Leben, die an verschiedenen Orten spontan Gestalt annahmen, hatten ein gemeinsames Leitbild: »nackt dem nackten Christus nachzufolgen«.

Diese Forderung richtete sich an alle Menschen, an die Lebensführung jedes Einzelnen, ungeachtet seines Standes. Die religiöse Bewegung war nicht mehr in erster Linie eine Angelegenheit der Mönche, an deren Verdiensten andere durch ihre Stiftungen partizipierten, sie erschöpfte sich nicht in einer Disziplinierung des Klerus, welche die Vermittlung gültiger Sakramente sichern sollte. Laien gehörten zu den aktiven Trägern, und Frauen hatten an ihr keinen geringeren Anteil als Männer. Jedes Mitglied der Gemeinschaft war angesprochen und sollte gleich allen anderen in die Verantwortung gezogen werden. Dem Einzelnen wuchs eine größere Selbstverantwortlichkeit für den Weg zu, den er einschlug; gleichzeitig aber wurde er durch strenge Forderungen, zu deren Einhaltung er sich vor sich selbst und gegenüber der Gemeinschaft verpflichtete, eng an neue Lebensnormen gebunden. Im Aufbrechen einer bisher festen Ordnung, in der Öffnung und Mobilität der Gesellschaft begannen die Menschen, auch in ihrer religiösen Existenz nach der wahren Form und nach einem neuen Halt zu suchen.

Besonders deutlichen Ausdruck fanden die neuen Tendenzen in Auftreten und Lehre der Wanderprediger, die großen Zulauf hatten. Diejenigen, die ein »wahrhaft apostolisches Leben« anstrebten, erkannten nun, daß wie Christus auch seine Jünger zu den Menschen gegangen waren, um sie das Evangelium zu lehren. Jedem das Wort Gottes zu verkünden, hatte ihnen der Herr aufgegeben. Keine Bleibe, keine Stätte für sein Haupt zu haben, alles den Armen zu geben und sich nicht um den nächsten Tag zu sorgen, das war die Lebensform der Apostel, während die Mönche, auch wenn sie kein persönliches Eigentum behielten, Haus auf Haus und Acker auf Acker häuften.

Das Auftreten Heimrads von Hasungen zeigt, daß es Ansätze zur Verwirklichung einer apostolischen Lebensform schon im frühen 11. Jahrhundert gegeben hatte. In Deutschland war sie dann um 1080 von den Hirsauern als ein Ziel für alle Stände propagiert worden, und viele sind diesen Aufrufen gefolgt. Gleichzeitig waren in Regionen, in denen der Drang zum evangelischen Leben die Menschen dann besonders stark ergriff, immer häufiger Mönche und Kleriker aus ihrer bisherigen Umgebung ausgebrochen, um in Armut, Einsamkeit und Askese dem näherzukommen, was Christus den Menschen als Weg zum Leben gewiesen hatte. Die neuen Formen religiöser Selbstverwirklichung sind durch Massenphänomene vorbereitet worden, bei denen die innere Umkehr der Beteiligten nicht so augenfällig war: Wer eine Wallfahrt unternahm, bekundete ebenfalls den Willen, durch eigenes Tun – indem er auf Zeit ein gottsuchender Armer in der Fremde wurde – zu seinem Heil beizutragen und nicht bloß auf das vermittelnde Gebet anderer zu hoffen. Und wer als Pilger aus seinem Lebenskreis heraustrat, befreite sich nicht nur zeitweilig aus Bindungen oder gar aus der Hörigkeit, sondern unterwarf sich, wenn sein Tun ernsthaft war, zugleich einem religiösen Gesetz. Die Selbstbindung, die er durch die Wallfahrt gewissermaßen lebenslang einging, fand in Bruderschaften unter dem Patronat des besuchten Heiligen einen dauerhaften, auch für andere sichtbaren Ausdruck. Der Zulauf, den lebende »Heilige«, Eremiten oder Wanderprediger, fanden, ist vom Besuch von Wallfahrtsstätten ohnehin nicht klar zu scheiden. Massenwirkung hatten in ihrer Ausrichtung auf alle Mitglieder der christlichen Gemeinschaft auch die Gottesfriedenssynoden mit der eidlichen Selbstbindung vor Gott oder der Zusammenschluß von Laien zum Kampf gegen Simonie und Nikolaitismus in der oberitalienischen Bewegung der Patarener. Überall ergriff eine Predigt, die sich auf göttliche Inspiration berief und nicht mehr unbedingt an den kirchlichen Auftrag zum Lehramt gebunden war, das persönliche Leben religiös gesinnter Menschen.

Bis dahin ungekannte Dimensionen erreichte die religiöse Massenbegeisterung beim Aufbruch zum ersten Kreuzzug. Die Aufrufe Papst Urbans II. in Piacenza und Clermont lenkten ein breites Suchen auf ein gemeinsames Ziel, und sie wurden in einer Weise aufgenommen und weitergetragen, daß die kirchlichen und weltlichen Instanzen zunächst jede Kontrolle verloren. Noch nie war die abendländische Christenheit so rasch und so einheitlich von einer Idee erfaßt worden. Die Verbindung von Pilgerfahrt und Kriegszug, ein Aufbruch ins Unbekannte, der zugleich ein Aufbruch zu Gott und letztlich ein Weg in die wahre Heimat der Menschen sein sollte, ein Heraustreten aus dem Gewohnten für eine, wie man meinte, unmittelbar von Gott gesetzte Aufgabe – das kam damals offensichtlich einem tiefen Verlangen der lateinischen Christenheit entgegen. Im Kampf für Christus, im heiligen Krieg, sollten die Ritter, die in ihren Fehden bisher das Blut ihrer Brüder vergossen, das Schwert führen, das sie ohnehin legitim nur zur Verteidigung der Christenheit gegen ihre inneren und äußeren Feinde in den Händen hatten. Auch die Aufrufe zum Kreuzzug sprachen den Einzelnen unmittelbar in seiner Verantwortung für sein Seelenheil an und versuchten zugleich, sein Leben einem neuen Gesetz zu unterstellen.

Zur gleichen Zeit, als die lateinische Christenheit durch die Kreuzzugspredigten aufgerüttelt wurde, traten ungewöhnliche Wanderprediger hervor. Barfuß, in Lumpen oder einen Rock aus roher Wolle gekleidet, wollten sie durch Ermahnung und Beispiel die Mitchristen zum evangelischen, wahrhaft apostolischen Leben bekehren. Vor allem in Nordfrankreich scheint um 1100 diese Bewegung Ungezählte in ihren Bann geschlagen zu haben. Übereinstimmend wird über die Wirkung der Prediger auf die Menschen berichtet, die, aus ihrem bisherigen Leben heraustretend, sie in großen Scharen von Ort zu Ort begleiteten, um deren Lebensstil nachzuahmen. Voller Mißtrauen verfolgten kirchliche Instanzen die Bewegung. Wie Robert von Arbrissel, Gründer von Fontevrault und seiner Kongregation, der 1096, oder Norbert von Xanten, Gründer von Prémontré und Vater des Prämonstratenserordens, der 1118 vom Papst eine Predigterlaubnis erhielt, wurden päpstliche oder bischöfliche Lizenzen dieser Art auch anderen ihrer Gesinnungsgenossen gewährt. Dennoch blieb die Predigterlaubnis für die unsteten Anhänger des apostolischen Lebens in der Kirche umstritten. Es scheint so, als sei ihre Vergabe oder Verlängerung an die Bedingung geknüpft worden, daß die Wanderprediger ihrem frommen Anhang eine Lebensform gaben, die mit den gültigen kirchlichen Ordnungsvorstellungen, mit dem offiziellen Verständnis seelsorgerischer Anleitung zum wahrhaft christlichen Leben vereinbar war.

Als besonders stark erschien den Beobachtern der Einfluß auf die Frauen. Norbert von Xanten soll in der Diözese Laon allein 1.000, insgesamt mehr als 10.000 Frauen, darunter viele Mädchen und junge Witwen, zum apostolischen Leben bekehrt haben. Die Rolle der Frauen im Leben Jesu oder in der Umgebung der Apostel diente als Rechtfertigung, wenn Kirchenobere daran Anstoß nahmen, daß man die Geschlechter nicht trennte. Waren durch die monastisch bestimmte Reformbewegung des 11. Jahrhunderts die Frauen trotz ihrer Ergriffenheit eher aus der aktiven Teilhabe an der Gestaltung des religiösen Lebens verdrängt worden, so wurde ihnen hier ihre eigene Rolle zuerkannt. Abaelard hat – obgleich auch er von einer spezifischen Schwäche des weiblichen Geschlechts überzeugt war – unter Berufung auf das Neue Testament dem Gebet der Frauen eine besondere Kraft bei den Totenfürbitten zugesprochen. Doch der Argwohn der kirchlichen Hierarchie war mit solchen Argumenten nicht zu überwinden. Um jede Versuchung und jeden böswilligen Verdacht zu vermeiden, galt es, Männer und Frauen getrennt unterzubringen. Gerade diese Auflage holte die apostolische Bewegung in den Umkreis monastischer Reform zurück. Doppelklöster, wie es sie vereinzelt, vor allem bei den Hirsauern bereits gab, sollten die Scheidung der Geschlechter ermöglichen, ohne die religiöse Gemeinschaft aufzuheben. Während der im Mönchtum entstandene Zisterzienserorden zunächst keine Frauen aufnahm und Doppelklöster lange ablehnte, waren sie für die Prämonstratenser anfangs charakteristisch, und Robert von Arbrissel legte sogar die Leitung seiner Kongregation in die Hand der Äbtissin, der er auch das Doppelkloster von Fontevrault unterstellt hatte.

Die religiöse Ergriffenheit und die größere Selbständigkeit, aufgrund derer die Frauen schon im Umkreis Gregors VII., in der Mailänder Pataria oder im Wirkungsfeld der Hirsauer in ungewohnter Weise hervorgetreten waren, wies ihnen in dem sich ausweitenden Spektrum christlicher Selbstverwirklichung überall einen neuartigen Platz zu. Hildegard von Bingen (1098–1179), bei der die Großen aus Kirche und Welt, Päpste und Könige, Bischöfe und klösterliche Konvente, Rat und Gebetsfürbitte suchten, steht mit dem Ansehen und der Ausstrahlung, die sie gewann, für eine Grundtendenz des Zeitalters. Aus der Erleuchtung, die ihr Gott eingab, scheute Hildegard sich nicht, Kirchenfürsten und selbst Friedrich Barbarossa zurechtzuweisen. Im hohen Alter, zwischen 1160 und 1170, unternahm sie aus ihrem Kloster je eine Reise nach Osten,

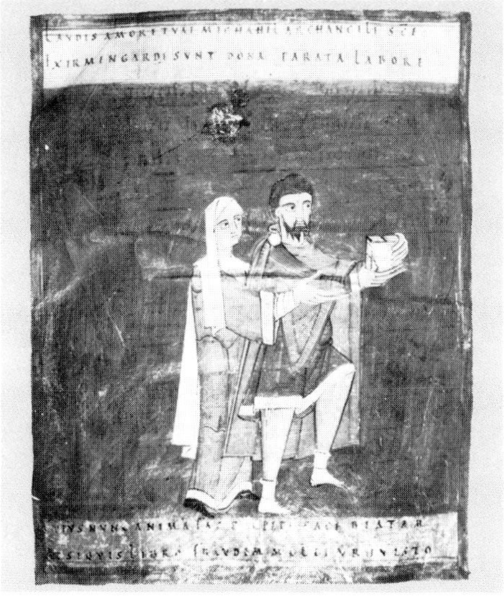

Weibliche Sorge für das Seelenheil eines auf dem Zug Leos IX. gegen die Normannen gefallenen schwäbischen Grafen: die Witwe Irmingard, Stifterin des Codex, mit ihrem Ehemann Werner als Fürbitterin vor Christus und Michael, dem »Geleiter der Seelen« zu Gott. Miniaturen in dem um die Mitte des 11. Jahrhunderts im Umkreis der Reichenauer Schule entstandenen sogenannten Irmingard-Evangelistar. Lille, Bibliothèque des Facultés Catholiques. – Meßfeier des Bischofs Sigebert von Minden: Überreichen des Kelches durch Ecclesia in Gegenwart einer Heiligen und eines Priesters. Miniatur in einem zwischen 1022 und 1036 in Westfalen entstandenen Sakramentar des Bischofs. Berlin, Deutsche Staatsbibliothek. – Vornehme Dame und der Subdiakon Hiltigerus von Erbach als Stifter eines Psalters vor dem Gnadenstuhl. Dedikationsbild in der um 1200 wohl in der Zisterzienserabtei Erbach entstandenen Handschrift. München, Universitätsbibliothek

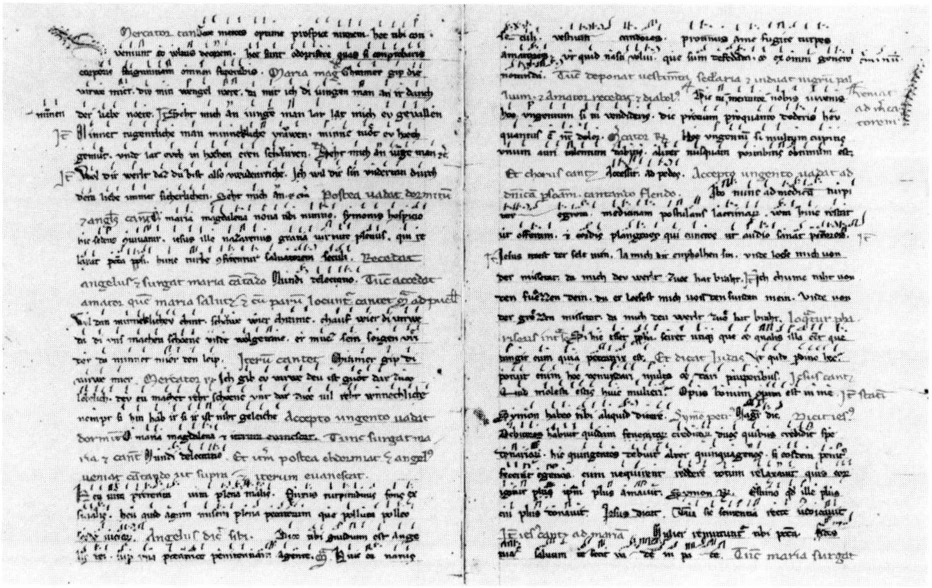

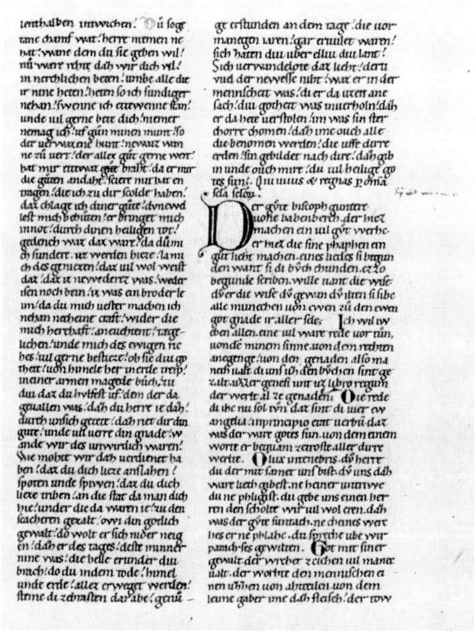

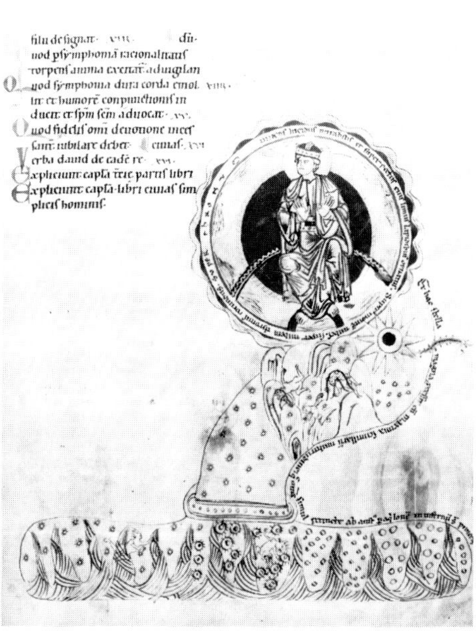

Das Benediktbeurer Passionsspiel. Zwei Seiten in der um 1230 im Kloster Benediktbeuern entstandenen Handschrift »Carmina burana«. München, Bayerische Staatsbibliothek. – Das Ezzo-Lied, ein Reimpaargedicht des Geistlichen Ezzo über den göttlichen Heilsplan. Seite mit der Einleitungsstrophe in der Ende des 12. Jahrhunderts im steierischen Augustiner Chorherrenstift Vorau entstandenen Handschrift. Vorau, Augustiner Chorherrenstift. – Der Thronende und die fallenden Sterne. Kolorierte Federzeichnung zur ersten Vision im dritten Buch der »Scivias« der Hildegard von Bingen in einer im ersten Viertel des 13. Jahrhunderts wohl im Zisterzienserkloster Salem entstandenen Handschrift. Heidelberg, Universitätsbibliothek

Westen, Norden und Süden, um den Mächtigen wie dem Volk den Willen Gottes kundzutun, und niemand fragte, ob sie als Frau dies tun dürfe.

Über das Mißtrauen vieler Kirchenmänner gegenüber dem Wirken der Wanderprediger erfährt man Genaueres nur aus Berichten über Männer, die wie Robert oder Norbert schließlich zu Ordensgründern geworden sind, für die das unstete Predigertum also lediglich eine vorübergehende Phase ihres Lebens darstellte. Diese Perspektive bringt Verzerrungen mit sich und hebt zweifellos die apostolische Wanderpredigt zu scharf von ähnlichen Bemühungen ab, die nicht die kirchliche Anerkennung fanden. Kaum später setzten nämlich die Nachrichten über Gruppen und Sektenführer ein, die von der Kirche als Ketzer eingestuft wurden. Zu vieles haben sie in Auftreten und Lehre, soweit diese aus den Polemiken kirchlicher Ankläger erkennbar ist, mit den Wanderpredigern gemein, als daß man die von verschiedenen Orten ausgehenden »Häresien« vom Wirken dieser Männer abtrennen dürfte. Das Volk überzeugten beide durch dieselben Verhaltensweisen und ähnliche Lebensmaximen: durch radikalen Verzicht auf irdischen Besitz, durch die apostolische Lebensform in der Predigt des Evangeliums.

So einheitlich die Grundtendenz im Hinblick auf Formen und Anhang der Bewegung erscheint, so unterschiedlich waren doch oft die Ausgangspunkte für die Lehre einzelner erfolgreicher Prediger. Nicht überall war der Wille bestimmend, die neu entdeckte apostolische Lebensform für die christliche schlechthin zu erklären und sie für alle verbindlich zu machen. Manchmal stand noch eine Kirchenkritik im Vordergrund, die Gregor VII. unterstützt hatte. So bestritt der in Flandern umherziehende Tanchelm die Gültigkeit der von unwürdigen Priestern gespendeten Sakramente. Als Norbert von Xanten 1124, Jahre nach Tanchelms Tod, eine Streitschrift gegen dessen Anhänger schrieb, mußte er zugeben, daß die Kritik durch unerträgliche Verhältnisse ausgelöst worden war: Habe doch der einzige Leutpriester in der Stadt Antwerpen im Konkubinat mit seiner leiblichen Nichte gelebt. Die Grenze zwischen einem religiös motivierten Reformbemühen und einer Irrlehre war für die Zeitgenossen eher noch schwerer zu ziehen als unter Gregor VII. Regeltreu im Kloster lebende Gelehrte wie Gerhoch von Reichersberg, dem 1130 Schweigegebot auferlegt wurde, erfuhren dies ebenso wie Prediger, die sich öffentlich an das Volk wandten. Bischof und Klerus von Lüttich beschuldigten den Kleriker Lambert der Ketzerei, weil er Irrlehren über Eucharistie, Taufe und Beichte verbreitet habe, weil seine Anhänger den Kirchenbesuch vernachlässigen und die Kommunion verschmähen würden. Lambert appellierte schriftlich an Papst Calixtus III. (1168–1178): Der Vorwurf werde nur erhoben, weil er rücksichtslos gegen die Sünden des Klerus gepredigt und die Laien der Stadt zu religiöser Einkehr aufgerufen habe. Indem er diese zu frommen Sonntagsgemeinden zusammenschloß, habe er durch lebendige Verwirklichung der christlichen Lehre der gefährlich wachsenden

Verweltlichung entgegenwirken wollen (H. Grundmann). Gegenüber einer solchen praktischen Beeinflussung der Laien war der Papst hier toleranter, als die kirchliche Hierarchie es gegenüber Gelehrten gewesen war, die ähnliche Bestrebungen in ihren Schriften mit theologischen und kirchenrechtlichen Argumenten unterstützten. Denn im Grunde dürfte es bei Gerhoch und Lambert um die gleiche Frage gegangen sein: um das zuchtlose Leben im Klerus, das für sie die Gültigkeit der gespendeten Sakramente in Frage stellte und damit das Seelenheil der Menschen gefährdete.

Mancherorts wurden Prinzipien der Reformzeit zu radikalen Konsequenzen weiterentwickelt. So mündete der Wille, Simonie und Verweltlichung der Kirche dauerhaft auszurotten, bei dem Regularkleriker Arnold von Brescia in die Forderung, die Kirche müsse auf Besitz, Macht und Herrschaft verzichten und der Klerus arm sein, weil er nur geistlich wirken dürfe. Arnold, der sich um 1142 auch in Zürich aufhielt, von wo ihn der Konstanzer Bischof auf Intervention Bernhards von Clairvaux vertrieb, bestritt schließlich die Rechtmäßigkeit der Konstantinischen Schenkung und bekämpfte im Bund mit der kommunalen Bewegung in Rom den Zisterzienserpapst Eugen III., in dem er nicht einen Apostel und Seelenhirten sah, sondern einen »Mann der Gewalttat, der seine Autorität mit Feuer und Schwert verteidige«. Arnold war beteiligt, als die Römer 1155 Friedrich Barbarossa aufforderten, das Kaisertum statt vom Papst aus ihrer Hand zu empfangen – was ihn letztlich aufs Schafott brachte. Was Johannes von Salisbury als kritischer Beobachter sagte, galt nicht nur für diesen »Häretiker« und seinen Anhang: »Was er lehrte, stimmte weitgehend überein mit dem Gebot der Christen, deren Leben freilich weit davon abwich.« In der Armutsforderung glich sein Protest dem der Wanderprediger, auch wenn seine Lehre mit der ihren nicht identisch war.

Gemeinsam war allen diesen Bestrebungen die ausschließliche Orientierung am Evangelium und an der Apostelgeschichte. Die Auslegung durch die Kirche hatte für sie keine Bedeutung, wenn sie den wörtlichen Sinn zu verändern schien; in Extremfällen wurde selbst das Alte Testament als teuflisches Machwerk abgelehnt. In dieser wörtlichen Umsetzung der selbstgedeuteten Gottesbotschaft, zu der sich auch Ungebildete berufen und erleuchtet fühlten, lag eine Ablehnung des herkömmlichen Kirchenverständnisses. Und doch traf sich der religiöse Eifer eines teilweise ungebildeten Volkes hier mit Tendenzen der neuen rationalen, »wissenschaftlichen« Theologie. Daß Abaelard sich anheischig machte, eine schwierige Schriftstelle nur aufgrund der Vernunft aus sich selbst zu deuten, und glaubte, dabei von der patristischen Exegese absehen zu können – das bestärkte diejenigen, die ihn wegen angemaßten Lehramts und wegen Irrlehre verurteilt sehen wollten. In der wissenschaftlichen Annäherung an die Wahrheit der Heiligen Schrift wie bei der Suche nach dem christlichen Leben traten Menschen der göttlichen Offenbarung ohne vermittelnde Instanz gegenüber, versuchten das Wort allein aus der ihnen von Gott gegebenen Einsicht zu verstehen. Vor allem hieraus ist die Vielfalt neuer religiöser Gemeinschaften – innerhalb und außerhalb der Kirche – entstanden. Die unmittelbare visionäre Eingebung enthüllte Hildegard von Bingen den Sinn der Schrift und die Geheimnisse der Weltschöpfung, und auch solche Formen der Erleuchtung durch Gott erhielten im religiösen Leben der lateinischen Christenheit ein zunehmendes Gewicht.

Im Suchen nach wahrhaftem Christentum faßten auch fester gefügte Sekten aus der Ostkirche im Abendland Fuß. In Köln wurde 1143 eine Gruppe verhört und verbrannt, die ihre Lehre aus Griechenland empfangen hatte. Der diesbezügliche Briefbericht des Prämonstratenserpropstes Everwin von Steinfeld an Bernhard von Clairvaux ist das früheste Zeugnis für das Auftreten von Katharern im Westen. Sie waren überzeugt, nur bei ihnen sei die wahre Kirche, da sie wie die Apostel Christi Spuren folgten. Sie hatten einen eigenen Bischof, die Gemeinde war gegliedert in Hörende, Gläubige und Erwählte, zu denen auch Frauen gehörten. Bei ihrem Verhör beriefen sie sich allein auf Worte Christi und der Apostel, und nur wenn man ihre kundigsten Lehrer widerlege, wollten sie ihren Überzeugungen abschwören. Die erregte Menge brachte den Ketzerbischof und seine Anhänger gegen den Willen des Klerus auf den Scheiterhaufen. Zwanzig Jahre später wurden in Köln erneut Anhänger der Sekte verbrannt. Hildegard von Bingen kam selbst an den Niederrhein, um die Kölner zum Kampf gegen die »manichäische« Irrlehre aufzurufen: »Ihr seid eine Nacht, die Finsternis atmet, ein träges Volk, das aus Überdruß nicht im Lichte wandelt! Weshalb duldet ihr, daß die Verführer unter euch wohnen?... Weist die Gottlosen von euch, jagt sie hinweg, damit eure Gemeinde und Stadt nicht zugrunde geht!« Dreißig Ketzer, die aus dem Rheinland stammten, wurden 1166 auf einer Synode in Oxford verurteilt. Gebrandmarkt setzte man sie auf die Straße und gab sie dem Hungertod preis.

Während die Zeit der kirchlich anerkannten Wanderpedigt nach 1120 zu Ende ging, verstärkte sich im 12. Jahrhundert der Zulauf zu den als häretisch deklarierten Sekten. Wo sollten Menschen, die Gott suchten und doch Laien in ihrem Lebenskreis bleiben wollten, die apostolische Lebensform finden? Robert von Arbrissel oder Norbert von Xanten hatten mit ihren Klostergründungen die religiöse Bewegung in die Ortsfestigkeit, Weltabgeschiedenheit und Geschlechtertrennung der herkömmlichen Kirchenzucht zurückgelenkt. Norbert hatte zur Enttäuschung vieler Anhänger die Würde des Erzbischofs von Magdeburg angenommen und sich dort, wiewohl er barfuß in die Stadt eingezogen war, bald als herrischer Kirchenfürst erwiesen. Schon 1137 beschlossen die Prämonstratenser, die Doppelkonvente zu trennen; später nahmen sie überhaupt keine Frauen mehr in ihren Orden auf. Diejenigen, die die Nachfolge Christi in den neuen Orden suchten oder deren Wirken durch reiche Spenden förderten, kamen wohl vielfach aus einem anderen Milieu als der unstete Anhang der Wanderprediger. In Deutschland erfolgte die Ausbreitung der Prämonstratenser wie der Zisterzienser zunächst weitgehend auf Initiative von Bischöfen und Adeligen und wurde aus ihrer Umgebung unterstützt – etwa durch bischöfliche Ministerialen, die Güter stifteten und selbst in die Klöster eintraten. Außerdem waren die kirchlichen Oberen kaum noch bereit, die freie Predigt zu erlauben. Wer sich bloß durch religiöse Bewährung in der Apostel-Nachfolge dazu ermächtigt fühlte, ohne das entsprechende kirchliche Amt zu bekleiden, galt ebenso als Ketzer wie der, dessen Lehre und Wirken andere zu einer Lebensweise führten, die der kirchlichen Ordnung widersprach. So jedenfalls, nicht durch theologische Disputation, glaubte Bernhard von Clairvaux die Grenzlinie zwischen Rechtgläubigkeit und Häresie ziehen zu können – der große Zisterzienserabt, den man, wäre er nicht streng in die Ordensgemeinschaft eingebunden gewesen, in vieler Hinsicht neben die wandernden Prediger eines apostolischen Lebens stellen könnte.

Mit dreißig Männern, die er in seinem Bekanntenkreis bekehrt hatte, darunter sechs seiner Brüder und ein Onkel, war der adelige Bernhard 1112 in die Mönchsgemeinschaft von Cîteaux eingetreten. Als Eremitengemeinschaft, die Robert von Molesmes 1098 ins Leben gerufen hatte, war das Kloster entstanden. All das, was beim herkömmlichen Mönchtum, nicht zuletzt demjenigen des benachbarten Cluny, nicht mit dem ursprünglichen Vorsatz übereinzustimmen schien, sollte von hier verbannt sein. Nicht von Grundrenten oder Herrschaftsrechten, nicht von den Zinsen abhängiger Bauern und den Zehnten der Eigenkirchen wollten die Mönche leben, sondern von dem, was sie selbst dem Boden abrangen, auf dem sie sich niederließen. Ein regelstrenges Leben in Weltentsagung und apostolischer Armut, unter Verzicht auf Annehmlichkeiten, die in anderen Klöstern üblich geworden waren, sollte die Anleitung Benedikts nicht nur dem Buchstaben, sondern auch ihrem wahren Sinn nach erfüllen. Vernunft und göttliche Autorität, die sich in der Regel des Mönchsvaters verbunden hatten, nicht irgendwelche Interpretationen oder Gewohnheiten sollten Grundlage des Klosterlebens werden. »Das neue Kloster« nannten die in Cîteaux Lebenden deshalb ihre Gemeinschaft.

Sie war noch klein, als Bernhard mit seinen Gefährten eintrat, doch schon 1113 wurden in La Ferté, 1114 in Pontigny Tochterklöster gegründet. 1115 wurde Bernhard mit einigen Mönchen in ein Waldgebiet der Diözese Langres geschickt, um ein neues Kloster zu errichten. Er nannte es »Clara Vallis«, das leuchtende Tal. Im selben Jahr kam mit Morimond das vierte Tochterkloster von Cîteaux hinzu, das wie die anderen als Primarabtei zum Mutterkloster vieler weiterer Konvente wurde. In Deutschland waren die frühen Zisterziensergründungen zumeist Filiationen von Morimond.

Neben der Faszination, die von der religiösen Strenge der Zisterzienser ausging, sicherten zwei Dinge ihren Erfolg: die neuartige Organisation im Orden und die rationelle Wirtschaftsführung der Klöster, die sich aus dem Prinzip des Verzichts auf Grundrenten und Herrschaftseinkünfte entwickelte. Die Maxime »eigenhändige Arbeit, Ackerbau und Viehzucht«, unter die man das Leben in Cîteaux gestellt hatte, und die Bereitschaft, Entbehrungen auf sich zu nehmen, dazu der Verzicht auf eine eigentliche Klosterherrschaft, machten die Zisterzienser zu idealen Partnern für Herren, die durch Landesausbau ihre Macht vergrößern, ihr Herrschaftsgebiet intensiver durchdringen wollten. Zwar zeigte sich auch bei den Zisterziensern bald, daß die Mönche, die den liturgischen Dienst verrichten sollten, nicht gleichzeitig Handarbeit für ihren Lebensunterhalt leisten konnten. Das intensive Chorgebet war jedoch für die Stifter der Klöster unverzichtbar, denen es, wie in vielen Urkunden betont wurde, um Vermehrung des Gotteslobs und um die Sorge für das eigene Seelenheil ging. Mit Hilfe der Laienbrüder, die nicht am ständigen Chorgebet teilnehmen durften, vor allem aber durch den Einsatz von Lohnarbeitern, die hier erstmals im Mittelalter als eigene Gruppe genannt werden, wahrten die Zisterzienser das Prinzip der Eigenbewirtschaftung – freilich unter einer immer deutlicher hervortretenden Preisgabe seines ursprünglichen Sinns. Stärker als andere Gemeinschaften drängte der Orden Bernhards schon im 12. Jahrhundert in das städtische Wirtschaftsleben und mehrte selbst durch Darlehensgeschäfte den Reichtum seiner Konvente.

Neu war im christlichen Mönchtum die Verfassung, die sich die Zisterzienser gaben, kaum daß die ersten Tochtergründungen erfolgt waren. In allen Konventen sollte die Regel Benedikts ohne jede Abweichung in den genau gleichen Lebensformen erfüllt werden. Um dies zu sichern, hielt man in Cîteaux jährliche Generalkapitel ab, zu denen die Äbte sämtlicher Zisterzienserklöster kommen mußten, und einmal im Jahr sollten die Vorsteher der Primarabteien alle Klöster ihrer Filiationskette aufsuchen. Vor dem Generalkapitel konnten auch Anklagen aus den Konventen gegen den eigenen Abt vorgebracht werden. Die Kontrolle und nötigenfalls sogar die Absetzung des Abtes von Cîteaux war in die Verantwortung der Äbte von La Ferté, Pontigny, Clairvaux und Morimond gestellt. Das Leben in Cîteaux sollte stets und in allen Einzelheiten als Vorbild für die Klöster des Ordens dienen.

Im Orden war das einzelne Kloster einer Kontrolle und Reglementierung unterworfen, die Eingriffe fremder Kräfte zur Aufrechterhaltung der Disziplin überflüssig machten. In diesem Ziel blieb der Ordensgedanke den Bestrebungen der monastischen Reform des 10. und 11. Jahrhunderts verpflichtet. Er verließ aber ein Prinzip, das für das Verständnis des Mönchtums bei Benedikt von Nursia konstitutiv war: die Autonomie und Autarkie der einzelnen klösterlichen Gemeinschaft. Daß diese Abweichung vom Geist des altbenediktinischen Mönchtums gerade von den Zisterziensern konsequent vollzogen wurde, deren ängstliche Bindung an den Buchstaben der Regel schon im 12. Jahrhundert viele kritisch notierten, verrät das Wirken von Vorstellungen und Kräften, die ihre Stärke zweifellos nicht allein aus dem Mönchtum bezogen. Doch die Ordensverfassung sicherte das, was die Förderer des Mönchtums von den Klöstern erwarteten: das helfende, erlösende Gebet durch dauerhaften Bestand eines strengen, regeltreuen Lebens.

Trotz des anderen Ausgangspunktes mündete auch die Wirksamkeit Norberts von Xanten in die Gründung eines Ordens, der sich rasch ausbreitete und dessen Klöster großen Reichtum gewannen. Schon Zeitgenossen haben Bernhard und Norbert nebeneinandergestellt und die beiden als fruchttragende Bäume im Garten der Kirche gepriesen, ja als Cherubim, die mit den Flügeln die Kirche unter ihren Schutz nehmen (K. Elm). In diesem Lob drückte sich eine Anerkennung für ihre entscheidende Parteinahme im Schisma von 1130 aus, die viel zur raschen Anerkennung des Papstes Innozenz II. beitrug, doch der Vergleich hatte vor allem die Ordensgemeinschaften im Blick, als deren Gründer sie galten. Hatten im Zisterzienserorden die Bemühungen um ein reines und strenges Mönchtum benediktinischer Tradition ihren Gipfel erreicht, so gaben die Prämonstratenser den Reformtendenzen im Regularklerus eine neue und feste Form. Wie dort die Regel des »Mönchsvaters«, so gab hier die dem heiligen Augustinus zugeschriebene Regel für die Chorherrengemeinschaften das Grundgesetz, das dann durch präzisierende und weiterführende Bestimmungen zur eigentlichen Ordensregel ausgestaltet wurde. Armut, Ehelosigkeit und Gehorsam, brüderliche Liebe in der klösterlichen Gemeinschaft, gemeinsames Gebet und Gotteslob standen auch bei den Prämonstratensern im Zentrum des Gelübdes. Da diese ihre Konvente als Priestergemeinschaften konzipierten, gehörte bei ihnen Seelsorge zu den vornehmsten Aufgaben. Hier herrschten Mißstände, die Gerhoch von Reichersberg, der selbst ein Vorkämpfer für das gemeinsame Leben des Weltklerus war, aber die monastische Lebensform der Prämonstratenser für die Kanoniker als unangemessen ablehnte, 1126 scharf angeprangert hat. Die höheren Geistlichen ließen ihre priesterlichen Pflichten durch billig bezahlte Vikare wahrnehmen, behielten aber die Einnahmen der einträglichen Pfründen, die man rechtlich als »Gut der Armen« betrachtete, für sich. Gerhoch sah in dieser Trennung von Einkünften und Amt eine Form der Simonie. Neben der Lebensführung des Klerus gab dieses Stellvertreterwesen auch Laien Anlaß zur Kritik an der Kirche, der die Prämonstratenser begegneten. Insbesondere jenseits der Elbe wurden sie in Seelsorge und Mission tätig, anfangs begünstigt durch die Tatsache, daß Norbert zum Erzbischof von Magdeburg (1126–1134) erhoben worden war und den ganzen slawischen Osten seiner Metropolitangewalt unterwerfen wollte. Das Stift Unser Lieben Frau in Magdeburg sowie die Domstifte von Brandenburg, Havelberg und Ratzeburg gehörten dem Prämonstratenserorden an, aus dem auch deren Bischöfe Wigger, Anselm und Evermod hervorgegangen sind.

So viel der Prämonstratenserorden Norbert verdankte, so wenig kann der ehemalige Wanderprediger als Urheber der Ordensverfassung gelten. Diese ist vor allem das Werk Hugos von Fosses, dem Norbert nach seinem Weggang Prémontré anvertraut hatte. Im Unterschied zu den Zisterziensern behielt jedes Prämonstratenserkloster volle Autonomie, und die Prämonstratensermönche gehörten stets einem bestimmten Kloster an. Die Generalkapitel, anfangs jährlich in Prémontré zur Regelung gemeinsamer Fragen abgehalten, fanden bald nur noch in unregelmäßigen Abständen statt. Hierher rührt eine Vielfalt der Lebensgestaltung, die bei den Zisterziensern nicht zu finden ist. Daß der Abt eines Klosters abgesetzt werden konnte, sah die Ordensverfassung der Prämonstratenser nicht vor.

Man könnte fragen, ob die losere Zusammenfassung der Prämonstratenser nicht eine Folge der Tatsache war, daß die deutschen Klöster im Orden von Anfang an ein großes Gewicht besaßen. Denn keine der zahlreichen Ordensgründungen des 12. Jahrhunderts hat vom Boden Deutschlands ihren Ausgang genommen. Noch weniger als Norbert kann Bruno von Köln (1101 gestorben), der sich als Domscholaster aus Reims zurückgezogen hatte und 1084 in Chartreux bei Grenoble eine Einsiedelei bezog, bald von vielen Schülern umgeben, dann 1091 in Kalabrien eine neue Eremitengemeinschaft gründete, als Schöpfer des Kartäuserordens gelten. Dieser wurde erst nach Brunos Tod von den in der »Kartause« zurückgebliebenen Schülern eingerichtet und nahm, von den 1116 aufgezeichneten Consuetudines ausgehend, nur langsam Gestalt an. In Frankreich wurden damals weitere Orden gegründet, darunter der von Grammont, der seinen Mitgliedern den Status von Laien, die sich dem evangelischen Armutsgebot unterworfen hatten, trotz der klösterlichen Lebensform erhalten wollte. Seine Anfänge liegen um 1080/81, und die Bestrebungen ähneln dem, was die bekehrten »Räuber« im flandrischen Afflighem zu verwirklichen suchten. Doch während sich die Grammontenser im Verlauf des 12. Jahrhunderts eine feste Ordensregel gaben, blieb der Neuansatz in Afflighem trotz der Anerkennung, die er zunächst gefunden hatte, isoliert.

Es waren die organisierten Orden, deren Ausbreitung das religiöse Leben in Deutschland immer mehr bestimmte. Diese begann zwischen 1120 und 1130, erreichte aber zunächst nicht das Ausmaß, das für die Vermehrung der Klöster in Frankreich kennzeichnend ist. Unter Abt Bernhard wurden allein von Clairvaux aus 60 Zisterzienserklöster gegründet, die bei seinem Tod im Jahr 1153 bereits 75 Tochterklöster besaßen, aus denen nochmals 22 weitere Abteien hervorgegangen waren. Von ihnen lagen nur Eberbach und Schönau auf deutschem Boden, während Morimond hier etwa 20 Töchter- und Enkelklöster besaß. Zum Orden zählten damals 344 Konvente. Für den Erfolg der Prämonstratenser war es von großer Bedeutung, daß Norbert 1121 mit Gottfried von Cappenberg den Angehörigen eines angesehenen Adelsgeschlechts bekehren konnte, der mit Frau,

Bruder, Schwester und vielen Untergebenen die apostolische Lebensform annahm. Doch man darf nicht übersehen, daß um 1150 den nicht in einem Orden zusammengefaßten Regularkanonikern, welche die Reform im einzelnen Konvent verwirklichen wollten, noch mehr Klöster zugeordnet werden können als den Zisterziensern und Prämonstratensern zusammen; die noch einmal stark wachsende Zahl der cluniacensisch geprägten Klöster, die von Hirsau, St. Blasien, Siegburg und anderen Zentren her reformiert worden waren, lag ebenfalls höher.

Das religiöse Leben war im 12. Jahrhundert erheblich vielfältiger geworden als zuvor. Seine Bereicherung und Öffnung erhielt es nicht zuletzt dadurch, daß Menschen sich von den Fragen, die Leben und Lehre Christi an ihr Leben stellten, nun persönlicher betroffen fühlten und sich häufiger als früher vor die Notwendigkeit gestellt sahen, selber zu suchen und zu entscheiden. Dies konnte sie freilich in Kollision mit der Kirche bringen. Die Kirche war jetzt nicht mehr einfach die Christenheit in einem alle Gläubigen, Kleriker und Laien, umfassenden Sinn. Auch wo diese weitere Bedeutung mitschwang, meinte der Begriff »Ecclesia« das, was man im Investiturstreit als geistliche Gewalt vom Laientum abgegrenzt hatte; das heißt: Man konnte »Kirche« nun fast mit »Sacerdotium« gleichsetzen. Nur der Klerus repräsentierte sie, der als Ganzes hierarchisch auf das Papsttum als seine Spitze hingeordnet war. Am päpstlichen Hof hatte sich die Kurie zur zentralen Behörde dieser Institution »Kirche« entwickelt, und auf vielfache Weise ließ das Papsttum durch unmittelbare Präsenz die beanspruchte Vollgewalt im ganzen Abendland spüren. Der Satz »Was mit der römischen Kirche nicht übereinstimmt, ist häretisch«, der im Zeitalter Gregors VII. verbreitet worden war, wurde immer mehr auch auf Einzelheiten der Lehre und der Lebensform bezogen und entfaltete damit seinen zentralisierenden und disziplinierenden Sinn. Jeden Problemfall konnte die römische Kirche an sich ziehen; die Appellation nach Rom stand jedem offen, und der Weg wurde immer häufiger beschritten, auch wo Episkopat oder Königtum sich dagegen zu wehren versuchten. Die um einzelne Lehrmeinungen angestrengten »Theologenprozesse« des 12. Jahrhunderts zeigen, wie wichtig es für den Ausgang des Verfahrens war, wer den Papst zuerst in welchem Sinn informiert hatte.

Seit der Zeit des Reformpapsttums hatte die römische Kurie die Rechtsgrundlagen für ihren hierarchischen Anspruch gesichert und ausgebaut. Hatte man unter Gregor VII. noch einzelne Rechtssätze aus der schwer zu überschauenden, in sich nicht widerspruchsfreien Tradition gesammelt, welche die römischen Ansprüche stützten, so begann man nun allmählich, das überlieferte Kirchenrecht systematisch zu ordnen: die Beschlüsse von Konzilien und Synoden, die Dekrete der früheren Päpste. Der Magister Gratianus, ein Mönch aus dem eremitischen Camaldulenserorden, der in Bologna Kirchenrecht lehrte, schuf mit seiner »Concordantia discordantium canonum«, später das »Dekret Gratians«

genannt, die erste systematische Zusammenstellung, die auch das Gewicht der einzelnen Bestimmungen nach dem Grad ihrer Autorität zu messen versuchte. Sein Werk ist zu einer Art erstem Gesetzbuch der Kirche geworden, das Gregor IX. 1232 um eine Sammlung aller neueren Erlasse erweiterte. Auf Gratian haben die Päpste der Folgezeit in ihrer Gesetzgebung aufgebaut, indem sie die dort gesammelten Bestimmungen durch neue Dekretalen ergänzten und ausbauten. In der Beseitigung von Widersprüchen und der Klärung vieldeutiger Aussagen gewann der päpstliche Anspruch auf ein Gesetzgebungsrecht erst seine volle Kraft. Man kann die Geschichte der Kirchenreform durch den Hinweis auf die verschiedenartigen Kreise akzentuieren, denen die Päpste seit der Zeit Heinrichs III. entstammten. Auf die Reichsbischöfe in der Mitte des 11. Jahrhunderts sind die Mönchspäpste des Gregorianischen Zeitalters gefolgt; 1120 begann eine Reihe von Päpsten, die der Regularklerikerbewegung entstammten, ehe mit Eugen III. (1145–1153) ein Zisterziensermönch Papst wurde. Der 1159 erhobene, von Friedrich Barbarossa lange nicht anerkannte Alexander III. war der erste Jurist auf dem Papststuhl, und ihm sind bis zum Ausgang der Stauferzeit fast nur noch Juristen gefolgt. Dies entsprach der institutionellen Entwicklung, welche die Kirche nicht schon unter dem Reformpapsttum, sondern erst mit der Verwirklichung der damals erhobenen Ansprüche während des 12. Jahrhunderts genommen hat.

Mit der Differenzierung und Vielfalt des religiösen Lebens im 12. Jahrhundert wurde Rom das eigentliche Zentrum des kirchlichen Lebens. Die Belehrung der Christen durch das Priestertum erhielt von dorther ihre Ausrichtung. Über die bischöfliche Gewalt hinweg griff der päpstliche Einfluß gegebenenfalls bis in das Leben der Pfarrgemeinden ein. Die alten Großpfarreien sind im Laufe des 12. Jahrhunderts endgültig verschwunden, und die Tendenz, das Pfarrsystem mit den Siedlungsgemeinschaften zur Deckung zu bringen, ist, wenngleich sie nicht überall verwirklicht wurde, unverkennbar. Im System der Landarchidiakonate, das sich damals endgültig durchsetzte, war auch hier eine Erfassung und Kontrolle garantiert.

Das, was die Gemeinde in den Predigten der Pfarrgeistlichkeit hörte, wies den meisten Menschen den Weg zur christlichen Lebensführung. Selbst mit Jenseitsvisionen wurden sie gemahnt, der Lehre des Pfarrers zu folgen. Im Jahr 1189 hatte der Bauer Gottschalk aus dem holsteinischen Dorf Harrie bei Neumünster ein Erlebnis, das seine Zeitgenossen faszinierte. Man hatte ihn mit anderen Bauern aufgeboten, für Heinrich den Löwen, der aus dem Exil zurückkehrte, kaum daß sich Friedrich Barbarossa auf dem Kreuzzug ins Heilige Land befand, die Burg Segeberg zu belagern. Gottschalk wurde krank. Am 20. Dezember verließ die Seele seinen Körper und kehrte erst am 24. in ihn zurück. Zwei Engel geleiteten sie zu einer großen Linde, unter deren weitausladenden Ästen von allen Seiten stille Gestalten zusammenströmten. Es waren die Seelen Verstorbener. Vierzehn von ihnen gab ein Engel je eines von den vielen Paar Schuhen, die in der Linde hingen, weil sie in ihrem Leben Werke der Barmherzigkeit an ihren Nächsten geübt oder, wenn sie dazu nicht in der Lage waren, wenigstens den guten Willen dazu gehabt hatten. Die übrigen, etwa hundertzwanzig an der Zahl, mußten barfuß den Weg über eine zwei große Meilen breite Dornenheide antreten. Die Wanderer stürzten vor Qualen und wurden am ganzen Leib zerfetzt, während die Schuhträger keine Schmerzen empfanden. Den Leidenden wurde vorgehalten: »Dieses Elend habt Ihr Euch verdient, da Ihr Euch den Geboten Gottes und den Lehren der Priester nicht gefügt habt.« Fünfundzwanzig Seelen waren daraufhin entsühnt und wurden geheilt. Dann gelangte der Zug an einen Fluß, der mit unzähligen eisernen Klingen, Schwertern, Lanzen und Spießen bestückt war. Während die übrigen Gestalten im Eisenfluß fast bis zum Atom zerfasert wurden, wurden die Entlasteten von Balken unversehrt hinübergetragen. Die Hilfe war, wie der Engel Gottschalk erklärte, jenen zuteil geworden, die im Leben gemeinnützig gehandelt hatten, indem sie Wege befestigten, im Sumpf Dämme aufwarfen, Brücken bauten oder reparierten. Nach Überquerung des Eisenflusses wurden auch die bis zur Unkenntlichkeit zerfleischten Büßer wiederhergestellt. Jetzt waren alle entsühnt, bis auf sechs, darunter ein besonders schwer Belasteter, der der traurigen Restgruppe als »Einzelgänger« hinterherschlich. Der Zug kam an eine Kreuzung, wo fünf der Seelen den direkten Weg zur Rechten in den Himmel nehmen durften, während der Großteil einer schönen mittleren Straße folgte. Die noch nicht entsühnte Sechsergruppe mußte nach links zum schrecklichen Ort der Feuerqualen, wo Gottschalk manchen vornehmen Holsten in der teuflischen Glut erkannte. Nur zwei der verbliebenen Sechs wurden nach schrecklichen Qualen hier noch entsühnt und erreichten mit dem von Engeln geleiteten und geschützten Gottschalk auf der Mittelstraße diejenigen, die zu dem schönen Zwischenort geführt wurden, an dem sie die Ewigkeit erwarten durften. Den sechs Schwerbelasteten war vom Begleitengel erneut vorgehalten worden: »Ihr habt das Wort des Herrn von Euren Priestern vielfach gehört, doch Ihr wolltet es nicht begreifen und wolltet nicht Gutes tun; Ihr habt gehört, aber nicht gehandelt.« Jammernd antworteten sie: »Was die Priester an Zeugnissen vortrugen, kam uns unglaubwürdig vor, denn sie sprachen von unsichtbaren Dingen. Wir erfreuten uns aber nur an sichtbaren und kamen gar nicht auf den Gedanken wie Hoffnung auf ewige Güter, noch hatten wir Angst, in Verderbnis zu geraten.« Doch der Engel blieb unerbittlich: »Immer wieder sind Euch von den Priestern die Zeugnisse Gottes glaubhaft vorgetragen worden. Ihr aber wolltet nicht verstehen« (W. Lammers).

Die wunderbaren Erlebnisse Gottschalks, die unmittelbar danach von zwei verschiedenen Zeugen aufgezeichnet wurden, zeigen, wie die Lehren des Pfarrklerus in ihren Gemeinden wirken sollten. Barmherzigkeit am Nächsten und

Einsatz für die anderen standen im Vordergrund dessen, was wohl gepredigt wurde; es waren jedoch die Tugenden, die man offensichtlich am wenigsten beachtete. Nur sechs Menschen aus dem großen Zug mußten sich wegen anderer Verfehlungen verantworten. Sie hatten nicht an eine jenseitige Welt glauben wollen, die sich ihren Sinnen entzog, und deshalb Gottes Gebote überhört. Doch wenn fünf Seelen den direkten Weg zum Himmel nehmen durften, heißt dies, daß andere die Gelegenheit zu individueller Selbstheiligung ergriffen haben, für die das 12. Jahrhundert eine neue Vielfalt von Möglichkeiten bot.

Glauben und Wissen

Im religiösen Aufbruch des späten 11. Jahrhunderts verbanden sich die Suche nach der richtigen Lebensform und die Frage nach der gültigen Wahrheit in einer Weise, welche die Menschen den Glaubenswahrheiten und den anerkannten Lehrautoritäten in einer veränderten Haltung gegenübertreten ließ. Für den Oberitaliener Anselm (1109 gestorben), der zunächst Schüler seines Landsmannes Lanfranc im Kloster in der Normandie, dann dort selbst Lehrer war und schließlich Erzbischof von Canterbury wurde, war vor der Glaubenswahrheit kein Verzicht auf die Ratio gefordert, sondern der Glaube weckte gerade das Verlangen nach einem Verstehen, nach einem Nachvollzug des Glaubensaktes auch durch die menschliche Vernunft. Anselm war – wie von da an viele Theologen im Abendland – davon überzeugt, daß man auch gegenüber einem Juden oder Muslim, bei denen man ja den Glauben als Weg zur Gotteserkenntnis nicht voraussetzen konnte, durch Vernunftargumente die Wahrheit des Christenglaubens, die Inkarnation Gottes, dartun müsse. Wie aber kann menschliche Vernunft das erschöpfend nicht zu Begreifende dennoch in Begriffe fassen? Anselm war einer der ersten, der nach dem einen, unwiderlegbaren Argument für die Existenz Gottes suchte und so die schließende Ratio in den Dienst der Gotteserkenntnis stellte. Und obschon bald andere Gelehrte auftraten, die seine Argumentation für unzureichend hielten, wurde die Frage des Gottesbeweises doch von da an zu einem zentralen Problem der abendländischen Theologie, das man in immer neuen Anläufen zu lösen versuchte.

Freilich wandte man sich solchen Problemen nicht deshalb zu, weil die Existenz Gottes bezweifelt wurde. Vielmehr wurden die Vorgänge des Begreifens, Verstehens, Glaubens selbst zum Gegenstand des Nachdenkens. Man glaubte wissen zu müssen, woher ein Mensch Gewißheit über das erlangen kann, was weder für seine Sinne noch für seinen Verstand ganz faßbar ist. So beginnt im späten 11. und frühen 12. Jahrhundert mit einer neuartigen Theologie, eingebettet in die Diskussion ihrer Fragen, ein Nachdenken über menschliche

Erkenntnis, welches diese Zeit als Beginn einer neuen Epoche in der Geschichte der Philosophie erscheinen läßt.

Die Auseinandersetzungen des gregorianischen Zeitalters hatten den Menschen bewußtgemacht, daß nicht alles, was man bisher nebeneinander tradiert und geglaubt hatte, ohne weiteres miteinander vereinbar war, ja daß sogar unterschiedliche Auffassungen – wie etwa bei der Zwei-Schwerter-Lehre – aus den gleichen Bibelstellen oder Väterschriften begründet werden konnten. Gelehrte suchten nach Möglichkeiten, solche Widersprüche zu klären. Ein Schüler Anselms in Bec, der ebenfalls Anselm hieß und von etwa 1080 bis 1117 in Laon als einer der berühmtesten Lehrer im Abendland aus allen Ländern aufgesucht wurde, sah in solchen voneinander abweichenden Aussagen nur scheinbare Gegensätze. Durch begriffliche Unterscheidungen und eine differenzierende Interpretation versuchte er, sie aufzulösen. Seine Methode der Schriftauslegung wurde wegweisend für die frühscholastische Theologie. Doch Jüngere wie der scharfsinnige Peter Abaelard (1142 gestorben) hatten für diese noch ganz auf die Autoritäten und deren Interpretation orientierte Lehre nur Spott übrig: »Seine Wortgewandtheit war erstaunlich, doch der Sinngehalt armselig und unbegründet. Wenn er ein Feuer entzündet, füllt er sein Haus mit Rauch, anstatt es mit Licht zu erleuchten.« Abaelard suchte die Widersprüche, weil sie Fragen provozierten, die den Weg zur Erkenntnis eröffneten. Zu ihr gelangte man nicht durch die Kommentierung von Autoritäten, sondern aufgrund methodisch richtiger Fragestellung und Problemlösung. Die Voraussetzung hierfür war, die Gesetze des Sprechens und Begreifens, die Struktur des menschlichen Intellekts zu erfassen und dessen Grenzen bei der Erkenntnis der Wahrheit zu reflektieren. Darin lag ein neuartiges Vertrauen in die Möglichkeiten einer denkerischen Durchdringung theologischer Probleme. »Ich befaßte mich damals zuerst damit, die Grundlagen unseres christlichen Glaubens durch Analogien aus dem Gebiet der menschlichen Vernunft zu erläutern, und verfaßte eine theologische Abhandlung ›Über die göttliche Einheit und Freiheit‹ für meine Studenten. Diese begehrten eine verständliche philosophische Beweisführung und wollten Begreifbares hören, nicht bloße Worte... Man könne erst etwas glauben, wenn man es zuvor begriffen hätte«, berichtet Abaelard selbst in seiner »Leidensgeschichte«. Grammatik und Dialektik, wie man damals sagte, Sprachlogik und Erkenntnisreflexion wurden die Basis rationaler Beweisführung, die als Vernunftargumentation nachvollziehbar sein sollte.

Anselm von Canterbury, Anselm von Laon, Abaelard – das sind nur drei von vielen Namen, mit denen der Neuansatz in der Theologie und die »Renaissance der Wissenschaften im 12. Jahrhundert« zu kennzeichnen sind. Die Frage nach dem Vorgang des Verstehens und Erkennens führte zur Neubegegnung mit der griechischen Philosophie, mit Platon und Aristoteles, deren Werke im Dienst der Theologie einen neuen Einfluß auf Denken und Philosophieren im mittelalterlichen Abendland gewannen. Im griechischen und vor allem im islamischen Kulturkreis suchte man nach ihren Schriften, die man im Abendland nur noch zum geringen Teil kannte, und übersetzte selbst die Kommentare arabischer Gelehrter zu Aristoteles ins Lateinische. Vor allem die Schriften waren gefragt, die sich mit den Bedingungen der Erkenntnis, etwa mit dem Verhältnis der Begriffe zu den Dingen, befaßten. Denn darin fand man Anregung und Bestätigung für die eigenen Bemühungen, Gott und die Welt zu verstehen.

Otto von Freising zählt auf, was man den sechs Büchern der aristotelischen Logik verdankte: »Das erste (die ›Kategorien‹) handelt von den einfachen Begriffen, das zweite (›Peri hermenaias‹) von den Sätzen, das dritte (die ›Erste Analytik‹) von der für die Schlußfolgerung geeigneten Verknüpfung der Sätze, das vierte (die ›Topik‹) von den Methoden, das heißt vom Weg des Schließens, das fünfte (die ›Zweite Analytik‹) von der Schlüssigkeit des Beweises und das sechste (die ›Elenchi‹) von den Mitteln, sich vor sophistischen Trugschlüssen zu sichern, um so den vollkommenen Philosophen umfassend zur Wissenschaft nicht nur der Wahrheitserkenntnis, sondern auch der Vermeidung von Irrtümern anzuleiten.« Die »schulmäßige« Behandlung der Probleme durch aufgliedernde Fragestellung und rationale Erörterung, die »Scholastik«, brachte nicht nur eine neue Theologie hervor, vielmehr kennzeichnet sie die Anfänge einer für den abendländischen Kulturkreis spezifisch werdenden Rationalität.

In der monastischen Spiritualität verwurzelte Geister verfolgten die intellektuellen Veränderungen, die sich in ihrem Jahrhundert vollzogen, mit zunehmender Besorgnis über die Gefahr, die den Menschen und ihrem Heil daraus erwachsen könnte. Selbst wenn keine Irrlehren formuliert wurden, konnten doch Verführungen zu falschem Leben und Denken von hier ihren Ausgang nehmen. »Dieser Mann sieht nichts ›nur rätselhaft und wie in einem Spiegel‹, sondern alles gleich ›von Angesicht zu Angesicht‹«, entsetzte sich Bernhard von Clairvaux (1091 bis 1153) über Abaelard und wandte sich gegen die Wortneubildungen der scholastischen Fachterminologie, die sich rasch von der Sprache der Bibel und der Kirchenväter entfernte, deren Verständnis allein Wissenschaft zu dienen hatte. Wie er dachten damals viele unter den Mönchen und Regularklerikern, deren Wirkung im Geistesleben ihrer Zeit nach der Verbreitung ihrer Schriften nicht geringer war als die der von ihnen kritisierten Neuerer. Aber auch diese Zeitströmung, die man der Scholastik als »Monastik« gegenübergestellt hat (W. von den Steinen), setzte sich in neuer Weise mit dem alten Glauben auseinander, und mancher ihrer Vertreter besaß durchaus das geistige Rüstzeug, das die neuen Schulen vermittelten. Doch ihre Haltung wurzelte tief in den Traditionen klösterlicher »Wissenschaft«, die bisher Lektüre und Lernen als Teil der Meditation und als Vorbereitung auf die Gottesschau verstanden hatte.

Die im Mönchtum aufblühende Theologie, deren Vertreter nicht weniger schreibfreudig waren als die »Schulgelehrten«, empfing ihre Stärke und Überzeugungskraft noch immer aus der Kontemplation, die im Zeitalter der Kreuzzüge vielfach in eine Christus- und Marien-Mystik mündete. »Man sucht würdiger und findet leichter im Gebet als durch das Disputieren«, war die Gegenposition Bernhards und anderer Mönche und Nonnen seiner Zeit, die sich in ihren Werken von den scholastischen Wortgefechten distanzierten, die nicht dem Gottverlangen entsprungen, sondern von Ruhmsucht diktiert seien. Wie der Mönch Wilhelm aus St. Jakob in Lüttich meinte, hatte sich das Anliegen Anselms von Canterbury in sein Gegenteil verkehrt: Man maß den Glauben nur noch mit der Elle der Vernunft und trachtete eher danach, aus vernunftgemäßer Begründung zum Glauben als aus dem Glauben zur Einsicht zu gelangen. In demütiger Gottesschau, in Ehrfurcht vor den göttlichen Geheimnissen wollte man statt dessen im alten Geist die Theologie der Kirchenväter fortsetzen, welche die Scholastiker als ein abgeschlossenes, zu interpretierendes Corpus historischer Autoritäten betrachteten. Bernhard von Clairvaux war in gleicher Weise davon überzeugt wie der Mystiker Rupert von Deutz (1129 gestorben), daß es der »Besuch« des Herrn war, wie ihn Hiob erfahren hatte, der einem Menschen den Zugang zur Wahrheit Gottes eröffnete. »Erst die Bedrängnis durch eigene Nöte eröffnet die Einsicht in das oft gehörte Gotteswort«, schrieb der Deutzer Abt; eine einzige Heimsuchung vermittle mehr Einsicht, als zehn gute Lehrer in den üblichen Schulfächern es könnten.

Schüler Anselms von Laon, die Ruperts Schriften in die Hand bekamen, meinten abschätzig, er veröffentliche »Unnötiges und Überflüssiges, dergleichen es schon genug und übergenug« gebe; er habe eben keine rechten Lehrer gehört und schreibe nur »aus seinem Herzen«, und das war für sie kein ernst zu nehmender Beitrag mehr zur theologischen Diskussion. Ruperts Reaktionen auf solche Kritik verraten, daß auch die Vertreter der mehr kontemplativ ausgerichteten Mönchstheologie in der Welt der »Philosophen« anerkannt sein wollten und nicht frei von der Gelehrtenempfindlichkeit waren, von der Abaelards Lebensbericht oder die satirische Schilderung bei Johannes von Salisbury ein lebendiges und nicht immer anziehendes Bild vermitteln. Wenngleich die Intellektuellen im Abendland nun eine eigene, miteinander kommunizierende Gruppe internationalen Gepräges bildeten und sich viel auf ihre dialektisch-argumentative Überlegenheit zugute hielten, die der große Zisterzienserabt deutlich spürte und als »Vernünfteleien« abtat, zog doch die Glaubensglut der neuen monastischen Theologie damals die Menschen nicht weniger in ihren Bann. Deren Urheber wirkten zugleich als Gelehrte im Kreis von Wißbegierigen, wie umgekehrt die »Scholastiker« Kleriker und zum Teil sogar Mönche waren. Wie Bernhard von Clairvaux auch als Denker ernst genommen werden wollte, so Abaelard in seinem Bemühen um die vorbildliche Einrichtung von Klöstern (P. Classen). Nicht in ihrer religiösen Grundorientierung, sondern in ihrer intellektuellen Haltung, in ihrer Überzeugung vom richtigen Weg zur Gotteserkennt-

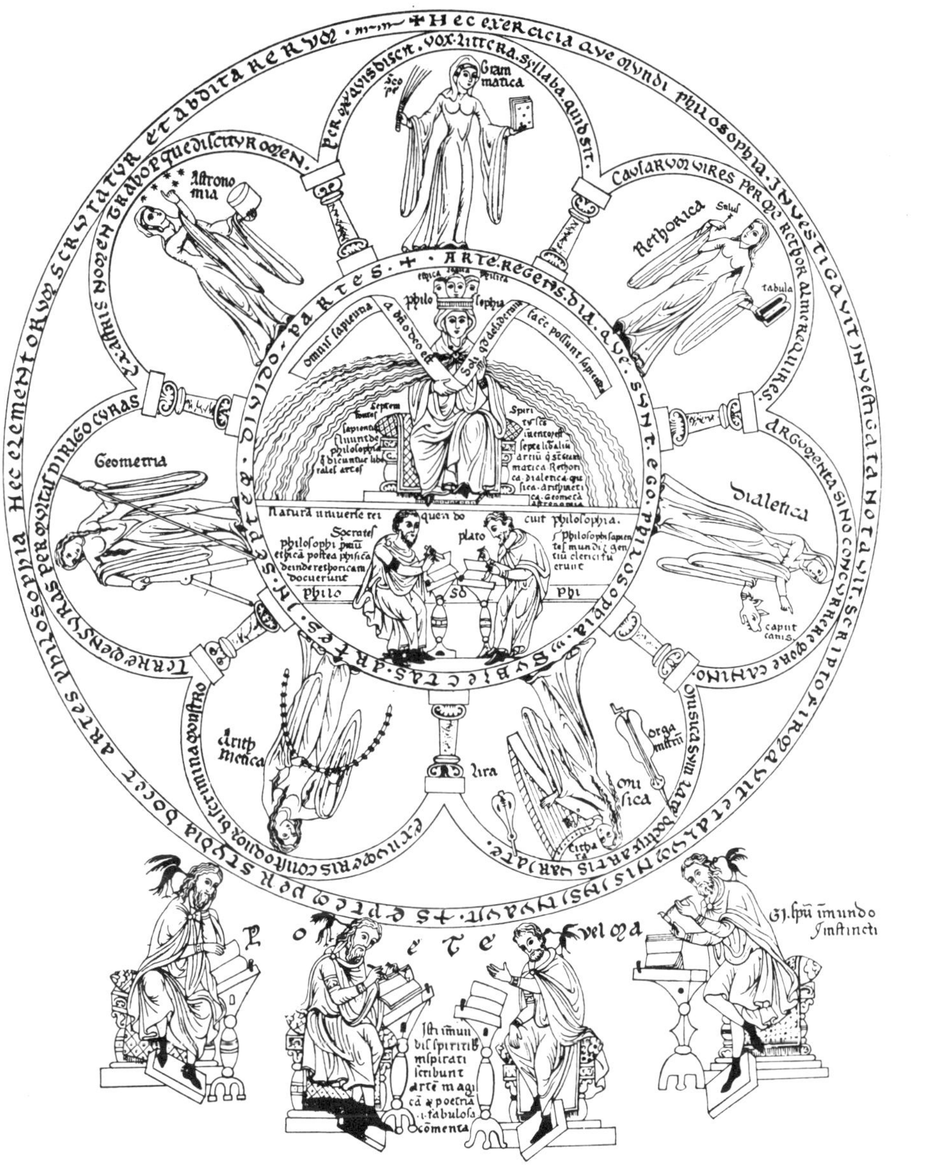

Symbol des menschlichen Strebens nach Weisheit und Wissen im Bild der Einteilung der Wissenschaften des 12. Jahrhunderts: im mittleren Ring die thronende Philosophie in ihrer Entsprechung zur Divisio philosophiae (Ethik, Logik und Physik) und die beiden Philosophen Sokrates und Platon; im äußeren Ring die Gestalten der Sieben Freien Künste, der Artes liberales, mit ihren Attributen: das Trivium (Grammatik, Rhetorik und Dialektik) und das Quadrivium (Musik, Arithmetik, Geometrie und Astronomie); außerhalb des Ringes die vom unreinen Geist erfüllten falschen Lehrer, Dichter und Zauberer. Nachzeichnung einer Miniatur in dem verbrannten »Hortus deliciarum«, einer im letzten Viertel des 12. Jahrhunderts im Auftrag der Äbtissin Herrad von Landsberg für die Nonnen ihres Klosters Hohenburg im Elsaß geschaffenen großen Enzyklopädie der mittelalterlichen Welt nis unterschieden sich die beiden Männer, von denen der Zisterzienserabt aus Sorge um das Heil der Kirche Papst Innozenz II. 1140 dazu brachte, dem berühmten Magister ewiges Schweigen aufzuerlegen.

So war es zweifellos nicht einfach der religiöse Impuls, welcher die Menschen in neuen Formen des Vernunftgebrauchs nach der Wahrheit Gottes suchen ließ, der sich andere in neuen Formen mystischer Versenkung zu nähern versuchten. Das Ringen um Verstehen der Glaubensmysterien verband sich mit Antrieben, die einer veränderten geistigen Haltung, neuen menschlichen Einstellungen entsprangen. Das »Nie untätig sein können«, das »Immer etwas lernen wollen«, das schon im 11. Jahrhundert nicht nur an Bischöfen, sondern auch an Herrschern wie Heinrich IV. hervorgehoben wurde, bezog die Glaubensfragen ein; aber das Suchen und Wissenwollen war nicht auf den theologischen Bereich beschränkt. Der »Amor scientiae«, die Wissensliebe, war als menschliches Streben von höchster Würde allgemein anerkannt. Doch die Scholastik suchte und liebte Wissen von einer sehr bestimmten Qualität und Struktur, das am aristotelischen Paradigma von »Scientia« orientiert war (A. Seifert). Es war diese rationale Verengung der Erkenntnis, gegen die sich die monastischen Autoren wandten. Obgleich man die Beschäftigung mit den »Artes liberales«, dem Kanon der profanen Wissenschaften, aus dem Nutzen rechtfertigte, den die Theologie aus deren Studium zog und auf den sie gar nicht verzichten konnte, fürchteten jetzt viele, daß die verstärkte Hinwendung zu den Artes und die Lektüre heidnischer Autoren zum Selbstzweck würden. Für die Scholastik aber stand unumstößlich fest, daß das Studium der Artes die erste und unabdingbare Stufe für eine ernsthafte Beschäftigung mit theologischen Fragen darstellte. Im Denken Abaelards ließen sich beide Bereiche – die Diskussion von Fragen aus dem Bereich des Triviums, also der Grammatik, Dialektik und Rhetorik, und die Erörterung theologischer Probleme – nicht mehr trennen. Gilbert Porreta (1154 gestorben), über dessen Prozeß Otto von Freising ausführlich berichtet, lehnte eine Diskussion mit Bernhard von Clairvaux über seine Gotteslehre ab: Der Zisterzienserabt müsse erst die Artes liberales recht lernen, ehe man dergleichen mit ihm erörtern könne (P. Classen). Johannes von Salisbury schrieb im Rückblick, die damals angefeindeten Lehren Gilberts seien inzwischen – kaum vierzig Jahre später – Gemeingut aller Lehrbücher geworden.

Immer weitere Gebiete wurden Gegenstand des Forschens und Lernens. Hugo von St. Victor (1141 gestorben), einer der Lehrer in Paris, entwarf eine umfassende Wissenschaftssystematik, in der er den notwendigen Zusammenhang aller Wissenschaft betonte. Dabei bildeten die »Artes mechanicae« ebenso Gegenstände des Nachdenkens und Lehrens wie die theoretischen Fächer der Sieben Freien Künste. »Nichts wird umsonst gelernt«, ermahnte er seine Schüler. Die Methode der Disputation wollte er auf die Artes beschränkt wissen; die göttlichen Geheimnisse sollten verehrt statt diskutiert werden (J. Ehlers). Während

Eine Vorform der Faust-Sage: Maria als Fürbitterin für den im Teufelspakt lebenden Theophilus und Lösung des Paktes. Miniatur in einem in der ersten Hälfte des 13. Jahrhunderts im Kloster Scheyern entstandenen Matutinale. München, Bayerische Staatsbibliothek

Das Jüngste Gericht: auferstehende Tote und Trennung zwischen den Seligen samt einem Bischof und den Verdammten samt einem Papst auf Geheiß des Weltenrichters. Miniatur in einem wohl zwischen 1230 und 1240 in Bamberg entstandenen Psalter. Bamberg, Staats- und Universitätsbibliothek sich die Dialektik mit der »Bedeutung der Begriffe«, veränderlicher menschlicher Bezeichnungen, befasse, spreche Gott durch die »Bedeutung der Dinge« zu den Menschen, die es zu verstehen gelte. Für das menschliche Wissensstreben konnte eine solche Auffassung befreiend wirken. Um die heiligen Texte besser und richtiger zu verstehen, konnte man nicht genug Sachwissen auf allen Gebieten erwerben, und dies rechtfertigte die intensive Beschäftigung mit jeder Materie. Trotz der Einbindung in eine umfassend verstandene Wissenschaft traten mancherorts einzelne Sachgebiete stark in den Vordergrund. In England erfuhren vor allem die Fächer des Quadriviums, Musik, Arithmetik, Geometrie und Astronomie, eine wichtige Weiterentwicklung; anderswo, wie in Toledo, Montpellier und Salerno, hatte die Medizin ihre Schwerpunkte. Die Anwendung theoretisch vermittelter Erfahrung zur Gestaltung der menschlichen Existenz, die tief im 11. Jahrhundert begann, steigerte überall den Wunsch, mehr praktisches Wissen zu erwerben. Künstler wie Roger von Helmarshausen gingen dazu über, ihr Erfahrungswissen in Büchern festzuhalten, um andere Kunst und Herstellungstechnik zu lehren, wie umgekehrt Benno II. von Osnabrück durch Studium, nicht aus der Praxis, seine hervorragenden Kenntnisse in allen Fragen der Landwirtschaft erworben hatte. Aber alle Dinge in der Welt waren mit ihrem Schöpfer verbunden, der zugleich die Richtschnur für die Gestaltung der menschlichen Lebensverhältnisse gegeben hatte. Und deshalb konnte es keine Wissenschaft geben, in der nicht stets auch die Frage nach Gott und nach der Verbindung der Welt mit Gott gestellt wurde.

Die neue Wissenschaft, die Lehrer in Frankreich vermittelten, löste das Wissen und die theoretische Auseinandersetzung mit der Welt nicht aus diesem Zusammenhang, sondern band sie eher noch stärker in das theologische System. Denn Theologie war Weltdeutung im umfassendsten Sinne; sie bezog nun immer mehr auch das Einzelne und Konkrete ein. Die Einzelfragen, die sich aus widersprüchlichen Aussagen der Autoritäten, aus dem Ringen um den richtigen Sinn tradierter Sentenzen ergaben, die zur Rechtfertigung entgegengesetzter Positionen beansprucht wurden, diskutierte man jetzt mehr und mehr im Hinblick auf die zentralen Probleme des Glaubens, auf Gottes Schöpfungs- und Erlösungstat. Denn je mehr im religiösen Streben das Leitbild des »nackten Christus« die seit ottonischer Zeit dominierende Vorstellung des mit dem Vater herrschenden Gottessohnes überlagerte, desto schärfer stellte man nun die Frage nach den beiden Naturen Christi, nach den Geheimnissen der Inkarnation und der Trinität. Darin traf sich die Scholastik durchaus mit der kontemplativen Mönchstheologie. Aber man wollte nicht nur die Wahrheit finden, sondern auch als Gelehrter recht haben und gegenüber anderen Gelehrten recht behalten. Der Wille, im Streit die eigene Überzeugung als unanfechtbar darzutun und den Gegner zu widerlegen, war an der Ausbildung neuer Formen der Argumentation wesentlich beteiligt. Man lernte, Widersprüche zu erklären oder aufzulösen,

Autoritäten nach ihrem Gewicht abzustufen. Das war das Ziel der neuen »Schulen«. Doch man gewann auch Befriedigung im Beweis der intellektuellen Überlegenheit. Das war es, was an den neuen Lehrern als Eitelkeit und Ruhmsucht kritisiert wurde und dennoch ihre Schüler faszinierte.

Im Laufe weniger Generationen ist damals so viel Neues gedacht und geschrieben worden, daß die Forschung auch heute noch nicht alles gesichtet und erfaßt hat, obwohl viele Werke, von deren Existenz man weiß, nicht erhalten geblieben sind. Schon im 12. Jahrhundert war man sich des geistigen Aufschwungs sehr deutlich bewußt. In Cluny dichtete Abt Petrus Venerabilis einen Nachruf auf Peter Abaelard, der dort gestorben war: »Der Sokrates der Gallier, der erhabene Platon des Westens, unser Aristoteles, den Logikern aller Zeiten entweder gleich oder sogar überlegen, ein Fürst in der Welt der Wissenschaften – vielseitig, differenziert und scharfsinnig in seinem Geist, meisterte er alles durch die Kraft seines Verstandes und die Kunst seiner Rede.« Und auf den Grabstein ließ er das Wort setzen: »Ihm allein war bewußt, was immer Menschen wissen können.« Für Otto von Freising, der Peter Abaelard und Gilbert Porreta, einen Konkurrenten Abaelards, gehört hatte, war die Philosophie früher von den Ägyptern zu den Griechen und von diesen zu den Römern, in neuerer Zeit aber zu den Galliern und Spaniern gewandert. Vom Erkenntnisfortschritt überzeugt, pries er die später Geborenen als glücklich, weil sie mehr wissen konnten als die Älteren. Bernhard von Chartres (nach 1124 gestorben) warnte diejenigen, die sich auf die intellektuellen Errungenschaften zuviel zugute hielten: Sie könnten nicht deshalb weiter sehen als die Alten, weil sie größer seien oder schärfere Augen hätten, sondern weil sie als Zwerge auf den Schultern der Riesen des Altertums ständen. »Demütiger Sinn, Wissensdrang, abgeschiedenes Leben, schweigsames Forschen, arm sein, in der Fremde leben«, kennzeichnete für ihn das Leben, das durch Studieren, durch Bücherlesen, bisher Unbekanntes erschließt.

Doch nicht jeder Lehrer entsprach diesem Ideal und nicht jeder, der die berühmten Meister hörte, war von solcher Art. Gelehrtenruhm war oft einträglich, besonders wenn man sich der Erwartungshaltung der Schüler anzupassen verstand; und unter diesen gab es viele, die im Schnellverfahren und ohne das, was sie als altmodischen Ballast ansahen, die Kenntnisse erwerben wollten, die ihnen eine rasche Karriere sicherten. Der Gelehrtenstolz, die Eingebildetheit gegenüber denjenigen, denen man nicht das gleiche intellektuelle Niveau zuerkannte, verführte die Schüler zu respektloser und dümmlicher Arroganz. Als Johannes von Salisbury, vielleicht Studiengenosse Rainalds von Dassel in Paris, nach Jahren dorthin zurückkehrte, schallten ihm von überall großspurige Urteile über die Lehrer entgegen: »Was will der alte Esel?... Wir haben unser Wissen aus uns selbst; unsere Jugend belehrt sich selber!« Kein Wunder, wenn im Mönchtum die Reserven gegen das Studium der Artes und gegen den Aufenthalt an den städtischen Domschulen noch stärker wurden, als sie früher schon waren. »Flieht aus diesem Babylon, flieht und rettet Euere Seelen«, rief Bernhard von Clairvaux den jungen Menschen zu, die in Paris zu Hunderten in der »windigen Geschwätzigkeit der Philosophen« ein Wissen suchten, das dem Heil eines Menschen nicht dienen könne (A. Esch).

Nichts vermag den intellektuellen Aufbruch deutlicher zu kennzeichnen als ebendiese Faszination, die von einzelnen Lehrern ausging, und die Ausstrahlungskraft ihrer »Schulen«. Leider gibt es für diese Zeit noch keine Quellen, denen sich entnehmen ließe, wer zu welchem Zeitpunkt an einem bestimmten Ort studiert hat. Verstreute Nachrichten, biographische Angaben über einzelne berühmt gewordene Männer oder Briefe zwecks Unterstützung eines an fremdem Ort Studierenden, die in Briefmusterbücher aufgenommen wurden, vermitteln sporadisch Kenntnis über Schüler eines bestimmten Lehrers oder Studienaufenthalte in dieser oder jener Stadt. Nur zufällig ergibt sich aus dem Zusammentreffen solcher Angaben, wer dabei wem als Schüler desselben Lehrers begegnet ist. Die »Schulen« waren kaum feste Institutionen. Oft bestanden sie lediglich aus dem Schülerkreis, der sich um einen Gelehrten gebildet hatte, der vielleicht von einer Pfründe, zumeist aber vom Honorar seiner Studenten lebte. Manche Schule ging aus einer Domschule hervor, entwickelte sich bei einem Kanonikerstift in oder unmittelbar bei der Stadt. Doch wo attraktive Lehrer fehlten, konnte eine solche geistliche Institution den erfolgreichen Fortbestand der »Schule« kaum garantieren. Die Stadt war – mit allen ihren Annehmlichkeiten und Versuchungen – das Milieu, das das Leben der Scholaren prägte. Auch deshalb, nicht nur wegen der anderen Art ihrer Lehre und Wissenschaft, verloren die Klosterschulen im Laufe des 12. Jahrhunderts mehr und mehr an Attraktivität. Nur ein so berühmter Mann wie Peter Abaelard konnte es sich leisten, nach der Verfolgung an anderen Orten in einer Einsiedelei wieder als Lehrer zu beginnen.

Nicht nur von Norbert von Magdeburg, Otto von Freising und Rainald von Köln, sondern auch von anderen deutschen Bischöfen ist bekannt, daß sie studienhalber in Frankreich waren. Äbte wie Wibald von Stablo und Corvey, der Kanzler Konrads III., gehörten ebenfalls zu diesem Kreis. Die Ideen breiteten sich auch dort aus, wo keine persönlichen Kontakte bestanden. Gerhoch von Reichersberg hatte keinen der großen Lehrer gehört, aber er klagte um 1141 bei Innozenz II. über die Schüler Abaelards, die sich gleich Heuschrecken ausbreiteten und falsche Lehren ausstreuten; um die gleiche Zeit griff er den Psalmenkommentar von Gilbert Porreta aus Poitiers an. Obwohl er selbst unter Häresieverdacht geraten und mit einem Schreibverbot belegt worden war, erregte er sich so sehr über die neuen Deutungen, daß er, ein Streiter für die Reinheit der Kirche, den Urhebern Irrlehre vorwarf. Die Werke der berühmten Lehrer in Frankreich, auch die Hugos von St. Victor oder des Petrus Lombardus, lernte er so rasch kennen, daß deren Erwähnung in seinen Schriften für die Forschung zu

Nachweisbarer Studienaufenthalt deutscher Prälaten des 12. Jahrhunderts in Frankreich

Friedrich	1100	Ebf. v. Köln	Angoulême, Perigueux
Reinhard	1106/07	Bf. v. Halberstadt	Paris
Gebhard	1122	Bf. v. Würzburg	
Norbert	1126	Ebf. v. Magdeburg	
Adam	1127	Abt v. Ebrach	
Wibald	1130	Abt v. Stablo	
Adalbero	1130/31	Ebf. v. Trier	
Bruno	1131	Ebf. v. Köln	Paris
Eberhard	1133	Abt v. Biburg	Paris
	1147	Ebf. v. Salzburg	
Otto	1137/38	Bf. v. Freising	Paris
Adalbert	1138	Ebf. v. Mainz	Paris, Reims, Montpellier
Friedrich	1141	Abt v. Baumgartenberg	
Petrus	1142	Bf. v. Naumburg	Paris
Eberhard	1146	Bf. v. Bamberg	Paris
Konrad	1148	Bf. v. Passau	Paris
	1164	Ebf. v. Salzburg	
Gottschalk	1148	Abt v. Seelau	Paris
Vizelin	1149	Bf. v. Oldenburg	Laon
Daniel	1149	Bf. v. Prag	
Wichmann	1150	Bf. v. Naumburg	Paris
	1154	Ebf. v. Magdeburg	
Hillin	1152	Ebf. v. Trier	
Rainald	1159	Ebf. v. Köln	Paris
Konrad	1161, 1183	Ebf. v. Mainz	Paris oder Bologna
	1177	Ebf. v. Salzburg	
Phillip	1167	Ebf. v. Köln	Reims
Heinrich	1172	Bf. v. Lübeck	Reims
Ludolf	1192	Ebf. v. Magdeburg	Paris
Absalon	1193	Abt v. Springirsbach	Paris
Konrad	1194	Bf. v. Hildesheim	Paris
	1197/98	Bf. v. Würzburg	

(mit Datum der Einsetzung zum Erzbischof, Bischof oder Abt und mit dem bezeugten Studienort)

einem wichtigen Datierungskriterium geworden ist (P. Classen). Anselm von Havelberg, ein Schüler und Jünger Erzbischof Norberts von Magdeburg, von welchem Abaelard als Häretiker verfolgt worden war, zitierte in seinen Schriften, allerdings ohne den Namen zu nennen, Abaelard sehr ausführlich. Er teilte dessen Kritik an Anselm von Canterbury, distanzierte sich jedoch von jedem Versuch, das Geheimnis der Trinität in Vernunftgleichnissen zu erfassen, und damit vom Anliegen Abaelards. In diesem Vorbehalt gegen die Grundhaltung der Scholastik lag keine Ablehnung der neuen Wissenschaft als Methode. Anselm, der den Venezianer Jakob, einen Übersetzer der als »Logica nova« bezeichneten Aristoteles-Schriften, persönlich kannte, drängte mit geradezu schulmeisterlicher Strenge auf sauberes logisches Denken. Die Schriften Ruperts von Deutz bestätigten ihm nur das griechische Sprichwort, daß ein dicker Bauch keinen scharfen Geist hervorbringe (W. Berges). In solchen Stellungnahmen erweist sich die Lebendigkeit des Geisteslebens im 12. Jahrhundert. Was an einem Ort gedacht, gelehrt und geschrieben wurde, war bald an anderen Stätten bekannt und wurde durch weitere Diskussionen zum Gemeingut der abendländischen Intellektuellen.

Noch waren die Lehrer-Schüler-Kreise, die man wegen der neuen Qualität des Erkenntnisstrebens und wegen der europaweiten Anziehungs- und Ausstrahlungskraft als »Hohe Schulen« zu bezeichnen pflegt, institutionell weit von dem entfernt, was später aus einzelnen geworden ist: Sie waren noch keine Universitäten. Erst um 1200 mündete in Paris und Bologna die Entwicklung in die Formen, die dann für die Einrichtung aller europäischen Universitäten vorbildlich geworden sind. Die Entstehungsgeschichte der Universität war jedoch an beiden Orten verschieden.

Auch in oberitalienischen Städten bildeten sich seit dem 11. Jahrhundert »Schulen«, in denen mancher der später in Frankreich berühmt gewordenen Italiener seine Ausbildung erhalten hatte. Besonderen Rang besaß die Vermittlung von Rechtskenntnissen, und darin haben im frühen 12. Jahrhundert einige Lehrer in Bologna rasch alle anderen oberitalienischen »Schulen« überflügelt. Wohl nicht ohne Anstöße aus dem Investiturstreit hatte man sich dem römischen Kaiserrecht zugewandt; die systematische Sammlung und Ordnung der Canones war mit den Anliegen der Kirchenreformer von Anfang an verbunden gewesen. Beides traf in Bologna zusammen, weil dort hervorragende Lehrer wirkten: Hier brachte Gratian um 1140 die erste systematische Kirchenrechtssammlung heraus, während Irnerius (um 1118–1125 nachweisbar) und seine Schüler mit der Glossierung des römischen Rechts begannen. Neue Formen wissenschaftlicher Arbeit an autoritativen Texten begegnen auch hier: Durch »Distinktionen« versuchte man wirkliche oder vermeintliche Widersprüche aufzulösen und gleichzeitig den Stoff in systematische Übersichten zu bringen. Die Dialektik, wie sie aufgrund der damals schon bekannten, später als »Logica vetus« bezeichneten drei ersten Bücher des Aristoteles gelehrt wurde, eröffnete den Weg zur gültigen Erkenntnis. Irnerius war ein »Dialektiker« im Sinne der in Nordfrankreich gelehrten Wissenschaft. »Er begann das Studium unserer Bücher aus eigener Kraft«, sagten von ihm die späteren Legisten. An diesen Schulen ging es nicht um theologische Probleme, um Seins- und Welterkenntnis. Man lehrte die Methode, Rechtsprobleme auf der Grundlage des geltenden Rechts einer Gründe und Gegengründe berücksichtigenden Lösung zuzuführen. Dazu mußte man anerkannte Sätze oder Prinzipien auffinden, die eine plausible Lösung des Falles erlaubten (G. Otte). Die Juristen des 12. und 13. Jahrhunderts haben diese Fähigkeit vor allem in der Beschäftigung mit den »Digesten« erworben, dem Teil des »Corpus iuris civilis«, in dem von römischen Juristen Fälle mit ihrer Entscheidung und deren Begründung lehrhaft zusammengestellt waren. Vielfach handelte es sich um Rechtsfälle aus einer fremden Welt, die sich nicht leicht in die mittelalterliche Rechtsordnung einfügen ließen. Aber man gewann in der Auseinandersetzung mit ihnen Kategorien und Prinzipien, die bei der Lösung eigener Rechtsprobleme eingesetzt werden konnten und die man ohne viel Bedenken auf neue Bereiche übertrug. Auch in dem, was in Bologna erarbeitet wurde, drücken sich die neue Rationalität und das Wissensstreben um der Erkenntnis willen aus, deren Verbindung die »Hohen Schulen« in Nordfrankreich belebte. Die Erörterung des Kirchenrechts blieb über die Frage der Heilsvermittlung und der Gestalt der Kirche ohnehin mit der theologischen Diskussion um Offenbarung und Erlösung verbunden.

Die Mächtigen in Kirche und Welt haben die neue Wissenschaft in ihren Dienst genommen; die Karrierechancen, die ein Studium versprach, beruhten auf diesem Interesse an geschulten Helfern. Dahinter standen nicht nur Nützlichkeitserwägungen; denn Päpste und Bischöfe, aber auch Könige und Fürsten teilten selbst Einstellungen, welchen die Schulen ihren Aufschwung verdankten, und mancher ihrer Berater gehörte zum Kreis der Intellektuellen, deren Denkweisen und Haltungen durch ein Studium geprägt waren. Wie das Papsttum in seinen hierarchischen Bestrebungen durch die Beschäftigung mit dem Kirchenrecht gestärkt wurde, so suchten die Kaiser Verbindung zu denen, die das von ihren römischen Vorgängern erlassene Kaiserrecht erschlossen. Im fortdauernden Streit um das Recht der beiden Gewalten konnte man ohne juristische und dialektische Schulung nicht mehr überzeugend argumentieren.

Friedrich Barbarossa hat nicht nur von den berühmten Rechtslehrern aus Bologna Hilfe für die Durchsetzung seiner kaiserlichen Ansprüche erhofft, sondern den in der Fremde studierenden Scholaren ein allgemeines Schutzprivileg verliehen, das er in das Gesetzbuch Kaiser Justinians aufzunehmen befahl. »Aus Liebe zur Wissenschaft heimatlos geworden, aus Reichen zu Armen, entäußern sie sich selbst, setzen ihr Leben allen Gefahren aus und erdulden oft von den gemeinsten Menschen unverschuldet körperlichen Schaden.« Da alle, die Gutes tun, sein Lob und seinen Schutz verdienten, wollte der Kaiser die, »durch deren Wissenschaft die Welt erleuchtet und das Leben der Untertanen zum Gehorsam gegen Gott und Uns, seinen Diener, gebildet wird«, gegen jedes Unrecht verteidigen. Er bestimmte deshalb, daß die Scholaren bei allen Klagen gegen sie nur vor ihrem Lehrer oder dem Bischof der Stadt belangt werden dürften. Diese Exemtion von der gewöhnlichen städtischen Gerichtsbarkeit war einer der Ansatzpunkte für die Ausbildung einer autonomen Gemeinschaft der Scholaren, wie sie dann zwischen 1190 und 1200 in Bologna zum Abschluß kam. Die Studenten bildeten, den Zünften oder gar einer Kommune selbst vergleichbar, eine »Universitas« unter selbstbestimmter Leitung, eine Körperschaft, die in die Gemeinschaften der »Cismontani« und der »Ultramontani«, der von diesseits und jenseits der Alpen Stammenden, gegliedert war. Sie bestellten und bezahlten die Professoren, die einer strengen Kontrolle unterworfen wurden: Wer mit dem Stoff nicht durchkam, mußte Hörgeld zurückbezahlen, wer nicht mit dem Läuten die Vorlesung begann, erhielt einen Abzug. Das war das Bologneser Universitätsmodell.

In Paris verlief die Entwicklung anders. Dort hatte der Bischof beziehungsweise der Kanzler des Kathedralkapitels die Aufsicht über Lehrer und Schulen weitgehend in der Hand. Da – anders als in Bologna – in Frankreich fast ausschließlich Kleriker die »Schulen« besuchten, gewannen die Scholaren hier ihre Exemtion und Rechtssicherung durch die Unterstellung unter die kirchliche Gerichtsbarkeit. Der Kanzler erteilte die Lehrbefugnis und griff nicht nur in den Lehrbetrieb, sondern auch kontrollierend in den Inhalt der Lehre ein. Dagegen schlossen sich die Lehrer, die Theologen mit den Magistern der Artistenfakultät, die das Trivium lehrten und die höheren Fächer noch studierten, in einer Einung zusammen und gaben sich eigene Statuten. Papst Innozenz III., der die Verhältnisse in Paris von seinem Studium her kannte, bot ihnen Rückendeckung: Zu ihrer Autonomie sollte es gehören, darüber zu bestimmen, wer in den Lehrkörper aufgenommen wurde; der Kanzler hatte dem von den Professoren Gewählten die Lehrbefugnis zu erteilen. Im korporativen Zusammenschluß, der in Paris von den Lehrern ausging, lag auch hier der entscheidende Schritt zur Universität. Der Kanzler von Notre-Dame beklagte den Verfall der Disziplin, der mit dieser Entwicklung eingetreten sei: Früher, als unter seiner Aufsicht jeder Magister noch für sich lehrte, habe man noch studiert. Seit dem Zusammenschluß der Lehrer zur Universitas seien Vorlesungen und Disputationen selten geworden; die Zeit würde in Sitzungen und Diskussionen vergeudet (A. Esch).

Mit der äußeren Institutionalisierung verfestigten sich auch die Formen der Lehre und Vermittlung, die im 12. Jahrhundert zur Ausbildung gelangt waren: Textanalyse aufgrund gemeinsamer Lektüre, Kommentierung, Eingrenzung und Aufgliederung des durch den Text und seine Konfrontation mit anderen Autoritäten gestellten Problems, argumentative Lösung, Einordnung in das übergreifende System. Fächer und Disziplin differenzierten sich. »Wissenschaft« konnte dabei zum Selbstzweck, ja zur äußerlichen Technik werden. Johannes von Salisbury kritisierte die durchaus jüngeren »akademischen Greise«, die sich über die sinnstiftende Anwendung ihres Faches keine Rechenschaft mehr ablegten. Das waren aber nur Begleiterscheinungen eines Betriebs, der schwerwiegendere Probleme aufwarf. Wer garantierte, daß in dieser Betriebsamkeit die Wahrheit gesucht und gefunden wurde? »Die unteilbare Dreieinigkeit wird im Trivium zerlegt und auseinanderdividiert, so daß es jetzt schon genau soviel Irrtümer gibt wie Professoren, pro Hörsaal eine Irrlehre«, lamentiert ein Brief aus Paris an Innozenz III. Der Gelehrtenstreit um Glaubensdogmen und ihre Interpretation trug selbst dazu bei, daß die kirchliche Autorität nachdrücklich zur Kontrolle von Lehre und Lehramt aufgefordert wurde.

Die »Renaissance der Wissenschaften im 12. Jahrhundert« war von Theologenprozessen begleitet, die einige ihrer größten Geister trafen. Die Zeit, in der vielleicht mehr geschrieben wurde als je zuvor, hat nicht nur häufiger Bücherverbrennungen gesehen als frühere Epochen, sondern auch Schreibverbote gegen so unterschiedliche Denker wie Peter Abaelard und Gerhoch von Reichersberg erlebt. Denn die Wahrheit war vorgegeben, existierte vor aller menschlichen Erkenntnis, weil sie im Mysterium Gottes gründete. Die Autorität der Heiligen Schrift, an die, wie Hugo von St. Victor formulierte, zu glauben ist und die selbst nicht mit menschlichen Vernunftgründen diskutiert werden kann, mußte menschlicher Erkenntnis den verbindlichen Halt bieten. Sie wurde ergänzt durch das, was die in der Kirche anerkannten Lehrer, heilige Männer, dazu gesagt hatten und was von der römischen Kirche als gültige Interpretation angenommen worden war. An dieser durch die Lehrautorität der Amtskirche gesetzten Grenze entzündeten sich die Konflikte, die durch den Gebrauch der menschlichen Ratio bei der Erklärung des Überrationalen ausgelöst wurden. Denn über die Sätze solcher Autoritäten gelangte man schnell hinaus, wo die Geheimnisse der Offenbarung mit Vernunftanalogien gedeutet wurden.

Insgesamt hat sich die Kirche die neue, rationale Theologie zu eigen gemacht, wenn sie auch stets an der Priorität festhielt, die Anselm von Canterbury betont hatte: »Ich strebe nicht, o Herr, in Deine Höhe vorzudringen, weil ihr mein Verstand niemals gewachsen ist; aber es verlangt mich danach, ein Stück weit Deine Wahrheit zu verstehen, die mein Herz glaubt und liebt. Ich suche nämlich nicht zu verstehen, um zu glauben, sondern ich glaube, um zu verstehen. Denn auch das glaube ich: Wenn ich nicht glauben würde, könnte ich nicht verstehen.« Doch die Kirche bot auch denen Platz, deren Geist auf anderen Wegen zur Gotteserkenntnis strebte, wiewohl deren Einsichten mit der von der Kirche gehüteten Wahrheit kollidieren konnten. Wenn es die göttliche Gnade war, die allein dem Menschen die Fähigkeit zur Erkenntnis verlieh, dann konnte sie ihm auch Geheimnisse erschließen, die bisher nicht zugänglich waren. Dauerte die göttliche Offenbarung nicht fort? Im 12. Jahrhundert gewann die Überzeugung, daß sie noch nicht abgeschlossen sei, daß der Heilige Geist fortwirke und den später Lebenden, im Glauben Gefestigteren Dinge enthülle, die ihren Vorgängern verborgen geblieben waren, eine ungeheuere Kraft. Unmittelbare göttliche Eingebung, seherische Erfahrung erschloß Einzelnen die Geheimnisse Gottes und der Schöpfung neu. Hildegard von Bingen führte ihre umfassende Deutung

Die Werke der Schöpfungstage. Kolorierte Federzeichnung in der 1077 im Westen Deutschlands entstandenen Bibel aus St. Kastor in Koblenz. Pommersfelden, Gräflich Schönbornsche Bibliothek

Das Reich Gottes und der weltliche Staat in sechs Zeitaltern. Miniaturen in einer um 1180 im Benediktinerkloster Posa bei Zeitz entstandenen Handschrift des Werkes »De civitate Dei« von Augustin. Schulpforta, Bibliothek der Heimoberschule

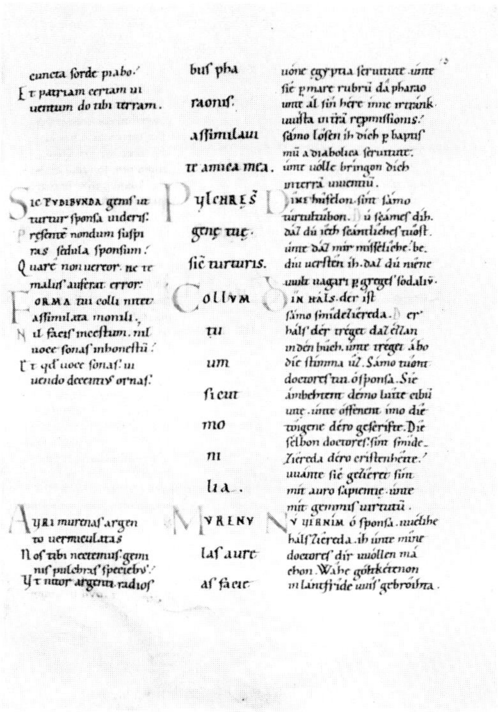

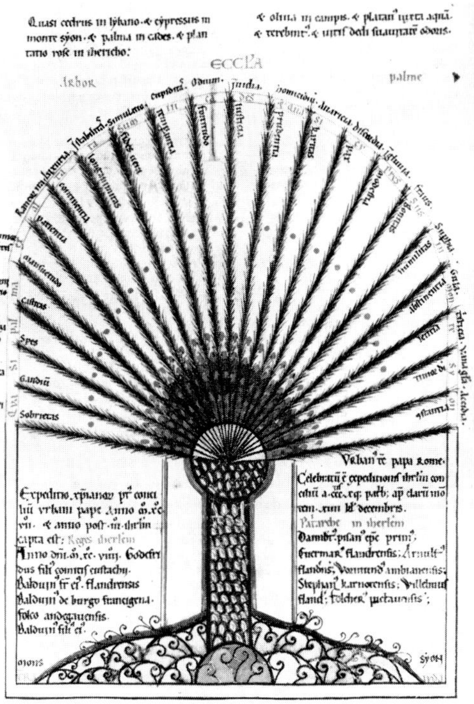

Das »Hohe Lied« in der Auslegung des Williram von Ebersberg: in der Mitte der Bibeltext, links die dichterische Paraphrasierung in leoninischen Hexametern, rechts die gelehrte Exegese in lateinisch-deutscher Mischprosa. Seite in der in der zweiten Hälfte des 11. Jahrhunderts im oberbayerischen Benediktinerkloster Ebersberg entstandenen Handschrift »Expositio ...super cantica canticorum«. München, Bayerische Staatsbibliothek. – Die Eigenschaften der Palme des »Hohen Liedes« in der Deutung des Kanonikers Lambert: zwischen den Palmwedeln die Namen der Tugenden, im Außenkreis diejenigen der Laster, darunter Hinweise auf historische Ereignisse wie das Konzil von Clermont und die Einnahme von Jerusalem, auf die Könige von Jerusalem und die Patriarchen. Federzeichnung in einer um die Mitte des 12. Jahrhunderts in der Schule von St. Omer entstandenen Kopie der 1120 vollendeten Enzyklopädie »Liber floridus« von Lambert. Wolfenbüttel, Herzog August-Bibliothek auf das Diktat des Heiligen Geistes zurück und fühlte sich dabei bloß als irdisches Gefäß, durch das die göttliche Offenbarung sprach, die ihr mit dem Schöpfungsgeheimnis zugleich die reale Welt tiefer erschloß. Eine solche visionäre Schau war eine Gnade, die nur wenigen gewährt wurde. Die Kirche hat sich gerade in solchen Fällen bemüht, die Kontrolle über das, was aus spiritueller Eingebung als Lehre verbreitet wurde, zu behalten. Hildegard hat erst nach päpstlicher Erlaubnis mit der Niederschrift ihrer Vision begonnen.

Andere betrachteten die göttliche Offenbarung als einen sich in der Geschichte entfaltenden Prozeß und versuchten von daher, neue Zugänge zu den Glaubenswahrheiten und -geheimnissen zu gewinnen. Daraus entstanden Entwürfe zur Deutung des Geschichtsablaufs im Rahmen der Heilsgeschichte, die Höhepunkte mittelalterlichen Geschichtsdenkens sind und in der Geschichtsphilosophie lange nachgewirkt haben: Die Offenbarung erlaubte es, die Weltgeschichte in ihrem Verlauf nicht nur rückblickend zu begreifen, wie dies Otto von Freising in seiner Chronik tat, sondern in die Zukunft schauend zu deuten. Dazu verhalf die Methode der Schriftexegese, die von typologischen Entsprechungen zwischen Altem und Neuem Testament ausging, von vorausweisenden Erscheinungen, deren Sinn sich erst in der Erfüllung seit der Ankunft Christi enthüllte. Lag hier nicht ein Schlüssel zum Verständnis der ganzen Geschichte, die mit Gottes Schöpfung ihren Anfang genommen hat und in der Wiederkehr Christi aufgehoben wird?

Grundlegend war die Überzeugung, daß mit der Geburt Christi ein qualitativ neuartiges Zeitalter begonnen hatte. Wie im Alten Testament das Kommen des Gottessohnes bereits verheißen war, so war für Anselm von Havelberg im Neuen Testament, der Offenbarung des Sohnes, der Heilige Geist verheißen, der die Menschen alle Wahrheit lehren wird. Den Aposteln war ein Glaube zuteil geworden, der für ihre Zeit genügte; erst der Kirche wurden die im Evangelium nur dunkel angedeuteten Wahrheiten unter Anleitung des Heiligen Geistes enthüllt. Für Anselm war dies vor allem auf den großen Konzilien der Kirchenväterzeit geschehen (W. Berges), und insofern bestätigte seine Geschichtsdeutung die alten Autoritäten. Doch konnte man dabei stehenbleiben, wenn man – wie etwa Rupert von Deutz – der Überzeugung war, daß nach dem Pfingstwunder ein drittes Zeitalter, das Zeitalter des Heiligen Geistes, begonnen hatte, das die Vollendung der göttlichen Offenbarung erleben sollte? Und hatte das Zeitalter des Heiligen Geistes wirklich bereits begonnen? Nach allgemeiner Auffassung stand man noch im Zeitalter des Sohnes, das des Heiligen Geistes kündigte sich allenfalls an, etwa in der Spiritualität der neuen Orden, wie Otto von Freising zu sehen glaubte. Doch war dieses Zeitalter der dritten göttlichen Person noch ein innerweltlicher, in der Zeitlichkeit eintretender »Status«, ein Reich des Friedens und der Gerechtigkeit, das vor dem Jüngsten Gericht erreicht würde? Diese Konsequenz hat der kalabresische Abt Joachim von Fiore (1202 gestorben) gezogen und aus der Geschichte, die als fortschreitende Offenbarung begriffen ist, errechnet, daß die Menschheit im Jahr 1260 in dieses neue Stadium ihrer Geschichte eintreten würde.

Im Nachdenken über solche Fragen sind die Geschichtsdeutungen Ruperts von Deutz, Hugos von St. Victor, Ottos von Freising, Anselms von Havelberg, Gerhochs von Reichersberg und eben Joachims von Fiore entstanden. Offenbarung und heilsgeschichtliche Erfahrung erlaubten es ihnen, die Geschichte in ihrem Verlauf zu ordnen und in ihrem Ziel zu deuten. Ihre Hinwendung zur Geschichte entsprang ebenfalls der Frage nach der Möglichkeit, die Glaubenswahrheiten besser zu verstehen und sie aus menschlicher Erfahrung begreiflich zu machen. Auch hierbei kamen neue Formen des Umgangs mit Autoritäten und Texten, des Fragens und Schließens zur Anwendung. Die Scholastiker haben sich bemüht, Glaubensgeheimnisse durch Analogien aus der menschlichen Vernunft zugänglich zu machen. Denker, die vom Erkenntnisansatz her der »Monastik« zugerechnet werden müssen, versuchten die Welt aus der von Gott vorherbestimmten und gelenkten Geschichte als den Weg zur Erlösung zu deuten. Diese geschichtstheologische Dimension, die der Scholastik in ihrer Begriffsrationalität fehlte, hat damals eine bedeutende Geschichtsschreibung hervorgebracht und dem abendländischen Geschichtsdenken im philosophischen Sinn für Jahrhunderte die Bahn gewiesen.

Das Recht

Die Frage nach der Wahrheit, die ordnende Prüfung der Autoritäten und das Suchen nach vernunftgemäßer Begründung menschlicher Lebensnormen aus dem göttlichen Heilsplan führten zu einem grundsätzlichen Wandel der Auffassungen vom Recht. Das Bemühen um die Kirchenreform, der Streit zwischen Gregor VII. und Heinrich IV. verschob die Einstellung zum Herkommen: Die Frage nach der richtigen Ordnung von Kirche und Welt ließ eine unreflektierte Berufung auf das Gewohnte nicht mehr zu. Das bisher als rechtmäßig Geübte zeigte keineswegs, was gutes altes Recht war, sondern konnte sich als tief eingewurzelter Irrtum erweisen. In den Briefen Gregors VII. ist der Begriff »Consuetudo« fast nur mit negativen Wertungen verbunden: Als alt und ganz schlimm, verkehrt, verbrecherisch, verabscheuenswert bezeichnete er Gewohnheiten, die nach seiner Auffassung gegen göttliche Ordnung und Kirchenrecht verstießen. Selbst fünftausend Jahre könnten eine verdammenswerte Gewohnheit nicht zum Recht machen, meinte damals ein gregorianischer Kanonist, Bischof Anselm II. von Lucca, und Gerhoch von Reichersberg hielt daran fest: Keine noch so alte Gewohnheit, kein noch so oft von Königen bekräftigtes

Gesetz kann und darf Bestand haben, wenn man erkennt, daß es den Normsetzungen der Propheten, der Evangelien und der Apostel widerspricht.

Damit war ein absoluter Fixpunkt gesetzt, an dem sich die Gestaltung menschlicher Ordnungen auszurichten hatte. Die Frage nach den richtigen Normen war zugleich eine Frage nach den Quellen des Rechts und nach deren gültiger Interpretation, eine Frage also, die mit etwas anderem Akzent auch dem Erkenntnisstreben der Frühscholastik zugrunde lag. Das offenbarte Wort, die vor langer Zeit festgesetzte Regel, mithin das schriftlich Tradierte wurde mehr und mehr zum Legitimationsgrund positiven Rechts. Die Orientierung auf schriftlich fixierte Normen blieb nicht auf eine prüfende Konfrontierung des Gewohnten und Gelebten mit Bibel, Canones und Kirchenväterschriften beschränkt. Auch das durch Privilegien gesetzte Recht erhielt einen höheren Stellenwert: Wenn eine alte Verleihung bekannt wurde, konnte ein faktischer Rechtszustand aufgehoben werden. Wo das Herkommen als Legitimation nicht ausreichte, versuchte man es mit dem urkundlichen Beweis. Für Heinrich IV. wurden Privilegien fabriziert, denen zufolge ein Papst des 10. Jahrhunderts Otto dem Großen das Investiturrecht verliehen hatte. Der Streit um die Konstantinische Schenkung, der mit dem Investiturstreit ausbrach, ist nur auf dem Hintergrund der gesteigerten Bedeutung schriftlicher Satzung voll verständlich. Allerdings stritt man nicht um die Echtheit der Urkunde, die Otto III. schon als Fälschung bezeichnet hatte, sondern darum, ob Konstantin das überhaupt rechtmäßig hatte tun können, was er darin verfügte. Allgemeine Rechtsprinzipien – hier sogar die neu formulierte Auffassung von der Unveräußerlichkeit der Kronrechte – ließen sich auch gegen Privilegienrecht kehren.

Das Neue in der Auffassung vom Recht, das sich in den Jahrzehnten um 1100 zu verbreiten begann, lag vor allem in dieser Hinwendung zu allgemeinen Grundsätzen. Die Autoritäten, auf die man sich berief, enthielten oft keine ausformulierten Rechtssätze, die man einfach übernehmen konnte, sondern wiesen auf eine Grundordnung hin, deren Prinzipien in die Gestaltung der konkreten Rechtsordnung einzubringen waren. Insofern verhalf diese Orientierung auf alte, schriftlich tradierte Autoritäten einer zweifachen Tendenz zum Durchbruch: Einerseits wurde die Verbindlichkeit des Alten, im kirchlichen Bereich sogar einer »Urform« bestärkt. Die Auffassung von unveränderlichen, »ewigen« Rechten, die in den Urkundenformularen vielfach ausgesprochen ist, trat dadurch deutlich hervor. Einer Starre der Rechtsordnung, die hieraus resultierte und Anpassungen an gewandelte Verhältnisse erschwerte, konnte aber eine zweite Tendenz entgegenwirken: Die neue Einstellung öffnete das Überkommene, die bisher festgefügte Gewohnheit, der Veränderung. Hatte das Motiv der Besserung – etwa alter, in vorchristliche Zeit zurückreichender Bräuche – zuvor schon einen Eingriff in das gewohnte Recht erlaubt, so rechtfertigte nun die Anpassung an eine höhere Norm auch in ganz konkreten

Fällen – etwa bei den Zehntstreitigkeiten Bennos II. von Osnabrück – die Revision eines jahrhundertealten Rechtszustandes.

Man bemerkte durchaus, daß bei einer solchen Berufung auf Grundsätze allgemeinerer Art nicht alle Menschen zu den gleichen Ergebnissen kamen. Je mehr man sich auf das Recht berief und je mehr man die großen Auseinandersetzungen der Zeit auf Rechtsfragen zurückführte, desto strittiger wurde das Recht selbst. Aber man hielt daran fest, daß es eine richtige Interpretation gibt, die gegen jede falsche durchgesetzt werden müsse. Um zur Wahrheit zu gelangen, genügte deshalb die Diskussion der Einzelfrage nicht. Vielmehr mußte man das konkrete Rechtsproblem im Zusammenhang einer umfassenderen Ordnung sehen, aus der sich der Sinn einzelner Sätze erst ganz erschloß. Wie in der Theologie drängte auch im Rechtsdenken der Zweifel am Überkommenen dazu, das mit Blick auf eine höhere Autorität neu Definierte in ein übergreifendes System einzubinden.

In dieser Situation wurde die vom Papsttum beanspruchte ausschließliche Jurisdiktionsgewalt zum Pfeiler für die neue hierarchische Ordnung der Kirche. Hatten die von Leo IX. bis zu Calixtus II. jährlich zur Fastenzeit oder um Ostern in Rom abgehaltenen Synoden zunächst eher das Papsttum in seinem hierarchischen Anspruch gestützt, so war es seit dem 12. Jahrhundert immer mehr die päpstliche Autorität, die Konzilsbeschlüssen Rechtskraft verlieh. Allgemeine, vom Papst einberufene Kirchenversammlungen wurden seltener, nun aber als Fortsetzungen der acht großen Konzilien der alten Kirche weitergezählt: Das erste Laterankonzil 1123 nach dem Abschluß des Wormser Konkordats galt als das neunte, das zweite Laterankonzil 1139 nach der Beendigung des anakletianischen Schismas als das zehnte, das dritte Laterankonzil 1179 nach dem Friedensschluß zwischen Papst Alexander III. und Friedrich Barbarossa, der wiederum ein fast zwanzig Jahre dauerndes Schisma beendet hatte, als das elfte der allgemeinen Konzilien der Kirche. Doch die eigentliche Lenkung der Kirche lag nun bei der römischen Kurie, wo der Papst im Konsistorium mit den Kardinälen Beschlüsse faßte, die in der Kirche als Dekretalen Gesetzeskraft erhielten. Im 13. Jahrhundert sprach man solchen jüngeren Entscheidungen selbst dann Geltung zu, wenn sie sich nicht mit Bestimmungen der alten Konzilien deckten.

Auch im Verhältnis des Herrschers zum Recht wurde dieser Wandel spürbar. Die stets propagierte Aufgabe christlichen Königtums, das Verkehrte wieder am göttlichen Recht auszurichten, erfuhr eine Bestärkung. Nach Jahrhunderten, die kaum eine königliche Rechtssetzung erlebt hatten, traten die Herrscher wieder als Gesetzgeber hervor. Nicht nur dadurch schwoll die Zahl normativer Verfügungen während der Stauferzeit deutlich an. Rechtsstreitigkeiten zwischen den Fürsten wurden im Königsgericht zwar als Einzelfälle behandelt und die Urteilssprüche in Privilegien für den Obsiegenden verkündet. Doch die Streitfrage, über die zu entscheiden war, wurde als Anfrage von grundsätzlichem Charakter gestellt, und die Fürstensentenz, das Urteil des Hofgerichts, formulierte fast immer zugleich ein allgemeines Rechtsprinzip.

Wo es zu Auseinandersetzungen um eine »fehlerhafte Gewohnheit« kam, ließ die Berufung auf allgemeinere Grundsätze den Unrechtscharakter des bislang Geübten hervortreten, und das neu Festgesetzte erschien als das eigentliche Recht. 1157 klagte der Abt von Tegernsee vor dem Kaiser gegen Forderungen des Vogtes, die er für unberechtigt hielt: daß dieser sich an Epiphanie Brote und andere Geschenke von den Hörigen des Klosters geben ließ, daß er, wenn Amtleute des Klosters in Streit gerieten, auch diese vor sein Gericht zog, und anderes mehr. Im Hofgericht fragte man nicht, was die Vögte seit welcher Zeit erhalten oder getan hatten, sondern stellte fest: Tegernsee war eine »fürstliche und königliche Abtei«; es verdankte diesen Status, wie aus den vorgelegten Privilegien eindeutig hervorging, der Satzung durch Pippin, Karl den Großen und Ludwig den Frommen. In diesen Urkunden stand nichts über die Rechte des Vogtes; aber aus dem Status der Abtei wurden eine »Freiheit« und »Ehrenstellung« abgeleitet, die nach dem Urteil der Fürsten durch die Forderungen des Vogtes gemindert würden, weshalb diese im Unrecht waren. Daß es überhaupt zu der »verkehrten Gewohnheit« gekommen war, erklärte man aus den Rechtsverletzungen von seiten der Vögte und aus der Nachlässigkeit der Menschen, die sie geschehen ließen. Beides legitimierte den korrigierenden Eingriff des Kaisers. Mit derselben Begründung erklärte sich der deutsche Hof die Schmälerung der Kaiserrechte in Italien. Wiederum unter Berufung auf allgemeine Prinzipien, nicht aufgrund einer Feststellung bisher üblicher Leistungen wollte Friedrich Barbarossa sie neu zur Geltung bringen. Zwar waren die lombardischen Kommunen in ihrem Widerstand gegen ein solches Verfahren erfolgreich, wo es um konkrete Leistungen und Abgaben an den Kaiser ging. Doch es gab Grundsätze, an denen der Staufer nicht rütteln ließ, und die Berufung auf die Gewohnheit war für ihn unannehmbar, wo sie gegen »das Recht« verstieß. Mochte eine Praxis, welche die lehnsrechtlichen Verpflichtungen zu annullieren drohte, noch so lange geübt worden sein – was von vornherein Unrecht war, konnte niemals Rechtskraft erlangen; und gegen Herrscher und Reich lief keinerlei Verjährungsfrist.

Recht des Kaisers war nicht nur, was die unmittelbaren Vorgänger des Staufers beansprucht hatten. Als Kaiser waren die deutschen Könige Nachfolger der römischen Imperatoren, der großen christlichen Kaiser seit Konstantin, auf die sich ja auch die Kirche berief. Warum sollten die Gesetze eines Konstantin, Theodosius, Justinian, Valentinian weniger gelten als die Satzungen der unter ihrem Schutz tagenden Konzilien? Waren sie weniger wert als die Verfügungen des großen Karl, der Ottonen, der Salier? Grundlage der kaiserlichen Würde war das »Sacrum imperium« der römischen Imperatoren; deren Verfügungen und Satzungen als unumstößliche Anweisungen göttlichen Ursprungs – »tamquam divina oracula« – zu wahren und zu bekräftigen, wurde in den Privilegien Friedrich Barbarossas wiederholt als sein Wille verkündet. Hier traf sich das gelehrte Bemühen der Rechtsschule von Bologna mit dem Interesse der Kaiser am römischen Recht. Materiell konnte von den Rechtssammlungen der spätrömischen Kaiser vieles nicht in die andersartige politische und gesellschaftliche Ordnung des 12. Jahrhunderts übertragen werden. Aber das römische Recht wies Prinzipien der Staatlichkeit, der Verwaltung, des Rechtslebens auf, die sich in den Dienst des gesteigerten Herrschaftsanspruchs der Staufer nehmen ließen. Und die spätantiken Gesetzessammlungen zeigten den Herrscher nicht nur als Wahrer der Rechtsordnung, sondern auch als Schöpfer positiven Rechts: Friedrich Barbarossa knüpfte bewußt an die Gesetzgebung seiner römischen Vorgänger an.

Nur ganz allmählich hat der Wandel in der Rechtsauffassung und im Umgang mit dem Recht die tatsächliche Rechtsordnung verändert. Zunächst wirkte er sich eher im Verfahren aus. Hier konnten verschiedene Prinzipien miteinander konkurrieren, wie dies schon im Streit Bennos II. von Osnabrück mit den Bauern von Iburg sichtbar wurde. Ein anderes Beispiel: Die Konsuln von Chiavenna baten 1152 den neuerhobenen Friedrich Barbarossa um Investitur mit der Grafschaft. Zwei Große, darunter der Bischof von Como, erhoben Widerspruch, weil die Grafschaft ihnen gehöre; doch stellte man fest, daß die Konsuln die Grafenrechte dreißig Jahre lang unangefochten innegehabt hatten, und da überdies eine Urkunde Konrads III. zu ihren Gunsten sprach, erhielten sie die Investitur. Im März 1153 erschien der Bischof von Como auf einem Hoftag in Konstanz mit einer langen, bei Karl dem Großen beginnenden Reihe von Königsurkunden, um sein Recht zu beweisen. Von der Grafschaft war freilich erstmals in einer Urkunde Arduins, des italienischen Gegenspielers Heinrichs II., die Rede, und seither war der Besitz der Grafschaft nachweislich umstritten gewesen; doch die dem Bischof verliehenen Rechte schlossen nach Ansicht der urteilenden Fürsten offensichtlich auch vorher schon die Grafschaft ein. Die Vertreter Chiavennas erwirkten Aufschub, indem sie behaupteten, sie könnten »ältere und wahrhaftigere« Privilegien beibringen. Als im April in Bamberg wieder verhandelt wurde, hatten sie nichts vorzuweisen, und das Hofgericht sprach die Grafschaft dem Bischof von Como zu. Dies rief die schwäbischen Fürsten auf den Plan: Der Staufer habe ohne ihre Zustimmung den Honor ihres Herzogtums geschmälert, zu dessen Rechten die Grafschaft gehöre, und solange dieser Zustand andaure, könnten sie ihm nicht mehr gehorsam sein. Damit verlor der Bischof von Como den Prozeß. Dreimal war in kurzen Abständen derselbe Streitfall nach jeweils anderen Grundsätzen entschieden worden, wobei allerdings zumindest das letzte Urteil auch als politische Entscheidung in der Vorbereitung des Feldzugs gegen Mailand zu werten ist.

Das Beispiel verdeutlicht den gestiegenen Wert des urkundlichen Beweises. Wo ein glaubwürdiges Schriftstück vorgelegt wurde, mußte der Rechtszustand der letzten Jahrzehnte seine Gültigkeit verlieren; den Prozeß gewann, wer die ältere Urkunde vorzeigen konnte. Diese Entwicklung rief im 12. Jahrhundert eine Fälschungswelle hervor, und die Forschung hat große »Werkstätten«, beispielsweise im Kloster Reichenau, ausgemacht, die nicht nur für sich selbst, sondern auch für fremde Auftraggeber alte Urkunden herstellten oder nachbesserten. Denn für viele Rechte, die man tatsächlich besaß, die aber im sozialen Umbruch der Zeit gefährdet oder gar umstritten waren, fehlte der schriftliche Beleg für eine Verleihung, den man nun zur Verteidigung seiner Rechte brauchte. In manchen Fällen war er unentbehrlich. Für rechtmäßigen Besitz von Regalien ließ Friedrich Barbarossa nur den schriftlichen Nachweis gelten; wo er nicht zu führen war, hielt er Königsrechte in der Hand von Fürsten, Adeligen und Städten für usurpiert.

Wie solche Maßnahmen zeigen, war der Wandel im Umgang mit dem Recht mit einem neuartigen Herrschaftsanspruch des Königtums verknüpft. In der Tat hat Friedrich Barbarossa von Anfang an deutlich gemacht, wie er seine Herrschaftsaufgabe verstand: mit unnachsichtiger Strenge auf der Einhaltung des Rechts, der Beseitigung von Unrecht, der Bestrafung von Missetätern zu bestehen. Programmatisch schildert Otto von Freising, wie sich ein Dienstmann während der Krönung dem König mitten in der Kirche zu Füßen warf, weil er früher wegen einer Verfehlung dessen Huld verloren hatte. Nach den herkömmlichen Erwartungen hätte der König hier den Ministerialen wieder in Gnade aufnehmen müssen. Doch Friedrich ließ sich, wie Otto schreibt, selbst am Krönungstag nicht zum »Laster der Vergebung« beugen, sondern war um der Gerechtigkeit willen entschlossen, den Schuldigen die »Strenge des Rechts« spüren zu lassen. Unerbittliche Strenge in der Berufung auf Recht und Gesetz hat der Kaiser bei vielen Gelegenheiten in erschreckender Weise demonstriert. Dabei hielt er die Anerkennung der herrscherlichen Majestät, die Unterstützung des Königtums in seinen Aufgaben für die Grundlage der gesamten Rechtsordnung. Milde und Gnade konnten nur denen erwiesen werden, die dem Herrscher dienten und sich an das Recht hielten. Rebellen waren unerbittlich zu verfolgen. Am Schicksal der Väter sollten Söhne und Enkel lernen, sich dem Imperium nicht zu widersetzen, schrieb der Kaiser an Wibald von Stablo, als er um Weihnachten 1153 einen Feldzug gegen die Widersacher des Abtes am Niederrhein ankündigte.

Nicht nur die Formulierungen im Bericht Ottos von Freising, sondern auch zahlreiche Wendungen in den Barbarossa-Urkunden weisen auf eine Debatte um das Prinzip der Gerechtigkeit hin, die nach späteren Zeugnissen gleichzeitig in der Rechtsschule von Bologna geführt wurde. Wieweit sollte die Gesetzesstrenge den Richter leiten, wieweit durfte Erbarmen sie mildern? Im Zeitalter des Investiturstreits hatten Männer wie der Gregorianer Bernold von Konstanz,

Bischof Ivo von Chartres oder Alger von Lüttich, der Traktate »Über Mitleid und Gerechtigkeit« und »Über den freien Willen« verfaßte, das Prinzip der Misericordia nachdrücklich vertreten, das unter gegebenen Umständen ein Abweichen vom Wortlaut des Gesetzes nahelege. Eine solche Auffassung entsprach durchaus dem von Gregor VII. selbst betonten Prinzip, daß die Liebe, die christliche Caritas, Grundlage aller menschlichen, auch der politischen Gemeinschaft sein müßte. »Aus Liebe, ohne Blutvergießen« solle der Kaiser erhalten, was des Kaisers ist, heißt es beispielsweise im Bericht über die Königswahl Lothars III., darunter die Leistungen der Reichskirchen, deren Inhabern er das Hominium erlassen haben soll. Friedrich Barbarossa bestand auf dem Prinzip des unbeugsamen Rechts als der Grundlage der politischen Ordnung, und zwar des Rechts im ganz formalen, positiven Sinn. Durchaus zutreffend hat man beobachtet, daß er politische Streitfragen auf Auseinandersetzungen um Recht zu reduzieren und sie als Rechtsfragen zu entscheiden versuchte, und nicht zufällig wurde seine Regierungstätigkeit von Verträgen mit einklagbaren Verpflichtungen eingeleitet, die er sowohl mit dem Papst wie mit deutschen Fürsten schloß. Damals war das Prinzip der »Gesetzesstrenge«, der buchstabengetreuen Erfüllung gesetzten oder vereinbarten Rechts, allgemein im Vordringen. Selbst in der Kirchenrechtsdiskussion trat der Mitleid-Gedanke in den Hintergrund, und die Legisten, die sich mit dem römischen Recht befaßten, sahen in einer Misericordia, die aus dem Herzen urteilte, eine Form der Rechtsbeugung. Nur soweit der Wortlaut des Gesetzes es zuließ, war eine Milderung harter Bestimmungen erlaubt. Das Prinzip der Gerechtigkeit forderte die strikte Anwendung des Rechts, die unerbittliche Vollstreckung der Gesetzesstrafen.

Nicht nur die staufischen Herrscher waren davon überzeugt, sondern auch die Fürsten in ihrer Umgebung. Erzbischof Philipp von Köln gab der Stadt Andernach 1171 eine neue Ordnung für die Wahl der Schöffen, weil – wie es in der Urkunde heißt – die Gerechtigkeit, solange man ärmere und wenig mächtige Männer zu Schöffen erhob, nicht mit der erforderlichen Strenge durchgesetzt wurde. Es sei Aufgabe staatlicher Gewalt, Verbrechen zu bestrafen, und mit Schmerzen und voll Furcht vor dem göttlichen Richter sehe er, wie Untaten ungeahndet blieben – deshalb wolle er die »verkehrte und gefährliche Gewohnheit« zum Besseren verändern, indem er vierzehn der weisesten, angesehensten und mächtigsten Männer auf Lebenszeit zu Schöffen bestimmte. Rechtswahrung erschien auf allen Ebenen immer deutlicher als Ausübung herrschaftlich-obrigkeitlicher Gewalt, die durch abschreckende Strenge die Menschen zur Einhaltung des Rechts zu erziehen beanspruchte und von der man zunehmend ein kontinuierliches Überwachen und Eingreifen erwartete.

Auf die Entwicklung staatlicher Gewalt wirkte die veränderte Einstellung zu Recht und Gesetz dadurch unmittelbar ein, daß sie sich mit einem fundamentalen Wandel des Strafrechts verband. Im Frühmittelalter gründete sich die Erhal-

Folterung, Verurteilung und Enthauptung. Gravierte Kupferplatten mit Darstellungen aus den Martyrien des heiligen Blasius und des Apostels Paulus auf den Wänden des Abdinghofer Tragaltars, einer um 1100 entstandenen Goldschmiedearbeit des Roger von Helmarshausen. Paderborn, Franziskanerkirche

Gottesurteil durch Feuer- und Wasserprobe. Federzeichnungen in einem um 1200 im Benediktinerkloster Lambach entstandenen Rituale. Lambach, Benediktinerabtei

tung der Rechts- und Friedensordnung ganz wesentlich darauf, daß eine Rechtsverletzung als Schädigung eines Menschen und seiner Verwandtschaft galt, die durch eine hohe Geldbuße auszugleichen war. Todesstrafe oder Körperstrafen waren nicht unbekannt und wurden in bestimmten Fällen, vor allem an Unfreien, auch vollstreckt, doch bestand die Möglichkeit, sie durch Geldzahlungen abzulösen. Nach dem Gesetz wurde selbst der Totschlag normalerweise durch die Zahlung eines »Wergelds« gesühnt. Mit ihr erkaufte sich der Rechtsbrecher gewissermaßen den Frieden von der geschädigten Sippe, die andernfalls Blutrache geübt oder Fehde geführt hätte. Mit den Gottesfrieden, die unter Berufung auf das Gebot der Brüderlichkeit und den Frieden, den Christus gebracht hatte, solche Fehden und kriegerische Racheakte unterbinden wollten, wurde das Verbrechen immer klarer als gegen die christliche Friedensgemeinschaft gerichtete böse Tat, als mutwilliger Verstoß gegen Gottes Gebot und die von Gott inspirierte gemeinsame Friedensvereinbarung verstanden. Exkommunikation, Verbannung und Konfiskation des gesamten Besitzes, also Ausschluß aus menschlicher Gemeinschaft, waren die üblichen Strafen. Auch der Kölner Gottesfrieden von 1083 drohte sie dem Friedensbrecher mit dem Zusatz an, »ohne sich durch Geldzahlungen oder durch Fürsprache seiner Verwandten davon befreien zu können«. Während der Kölner Friede in Anlehnung an bisheriges Recht nur für den Unfreien bei Totschlag die Todesstrafe, bei schwerer Körperverletzung Handverlust festsetzte, wurde dies in dem ein Jahr später geschlossenen sächsischen Gottesfrieden auf Adelige und Freie ausgedehnt. Das war zumindest in der Zielsetzung eine Wende, an der alle folgenden Gottes- und Landfrieden festhielten: Jeder Friedensbrecher sollte ungeachtet seines Standes mit gleicher Strenge und ohne die Möglichkeit des Loskaufs bestraft werden. Blutige Strafen verhängte man auch für andere Delikte, durch die man das friedliche Zusammenleben der Menschen bedroht sah. Im Landfrieden Heinrichs IV. von 1103 heißt es: »Wenn einer einen Diebstahl im Wert von fünf Schillingen oder mehr begeht, soll er Augen oder Hand verlieren«; die gleiche Strafe war für dreimaligen geringfügigeren Diebstahl festgesetzt. Im Landfrieden Friedrich Barbarossas von 1152 wurde die Strafe noch verschärft: »Wenn einer Sachen im Wert von fünf Schillingen oder mehr stiehlt, soll er mit dem Strick aufgehängt werden; wenn weniger, soll er mit Ruten und Zange geschunden und geschoren werden.« Die fürchterliche Strenge war nicht einfach die Auswirkung neu definierter Herrscher- oder Fürstengewalt, sondern kam offensichtlich verbreiteten Erwartungen entgegen. Rasch fanden die »peinlichen Strafen« Aufnahme in die von den Bürgern mitgestaltete städtische Rechtsordnung, manchmal in unmittelbarer Übernahme königlicher Landfriedensbestimmungen.

Gerechtigkeit im Sinne der Gesetzesstrenge war im Denken der Zeit die unabdingbare Voraussetzung und der Ausdruck des erstrebten Friedens. Nur eine wirksame Verfolgung von Unrecht hätte die altgeübte, in Mentalität und Verhaltenszwang fest verwurzelte Gewohnheit der Selbsthilfe durchbrechen können. Gottfried von Viterbo, der Erzieher Heinrichs VI., ermahnte den Barbarossa-Sohn: »Frieden zu haben und die Bösen zu bestrafen, darum bemühe Dich. Mit der Entdeckung des Verbrechens kehrt der Friede augenblicklich zurück. Die Strafe des Königs verhütet den Frevel. Sobald die Vernunft die Strafe fordert, ist es Pflicht, sie zu vollstrecken. Zu späte Strafe begünstigt die Verbrechen und bewirkt Unheil.« Doch wie war die Gesetzesstrenge von willkürlicher Gewalt zu trennen? Besorgt gratulierte Gregor VII. 1075 Heinrich IV. zu seinem Sieg: »Daß der Übermut der Sachsen, die sich ungerechterweise gegen Euch stellten, nach Gottes Urteil von Euch zerschmettert worden ist, erfüllt uns um des Friedens der Kirche willen mit Freude, zugleich aber mit Schmerz, weil vieler Christen Blut vergossen worden ist. Sucht in Eurem Erfolg mehr Gottes Ehre und Gerechtigkeit zu verteidigen, als für die eigene Ehre zu sorgen! Denn eher kann ein Herrscher tausend Frevler um der Gerechtigkeit willen strafen, als um des eigenen Ruhmes willen irgendeinen Christen mit dem Schwert niederstrekken.« Aber wo lag hier die Grenze, wenn die Macht des Königs nicht zuletzt darauf beruhte, daß er die Bösen schreckte und an Rebellen den »Zorn des Königs« demonstrierte? Über den Hang der Staufer zu Zorn und Grausamkeit ist viel geschrieben worden; doch unser Wissen davon beruht meist auf ihren eigenen Aussagen und auf Berichten von stauferfreundlichen Geschichtsschreibern. Offensichtlich wollten die Staufer so erscheinen; ihre Verhaltensweise gehörte zu der Rolle, die ihnen als Herrschern in ihrer Aufgabe am Recht zugeteilt war.

Je mehr man »Frieden und Gerechtigkeit« als den eigentlichen Zweck jeder Herrschaftsordnung ansah, desto schwerer wog eine Mißachtung dessen, der von Gott mit der Setzung und Wahrung des Rechts betraut war. »Nieman ist sô hêre / sô daz reht zwâre«, heißt es in dem aus Kärnten stammenden langen Lehrgedicht »Vom Recht«; Gott, ein »rehtir rihtâare«, habe es gegeben, und nur der zähle zu den Knechten und Kindern Gottes, der in Treue, Nächstenliebe und Wahrhaftigkeit dem Recht diene. Das von den Menschen so oft verletzte Recht mußte der von Gott berufene Herrscher als irdischer Richter schützen. In unerhörter Steigerung der älteren Vorstellungen hat sich Friedrich II. als das von Gott beseelte Gesetz auf Erden, als Mittler zwischen göttlichem und menschlichem Recht, als Vater und Sohn, Herr und Knecht der Gerechtigkeit bezeichnet. Im Spiegel solcher Wendungen, mit denen teilweise schon die Machtfülle der spätrömischen Kaiser als Gesetzgeber und Garanten der Rechtsordnung charakterisiert worden war, vergegenwärtigten sich vor allem die letzten Staufer ihre eigene Erhabenheit.

Die Strenge des Gesetzes und die Grausamkeit der Strafen bekam am schwersten zu spüren, wer sich gegen die herrscherliche Majestät verging. Schon unter

Friedrich Barbarossa wurde der Vorwurf der Majestätsverletzung, wenn Reichsrechte beeinträchtigt oder die herrscherliche Gewalt mißachtet zu sein schienen, wesentlich häufiger und in präziserem Sinn erhoben als unter seinen Vorgängern. Die Manifeste, in denen der Kaiser zum Kampf gegen die oberitalienischen Rebellen aufrief oder ihn rechtfertigte, lassen bereits etwas von der Rechtlosigkeit spüren, in die ein des Majestätsverbrechens Bezichtigter dann unter Heinrich VI. und Friedrich II. fiel. Im Rückgriff auf römisches Recht hatten bereits die Normannenkönige in ihrem unteritalienischen Reich den nur vage definierten Tatbestand unter schwerste Strafen gestellt. Fürchterlich gingen deren staufische Nachfolger dort gegen Rebellen vor. Heinrich ließ 1197 sizilianische Verschwörer blenden, köpfen oder hängen, ins Meer versenken, mit der Säge zerteilen, mit kochendem Pech übergießen, verbrennen oder mit Pfählen an die Erde schlagen; dem Anführer wurde eine glühende Krone aufs Haupt genagelt. Friedrich II. befahl, die Empörer, weil sie sich gegen den Herrn der Welt vergangen hätten, durch die vier Elemente zu vernichten. Dante erwähnt glühende Bleikappen, die man den Rädelsführern über den Kopf gestülpt haben soll. Eine Verteidigung gegen den Vorwurf des Majestätsvergehens war nur schwer möglich, die Anklage beliebig dehnbar, denn nach spätrömischem Vorbild sollte selbst der Satz gelten: »Über Urteile, Entschlüsse und Satzungen des Kaisers zu diskutieren ist Sakrileg.«

Wo die Majestät des Kaisers in der von Gott gesetzten Ordnung derart gesteigert wurde, war es fast konsequent, die Beleidigung von Gottes Majestät mit ähnlich schweren Strafen zu ahnden. Als Herrscheraufgabe hatte die Verteidigung der Kirche auch gegen ihre inneren Feinde stets gegolten; wo das geistliche Schwert diese nicht niederzwingen konnte, sollte das weltliche der Kirche zu Hilfe kommen. Unter Berufung auf diese Pflicht hat Friedrich II., die unauflösbare Einheit von Kirche und Imperium betonend, Ketzergesetze erlassen, in denen der Irrglaube als Leugnung von Gottes Majestät zum todeswürdigen, auch von der weltlichen Gewalt zu verfolgenden Verbrechen erklärt wurde. Nicht erst damals hat man begonnen, Ketzer zu verbrennen. Oft waren es gerade weltliche Gewalten gewesen, Herrscher oder städtische Kommunen, die auf eine solche Bestrafung drängten, während sie in der Kirche durchaus umstritten war. Doch nun verband sich die Ketzerverfolgung durch die weltliche Macht mit der gleichzeitig vom Papsttum organisierten Inquisition, dem Willen zum systematischen Aufspüren und Vernichten der Häresie. Auch hier fand man wieder Normen im römischen Recht, aus welchen man die eigene drakonische Strenge legitimieren konnte.

Mit solchen Entwicklungen veränderte die Herrschaftsordnung allmählich ihren Charakter. Aber es waren nicht so sehr diese bereits an eine absolute, unumschränkte Staatsgewalt gemahnenden Züge der Gesetzesanwendung und des Rechtsverständnisses, welche die Wirklichkeit der spätstaufischen Zeit bestimmten, und nicht von hier hat in den folgenden Jahrhunderten die Verdichtung obrigkeitlicher und staatlicher Gewalt primär ihren Ausgang genommen. Wichtiger für diesen Prozeß wurden die Veränderungen im Rechtsleben, die sich auf einer alltäglicheren Ebene, in der gewöhnlichen Rechtswahrung vollzogen.

Die Blutgerichtsbarkeit als gesteigerte herrschaftliche Strafgewalt wurde zu einem wesentlichen Kennzeichen hoheitlicher Machtausübung. Sie war nicht dem König allein vorbehalten, sondern wurde von denen geübt, die auch bisher die Gerichtsgewalt besessen hatten. Insofern gilt sie als wichtige Grundlage für die Ausbildung der Landesherrschaft. Wer die Hochgerichtsbarkeit wahrnahm, bedurfte zwar der »Bannleihe« vom König; doch setzte sich rasch die Auffassung durch, daß der Königsbann in der Belehnung der Reichsfürsten enthalten war, die ihn an nachgeordnete Gerichtsherren weitergeben konnten. Schon unter Friedrich II. hatten etwa die Herzöge von Österreich und Bayern die Zuständigkeit ihrer Gerichte für todeswürdige Verbrechen in weitem Umfang durchgesetzt, allerdings mit einer entscheidenden Einschränkung: Die Ritterbürtigen, Adel und Ministerialen, waren ihrer Gewalt nicht unterworfen. Zur Wirkung kam das System der peinlichen Strafen zunächst vor allem in den städtischen und ländlichen Gemeinden, wo sich mit der herrschaftlichen Ordnungswahrung ein Gemeinschaftszwang verband. Unter den Großen und den Herrschaftsträgern überhaupt haben im Reich und seinen Ländern die vielfach geschlossenen und gebotenen »Frieden« Raub und Gewalttat nicht unterbunden und dem Fehdewesen allenfalls gewisse Regeln auferlegt. Die Durchsetzung der peinlichen Strafen gab König und Fürsten jedoch Möglichkeiten an die Hand, um in ihrem Hoheitsgebiet den herrschaftlichen Zugriff zu verstärken.

Einer solchen Intensivierung leisteten noch andere Entwicklungen Vorschub. Parallel zum Wandel in der Auffassung und Funktion der Strafe entwickelte sich das, was in der Rechtsgeschichte als Inquisitionsprozeß bezeichnet wird. Damit ist nicht das kirchliche Inquisitionsverfahren gemeint, das im 13. Jahrhundert im Zusammenhang der Ketzerbekämpfung aufkam, sondern ganz allgemein der Versuch, im Gerichtsverfahren durch Tatsachenfeststellung die materielle Wahrheit zu ermitteln und diese zur Grundlage des Urteils zu machen. Die bislang üblichen formalen Beweisverfahren wie Reinigungseid, Gottesurteil und gerichtlicher Zweikampf stellten Schuld oder Unschuld des einer Tat Bezichtigten oder Verdächtigen fest, ohne daß der jeweilige Hergang oder Vorwurf wirklich untersucht worden wäre. Nur wenn man den Schuldigen auf frischer Tat ertappte, bedurfte es solcher Prozeduren nicht; man brauchte dann auch nicht den nächsten Gerichtstag abzuwarten, sondern urteilte den Täter in einem Eilverfahren ab, das unter Umständen fast einer Lynchjustiz gleichkam. Andernfalls verlief das Gerichtsverfahren in zeremoniellen Formen. Wollte ein Geschädigter das ihm angetane Unrecht durch Eid beweisen, wies ein Beschuldigter die gegen ihn erhobenen Vorwürfe durch einen Schwur zurück, so mußten so und so viele Eideshelfer aus seiner Verwandtschaft oder seiner Lebensgemeinschaft mitschwören. Diese brauchten über den eigentlichen Sachverhalt nichts zu wissen, sondern bezeugten gewissermaßen die Ehrbarkeit des Klagenden oder Beklagten und die Glaubwürdigkeit seiner Aussage. Für einen Kauffahrer, der in der Fremde von seinen Verwandten und Freunden getrennt war und häufig den Ort wechselte, wo es meist um Streitigkeiten ging, die sich aus dem Handelsgeschäft ergaben – etwa um die Warenqualität und die Bezahlung oder um die Gültigkeit eines abgeschlossenen Kaufs –, waren solche Verfahren kaum praktikabel und widersprachen wohl auch der Rationalität des Geschäfts. So nahmen vor allem von den Gewohnheiten der Kaufleute neue Rechtsformen ihren Ausgang. Deren Ausbreitung als »Kaufmannsrecht« wurde durch herrscherliche Privilegien mit dem Handel und der Stadtentwicklung von den Ottonen und Saliern gefördert.

Im frühen 11. Jahrhundert ereiferte sich der Kleriker Alpert von Metz über den Einbruch der neuen Gewohnheiten in das bislang gültige Rechtssystem, indem er von den Kaufleuten des damals bedeutenden Handelsplatzes Tiel am Niederrhein berichtet: »Es sind harte, fast völlig zuchtlose Menschen, die sich in Streitfällen nicht an das Gesetz halten, sondern nach Willkür entscheiden; angeblich wären sie hierzu kraft einer kaiserlichen Urkunde ermächtigt. Hat jemand ein Darlehen genommen und wird es zum festgesetzten Termin zurückverlangt, so leugnet er beharrlich und schwört auf der Stelle, er habe nichts empfangen. Wird jemand bei einem Meineid ertappt, den er öffentlich abgelegt hat, so behaupten sie, das könne kein Mensch beweisen. Hält er den Gegenstand, falls er so klein ist, daß er sich in der Faust verbergen läßt, in der einen Hand, so schwört er es mit der anderen ab. Würde sich ein frommer, gläubiger Mann beim Kaiser für das Verbot solcher Frevel einsetzen, damit nicht täglich so viele Seelen verlorengehen, könnte er großen Lohn von Gott erhoffen.« Alpert wettert hier gegen den mit dem Kaufmannsrecht vordringenden »Eineid«, den Schwur ohne Eideshelfer, der als glaubwürdiges Zeugnis galt, solange er nicht durch konkrete Beweise widerlegt werden konnte. Während Bischof Burkhard von Worms 1025 den eidlichen Beweis im Streit um Darlehen ausdrücklich verbot und die Wahrheit im Gottesurteil des gerichtlichen Zweikampfs ermittelt wissen wollte, wurde der Eineid in den Stadtrechten des 12. und 13. Jahrhunderts überall anerkannt.

Hier liegen die Anfänge des seit dem 12. Jahrhundert vor allem im Stadtrecht immer mehr vordringenden Prinzips, daß in einem Prozeß die Wahrheit festgestellt werden muß durch Einvernahme von Zeugen, durch unwiderlegbare Indizien, durch das Geständnis des Täters, das man bei begründetem Verdacht seit dem 13. Jahrhundert in zunehmendem Umfang auch durch Folter zu erzwingen versuchte. Die Ordale verschwanden dadurch nicht aus dem Rechtsleben, aber sie wurden aus bestimmten Bereichen verdrängt oder konkurrierten mit rationaleren Beweisverfahren. Wo vertragliche Vereinbarungen rechtlich gesichert werden sollten, im Geschäftsverkehr und selbst im politischen Leben, erlangte deshalb der nicht anfechtbare schriftliche Beweis ein neuartiges Gewicht. Die Ausweitung des Schriftgebrauchs seit dem 12. Jahrhundert hat hier eine ihrer Wurzeln.

Nicht jedes Schriftstück war freilich von Glaubwürdigkeit. Papst Alexander III. erließ um 1167/1169 für einen konkreten Fall eine Dekretale, die allgemeine Geltung erlangte. Waren die in einer Urkunde genannten Zeugen verstorben, so durfte sie als Beweismittel vor Gericht nur noch zugelassen werden, wenn sie durch die »öffentliche Hand« eines Notars ausgestellt oder durch ein echtes Siegel beglaubigt war. Das Notariat, in Italien schon um 1100 ausgebildet, breitete sich in Deutschland erst seit dem späten 13. Jahrhundert aus. Statt dessen nahm der Gebrauch der Siegelurkunde auf deutschem Boden rasch zu. Ihre neue Funktion wird am besten darin sichtbar, daß Urkunden über ein Rechtsgeschäft oft von einem unbeteiligten Großen, der ein Siegel führte, etwa dem Bischof, besiegelt wurden. Steigerten schon solche Formen rechtssichernder Beglaubigung die Präsenz hoheitlicher Gewalt im Rechtsleben, so erhielt diese durch die auf Wahrheitsfeststellung gerichteten Beweisverfahren ein noch höheres Gewicht. Denn die Vernehmung von Zeugen, die gegebenenfalls zur Aussage gezwungen werden mußten, die Bewertung ihrer Angaben, die Abwägung von Indizien oder gar die Geständniserzwingung durch die Tortur überstiegen die Möglichkeiten des herkömmlichen Schöffengerichts. Dadurch verstärkte sich das Gewicht des Herrschaftsträgers im Verfahrensgang. Das Verfahren selbst verlangte besser geschulte Richter, als es die Schöffen oft waren. So wurden Auswahl und Einsetzung von Richtern oder Schöffen von einem zwar herrschaftlich gelenkten, aber wesentlich vom Gerichtsvolk selbst bestimmten Vorgang nun zu einem Herrschaftsrecht, das allerdings weiterhin eine Mitwirkung der Gemeinde – in vielfach variierenden Formen von unterschiedlichem Gewicht – vorsah.

Zum Aufkommen rationaler Beweisverfahren im Gericht gehörte die Wiederaufnahme der Folter als Mittel der Geständniserzwingung, die im römischen Recht bekannt, seit karolingisch-ottonischer Zeit aber praktisch vergessen war. Ihre Anwendung unterstreicht, in welchem Maße mit der sogenannten Kriminalisierung des Strafrechts – der unabwendbaren »peinlichen« Bestrafung der bösen, böswilligen Tat – die Ermittlung der materiellen Wahrheit als Urteilsgrundlage zum Bedürfnis geworden war. Gerade wo der sichere Beweis fehlte oder – zum Beispiel beim Vorwurf der Ketzerei sowie beim Majestätsvergehen – schwer zu führen war, brauchte man für ein rechtlich einwandfreies Verfahren das Eingeständnis der Schuld, um strafen zu können.

Die Strafe selbst galt nicht nur der Untat, sondern vor allem dem bösen Willen, dem diese entsprang: der Mißachtung des göttlichen Gebots. Man versteht die Wende, die darin liegt, besser, wenn man sich den gleichzeitigen Wandel des ethischen Denkens vergegenwärtigt. Das Problem des freien Willens in einer von Gott prädestinierten Welt wurde in der Frühscholastik neu diskutiert. Damals begann man deutlicher zwischen der Absicht oder dem Willen und der eigentlichen Tat zu unterscheiden. Wiederum war es Peter Abaelard, der in seiner Schrift »Erkenne Dich selbst« dem Problem die schärfste Zuspitzung gab: Äußere und innere, im Handelnden selbst liegende Umstände behindern oder verfälschen die menschlichen Absichten, so daß einem guten Willen eine böse Tat entspringen oder eine böse Absicht gegen den Willen des Handelnden ein gutes Ergebnis bewirken kann. Deshalb war für Abaelard eine Tat an sich weder böse noch gut, sondern Gut und Böse lagen im menschlichen Willen, und so war die Absicht des Täters auch der Ansatzpunkt der Strafe. Obwohl diese Unterscheidung für die Rechtsfindung damals kaum Folgen hatte und man die böse Tat einfach als Folge bösen Willens betrachtete, galten die Strafen auch dem letzteren. Deshalb wurden in Gottschalks Jenseitsvision nicht nur die belohnt, die Werke der Barmherzigkeit getan, sondern auch die, die sie hatten tun wollen und durch ihre Armut daran gehindert worden waren. Auch von daher stand die Strafe als Ausdruck herrschaftlich-obrigkeitlicher Rechtswahrung unter dem Aspekt einer Erziehung und Disziplinierung, die schon der Intensivierung der Herrschaftsausübung seit dem 11. Jahrhundert als Legitimation gedient hatten.

Alle diese Veränderungen wiesen noch keinen sicheren Weg in Richtung auf eine staatliche Ordnung des Reiches oder der Herrschaften, die es umschloß. Sie stärkten aber in Verfassungsgefüge und Rechtsordnung die herrschaftlichen Strukturen und leiteten damit langfristig die Ausbildung obrigkeitlicher Gewalten ein. Ohne daß man scharfe Zäsuren setzen könnte, hatten sich Einstellungen entwickelt, in welchen man das Recht als Grundlage einer durch hoheitliche Gewalt permanent zu garantierenden Gesamtordnung zu verstehen begann. Herrscheraufgabe war nun mehr als der Schutz der Schwachen im personalen Sinn, jedes Einzelnen gegen den, der ihm Unrecht getan hatte, war mehr als die Durchsetzung von Frieden dort, wo er durch Streit gestört worden war. Das Gericht hatte den Täter zu bestrafen, ohne Ansehen der Person, um allgemein die Rechtsordnung durch Abschreckung und Vernichtung der Bösen zu sichern. Und jeder war, wie der Kölner Gottesfrieden von 1083 formulierte, aufgerufen, hierbei mitzuwirken oder, wie man seit staufischer Zeit immer wieder forderte, die Herrschaftsgewalten in ihrer Aufgabe zu unterstützen. Ähnliches wurde in den Landfrieden und Rechtsspiegeln des 13. Jahrhunderts noch wiederholt. Unter Friedrich II. wurde, zuerst in den Konstitutionen für sein Königreich Sizilien, die er 1231 in Melfi erließ, dann im Mainzer Reichslandfrieden von 1235 für Deutschland, den königlichen Amtsträgern die Verfolgung jeder Straftat zur Aufgabe gemacht, selbst wenn niemand Klage erhob. Landfriedensordnungen hielten von da an fest, daß die Richter »landschädliche Leute« von sich aus verfolgen mußten. Dies waren Ansätze, wiewohl oft mehr im erklärten Willen als in der Realität, die auf staatliche Strukturen vorauswiesen. Dennoch war das Ziel aller Maßnahmen damals nicht der Staat, sondern das von Gott gegebene, für menschliche Gemeinwesen gesetzte Recht, aus dem jede Herrschaft ihre Legitimation bezog (H. Angermeier).

Der Rechtswandel, der sich im Hochmittelalter vollzog, steigerte aber nicht nur die Herrschaftsgewalt, sondern brachte zugleich Rechtssicherungen für diejenigen, die der Herrschaft unterworfen waren. Auch die Herrschenden, selbst der Kaiser, standen ja unter dem Recht, und nur so weit durften sie es verändern, wie Einzelbestimmungen wider die »Vernunft des Rechtes« verstießen. Die Schwachen sollten von den Herrschaftsträgern geschützt werden. Wenn man diese Pflicht nicht mehr so sehr auf konkrete Personen, sondern auf den Rechtsstatus von ganzen Gruppen bezog, mußte die Schutzgarantie vor allem Verschlechterungen in der rechtlichen Lage der »armen Leute« verhindern.

Daß man das gelebte Verhältnis zwischen Herrn und Untergebenen nicht mehr ohne weiteres als rechtmäßige Gewohnheit ansah, hatte das gewohnheitsrechtliche Denken keineswegs abgewertet. Vielmehr begann man, besonders im bäuerlichen Lebenskreis, sich auf die »gute alte Gewohnheit« gegen die »malae consuetudines« der Gegenwart zu berufen. Daß die unmittelbaren Herrschaftsträger ihre Stellung nicht dazu mißbrauchen durften, ihren Untergebenen solche »schlechten Gewohnheiten« aufzuzwingen, wurde den Gemeinden zum Teil sogar schriftlich garantiert. Manchmal zeichnete man die guten alten Gewohnheiten auf; die städtische Rechtsordnung wurde ohnehin im 13. Jahrhundert fast überall schriftlich fixiert, und die Begründung war stets dieselbe: »Weil der Menschen Geschlecht vergänglich und ihr Gedächtnis kurz ist«, sollte auf diese Weise dem Recht Dauer verliehen, es vor unbewußtem Vergessen oder absichtlicher Mißachtung geschützt werden. Und obwohl man mehr neues Recht setzte oder vereinbarte als je zuvor, war die Vorstellung von einem dauerhaften, unveränderlichen Recht so stark, daß man auch die neuen Bestimmungen mit dem Anspruch verkündete, sie sollten »immer stet bleiben und gelten«.

Auf der Ebene des Reiches gewannen diese Einstellungen so sehr die Oberhand, daß man hier Ansätze einer Entwicklung zur ständestaatlichen Verfassung erkennen kann. »Darf ein Landesherr irgendwelche Gesetze oder neuen Rechte erlassen, ohne die Vornehmen und Großen des Landes hinzuzuziehen?«, lautete 1231 eine Anfrage auf dem Wormser Hoftag König Heinrichs (VII.), des Sohnes Friedrichs II., und man entschied: Weder ein Fürst noch irgendein anderer darf es, wenn er nicht vorher diese Zustimmung erlangt hat. »Recht und Gewohnheit des Landes«, zum größten Teil noch immer ungeschriebenes Gewohnheitsrecht, konnten nicht einseitig von den Fürsten abgeändert werden. Auf allen Ebenen verstärkte sich die Vorstellung vom guten alten Recht, auf das sich der gemeine Mann ebenso berufen konnte wie ein Adeliger. Wo dem Gewohnheitsrecht nicht

»Wahrheit und Vernunft«, das heißt die Prinzipien der übergreifenden Wahrheits- und Gerechtigkeitsordnung entgegenstanden, bedurfte es zur Änderung einer gemeinschaftlichen Vereinbarung der Betroffenen.

Im engeren Lebenskreis wurde die Rechtsordnung ohnehin in zunehmendem Umfang durch vereinbarte Normen geprägt. In den rasch wachsenden Städten mit ihren sich differenzierenden Sozialbeziehungen bildeten die Gemeinden, sei es mit oder ohne Zustimmung eines Stadtherrn, selbst das Recht fort, um es neuen Bedürfnissen anzupassen. In den bäuerlichen Gemeinden gab es ebenfalls Regelungen, welche sie selbst treffen konnten. Gilden, Bruderschaften und Zünfte gaben sich unter Aufsicht der Gemeindevertreter ihre eigenen Ordnungen. Das nach gemeinsamem Willen feierlich vereinbarte, »gewillkürte« Recht, das im Spätmittelalter auch das Alltagsleben mehr und mehr einer normierenden Regelung unterwarf, war am Rechtswandel des Hochmittelalters nicht weniger beteiligt als die zunehmende Gesetzgebung von Königen und Fürsten. Es entsprang einer neuen Realität: der Ausbildung von Gemeinden in einem politischen Sinn, denen von den Herrschenden ein sich ausweitender Bereich zu autonomer Regelung und Gestaltung überlassen wurde oder die ihn sich erkämpften.

Auf dem Weg zu neuen Formen politischer Organisation

Einung und Gemeinde

Die politische Ordnung war im Mittelalter weitgehend durch Herrschaft, mithin durch ein vertikales Strukturprinzip bestimmt. Wo man von Freiheit sprach, meinte man zumeist ein Bündel einzelner »Rechte und Freiheiten«, die Personen oder häufiger ganzen Personengruppen einen Freiraum garantierten, in dem das herrschaftliche Ordnungsprinzip außer Kraft gesetzt wurde. Neben der vertikalen Organisation haben aber im Lebensalltag von Siedlungsgemeinschaften und Hörigenverbänden horizontale, genossenschaftliche Strukturen stets eine Rolle gespielt. Die herrschaftliche Ordnung, die im Frühmittelalter das Leben der Abhängigen ganz überwiegend bestimmte, schloß nicht aus, daß man einzelne Bereiche der genossenschaftlichen Selbstregelung überließ, deren Kompetenz sich im Hochmittelalter stark ausweitete. Erst aus der spezifischen rechtlichen Verbindung von Herrschaft und Genossenschaft ergab sich die konkrete »Verfassung« der einzelnen Lebenskreise.

Als Genossenschaft erwies sich eine Menschengruppe im Recht auf gemeinsames »Nutzen und Nießen« der Allmende oder anderer Ressourcen, in der Verpflichtung zu gemeinsamen Leistungen für die Instandhaltung von Straßen, Brücken, Deichen und Stadtmauern oder in anderen Leistungspflichten gegenüber dem Herrn, die der Gemeinschaft als solcher, nicht einzelnen Personen, auferlegt waren. Oft, aber keineswegs immer waren solche Genossenschaften mit Siedlungsgemeinschaften identisch. Hier gingen ihre Pflichten und Rechte leicht in Zuordnungen über, die durch die Zugehörigkeit zum gleichen Gericht gegeben waren, wo zumindest an den drei großen jährlichen Gerichtstagen von allen Anwesenheit verlangt war, oder zur selben Pfarrei, die das Gemeinschaftsleben weit über ihre kirchlich-sakramentalen Funktionen, über Zehntforderungen und Sendpflicht hinaus prägte.

Obwohl also genossenschaftliche Elemente der frühmittelalterlichen Herrschaftsordnung nicht fremd waren, kam es im 11. und 12. Jahrhundert zu einem qualitativen Wandel, in dem der horizontale Zusammenschluß menschlicher Lebensgemeinschaften in der politischen Organisation eine neue Bedeutung erlangte. Am deutlichsten läßt sich dies an den Stadtgemeinden ablesen, an ihrer zunehmenden Autonomie und an ihrem wachsenden Gewicht in den Machtkämpfen der Zeit. Der entscheidende Schritt war dort erfolgt, wo Recht und Frieden in der Genossenschaft nicht mehr durch herrschaftliche Gewalt von außen durchgesetzt werden mußten. Die Gemeinde garantierte ihre innere Ordnung selbst, indem sie ihren eigenen Repräsentanten für den Notfall eine

Zwangs- und Strafgewalt übertrug, der sie durch solidarisches Zusammenstehen Durchsetzungskraft verlieh. In vollem Umfang ist dies fast nur in Stadtgemeinden Wirklichkeit geworden. Die städtische Entwicklung verdeutlicht indessen ein viel breiteres Phänomen.

Die Gemeinde- und Verbandsbildung im Hochmittelalter ist untrennbar mit der eidgenossenschaftlichen Bewegung verbunden, das heißt mit der inneren Festigung von Gemeinschaften auf der Grundlage beschworener Übereinkunft und gegenseitiger Hilfsverpflichtung. In der Organisation der Zünfte setzte sich dieses Prinzip auch im inneren Leben der Stadtgemeinden fort; schon vorher war es beim Zusammenschluß von Kaufleuten in Gilden wirksam. Auch die Bruderschaften, in denen sich Laien unter einem religiösen Anliegen seit dem 11. Jahrhundert vereinten, standen – wie die Terminologie der Quellen beweist, die alle diese Erscheinungen als »Societates« oder »Fraternitates« auffassen – von ihrer Organisation her den Gilden und Zünften nicht fern; nur begleitete hier anstatt eines Eids meist ein feierliches Gelöbnis die Aufnahme. Zu einer politischen Kraft sind geschworene Einungen erstmals in der Gottesfriedensbewegung geworden. Wie schon die französischen beruhten auch die deutschen Gottes- und Landfrieden auf einer gemeinsamen, durch Eid bekräftigten Übereinkunft. Sie band nicht nur die am Abschluß Beteiligten, vielmehr sollten alle, jedenfalls alle Machthaber und waffenführenden Krieger eines umschriebenen Gebietes, gezwungen werden, dem Eid beizutreten. Wer ihn nicht schwor, stellte sich außerhalb der Friedensgemeinschaft und war von Sanktionen der Eidgenossenschaft bedroht. Der Inhalt der Vereinbarung, des Friedensschwurs, wurde schriftlich festgehalten und nahm immer mehr die Form einer Satzung, eines Friedensstatuts mit vielen Paragraphen an.

Wie die Gottesfriedensbünde wurden in Nordfrankreich und Flandern bald auch städtische Einungen als »Communia« oder »Communiones« bezeichnet. So etwa in Le Mans 1070 der Schwurverband, der sich, vom Bischof unterstützt, gegen neue Steuerauflagen des Herzogs der Normandie auflehnte, oder 1099 die »Kommuneverschwörung« in Beauvais, die den Bischof zwang, die Gewohnheiten der Stadt anzuerkennen, darunter eine nur einmal im Jahr zu leistende Zinszahlung. »Kommune, dieses neumodische und ganz üble Wort«, schreibt der von dort stammende Guibert von Nogent zum Jahr 1116, »heißt, daß Zensualen den geschuldeten üblichen Kopfzins einmal im Jahr entrichten und bei Rechtsverletzungen die gesetzliche Strafe bezahlen, aber von sonstigen Zinsleistungen, wie man sie Hörigen aufzuerlegen pflegt, gänzlich frei sind.« Solche Berichte zeigen die »Kommunen« in Auseinandersetzungen mit Herrschaftsträgern und deuten damit die revolutionäre Kraft an, die sie punktuell entfalteten. Die kommunale Eidgenossenschaft richtete sich aber, wie gerade für Nordfrankreich und Flandern herausgearbeitet wurde (A. Vermeesch), nicht gegen Herrschaft überhaupt, sondern ermöglichte hier nur die Organisation des gemeinsamen Widerstands gegen unzulässige, Recht und Gewohnheit verletzende Formen der Herrschaftsausübung. Dort, wo zwei Herrschaftsträger miteinander konkurrierten, ließ sie sich für die Ziele einer Partei nutzen. Kaiser Friedrich I. hat nicht zuletzt deshalb die »Communio« der Trierer verboten, als er 1161 einen Ausgleich im Streit zwischen dem Erzbischof von Trier und dem rheinischen Pfalzgrafen um ihre Herrschaftsrechte in der Stadt herbeizuführen suchte. Wo eine Eidgenossenschaft mit Zustimmung des Herrn geschlossen war, wollten nicht einmal König Heinrich (VII.) und Kaiser Friedrich II. sie aufheben, als sie 1231 und 1232 das städtische Einungswesen zugunsten der in ihrer Stadtherrschaft bedrohten Fürsten zurückzustutzen trachteten. Der Schwurverband war aus der politischen Organisation der Gesellschaft damals schon nicht mehr wegzudenken, aber die Erlaubnis zu seiner Bildung war eine vom Herrn zu gewährende »Freiheit«. Die Einung verlor gewissermaßen ihre rechtliche Legitimation, wo sie sich gegen den Herrschaftsträger wandte. Schon Heinrich V. hatte 1107 einen seit dreißig Jahren schwelenden Konflikt zwischen dem Bischof von Cambrai und der Eidgenossenschaft der Stadtbewohner geschlichtet »und so die Schwurgemeinde von einer rechtswidrigen Verschwörung geschieden«.

Die gemeinsame Verteidigung von Rechten zur Behauptung des herkömmlichen Status war mit dem Willen verbunden, die Ordnung insgesamt zu wahren, die in der Gemeinschaft gelten sollte. Im Eid nahmen alle die Ordnung als verbindlich an. Der Zusammenschluß garantierte denjenigen, die die Gemeinschaft lenkten, Gehorsam und Unterstützung, den einzelnen Genossen Solidarität und Hilfe bei einem Angriff Außenstehender. Wie die Gottes- und Landfrieden hatten also die städtischen Einungen einen auf das Recht gegründeten Friedenszustand zum Ziel. Ihr Inhalt war der Ausschluß von Gewaltakten, von gewaltsamer Selbsthilfe, von Verstößen gegen die Rechtsgewohnheiten oder die vereinbarte Satzung. Sie knüpften dabei sowohl an älteres Recht an, das einen Friedensbruch in der Stadt strenger ahndete als außerhalb, wie sie Bestrebungen aufnahmen, die in den Landfriedenseinungen ihren Ausdruck fanden. »Nach dem Vorbild anderer Städte ist Straßburg mit der Auszeichnung gegründet worden, daß jeder Mensch, er sei Auswärtiger oder Einheimischer, zu jeder Zeit und vor allen Leuten Frieden haben soll«, verkündete um 1150 das älteste bischöfliche Stadtrecht stolz im ersten Satz. In den Dienst dieses Stadtfriedens stellten sich die als geschworene Einungen organisierten Gemeinden. Anders als bei den Gottes- und Landfrieden garantierten hier nicht mehr Machthaber und Waffenführende den Wehrlosen Schutz. Die Gemeinde schloß sich nach innen gegen Rechtsbrecher aus ihren Reihen zusammen, nach außen zur Verteidigung der Siedlungsgemeinschaft und jedes einzelnen Mitbürgers gegen alle, die ihnen ohne Recht und gerichtliches Urteil schadeten.

Besonders früh und mit weitreichenden Wirkungen haben derartige Einungen in Reichsitalien die Stadtverfassung verändert: Hier sind Kommunen entstanden, deren Autonomie Friedrich Barbarossa mit der ganzen militärischen Macht, die ihm zu Gebote stand, brechen wollte und denen er, gemessen an seinen ursprünglichen Zielsetzungen, letztlich doch nur einen Vergleich abringen konnte. In der Mitte des 11. Jahrhunderts hatte die Verselbständigung der Stadtgemeinden begonnen; sie stand zumindest in Mailand und seinen Nachbarstädten, für die allein ausführlichere Chroniken aus jener Zeit vorliegen, anfangs stark unter einem religiösen Aspekt. Aufgerüttelt durch die Bewegung der Pataria, die sich selbst als beschworene »Gotteseinung« verstand, nahmen die Laien in der Stadt den Kampf gegen Simonie und Priesterehe oder das Konkubinat der Geistlichen auf. Da sich Episkopat und Klerus gegen solche Übergriffe wehrten, entstand daraus ein Kampf gegen die kirchliche und weltliche Autorität des Erzbischofs in Mailand oder der Bischöfe in Piacenza, Cremona und anderen Städten sowie gegen den reichen, aus dem Adel von Stadt und Umland stammenden Domklerus, den die Laien gewaltsam in ihrem Sinn zu disziplinieren versuchten. Hier werden die gemeinsamen Beratungen vor der Volksversammlung, die gemeinsam beschlossenen Satzungen, vor allem der gemeinsame, an die getroffenen Vereinbarungen bindende Eid immer wieder erwähnt. Wer ihn nicht schwor oder wer ihn brach, konnte aus der Gemeinschaft ausgestoßen werden, wobei diese sein Haus zerstörte und den Abraum vor die Stadttore trug, um ihn zu verbrennen. Die Formen gemeinsamer Entscheidung und gemeinsamer eidlicher Verpflichtung leiten unmittelbar zu den verfaßten Kommunen über. An ihrer Spitze werden gegen 1100 die ersten Konsuln genannt, deren Rechtsprechung, ursprünglich vielleicht aus schiedsgerichtlicher Schlichtung entstanden, die Gemeinde auch ohne die Legitimation durch einen Herrschaftsträger anerkannte und unterstützte. Die Einwohnerschaft, die die Konsuln wählte, verlieh diesen gewissermaßen ihre Amtsgewalt, indem sie sich eidlich verpflichtete, allen rechtmäßigen Anweisungen zu folgen. Brachte man das Anliegen der kommunalen Einung auf eine Formel, so hieß sie: »Frieden und Gerechtigkeit«.

Auch in Italien war der Übergang zur Kommune in der Regel nicht das Ergebnis einer revolutionären Umwälzung, wie es angesichts der religiösen Unruhen in den lombardischen Städten den Anschein haben konnte. Vielerorts scheint sich die Kommune geradezu unter dem Schutz des Bischofs entwickelt zu haben, der weiterhin Hoheits- und Herrschaftsrechte in der Stadt ausübte und in die Verantwortung für die städtische Ordnung seinen »Rat«, vor allem seine Vasallen, hineinzog, das heißt, einen Personenkreis, dem dann auch die Konsulatsaristokratie in weitem Umfang entstammte. Innerhalb dieses Gefüges setzte die geschworene Einung neuartige Kräfte zur Ordnung der Gemeinschaft frei. Nicht nur in den Städten, sondern auch in den ländlichen Siedlungsgemeinschaften bestimmten kommunale Formen seit etwa 1100 die Verfassung. Es gab Orte, wo der Adel mit den Bauern gemeinsam eine Landgemeinde mit eigenen, aus beiden Ständen gewählten Konsuln bildete, neben Dörfern, in denen die »Bauernkommune« mit ihren Konsuln einem adeligen oder kirchlichen Ortsherrn unterstand. Dessen Herrschaft war durch eine derartige Organisation keineswegs aufgehoben. Durch die Befugnisse der Kommune und ihrer Organe wurde sie aber ergänzt und mit der Zeit in vielem abgelöst.

Welche Einstellungen auf dem Weg zu kommunaler Gemeinsamkeit zu überwinden waren, zeigt das Lob, das um 1075 den Eltern des Patarener-Führers Ariald gezollt wurde, die nicht als mächtige, aber adelige Leute in einem Dorf lebten: Hochmut, das Grundlaster des Adels, hätten sie so verabscheut, daß sie sich – obwohl sie niemand hätte zwingen können, wenn sie nicht gewollt hätten – freiwillig jeder gerechten Vereinbarung der Nachbarschaft unterwarfen. In Italien, wo im Gegensatz zu Deutschland die Mehrzahl der Bevölkerung freien Standes war, wo ein Teil der Stadtbewohner zum Adel, zu den mächtigsten Familien der Diözese gehörte, stellte sich dieses Problem wohl schärfer als nördlich der Alpen. Es war nicht leicht, die mächtigen, ritterlich lebenden, auf ihre Macht und Waffengewalt stolzen Geschlechter zur Anerkennung des gemeinsam Beschlossenen, zum Verzicht auf die gewohnte »Selbsthilfe« und zur Annahme richterlicher Schlichtung zu bringen. Mancherorts hatte es schon im 11. Jahrhundert, in den ersten Anfängen der Kommune, Auseinandersetzungen zwischen Adel und Volk gegeben. Als im Verlauf des 12. Jahrhunderts immer breitere Gruppen Einfluß auf die städtische Politik gewannen, als in der städtischen Wirtschaft die Handwerke an Gewicht zunahmen, als überdies der Kampf gegen den Kaiser oder auch für den Kaiser gegen den lombardischen Städtebund immer höhere Opfer verlangte und die Bevölkerung immer schwerer zu versorgen war, da verschärften sich in den oberitalienischen Städten die Spannungen zwischen Adels- und Volkspartei derart, daß man nach 1200 vielfach die Vertreibung der Gegenpartei oder wenigstens deren Ausschluß von allen Ämtern als den einzigen Weg zum inneren Frieden ansah. Der Gegensatz zwischen Adel und Volk blieb in den italienischen Kommunen ein nie ganz gelöstes Problem. Er hat entscheidend dazu beigetragen, daß nach der Stauferzeit einzelne Männer, meist mächtige Feudalherren, in vielen Städten eine Herrschaft auf Lebenszeit oder gar für sich und ihre Nachkommen aufrichten konnten. Doch auch in Deutschland gab es schon unter Friedrich II. Auseinandersetzungen zwischen den Geschlechtern, unter deren Führung die Stadt ihre Autonomie erlangt hatte und weiterhin gestaltete, und der Gemeinde, die nach Gerechtigkeit, nach einer Stadtregierung zum Wohl aller verlangte und vom Gemeinwillen abgehobene, eigennützige Herrschaft der Vornehmen und Reichen nicht hinnehmen wollte.

Nirgends tauchte jedoch in der kommunalen Bewegung die Idee auf, die ständische Ordnung der Gesellschaft aufzuheben. Die Statusunterschiede innerhalb der Gemeinden blieben unangetastet. Wo man nach Recht und Gerechtigkeit verlangte, waren auch sie ein Teil der alten, zu schützenden Ordnung, solange die Mächtigen, zumal die im Rat sitzenden Geschlechter, ihre Stellung nicht mißbrauchten. Trotz solcher Unterschiede sollten aber alle vor dem Gericht gleich sein und gleich behandelt werden. Alle schworen gleichermaßen, das zu halten, was die Gemeinde sich selbst als Recht gesetzt hatte, den Leitern der Gemeinschaft zu gehorchen und gemäß den eigenen Standespflichten zu dienen. Auf diesen jährlichen Eid, den man auf dem Schwörtag gemeinsam erneuerte, war die Ordnung menschlicher Gemeinschaften nun gegründet. Dadurch vor allem unterschieden sich die im Hochmittelalter entstandenen Gemeinden von älteren Formen der Genossenschaft. Erst seit dieser Zeit gibt es den Begriff »Kommune« und dessen Übersetzung »Gemein(d)e« zur Bezeichnung eines Verbandes im politischen Sinn; sein Aufkommen weist auf den Wandel der Gemeinschaftsstrukturen hin.

Der Geschichtswissenschaft gilt diese Entwicklung als eines der Kennzeichen für die Epochenschwelle, welche die europäische Geschichte im 11./12. Jahrhundert überschritt. Man hebt eine vorkommunale Zeit von der damals beginnenden kommunalen Epoche ab, deren spezifische Form der Gemeinde zusammen mit der ständischen Ordnung zu den Merkmalen der alteuropäischen Gesellschaft gehört. Erst mit der Ausformung eines allgemeinen Untertanen- und Staatsbürgertums und der Wirksamkeit einer staatlichen Ordnungs- und Friedensgarantie hat Jahrhunderte später die so verfaßte Gemeinde, die zu einem Charakteristikum für den von Max Weber herausgearbeiteten Typus der okzidentalen Stadt geworden ist, ihre Funktion verloren.

Die Einungen, die seit dem 11. Jahrhundert in schon bestehenden Gruppen, Nachbarschaften oder Genossenschaften geschlossen wurden, haben zunächst ältere Einrichtungen und Rechtsverhältnisse von innen heraus verwandelt und erst dann allmählich neue Institutionen hervorgebracht. Insofern ist es nicht leicht, die Anfänge der gemeindlichen Verfassung menschlicher Siedlungs- und Lebensgemeinschaften, der kommunalen Organisation, der städtischen Autonomie zeitlich genau festzulegen. Ohnehin findet das Neue in den für diesen Bereich sehr spärlichen Quellen oft nur nebenher und ganz zufällig Erwähnung. Die städtischen Einungen scheinen seit dem 11. Jahrhundert gewachsen zu sein, werden irgendwann im 12. Jahrhundert als bestehend genannt, aber die Einrichtungen, die sie ausgefüllt oder umgeformt haben und auf deren Grundlage sich dann die Gemeinde-Autonomie entfaltete, sind teilweise viel älter. Für die Stadt in Deutschland sind wichtige, vielleicht unabdingbare Voraussetzungen der Gemeindebildung allerdings erst in ottonisch-salischer Zeit durch die Förderung der Reichskirchen und der Marktentwicklung geschaffen worden.

Dazu gehörte vor allem eine Konzentration richterlicher und polizeilicher Gewalt, die sich beispielgebend in den Bischofsstädten, aber auch in stadtartig wachsenden Klostersiedlungen wie in Quedlinburg oder Gandersheim vollzog. Die Kaiser übertrugen den geistlichen Stadtherren die alleinige Gerichtsbarkeit über ihre Stadt und die vorgelagerten »Suburbia«, die damals meist noch gesonderte Siedlungselemente, nicht Vorstädte im späteren Sinne waren. Die Stadt wurde so, wie man sagt, ein exemter Rechtsbezirk. Nur der vom Bischof beziehungsweise der Äbtissin berufene Vogt oder Burggraf sollte hier Gerichtsbarkeit ausüben; die Stadtbevölkerung unterstand zum größten Teil diesem eigenen städtischen Gericht. Da die »Gerichtsgemeinde« zur Teilnahme an den Gerichtstagen verpflichtet war und an der Erhebung der urteilenden Schöffen, die aus ihrer Mitte kamen, mitwirkte, wurden die Stadtbewohner von den zu anderen Gerichten gehörenden Menschen im Umland abgegrenzt und untereinander enger zusammengeführt. Seit Heinrich V. garantierten die Könige den Einwohnerschaften einzelner Städte durch Privileg, daß sie ungeachtet ihres Standes grundsätzlich nur von den städtischen Richtern belangt und nicht vor ein Gericht außerhalb der Mauern, auch nicht das des eigenen Vogtes, gezogen werden dürften. Nur wenn es um Grundbesitz vor den Mauern ging, sollten, wie es im Privileg Lothars III. von 1129 für die Straßburger heißt, Stadtbewohner sich auch anderswo dem Kläger stellen. Vor den städtischen Richtern mußten selbst die Herren oder Vögte eingewanderter Höriger rückständige Zinszahlungen einklagen.

Zu der einheitlichen Gerichtsgemeinde zählte freilich gerade in den Bischofs- und Klosterstädten ein beträchtlicher Teil der Bevölkerung nicht, nämlich die Angehörigen der Domkapitel und anderer kirchlicher Immunitäten mitsamt ihrer persönlichen Dienerschaft. Unter den »Bediensteten« der Geistlichen waren nicht wenige, die als Händler oder Handwerker am städtischen Wirtschaftsleben teilnahmen und sogar außerhalb des Immunitätsbezirks mitten unter den anderen Bürgern wohnten. 1101 garantierte Heinrich IV. dem Domkapitel von Speyer, daß der Bedienstete eines Domherrn, der täglich Wohnung und Nahrung mit ihm teile, bei einem Vergehen gegen das »Recht der Bürger« nicht vor das Gericht der Marktsiedlung zitiert werden dürfe. Vielmehr solle der die Polizeigewalt ausübende Tribun ihn ins Domkloster vor den Domdechanten führen und von diesem für sich und den Geschädigten Genugtuung fordern. Dabei solle man dem in seinem Recht Verletzten Entschädigung nach »Bürgerrecht« gewähren, dem Tribunen den Übeltäter zur Prügelstrafe überlassen, falls nicht der Herr seinen Diener durch Bezahlung von sechzig Schillingen auslösen wolle. Wenn dagegen der Diener nicht zum Haushalt des Domherrn gehöre, sondern »in der Stadt« wohne, solle er dem »gemeinsamen Recht der Bürger« unterliegen. An solchen Streitigkeiten wird deutlich, daß den Ausgangspunkt für die Entwicklung von Stadtrecht und verfaßter Stadtgemeinde die Marktsiedlung gebildet hat, die in ottonischer Zeit topographisch meist noch klar von den übrigen Siedlungskernen der »Stadt« geschieden war, aber seither mit ihnen mehr und mehr zu einer räumlichen Einheit verschmolz.

Schon in ottonischer Zeit war die Schaffung eines eigenen Stadtgerichts unter der Hoheit eines geistlichen Fürsten meist unmittelbar verbunden mit der

Die Reichsstadt Mühlhausen in Thüringen mit dem Kaiser als Stadtherrn über dem verschlossenen Haupttor der türmebewehrten Stadtmauer. Wachssiegel der Stadt, vor 1231. Wolfenbüttel, Niedersächsisches Staatsarchiv. – Stadtmiliz. Steinrelief im linken Tympanon-Drittel des Westportals von S. Zeno in Verona, um 1138

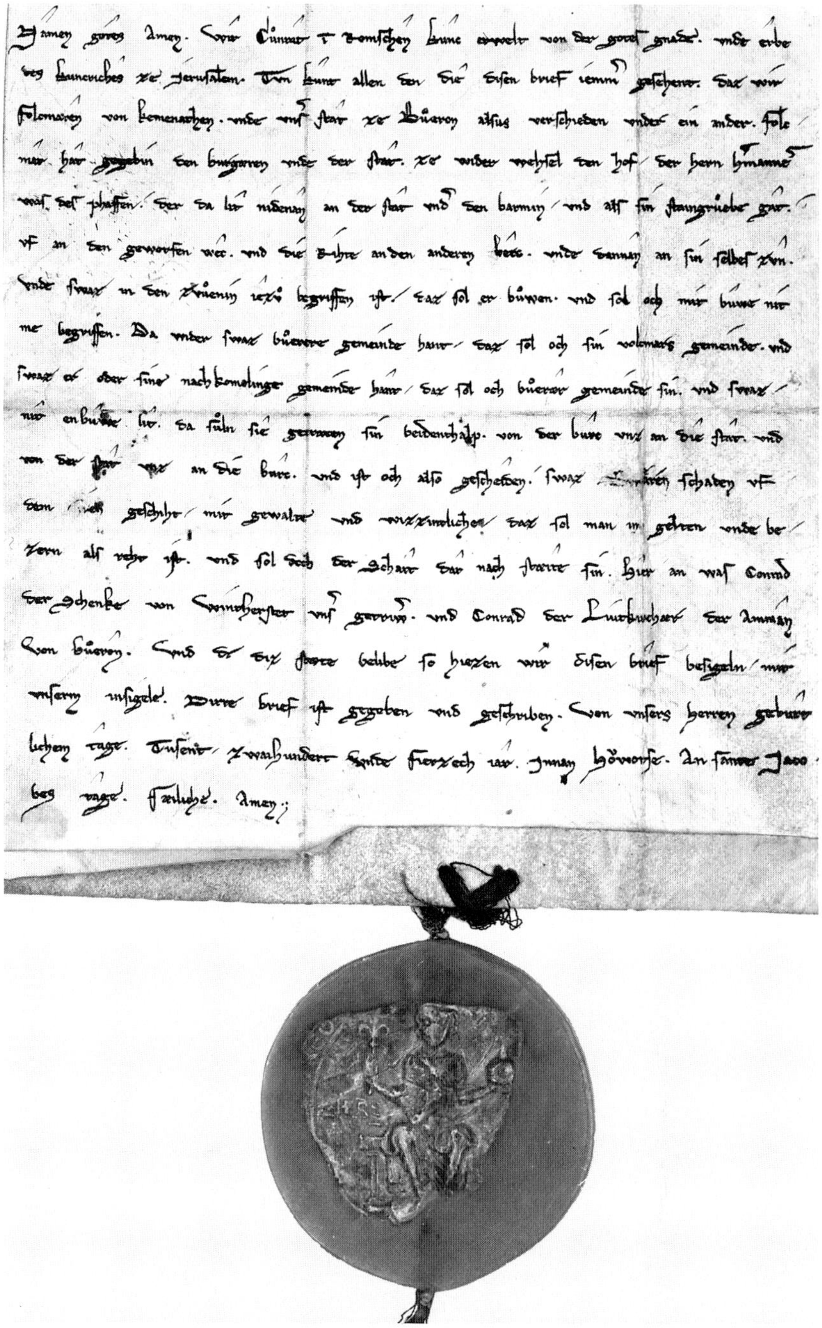

Verkündung eines durch Konrad IV. vermittelten Vergleichs zwischen dem Reichsministerialen Volkmar von Kemnat, dem späteren Erzieher des Königssohnes Konradin, und der Stauferstadt Kaufbeuren betreffs gemeinsamer Nutzung von Allmenden zwischen Stadt und Burg. Erste deutschsprachige Königsurkunde vom 25. Juli 1240. München, Bayerisches Hauptstaatsarchiv

Verleihung von Markt, Münze und Zoll einschließlich der zu ihrer Verwaltung nötigen Gerichtsbarkeit und Zwangsgewalt. Die Kaufleute, die an den Märkten zusammentrafen oder sich dort niederließen, hatten Rechtsgewohnheiten, die nicht mit den sonst üblichen landrechtlichen Verfahren übereinstimmten. Die königlichen Marktprivilegien erklärten meist ausdrücklich das »Recht aller Kaufleute« auch an dem neugegründeten »öffentlichen Markt« für verbindlich, wobei die Gewohnheiten an den älteren großen Handelsplätzen als Vorbild dienen sollten. Neben dieser königlichen Rechtsgarantie mußte der Stadtherr, um Kaufleute zur Niederlassung zu bewegen, ihnen Hofstätten für ihre Häuser überlassen, Standplätze für ihre Verkaufsbänke zuweisen, Weide für die Tiere, die sie hielten, einräumen oder andere für ihren Haushalt wichtige Nutzungsrechte gewähren, deren Aufteilung die Genossen wohl selbst vornahmen.

Daß ortsansässige Kaufleute eine eigene, obgleich rudimentäre Organisation besaßen, zeigen erstmals Berichte aus dem frühen 11. Jahrhundert. Alpert von Metz erwähnt die Tieler Kaufmannsgilde mit ihren feierlichen Trinkgelagen und der vom Kaiser garantierten Form der Rechtsprechung; Thietmar von Merseburg nennt die Marktkirche in Magdeburg und die Wächter, die nachts die dort deponierten Waren hüteten und bei einer Erscheinung auf dem Friedhof nicht den Bischof, sondern die »Angesehensten der Stadt« herbeiriefen, denen sie wohl verantwortlich waren. Im Zusammenspiel zwischen dem Stadtherrn und den Kaufleuten der Marktsiedlung lag ein weiterer Ansatzpunkt für die Ausbildung gemeindlicher Autonomie.

Recht gut verfolgen läßt sich dies am Beispiel von Halberstadt. Relativ spät, als es schon etliche Märkte in der Region gab, hatte 989 der dortige Bischof von Otto III. die Erlaubnis erhalten, einen Markt mit Münze, Zoll und Bann nach dem Vorbild Magdeburgs und anderer Städte einzurichten. Schon Bischof Arnulf (996–1023) hatte den ansässigen, Marktnutzungszins zahlenden Kaufleuten Wiesen bei ihrer Siedlung überlassen, die Bischof Burkhard I. (1036 bis 1059) ihnen schriftlich »zu dauerndem Besitz« bestätigte. Burkhard II. (1059 bis 1088) gewährte in einer Urkunde, auf der man heute nur noch einige verstümmelte Sätze lesen kann, die Befreiung vom Viehzehnten sowie weitere, das Sendgericht und das Erbrecht von Töchtern betreffende Vergünstigungen. 1068 bestätigte König Heinrich IV. den Kaufleuten ihre alten Privilegien und fügte die Zollfreiheit auf allen königlichen Märkten hinzu, ein Hinweis auf Reichweite und Bedeutung der Handelsbeziehungen. 1105 bekräftigte Bischof Friedrich »den Einwohnern unserer Stadt, also den Marktbürgern, die Privilegien und selbstvereinbarten Satzungen, die unsere Vorgänger ihnen nur durch mündliche Zusage garantiert hatten, durch feierliches Versprechen, Urkunde und Siegel« als unverbrüchlich und fest. Die Einwohnerschaft des Marktes sollte wie bisher »aus eigener Macht und Entscheidungsbefugnis« die Lebensmittelpolizei ausüben, Maße und Gewichte überwachen oder durch selbstgewählte Beamte überwachen lassen und Rechtshändel, die sich aus Kauf und Verkauf ergaben, entscheiden, dazu das »Burmal« sorgfältig einhalten, worunter wohl die Ansätze einer Gemeindeorganisation – Versammlung und Gemeinschaftsabgabe – zu verstehen sind. Diese Bestätigung »durch Wort, Schrift und Siegel« hatten die Bürger selbst erbeten. Die Urkunde wurde nicht im bischöflichen Archiv aufbewahrt, in das die zugunsten des Bischofs ausgestellten Marktprivilegien gelangten, sondern bildet zusammen mit dem Privileg Heinrichs IV. und anderen älteren Urkunden zugunsten der Kaufleute den Grundstock des späteren Stadtarchivs. Auch darin wird etwas von der eigenen Organisation der Bürgerschaft sichtbar. Sie konnte nicht nur Privilegien empfangen, sondern wachte auch selbst über die Schriftstücke, die ihre Rechte sicherten (W. Schlesinger).

Genossenschaftliche Nutzungsrechte der Siedlungsgemeinschaft, Kaufmannsrecht und Marktaufsicht sowie die Verselbständigung des städtischen, obschon vom Stadtherrn abhängigen Gerichts flossen zusammen mit Formen der Selbstregelung, auf die keine größere Gemeinschaft ganz verzichten kann. Bereits bestehende Zusammenschlüsse wie eine Kaufmannsgilde, das Kollegium der Schöffen, aber auch die mit dem Leben des Marktes besonders eng verbundenen Amtsträger des Stadtherrn konnten dabei für die Gemeinschaft sprechen und zu Kristallisationskernen für die Selbstorganisation der Gemeinde werden. Schon unter Heinrich IV. war es möglich, daß – wie 1073 in Worms, 1074 in Köln, 1077 in Mainz – die Einwohnerschaft einer Stadt ihren bischöflichen Herrn vertrieb und im politischen Streit Partei für den König ergriff. Wer die Aufstände anführte, ist unklar, nur für Köln werden die Kaufleute genannt; hinsichtlich der Organisation weist die Bezeichnung »Verschwörung« auf eidliche Zusammenschlüsse hin, ohne daß man deshalb schon an eine dauerhafte geschworene Einung denken müßte. Aber als der eidliche Beitritt zur Gemeinschaft, die Verpflichtung auf ihre Ordnung durch den gemeinsamen Schwur üblich wurde, erreichte der Verband der Marktbewohner und Stadtbürger eine Handlungsfähigkeit, die ihm die wirksame Wahrung seiner Interessen und seiner Ordnung erlaubte. Darauf basierten die Erweiterung seiner Rechte und der Ausbau seiner Autonomie.

Nicht jede Stadt hatte freilich nur einen Herrn, und oft zeigt sich in Verhältnissen, wo die Konkurrenz der Herrschaftsträger einer Vereinheitlichung entgegenstand, die Tendenz zum Zusammenschluß der Siedlungsgemeinde besonders deutlich. In Maastricht beispielsweise gab es neben dem Stift St. Marien und St. Lambert, das dem Bischof von Lüttich gehörte, das königliche Stift St. Servatius. Diesem standen Pfarrechte und Zehnten nur innerhalb des Stadtgebiets zu, aber alle Zuzügler kamen, soweit es sich nicht um Hörige des bischöflichen Stifts handelte, unter die Gerichtsbarkeit des Königs und wurden kirchlich, vor allem hinsichtlich von Taufe und Begräbnis, St. Servatius zugeordnet. Daraus ergaben sich langwierige Streitigkeiten mit der Marienkirche, der wohl ein weitaus größerer Teil der Bevölkerung unterstand. Die Frage des Sendgerichts entschied Kaiser Lothar 1132 folgendermaßen: Unter dem bischöflichen Archidiakon sollte man es in St. Marien abhalten, wo sich die gesamte Stadtgemeinde versammelte; dort sollte der Pfarrer von St. Servatius die Seinen, die Königsleute, aufrufen und ihre Verfehlungen bestrafen, der Pfarrer von St. Marien die Bischofshörigen. Man schied also zwei Rechtssphären, und doch gab es vom Zusammenleben her nur eine Gemeinde, so daß die künstliche Trennung zu schweren Spannungen führte. Je deutlicher das bischöfliche Stift dominierte und die zu ihm gehörenden Leute sich als Stadtgemeinde organisierten, desto mehr suchten die Könige oder die Herzöge von Lothringen-Brabant und die Stiftsherren von St. Servatius ihre Leute vom städtischen Gericht oder von den Stadtsteuern freizuhalten; denn es drohte ihre Herrschaftsrechte zu schmälern, wenn die St. Servatius zugeordneten Menschen in die sich unter bischöflicher Hoheit verselbständigende Stadtgemeinde aufgenommen wurden. So gab es dann zwei Schultheißen, zwei Kerkermeister, zwei Schöffenkollegien und zwei Gerichte in einer Stadt, die dennoch so eng zusammenwirkten, daß die Streitigkeiten als Auseinandersetzungen zwischen der gemeindlich verfaßten Stadt Maastricht und dem Klerus von St. Servatius erschienen.

Vielerorts gab es ähnliche Probleme, auch wenn sie nicht zu so scharfen Konflikten führten. Selbst in vielen Bischofsstädten bestanden unabhängige Immunitäten von Klöstern, die einst vor der Domburg gegründet worden waren, aber im 12. Jahrhundert mit dem bischöflichen Teil der Stadt zusammenwuchsen und von derselben Mauer umschlossen wurden, wie etwa in Münster das nur zweihundert Meter vom Dom entfernte Überwasserstift mit der Siedlung, die sich um das Kloster jenseits der Aa entwickelt hatte. Offensichtlich hat die Gemeindebildung zunächst in den Verbänden begonnen, die durch die Zugehörigkeit zur Familia eines Stifts und die kirchliche Zuordnung gegeben waren. Als dann mit dem städtischen Wachstum solche Sonderbereiche in die Sphäre des dominierenden bischöflichen Marktes und seiner Bewohner hineingezogen wurden, wo sich nun das städtische Leben konzentrierte, da bremsten die Immunitätsherren – vielleicht nicht immer gegen den Willen ihrer Leute – die Integration. In vielfältigen Formen versuchte man trotz solcher Trennungen den Bedürfnissen des Zusammenlebens und des Handelns im gemeinsamen Interesse gerecht zu werden. Überall wird der Wille spürbar, die Siedlungsgemeinschaft auch im politisch-rechtlichen Sinn zu einer Gemeinde werden zu lassen.

Die Stadtgründungen, zu denen es im 12. Jahrhundert kam, waren bereits auf eine organisierte Bewohnerschaft, eine »verfaßte« Gemeinde orientiert. Darin liegt ein wichtiger Unterschied zu den älteren Märkten. Diese waren nicht nur an Bischofssitzen oder bei Klöstern gegründet worden, sondern auch an wichtigen Straßenknotenpunkten, wo man ihnen aber vielfach wenigstens ein kleines Stift zuordnete, von dem aus der Marktherr seine Rechte am Ort durch Beauftragte wahrnehmen oder kontrollieren ließ. Jetzt konnte die Bürgerschaft selbst den Ausbau der Stadt und die Gestaltung ihrer inneren Ordnung übernehmen. In Freiburg und Lübeck waren angesehene Kaufleute, die der Gründer herbeigerufen hatte und zur Ansiedlung bewog, dessen Partner bei der beschworenen und bald auch schriftlich fixierten Gründungsvereinbarung. Aber die Privilegien wurden der Siedlungsgemeinschaft insgesamt gewährt, in der diejenigen die Führung übernahmen, die mit dem künftigen Stadtherrn über die Rechte der Einwohnerschaft verhandelt hatten. Die festere Struktur der Gemeinde erlaubte es deren Sprechern, dem Gründer seine Rechte – vor allem Rechte fiskalischer Natur wie den Zins für die Hofstätten oder für die Nutzung der Allmende und die Abgaben vom Markt oder den Zoll – zu garantieren, ohne daß er mit einer eigenen Herrschaftsorganisation in der Stadt präsent war. Die Wahl des Vogtes oder Schultheißen, die Wahl des Pfarrers, des Zöllners, des Schergen, des Hirten und des Küsters konnte der Gemeinde überlassen werden, wobei sich die Zähringer als Stadtgründer beispielsweise großzügiger zeigten als die Staufer. Insgesamt erscheinen dadurch die »Gründungsstädte« in ihrer Verfassung freier als die um Bischofssitze und Klöster gewachsenen alten Zentren, wo sich die gemeindliche Organisation zugleich mit der Intensivierung der geistlichen Herrschaft entwickelt hatte und fast unlösbar mit ihr verflochten war. Zudem entfiel in den neugegründeten Orten meist der Konflikt mit einem geistlichen Stift, das auf Rechte pochen konnte, die vor Stadtentstehung und Gemeindebildung zurückreichten. Zusammenstöße der Bürgerschaft mit dem Stadtherrn, wie sie viele Bischofsstädte im 12. und 13. Jahrhundert erschütterten, blieben in den Gründungsstädten weitgehend aus. Wo sie vorkamen, ging es meist nicht um das Prinzip der gemeindlichen Autonomie, um das in den herrschaftlich strukturierten älteren Städten noch gerungen wurde.

Mit den Freiheiten, die den Gründungsstädten gewährt wurden, haben die Vergünstigungen, die bäuerliche Kolonisten in Rodungsgebieten erhielten, manches gemein. Der Herr des Wildlandes garantierte den Bewohnern der neu anzulegenden Siedlungen und ihren Anführern nicht nur persönlich feste Rechte, die meist in dem Verzicht auf sonst übliche Leistungen von Grundhörigen bestanden, sondern räumte den künftigen Nachbarschaften und Dorfgemeinschaften oft eine weitgehende Autonomie in Fragen des Gerichts, der Pfarrerwahl oder der Regelung von Gemeinschaftsaufgaben ein. So sind an der Nordseeküste und vor allem in Mitteldeutschland, wo in manchen Regionen viel später die drückende Gutsherrschaft zur Ausbildung kam, besonders selbständige Dorfgemeinden entstanden, obwohl hier durch die rationellere Anlage von Hof und zugehörigem Land oft weniger gemeinsam zu beschließen war als in den Dörfern des Altsiedellandes. Allerdings legte die Ansiedlungsvereinbarung auch die Herrschaftsrechte des Herrn genau fest. Der war stark genug, sie gegenüber der Dorfgenossenschaft zu behaupten, und hat sie später oft gewaltsam erweitert. Nur wo es zu Zusammenschlüssen kam, die das einzelne Dorf oder die einzelne Bauerschaft überschritten, konnten bäuerliche Gemeinschaften Herrschaftsträgern einen mit den städtischen Selbständigkeitsbestrebungen vergleichbaren Willen entgegensetzen. Nur in solchen Fällen kam es zu Eidgenossenschaften, die städtischen Einungen glichen. Sonst waren gemeinsame Eide, soweit sie überhaupt Erwähnung finden, nicht die Bekräftigung einer gegenseitigen Bindung in der Gemeinde, sondern wurden der Herrschaft geschworen und sollten das bestehende Verhältnis zu ihr als für beide Seiten geltendes Recht absichern.

Voll ausgebildet läßt sich, sieht man von den Neusiedlerprivilegien ab, die Dorf- oder Landgemeinde erst in den Quellen des späten, oft des ausgehenden Mittelalters fassen. Aber ihre Entwicklung hat etwa gleichzeitig mit der Ausbildung der städtischen Gemeinden begonnen. Die Sicherung der Rechte, die Erweiterung genossenschaftlicher Mitsprache werden zunächst innerhalb der hofrechtlichen Verbände, den Wirtschaftseinheiten der grundherrlichen Organisation, seit dem 11. und 12. Jahrhundert erkennbar. Ähnlich wie die Stadtbevölkerung profitierten die grundherrlichen Hörigenverbände in vielen Dörfern zunächst von ihrer Zugehörigkeit zu kirchlichen Immunitäten, die unter Königsschutz standen und in denen man Rechte und Pflichten der Hörigen gegen Übergriffe von Vögten oder anderen Gewalten zu sichern begann. Für geistliche Herren konnten Rechte und Ansprüche anderer Herrschaftsträger im Ort zum Anlaß werden, die Kompetenzen der Gemeinde zu erweitern, um dadurch die Eingriffsmöglichkeiten der Konkurrenten zu reduzieren. In Schwaben und Franken förderte das Wachstum der Dörfer zu großen, geschlossenen Siedlungen mit einer strengen Flurordnung die sogenannte Verdorfung des Gerichts, das heißt die Ausbildung einer für die ganze Siedlung, nicht mehr nur für die Angehörigen der einzelnen Grundherrschaften zuständigen Gerichtsherrschaft. So konnten sich innerhalb der fortdauernden herrschaftlichen Ordnung Strukturen entwikkeln, die den Dorfgemeinden eine Mitwirkung bei der Regelung ihrer Angelegenheiten in einem von beiden Seiten anerkannten Rechtszustand sicherten. Die Formen waren sehr unterschiedlich und reichten in staufischer Zeit noch von der strengen Einbindung in die Grundherrschaft bis zu Garantien, die den städtischen Freiheiten nachgebildet waren.

Kleine Schritte waren es oft, die den bäuerlichen Gemeinden eine vertragliche Erweiterung ihrer Selbständigkeit brachten. So schloß beispielsweise Abt Bruno von Deutz 1211 einen Vertrag mit den Leuten von Anrath bei Krefeld, der eine ältere Vereinbarung des Abtes Radulf erweiterte. Dieser hatte die zu leistenden Zehnten den damals vier Bauerschaften zu einer festen jährlichen Rente verpachtet, nun sollten zwei weitere Bauerschaften in die Vereinbarung einbezogen werden. Für jede Bauerschaft wurde ein Mann bestimmt, und diese sechs Leute hatten dem Abt gesamthaft als Hauptschuldner für die Leistung der Rente von sechs Pfund und sieben Schilling Kölner Münze zu bürgen; wenn einer von ihnen sterbe, sollten die Angehörigen seiner Bauerschaft dem Abt drei Männer zur Auswahl des Nachfolgers vorschlagen. Die Garantie, bei der jeder der Bürger für die volle Schuld, nicht bloß für die Leistung seiner eigenen Bauerschaft einzustehen hatte, setzt funktionierende Gemeindestrukturen voraus, da die Gesamtsumme ja zunächst auf die sechs Bauerschaften aufzuteilen und dann wieder auf die einzelnen Bauern umzulegen war, falls die Bauerschaft nicht schon eine Gemeindekasse besaß. Zur selben Zeit teilte das Kloster Meer bei Neuß mit den Bauern eines benachbarten Dorfes den bisher gemeinsam genutzten Wald. Die Mönche steckten die Grenzen ab, die Bauern durften die Hälfte wählen, die sie dann »ohne Belästigung seitens der Mönche in Frieden besitzen« sollten; der Erzbischof von Köln segnete die Vereinbarung ab. Die Gemeinde hatte eigenen, nicht mehr durch Herrschaftsansprüche eingeschränkten Besitz gewonnen.

Adelshaus und Territorialherrschaft

Nicht nur die Ausbildung von Gemeinden hat seit dem 11. Jahrhundert das Verhältnis zwischen den Herrschaftsträgern und den ihrer Gewalt unterstellten Menschen umgeformt. Die Adelsherrschaft selbst änderte ihren Charakter. Der Wandlungsprozeß betraf die Formen, in denen Herrschaft zur Geltung gebracht wurde; er zeigte sich aber auch in der Art, in der der Adel mit seinen Machtgrundlagen umging und sie in der Verwandtschaft weitergab, mithin in der Beziehung der Adelsfamilien zu ihren Herrschaftsrechten. Die Veränderung der Herrschaftsstrukturen war zugleich ein Wandel in Struktur und Selbstverständnis der Adelssippen.

Wo von Adel die Rede ist, denkt man heute an Adelsgeschlechter und »Adelshäuser«, und man ist gewohnt, diese nach zentralen Sitzen zu benennen: als Grafen von Habsburg, Zollern, Tecklenburg oder Plötzkau, als Pfalzgrafen von Tübingen, Markgrafen von Schweinfurt, Herzöge von Zähringen. Dabei hat es ein Herzogtum Zähringen ebensowenig gegeben wie eine Markgrafschaft Schweinfurt, vielmehr werden diese Herrschaften nach ihren Inhabern, den Zähringern, Schweinfurtern oder Tübingern bezeichnet, und territoriale Gebilde wie die späteren Grafschaften Kleve, Waldeck oder Württemberg sind entstanden und haben ihre Namen erhalten, weil sie über viele Generationen in einem Geschlecht weitergegeben wurden, das den Namen eines befestigten Sitzes, eines Herrschaftszentrums, gewissermaßen als Familiennamen der Dynastie mit ihrem »Haus« verband.

Dies war keineswegs immer so. Bis weit ins 11. Jahrhundert hinein hatten die Menschen, jedenfalls im Adel, nur einen Namen, wobei für die Familien über

Generationen jeweils ein kleiner Bestand an Namen typisch war. Nur wo im gleichen Lebenskreis oder in derselben Familie zwei Leute von ähnlichem Ansehen oder gleicher Funktion denselben Namen trugen, gab man ihnen gelegentlich individuelle Beinamen, um sie leichter zu unterscheiden. Erst seit dem ausgehenden 11. Jahrhundert wurden die Personen häufig namengebenden Burgen zugeordnet. Dabei schwankten anfangs die Bezeichnungen: Angehörige der Gründerfamilie von Zwiefalten konnte man ebensogut nach der Achalm auf der Schwäbischen Alb wie nach Wülflingen im Thurgau nennen. Graf Rudolf von Pfullendorf, ein wichtiger Helfer Friedrich Barbarossas, hieß in den Urkunden auch nach Ramsberg, Bregenz, Lindau und Schweinshut. Den Urgroßvater des Kaisers nannte man im Rückblick »von Büren«, seinen Großvater nach dem Stauf. Doch Otto von Freising schrieb, um die Salierabstammung der Staufer hervorzuheben, Friedrich habe zum königlichen Geschlecht der »Heinriche von Waiblingen« gehört, die seit alters mit der Herzogsfamilie der »Welfen von Altdorf« konkurrierten: Hier ist die Gewohnheit, einen »Leitnamen« in der Familie weiterzugeben, mit der Benennung nach einem im Geschlecht vererbten Familienzentrum verbunden. Die neue Namengebung war aber nicht eine Mode, die im Adel während der Salierzeit aufkam, sondern weist auf tiefgreifende Strukturveränderungen hin. Denn Neugründungen waren auch die Burgen, von welchen man die Namen bezog, und neu war die Funktion, die den befestigten Sitzen in der Herrschaftsorganisation seit der Salierzeit zuwuchs.

Der Bericht über die Entstehung des Klosters Muri, um 1150 niedergeschrieben, verdeutlicht exemplarisch die Anfänge der Entwicklung (K. Schmid): Graf Ratbod, der zur Zeit Kaiser Konrads II. lebte, habe, als es zur Teilung des Erbes kam, diesen Ort mit allem, was dazugehörte, für sich allein behalten, um dort einen dauerhaften Sitz für sich und seinen Haushalt einzurichten, und ihn nicht wie alle anderen Besitzungen mit seinen Geschwistern geteilt; in der daraus entstandenen Fehde zerstörte Ratbods Bruder Rudolf den Ort. Dabei handelte es sich nicht um alten Familienbesitz, sondern um ein erst vom Vater und anscheinend nicht auf ganz rechtmäßige Weise erworbenes Gut, das Ratbod auch gegen andere Ansprüche verteidigen mußte. Ratbod übergab das umstrittene Muri seiner Frau Ita, angeblich einer Tochter des oberlothringischen Herzogs Dietrich und Schwester des Bischofs Werner von Straßburg, die zur Sicherung des Wittums ein Kloster gründete und diesem den Ort Muri mitsamt der Pfarrei und allem Zubehör übertrug. Die Familie residierte wenig später auf der benachbarten Habsburg, die, obschon vom Straßburger Bischof errichtet, zum Sitz der Nachkommen Itas und Ratbods wurde; deren Sohn wird vom Chronisten rückblickend »der erlauchte Graf Werner von Habsburg« genannt. Nachdem der innere Aufbau des Klosters zunächst Mönchen aus Einsiedeln anvertraut worden war, wurde Muri dem Reformkloster St. Blasien unterstellt. Nach einem fehlgeschlagenen Versuch, es 1082 durch völlig freie Vogtwahl in die größtmögliche Unabhängigkeit zu entlassen, wurde 1086 verfügt, daß die Vogtei in der Gründerfamilie weiterzugeben sei, und zwar jeweils an den ältesten Sohn, der auch die Habsburg bekam. Stammburg und Vogtei über das Hauskloster blieben verbunden, und man konnte schon vor dem Erbfall absehen, wer sie erhalten würde. Starb der Inhaber ohne Söhne, trat der nächste Seitenverwandte in männlicher Linie ein; der agnatische Stamm bildete das »Adelshaus«. Der Klärungsprozeß innerhalb der Adelssippen war konstitutiv für die Begründung von Dynastien, wie sie in Deutschland bis ins 19. Jahrhundert herrschen sollten, und bedeutete den ersten Schritt in Richtung auf eine Territorialisierung der Herrschaft, die, mit der Ausbildung der gemeindlichen Verfassung der Siedlungen korrespondierend, die weitere Entwicklung der Staatlichkeit bestimmte.

Für diesen Wandel ist der Burgenbau ein augenfälliges Indiz. Mit dem Ausbau solch fester Herrschaftssitze hatte man schon in der ersten Hälfte des 11. Jahrhunderts begonnen; doch unter Heinrich IV. beschleunigte sich mit dem Willen zur Intensivierung der Herrschaft bei gleichzeitiger Schwächung der Königsgewalt dieser Prozeß. Der Streit der Fürsten unter der Regentschaft für den jungen Salier und dann der offene Krieg zwischen der königlichen Partei und der Fürstenopposition ließen vielerorts neue Befestigungen entstehen, während der König dem Anspruch, daß Burgen nur mit seiner Zustimmung errichtet werden dürften, nirgends mehr Geltung verschaffen konnte. Gerade in bezug auf die Burgen setzte sich rasch durch, was Ratbod in Muri angestrebt hatte: daß sie beim Erbe mit allen zugehörigen Rechten in die Hand nur eines Familienmitglieds übergingen. Die Schenkung des Gutes Schluchsee an St. Blasien um 1070/80 kann als Gegenbild die Zersplitterung der Rechte an einem Besitztum verdeutlichen, das über zwei bis drei Generationen nach dem damaligen Usus in Erbengemeinschaft weitergegeben worden war. Rudolf von Rheinfelden, Graf Otto und sein Sohn Friedrich – vermutlich von Dießen-Andechs –, Graf Ekbert von Sachsen – Markgraf von Stade –, Ita »von Sachsen und Birkendorf«, der am Hochrhein begüterte Tuto von Wagenhausen und der Reichenauer Vogt Hezelo, der Stifter des Klosters St. Georgen im Schwarzwald, übertrugen das Gut zu gesamter Hand. In anderen Fällen wurden die an verschiedenen Orten liegenden Besitzungen ähnlich wie bei der bäuerlichen Realteilung unter die Erben so aufgesplittert, daß jeder seinen Anteil an all den weitgestreuten Familiengütern erhielt. Die Besitzungen der Sippe, aus der der Gründer von Muri stammte, lagen südlich und nördlich des Hoch-, östlich und westlich des Oberrheins, wo Ratbods Bruder Rudolf im Elsaß das Kloster Ottmarsheim mit seinem die Aachener Pfalzkirche imitierenden Gotteshaus gründete; die Stifterfamilie von Zwiefalten hatte Güter beiderseits der Schwäbischen Alb, in Churrätien, im Thurgau, im Elsaß und längs des Rheins bis in die Gegend von Boppard. Überall im alten Deutschland war der Besitz des Adels derart verstreut, ohne daß sich bis zum 11. Jahrhundert dauerhafte Mittelpunkte herausbildeten. Mit den Burgen als Herrensitzen entstanden solche Mittelpunkte; sie vererbten sich nach fester werdenden Regeln. Das Lehnsrecht, das die weibliche Erbfolge noch ausschloß und eine Teilung der einzelnen Lehnsobjekte damals normalerweise nicht zuließ, unterstützte diese Entwicklung. Hieraus könnte sich die Beobachtung erklären, daß viele der namengebenden Burgen nicht auf Familieneigen, auf Allod, standen, sondern auf Lehengut, das heißt auf Reichsboden oder Kirchenbesitz.

Für die weitere Entwicklung wurde entscheidend, daß bestimmte Herrschaftsrechte fest an diese Burgen gebunden wurden und damit demselben Erbgang unterlagen. Die Vogtei über das »Hauskloster« spielte dabei eine besondere Rolle. Dort fanden die Angehörigen des auf der Burg ansässigen Geschlechts ihre Grabstätte; das dauerhafte liturgische Gedenken und die geschichtliche Erinnerung an die Gründer und Wohltäter der Klostergemeinschaft hielten das Bewußtsein an die Kontinuität des Adelshauses und seiner Herrschaft wach. Die Vogtei begründete nicht nur eine Beziehung zum Kloster und seinem Konvent, sondern vor allem Gerichtsbarkeit im Bereich der klösterlichen Grundherrschaft. Als einträgliches, mit legitimer Zwangsgewalt verbundenes Herrschaftsrecht war diese nun ebenfalls an den Besitz der Burg gekoppelt. In großen kirchlichen Grundherrschaften gab es Vogteien für einzelne Landschaften oder Fronhofsverbände. Deren Inhaber errichteten auf dem Kirchengut, oft gegen den Willen der geistlichen Herren, unter dem Vorwand, die Besitzungen der Kirchen zu schützen und in ihnen für Frieden zu sorgen, Burgen, als deren Zubehör dann die jeweiligen Vogteirechte galten. Abgaben aus der Grundherrschaft wurden direkt an die Burg oder an den mit ihr verbundenen Wirtschaftshof entrichtet und als »Herrschaftsrechte« auf die Burg bezogen; außerdem leitete man aus deren Schutzfunktion eine Leistungspflicht für die Einwohner der umliegenden Siedlungen oder der zugehörenden Grundherrschaft ab, die ebenfalls zu den mit der Burg fest verbundenen Herrschaftsrechten zählte.

In der Mitte des 12. Jahrhunderts war diese Entwicklung bereits weit fortgeschritten. Als Friedrich Barbarossa 1158 Besitzungen von Heinrich dem Löwen eintauschte, die Clementia von Zähringen diesem als ihr Erbgut in die Ehe eingebracht hatte, wurde der Herrschaftskomplex als »die Burg Badenweiler mit hundert Ministerialen und fünfhundert Bauernhufen« gekennzeichnet. Der Kaiser gab seinem Vetter dafür Reichsgut im Harz, »nämlich die Burg Herzberg und die Burg Scharzfeld und den Königshof Pöhlde mit allen ihren Pertinenzen«. Zur Entschädigung übertrug er dem Reich aus Eigenbesitz »die Burg Leisnig mit den Lehen des Burggrafen Heinrich und mit allen zu ihr gehörenden Einkünften, die Burg Colditz und unseren Ministerialen Temo mitsamt seinen Kindern und allen seinen Gütern und Lehen, zusammen zwanzig Dörfer, auch das befestigte Lausick und den Markt mitsamt allen übrigen dazugehörigen Einkünften« sowie andere derartige Komplexe im Gebiet von Mulde und Saale. Die Eigenherrschaften des Adels, ebenso des Königs, setzten sich zusammen aus Grundherrschaften mit ihren älteren Höfen als Mittelpunkten, vor allem aber aus den Burgen, auch einem befestigten Marktort, sowie aus Herrschaftsrechten, die diesen Kernpunkten zugeordnet waren.

Allerdings beruhte die Stellung des Adels nicht nur auf solchen patrimonialen Grundlagen. Hoheitsrechte, die große Bedeutung für den territorialen Ausbau der Herrschaft erlangten, waren und blieben Lehen von seiten des Königs oder von seiten der Reichskirchen, denen der König sie geschenkt hatte. Bei seinem Tauschgeschäft mit Heinrich dem Löwen nahm Friedrich Barbarossa aus den »Pertinenzen« den Wildbann im Harz aus, den er als königliches Hoheitsrecht dem Welfen nur zu Lehen übertrug. Am selben Tag bestätigte er diesem weitere Lehen, die aus dem zwischen mehreren Familien umstrittenen Erbe der Grafen von Katlenburg stammten: den Forst im Harzgebirge und die Grafschaft im dort gelegenen Lisgau. Bei der Entscheidung berief man sich auf eine Urkunde Konrads II., der zugunsten des Grafen Udo und seiner Frau verfügt habe, daß die beiden Lehen vom König stets demjenigen von ihren Nachkommen überlassen würden, der das Gut Einbeck erbe. Es bestand also eine Tendenz, auch die als Lehen gehaltenen Hoheitsrechte an bestimmte, ungeteilt in den Familien vererbte Güter zu binden. Adelssitze als Mittelpunkte und rechtliche Zentren der Herrschaft eines Adelsgeschlechts – in diese Richtung tendierte die Entwicklung, die in der frühen Salierzeit eingesetzt hatte.

Bis zur Mitte des 13. Jahrhunderts war sie so weit gediehen, daß nicht nur kleinräumige Herrschaftskomplexe um eine Burg, sondern große Territorialherrschaften einem solchen Mittelpunkt rechtlich zugeordnet wurden. Erst dadurch konnte man später von einer Grafschaft Tecklenburg oder einer Markgrafschaft Baden sprechen. Aus der Mehrzahl fester Sitze, nach denen Adelige oft noch um 1150 benannt wurden, hatten sich einzelne herausgehoben als Zentren gesellschaftlich-höfischen Lebens und fürstlicher Repräsentation; bei manchen dieser »Höfe« glaubt man bereits die Entwicklung zur »Residenz« im Sinne des 14. Jahrhunderts zu erkennen. Als Friedrich II. 1235 aus dem sächsischen Welfenbesitz ein neues Reichsfürstentum schuf, ließ er sich von Otto von Lüneburg dessen Eigen übertragen, nämlich »die Burg Lüneburg mit vielen anderen Burgen, Ländereien und Leuten, die zu dieser Burg gehören«, fügte die Stadt Braunschweig mit den zugehörenden Rechten hinzu, die er von Fürsten, die mit Welfentöchtern verheiratet waren, zurückgekauft hatte, und gab die Burg und die Stadt samt ihrem »Zubehör« dem Welfen als »Herzogtum Braunschweig-Lüneburg« vom Reich zu Lehen. Die beiden alten welfischen Zentren waren zum Mittelpunkt einer großen fürstlichen Herrschaft geworden; von ihnen leitete man alle weiteren Rechte des Herzogtums ab.

In der Barbarossa-Zeit war man hiervon noch weit entfernt. Einzelne Besitzkomplexe – ein Fronhof, eine Burg, auch ein Markt oder eine Stadt, jeweils mitsamt den Rechten – bildeten die Bausteine der Adelsherrschaften, waren aber nur dadurch verbunden, daß sie zum erblichen Besitz einer Familie gehörten. Das Tauschgeschäft zwischen dem Kaiser und Heinrich dem Löwen verdeutlicht die Tendenz zu Besitzkonzentration und regionaler Schwerpunktbildung, welche die Zuordnung größerer Territorialherrschaften zu einem Zentrum ermöglichten. Der Welfe erwarb zwei Burgen und einen einst als Pfalzort bedeutenden Königshof in einem Gebiet, in dem er bereits über eine starke Herrschaftsposition verfügte und in dem Rodung einen zusätzlichen Gewinn versprach; er sicherte sich Hoheitsrechte als Lehen, die gerade für den von ihm gelenkten Landesausbau und für die Verdichtung seiner Gerichtsbarkeit wichtig waren. Die Besitzungen und Rechte erweiterten die Machtstellung, die er um Braunschweig, das er zur Residenz ausbaute, schon besaß. Nur der königliche Herrschaftskomplex um Goslar mit den reichen Silbervorkommen konnte in diesem Raum noch ein Gegengewicht zu seiner Vorherrschaft bieten. Der Welfe scheute, um Goslar zu gewinnen, nicht vor einem Erpressungsversuch zurück, als sein kaiserlicher Vetter ihn nach einer schweren Niederlage gegen den lombardischen Städtebund 1176 um Waffenhilfe bat. Was Friedrich I. dem Reich überließ, war ein aufgrund weitläufiger Verwandtschaft angefallenes Erbe, das den staufischen Familienbesitz nicht so sinnvoll ergänzen konnte wie die Reichsrechte im Land um Pleiße und Mulde, wo die Königsmacht durch Kolonisation und Burgenbau erheblich ausgeweitet und Leisnig selbst Mittelpunkt einer Burggrafschaft wurde. Dafür gewann er mit Badenweiler einen Komplex, mit dem sich die staufischen Positionen im Südwesten stärken ließen. Allerdings scheint Badenweiler dann wieder an die Zähringer gekommen zu sein, deren Erben es später besaßen, sicher nicht ohne daß die Staufer Güter erhielten, die ihre Machtschwerpunkte noch besser ergänzten.

Durch eine derartige Konzentration von Rechten und Besitzungen versuchten einzelne Familien, sich die Vormacht in bestimmten Regionen zu sichern. Diese Tendenz war schon unter Heinrich IV. hervorgetreten, und die Kämpfe, die seit 1077 das Reich erfüllten, hatten ihr kräftig Vorschub geleistet. Als Parteigänger seines königlichen Schwagers zerstörte Barbarossas Großvater Friedrich in seinem Machtbereich damals die Propstei Weilheim, welche der Stammvater der Zähringer, Herzog Bertold I., nahe seiner Burg Teck gegründet hatte. Nicht in Weilheim wurde das Hauskloster nach 1090 wiedererrichtet, sondern am westlichen Rand des Hochschwarzwalds, in dem damals die Rodungstätigkeit gerade eingesetzt hatte. Hier war die Grablege des Adelsgeschlechts in den neuen Herrschaftsschwerpunkt im Breisgau integriert, wo die nahe gelegene Burg Zähringen zum Sitz der »Zähringer« wurde. Zwischen Schwarzwald und Rhein hatte Bertold II. die Kriegssituation zur Durchsetzung seiner Vorherrschaft genutzt. 1079 zerstörte er die Burg Wiesneck, die am Eingang der Schwarzwald-Täler lag, die für die Verbindung zu seinem Besitz in Thur- und Zürichgau sowie um Villingen und Rottweil wichtig waren. Den reichen breisgauischen Besitz des

Klosters St. Gallen, dessen Abt zu den Anhängern Heinrichs IV. gehörte, sowie die Lehen von seiten des königstreuen Bischofs von Basel nahm er völlig in Beschlag, so daß von dort nichts mehr an die Kirchen und ihre Prälaten gelangte. Wohl damals entstand die Burg auf dem Schloßberg über Freiburg, und 1120 wurde der Marktort gegründet, der bald zur richtigen Stadt heranwuchs. Die Vogtei über das im Breisgau reichbegüterte Hauskloster St. Peter, dann die Vogteien über die Schwarzwald-Abteien St. Georgen und St. Blasien, 1114 und 1125 erworben, sicherten den Zähringern zusammen mit den Eigengütern und Lehen eine unbestrittene Vormacht beiderseits des Schwarzwald-Kamms, in der rechtsseitigen Oberrhein-Ebene und am Hochrhein, auch wenn sie die erstrebte Vogtei über St. Gallen nie und die über Allerheiligen in Schaffhausen erst 1198 erwerben konnten. Für seinen Verzicht auf das beanspruchte Herzogtum Schwaben hatte Bertold II. vom König 1098 den alten Pfalzort Zürich als erbliches Reichslehen empfangen; der Anfall des Rheinfeldener Erbes wies den Zähringern seit 1092 den Weg in die heutige Westschweiz, wo sie ihre Position durch das von Lothar III. verliehene Rektorat Burgund und später durch Lehen von seiten Friedrich Barbarossas erweitern konnten. Erfolgreiche Städtegründungen – in Freiburg im Breisgau, Freiburg im Uechtland, Neuenburg am Rhein, Bern, Thun und an anderen Orten – oder der Ausbau älterer Zentralorte zu Städten im Sinne des 12. Jahrhunderts, wie er in Villingen oder Breisach zu erkennen ist, vermittelten ihrem Herrschaftsgebiet hinsichtlich der Wirtschaftsstrukturen ein »modernes« Gesicht. Damals hatten die Städte nicht, wie manche territorialherrliche Gründung des 13. Jahrhunderts, fortifikatorische Bedeutung; unbefestigt, wie sie zunächst waren, bildeten sie eine wirtschaftliche Basis der Burgen, zu denen sie gehörten. Die Herrschaftsstellung des Adelsgeschlechts wurde abgestützt durch die Burgen und Besitzungen seiner Ministerialen, die auch Vogteien über kleinere Klöster besaßen wie beispielsweise die Herren von Staufen über St. Trudpert im breisgauischen Münstertal; kleinere Adelsfamilien gehörten als Vasallen zum Gefolge. So schufen sich die Zähringer im Laufe weniger Generationen im deutschen Südwesten eine Herrschaft von großer Dichte, die bereits auf die künftigen Territorien vorauswies.

Die Kennzeichnung des Gesamtkomplexes als »Staat der Herzöge von Zähringen« (Th. Mayer) vermittelt allerdings ein unzutreffendes Bild. Es war eine Vielzahl von Herrschaftsrechten, welche die Zähringer in ihrer Hand vereinigten. Institutionell waren sie nirgends verbunden; selbst im einzelnen Dorf bildete etwa die Gerichtsbarkeit aufgrund der Vogtei noch keine Einheit mit anderen, teils aus Lehen, teils aus dem Eigenbesitz abgeleiteten Rechten. Die verschiedenartigen Elemente konnten im Erbgang wieder auseinandertreten, da die Vogtei über die Klöster, deren Gerichtsrechte die Herrschaft um die eigenen Burgen und Dörfer so vorteilhaft ergänzte, im Unterschied zum Eigengut nicht teilbar war. Der zähringische Machtkomplex hat das Aussterben der männlichen Linie im

Jahr 1218 deshalb nicht als Einheit überdauert. Unverkennbar strebten die Herzöge von Zähringen aber danach, einen bestimmten Raum herrschaftlich zu erfassen und zu durchdringen, in welchem sie die Vormacht ausübten und zielgerichtet, nicht selten auch gewaltsam Rechte hinzuerwarben. In diesem Raum betrieben sie eine Politik der »Erschließung«, die ihnen fiskalische Einkünfte verschaffte, indem sie Städte mit Markt- und Münzrechten gründeten, Straßen ausbauten und durch ihr Geleit sicherten, wobei sie dem Fernverkehr neue Übergänge über Schwarzwald und Alpen anboten. Die ersten Brücken, die nach der Römerzeit über den Rhein geschlagen wurden, dürften bei der Zähringerstadt Rheinfelden errichtet worden sein. Unter Bertold V. (1218 gestorben) wurde der Gotthard-Paß durch den Brückenschlag über die Schöllenen-Schlucht in kürzester Zeit einer der wichtigsten Alpenübergänge. Eine solche Raumerfassung auf der Grundlage vielfältiger und möglichst dichter Herrschaftsrechte war zweifellos das Ziel der fürstlichen Herrschaftsbildung im 12. Jahrhundert, während eine geschlossene Flächenherrschaft weder im Großen noch im Kleinen erreichbar war.

Die Geschlossenheit der Herrschaften der Zähringer oder der süddeutschen und der sächsischen Welfen tritt deshalb so deutlich hervor, weil in diesen Geschlechtern während des 12. Jahrhunderts meist nur ein männlicher Nachkomme als Erbe übrigblieb. Als Bertold II., der Stifter von St. Peter, der als erster »von Zähringen« genannt wurde, 1118 zwei Söhne hinterließ, erhielt der ältere Zähringen und die Vogtei über das Hauskloster, der jüngere die unmittelbar südlich von Zähringen gelegene Burg am Eingang des Dreisam-Tales samt dem Burgweiler, bei dem er noch zu Lebzeiten seines herzoglichen Bruders den Marktort Freiburg gründete. Selbst im neugeschaffenen Zentrum der Herrschaft wurde geteilt. Nur weil Bertold III. 1122 kinderlos in jungen Jahren umkam, erbte sein Bruder Konrad den gesamten Zähringerbesitz, so daß sich die möglichen Auswirkungen einer solchen Erbteilung nicht abschätzen lassen. Es lag dieser Zeit noch fern, einem Sohn etwa die Güter und Rechte im Breisgau, dem anderen die im Zürichgau oder auf der Baar zu hinterlassen. Man teilte noch immer die Besitzungen in jeder Landschaft. So kam Zähringen in andere Hand als Freiburg. Allerdings erhielt jeder Sohn Bertolds II. in diesem Bereich eine Burg und deren Rechte für sich, genauso wie die Schwester Clementia die ganze Burg Badenweiler mit allen Rechten allein bekam.

Das System ausgreifender Raumerfassung, das die Zähringer ebenso aufzubauen versuchten wie die Welfen, die Staufer oder andere Adelsgeschlechter, sollte bei Erbteilungen offensichtlich erhalten bleiben. Wie bewußt man sich dabei Stützpunkte schuf, zeigt ein Streit, der 1168 vor Friedrich Barbarossa gebracht wurde: Die Frau des im Reichsdienst festgehaltenen Landgrafen Ludwig von Thüringen, des Kaisers Schwester Jutta, hatte in Weißensee eine Burg errichtet, um auf dem Weg zwischen ihren beiden wichtigsten Herrschaftszen-

Die Landgrafschaft Thüringen zu Beginn des 13. Jahrhunderts (nach Patze/Schwind)

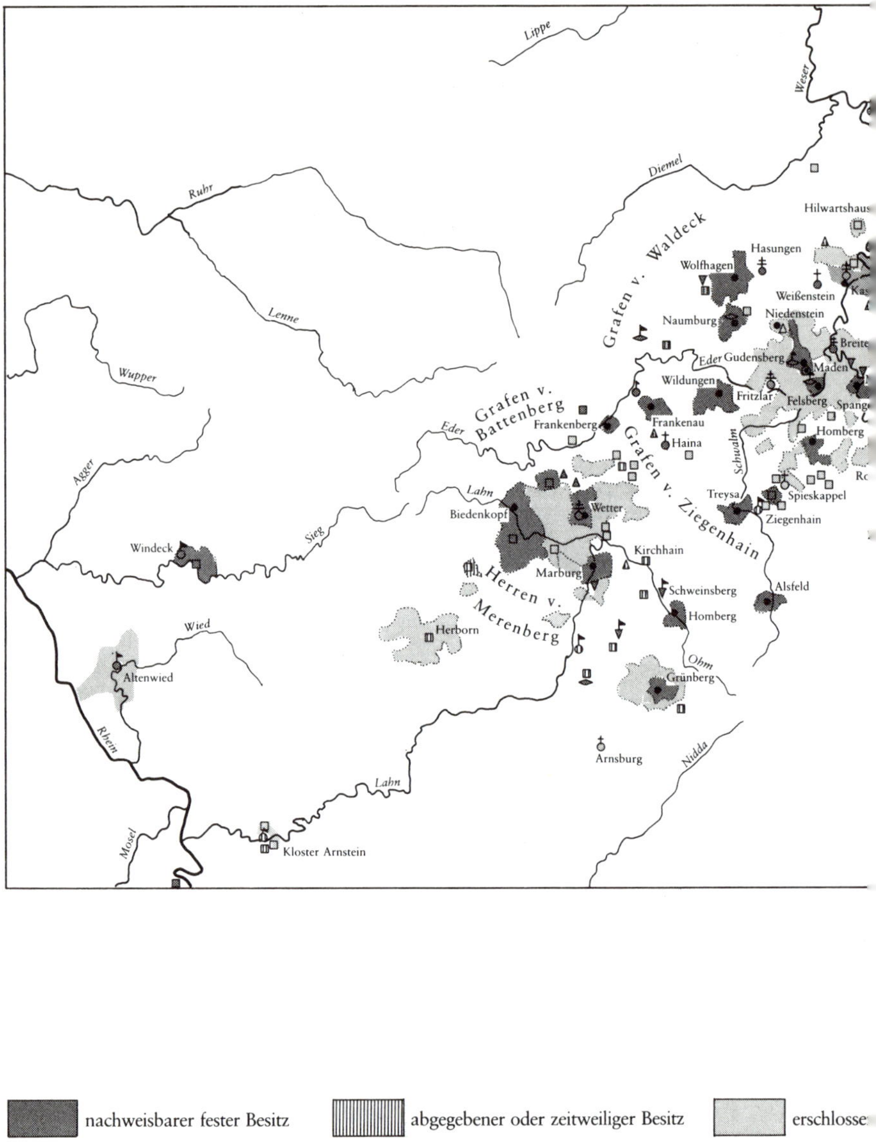

tren, der Wartburg und der Neuenburg bei Freyburg an der Unstrut, über eine sichere Raststätte zu verfügen. Sie lag mitten im Besitz der Grafen von Beichlingen, die dagegen Klage führten. Der Kaiser verbot den Burgenbau schärfstens; der Landgraf nahm das Verbot an, indem er das Verhalten seiner Frau öffentlich verurteilte und eine entsprechende Botschaft an sie abschickte. Durch geheime

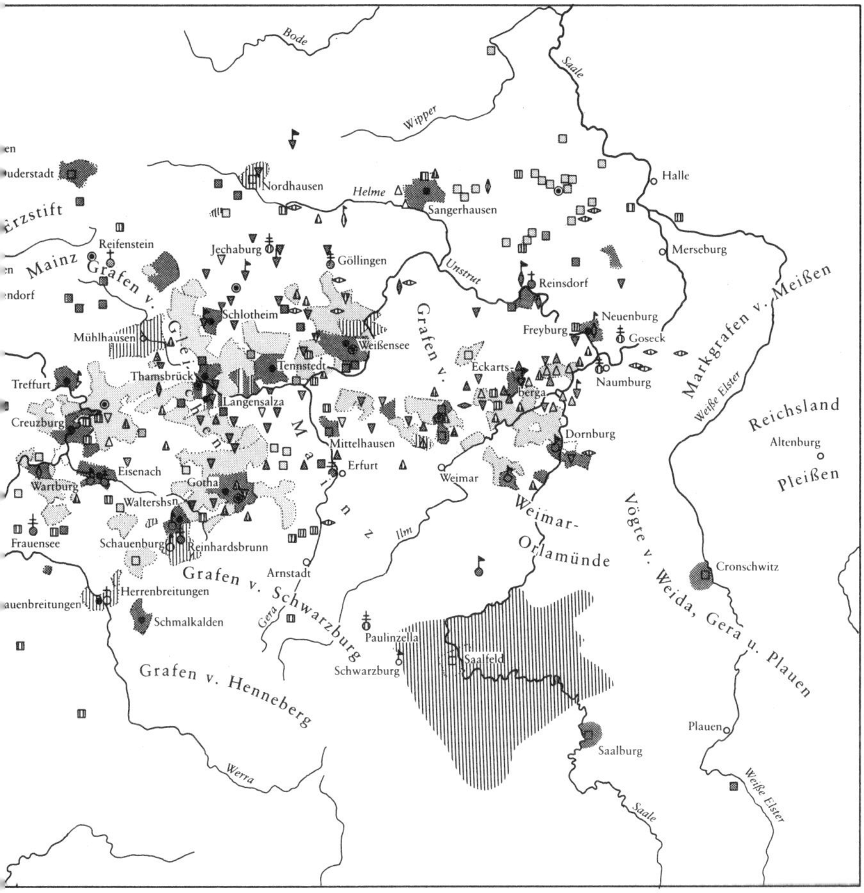

- □ Splitterbesitz und einzelne Rechte der Landgrafen
- Burg
- Sitz freier und edelfreier Vasallen
- Besitz freier und edelfreier Vasallen
- ▽ Ministerialensitz
- △ Güter und Rechte von Ministerialen
- • Stadtgründung bzw. planmäßige Stadterweiterung
- bevogtetes Kloster
- Schutzkloster
- ◉ Gerichtsstätte

Boten ermahnte er sie aber, das Werk zu beschleunigen, und Weißensee wurde seine dritte wichtige Residenz. Auch sonst kann man beobachten, daß die Adelsgeschlechter ihre weitgestreuten Herrschaftskomplexe durch Stützpunkte zusammenzuhalten versuchten, die nicht mehr als einen reichlichen Tagesritt voneinander entfernt lagen (H. Patze). Der Burgenbau war auf das Verkehrsnetz bezogen; zusammen mit der Kontrolle der wichtigen Verbindungswege sowie der Märkte und Städte, deren zentralörtliche Funktion immer augenfälliger wurde, sicherte er die Erfassung des Gebietes, welches ein Geschlecht als seinen Machtbereich in Anspruch nahm.

Die Zersplitterung der Herrschaftsrechte bedeutete aber, daß selbst die mächtigsten Dynasten überall, in jeder Landschaft und oft bis ins einzelne Dorf hinein, mit anderen Adelsgeschlechtern konkurrierten, die trotz ihrer geringeren Macht wehrhaft und schnell zur Fehde bereit waren. In der einzelnen Siedlung kam die Gemeindebildung einer Konzentration der Herrschaftsgewalt, etwa der Entwicklung einer auf »Zwing und Bann« gegründeten Dorfherrschaft, entgegen. Eine Gebietshoheit, die der Raumerfassung aufgrund eigener Herrschaften und Stützpunkte entsprach, konnte jedoch nur aufgrund einer übergreifenden, von anderen anerkannten Ordnungsfunktion errichtet werden. Die Legitimation von seiten des Herrschers war unabdingbar. Hier traten unter Friedrich Barbarossa Strukturen hervor, die von den Zeitgenossen selbst als ungewohnt empfunden wurden. Heinrich der Löwe, zweifellos eine Ausnahmeerscheinung, dennoch der Prototyp des Gebietsherrschaft erstrebenden und durchsetzenden Fürsten, wird von Helmold von Bosau eindrucksvoll vorgestellt: »Und die Macht des Herzogs wuchs höher als die aller seiner Vorgänger, und er wurde der Fürst der Fürsten des Landes und beugte die Nacken der Aufrührer und brach ihre Burgen und vernichtete die Wegelagerer und machte Frieden im Lande und erbaute die stärksten Festen und hatte ungeheuer reiches Eigengut im Besitz. Denn außer dem Erbe seiner großen Vorfahren, des Kaisers Lothar und seiner Gattin Richenza sowie vieler Herzöge von Bayern und Sachsen wuchsen ihm noch die Besitzungen vieler Fürsten zu, so Hermanns von Winzenburg, Siegfrieds von Homburg, Ottos von Assel und anderer, deren Namen mir entfallen sind. Und dazu der ausgedehnte Machtbereich Erzbischof Hartwigs, der vom alten Geschlecht der Udonen abstammte! Die herrliche Burg Stade erlangte er mit ihrem ganzen Zubehör, mit der Grafschaft an beiden Stromufern und der Grafschaft Dithmarschen, noch zu Lebzeiten des Bischofs, teils nach Erb-, teils nach Lehnsrecht; auch nach Friesland streckte er seine Hand aus und ließ sein Heer dahin ziehen; da gaben ihm die Friesen, um sich loszukaufen, was man von ihnen verlangte.« Ein solcher Herrschaftsausbau beruhte nicht einfach auf Macht und Gewalt; er war vom Kaiser gestützt und sollte der Friedenswahrung dienen.

Eine Gewalt, die ihre eigenen Besitzungen überschritt und trotz der starken Zersplitterung der Herrschaftsrechte Elemente einer übergreifenden Ordnung zur Geltung brachte, erhielten die Inhaber größerer Herrschaften insbesondere durch ihre Reichslehen. Das Geleitsrecht macht dies besonders deutlich. Es war auf feste Grenzen bezogen und lag gewöhnlich in einer Hand. Als der Graf von Hennegau und Namur 1188 zum Kaiser gerufen wurde, erging auch Anweisung

Privileg König Heinrichs (VII.) für die durch Brand zerstörte Reichsstadt Dortmund zur Einrichtung eines zweiten Jahrmarkts

In Speyer ausgestellte Pergamenturkunde vom 30. September 1232 Dortmund, Stadtarchiv

Schon die frühen Staufer hatten der ottonisch-salischen Pfalzstadt Dortmund, dem Zentrum königlicher Herrschaft im westlichen Sachsen, große Aufmerksamkeit geschenkt. Konrad III. verlieh den Bürgern das älteste nachweisbare Privileg, das insbesondere den Handel begünstigte. Durch Friedrich Barbarossa wurde es bestätigt und erneuert. Außerordentliches Wachstum und wirtschaftliche Blüte waren die Folge und führten dazu, daß das Stadtgebiet um 1200 beträchtlich erweitert und mit einer neuen Mauer umgeben werden mußte.

In spätstaufischer Zeit stand die Stadt nach wie vor im Blickpunkt königlichen Interesses. Aus der in Originalgröße faksimilierten Urkunde, deren königliches Thronsiegel im Zweiten Weltkrieg verlorengegangen ist, geht hervor, daß Dortmund durch einen nächtlichen Brandanschlag in Schutt und Asche gelegt worden war. In ihrer Notlage hatten die Bürger ein Hilfeersuchen an ihren Stadtherrn, den König, gerichtet. Heinrich (VII.), der für seinen in Italien weilenden Vater Friedrich II. die Regentschaft in Deutschland führte, verlieh der Stadt daraufhin das Recht, künftig einen zusätzlichen Jahrmarkt abzuhalten, der jeweils am Fest des hl. Michael, also am 29. September, beginnen und zwei Wochen dauern sollte. Er durfte sich der gleichen Rechte und Freiheiten erfreuen wie der ältere Markt, der weiterhin von Christi Himmelfahrt bis Pfingsten stattfand.

Dieses Privileg ist zunächst ein Zeugnis dafür, daß der König noch direkte Stadtherrschaft über Dortmund ausübte, obgleich damals die nördlichen Teile des Reiches bereits als »königsferne« Regionen galten. Selbst die Erweiterung eines schon bestehenden Marktrechtes bedurfte der ausdrücklichen königlichen Zustimmung. Gleichzeitig aber läßt die Urkunde erkennen, daß mit der Herrschaft die Fürsorge des Stadtherrn verbunden blieb. Nur den König konnte die Stadt in ihrer Notlage um Hilfe angehen. Dieser verschloß sich den berechtigten Bitten seiner Bürger, die ihm den Treueid geleistet hatten, nicht, zumal der wirtschaftliche Aufschwung der Reichsstadt sowohl im Interesse des Stadtherrn als auch in dem der Bürger lag.

In Verbindung mit der verkehrsgünstigen Lage der Stadt werden die vom König verbrieften Messeprivilegien ihre Anziehungskraft auf Händler und Kaufleute nicht verfehlt haben, die nun zweimal jährlich, im Frühjahr und Herbst, nach Dortmund kamen. Zwar überliefern die Quellen nur wenige Nachrichten aus dem wirtschaftlichen Leben Dortmunds in den folgenden Jahrzehnten; fest steht jedoch, daß die Stadt einen großen Aufschwung nahm, bis sie als führendes Mitglied der Hanse um die Mitte des 14. Jahrhunderts zur höchsten Blüte gelangte.

Der Text der Urkunde ist abgedruckt in: Dortmunder Urkundenbuch, Bd 1, 1881–1885, Nr 71.

(Norbert Reimann)

H[enricus] dei gratia Romanorum rex septimus et semper augustus omnibus imperii fidelibus in perpetuum. Cum a nobis petitur, quod rationi consonat et equitati, benivolum decet nos assensum petentium desideriis inpertiri. Sciant igitur presentes et innotescat posteris, quod nos de mera liberalitate et consilio fidelium nostrorum civitati nostre Tremoniensi imperiali, instigante generis humani inimico latrocinali ac nocturno incendio miserabiliter penitus devastate, nundinas concessimus liberales, ut hee in die sancti Michaelis incipiant et perdurent continue quindecim diebus, salvis eis nundinis, quas ab Ascensione usque ad Pentecosten dinoscuntur habuisse. Volumus nichilominus et mandamus, quatenus hee nostre nundine cum prioribus tali, sicut consuetum est, hactenus per omnia gaudeant libertate. Ad maiorem autem facti nostri evidentiam presens scriptum memorate civitati sigillo nostre celsitudinis tradidimus communitum. Datum aput Spiram anno dominice incarnationis M°CC°XXXII° pridie kalendas octobris, indictione VI.

Übersetzung

H[einrich VII.], von Gottes Gnaden König der Römer, allzeit Mehrer des Reichs, an alle Getreuen des Reiches in Ewigkeit.
Wenn wir um etwas gebeten werden, was mit Vernunft und Billigkeit übereinstimmt, ziemt sich für uns, wohlwollende Zustimmung den Wünschen der Bittenden zuteil werden zu lassen. Die Lebenden sollen daher wissen und den Nachkommenden möge kund werden, daß wir aus reiner Freigebigkeit und auf Anraten unserer Getreuen unserer Reichsstadt Dortmund, die, angestiftet vom Feinde des menschlichen Geschlechtes, durch einen räuberischen und nächtlichen Brandanschlag in jämmerlicher Weise vollständig verwüstet worden ist, einen freien Markt bewilligt haben, der am Tage des hl. Michael beginnen und ununterbrochen fünfzehn Tage dauern soll, unbeschadet jenes Marktes, welcher bekanntlich von Himmelfahrt bis Pfingsten gehalten wird. Wir wollen und befehlen nichtsdestoweniger, daß sich dieser unser Markt mit dem früheren der gleichen bisher gewohnten Freiheit erfreue. Zur größeren Deutlichkeit unserer Handlung aber haben wir der genannten Stadt das vorliegende, mit dem Siegel unserer Hoheit beglaubigte Schriftstück übergeben.
Gegeben bei Speyer im Jahre der Menschwerdung des Herrn zwölfhundertzweiunddreißig, am Tag vor dem Anfang des Oktober, in der sechsten Indiktion.

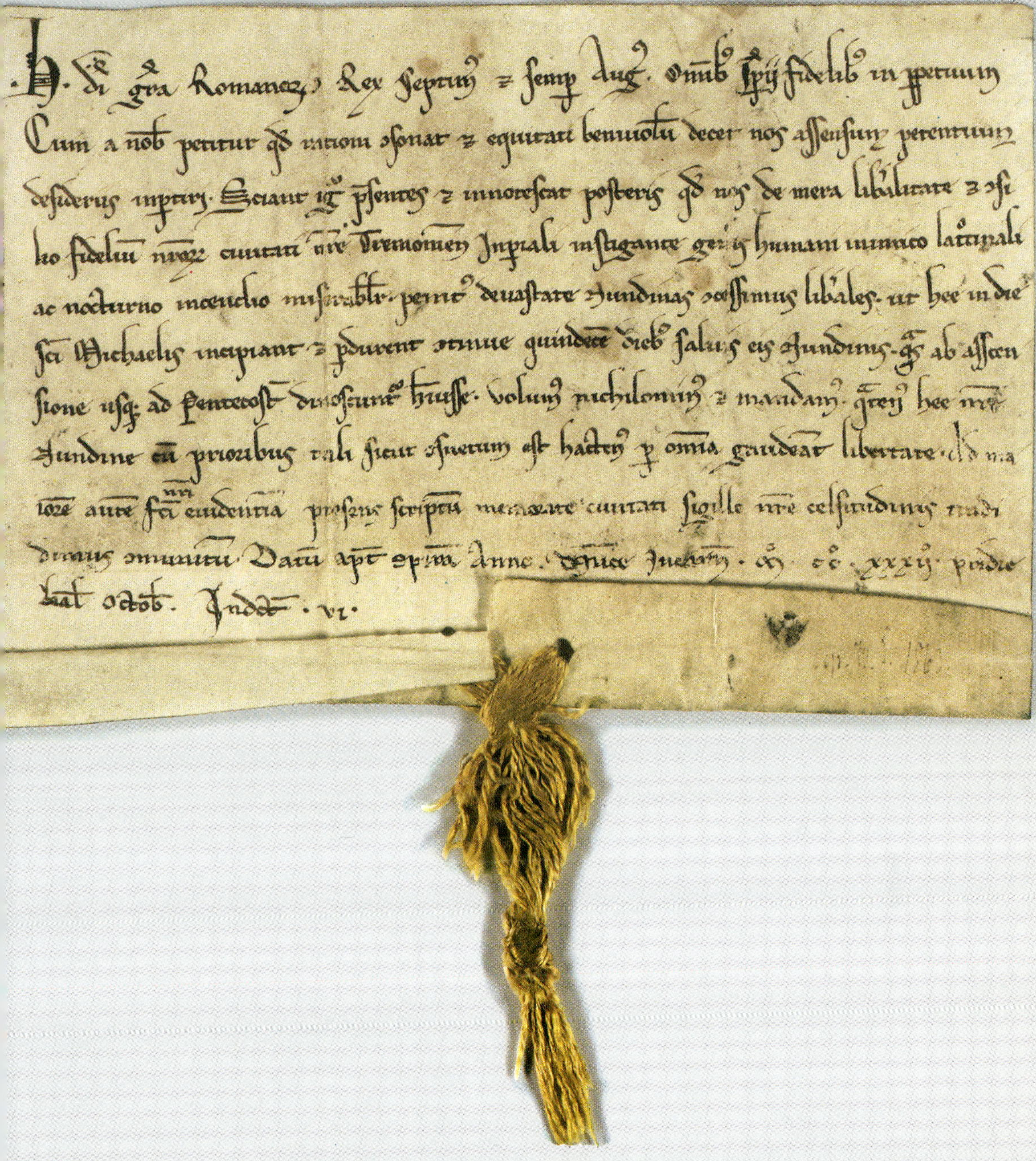
H. di gra Romanor Rex septim et semp aug. Omib xpi fidelib in ppetuum.
Cum a nob petitur qd rationi consonat et equitati beniuolu decet nos assensum petentium
desideriis impertiri. Sciant igr presentes et innotescat posteris qd nos de mera liberalitate et consi
lio fideliu nror ciuitati nre Tremonien Imperiali instigante generis humani inimico lacrimabili
ac nocturno incendio miserabilr penitus deuastate nundinas concessimus liberales. ut hee in die
sci Michaelis incipiant et pdurent continue quindecim dieb saluis eis nundinis qs ab ascen
sione usq ad Pentecost dinoscunt habuisse. Volum nichilominus et mandam. qten hee nre
nundine cu prioribus tali sicut consuetum est hactenus p omnia gaudeat libertate. Ad ma
iore aute rei euidentia presens scriptu memorate ciuitati sigillo nre celsitudinis tradi
dimus munitu. Datu apd Spira Anno. dnice Incarnat. M. CC. XXXII. pridie
kal octob. Indict. VI.

über das ihm zu gewährende Geleit, das der mitziehende Sekretär des Grafen, Gislebert von Mons, beschreibt: Herzog Gottfried von Löwen war verantwortlich bis nach Visé an der Maas; von dort brachte der Reichsministeriale Hugo von Worms, »der jenes Land« – also wohl den Aachener Reichsgutbezirk – »im Namen des Königs behütete«, die Gesellschaft bis zur Pfalzstadt Aachen, wo der Graf von Jülich sie persönlich abholte und bis nach Koblenz geleitete; von dort reiste der Hennegauer mit seinem Gefolge weiter an den Hof nach Worms. Schon unter Friedrich Barbarossa war das Geleitsrecht ein Attribut herzoglicher, reichsfürstlicher Gewalt, Friedrich II. erkannte es den Landesherren innerhalb ihres Herrschaftsbereichs allgemein zu. Dabei wurde stets eine enge Verbindung hergestellt zwischen der Erhebung von Straßen- oder Schiffszöllen, der Pflicht zur Ausbesserung von Straßen und Brücken sowie dem Geleitsrecht, das man als Verpflichtung verstand, allen Reisenden innerhalb des eigenen Machtbereichs sicheren Schutz zu gewähren.

Wie das Geleitswesen, das vielleicht von Friedrich I. reorganisiert wurde, hängen auch andere gebietsbezogene Herrschaftsrechte eng mit dem Problem der Friedenswahrung zusammen. Nicht selten gab der Burgenbau Anlaß zu Fehden; von den Burgen aus versuchte man oft neue, unberechtigte Abgaben durchzusetzen. Umgekehrt verhinderte nicht nur die Wehrhaftigkeit der Anlage die richterliche Verfolgung von Friedensbrüchen, die von der Burg aus verübt wurden. Sie war wie die Stadt oder das vom Etterzaun umgebene Dorf ein eigener Friedensbezirk mit besonderem Schutz, was Zwangsmaßnahmen Außenstehender stark einschränkte. Deshalb konnte eine Kontrolle des Burgenbaus als Teil der den Fürsten aufgetragenen Friedenswahrung gerechtfertigt werden. Bei seinen Bemühungen um den Landfrieden soll Graf Robert II. von Flandern 1111 festgesetzt haben, daß eine ohne seine Zustimmung errichtete oder an einen anderen übergebene Burg erobert und zerstört werden solle; und das Prinzip, daß die Anlage einer neuen Befestigung vom »Herrn des Landes« erlaubt werden müsse, wurde immer nachdrücklicher verfochten. Das Befestigungsrecht und die Genehmigung zur Errichtung von Burgen gingen wenigstens im Prinzip an die Inhaber gebietsbezogener Herrschaftsfunktionen – Herzöge und Grafen – über.

Wo Herrschaftsrechte gemeinsam ausgeübt wurden, konnten besondere Probleme entstehen. »Darf der Graf von Tirol, wenn eine Grafschaft mir und ihm gemeinsam gehört, in ihr ohne meine Zustimmung eine Burg errichten«, ließ der Bischof von Trient, der einen Neubau bei Terlan verhindern wollte, 1184 im Hofgericht anfragen, was mit einem klaren Nein beantwortet wurde. Anderswo hat man solche Konflikte dadurch gelöst, daß die Burg nicht ausschließlich einem der beiden Herrschaftsträger zur Verfügung stand. Insbesondere bei Burgen, die zu Lehen vergeben waren oder einem Vasallen zu eigen gehörten, versuchten die Territorialherren ein Öffnungsrecht durchzusetzen, das heißt das Recht, im Kampf mit dritten samt ihrem Gefolge in die Burg aufgenommen zu werden. Für die Verdichtung zur Landesherrschaft gewann dieser Anspruch erhebliche Bedeutung; die Erzbischöfe von Köln haben sich dieses Instruments beim Aufbau ihres »Herzogtums« bedient. Mit einem derartigen Kompromiß legte Friedrich Barbarossa 1165 auch die Fehde um die Grafschaft Friesland bei, die zwischen dem Bischof Gottfried von Utrecht und dem Grafen Florentius von Holland ausgebrochen war. Beide sollten die Grafschaft mit allen Einkünften zu gleichen Teilen besitzen und sie von einem gemeinsamen Untergrafen verwalten lassen. Der Graf verpflichtete sich, dem Bischof bei der Eroberung der Burg Bentheim zu helfen. Er sollte sie dann zu Lehen erhalten, allerdings mit einer Einschränkung. In der Burg sollte der Bischof Haus, Kapelle, Speicher und Küche bekommen und einen freien Vasallen und zwei Ministerialen dorthin legen, die nach Belieben ein- und ausgehen konnten. Wenn der Bischof dessen bedurfte, sollte der Graf ihn von der Burg her unterstützen oder aber, falls der Bischof gegen Freunde oder Vasallen des Grafen kämpfte, ihm die Festung für die Zeit der Fehde ganz überlassen. Florentius war der eigentliche Machthaber in der Burg, doch der Bischof wahrte seiner Kirche eine Position, die ihm und seinen Nachfolgern gegebenenfalls erlaubte, eine Oberhoheit durchzusetzen. Für die Entwicklung zur Landesherrschaft war hier ein Ansatzpunkt gegeben, wenn sich das Hochstift Utrecht auf Dauer stark genug erwies, seine Rechte auszubauen.

Geleit, Befestigungshoheit und Öffnungsrecht mögen verdeutlichen, wie verschiedenartig die Ansatzpunkte waren, um von eigenen Machtpositionen aus eine übergreifende Gewalt, eine Vorherrschaft innerhalb bestimmter Gebiete zu erlangen. Das Geleitsrecht als vom Königtum abgeleitetes Regal bezog sich auf ein umgrenztes Gebiet mit festgelegten »öffentlichen« Straßen und unterlag weniger der Zersplitterung als andere Herrschaftsrechte. Die Landfrieden versuchten es sogar vor der Beeinträchtigung durch Fehden zu schützen, wenn sie – wie Friedrich II. in dem großen Reichsfrieden von 1235 – bestimmten, daß in der bewaffneten Auseinandersetzung mit einem Geleitsherrn nicht die unter dessen Schutz auf den Straßen ziehenden Kaufleute und Reisenden geschädigt werden durften. Die Verpflichtung des Geleitsherrn, den auf öffentlichen Straßen in seinem Gebiet überfallenen Reisenden den Schaden zu ersetzen, wenn sie die »Räuber« oder die Burg, von der diese kamen, nennen konnten, schloß Möglichkeiten des Vorgehens gegen eine fremde Burg ein: als Sanktion gegen den Landfriedensbruch. Eine Befestigungshoheit, die beispielsweise die Inhaber von Grafenrechten in dem ihrer Gerichtsbarkeit unterstehenden Land beanspruchten, war trotz königlicher Unterstützung schwerer durchzusetzen und konnte schon insofern nicht in gleicher Weise dem Aufbau flächenhafter Herrschaft dienen, als sich im angeführten Fall die gräfliche Gewalt nicht auf die Immunitätsbereiche der Hochstifte und Klöster erstreckte. Aber die Rechtsauffassung, daß eine neue Burg nur mit Zustimmung des geistlichen Fürsten, Herzogs oder

Grafen errichtet werden dürfe, der im jeweiligen Gebiet eine übergeordnete Gewalt ausübte, konnte dazu dienen, einen Öffnungsvertrag durchzusetzen. In jedem Fall beruhte ein Öffnungsrecht der Territorialherren auf solchen Einzelvereinbarungen; es war bestenfalls ein gegenüber jedem Burgherrn neu durchzusetzendes Prinzip. Meist bedurfte es noch einer besonderen rechtlichen Abstützung, etwa aus der Treuepflicht eines Vasallen gegenüber seinem Herrn. So haben sich die Erzbischöfe und Bischöfe noch in Zeiten um eine Vergrößerung ihrer Lehnsmannschaften bemüht, als die alten Vasallendienste bereits an Bedeutung verloren. Nur Ministerialen waren stets verpflichtet, ihre Burgen dem Herrn zur Verfügung zu stellen.

Der Ausbau territorialer Herrschaft vollzog sich auf solchen Grundlagen schrittweise und meist als sehr langwieriger Prozeß. Er war begleitet von Gewaltakten, Usurpation und Fehden. Dennoch gewann er die Legitimation aus einem zentralen Anliegen der Zeit: aus der Landfriedenswahrung, der sich König und Fürsten ihren Verlautbarungen zufolge immer strenger verschrieben. Was angesichts der Auswirkungen als Stärkung der Territorialfürsten zu Lasten des Königtums erscheint, konnte zunächst vielfach als Dienst an den Aufgaben des Herrschers gerechtfertigt werden und fand oft dessen nachhaltige Unterstützung. Im Bemühen um den Landfrieden wurde die Gerichtshoheit der fürstlichen Herrschaftsträger gestärkt, wurden Formen der Strafverfolgung weiterentwikkelt, an der auch diejenigen teilnehmen sollten, die der Herrschaft des Fürsten sonst nicht unterstanden. Auch dies förderte die Ausbildung eines Fürstentums, dessen Gewalt über die eigenen Machtgrundlagen hinausreichte und anstelle des Königtums den vielen Adelsherrschaften vorgeordnet zu sein schien, die im fürstlichen Machtbereich als selbständige Herrschaftsgebilde weiterbestanden.

Der ganze Prozeß führte gewissermaßen eine Abstufung innerhalb der vielen Adels- und Kirchenherrschaften herbei. Einzelne erreichten eine Qualität, die sie über andere, selbst gräfliche Herrschaften erhob: Sie traten als »reichsfürstlich« hervor. Diese rechtliche Scheidung der Reichsfürstentümer von den übrigen Adelsherrschaften wird erst im politischen Rahmen voll verständlich: in der staufischen Neugestaltung des Verhältnisses zwischen König und Großen. Denn Friedrich Barbarossa versuchte, den Aufbau neuer Herrschaftsstrukturen in den Dienst seiner Bemühungen um die Ordnung des Reiches zu stellen, die sich mit den herkömmlichen Machtmitteln des Königtums immer schwerer durchsetzen ließ.

Machtgrundlagen des Königtums

Fragt man nach den Machtmitteln, auf denen die Herrschaft des Königs beruhte, stellt sie sich zunächst kaum anders dar als die eines großen Fürsten. In die Auflistung fallen Burgen und Grundherrschaften, Gerichtsbarkeit in Reichsgutkomplexen, Herrschaft über die königlichen Märkte und Städte, aber auch über Forste und ungerodetes Land, Einkünfte aus Münzstätten und Silberbergwerken, Zoll- und Geleitsrechte, die der König durch Beauftragte, meist Reichsministerialen, verwalten ließ; seit Friedrich Barbarossa kamen noch Vogteien über Hochstifte und Klöster sowie andere Kirchenlehen hinzu. Diese Eigenherrschaft erscheint als die eigentliche und sicherste Basis der Königsmacht. Sie wurde erheblich erweitert durch spezifische Rechte, die sich aus der Kirchenhoheit des Königs ergaben: Servitien der Reichskirchen für die Hofhaltung des Königs, das Recht zur Nutzung von Münze und Zoll beim Aufenthalt in den Bischofsstädten, dann das Regalien- und das Spolienrecht, aus dem die Staufer ganz erhebliche Einkünfte bezogen. Besondere Vergünstigungen ließen sich die Herrscher durch vier- oder gar fünfstellige Summen in Mark oder Pfund Silber honorieren, wie dies für Friedrich Barbarossa und seinen Hof mit glaubwürdigen Zahlen belegt ist. Auch die »Reichsverwaltung«, die im Unterschied zur fürstlichen Herrschaft in erheblichem, seit der Stauferzeit rasch zunehmendem Umfang auf urkundliche Akte gegründet war, brachte Einnahmen. Der Abt von St. Antimo in Mittelitalien bezahlte der Kanzlei Heinrichs V. hundertundzehn Pfund allein für die Ausfertigung eines Privilegs, und die Mailänder klagten nach der Unterwerfung ihrer Stadt über das ausgeklügelte System von Steuern, Gebühren und Sporteln, das die Tätigkeit der kaiserlichen Verwalter kennzeichnete.

Für die materiellen Grundlagen der Königsgewalt hat sich die Mediävistik stets interessiert. Angesichts der späteren territorialstaatlichen Entwicklung, in der sich das Machtverhältnis zwischen Königtum und Fürsten mehr und mehr zugunsten der letzteren verschob, ist dabei vor allem das intensiv erforscht worden, worin sich das Königtum am wenigsten vom Fürstentum unterschied und mit ihm sozusagen auf gleicher Ebene konkurrierte: das Bemühen um den Aufbau königlicher Territorialherrschaften, etwa die »staufische Reichslandpolitik«. Hier glaubt man, dem realen Fundament von Macht und Politik besonders nahe zu kommen. Die Bedeutung dieser Faktoren für die Durchsetzungskraft des Königtums war gewiß hoch, und man entfernt sich nicht von der Perspektive der Zeitgenossen, wenn man den »territorialpolitischen« Bestrebungen und Auseinandersetzungen große Aufmerksamkeit widmet. Nur sollte man nicht vergessen, daß sich die Erforschung derartiger Herrschaftsgrundlagen im Vorfeld dessen bewegt, was Königsherrschaft eigentlich ausgemacht hat. Königtum war etwas qualitativ anderes als ein mächtiges Fürstentum. Auch wenn kein

König oder Kaiser ohne solche materiellen Grundlagen hätte regieren können, bildeten sie bloß eine Voraussetzung für die Erfüllung der spezifischen Herrscheraufgaben. Der König sollte mit den Fürsten nicht konkurrieren, sondern ihre Unterstützung für sein vor Gott zu verantwortendes Amt gewinnen: die Wahrung von Recht und Frieden, die durch Verhinderung des Bösen nicht nur der irdischen Ordnung, sondern auch dem menschlichen Heil im Jenseits diente.

»Wenn Stattlichkeit und Dauerhaftigkeit eines starken festen Hauses auf unerschütterlichen, massiven Säulen ruhen, wenn der alles überragende Ehrenruhm des römischen Reiches durch die Unterstützung erlauchtester Fürsten hochgehalten wird, bleibt beider Stand unversehrt erhalten und wird kaum eine Zerstörung oder ein verderbliches Unglück erleiden«, schrieb Friedrich Barbarossa 1167 nach dem Tod des Bischofs von Cambrai, der durch Dienstbereitschaft, klugen Rat und wirksame Waffenhilfe einer der unerschütterlichen Stützpfeiler des universalen römischen Reiches gewesen sei. In der feierlichen Urkundeneinleitung ist angesprochen, worauf die Macht der römisch-deutschen Könige und Kaiser zuallererst beruhte: auf dem Dienst, den die Fürsten mit ihrer Macht der Reichsgewalt leisteten. Der gleiche Gedanke findet sich in vielen Verlautbarungen. Nicht zufällig unterstrich Friedrich II. in dem großen Privileg, mit dem er 1232 den Reichsfürsten alle ihre Rechte bestätigte und eine aggressiv geführte Territorialpolitik zuungunsten der Fürsten zurücknahm, die unauflösbare gegenseitige Verbindung: »Der erhabene Thron unserer Kaisermacht wird erhöht, und wir versehen die herrscherliche Lenkung des Reiches dann ganz in Gerechtigkeit und Frieden, wenn wir mit der geschuldeten Fürsorge auf die Rechte unserer Fürsten und Großen achten, in denen – so wie auf stattlichen Gliedern das Haupt aufsitzt – unser Kaisertum seine Kraft und festen Halt gewinnt; und die wuchtige Größe der Kaiserwürde lenkt und fördert diejenigen, von deren Schultern sie gestützt und getragen wird.« Nur im Miteinander, nicht im Gegensatz gewannen Herrschertum und Fürstentum Stärke und das Reich dauerhaften Bestand.

Das Bild, das die Urkunden in feierlichem Ton beschwören, sahen die Menschen fast überall, wo der Herrscher auftrat. Nie stand er sozusagen allein, nur mit seiner »Hausmacht«, einem Großen gegenüber. Stets war er von einer Mehrzahl geistlicher und weltlicher Fürsten, Adeliger und Ministerialen begleitet, besonders wo er sich öffentlich zeigte. Sie bildeten seinen Hof, waren nicht bloß Gäste und Besucher, sondern ein integraler Bestandteil der in feierlichem Zeremoniell vorgestellten Herrscher- und Reichsgewalt. Auf den Hof- und Reichstagen versahen Fürsten die Hofämter, der ranghöchste trug das Reichsschwert vor dem Kaiser her, wenn er zur Festkrönung schritt. In solchen Akten wurde die Ergebenheit gegenüber dem Herrscher und zugleich der besondere Rang verdeutlicht, den der Königsdienst vermittelte. Stellte der König ein

Die fürstlichen Begleiter Friedrich Barbarossas nach den Zeugennennungen in den Königsurkunden von März 1152 bis März 1153 (nach Patze)

	1	2	3	4	5	6	7	8	9	10	11	12	13	14	15	16	17	18	19	20	21
Ebf. Arnold v. Köln	•	•	•	•										•	•	•	•	•	•	•	•
Ebf. Hillin v. Trier	•													•							
Bf. Heinrich v. Lüttich	•											•		•							
Bf. Otto v. Freising	•							•													
Bf. Friedrich v. Münster	•																				
Bf. Hermann v. Konstanz	•						•	•	•										•		•
Bf. Eberhard v. Bamberg	•						•					•									
Bf. Ortlieb v. Basel	•								•					•			•	•	•	•	•
Abt Wibald v. Stablo	•				•									•		•	•	•	•	•	•
Hzg. Welf VI.	•	•		•	•	•	•	•	•			•		•				•			•
Hzg. Heinrich der Löwe	•	•			•	•						•		•	•	•	•	•	•	•	
Hzg. Matthäus v. Oberlothringen	•									•		•		•	•						
Hzg. Gottfried v. Löwen	•													•							
Mgf. Albrecht d. Bär	•	•	•	•	•	•	•					•									
Gf. Heinrich v. Namur	•	•												•							
Gf. Heinrich v. Limburg	•	•																			
Abt Markwald v. Fulda		•				•				•	•	•									
Abt Heinrich v. Hersfeld		•				•					•										
Abt Nikolaus v. Siegburg		•																			
Gf. Ulrich v. Lenzburg		•		•	•				•	•	•										•
Gf. Adolf v. Berg		•																			
Gf. Eberhard v. Sayn		•																			
Gf. Hermann v. Kuch		•																			
Gf. Dietrich v. Ahr		•																			
Gf. Ludwig v. Rieneck		•																			
Gf. Rotbert v. Laurenburg		•																			
Gf. v. Diez		•																			
Gf. Siegfried v. Wied		•																			
Gf. Albert v. Nörvenich			•																		
Gf. Heinrich v. Arnsberg			•																		
Bf. Bernhard v. Paderborn				•		•															
Ebf. Wichmann v. Magdeburg					•	•	•					•									
Bf. Anselm v. Havelberg					•	•	•			•		•								•	•
Bf. Bernhard v. Hildesheim					•																
Pfgf. Otto v. Wittelsbach d. Ä.					•		•	•				•	•	•	•	•	•	•	•	•	
Gf. Ludolf v. Wöltingerode					•																
Ebf. Hartwig v. Bremen						•						•									
Bf. Heinrich v. Minden						•															
Bf. Ulrich v. Halberstadt						•						•									
Bf. Daniel v. Prag						•															
Bf. Burghard v. Straßburg						•						•				•					
Bf. Emehard v. Mecklenburg						•															
Bf. Hermann v. Verden						•															
Bf. Wigger v. Brandenburg						•															
Abt Arnold v. Nienburg						•															
Ebf. Eberhard v. Salzburg							•														
Bf. Heinrich v. Regensburg							•					•									
Bf. Konrad v. Passau							•														
Bf. Gebhard v. Würzburg							•					•									
Bf. Eberhard v. Trient							•														
Hzg. Heinrich Jasomirgott							•														
Mgf. Ottokar v. Steier							•	•	•	•		•							•	•	
Hzg. Ulrich v. Kärnten							•														
Hzg. Konrad v. Meran							•														
Mgf. Diepold v. Vohburg							•														
Mgf. Engelbert v. Istrien							•														
Mgf. Konrad v. Meißen							•					•									
Pfgf. Otto v. Wittelsbach d. J.							•				•										
Pfgf. Friedrich v. Wittelsbach							•														
Gf. Berthold v. Andechs							•														
Gf. Berthold v. Bogen							•														
Gf. Gebhard v. Sulzbach							•														
Gf. Ludolf v. Plain							•														
Gf. Konrad v. Roning							•														
Gf. Rapoto v. Istrien							•														
Gf. Siegfried v. Lebenau							•														
Bf. Konrad v. Augsburg								•													•
Bf. Konrad v. Worms									•	•				•					•	•	•
Bf. Ardicio v. Como									•												•
Bf. Adelgot v. Chur									•												•
Hzg. Berthold IV.									•								•				
Mgf. Hermann v. Baden									•			•									•
Pfgf. Friedrich v. Tübingen									•	•								•		•	
Gf. Rudolf v. Pfullendorf									•				•								
Gf. Werner v. Baden									•							•					
Gf. Egeno v. Vaihingen									•	•	•										
Bf. Gunter v. Speyer										•		•	•								•

	1	2	3	4	5	6	7	8	9	10	11	12	13	14	15	16	17	18	19	20	21
Abt Volkmar v. Hirsau										●											
Gf. Poppo v. Henneburg										●											
Gf. Berthold v. Henneburg										●											
Gf. Emicho v. Leiningen										●					●	●					
Gf. Poppo v. Ziegenhain											●										
Gf. Gottfried v. Ziegenhain											●										
Bf. Hugo v. Vercelli												●									
Gf. Guido v. Biandrate												●									
Pfgf. Friedrich v. Sommerschenburg												●		●							
Hzg. Heinrich v. Kärnten												●									
Bf. Philipp v. Osnabrück														●							
Bf. Stephan v. Metz														●	●						
Bf. Nikolaus v. Cambrai														●							
Abt Rether v. Prüm														●							
Gf. Dietrich v. Flandern														●							
Bf. Albert v. Verdun															●						
Mgf. Hermann v. Sachsen															●	●			●	●	
Gf. Hugo v. Dagsburg															●		●				
Abt Egelolf v. Marbach																	●				
Gf. Siegbert v. Frankenburg																	●				
Ebf. Humbert v. Besançon																			●		
Bf. Amadeus v. Lausanne																			●		
Gf. Amadeus v. Genf																			●		
Gf. Wilhelm v. Mâcon																			●	●	
Abt Fridelo v. Reichenau																					●
Gf. Werner v. Lenzburg																					●

Ausstellungsort	Datum der Urkunden
1 Aachen	9.–12. März 1152
2 Köln	20. April 1152
3 Soest	
4 Paderborn	
5 Goslar	8./9. Mai 1152
6 Merseburg	18. Mai 1152
7 Regensburg	5. Juli 1152
8 Augsburg	
9 Ulm	28. Juli–1. August 1152
10 Speyer	19.–25. August 1152
11 Fulda	
12 Würzburg	16.–24. Oktober 1152
13 Nürnberg	31. Oktober 1152
14 Trier	28./29. Dezember 1152
15 Metz	10. Januar 1153
16 Hohenburg	27. Januar 1153
17 Colmar	30. Januar 1153
18 Mülhausen	4. Februar 1153
19 Besançon	15. Februar 1153
20 Baume-les-Dames	
21 Konstanz	23. März 1153

Privileg aus, so wurden darin eine Reihe von Fürsten aufgeführt, die bei der Entscheidung zugegen waren und dieser durch ihre Zeugenschaft noch größeres Gewicht verliehen. Seit Friedrich Barbarossa hoben die Königsurkunden häufig auf einen »Fürstenspruch« ab, der der verbrieften Entscheidung zugrunde lag. Die herrscherliche Autorität verlieh dem Urteil Geltung, wurde aber gerade dadurch, daß sie sich auf das von den Fürsten gewiesene Recht stützen konnte, selbst gestärkt. Daß sich die Fürsten mit allen ihnen zur Verfügung stehenden Kräften und Mitteln für Herrscher und Reich einsetzen sollten, wo der »Honor imperii« verletzt, die herrscherliche Majestät mißachtet wurde, galt den Staufern als Selbstverständlichkeit; doch nicht minder selbstverständlich war, daß Leistungen, die über das rechtlich Geschuldete hinausgingen, durch entsprechende Vergünstigungen honoriert werden mußten.

Die Rechtsbasis für das, was der Herrscher von den Großen als Mindestleistung fordern konnte, war durch das Lehnsrecht gegeben. Aber die Treuepflicht gegenüber dem Herrscher, aus der sich ganz konkrete Forderungen ableiten ließen, hatte nicht nur lehnsrechtliche Grundlagen. Gerade die Staufer bemühten sich, die Vorstellung einer allgemeinen Treuepflicht aller Reichsangehörigen zu aktivieren, die sich spontan und selbständig für die Reichsrechte einsetzen sollten. Die Großen wurden in der geschuldeten »Treue« dadurch bestärkt, daß es Ansehen und materielle, als höchst ehrenvoll geltende Vorteile brachte, einem Ranghöheren zu dienen und zu denjenigen zu gehören, die das besondere Vertrauen des Königs genossen. Ein der Situation unangemessener Eifer beim Einsatz für den Herrscher wirkte dabei eher peinlich: Als es zwischen Konrad III. und dem Erzbischof von Salzburg zu einer Auseinandersetzung um die Lehnshuldigung der Geistlichen kam und sich Konrad von Zähringen vehement dafür einsetzte, daß der Salzburger das Hominium leisten und die königliche Investitur empfangen müsse, gab der Erzbischof den Zähringer der Lächerlichkeit preis: »Wenn Du der Wagen wärst, würdest Du den Ochsen vorausrennen«. Aber der hohe Einsatz für Kaiser und Reich, den etwa die Kölner und Mainzer Erzbischöfe zur Zeit Friedrichs I. bewiesen, erhöhte ihr Ansehen. Die Herrschaft des Staufers war von einem derartigen Engagement abhängig. Wenn nicht Männer wie Rainald von Dassel und Philipp von Heinsberg oder Christian von Buch und andere geistliche Fürsten fast die gesamten Ressourcen ihrer Kirchen dem Reichsdienst zugeführt hätten, wäre dem Kaiser in Italien wohl kaum mehr Erfolg beschieden gewesen als seinen Vorgängern. Sie taten freiwillig erheblich mehr, als rechtlich von ihnen gefordert werden konnte. Die Gegenleistung des Königs bestand in Vergünstigungen und Privilegien, welche die Stellung der Fürsten in ihrem Machtbereich stärkten. Mangelnde »Freigebigkeit« des Herrschers kam der Königsgewalt nicht zugute, sondern schwächte den für die Durchsetzungskraft des König- und Kaisertums unentbehrlichen Einsatz der Großen. Noch wuchsen Herrschermacht und Fürstenmacht in enger gegenseitiger Verbindung.

Die einklagbaren lehnsrechtlichen Verpflichtungen waren klar festgelegt. Daß Heinrich der Löwe 1176 seinem kaiserlichen Vetter, nachdem dieser bei Legnano sein Heer durch eine für das Ansehen der Reichsgewalt verhängnisvolle Niederlage gegen die lombardischen Städte verloren hatte, Truppenhilfe verweigerte, ließ sich formal rechtfertigen. Rechtlich war der Herzog zu nichts gehalten, nachdem er schon früher auf der Rom-Fahrt seiner Vasallenpflicht Genüge getan und den Kaiser bei weiteren Italien-Zügen unterstützt hatte, zumal 1175 keine Reichsheerfahrt beschlossen worden war. Der Herrscher brauchte aber, wenn er die kaiserliche Gewalt zur Geltung bringen wollte, mehr als dieses Minimum; und ein starker, angesehener Kaiser konnte damit rechnen, daß er mehr erhielt. Als 1156 das Herzogtum Österreich geschaffen wurde, erwirkte Herzog Heinrich Jasomirgott, der seine Ansprüche auf das Herzogtum Bayern aufgab, als schriftlich festgehaltene Vergünstigung, daß er und seine Nachfolger lediglich nach Bayern an den Hof zitiert werden konnten und Heerfolge allein in die an ihr Herzogtum angrenzenden Gebieten leisten mußten. Trotzdem ist der Herzog auch in anderen Reichsteilen am Hof nachweisbar und zog im Heer des Kaisers nach Italien mit. Zweifellos hatte Friedrich Barbarossa damit gerechnet, als er das Privileg gewährte. Eine Mehrleistung hing von der künftigen Gestaltung des Verhältnisses zu dem jeweiligen Herzog ab.

Mit unerbittlicher Strenge forderten Friedrich Barbarossa und seine Nachfolger, die derartige politische Beziehungen betont als beide Seiten bindende Rechtsbeziehungen behandelten, die geschuldete Leistung auch da ein, wo sie zum Fürsten ein gespanntes Verhältnis hatten. Der Rechtscharakter der Verpflichtung wurde in den Vordergrund gerückt und von der jeweiligen personalen Konstellation abgelöst. Damit bestärkten die Staufer die Tendenz, Verpflichtungen gegenüber dem Herrscher ebenfalls mehr an einem rechtsverbindlichen Pensum zu messen, als sie auf ein persönliches Treueband zum König zurückzuführen. Schon Friedrich Barbarossa erfuhr gelegentlich, daß Fürsten zu einer Mehrleistung nicht bereit waren oder, wie Heinrich der Löwe 1176, einen zu hohen Preis forderten; und seine Nachfolger standen immer häufiger vor diesem mit ihren Mitteln nicht wirklich zu lösenden Problem. Langfristig stieg das »Honorar«, das den Fürsten für ihren Reichsdienst bezahlt werden mußte.

Klarer als vorher gab unter den Staufern das Lehnsrecht dem Herrschaftsgefüge des Reiches seine Struktur. Durch die Bestimmungen des Wormser Konkordats wurde 1122 die Beziehung des Königs zu den geistlichen Fürsten auf dieselbe Grundlage gestellt, die das Verhältnis zu den weltlichen Großen regelte. Nicht mehr die Einheit von Reich und Kirche, die innige Verflechtung von königlicher und bischöflicher Amtswaltung begründeten die Leistungen der Hochstifte für Kaiser und Reich, sondern die Belehnung mit den Regalien, welche die Bischöfe unter Leistung der Lehnshuldigung mittels des Zepters vom Herrscher erhielten. Das Lehnsrecht erlaubte es, die Forderungen an die Reichskirchen anzuziehen. Rigoros beanspruchte Friedrich Barbarossa während der Sedisvakanzen die Kirchengüter. Erzbischof Rainald von Köln gewährte er 1166 im Hinblick auf dessen einzigartige Verdienste um das Reich ein Vorrecht, in dem sich das ganze Ausmaß der kaiserlichen »Nutzung« eines vakanten Hochstifts spiegelt. Nach dem Tod eines Erzbischofs sollte künftig das für die Ackerbestellung notwendige Vieh, das Korn für die Aussaat und das für den Unterhalt der Kolonen und Knechte auf den erzbischöflichen Höfen Erforderliche nicht mehr vom Fiskus beansprucht werden, sondern dem Nachfolger im Erzbistum verbleiben. Alles andere, die Einkünfte und Dienstleistungen, die von den erzbischöflichen Gütern oder aufgrund der dem Erzbischof zustehenden Ämter eingingen, sollte bis zur Erhebung eines Nachfolgers weiterhin dem Kaiser in dem Umfang verbleiben, wie es sonst von den Erzbischöfen gefordert wurde. Außer diesem »Regalienrecht« nahm der Herrscher das »Spolienrecht« wahr, das heißt, er beanspruchte den gesamten persönlichen Nachlaß eines verstorbenen Kirchenfürsten, angesichts der aufwendigen Hofhaltung, die auch die geistlichen Fürsten pflegten, oft Reichtümer von hohem Wert und erlesener Kostbarkeit.

Somit stützten die Staufer trotz des Investiturstreits ihre Herrschermacht nicht weniger auf den Beitrag der Reichskirche als ihre ottonischen und salischen Vorgänger. Die Rechtsbasis dafür war sogar sicherer geworden. Mit einzelnen Reichskirchen traten die Staufer durch eine ungewöhnliche Entscheidung in noch engere Verbindung. Friedrich Barbarossa behielt auch als König die Kirchenlehen in seiner Hand, mit welchen er vor seiner Erhebung ausgestattet war. Zielgerichtet erwarb er weitere hinzu; als König leistete er den Prälaten jedoch keine Lehnshuldigung. Derartige Lehen wurden zu einem wichtigen Instrument der staufischen Territorialpolitik. Sie boten Ansatzpunkte zum Ausbau territorialer Herrschaft, welche die Könige aufgrund ihrer Stellung noch besser nutzen konnten als andere Dynasten: indem sie auf Kirchengut Burgen oder Städte gründeten. Wo Adelsfamilien auszusterben drohten, sicherten sich die Staufer vor allem in Schwaben durch frühzeitige Absprachen deren Lehnsbesitz, manchmal mitsamt den Allodialgütern. Den Herzog Welf VI., die Grafen von Lenzburg, den Grafen Rudolf von Pfullendorf und andere Adelsfamilien Oberschwabens hat Friedrich I. auf diese Weise beerbt und so die Vogteien über die Hochstifte Augsburg und Chur sowie über den Stiftsbesitz von St. Gallen in seine Hand gebracht. Manches davon wurde formal an das Herzogtum Schwaben gegeben, das in der staufischen Familie blieb; doch politisch wurden Reichs-, Herzogs- und Familiengut von den Staufern als Einheit gesehen und behandelt.

Die Abhängigkeit der Königsgewalt von der Fürstenmacht setzte der königlichen Territorialpolitik Grenzen. Die Konkurrenz zwischen König und Fürsten, die unbestreitbar bestand, durfte nicht so weit getrieben werden, daß sie in offene Feindschaft umschlug; die Ausnutzung eigener Möglichkeiten und Vorteile durfte nicht als offenkundiges Unrecht und als Mißbrauch der Königsgewalt erscheinen. Andernfalls bestand die Gefahr, daß eine breitere Opposition zusammenfand, die den Herrscher zum Zurückweichen und zu Kompromissen zwang, wenn er nicht den frontalen Konflikt und damit die Spaltung des Reiches riskieren wollte. Der Streit zwischen dem in Deutschland regierenden König Heinrich (VII.) und seinem auf die Fürsten angewiesenen Vater, Kaiser Friedrich II., hatte seine Ursachen in diesem Widerspruch königlicher Machtpolitik. Die Geschichte Heinrichs IV., der als erster König damit begonnen hatte, seine sächsischen Herrschaftspositionen mit den Mitteln der Reichsfürsten auszubauen, kann als lehrreiches Beispiel schon aus den Anfängen dieser Entwicklung dienen. Manche Historiker sehen diesen Herrscher als denjenigen an, der seinen Nachfolgern das Vorbild für ihre Territorialpolitik gegeben hat. Die Territorialisierung der Königsmacht unter den letzten Saliern und unter den Staufern mündete in Deutschland schließlich in eine territoriale Begrenzung der Königsgewalt, so daß sie in manchen Teilen des Reiches nicht mehr wirksam zur Geltung gebracht werden konnte. Es mag unter den Bedingungen des 11. und 12. Jahrhunderts in Deutschland keine andere Lösung gegeben haben, um dem Königtum angemessene Machtgrundlagen zu erschließen. Doch es fehlten Maßnahmen, die den Einfluß des Königtums in allen Teilen des Reiches mit neuen Mitteln verankert hätten, wie dies den französischen Königen in den Städten gelang und im normannischen England durch den Ausbau älterer Ansätze zentraler Reichsverwaltung erreicht wurde.

Obwohl die Staufer dem Königtum in erheblichem Umfang neue Machtmittel erschlossen, konnten sie die Königsgewalt nur in den altgewohnten Formen zur Geltung bringen, das heißt dadurch, daß sie sich in allen Teilen des Reiches immer wieder persönlich zeigten und die Großen um sich versammelten. Über einen wirkungsvollen Herrschaftsapparat verfügten sie nicht einmal zur Verwaltung größerer Bezirke; um so weniger hätten sie das Reich von einigen festen Zentren her lenken können. Stärke und Reichweite der Königsherrschaft spiegeln sich im Itinerar, in der Häufigkeit der Aufenthalte in den verschiedenen Zonen des Imperiums sowie in der Anzahl der Großen, die am Hof nachzuweisen sind. Die Hofhaltung war an materielle und rechtliche Voraussetzungen gebunden, über die der König nicht überall in gleichem Maße verfügte, und deshalb wurden manche Gebiete häufiger, andere selten besucht. Doch der Radius der Königsgewalt reichte über den Bereich hinaus, in dem sich die Könige und Kaiser persönlich zeigten, und zwar um so weiter, je größer ihr Ansehen war. Fast noch deutlicher als im Reiseweg des Hofes offenbart sich die Stärke des Herrschertums in der Streuweite der Privilegien, an der sich ablesen läßt, wer mit dem Herrscher Kontakt nahm und wo man sich von seiner Autorität die Sicherung eigener Positionen erhoffte.

Die nachweisbaren Herrscheraufenthalte in den acht von den Saliern am häufigsten aufgesuchten Bischofsstädten

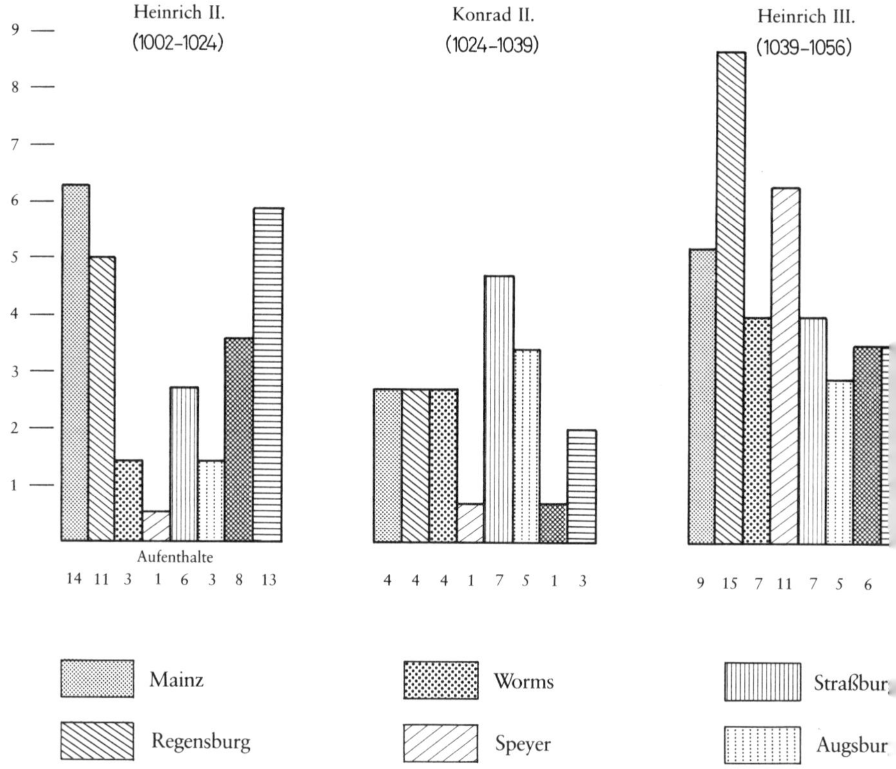

Unter Heinrich V. war das Gebiet am Mittelrhein zum eindeutigen Schwerpunkt der Königspräsenz geworden, während Besuche in Sachsen, Bayern oder am Niederrhein seltener wurden. Nur kurzfristig verschoben sich unter Lothar III. die Gewichte. Am Mittelrhein, im Land zwischen Basel und Mainz, lag in der Frühzeit Barbarossas, einem Diktum Ottos von Freising zufolge, der wichtigste Kraftquell der Königsgewalt. Das salische Erbe, Reichsgut, der Eigenbesitz der Staufer mit Schwerpunkten im Elsaß, wo sie unter anderem die Egisheimer beerbt hatten, und im nordschwäbisch-fränkischen Grenzgebiet, zwischen Neckar und Main, all dies traf dort mit Reichskirchenbesitz zusammen, von dem schon die Ottonen und Salier besonders hohe Servitienleistungen empfangen hatten. Dennoch besuchte Friedrich Barbarossa das Reich in allen seinen Teilen etwa so gleichmäßig wie die ersten Salier. In der frühen Stauferzeit begann sich aber die Grundlage der königlichen Hofhaltung, die materielle Basis der Königsgastung an den einzelnen Orten, zu verändern. Damit verlagerten sich die Schwerpunkte des Itinerars: Manche bisher bevorzugten Orte wurden

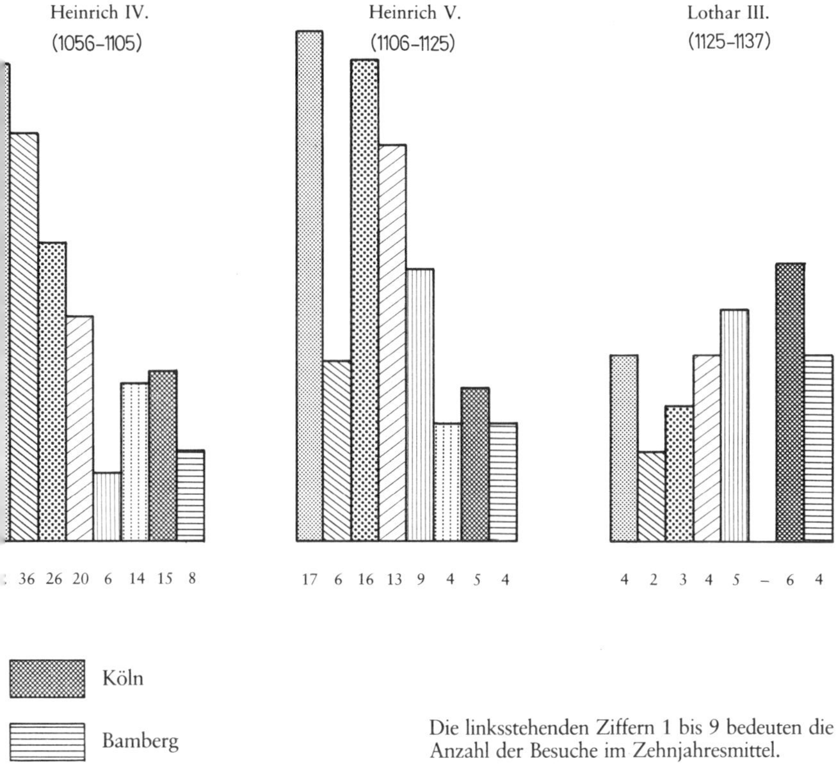

seltener besucht, an anderen nahm die Zahl der Herrscheraufenthalte deutlich wahrnehmbar zu.

Servitien wurden nach wie vor großenteils in Naturalien erbracht. Ein Verzeichnis königlicher Tafelgüter in Sachsen, Bayern und am Niederrhein aus der frühen Stauferzeit nennt nur Lieferungen dieser Art. Im Vogesen-Kloster Remiremont wurde das, was die Äbtissin zu schicken hatte, wenn der Herrscher nach Metz oder Toul kam, im Rückgriff auf eine Notiz aus der Zeit Heinrichs IV. aufgezählt: 60 Schweine, 20 Kühe, 4 Mastschweine, 4 Eber, 400 Hühner, 5 Scheffel Eier, ein Fuder Milch, eine solchen Zahlen angemessene Menge von Käse und Fisch, genügend Schüsseln, Spieße und Holzkohle, 12 Pfund Pfeffer, 12 Tafeln Wachs, 7 Fuder Wein und 5 Fuder Met, dazu 80 Scheffel Weizen und 400 Scheffel Hafer. In der Stauferzeit wurde dies auf die Güter des Stifts so umgelegt, daß Kühe und Schweine von den entsprechenden Viehhöfen geliefert werden sollten, das Getreide von den Haupthöfen der Grundherrschaft und aus vier Getreidespeichern, die das Kloster an verschiedenen Orten besaß. Für

Hühner, Fische, Käse, Milch, Honig, Eier, Schüsseln, Kohle, Spieße und Kochtöpfe hatte die Försterei aufzukommen, für das Wachs die Schatzmeisterin des Stifts, für den Pfeffer die Münzer aus dem Klosterstädtchen und einem anderen Marktort. Met und Salz sollte die Äbtissin gemäß dem Rat ihrer Diener besorgen. In den Angaben der Stauferzeit wurden aber die Servitienleistungen meist schon in Geldbeträgen beziffert: 20 Mark kostete es Stablo, wenn der Herrscher nach Aachen kam, 30 Mark, wenn er die Abtei selbst besuchte; Kloster Werden an der Ruhr war mit 25 Mark, Lorsch mit 100 Pfund veranschlagt, Niedernburg mit 40 Pfund Regensburger Münze, Ober- und Niedermünster in Regensburg mit je 10 Pfund. Heinrich IV. hatte 1073 noch dem Obermünster von den 40 Schweinen, die es »mit allem drum und dran« bei Ankunft des Königs in Regensburg zu liefern hatte, 10 erlassen, dem Niedermünster 20 von 60. Für Werden liegt aus der Mitte des 11. Jahrhunderts die volle Aufzählung der Naturalien vor: 8 Kühe, 68 Schweine, 15 Ferkel, 8 Pfauen, 195 Hühner, 95 Käse, 870 Eier, 41½ Malter Brot, 95 Scheffel Hafer, 172 Krüge Bier, 485 Schüsseln und 147 Becher. Vermutlich wurde das Servitium in der Stauferzeit nicht nur in Geldbeträgen gemessen, sondern mehr und mehr auch in Münzgeld entrichtet. Denn innerhalb ihrer Grundherrschaften legten die servitienpflichtigen Prälaten die für den König zu leistenden Abgaben mancherorts nicht mehr in Naturalien, sondern ebenfalls in Geldbeträgen um. Das »Servitium regale« wurde zur »Küneges stiure«, die man in bar einzog (C. Brühl). In ihren eigenen Städten erhoben die Staufer regelmäßig Geldabgaben. Aus dem Jahr 1241 ist ein »Reichssteuerverzeichnis« überliefert, das aufzählt, was mehr als hundert königliche Städte und Dörfer, dazu die unter Königsschutz stehenden Juden bezahlt hatten: Frankfurt 250 Mark, Gelnhausen 200, Wetzlar 170, Friedberg 120, davon die Hälfte für den Kaiser und die Hälfte für den Mauerbau, Wiesbaden 60, alles für die Errichtung der Stadtmauern, und so fort. Insgesamt beliefen sich die Einkünfte auf 1.488 Kölner Mark. Besuchte der König einen dieser Orte, kamen freilich erhebliche Mehrleistungen hinzu.

In der Salierzeit hatten sich die Herrscheraufenthalte auf die Bischofsstädte verlagert, in denen die Wirtschaftskraft des Hochstifts, fiskalische Rechte des Königs in der aufblühenden Stadt sowie die Servitien umliegender Klöster die Mittel für die Hofhaltung lieferten und prächtige Kirchen sich als würdiger Rahmen für die liturgische Herrschaftsrepräsentation anboten. Bischofsstädte wie Würzburg, Worms, Speyer und zunächst Regensburg blieben bevorzugte Aufenthaltsorte der Staufer. Augsburg gelangte zu großem Gewicht. Sieht man genauer hin, so handelte es sich um Städte, wo die Könige die Hofhaltung aus ihren eigenen Ressourcen mittragen und aufgrund eigener Herrschaftsrechte Aufnahme fordern und ihre Anwesenheit rechtfertigen konnten. Die Servitien der Reichskirchen bildeten nicht mehr die wichtigste Basis der Königsgastung, obwohl sie weiterhin in voller Höhe eingezogen wurden.

An Stelle der Bischofsstädte heben sich im Reiseweg der Staufer immer mehr die neuartigen Pfalzstädte heraus. Schon zur Zeit Konrads III., unter dem Nürnberg besonders hervortrat und Frankfurts Aufstieg zu neuer Blüte begann, machte sich diese Tendenz bemerkbar. Im Itinerar Friedrich Barbarossas, der zahlreiche königliche Orte zu Pfalzen ausbaute, die auch eine aufwendige, länger dauernde Anwesenheit des Hofes tragen konnten, werden unter den häufiger besuchten Städten erstmals bevorzugte Aufenthaltsorte der späteren Staufer genannt, wie Hagenau, Gelnhausen, Kaiserslautern, Ulm, Wimpfen, Erfurt, Altenberg, Eger. Die eigentliche »Pfalz« war nun eine sichere Pfalzburg, von der aus Ministerialen die zugehörigen Reichsgüter und -rechte verwalteten, in der aber beim Aufenthalt des Königs das ganze Gefolge nicht unterzubringen war. Es sollte in der Stadt wohnen, in den schönen Häusern, die die Bürger dort errichteten, wie schon Konrad III. in einem Privileg für die Einwohner von Duisburg schrieb. War der Hof nicht zugegen, trug die städtische Siedlung mit den Einkünften aus Markt, Zoll und Münze, aus dem Gericht, aus Haus- oder Arealzinsen sowie mit der Lieferung von Versorgungsgütern wie Handwerkserzeugnissen und Holz wohl erheblich zum Unterhalt der Pfalzen bei, an die weitere Abgaben aus der königlichen Grundherrschaft flossen. Für die Hofhaltung eines anwesenden Herrschers konnten die Pfalzstadt und der zur Pfalz gehörende Reichskomplex zweifellos nicht allein aufkommen. Hier waren wie früher Beiträge von außerhalb gefordert und – in neuem Umfang – die Finanzen des Herrschers, mit dessen Geld sich angesichts der städtischen »Infrastruktur«, das heißt durch die Stellung der Pfalzstadt im Handels- und Verkehrssystem, das Benötigte herbeischaffen ließ. Keine dieser Pfalzen war aber als Residenz geplant, wie dies im 14. Jahrhundert München für die Wittelsbacher, Prag für die Luxemburger, Wien für die Habsburger geworden sind. Es kam den Staufern vielmehr darauf an, eine Vielzahl von Pfalzen, königlichen Städten und Burgen als Stützpunkte zu schaffen, von denen einige so ausgebaut wurden, daß dort in repräsentativen Formen und gegebenenfalls über eine längere Zeitspanne Hof gehalten werden konnte.

Wie weit man von der Vorstellung entfernt war, von einer Hauptstadt aus oder von festen Residenzen her zu regieren, zeigten die Bemühungen Friedrich Barbarossas, dem Reich in Aachen einen Mittelpunkt zu geben. Feierlich wurden dort am 29. Dezember 1165 die Gebeine Karls des Großen erhoben, um den ersten fränkischen Kaiser heilig zu sprechen, der sich durch die Ausbreitung des Glaubens als wahrer Apostel und durch den vielfachen Einsatz seines Lebens für den Glauben der Gesinnung nach als Märtyrer erwiesen habe. Das Ganze war ein Staatsakt von größter Bedeutung, bei dem sich der Staufer in engste Verbindung mit dem karolingischen Idealkaiser brachte: In Lebensführung und Regierung wollte er dessen Vorbild stets in allem folgen, um das Recht der Kirchen, die Unversehrtheit des Reiches, die Unverletzlichkeit der Gesetze im ganzen Imperium zu wahren. Der Vorgang in Aachen entsprach der Translation Eduards des Bekenners in Westminster, die König Heinrich II. von England 1163 zusammen mit Erzbischof Thomas Becket und anderen Bischöfen vorgenommen hatte; der Kaiser berief sich ausdrücklich auf dieses Beispiel.

Was er kompensieren und übertreffen wollte, war freilich eher die Translation des heiligen Dionysius, die Abt Suger von St. Denis unter Beteiligung König Ludwigs VII. von Frankreich 1144 mit großem Pomp inszeniert hatte. Aus der Krypta wurden die Gebeine des Heiligen auf den Hauptaltar im neuerrichteten Chor erhoben, mit dem die Formen und die Kirchensymbolik der gotischen Baukunst ganz plötzlich und voll entwickelt in Erscheinung traten. Die Stiftertätigkeit der herrschenden Könige manifestierte sich weithin sichtbar im gegenwärtigen Bau. Dionysius wurde offiziell der »Reichsheilige« der französischen Könige. Schon 1124 hatte man beim Einfall Kaiser Heinrichs V. die Reliquiare des Heiligen für die Zeit des Krieges auf den Hauptaltar der Kirche erhoben, von hier hatte König Ludwig VI. das Kriegsbanner genommen, hier nach erfolgreichem Kampf dem Heiligen an der Spitze der Aufgebote aus ganz Frankreich in tiefer Devotion Dank abgestattet (J. Petersohn). St. Denis, wo mehrere karolingische Könige ruhten, war Grabkirche der französischen Könige, die sich als die Nachfahren der Karolinger betrachteten, wie Westminster die der englischen Könige war, von denen Eduard der Bekenner die Übernahme der Herrschaft durch die normannische Dynastie eingeleitet hatte. In beiden Fällen handelte es sich wie bei Aachen zugleich um die Krönungskirche. Die religiösen Akte der Reliquienerhebung dienten der historischen Legitimation des eigenen Herrschertums, betonten den Schutz und die Würde, die Reich und Herrscherhaus von den Heiligen empfingen. Herausgehoben wurden ideelle, religiöse Mittelpunkte des Reiches. Die Vorgänge von 1144, 1163 und 1165 gehören in den Zusammenhang der Reichs- und Kronensymbolik, in der die abendländischen Könige ihre Ansprüche und Rechte zu objektivieren trachteten.

Im Unterschied zu Aachen lagen St. Denis und Westminster nicht nur an bevorzugten Aufenthaltsorten der Könige, sondern bei großen Städten und Handelsplätzen, die zugleich kirchliche Mittelpunkte und Zentren des aufblühenden Geisteslebens waren. Insofern konnte ihre Rolle als Heiligtum des Reichspatrons, als Krönungskirche, als Königsgrablege, als Stätte dauernder geistiger Präsenz des Königtums die Entwicklung fördern, die Paris und London später zu Hauptstädten der beiden Königreiche werden ließ. Im Horizont des 12. Jahrhunderts war Aachen durch die »Gegenwart« Karls des Großen zweifellos allen anderen Traditionsstätten überlegen. Doch Aachen gehörte nicht mehr zu den Schwerpunkten königlicher Hofhaltung und mußte selbst als geistiger Mittelpunkt des Reiches mit anderen Orten konkurrieren. Als Grablege der Herrscherdynastie hatten die Staufer nicht die altehrwürdige karolingische Pfalzkirche mit der Grabstätte Karls des Großen und Ottos III., sondern den

König Philipp von Schwaben mit sogenannter Schwurkapelle, einem Reliquiar für die Eidesleistung. Steinrelief von der Nordseite des mittleren Brückenturms in Regensburg, um 1207. Regensburg, Museum der Stadt. – Mitglieder der gräflichen Familie Neuburg-Falkenstein zur Zeit Sibotos IV. Farbige Zeichnung in dem von 1166 bis um 1196 im Stift Herrenchiemsee entstandenen Traditionsbuch dieser Grafendynastie, einem Codex mit Rechtsaufzeichnungen über den Eigen- und Lehnsbesitz vornehmlich in Oberbayern, Tirol und Niederösterreich. München, Bayerisches Hauptstaatsarchiv

Rainald von Dassel, der Kölner Erzbischof und Kanzler Kaiser Friedrich Barbarossas. Hochrelief auf der Rückseite des Schreins der Heiligen Drei Könige, einer Goldschmiedearbeit des Nikolaus von Verdun und seiner Kölner Schule, 1181–1230. Köln, Domschatz. – Kaiser Heinrich VI. Hochrelief auf der Langseite des Schreins Karls des Großen, einer zwischen 1200 und 1215 in Aachen entstandenen Goldschmiedearbeit. Aachen, Domschatz

Dom zu Speyer ausersehen, in dem ihre salischen Vorfahren ruhten, eine Bischofskirche, wie es der Rolle der Reichskirche in Deutschland entsprach, nicht ein Kloster wie Westminster und St. Denis. Speyer lag zwar mitten in einem Schwerpunkt staufischen Besitzes, erreichte aber weder in kirchlicher noch in wirtschaftlicher Hinsicht die Bedeutung von London oder Paris. Das Imperium, aus mehreren Reichen zusammengesetzt, hatte ohnehin für die Herrschaftslegitimation noch andere Bezugspunkte aufzuweisen: Rom als Ort der Kaiserkrönung, Monza als Krönungsstadt des langobardisch-italischen, Arles als die des niederburgundischen Königtums. Doch weniger auf solche äußeren Faktoren ist der Polyzentrismus der Königsgewalt in Deutschland und im Imperium zurückzuführen als auf Vorstellungen von der angemessenen Art der Herrschaftsausübung und auf Möglichkeiten der Herrschaftsorganisation. Selbst in seinem so rational erscheinenden unteritalienischen »Modellstaat« hat sich Friedrich II. für seine Hofhaltung eine Vielzahl residenzartiger Stützpunkte geschaffen und die Regierung des Königreiches nie an eine Hauptstadt gebunden.

All das ist zu bedenken, wenn man liest, daß Friedrich I. nach der Translation Karls des Großen Aachen als Haupt aller Städte bezeichnete, als Hauptstadt des deutschen Königreiches, die durch ihren Patron Karl und als Krönungsort alle Provinzen und Städte an Würde und Ehre überrage, ja sogar, durch ihre Bedeutung für das »Heilige Reich«, als »Heilige Stadt«. Der Kaiser gewährte ihr damals Privilegien, die ihr Wachstum förderten, einen vierzehntägigen Jahrmarkt in der Fastenzeit und einen achttägigen im Herbst von Michaeli an, auf denen volle Zollfreiheit herrschen und kein Münzzwang geübt werden solle, was heißt, daß hier der sonst übliche, für die Kaufleute kostspielige Umtausch in die Ortswährung entfiel. Aachen blieb eine Pfalzstadt neben anderen, wenngleich mit besonders günstigen Privilegien; die Wallfahrten zum Schrein des heiligen Karl verhalfen ihr zu zusätzlichem Reichtum. Eine Bedeutung für die praktische Herrschaftsorganisation besaß der Staatsakt von Aachen ebensowenig wie die Manifestationen in St. Denis und Westminster. Die Planung einer hauptstadtartigen Residenz lag noch außerhalb des Horizonts.

Fragt man nach »modernen« Zügen im Herrschaftsstil der Staufer, so tritt neben der auf Ministerialen gestützten Territorialpolitik das Bemühen um Steigerung der Geldeinkünfte besonders hervor. Die zunehmende geldwirtschaftliche Orientierung verlieh ihren Herrschaftsmethoden – wie der gesamten europäischen Politik im 12. und 13. Jahrhundert – eine neuartige Beweglichkeit. Sie erschloß neue Organisationsmöglichkeiten, erlaubte im Kampf um Italien sogar den Einsatz von Söldnertruppen. Sie erleichterte den Erwerb ganzer Herrschaftskomplexe, half den umfangreichen Burgenbau zu finanzieren und gab dem Herrscher beim Umzug im Reich größere Flexibilität. Allerdings fehlt jeder Hinweis darauf, daß es unter den Staufern in Deutschland schon so etwas ähnliches wie das Schatzamt am englischen Königshof gegeben hätte, dessen

Einnahmerollen seit 1154 fast lückenlos überliefert sind. Diese dokumentieren die starken Schwankungen der Einkünfte, aber auch die hohe, dem Kaiser wohl überlegene Finanzkraft des englischen Königtums. An die Einführung allgemeiner Steuern nach englischem Vorbild war in Deutschland noch nicht zu denken. Schon unter Heinrich V. hatte das Gerücht, er hege als Schwiegersohn eines englischen Königs derartige Pläne, Empörung unter den Großen ausgelöst. Der gleiche Verdacht wurde 1213 gegen den in England erzogenen Otto IV. erhoben, um seine Position zu untergraben; sein abtrünniger Kanzler, Bischof Konrad von Speyer, verbreitete sogar, der Kaiser habe, wenn auch als üblen Scherz, den Plan entwickelt, den Reichsfinanzen durch den regalmäßigen Betrieb von Bordellen aufzuhelfen. Doch selbst die Absicht König Philipps von Schwaben, 1207 für den Kreuzzug eine einmalige Steuer im Reich zu erheben, nämlich je sechs Pfennige von jedem Pflug und von jeder Klerikerpfründe, wurde nicht verwirklicht. Für die Kasse des Königs waren auf diese Weise keine Reichtümer zu gewinnen.

Die Möglichkeit, die Reichsfinanzen mit einem Schlag auf ein ungewöhnliches Niveau zu heben, sah Friedrich Barbarossa in Italien. Dort übten die reichen Stadtkommunen Regalien aus, das heißt, sie erhoben Zölle und andere mit dem Handelsverkehr verbundene Abgaben, schlugen Münzen, ließen Recht sprechen und verhängten Geldbußen, besteuerten sogar die nichtadeligen Leute in Stadt und Land, vielfach ohne nachweisen zu können, daß ihnen das Recht dazu jemals von einem Herrscher verliehen worden war. Außerdem stand dem König, wenn er nach Italien kam oder zumindest wenn er nach Rom zur Kaiserkrönung zog, eine »Fodrum« genannte Abgabe zum Unterhalt des Heeres zu. Sie wurde aber nach uralter Gewohnheit nur an bestimmten Orten und von bestimmten Leuten entrichtet, wenn sie nicht ganz in Vergessenheit geraten war. Bevölkerung und Wirtschaftskraft waren erheblich gewachsen, neue Burgen und Dörfer waren entstanden, ohne daß die kaiserlichen Vorgänger eine entsprechende Steigerung des Fodrums durchgesetzt hatten. Ferner lebten in Italien viele Menschen »nach römischem Recht«, wie man auch die mittelalterlichen Fortbildungen des spätrömischen Vulgarrechts nannte, und an den Rechtsschulen hatte die Rezeption des alten römischen Kaiserrechts begonnen, dem man entnehmen konnte, in welchem Ausmaß die Menschen früher besteuert worden waren. Wenn man all dies aktivierte, dann würden sich die »rechtmäßigen« Einnahmen des Kaisers auf ein Vielfaches dessen belaufen, was man ihm wirklich gab. Rahewin, der nach 1158 die Chronik Ottos von Freising fortsetzte und dabei Akten aus der kaiserlichen Kanzlei benutzte, behauptet, daß der Kaiser allein aus der Rückforderung usurpierter Regalien eine Mehreinnahme von 30.000 Pfund hätte erwarten können. Wo sich Gelegenheit bot, forderte der Kaiser seinen Teil am Reichtum der Kommunen. Als Strafe für Widerstand gegen den Kaiser zahlten 1158 Mailand 9.000 Mark, 1162 Piacenza und Brescia je 6.000 Mark,

Bologna 1167 die gleiche Summe, 1186 Siena 5.000 Mark. Für Gunsterweise des Kaisers wurden noch höhere Beträge entrichtet: Pisa zahlte 1165 für die Belehnung mit Sardinien 13.000 Pfund, Cremona 1160 für die Zerstörung des in seinem Gebiet von den Mailändern gehaltenen Crema 11.000 Pfund. Nach der Zerstörung Mailands im Jahr 1162 wurden für das ganze Gebiet von kaiserlichen Beauftragten alle Herdstellen, jedes Paar Ochsen und alle Landhufen katastermäßig erfaßt und besteuert und viele zusätzliche Abgaben gefordert. Beim Kampf um seine Herrschaftsstellung in Italien ging es dem Staufer nicht allein um diese Mittel; aber der ungeheuere Einsatz, mit dem er seine Forderungen durchzusetzen versuchte, zielte auf die Finanzquellen, die seine Macht erheblich gesteigert hätten.

Die Finanzpolitik in Italien war nicht einfach eine Ergänzung der Territorialpolitik, welche die Herrscher in Deutschland betrieben, obschon sie demselben Willen zur Intensivierung der Reichsgewalt entsprang. Beide Zielsetzungen konnten miteinander kollidieren. Denn noch mehr als bei der Ausübung ihres Königsamtes nördlich der Alpen waren die Kaiser in Italien auf die Unterstützung der deutschen Fürsten angewiesen: Jahrzehntelang haben seine und die fürstlichen Aufgebote unter erheblichen Verlusten um die Durchsetzung der kaiserlichen Forderungen gekämpft. Nur in der Gemeinsamkeit ließ sich die starke Position zurückgewinnen, welche die Vorgänger hier, wie man aufgrund oft theoretisch deduzierter Rechtsansprüche glaubte, einst besessen hatten. Diese Gemeinsamkeit setzte nicht nur voraus, daß die Fürsten durch die königliche Territorialpolitik nicht in einem Maße bedrängt wurden, das ihren Einsatz für Kaiser und Reich in Frage stellte. Sie erwarteten von den Staufern Unterstützung für ihren eigenen Herrschaftsausbau, wenn sie ihnen helfen sollten, die Macht des Kaisertums zu steigern.

Das deutsche Reich zwischen Weltkaisertum, päpstlicher Vollgewalt und Fürstenmacht (1152–1250)

Das Ringen um Reichsrechte und Herrschaftsgewalt

Friedrich Barbarossa und die deutschen Fürsten

Trotz aller Bemühungen um eine Neufundierung der Königsmacht war es Konrad III. nicht gelungen, seine Herrschergewalt in vollem Umfang durchzusetzen. Bald glaubte man zu spüren, daß für das Reich mit Friedrich Barbarossa eine bessere Zeit begonnen hatte. In seinen Entscheidungen lag von Anfang an ein energischer Zugriff, hinter dem weitreichende Zielsetzungen standen. Sein Handeln war getragen vom Willen, die Verluste, die der Investiturstreit der Würde des Kaisertums und der Macht des Königtums zugefügt hatte, wettzumachen oder durch neue Mittel zu kompensieren.

Dieser Wille verleiht der Politik des Staufers jenen restaurativen Grundzug, den man häufig hervorgehoben und gelegentlich als reaktionär abgetan hat. Für die Saliernachkommen war, wie die Chronik Ottos von Freising zeigt, der Ausgang des Ringens zwischen priesterlicher und königlicher Gewalt eine geradezu traumatische Erfahrung; sie bestimmte das politische Verhalten der Staufer wesentlich. Wo es um Fragen ging, die an die alten Auseinandersetzungen rührten, machte sich leicht wieder etwas von deren Atmosphäre breit. Wenn Päpste seit Innozenz III. die Staufer als »Genus persecutorum«, als Angehörige einer Dynastie von Kirchenverfolgern, bezeichneten, so lag in deren vom Investiturstreit geprägten Grundeinstellung der reale Bezugspunkt, der jenem Wort zu propagandistischer Wirkung verhelfen sollte. Die Kirchenherrschaft des Königs wieder voll durchzusetzen, war für Friedrich I. ein vorrangiges Anliegen. Doch der staufische Wille zur Erneuerung des kaiserlichen »Honor« reichte darüber weit hinaus. Die Herrschaftsziele und viele der eingesetzten Mittel erscheinen neuartig; manche Historiker wollen den Maßnahmen und Konzeptionen einen geradezu revolutionären Charakter zusprechen.

Symptomatisch war schon der Herrschaftsbeginn. Wurde die Königserhebung 1077, 1105, 1125 und 1138 von den geistlichen Fürsten gelenkt, deren Gewicht die Anwesenheit päpstlicher Legaten verstärkte, so traten sie 1152 eher zurück. Der Erzbischof von Mainz, der lieber Konrads III. unmündigen Sohn zum König gemacht hätte, wurde überspielt. Von Friedrich konnte man eine Beendigung des staufisch-welfischen Streits erwarten: In den Tagen zwischen dem Tod seines Oheims und der Wahl in Frankfurt hatte der Staufer sich mit Heinrich dem Löwen in Gegenwart wichtiger Reichsfürsten getroffen und die Grundlagen des Vergleichs ausgehandelt, der seiner Erhebung allgemeine Zustimmung sicherte. Vom Wahlort begab sich der Staufer in Begleitung des Welfen und anderer Großer zu Schiff bis Sinzig und weiter zu Pferd nach Aachen, das in drei Tagen erreicht war. Am 9. März, am Sonntag »Laetare Jerusalem«, wurde er dort zum

König gekrönt. Seit dem Tod seines Vorgängers waren noch keine vier Wochen vergangen.

In der Beratung über Zustand und Wohl des Reiches, die sich an die Krönungsfeierlichkeiten anschloß, drängten die geistlichen Fürsten darauf, sofort einen Rom-Zug zu beschließen, der Arnold von Brescia vertreiben und die Ewige Stadt wieder der päpstlichen Herrschaft unterwerfen sollte. Doch die weltlichen Fürsten verwahrten sich dagegen, den König, der erst im deutschen Reich nach dem Rechten sehen müsse, gleich beim Herrschaftsantritt durch eine so schwerwiegende Verpflichtung zu binden; außerdem sei es unangemessen, ein solches Unternehmen ohne die Einladung des Papstes anzukündigen. Vorerst wurde nur ein Brief in Auftrag gegeben, in welchem der Staufer, ohne irgendeine Bestätigung zu erbitten, dem Papst seine Wahl anzeigte: Unter Berufung auf die gelasianische Definition des Verhältnisses von geistlichem Amt und Königsgewalt wurden in sorgfältiger Abwägung Priestertum und Herrschertum, römische Kirche und römisches Imperium als durch göttliche Setzung geschaffene Institutionen gleichrangig nebeneinandergeordnet. Der Schutz des päpstlichen Stuhls galt dem Staufer dabei nicht nur als vom Vorgänger übernommene Verpflichtung, sondern auch als mit der Nachfolge im Königtum ererbtes Herrscherrecht.

Von Anfang an bemühte sich der König, die Interessen der Fürsten und des Herrschers in der Erhöhung des Imperiums zusammenzuführen. Er verlieh Welf VI. die Mathildischen Güter, die Markgrafschaft Tuszien und das Herzogtum Spoleto, dazu das Fürstentum Sardinien. Damit galt er nicht nur Ansprüche eines mächtigen Adelsgeschlechts ab; denn diese sollten unter Eigenbeteiligung der Welfen erst durchgesetzt werden, wobei dem Kaiser die rechtmäßigen Einkünfte des Fiskus zufallen würden. Welf VI. war so ein Bundesgenosse, wenn es galt, die kaiserliche Herrschaft gegen den päpstlichen Anspruch auf das Erbe der Markgräfin Mathilde abzuwehren. Die Vergabe des Fürstentums Sardinien verletzte unmittelbar den Hoheitsanspruch über die Insel, den die Päpste wie im Falle Unteritaliens und Siziliens stets erhoben hatten. Auch die Verleihung des Herzogtums »Meranien«, worunter man Teile des von Venezianern und Ungarn beherrschten Dalmatien und Kroatien verstand, an den Grafen Konrad von Dachau, einen alten Parteigänger der Welfen, griff über die Grenzen des Imperiums hinaus. Die Erhöhung der Fürsten war nur zu realisieren, wenn zugleich die Macht des Kaisers vergrößert wurde.

Dies zeigt auch der Vertrag, den der neue König mit dem Schwager Heinrichs des Löwen, Bertold IV. von Zähringen, schloß. Binnen Jahresfrist werde er mit dem Aufgebot des Reiches einen Feldzug nach Burgund unternehmen und dem Zähringer gewissermaßen wie einem Vizekönig die Herrschaft über Burgund und die Provence übergeben. Sieht man vom zähringischen Machtbereich in der heutigen Westschweiz ab, so hatten hier weder Bertolds Vater, den Lothar III.

1127 zum »Rektor Burgunds« gemacht hatte, noch Lothar selbst oder Konrad III. effektive Herrschaft ausgeübt. Nun wollte man die Hoheit des Kaisers, dem nur die Investitur der Bischöfe verbleiben sollte, und die Herrschaft seines Stellvertreters in einem Feldzug durchsetzen. Der Zähringer versprach, hierfür dem Reichsheer 1.000 Panzerreiter zuzuführen; außerdem verpflichtete er sich, seine Erhöhung dadurch abzugelten, daß er für die ganze Dauer des Italien-Zugs 500 Ritter und 50 Armbrustschützen stellen werde. Doch Bertold hatte seine Kräfte überschätzt: Als der König im Februar 1153 in Colmar erschien, verfügte der Herzog offensichtlich nicht über die zugesagte Streitmacht, und das Unternehmen wurde abgeblasen. An den Italien-Zügen Friedrich Barbarossas hat der Zähringer aber ebenso wie Heinrich der Löwe und Welf VI. mit einem starken Gefolge teilgenommen. Dies zu erreichen, war für den König ein vorrangiges Ziel.

Noch in anderer Weise band der Staufer in solchen Abmachungen die Interessen der Fürsten an seine eigenen. Friedrich hatte Bertold versprochen, ihm die Investitur derjenigen Bistümer zu überlassen, in welchen sie auch bisher nicht vom Kaiser selbst vorgenommen worden sei; und dies war angesichts der schwachen Stellung des Kaisertums in Burgund und in der Provence bei etlichen Hochstiften der Fall. Als der Staufer nach seiner Hochzeit mit Beatrix von Burgund 1156 die unmittelbare Herrschaft im Königreich übernahm, entschädigte er Bertold, indem er ihm mit der Grafschaft Jura und Alpen die Investitur der Bischöfe von Lausanne, Genf und Sitten zusprach. Der Zähringer wurde dadurch gewissermaßen am königlichen Investiturrecht beteiligt. Wenn es überhaupt eine Investitur durch Laien geben durfte, stand sie für streng kirchlich Denkende als »Recht« allenfalls dem Herrscher zu; an der Kurie war man ohnehin der Auffassung, daß Papst Calixtus II. die Bischofsinvestitur im Grunde nur Kaiser Heinrich V. persönlich erlaubt hatte. Doch Friedrich gab nicht nur in diesem Fall »sein« Recht an einen weltlichen Fürsten weiter. 1154 erhielt Heinrich der Löwe von ihm die Befugnis, die Bischöfe von Oldenburg in Holstein, Ratzeburg und Mecklenburg und aller Bistümer, die er im Slawenland errichten würde, zu investieren. Friedrich Barbarossa interpretierte die Machtstellung, die sich der Welfe im Wendenland geschaffen hatte, als Verleihung der »Provinz jenseits der Elbe« von seiten des Herrschers. Er beauftragte den Herzog »zur Erweiterung des christlichen Imperiums« mit der Errichtung von Bistümern und Kirchen, womit dieser bereits begonnen hatte, und erlaubte ihm, sie mit »Gütern des Reiches« in dem weiten Raum auszustatten, in dem der Herrscher de facto bisher nichts besaß – wenn nicht eine Oberhoheit des Reiches über die Gewinne des Welfen anerkannt wurde. Auch die Investitur der Bischöfe hatte der Herzog bereits durchzusetzen versucht. Doch nachdrücklich hatte sich der Erzbischof von Bremen dagegen verwahrt, daß seine Suffragane im Wendenland die Investitur aus der Hand eines Herzogs empfangen und diesem Lehnshuldi-

Herrschaftsbildung zwischen Elbe und Oder nach dem Untergang der slawischen Fürstentümer Mitte des 12. Jahrhunderts (nach Escher)

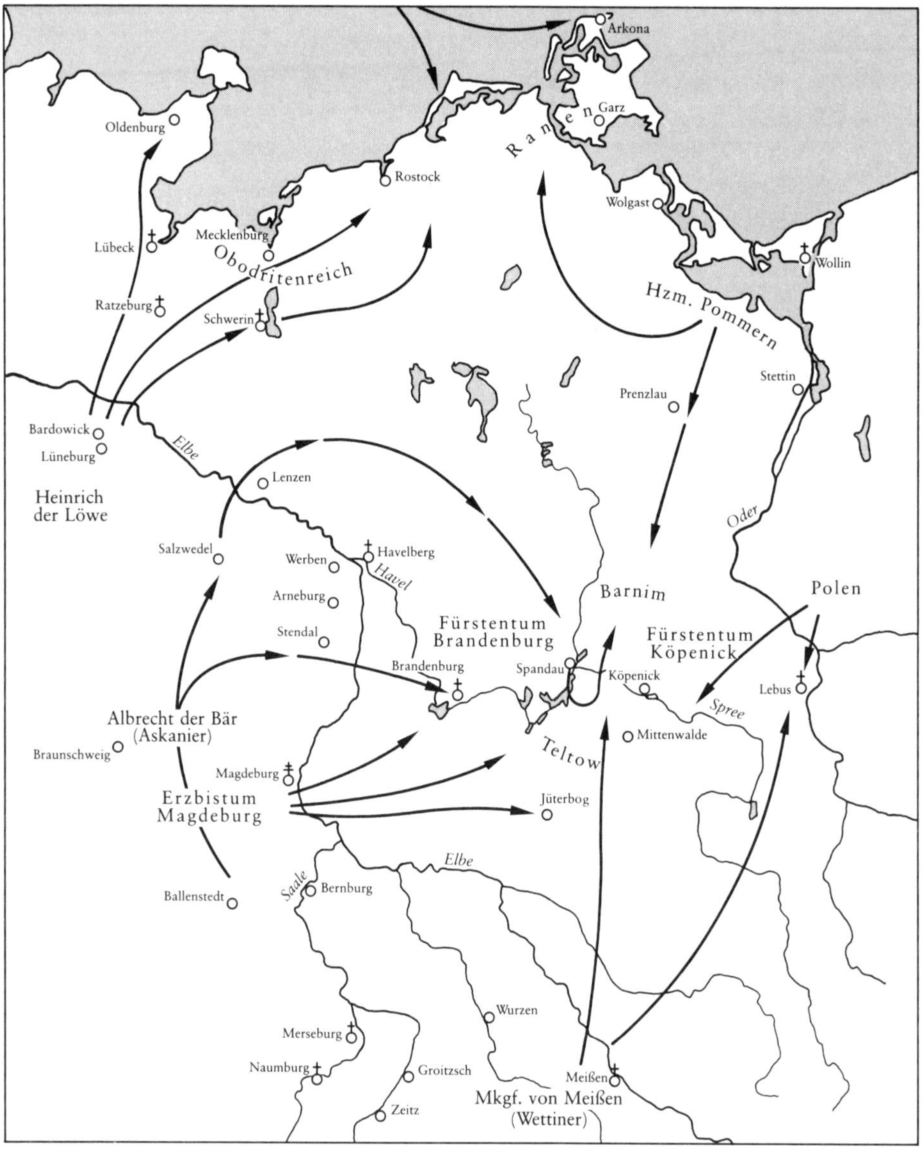

‡ Erzbistum   † Bistum   o Wichtige sonstige Orte (Burgen)

gung leisten sollten; der Streit behinderte bislang den Aufbau der kirchlichen Organisation. Indem der König ihn zugunsten Heinrichs des Löwen entschied, gewährte er diesem eine Erhöhung, die den Welfen zu Leistungen für den Herrscher verpflichtete und die Integration der neugewonnenen Gebiete in das Reich verstärkte. Zugleich gewann der Staufer einen Verbündeten im Kampf um die Herrschaft über die Reichskirche, die in der Zeit seines Urgroßvaters, Kaiser Heinrichs IV., strittig geworden war.

Von Anfang an ließ er keinen Zweifel daran, daß er alle Chancen nutzen würde, die das Wormser Konkordat dem Herrscher gab – bei weitestmöglicher Auslegung zu seinen Gunsten. Schon unter Konrad III. war im Bistum Utrecht ein Streit ausgebrochen, weil die Bürger der Stadt im Verein mit Teilen des Klerus und der Stiftsvasallen den neuerhobenen Bischof Hermann vertrieben und einen anderen zum Bischof gemacht hatten. Als Konrad dem Konkordat gemäß die Entscheidung an sich ziehen wollte, bestritten die Utrechter seine Zuständigkeit, da die Sache bereits vor den Papst gebracht worden sei. Wie Otto von Freising 1157 schrieb, soll der König sie daraufhin wegen Auflehnung gegen den römischen König zu Majestätsverbrechern erklärt haben. Obwohl er schon in Nimwegen stand, hatte er nichts unternommen, angeblich weil er zuerst die Rebellion einiger Grafen in Bayern bekämpfen mußte. Sofort nach der Krönung griff Friedrich Barbarossa die Sache auf, verhängte über die Aufrührer eine hohe Geldstrafe und bestimmte den verjagten Hermann zum Bischof, ohne irgendwelche Entscheidungen aus Rom abzuwarten. Eine päpstliche Einmischung war für ihn in solchen Fällen nicht zulässig. Unmittelbar vor der Königswahl hatte es in Magdeburg eine zwiespältige Wahl gegeben, die der Staufer dadurch entschied, daß er den Bischof Wichmann von Naumburg zum Erzbischof machte. Vergeblich protestierte Papst Eugen III. gegen die unkanonische Translation des Naumburgers auf einen anderen Bischofsstuhl. Dem kirchenrechtlichen Argument gegenüber beharrte der Herrscher darauf, daß das Wormser Konkordat ihm bei zwiespältiger Wahl die Entscheidung zugesprochen habe. Trotz des Konflikts um die Erhebung Wichmanns, der sich noch länger hinzog, erhielt er die Zustimmung des Papstes zur Absetzung des Erzbischofs von Mainz und dreier weiterer Bischöfe, gegen die Anklagen erhoben worden waren. Überall ließ er königstreue Nachfolger wählen.

Das Wormser Konkordat bildete auch die Grundlage für den Versuch, den Leistungsverpflichtungen der Reichskirchen für den König eine klare Rechtsbasis zu geben. Durch die Vereinbarungen von 1122 war das Verhältnis der Reichskirchen zum Herrscher lehnsrechtlich definiert worden: Die Kirchenfürsten wurden vom König durch Übergabe eines Zepters mit den Regalien belehnt und leisteten unter Übernahme ganz konkreter Vasallenpflichten dafür das Hominium. Lothar III. und Konrad III. hatten weder mit letzter Konsequenz auf dem Hominium bestanden, noch so grundsätzlich auf der Servitienpflicht der geistlichen Fürsten beharrt. Als Friedrich Barbarossa 1154 auf den Feldern von Roncaglia zwischen Piacenza und Cremona das nach Italien gezogene Heer sammelte, ließ er von einem Herold öffentlich die Kronvasallen aufrufen, um sich deren Vasallen für die erste Nachtwache vorführen zu lassen. Erzbischof Hartwig von Bremen, dessen Interessen und Ansprüche der Staufer mit der Begünstigung Heinrichs des Löwen verletzt hatte, und der Bischof von Halberstadt fehlten. Wegen Nichterfüllung der Vasallenpflichten wurde beiden sofort die Nutzung sämtlicher Regalien aberkannt; und man weiß, daß der Herrscher die Wirtschaftshöfe des Erzstifts Bremen durch Kommissare in Beschlag nehmen und ihre Erträge für den Fiskus einziehen ließ. Kompromisse gab es für den Staufer in dieser Frage nicht. Als der Elekt Hartwig von Regensburg 1155 Vasallen des Hochstifts belehnte, bevor er selbst um die Belehnung mit den Regalien nachgesucht hatte, verhängte der Kaiser über ihn und alle Fürsten, die von Hartwig Lehen entgegengenommen hatten, eine Strafe von hundert Pfund in Gold; kleinere Edle und Ministerialen sollten eine Buße von zehn Pfund zahlen. Als die Erzbischöfe von Salzburg seit 1165 Lehnshuldigung und Königsdienst verweigerten, weil der Kaiser von ihnen die Anerkennung des Gegenpapstes verlangte, wurde ihnen die Verfügungsgewalt über alle Regalien und Temporalien ihrer Kirche entzogen; die direkte Verwaltung durch kaiserliche Beauftragte trat auch hier an Stelle der bischöflichen Herrschaft.

Über die materielle Leistungsfähigkeit der Reichskirchen wußte man damals am Hof vermutlich besser Bescheid als je zuvor. Denn Friedrich Barbarossa baute systematisch die Möglichkeit aus, nach dem Tod eines Kirchenfürsten bis zur Wiederbesetzung des Hochstifts dessen Einkünfte selbst zu nutzen. Erst unter seiner Herrschaft kam über dieses »Regalienrecht« während der Sedisvakanzen gewissermaßen die gesamte Finanzverwaltung der Bistümer in kaiserliche Hand. Der Staufer beanspruchte manchmal einen ganzen Jahresertrag für sich, und seine Helfer nutzten die Gelegenheit, zu Lasten der Kirche Schulden für den Herrscher zu machen. Darüber hinaus forderte der Kaiser für sich den persönlichen Nachlaß der Bischöfe, der bisher meist an die Kirchen gefallen war. Dieses »Spolienrecht« empfanden die Kirchen neben dem Regalienrecht als drückende Belastung, und schon den Königen Philipp von Schwaben, Otto IV. und Friedrich II. wurde der Verzicht auf beide Forderungen abverlangt. Doch dem ersten Stauferkaiser brachten diese »Rechte«, die er notfalls mit Härte durchsetzte, erhebliche Macht- und Geldmittel.

Seine Forderungen an die Reichskirchen zu steigern, war für Friedrich Barbarossa möglich, weil viele der geistlichen Fürsten weiterhin bereit waren, die Ressourcen ihrer Kirche für den Kaiser einzusetzen. Engagierte Helfer wie die Kölner Erzbischöfe Rainald von Dassel oder Philipp von Heinsberg oder der Mainzer Christian von Buch führten auf diese Weise ihre Erzstifte in tiefe Verschuldung. Weltliche Fürsten zog der Staufer auf seine Seite, indem er auch ihnen eine Intensivierung ihrer herrschaftlichen Stellung gegenüber den kirchlichen Immunitäten erlaubte. In territorialpolitischen Auseinandersetzungen zwischen geistlichen und weltlichen Fürsten begünstigte Friedrich zunächst eindeutig die Dynasten. Als erster König hatte er Kirchenlehen in seiner Hand behalten und weitere hinzuerworben; die Interessenlage der Adelsgeschlechter war ihm deshalb in Konfliktfällen sehr wohl verständlich. Vermittelte er einen Vergleich, so lag der Gewinn meist auf der Seite der Laien.

Die Beilegung des Streits um die Gründung von München ist hierfür beispielhaft. In Föhring an der Isar besaß die Freisinger Kirche einen Markt, aus dem ihr beachtliche Einkünfte zuflossen; der Bischof hatte eine Brücke über den Fluß errichten lassen und erhob den einträglichen Brückenzoll. Ein Stück flußaufwärts, an der von Reichenhall nach Westen führenden Salzstraße, gründete Heinrich der Löwe, kaum daß er 1156 das Herzogtum Bayern zurückerhalten hatte, einen neuen Markt mit einer neuen Brücke. Aufgrund des Geleitsrechts zwang er nicht nur die Kaufleute, den Weg über München zu nehmen. Er zerstörte die Brücke bei Föhring und verbot den bischöflichen Markt. Der Vergleich zwischen Bischof Otto und Herzog Heinrich, den der Kaiser als beider Verwandter 1158 vermittelte, machte die Gewalttat nicht rückgängig: Der Markt in Föhring wurde aufgehoben; dafür sollte die Freisinger Kirche künftig ein Drittel aller Einkünfte erhalten, die der Herzog aus Markt und Brückenzoll in München bezog. Selbst wenn das Hochstift damit finanziell entschädigt war, erlitt der Bischof als Territorialherr einen Verlust. Denn ein Markt mit der Gerichtsbarkeit über die dort Handel treibenden Kaufleute oder über die in der sich entwickelnden Stadt wohnenden Menschen stellte eine gewichtige Herrschaftsposition dar. München konnte die herzogliche Herrschaft stärken, während der Bischof eine ausbaufähige Stellung preisgeben mußte. Nach dem Sturz Heinrichs des Löwen wollte der Kaiser die Begünstigung des Herzogs rückgängig machen und den Markt in München wieder zugunsten Föhrings und des Freisinger Bischofs unterdrücken. Doch die Entscheidung von 1158 ist nicht nur aus dem Bemühen zu erklären, den Welfen persönlich zufriedenzustellen, etwa um seine volle Unterstützung für den Feldzug gegen Mailand zu gewinnen. Die Begünstigung war vielmehr Ausdruck einer grundsätzlichen Tendenz. Die weltlichen Reichsfürsten erhielten Rückendeckung vom Kaiser, wenn sie in ihrem Herrschaftsgebiet herzogliche Prärogativen durchsetzen wollten oder, wie Heinrich Jasomirgott in seinem neuen Herzogtum Österreich, von den Gütern der Reichskirchen ungewohnte Leistungen forderten. Friedrich Barbarossa billigte offensichtlich das Streben nach Steigerung der herzoglichen Gewalt.

Sein Herrschaftskonzept beschränkte sich freilich nicht darauf, ein personales Kräftefeld neu auszutarieren, und nichts wäre unangemessener als die Annahme, er habe die weltlichen gegen die geistlichen Fürsten ausspielen wollen. Die Begünstigung der Herzöge und Markgrafen schloß nicht aus, daß er gleichermaßen die Herrschaft der geistlichen Fürsten zu stärken und zu erweitern bereit war, wie das »Goldene Freiheit« genannte Privileg von 1168 für das Bistum Würzburg oder die Verleihung des Herzogtums Westfalen an die Erzbischöfe von Köln im Jahr 1180 bezeugen. Alle diese Maßnahmen sollten letztlich helfen, das Reich auf den Herrscher hin zu zentrieren. Damit war keine Zentralisierung im verwaltungstechnischen Sinne gemeint, für die alle Voraussetzungen gefehlt hätten und an die niemand gedacht zu haben scheint. Auch unter den Staufern wurde das Imperium nicht durch eine Regierung verwaltet, sondern von einem Kaiser beherrscht (H. Patze), neben dem Fürsten und Adelige als selbständige Gewalthaber agierten. Der Kaiser sollte jedoch als die Spitze des Personenverbandes deutlicher herausgehoben werden und als Quell aller dem Recht und Frieden verpflichteten Herrschaftsausübung erscheinen.

Das Lehnsrecht entsprach einer solchen Konzeption in hohem Maße, wenn es gelang, die ihm innewohnenden zentripetalen Kräfte zu stärken. Denn die Lehen, die der Herrscher vergab und die in Teilen von seinen Lehnsträgern an Vasallen und von diesen wiederum an Untervasallen weiterverliehen wurden, verdeutlichten als materielles Substrat die Weitergabe einer sich in Einzelrechte zerstreuenden Herrschaftsgewalt von oben nach unten. Ihr entsprach in umgekehrter Richtung eine Treuebindung und Leistungsverpflichtung der Vasallen, die auf den Herrscher als Scheitel der Pyramide zuführte. Allerdings durfte die Bindung der Vasallen an ihren unmittelbaren Herrn nicht so absolut gesetzt werden, wie man sie damals oft verstand: als Verpflichtung zur Hilfe gegen jedermann, auch gegen den König. Vasallenhilfe durfte vielmehr nur unter dem Vorbehalt der Treue gegenüber dem Kaiser geschworen werden. Daß jeder Lehnseid einen solchen Treuevorbehalt zugunsten des Kaisers enthalten müsse, hat Friedrich Barbarossa in seinem Lehnsgesetz von 1158 deshalb ausdrücklich gefordert.

Die lehnsrechtliche Bindung nicht nur der Kirchenfürsten, sondern aller Großen an den Herrscher neu zu beleben und verbindlicher zu gestalten, blieb ein vorrangiges Ziel des Staufers. Entzog ein König, wie es der von einer Minderheit erhobene Konrad III. tat, fürstlichen Widersachern ihre Lehen, die sie als erblichen Besitz beanspruchten, so hob er nicht nur ihre Verpflichtung zum Reichsdienst auf, sondern hatte zudem ihre starke Eigenmacht gegen sich. Um den »Honor imperii« wiederaufzurichten, versuchte Friedrich I. diesen fatalen Kreis zu durchbrechen. Mit der Erhöhung der Fürsten schuf er Anreize und einen Rechtsgrund für den Königsdienst, ohne daß er in den Wahlzusagen etwas vergeben hätte, das er als Machtposition selbst hätte behalten können. Die rigorose Handhabung der Herrscherrechte gegenüber den Reichskirchen bildet deshalb nur scheinbar einen Kontrast zu der Großzügigkeit, mit welcher der König weltliche Fürsten behandelte. Beide brauchte er, um seine Herrschaft über das Reich zu verdichten. Denn die Macht des Adels beruhte nicht nur auf Lehen vom Reich oder von den Reichskirchen, sondern ebenso auf eigenen Gütern und ererbten Rechten. Die Herzogsgewalten oder die anderer Reichsfürsten, die, wie die Hochstifte, eine herzogsgleiche Gewalt über Grafen und andere Adelige anstrebten oder bereits besaßen, konnten helfen, alle Träger »staatlicher« Gewalt in ein von herrscherlicher Autorität gelenktes Reichsganzes einzubinden.

Bisher wurde die Herzogsgewalt freilich nicht nur lehnsrechtlich verstanden. Gewiß waren die Herzöge Vasallen des Königs und leisteten Mannschaft für ihr Herzogtum. Die alten Stammesherzogtümer hatten aber auch, wie man sagt, »landrechtliche« Grundlagen. Die Funktionen eines Herzogs in der Rechts- und Friedenswahrung wurden definiert durch ihren Bezug auf die Stammesprovinz und deren spezifisches Recht. Die Großen des Stammes zur Beratung zu versammeln oder das Stammesaufgebot im Kriegsfall anzuführen, gehörte zu den wesentlichen Inhalten der Herzogsgewalt. Noch unter den Saliern waren die Großen durch eine Wahl an der Erhebung ihres Herzogs beteiligt, dessen Vasallen die Grafen vielfach waren oder doch sein sollten. Doch worin bestand die Herzogsgewalt im 12. Jahrhundert, nachdem nicht nur die Herrschaftskomplexe der Hochkirchen als Immunitäten, sondern auch die Machtbereiche der Adelsfamilien von Herzogsrang – wie in Schwaben die der Zähringer und der Altdorfer Welfen – dem Herzog nicht unterstellt waren?

Unter Friedrich Barbarossa hat sich der Charakter der Herzogsgewalt in Deutschland einschneidend verändert. Tiefe Eingriffe in die gewohnte Gliederung des Reiches sind damals erfolgt. Vom Herzogtum Bayern wurden 1156 die Mark Österreich, 1180 die Steiermark als eigene Herzogtümer abgetrennt. Aus dem Herzogtum Sachsen wurde ebenfalls 1180 Westfalen als eigenes Herzogtum herausgelöst und dem Erzbischof von Köln übergeben. In dem verbleibenden sächsischen Herzogtum führte der Machtkomplex Heinrichs des Löwen und seiner Erben ein Sonderdasein, dem 1235 Kaiser Friedrich II. dadurch Rechnung trug, daß er aus den welfischen Besitzungen und Rechten das Herzogtum Braunschweig-Lüneburg schuf. Aus Reichslehen und Eigengütern des Grafen von Namur und Luxemburg, der ohne männlichen Erben blieb, bildete der Kaiser 1184 die Markgrafschaft Namur, die er dem Grafen vom Hennegau übergab. Auch dieses neue Reichsfürstentum war seiner Struktur nach eine neue Herzogsherrschaft, die im Nordwesten neben das die niederlothringische Tradition fortführende Herzogtum Brabant und die sich zum Herzogtum entwickelnde Herrschaft der Kölner Erzbischöfe trat. 1168 erkannte der Kaiser die Gewalt des Bischofs von Würzburg, der schon im 11. Jahrhundert alle Grafschaften in seinem Sprengel erworben hatte, als »Herzogtum Franken« an.

Die Erhebung Österreichs zum Herzogtum ergab sich aus der Zusage Friedrichs I. an Heinrich den Löwen, ihm wieder das Herzogtum Bayern zu verleihen, das dessen Vater von Konrad III. entzogen worden war. Es galt, »die Ehre und den Ruhm« des Babenbergers Heinrich Jasomirgott zu wahren, der seit 1143

Herzog von Bayern war und nicht einfach wieder zum Markgrafen und damit zum Vasallen des Bayernherzogs zurückgestuft werden konnte. Doch ein Titelherzogtum – ein »leerer Herzogsname ohne zugehörigen Dukat«, wie ihn Otto von Freising, Heinrich Jasomirgotts Bruder, damals abschätzig den Zähringern zuschrieb – hätte des Fürsten Rang nicht gewahrt. So gab Heinrich Jasomirgott auf einem Hoftag in Regensburg zunächst mittels sieben Fahnenlanzen das Herzogtum Bayern dem Kaiser zurück, der sofort Heinrich den Löwen damit investierte. Doch der Welfe verzichtete auf zwei der Fahnenlanzen, die nun zum Investitursymbol für das neue Herzogtum wurden, das der Kaiser aus der Mark, wie sie einst vom Herzogtum Bayern zu Lehen ging, geschaffen hatte. In diesem Akt sollte nicht nur der Babenberger auf Lebzeiten abgefunden werden. Seine Gemahlin, die byzantinische Prinzessin Theodora, wurde mitbelehnt; Töchter sollten, was rechtlich keineswegs allgemein anerkannt war, in dem Reichslehen nachfolgen können, und falls das Fürstenpaar ohne Kinder blieb, durfte er das Herzogtum nach freier Wahl einem Fremden zuwenden. Im Gegensatz zur Zähringerherrschaft, die nach dem Erlöschen der männlichen Linie im Jahr 1218 in Einzelkomplexe zerfiel, erhielt das neue Herzogtum somit eine transpersonale Bestandsgarantie. Ähnlich wie die geistlichen Herrschaften sollte es gegebenenfalls über das Aussterben der Dynastie hinaus als Ganzes erhalten bleiben.

Darin lag offensichtlich eine Entscheidung, die einer Grundtendenz der damaligen Herrschaftsentwicklung entsprach, aber vom Kaiser vollzogen werden mußte, um rechtsverbindlich zu sein. Zu Beginn seiner Regierung hatte Friedrich Barbarossa den Grafen von Dachau und Welf VI. gewissermaßen im alten Stil zu Titelherzögen gemacht, was ihnen im deutschen Reich eine Sonderstellung gegenüber den alten Herzögen, die »Herzogsgleichheit«, brachte, ihre Güter und Lehen jedoch nicht zu einem dauerhaften Fürstentum verschmolz. Bei der Schaffung der Markgrafschaft Namur dagegen wurde aus den Reichslehen und dem Allodialbesitz des ehemaligen Grafen wiederum eine unauflösliche Einheit gebildet, in der auch die weibliche Erbfolge galt und der niemals Rechte entfremdet werden sollten – so wie dies die schwäbischen Fürsten 1157 unter Berufung auf den »Honor ducatus« für ihr Herzogtum gefordert hatten und wie es vom Prinzip her der damals aufkommenden Theorie von der Unveräußerlichkeit der Reichsrechte entsprach. Auf diesem Weg konnten die weltlichen Reichsfürstentümer eine ähnliche Festigkeit gewinnen, wie sie die geistlichen Fürstentümer dadurch besaßen, daß ihre Herrschaftsrechte an ihre Kirche, also an eine überpersönliche Institution, gebunden waren, der sie niemals wieder entzogen werden durften. Die territoriale Verfassung des Reiches begann eine deutlichere Gestalt anzunehmen.

Die Geschichtswissenschaft hat den Wandel in die Formel gefaßt, damals seien an die Stelle der alten Stammesherzogtümer neuartige Gebietsherzogtümer

Taufe Friedrich Barbarossas nach dem Ritus der Immersio durch seinen Paten Otto von Cappenberg und einen Bischof. Gravierung aus der Zeit nach 1155 auf dem vergoldeten Mittelfeld einer um 1122 in Aachen geschaffenen Silberschale. Berlin, Staatliche Museen Preußischer Kulturbesitz, Kunstgewerbemuseum. – Kaiser Friedrich Barbarossa mit seiner zweiten Gemahlin Beatrix als Gründer der Reichsstadt Gelnhausen. Messingtypar, Siegel der Stadt, vor 1248. Gelnhausen, Heimatmuseum

Einzug Heinrichs VI. in Rom und das Zeremoniell aus Anlaß seiner Kaiserkrönung durch Papst Coelestin III. im Jahr 1191. Miniatur in der 1195/96 wohl in Palermo entstandenen Handschrift »Liber ad honorem Augusti« des Petrus de Ebulo. Bern, Burgerbibliothek getreten, in welchen die Herzogsgewalt ganz auf lehnsrechtliche Grundlagen gestellt war. Im Hinblick auf die materielle Basis der Herzogsherrschaft war der Lehencharakter unbestritten. In der Barbarossa-Zeit stellte auch das Herzogtum ein Konglomerat einzelner Rechte dar: von Grafenrechten, Vogteien, Geleitsrechten, Grundherrschaften und Burgen mit Hörigen und Ministerialen sowie weiteren finanziell nutzbaren Gerechtsamen. Sie konnten sogar außerhalb der Stammesprovinz liegen. Zum Herzogtum Schwaben, das die Staufer in der Hand hatten, gehörten beispielsweise linksrheinische Güter bei Worms, die Hoheit über die Grafschaft Chiavenna in Oberitalien oder das Kloster Steingaden im Gebiet des alten bayerischen Herzogtums. Die Rechte des Herzogtums bestanden großteils aus Regalien, wie der Herrscher sie auch den Reichskirchen überließ. Doch besaß der Herzog weiterreichende Befugnisse, und konnten auch sie als Reichslehen gelten?

In der Urkunde, mit der die Erhebung Österreichs zum Herzogtum bestätigt wurde, verfügte der Kaiser, »daß sich keiner, sei er hoch gestellt oder niedrig, herausnehmen soll, im Hoheitsbereich dieses Herzogtums ohne Einverständnis oder Erlaubnis des Herzogs irgendeine Art von Gerichtsbarkeit auszuüben«. Dieses Gebot wird meist als Zeichen für einen wichtigen Verfassungswandel gedeutet, den man als Übergang »vom Personenverbandsstaat zum institutionellen Flächenstaat« (Th. Mayer) charakterisiert hat. Die Urkunde von 1168, mit der dem Bischof von Würzburg die Gerichtshoheit in »Diözese und Dukat« bestätigt wurde, scheint diese Tendenz noch klarer zu belegen. Doch die späteren Territorien sind nicht durch die Grenzen abgesteckt worden, welche die Urkunden von 1156 oder 1180 nennen; sie haben sich in einer Herrschaftsbildung geformt, die durch das Sammeln konkreter Rechte und Besitzungen schrittweise vorangetrieben wurde.

Die in den Privilegien erwähnte Hoheit des Herzogs über einen fest begrenzten Sprengel bewahrt ein Prinzip, welches das Mittelalter als Erbe der römischen Staatlichkeit übernommen hatte: Herrschaft bezog sich auf Reiche oder Provinzen. So war es bei den alten Herzogtümern gewesen, die sich in den als »Regna«, als »Herzogrîche« bezeichneten Provinzen alter Völkerschaften entwickelt hatten. Bei der Erhebung Österreichs zum Herzogtum wurde ein solcher Bezug auf die alten Grenzen der Mark bewahrt. Bei der Schaffung des kölnischen Herzogtums Westfalen sollten die Grenzen der Erzdiözese und der zu Mainz gehörenden Diözese Paderborn den neuen Hoheitsbereich innerhalb der alten sächsisch-westfälischen Stammesprovinz bezeichnen. Aber was die Herzöge in diesen Sprengeln wirklich besaßen und beherrschten, war nur eine Summe von Rechten – wie im Falle des Herzogtums Schwaben oder des sächsischen Herzogtums Heinrichs des Löwen oder des würzburgischen Herzogtums, das sich die Bischöfe im 11. Jahrhundert durch den Erwerb von Grafschaften und Gerichtsrechten geschaffen hatten. Der Gerichtsbarkeitspassus des Privilegs von 1156 oder das

Herzogtum, das die Erzbischöfe von Köln erhielten, bot keine Rechtsgrundlage, um die Herrschaft generell auf den genannten Hoheitsbereich auszudehnen, sondern Handhaben, um sie innerhalb seiner Grenzen punktuell durch eine beharrliche und wendige Politik zu erweitern oder zu verdichten. Es gab verschiedene Wege, um dieses Ziel zu verfolgen; doch einer dürfte damals der »Königsweg« gewesen sein: die Herrschaftsträger des Gebiets unter die eigene Lehnshoheit zu bringen. Lehnshoheit über Grafen und freie Herren war für die Zeitgenossen ein wesentliches Kennzeichen des herzoglichen Ranges.

Unter diesem Aspekt entsprang eine Verleihung der »Gerichtshoheit« an die Reichsfürsten der Intention des Herrschers, die hierarchische Ordnung des Reiches zu festigen. 1158 ließ er von gelehrten Juristen aus Bologna in Anlehnung an das römische Kaiserrecht feststellen: »Alle Rechtsprechung und alle gerichtliche Zwangsgewalt liegt beim Herrscher, und alle Richter müssen sich ihr Amt vom Herrscher erteilen lassen.« Das sollte vor allem für die Gerichtsbarkeit in den italienischen Städten gelten, wo nicht vom Kaiser belehnte Herrschaftsträger, sondern vom Volk gewählte Konsuln als Richter fungierten. In Deutschland ließ sich diese Ableitung aller Gerichtsbarkeit lehnsrechtlich fassen, wenn – etwa nach der späteren Auffassung des »Sachsenspiegels« – die Reichsfürsten sie mit ihrer Belehnung vom Kaiser erhielten und dann in der Belehnung anderer weitergaben. Doch diesem Bild entsprach im 12. Jahrhundert die Wirklichkeit nicht. Alte Grafschaften und Grafenrechte hatten sich zersplittert, und ihre Restteile waren mit Eigenherrschaften des Adels eine kaum lösbare Verbindung eingegangen; neue Grafschaften waren entstanden, die dort, wo der Adel die Rodung vorantrieb, fast allodialen Charakter hatten. Wo es den Kronvasallen gelang, eine Gerichtshoheit über derartige Herrschaften durchzusetzen und deren Inhaber lehnsrechtlich an sich zu binden, wurde auch die Stellung des Kaisers als Haupt der Rechts- und Herrschaftsordnung unterstrichen.

Einen flächenhaften Sprengel erfaßte der Herrschaftsanspruch des Herzogs am deutlichsten in der Landfriedenswahrung. Denn die Landfrieden wurden getragen und beschworen von den Großen des »Landes«, die er zusammenrief. Bisher beruhten sie auf einer Vereinbarung des Königs mit den Fürsten oder der Großen untereinander. Doch Friedrich Barbarossa verkündete schon seinen Landfrieden von 1152 als herrscherlichen Befehl, bei dessen Erlaß er sich auf die Gesetzgebungstätigkeit der Imperatoren des römischen Reiches berief, und diese Form haben seine Allgemeinen Landfrieden behalten bis hin zu dem von 1186. Sie sollten unbefristet gelten und den Gesetzen seiner Vorgänger, der antiken Kaiser, hinzugefügt werden. Wenn die Herzöge die Landfriedenswahrung zum Ausgangspunkt machten, um einen Herrschaftsanspruch über das als »Land« gesehene Herzogtum durchzusetzen, so legitimierten sich diese Bestrebungen aus den Absichten des Herrschers.

An diesem Anspruch haben sich aber offensichtlich Fehden entzündet, die unter Friedrich Barbarossa große Fürsten- und Adelsbünde aufeinanderprallen ließen und die innere Stabilität in zunehmendem Maße gefährdeten. Zu Beginn seiner Regierungszeit war es dem Staufer gelungen, das Reich so zu einen, wie es sich lange nicht mehr präsentiert hatte. Nicht nur der Gegensatz zwischen Staufern und Welfen schien überwunden zu sein. Der Streit um das Erbe der Grafen von Plötzkau und von Winzenburg, in dem Albrecht der Bär mit seinen Verbündeten gegen Heinrich den Löwen gestanden hatte, war schon 1152 auf Vermittlung des Königs beigelegt worden. Der schwierige, seit Jahren tobende Konflikt des Sachsenherzogs mit dem Erzbischof von Bremen hatte trotz der Entscheidung hinsichtlich des Investiturrechts in einen tragfähigen Vergleich überführt werden können. 1156 war die Aussöhnung im Streit um das Herzogtum Bayern vollzogen. Auch der Streit zwischen dem Welfen und dem Grafen von Holstein um Lübeck war in einer Weise beigelegt worden, die 1159 die Neugründung der Stadt ermöglichte. Viele kleinere Streitfragen, die leicht zu langwierigen Fehden hätten führen können, wurden rasch geschlichtet. Ohne daß es wie bei Heinrich IV. zu einem Konflikt mit den Fürsten gekommen wäre, hatte sich der Staufer mit päpstlicher Zustimmung von Adela von Vohburg scheiden lassen und nach der Hochzeit mit Beatrix, der Tochter des Grafen Rainald von Burgund, die Herrschaft im burgundischen Königreich übernommen, ohne dadurch die Unterstützung Bertolds IV. für den Italien-Zug von 1158 zu verlieren. Gegen Ende seiner Regierungszeit war von dem Grundkonsens, der die Gegensätze zu überwinden half, nicht mehr viel übrig. Gerade die großen Konflikte waren durch eine Politik der Herrschaftsintensivierung ausgelöst, die Friedrich I. mit spürbarem Elan und weitreichenden Konzeptionen begonnen hatte und bei deren Verfolgung er die mächtigsten Reichsfürsten in erstaunlichem Maße gewähren ließ, als sie längst auf den Widerstand anderer Großer stießen.

Vor allem Heinrich der Löwe zog immer wieder die Feindschaft ganzer Adelsgruppen auf sich. 1163 hatten sich Markgraf Albrecht der Bär, der sächsische Pfalzgraf und der Landgraf von Thüringen mit anderen Fürsten gegen ihn gestellt; der Kaiser konnte den Ausbruch des Kampfes gerade noch verhindern, bevor er zum dritten Italien-Zug aufbrach. Ende 1166 unternahm dieselbe Gruppe, zu der nun auch der Erzbischof von Magdeburg gehörte, einen Feldzug gegen den Herzog, und als dieser die Bedingungen eines damals geschlossenen Waffenstillstands nicht erfüllte, schloß ein Großteil des sächsischen Adels ein förmliches Bündnis gegen ihn, das selbst der Kölner Erzbischof Rainald von Dassel unterstützte. Heftige Kämpfe verwüsteten Sachsen; der Erzbischof von Mainz und Bertold von Zähringen, vom Kaiser aus Italien geschickt, konnten nur zeitweilig einen Waffenstillstand durchsetzen. Selbst als Friedrich Barbarossa 1168 zurückgekehrt war, leisteten die kämpfenden Fürsten zweimal der

Ladung zum Hoftag keine Folge; auf einem dritten gelobten sie nur einen kurzfristigen Waffenstillstand, der aber nicht hielt, und mißachteten weitere Friedensbefehle des Kaisers. 1168 kamen die Kämpfe zunächst zur Ruhe. Der Kaiser sah das Unrecht, den Friedensbruch, auf der Seite derjenigen, die sich gegen den Herzog erhoben hatten, und entschied die Streitfragen weitgehend zu dessen Gunsten.

Das Ausmaß der Fürstenkoalition gegen den Herzog zeigt, daß es hier um mehr ging als um eine gewöhnliche Adelsfehde. Der konkrete Anlaß mag geringfügig erscheinen; viele Große nahmen ihn aber so wichtig, daß sie den Kampf mit Heinrich dem Löwen für unausweichlich hielten. Insofern ähnelt das, was in Sachsen geschah, der »Tübinger Fehde«, die 1164 in Schwaben ausbrach. Pfalzgraf Hugo von Tübingen hatte nach einer Landfriedensverletzung Ministerialen Welfs VI. hängen lassen und deren Burg zerstört. Das Urteil wurde von Welf für ungerecht gehalten. Während der Pfalzgraf von dem für den Landfrieden verantwortlichen Herzog Friedrich von Schwaben, dem Vetter Friedrichs I., Rückendeckung erhielt, sammelte Welf VII. in Abwesenheit seines Vaters eine Streitmacht, für welche die Bischöfe von Augsburg, Speyer und Worms, Herzog Bertold von Zähringen, die Markgrafen Bertold von Vohburg und Hermann von Baden sowie die Grafen von Pfullendorf, Habsburg, Calw, Berg, Ronsberg, Kirchberg, Vehringen, Heiligenberg und andere »Große des Landes« insgesamt 2.200 Gewappnete stellten. Nachdem Welfs Partei vor Tübingen eine Niederlage erlitten hatte, konnte der aus Italien zurückkehrende Kaiser einen Frieden vermitteln. Doch im Jahr darauf entbrannte der Kampf aufs neue. Im Interesse der staufischen Königsherrschaft wich der Herzog, der sogar Hilfstruppen des Böhmenkönigs an den Bodensee geführt hatte, diesmal zurück und ließ den Pfalzgrafen fallen. Wie in Sachsen war es wohl um Maßnahmen im Zusammenhang der Friedenswahrung gegangen, die den herzoglichen Machtanspruch erweitert hätten.

In den sächsischen Streitigkeiten wahrte der Kaiser auch dann noch Zurückhaltung, als Heinrich der Löwe seine Gunst bereits verloren hatte. 1176 hatte der Herzog Truppen für die Kämpfe in Italien verweigert, obwohl der Kaiser ihn nach späteren Berichten in Chiavenna kniefällig darum gebeten haben soll. Nur gegen die Verleihung Goslars wäre er zur Heerfolge bereit gewesen. Freilich hatte der Welfe keinen Grund zu freiwilligen Leistungen; denn durch einen Vertrag hatte der Kaiser die Reichslehen des inzwischen söhnelosen Welf VI., als deren Erbe sich Heinrich der Löwe betrachtete, in seinen Besitz gebracht. Heinrich bekam eine neue Einstellung des Kaisers alsbald zu spüren. Die Besetzung des Erzstuhls von Bremen und des Bistums Halberstadt, die Jahre zuvor zugunsten der herzoglichen Kandidaten geregelt worden war, wurde 1177 neu aufgerollt. Jetzt mußten die Parteigänger Heinrichs ihren Gegnern weichen. Aus Italien zurückgekehrt, eröffnete der Kaiser Ende 1178 auf erneute Klage der

Fürsten wegen der heftigen Kämpfe in Sachsen ein förmliches Verfahren zur Klärung des Streits, in dem sich auch der Herzog rechtfertigen sollte. Der Welfe stellte sich trotz mehrfacher Ladung nicht. Seine Gegner in Sachsen schädigte er mit Feuer und Schwert; allein bei der Einnahme Halberstadts sollen tausend Menschen getötet worden sein. Vom Urteilsspruch des Kaisers erhoffte er sich wohl nichts; denn Friedrich Barbarossa hatte ihm damals erneut eine schwere Beeinträchtigung zugefügt: In einem Erbvertrag hatte sich der Staufer auch Welfs VI. Eigengüter in Oberschwaben gesichert. So verfiel Heinrich der Acht. In einem lehnsrechtlichen Verfahren, das auf die Verletzung der Treuepflicht durch Mißachtung des Herrn abhob, wurden ihm 1180 seine beiden Herzogtümer und alle Reichslehen abgesprochen. Ein Reichsaufgebot, dem vor allem diejenigen Folge leisteten, denen der Kaiser gewissermaßen die Beute zugesprochen hatte, setzte in blutigen Kämpfen den Urteilsspruch durch und zwang den Welfen zur Unterwerfung. Seine Eigengüter erhielt er bald zurück; doch er mußte geloben, einige Jahre zu seinem Schwiegervater, König Heinrich II. von England, ins Exil zu gehen.

Die spektakuläre Aktion beendete eine politische Kooperation, die sich über fast zweieinhalb Jahrzehnte hinweg bewährt hatte. Es ist eine zu enge Perspektive, wenn man sie als Teil der staufisch-welfischen Auseinandersetzungen wertet, die vor 1152 und seit 1180 wieder das Reich spalteten. Gewiß war die starke Position Heinrichs, der, vom Kaiser gefördert, mit königlichem Glanz in Braunschweig Hof hielt, im Konfliktfall ein Strukturproblem. Aber Friedrich hatte durch eine erfolgreiche Territorialpolitik die Positionen des Königtums in den für ihn wichtigen Teilen Deutschlands deutlich gestärkt und seinem Geschlecht sogar die Anwartschaft auf das Erbe Welfs VI. (gestorben 1191) sichern können. Nach dem Sturz Heinrichs des Löwen gab es im Reich keinen Fürsten mehr, der sich an Machtmitteln mit dem König vergleichen konnte. Doch war sein Fall ein Gewinn für das Königtum? Es gab Fürsten genug, die auch dem Kaiser Widerstand leisteten und die zu beherrschen keineswegs leichter war. Die Zerschlagung des welfischen Herrschaftskomplexes befriedete den Norden des Reiches nicht. In Niederlothringen spitzte die Entscheidung im Erbfall des Grafen von Namur die Gegensätze so sehr zu, daß der Kaiser sich sogar gegen die Entscheidungen seines eigenen Sohnes, König Heinrichs VI., wenden mußte. Schon in den letzten Regierungsjahren Barbarossas bahnte sich eine Konstellation an, die dann in der Thronfolgekrise von 1198 zu dem staufisch-welfischen Gegenkönigtum führte.

Als der Kaiser, bald fünfundsechzig Jahre alt, im Mai 1189 zum Kreuzzug aufbrach, von dem er nicht mehr zurückkehrte, zeigte die Herrschaftsordnung in Deutschland ein gewandeltes Gesicht. Strukturen hatten sich verfestigt, deren Entstehen man weit zurückverfolgen kann, die aber unter seiner Herrschaft eine neuartige Bedeutung erlangt hatten. Innerhalb einer kurzen Zeitspanne war eine klare rechtliche Grenze zwischen der Mehrzahl der Großen, auch sehr vornehmen, und denjenigen hervorgetreten, die man von nun an zu den »Reichsfürsten« rechnete. In diesen »Stand« eines Reichsfürsten konnte man nur durch den Kaiser erhoben werden, indem man ein Reichsfürstentum zu Lehen erhielt; manchmal wurde dazu ein adeliger Herrschaftskomplex – wie 1184 bei der Schaffung der Markgrafschaft Namur – in ein solches Fürstentum umgewandelt. Kennzeichnend für die Reichsfürsten war, daß sie eine »übergräfliche« Herrschaft ausübten, das heißt Grafschaften zu Lehen vergaben und Grafen unter ihren Vasallen hatten, und daß sie diese Herrschaft unmittelbar vom Reich zu Lehen hielten. Die »Abschließung des Reichsfürstenstandes«, also dessen rechtliche Abgrenzung gegen den übrigen, auch den gräflichen Adel, war sichtlich gefördert worden durch die Art und Weise, in der Friedrich Barbarossa die Lehnshierarchie zur Organisation des Reiches eingesetzt hatte.

Zu den Reichsfürsten gehörten die Bischöfe sowie die Äbte und Äbtissinnen der Reichsklöster und -stifte. Auf weltlicher Seite waren es hinfort die Herzöge, auch die alten Titelherzöge wie die Zähringer, die Pfalz- und Markgrafen sowie die älteren Landgrafen. Die reichsunmittelbaren Grafen wurden nicht dazu gerechnet. Die Zahl der geistlichen Fürsten war etwa dreimal so groß wie die der weltlichen. Die Politik Friedrich Barbarossas trug dazu bei, daß sich die Gewichte nicht noch weiter auf die Seite der Geistlichkeit verschoben; die Zahl der weltlichen Reichsfürsten wurde durch die Herzogserhebungen des Kaisers höher gehalten. Wo Bischöfe von Herzögen oder von Erzbischöfen investiert wurden, gehörten sie nicht zu den Reichsfürsten. Prälaten konnten gegen eine Statusminderung klagen, wie dies der Bischof von Genf 1161 mit Erfolg tat, der Bischof von Lausanne aber vergeblich versuchte. Bei den Neugründungen im Osten entfiel eine solche Berufung auf altes Recht.

Die Abschließung des Reichsfürstenstandes bedeutete jedoch noch nicht, daß etwa auf den Hoftagen, auf welchen die Staufer mit den Großen über das Wohl des Reiches berieten, nur noch Reichsfürsten die Entscheidungen fällten. Grafen und Reichsministerialen hatten am Hof ein um so gewichtigeres Wort, je mehr sie das Vertrauen des Herrschers genossen. Doch für die verfassungsgeschichtliche Entwicklung in Deutschland war mit ihrer Ausschließung aus dem Kreis der Reichsfürsten eine Weiche gestellt worden. Die »Rechte und Privilegien der Reichsfürsten«, an denen der Markgraf von Namur nach der Urkunde von 1184 teilhaben sollte, wurden zu einer der Grundlagen für die weitere Entwicklung des Herrschaftsgefüges auf deutschem Boden.

Das »Reich« war für Friedrich Barbarossa in solchen Zusammenhängen freilich nie das deutsche Königreich. Schon während seiner ersten Regierungsjahre hatte man in der Kanzlei den Begriff »Regnum« überall dort, wo man von der Ehre und den Rechten, von den Fürsten und Ministerialen des Reiches oder von Stellung und Aufgaben des Herrschers sprach, durch die Bezeichnung

»Imperium« ersetzt. Auch die Markgrafschaft Namur sollte eine »Marchia imperii« sein, die ehemals gräflichen Ministerialen sollten »Ministeriales imperii« werden, und der Inhaber sollte als »Princeps imperii« gelten. Auf das Kaisertum, auf sein Ansehen und seine Rechte war die Politik des Staufers von Anfang an ausgerichtet, und seine Nachkommen sind davon nicht abgewichen. Dies bedeutete nicht, daß er die Führung der »Deutschen« im Imperium mindern wollte; im Gegenteil, er und seine Umgebung haben sie mehr denn je betont. Als sich Mailand dem staufischen Herrschaftsanspruch widersetzte, schrieb der Kaiser an Otto von Freising: »Der Aufstand richtet sich nicht allein gegen unsere Person; denn die Empörer, die das Joch unserer Herrschaft abgeworfen haben, erdreisten sich damit auch, die Macht des deutschen Volkes, die mit vieler Mühe, großen Opfern und dem Blut vieler Fürsten und edler Männer aufgerichtet und bisher behauptet worden ist, anzufechten und zu beseitigen, indem sie sprechen: ›Wir wollen nicht mehr, daß dieser Mann uns regiere; auch sollen die Deutschen nicht mehr über uns herrschen.‹«

Das Kaisertum stand im Mittelpunkt der staufischen Reichsidee. Deren Verwirklichung lief darauf hinaus, die Scheidung von »Regnum Teutonicum« und »Imperium« aufzuheben, die sich während der spätsalischen Zeit herausgebildet hatte. Für Friedrich Barbarossa lag es in der Konsequenz einer solchen Trennung, wenn seine Vorgänger immer seltener nach Italien gekommen waren und die einträglichen Reichsrechte in Vergessenheit geraten ließen. Zuletzt hatte Konrad III. während seiner vierzehn Regierungsjahre die Alpen nie überschritten und als erster Herrscher seit Otto dem Großen die Kaiserkrone nicht erlangt. Dies hatte die Durchsetzungskraft seines Königtums geschwächt und das Ansehen von Herrscher und Reich gemindert. Für Friedrich Barbarossa war die Erneuerung des Reiches gleichbedeutend mit der Wiederaufrichtung des Kaisertums.

Römischer Kaiser – Heiliges Reich

Obwohl die weltlichen Fürsten es abgelehnt hatten, den König gleich nach der Krönung auf einen Rom-Zug festzulegen, bereitete Friedrich Barbarossa das Unternehmen alsbald vor. Im Oktober 1152 wurde die Heerfahrt beschlossen, zwei Jahre später begann sie. Am 18. Juni 1155 vollzog Papst Hadrian IV., ein Engländer, im Petersdom die Kaiserkrönung. Nur für einen Tag blieb der neue »Kaiser der Römer« in Rom, wohl ohne die eigentliche Stadt links des Tiber zu betreten. Einem Aufstand der römischen Stadtkommune stellte er sich nicht persönlich entgegen, Heinrich der Löwe und andere Fürsten schlugen ihn mit ihren Mannschaften nieder.

Die Kaiserkrone zu erwerben und damit die legitime Nachfolge der römischen Imperatoren, des großen Karl, Ottos I. und der salischen Vorfahren anzutreten, war für Friedrich, wie sich bald zeigen sollte, angesichts seiner Herrschaftsziele von grundlegender Bedeutung. Doch niemals wollte er sich einem Anspruch beugen, wie er seit Gregor VII. immer wieder erhoben worden war: daß der Bischof von Rom mit der Weihe des Kaisers das Kaisertum vergebe, daß er als Haupt der Kirche Christi in seiner Verantwortung vor Gott auch über die Kaiserherrschaft zu wachen habe. In ganzer Fülle wollte der Staufer wieder besitzen, was man seinem Urgroßvater und dessen Nachfolgern bestritten hatte. Schon die distanzierte, streng auf Gleichrangigkeit und Wahrung des Herrscherrechts bedachte Wahlanzeige schlug einen neuen Ton an, den Wibald von Stablo, der als Kanzler Konrads III. dessen nicht mehr verwirklichten Rom-Zug vorbereitet hatte, mißbilligte. Die Verhandlungen mit Eugen III., die der Stauferhof im Herbst 1152 aufnahm, mündeten in einen Vertrag, der am 23. März 1153 in Konstanz beurkundet wurde. Vor der Kaiserkrönung schrieb man die konkreten Verpflichtungen fest, die sich in der damaligen Situation aus dem Verhältnis der beiden Gewalten ergaben.

Der König versprach, weder mit den Römern noch mit Roger von Sizilien ohne päpstliche Zustimmung einen Waffenstillstand oder Frieden zu schließen, Rom wieder der vollen Herrschaft des Papstes und der römischen Kirche zuzuführen, »die Ehre des Papsttums und die Herrschaftsrechte des heiligen Petrus« zu wahren und zu verteidigen und die Rückgewinnung entfremdeter Rechte zu unterstützen, schließlich dem »König der Griechen« kein Land diesseits des Meeres zu überlassen und gegebenenfalls eine Invasion mit den Kräften des Reichs zurückzuschlagen. Hinsichtlich des byzantinischen Kaisers leistete der Papst ein gleichartiges Versprechen; für den Staufer lag aber die Bedeutung in anderen Garantien: Eugen III. werde ihn ohne weitere Forderungen und ohne Verzögerung zum Kaiser krönen und ihm gemäß den Pflichten seines Amtes helfen, den »Honor imperii« zu wahren und zu mehren. Wer Rechte und Ehre des Königtums mit Füßen trete oder zu vernichten trachte, solle vom Papst auf Ersuchen des Königs zunächst ermahnt und im Falle des Ungehorsams exkommuniziert werden. Wie der spätere Streit um die Auslegung des Vertrags, den Hadrian IV. Anfang 1155 erneuerte, erkennen läßt, ging es Friedrich Barbarossa ganz wesentlich um diese Verpflichtung. Im Investiturstreit waren die geistlichen Mittel der Päpste den Gegnern des Königs zugute gekommen, nun sollten sie den Herrschaftsanspruch des Kaisers sichern helfen.

Gegen alles, was eine Unterordnung des Herrschers unter den Papst anzeigen konnte, war man am Hof des Staufers sensibilisiert. Als Friedrich I. auf dem Weg zur Kaiserkrönung mit Hadrian IV. vor Sutri zusammentraf, erwartete der Papst den üblichen Stratordienst, das heißt, der Herrscher hatte das Pferd des Nachfolgers Petri am Zügel zu nehmen, den reitenden Papst in die Stadt zu führen und ihm durch Halten des Steigbügels aus dem Sattel zu helfen. Innozenz II., von dem Lothar III. zum Kaiser gekrönt worden war, hatte diese Szene im Lateranpalast durch ein Wandgemälde verewigen lassen, und eine Inschrift fügte die Interpretation hinzu, der Supplinburger sei dann Lehnsmann des Papstes geworden – so wie damals schon mehrere Könige im Abendland ihr Reich vom Papst zu Lehen genommen hatten. Der Staufer leistete den Dienst als »Marschall« erst, nachdem offiziell erklärt worden war, daß er damit nur eine Ehrenbezeigung ohne rechtliche Bedeutung vollziehe, und der Papst die Entfernung der Inschrift zugesagt hatte.

Doch ein stabiles Verhältnis der beiden Gewalten war damit nicht erreicht. Friedrich brach 1155 nicht, wie versprochen, gegen die Normannen nach Apulien auf, wo byzantinische Truppen erfolgreich vordrangen, sondern wandte sich von Rom wieder nach Norden; nach seinen Angaben hatten die Fürsten unter Hinweis auf die Gefahren der Sommerhitze das Unternehmen abgelehnt. Als der Kaiser auch im Herbst nicht nach Mittelitalien zurückkehrte, sondern die Alpen überschritt, fühlte sich die von Normannen und Griechen bedrängte, in Rom noch immer durch die Kommune gefährdete Kurie zu einer Neuorientierung gezwungen. Verhandlungen führten im Juni 1156 zum Vertrag von Benevent, in dem Hadrian IV. Wilhelm I. als König anerkannte und ihn mit Sizilien, Apulien und dem Fürstentum Capua belehnte, dazu mit der Marsergrafschaft in den Abruzzen, welche die Päpste zum Patrimonium ihrer Kirche rechneten, die aber als Teil des Herzogtums Spoleto zugleich zum kaiserlichen Hoheitsbereich gehörte. Die Übereinkunft konnte fatale Erinnerungen an das Bündnis zwischen Reformpapsttum und Normannen wecken, das nach dem Investiturstreit zugunsten einer Kooperation mit dem Imperium aufgegeben worden war. Kaiser und Papst sahen den Konstanzer Vertrag als verletzt an, zumal andere Reibungspunkte hinzukamen. Doch beide Seiten betonten, daß sie sich weiterhin an den Vertrag halten würden, den die Gegenseite gebrochen habe; insbesondere Hadrian IV. hob seinen Willen zum Einsatz für den »Honor imperii« hervor, wenngleich er viel Grund zur Beschwerde zu haben meinte.

Dies war die Situation, die 1157 auf dem Reichstag von Besançon zu einem heftigen Zusammenstoß mit den päpstlichen Legaten führte. Hadrian IV. hatte sich in einem Brief darüber beklagt, daß der Kaiser nichts gegen diejenigen unternahm, die den Erzbischof Eskil von Lund auf der Heimreise von Rom überfallen, ausgeraubt und gefangengehalten hatten, und verwies den Staufer darauf, wie bereitwillig er ihm mit der Kaiserkrone »die Fülle der Würde und Ehre« übertragen habe und daß er, wenn möglich, zu noch größeren »Wohltaten« bereit sei, falls der Kaiser seinen Pflichten nachkomme. Die Legaten würden ihm Vorschläge unterbreiten, die auf die »Ehre und Erhöhung des Imperiums« abzielten. Das Wort »Beneficia«, Wohltaten, übersetzte der Kanzler Rainald von Dassel vor den versammelten Großen mit »Lehen«, was nach dem üblichen

Sprachgebrauch möglich, aus dem Kontext heraus jedoch kaum berechtigt war. Doch in Verbindung mit einer Aussage, welche die kaiserliche Würde als vom Papst verliehen erscheinen ließ, hörte niemand mehr auf Subtilitäten, zumal der päpstliche Kanzler, der spätere Papst Alexander III., auf die Entrüstung der Fürsten hin ausrief: »Von wem, wenn nicht vom Herrn Papst, hat er denn das Kaisertum?« Der empörte Pfalzgraf Otto von Wittelsbach wollte ihn angeblich vor der Versammlung mit dem Schwert erschlagen. Mit einem Wandbild im Lateran hatte es angefangen, die zugehörige Inschrift war noch deutlicher: »Der König kommt vor die Tore Roms, beschwört die Rechte der Stadt, wird dann Lehnsmann des Papstes, durch dessen Gabe er die Krone empfängt.« Sollte dieser unannehmbaren Deutung, die zu vernichten der Papst versprochen hatte, nun offizielle Gültigkeit verschafft werden? So interpretierten der Kaiser und seine Umgebung die Botschaft der Kurie und wiesen sie in einem Propagandabrief, der über das ganze Reich verbreitet wurde, zurück: »Da wir Königtum und Kaisertum durch die Wahl der Fürsten allein von Gott empfangen haben, der in der Passion Christi, seines Sohnes, den beiden unentbehrlichen Schwertern die Regierung des Erdkreises überantwortet hat, und da der Apostel Petrus der Welt die Lehre gegeben hat: ›Fürchtet Gott und ehret den König‹, so befindet sich jeder, der behauptet, wir hätten die kaiserliche Krone als Lehen vom Papst empfangen, im Widerspruch mit der göttlichen Ordnung und der Lehre des Petrus und ist der Lüge schuldig.« Kämpferische Töne, die an alte Zeiten erinnerten.

Doch das Papsttum war seither in der Stellung anerkannt worden, die ihm Gregor VII. unter Berufung auf die göttliche Ordnung verschaffen wollte: Der Papst hatte sich über die bischöfliche Kollegialität erhoben als monarchische Spitze der kirchlichen Hierarchie; er war das Haupt der abendländischen Christenheit, und mit seiner geistlichen Gewalt war er, durch Legaten vertreten, in allen Königreichen präsent. Konnte das Haupt des Imperiums hier noch Gleichrangigkeit beanspruchen, bildete die kaiserliche Gewalt wirklich in vollem Umfang das Pendant zur päpstlichen Gewalt? Seit 1157 begann man in der kaiserlichen Kanzlei das römische Reich als »heiliges«, als »Sacrum imperium«, zu bezeichnen. Friedrich stellte sich betont in die Rechtsnachfolge der christlichen römischen Imperatoren. In der Umgebung Rainalds von Dassel, der den Eklat von Besançon herbeigeführt hatte und für das folgende Jahrzehnt die kaiserliche Politik gegenüber dem Papsttum diktierte, wurde der Kaiser panegyrisch als »Herr der Welt« gepriesen, und Rainald selbst nannte die Herrscher Frankreichs und Englands herabsetzend »kleine Könige«. Damals ging es bereits um die Beilegung des Schismas, das 1159 bei der Papstwahl ausgebrochen war und sich durch die Stellungnahme des staufischen Hofes verfestigt hatte. Konnten die »Provinzkönige« es verhindern, daß der Kaiser eine allgemeine Synode einberief und die zwiespältige Wahl – wie vorauszusehen war, in seinem Sinne –

entscheiden ließ? Auf Rainalds Kampfbegriff der »Reguli« antwortete Johann von Salisbury mit der Frage, wer die Deutschen zu Richtern über die Nationen gemacht habe. »Wer hat diesen rohen und gewalttätigen Menschen die Befugnis verliehen, nach ihrem Belieben einen Fürsten zu setzen zu Häupten der Menschenkinder?« Das zielte auf einen Herrschaftsanspruch eines von den deutschen Fürsten gewählten Kaisers, der die Grenzen der zum Imperium gehörenden Reiche überschritt. Und dies war der Fall, wenn eine Entscheidung über das Haupt der abendländischen Kirche getroffen werden sollte unter dem Machteinfluß eines Herrschers, der zwar die Kaiserkrone trug, dessen Reich aber nur ein Teilgebiet der Christenheit umfaßte, die im Papst ihr geistliches Haupt sah.

Als Friedrich Barbarossa 1158 zum zweiten Italien-Zug aufbrach, hatte das Unternehmen mit dem Verhältnis zum Papsttum nur indirekt zu tun. Der Vertrag von Benevent, in dessen Folge sich eine Allianz zwischen dem unteritalienischen Normannenreich und Byzanz anbahnte, bestärkte den Kaiser darin, alle Kräfte auf die Sicherung seiner Rechte in Reichsitalien zu konzentrieren. Den bereits festgesetzten Zug nach Apulien erließ er den Fürsten, aber er forderte ihre Hilfe, um Mailand niederzuwerfen; er werde keinen zwingen, den Apennin zu überschreiten. Auch das Schisma von 1159, in dem der von einer Mehrheit der Kardinäle gewählte normannenfreundliche Alexander III. – dessen Auftritt in Besançon dem deutschen Hof noch in frischer Erinnerung war – gegen den von einer kaiserfreundlichen Minderheit erhobenen Victor IV. stand, verschob die Prioritäten nicht: Vordringlich war für den Staufer, Reichsitalien ganz der Herrschaft des Kaisers zu unterwerfen. In gleicher Stärke und Intensität wollte er diesseits und jenseits der Alpen herrschen – nicht als ein König der Deutschen, der zusätzlich die Herrschaft über Reichsitalien und das Kaisertum gewann, sondern als der rechtmäßige Herr des römischen Reiches, dessen Kraft zu erneuern er schon in seiner Wahlanzeige an den Papst als sein Ziel bezeichnet hatte. Für seine Forderungen in Italien gab ihm der Kaisertitel die entscheidende Legitimation, und insofern stand die Erhöhung durch die Kaiserkrone im Dienst ganz handfester Herrschaftsinteressen.

Friedrich Barbarossa hat insgesamt sechs Italien-Züge unternommen. Addiert man die Dauer der Aufenthalte, so hat er über dreizehn Jahre, also mehr als ein Drittel seiner Regierungszeit, südlich der Alpen verbracht. Bis März 1168, als er sich verkleidet auf Umwegen über die Alpen rettete, nachdem sein Heer durch eine Seuche dahingerafft worden war, weilte der Staufer länger in Italien als in den deutschen Landen. Die Italien-Aufenthalte Lothars III. und Heinrichs V. machen jeweils nur etwa ein Sechstel ihrer Regierungszeit aus, während sich der Anteil bei Friedrich I. auch von 1168 bis 1190 noch auf einem Viertel hielt. Daß er Deutschland ohne erkennbare Nachteile für längere Phasen verlassen konnte, zeigt den Erfolg seiner Bemühungen um die Reichsintegration, und dieser Erfolg wird noch durch die Tatsache unterstrichen, daß ihm die

Aufenthaltsorte Kaiser Friedrich Barbarossas in Deutschland, Italien und Burgund (nach Brühl/Opll)

- ein Aufenthalt nachgewiesen
- zwei bis fünf Aufenthalte nachgewiesen
- sechs und mehr Aufenthalte nachgewiesen

Erzstift
Hochstift

Klos
Schl

Fürsten zumindest auf den ersten vier Zügen in ungewöhnlichem Umfang Heerfolge leisteten.

Die Italien-Züge Friedrich Barbarossas waren mehr als Heerfahrten; sie waren Kriegszüge. Mit hohem Einsatz wurden militärische Entscheidungen gesucht. Städte wurden mit technisch neuartigen Maschinen belagert und zerstört. Die

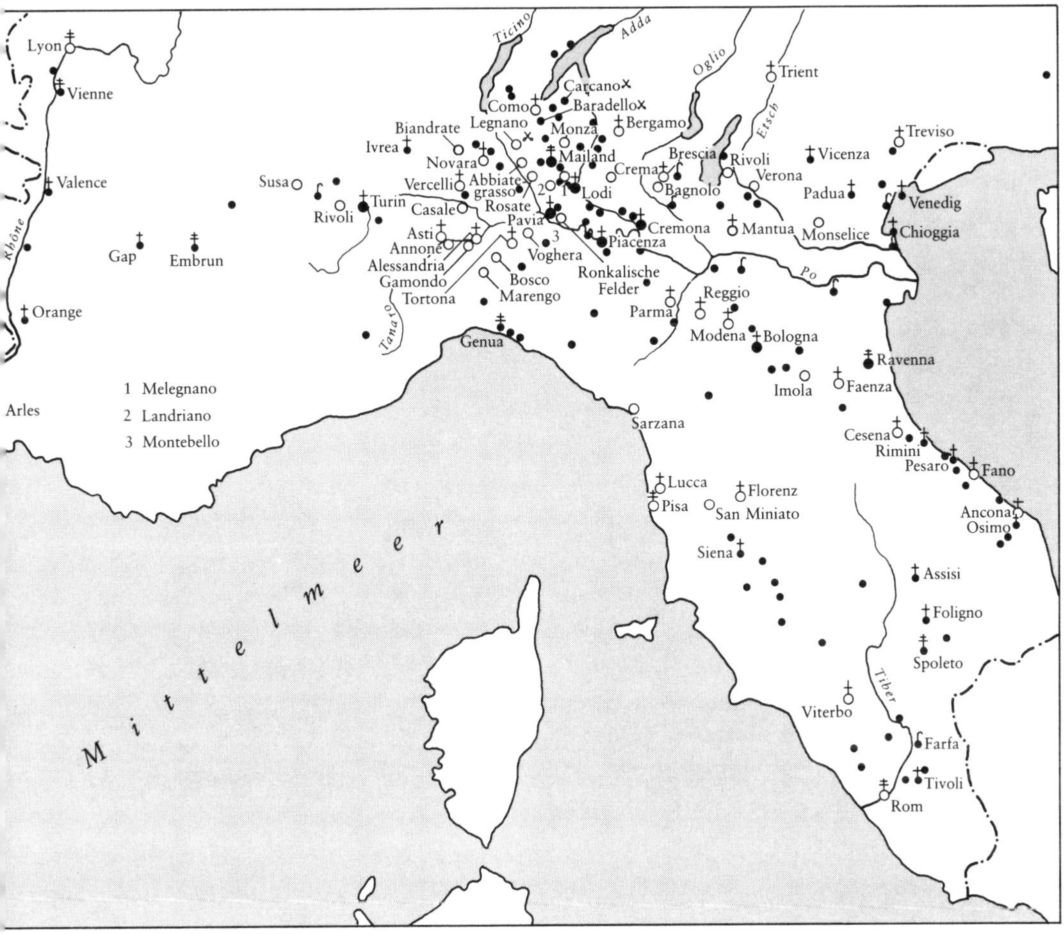

Aufenthalt nachgewiesen
ei bis fünf Aufenthalte nachgewiesen
hs und mehr Aufenthalte nachgewiesen

Erzstift
Hochstift

Kloster
Schlacht

Truppenaufgebote waren meist groß; erstmals setzte man Söldnerrotten ein. Die Grausamkeit des Kaisers und seiner Truppen erschien den Italienern als beispiellos; doch der Kaiser und seine Umgebung übten sie bewußt zur Abschreckung vor jeder Verletzung der Herrschermajestät. Im Brief, mit dem der Staufer nach dem ersten Jahrfünft seiner Herrschaft Otto von Freising den Auftrag gab, seine

Taten für die Nachwelt aufzuzeichnen, zog er selbst die Brandspur nach, die er auf dem Weg nach Rom von seinen Rittern und Knechten legen ließ, um Rebellen seine Macht und seinen Zorn zu demonstrieren.

Trotz der Zerstörung von Chieri, Asti, Tortona, Spoleto und weiterer Burgen und Kastellsiedlungen, bei deren Belagerung der Kaiser sich nach eigenem Bekunden nur durch bedingungslose Unterwerfung zur Milde hätte bewegen lassen, war der Herrschaftsanspruch Friedrich Barbarossas 1154/55 nicht in vollem Umfang anerkannt worden. Eine unklare Rechtslage, gegenseitiges Unverständnis, überscharfe Reaktionen des aufs höchste sensibilisierten Staufers, nicht zuletzt die Weigerung des Herrschers, mit den Kommunen über seine und ihre Rechte zu verhandeln – all dies führte vielerorts zu offenem oder latentem Widerstand. Der neue Italien-Zug, im Juni 1158 begonnen, sollte die Entscheidung herbeiführen. Durch militärische Stärke wollte der Kaiser dem Nachdruck verleihen, was er aufgrund seines Rechts fordern zu können oder zur Aufrichtung einer Friedensordnung festsetzen zu müssen glaubte. Sogar den Herrschern Polens und Ungarns hatte der Staufer 1157 ein Versprechen zur Stellung von Truppenkontingenten abgezwungen; der Böhmenherzog, vor dem Aufbruch vom Kaiser zum König erhoben, leistete an der Seite eines Großteils der deutschen Fürsten Heerfolge mit einem starken Aufgebot. Diejenigen, die sich der kaiserlichen Majestät noch widersetzten, voran die Mailänder, sollten in die Knie gezwungen werden. Dennoch war das Ziel des Unternehmens nicht gewaltsame Eroberung, sondern die allgemeine Anerkennung der Kaiserrechte im Rahmen einer in ganz Reichsitalien aufzurichtenden Friedensordnung.

Vom Kaiser war der Zug nach jeder Seite gründlich vorbereitet worden. Einer Herrschaftsorganisation von neuartiger Intensität, wie sie Friedrich Barbarossa und seine Helfer für Italien entwarfen, stand in den italienischen Kommunen eine ähnlich intensive, ebenfalls neuartige Form der politischen Ordnung entgegen, die auf völlig andere, mit dem kaiserlichen Anspruch kaum vereinbare Prinzipien gegründet war. Mit dieser Realität hatte sich der Stauferhof auseinanderzusetzen, und er tat es durch Pläne von staunenswerter Stringenz. Daß davon wenig auf Deutschland mit seinem ganz andersgearteten Rechtssystem übertragbar war, daß Friedrich letztlich auch in Italien seine Konzeptionen nicht verwirklichen konnte, nimmt der Auseinandersetzung nichts von ihrem Interesse. Es war derselbe Kaiser, der in Italien und Deutschland seine Herrschergewalt steigern wollte, es waren dieselben Männer, die ihn hier und dort berieten, auch wenn sie in ihrem Handeln südlich und nördlich der Alpen unterschiedlichen Bedingungen Rechnung trugen. Zwei Strukturprinzipien, die beide für die Verdichtung staatlicher Organisation im Abendland von großer Bedeutung wurden und dennoch kaum miteinander zu vereinbaren waren, trafen in dem Konflikt aufeinander: die monarchische und die kommunale Ordnung des Gemeinwesens. Beide sollten der Verwirklichung einer Rechtsordnung dienen, und die

Frage, was in den gegebenen Verhältnissen und an den erhobenen Forderungen wirklich »Recht« sei, war der Streitpunkt, um den sich der mit allen Mitteln geführte Machtkampf bewegte.

In den italienischen Kommunen hatte sich die Stellung der Konsuln zu der eines gewählten Stadtregiments entwickelt, dem in allem zu folgen sich die Bürgerschaft eidlich verpflichtete. Das Gremium der Konsuln, durch einen weiteren Rat unterstützt, trat als Repräsentativorgan zwischen das einzelne Gemeindemitglied und den Kaiser. Zumindest in Zivilsachen übte es eine autonome, vom Herrscher unabhängige Gerichtsbarkeit und Zwangsgewalt aus. Das mächtige Mailand hatte die Nachbarkommunen Como und Lodi unterworfen, hatte beide Städte zerstört und den Lodesen ihren bedeutenden Markt verboten, nachdem Lodi zuvor im Bund mit anderen Städten das mit Mailand verbündete Tortona zerstört hatte – Ereignisse in einer Kette gegenseitiger Gewaltakte, deren Anfang sich in der Regierungszeit Heinrichs IV. verliert. Die Städtebünde und -feindschaften in Italien bestanden, als Friedrich Barbarossa die Herrschaft antrat. In der Art eines Schachbrettmusters war fast jede Kommune gegen ihren unmittelbaren Nachbarn mit dessen Nachbarkommunen verbündet, etwa Mailand mit Piacenza, Tortona und Brescia gegen Pavia, Cremona und Bergamo. Doch akute Kämpfe, in die der Herrscher hätte eingreifen müssen, gab es nicht. Früheres Unrecht wollte er korrigieren, Recht sollte wieder an die Stelle der Gewalt treten. Im Kampf gegen so starke Gegner brauchte der Staufer aber auch in Italien Verbündete. Er stellte sich auf die Seite derer, die ihn als Feinde Mailands im Kampf gegen die lombardische Metropole unterstützen würden, und wurde dadurch in den Augen seiner Gegner selbst Partei.

Mailand war durchaus bereit, die Herrschaft des Staufers anzuerkennen und ihm erhebliche Summen für die Legalisierung der gewonnenen Stellung zu bezahlen. Aber weder auf diese Stellung noch auf seine innere Autonomie wollte es verzichten. Sehr konkret wurde dem Herrscher vor Augen geführt, was dies bedeutete. Als er 1153 in Konstanz Hof hielt und den Vertrag mit Papst Eugen III. schloß, klagten zwei zufällig anwesende Männer aus Lodi gegen das Unrecht, das ihrer Stadt von Mailand angetan worden sei. Sofort schickte der König einen Beauftragten mit einem Mandat zugunsten Lodis nach Oberitalien. In Lodi war man entsetzt, daß der König auf die Klage von Männern eingegangen war, die weder im Auftrag noch mit Wissen der Konsuln gehandelt hatten; vergeblich versuchte man, den Botschafter des Königs vom Weiterziehen nach Mailand abzuhalten. Als das Mandat vor der Mailänder Volksversammlung verlesen wurde, wäre der Überbringer fast gelyncht worden; vor der Gemeinde zerstampften die Konsuln die Urkunde. Als Friedrich Barbarossa im folgenden Jahr selbst in Oberitalien erschien und einer seiner Beauftragten in Lodi den Treueid auf den Herrscher abnehmen wollte, erklärten die dortigen Konsuln, dies sei ohne Erlaubnis der Konsuln von Mailand nicht möglich; und erst als sie eingeholt worden war, leisteten die Bürger den Schwur. Hier erhielt der Staufer eine Illustration der Aussage, daß die Lodesen, die früher »seine Bürger« gewesen seien, nun »unter der Herrschaft und Gewalt der Mailänder« standen. Das konnte Friedrich Barbarossa kaum akzeptieren, wenn er selbst wirklich herrschen wollte.

Das Problem verschärfte sich noch durch den Hoheitsanspruch, den die Stadtkommunen in ihrem Umland erhoben. Otto von Freising sah Oberitalien nahezu vollständig in Territorien aufgeteilt, die sich an den Diözesangrenzen orientierten. Die Kommunen hatten begonnen, sich diese Gebiete jeweils als ihre »Grafschaft«, ihren »Contado« zu unterwerfen. Ein Großteil des Adels hatte »seiner« Stadt den Bürgereid geschworen und war damit in die kommunale Gemeinschaft eingebunden; er hatte außerdem oft der Kommune Burgen und Eigengüter überlassen und von ihr zu Lehen zurückgenommen, war also zugleich Vasall der Kommune geworden. Und schon begannen italienische Juristen zu lehren, daß niemand aufgrund einer Vasallenverpflichtung zum Kampf gegen die eigene Stadt gezwungen werden könne, da dies gegen ein Recht menschlicher Natur verstoße. Die angeborene Zugehörigkeit zu einer städtischen Gemeinschaft sollte mehr gelten als die Verpflichtung, in der ein Großteil des Adels als Lehensträger des Reiches gegenüber dem Kaiser stand. Auch von den bäuerlichen Landgemeinden forderten die Stadtkommunen Leistungen, als seien sie die eigentlichen Herrschaftsträger: außergewöhnliche Beiträge zum Bau von Brükken, Straßen oder Befestigungen, vor allem aber Steuern, die zum Teil den Zahlungen, etwa dem Fodrum, nachgebildet waren, die der Herrscher in bestimmten Situationen fordern durfte. Die städtische Jurisdiktion dehnte sich in das Umland aus. Was blieb hier noch unter der Herrschaft des Kaisers?

Von den Kommunen, die sich so viel auf ihre Rechtskultur, die strenge Rechtlichkeit in ihrem politischen Leben zugute hielten, forderte Friedrich Barbarossa die Anerkennung der alten Reichsrechte. Doch was war des Kaisers Recht? Die Repräsentanten der Städte haben immer wieder die Bereitschaft erklärt, dem Staufer all das zu leisten, was dessen Vorgänger in den letzten hundert Jahren wirklich empfangen hätten. Noch 1167, als sich die Mehrzahl der oberitalienischen Stadtkommunen zum Kampf gegen den Kaiser zusammenschloß, wurde das Bündnis »vorbehaltlich der Treue zum Kaiser« geschworen. Der Vorbehalt allerdings sollte unter der Bedingung gelten, daß der Staufer nicht mehr forderte als seine Vorgänger seit Heinrich V. Die Städte wollten also ihren Widerstand nicht als gegen Kaisertum und Reich gerichtet, sondern als legitime Notwehr gegen ungerechte Forderungen betrachtet wissen. Allerdings zögerten die Vertreter der Kommunen jetzt, bis in die Zeit Heinrichs IV. zurückzugehen; denn was damals wirklich gegolten hatte, ließ sich kaum noch mit Sicherheit feststellen. Ein strittiges Ergebnis hätte den Versuch des Kaisers und seiner Berater begünstigt, mit Rechtsprinzipien zu argumentieren, gegen den sich die Kommunen heftig wehrten. Das Recht und die Gerechtigkeit, die der Kaiser für sich forderte, waren, wie Gerardus Cagapistus 1177 als Vertreter Mailands während der Friedensverhandlungen in Venedig formulierte, »nicht Recht und Gerechtigkeit eines Menschen, sondern vieler«, und deshalb müsse man die Rechtslage von Fall zu Fall prüfen. Denn vielfach hatten die Kommunen nicht Rechte usurpiert, welche die Vorgänger des Staufers de facto wahrgenommen hatten. Sie waren eher in Leerräume eingedrungen, die einer herrschaftlichen Lenkung und einer wirksamen Gerichtsgewalt entbehrten. Diese Bereiche hatten sie inzwischen durch eine intensive politische Organisation erfaßt und gestaltet, das heißt, sie hatten in der demographisch und wirtschaftlich stark expandierenden Gesellschaft Ober- und Mittelitaliens eine ähnliche Ordnungsfunktion übernommen wie nördlich der Alpen die sich verdichtenden Adelsherrschaften. Während aber im Verhältnis zu Fürsten und Adel das Lehnswesen deren Integration unter eine einheitlich konzipierte Reichsgewalt wenigstens der Theorie nach ermöglichte, ließ sich die kommunale Autonomie schwer unter den kaiserlichen Hoheitsanspruch bringen.

Schon bevor der zweite Italien-Zug begann, gingen der Kanzler Rainald von Dassel, der die Politik maßgeblich bestimmte, und der Pfalzgraf Otto von Wittelsbach in kaiserlichem Auftrag über die Alpen, um den Bürgern Veronas und anderer Städte einen Treueid abzunehmen: »Ich schwöre, daß ich fortan meinem Herrn, dem römischen Kaiser Friedrich, treu sein werde gegen jedermann, wie ich es von Rechts wegen meinem Herrn und Kaiser schuldig bin. Ich werde ihm helfen, die Krone des Reiches sowie alle seine Macht in Italien zu erhalten, namentlich diese Stadt hier und alle Rechte, die er in ihr hat. Und im ganzen Bereich dieser Grafschaft und Diözese werde ich ihm keine Regalien vorenthalten, auch nicht anderswo, und falls sie ihm entzogen sein sollten, werde ich ihm in aufrichtiger Treue helfen, sie zurückzugewinnen.« Außerdem enthielt das Gelöbnis die Versicherung, weder durch Rat noch Tat zu cinem Anschlag auf Leib oder Leben, Ehre oder Freiheit des Kaisers beizutragen, sowie das Versprechen, jeden herrscherlichen Auftrag zur Wahrung des Rechts getreulich auszuführen.

Wie umfassend die eidliche Verpflichtung verstanden werden konnte, zeigte sich wohl erst, nachdem der Kaiser in Italien erschienen war und die geplante »Neuordnung« verkündet hatte. Zunächst unterwarf sich Mailand nach mehrwöchiger Belagerung zu harten Bedingungen: Verzicht auf die Herrschaft über Como und Lodi, Errichtung einer kaiserlichen Pfalz in der Stadt, Rückgabe aller Regalien, Zahlung von Entschädigungen; um die Unterwerfung abzusichern, mußten dreihundert Geiseln, Söhne aus den vornehmsten Familien der Stadt, gestellt werden. Außerdem löste der Kaiser die Grafschaften Seprio und Martesana, Sprengel südlich des Lago Maggiore und des Lago di Como, aus dem Territorium der Stadt. Doch die Mailänder sollten weiterhin ihre Konsuln selbst wählen dürfen; dem mit Mailand verbündeten Crema – einer kleinen, aber sehr wehrhaften Stadt in der Diözese von Cremona, die eine Unterordnung unter die Stadt Cremona nie anerkannt und bei Mailand Rückendeckung gefunden hatte – wurde Schonung zugesagt, wenn es dem Kaiser den Treueid leiste.

Nachdem die kaiserliche Majestät in ganz Oberitalien zur Geltung gebracht war, wurde auf den 11. November 1158 ein allgemeiner Reichstag auf den Feldern von Roncaglia einberufen, der die mit einer gewissen Euphorie erwartete Friedensordnung bringen sollte. Drei Tage lang beriet Barbarossa mit den italienischen Bischöfen und wenigen weltlichen Fürsten, die sein Vertrauen genossen, bevor der allgemeine Hoftag begann. In einer »Botschaft« an die Versammlung versprach der Kaiser die Aufrichtung einer stabilen Rechtsordnung. Sie müsse von der Anerkennung der Herrscherrechte ihren Ausgang nehmen, und diese festzustellen, war das eigentliche Ziel der Tagung. Die Vertreter der Kommunen haben diese »Feststellung der Reichsrechte« später als einseitiges kaiserliches Gebot, nicht als rechtliche Klärung gewertet. In der Tat: Nicht durch die Untersuchung von Einzelfällen und durch Verhandlungen von gleich zu gleich wollte der Kaiser seine Rechte ermitteln lassen, sondern durch Definition dessen, was der herrscherlichen Majestät grundsätzlich zustand. Wo die Gewohnheit von diesen Feststellungen abwich, wurde sie als rechtloser Zustand gewertet, gegen den dem Recht zur Geltung verholfen werden müßte. Aus der Machtfülle des Kaisers sollte die Neuordnung erfolgen, nicht aufgrund gegenseitiger Vereinbarungen. »Dein Wille ist Gesetz«, soll der Mailänder Erzbischof in der Antwortrede auf die Ansprache des Staufers gesagt haben, »nach den Worten: ›Was dem Princeps gefällt, hat Gesetzeskraft, da das Volk ihm und auf ihn alle seine Macht und Gewalt übertragen hat. Denn alles, was der Kaiser brieflich anordnet oder erkennend beschließt oder durch Edikt befiehlt, das gilt als Gesetz.‹« An der Machtfülle der römischen Imperatoren wurde die Stellung ihres Nachfolgers gemessen; ein Zitat aus den Rechtssammlungen Justinians diente dem Anspruch als Legitimation. Auch wenn der Staufer etwas Vergleichbares nur mit den Mitteln seiner Zeit, mit Elementen der mittelalterlichen Herrschaftsorganisation schaffen konnte, nahmen er und seine Berater sich den auf feste Institutionen gegründeten, bürokratisch durchorganisierten Staat der Spätantike zum Vorbild. Eine Neubegegnung mit der römischen Vorgeschichte des eigenen Imperiums, welche nicht auf die Sphäre des Rechts beschränkt war, machte Prinzipien bewußt, nach denen sich das eigene Handeln ausrichten ließ.

Die Reichsrechte sollten von einer Kommission ermittelt werden, in die der Kaiser vier Rechtsgelehrte aus Bologna, berühmte Kenner des römischen Kaiserrechts, sowie je zwei Richter aus sieben Städten berief. Das Ergebnis ihrer Arbeit ist bekannt, etwa das Regalienweistum: »Regalien sind: Militärsiedlungen, öffentliche Wege, schiffbare und schiffbar gemachte Flüsse, Häfen, Uferrechte,

Straßenabgaben und Zölle, Münzen, Gewinne aus Strafen und Bußen, herrenloses Gut«, und so fährt die Aufzählung ohne jede Wertung fort. Die Kommission stellte fest, daß alle Rechtsprechung und Gerichtsgewalt beim Herrscher liege, daß er Pfalzen einrichten könne, wo er es für richtig halte; schließlich wurde noch aufgelistet, welche Steuern im spätrömischen Reich erhoben worden waren: »Eine Steuer wurde als Kopfsteuer, eine als Grundsteuer entrichtet. Je Kopf wurde eine Goldmünze im Wert von zehn Silberpfennigen bezahlt, die Namen und Bild des Kaisers trug. Je Acker wurde gezahlt entweder Korn oder Gold, Silber, Kupfer, Kleidungsstücke« und so weiter. Was der Kaiser mit solchen allgemeinen Feststellungen machen würde, konnte die Kommission nicht beeinflussen. Doch erst in der politischen Anwendung der »Definitionen« lag ihre Brisanz.

Während des Reichstags erließ der Kaiser zwei Gesetze, die ihm Handhaben boten, Folgerungen aus dem Regalienweistum und den anderen Rechtsfeststellungen durchzusetzen. Eine verschärfte Fassung des 1154 verkündeten Lehnsgesetzes griff tief in die städtischen, kommunalen Strukturen ein. Sie betraf nicht nur die großen Adelsfamilien außerhalb der Stadt, die sich »ihrer« Kommune als Bürger zugeordnet hatten. Vielmehr gehörte ein Großteil der städtischen Führungsschicht, die Mehrzahl der Geschlechter, die Konsuln stellten, zu den Adelsständen der Capitane und Valvassoren, die fest in die Lehnshierarchie eingegliedert waren und manchmal Lehen direkt vom Reich, vor allem aber Lehen von Reichsfürsten, den Bischöfen und Markgrafen, hielten. Mit aller Strenge wurde die dem Lehen korrespondierende Leistung gefordert und jede Form der Veräußerung von Lehnsgut verboten; wer gegen die Bestimmungen verstieß, sollte seine Lehen verlieren. Die Treuepflicht gegenüber dem Herrscher, als Verpflichtung zum aktiven Eintreten für seine Rechte verstanden, besaß absoluten Vorrang. Bei dem Hilfsversprechen, das jeder Vasall seinem unmittelbaren Lehnsherrn schwor, mußte eine Hilfeleistung gegen den Kaiser ausdrücklich ausgenommen werden, und jeder Lehnsherr war gehalten, Vasallen zur Rechenschaft zu ziehen, die gegen den kaiserlichen Oberlehnsherrn und dessen Interessen handelten, sonst drohte ihm selbst Lehnsverlust. Nur zugunsten der Reichsgewalt, nicht gegen sie, sollte das Lehnsrecht wirken; und es wurde allen Bindungen übergeordnet, welche Vasallen des Reiches oder des Reichsfürsten in der kommunalen Gemeinschaft eingegangen waren.

Der aktive Einsatz für die Herrschaft des Kaisers sollte auch die im Landfriedensgesetz verkündete Ordnung sichern helfen. Alle Bewohner Italiens vom achtzehnten bis zum siebzigsten Lebensjahr, hoch und niedrig, mußten schwören, den Frieden zu halten und die Amtleute des Kaisers, die örtlichen Behörden bei der Verfolgung von Friedensbrechern zu unterstützen. Die Richter aber, die Landvögte und die vom Kaiser und seinen Bevollmächtigten eingesetzten oder bestätigten Amtsträger wurden zur Verfolgung aller Rechtsbrüche aus eigener

Initiative verpflichtet. Wer es versäumte, Gerechtigkeit zu schaffen, sollte den Betroffenen jeden Schaden ersetzen, außerdem für die Säumigkeit eine hohe Geldstrafe an den kaiserlichen Fiskus zahlen oder körperlich gezüchtigt und auf fünf Jahre verbannt werden. Die Wahrung der Rechtsordnung geschah allein im Auftrag des Herrschers, so wie es in den Definitionen von Roncaglia verkündet worden war. Wer Recht sprach, mußte »den Eid leisten, der im Gesetz festgelegt ist«, einen aus dem römischen Recht übernommenen, allein auf den Kaiser ausgerichteten Beamteneid. Und die städtischen Konsuln sollten künftig schwören: »Ich werde mein Amt zum Vorteil und im Dienst des Kaisers sowie zum Wohl der Stadt führen.«

Der allgemeine Treueid und der Landfriedensschwur hoben die kommunale Eidgenossenschaft weitgehend auf, indem sie den Verpflichtungen gegenüber dem Kaiser, die jetzt in ähnlichen Formen beschworen wurden, Vorrang zusprachen. Zugleich wurde die kommunale Selbstverwaltung in eine kaiserliche Organisation umgedeutet. Schwureinungen inner- und außerhalb der Städte, selbst die »Konsortien« der Adelsfamilien, verbot der Kaiser. Weder zwischen Städten noch zwischen Personen, noch zwischen Städten und Personen durften Bündnisse geschlossen werden; alle bestehenden wurden für ungültig erklärt. »Der Mißbrauch unerlaubter Abgaben, der schon seit langer Zeit eingerissen ist«, also die Steuern, die die Kommunen erhoben, wurde strikt verboten. In ihrer Verzahnung hätten diese Bestimmungen das bestehende politische System außer Kraft gesetzt, um der kaiserlichen Majestät als dem Ausgangspunkt der gesamten politischen Ordnung Anerkennung zu verschaffen.

Die fiskalischen Folgen der ronkalischen Beschlüsse zeigten sich nur allmählich, denn die Grundlagen, deren es zur Durchführung der Besteuerungspläne bedurfte, mußte man erst schaffen. »Aus seinem Winterquartier schickte der Kaiser Boten aus, um das Fodrum in ganz Tuszien, in der Maremma und der römischen Campagna einzutreiben. Von den Reichsfürsten schickte er jeden an einen anderen Ort, um in den Städten Konsuln oder Podestàs einzusetzen, und gab ihnen Schreiber mit, die hinsichtlich der für den Fiskus gewonnenen Regalien den genauen Ertrag und eine genaue Beschreibung mitteilen sollten.« Die beanspruchten Summen waren sehr hoch, weil der Herrscher alle Nutzungen, die unter die Definition von Roncaglia fielen, als Regalien betrachtete. Über die Form der Zahlung ließ er mit sich verhandeln, gegebenenfalls auch über die Höhe einer pauschalen Ablösungssumme. Die Genuesen erreichten sogar eine weitgehende Freistellung, als sie den Kaiser auf die Dienste hinwiesen, die sie dem Reich mit ihren Schiffen leisteten: Es würde ihn wesentlich teurer kommen, wenn er eine eigene Flotte unterhalte.

Die Frage der finanziellen Leistungen an den Kaiser wurde in manchen Kommunen jedoch von Anfang an durch ein zweites Problem in den Hintergrund gedrängt: die Gefährdung ihrer Autonomie. Friedrich verlangte nicht nur, daß die Konsuln die Investitur einholen und ihm einen Amtseid leisten müßten. Das Recht, die Konsuln selbst zu wählen, behielten nur einige dem Kaiser besonders ergebene Kommunen. In anderen setzte er sogenannte Podestà ein, manchmal unter Mitwirkung der Gemeinde, manchmal nach eigenem Gutdünken. Kommunale Selbstverwaltung wurde zum Privileg, das guten Freunden des Staufers in weiterem Umfang, anderen in eingeschränkterer Form und manchen überhaupt nicht gewährt wurde. Einige Städte erhielten nicht einen Einheimischen, sondern einen Auswärtigen zum Podestà, manche – so Mailand, Piacenza, Brescia, Bergamo, Como und Siena – gar einen Deutschen; und überall wirkten neben den kommunalen Beamten und Organen Königsboten und Reichsvikare, die über die fiskalischen Rechte des Kaisers wachten. Diese Amtleute waren Beamte in einem neuen Sinn: dem Kaiser allein verantwortlich, auf kurze Zeit bestellt und mit einem festen Gehalt entlohnt.

Mailand war von den in Roncaglia verkündeten Maßnahmen besonders betroffen. Denn Friedrich sah die dort gefaßten Beschlüsse als die neue Rechtsbasis für die Gestaltung seiner Herrschaft an. An Zusagen, die er den Mailändern wenige Wochen vorher bei ihrer Kapitulation gegeben hatte, fühlte er sich nicht mehr gebunden. Der Versuch, dort kaiserliche Podestà erheben zu lassen, führte zum Tumult gegen die kaiserlichen Beauftragten, und obwohl sich die Vertreter Mailands bei Friedrich entschuldigten und die Befolgung seiner Gebote versprachen, wollte der Staufer nun ein Exempel statuieren. Er schwor, die Krone nicht mehr zu tragen, bis die Verletzung der Herrschermajestät und die seinen Gesandten angetane Schmach gerächt sei. Als Verbündete Mailands sollten Piacenza und Crema, das der Kaiser 1158 zu schonen versprochen hatte, ihre Mauern niederlegen. Für die Zerstörung Cremas bot Cremona dem Herrscher 15.000 Mark Silber. Die Leute aus Crema wußten, was sie erwartete: Bei Übergabeverhandlungen betonten sie, nicht gegen den Kaiser, sondern gegen ihre Todfeinde, die Cremonesen, gekämpft zu haben; der Gnade des Kaisers würden sie sich ergeben, wenn er sie aber den Cremonesen ausliefern wolle, würden sie lieber bis zum völligen Untergang weiterkämpfen. Die Mailänder, denen der Staufer den Verlust seiner Huld bereits angezeigt hatte und die in Auseinandersetzungen mit den kaiserlichen Steuerbeamten 1159 schließlich die Reichsburg Trezzo zerstörten, unterstützten ihre alten Verbündeten. Am 10. Juli 1159 wurde Crema vom kaiserlichen Heer eingeschlossen. Nach einem äußerst grausamen Kampf fiel die Stadt am 26. Januar 1160 und wurde dem Erdboden gleichgemacht. Im März begann die Belagerung Mailands, die genau zwei Jahre später mit der bedingungslosen Kapitulation und der Zerstörung der Stadt ihr Ende fand. An vier verschiedenen Orten im Contado wurde die Bevölkerung neu angesiedelt; denn am alten Ort sollte die Stadt nie mehr wiederaufgebaut werden. Die Reliquienschätze wurden entführt, darunter die Gebeine der heiligen Drei Könige, die Rainald von Dassel nach Köln bringen ließ. Bei der

Siegesfeier in Pavia konnte sich der Staufer in der Fülle seiner Herrschergewalt unter der Krone zeigen.

Erst nach diesem Erfolg bekamen die Italiener in vollem Umfang zu spüren, was die neue Fiskalverwaltung ihnen aufbürdete. Am härtesten traf es die Gegner des Kaisers. Im Mailänder Gebiet wurden jede Hufe Land, jede Herdstelle, jedes Paar Ochsen verzeichnet und mit einer jährlichen Steuer belegt. Von Pachtgütern wurden zwei Drittel der Pacht, von selbstbewirtschaftetem Land ein Viertel des Ertrags eingezogen. Nach Angaben aus dem kaiserfreundlichen Lodi war die Besteuerung der Herdstellen und der Mühlen eine allgemeine Maßnahme. Hinzu kamen Forderungen für das Fodrum und die Erhebung aufgrund der Regalien. Das Siebenfache dessen, was ihm nach Recht zustand, habe der Staufer auf diese Weise eintreiben lassen, behauptet der Chronist aus Lodi; den Adelsfamilien habe man die Gerichtsbarkeit in den Dörfern entzogen, die ihre Vorfahren zwei- oder dreihundert Jahre lang ausgeübt hätten. Geld floß damals reichlich nicht nur in die Kasse des Kaisers, sondern auch in die Taschen seiner Vertreter und Verwalter. Deutsche Berater, die maßgebend am »Programm von Roncaglia« beteiligt waren, standen nun auch an der Spitze des Herrschaftsapparates, trotz des hohen Maßes an Schriftlichkeit, das mit dem Fiskalismus der Reichsverwaltung verbunden war. Was an der Regierungsform so modern anmutet, wurde also von Leuten ausgedacht und durchgeführt, die den Ausbau ihrer Herrschaften nördlich der Alpen mit ganz anderen Mitteln vorantrieben, dabei aber zweifellos vom gleichen Herrschaftswillen und von derselben Rationalität geleitet waren.

Die Stellung Friedrich Barbarossas war freilich nicht so stark, wie sie nach dem Erfolg über Mailand scheinen mochte. Selbst bei den Stauferfreunden waren die Forderungen des Kaisers nicht als Recht anerkannt, und überall formierte sich Widerstand. Hinzu kam die Frage, ob Friedrich wirklich der legitime Herrscher des christlichen Imperiums war, der Gehorsam fordern durfte. Aus der rechtmäßigen Nachfolge der römischen Imperatoren und aller früheren Kaiser hatte er seine Ansprüche begründet, doch in der abendländischen Christenheit betrachteten viele sein Kaisertum als Gewaltherrschaft, weil sie einem Papst anhingen, den der Staufer nicht anerkannte und niemals anzuerkennen schwor. Der Konflikt nagte am Ansehen des Kaisers, an der Legitimation seiner Herrschaft, und die Verbindung mit dem von ihm verworfenen, aber in der abendländischen Christenheit, selbst im Reich, mehr und mehr anerkannten Alexander III. gab den italienischen Städten im Widerstand gegen die »Tyrannei« eine zusätzliche Rechtfertigung. 1167 »brach die Macht des Fiskus zusammen«, und es zeigte sich, daß der Staufer die in Roncaglia erhobenen Forderungen nicht würde durchsetzen können.

Hadrian IV. war am 1. September 1159 in einer äußerst gespannten politischen Situation gestorben. Im Sommer hatte er dem vor Crema lagernden Kaiser eine Erneuerung des Abkommens von Konstanz vorgeschlagen, zugleich jedoch gegen die Erhebung des Fodrums im päpstlichen Hoheitsgebiet protestiert und die Rückgabe der Mathildischen Güter, des Herzogtums Spoleto, Sardiniens, Korsikas und anderer Besitzungen des heiligen Petrus gefordert. Unmittelbar vor seinem Tod hatte er Friedrich eine letzte Frist von vierzehn Tagen gesetzt und mit der Exkommunikation gedroht. Diese Zuspitzung polarisierte die Gegensätze im Kardinalskollegium. Eine zwiespältige Neuwahl war die Folge. Für die Mehrheit, die Alexander III. zum Papst erhob, war klar, daß allein der Einfluß und das Geld des in Rom anwesenden Otto von Wittelsbach das Schisma ermöglicht hatten. Viktor IV. galt seinen Gegnern deshalb von vornherein als Kreatur des Staufers; dieser war somit in der Frage des Schismas Partei.

Aus seinem Amt als Kaiser leitete Friedrich Barbarossa die Pflicht und das Recht ab, die Kirchenspaltung zu beseitigen. Im Dezember berief er aus dem Feldlager vor Crema den Episkopat des Reiches und die Herrscher und Bischöfe der übrigen Königreiche schon für Januar 1160 zu einer Synode nach Pavia. Viktor IV. war bereit, sich deren Entscheidung zu unterwerfen. Doch Alexander III. weigerte sich, die Rechte des päpstlichen Stuhls auf diese Weise preiszugeben; allenfalls der Untersuchung eines von ihm selbst einberufenen Konzils in Rom werde er sich stellen. Obwohl die Synode von Pavia sich im Februar 1160 für den kaiserlichen Papst entschied, war die Wirkung gering. Das Rundschreiben, das der abendländischen Christenheit die Entscheidung verkündete, machte das ganze Verfahren schon dadurch unglaubwürdig, daß es sich auf die Zustimmung von hundertdreiundfünfzig Bischöfen berief, obwohl nur etwa fünfundvierzig nach Pavia gekommen waren, von denen sich bei der entscheidenden Abstimmung vierundzwanzig für, drei gegen die Anerkennung Viktors aussprachen. Vor allem italienische Bischöfe hatten vergeblich für eine Vertagung der Entscheidung plädiert.

Trotz intensiver politischer Bemühungen schaffte es der Staufer nicht, seinem Papst zu einer größeren Obödienz zu verhelfen. Nicht einmal den Erzbischof von Salzburg und dessen Suffragane konnte er zur Anerkennung Viktors IV. bewegen. Die für 1162 geplante Begegnung mit dem französischen König, in dessen Reich Alexander III. Aufnahme gefunden hatte, kam nicht zustande, und das vorübergehende Einvernehmen mit dem englischen König, das sich um 1165 aus dessen Konflikt mit Thomas Becket ergab, hob die weitgehende Anerkennung Alexanders im englischen Episkopat nicht auf. Erklärungen, mit denen sich der deutsche Hof zu rechtfertigen versuchte, insbesondere die Verlautbarungen Rainalds von Dassel 1162 auf dem Konzil von Dôle, bestärkten außerhalb des Imperiums die Ablehnung: Das Recht, das ihm der Besitz Roms verleihe, werde sich der Kaiser nicht vom König von Frankreich rauben lassen. Rom sei eine Stadt des Imperiums. Deshalb hätten die Bischöfe des Reiches ein Recht auf Mitentscheidung, die auswärtigen nur auf Mitberatung.

Als Viktor IV. im April 1164 starb, ließ Rainald von Dassel ohne vorherige Verständigung mit dem Kaiser in Lucca sofort einen neuen Papst, Paschalis III., wählen. Mancher, der bis dahin der kaiserlichen Politik gefolgt war, wechselte nach dieser Verlängerung des Schismas zur Obödienz Alexanders III. über. Der Staufer band sich, um seine Partei zusammenzuhalten, in ungewöhnlicher Form an die Kreatur seines engsten Mitarbeiters, indem er 1165 auf dem Pfingsthoftag in Würzburg schwor, niemals Alexander oder einen von dessen Partei erhobenen Nachfolger anzuerkennen, und allen Fürsten den gleichen Eid abverlangte. Wer nicht innerhalb sechs Wochen schwor, sollte Ämter, Lehen und Eigenbesitz verlieren. Nun verschärfte das Schisma die Konflikte im Reich: Der Erzbischof von Mainz wurde abgesetzt, über den Salzburger die Reichsacht verhängt. Die feierliche Heiligsprechung Karls des Großen, mit der Friedrich Barbarossa seine Gläubigkeit und seine Verantwortung für die Kirche unterstrich, geschah unter der Autorität eines Gegenpapstes.

Sein ganzes Herrscherprestige hatte der Staufer an die Durchsetzung »seines« Papstes als rechtmäßiges Oberhaupt der Kirche gebunden. Doch Alexander hatte sich 1165 wieder nach Rom begeben: Dort mußte die Entscheidung fallen. Der vierte Italien-Zug, der im Herbst 1166 begann, sollte Paschalis zur Inthronisation verhelfen und dem Kaiser die Herrschaft über Rom und Mittelitalien sichern. Die guten Einkünfte erlaubten es Friedrich, außer einem starken Vasallenheer auch Söldnerkontingente aus Brabant heranzuführen, die berüchtigten »Brabanzonen«, deren Einsatz im Dienst eines christlichen Herrschers auf die Zeitgenossen schockierend wirkte. Im Frühjahr 1167 begann die Inbesitznahme Mittelitaliens. Ende Juli konnte die Vatikanstadt erobert werden, wo Paschalis am 1. August die Königin Beatrix zur Kaiserin krönte. Fluchtartig hatte Alexander Rom verlassen. Doch eine Katastrophe entriß dem Staufer seinen Erfolg. Ein Wolkenbruch mitten in der Augusthitze löste im kaiserlichen Heer eine Malariaseuche aus, durch die der Kaiser, selbst erkrankt, in kurzer Zeit zweitausend Ritter verlor. Darunter waren zahlreiche Fürsten wie Herzog Friedrich von Schwaben, Welf VII. und vor allem Rainald von Dassel, »ein Mann von größter Geistesschärfe, durch dessen Kenntnisreichtum und Tüchtigkeit das Imperium am meisten erhöht worden war«, wie ein Chronist aus Lodi schreibt, der auch Siechtum und Tod seines eigenen Herrn, des Richters Acerbus Morena, auf dem Rückweg von Rom schildert.

Der Untergang des kaiserlichen Heeres wurde zum Signal für eine allgemeine Erhebung, welche die Reichsgewalt in Oberitalien zeitweilig annullierte. Schon 1164 hatte Venedig, das sich vom Staufer bedroht fühlte und vom byzantinischen Kaiser Manuel Komnenos durch Zahlungen unterstützt wurde, eine antistaufische Allianz mit Verona, Vicenza, Padua und Treviso geschlossen, und im darauffolgenden Jahr rechnete man in der Umgebung Alexanders III. mit der Gründung eines ähnlichen Bundes in der Lombardei. Das bisher vom Kaiser so begünstigte Cremona wollte ihn organisieren, wie es zwei Jahre später geschah. Schon während der Kaiser in Mittelitalien das mit den Byzantinern verbündete Ancona belagerte und ein anderer Teil des Heeres den Kampf um Rom begann, beschworen Cremona, Mantua, Brescia und Bergamo einen Bund. Rasch wurden die Mailänder gewonnen und am 27. April von den Verbündeten in die Ruinen ihrer alten Stadt zurückgeführt; später traten Piacenza und, auf massiven Druck, Lodi und Parma bei. Am 1. Dezember 1167 schlossen sich diese acht Städte mit dem um Ferrara, Bologna und Modena erweiterten Veroneser Bund zur Lega Lombarda zusammen. »Die schlimmste Sklaverei, die Menschen jemals erfunden haben«, die kaiserliche Fiskalverwaltung, wollten sie abschütteln. »Da sie gewohnt waren, gut und großzügig und ohne Herrschaftszwang zu leben und ihre Angelegenheiten nach eigenem Gutdünken und eigenem Willen zu ordnen, und da sie in früheren Zeiten nie so straff unter Befehl und Abgabepflicht gestanden hatten, hielten sie den Zustand für eine riesengroße Schmach und wollten lieber sterben, als das weiterhin ertragen.« Novara und Vercelli, Como und Asti, auch zahlreiche Adelsfamilien wurden Mitglieder der Liga, des ersten großen Städtebundes im Mittelalter. Im Zentrum der Po-Ebene hielten nur noch Pavia, die Markgrafen von Montferrat, die Grafen von Biandrate und einige kleinere Dynasten zum Kaiser.

Entscheidend für den Verlauf der Auseinandersetzung wurde, daß die Lombarden ihre Sache fest mit der Alexanders III. verbanden und so ihren Kampf zu einem Unternehmen gegen den schismatischen, außerhalb der rechtmäßigen Kirche stehenden Staufer machten. Der Treuevorbehalt des Kaisers in den Bundesverträgen sollte nunmehr bedeuten, daß Friedrich Barbarossa »den rechtmäßigen Papst« anerkennen müsse, um die Treue der Städte fordern zu können. Dem Papst zu Ehren gründete die Liga im Mai 1168 zwischen Pavia und Asti, mitten im Machtbereich der letzten Stauferanhänger, eine neue Stadt, »Alessandria«, und baute sie provisorisch zur Bundesfeste aus. Erst im Herbst 1174 unternahm der Kaiser – unter Verzicht auf ein allgemeines Reichsaufgebot, nur von treuen Anhängern begleitet, aber wiederum durch angeheuerte Brabanzonen verstärkt – einen neuen Italien-Zug. Vergeblich belagerte er den ganzen Winter hindurch die nur durch Erdwälle und Gräben geschützte »Strohstadt« Alessandria. Als die Lombarden im Frühjahr 1175 mit einem Entsatzheer heranrückten, zog er mit seinen Truppen ab, konnte aber keine Feldschlacht wagen, als beide Heere südlich von Pavia bei Montebello aufeinandertrafen. Verhandlungen begannen, und schon Mitte April wurde ein Vorfriede geschlossen. Der Stauferhof rückte von den Grundsätzen ab, auf denen er kompromißlos beharrt hatte.

Geradlinig verlief der Weg zum Frieden allerdings nicht. Denn eine Übereinkunft zwischen Kaiser und Lombardenbund stellte nur eine Vorbedingung für den Frieden dar. Die Liga und Alexander III. hatten sich – jedenfalls nach

Auffassung der Städte – gegenseitig verpflichtet, keinen Separatfrieden zu schließen. Diese Allianz durch ein Abkommen mit nur einer Seite zu sprengen, war hingegen das Ziel der staufischen Politik. Um dahin zu gelangen, war der Kaiser zu weitreichenden Zugeständnissen bereit, die er aber zurücknahm, wenn er sah, daß sie ihn dem Ziel nicht näherbrachten. Doch eines stand für ihn unabdingbar fest: Alessandria müsse zerstört werden. Das war er nicht nur der Ehre des Reiches, sondern auch seinen treuen Parteigängern rings um die »Strohstadt« schuldig.

Bereits in Montebello akzeptierte Friedrich Barbarossa, daß eine von beiden Seiten paritätisch beschickte Schiedskommission von sechs Männern über alle Streitfragen, die zwischen ihm und den oberitalienischen Städten bestanden, entscheiden sollte. War eine Einigung in diesem Gremium nicht zu erzielen, sollten die Konsuln von Cremona, das inzwischen aus der Lega Lombarda ausgeschieden war, einen für beide Seiten verbindlichen Schiedsspruch fällen. Beide Parteien hatten der Kommission ihre Forderungen schriftlich vorzulegen, damit nicht nachträglich neue Bedingungen gestellt werden konnten. Der Schiedsspruch blieb in allem hinter dem zurück, was der Staufer in Roncaglia durchgesetzt zu haben glaubte. Dem Kaiser wurde zugestanden, was seine Vorgänger seit Heinrich V. ohne Einschüchterungs- und Zwangsmaßnahmen erhalten hatten: das übliche Fodrum, das übliche Ehrengeleit, die üblichen Hilfen beim Zug durch das Gebiet jeder Stadt, den der Herrscher aber nicht absichtlich hinziehen dürfe; die Vasallen sollten in der üblichen Form dienen und Treue schwören, die Bürger nach dem Rechtsbrauch der jeweiligen Stadt. Dafür sollten auch Städte und Adelige unangefochten besitzen und nutzen, worüber sie seit jener Zeit unbehelligt verfügt hatten; die Städte sollten ohne Einspruch der kaiserlichen Beamten ihr Fodrum und andere Steuern erheben und Weide, Wasser, Mühlen, Backöfen, Wechslerbänke, Verkaufsstände, Schlachthöfe nutzen sowie Häuser, die auf öffentlichen Plätzen, über oder an öffentlichen Straßen standen; Städte, Vorstädte und Stadtbürger sollten keinerlei kaiserlicher Geldsteuer unterliegen; die Kommunen sollten Befestigungshoheit über die Stadt und im Contado haben. Wo es Streit um Rechte der einen oder der anderen Seite gab, sollte in jedem einzelnen Fall wiederum eine vom Kaiser und von der betroffenen Stadt zu beschickende Kommission den verbindlichen Schiedsspruch fällen. Hinsichtlich Alessandrias hatten die Konsuln von Cremona auf Wiederherstellung des Status quo ante, auf Rückführung der Einwohner in ihre Dörfer entschieden.

Diese Klausel konnten die gewählten Rektoren des Lombardenbundes in ihren eigenen Städten nicht durchsetzen. Im Herbst, als der Kaiser einen Großteil des Heeres entlassen hatte, flammten die Kämpfe wieder auf. Mit den Verstärkungen, die er im Frühjahr 1176 aus Deutschland erhielt, suchte Friedrich Barbarossa in einem Überraschungsangriff am 29. Mai bei Legnano noch einmal die militärische Entscheidung. Schon glaubten die Deutschen, die Mailänder vernichtend geschlagen zu haben, da brach die Eliteformation der Mailänder Ritterschaft aus dem Hinterhalt hervor und vernichtete die deutschen Truppen, die bereits mit dem Zusammenraffen der Kriegsbeute begonnen hatten. Der tagelang verschollene Kaiser galt zunächst als tot. Die psychologische Wirkung der Niederlage wog schwer: Die Mailänder hatten den Staufer in offener Feldschlacht besiegt, und in emphatischem Stolz verkündeten sie ihren Triumph.

Der Vorschlag von Montebello blieb in den Grundlinien die Basis, auf der 1176 die Verhandlungen erneut begannen. Um einen Separatfrieden zu erreichen, hätte der Kaiser jetzt auch die Schonung Alessandrias akzeptiert; doch die Vertreter der Liga bestanden darauf, daß das Friedenswerk auch den Frieden des Kaisers mit der Kirche und damit die Anerkennung Alexanders III. einschließen müsse, den niemals anzuerkennen Friedrich 1168, nach dem Tod Paschalis' III. und vor der Erhebung eines neuen Gegenpapstes, abermals öffentlich geschworen hatte. Nach der Niederlage bei Legnano sollen die deutschen Fürsten den Kaiser ultimativ zum Frieden mit Alexander gedrängt haben. Im November 1176 überraschte die Lombarden die Nachricht, daß Unterhändler des Staufers in Anagni ein Abkommen mit dem Papst geschlossen hatten. Der Kaiser hatte versprochen, Alexander als rechtmäßigen Papst zu betrachten, der römischen Kirche alle Regalien zurückzugeben und ihr die Mathildischen Güter zu überlassen. Dafür verzichtete der Papst darauf, kirchenpolitische Entscheidungen, die in Deutschland während des Schismas getroffen worden waren, rückgängig zu machen. Friedrich erklärte sich außerdem bereit, mit den Lombarden Frieden zu schließen.

Auf einem »internationalen Kongreß«, wie es ihn im Mittelalter bis dahin noch nie gegeben hatte, sollte ein dauerhafter Frieden vereinbart und verkündet werden. Außer der Kurie und dem Lombardenbund suchte das mit dem Papsttum verbündete Normannenreich einen Verhandlungsfrieden mit dem Kaiser. Von Ferrara, wo die Beratungen im April 1177 begonnen hatten, wurden sie in das neutrale Venedig verlegt. Man glaubte, das Abkommen zwischen dem Kaiser und den Lombarden rasch unter Dach und Fach bringen zu können, weil es 1176 nur an der Weigerung der Lombarden gescheitert war, einen Separatfrieden zu schließen. Doch die Bevollmächtigten des Staufers, der zunächst von Ravenna, später von Chioggia aus verhandelte, nahmen frühere Zugeständnisse, vor allem wohl hinsichtlich Alessandrias, zurück. Die Friedensgespräche gerieten ins Stokken. Jetzt versuchte der Papst, der selbst nach Venedig gekommen war, wenigstens einen Waffenstillstand – sechs Jahre für die Lombarden, fünfzehn Jahre für das Königreich Sizilien – zu vermitteln. Friedrich stimmte zu, wenn die Mathildischen Güter dafür noch fünfzehn Jahre in kaiserlichem Besitz blieben. So konnte am 24. Juli wenigstens der Friede zwischen Papst und Kaiser geschlossen werden. Der Staufer kam selbst nach Venedig und huldigte dem Papst, der ihn mit Friedenskuß und Segen wieder in die Gemeinschaft der römischen Kirche aufnahm. Friedrich leistete den Marschalldienst, und bis in den September blieben Papst und Kaiser gemeinsam in der Lagunenstadt. Unter dem Schutz kaiserlicher Waffen nach Rom zurückgeführt, konnte Alexander III. dort im März 1179 eine große Papstsynode, das dritte Laterankonzil, abhalten, um die in ihrer Einheit wiederhergestellte Kirche durch die Bekräftigung alter und die Verkündung neuer Kirchengesetze zu ordnen.

Im Jahr vor Ablauf der Waffenstillstandsfrist begannen Verhandlungen über den endgültigen Friedensvertrag zwischen dem Kaiser und dem Lombardenbund. In zähem Ringen und Feilschen, gelegentlich unter hektischer Aktivität entstand auf der Grundlage der alten Entwürfe ein detailliertes Vertragswerk. Bis zum letzten Moment haben die Vertreter des Kaisers noch kleine Verbesserungen zugunsten ihres Herrn herausgeholt, manches jedoch konnten die Städte in ihrem Sinne präzisieren. Hinsichtlich Alessandrias fand man einen Kompromiß, der dem Recht des Herrschers formal Genüge tat und den Bürgern nicht schadete, die in ihrer Territorialpolitik betroffenen Stauferanhänger aber kaum befriedigte: Die Bewohner mußten sich auf ihre Dörfer zurückziehen und wurden dann von einem Stellvertreter des Kaisers in die Stadt zurückgeführt, die unter dem Namen »Caesarea« wiederbegründet wurde. Doch wie man es dreht und wendet: Der Konstanzer Friede war nichts anderes als ein ausdrücklicher Verzicht auf das »Programm von Roncaglia«. Was dem Kaiser verblieb, hätte er 1158 wohl ohne Widerstände erhalten können. »Wenn der Kaiser in die Lombardei kommt, sollen diejenigen das Königsfodrum entrichten, die es üblicherweise tun und schuldig sind und wann sie es üblicherweise tun und schuldig sind.« Zwar hatten die Unterhändler des Kaisers im letzten Augenblick verhindert, daß die Fodrumspflicht klar als einmalige Leistung für den Rom-Zug definiert wurde. Doch wurden alle Reichsrechte, nicht nur das Fodrum, auf die 1158 abgelehnte »Gewohnheit« reduziert, die von Fall zu Fall festgestellt werden mußte. Nicht mehr Vertreter des Kaisers, sondern Einwohner der jeweiligen Stadt, die weder als besondere Freunde noch als Feinde des Kaisers galten, sollten im Streitfall die Entscheidung treffen. Die Jurisdiktion der Stadtkommunen in ihrem Contado wurde anerkannt, der Städtebund durfte weiterbestehen, Vertragsfreiheit war garantiert. Als später Friedrich II. Oberitalien erneut einer strafferen Herrschaft zu unterwerfen versuchte, konnten ihm die Städte den Konstanzer Frieden als Freiheitsprivileg entgegenhalten, gewissermaßen als ihre »Magna charta libertatum« (A. Haverkamp). Was sie vorher nur faktisch ausgeübt hatten, war garantiertes Recht geworden.

Eine eindeutigere Rechtsbasis hatte durch den Friedensvertrag auch die Herrschaft des Kaisers erhalten. Die Beschlüsse von Roncaglia waren ein einseitiges Postulat, eine Rechtsbehauptung, welche die Betroffenen nie als Recht anerkannten. Gestützt auf militärische Gewalt war die »Reichsverwaltung« kurzfristig durchgesetzt worden. Aber die Organisation des Reiches hätte es niemals erlaubt, einen solchen Druck permanent auszuüben. Der Vertrag von 1183 sicherte dem Kaiser jährliche Einkünfte, zwar weit geringere als die, die er 1158 gefordert hatte, doch regelmäßig und als anerkanntes Recht. Die Hoheit des Reiches, die Zentrierung der Rechtsordnung auf den Kaiser war in der Verfassung der Kommunen verankert worden, wenngleich fast nur als formales Prinzip: Die gewählten Konsuln sollten alle fünf Jahre vom Kaiser selbst, sonst von seinem Stellvertreter investiert werden; wo einem Bischof die Grafenrechte zustanden, sollte dieser als Lehnsträger des Reiches die Konsuln in ihr Amt einweisen. Die umstrittene Appellationsgerichtsbarkeit, also die Möglichkeit, gegen ein Urteil der Konsuln an den Kaiser zu appellieren, war für bedeutendere Streitsachen festgeschrieben. All dies konnte einer Verselbständigung des kommunalen Prinzips im Herrschaftsgefüge entgegenwirken.

Der Friede basierte auf einem Vertrag, auf den sich beide Parteien in langwierigen Verhandlungen geeinigt hatten. Doch er erhielt die Form eines kaiserlichen Privilegs. Formal war es der Kaiser, der den Kommunen die aufgezählten Rechte verlieh und, wie er unmißverständlich hervorhob, dafür in Zukunft ihren treuen Dienst erwartete. Erst die Unterwerfung der Lombarden, die Anerkennung seiner Herrschaft, machte ihm die Annahme des Friedens möglich. Jetzt konnte er statt strafender Strenge königliche Milde zeigen: »Die friedvolle Ruhe unserer kaiserlichen Güte hat bei Gunst- und Gnadenerweisen den Untertanen gegenüber stets so gehandelt, daß sie, obgleich sie mit der ganzen Strenge des Gesetzes alle Vergehen und Rechtsbrüche bestrafen könnte und müßte, doch mehr darum bemüht ist, das römische Reich in der sanften Ruhe des Friedens und im frommen Gefühl des Mitleids zu regieren und den Übermut der Rebellen zu geschuldeter Treue und ergebenem Gehorsam zurückzurufen. Deshalb mögen alle Getreuen des Imperiums jetzt und in Zukunft wissen, daß wir zur Treue und Ergebenheit der Lombarden, die zeitweilig gegen uns und unser Kaiserreich gehandelt hatten, in unserer gewohnten Güte unser Herz aus angeborener Sanftmut geöffnet und sie, ihren Bund und ihre Helfer wieder voll in unsere Gnade aufgenommen haben.« So beginnt die Hoheitsformel des Privilegs, das dann den ausgehandelten Vertragstext wiedergibt als »unseren Frieden, den wir ihnen durch Gnadenerlaß gewährt haben«.

Vieler Opfer hatte es bedurft, um zu diesem Verzicht auf hochfliegende Forderungen aus der Kaiserwürde zu gelangen und bei der Ordnung Italiens und im Verhältnis zum Papsttum zu den damaligen Gegebenheiten zurückzufinden. Die Zukunft der kaiserlichen Herrschaft in Italien war trotz des Vertrags unsicher. Das Abkommen mit dem Papst hatte Streitfragen nur vertagt, die die Gemeinsamkeit von Kaisertum und Papsttum schon lange beeinträchtigten, und in Oberitalien stellte der Frieden von Konstanz den Ausgleich in Frage, den die

Städte innerhalb der Lega Lombarda bei der Abgrenzung ihrer Territorien gefunden hatten. Friedrich Barbarossa stützte seine Herrschaft nun auf das führende Mailand und auf dessen Verbündete. Gegen die falschen Freunde, die ihn, wie er meinte, trotz vieler Gunsterweise verraten hatten, hegte der Staufer Rachegefühle. Cremona lastete er den Verlust seiner Regalien besonders an. Nachdem er der Stadt wichtige Rechte entzogen hatte, überantwortete er sie 1185 beim sechsten Italien-Zug ihrer alten Rivalin Mailand; die lombardische Metropole und ihre Verbündeten, also die Lega Lombarda selbst, sollten in Zukunft die staufische Herrschaft stützen. War dies die dem Recht verpflichtete Friedensgewalt des Kaisers? Die umfassende Herrschermacht, die er aufgrund seines Kaiserrechts im »Heiligen Reich« wiederaufrichten wollte, hatte der Staufer nicht erlangt. Was er in Italien verfügte, erschien noch immer als Parteinahme in einem Feld von Gegensätzen, das er auf Dauer nicht befrieden konnte, wie er es versprach und wie man es vom Kaiser allenthalben erwartete.

Der Gewinn Siziliens und der Thronstreit

In ganz neue Dimensionen geriet die staufische Kaiser- und Italien-Politik durch das Bündnis, das Friedrich Barbarossa 1184 mit König Wilhelm II. von Sizilien (1166–1189) schloß. Es sollte durch die Vermählung des künftigen Kaisers Heinrich mit Konstanze, der Tante Wilhelms, bekräftigt werden. Am 29. Oktober 1184 verlobten in Augsburg die Gesandten des Königs von Sizilien die Prinzessin mit dem Staufer, am 26. Januar 1186 wurde in Mailand die Hochzeit gefeiert und Heinrich VI. gleichzeitig zum König Italiens gekrönt. Als Wilhelm am 18. November 1189 starb, ohne daß aus seiner Ehe mit Johanna, der Tochter König Heinrichs II. von England, Kinder hervorgegangen waren, blieb aus dem normannischen Königsgeschlecht nur Konstanze, die Tochter Rogers II. und Halbschwester Wilhelms I., als legitime Erbin übrig. Heinrich VI., beim Aufbruch seines Vaters zur Kreuzfahrt als Reichsverweser eingesetzt, konnte im Namen seiner Gemahlin Anspruch auf das gutorganisierte, freilich oft unruhige Reich in Unteritalien und auf den legendären Schatz der Könige von Sizilien erheben.

Obwohl die römische Kurie selbst auf einen Frieden des Kaisers mit dem Normannenkönig hingearbeitet hatte, empfand sie die staufisch-sizilische Allianz von Anfang an als Bedrohung. Durch das Ehebündnis entfiel jener dauerhafte Gegensatz, der dem Papsttum über mehr als ein Jahrhundert politische Beweglichkeit verschafft hatte und mithin eine wesentliche Garantie für die Freiheit der Kirche gewesen war. Unschwer ließ sich absehen, daß die Staufer auf ihrem Anspruch in Mittelitalien, der von der Kurie als Zugriff auf Rechte des heiligen Petrus und der römischen Kirche betrachtet wurde, in dieser Konstellation noch zäher beharren würden, als sie es ohnehin schon taten. Seit dem Frieden von Venedig hatten Reichsministerialen unter einem kaiserlichen Legaten die unmittelbare Verwaltung der Mathildischen Güter übernommen. Wieviel dem Kaiser an diesen Besitzungen gelegen war, konnte die Kurie dem Vorschlag entnehmen, den Friedrich dem Nachfolger Alexanders III., Papst Lucius III. (1181–1185), unterbreiten ließ: Wenn die Güter beim Reich verblieben, solle dem Papst und den Kardinälen als Entschädigung jährlich ein Zehntel aller Einnahmen des Reiches in Italien bezahlt werden. Das entsprach ganz der alten Diplomatie des Staufers. Wäre die römische Kurie darauf eingegangen, so hätte er auf ihre Unterstützung bei der Durchsetzung seiner fiskalischen Ansprüche hoffen können; der Vorschlag griff auch geschickt die damaligen Bemühungen auf, der römischen Kirche regelmäßige Einkünfte in allen Ländern der lateinischen Christenheit zu verschaffen. Doch Papst und Kardinäle waren nicht bereit, die Freiheit der Kirche durch eine finanzielle Abhängigkeit vom Kaisertum zu gefährden. Anlaß zum Mißtrauen war hinreichend gegeben: Der kaiserliche Fiskus hatte auf seine Forderungen im päpstlichen Patrimonium noch keineswegs verzichtet; an einer Doppelwahl im Erzbistum Trier hatte sich ein grundsätzlicher Streit um die Auslegung des Wormser Konkordats entzündet; schließlich setzte Friedrich Barbarossa den Papst unter Druck, seinen Sohn Heinrich, seit 1169 zum König gekrönt, zum Mitkaiser zu weihen.

Um über all dies zu verhandeln, war Friedrich Barbarossa im September 1184 zum sechsten Mal über die Alpen gezogen und hatte sich in Verona mit Papst Lucius III. getroffen. Durch die Androhung der Acht gegen alle von der Kirche verurteilten Ketzer, deren Ausbreitung in den Städten man mit Sorge beobachtete, sowie durch ein Kreuzzugsversprechen hatte der Kaiser seinen Einsatz für die Kirche und die Notwendigkeit des Zusammenwirkens beider Gewalten demonstrativ betont. Da traf Anfang November in Verona die Nachricht von der Verlobung Heinrichs mit Konstanze ein, die unter strikter Geheimhaltung ausgehandelt worden war. Falls der Kaiser gehofft hatte, daß ihm die römische Kirche angesichts der neuen Allianz weiterreichende Zugeständnisse machen würde, hatte er sich verrechnet. Die Verhandlungen in Verona wurden ergebnislos abgebrochen.

In dieser Situation schloß Friedrich Barbarossa Anfang 1185 das Bündnis mit Mailand, das ihm die Unterstützung der stärksten Stadt Oberitaliens und des von ihr geführten Städtebundes sichern sollte. Im Kardinalkollegium gewannen die Staufergegner die Oberhand, und als Lucius III. im November starb, wurde der Mailänder Erzbischof Ubertus Crivellus, ein unversöhnlicher Feind Barbarossas, als Urban III. (1185–1187) zum Papst gewählt. Er bestritt dem Kaiser das Spolien- und Regalienrecht. Den Streit um das Erzbistum Trier entschied er nicht nur gegen den kaiserlichen Kandidaten, sondern vollzog an dessen vom Kölner Erzbischof begünstigten Gegenspieler persönlich die Weihe, bevor dieser mit den Regalien belehnt worden war. Solch frontale Angriffe auf die Machtbasis des Königtums stellten, jedenfalls nach Ansicht des Stauferhofes, all das in Frage, was dem Herrscher nach dem Wormser Konkordat an Rechten gegenüber der Reichskirche verblieben war. Im Gegenzug ließ Friedrich von seinem Sohn Heinrich den »Kirchenstaat« besetzen. Wenngleich es zeitweilig so aussah, als könne mit den Nachfolgern Urbans III. ein Vergleich geschlossen werden, begannen die Fronten zwischen Kaisertum und Papsttum sich langfristig zu verhärten.

Aus Reibungspunkten, die schon das Verhältnis Friedrich Barbarossas zu Hadrian IV. beeinträchtigt hatten, waren Probleme von grundsätzlicher Bedeutung geworden. Ähnlich wie der Staufer die »alten Reichsrechte« in Italien zurückforderte, hatten sich die Päpste auf die Rechte besonnen, die der römischen Kirche tatsächlich oder vermeintlich zustanden und ihr von früheren Herrschern zugesprochen worden waren. In der Auseinandersetzung mit dem staufischen Zugriff auf Mittelitalien verdichteten sich die Bemühungen um Rekuperation der »Regalien des heiligen Petrus« zu der Forderung, daß in dem ganzen Gebiet, das die römische Kirche als ihren Besitz reklamierte, Hoheit und Herrschaftsgewalt allein dem Papst zuständen. Das Patrimonium beati Petri wurde zum »Kirchenstaat«, zu einem monarchischen Fürstentum, in dem der Papst genauso selbständig regieren wollte wie die Könige in ihren Reichen. Eindeutige Grenzen hatte dieser Kirchenstaat noch nicht. Nahm man die alten Urkunden beim Wort, reichten die Ansprüche der Kurie tief in das bisher von den Kaisern beherrschte Gebiet hinein. Aus eigenem Recht sollte der Kaiser im päpstlichen Hoheitsbereich, in dem er bisher eine Art Kondominium ausgeübt hatte, nichts mehr fordern können. Langwierige Konflikte zeichneten sich ab.

Wenn man wie die Kurie die Herrschaft über den Kirchenstaat als unverzichtbaren Bestandteil der »Freiheit der Kirche« ansah, erschien der Kampf um die Regalien in Mittelitalien als Fortsetzung des Ringens um das Verhältnis von geistlicher und weltlicher Gewalt. Die machtpolitischen Streitpunkte warfen erneut alte Grundsatzfragen auf. Die Staufer konnten ihre Positionen in Mittelitalien nur behaupten, wenn es ihnen gelang, die Gemeinsamkeit von Kaisertum und Papsttum zu erhalten, was sie von nun an immer nachdrücklicher als ihr Ziel proklamierten. Während sie aber das Zusammenwirken als gleichrangiges Neben- und Miteinander verstanden, in dem die Führung nur allzu leicht an den Kaiser, den Inhaber weltlicher Macht, überging, strebten die Päpste aus einer solchen Gemeinsamkeit eher heraus. Die Respektierung der Rechte des heiligen Petrus, die Frage des Kirchenstaates wurde für sie geradezu zum Prüfstein für die Haltung des Kaisers zu Papsttum und Kirchenfreiheit. Ohne daß man dies deutlich von den Grundsatzfragen schied, wurde der Rangstreit zwischen Kaisertum und Papsttum seither auf einer zweiten, der territorialpolitischen Ebene ausgetragen.

Damit änderten sich die Mittel, die von beiden Seiten in diesem Ringen eingesetzt wurden. In neuen Formen Machtpolitik zu treiben, war die Kurie um so mehr gezwungen, als sie durch die staufisch-sizilische Allianz bei Auseinandersetzungen mit dem Kaiser im Normannenreich keinen Rückhalt mehr finden konnte. Für die Staufer wurde bedrohlich, daß die Päpste nun immer häufiger in eine Verbindung zu oppositionellen Reichsfürsten traten, die eindeutig unter politischem Vorzeichen stand und sich doch jederzeit aus der Verteidigung von Recht und Freiheit der Kirche legitimieren ließ. Gegensätze und Gruppenbildungen, die zum Ausgangspunkt einer antistaufischen Entente werden konnten, gab es genug, vor allem im Norden und Nordwesten des Reiches, wo der unmittelbare Einfluß des Königtums trotz der Maßnahmen zugunsten des Aachener Reichsgutkomplexes oder der Förderung von Kaiserswerth, Duisburg und Dortmund allmählich schwand. In der Trierer Frage beispielsweise fand Urban III. Unterstützung bei Philipp von Köln, dessen Bemühungen um den Aufbau eines erzbischöflichen Dukats die Politik Friedrich Barbarossas, insbesondere die Entscheidung im Streit um das Erbe des Grafen von Namur, zuwiderlief. Die Parteien, die sich am Niederrhein gegenüberstanden, suchten aber Rückhalt entweder beim französischen oder beim englischen König: Deren Feindschaft, durch den riesigen Lehnsbesitz der Plantagenets in Frankreich ausgelöst, bestimmte mehr und mehr das System europäischer Bündnisse. Das Ringen der Päpste um ihren eigenen Kirchenstaat und damit das Bemühen der Staufer um die Behauptung der Reichsrechte in Mittelitalien gliederten sich ein in die Machtkämpfe der europäischen Könige und der deutschen Fürsten.

Während der Auseinandersetzung mit Urban III. vollzog Friedrich Barbarossa einen Frontwechsel innerhalb der europäischen Bündnisse, der für die Staufer von großer Bedeutung werden sollte. Als sein Sohn, König Heinrich VI., zusammen mit dem Grafen von Flandern zugunsten König Heinrichs II. von England den König von Frankreich angreifen wollte, zu dem der Graf vom Hennegau hielt, untersagte der Kaiser im Herbst 1185 den Feldzug. Hierdurch sollte nicht nur, wie man zunächst meinen konnte, die Kräftekonstellation am Niederrhein verändert werden. 1187 schloß Friedrich überraschend ein Bündnis mit König Philipp August von Frankreich ab. Dem Papsttum war eine weitere Stütze gegen das Kaisertum entzogen, auf die es seit Jahrzehnten hatte bauen können. In den Streitigkeiten zwischen Kurie und Stauferhof vertagte man 1189 die Entscheidung, um den Kreuzzug des Kaisers zu ermöglichen, der nach dem Fall Jerusalems Ende 1187 dringlicher denn je erschien. Einen Monat, bevor der Kaiser das Reich verließ, wurde in Straßburg ein Stillhalteabkommen vereinbart. Papst Clemens III. (1187–1191) willigte ein, daß in Trier beide bisherigen Kandidaten resignierten und der kaiserliche Kanzler Johannes Erzbischof wurde.

Dafür befahl Friedrich, den Kirchenstaat zu räumen, allerdings »unter dem Vorbehalt der kaiserlichen Rechte«, was alle Streitfragen offenließ. Die Mathildischen Güter blieben ohne förmliche Anerkennung von seiten des Papstes zunächst in der Hand des Kaisers. Die kaiserliche Verwaltung war aus dem päpstlichen Patrimonium noch nicht ganz abgezogen, als durch den Tod des Königs von Sizilien eine neue Situation entstand.

Schon 1185 hatte Wilhelm II. seine Untertanen schwören lassen, Konstanze und ihren Gemahl Heinrich als Thronfolger anzunehmen. Zwar erkannte der Papst, der als Lehnsherr des sizilischen Reiches eine solche Übertragung hätte billigen müssen, die Entscheidung nicht an. Doch die Bedrohung, unter der sich die Kurie seit Ende 1184 fühlte, war akut geworden: die Möglichkeit einer Vereinigung des Königreiches Sizilien mit dem Imperium. Heinrich VI. war, wie sich rasch zeigte, nicht der einzige Thronprätendent. Konstanzes Halbbruder Roger, der älteste, früh verstorbene Sohn König Rogers II., hatte einen illegitimen Sohn Tankred, der bereits 1161 an einem Anschlag auf König Wilhelm I. beteiligt gewesen war und trotz der geringen Machtbasis, die ihm Wilhelm II. mit der Grafschaft Lecce zugestanden hatte, über gute Beziehungen im Königreich verfügte, dazu als kluger und gebildeter Mann über persönliches Ansehen. Hugo Falcandus, der damals die Arbeit an seinem Geschichtswerk abbrach, und andere Autoren artikulierten die Furcht vor den Barbarenhorden, die nun in das kultivierte Reich eindringen und seine Ordnung verwirren würden. Die verbreitete Abneigung gegen eine deutsche Fremdherrschaft kam Tankred zugute. Seine Erhebung zum König versprach das Papsttum aus der staufischen Umklammerung zu befreien. So entband Clemens III. die Großen ausdrücklich von dem auf Heinrich und Konstanze geleisteten, für die Kurie unrechtmäßigen Eid und legitimierte Tankreds Krönung zum König. Im Januar 1190 wurde sie in Palermo vollzogen.

So schnell hätte Heinrich VI. nicht einmal reagieren können, wenn in Deutschland Frieden geherrscht hätte. Doch Heinrich der Löwe, den der Kaiser vor dem Aufbruch ins Heilige Land vor die Alternative gestellt hatte, sich am Kreuzzug zu beteiligen oder, was der Welfe vorzog, noch einmal auf drei Jahre ins englische Exil zu gehen, war schon im Herbst 1189 wieder in Deutschland gelandet und hatte, vom Bremer Erzbischof Hartwig II. unterstützt, mit der Eroberung Nordalbingiens begonnen. Nur Segeberg hatten die Stauferanhänger halten können, während Lübeck, Bardowick und andere Orte in die Hand des Welfen gefallen waren. Erst im Juli 1190 gelang es den Erzbischöfen von Mainz und Köln, den Frieden zu vermitteln, der die Voraussetzung für eine Fahrt über die Alpen war. Die Teilnahme des Erzbischofs von Köln hatte sich der König durch territoriale Zugeständnisse gesichert. Im September hielt Heinrich einen Hoftag in Schwäbisch-Hall; mehrere tausend Ritter waren bereits versammelt, um an Michaeli nach Italien aufzubrechen. Da traf die Nachricht ein, daß Kaiser

Friedrich am 10. Juni in Armenien beim Bad im Fluß Saleph ertrunken war. Auch einige andere Fürsten waren im Orient gestorben, deren Nachfolge es zu regeln galt. Noch einmal wurde die Heerfahrt aufgeschoben. Erst um Neujahr überschritt der Zug die Alpen. Der Papst hatte versprochen, den König an Ostern zum Kaiser zu krönen.

Als Clemens III. Ende März 1191 starb, schienen sich erneut Schwierigkeiten aufzutürmen. Die mit ihm getroffenen Vereinbarungen bestanden teilweise aus persönlichen Zusagen; die Kardinäle verlangten neue Verhandlungen und klare Garantien von seiten des Staufers. Am Ostersonntag wurde der neugewählte Papst Coelestin konsekriert; das Zeremoniell ist mit allen Details im Zinsbuch der römischen Kurie beschrieben. Am folgenden Tag krönte der Papst Heinrich zum Kaiser. Selbstverständlich hatte dieser vorher feierlich versprechen müssen, alle Rechte der römischen Kirche zu wahren.

Trotz eines päpstlichen Verbots brach der Kaiser von Rom nach Süden auf, um mit der Eroberung des Normannenreiches zu beginnen. Apulische Barone hatten ihn zum Kommen aufgerufen, Pisa hatte zugesagt, den Feldzug mit seiner Flotte zu unterstützen. Nach raschen Erfolgen wurde Neapel eingeschlossen, wohin sich die Anhänger Tankreds zurückgezogen hatten. Doch dem Kaiser gelang es nicht, die Stadt einzunehmen. Tankreds Admiral Margarito, eine fast legendäre Gestalt, der vor dem Kreuzzug das Mittelmeer von Piraten und Sarazenen gesäubert hatte und den Italienern als »König der See« galt, entsetzte die Stadt mit zweiundsiebzig Galeeren; die Pisaner waren froh, daß sie mit ihren Schiffen nachts entkommen konnten. Im kaiserlichen Lager brach ein Fieber aus, der Erzbischof von Köln, der Herzog von Böhmen und andere Fürsten wurden dahingerafft, der Kaiser selbst erkrankte schwer. Nach fast vier Monaten, am 24. August, gab Heinrich VI. die Belagerung auf und führte die Reste seines Heeres in die Lombardei und dann nach Deutschland zurück. Das Unternehmen, mit dem er das Reich vergrößern und sein Ansehen steigern wollte, war gescheitert. Kaiserin Konstanze, die sich krank nach Salerno, der Hochburg medizinischen Wissens und ärztlicher Kunst, begeben hatte, fiel in Tankreds Hände.

Die europäischen Mächtekonstellationen bestimmten zunehmend den Verlauf der Ereignisse. Glücklichen Zufällen, die er skrupellos und geschickt ausnützte, verdankte es Heinrich, daß er weiterhin als einer der Hauptakteure auf die Entwicklung Einfluß nehmen und schließlich Sizilien gewinnen konnte. Richard Löwenherz, der König von England, hatte, als er auf dem Weg ins Heilige Land 1190/91 in Sizilien überwinterte, mit Tankred ein Schutz- und Trutzbündnis geschlossen, sich aber mit dem französischen König, seinem Lehnsherrn, heftig überworfen. Philipp August erneuerte auf der Rückkehr vom Kreuzzug im Herbst 1191 in Mailand die Allianz mit Heinrich VI. Beide Herrscher und andere Fürsten waren entschlossen, Richard den Rückweg in sein Königreich zu verlegen. Der Staufer wollte damit zugleich Heinrich den Löwen treffen, der von seinem königlichen Schwager stets unterstützt worden war und mit dessen Hilfe damals auch der Papst den Kaiser unter Druck zu setzen versuchte. Bei der Belagerung Neapels war nämlich Heinrichs des Löwen namensgleicher Sohn, den der Staufer gewissermaßen als Geisel nach Italien mitgeführt hatte, in die gegnerische Stadt geflohen; dank päpstlicher Hilfe hatte er über Marseille Deutschland erreicht und das Gerücht ausgestreut, der Kaiser sei dem Fieber erlegen. Heinrich der Löwe begann, allerdings ohne größeren Erfolg, die Neuwahl des Königs zu betreiben. Coelestin schützte ihn, indem er am 5. August verfügte, daß er nur vom Papst selbst gebannt werden dürfe.

Wohl selten hat die unruhige Stauferzeit so viele Wirren unter den Großen gesehen wie in diesen Jahren. Die Verhältnisse in Deutschland verlangten dringend eine ordnende Hand. Etliche Bistümer waren neu zu besetzen, und um wichtige Fürstentümer gab es Erbstreitigkeiten, die durch den kaiserlichen Lehnsherrn mitzuentscheiden waren. Im Norden des Reiches erzielte der Welfe 1192 neue Gewinne, nachdem ihn der aus Palästina zurückgekehrte Graf von Holstein und andere Stauferfreunde zunächst in Bedrängnis gebracht hatten. Am Niederrhein waren die Bischofsstühle von Köln, Lüttich und Cambrai vakant und nach dem Tod des Grafen von Flandern dessen Lehen zu vergeben. Die Fronten formierten sich neu; daß sie sich sofort wieder mit dem englisch-französischen Gegensatz verbanden, verhinderte wohl nur die Abwesenheit beider Könige. In Cambrai und Lüttich kam es zu Doppelwahlen. In einem Verfahren, das nicht nur den Widerstand des gesamten Kapitels fand, sondern auch von Reichsfürsten als rechtswidrig und als Verletzung der kirchlichen Freiheit verurteilt wurde, ernannte der Kaiser für Lüttich einen eigenen Kandidaten. Der Papst, an den der Klerus appellierte, bestätigte den vom Kaiser verworfenen Albert, einen Bruder des Herzogs von Brabant; doch der Kaiser setzte mit Gewalt und Einschüchterungsmaßnahmen seinen Kandidaten durch. Als Albert im November 1192 auf der Flucht nach Frankreich überfallen und umgebracht wurde, galt der Kaiser selbst als Urheber der Tat, zumal er die Mörder, denen er später sogar Grafschaften in Apulien verlieh, unbestraft ließ. Fast alle Fürsten am Mittel- und Niederrhein, voran die Erzbischöfe von Mainz und Köln und die Herzöge von Limburg und Brabant, schlossen sich gegen den Kaiser zusammen, Bertold von Zähringen und Ottokar von Böhmen traten mit anderen dem Bündnis bei. Im Norden brachte der Versuch des Staufers, den welfenfreundlichen Erzbischof von Bremen zu verdrängen, nicht nur den dänischen König auf die Seite Heinrichs des Löwen, sondern auch zahlreiche Große, die bis dahin Gegner des Welfen waren. Ein Jahr nach der Rückkehr vom fehlgeschlagenen Eroberungsversuch in Unteritalien stand Heinrich VI. auch in Deutschland gleichsam mit dem Rücken zur Wand. Mit dem Papst hatte er sich im Frühsommer 1192 gänzlich überworfen, nachdem Coelestin Tankred mit dem Königreich belehnt und als rechtmäßigen Herrscher Siziliens anerkannt hatte. Zwar war es den Unterhändlern der Kurie gelungen, die Freilassung Konstanzes zu erwirken; doch als die Kaiserin den Kirchenstaat betrat, gaben ihr Heinrichs Boten die Anweisung, einen Besuch Roms und eine Begegnung mit dem Papst demonstrativ zu unterlassen. Angebote der Kurie, zwischen ihm und Tankred zu vermitteln, hatte Heinrich ohnehin abgelehnt. Nach seiner Auffassung hatte der Papst, indem er es versäumte, den Usurpator zu bekämpfen, seine Pflichten gegen den Kaiser und das Imperium verletzt.

Aus solcher Bedrängnis wurde der Staufer durch die Gefangennahme des englischen Königs befreit. Als Kaufmann verkleidet hoffte Richard Löwenherz von der Küste bei Aquileja in das Machtgebiet Heinrichs des Löwen zu gelangen. Nachdem es ihm mehrfach im letzten Moment gelungen war, sich seinen Häschern zu entziehen, wurde er im Dezember 1192 bei Wien aufgegriffen. Herzog Leopold von Österreich wollte sich für eine Kränkung rächen, die ihm der König auf dem Kreuzzug zugefügt hatte: Nach der Einnahme von Akkon hatte Richard das Banner Leopolds in den Schmutz geworfen und ihm das Recht auf einen Anteil an der Beute bestritten. Leopold, einer der Fürsten, die noch zu den Staufern hielten, lieferte seinen Gefangenen an Heinrich VI. gegen die Zusage aus, daß er die Hälfte des auf 100.000 Mark Silber festgesetzten Lösegeldes erhalten würde – als Ausstattung für Richards Nichte, die einer von Leopolds Söhnen zur Frau erhalten sollte. Die Anklagen, die der Staufer auf einem Hoftag öffentlich gegen Richard erheben ließ, hatten, selbst wo sie vielleicht berechtigt waren, angesichts des rechtlosen Vorgehens gegen den königlichen Kreuzfahrer wenig Wirkung. Um so klarer war die Machtfrage beantwortet: Die niederrheinische und sächsische Opposition brach zusammen, immer mehr Große näherten sich dem Kaiser, je länger dieser den König auf dem Trifels gefangenhielt. Heinrich VI. hatte ein politisches Pfand in den Händen, dessen Wert er dadurch in die Höhe trieb, daß er parallel mit dem französischen König über eine Auslieferung Richards verhandelte, die diesen wohl die Krone, wenn nicht das Leben gekostet hätte. Schon die Verzögerung der Heimkehr war für den Plantagenet eine Gefahr, da sein eigener Bruder Johann im Einverständnis mit Philipp August nach der Krone griff. Richard mußte schließlich, bevor er am 4. Februar 1194 freigelassen wurde, 150.000 Mark Silber Lösegeld zahlen und außerdem sein Königreich gegen eine jährliche Rente von 5.000 Mark vom Kaiser zu Lehen nehmen. Erfolgreich hat er jedoch dem Ansinnen widerstanden, mit Heinrich VI. gegen Tankred von Sizilien zu kämpfen und sich von der Verbindung mit Heinrich dem Löwen loszusagen. Trotz ihrer Annäherung an den Kaiser hatten sich die bisherigen Freunde des Plantagenets von diesem ebenfalls nie klar distanziert, und nach seiner Freilassung wurde der König in Köln in einer Weise aufgenommen, die als antistaufische Demonstration erschien.

Heinrich VI. verfügte über viel Geld, als er die Nachricht erhielt, daß König Tankred am 20. Februar 1194 gestorben war. Dessen unmündiger Sohn konnte ihm die Herrschaft kaum streitig machen. Rasch suchte der Staufer jetzt die Aussöhnung mit den Welfen. Im Mai überschritt er die Alpen, im Sommer begann der Marsch nach Süden. Palermo wurde von einer genuesisch-pisanischen Flotte unter dem Kommando Markwards von Annweiler erobert. Am 20. November hielt der Kaiser dort seinen Einzug und ließ sich am Weihnachtstag zum König Siziliens krönen. Unermeßliche Schätze fielen in seine Hand. Nachdem alles genau verzeichnet worden war, brachte man auf hundertfünfzig Saumtieren Gold, Silber, edle Steine, kostbarste Stoffe, darunter den für Roger II. gefertigten Krönungsmantel, den dann die deutschen Könige bei der Krönung benutzten, Kunstwerke und Mobiliar nach Deutschland. Staunend sahen Zeitgenossen in den Lieblingspfalzen der Staufer den fremden Prunk, gegen den alle früheren Schätze armselig erschienen; und nirgends im Abendland war zu diesem Zeitpunkt wohl mehr Reichtum gehortet als auf dem Trifels, wohin Heinrich den normannischen Staatsschatz bringen ließ: politisches Kapital, mit dem er weitausgreifende Unternehmungen finanzieren konnte.

Zwei Dinge waren für Heinrich VI. nun vordringlich: seine Herrschaft in Süditalien, gegen die sich schon wenige Tage nach der Krönung die erste Rebellion erhoben hatte, organisatorisch zu sichern und eine Verständigung mit dem Papst zu suchen, ohne dessen Billigung dem Gewinn die rechtliche Anerkennung fehlte. Beide Zielsetzungen waren nicht leicht zu vereinen. Das Königreich Sizilien ging bisher vom Papsttum zu Lehen; doch den Lehnseid, den die normannischen Könige geleistet hatten, konnte Heinrich als Kaiser nicht ohne weiteres ablegen. Damit hätte er die von den Staufern eifersüchtig gehütete Gleichrangigkeit von Kaisertum und Papsttum in Frage gestellt und den immer wieder erhobenen, wenn auch nie realisierten Anspruch der Kaiser auf die Hoheit über Süditalien und Sizilien preisgegeben. Ohne päpstliche Legitimation konnte Heinrich aber als Usurpator erscheinen, dem für seine Anordnungen die gültige Rechtsbasis fehlte, zumal er sich veranlaßt sah, in einer Weise gegen kirchliche Prälaten vorzugehen oder Bistümer neu zu vergeben, die das mit den Normannenkönigen geschlossene, von Tankred zugunsten der Kurie erweiterte Konkordat verletzte. Zu den alten Streitpunkten kam hier neuer Konfliktstoff hinzu. Die Sicherung der Verbindungswege über die Apenninenhalbinsel warf die unbeantwortete Frage nach den Kaiserrechten in Mittelitalien wieder auf, die ohnehin zu den schwierigsten Problemen zwischen Kaiserhof und Papstkurie gehörte.

Anfang April 1195, um Ostern, sollte auf einem Hoftag in Bari über die Ordnung des Königreiches entschieden werden. Heinrich VI. hatte Coelestin aufgefordert, dorthin drei Kardinäle mit der Vollmacht zu schicken, an Stelle des Papstes verbindlich über die Vorschläge zu befinden, die er ihnen unterbreiten werde. Allen konkreten Verhandlungen kam Heinrich dadurch zuvor, daß er sich vom Bischof von Sutri sofort in aller Stille das Kreuz anheften und dann am Ostersonntag öffentlich den Kreuzzug predigen ließ. Binnen Jahresfrist sollte das Unternehmen beginnen, der Kaiser wollte es großzügig finanzieren. Für das Oberhaupt der Kirche konnte es in der damaligen Situation kein wichtigeres Ziel geben, und die Fristsetzung verbot es, lange um strittige Fragen in anderen Bereichen zu feilschen. Coelestin nahm das Kreuzzugsversprechen in der Tat als Friedensangebot, als Zeichen für die Rückkehr des Kaisers in den Schoß der Kirche. Unangefochten bestimmte Heinrich in Bari Konstanze zur Regentin des Reiches, gab ihr Konrad von Urslingen, den Herzog von Spoleto, als Statthalter zur Seite und setzte Reichsministerialen an wichtige Stellen des Herrschaftsapparats. In Mittelitalien erhielt des Kaisers Bruder Philipp das Herzogtum Tuszien und die Mathildischen Güter. Markward von Annweiler wurde zum Markgrafen von Ancona und Herzog von Ravenna und Romagna erhoben, nachdem der Kaiser den bisherigen Reichsministerialen zum Freien gemacht hatte. Selbst die Marsergrafschaft wurde an einen Stauferanhänger gegeben. Außerhalb des römischen Dukats hielt der Kaiser in dem von den Päpsten beanspruchten Kirchenstaat alle Positionen des Imperiums fest.

Vor dem Kreuzzug mußte Heinrich VI. – wie schon Konrad III. und Friedrich I. – die Nachfolge im Königtum so regeln, daß im Falle seines Ablebens das Reich nicht führungslos wurde. Da viele Fürsten den Kaiser ins Heilige Land begleiteten, wäre nach einem solchen Schicksalsschlag eine reguläre, allgemein anerkannte Königswahl kaum durchzuführen gewesen. Konstanze, die bereits vierzig Jahre alt war, hatte am 26. Dezember 1194 in Jesi in den Marken einen Sohn geboren – einen Tag, nachdem ihr Gemahl in Palermo zum König Siziliens gekrönt worden war. Daß der Sohn dem Vater auf dem Thron folgen würde, stand im Königreich Sizilien wie in den anderen westeuropäischen Monarchien fest. Nach Auffassung des Stauferhofes konnte vor dem Aufbruch des Kaisers auch in Deutschland nur der kleine Konstantin, der später bei der Taufe nach seinen beiden Großvätern Friedrich Roger genannt wurde, zum Nachfolger bestimmt werden. Doch waren die Fürsten bereit, auf die Mitentscheidung in der Thronfolge zu verzichten? Wenn sie aber sofort eine rechtskräftige Wahl vollzogen, stand dem Reich eine Regentschaft für fast fünfzehn Jahre bevor, falls Heinrich VI. auf der Kreuzfahrt sterben sollte. Nach dem erst ein Jahrfünft zurückliegenden verhängnisvollen dritten Kreuzzug herrschte deshalb in Deutschland nicht nur Begeisterung für ein neues Kreuzfahrtunternehmen. Dagegen drängte man an der Kurie jetzt, da der von Saladin gewährte dreijährige Waffenstillstand auslief, nach dem Tod des Sultans aber Machtkämpfe seiner Verwandten und Großen die Muslime schwächten, auf den Aufbruch neuer Kontingente, die endlich Jerusalem zurückerobern sollten. Doch war der Papst bereit, dafür die Vereinigung des Königreiches Sizilien mit dem Imperium hinzunehmen, die er bislang nicht als endgültig betrachtete? Die Konstellation dieser drei ineinandergreifenden Probleme – Kreuzzugsplan, Thronfolgeregelung in Deutschland, »Unio regni ad imperium« – beherrschte Heinrichs VI. weitere Politik.

Im Juni 1195 war er nach Deutschland zurückgekehrt, um die Designation seines Sohnes zum Nachfolger in die Wege zu leiten. Auf Reichstagen in Gelnhausen und Worms wurde im Oktober und Dezember der Kreuzzug gepredigt; doch die Fürsten waren nicht bereit, den in Italien gehüteten Säugling zum König zu wählen. Mit einer kühnen Wendung versuchte der Kaiser, das Problem gewissermaßen zu entpersonalisieren und dadurch noch mehr zu gewinnen. Im Februar 1196 überraschte er die Fürsten in Mainz mit dem Vorschlag, die Thronfolge künftig durch Sukzession des ältesten Sohnes zu regeln, wie es in Frankreich und den anderen Königtümern üblich sei, mit anderen Worten: an Stelle des Wahlkaisertums eine Erbmonarchie zu setzen. Wie in Sizilien wäre der Kaisersohn dann auch im römischen Reich kraft seines Erbrechts auf den Thron gelangt, falls dem Vater etwas zustieß. Dafür wollte Heinrich den Fürsten die Erblichkeit ihrer Lehen in männlicher und weiblicher Linie garantieren, und die geistlichen Fürsten sollten durch den Verzicht auf das Spolienrecht entlohnt werden. Ein kaiserliches Dekret, eine Verfassungsurkunde für das Reich, sollte dies alles rechtskräftig verkünden. Die Fürsten baten jedoch um eine Vertagung der Entscheidung auf einen besser besuchten Hoftag im April, zu dem sie sich in Würzburg einzufinden versprachen. Zweiundfünfzig Große sollen dort – mehr gedrängt als freiwillig – die Urkunde besiegelt haben, die ihre Zustimmung zum »Erbreichsplan« festhielt. Aber etliche widerriefen sie schon bald, weil sie unter Druck oder unter falschen Voraussetzungen gegeben worden sei, und schlossen sich denjenigen an, die gar nicht nach Würzburg gekommen waren oder dort nicht zugestimmt hatten. Als der Kaiser, bereits wieder in Italien weilend, die Fürsten noch einmal zum Aufbruch ins Heilige Land aufrief und dabei an seinen Plan erinnerte, wurde der Vorschlag im Oktober 1196 auf einem Fürstentag zu Erfurt endgültig abgelehnt.

Unterdessen versuchte Heinrich, von dem auf Ausgleich bedachten Coelestin Unterstützung für sein Projekt zu erlangen, obwohl wegen der Streitpunkte in Mittel- und Unteritalien erhebliche Spannungen bestanden. Der Papst sollte Friedrich II. taufen und zum König weihen. Doch Coelestin forderte einen Lehnseid für Sizilien, den zu leisten Heinrich nach wie vor nicht bereit war. Im November 1196 unterbreitete der Kaiser der Kurie ein sehr weitreichendes »höchstes Angebot«, über dessen Inhalt angesichts der zur Verfügung stehenden Quellen nur spekuliert werden kann. Doch auch damit ließ sich die Kurie nicht für den Erbreichsplan gewinnen. Wieder wechselte der Staufer rasch die Taktik: Er verzichtete den Fürsten gegenüber offiziell auf das Erbreichsprojekt, ließ sie aber gleichzeitig im Interesse des Kreuzzugs auffordern, Friedrich zum künftigen

König zu wählen. Unter Leitung des Erzbischofs von Mainz vollzogen die Fürsten im Dezember 1196, während der Kaiser bereits das Königreich Sizilien betreten hatte, die Wahl Friedrichs zum König; seines Vaters Bruder Philipp, inzwischen auch Herzog von Schwaben, sollte das Kind zur Krönung nach Deutschland holen. Der Erzbischof von Köln widersetzte sich der Wahl, ein halbes Jahr später trat er ihr allerdings bei.

Trotz des ungeklärten Verhältnisses zum Papsttum konnte unter dem Kreuzzugsversprechen die Nachfolge des jungen Staufers in beiden Reichen wenigstens formal abgesichert werden. Doch nie war der Kreuzzug für Heinrich VI. nur ein Mittel zu diesem Zweck. Stets hatte er als Ziel vor Augen, »das Reich noch größer und mächtiger als unter seinen Vorgängern zu gestalten«. Das Königreich Sizilien hatte er selbst gewonnen. Richard Löwenherz hatte er zur Lehnshuldigung für das Königreich England gezwungen; am liebsten hätte er ihn durch die Übertragung von Lehen im Königreich Burgund zum Reichsfürsten gemacht. Die Fürsten Zyperns, Antiochiens und Kilikiens, die bisher vom byzantinischen Reich lehnsabhängig waren, hatten ihm als Lehnsherrn gehuldigt. Alsbald knüpfte er an normannische Ansprüche auf griechisches Gebiet an. Von byzantinischen Thronwirren fühlte er sich angespornt, im Namen seines mit einer byzantinischen Prinzessin verlobten Bruders Philipp Herrschaftsansprüche über das oströmische Reich geltend zu machen, auf die er dann gegen einen jährlichen Tribut von sechzehn Zentnern Gold verzichtete. Nachdrücklich warnte ihn der Papst, vor der Fahrt ins Heilige Land einen Eroberungszug gegen das oströmische Reich zu starten. Der Kreuzzug sollte auch im Osten die Macht des Kaisertums zur Geltung bringen.

Von Unteritalien schickte Heinrich VI. im Sommer 1197 die Kreuzfahrer auf seinen Schiffen voraus, während er selbst durch eine Krankheit zurückgehalten wurde. Als er schon zu genesen schien, starb er unerwartet am 28. September in Messina. Jetzt waren alle Gewinne in Frage gestellt. Auf Sizilien hatte der Kaiser gerade noch eine breite Verschwörung gegen die verhaßte Herrschaft der Deutschen aufdecken können und sie mit unerhörter Grausamkeit niedergeschlagen. Um so mehr mußte das rechtliche Fundament der Herrschaft gesichert werden. In seinem nur in diesen Teilen erhaltenen Testament empfahl er seiner Gemahlin, Frieden mit der Kurie zu machen und für seinen noch nicht drei Jahre alten Sohn Sizilien vom Papst zu Lehen zu nehmen; gegebenenfalls sollten die Mathildischen Güter zurückgegeben und auch für die Herzogtümer Tuszien und Ravenna sowie für die Mark Ancona dem Papst Lehnshuldigung geleistet werden – wenn nur de facto das Königreich und alle übrigen Rechte in der Hand der Staufer und ihrer Anhänger blieben.

Solche Angebote genügten freilich nicht mehr, um die bisher gehaltenen Positionen für das Kaisertum zu behaupten, nachdem Coelestin III. im Alter von einundneunzig Jahren gestorben war. Hatten die Kardinäle seit 1181 fünfmal einen hochbetagten Mann zum Papst erhoben, wählten sie am 8. Januar 1198 den jüngsten aus ihrer Mitte: den römischen Adeligen Lothar von Segni, der in Paris Theologie und in Bologna Kirchenrecht studiert hatte und der sofort bewies, daß er eine weitausgreifende Auffassung von den Rechten des Papstes und klare Konzeptionen für die von der Kurie zu verfolgende Politik besaß. Der Tod Heinrichs VI. und der Amtsantritt Innozenz' III. sind Daten, mit denen sich ein grundlegender Wandel im Kräfteverhältnis von Kaisertum und Papsttum verknüpft. Innozenz III. führte das Papsttum auf einen Höhepunkt seiner Macht, während für das Reich mit dem Tod Heinrichs VI. eine Zeit der Wirren begann, die der Kurie einen Einfluß auf die politischen Ereignisse im deutschen Reich und im Imperium verlieh, den sie bis dahin nie besessen hatte.

Unter und durch Innozenz wurde die Theorie des hierarchischen und monarchischen Papats ausformuliert und der Anspruch mit aller Energie verwirklicht. Dem Papst, der sich jetzt nicht mehr allein als Stellvertreter Petri, sondern Statthalter Jesu Christi bezeichnete und die durch drei Kronen gezierte Tiara als Herrschaftszeichen trug, war die Alleinverantwortung für die ganze Kirche und die ganze Christenheit gegeben; alle anderen Oberhirten hatten nur partiell Anteil an seiner Aufgabe, bei deren Erfüllung sie ihn unterstützen mußten. Das war seine »Vollgewalt«, und sie erstreckte sich in den weltlichen Bereich hinüber, wo es keinen Herrscher gab, dessen Reich die ganze Christenheit umfaßte. In der Nachfolge Christi vereinte der Papst Priestertum und Königtum. Ihm standen beide Schwerter zu, von denen er das weltliche weiterverlieh an Herrscher, über die er zu wachen hatte. Der römischen Kirche, die das Haupt aller Kirchen und Christen war, wollte er alle Rechte »wiedergewinnen«, die man ihr aufgrund älterer Verleihungen und Rechtssätze, auch fiktiver, überhaupt zuschreiben konnte. Seine »Rekuperationen« schufen erst wirklich den Kirchenstaat und dehnten ihn vom Tyrrhenischen Meer quer über die Halbinsel bis an die Adria und weiter bis in die Po-Ebene aus. Dabei blieb Innozenz stets ein Politiker mit Augenmaß, auf Rechte, auch auf weit hergeleitete, pochend, wie dies ähnlich Friedrich Barbarossa getan hatte, aber mit geschulterem Blick für die Tragweite der Argumente und mit sicherem Gespür für den Rückhalt, den die Tradition der Papstkirche seinem Anspruch verleihen konnte. Daß das, was er für die Kirche tat und tun zu müssen glaubte, sich nicht immer leicht mit den Grundgeboten christlichen Glaubens vereinbaren ließ, war ihm bewußt: »Wer Pech anfaßt, besudelt sich.« Doch weniger die Kritik der Mächtigen in Kirche und Welt mußte er fürchten als die Abwendung von Teilen des Volks in den wachsenden Städten, die in der reichen und herrschenden Kirche das Evangelium verraten sahen und einen eigenen, von der Kirche als häretisch verurteilten Weg zu Christus suchten. In Deutschland war es zunächst seine Parteinahme im Thronstreit, die ihn Autorität beim Stauferanhang kostete. Dann verlor durch seine politisch bedingten Frontwechsel das Papsttum selbst an Glaubwürdigkeit. Übergriffe des anerkannten kirchlichen Oberhauptes in den weltlichen Bereich diagnostizierte man deutlicher als bisher. Auch insofern war das Papsttum eine politische Macht mit handfesten Interessen geworden.

Wegen eines Aufruhrs in Mittelitalien war Philipp von Schwaben nicht bis nach Foligno gelangt, um den Kaisersohn zur Krönung nach Aachen zu holen. So wurde Friedrich zu seiner Mutter nach Sizilien gebracht und dort an Pfingsten 1198 zum König gekrönt. Er nahm das Reich vom Papst zu Lehen und verzichtete dafür auf das deutsche Königtum. Alle deutschen Lehns- und Amtsträger sollten das Königreich verlassen, doch sie blieben und kämpften, von apulischen Baronen unterstützt, mit Erfolg gegen den jungen Staufer und die Regentschaft. Die Kaiserin, die am 28. November 1198 starb, bestellte Innozenz III. zum Regenten des Königreiches und zum Vormund Friedrichs, um ihrem Sohn sein normannisches Erbe zu sichern. Während jahrelanger Wirren drohte das normannische Königreich im Chaos zu versinken; später erzählte man sich, mitleidige Bürger hätten sich des durch die Straßen Palermos streifenden verwaisten Kaisersohnes angenommen.

In Deutschland waren die Fürsten gespalten. Erzbischof Adolf von Köln betrieb zusammen mit niederrheinischen und westfälischen Großen eine Neuwahl, obwohl ihm die Kreuzfahrer aus dem Orient mitteilten, daß sie den Treueid für den jungen Friedrich bekräftigt hatten und vor einer Spaltung des Reiches warnten. Richard Löwenherz mußte schon im Hinblick auf das staufisch-kapetingische Bündnis Interesse an einem Dynastiewechsel haben und bot deshalb dem Kölner Erzbischof viel Geld, um Befürworter einer Neuwahl zu gewinnen. Doch fehlte ein geeigneter Kandidat. Einige in Aussicht genommene Fürsten weilten noch in Syrien, andere, wie die Herzöge von Sachsen oder von Zähringen, lehnten ab. Schließlich wählte man am 6. Juni 1198 Otto, den jüngsten Sohn Heinrichs des Löwen, der am englischen Hof aufgewachsen war und bislang die Grafschaft Poitou von König Richard zu Lehen hielt.

Schon Anfang März 1198 hatte sich Philipp von Schwaben auf zwei Fürstenversammlungen in Thüringen zum König wählen lassen, da es auch der staufischen Partei als inopportun erschien, an dem dreijährigen König von Sizilien festzuhalten. Otto IV. wurde am 12. Juli vom Erzbischof von Köln in Aachen gekrönt, allerdings nicht mit den Reichsinsignien. Philipp verfügte über sie, konnte sich aber nur in Mainz krönen lassen, wobei statt des noch in Syrien weilenden Metropoliten der Erzbischof von Tarantaise am 8. September die Zeremonie vollzog. Wer war der rechtmäßige König? Sicherlich mußten auch jetzt noch die Waffen entscheiden, aber es kennzeichnet die veränderte Zeit, daß viele eine rechtliche Klärung forderten, wodurch Innozenz III. die Möglichkeit eines direkten Eingreifens erhielt. Zu spät kehrte Erzbischof Konrad von Mainz, auf dessen Rat auch der Papst gehofft hatte, vom Kreuzzug zurück, um den Vorschlag eines Verzichts beider Anwärter noch durchsetzen zu können.

Aktionen Philipps von Schwaben und Ottos IV. im ersten Jahr des Thronstreits

		Otto IV.	Philipp von Schwaben
1198	9. August	Aachen	↓
	16. August		Mainz
			↓
	8. September	↓	Mainz (Königskrönung)
	Anfang Oktober	an die Mosel (Heerfahrt gegen Philipp)	↓
		↓	Moselübergang (Heerfahrt gegen Otto)
		Andernach (stellt sich zur Schlacht)	↓
			vorbei an Andernach
			↓
		↓	an den Niederrhein
		zurück nach Köln	↓
			vor Köln, dann Rückkehr
			↓
			Bonn (Inbrandsetzung)
			↓
			Remagen (Inbrandsetzung)
			↓
			Andernach (Inbrandsetzung)
			↓
	Anfang November	↓	Nordhausen (Belagerung, Einnahme)
	Dezember	nach Sachsen und Thüringen	↓
		↓	nach Sachsen (Heerfahrt für Goslar)
		Nordhausen (Belagerung, Einnahme)	
		↓	
		vor Goslar	
		↓	
	25. Dezember	Herzberg (Weihnachtsfeier)	↓
1199	5. Januar	↓	Goslar (Besatzung hinterlassen)
		Braunschweig	
		↓	
		an der Oker (Lagerung)	↓
		↓	nach Osterland
		Bockenheim (Lagerung)	↓
		↓	Nürnberg (großer Hoftag)
		Hildesheim (Auflösung des Heeres)	↓
		↓	Bamberg
		zurück nach Köln	↓
			Würzburg
			↓
	18. Februar		Speyer
			↓
	22. Februar		Worms
			↓
	7. März	↓	Trier
	18. April	Lüttich	↓
	20. April		Breisach
			↓
	13. Mai		Speyer
			↓
	28. Mai		Speyer
			↓
	Anfang Juli		Rufach (Heerfahrt gegen Bf. v. Straßburg)
		↓	

	Otto IV.	Philipp von Schwaben
Sommer	rheinaufwärts (Heerfahrt gegen Philipp)	↓
10. Juli	↓	Straßburg
	Koblenz (Inbrandsetzung)	|
	↓	|
	Boppard	|
	↓	|
	Köln (wird dort eingeschlossen)	↓
	|	um Köln (Verwüstung des Erzstiftes)
	|	↓
August	|	nach Zülpich
	|	↓
14. September	↓	Mainz

Innozenz wahrte im Thronstreit zunächst Neutralität. Vertreter beider Parteien verhandelten an der Kurie. Die Abgesandten Ottos gingen angesichts der ungünstigen Position des Welfen in Deutschland mehr und mehr auf die weitreichenden päpstlichen Forderungen ein, während auf seiten Philipps die Zurückweisung der päpstlichen Einmischung in die Angelegenheiten der deutschen Fürsten und des päpstlichen Griffs nach Reichsrechten zunehmend schroffer wurde. Erst um die Jahreswende 1200/01 gab Innozenz in einer Konsistorialrede, der »Abwägung über das Problem der dreifachen Wahl im Imperium«, seine Entscheidung für den Welfen bekannt. Da der Papst durch die Kaiserkrönung Karls des Großen das Imperium von den Griechen auf das fränkisch-deutsche Reich übertragen habe und er den von den Fürsten bestimmten König zum Kaiser kröne, stehe ihm bei der Wahl ein Prüfungs- und Entscheidungsrecht zu. »Was ist erlaubt, welche Verpflichtungen bestehen, was gebietet der Nutzen«, waren die Fragen, unter denen der geschulte Jurist die drei Kandidaten betrachtete. Er kam zu dem Schluß, daß es keine bindende Verpflichtung gab, Friedrich als rechtmäßig eingesetzten Thronfolger zu betrachten oder gar Philipp als König anzunehmen. Hingegen sprach unter formalen Gesichtspunkten vieles für Otto. Während man bei der Wahl Philipps vielen Großen keine Gelegenheit zur Teilnahme eingeräumt hatte, wodurch die Wahl ungültig sei, hatten sich von den Fürsten, denen bei der Königswahl von Rechts wegen das erste und das letzte Wort zukam, genauso viele oder mehr für Otto als für Philipp entschieden. Diese Argumentation entkräftete die Rechtfertigung Philipps, daß die Mehrheit der Großen seiner Wahl zugestimmt hätte, und formulierte erstmals das Prinzip, das dann der Ausbildung eines Kurfürstenkollegs zugrunde lag: Es gab einige Hauptwähler, die zwar »nicht nach ihrem Mutwillen kiesen« (Sachsenspiegel), sondern den Willen der anderen Großen mitbeachten sollten, deren Stimme aber den Ausschlag in der Wahlentscheidung gab. Da die formalen Argumente zugunsten Ottos zu sprechen schienen, konnte der Nutzen für die Kirche den Ausschlag geben. Otto hatte auf das Regalien- und Spolienrecht verzichtet und, obschon zögernd, die territorialen Forderungen des Papstes in Mittelitalien akzeptiert, wovon Innozenz die Anerkennung abhängig gemacht hatte; niemand glaubte, daß er Ansprüche auf Sizilien erheben könnte.

In Deutschland zeigte sich, daß der Staufer stärker war als der Welfe. Die Reichsministerialität, die sich geschlossen auf seine Seite stellte, und die von ihr verwalteten Reichsgutkomplexe gaben Philipp eine Basis, der Otto IV. nichts Gleichwertiges entgegenzusetzen hatte. Die hohen päpstlichen Forderungen und das Nachgeben des Welfen trugen entscheidend dazu bei, daß sich viele Reichsfürsten, nicht zuletzt geistliche, im Namen des »Honor imperii« mit der Sache Philipps identifizierten. Obwohl Innozenz den Staufer gebannt hatte, begann er angesichts der geringen Chancen Ottos bereits 1193 geheime Verhandlungen; selbst die wichtigsten Wähler fielen von Otto ab, auch der Erzbischof von Köln, der Philipp 1205 am Dreikönigstag in Aachen noch einmal zum König krönte. 1207 bemühten sich zwei Kardinallegaten in Deutschland, Otto zum Thronverzicht zu bewegen. Im September wurde ein Waffenstillstand für ein Jahr geschlossen, in dessen Verlauf die Verhandlungen in Rom zum Abschluß gebracht werden sollten. Die Vereinbarungen, deren Inhalt nicht bekannt ist, waren schon getroffen, Philipps Kaiserkrönung war in Aussicht genommen, als die Unterhändler auf der Rückreise nach Deutschland erfuhren, daß der letzte Sohn Friedrich Barbarossas am 21. Juni 1208 in Bamberg ermordet worden war. Der Pfalzgraf Otto von Wittelsbach, der mit einer Tochter Philipps verlobt war, hatte den König erschlagen, als er hörte, daß die Prinzessin im Zuge des Ausgleichs Otto IV. zur Frau gegeben werden sollte.

Es waren keineswegs uneigennützige Motive, die viele von den Wählern Ottos IV. die Partei hatten wechseln lassen. Der Tod König Richards am 6. April 1199 hatte den welfischen Thronprätendenten seiner wichtigsten Stütze beraubt; der Strom von Hilfsgeldern aus England versiegte. Als König Philipp August 1204 dem englischen König Johann Ohneland fast alle Besitzungen auf dem Festland entriß und Otto IV. selbst in Bedrängnis geriet, waren die bislang wechselvollen Kämpfe um die deutsche Königswürde fast schon entschieden. Unter den Fürsten im Nordwesten des Reiches, dann im Norden hatte eine Neuorientierung begonnen, wobei jeder seinen Nutzen abwog. Der Erzbischof von Köln etwa sah, daß ihm die Verbindung mit dem geschlagenen König von England territorialpolitisch keinen Vorteil mehr brachte; hingegen fanden die Bürger von Köln, mit denen er im Streit um seine Herrschaftsrechte in der Stadt lag, mehr Rückhalt bei Johann als er selber, da dieser sie durch Begünstigung ihres England-Handels, gelegentlich auch durch Drohungen bei der Sache Ottos IV. zu halten versuchte. Doch mit den Eigeninteressen verband sich Sorge um Reich und Reichsrechte, deren Schmälerung jetzt wohl nur durch Unterstützung der Staufer zu verhindern war. Und persönlich entsprach Philipp dem Idealbild eines Herrschers zweifellos eher als sein Gegner. »Hochmütig und dumm, aber kriegstüchtig«, nannte diesen ein – allerdings stauferfreundlicher – Chronist; die zotigen Reden, die Otto in der ausgelassenen Festlichkeit des Hofhaltens führte, entsprachen zwar der wüsten Lebensführung mancher seiner fürstlichen Zeitgenossen, aber kaum dem hochstilisierten Ideal heiterer höfischer Geselligkeit. Philipp dagegen, ursprünglich zum Kleriker bestimmt und bereits zum Bischof von Würzburg gewählt, ehe er nach dem Tod mehrerer Brüder 1193 den geistlichen Stand wieder verließ, der »junge süeze man« Walters von der Vogelweide, war gebildet, ritterlich, freundlich, schön und überdies in der großen Politik erfahrener als sein Gegenspieler. Wenn sich die Fürsten ihm zuwandten, hatten sie sich nicht nur zugunsten der Macht und des eigenen Vorteils, sondern auch für den Frieden und für den Nutzen des Reiches entschieden.

Und sie blieben bei dieser Entscheidung auch nach dem Tod des Staufers: Nicht Friedrich von Sizilien, auch kein neuer Gegenkandidat wurde ins Spiel gebracht, sondern die Großen wandten sich übereinstimmend Otto IV. zu, der in Frankfurt in einer allgemeinen Wahl noch einmal zum König erhoben wurde. Von der staufischen Reichsministerialität unterstützt wie bisher die Staufer selbst, übernahm Otto die Herrschaft und bereitete den Rom-Zug vor. Noch einmal versprach und verbriefte er dem Papst von Speyer aus alles, was dieser haben und hören wollte. Doch bevor er Italien betrat, schickte er den auch an der Kurie angesehenen Wolfger, Bischof von Passau und Patriarch von Aquileja, als Reichslegaten aus, um in Tuszien, Spoleto, der Romagna und der Mark Ancona die Reichsrechte einzufordern. Als er im September 1209 mit dem Papst in Viterbo zusammentraf, weigerte er sich, vor der Kaiserkrönung Bedingungen zu unterschreiben, da diese gratis zu vollziehen sei; danach könne man über alles verhandeln. Dann kam für Innozenz III. die wohl schwerste Enttäuschung seines Pontifikats. Otto, am 4. Oktober zum Kaiser gekrönt, wollte von allen seinen Versprechungen nichts mehr wissen. Der Papst könne die Urkunden im Kasten behalten, soll er nach Innozenz' eigener Darstellung gesagt haben; da die Fürsten dem Verzicht auf Reichsrechte nicht zugestimmt hätten, sei dieser ohnehin nicht rechtsverbindlich. Und auf dem Weg von Rom nach Norden kehrte der Kaiser plötzlich um und begann im Herbst 1210 mit der Eroberung Siziliens, obwohl ihm der Papst mit dem Bann gedroht hatte. Mehrfach hatte Otto geschworen, dem Papsttum das Lehnsreich Sizilien zu bewahren und es nie anzutasten. »Es reut uns, diesen Menschen geschaffen zu haben«, schrieb Innozenz an den deutschen Episkopat. Das war der Mann, der sich bis zum Rom-Zug »König von Gottes und des Papstes Gnaden« genannt hatte. Nun folgte er den Hilferufen apulischer Barone und deutscher Ministerialen, um Friedrich aus dem unteritalischen Erbreich zu verdrängen. Die »Unio regni ad imperium« schien sich in welfischer Hand zu wiederholen, wobei Otto von Leuten beraten wurde, die den päpstlichen »Rekuperationen« seit Jahren hartnäckigen Widerstand leisteten und den ganzen Haß der Kurie auf sich gezogen hatten. Am Gründonnerstag 1211 erneuerte Innozenz den Bann gegen Otto. Eine Wirkung auf die Machtverhältnisse hatte jedoch erst die Entscheidung, zu der der König von Frankreich dem Papst riet und die er auszuführen half: Friedrich von Sizilien in Deutschland zum König wählen zu lassen. Erzbischof Siegfried von Mainz, König Ottokar von Böhmen, Landgraf Hermann von Thüringen und andere vollzogen im September 1211 in Nürnberg Friedrichs Wahl. Nun kehrte Otto aus Unteritalien rasch nach Deutschland zurück. Zunächst schien er dort der Lage wieder Herr zu werden. Doch im September 1212 kam Friedrich, vom Papst mit 12.800 Goldunzen ausgestattet, überraschend nach Deutschland, angeblich erreichte er Konstanz, wo er Zuflucht fand, nur wenige Stunden vor dem vorgesehenen Einzug des Kaisers. Der alte Stauferanhang in Schwaben und am Oberrhein gab dem »Puer Apuliae« Rückhalt und Sicherheit, der französische König 20.000 Mark Silber, um Anhänger zu gewinnen. Im Dezember wurde Friedrich II. in Frankfurt zum König gewählt und in Mainz gekrönt.

Den wiederauflebenden Thronstreit entschied freilich nicht der junge Staufer selbst für sich, sondern der französische König. Otto IV. wußte, daß der Kapetinger sein eigentlicher Widersacher war, und im Bündnis mit seinem Oheim Johann Ohneland, dem König von England, hoffte er, Philipp August endgültig zu besiegen. Aber das Unternehmen scheiterte. Bei Bouvines in der Nähe von Lille wurde Ottos Heer am 27. Juli 1214 von den zahlenmäßig unterlegenen Truppen des Königs von Frankreich geschlagen. Der Kaiser mußte fliehen, die Feldzeichen fielen in die Hand der Sieger, und Philipp August ließ den erbeuteten Reichsadler mit gebrochenen Schwingen an Friedrich senden. »Seitdem wurde der Name der Deutschen von den Welschen mißachtet«, vermerkte bald danach ein Chronist auf dem Petersberg bei Halle.

Das europäische Kräftefeld wurde durch die Schlacht bei Bouvines langwirkend umgestaltet. Der Sieg legte den Grund für den weiteren Ausbau der französischen Monarchie und sicherte ihr eine lange unbestrittene Vormacht gegenüber England, das seine festländischen Lehen großenteils verlor. Der englische König mußte den Ständen in seinem Reich weitgehende Rechte und Freiheiten garantieren: Die Magna Charta, 1215 gegeben, gehört zu den Folgen der Niederlage seines welfischen Verbündeten. In Deutschland war der Thronstreit, wenngleich Otto erst 1218 starb, zugunsten des jungen Staufers entschieden. Am 23. Juli 1215 ließ sich Friedrich in Aachen noch einmal krönen. Die Verbindung des Königreiches Sizilien mit dem Imperium, welche die Kurie verhindern wollte, war jetzt erst recht gefestigt, nachdem der rechtmäßige, vom Papst anerkannte König Siziliens mit päpstlicher Zustimmung zum römischdeutschen König und zum designierten Kaiser erhoben war. Es bedeutete nicht

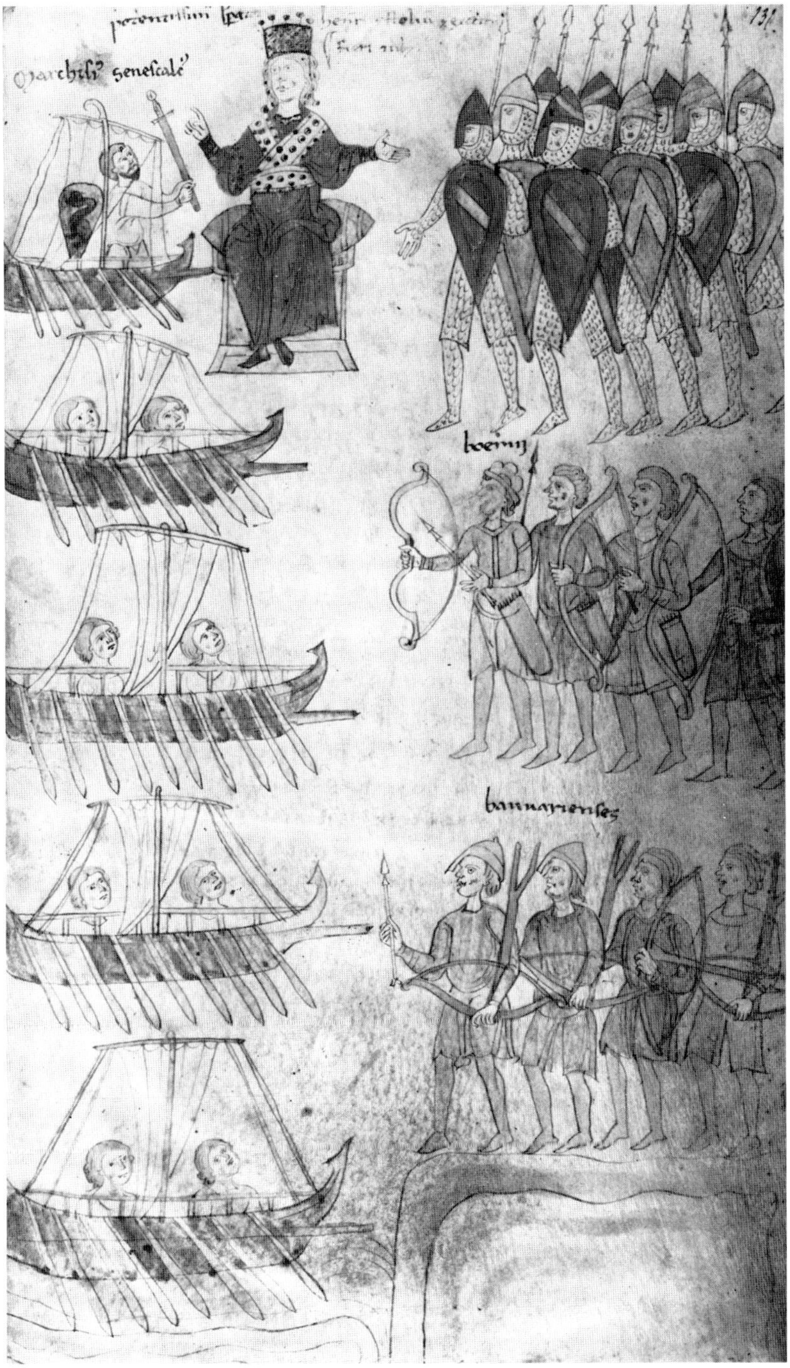

Aufbruch zur Eroberung Siziliens im Jahr 1194: Kaiser Heinrich VI. bei der Übergabe des Schwertes an den Reichsministerialen Markward von Annweiler. Miniatur in der 1195/96 wohl in Palermo entstandenen Handschrift »Liber ad honorem Augusti« des Petrus de Ebulo. Bern, Burgerbibliothek

Höfische Gesellschaft mit Dienern vor dem Festmahl und Gespräch in der Fensternische einer Burg. Miniatur in einer zwischen 1210 und 1220 in Nordbayern oder Thüringen entstandenen Handschrift der »Eneide« des Heinrich von Veldeke. Berlin, Staatsbibliothek Preußischer Kulturbesitz viel mehr als die Wahrung formaler Positionen, wenn Innozenz sich von Friedrich versprechen ließ, daß er nach der Kaiserkrönung die Herrschaft in Sizilien alsbald seinem Sohn Heinrich übertragen werde, der dort schon zum König gekrönt war. Kaum war Innozenz III. gestorben (16. Juli 1216), hat der Staufer sich über solche Versprechungen hinweggesetzt und seinen Sohn nach Deutschland bringen lassen. Doch Innozenz mochte darauf vertrauen, daß sein bisheriges Mündel die Versprechungen eher halten werde als der abtrünnige Welfe. Schon am 12. Juli 1213 hatte Friedrich mit der Zustimmung vieler Fürsten in der »Egerer Goldbulle« all das verbrieft, was einst Otto IV. versprochen und dann für nicht bindend erklärt hatte: den Verzicht auf die vom Papsttum beanspruchten Gebiete in Mittelitalien, auf das Regalien- und Spolienrecht, auf Mitwirkung bei Bischofs- und Abtswahlen, das Recht zu unbehinderter Appellation an die Kurie, die Hilfe bei der Ketzerbekämpfung. 1215 hatte er überdies ein Kreuzzugsversprechen geleistet. Wäre das alles gehalten worden, hätte Innozenz sehr viel erreicht gehabt: Das vierte Laterankonzil im November 1215, von 404 namentlich bekannten Bischöfen und etwa 800 Äbten besucht, zeigte das Papsttum im Glanz seines Erfolgs.

Deutschland im Fortschreiten der abendländischen Evolution

Städte und Höfe

Seit dem späten 12. Jahrhundert enthalten die Quellen plötzlich viele Angaben darüber, was politische Aktionen kosteten; die Summen werden genannt und verglichen. Die Geldgier Friedrich Barbarossas war bei seinen italienischen Gegnern sprichwörtlich, doch auch in Deutschland erschien es bemerkenswert, wenn er bei der Entscheidung über das Erbe des Grafen von Namur nicht das höchste Angebot, das des Grafen der Champagne, annahm, sondern aus politischen Gründen die Güter und Lehen dem Grafen vom Hennegau zu einem deutlich niedrigeren Preis überließ. Den Thronstreit hat ein Zeitgenosse als »Krieg der Sterlinge gegen die Turnosen«, des englischen Geldes gegen das französische, bezeichnet. Die Äußerung wirft ein Schlaglicht auf die Bedeutung des Geldes für die Politik. Wer wem 1198 für welche Stellungnahme wieviel gezahlt hat, hielten viele Chronisten, wenngleich wohl oft Gerüchte kolportierend, für mitteilenswert. Bertold von Zähringen, der als geizig geschildert wird, soll aufgegeben haben, als seine Sache trotz der Investition von 6.000 Mark Silber keine Fortschritte gemacht hatte, freilich nicht ohne sich von Philipp von Schwaben für den Verzicht entschädigen zu lassen. Erzbischof Arnold von Köln soll für den Übertritt zu Philipp vom Staufer 5.000 oder gar 9.000 Mark erhalten haben, womit er freilich das, was er zuvor nach den überlieferten Angaben zugunsten einer Gegenkandidatur eingesetzt hatte, längst nicht hereingeholt hätte. Daß Otto IV. nach dem Tod Philipps als dessen Schwiegersohn allgemein als König anerkannt wurde, kostete ihn nach der Braunschweiger Reimchronik »wol zwe und zwenzich dhusent marc, ... dhe he gaph dhen herren«.

Zweifellos ist die Erhebung zum König stets ein Anlaß gewesen, die Herrschertugend der Freigebigkeit zu beweisen. Jeder Herrscher und jeder Fürst besaß seinen Hort. Herrschaft ohne Reichtum war im Mittelalter gar nicht denkbar. Freunde, das hieß, politische Unterstützung zu gewinnen, bedeutete zuallererst, sie zu beschenken; alte Freundschaften galt es durch neue Gaben zu bekräftigen. Der Höherstehende und Reichere erwies seine »Ehre« dadurch, daß er die Geschenke übertraf, die ihm andere zur Ehrung überreichten. Insofern stand das Verhalten der Fürsten noch in alten Normen: Sollte im Thronstreit der Lohn der Treue hinter dem Vorteil der Untreue (E. Winkelmann) zurückbleiben? Daß man sich dem freigebigeren Fürsten zuwandte und knauserige Höfe mied, gehört nach der Epik und der politischen Dichtung der Zeit zu den Verhaltensweisen der vorbildlichsten Ritter. Trotzdem bestand ein Unterschied. Um die

»Geschenke« wurde jetzt geschachert, und die Freundschaft reichte selten weiter als das Geld. Was einem Chronisten als gerechte Belohnung erschien, konnte ein anderer deshalb als Käuflichkeit und Bestechung anprangern. In diesem begehrlichen Umgang mit dem Reichtum fand Thomasin von Zerklaere die Erklärung dafür, daß es nicht mehr so tugendhafte Menschen gebe wie früher, und wenn man im Land keinen Artus finde, suche man auch Männer vom Schlag der ritterlichen Eposhelden, der höfischen »Tafelrunde«, vergeblich. Am Hofe regiere das Geld; wer nicht reich sei, habe keinen Einfluß. Die Herren umgaben sich nach des Dichters Meinung mit Bösewichtern und Wucherern.

In der Tat war der alte Königs- und Fürstenhort, den man gewissermaßen ungezählt mehrte und leerte, nun zu einem Staatsschatz geworden. Durch regelmäßige Einkünfte und geschicktes Handeln mußte er auf einem Stand gehalten werden, der es ermöglichte, bei der politischen Machtentfaltung und höfischen Repräsentation mit anderen mitzuhalten oder sie zu übertreffen. Die kritisierte Geldgier und Käuflichkeit verweisen auf den Geldbedarf, der damals sprunghaft anstieg und häufig genug die tatsächlichen Ressourcen überschritt. Die eigenen Einkünfte zu steigern, war eine wesentliche Triebkraft der Territorialpolitik, die zuvorderst auf die fiskalisch nutzbaren Rechte zielte. Dennoch wuchs die Finanznot der Herren unverhältnismäßig schneller. Um einen akuten Bedarf zu decken, verpfändeten Könige, Fürsten und Adelige immer wieder Teile der Herrschaftsrechte, die sie sonst so eifrig sammelten und hüteten.

Dieser Geldbedarf ermöglichte denjenigen, die im geforderten Augenblick größere Summen bereitstellen und transferieren konnten, ein neues, wenngleich durch die politische Macht der Partner gefährliches Geschäft. Wiederum fast schlagartig setzen die Zeugnisse dafür ein, daß deutsche Fürsten sich ebenso wie ihre Standesgenossen in Frankreich oder England bei italienischen Gesellschaften verschuldeten, die sich an den Höfen bald unentbehrlich machten. Die Messeorte in der Champagne, in Provins, Bar sur Aube, Lagny und Troyes, wurden mit ihrem regelmäßigen Rhythmus von sechs großen Jahrmärkten zu Zentren des westeuropäischen Kreditgeschäfts und Zahlungsverkehrs; auch die deutschen Fürsten und Prälaten wickelten dort den Großteil ihrer Transaktionen ab. Im deutschen Reich haben die Geldleiher aus Asti und Chieri, aus Siena, Lucca, Bologna oder Rom über Lothringen und das Rheinland hinaus kaum Fuß gefaßt, sieht man davon ab, daß sich Fürsten für die Kreuzfahrt gern der neuen Möglichkeit bedienten, einen Teil des benötigten Geldes im Westen bei italienischen Kaufleuten zu hinterlegen und ihn sich dann von deren Partnern im Heiligen Land auszahlen zu lassen. Doch die Erzbischöfe von Mainz, Köln und Trier, die Bischöfe von Utrecht, Verdun, Toul und Metz, Klöster wie Gorze und St. Trond haben sich im frühen 13. Jahrhundert rasch mit erheblichen Summen verschuldet. Ein Teil der Kredite wurde aufgenommen, um Verpflichtungen gegenüber der Kurie abzuzahlen; denn die Päpste hatten begonnen, eine Art

Steuersystem aufzubauen, das ihnen beträchtliche Einnahmen brachte. Mit den Schulden, die Erzbischof Dietrich von Köln (1208–1212) vorwiegend bei römischen Gesellschaften gemacht hatte, schlugen sich seine Nachfolger noch lange herum. Die erhaltenen Urkunden zeigen sehr viel von den damaligen Geschäftspraktiken samt dem dazugehörenden Schriftverkehr und unterrichten über die Rolle der Messeorte in der Champagne sowie der Messetermine für Darlehensabschluß oder -rückzahlung. Auch weltliche Fürsten wie die Grafen von Bar liehen sich dort erkleckliche Summen für ihre Fehden. Bald gab es in West- und Südeuropa kaum noch einen Krieg, den nicht die italienischen Gesellschaften mitfinanzierten. Mit ihren neuen Techniken der Verrechnung und des Transfers, also den Anfängen eines Bankwesens, beschleunigten sie den Geldumlauf und erhöhten die tatsächlich verfügbare Geldmenge. Von den Messeorten drangen die »Lombarden« und »Kawerschen« in die flandrischen und lothringischen Zentren der Tuchproduktion vor, selbst in die kleineren Orte, obwohl Päpste den zuständigen Bischöfen befahlen, auf eine strenge Handhabung des kirchlichen Wucherverbotes zu achten und Geldleiher, die allerdings stets auch im Warenhandel tätig waren, auszuweisen. Als Heinrich VII. im November 1308 zum König gewählt worden war und sich am 6. Januar in Aachen krönen lassen wollte, forderte er alle Italiener, die sich im deutschen Reich niedergelassen und Häuser erworben hatten, auf, sich zu Weihnachten in Köln an seinem Hof einzufinden. Im Gebiet zwischen unterer Schelde und unterer Maas, für das ein Verzeichnis erhalten ist, gab es Niederlassungen der »Lombarden« in nicht weniger als siebenundsiebzig Orten.

Im Wirtschaftsleben der Zeit war das Geldleihgeschäft der Lombarden nicht das zentrale Phänomen. Schulden, wie sie der Erzbischof von Köln in einer aktuellen Notlage gemacht hatte, lagen weit unter dem, was er aus seinen Gütern und Rechten einnehmen konnte, selbst wenn es ihm vielleicht schwerfiel, das Geld für Rückzahlung, Zinsen und die hohen Verzugsbußen anderswo abzuzwacken. Die Summen, die Erzbischof Philipp zum Ausbau des kölnischen Territoriums aufwandte, angeblich 40.000 Mark, oder die Adolf von Altena in die antistaufische Thronkandidatur investierte, beliefen sich auf ein Vielfaches der an die Kurie zu zahlenden Kreuzzugssteuern. Aber die Geldknappheit war allgemein. Das Darlehensgeschäft blühte, obwohl die Herren den neuen Umgang mit dem Geld erst lernen mußten und sich vorerst noch schwer damit taten. Notfalls halfen die Kreditgeber wie im Falle des Klosters St. Trond selbst mit, die Entschuldungspläne aufzustellen, mit denen die hohen Herrschaften ihre Finanzen innerhalb absehbarer Zeit wieder in Ordnung bringen konnten. Wollte man kostbares liturgisches Gerät zu Bargeld machen, so schmolz man es nicht mehr ein, sondern stellte es öffentlich – etwa auf einer großen Messe – zum Verkauf. So ging ein einundzwanzig Gewichtsmark schwerer, gold- und edelsteinverzierter Kelch des Kölner Domkapitels 1216 für 360 Pfund Pariser Münze an das

Domkapitel von Paris, das die höchste Summe geboten hatte. Kunstwerke hatten ihren eigenen Warenwert, weil sie mittlerweile von teuer zu entlohnenden Spezialisten hergestellt wurden.

Es ist hilfreich, einen Blick auf diese Entwicklungen zu werfen, um die Bedeutung wirtschaftlich-fiskalischer Faktoren in der Herrschaftsintensivierung der Stauferzeit ganz zu begreifen. Die Verdichtung territorialer Herrschaft zielte vor allem auf eine Steigerung der Einkünfte. Nicht umsonst waren die neuen Märkte und neuen Städte, die neuen Zollstellen und neuen Münzstätten, die eigenmächtige Erhöhung von Zöllen oder das angemaßte Geleit auf verlegten Straßen Hauptstreitpunkte in der königlichen und fürstlich-adeligen Politik. Schon in der Mitte des 12. Jahrhunderts rechnete Heinrich der Löwe dem Grafen Adolf von Holstein vor, welche Einbußen er durch die Konkurrenz erleide, die Lübeck als neuer Handelsplatz und die Salinen von Oldesloe seinen Orten Braunschweig und Lüneburg machten. Wenn Otto von Freising für die Aufgabe seines Marktes in Föhring mit einem Drittel der Einnahmen aus dem Münchner Markt und Brückenzoll entschädigt wurde, läßt dies den Gewinn erahnen, den Heinrich der Löwe aus der Einrichtung eines neuen Marktes, dem Bau einer Brücke mit Zollstelle und der Verlegung einer Handelsstraße erzielte. Nicht zuletzt deswegen ist die Stauferzeit die Zeit der Städtegründungen geworden. Abgesehen davon, daß die zugehörige Stadt eine nahe Burg oder Pfalz wirtschaftlich mittrug und deren Repräsentativität als Fürstensitz erhöhte, hofften die Gründer vor allem auf finanziellen Gewinn. Erst seit dem Beginn des 13. Jahrhunderts schufen sie Städte mehr und mehr als Festungen zur Sicherung des Territoriums, welche die Bürger selbst errichten und verteidigen sollten. Dabei entstand meist ein neuer Typus der Stadt: vom Herrn in engerer Abhängigkeit gehalten, wirtschaftlich nur noch selten zu einem bedeutenden Handelsplatz aufsteigend und auch hinsichtlich der Größe eher bescheiden bleibend. Im 12. Jahrhundert waren, wie man immer deutlicher erkennt, sogar größere Orte oft noch unbefestigt.

Durch die Gründungen der Könige, Fürsten und Adeligen vermehrte sich in Mitteleuropa die Zahl der Städte in erstaunlichem Maße. Der neueste Versuch einer genauen Schätzung hat für die Zeit um 1150 zwischen Brügge und Wien, Schleswig und Genf etwa 200 Städte ermittelt, von denen allerdings die Hälfte westlich der Linie Genf–Verdun–Utrecht lag. Bis gegen 1200 hat sich die Zahl der Städte in diesem Raum nahezu verdreifacht, und die erste Hälfte des 13. Jahrhunderts brachte abermals eine Verdreifachung: Mitteleuropa wies nunmehr etwa 1.500 Orte auf, die man nach den Kriterien der Zeit als Städte bezeichnen kann. In den folgenden Jahrzehnten stieg die Zahl noch einmal deutlich an. Von Westen nach Osten fortschreitend, wird allerdings ein gewisser Sättigungsgrad erkennbar (H. Stoob). Nur noch im Osten wurden Städte gegründet, die größere Bedeutung erlangten, während in den älteren Städtelandschaften überwiegend nur noch Kleinstädte mit geringen Entwicklungschancen entstanden – befestigte Plätze der Landesherren, die durch die Gewährung von städtischem Recht und bürgerlichen Freiheiten zugleich ihre Hintersassen von der Abwanderung in die großen Zentren oder in die Städte anderer Herren abhalten wollten. Von den Gründungen der spät- und nachstaufischen Zeit behielten viele den Charakter von Ackerbürgerstädten. Andere dagegen haben in dem dicht gewordenen Städtenetz Anschluß an die sich intensivierende Verkehrswirtschaft erlangt und damit erreicht, was sich die Herren bei der Gründung mit Blick auf die eigenen Einkünfte und der der Stadt zugedachten Funktion erhofft hatten.

Soweit die Staufer nicht selbst Plätze in der Hand hatten, die sich zur Stadtgründung oder Stadterhebung eigneten, konnten sie ihre zahlreichen Kirchenlehen und Vogteirechte nutzen. Fast die Hälfte ihrer Gründungen mag auf Kirchengut errichtet worden sein, selbst die Pfalzstadt Wimpfen stand auf einem Wormser Stiftslehen. Klostervogteien dienten ihnen als Ansatzpunkt, um eine Beteiligung an der Münze des Abtes oder der Äbtissin durchzusetzen und sich die Hälfte der Einkünfte aus dem Betrieb zu sichern. Die Staufer haben die relativ klare Ordnung, die das Münzwesen in der Salierzeit erreicht hatte, gesprengt. Dominierten bis zur Mitte des 12. Jahrhunderts in Deutschland die bischöflichen Münzstätten und übten die Bischöfe in ihren Diözesen eine Art Aufsicht über die gesamte Prägetätigkeit, auch über die anderer Münzherren, aus, so drängte der »Münzzwang«, wenn die neuen Märkte und Städte Münzrecht erhielten und in den Aufbau eines Territoriums einbezogen wurden, die Vorherrschaft der Reichskirchen rasch zurück. Dort, wo das Staufergut eine hohe Dichte erreichte und Städte des Königs nahe beieinanderlagen, setzten sich die königlichen Münzen, in gleichem Gewicht ausgebracht wie die bischöflichen, durch. Der Nürnberger Pfennig entzog den bischöflichen Münzen von Regensburg und Bamberg Teile ihres bisherigen Umlaufsgebietes; der Wetterauer Pfennig brach aus dem Umlaufsgebiet des erzbischöflich-mainzischen Pfennigs ein geschlossenes Münzterritorium heraus, das bis vor die Tore der Metropole reichte (E. Nau). Der »Heller«, mit dessen Prägung die Staufer um 1180 in ihrer schwäbischen Stadt Hall begannen, sprengte vollends das bisherige Münzsystem. Er richtete sich nicht nach der »Leitmünze« der Diözese, dem Würzburger Pfennig, sondern war offensichtlich von vornherein als überregionale Währung gedacht, die im ganzen staufischen Einflußbereich kursieren sollte. Es war ausgesprochen schlechtes Geld, das man hier in Umlauf setzte, von einem Feingehalt, der weit unter dem anderer in Deutschland geprägter Münzen lag, dennoch nach Gewicht im Verhältnis 3:1 zu dem besonders schweren und reinen Kölner Pfennig verrechnet. Bis zur Mitte des 13. Jahrhunderts verschlang der Heller den Speyrer, Wormser, Mainzer, Tübinger, Rottweiler, Nürnberger und Wetterauer Pfennig und erzielte tiefe Einbrüche in den Geltungsbereich der

Nürnbergs Handelsprivilegien aus der Stauferzeit (nach Ammann/von Stromer)

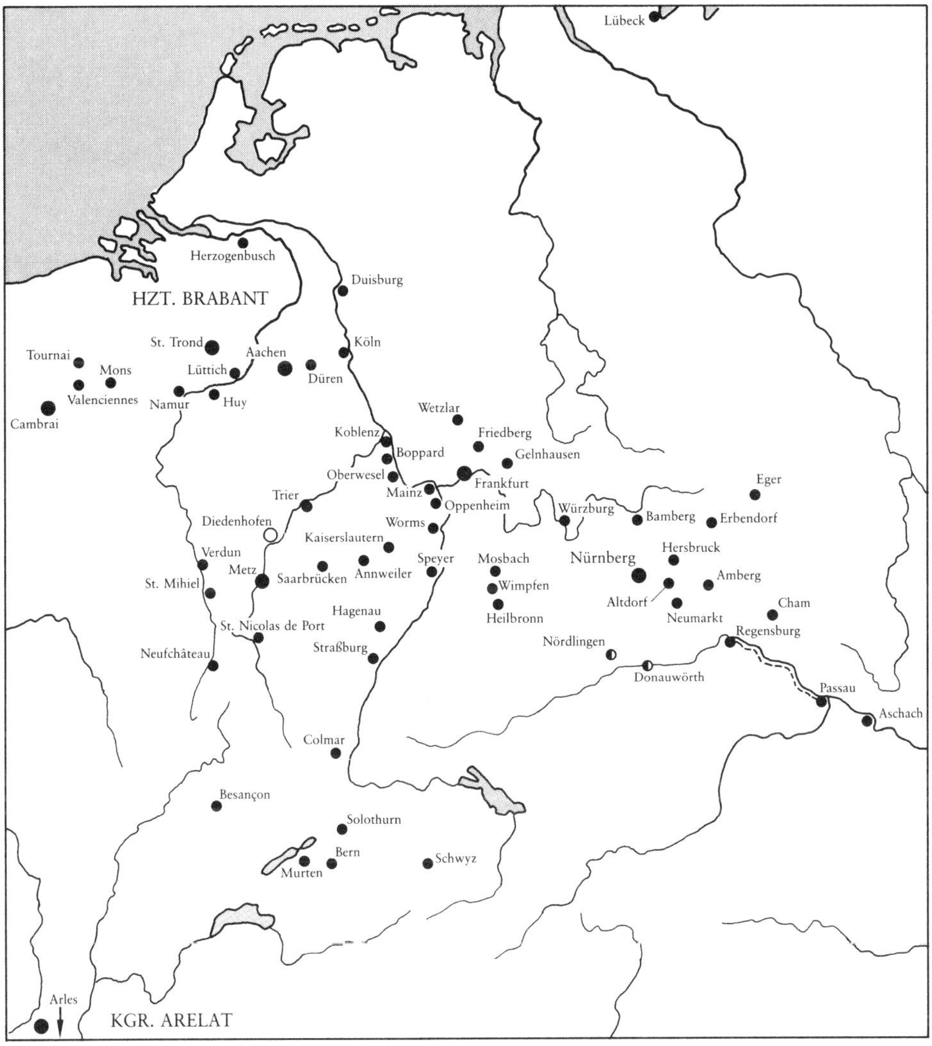

● Orte in denen Nürnberg dank staufischer Initiative zollfrei war

◐ Orte mit sonstigen Privilegien für Nürnberg

● ○ Kammerstädte der Staufer (Chambres de l'empereur) mit wechselseitiger Zollfreiheit

Nürnbergs Zollfreiheit auf der Donau

Augsburger, Konstanzer, Würzburger und Kölner Münze (E. Nau). Den Gewinn hatte der Münzherr, also der König, was heftige Konflikte mit den Fürsten provozierte. Gregor IX. versuchte damit Stimmung gegen Friedrich II. zu machen: Er prangerte den Kaiser als »neuen Münzfälscher« an. Der Tatbestand war nach den Maßstäben der Zeit erfüllt, wiewohl es bald auch andere Herrscher und Fürsten verstanden, bei den häufiger werdenden Münzverrufungen – der Außerkraftsetzung der kursierenden Prägung, was bei den hohen Umtauschgebühren praktisch auf eine Besteuerung der Barvermögen durch den Münzherrn hinauslief – am Feingehalt des Geldes zu manipulieren.

Mit den Mitteln, die sie auf solche Weise gewannen, finanzierten Könige und Fürsten den Prozeß, der auf eine Verdichtung der Staatlichkeit hinführte: den Ausbau der Territorien durch Fehden oder Erbschaftsabfindungen, durch Burgenbau und erste Ansätze einer geregelten, sich der Schriftlichkeit bedienenden Verwaltung. Auf der gleichen wirtschaftlichen Basis ruht die höfische Kultur, die man als historisches Phänomen nicht von dieser territorial- oder fiskalpolitischen Seite fürstlich-adeligen Herrschaftshandelns scheiden darf. Der Hof war Herrschaftszentrum und Gesellschaftsmittelpunkt. Pracht- und Machtentfaltung waren nur verschiedene Aspekte sich wandelnder Herrschaftsformen, mit denen der Grund für den Verdichtungsprozeß gelegt wurde, den die staatliche Ordnung Deutschlands und Europas in den folgenden Jahrhunderten erfuhr. Anders als die Adelsherrschaft und Adelskultur des Frühmittelalters hatten die höfische Gesellschaft und die fürstliche Politik nicht mehr eine überwiegend agrarische Grundlage, sondern basierten auf stadtbürgerlichen Existenzformen.

Die höfische Welt verdankte dem Stadtbürgertum und seinen Aktivitäten auch das meiste an Prunk und Zierat, welche zu ihrer Selbstdarstellung gehörten. Gewiß konnte man die ausgefallensten Stoffe, das kostbarste Geschmeide, die wertvollsten Waffen kaum über den Markt besorgen oder sich von eigenen Handwerkern herstellen lassen. Das Erlesenste war den Höchstgestellten vorbehalten und wechselte wohl noch immer vorwiegend als Geschenk den Besitzer. Aber die Sachkultur der Höfe wurde mehr und mehr durch das bestimmt, was das städtische Gewerbe produzierte oder die städtische Kaufmannschaft aus der Ferne besorgte; sie blieb mit der Lebenshaltung städtischer Führungsgruppen eng verbunden. Als man Ritter und Bauern rechtlich zu scheiden begann, hob sich auch »dörfliche« und »höfische« Kleidung immer deutlicher voneinander ab. Der Bauer durfte nun keine Waffen mehr tragen, sein Gewand mußte aus grobem schwarzen oder grauen Tuch bestehen, mit höchstens zwei oder vier, gegebenenfalls farbig eingesetzten Zwickeln, während die Kleider des Adels immer farbenprächtiger wurden. Von Frankreich ausgehend, hatte der höfische Gewandschnitt im späten 12. Jahrhundert Deutschland erreicht. Gegenüber der sackartigen Gewandung, die seit der Karolingerzeit in allen Schichten üblich gewesen war, verengte die höfische Mode jetzt das Oberteil bis zur Taille derart, daß die Körperformen deutlich hervortraten (J. Bumke). Die Frauenkleider wurden nach unten weit, mit langen Schleppen und verwirrenden Faltenwürfen. Die Beinkleider der Männer schlitzte man auf, damit die Schönheit des geraden Wuchses nackt oder in engen Strumpfhosen zur Geltung kam. Mäntel und Umhänge wurden so gearbeitet und getragen, daß man das kostbare Pelzfutter sehen konnte. Buntfarbig sollte alles sein, gegebenenfalls heraldisch geteilt wie auf Wappenschilden. Selbst das Pelzfutter setzte man bunt zusammen. Manches besonders raffinierte Gewand mag am Hofe gefertigt worden sein. Doch letztlich ermöglichte das spezialisierte städtische Handwerk diesen Kleiderluxus. Aus städtischen Werkstätten kamen auch die Turnierwaffen, mit denen sich die Ritter zu überbieten suchten. Vieles davon war wohl speziell für die Kampfspiele entwickelt worden, selbst wenn stolze, hochgestellte Besitzer es dann so oder ähnlich in Schlachtentscheidungen trugen. Schon die Ausrüstung eines Ritters zeigte, daß er mehr als ein Krieger war: der Angehörige einer gesellschaftlichen Gruppe, die sich deutlich von denen abheben wollte, über welche sie herrschte und welche ihr zu dienen hatten.

Die Formen höfischer Repräsentation lassen sich nur als Teil fürstlicher Machtentfaltung verstehen. Durch sie bestimmten und verdeutlichten die Angehörigen des Adels in ständigem Wettstreit ihre Position. Hoftag und Hoffest waren nicht geschieden, wenngleich das Hoffest einen eigenen, eigenständigen Stellenwert gewann und gewissermaßen zum Inbegriff höfischer Lebensführung wurde. Die Selbstdarstellung im Fest vermittelte der fürstlich-ritterlichen Gesellschaft das Gefühl der Nähe zu jenen Idealen, die sie in der Wirklichkeit nie erreichte und angesichts ihrer Fiktionalität nie erreichen konnte. Doch hinter dem Bemühen, sich gegenseitig zu übertreffen, stand oft ein Ernst, der leicht blutig werden konnte. Der Wettstreit war ein Rangstreit, kein Spiel, obschon er nach minuziösen Regeln ablief. Man zeigte, wer man war, über welche Kraft und Macht man verfügte. Von der Zurschaustellung eigener Macht auf dem Hoftag bis zur Selbstdarstellung des Ritter- und Fürstentums auf dem Hoffest läßt sich ein Wandel erkennen, der für die Kultur der Zeit ebenso bedeutsam war wie der Übergang von einer Macht und Herrschertum bezeugenden königlichen oder fürstlichen Freigebigkeit bis zum höfischen Mäzenatentum, das die gleiche Demonstration mit sublimeren Mitteln fortsetzte und sie in neue Bereiche führte.

Der Domscholaster Balderich beschreibt als Augenzeuge, wie Erzbischof Albero von Trier 1149 zum Hoftag König Konrads III. nach Frankfurt fuhr: Mit vierzig Wohnschiffen sei er gereist, nicht gezählt die kleineren Kriegsfahrzeuge, Lastkähne und Küchenschiffe; acht Grafen und zwei Herzöge als Vasallen befanden sich in seinem Gefolge, dazu eine riesige Zahl von Geistlichen und Rittern, auch zwei berühmte Gelehrte, der Mathematiker Gerland von Besançon und der Philosoph Theoderich von Chartres, an deren gelehrten Disputationen er auf seinem Wohnschiff teilnahm. Die Heimreise nutzte er zu einer Machtdemonstration gegen die Mainzer, indem er »auf allen Schiffen die Fahnen hissen ließ und befahl, daß sich die Ritter mit ihren goldglänzenden Schilden, ihren silberhellen Harnischen und Helmen sichtbar aufstellen sollten; mit schmetternden Trompeten und klingenden Hörnern, mit Waffengetöse und furchterregendem Gesang der Männer versetzte er die ganze Stadt in Aufregung und Angst – als ob sie schon erobert wäre«. Fürstenzusammenkünfte behielten stets etwas von dieser Machtbekundung, doch es kam anderes hinzu. Bei dem Hoffest, das Friedrich Barbarossa 1184 anläßlich der Schwertleite seiner Söhne Heinrich und Friedrich gab, wollte der Herrscher ein unerreichbares Vorbild der neuen höfischen Art vor aller Augen stellen.

In einer Stadt aus bunten Zelten und Hütten, die man auf einer Ebene zwischen Main und Rhein errichtet hatte, kamen Zehntausende zusammen. 20.000 Ritter sollen sich an den Kampfspielen beteiligt haben. Nicht nur der Kaiser und seine Söhne, sondern auch die anderen Fürsten und Adeligen verteilten reiche Geschenke, Rosse und Kleider, Gold und Silber, an Ritter und Spielleute, Kreuzfahrer und Gefangene. Wie Gislebert von Mons schreibt, der seinen Herrn begleitet hatte und die Prachtentfaltung des Grafen vom Hennegau in höchsten Tönen hervorhebt, geschah dies nicht bloß zur Ehre des kaiserlichen Herrn und seiner zu »neuen Rittern« erhobenen Söhne, sondern vor allem, »um den Ruhm des eigenen Namens zu verbreiten«. Das Hoffest des Kaisers gab Gelegenheit zur Selbstdarstellung, und der Graf vom Hennegau, der dort zum Reichsfürsten erhoben wurde, hatte Anlaß, seinen Eintritt in diesen illustren Kreis mit besonderem Prunk und neuesten »westlichen« Moden sichtbar zu machen. Aber das Hoffest sollte auch ein Fest der Dichter sein, um die Realität ritterlicher Existenz mit jener fiktiven Welt zu verbinden, in der sich die höfische Gesellschaft gespiegelt sah. Im Gefolge des Landgrafen von Thüringen war Heinrich von Veldeke zugegen, von dem später Gottfried von Straßburg sagte, er habe »der deutschen Sprache das erste Reis eingepfropft, von welchem die Äste entsprangen und die Blüten sich entfalteten, daraus die Meister die Kunst schöner Erfindung gewannen«. Ritterliches Kampfspiel, höfische Dichtung, herrscherliche und fürstliche Freigebigkeit, Tafelfreuden und Trinkgelage, dazu der ganze bunte Prunk der Waffen, Gewänder und Zelte scheinen sich zu einer Gegenwelt dessen verbunden zu haben, was man gerade im Krieg gegen Heinrich den Löwen oder in den Kämpfen am Niederrhein getan und erlebt hatte. Aber für die Teilnehmer waren der reale Krieg und das Kampfspiel, der politische Machtkampf und das Hoffest wohl keine so krassen Gegensätze, wie der heutige Betrachter glauben mag. Das Hoffest hatte mit der Festkrönung von Kaiser, Kaiserin und König begonnen, dem sozusagen hochpolitischen Akt herrscherlicher Selbstdarstellung, der zum Pfingstfest gehörte, und es endete – wegen eines Unwetters vorzeitig – mit den Beratungen, die unter anderem das Kräftefeld am Niederrhein einschneidend umgestalten sollten.

Das Hoffest war auch ein Fest der Dichter. König Heinrich hat sich dabei vielleicht als Minnesänger hervorgetan. Ein Gönner der Dichter und Sänger zu sein, gehörte hinfort zum Idealbild des Fürsten. Die großen Werke mittelhochdeutscher Lyrik und Epik sind in diesem Milieu entstanden. Alte Heldenlieder hatte man sich an den Höfen seit Jahrhunderten vortragen lassen; jetzt aber wollte man sie in schriftlich gefaßter Form, als »Literatur«, in der jedes Werk als individuelle Gestaltung sowohl den Ruhm des Künstlers als meist auch den seines Gönners weitertrug. Manchmal waren es die fürstlichen Mäzene selbst, die ihren Dichtern die französischen Vorlagen besorgten, Heinrich der Löwe das »Rolandslied« für den Pfaffen Konrad, Hermann von Thüringen den »Willehalm« für Wolfram von Eschenbach. Die Schreibstube oder Kanzlei des Fürsten mag einigen Literaten zusätzlich als Betätigungsfeld zugewiesen worden sein, andere erhielten, wie Walther von der Vogelweide, schließlich ihr »Lehen«, so daß sie nicht mehr den Winterfrost an den Zehen spürten, sondern sich im Sommer kühlende Luft und im Winter wohlige Wärme leisten konnten. Doch eine Klause zu stillem Schaffen wurde einem Dichter am Fürstenhof nicht zugewiesen. »Wer ein schwaches Trommelfell hat, dem rat ich, einen Bogen um den Hof des Landgrafen von Thüringen zu machen; denn kommt er dahin, dann wird er wahrhaftig taub werden«, schrieb Walther zum Lobe des Fürsten. Die einen zögen aus, die anderen ein, Tag und Nacht; er habe das frohlockende Treiben mitgemacht, bis er nicht mehr konnte. »Der lantgrâve ist so gemuot / daz er mit stolzen helden sîne habe vertuot«; selbst wenn das Fuder Wein tausend Pfund koste, würde dort nie eines Ritters Becher leerstehen.

Die Freigebigkeit, die »milte«, war der Maßstab fürstlichen Verhaltens wenigstens für die höfische Gesellschaft. »Pfaffen« dachten über diese Form der Verschwendung anders, und wer die Berichte über die Zahlungen an Fürsten richtig verstehen will, wird je nach Quelle die kirchliche Kritik an der weltlichen Prunksucht mithören müssen. Die Fürsten und Ritter kümmerten sich nicht um eine solche Kritik. Es war vernichtend, wenn Walther von der Vogelweide nach dem Parteiwechsel an König Friedrich II. über den großgewachsenen Otto IV. schrieb: »Ich wollt Herrn Ottens ›Milde‹ an seiner Körperlänge messen; da hat ich mich im Maßstab nicht wenig vertan. Denn wär er so großzügig wie lang, wäre er ein Vorbild edler Eigenschaften. Maß ich aber richtig die Körperlänge daran, wie er Ehre einlegte, da wurde er an allen Enden zu kurz wie ein verschnittener Stoff, an Großmut viel kleiner als ein Zwerg.« Der kleine Friedrich aber wurde mit diesem Maß groß und hoch (nach P. Wapnewski). Das war nicht politische Propaganda des Sängers auf eigene Faust, sondern ein an den Hof des Staufers oder eines seiner Anhänger gerichtetes Lob, das seine Wirkung dort entfaltete, wo es den Gegner der Lächerlichkeit preisgab.

Das Rittertum und die höfische Kultur bestimmten die Sitten, die Ideale und die traumartigen Idealbilder der Herrenschicht in allen abendländischen Reichen

Otto von Freising und seine gleichzeitig lebenden Blutsverwandten (nach Aßelmeyer)

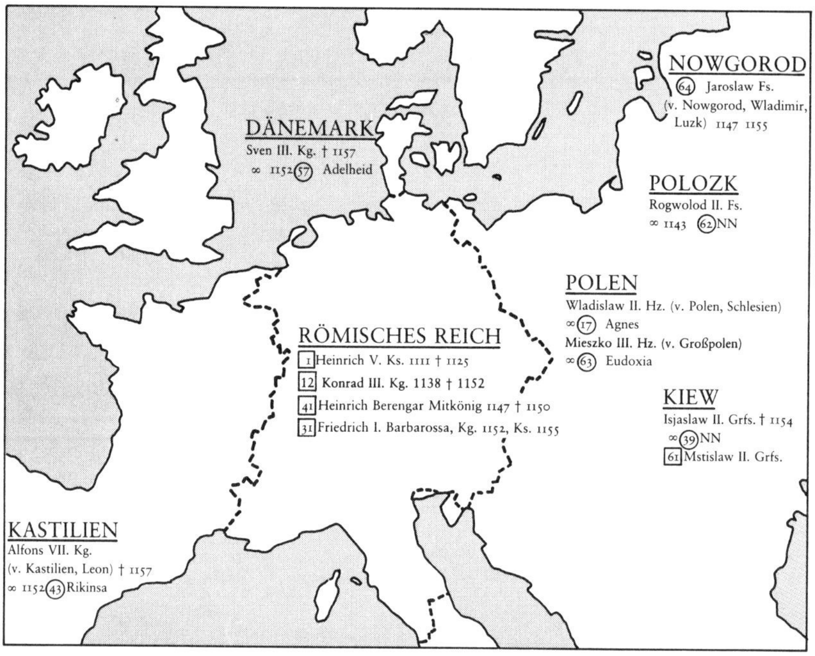

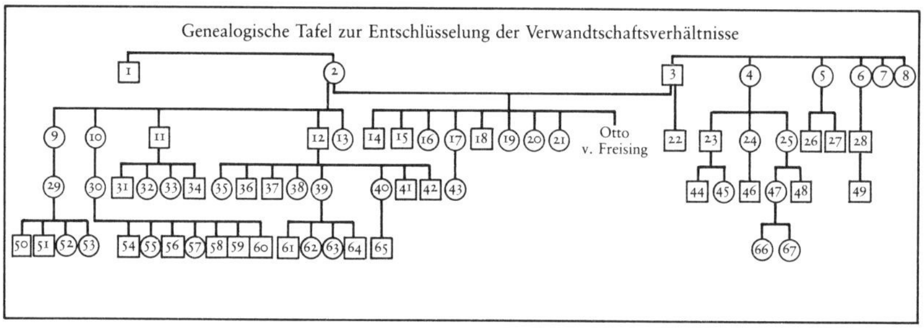

∞	verheiratet	Bf.	Bischof		
†	gestorben	Bggf.	Burggraf		
○	Verwandte	Fs.	Fürst		
□	Verwandter	Gf.	Graf	Ldgf.	Landgraf
- - - - - -	Reichsgrenze	Grfs.	Großfürst	Mkgf.	Markgraf
————	weltliche Herrschaft	Hz.	Herzog	NN	(der zu nennende Name)
--------	geistliche Herrschaft	Kg.	König	Pfgf.	Pfalzgraf
....	Kloster	Ks.	Kaiser	St.	Sankt

STADE
Rudolf Gf. † 1144
⚭ 45 Elisabeth
NIEDERLAUSITZ
56 Dietrich Mkgf. 1156
WINZENBURG
Hermann II. Gf.
⚭ 19 Elisabeth † 1143
GERBSTÄDT
55 Oda Äbtissin um 1137
WETTIN
58 Heinrich I. Gf.
BREHNA
60 Friedrich Gf. 1156
GROITZSCH
59 Dedo V. Gf. 1144
MEISSEN
Konrad der Große, Mkgf.
⚭ 1116/1119 30 Liutgard † 1146
54 Otto der Reiche Mkgf. 1156
BERG
Diepold Gf.
⚭ 66 Gisela
THÜRINGEN
Ludwig II. der Eiserne, Ldgf.
⚭ 1150 33 Jutta
BÖHMEN
Bořiwoj II. Hz.
⚭ 5 Gerberga † 1141
Wladislaw II. Hz.
⚭ 1140 21 Gertrud † 1151
RHEINLAND
Hermann v. Stahleck Pfgf.
⚭ 1125/1130 13 Gertrud
14 Heinrich Jasomirgott Pfgf. 1140
34 Konrad Pfgf. 1156
OLMÜTZ
27 Leopold Hz. † 1157
LENGENFELD
Friedrich Gf.
⚭ 9 Heilica
MÄHREN
Luitpold Mkgf. (v. Mähren, Znaim) † 1115
⚭ 6 Ida
OBERLOTHRINGEN
Matthäus I. Hz.
⚭ um 1138 32 Bertha
LOCHGARTEN
36 Constantin
ROTHENBURG
42 Friedrich Hz.
JAMNITZ
26 Jaromir Hz. † 1138
REGENSBURG
Heinrich III. Bggf.
⚭ 16 Bertha † um 1150
HÖTTINGEN
37 Giselbert
ZNAIM
28 Konrad II. Hz. † 1150
49 Konrad III. Otto
PFITZINGEN
Konrad
⚭ um 1125/26 35 Sophia
PASSAU
18 Konrad Bf. 1148
VELLBERG
Heinrich der Jüngere
⚭ 38 Ludmilla
BAYERN
15 Leopold Hz. 1139–1141
14 Heinrich Jasomirgott Hz. 1143–1156
Otto IV. Pfgf. † 1156
⚭ 29 Heilica
PEILSTEIN
Konrad Gf.
⚭ 8 Euphemia
SCHWABEN
11 Friedrich II. Hz. † 1147
31 Friedrich III. Hz. 1147–1152
42 Friedrich v. Rothenburg Hz. 1152
SCHALA
Sighard Gf.
(v. Schala, Burghausen) † 1142
⚭ 7 Sophie † 1154
BADEN
Hermann II. Mkgf. † um 1152
⚭ um 1131/1134 40 Bertha
65 Hermann III. Mkgf.
ELCHINGEN
Adalbert Gf.
⚭ 1102/03 10 Bertha
FREISING
Otto Bf. 1138–1158
50 Otto Pfgf. 1155
51 Otto
ÖSTERREICH
3 Leopold III. der Heilige, Mkgf. † 1136
⚭ 2 Agnes
22 Adalbert Mkgf. † 1138
15 Leopold IV. Mkgf. 1136–1141
14 Heinrich II. Jasomirgott
Mkgf. 1141–1156
Hz. (v. Bayern 1143–1156, v. Österreich 1156)
WOLFRATSHAUSEN
Otto Gf. † 1136
⚭ 52 NN
ADMONT
67 Kunigunde Nonne
ANDECHS
Berthold IV. Gf.
(v. Andechs, Plassenburg) † 1151
⚭ 47 Kunigunde
Berthold V. Gf.
⚭ 1152/53 53 Hedwig
STEIERMARK
Otakar II. Mkgf. † 1122
⚭ 4 Elisabeth
23 Leopold I. Mkgf. 1122 † 1129
44 Otakar III. Mkgf. 1129
PITTEN
Ekbert II. Gf.
(v. Formbach, Pitten)
⚭ 25 Willibirg † vor 1140
48 Ekbert III. Gf. † 1158
KÄRNTEN
Heinrich III. Hz. † 1122
⚭ 7 Sophie † 1154
Heinrich V. Hz. 1144
⚭ 45 Elisabeth
ST. PAUL
46 Bruno Abt 1140
MARBURG
Bernhard I. Gf.
(v. Sponheim, Marburg)
⚭ 24 Kunigunde
MONTFERRAT
Wilhelm Mkgf.
⚭ 20 Judith

und in den morgenländischen Kreuzfahrerstaaten. Die Fürsten, die die Feste veranstalteten, waren über weite Entfernungen hinweg miteinander verwandt und verschwägert, ihre Gäste zogen oft von einem zum anderen Ort und konnten Vergleiche ziehen; auf den Zügen ins Heilige Land trafen Fürsten und Ritter aus ganz Westeuropa zusammen. Das schloß nicht aus, daß das Rittertum in Deutschland durch den hohen Anteil von Ministerialen und durch deren besondere Rolle im Herrschaftsdienst eigene Züge annahm, wie etwa auch das Rittertum in Italien dadurch eine besondere Prägung erfuhr, daß es ganz wesentlich ein städtisches, mit politischer Führung in den Kommunen verbundenes Rittertum gewesen ist. Der herausragende Platz, der den Dichtern in der höfischen Selbstdarstellung, im Sich-selbst-Feiern der Fürsten und Ritter zugewiesen war, verstärkte die Differenzierung nach Sprachgruppen; denn die Minnelieder und Epen waren volkssprachliche Dichtung: Vor allem durch sie, viel weniger in der geistlichen Dichtung und im religiösen Szenenspiel sind die Volkssprachen in Europa Schrift- und Literatursprachen geworden. In dieser ritterlichen Literatenwelt wurden die gegenseitigen Animositäten, die sich unter den europäischen Völkern damals entwickelten, gelegentlich mit beißender Schärfe artikuliert, wobei die für das höfische Publikum bestimmte Herabsetzung der anderen meist in die aktuellen politischen Auseinandersetzungen eingebunden war.

Der moderne Betrachter tut sich schwer damit, die oft rohe und brutale Wirklichkeit des 12. und 13. Jahrhunderts mit den ritterlichen Idealen zusammenzubringen, die die Dichter unermüdlich priesen. Richard Löwenherz nützte es nichts, daß Leopold von Österreich und Heinrich VI. Ritter waren und sein wollten; und trotz der Gefangennahme des englischen Königs galt der Hof des Herzogs neben dem Kaiserhof, dem Welfenhof in Braunschweig und dem der thüringischen Landgrafen in Deutschland als eines der glänzendsten Zentren höfischen Lebens. Richard, dessen Rittertum die Zeitgenossen bewunderten, hätte sich in ähnlicher Situation wohl kaum anders verhalten. Wo die Behandlung des Königs verurteilt wurde, hob man nicht auf den Bruch eines ritterlichen Ehrenkodex ab, sondern auf den Überfall auf einen Kreuzfahrer, der als solcher unter absolutem, kirchlich sanktioniertem Friedensschutz stand. Fremde und Pilger zu schützen, Kreuzfahrer zu fördern gehörte dann freilich wieder zu den idealen Verhaltensnormen, die in der Dichtung gepriesen und auf dem Hoffest in zeremonieller Weise geübt wurden.

Zwischen Ideal und Wirklichkeit bestand eine Kluft, welche die Zeitgenossen sehr wohl wahrnahmen. Aber sie zeigte sich ihnen nicht dort am deutlichsten, wo von heutigen, durch spätere Entwicklungen mitgeprägte Vorstellungen das »unritterliche« Verhalten besonders kraß zutage trat. Schmerzlich spürte man die Diskrepanz in der Rolle des Geldes, die im Epos nicht vorgesehen war, da in ihm unermeßliche Schätze, wenn sie nicht einfach als Attribut fürstlicher Existenz vorhanden waren, aus märchenhaften Quellen flossen, oder im politischen Kalkül, das die menschlichen Beziehungen in der Adelsgesellschaft beherrschte, obgleich Fürstengunst und Freundschaft als Lohn und Anerkennung ritterlich-höfischer Tugenden gewährt werden sollten.

Was die höfische Gesellschaft sein wollte, erreichte sie nur im Fest, auf das ihr Leben in einem heute kaum noch vorstellbaren Maße ausgerichtet war. Wie sie sich verstand, verkündeten die Dichter, die ihr zeigten, wie sie sein sollte: sein sollte nicht so sehr in der Auseinandersetzung mit der alltäglichen Wirklichkeit, sondern in der eigenen Lebensgestaltung, zu der das höfische Fest als das zentrale Ereignis gehörte. Dabei wurde aus dem antiken Tugendsystem mit seinen auf bestimmte Funktionen und Situationen zu beziehenden Kardinaltugenden das Ideal einer ganzheitlich verstandenen Persönlichkeit, bei der gesittetes Betragen und tugendhaftes Verhalten, Freude des Geistes am schön Gestalteten und die vollendet beherrschte Kraft des Körpers Ausfluß des inneren, durch Erziehung geformten Wesens sein sollten. Gewiß war damit nichts intendiert, was als Entfaltung einer individuellen Persönlichkeit verstanden werden darf. Wie in den Bildnissen der Zeit, die im Vergleich zu allem, was bis ins 12. Jahrhundert entstanden ist, lebensnah wirken und, obschon idealisiert, Persönlichkeiten vorzustellen scheinen, ohne ein Porträt im Sinne des individualisierenden Persönlichkeitsbildes zu schaffen, entsprach dem höfisch-ritterlichen Ideal ein Typus mit festgeprägtem Rollenverhalten, für das unwirkliche, sagenhafte und erdichtete Gestalten die verbindlichen Normen setzten. Aber die vom Einzelnen zu verwirklichende »Persönlichkeit« wurde allen vor Augen gestellt und begann auf das Verhalten des höfischen Menschen zurückzuwirken.

Nur an einem Beispiel mag diese Rückwirkung verdeutlicht werden: an der Stellung der Frau. Sie ist in der höfischen Gesellschaft zur »Herrin«, zur »Dame« geworden, um deren Anerkennung die Ritter kämpften, der sie dienen wollten und deren Lob die Dichter sangen. Die gesellschaftliche Position der Frau hat nicht nur hier eine Aufwertung erfahren. Sieht man auf die Rechtsstellung der Frau oder ihre Rolle im wirtschaftlichen Leben, so ist sie damals überall in einem Maße Partnerin, »genoz« ihres Mannes geworden, wie sie es im Frühmittelalter nie gewesen war. Marienmystik und Marienlyrik machen sichtbar, daß diese Entwicklung eine religiöse Dimension besaß, die zum Verständnis des ritterlichen Minnedienstes unabdingbar ist. Doch in der höfischen Kultur trat die »Dame« dort in den Mittelpunkt des gesellschaftlichen Lebens, wo die ritterliche Welt ihren Idealen am nächsten zu kommen glaubte, und sie war der Mittelpunkt gerade als Vertreterin des anderen Geschlechts, durch ihre Rolle als Frau. Von ihr, vom Frauendienst schien es hauptsächlich auszugehen, wenn in die Welt des Krieges das ehrenhaft-ritterliche Verhalten – wenigstens im Ideal – hineingetragen wurde. Die neuen Formen menschlicher Äußerung in der Lyrik, in der man innere Empfindungen in bisher nicht gehörtem Ton artikulierte, sind hierbei zur Ausbildung gelangt. Freilich fiel dadurch auch dem Mann eine veränderte Rolle zu. Vor der Dame, nicht mehr nur gegenüber dem anderen Krieger, hatte er seine Männlichkeit zu beweisen: in seinem Auftreten, in seiner Schönheit und seiner Brillanz, in seiner Kunstfertigkeit und seinem Vortrag und vor allem in seiner Kampfkraft und Geschicklichkeit.

Im Mittelpunkt der Hoffeste stand das Turnier, eine stets mehrtägige Veranstaltung, auf der neben den zahlreichen Einzelstechen meist auch Mannschaftskämpfe mit sehr vielen Teilnehmern – sei es wie 1184 zum Auftakt, sei es zum krönenden Abschluß – stattfanden. Wie es bei diesen Gruppenkämpfen, als Schauspiel für große Zuschauermengen gedacht, zugehen konnte, zeigt die Nachricht, daß während eines großen Turniers bei Neuß 1241 über hundert Ritter vor Staub und Hitze erstickten. Die Einzelstechen, auf Miniaturen häufig dargestellt, erlaubten es dagegen der vornehmen Gesellschaft, den Zweikampf, der mit schweren oder gar tödlichen Verletzungen enden konnte, aus der Nähe mitzuerleben. Die alten, an Königs- und Adelshöfen geübten Waffen- und Kampfspiele, der blutigen Realität des Krieges eng verbunden, nicht nur als Training für den Ernstfall, sondern auch als ernstgemeinte Demonstration der Stärke und Tüchtigkeit zu verstehen, fanden im Turnier strenge, zeremoniell gehandhabte Regeln, in welchen sich »höfisches Rittertum«, nicht einfach kraftvolles Kriegertum manifestieren sollte. In dieser Form hatte sich das Turnier seit der Mitte des 12. Jahrhunderts mit anderen höfischen Lebensformen und der höfischen Mode auch in Deutschland ausgebreitet; das Hoffest des Kaisers zu Pfingsten 1184 ist das früheste, über das ausführliche Nachrichten vorliegen. Aber es war nicht das erste, wenn geschildert wird, daß es – die Feste am Hofe des Königs Artus vielleicht ausgenommen – alles übertraf, was man bis dahin gesehen und gehört hatte; zufällig erfährt man, daß zwei Söhne von Kölner Patriziern, die zum kaiserlichen Fest ziehen wollten, direkt von einem Wormser Turnier kamen, ähnlich wie Kaufleute von einem Jahrmarkt zum nächsten zogen.

Nicht auf den Burgen, sondern bei und bald auch in den Städten wurden die Ritterspiele abgehalten. In ihrer Selbstdarstellung blieb die höfische Gesellschaft nicht unter sich; sie suchte die Menge, allerdings nicht die dörfliche. Der Bauer erschien in der höfischen Dichtung gewöhnlich nur als das tölpelhafte Gegenbild der eigenen edlen Lebensformen; nicht einmal als Zuschauer hatte er beim Hoffest etwas zu suchen. Eine vergleichbare Abwertung des Stadtbürgertums wurde damals nirgends artikuliert. In der Ministerialität ging »bürgerliches« Sozialprestige in das ritterliche über, und die ebenfalls kostbar gekleidete, in schönen Häusern wohnende, ritterlich bewaffnete städtische Führungsgruppe, aus deren Tätigkeit die Fürsten und Herren ihren Reichtum großenteils bezogen, bildete das Publikum, vor dem adelige Überlegenheit und höfisches Gebaren zur Schau gestellt wurden. Insbesondere dort, wo sie mit einem Zentrum fürstlicher

Sängerkrieg auf der Wartburg, dem kunstfreundlichen Hof des Landgrafen Hermann von Thüringen: Walther von der Vogelweide, Wolfram von Eschenbach, Reinmar von Zweter, der Sekretär des Landgrafen, Heinrich von Ofterdingen, Klingsor von Ungarland und Biterolf beim Wettstreit um die Huld der Landgräfin. Miniatur in der zwischen 1310 und 1314 im Auftrag der Zürcher Patrizierfamilie Manesse entstandenen sogenannten Großen Heidelberger Liederhandschrift. Heidelberg, Universitätsbibliothek

Der Ladbergener Städtebund: Verpflichtung zu Friede und Ruhe an allen Markttagen, Anordnung über die Reihenfolge der Budenaufstellung, Zusage schneller Entscheidungen bei Rechtsstreitigkeiten. Pergamenturkunde vom 22. Mai 1246 mit den Siegeln von Münster, Osnabrück, Minden und Herford. Minden, Stadtarchiv

Hofhaltung verbunden war, wurde die Stadt zum Schauplatz einer solchen Demonstration.

Auch in ihren alten Formen verlagerte sich die Herrschaftsrepräsentation auf neue Orte. Offensichtlich tat es dem Herrscherprestige keinen Abbruch, wenn die Festkrönung in der Pfarrkirche einer Pfalzstadt abgehalten wurde. Am Turnier konnten Stadtbürger beteiligt sein, die Söhne führender Geschlechter wie jene Kölner, die 1184 vom Hoffest Friedrich Barbarossas angezogen waren. Die Ministerialen, auch die stadtsässigen, gehörten der ritterlichen Welt an, und jene Stadtbewohner, die sich in der Mitte des 13. Jahrhunderts »Bürger und Ritter« zu nennen begannen, besaßen meist alles, was ihnen materiell die Teilnahme am Turnier erlaubte. Dieses städtische Rittertum holte höfische Kultur und Dichtung in ihre Häuser und Stadttürme: Die berühmte Liederhandschrift der Zürcher Familie Manesse und manches, was an Wandmalerei in »Bürgerhäusern« zum Vorschein gekommen ist, kann die Verbindung zwischen der städtischen und höfischen Kultur belegen. An den Sitzen der geistlichen Fürsten hatte sie ohnehin schon immer bestanden. Kultur und Lebensstil, in manchem auch die Normenwelt des Adels gaben dem reichen Stadtbewohner Leitbilder für die Gestaltung seines Lebens.

Sieht man von der spezifischen Einbindung des Bürgers in die städtische Gemeinschaft ab, die sich in der Tat von der Stellung des Adels in seinem Milieu grundsätzlich unterschied, läßt sich eine scharfe Grenze zwischen höfischer und städtischer Welt in der Stauferzeit nirgends ziehen. Von der Lebensführung und von der Position her verlief die Scheidelinie zwischen adeliger und rein »bürgerlicher« Existenz, sofern man sie ziehen will, eher innerhalb der städtischen Gesellschaft, zwischen den führenden, in der Stadt »herrschenden« Geschlechtern und dem in den Handwerkszünften »dienenden« Volk. Diese Scheidung nahm im Verlauf des 13. Jahrhunderts immer deutlichere Konturen an. Tendenzen ständischer Abschließung waren in der Stadt wirksam, die »Edlen« oder »Herren« wurden vielerorts, vor allem im Westen und Süden des Reiches, zu einer eigenen Gruppe in der städtischen Gesellschaft, die nicht einmal reich gewordene Kaufleute als ebenbürtig anerkannte. Doch selbst wo eine solche Differenzierung innerhalb des Patriziats fehlte, hat sich dieses ständisch verfestigt und gegen die Handwerkerschaft und die Gemeinde weitgehend, freilich nie vollständig abgeschlossen.

Die Nähe, ja Verflechtung von höfischer und städtischer Welt schloß Interessenkollisionen zwischen dem fürstlichen oder adeligen Stadtherrn und der Bürgerschaft keineswegs aus. Insbesondere in den alten Städten, an den Bischofssitzen, kam es zu heftigen Konflikten, die schon bald nach der Stauferzeit – beispielsweise in Straßburg oder Köln – zum Auszug der geistlichen Stadtherren und zum Ausbau neuer Residenzen führte. Bereits im 12. Jahrhundert hatte es Streitigkeiten zwischen den Bischöfen und ihrer stadtsässigen Ministerialität gegeben; seit der Jahrhundertwende hört man von Spannungen zwischen Stadtherren und dem meist in diesem Zusammenhang erstmals erwähnten Rat, und nach 1230 ging der Kaiser sogar gemeinsam mit den Fürsten gegen das immer weiter um sich greifende städtisch-kommunale Einungswesen vor. Die stadtherrlichen Positionen wurden jedoch von der Gruppe angegriffen, die der herrschaftlich-höfischen Welt besonders eng verbunden war, von den Geschlechtern, deren Angehörige an den ritterlichen Lebensformen Anteil hatten. Der Ursprung der Autonomie, die sie, manchmal in Abwehr steigender hoheitlicher und fiskalischer Ansprüche, nun gegen den Stadtherrn erweitern wollten, lag in der Funktion, die ihnen der Herr einst zur Intensivierung seiner Herrschaft und Kontrolle zugewiesen hatte. Nie ging es in den damaligen Kämpfen um eine Abschaffung der stadtherrlichen Rechte überhaupt, wohl aber um deren Abgrenzung gegen die Rechte, auf welchen die Autonomie und Freiheit der Bürgergemeinde beruhte. Die Konflikte unterschieden sich nicht grundsätzlich von den Fehden, welche die Herren untereinander führten. Insofern darf man diese Streitigkeiten nicht einer Auseinandersetzung zwischen der das Mittelalter prägenden Adelsgesellschaft und einem bereits nichtfeudal verstandenen Bürgertum, sozusagen aus der Perspektive des Klassenkampfs beurteilen. Vielmehr muß man die nachfolgende Emanzipation der Gruppen, die man seit dem 11. Jahrhundert als »Laboratores« verstand, als eigenen Prozeß sehen, durch den dem adeligen erst eindeutig ein bürgerlich-nichtadeliges Milieu entgegentrat. Diese Entwicklung war nicht schon mit dem Aufstieg der Stadt zu wirtschaftlicher Blüte und politischem Gewicht verbunden. Sie vollzog sich gewissermaßen in der Stadt selbst, als später die Zünfte als ständische Gruppierungen Anteil am Stadtregiment erlangten.

Wo sich – wie in Köln unter Erzbischof Engelbert (1216–1225) – innerstädtische Spannungen zwischen den herrschenden Geschlechtern und der Gemeinde bereits in der späteren Stauferzeit ankündigten, konnte die Verantwortung des Stadtherrn für Wohl und Recht der Bevölkerung gegen das ministerialisch-patrizische Stadtregiment ausgespielt werden. In der zweiten Hälfte des 13. Jahrhunderts bot sich auch in anderen Orten dem fürstlichen Stadtherrn ein Zusammengehen mit dem städtischen Volk gegen die der ritterlichen Welt so eng verbundene Führungsschicht der Stadt an. Die Forderung der Gemeinde nach einer Kontrolle des Stadtregiments und seines Finanzgebarens, für die beispielsweise 1233 in Worms oder 1248 in Freiburg im Breisgau zusätzliche Gremien, die überwiegend von nichtpatrizischen Bürgern zu beschicken waren, in die Stadtverfassung eingebaut wurden, ließ sich durchaus als Ansatzpunkt benutzen, um auch die stadtherrliche Aufsicht wieder zu verstärken. Der »Große Schied«, durch den der Dominikaner Albert der Große 1258 in Köln derartige Streitigkeiten aufgrund der vom Erzbischof und von den Bürgern eingereichten Klageschriften gegen die Schöffen und die »Richerzeche« zu schlichten versuchte, vermittelt einen detaillierten Einblick in die Praktiken und Probleme des Stadtregiments der Rhein-Metropole am Ausgang der Stauferzeit.

Aus ganz anderer Perspektive, dennoch ähnlich zeichnete Bernhard von der Geist, Notar des Bischofs von Münster und Lehrer am dortigen St. Mauritz-Stift, in seinem satirischen Gedicht »Palpanista« das Verhältnis der Gruppen in der Stadt und die Rolle, die dabei dem Stadtherrn zufiel. Einen alten Höfling läßt Bernhard ein Loblied auf das Leben am Hofe singen. Freilich seien Schmeichelei und Anpassung dort die erfolgversprechenden Verhaltensweisen, und durch nichts könne man sich die Gunst des Herrn mehr verdienen als durch Ratschläge, wie er zu Geld kommen könne. Einer der zahlreichen Wege, es von Geistlichen, Rittern, Bürgern und Bauern herauszupressen, führte über die Gerichtsbarkeit, die Bestrafung von Friedensbrüchen in der Stadt. Angeberei und gegenseitige Herabsetzung beim Zechen im Wirtshaus arteten leicht in eine Schlägerei zwischen Kaufleuten und Handwerkern aus. Der Kaufmann prahlte mit seiner Kenntnis der Fremde, mit seinen Fahrten übers Meer mit reicher Fracht und ereiferte sich darüber, daß Leute, die nur »in der Herde« gelebt hatten und nicht weiter als hundert Schritt vor die Mauer gekommen waren, nie feines Benehmen im Umgang mit den Hochgestellten gelernt haben, die von Handarbeit und Weberei lebten, daß solche Leute Wein tranken, in Steinhäusern wohnten, sich in Scharlachtuch kleideten, auf kostbar gezäumten Rossen ritten wie die Bessergestellten und gar meinten, aufgrund ihres Reichtums um seine Tochter anhalten zu können. Den »Plebejern« schwoll die Zornesader, ihr Wortführer höhnte, was denn von den vergangenen Taten geblieben sei: »Ich besitze mehr als du, obwohl ich nie nach draußen gefahren bin, ich stehe an Würde höher, auch wenn ich ortsfest in diesen Mauern lebe, mich kennt unser Herr, mich holt er oft zu sich, mich grüßt er mit Namen, für meine Waren schenkt er mir oft genug Wein. Du bleibst als armer Schlucker hier hängen, weil du mit deinen Geschäften die Leute betrogen und deshalb Pleite gemacht hast.« Da sausten die Krüge, Stuhlbeine, Leuchter und Schemel auf die Köpfe nieder – bis man sich schließlich der Gemeinschaft besann, in der es einen solchen Streit nicht geben sollte, feierlich die Bruderschaft erneuerte und noch einmal mit viel Wein begoß, in großartigen Worten den städtischen Frieden beschwörend. Dem Stadtherrn, der nur auf solche Streitigkeiten lauerte, und dem Stadtrichter sollte alles verheimlicht werden. Doch sie erfuhren davon. »Die königliche Majestät, die eigene Herrschaftsgewalt, der beschworene Friede und das Stadtrecht waren verletzt«: Jeder, der dabei war, mußte Buße bezahlen, um so höher, je mehr er besaß. Das füllte die Kassen des Herrn, so daß er sich von den Schulden bei den Wucherern freikaufen konnte – eine einträgliche und bequeme Einnahmequelle, jedenfalls nach Meinung des geistlichen Schulmeisters aus Münster, da derartige Streitigkeiten alltäglich waren. Gegenüber der alten Führungsgruppe meldeten neue Familien mit anderer wirtschaftlicher Grundlage ihre Ansprüche an.

Obwohl sich in solchen Spannungen bereits neue Kräfte ankündigten, dominierte in den spätstaufischen Städten die ministerialisch-ritterliche und fernhändlerische Schicht. Sie organisierte gemeinsame politische Aktionen, wie sie in ersten »Städtebünden« unter Friedrich II. sichtbar werden, Zusammenschlüsse, an denen sich auch Fürsten und Adelige beteiligten. In den Städten Norddeutschlands, den großen und kleineren Handelsplätzen, trat das ritterlich-ministerialische Element freilich ganz hinter dem kaufmännischen zurück. Der überregionale Zusammenschluß der deutschen Fernhändler, die in den Ländern rund um die Ostsee auf dem Seeweg ihren Geschäften nachgingen, erlangte hier eine einzigartige historische Bedeutung. Nicht aus einer Vereinigung von Städten ging die deutsche Hanse hervor, sondern aus einem gildeartig organisierten Verband von Kaufleuten, der von den Zielpunkten des Handels her zu verstehen ist. In der Fremde schuf man sich gemeinsam genützte Einrichtungen, eine gemeinsame Kasse, eine gemeinsame Vertretung gegenüber fremden Fürsten, eine eigene Schiedsgerichtsbarkeit für Streitigkeiten untereinander, aber auch die eigene Kirche, um die herum man mit dauerhaften Häusern und Schuppen eine Niederlassung errichtete. Das alles war hier nötiger als in den Ländern des Westens, wo man einerseits auf vertrautere, differenziertere Einrichtungen stieß, andererseits aber der intensivere herrschaftliche Zugriff derartigen Formen der Selbstorganisation Grenzen zog. Gotland war die Drehscheibe des Ostsee-Handels, Visby in Teilen eine deutsche Stadt. Dort lag das Zentrum für den Kaufmannszusammenschluß, der sich in seinem Siegel als die Gemeinschaft der Gotland besuchenden deutschen Kaufleute bezeichnete. Visby und Lübeck, dazu Dortmund und Soest stellten je einen der vier Oldermänner, die der Gemeinschaft, der »Hanse«, vorstanden und von denen jeder einen Schlüssel zu einem der vier Schlösser der Kassentruhe besaß.

Aus dieser Gemeinschaft ist die deutsche Hanse entstanden, deren Wirksamkeit weit über die Stauferzeit hinausreichen sollte und die deshalb im dritten Band der »Propyläen Geschichte Deutschlands« behandelt wird. Doch gerade um 1250 erfolgte die für die spätere Hansegeschichte bedeutsame Festigung der Position im Westen: durch den Zusammenschluß mit den Kölner Kaufleuten, deren Gildehalle in London zum Haus aller deutschen Kauffahrer wurde, und durch die Erzwingung von Handelsvergünstigungen in Flandern, denen der Hansekontor in Brügge seine Entstehung verdankt. Hier war es schon nicht mehr die Genossenschaft der Fernkaufleute allein, die hinter den politischen Aktionen stand; im Hintergrund wirkten bereits die von den Kaufmannsfamilien regierten Städte, welche die Interessen der »Kaufleute des römischen Reiches«, wie man die Hanse im Westen nannte, durchsetzen halfen.

In Flandern trafen seit dem 13. Jahrhundert Ströme des internationalen Verkehrs zusammen: Geld und Waren der Italiener, die von der Champagne her dorthin vordrangen, die englische Wolle, die dort zu den besten Tuchen verarbeitet wurde, der Bordeaux-Wein und das Salz von den westfranzösischen Salinen, in großen Mengen zu Schiff herangeführt, alles, was aus Deutschland oder über die östlichen Alpenpässe in den Nordwesten verkauft wurde, dazu das, was die Hanse aus Skandinavien, dem Baltikum und Nordrußland herbeischaffte: gesuchtes Pelzwerk oder Erz ebenso wie Lebensmittel für das »industrialisierte« Ballungsgebiet Flanderns. Ähnlich wie im nordöstlichen Europa beherrschten deutsche Kaufleute auch im Südosten den Handelsverkehr zwischen Kiew und dem Donau-Raum, der Adria und dem Rheinland. Doch hier waren sie nicht, wie die Hanse im Norden, in einer Gemeinschaft zusammengeschlossen. Der Fondaco dei Tedeschi, die Niederlassung der deutschen Kaufleute in Venedig, ist nicht so sehr aus ihrer Initiative zu erklären, sondern aus der Art und Weise, wie die Lagunenstadt die fremden Kaufleute in ihre eigene, kommuneartige Organisation einbezog.

Wirtschaftlich dominierten in der späteren Stauferzeit die Städte schon augenfällig. Terminlich aufeinander abgestimmt, nahmen die Jahrmärkte und Messen an Zahl und Bedeutung zu. Die wirtschaftliche Verflechtung der Städte untereinander, ja ganzer Regionen verdichtete sich ebenso wie die zwischen Stadt und Land. Und wenn sich die Adeligen und Ritter ganz unhöfisch über den voraussichtlichen Ertrag der nächsten Ernte oder über Viehzucht unterhielten, so taten sie es mit dem Blick auf die Preise, die sie damit auf den städtischen Märkten zu erzielen hofften. Stadt und Hof blieben aufeinander bezogen – trotz aller Interessenkonflikte zwischen einzelnen Stadtherren und ihren Städten, wie es sie überall in der fürstlich-adeligen Welt jener Zeit gab. Fast noch deutlicher als im 12. Jahrhundert war es jetzt die Initiative von Fürsten und Adeligen, die zur weiteren Ausbreitung des Städtewesens – der bürgerlich-kommunalen Lebensform unter einer gesicherten, wenngleich begrenzten Freiheit – beitrug. Und es waren die Bürger, die mit ihrem Schaffen, mit ihrem Handel und ihrer Produktion den weltlichen und geistlichen Herren die Steigerung von Aufwand und Lebensgestaltung ermöglichten, die im höfischen Zeitalter zu beobachten ist. Die Verdichtung der Herrschaft zur Staatlichkeit, die in der Stauferzeit begann, bezahlten vor allem die Städter mit dem Geld, das sie unter fürstlicher Förderung gewannen.

Neue Frömmigkeitsformen, neue Erfahrungshorizonte

In der höfischen und städtischen Kultur fand eine für das Mittelalter neue Weltlichkeit Ausdruck. Der religiöse Ernst, von dem die gesamte Überlieferung aus den früheren Jahrhunderten durchtränkt ist, trat in vielen Bereichen zurück, anders geartete Daseinsäußerungen griffen um sich: Fröhlichkeit und Prunk der Lebenshaltung, der ungehemmte Griff nach dem Geld und die Maßlosigkeit, mit der es verpraßt wurde, das Spiel mit der Sinnlichkeit in höfischer Kleidung und Dichtung, Frivolität im Scherz und intellektuelle Bosheit in der Polemik. Eine Vielfalt weltlicher Sujets in Literatur und Bildkunst unterstrich den Wandel der Einstellungen. Daß die Kirche die Teilnahme am Turnier als Todsünde verbot und sogar mit der Exkommunikation verfolgte, blieb, aufs Ganze gesehen, ebenso wirkungslos wie die auf den Konzilien wiederholten und verschärften Verbote von Wucher und Geldgeschäft, die das Zinsnehmen unterbinden wollten, obwohl gerade solche Kredite der Kurie den raschen Eingang der von ihr geforderten Beiträge der Einzelkirchen garantierten und den Aufbau einer »Papstfinanz« ermöglichten. Das Lebensgefühl und die gesellschaftlichen Leitbilder, nicht nur die Lebensnotwendigkeiten machten die kirchlichen Verbote unwirksam. Man überging sie ohne die barbarisch-trotzige Schwere, mit der zuvor religiöse Normen durchbrochen worden waren. Neben den Jenseitshoffnungen und -ängsten scheint Diesseitsfreude einen immer weiteren und freieren Raum besetzt zu haben.

Das 13. Jahrhundert brachte aber zugleich Erscheinungen hervor, die zeigen, wie der Glaube noch tiefer in das Leben der Menschen eindrang, wie die kirchliche Bindung zunahm, wie die Frömmigkeit gewissermaßen erst jetzt das innere Empfinden ganz erreichte und dem Seelenleben neue Ausdrucksmöglichkeiten erschloß. Es waren die gleichen Menschen, die sich diesen neuen Formen der Frömmigkeit verschrieben, die gleichen Gruppen, die sich auch dem Diesseits offener hingaben, als es ihre Vorfahren getan hatten. »Neue Weltlichkeit« und »neue Frömmigkeit« waren eng verbunden. Gewiß stand zwischen beiden Lebenshaltungen stets die Umkehr, welche das Evangelium Christi forderte, das heißt eine radikale Veränderung in der Einstellung zur Welt. Doch es wurde nun möglich, Dinge zu vereinen, die sich nach früherer Vorstellung ausgeschlossen hatten. Dies gab den Weg frei, sich sowohl mit der Welt wie mit der Glaubenswahrheit in einer neuen Weise auseinanderzusetzen.

Die geistlichen Ritterorden, die während der ersten Kreuzzüge entstanden, führten Mönchtum und Kriegertum in einer Person zusammen; sie gestatteten es, die monastische Weltentsagung zu wählen, ohne sich von der höfisch-ritterlichen Gesellschaft abzuwenden. Wie Dichtung und menschliches Verhalten zeigen, war der für Christus, für die Christen und für seine eigene Seele streitende Kreuzritter, der kein dauerndes Gelübde ablegte und nach seiner Fahrt

Die Einflußbereiche des Deutschen Ordens unter den Hochmeistern Hermann von Salza und Konrad von Thüringen (nach Braasch)

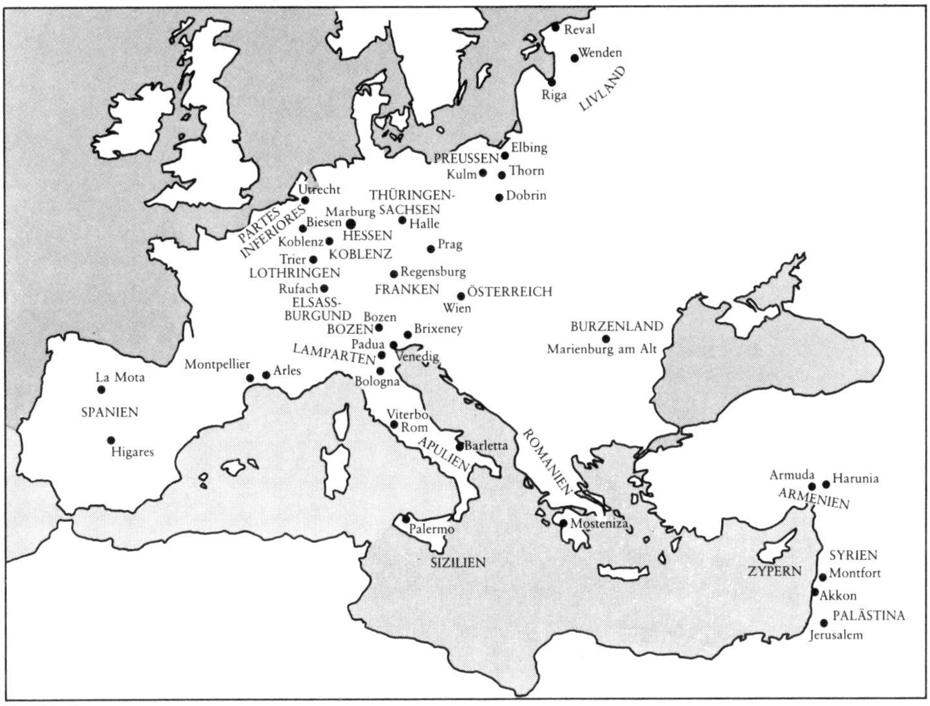

• Bedeutende Ordensniederlassung

in die höfische Welt zurückkehrte, das Leitbild eines vorbildlichen Ritters schlechthin. Karl der Große und seine Paladine wurden zu den Prototypen dieses Ideals. In den geistlichen Ritterorden, also in der Verbindung der ritterlichen Verpflichtung zum militärischen Kampf für Christus mit dem monastischen Vorsatz der »Militia spiritualis«, fand dieses Leitbild eine Steigerung über das Höfische hinaus. Die Begründer dieser Orden verbanden nicht nur, wie jeder Kreuzfahrer, Kriegertum und Pilgerschaft, sondern waren Angehörige von Spitalbruderschaften im Heiligen Land, die »Caritas« an den kranken Mitstreitern und Mitpilgern übten. Doch der unter einem religiösen Gelübde stehende Laienstatus genügte ihnen nicht; sie suchten, den Tendenzen ihrer Zeit entsprechend, die strengere Bindung an eine Ordensregel. Bernhard von Clairvaux lieferte auf ihre Bitten in seiner Schrift »Vom Lob der neuen Ritterschaft« die spirituelle Rechtfertigung. Um 1130 hat so der Templerorden, um 1150 der der Johanniter, 1197 der Deutsche Orden seine Institutionalisierung gefunden. Die

Blütezeit der geistlichen Ritterorden fällt in das 13. Jahrhundert. Mit der Ausbreitung der höfisch-ritterlichen Kultur erhielten sie in Deutschland ihren Zuzug. Philipp von Schwaben und Friedrich II. haben den Deutschen Orden nachdrücklich gefördert. In Schwaben, am Mittelrhein und in Hessen, wo die Reichsministerialität und der staufertreue nichtfürstliche Adel bestimmende Kräfte waren, wuchsen dem Orden seine ersten großen Besitzungen auf deutschem Boden zu. Die Landgrafen von Thüringen, die Herren eines der glänzendsten Höfe, und ihre Umgebung gehörten früh zu den Wegbereitern, Hermann von Salza, der vierte Hochmeister (um 1210–1239), kam aus der landgräflichen Ministerialität. Sein Nachfolger als Hochmeister wurde Landgraf Konrad (1240 gestorben), das erste fürstliche Mitglied des Ordens, das man nachweisen kann. Allerdings stand sein Eintritt bereits vor dem Hintergrund der tiefen Wirkungen, die von der Konversion seiner Schwägerin Elisabeth auf den landgräflichen Hof ausgingen. Wie jeder ritterliche Kreuzfahrer wurde auch der Bruder eines Ritterordens von der höfischen Gesellschaft als einer der ihren betrachtet, selbst wenn er sich in seinem Gelübde von ihrer weltlich-festlichen Lebensfreude losgesagt hatte. Die Krieger Christi im Ordenshabit, ihr Kampf gegen die Ungläubigen und ihr Dienst am Nächsten in den Spitälern verstärkten die Legitimation des Rittertums auch in den weltlichen Formen seiner Existenz.

Nicht die im 12. Jahrhundert entstandenen Ritterorden haben freilich neuen Frömmigkeitsformen zum Durchbruch verholfen, sondern die Bettelorden, die im Laufe weniger Jahrzehnte fest in der städtischen Gesellschaft Fuß faßten und deren geistlich-kirchliches Leben umgestalteten. 1217 oder 1219 hatten Jünger des heiligen Franziskus von Assisi erstmals versucht, ihr Beispiel der Evangelienbefolgung nach Deutschland zu tragen; doch sie wurden für lombardische Ketzer gehalten und brutal verjagt. 1221 brach eine neue, besser vorbereitete Gruppe nach Deutschland auf. Einer der Beteiligten, Jordan von Giano, schrieb vier Jahrzehnte später einen lebendigen Bericht, wie die Brüder zur Rübenzeit über Mittenwald nach Augsburg kamen und sich dort sowie in Würzburg, Worms, Speyer und Straßburg niederließen und von da aus weitere Gemeinschaften gründeten. Um 1250 gab es in Deutschland mehr als hundert Franziskanerkonvente, die meisten in den drei Ordensprovinzen Straßburg, Köln und Sachsen, etliche auch schon in der Provinz Österreich. Im selben Zeitraum hatten die Dominikaner, die sich stärker auf die großen Städte konzentrierten, achtunddreißig Niederlassungen eingerichtet. In ungefähr fünfundzwanzig Städten waren beide Orden damals schon fest etabliert.

Die rasche Ausbreitung der Bettelorden über die ganze lateinische Christenheit erklärt sich aus den Regeln, die ihr Zusammenleben und Wirken bestimmten, und aus den Frömmigkeitsformen, denen sie zum Ausdruck verhalfen. In ihrer Lebensform und ihrer Spiritualität griffen sie Tendenzen auf, die sich seit dem 12. Jahrhundert vielerorts artikuliert, aber ihren Platz im offiziellen kirchlichen Leben noch nicht gefunden hatten. Die Armutsbewegung, die sich auf die »evangelische« oder »apostolische« Lebensform berief, hatte nach Wegen gesucht, die auch Laien ein vollkommenes Leben in der Nachfolge Christi ermöglichten. Sie forderte den radikalen Verzicht auf Besitz, auch auf das kollektive Eigentum des bisherigen Mönchtums. Insbesondere in den Städten oder in Gebieten städtischer Verdichtung hatten solche Forderungen Resonanz gefunden, dort, wo wachsender Reichtum manchen einen bislang unbekannten Luxus ermöglichte und wo zugleich die Armut ohne Aussicht auf Linderung als Schicksal vieler in Erscheinung trat. In der Armutsbewegung war diese Not nicht nur Schicksal, das die Mitmenschen zu karitativen Anstrengungen aufrief, zum Teilen mit dem Bruder und zum Verzicht auf alles, was über den augenblicklichen Mindestbedarf hinausging. In der freiwilligen Armut teilte man nicht bloß Güter, sondern das Leben mit den Armen. Das war der von Christus gewiesene Weg zu Gott, der allein aus den Verstrickungen des Reichtums und des Gewinnstrebens herausführen konnte. Aber nirgends hielt man die Armut allein für ausreichend. Andere für die wahre Christus-Nachfolge zu gewinnen, dem evangelischen Missionsgebot nicht nur durch die Bekehrung Ungetaufter, sondern durch die ständige Ermahnung und Belehrung der Brüder in Christus zu entsprechen, gehörte untrennbar zu diesem Vorsatz.

Der städtische Bezug solcher Bewegungen ist bei den Waldensern und Humiliaten am deutlichsten zu erkennen. Der Kaufmann Petrus Valdes aus Lyon hatte um 1173 auf der Straße das Alexius-Lied gehört, die Geschichte vom römischen Patriziersohn, der allem Reichtum entsagte und als Bettler lebte, zunächst in Kirchen im Orient, zum Schluß siebzehn Jahre lang unerkannt unter der Treppe seines Elternhauses, bedeckt von Schwären, vom Gesinde und von Kindern verspottet – aber von Gott schon zu Lebzeiten als einer der seinen anerkannt. Da Valdes selbst kein Latein verstand, ließ er sich von zwei Klerikern die Evangelien, die Psalmen, andere Bibel- und Vätertexte übersetzen und lernte sie auswendig. Er befolgte die Gebote, verschenkte seinen Besitz, um selbst arm und bettelnd, barfuß wandernd, das Evangelium zu verkünden. Die Predigt des Petrus und seiner rasch wachsenden Anhängerschaft auf Straßen und Plätzen erweckte den Verdacht der Häresie, so daß man Valdes 1179 vor das dritte Laterankonzil lud. Wegen seines guten Willens soll der ehemalige Kaufmann vom Papst umarmt worden sein, die Konzilsväter waren gerührt und amüsierten sich über seine Naivität. Doch das Predigen wurde den Waldensern verboten. Da sie das Verbot – weil man ja Gott mehr gehorchen muß als den Menschen – ignorierten, wurden sie für die römische Kirche aufgrund des Ungehorsams zu Ketzern, obwohl sie stets ein ganz und gar rechtgläubiges Bekenntnis ablegten und sogar gegen die Katharer auftraten, die wirklich eine vom Dogma abweichende Lehre verkündeten (A. Borst).

Das gleiche Verbot traf damals die oberitalienischen Humiliaten, die ebenfalls nichts anderes vorhatten, als dem Evangelium zu folgen. Sie zogen nicht als Wanderprediger umher, sondern wollten in ihren Häusern und Familien arbeitssam, anspruchslos, einfach gekleidet und demütig leben. Was sie von ihren Anhängern als Vorsatz forderten und was ihnen später Innozenz III. als eigene Lebensform zugestand, liest sich wie eine Absage an all das, was im städtischen Aufschwung das Seelenheil bedrohte: Kleiderluxus vermeiden, sich des Wuchers enthalten, unrecht erworbenes Gut zurückgeben, den Lebensunterhalt durch Handarbeit verdienen, alle überschüssigen Einkünfte an die Armen verteilen, die Ehepflichten erfüllen, friedfertig und sittenrein leben und Demut, Geduld und Nächstenliebe üben. Die Humiliaten kamen zwischen der Arbeit zu gemeinsamen Gebetsstunden zusammen und bestärkten sich sonntags auf den gottesdienstartigen Versammlungen gegenseitig durch ihre Predigten. Arbeit galt ihnen als das erlaubte und sogar gebotene Mittel, den Lebensunterhalt zu gewinnen und dennoch die evangelische Armut zu praktizieren. Dies übernahmen die italienischen Waldenser, und Franziskus von Assisi knüpfte ebenfalls daran an. Doch gemeint war hier nicht mehr die Feldarbeit, die Losung »Ackerbau und Viehzucht« aus den Anfängen der Zisterzienser, sondern eine handwerkliche Tätigkeit, wie man sie vor allem in der Tuchproduktion ausüben konnte.

Auch in den deutschen Städten traten solche Bestrebungen zutage. Die Weber, die man in Köln oder Lüttich um 1150 verurteilt hatte, scheinen in der Tat Angehörige katharischer, also heterodoxer Sekten gewesen zu sein; doch es war ihre Lebensform, die freiwillige Armut, das Leben von der Handarbeit, die auf das Evangelium gestützte Predigt, die ihnen Anhänger verschaffte. Die Sonntagsgemeinden des Lütticher Predigers Lambert (um 1177 gestorben), vom Klerus als häresieverdächtige Konkurrenz zum regulären Gottesdienst angeprangert, wurden ähnlich wie die Zusammenkünfte der Humiliaten als gegenseitige Bestärkung im Glauben verteidigt. Aus Lüttich und dem Herzogtum Brabant stammen die frühesten Zeugnisse für religiöse Gemeinschaften, deren Angehörige bald als »Beginen« bezeichnet wurden. Fromme Frauen, meist Jungfrauen und Witwen, verschrieben sich der Selbstheiligung in Gebet, Kontemplation und Askese sowie in karitativer Tätigkeit für die Armen und Kranken. Durch Handarbeit, notfalls durch gelegentlichen Bettel, wollten sie sich ihren Unterhalt verschaffen. Ohne dauerndes Gelübde und ohne approbierte Regel taten sich gewöhnlich mehrere Beginen in klosterartigen Gemeinschaften zusammen. Aber sie suchten nicht die Abgeschlossenheit, sondern wirkten außerhalb ihrer Häuser und lösten sich trotz der Betreuung durch die Bettelorden nicht aus den Pfarrverbänden, zu denen sie gehörten. Diese Existenz zwischen der Lebensform der älteren monastischen Gemeinschaften und der der Laien, als »Via media« bezeichnet, erweist das Beginenwesen als eine Strömung der religiösen Laienbewegung, die insbesondere in den Städten um sich griff. Soweit sich dies feststellen läßt, stammten die Beginen im 13. Jahrhundert häufig aus den städtischen Oberschichten oder dem ländlichen Adel der Umgebung. Sie bekannten sich zu Lebensformen, die nicht die ihres Standes waren, und wurden sogar zu deren Protagonisten.

Ergreifend verkörpert sich das religiöse Streben, das damals viele Menschen zur »Umkehr« führte, in der Gestalt der heiligen Elisabeth. Die Tochter des ungarischen Königs Andreas und der Gertrud von Andechs-Meranien, 1207 geboren, kam aufgrund einer Heiratsabsprache schon als vierjähriges Kind an den Hof des Landgrafen von Thüringen. 1221 fand die Hochzeit mit Ludwig IV. statt, der 1227 auf dem Kreuzzug starb; von den drei Kindern wurde das letzte zwei Wochen nach dem Tod des Vaters geboren. Mündig geworden, widmete sich die Königstochter immer intensiver der Armenfürsorge und Krankenpflege und suchte zugleich die Heiligung in der Askese. Ihre karitative Tätigkeit fand Unterstützung: Ihr Gemahl gründete 1223 in Gotha ein Spital. Doch mit wachsender Mißbilligung reagierte man am Landgrafenhof, wo man die aus politischen Gründen geschlossene Heirat ohnehin nicht für eine passende Partie hielt, darauf, daß Elisabeth in ihrem Auftreten und Verhalten gegen die höfischen Normen verstieß oder die Grundlagen des Hoflebens offen kritisierte, wenn sie Speisen und Getränke verweigerte, die aus unrechtmäßig erpreßten grundherrlichen Einkünften stammten. Nicht die Askese allein war es, die Anstoß erregte, sondern die Mißachtung des Schicklichen: Während sie den kirchlichen Reinigungsritus nach der Geburt nicht, wie üblich, vor einem großen Gefolge in kostbaren Gewändern vollziehen ließ, sondern allein in Armenkleidung ohne Schuhwerk zur Kirche eilte, schnitt sie einem entstellten und kranken Armen die schmutzstarrenden Haare in fürstlicher Kleidung; in der Prozession ging sie nicht an dem ihr zukommenden Platz, sondern barfuß mitten in der Schar der Allerärmsten (O. G. Oexle). Nach dem Tod ihres Mannes vertrieb sie ihr Schwager Heinrich Raspe, der spätere Gegenkönig, vom Hof und suchte ihr wegen Unzurechnungsfähigkeit die Verfügung über ihr Wittum zu entziehen. Erst nach langem Streit erreichte Elisabeths geistlicher Betreuer, der Kreuzzugsprediger und Inquisitor Konrad von Marburg, dem Ludwig für die Zeit seiner Abwesenheit auch die Verwaltung der landgräflichen Güter anvertraut hatte, daß sie eine Abfindung erhielt, die dem inzwischen in Marburg gegründeten Spital zugute kommen sollte.

1225 war Elisabeth in Eisenach den ersten Franziskanern begegnet. Ein Laienbruder namens Rodeger hatte sie unterwiesen, »Keuschheit, Demut und Geduld zu üben, im Gebet zu verharren und Werke der Barmherzigkeit zu vollbringen«. Tief muß ihre Verehrung für den Heiligen gewesen sein, der das vorlebte, was sie selbst erstrebte, wenn sie 1228, unmittelbar nach der Heiligsprechung des »Poverello«, ihr Spital unter sein Patrozinium stellte. Ein französischer Franziskaner rückte später die Heilige in unmittelbare Nähe zum Or-

Pilger in Marburg: Herkunftsorte der durch bezeugte Wunder Elisabeths 1231 bis 1235 Geheilten (nach Braasch)

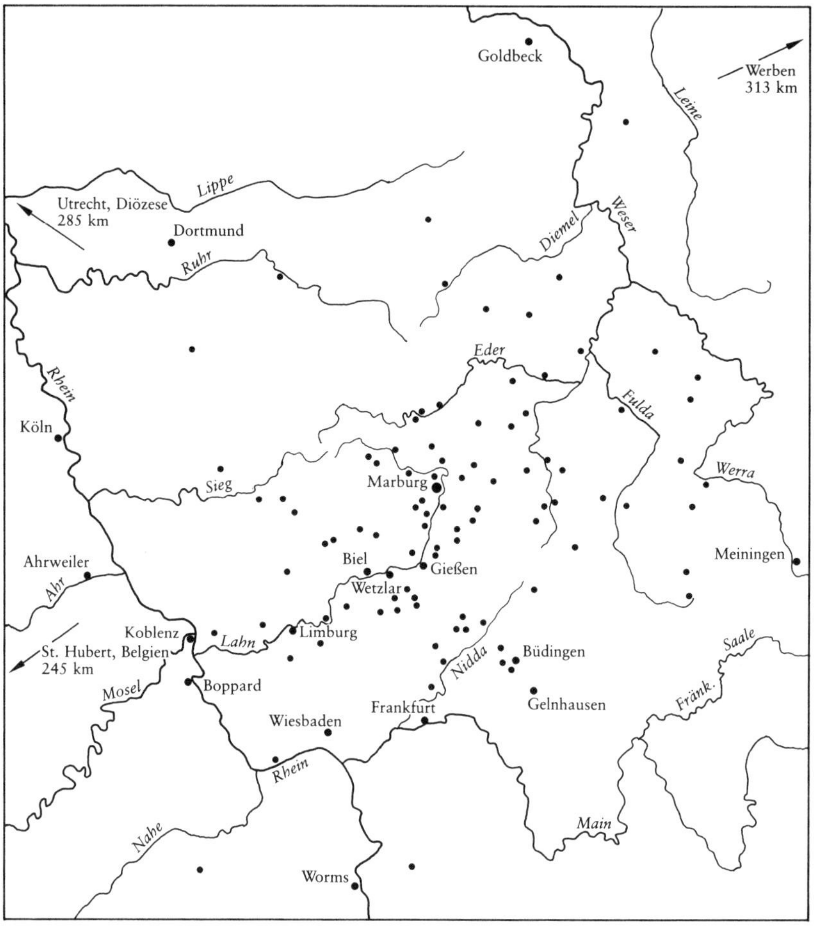

densstifter: »Er war der Vater der Minderbrüder, sie ihre Mutter: Er hütete, sie nährte sie.« Doch nicht Franziskaner leiteten die Heilige in ihrer Gottsuche an. 1226 kam sie unter die strenge Zuchtrute Konrads von Marburg, der ihr auf dem Weg zur Selbstheiligung helfen wollte, indem er ihren Willen ganz brach, selbst in Schikanen ihren Gehorsam forderte und ihr alles Menschliche entzog, das Anlaß zur Freude bieten konnte, sogar die Gefährtinnen, die mit ihr den Weg in die freiwillige Armut gegangen waren. Die Düsternis einer solchen Erziehung, die zum Seelenheil führen sollte und zur baldigen Heiligsprechung geführt hat, ist nicht nur heutigem Verständnis schwer zugänglich. Sie entsprach eigentlich schon nicht mehr der franziskanischen Frömmigkeit. Aber die Fröhlichkeit in der Askese, die sie aus dem Dienst an den Armen und in der Hinwendung zu Gott gewann, raubte ihr auch der strenge Erzieher nicht. Diese Fröhlichkeit verband Elisabeth innerlich mit Franz von Assisi, mit seinem Weg zu Gott. Vielleicht darf man es so formulieren: Aus dieser Perspektive stand bei der Selbstheiligung nicht der Asket, sondern der Nächste im Vordergrund; das Gute, das man an ihm wirkte, ließ den asketischen Vorsatz nicht einfach als den radikalen Verzicht auf die Welt erscheinen, sondern als eine Befreiung für Christus, um den Menschen brüderlich in dieser Welt zu dienen.

Auch Franziskus muß aus den Anliegen der Armutsbewegung und des Wanderpredigertums heraus verstanden werden. Wie der Kaufmann in Lyon oder die Landgräfin auf der Wartburg erreichte den Kaufmannssohn aus Assisi der Ruf zur Umkehr. Dem inneren Hang verhalfen plötzliche Erlebnisse zum Durchbruch. Andere, die er ansprach oder die ihn suchten, folgten seinem Beispiel. Daß aus seiner Gruppe ein Orden wurde, hängt mit einem Wandel an der Kurie zusammen. Innozenz III., der scharfsinnige Theologe und Jurist, spürte deutlich, daß die Kirche selbst Schaden leiden würde, wenn sie weiterhin Menschen, die nur die Gebote des Evangeliums verwirklichen wollten und denen man keine Irrlehre nachweisen konnte, zu Häretikern machte. Er ließ den auf das Evangelium ausgerichteten Gruppen die Formen der Lebensgestaltung, wenn sie ihrerseits bereit waren, die Normen von der römischen Kirche prüfen zu lassen und sich in Streitfragen deren Urteil zu unterwerfen; sie sollten sogar predigen dürfen, wenn es in den Predigten nicht um Glaubenssätze ging, sondern um Fragen der Lebensführung und der Moral. Auf diese Weise wurden die Humiliaten und Teile der italienischen Waldenser mit dem Papsttum ausgesöhnt. Gehorsam gegen die römische Kirche und tiefer Respekt vor ihren Priestern, sogar vor sündigen, hat deshalb auch Franz von Assisi in seinem Testament seinem Orden als ein Grundgesetz mitgegeben. Durch die päpstliche Anerkennung konnte der Widerstand der kirchlichen Oberhirten überwunden werden, denen die ersten Franziskaner den bekämpften Ketzern zum Verwechseln ähnlich erschienen waren.

Selbst mit der Verfassung, welche die Gemeinschaft in den Regeln von 1210, 1221 und 1223 erhielt, waren die Franziskaner beim Tod ihres Meisters noch immer mehr eine Bewegung als ein hierarchisch geführter Orden, obwohl auch ihnen die Aufgabe des eigenen Willens und der Gehorsam gegen die Oberen als integraler Bestandteil des Lebensvorsatzes galten. Schon 1212 schloß sich Clara von Assisi dem Heiligen an und wurde so zur Mutter des »Zweiten Ordens« innerhalb der Gemeinschaft der Minoriten. 1221 richtete Franziskus den »Dritten Orden« ein, in dem Laien, auch Eheleute, das franziskanische Lebensideal außerhalb klösterlicher Institutionen verwirklichen konnten. In seinem Testament hielt Franziskus die Grundregeln für seine Gemeinschaft fest: Die Brüder sollen billige Kleider tragen und sich normalerweise mit einem Gewand begnügen, sie sollen Schuhe nur im Notfall anziehen, weder Beutel noch Tasche, weder Brot noch Stock mit auf den Weg nehmen. Von ihrer Hände Arbeit sollen sie leben, jedoch ohne das Recht, Entlohnung zu fordern; enthält man sie ihnen vor, sollen sie das Notwendige von Tür zu Tür erbetteln. Kein Ort, kein Haus, keine Sache soll ihnen gehören, jeder Umgang mit Geld ist ihnen verboten. Doch hinsichtlich der persönlichen Lebensführung hält sich die Regel von jeder schematischen Strenge fern: Die Liebe zum Bruder gebietet es, vor der »Notwendigkeit« gegebenenfalls Vorschriften zeitweilig außer Kraft zu setzen. Die Kreatürlichkeit des Menschen fordert Dinge, die man ihr nicht entziehen kann. Doch mehr als das Allernotwendigste – gemessen vor Gott, nicht mit dem Blick auf menschliche Gewohnheit – darf ihr nicht gewährt werden.

Daß er dem »Bruder Esel«, wie er seinen Körper nannte, im asketischen Eifer seiner Jugend oft zuviel zugemutet hatte, war dem Heiligen später bewußt. Eine Selbstzerstörung für Gott sah Franziskus vom Evangelium nicht gefordert. Seine Fröhlichkeit, eine Form der Lebensbejahung in der Hingabe an Gott, wirkte als neues Ideal auf die Menschen. »Niemand soll den Namen Franziskus aussprechen, ohne große Süße zu empfinden«, schrieb Bruder Ägidius, einer seiner ersten Begleiter. So war man einem heiligen Mann bisher nicht begegnet, so hatte noch kein Beispiel der Christus-Nachfolge auf andere gewirkt. Franziskus selbst trat den Menschen offen gegenüber, wenn er vorschrieb: »Ich warne und ermahne die Brüder, jene Menschen nicht zu verachten, die sie weiche und farbenfrohe Kleider tragen und sich exquisiter Speisen und Getränke bedienen sehen, vielmehr soll jeder sich selbst verurteilen und verachten.« Demut und Liebe auch hier – allein das Beispiel des eigenen Lebens und die geistliche Belehrung sollten wirken und das Herz der Menschen öffnen: »Der selige Franziskus trachtete vor allem danach, wenn er nicht gerade dem Gebet oder dem Dienst an Gott oblag, außerhalb wie innerhalb seiner selbst eine fortwährende geistige Freude zu bewahren. Und eine solche wollte er auch am liebsten bei seinen Brüdern antreffen; so machte er ihnen oftmals ihre Äußerungen von Traurigkeit und Schwermut zum Vorwurf«, heißt es im franziskanischen »Speculum perfectionis«.

Mit der Gemeinschaft des Franziskus war eine der vielen Gruppen der vor allem von Laien getragenen Armutsbewegung in die kirchlichen Ordnungsvorstellungen integriert worden. Erst durch die päpstliche Anerkennung, erst im Orden entfalteten die Anstöße, die der Kaufmannssohn aus Assisi aufgenommen und weitergegeben hatte, ihre Wirkung in der Christenheit. Diese Wirkung zeigt jedoch, in welchem Maße Lebensform und Frömmigkeit der Franziskaner dem entsprachen, wonach man damals in Deutschland wie im ganzen christlichen Europa verlangte.

Auch die Dominikaner verdankten ihre Aufnahme solchen Erwartungen. Von den Intentionen her stand an den Anfängen des Ordens jedoch nicht das

Verlangen nach der evangelischen Lebensform, sondern die Einsicht, daß diese äußeren Lebensformen es waren, die den Wanderpredigern, auch den Ketzern, den Zugang zu den Menschen und somit den großen Anhang verschafften. Die Predigten der Zisterzienser gegen die heterodoxen Sekten in Südfrankreich blieben ohne Erfolg, weil für das Volk die Lebensform derjenigen, die von der Kirche bekämpft wurden, glaubwürdiger, evangeliengemäßer war als das Auftreten ihrer kirchentreuen Gegner. Im Habit der Wanderprediger, als »Arme Christi«, die Irrlehren zu bekämpfen, das Volk in den Städten für die römische Kirche zurückzugewinnen, war das erklärte Ziel der Bruderschaft, die der Kastilier Dominikus (1221 gestorben) ins Leben rief. Honorius III. bestätigte 1216 und 1217 in zwei Bullen die Ordensregel, in der die der Augustinerchorherren weitgehend übernommen wurde, und erlaubte den Ordensangehörigen, zu predigen und die Beichte zu hören.

Die tolerantere Haltung Innozenz' III. und seiner Nachfolger gegenüber der Armutsbewegung bedeutete nicht einfach eine Anerkennung ihres Anliegens. Sie war vielmehr gepaart mit dem Willen, wirkliche Ketzer zu isolieren und kirchliche Mißstände wie alle Häresien im Abendland »auszurotten, damit Dornen und Disteln den Samen des Evangeliums nicht ersticken«. Reform und Reinigung der Kirche war das Ziel, aber während sich in ersterer nur alte Bemühungen fortsetzten, griff man in der Verfolgung von Häresien zu neuen, gewaltsamen Mitteln. Systematisch sollten die Ketzer aufgespürt und verurteilt werden; die strengen Gesetze, die Kaiser Friedrich II. erließ, wurden den weltlichen Richtern vom Papst eingeschärft. Gegen die Katharer in Südfrankreich begann 1209 der »Albigenser«-Kreuzzug, der dort viele Jahre tobte und Tausenden von Menschen das Verderben brachte. Kirchliche Inquisitoren hatten diejenigen zu entdecken oder zu entlarven, über die dann die schweren Strafen verhängt wurden; wer die Ketzer in irgendeiner Form begünstigte, sollte den gleichen Strafen unterliegen. Dominikaner wurden gern als Inquisitoren herangezogen. Für Deutschland erhielt dieses Amt 1227 jedoch jener Konrad von Marburg, wohl ein Weltgeistlicher, unter dessen Aufsicht Elisabeth von Thüringen stand. Als er Ende 1231 von Papst Gregor IX. erweiterte richterliche Befugnisse bekam, begann eine Schreckenszeit, der die Ermordung Konrads im Juli 1233 ein Ende setzte. Unter denjenigen, die er auf den Scheiterhaufen brachte, darunter Hochadelige, sollen viele Unschuldige gewesen sein. Den Angeklagten blieb nur die Wahl zwischen Geständnis oder Feuertod. Nach der Ermordung Konrads wurden etwa fünfzig Männer als unschuldig Verurteilte rehabilitiert, die sich nur durch ein falsches Geständnis vor der Todesstrafe gerettet hatten. Aber auch wer gestand und abschwor, war gesellschaftlich und wirtschaftlich ruiniert, wurde gebrandmarkt oder mußte wie die Juden ein deutlich sichtbares Zeichen auf seiner Kleidung tragen. Seit den Tagen des Kaiser Julianus Apostata oder des Arianers Konstantin II. habe es keine derartige Christenverfolgung mehr gegeben, meinten Chronisten, die dies erlebt hatten, und äußerten Erleichterung über das Ende der Ketzerjagd.

Konrads Ketzerverfolgung verdeutlicht, wenngleich im Extrem, in welcher Weise die Gesamtkirche seit dem 13. Jahrhundert der päpstlichen Vollgewalt unterworfen wurde. Zwar wurde die kirchliche Hierarchie in Deutschland und den übrigen Reichen ihrer bisherigen Funktionen nicht enthoben, doch sie sollte die päpstlichen Legaten und Inquisitoren und deren Anordnungen unterstützen; wo es zu Konflikten zwischen den unmittelbaren Beauftragten des Papstes und den regulären Instanzen kam, wurde rasch die Suspendierung vom Amt ausgesprochen. Die Päpste beanspruchten einen immer weitergehenden Einfluß auf die Besetzung der Pfründen in allen Ländern, verlangten Gebühren für deren Vergabe und bezogen aus den Einkünften des Klerus Kreuzzugssteuern und andere Hilfsgelder. In diesem Kontext haben die Bettelorden durch ihre zentralisierte, mit der Kurie eng verbundene Organisation die Präsenz des Papsttums und die Ausrichtung auf Rom in allen Teilen der lateinischen Christenheit erheblich verstärkt.

Ihre Oberen und mancher einfache Konventuale verfügten über eine Welterfahrung, die in räumlicher Hinsicht der eines Kaufmanns oder Kreuzritters nicht nachstand. Nicht selten wurden sie von einer Ordensniederlassung in ein anderes Haus geschickt, mitunter in ein fernes Land; denn das Gebot mönchischer »Stabilitas loci« galt für die Angehörigen der Bettelorden nicht. Viele hatten schon vor ihrem Eintritt in den Orden Pilgerfahrten unternommen oder hatten studiert. Manchen führte das Missionsgebot weit durch die Welt; das jährliche Generalkapitel – abgehalten in Rom oder Lyon, Paris oder Bologna – erforderte lange Reisen. Jordan von Giano, der als einer der Männer der ersten Stunde die Geschichte der Franziskanermission in Deutschland bis 1262 aufschrieb und 1241 als Provinz-Vikar von Polen in Briefen über die Tatareneinfälle berichtete, gibt hiervon ein lebendiges Bild. Sein Mitbruder Johannes von Piano Carpini, der 1221 unter den ersten Franziskanern in Deutschland war, wurde später Leiter der spanischen, 1230 bis 1232 der sächsischen Ordensprovinz. 1245 und 1246 suchte er im Auftrag Innozenz' IV. den Hof des mongolischen Groß-Khans auf, um zu missionieren und die Verhältnisse dort auszukundschaften. Bei den Dominikanern wurde der Deutsche Jordan von Sachsen 1221 Leiter der Niederlassungen in der Lombardei und stand von 1222 bis 1237 als zweiter Generalmeister dem Orden vor. Johannes »der Deutsche«, von 1241 bis 1252 der vierte Generalmeister, war zuvor Provinzialprior in Ungarn (1231–1233), Bischof von Bosnien (1233–1237), dann päpstlicher Gesandter bei den Bulgaren und schließlich Leiter der lombardischen Ordensprovinz (1239/40). Diese Männer wußten, was in der Christenheit vorging, und sie kannten, wie ihre Schriften zeigen, die Nöte der Menschen, denen sie mit ihrer nie vernachlässigten Seelsorge dienen wollten. Trotz der »Internationalität« dominierte in den Niederlassun-

Stigmatisation des Franz von Assisi unter der Vision des über ihm schwebenden Gekreuzigten mit Seraphimflügeln. Emailliertes Reliquiar aus Limoges, um oder nach 1228. Paris, Musée de Cluny. – Landgräfin Elisabeth von Thüringen, Anhängerin des franziskanischen Armutsideals, mit einer Dienerin beim Besuch einer kranken Frau. Scheibe in einem Chorfenster der St.-Elisabethkirche in Marburg, um 1240

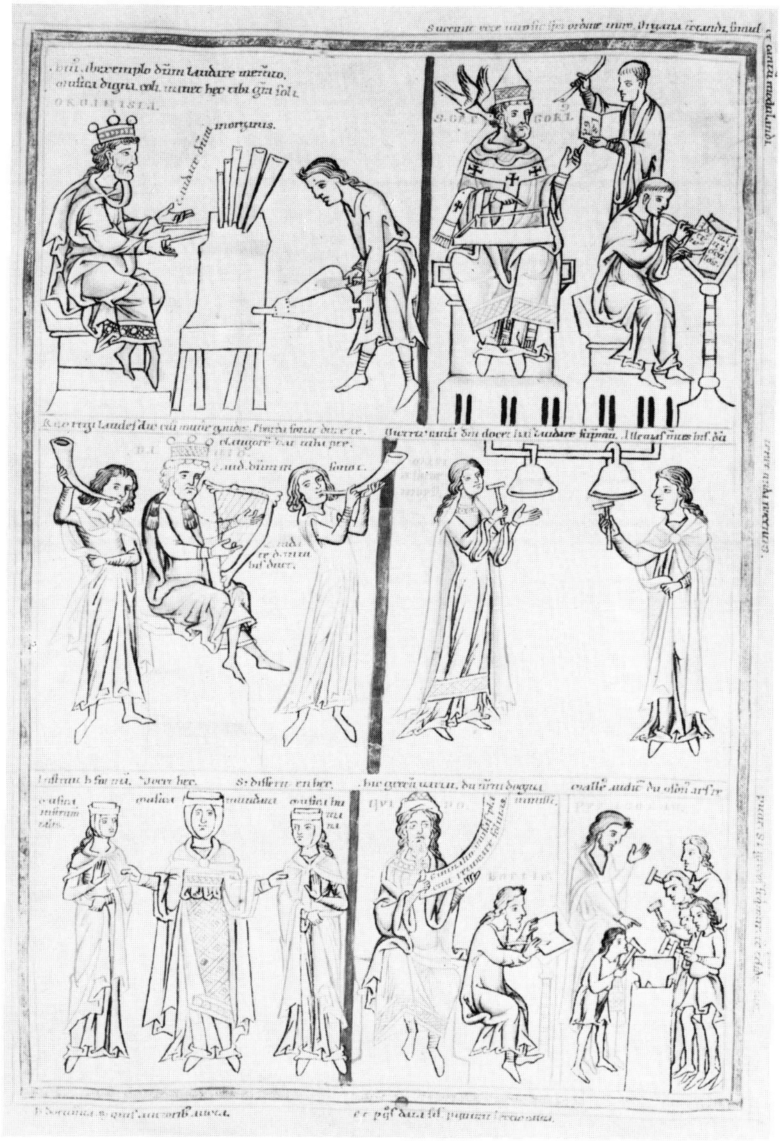

Mittelalterliche Musikanschauung in Form eines Bilderbogens: Instrumentales Gotteslob mit Orgel, Harfe, Hörnern und Zimbeln; König David und Maria als Verkörperungen der Musik im Alten Testament (Mitte links und rechts); Papst Gregor I. als Vertreter der Musik der christlichen Kirche mit Monochord auf den Knien beim Diktat des »gregorianischen« Chorals (oben rechts); die Gestalt der Musica mundana, der Weltenharmonie, mit den Figuren der Musica instrumentalis und der Musica humana (unten links); Guido von Arezzo als Autorität für die mittelalterliche Musiktheorie mit Boethius, dem Vermittler antiker Musikanschauung, und Pythagoras, dem Entdecker der Intervallverhältnisse während des Schmiedens (unten rechts). Federzeichnung in einer 1241 im Kloster Scheyern entstandenen Kopie des etwa achtzig Jahre zuvor im Benediktinerkloster Prüfening geschriebenen Interlinearglossars »Mater verborum«. München, Bayerische Staatsbibliothek gen bald überall das einheimische Element. Die städtische Gesellschaft war mit den Bettelordenskonventen durch ein dichtes Beziehungsgeflecht verbunden.

Für die Bettelorden wurde die Seelsorge rasch zum zentralen Anliegen, und mancher Konflikt mit dem Weltklerus, in dessen Aufgabenbereich sie damit eindrangen, ist daraus entstanden. Die Pfarrer und ihre Oberen merkten, daß ihnen und ihren Kirchen Einnahmen verlorengingen, die als Almosen den Bettelorden zukamen. Wo diesen, wie es vor allem beim Priesterorden des Dominikus schon bald der Fall war, das Recht zur Abnahme der Beichte und zum Begräbnis zugestanden wurde, konnte die Pfarrgeistlichkeit ihre »Verluste« beziffern. Zwar wuchs – insbesondere dort, wo sich die Bettelorden niederließen – auch die Stadtbevölkerung deutlich und mit ihr das Einkommen aus der Verwaltung der Sakramente. Doch war vielerorts die alte, für die ganze Siedlung zuständige Pfarrei erst im späten 12. Jahrhundert in mehrere Pfarrsprengel aufgeteilt worden, beispielsweise in Soest und Münster um 1180 in jeweils sechs. Der innere Aufbau der neuen Pfarreien dürfte kaum abgeschlossen gewesen sein, die schönen und großen Kirchen waren noch nicht fertiggestellt, als mit den Bettelorden sozusagen eine Konkurrenz auf den Plan trat, die oft einen unmittelbareren und tieferen Zugang zu den Seelen der Menschen fand. Deshalb flossen hier die Almosen reichlicher. Am Bettel nahm man keinen Anstoß, zumal man das Almosenbitten der Hospital- und Ritterorden für karitative Zwecke bereits kannte. Man sah, daß die Gabe dem Unterhalt freiwillig Armer diente, die sich Verdienste vor Gott erwarben, also auch wirksam für andere bitten konnten, und die keine Reichtümer für sich sammelten, sondern selbst wieder anderen Armen halfen.

Die Seelsorge der Bettelorden war ganz auf die Ansprache und Betreuung des Einzelnen gerichtet. Sie wollten ihn für immer gewinnen, sein Leben verändern; das Bruderschaftswesen, das die Bettelorden aufgriffen und intensivierten, hielt ihn im Lebenskreis ihrer Niederlassungen fest und verlieh ihm Halt in seinem religiösen Streben. Diese Wendung der Seelsorge auf den einzelnen Menschen war ein Erbe aus der Armuts- und Wanderpredigerbewegung, der Franziskus entstammte und der sich Dominikus anpassen wollte. In den Bettelorden galten gute Prediger viel; der Ruf Bertholds von Regensburg (1272 gestorben) drang früh bis nach Italien. Und da die Brüder das Christentum, das sie predigten, selbst vorlebten, wirkten sie überzeugender als viele Pfarrherren und deren schlechtbezahlte Vikare, die die Seelsorge liturgisch-sakramental verstanden und deren Predigten kaum über eine exegetische Belehrung, die einfache Regeln aufstellte und mit Höllenstrafen drohte, hinausgegangen sein dürften.

Die Frage nach dem richtigen Leben im Diesseits und die Furcht vor den Strafen im Jenseits beherrschte diejenigen, die Rat und Hilfe bei den »Barfüßern« oder den »Predigern« und den anderen, um die Mitte des 13. Jahrhunderts entstandenen Bettelorden suchten. Gerade in den Städten, wo Reichtum und Armut kraß aufeinanderstießen, sich aber nicht mit dem Besitz von Herrschaftsmacht oder der Zugehörigkeit zum schutzbedürftigen Volk deckten, wo inzwischen das Geld eine dominierende Rolle im Leben der Menschen spielte, kam man mit den biblischen Vorbildern und kirchlichen Normen immer weniger zurecht. Im Kontrast zu dem, was die Gesellschaft normalerweise umtrieb, wurde die Radikalität des Evangeliums deutlicher bewußt. Die Frage, wie sie durch das Nadelöhr der Himmelspforte kommen könnten, stellte sich nicht nur den Mächtigen, sondern vielen, die als Kaufleute oder Handwerker zu Reichtum und Überfluß gelangten. Jenseitsängste nahmen zu, immer plastischer sah man die Gefahren und Schrecken, welchen man mit dem Tod entgegenging.

Die Pein, die den Sünder in der Hölle erwartete, war schon immer beschworen worden. Doch was der Seele bis zum Jüngsten Gericht geschehen würde, was denjenigen bevorstand, die nicht der ewigen Verdammnis anheimfielen und dennoch für ihre Schuld büßen mußten, um in den Himmel aufgenommen zu werden, darüber hatte man sich bislang selten Gedanken gemacht. Ein Kanon von wenigen Aussagen genügte den Theologen, falls sie sich mit dem Thema befaßten. In der Mitte des 12. Jahrhunderts konkretisierte sich die Vorstellung von einem dritten Ort zwischen Paradies und Hölle in Theologie und Volksfrömmigkeit gleichermaßen. Sie gewann eine derartige Bedeutung für die Jenseitsauffassungen, daß gesagt werden konnte, die Idee des Fegefeuers sei zwischen 1150 und 1250 geboren worden (J. Le Goff). Die Menschen glaubten, daß sie nach dem Tod eine Hölle auf Zeit erwarte, der sie als Sünder nicht entgehen könnten und durch die sie zur Läuterung schon vor dem Jüngsten Gericht hindurchgehen müßten. Schreckensbilder füllten diese Vorstellung zunehmend und bedrängten jeden Einzelnen mit der Frage nach seiner persönlichen Lebensführung.

Solcher Seelennot lebten die bettelnden Brüder nicht nur vor, daß man dem Evangelium viel wörtlicher folgen konnte, als es das ältere Mönchtum und der Klerus taten. Von den Mitmenschen sonderten sie sich weniger oder, vielleicht richtiger gesagt, in anderer Weise ab. Sie wollten zu ihnen gehen, um zu helfen. Ihre Predigt entsprang dem Missionsgebot des Herrn; sie war Ausdruck der christlichen Liebe zum Mitbruder. Ihm wollten sie den Weg zu Gott zeigen, und der suchte ihre Hilfe. In welchem Maße diese Hinwendung zum Einzelnen einem Bedürfnis der Zeit entgegenkam, läßt sich an der tiefgreifenden Veränderung in der Bußpraxis ablesen, die sich in den Jahrzehnten um 1200 vollzog. Damals ist das Beicht- und Bußsakrament entstanden, das Aufnahme in der Reihe der sieben Sakramente fand. Der Umbruch zeichnet sich schon äußerlich darin ab, daß die »Bußbücher«, die sich mit der irischen Mission seit dem 7. Jahrhundert im Abendland verbreitet hatten und mehrfach neu gefaßt worden waren, zuletzt von Bischof Burchard von Worms (1025 gestorben), seit der Mitte des 12. Jahrhunderts nicht mehr abgeschrieben wurden: Man brauchte diese Art von Handbüchern für die Seelsorge nicht mehr (R. Kottje). In ihnen waren die einzelnen Sünden mit dem Bußtarif aufgelistet, das heißt mit der Zahl von Bußtagen oder -jahren, die dem Sünder für sein Vergehen von der Kirche auferlegt wurden. Bis er sie abgeleistet hatte, blieb er von der Kirchengemeinschaft ausgeschlossen; danach erlangte er, oft ohne weiteres Zeremoniell, die Rekonziliation. Bei schweren Vergehen waren die Bußzeiten manchmal länger als die normale Lebenserwartung, aber man konnte sie abkürzen, sei es durch noch strengere Fasten als die gebotenen oder durch eine Wallfahrt, sei es durch entsprechend hohe Geldzahlungen oder dadurch, daß andere stellvertretend die Bußleistungen absolvierten. Von diesen Formen wandten sich die Theologen im 12. Jahrhundert ab, indem sie die Reue, die innere Zerknirschung über die eigene Sünde zum zentralen Element der Buße erhoben. Petrus Abaelard führte in der radikalen Wendung seiner Ethik auf die innere Einstellung des Menschen die Versöhnung des Sünders mit Gott auf die drei Schritte der Reue, der Beichte und der Genugtuung zurück. »Mit dem inwendigen Aufseufzen und mit der Zerknirschung des Herzens währt die Sünde – die Verachtung Gottes und die Zustimmung zum Bösen – nicht, denn die Gottesliebe beseelt dieses Aufseufzen, und sie duldet keine Schuld.« Heftig diskutierte man über den inneren Zusammenhang von heilshafter Reue, schlüsselmächtigem Handeln der Kirche und Genugtuung des Büßers (L. Hödl). Trotz des anfänglichen Widerspruchs gegen die Ethik Abaelards näherte sich die Bußlehre und -praxis, wie sie sich in den neuen Handbüchern, den oft von Angehörigen der Bettelorden verfaßten »Bußsummen« und in der kirchlichen Lehrmeinung niederschlug, seiner Auffassung: »Zur nämlichen Stunde, in welcher der Sünder aufseufzt, erlangt er das Heil.« Nach der neuen Lehre vom Bußsakrament erlangte derjenige, der seine Sünden bereut und beichtet, durch kirchliche Vermittlung ohne jede weitere Bußleistung die Absolution. Viele suchten diese Vermittlung bei denen, deren Leben sichtbar von der Bußgesinnung bestimmt war: bei Angehörigen der Bettelorden.

Mit diesem Wandel steht die Entwicklung des Ablaßwesens in unmittelbarem Zusammenhang. In der Bußethik des Petrus Abaelard hatte die Ablaßpraxis, die er scharf kritisierte, keinen Platz. Doch in der ersten Hälfte des 13. Jahrhunderts traten solche Bedenken zurück; unter maßgeblicher Beteiligung von Denkern aus den Bettelorden erhielt die Praxis ihre theologische Begründung und ihre rechtliche Institutionalisierung. Den Kreuzfahrern war in den Aufrufen der Prediger seit Urban II. ein vollständiger Ablaß versprochen worden, wie er später oft auch für Pilger verkündet wurde, die eine Wallfahrtsstätte zu einem Jubiläum – etwa das Grab des heiligen Thomas Becket zu seinem fünfzigsten Todestag 1220 – besuchten. Im Alltag ging es für die Gläubigen aber meist um die zeitlich befristeten Ablässe, die man in Verbindung mit anderen frommen Handlungen durch Almosen erlangte, die in wahrer Bußgesinnung gegeben wurden. Ursprünglich hatte man darin nur die Möglichkeit schaffen wollen, die für Vergehen auferlegten Kirchenbußen durch entsprechende Gaben abzulösen, wenn es dem Sünder nicht möglich war, die geforderten Bußtage selbst abzuleisten. Doch die neue Beichtpraxis veränderte den Stellenwert solcher Bußauflagen. Wenn man die auferlegte Buße als eine durch Vermittlung der Kirche von Gott ins Zeitliche gewendete Sündenstrafe verstand, lag es nahe, die Buß- oder Ablaßtage mit der Zeit zu verrechnen, die man als Sünder im jenseitigen Feuer verbringen mußte. Schon um 1250 war in der Theologie der entscheidende Schritt vollzogen. Auch wenn das Ablaßwesen erst seit dem späten 13. Jahrhundert ausuferte, sind die Bettelordenskirchen wie viele andere Gotteshäuser der Zeit, darunter die ersten gotischen Kathedralen, Stifts- und Pfarrkirchen, ganz wesentlich durch Ablässe finanziert worden, welche Päpste, Kardinäle und Bischöfe den Besuchern und den Spendern für den Kirchenbau gewährten.

Man darf die Ausbreitung des Ablaßwesens nicht von der Veräußerlichung her deuten, der es später unterlag und die am Vorabend der Reformation von vielen gegeißelt wurde. Ein vertiefter Glaube, eine tiefere Sorge um das Seelenheil ließ die Menschen nach Ablaß für die Sünden suchen, die sie, wie sie wußten, in ihrem Leben unweigerlich begingen. Die Ablässe waren nicht die Ursache für ihre Hinwendung zu den Bettelorden, sondern nur eine Begleiterscheinung des Anliegens, das Menschen bei den Brüdern der neuen Konvente Rat und Zuflucht suchen ließ. Ihre auf den Einzelnen gerichtete Seelsorge brachte die Minoriten und Prediger unmittelbar mit den Lebensbedingungen und Nöten der städtischen Bevölkerung zusammen, der sie helfen wollten. Deshalb waren es diese Orden, die sich mehr als die Kirche bisher zum tatsächlichen Leben öffneten. In ihnen wurden Probleme neu durchdacht, welchen sich die Theologie unter Berufung auf alte Autoritäten bislang verschlossen hatte. Bei Raimund von Peñafort (1275 gestorben), 1238 bis 1240 dritter General der Dominikaner, suchten die Kaufleute von Barcelona 1266 Rat, welche ihrer Geschäfte erlaubt waren und welche das Seelenheil gefährdeten. Sein Beichtspiegel fand auch in Deutschland rasch Verbreitung und ging in das vielbenutzte Handbuch für die Beichtpraxis ein, das der Dominikaner Johannes aus Freiburg (1314 gestorben) verfaßte und sein Mitbruder Berthold ins Deutsche übersetzte. Der Franziskaner Petrus Johannis Olivi (1298 gestorben), Vertreter der strengen Richtung im franziskanischen »Armutsstreit«, durchdachte das Problem der kaufmännischen Tätigkeit und des Wuchers neu und stieß dabei zu einer Theorie von der Produktivität des Geldes vor, aus der sich Formen des Geldgeschäfts rechtfertigen ließen. Bereits Albertus Magnus und Thomas von Aquin, beide wiederum Dominikaner, räumten Problemen der Wirtschaftsethik in ihren Schriften einen breiteren Raum ein. In den Bettelorden wurde die Realität wahrgenommen, in der jene Menschen lebten, die aus Sorge um das eigene Seelenheil die neuen Gemeinschaften unterstützten; man könnte dies auch in anderen Bereichen, etwa in Olivis Äußerungen zur Ehe, aufzeigen. Vor der Wahrheit der Offenbarung und des Glaubens versuchten Bettelmönche die

Wirklichkeit neu zu durchdringen, um im Hinblick auf das Seelenheil das Erlaubte vom Unerlaubten, das Gefährlichere vom weniger Bedenklichen deutlicher zu scheiden. In jedem Fall aber blieb mit der Sünde die Notwendigkeit der Buße eine Bedingung menschlicher Existenz, wenn man über den Tod hinaus dachte, und diese Bußgesinnung, die sich in der Volksfrömmigkeit unter dem Einfluß der Bettelorden verbreitete, zog die Ausweitung des Ablaßwesens nach sich.

Der Wandel der Frömmigkeit wäre sehr einseitig beschrieben, würde man allein auf die Furcht vor Jenseitsstrafen abheben. So fundamental die Bußgesinnung für Franziskus war, so hat er gerade aus dem Weltverzicht und aus der Zerknirschung des Herzens jene Freude gewonnen, die er auch an seinen Mitbrüdern sehen wollte und die er in der Begegnung mit Gottes Schöpfung empfand. Die Spannweite religiöser Erfahrung vergrößerte sich nicht nur bei ihm. Wie man sich die Schrecken in Fegefeuer und Höllenpein drastischer vor Augen führte, malte man sich das Paradies lieblicher aus, indem man es mit Schönheiten belebte, von denen schon diese Welt eine Ahnung vermittelte. Der Wunsch, die »Süße« des Jenseits zu kosten, war nicht minder stark als die Furcht vor der ewigen Verzweiflung. Die Bedrängnis durch vermehrte Jenseitsängste und ein gesteigertes Verlangen nach der Vereinigung mit Gott erscheinen als Ausdruck ein und derselben Entwicklung der menschlichen Seelenverfassung. Alles, worin die Heilsgarantie offenbart worden war, weckte – obgleich die Menschen den Schmerz des Leidens Christi in der Betrübnis des Herzens mitvollzogen – auch die Empfindung der »Süße«: die Passion, das Kreuz, die Nägel, die Dornenkrone, der Kruzifixus und seine Wunden. Eine Vorahnung dieser künftigen Süße wurde den Menschen als sinnliche Erfahrung schon in diesem Leben zuteil und steigerte ihr Gottverlangen. Das Hohelied wurde häufiger ausgelegt als je zuvor, und Bernhard von Clairvaux deutete das Begehren nach und die Vereinigung mit dem Bräutigam nicht mehr, wie die Exegese bisher, auf das Verhältnis der Kirche zu Christus: In diesen alttestamentlichen Braut- und Hochzeitsliedern sprach sich für ihn die Seele aus, die sich Christus hingeben wollte. Und dort entdeckte er auch den »verlangenden Gott«: Diese Wechselseitigkeit des mystischen Erlebens war für seine Gottes- und Glaubenserfahrung so wichtig, daß er der Hohelied-Auslegung nicht weniger als sechsundachtzig Predigten – keinen Traktat, wie seine Vorgänger – widmete. Und es wird berichtet, daß seine Zuhörer murrten, wenn er bei der Exegese der Texte nur, wie herkömmlich, von der Kirche als Braut und nicht von der mystischen Vermählung der Seele mit dem Bräutigam sprach (F. Ohly). Auf Gott richteten sich jetzt Geist und Sinne, das heißt: die Seele, in der der Mensch mit allen seinen Fähigkeiten und Empfindungen eine Einheit war. Christus selbst ging ihr liebend und begehrend entgegen. Rupert von Deutz verlieh als einer der ersten diesem körperlich empfundenen Seelenerlebnis Ausdruck, wenn er schilderte, wie bei der Kreuzesandacht der Kruzifixus die Augen auf ihn richtete und seinen Gruß freundlich empfing: »Doch das war mir nicht genug: Ich wollte ihn mit Händen berühren, umarmen, küssen... Ich spürte, daß er wollte... ich hielt ihn, umarmte ihn, küßte ihn lange. Ich spürte, wie er zögernd diese Liebkosungen zuließ – da öffnete er selbst seinen Mund, damit ich tiefer küssen könne« (nach P. Dinzelbacher).

Das waren Durchbrüche in neue Erfahrungsräume der mystischen Mensch-Gott-Beziehung (F. Ohly). Sie haben den Frömmigkeitsstil des 13. Jahrhunderts wesentlich geprägt. Im Orden des Franziskus, dem mit der am Leichnam entdeckten Stigmatisierung eine bislang keinem anderen Heiligen gewährte Teilhabe am Leiden und am Triumph Christi geschenkt worden war, oder im Kreis frommer Frauen, die von den Bettelorden betreut wurden, fand die mystische Erfahrung von Gottes Gegenwart eine weitere Steigerung, was hier mit dem Hinweis auf den Namen Bonaventuras (1274 gestorben) oder Mechthilds von Magdeburg (1282 gestorben) angedeutet sei. Doch selbst für die, denen solche Erfahrungen verschlossen blieben, hatte sich das Verhältnis zu Gott verändert. War der Gott-Mensch-Bezug in der mystischen Art der Frömmigkeit, die in der Kirchenväterzeit bereits angelegt, aber im Frühmittelalter zurückgetreten war, stärker vom Menschen als von Gott her gesehen worden (F. Ohly), so traten sich nun Gott und die Seele, Gott und der Einzelmensch unmittelbarer gegenüber, suchten und fanden sich in der Liebe wie Liebende. Und man konnte diese Begegnung so empfinden und ausdrücken, wie man auch die menschliche Liebe seit dem 12. Jahrhundert neu empfand: als die Begegnung mit dem anderen, in der man nicht sich selbst, sondern nur diesen suchte, eine Begegnung, nach der man sich im Verlangen fast verzehrte und die alles Glück vermitteln würde. Die Erweiterung menschlichen Fühlens und Erfahrens richtete sich auf Gott und die Welt; den neuen Formen der Gottesminne wurde zugleich mit der höfischen Minne Ausdruck verliehen. Weltliche Lyrik und Epik, geistliche Dichtung und Traktatliteratur verwenden für beide Bereiche dort, wo sie die beglückende Erfüllung ausdrücken wollen, dieselben Metaphern. Bis in die Volksfrömmigkeit wirkte die Veränderung hinein. Um das Mitempfinden im Glauben zu bestärken, ließ Franz von Assisi die Szenen der Geburt und der Passion Christi nachspielen und nachstellen. Weihnachtskrippen sind ein Relikt dieser Intention.

Die Bettelorden haben aber nicht nur neuen Frömmigkeitsformen eine breite Resonanz verschafft, sondern insbesondere in Deutschland einen wesentlichen Beitrag zur »Intellektualisierung der Gesellschaft« geleistet. Der Dominikanerorden legte von Anfang an auf die gute theologische und dialektische Schulung Wert, die seine Angehörigen zum erfolgreichen Disput mit den Ketzern befähigen sollte. Er wollte gebildete Priester. Viele Dominikaner kamen von den Universitäten, andere zog es dahin. In manchen Ordensprovinzen wurden eigene Schulen errichtet, an denen man zwar keine akademischen Grade erwerben, aber erstrangige Gelehrte hören konnte. In Köln übernahm Albert der Große (1280 gestorben) die Einrichtung eines solchen Generalstudiums. Berühmte Schüler, darunter Thomas von Aquin, saßen um 1250 dort zu seinen Füßen. Theologie und Philosophie verdankten Angehörigen der Bettelorden neue, weiterführende Anstöße und die großen, zusammenfassenden Summen. Ähnlich wie Friedrich II. in seinem »Falkenbuch« verband Albert der Große in seinen Schriften über die Natur Aristoteles-Kenntnis mit genauer, sozusagen empirischer Eigenbeobachtung. An den Hohen Schulen gehörten immer mehr Lehrer und Studenten den Bettelorden an. Daß die Lehrer zugleich Angehörige der Ordensgemeinschaft und Mitglieder der »Universitas« mit allen korporativen Rechten sein sollten, wurde an der Pariser Universität zum Anlaß schwerwiegender Konflikte.

Nicht so leicht wie die Dominikaner taten sich die Franziskaner mit dem Studium, und zwar nicht nur deshalb, weil der Orden sich zum Teil aus einem anderen Milieu rekrutierte. Auch geistig, im intellektuellen Habitus, wollte Franz von Assisi zu den Armen gehören, und das Vorbild seines Lebens, weniger die geschriebene Regel sollte in allem die Norm für das Leben des Ordens bilden. Wollte man sich der Seelsorge widmen, so brauchte der Orden Priester; ein Prediger ohne gründliche theologische Ausbildung galt damals nicht mehr viel – also mußte man sich dem Studium öffnen. Aber gab man damit nicht den eigenen, spezifischen Vorsatz, das Anliegen des Ordensstifters preis? Darüber wurde schon vor 1250 in den Reihen der Franziskaner gestritten, doch die Realität überholte alle Diskussionen: Die Studenten strömten den Bettelorden, insbesondere den Minoriten zu. Der Hang zur Lebensform der Mendikanten war fast so etwas wie eine Studentenbewegung der Zeit, und die Kritik, daß das Studium nur um der Karriere willen aufgenommen würde, die man im 12. Jahrhundert oft genug erhoben hatte, wurde leiser. Zumindest ein Teil der Studenten suchte Wissen und suchte Gott, und mit dem Wissen wollte er anderen dienen, um sie durch Predigt und Seelsorge auf den Weg zu Gott zu führen.

Deshalb gewann die Verbindung von Armut und Wissenschaft, von Bettelorden und Schule nicht nur für die Universitäts- und Wissenschaftsgeschichte Bedeutung. Das Geistesleben war sozusagen international geworden. Ordensgemeinschaften trugen wesentlich dazu bei, daß das, was man an einem Ort diskutierte, bald ein allgemeines Thema wurde. Die Predigten nahmen Bezug auf das Leben und seine Probleme. So meisterhaft die Mendikanten es verstanden, darin die Menschen lebendig und im richtigen Ton anzusprechen, so formulierten sie doch aus dem theologischen und wissenschaftlichen Horizont heraus, der sich ihnen im Studium erschlossen hatte. Das Vertrauen, das man gelehrten Ordensmitgliedern entgegenbrachte, zeigt sich darin, daß man sie in allen möglichen Streitfragen zu Rate zog oder sich sogar ihrem Schiedsspruch unterstellte.

So kam das, was die Gebildeten gelernt hatten und dachten, rascher unter die Menschen. Zumindest in einigen Gruppen erwartete man Belehrung aufgrund profunden Wissens. Wie weit dies schon in den Städten der Fall war, wo die Orden fest Fuß gefaßt hatten, ist trotz der sich allmählich entwickelnden Laienschriftlichkeit schwer zu bestimmen. Den religiösen Frauengemeinschaften jedenfalls genügte die Betreuung durch Priester alten Schlags nicht mehr: Sie suchten Wissen und Anleitung bei den gelehrten Mendikanten, selbst bei so berühmten und beschäftigten wie Albert dem Großen. Das geistige Leben in Deutschland erhielt eine neue Färbung: Die Scholastik trat auch hier die Herrschaft an. Doch sie artikulierte sich nicht mehr mit der Intellektualität, der in der ersten Hälfte des 12. Jahrhunderts die Monastik so entschieden entgegengetragen war. Näher am Leben und näher an Gott, so möchte man die Wissenschaft im 13. Jahrhundert charakterisieren, für die Erfahrung und das Konkrete offener, obschon spekulativer in der Ausrichtung auf das Allgemeine und Ganze. Glauben und Wissen zu versöhnen, war das Anliegen von Denkern wie Albert dem Großen und Thomas von Aquin.

In Wissen und Schauen, Denken und Empfinden griffen die Menschen weiter aus als bisher; zugleich scheint dies alles fester zusammenzuhalten, sich intensiver zu durchdringen. Persönlichkeiten artikulierten sich deutlicher. Dem rückschauenden Betrachter treten Individuen entgegen, die er besser zu erkennen und zu verstehen meint als die, die zwei oder drei Generationen früher gelebt haben. In den Werken der Gelehrten und Dichter hatte sich diese Entdeckung oder Artikulation des unverwechselbaren Einzelnen, der nicht mehr als Typus allein beschrieben werden kann, seit dem 12. Jahrhundert angekündigt. Das Menschenbild der gotischen Plastik antwortete dieser Entwicklung. Während die Baukunst der Gotik in spätstaufischer Zeit nur in punktuellen Ansätzen nach Deutschland verpflanzt wurde, nach Magdeburg, Straßburg, Limburg an der Lahn und Marburg, wobei in der Raumauffassung ältere und eigene Modelle zunächst noch mitbestimmend blieben, rezipierte man die gotische Plastik damals rasch und schuf Werke von höchster Qualität. Aus der Einbindung in die Materie gelöst, aber meist in eine Nische, einen eigenen Raum gestellt, treten die Figuren dem Beschauer als Persönlichkeiten von individualisierend gestaltetem Charakter entgegen. Doch weder in der bildlichen Darstellung noch in der literarischen Äußerung stößt man auf eine Individualität, wie sie sich seit dem 15. oder gar seit dem 18. Jahrhundert artikuliert hat. Wo die Dichter ihrem Empfinden Raum gaben, erlebten sie nicht sich selbst, sondern das andere, außerhalb ihrer Person Liegende, sei dies ein Teil der Welt oder Gott. Sie sprachen über ihre Gefühle, aber ihre Wahrnehmung war nicht auf ihr Inneres als eine eigene Erlebniswelt gerichtet. Die Gegenstände und die Art, diesen zu begegnen, waren ihnen vorgegeben; der Mensch entdeckte sie nicht aus sich heraus. Er fand sie mit der Welt vor, der diesseitigen wie der jenseitigen, von der die Offenbarung ihm Kunde gab, aber auch mit der Konvention, in der er stand und die noch immer die Konvention eines Standes war.

In der gotischen Plastik, die damals in verschiedenen deutschen Provinzen nach französischem Vorbild geschaffen wurde, sind die Heiligen und Frommen, Synagoge und Ecclesia, selbst Christus und die Gottesmutter nach einem Menschenbild geformt, dem auch das höfische Ideal entsprach: schön und fromm, erhaben und lieblich, im vom Menschen zu fassenden Maß die Ordnung der Schöpfung spiegelnd. Nicht daß Elisabeth von Thüringen ein frommes Leben führen wollte, hat in ihrer Umgebung Ärgernis erregt, sondern die Durchbrechung dessen, was ihrer Rolle als Fürstin anstand. Die Einbindung der Armutsbewegung in die Bettelorden nahm der christlichen Abkehr von der Welt etwas von der Kraft, die irdischen Schemata in der Umkehr radikal zu durchbrechen. Daß die im 13. Jahrhundert immer beliebter werdende Darstellung des Jüngsten Gerichts auf der Seite der Verdammten auch Vertreter der höchsten Stände, bis hin zu Papst und Kaiser, zeigen konnte und daß man in der Hinwendung zu den Armen Christus zu begegnen glaubte, relativierte Standesschranken und Standesdünkel nicht. Beliebt war es, die menschliche Gesellschaft im Spiegel des Schachspiels zu deuten. Zur Zeit der heiligen Elisabeth schrieb ein englischer Autor: »Die ›Bauern‹ sind die Armen, die nur von einem Feld zum jeweils nächsten rücken. Denn wenn der Arme in seiner Dummheit und Bedürftigkeit verharrt, so lebt er immer vor sich hin. Wenn er aber etwas gewinnen (eine andere Figur schlagen) will, so rückt er schräg vor; denn wenn er Besitz oder Ehrenstellungen erlangen will, dann tut er es auf schräge Weise, indem er immer mit falschen Eiden, mit Schmeicheleien, mit Lügen an sich nimmt« (nach O. G. Oexle). Mochten noch so viele Einzelne sich in der religiösen Umkehr den Armen zuwenden – die Standesgrenzen blieben, und weh den »Armen«, die dies vergaßen. Die ständische Ordnung war mit der Herrschaftsordnung untrennbar verbunden, und an ihr wurde weder in der Kirche noch in den religiösen Bewegungen gerüttelt.

Kampf und Niederlage der Stedinger an der Unterweser stellen in der Geschichte des 13. Jahrhunderts eine Episode dar, in der sich viele Tendenzen der Zeit spiegeln. Holländische Siedler waren im 12. Jahrhundert dorthin geholt worden, um das Sumpfland urbar zu machen, und hatten dafür vom Erzbischof von Bremen Freiheitsgarantien erhalten, das heißt die Zusage, daß sie viele Fragen in eigener Zuständigkeit regeln dürften und nur begrenzte Abgaben leisten müßten. Diese Privilegien standen den erzbischöflichen Bestrebungen zur Intensivierung der Landesherrschaft entgegen; umgekehrt versuchten wohl die zu einer Gesamtgemeinde zusammengeschlossenen Bauern, die ein eigenes Siegel führten, ihre Autonomie zu erweitern. Über die Abgaben, die der Erzbischof forderte und gewaltsam eintreiben ließ, kam es zum bewaffneten Streit, in dem die Bauern Burgen des Erzbischofs zerstörten. Auf einer Synode erklärte der

Erzbischof 1231 die Stedinger zu Ketzern. Kreuzzugsbullen Papst Gregors IX. von 1232 und 1233, die vollständigen Ablaß versprachen, riefen zum Vernichtungskampf gegen den »verworfenen Stamm« auf. Ein erstes Ritterheer wurde geschlagen, doch ein zweites unter dem Erzbischof von Bremen, den Grafen von Oldenburg, Holland und Kleve und dem Herzog von Brabant vernichtete das Aufgebot der Stedinger. Ein Kreuzzug, vom Papst nach einigem Zögern selbst verkündet, hatte die Landesherrschaft eines geistlichen Fürsten durchsetzen helfen. Um einen Kreuzzug gegen rheinisch-hessische »Ketzer« haben sich gleichzeitig Papst, Kaiser und König Heinrich (VII.) bemüht. Auch dies war ein Aspekt der religiösen Verhältnisse in Deutschland in den Jahren der heiligen Elisabeth und des Inquisitors Konrad von Marburg, des Deutschen Ordens unter Hermann von Salza, unter dem er mit der Eroberung des Preußenlandes begann, und der Gründung erster Bettelordenskonvente. Es waren Jahre, in denen Kaiser Friedrich II. auf einem Höhepunkt seiner Herrschaft zu stehen schien.

Universalmonarchie und Landesherrschaft unter Friedrich II.

Als »König von Gottes und des Papstes Gnaden« war Friedrich von Sizilien zum Kampf mit Kaiser Otto IV. angetreten, der auf dem Weg zur römischen Krönung diesen Titel abgelegt hatte; vom französischen König lanciert und von deutschen Fürsten gewählt, hatte er die Reichskrone empfangen; dank des französischen Sieges bei Bouvines hatten »die Turnosen den Krieg gegen die Sterlinge« gewonnen, unter dessen wechselnden Offensiven die Parteiungen in Deutschland hin- und hergeschwankt waren. In Aachen konnte der Staufer 1215 den Thron Karls des Großen besteigen. Von den vielen Gegensätzen dieser Zeit war keiner aufgehoben, als Friedrich II. zu herrschen begann. Auf allen Ebenen dauerten Machtkämpfe und Rechtsstreitigkeiten an, und das politische Geschehen wurde weiterhin von den ungelösten großen Fragen beherrscht, unter denen es seit Jahrzehnten stand. Doch in dem, was so chaotisch anmutet, scheinen sich nun Strukturen abzuzeichnen. Trotz der fortgesetzten Konflikte läßt sich die Vielfalt wechselnder Konstellationen leichter einigen durchgehenden Linien zuordnen. Ziele, Konzeptionen, Prinzipien werden sichtbar, an deren Formulierung der letzte Stauferkaiser selbst Anteil hatte. In der Umgestaltung des politischen Kräftefelds bestätigten sich seit langem zu beobachtende Tendenzen.

Für das römisch-deutsche Königtum, das sich vom Kaisertum nicht trennen ließ, blieb das Grundproblem die Frage nach dem Verhältnis von geistlicher und weltlicher Gewalt. An dieser Frage schieden sich die Geister noch immer: War es Gott selbst, der dem Herrscher, wenngleich durch priesterliche Vermittlung, sein

Schwert – das heißt: seine Würde, Aufgabe und Gewalt – verlieh und ihn damit zu seinem Vertreter in der Ordnung der Welt berief? Oder gab der jeweilige Papst eines der beiden Schwerter, die Christus Petrus und damit dessen Nachfolgern anvertraut hatte, an den Kaiser weiter, so daß dieser es legitim nur für, nie gegen das Papsttum führen konnte, das sich selbst mit der Kirche gleichsetzte? In jedem noch so begrenzten Problem sah man die Grundsatzfrage gestellt, und entsprechend heftig wurde darum gestritten. Wer vom Auftrag gleichrangigen Zusammenwirkens beider Gewalten, von der Scheidung ihrer Funktionen in der einen Christenheit überzeugt war, kritisierte die Anmaßung des Papsttums als Versuch, beide Schwerter in eine Scheide zu stecken. Entschiedene Kurialisten dagegen behaupteten: »Der wahre Kaiser ist der Papst.«

Belastet durch die päpstlichen Rekuperationen und durch die Personalunion Siziliens mit dem Imperium, hatte sich die Auseinandersetzung um die rechte Eingliederung menschlicher Ordnungen in den sie übersteigenden göttlichen Ordnungszusammenhang zu einem Machtkampf zwischen Kaisertum und Papsttum entwickelt, in dem es um sehr materielle Dinge ging. Aber dieser Machtkampf wurde, vom reichlich fließenden Geld abgesehen, nicht nur mit materiellen Schwertern ausgetragen. Die Päpste zogen stets auch das geistliche Schwert, um ihre Gegner gefügig zu machen. Politisch eingesetzt, wurden die rechtlichen Folgen der Exkommunikation für beide Seiten oft wichtiger als die propagandistisch ausgeschlachteten moralischen Wirkungen. Friedrich II., von der Welfenpartei anfangs als »Pfaffenkönig« gescholten, wurde häufiger gebannt und absolviert, als dies je einem Monarchen zugestoßen war, und in seinen letzten Jahren von päpstlicher Seite als »Vorläufer des Antichrist« geradezu perhorresziert. Doch die formalrechtliche Begründung, auf welche die Päpste ihre Bannsentenzen stützten, ließ sie oft zu Beschuldigungen greifen, die zwar unwiderlegbar waren, aber die scharfe Maßnahme in den Augen vieler, zumal des Betroffenen, kaum rechtfertigten. Kreuzzüge wurden bald auch im Abendland geführt, nicht nur gegen die Stedinger an der Nordseeküste und gegen die Albigenser in Südfrankreich, sondern selbst gegen den Kaiser. Päpstliche Kreuzzugssteuern finanzierten schließlich Kriege europäischer Könige und Fürsten, mit deren Hilfe die Kurie ihre begrenzten machtpolitischen Ziele zu erreichen hoffte. Und doch wurde dieser Machtkampf überhöht in kühnen Gedanken über die eine Ordnung der von Gott geschaffenen Welt, über die päpstliche Vollgewalt, die den Papst als Haupt einer geistlichen Universalmonarchie erscheinen ließ und diesen Anspruch unmittelbar mit dem Heilsauftrag der Kirche verband.

Auf der Gegenseite steigerten Friedrich II. und seine Umgebung in ihren Verlautbarungen die Gottunmittelbarkeit und Christus-Stellvertreterschaft des Kaisers zu bisher nie gehörten Formulierungen. Von seiner Auserwähltheit, vom Vorrecht seines Kaisertums in der von Gott geschaffenen Welt war Friedrich so überzeugt, daß ihm ein Papst, der sich unversöhnlich am Kaisertum selbst zu vergreifen wagte, als Verkörperung babylonischer Überheblichkeit oder gar als Antichrist erschien. Während man den Staufer an der Kurie zum »Jünger Mohammeds« oder gar, indem man ihm das Wort von Moses, Christus und Mohammed als den drei Verführern der Menschheit unterschob, zu einem jeden Glaubens entbehrenden Ungeheuer stilisierte, reklamierte Friedrich für sich die Frömmigkeit und Gottergebenheit der alten Kaiser. Wenn er nach dem Erwerb des Königreiches Jerusalem verkündete, »daß die Hand des Herrn dies alles getan« habe, scheint er auf den ersten Blick nicht weit von der herrscherlichen »Demut« der Salier entfernt zu sein, mit der diese einen Erfolg ihrer Waffen allein Gott zuschrieben und gleichzeitig durch die göttliche Gnadenhilfe noch mehr an herrscherlicher Erhabenheit gewannen. Doch Friedrich stand, als er nach Jerusalem fuhr, unter päpstlichem Bann; kein Geistlicher wollte ihn dort krönen, so daß er sich am 18. März 1229 das Diadem selbst aufs Haupt setzte. War es Demut oder Hochmut, wenn er als Gebannter in einer langen Enzyklika die Hilfe des Herrn als eine Kette von Wundern herausstellte, die ihn ohne Kampf zu einem Erfolg geführt hatte, der riesigen Heeren von Kreuzrittern versagt geblieben war?

Für Papst und Kaiser war der Kreuzzug das zweite große Problem. Als Friedrich die Herrschaft im römischen Reich antrat, war Jerusalem noch immer nicht befreit. Die Feldherrnleistungen und Husarenstücke des englischen Königs Richard Löwenherz konnten nicht darüber hinwegtäuschen, daß das Unternehmen, zu dem der Kaiser und die mächtigsten Könige des Westens aufgebrochen waren, sein Ziel verfehlt hatte. Der vierte Kreuzzug, zu dem man 1202 ohne Beteiligung der Könige auf venezianischen Schiffen losgefahren war, hatte das byzantinische Reich zerschlagen und die Position der Christen in Kleinasien nicht gestärkt, sondern geschwächt. Welch eine Herausforderung mußte darin für den liegen, der die Führung der Christenheit übernehmen wollte! Die anhaltende Kreuzzugsbereitschaft, ja Kreuzzugsbegeisterung läßt erkennen, was hier an Ansehen in der höfisch-ritterlichen Welt zu gewinnen oder auch zu verlieren war, die einen guten Teil ihres Selbstwertgefühls aus den früheren, teils sogar aus legendären Erfolgen der Christen im Orient bezog. Schon bei seiner Aachener Krönung hatte Friedrich II. ein Kreuzzugsversprechen abgelegt. Vor seiner Kaiserkrönung am 22. September 1220 wiederholte er das Gelübde feierlich und sagte den Aufbruch für 1221 fest zu. Doch immer wieder mußte der Papst Aufschub gewähren. Zuletzt verpflichtete sich Friedrich 1225, spätestens im August 1227 loszufahren – andernfalls sollte die Strafe des Banns unmittelbar in Kraft treten. 60.000 Ritter und Knechte, großenteils Deutsche, hatten sich bei Brindisi gesammelt. Trotz schwerer Seuchen im Heer stach die Flotte in See. Der Kaiser kehrte nach zwei Tagen um; er war ebenfalls erkrankt, und Landgraf Ludwig IV. von Thüringen, sein Begleiter, war auf dem Schiff gestorben.

Unerbittlich erklärte Papst Gregor IX. den Staufer für gebannt. Im Juni 1228 brach Friedrich dann auf, jetzt gegen ein scharfes päpstliches Verbot, und erreichte durch Verhandlungen mit dem ägyptischen Sultan, daß den Christen die heiligen Stätten Nazareth, Bethlehem und Jerusalem zunächst auf zehn Jahre überlassen wurden. Er war »Kaiser der Römer, König von Sizilien und Jerusalem«, wie er sich von nun an nannte. Doch konnte er die Reiche lenken, deren Titel er führte?

Das war das dritte große Problem, das dem Staufer gestellt war: die Ordnung des Imperiums und des Königreiches Sizilien. Hier wie dort war während des Thronstreits weitgehend Gewalt an die Stelle des Rechts getreten. Anspruch stand vielerorts gegen Anspruch, Gewalttaten antworteten Gewaltakten. Wo solche Zustände andauerten, konnte ein Herrscher kein Ansehen gewinnen. Friedrich war von einem fast fanatisch zu nennenden Willen beseelt, Recht und Gerechtigkeit durchzusetzen. Von einem religiösen Sendungsbewußtsein getragen, sah er darin sein spezifisches Amt, das Gott ihm gegeben hatte.

»Wir also – da uns zu den Gipfeln des römischen Kaisertums und der Würden anderer Königreiche allein die machtvolle Rechte Gottes wider menschliches Hoffen erhoben hat, und da wir wünschen, die uns geliehenen Pfunde verdoppelt dem lebendigen Gott zu erstatten – beschließen zur Verehrung Jesu Christi, von dem wir alles empfangen haben, was wir besitzen, in der Pflege der Gerechtigkeit und der Setzung von Recht ein Dankopfer mit unseren Lippen darzubringen«, ließ der Kaiser 1231 in die Präambel der »Konstitutionen von Melfi« schreiben. Sie waren das neue Gesetzbuch für sein Königreich Sizilien, das, wie er meinte, der Ordnung mehr als seine anderen Reiche entbehrte. Durch die Kodifikation von Rechtsgewohnheiten, durch die Erneuerung und Fortschreibung normannischen Königsrechts und durch eigene Rechtssetzung, alles gefaßt in der Begriffssprache am römischen Recht geschulter Juristen, glaubte der Kaiser ein Vorbild aufzurichten, dem man überall in neidvoller Bewunderung nacheifern werde. In der Tat war der in den »Konstitutionen« entworfene »Modellstaat« in der mittelalterlichen Welt beispiellos. Obwohl vieles, was in den noch mehrfach überarbeiteten und ergänzten »Konstitutionen« stand, nicht als im ganzen Reich verwirklicht betrachtet werden darf, besticht den heutigen Betrachter doch die Konzeption. Der Entwurf hat dem Staufer bei modernen Geschichtsschreibern den Ruf eines seiner Zeit weit vorauseilenden »aufgeklärten« Monarchen, seiner Herrschaft das auf eine moderne Staatsform bezogene Attribut des »Absolutismus« eingebracht.

Erstmals beanspruchte die herrscherliche »Staatsgewalt« hier die Rechts- und Friedenswahrung ausschließlich für sich. Auch wenn Friedrich II. sich nicht gleichzeitig an mehreren Orten aufhalten konnte, wollte er mit seiner Macht gewissermaßen allgegenwärtig sein, damit jeder bedrängte Untertan ihn jederzeit anrufen könne. Selbsthilfe, Privatjustiz oder Fehde wurden streng untersagt; die

Verbrechensverfolgung oblag ausschließlich dem Herrscher und seinen Beamten. Diese mußten von sich aus, ohne auf eine Anzeige zu warten, bei jeder Rechtsverletzung tätig werden; der zuständige Richter erhob Klage und ermittelte gemäß der neu eingeführten Prozeßordnung. Die feudale Rechtsprechung der Barone wurde durch die Tätigkeit königlicher Justitiare abgelöst, die für einzelne Provinzen zuständig und dem Großhofjustitiar unterstellt waren. Sie kontrollierten die Ortsrichter und örtlichen Polizeibeamten. Irrationale Elemente im Beweisverfahren wurden stark zurückgedrängt. Damit die Prozeßführung kontrollierbar blieb, mußten Verhandlungen protokolliert werden. Zahlreiche Maßnahmen – etwa Beweisbeschränkung durch ein Nachschiebe- und Gegenbeweisverbot oder zeitliche Beschränkung der Plädoyers – dienten der Prozeßbeschleunigung. Sie waren freilich auch geeignet, Rechtsmittel eines Angeklagten einzuschränken; doch dies nahm man mit Rücksicht auf die erstrebte Gleichheit vor dem Recht hin. Die Rechtspflege war wie die übrige Verwaltung des Reiches ganz auf ein Berufsbeamtentum abgestellt. Die Amtsträger waren fest besoldet, wurden häufig ausgewechselt oder versetzt; die Vorgesetzten wie die Untergebenen sollten sich gegenseitig kontrollieren. Kein Justitiar durfte aus der Provinz stammen, in der er seine Funktion wahrnahm, und die Heirat mit einer Einheimischen war ihm verboten.

Die Organisation beschränkte sich keineswegs auf den Bereich der Rechtspflege. Alles war geregelt. Papst Gregor IX. meinte, in Friedrichs Reich wage niemand, ohne Wink des Herrschers die Hand oder den Fuß zu bewegen. Im Gesundheitswesen wurden die Approbationsvorschriften für Ärzte und Apotheker erweitert und durch eine ausführliche Studienordnung für Medizinstudenten ergänzt, mit Vorschriften für die Abschlußprüfung, auf die das einjährige Praktikum bei einem erfahrenen Arzt zu folgen hatte. Für die Lehre der Medizin an der Universität war eine »Habilitation« erforderlich, die vor einem Prüfungsgremium aus staatlichen Beamten und Fachkollegen abgelegt werden mußte. Der Honorartarif für Ärzte war normiert, beim Hausbesuch wurden Tageszeit und Entfernung berücksichtigt. Arzneien durften die Ärzte nicht selbst verkaufen – dieses Geschäft oblag den Apothekern –, aber sie sollten schlecht arbeitende Apotheker anzeigen. Arzneimittelherstellung und -vertrieb wurden überwacht; die Arzneimittelpreise waren – unter Berücksichtigung der verwendeten Drogen und der Lagerhaltungskosten – vorgeschrieben. Nur eine bestimmte Anzahl von Apothekern erhielt die Zulassung. So geht es fort: mit einer detaillierten Ordnung für alle Handwerke, mit Bestimmungen für die Reinhaltung von Wasser und Luft und für vieles mehr. Natürlich hatte der Herrscher auch an sich und seine Finanzen gedacht. Ein ausgeklügeltes System von Einkommens-, Umsatz-, Verbrauchs-, Grund- und Vermögenssteuern, von Zöllen und anderen Abgaben verschaffte ihm die Mittel für seine Hofhaltung, seine Wehr- und Prachtbauten und seine Beamten, für Reichsverwaltung und Kriegführung. Der

Fiskus beschränkte sich nicht auf Abschöpfung, sondern bemühte sich, ähnlich wie der byzantinische Staat, um Steigerung der Einnahmen durch direkte Beteiligung am Wirtschaftsleben. Auf den Domänen des Königs wurde Getreide, Wein, Baumwolle und Zuckerrohr für den Export produziert; in den einträglichen und, angesichts der Unterversorgung im verstädterten Ober- und Mittelitalien, als politisches Druckmittel einsetzbaren Getreidehandel schaltete sich der Fiskus selbst ein. Zahlreiche Produktionen – Seide und kostbare Tuche, Kupfer, Eisen, Salz – waren »Staatsmonopole«. Friedrich II. ließ als erster Herrscher im Abendland seit der Antike ab 1231 wieder Goldmünzen prägen, die Augustalen; nach seinem Tod übernahmen Florenz und Venedig die Goldwährung, die von da an im europäischen Handel mit dem Silbergeld zu konkurrieren begann. In der Finanz- und Monopolverwaltung besetzte das Bürgertum bald die wichtigen Posten. Der gesamte, stark ausgeweitete Verwaltungsapparat war in Ressorts gegliedert, die einzelnen Beamtenstufen wurden genau kontrolliert, überall mußte über die Tätigkeit Buch geführt werden. Wieder hat man, indem die Forschung diese Wirtschaftspolitik als »Merkantilismus« charakterisierte, die Verhältnisse im staufischen Sizilien mit den Strukturen einer viel späteren Zeit verglichen. Freilich zeigen die »Konstitutionen« in vielem mehr das Gewollte als das, was sich verwirklichen ließ. Um sein Königreich mußte der Kaiser zeitweilig mehr kämpfen, als daß er es friedlich verwalten konnte.

Bei seinen Maßnahmen berief sich Friedrich II. auf die »Utilitas publica«, den gemeinsamen Nutzen für Herrscher und Untertanen. Doch der Fiskalismus des königlichen Beamtenstaates lastete so schwer auf seinem unteritalisch-sizilischen Reich, daß die Wirtschaft des Landes und der Wohlstand der Bürger darunter litten. Dabei hat der Kaiser oft genug ausgesprochen, daß auf die Dauer eine florierende Wirtschaft die unerläßliche Voraussetzung für die Abschöpfung des Fiskus und damit für die Durchsetzungskraft der Königsherrschaft sei. Doch wenn der Herrscher sich in Not befand, wenn er in seinem Kampf sich und sein Gut ganz einsetzte, mußten nach seiner Auffassung auch die Untertanen jedes noch so hohe Opfer bringen. Und so wurden die Absichtserklärungen hinsichtlich des Staatswohls unter den Kämpfen des Staufers – ähnlich wie die erklärten Rechtsgarantien bei der Verfolgung von Majestätsverbrechern und Ketzern – leicht zur Verschleierung einer grausamen Wirklichkeit. Auf dem Sterbebett gab der Kaiser, bevor er sich in die Kutte der Zisterzienser hüllen ließ, seinen Großen die Anweisung, die Steuern wieder auf das Maß zurückzuführen, das sie zur Zeit König Wilhelms II. gehabt hatten. Ohne seine Söhne zu enterben, die für den Kampf um sein Reich großer Mittel bedurften, konnte er damals 100.000 Goldunzen, also 400.000 seiner neuen Augustalen, für einen Kreuzzug stiften, obwohl ihn der Kampf um die Herrschaft in seinen letzten Lebensjahren enorme Summen gekostet haben muß.

Der heutige Betrachter entdeckt an Gestalten und Verhältnissen der Vergangenheit leicht die modern erscheinenden Züge. Wer sie bei Friedrich II. isoliert, bei dem sie so deutlich hervortreten und von dem unter vielfacher Brechung und Vermittlung in der Tat eine Wirkungslinie zur europäischen Monarchie späterer Epochen führt, erfaßt den Staufer und seine Zielsetzungen wohl nur oberflächlich. An den aus ihrem Kontext gelösten, modern interpretierten Erscheinungen versteht er das am wenigsten, was sie ermöglicht hat: ihre historischen Voraussetzungen und die Motive derer, die sie ins Werk setzten. Die »Konstitutionen« wollten nicht neues Recht schaffen und durchsetzen, sondern dem alten Recht – gegebenenfalls durch neue Mittel – Anerkennung und Gültigkeit verleihen. Sie sollten Widersprüche beseitigen und dadurch Klarheit bringen; nur was sie verzeichneten, sollte künftig als rechtens gelten. Angesichts dessen, was beispielsweise Philipp August und seine Nachfolger in Frankreich vor allem in der Organisation der Rechtspflege neu schufen oder was in England trotz der zeitweiligen Schwäche des Königtums fortentwickelt wurde, standen die Bemühungen Friedrichs II. nicht isoliert da; doch sie führten diese Tendenzen zu einer Konsequenz, daß in der Tat eine neue Stufe der Staatlichkeit sichtbar wurde. So hat man die »Konstitutionen von Melfi« bald in anderen Reichen abgeschrieben und studiert, allerdings nicht nur sie. Auch die Werke des Petrus de Vinea, bis zu seinem Sturz im Jahr 1249 der wichtigste Berater des Kaisers, wurden in ganz Europa bekannt: Briefe und Schriften, in denen der Kaiser über alle Menschen hinaus in eine göttliche Sphäre erhoben, ja als »Sanctus« bezeichnet wird. Zur Steigerung und Verteidigung dieser Erhabenheit war dem Staufer kein Opfer zu groß. Die Krone Jerusalems, der kein Reich entsprach, war ihm wichtiger als ein territorialer Gewinn; die Anerkennung seines gottunmittelbaren, ordnenden, rechtstiftenden Universalkaisertums rangierte höher als einzelne Machtpositionen. Rationalismus und Realismus, die an ihm in reichem Maße zu beobachten sind, standen im Dienst solcher heute leicht als irreal erscheinenden Ziele. Die »Staatlichkeit« war ganz vom Herrscher her gedacht, den Gott zur Wahrung des Rechts über Leben und Tod gesetzt hat. Die Überzeugung, in Sachen des Rechts zu sein, was der Papst in Sachen des Glaubens sei, der Träger einer dem Kaiser allein verliehenen Vollgewalt, bildete den Ausgangspunkt für den Willen, die Elemente der Tradition rational in einer Weise auszuformen, daß sich der bislang oft verfehlte Herrschaftszweck endlich erreichen ließ. Konnte ein solches aus dem universalen Kaisertum legitimiertes Handeln sich auf die Ordnung Siziliens beschränken?

Der Wille zum Neubeginn und zur Neuordnung manifestierte sich nach der Rückkehr Friedrichs aus dem Orient in allen Teilen seines Herrschaftsbereichs. Eine ganze Datenreihe muß hier zusammengesehen werden: im Juli 1230 der Friede von San Germano, der die Versöhnung mit dem Papst und die Wiederaufnahme des Kaisers in die Kirchengemeinschaft brachte; im August 1231 der Erlaß der »Konstitutionen von Melfi«, mit deren Ausarbeitung unmittelbar nach

Übergabe des neugeborenen Friedrich (II.) durch seine Mutter, die Kaiserin Konstanze, an die Gemahlin Konrads von Urslingen. Miniatur in der 1195/96 wohl in Palermo entstandenen Handschrift »Liber ad honorem Augusti« des Petrus de Ebulo. Bern, Burgerbibliothek. – Kaiser Friedrich II. und sein Sohn Manfred als Falkner. Kolorierte Zeichnung auf der ersten Seite der im dritten Viertel des 13. Jahrhunderts in Unteritalien entstandenen Handschrift »De arte venandi cum avibus«, einer im Auftrag König Manfreds besorgten verkürzten Fassung des Falkenbuchs seines Vaters. Rom, Biblioteca Apostolica Vaticana

Das Castel del Monte auf dem Plateau der Murge in Apulien. Ansicht von Osten auf das Portal der vor 1240 begonnenen und um 1250 vollendeten »Jagdfestung« Kaiser Friedrichs II.

diesem Friedensschluß begonnen worden war und die man als Parallelunternehmen zu dem das neuere Kirchenrecht zusammenfassenden, 1232 veröffentlichten Dekret Papst Gregors IX. sehen muß; im November 1231 der Reichstag von Ravenna, der die politische Neuordnung Oberitaliens bringen sollte; schon im April 1231 der Reichstag in Worms, auf dem König Heinrich (VII.), dem Willen des Vaters Rechnung tragend, zahlreiche für das Verhältnis von Königtum und Fürstentum in Deutschland wichtige Gesetze, darunter das »Statutum in favorem principum«, erließ, die der Kaiser im Mai 1232 in Cividale del Friuli bestätigte.

Vordergründig beendete der Friedensvertrag von San Germano den Krieg, der während des Kreuzzugs durch den Einmarsch päpstlicher Truppen in Unteritalien ausgelöst worden war. Nach seiner Rückkehr hatte Friedrich sein Reich zurückerobert, aber demonstrativ an den Grenzen des Kirchenstaates haltgemacht und deutsche Fürsten aufgerufen, zwischen ihm und dem Papst zu vermitteln. Der Hochmeister des Deutschen Ordens, Hermann von Salza, an der Kurie sehr angesehen und dennoch ein Freund des Kaisers, hatte wesentlichen Anteil am Erfolg der Friedensverhandlungen, die im Grenzort Ceprano geführt wurden. Friedrich kam den kirchenpolitischen Forderungen des Papstes für das Königreich Sizilien entgegen, indem er freie Bischofswahlen und die Steuer- und Gerichtsexemtion des Klerus garantierte; in Mittelitalien wollte er der römischen Kirche alle ihre Rechte überlassen. Das waren dieselben Garantien, die er schon bei seiner Erhebung zum König und dann noch einmal bei der Kaiserkrönung 1220 gegeben hatte. Dafür wurde er vom Bann gelöst. Die Verständigung zielte aber über die Regelung der Streitfragen im Kirchenstaat und in Sizilien hinaus: Sie sollte die Gemeinsamkeit von Kaisertum und Papsttum erneuern, unter deren Zeichen Friedrich die Herrschaft über das Imperium erlangt hatte und die bei seiner Kaiserkrönung feierlich beschworen worden war.

Am Krönungstag hatte der Kaiser Gesetze erlassen, in denen er seine Unterstützung für die Kirche demonstrierte und damit das Zusammenwirken beider Gewalten betonte; den Rechtslehrern in Bologna befahl er, sie als »Authentiken« in die Bücher der antiken römischen Kaisergesetze einzutragen. In scharfen Worten wurde den Städten verboten, den Klerus zu besteuern oder vor ein weltliches Gericht zu ziehen; wer sich wegen solcher Übergriffe die Exkommunikation zuzog, verfiel, wenn er sich nicht binnen Jahresfrist daraus löste, der Acht. Ketzer sollten nicht nur von der Kirche, sondern auch von den Organen weltlicher Ordnungsgewalt verfolgt werden; wer dies versäumte, verlor sein Amt; Begünstiger der Sekten sollten mit kirchlichem Bann zugleich durch die kaiserliche Acht getroffen werden. Die Bestimmungen zielten vor allem auf die Verhältnisse in den Kommunen Oberitaliens, bei deren Unterwerfung unter seine Herrschaft der Kaiser auf päpstliche Unterstützung hoffte. An diesem Punkt setzten seine Bemühungen nach der Rückkehr vom Kreuzzug wieder an.

Der Papst und die Städte waren auf November 1231 zum Reichstag nach Ravenna geladen. Die Gesetze gegen häretische Sekten wurden erheblich verschärft: Auf Ketzerei stand jetzt der Feuertod, was 1224 erstmals als kaiserliches Gesetz verkündet worden war, und nachdrücklich unterstützte der Kaiser die von Gregor IX. organisierte Inquisition. Mit der prunkenden Rhetorik der päpstlichen wie der kaiserlichen Kanzlei wurde in jener Zeit die Eintracht der beiden Gewalten überschwenglicher denn je verkündet (H. Grundmann). Was freilich auch mit päpstlicher Unterstützung nicht gelang, war die Neuordnung Reichsitaliens. Denn von den Städten waren nur wenige dort vertreten. Die Kommunen begannen zu rüsten und nahmen auch den Vorschlag nicht an, die zwischen ihnen und dem Kaiser strittigen Fragen durch einen päpstlichen Schiedsspruch rechtsverbindlich klären zu lassen.

Neue Konflikte in der Lombardei hatten sich schon beim Herrschaftsantritt Friedrichs II. ergeben, weil Mailand und seine Verbündeten in Treue zu Otto IV. dem Staufer 1212 den Weg nach Deutschland sperren wollten. Nur auf beschwerlichen Umwegen war Friedrich nach Schwaben gelangt. Deshalb begünstigte er alsbald wieder Cremona und somit die schwächere der beiden Gruppierungen, die sich in Oberitalien gegenüberstanden. Die »gleichsam in Erbtreue zum Reich haltende Stadt« war mit dem Kaiser insbesondere durch den Haß gegen Mailand verbunden, das Friedrich endlich beugen wollte: »Sobald wir nämlich in den uns reifenden Jahren, in der erglühenden Kraft des Geistes und des Leibes zu des römischen Reiches Gipfel wider Erwarten der Menschen durch den einzigen Wink göttlicher Vorsehung aufstiegen…, war unseres Geistes Schärfe immerwährend darauf gerichtet, die am Großvater und Vater begangene Beleidigung zu verfolgen und den schon in andere Gegenden verpflanzten Setzling verruchter Freiheit niederzutreten«, schrieb er später. Diese Konstante seiner Politik erwies sich bald als ein entscheidendes Hindernis für die geplante Neuordnung. Ein 1226 nach Cremona einberufener Reichstag, der sie bringen sollte, kam nicht zustande, weil schon die Wahl des Ortes dem Anhang Mailands nichts Gutes verhieß und man dem mit einem Heer aus Süditalien heranrückenden Staufer mißtraute. Eine militärische Kraftprobe riskierte der Kaiser nicht, da die erneuerte Lega Lombarda die Klausen von Verona so abriegeln ließ, daß die aus Deutschland gerufenen Fürsten und Truppenkontingente nicht in die Po-Ebene gelangten. 1226 hatte der Papst die rebellierenden Städte wegen Gefährdung des Kreuzzugs zunächst gebannt, obwohl er sich von Friedrichs ungenehmigtem Durchzug durch Spoleto und Ancona und durch Truppenaushebungen in diesen Gebieten selbst provoziert fühlte. Noch vertraute der Kaiser auf das Zusammenwirken mit dem Papsttum, wenn er Gregor IX. um einen Schiedsspruch im Streit mit den Kommunen bat. Doch als es wegen der neuerlichen Verzögerung des Kreuzzugs zum Bruch kam, verbündete sich Gregor mit den stauferfeindlichen Kommunen gegen Friedrich. Nach dem Frieden von San

Germano nahm der Kaiser gemeinsam mit dem Papst die 1226 intendierte Politik wieder auf, erreichte allerdings nicht mehr als fünf Jahre zuvor. Denn die Städte wußten seit 1220 sehr wohl, daß die Gemeinsamkeit der beiden Gewalten vorrangig durch ein Zusammengehen in Fragen begründet wurde, die in ihre innere Ordnung eingriffen: in der Forderung nach Exemtion des Klerus und in der Ketzergesetzgebung. Betraf die erste Frage Grundsätze der kommunalen Gemeinschaft und Autonomie, so die zweite das religiöse Leben breiter Teile der städtischen und ländlichen Bevölkerung. Die von der Kirche verfolgten Sekten und Gruppierungen hatten vor allem im Volk ihre Anhänger, und das damals meist von der Volkspartei bestellte Stadtregiment zeigte vielerorts wenig Interesse, seine Position durch Intoleranz in dieser Frage zu gefährden.

Von weitreichender Wirkung war dagegen, was der Kaiser mit den Fürsten über die Ordnung des deutschen Reiches vereinbarte. Auch hier knüpfte man an frühere Entscheidungen an, die den Willen zur Gemeinsamkeit und zur Respektierung der beiderseitigen Rechte betont hatten. Gegenüber Innozenz III. hatte Friedrich bereits 1213 auf das Spolien- und Regalienrecht verzichtet, das für die Reichskirchen eine schwere wirtschaftliche Belastung darstellte und bei jeder Sedisvakanz den direkten Eingriff des kaiserlichen Fiskus in die Verwaltung des geistlichen Fürstentums zur Folge hatte. Privilegien für Magdeburg, Würzburg, Regensburg, Quedlinburg und Corvey aus dem Jahr 1216 belegen, daß der König seine Garantie auch einzelnen Reichskirchen verbrieft hatte. Am 26. April 1220 hatte er den geistlichen Fürsten für die Wahl seines neunjährigen Sohnes Heinrich zum König durch ein großes Privileg gedankt, in dem er nicht nur den Verzicht auf das Spolienrecht erneuerte, sondern ihnen zahlreiche Garantien für den Besitzstand ihrer Kirchen gab. In ihren Territorien und Herrschaftsbereichen sollten ohne ihr Wissen und gegen ihren Willen keine neuen Zoll- und Münzstätten eingerichtet werden; die reichskirchlichen Münzstätten sollten keine Einbußen erleiden durch die Emission gleicher Gepräge an anderen Orten; niemand durfte gegen ihren Willen auf kirchlichem Boden – etwa unter Berufung auf das Vogteirecht – Burgen, Städte oder andere Baulichkeiten errichten; überhaupt sollten die Kirchen in keiner Weise durch die Vögte geschädigt werden; Kirchenhörige sollten nicht zum Nachteil der geistlichen Herrschaft in die königlichen Städte aufgenommen werden; wo ein geistlicher Fürst einem seiner Vasallen ein Lehen absprach, wollte der Herrscher ihn unterstützen. Das Regalienrecht bei Sedisvakanzen ist nicht erwähnt; doch versicherte Friedrich II. unter Berufung auf das Vorbild seines Großvaters, daß sich keiner seiner Beamten in den Bischofsstädten irgendwelche Rechtsbefugnis hinsichtlich Zoll, Münze oder anderer Ämter anmaßen werde, es sei denn von acht Tagen vor einem dorthin angesagten Hoftag bis acht Tage danach. Zugleich sagte der Herrscher unter Berufung auf die Hilfe, die das geistliche Schwert vom weltlichen Schwert zu erhalten habe, den Bischöfen zu, daß die von ihnen Exkommunizierten, wenn ihm die Maßregelung offiziell mitgeteilt werde, nach sechs Wochen der Acht verfallen sollten, falls sie bis dahin nicht die Rekonziliation gesucht und erlangt hätten. »Je größere Treue der Fürsten wir an uns erkannt haben, desto nachdrücklicher bemühen wir uns darum, stets auf ihr Fortkommen bedacht zu sein«, bekräftigte das Dokument zum Schluß. Das Privileg für die geistlichen Fürsten zeichnete die Linie schon vor, die der Kaiser nach dem Kreuzzug nachzog, um die Fürsten, die ihm 1230 wichtige Hilfe geleistet hatten, in ihrer Treue zu belohnen und ihre Bereitschaft zum Reichsdienst zu stärken.

Die Verhältnisse in Deutschland verlangten dringend nach einer ordnenden Hand. Unter der Regentschaft und unter der selbständigen Regierung des Kaisersohnes, König Heinrichs (VII.), hatten sich die Spannungen zwischen Königtum und Fürsten seit etwa 1225 rasch verschärft. Beraten von Reichsministerialen und überzeugten Stauferanhängern aus Schwaben, betrieb der junge König eine oft aggressive Territorialpolitik. Während der Abwesenheit Friedrichs II. hatte er immer häufiger gegen die Garantien verstoßen, die den geistlichen Fürsten 1220 gegeben worden waren, und durch Begünstigung der mit ihren fürstlichen Herren im Streit liegenden Städte und durch Bevorzugung der Ministerialität eine Richtung eingeschlagen, die den politischen Zielen des Vaters zweifellos widersprach. Ein Zusammenwirken von König und Fürsten erschien unter den gegebenen Umständen kaum noch möglich; die Auseinandersetzungen im Reich tobten noch immer oder erneut in Formen, die man vorher auf den Thronstreit zurückgeführt hatte. Ultimativ drängten die Fürsten auf eine grundsätzliche Kurskorrektur. Friedrich II. griff zu ihren Gunsten ein und geriet dadurch in einen tragisch endenden Konflikt mit seinem Sohn.

Die Zielsetzung dürfte für Friedrich II. und Heinrich (VII.) dieselbe gewesen sein: die Königsmacht nach den Verlusten, die sie im Thronstreit erlitten hatte, wieder zu stärken. Im Konflikt zwischen Vater und Sohn ging es um die Frage der eingesetzten Mittel und in manchem lediglich um das rechte Augenmaß bei ihrer Anwendung. Erneut zeigte sich das Dilemma einer königlichen Territorialpolitik. Heinrich hatte durch sein Vorgehen die Unterstützung der Fürsten verloren, die nicht nur für die Herrschaft über das Imperium, sondern auch für die Durchsetzung der Königsgewalt in Deutschland unentbehrlich war. Hier wurde ein Grundsatz verletzt, den der Kaiser stets als seine Leitlinie hervorhob: die Achtung der Fürsten und ihrer Rechte. Man glaubt zu erkennen, daß Heinrich mit seinen Beratern die jeden augenblicklichen Vorteil ausnutzende, oft rücksichtslose Politik seines Großvaters, Heinrichs VI., fortsetzte, während sich Friedrich bei der Behandlung der Großen an das Vorbild seines Großvaters hielt, auf den er sich oft genug berief: in strenger Wahrung des Rechts die beanspruchten Herrscherrechte durchzusetzen.

Friedrich Barbarossa war es gelungen, die territoriale Basis der Königsmacht erheblich auszuweiten, ohne hierdurch in eine grundsätzliche Gegnerschaft zu den Fürsten zu geraten. Die Katastrophe seines Heeres vor Rom im Jahr 1167 hatte ihm die Chance eröffnet, durch Verträge in das Erbe zahlreicher Adelsgeschlechter einzutreten. Außerhalb der Zonen staufischer Vormacht ließ er in solchen meist umstrittenen Erbfällen andere Fürsten zum Zuge kommen, an deren Unterstützung ihm gelegen war. Fürstensprüche stützten die Entscheidungen ab. In seiner Städtepolitik begünstigte er meist Orte, die ohnehin als königliche oder staufische Stützpunkte galten, und obwohl er in seinen Besitzungen seine Märkte und Münzstätten förderte, richteten sich die Klagen über neue Märkte, Straßen, Zölle und Münzen kaum gegen den Herrscher selbst. Vielmehr versuchte er die Gewichte wieder zugunsten des Königtums zu verschieben, indem er beispielsweise 1157 am Main die neuen, »unberechtigten« Zölle aufhob, so daß von den zehn einnahmeträchtigen Erhebungsstellen nur drei, die königliche in Frankfurt und zwei reichskirchliche, übrigblieben. Was er tat, behinderte den Ausbau adeliger Herrschaftspositionen in diesem für das Königtum so wichtigen Gebiet und erwies den Herrscher gleichzeitig als Wahrer des Rechts, der mit seiner Entscheidung den Bischöfen von Würzburg und Bamberg und den Kaufleuten aus ihren Städten geholfen hatte. So war es dem Kaiser gelungen, den Stauferbesitz gewaltig zu mehren und aufzuwerten. Nach außen erschien dieser nicht einfach als königlicher Besitz, als »Reichsgutkomplex«. Seinem Halbbruder, den Söhnen und Neffen teilte er die Reichsfürstentümer zu, die in staufischer Hand waren, und stattete diese Herrschaften mit weiteren Gütern aus: die rheinische Pfalzgrafschaft, das schwäbische Herzogtum, das fränkische Herzogtum Rothenburg, die burgundische Pfalzgrafschaft. Der zum Thronfolger bestimmte Heinrich erhielt keines der Fürstentümer. Gerade das war der Grund, warum sich der Komplex nicht zusammenhalten ließ. Durch Heirat und Erbschaft kam die rheinische Pfalzgrafschaft 1195 an einen Welfen, 1214 an einen Wittelsbacher, die burgundische 1208 an den Herzog von Andechs-Meranien. Hinsichtlich der territorialen Basis seiner Macht stand das Königtum vor demselben Problem wie jede Adelsherrschaft mit Ausnahme der geistlichen Fürstentümer: Mit jeder Generation veränderte sich die Machtbasis, und der Gesamtkomplex mußte jeweils neu organisiert werden.

Als Friedrich II. 1220 seinem Sohn und dessen Regenten, unter denen Erzbischof Engelbert von Köln bis zu seiner Ermordung im Jahr 1225 die erste Stelle einnahm, die Herrschaft im deutschen Reich anvertraute, lag der gesamte »Hausbesitz« in der Hand des jungen, schon 1217 zum Herzog von Schwaben erhobenen Königs. Durch den Erbgang sowie durch Verluste und Zugeständnisse während des Thronstreits war die staufische Besitzmasse verringert worden. Umgekehrt hatte Friedrich sich seit 1212 das Erbe mehrerer Adelsfamilien ganz oder teilweise sichern können. Der zähringische Herrschaftskomplex, aus dem die wichtigsten Schwerpunkte nach 1218 in die Hand des Staufers gelangten, war für die Position in Schwaben und an den Zugangswegen zu den Alpenpässen von besonderer Bedeutung. In den grundsätzlichen Konflikt mit den Großen geriet Heinrich (VII.) jedoch nicht über solche Veränderungen, sondern durch seine Haltung in Fragen, welche vor allem die geistlichen Fürsten tangierten.

Während Friedrich Barbarossa in Auseinandersetzungen zwischen einem geistlichen Stadtherrn und der Bürgerschaft nie Partei für die letztere ergriffen und trotz aller Begünstigungen, die er den Bürgern mehrerer Städte gewährte, die Erweiterung der kommunalen Autonomie nicht durch eigene Entscheidungen begünstigt hatte, förderte Heinrich VI. beispielsweise in Basel, Speyer und Konstanz die Bildung eines Rates, von dem er sich auch »Steuern« bezahlen ließ. Offensichtlich geschah dies ohne Billigung und sogar gegen den Willen der jeweiligen Bischöfe. Ausgehend vom Basler Fall stellte 1218 ein von Friedrich II. eingeholter Fürstenspruch grundsätzlich klar, daß der Herrscher zu einer solchen Maßnahme ohne Einwilligung des betroffenen Stadtherrn nicht befugt sei. Gerade in den Bischofsstädten mehrten sich die Spannungen und Konflikte zwischen Stadtherrn und Bürgerschaft. Wo es um Regalien und Gerichtsbarkeit ging, pochten die geistlichen Fürsten auf ihre alten Rechte, die sie vielfach umfassender verstanden, als sie tatsächlich jemals gewesen waren; die führenden ministerialischen und kaufmännischen Geschlechter wollten dagegen nicht auf die Vorteile und Einkünfte verzichten, die ihnen im Laufe der letzten Jahrzehnte zugewachsen waren. Schon griffen die kommunalen Schwureinungen über Einzelstädte hinaus. Im November 1226, als der Kaiser zum Kampf gegen die Lombarden und für den Kreuzzug dringend auf die Hilfe der Fürsten angewiesen war, verbot Heinrich (VII.) auf einem großen Hoftag in Würzburg einen Bund, den die Städte Mainz, Bingen, Worms, Speyer, Frankfurt, Gelnhausen und Friedberg zum Schaden des Erzbischofs von Mainz geschlossen hatten. Es ist schwer vorstellbar, daß die mitten im staufischen Machtbereich unter Beteiligung wichtiger Pfalzstädte agierende Eidgenossenschaft gegen den Willen des Königs gebildet worden war. Daß Spannungen zwischen dem König und dem Erzbischof bestanden, zeigt ein anderer Streitpunkt, der »mit Rat der Fürsten« in derselben Urkunde wiederum zugunsten des Erzstifts geregelt wurde: Der König sagte zu, künftig keine Eigenleute der Mainzer Kirche mehr in seine Stadt Oppenheim aufzunehmen und die Ministerialen, Bürger sowie alle anderen Leute des Erzstifts, die dorthin gezogen waren, zurückzugeben. Der mittelrheinisch-wetterauische Städtebund war der erste auf deutschem Boden, von dem man weiß, aber nicht der einzige. Anfang 1231 mußte Heinrich auf Druck der Fürsten das Bündnis Lüttichs mit anderen Maas-Städten verbieten, das er im Jahr zuvor – als »zur Ehre des Reiches und zur Verteidigung ihrer Rechte« geschlossen – selbst erlaubt hatte. Auch hier war die Eidgenossenschaft gegen den Bischof gerichtet.

»Reichspolitische« Ziele, wie sie der große Rheinische Bund von 1254, dem auch Reichsfürsten angehörten, mitverfolgte, hatten diese frühen Zusammenschlüsse allem Anschein nach nicht. Es ging um Fragen der Territorialpolitik einschließlich ihrer wirtschaftlichen Seite: ob die Städte Ministerialen und Hörige fremder Herren als Bürger aufnehmen durften; ob sie an Adelige und Freie, Ministerialen oder Hörige, die außerhalb der Stadt wohnten, das Bürgerrecht verleihen und sie damit der Gerichtsbarkeit und dem Machteinfluß der Territorialherren entziehen durften; ob ihre Münze oder ihr Markt für die Münzen und Märkte anderer Fürsten eine Konkurrenz darstellten, die deren Einkünfte minderte. Oder es ging um die Rechtsstellung der Stadtgemeinde gegenüber ihrem bischöflichen Herrn, die der König nicht durch ein Urteil des fürstlichen Hofgerichts klären ließ, sondern gewissermaßen durch Unterstützung der fehdeführenden Einung entscheiden wollte. Zweifellos hat man Heinrich (VII.) zu Unrecht unterstellt, er habe eine auf Reichsministerialen und Stadtbürgertum gegründete Königsmacht der steigenden Fürstenmacht entgegensetzen wollen, also eine neue Konzeption verfolgt, mit der er scheiterte, weil sie die imperiale Politik seines Vaters störte und die tatsächlichen Machtverhältnisse im Reich mißachtete. Der junge Staufer versuchte, die bestehenden Spannungen zwischen den selbständiger und selbstbewußter werdenden Städten und den nach einer vollen Durchsetzung ihrer Hoheitsrechte trachtenden Stadt- und Territorialherren zugunsten des Königtums auszunutzen, wo er die Fürsten als königsfeindlich oder – wie im Fall des Bischofs von Lüttich – als Parteigänger des Papstes ansah. Wohl ohne grundsätzlich Neues zu wollen, verletzte er dabei Grundsätze der Reichsordnung, auf die sich Friedrich II. und die Fürsten rechtsverbindlich festgelegt hatten. Aus der Perspektive der Zeitgenossen ließ sich hier nicht zwischen großen und kleinen Fragen unterscheiden: Wo Recht verletzt wurde und dadurch Unfrieden entstand, verloren Reich und Königtum ihre legitimierende Funktion.

Der Zug nach Unteritalien und die Vermittlungstätigkeit in den Verhandlungen von Ceprano und San Germano brachten wichtige Reichsfürsten in persönlichen Kontakt mit dem aus dem Heiligen Land zurückgekehrten Kaiser, der Deutschland seit zehn Jahren nicht mehr betreten hatte. Bevor die deutschen Kontingente über die Alpen zurückkehrten, wurde Bischof Siegfried von Regensburg, ein Neffe des Mainzer und des Trierer Erzbischofs, zum Kanzler für Deutschland bestellt. Im Januar 1231 trat er in dieser Funktion erstmals in Erscheinung auf einem Hoftag, der nach Worms einberufen worden war; und schon zeigte sich, daß der König zum Widerruf von Entscheidungen genötigt war, mit denen er in fürstliche Rechte eingegriffen hatte. Er mußte die Eidgenossenschaft der Maas-Städte verbieten und dies den Lütticher Bürgern selbst anzeigen, denen er noch Ende November zugesagt hatte, sich nur dann wieder mit dem Bischof zu vertragen, wenn dieser ihre Freiheiten anerkenne. Auf die Klage des Bischofs von Worms, der mit seiner Stadtgemeinde ebenfalls im Streit lag, wurden Erzbischof Siegfried von Mainz und der Kanzler Siegfried von

Regensburg beauftragt, »ohne Rücksicht auf erschlichene Briefe« – das heißt auf Privilegien, die der König vorher ausgestellt hatte – gegen die Verletzung der bischöflichen Rechte durch den dortigen Rat vorzugehen. Der Lütticher Streit wurde durch ein Urteil von grundsätzlichem Charakter entschieden, das den 1218 am Beispiel von Basel gefällten Fürstenspruch weiter verallgemeinerte: Keine Stadt und kein Marktort dürften irgendwelche »Kommunen«, Übereinkünfte, Zusammenschlüsse, Bündnisse oder Schwureinungen schließen; die bislang eingerichteten seien gänzlich abzuschaffen; der König habe nicht das Recht gehabt, derartiges ohne Zustimmung der jeweiligen Herren zu erlauben, wie dies umgekehrt auch den Herren der Städte und Märkte ohne Einwilligung des Königs nicht erlaubt sei. Das waren Vorstufen zu einer grundsätzlichen Klärung, die Ende April und Anfang Mai ein neuer Hoftag in Worms bringen sollte.

Die Begegnung mit dem Kaiser, das Zusammenwirken bei der Rückeroberung Unteritaliens und in den Friedensverhandlungen mit dem Papst, nicht zuletzt die Vereinbarungen, die hinsichtlich des deutschen Reiches getroffen wurden, hoben das Selbstbewußtsein der Fürsten. In Fragen, die in ihrem gemeinsamen Interesse lagen, jedoch auch die Rechte von Kaisertum und Reich berührten, wurde eine neue Solidarität spürbar. Nach dem Wormser Tag zeigte sich plötzlich offener Widerstand gegen die Tätigkeit des päpstlichen Legaten, des Kardinaldiakons Otto, der im Reich Visitationsbezirke schuf, in welchen jeweils drei von ihm ernannte Visitatoren, darunter stets ein Dominikaner, über die Kirchenzucht, eine gewissenhafte Pfarrseelsorge und die Einlösung aller mit Pfründenbesitz verbundenen liturgisch-geistlichen Verpflichtungen wachen sollten. Die Visitatoren griffen in die kirchliche Gliederung ein: Übergroße Pfründen wurden geteilt, neue Archidiakonate eingerichtet, und all dies geschah über die Köpfe der deutschen Bischöfe und Erzbischöfe hinweg. Im Februar 1231 sollten die Maßnahmen in Würzburg auf einer Synode des Legaten im Beisein des Königs bekräftigt und erweitert werden. Während ein Teil des Episkopats dort überhaupt nicht erschien, formierte sich unter den Angereisten ein derartiger Widerstand, daß die Synode nicht eröffnet werden konnte. Herzog Albrecht und die übrigen Edlen Sachsens hatten den deutschen Episkopat in einem offenen Brief aufgefordert, sich daran zu erinnern, daß sie nicht nur Bischöfe, sondern auch Fürsten seien, und hatten der Geistlichkeit ihre Unterstützung gegen die Übergriffe des Legaten zugesagt. Das wirkte. Der Legat suspendierte die Wortführer des Widerstandes, mußte sich aber unverrichteter Dinge nach Italien zurückziehen.

Zur dritten gemeinsamen Aktion der Fürsten, die mit kaiserlicher Rückendekkung jetzt gleichsam das deutsche Reich in ihre Hand nahmen und dem jungen König ihre Ordnungsvorstellungen aufzwangen, kam es Ende April und Anfang Mai wiederum in Worms auf einem ungewöhnlich gut besuchten Reichstag. Nimmt man den schon im Januar gefaßten Beschluß über die städtischen Einungen hinzu, so wurden wichtige Grundsätze einer »Reichsverfassung«

festgeschrieben. Damals wurde rechtsgültig verkündet, daß ein Landesherr neue Gesetze und Rechte nur mit Zustimmung der Landstände erlassen könne, daß jeder Reichsfürst »zum Nutzen und Dienst des Reiches« eine ihm gehörende Stadt mit Mauer, Graben und allem Notwendigen befestigen dürfe, daß an einem Ort mit eigener Münze nur in dort geprägtem Geld gehandelt werden solle, daß der Wechsel nur den Münzern erlaubt sei und daß es unzulässig sei, wenn ein Gepräge das einer anderen Münzstätte imitiere. Durch klar erkennbare Zeichen und Bilder sollten die Münzen sich voneinander unterscheiden. Man bekräftigte gegen eingerissene Mißbräuche, daß Erträge von Kirchengütern, die von diesen zur Kirche transportiert wurden, grundsätzlich zollfrei seien und legte auch ein einheitliches Beweis- und Gerichtsverfahren in Fragen des Schuldrechts fest. All dies betraf Regalien, königliche und fürstliche Hoheitsrechte, und mußte insofern auf einem Hoftag geklärt werden. Das entscheidende Dokument der Versammlung ist jedoch eine Vereinbarung, die das Verhältnis zwischen König und Fürsten regeln sollte, ein Privileg vom 1. Mai 1231, das die Forschung »Statutum in favorem principum« genannt hat. Die Garantien, die Friedrich II. bereits 1220 den geistlichen Fürsten verbrieft hatte, wurden hier in erweiterter Form allen Fürsten erteilt, obschon die Prälaten durch die Verflechtung von Herrschertum und Reichskirche sowie durch das besondere Rechtsverhältnis der Vogtei auch hier die Hauptbetroffenen und Hauptnutznießer waren.

Die Urkunde Heinrichs (VII.) liest sich fast wie eine Kapitulation; sie gesteht gewissermaßen ein, daß der König durch seine Territorialpolitik die Rechte der Fürsten verletzt hatte. Heinrich versprach eine grundsätzliche Änderung. Territorialpolitik war damals vorwiegend Städtepolitik, und insofern heißt es in der Urkunde einleitend, sie zähle auf, was künftig von den königlichen Städten gegenüber den Fürsten einzuhalten sei. Vor allem garantierte der junge Staufer, keine neuen Städte oder Burgen zum Nachteil der Fürsten zu errichten; neue Märkte dürften den bestehenden keinen Abtrag tun, Kaufleute nicht zum Besuch eines bestimmten Marktes gezwungen, alte Straßen nicht verlegt werden, es sei denn mit Zustimmung derjenigen, die sie zu benutzen pflegten. Die königlichen Städte durften Rechte der Gerichtsherren in ihrem Umkreis nicht schmälern: Sie sollten keine Bannmeile beanspruchen; Gerichtsstätten sollten nicht verlegt werden, alle Leute der herkömmlichen Gerichtsbarkeit unterstellt bleiben, die Richter außerhalb der Stadt vom Landesherrn oder seinen Lehnsträgern eingesetzt werden. Die Städte durften niemandem außerhalb ihrer Mauern das Bürgerrecht – als »Pfahlbürger« – verleihen, keine Hörigen der Fürsten, Adeligen oder Ministerialen aufnehmen, keine Abgaben von Bauern einziehen, keine Umlandbewohner zum Schanzwerk zwingen, und so geht es fort. Der König versprach auch, auf Formen der Münzpolitik zu verzichten, mit welchen die Staufer seit Heinrich VI. die alten bischöflichen Münzen geschädigt und manche regelrecht ruiniert hatten.

All dies hat Friedrich II. genau ein Jahr später in Italien bestätigt; die geringfügigen Änderungen, die dabei vorgenommen wurden, dienten der Verallgemeinerung der formulierten Prinzipien: etwa – und dies ist die weitestgehende Abänderung – daß es nicht nur dem König, sondern niemandem erlaubt sein solle, auf Kirchengut unter irgendeinem Vorwand eine neue Burg oder Stadt zu errichten. Daß der Kaiser seine Bestätigung zähneknirschend gegeben habe, ist nirgends belegt und dürfte kaum zu Recht behauptet worden sein. Denn Friedrich hatte den gleichen Weg schon 1220 eingeschlagen; vieles wurde 1231 und 1232 nur noch einmal bestätigt. Der Tendenz nach entsprach das »Statutum in favorem principum« dem, was er in den anderen Teilen seines Herrschaftsbereichs nach der Rückkehr vom Kreuzzug versucht hatte: eine stabilere, auf allgemeiner Anerkennung des Rechts beruhende Ordnung zu errichten. Es ist leicht festzustellen, daß das, was die Urkunden des Königs und des Kaisers festschrieben, vielfach praktiziertes Recht war, vom Kaiser in Privilegien einzelnen Reichsfürsten ohnehin zugesagt. Manche Forscher, die im »Statutum in favorem principum« die rechtliche Begründung der Landesherrschaft und damit den Anfang der Territorialstaaten sehen wollten, in die sich das Reich schließlich aufgelöst habe, werteten gerade diese Verallgemeinerung als das für den »Staat« Gefährliche des Privilegs. Sie habe die Ausbildung der Landesherrschaft beschleunigt. Damit habe sich das Königtum der Möglichkeit begeben, den Prozeß, der letztlich eine Zersplitterung der Staatlichkeit herbeiführte, noch einmal umzukehren. Doch das Privileg markiert, ähnlich wie die »Magna Charta« von 1215 in England, eher den Beginn einer Entwicklung in Richtung auf den verfaßten Staat, indem es das Recht fixierte, an das der König bei der Wahrnehmung und Stärkung seiner Herrschaft gegenüber den Fürsten gebunden blieb. Das Ziel, dem das große Privileg dienen sollte, wurde in jenen Monaten vom Kaiser immer wieder in feierlichen Verlautbarungen beschworen: das Zusammenwirken von Herrscher und Fürsten zu stärken, in welchem die Macht von Kaisertum und Reich gründete.

Nur für diesen Sektor traf die Urkunde Regelungen. Insofern kann man kaum von einer Verfassungsurkunde sprechen, obschon der Vergleich naheliegt, und deshalb kann man das »Statutum« von 1232 nicht dem 1235 verkündeten Reichslandfrieden gegenüberstellen. Mit ihm wollte der Kaiser – unter ähnlicher Verallgemeinerung in einem noch umfassenderen, in lateinischer und deutscher Sprache publizierten Gesetz – Frieden und Recht in Deutschland durchsetzen, wie er es mit den »Konstitutionen von Melfi« in seinem ganz anders strukturierten Königreich Sizilien zu erreichen hoffte. Weil die Wahrung von Frieden und Recht die zentrale Aufgabe des Herrschers darstellte, traten im Landfrieden die Herrscherrechte scharf hervor. Doch das bedeutete keine Rücknahme dessen, was im »Statutum« verkündet worden war. Denn die Einheit von Königtum und Fürstentum, zu deren Sicherung das Privileg beitragen sollte, war nichts anderes als die Voraussetzung für das, was das große Landfriedensgesetz von 1235 schaffen sollte: dem Recht zur Geltung zu verhelfen, die Schwachen zu schützen, den Zustand des Friedens aufzurichten.

Wenn seit 1231 starke Spannungen zwischen Kaiser und König, zwischen Vater und Sohn bestanden, so lagen die Ursachen darin, daß Friedrich sich auf die Seite der Fürsten stellte und Heinrich vorwarf, sich nicht an die Regeln gehalten zu haben, die bei seiner Einsetzung zum König aufgestellt worden waren. Für den jungen Staufer war die Maßregelung eine schwere Demütigung, die er kaum ertrug. Wohl nur durch Drohungen war er dazu gebracht worden, vor dem Vater in Italien zu erscheinen; umgekehrt mußten die Fürsten beim Kaiser, der seine Indignation über den Ungehorsam zeigen wollte, zugunsten des Königs intervenieren, um durch Zusagen hinsichtlich der Behandlung das Treffen überhaupt zu ermöglichen. Heinrich mußte schwören, künftig allen Befehlen des Kaisers zu gehorchen und den deutschen Fürsten als »Leuchten und Schirmern des Reiches«, den »Augäpfeln« des Kaisers, mit Achtung zu begegnen. Für den Fall neuen Ungehorsams entband der König, wie schriftlich niedergelegt wurde, die Fürsten vom Treueid, den sie ihm geleistet hatten, und forderte sie auf, sich gegen ihn für den Kaiser zu erheben (E. Kantorowicz).

Die Entscheidungen von 1231/32 stärkten zwar das Einvernehmen zwischen dem Kaiser und den Fürsten, klärten aber nicht die vielen Einzelprobleme, die Rechts- und Streitfragen, die sich zwischen König und Fürsten und unter diesen im politischen Alltag ergaben. Heinrich (VII.) und seine Helfer sollten die Rechte der Fürsten nicht verletzen. Andererseits war nicht beabsichtigt, Rechte des Königtums preiszugeben. Vielmehr erwarteten sein Vater und seine Ratgeber von ihm, daß er sie mit allem Nachdruck wahrnahm. Wie aber sollte Heinrich solche Widersprüche auflösen, wenn die Fürsten durch den Bau von Burgen oder die Einrichtung neuer Münzstätten ihre Macht ständig erweiterten? Die Entfremdung zwischen Vater und Sohn, in der sich die Gegnerschaft zwischen einer stramm staufisch gesinnten Adels- und Ministerialengruppe um Heinrich und wichtigen Reichsfürsten spiegelte, machte die Aufgabe des Königs noch schwerer. Und im Reich gab es neue Anlässe zur Unruhe: die fanatische Ketzerverfolgung, die Konrad von Marburg betrieb; Kreuzzüge im Reich, die nicht weniger fanatisch gepredigt wurden, um die Stedinger an der Unterweser zu vernichten – Bauern, die sich gegen Abgaben und Zehntforderungen wehrten, die sie für unberechtigt hielten. Die römische Kirche verstärkte ihre Präsenz, wobei die Bemühungen nicht zuletzt in den neuen Bettelorden Rückhalt fanden. Auch dies löste Unruhen aus. Selbst Fürsten drängten den König, gegen Konrad einzuschreiten, nachdem sich die Erzbischöfe von Mainz und Köln vergeblich an der Kurie über ihn beschwert hatten. Empörte Ritter erschlugen den päpstlichen Inquisitor. Der König verbot 1234 in einem Landfrieden »ungerechte Ketzerverfolgung« und wies die Untersuchung derartiger Vorwürfe den regulären Gerichten zu.

Gerade die Ketzerverfolgung war für Friedrich II. jedoch das erste Feld, auf dem sich das Zusammenwirken von weltlicher und geistlicher Gewalt bewähren mußte, und dies war sicherlich nicht nur ein taktischer Vorwand, sondern entsprang seinen tiefsten Überzeugungen von der universalen Aufgabe des Kaisertums. Der Konflikt mit dem Papst, der sich an Heinrichs Maßnahmen entzündete, durfte nicht auf das Verhältnis zwischen Friedrich und Gregor übergreifen, von dem der Kaiser gerade damals Vermittlung oder Hilfe in seiner Auseinandersetzung mit den lombardischen Städten erhoffte.

Auf das harsche Ultimatum, das Friedrich aus Italien an Heinrich sandte, antwortete der Sohn mit einem Manifest an die Fürsten, in dem er sein Verhalten rechtfertigte und seinerseits den Vorwurf ungerechter Behandlung und Verurteilung erhob. Obwohl er die Fürsten um Vermittlung bat, scheint er auf einen Ausgleich mit dem Vater nicht mehr gehofft zu haben. Um dem Kaiser den Weg nach Deutschland zu sperren, schloß er einen Pakt mit dem lombardischen Städtebund. Das war die offene Empörung. Ohne größeres Heer brach Friedrich 1235 aus Friaul nach Deutschland auf; über die Steiermark und Österreich kam er unter ständigem Zuzug nach Regensburg, wo ihn die Fürsten empfingen. »Er aber fuhr, wie es der kaiserlichen Macht geziemt, in großer Pracht und Herrlichkeit einher, mit vielen Wagen, beladen mit Gold und Silber, Batist und Purpur, Edelsteinen und kostbarem Gerät, mit vielen Kamelen und Dromedaren. Viele Sarazenen und Äthiopier, verschiedener Künste kundig, mit Affen und Leoparden, bewachten sein Gold und seine Schätze. So gelangte er inmitten einer zahlreichen Menge von Fürsten und Rittern bis nach Wimpfen.« Dort unterwarf sich der Rebell Anfang Juli, ohne daß es zu ernsthaften Kämpfen gekommen war. Ein Fürstengericht unter dem Vorsitz des Kaisers sprach ihm kurz darauf in Worms das Königtum ab.

Die Beratungen mit den Fürsten, die Friedrich in Worms begann, mündeten in jenes dritte »Reichsgesetz«, das am 15. August 1235 auf einem großen Hoftag in Mainz verkündet wurde: den großen Landfrieden. Frieden und Gerechtigkeit, die der Kaiser allen ihm untergebenen Völkern schenken wollte, sollte die in neunundzwanzig Kapitel gegliederte Satzung den Bewohnern Deutschlands bringen. In der schriftlichen Fixierung sah man eine Garantie für Gleichbehandlung und Rechtssicherheit. Da die Deutschen, wie es in der Einleitung heißt, bislang nach von altersher überlieferten Gewohnheiten und ungeschriebenem Recht lebten, fehlten einerseits Einrichtungen, die man nun für das allgemeine Wohl und den Frieden des Reiches für unerläßlich hielt, andererseits war es mehr oder weniger dem Zufall überlassen, welche Rechtssätze man im Einzelfall anwandte und welche nicht. Eine Gerichtsentscheidung stellte so »eher eine willkürliche Meinung als einen Urteilsspruch nach festgesetztem Recht« dar. Um die Rechtswahrung auch dann zu sichern, wenn der Kaiser sich in anderen Teilen seines Imperiums aufhielt, ernannte er einen kaiserlichen Hofrichter, der mit

Ausnahme der Sonn- und Feiertage täglich über alle Streitfälle zu Gericht sitzen sollte; nur Fürsten und andere hochgestellte Leute waren seinem Urteil nicht unterworfen. Die neue Institution, die in die Organisation des Reiches eingefügt wurde, erlangte nicht die ihr zugedachte Bedeutung, denn es fehlte die »Gewalt«, die ihr zur Durchsetzung ihrer Entscheidungen verhalf; aber sie blieb bestehen und wirkte in das Spätmittelalter hinein. Bedeutsamer war zunächst der Wille zur Vereinheitlichung von Rechtsprechung und Recht. Denn der Laiennotar, der dem Reichshofrichter beigegeben wurde, sollte nicht nur Buch führen über Kläger und Beklagte, Streitsache, Urteil, Achterklärung oder Lossprechung von der Acht mitsamt dem jeweiligen Datum und allem, was an Umständen sonst erinnernswert war. Ihm wurde zudem die Aufgabe zugeteilt, alle Urteile aufzuschreiben, die in wichtigeren Sachen vor dem Kaiser gefällt wurden, insbesondere dann, wenn dabei unterschiedliche Rechtsauffassungen gegeneinander gestanden hatten und die Entscheidung durch das Sammeln von Einzelvoten herbeigeführt worden war, »damit künftig in solchen Fällen die Rechtsunsicherheit beseitigt wird«. Dabei sei auch das Land zu notieren, nach dessen Gewohnheitsrecht man entschied. Das jeweilige Landrecht, wie es Eike von Repgow für sein Volk im »Sachsenspiegel« damals aufgezeichnet hat, war der Bezugspunkt für die Rechtsprechung am Hof.

Im Unterschied zu früheren Landfrieden stehen in dem Mainzer Friedensgesetz nicht die Verbote einzelner Handlungen und Friedensbrüche im Vordergrund. In erster Linie geht es um die Ausübung und die Respektierung hoheitlicher Gewalt sowie um deren Legitimation. Fehde und Selbsthilfe bei Rechtsverletzungen sollten nach dem Willen des Kaisers auch in Deutschland weitgehend verschwinden. »Beamte und Rechte sind dafür gesetzt, daß niemand Rächer der eigenen Unbill sei; denn wo die Geltung des Gesetzes verschwindet, tritt die Ermächtigung zum Wüten an ihren Platz.« Geistliches und weltliches Gericht sollen ihre Aufgaben streng wahrnehmen und von allen respektiert werden; doch niemand ist zu weltlicher Gerichtsbarkeit ermächtigt, dem sie nicht der Kaiser direkt oder indirekt übertragen hatte. Zwar kehren auch Bestimmungen gegen neue Zölle und Münzen, gegen Straßenverlegung und angemaßtes Geleit oder die Aufnahme zu »Pfahlbürgern« wieder; es wird bestimmt, daß die Erhebung von Zöllen zur Instandhaltung von Straßen und Brücken verpflichtet. Aber es geht in nahezu allen Bestimmungen um das Rechtsverfahren oder um die strafrechtliche Einordnung friedensverletzender Tatbestände. Wer zu Unrecht Zölle erhebt und erhöht oder zur Errichtung von Festungswerken von nicht verpflichteten Leuten Abgaben erpreßt, wird als Straßenräuber eingestuft, wer unberechtigt Münzstätten betreibt oder fremde Gepräge imitiert, als Münzfälscher. Wer ohne Erlaubnis des Landrichters pfändet, soll als Räuber behandelt werden; wer wissentlich einen Geächteten schützt oder aufnimmt, soll selbst als Geächteter gelten; wer zum zweiten Mal der

Hehlerei überführt wird, sei es, daß er geraubtes oder gestohlenes Gut kauft oder die Missetäter beherbergt, wird wie ein Räuber oder Dieb bestraft. In fünf Kapiteln beschäftigt sich das Gesetz mit den Verhaltensnormen und Verfahren bei fehdeartigen Auseinandersetzungen zwischen Vätern und Söhnen, wobei die Bestimmungen erkennen lassen, daß sie insbesondere auf Streitigkeiten in Fürsten- und Adelsfamilien zielten. Der Kaiser mag an den Konflikt mit seinem soeben verurteilten Sohn gedacht haben; doch hier lag, wie auch die Dichtung bezeugt, ein aktuelles, durch ältere Normen nicht befriedigend geklärtes Problem, für dessen Entscheidung verbindliches Recht gesetzt wurde.

Der Ordnungswille des Kaisers tritt in dem Landfrieden deutlich hervor; in ihren Intentionen dürften die Fürsten mit ihm weitgehend einig gewesen sein. Doch Garantien zur Durchsetzung der Ordnung sucht man vergebens. Für die Gestaltung des Verhältnisses von Königtum und Großen gab es kein neues Konzept. Aus den Ministerialen waren längst adelige Herren geworden, die auch dort, wo sie treu zur staufischen Sache hielten, ihre eigenen Herrschaftsinteressen verfolgten und ihre Herren in Konflikte mit anderen Fürsten hineinzogen. Für einen Beamtenapparat, wie er in Sizilien den herrscherlichen Ordnungs- und Gerechtigkeitswillen verwirklichen sollte, fehlten in Deutschland alle Ansätze. Die Ernennung eines einzigen edelfreien Mannes zum Reichshofrichter und die Beiordnung eines einzigen Notars beleuchteten das krasse Mißverhältnis der Aufgabe und der zu ihrer Ausführung bereitstehenden Mittel. Doch mit jeder weitergehenden Einrichtung hätte der Kaiser wohl etwas geschaffen, was den Fürsten als Eingriff in ihre Rechte erschienen wäre, und damit den Konflikt, in den sich sein Sohn verstrickt hatte, auf seine Person gezogen.

So gab Friedrich II. dem Reich fast mehr eine Ordnungsvision als eine Neuordnung von praktischer Bedeutung. Dennoch ist der Reichslandfriede zu einer Art Verfassungsurkunde für Rechte des Königtums geworden, auf die sich spätere Herrscher beriefen und derer sich König Rudolf von Habsburg (1273–1291) mit einiger Wirkung bedienen konnte. Das »Statutum in favorem principum« wurde in diesem Sinne zur Verfassungsgarantie für das Fürstentum, die sich einer Machtsteigerung des Königtums zu Lasten der Fürsten entgegenhalten ließ. Zugegebenermaßen sind solche Formulierungen zu modern, um die zeitgenössischen Intentionen angemessen zu charakterisieren. Doch sie mögen verdeutlichen, wie die Gemeinsamkeit von Königtum und Fürstentum, auf die die Lenkung des Reiches auch bisher ausgerichtet war, unter Friedrich II. erste Formen einer schriftlich fixierten Rechtsvereinbarung erhielt. Die allmähliche Verdichtung der Reichsverfassung im Spätmittelalter hat allerdings nicht unmittelbar hier angeknüpft. Aber es wurden ihr Anstöße und Entwürfe mitgegeben, mit denen sich König und Fürsten in der Gestaltung der sperrigen Realität immer wieder neu auseinandersetzen mußten und auf die man zurückgriff, wenn man die Ordnung des Reiches schriftlich im Recht fixieren wollte.

Es waren mehr die prinzipiellen Fragen und die großen Konstellationen, die den Kaiser damals bewegten, nicht die Alltagsgeschäfte, die einem Herrscher oblagen. In Worms schloß er 1235 seine dritte Ehe, mit Isabella, der Schwester König Heinrichs III. von England; päpstliche Fürsprache und kaiserliche Bemühungen trugen dazu bei, daß das Bündnis mit König Ludwig IX. von Frankreich darüber nicht zerbrach. Der Verschwägerung mit den Plantagenets folgte ein Ausgleich mit den Welfen, der in Mainz durch die Schaffung des neuen Herzogtums Braunschweig-Lüneburg besiegelt wurde. Am 1. Mai 1236 war Friedrich an der Spitze der Reichsfürsten vor einer unzählbaren Volksmenge zugegen, als der Sarkophag der soeben heiliggesprochenen Elisabeth geöffnet wurde. Der erste Akt ihrer öffentlichen Verehrung wurde zum Staatsakt und zugleich zu einer Manifestation herrscherlicher Frömmigkeit, mit der der Staufer nochmals die Stellung des Kaisers zum Glauben und in der Kirche unterstrich. Doch das Land seiner schwäbischen Vorfahren, wo einzelne Herren auch nach Heinrichs (VII.) Unterwerfung auf eigene Faust weitergekämpft hatten, hinterließ Friedrich II. im Chaos, als er 1236 wieder über die Alpen zog, und er kam nicht mehr mit seinen sarazenischen Kriegsleuten und seinem sizilianischen Prunk zurück, um die Deutschen die Macht des Herrschers ahnen zu lassen (H. Schwarzmaier). Nur noch einmal betrat er deutschen Boden, als er 1237 für kurze Zeit aus der Lombardei in der Hoffnung nach Wien reiste, die dem Babenberger Friedrich dem Streitbaren abgesprochenen Herzogtümer Österreich und Steiermark der Krone zuführen zu können. Dieser Plan, der dem Kaiser die wichtigen östlichen Alpenpässe sichern sollte, nachdem ihm die lombardischen Kommunen die sonst begangenen des öfteren gesperrt hatten, konnte trotz nachhaltiger Bemühungen nicht verwirklicht werden. Doch die in Wien versammelten Fürsten wählten den neunjährigen Kaisersohn Konrad zum künftigen König. Erst nach dem Tod des Vaters sollte er gekrönt werden und regieren. Einstweilen sollte der Mainzer Erzbischof die Geschicke des deutschen Reiches lenken. Nicht mehr der Unterkönig, sondern Fürsten des Reiches unter dem Ranghöchsten aus ihrem Kreis vertraten den Kaiser während seiner Abwesenheit. Hier lagen Ansätze zur Verfestigung institutioneller Verantwortung der Fürsten, die in der damals ausgebildeten, bei Eike von Repgow erstmals faßbaren Lehre von den Kurfürsten ein »theoretisches« Gegenstück haben. Erzbischof Siegfried III. von Mainz, in Wien 1237 zum Reichsprokurator ernannt, 1242 durch den thüringischen Landgrafen Heinrich Raspe ersetzt, erkor 1246 und 1247, noch zu Lebzeiten des abermals gebannten, vom Papst für abgesetzt erklärten Kaisers, die Gegenkönige, eben Heinrich Raspe und dann Wilhelm von Holland. Die nachstaufische Zeit, die im dritten Band der »Propyläen Geschichte Deutschlands« behandelt wird, beginnt im deutschen Reich gewissermaßen schon unter dem letzten großen Staufer.

Das Schicksal Friedrichs II. und seines Geschlechts entschied sich dort, wo er zeit seines Lebens die stärksten Widerstände gefunden hatte: in der Auseinandersetzung mit dem Papsttum und mit den kaiserfeindlichen Kommunen in Oberitalien. Dabei boten sich 1235 für seine Herrschaft nicht ungünstige Perspektiven. Die deutschen Fürsten hatten in Mainz eine Heerfahrt gegen die lombardischen Städte beschworen, falls diese sich nicht doch einem päpstlichen Schiedsspruch unterwerfen würden. Aber wegen der alten Reibungspunkte – Kirchenpolitik in Sizilien, Kreuzzugsfrage, Reichsrechte in Mittelitalien – hatten sich die Beziehungen des Kaisers zu Gregor IX. verschlechtert. Friedrich wollte das Versprechen, den päpstlichen Spruch auch seinerseits bedingungslos anzuerkennen, was zum Schiedsverfahren formalrechtlich gehörte, nicht leisten, obwohl Hermann von Salza ihm dazu riet. Der Kaiser steuerte nun eher auf einen Konflikt mit dem Papsttum hin, wenn er den Kampf gegen die Städte einerseits unter die Perspektive einer kreuzzugartigen Ketzerbekämpfung stellte und ihn andererseits zur Strafexpedition gegen Staatsfeinde erklärte, bei der es keine päpstliche Einmischung geben könne. Die europäischen Könige forderte er auf, sich ihm anzuschließen und Gesandte auf einen Reichstag nach Piacenza zu schicken, wo Recht und Frieden für Reich und Kirche wiederhergestellt werden sollten.

Obwohl Friedrich II. nur wenig Zuzug aus Deutschland erhielt, konnte er im November 1237 den Mailändern und ihren Verbündeten bei Cortenuova eine schwere Niederlage zufügen. Die Städte waren zu großen Zugeständnissen bereit, doch der Kaiser forderte eine bedingungslose Unterwerfung. Nur sechs Kommunen – Mailand, Brescia, Alessandria, Piacenza, Bologna und Faenza – verharrten noch im Widerstand. Friedrich konnte ihn nicht brechen, obwohl er die »Rebellen gegen die Herrschermajestät« mit Hilfskontingenten nicht nur aus dem ganzen Imperium, sondern auch aus Frankreich, England, Spanien, ja vom byzantinischen Kaiser und vom Sultan von Ägypten bekämpfte. Inzwischen aber verschlechterten sich die Beziehungen zur Kurie rapide, weil einerseits der Papst die Lombarden immer offener unterstützte, andererseits der Kaiser nicht nur in Rom und Sizilien Interessen des Papsttums verletzte. Ohne päpstliche Zustimmung vermählte er schließlich seinen natürlichen Sohn Enzio mit der Erbin Sardiniens, über das die Päpste rechtmäßig die Hoheit zu haben meinten. Am Palmsonntag 1239 verhängte Gregor IX. den Bann über den Staufer, der nicht mehr aufgehoben wurde.

Jetzt begann ein Propagandakrieg, der alles übertraf, was die Menschen unter Heinrich IV. oder Friedrich Barbarossa erlebt hatten. Die neuen Bettelorden mit ihrer Resonanz in den Städten, die das Reich erfassende, aber die reguläre Hierarchie überspielende kuriale Kirchenorganisation mit ihren Inquisitoren und Predigern verliehen den päpstlichen Angriffen eine breite Wirkung. Dem ihnen fremden, wie ein morgenländischer Herrscher auftretenden Kaiser mochten viele das zutrauen, was von hochgestellten Prälaten oder wirkungsvollen

Volkspredigern über ihn verbreitet wurde. Daß man ihm den rechten Glauben absprach und ihn mit allen Mitteln zum Ketzer oder zum glaubenslosen Bösewicht abzustempeln versuchte, hat Friedrich stets als tiefste Kränkung empfunden. Doch nie hat er in seinen öffentlichen Manifesten das Papsttum als Institution angegriffen. Die Person Gregors IX., dann Innozenz' IV. (1243–1254) sowie die Verderbtheit des Klerus, Macht- und Geldgier derer, die für die Kirche zu sprechen und zu handeln vorgaben, die Übergriffe in Bereiche, in die sich die kirchliche Hierarchie nicht einzumischen hatte, und nicht zuletzt das Bündnis des Papsttums mit aufrührerischen Kräften, das als Pakt gegen die göttliche Ordnung erschien – das waren die Zielpunkte der kaiserlichen Propaganda. Diese war wirkungsvoll, nicht nur bei vielen Zeitgenossen, sondern auch in dem, was davon direkt oder indirekt die Nachwelt erreichte. Denn mancher Gedanke ließ sich später mit einer auf ganz anderem Boden gewachsenen Kirchenkritik verbinden.

So zurückhaltend Friedrich die Institution Kirche bei seinen Anklagen gegen Papst und Klerus behandelte, so hart griff er zu, um seine reale Machtposition gegenüber der Kurie zu verbessern. Als Gregor IX. auf Ostern 1241 ein Konzil nach Rom einberufen hatte, ließ der Kaiser die über das Meer anreisenden Prälaten durch seine Schiffe abfangen; über hundert von ihnen, darunter zwei Kardinallegaten, verschwanden zum Teil für Jahre in apulischen Kerkern. Der Klerus im Königreich Sizilien wurde regelrecht »gesäubert«, die dortige Kirche gegen alle Einwirkungsmöglichkeiten des Papsttums abgeriegelt. Im Herzogtum Spoleto und in der Mark Ancona errichtete der Staufer ebenso wie in Tuszien ein straff zentralisiertes Beamtenregiment, das er auch in Oberitalien durchsetzen wollte. Vom Kirchenstaat blieb nicht viel übrig. Innozenz IV., ein Genuese, der nach unwürdiger und brutaler Behandlung der Papstwähler den Stuhl Petri bestieg, verließ schließlich Rom und versammelte ein Konzil in Lyon, das am 17. Juli 1245 die Absetzung Friedrichs II. aussprach und die deutschen Fürsten zur Neuwahl aufforderte.

Diese waren seit Jahren mehr oder weniger auf sich gestellt gewesen und standen – trotz Entsetzens und Protestes, mit dem man vielerorts die Absetzung zur Kenntnis nahm – insofern nicht vor einer völlig neuen Situation. Schon 1238 hatten sich der König von Böhmen und die Herzöge von Bayern und Österreich zur Wahl eines Gegenkönigs zusammengetan, allerdings keine weiteren Anhänger für ihren Plan gewinnen können. Als Friedrich II. ihnen entgegenkam und zur selben Zeit die Mongolen die christlichen Reiche im Osten bedrohten, hatten sie sich den Staufern wieder zugewandt. 1241 schlossen die Erzbischöfe von Köln und Mainz ein Bündnis, dem dann auch der Erzbischof von Trier, der Bischof von Straßburg und andere Fürsten beitraten, um im territorialpolitischen Streit gegen kaiserliche Positionen vorzugehen. Bereits vor dem Konzil von Lyon sprachen die rheinischen Erzbischöfe den Bann über den Kaiser aus. So war die Wahl des Reichsprokurators Heinrich Raspe zum Gegenkönig nach dem Absetzungsurteil von Lyon eine fast folgerichtige Konsequenz. Selbst in Schwaben gingen viele Adelige zu ihm über, die Position des erfolglos agierenden Staufers Konrad IV. war unmittelbar bedroht. Da starb Heinrich Raspe, ohne die Krone erlangt zu haben, Anfang 1247; und da der zum Nachfolger gewählte Graf Wilhelm von Holland sich zunächst auf ein langwieriges Ringen um Aachen und Köln einließ, erhielten die Stauferfreunde noch einmal eine Atempause. Nichts war entschieden, als Friedrich II. am 13. Dezember 1250 im apulischen Castel Fiorentino starb und sein Sohn Konrad alsbald nach Italien zog, um dort sein Erbe zu sichern.

Auch Friedrich II. hatte sich in der Lombardei nicht gegen den von Mailand geführten, vom Papsttum gestützten Städtebund durchsetzen können. Immer siegesbewußter tönten seine Proklamationen, während er, von Mordanschlägen bedroht, um seine Herrschaft kämpfte. Selbst treueste Helfer wurden zu Werkzeugen seiner Gegner oder, vielleicht zu Unrecht, des Verrats bezichtigt und grausam bestraft. Im Kampf mit den italienischen Städten trugen deren innere Parteikämpfe dazu bei, daß der Kaiser an einem Ort gewann, was er am anderen verlor. Trotz des erfolgreichen Angriffs der Parmesen auf das »Victoria« genannte kaiserliche Lager, bei dem im Februar 1248 die gesamte Kriegskasse in die Hände der Gegner fiel, blieb der Ausgang des Ringens offen, wie umgekehrt der kaiserliche Sieg bei Cortenuova gut zehn Jahre zuvor keine Entscheidung gebracht hatte.

Das war der Zustand der Kaisermacht im letzten staufischen Jahrzehnt, als eine neue Herausforderung mehr denn je eine weltliche Führung der Christenheit gefordert hätte. Batu, der Enkel des »Dschingis-Khan«, hatte 1240 bereits Kiew der mongolischen Herrschaft unterworfen und stieß nach Polen und Ungarn vor. Der Papst rief zum Kreuzzug auf, natürlich nicht unter Führung des Kaisers, den er des Einvernehmens mit den Tataren bezichtigte. Friedrich lastete dem Papst die Verantwortung dafür an, daß er nicht die Verteidigung der Christenheit übernehmen könne, und mahnte seinerseits die Fürsten Europas zur Einigkeit und Gegenwehr. Doch Herzog Heinrich II. von Niederschlesien, ein Angehöriger des Königsgeschlechts der Piasten, stand mit seinen deutschen und polnischen Rittern allein, als er am 9. April 1241 bei Liegnitz einem großen mongolischen Kontingent zum Kampf entgegentrat. Er fiel mit fast allen seinen Mannen, wie zwei Tage später auch König Bela IV. von Ungarn vernichtend geschlagen wurde. Voller Befürchtungen erwarteten diejenigen, die von den ersten Angriffen getroffen worden waren oder die als Missionare die straffe persönliche Herrschaft des Groß-Kahns kennengelernt hatten, den nächsten Vorstoß und mahnten zu rüsten. Doch die Kreuzzüge, die man im Abendland predigte, richteten sich gegen den Kaiser, und dieser selbst sah seine Kämpfe gegen Rebellen in Oberitalien als eine Art Kreuzzug an.

»Glückliches Asien, glückliche Herrscher im Orient, die die Waffen der Untertanen nicht fürchten und sich vor den Machenschaften der Bischöfe nicht scheuen müssen«, schrieb Friedrich an den griechischen Kaiser Johannes Vatatzes, seinen Schwiegersohn, und pries die Reiche glücklich, die »den Mißbrauch pestbringender Freiheit« nicht kannten. Der Aufruhr, das Streben nach jener »verruchten Freiheit«, mit dem sich die italienischen Städte der gottgeschaffenen Majestät des Kaisertums widersetzten, schien ihm das Übel zu sein, das einer Ordnung des Rechts und des Friedens entgegenstand. Doch war seine Ordnung für die Menschen annehmbar, denen er sie bringen wollte?

Gregor IX., der selbst die Kirche straffer organisieren, an klarere Rechtsnormen binden und durch die Inquisition reinigen wollte, hielt schon den sizilischen Beamtenstaat für menschenunwürdig. Und wo man die deutschen Fürsten und Adeligen gegen Heinrich VI. oder Friedrich II. aufstacheln wollte, ließ sich der Vorwurf, der Kaiser wolle sie wie apulische Barone behandeln, gut verwenden. »Freiheit« gründete in einer wirksamen Garantie des Rechts und schloß die Möglichkeit der Selbsthilfe gegen einen Herrscher ein, der, statt seinem Amt gemäß jedem sein Recht zu wahren, selbst das Recht zu verletzen schien. Weil »Gerechtigkeit« nicht die eines einzigen Menschen sei, sondern vieler, könne das Kaiserrecht nicht durch herrscherlichen Machtspruch, sondern nur im Vergleich der beiderseitigen Ansprüche und Rechte ermittelt werden, hatte der Mailänder Gerardus Cagapistus 1177 den Unterhändlern Friedrich Barbarossas entgegengehalten. Solange der Staufer die Rechte der Kommunen nicht zur Kenntnis nehmen wollte, sahen diese ihre Freiheit bedroht und waren entschlossen, für sie zu kämpfen. Konnte die Monarchie von Garantien abrücken, wie sie den italienischen Kommunen im Konstanzer Frieden, den englischen Ständen in der »Magna Charta«, den deutschen Fürsten im »Statutum in favorem principum« gewährt worden waren, um Recht und Frieden zu festigen?

Wo die Abendländer dem arabisch-maurischen oder griechisch-byzantinischen »Staat« begegnet waren, hat sie die Omnipräsenz und Schrankenlosigkeit der Herrschergewalt meist schaudern lassen. Wer am Hofe des Groß-Khans mongolische Herrschaft kennenlernte, erschrak noch mehr. Der Franziskaner Johannes von Piano Carpini, der im Auftrag Innozenz' IV. den Mongolenherrscher in Karakorum aufsuchte, berichtete entsetzt, niemand bei ihnen sei frei, und mahnte zu Rüstung und Krieg gegen »eine Knechtschaft, die geradezu unerträglich ist für unser Geschlecht«. Zur Sicherung von Recht und Frieden mußten andere Wege gefunden werden als die, welche den überall sprießenden »Setzling verruchter Freiheit« niedergewalzt hätten.

Solche Äußerungen über Knechtschaft und Freiheit, Herrschaft und Gerechtigkeit schwebten weit über der Wirklichkeit und waren doch sehr eng mit ihr verbunden. Die Ordnungen, die bis ins 11. Jahrhundert gegolten hatten, wurden den Bedürfnissen einer veränderten Gesellschaft kaum noch gerecht. Überall in

Europa suchte man damals nach neuen Institutionen, die das Zusammenleben der Menschen im Sinne der Gerechtigkeit umgestalten sollten. Aber die alten Normen erwiesen sich als kräftig genug, allen Forderungen nach grundsätzlicher Veränderung zu widerstehen, so daß die Vielfalt und Widersprüchlichkeit der bisherigen Traditionen nicht verlorenging und das Ringen um das »Recht« nicht einseitig entschieden werden konnte.

Für die Entwicklung der Staatlichkeit in Deutschland ging es dabei zunächst einmal um die Gestaltung des Verhältnisses von Königtum und Fürstentum. Als Friedrich II. 1232 das Verbot der kommunalen Einungen in den Bischofsstädten beurkundete, sprach er der »Monarchie des römischen Kaisertums« eine »Vollgewalt« zu, wie der Papst sie im kirchlichen Bereich beanspruchte, den Fürsten jenen »Anteil an dem Lenkungsauftrag«, den der Papst den Bischöfen zuerkannte. Die kirchliche Hierarchie wurde zum Leitbild für die gegenseitige Zuordnung von Königsgewalt und Fürstenherrschaft. Das Fürstentum sollte vom Monarchen und vom Reich her seinen Glanz erhalten. Dennoch war es für den Kaiser Gott selbst, der auch die Fürsten berief, und Friedrich sah seine Aufgabe an den Fürsten darin, sie »nicht nur in ihren alten Rechten zu schützen und zu fördern, sie vielmehr, soweit es die Billigkeit zuläßt und die Rechtsordnung erlaubt, mit neuen und ehrenden Geschenken an Recht und Huld angemessen und ehrenvoll auszustatten«. Hierarchische Abstufung der Herrschaftsgewalt und herrscherliche Förderung der dem Königtum dienenden Fürstenmacht – diese Pole bestimmten das Spannungsfeld, in dem in Deutschland der Weg zu staatlicher Verdichtung gesucht und gefunden werden mußte, wenn er ein Weg des Rechts bleiben sollte.

Doch die Ordnung des Gemeinwesens war nicht allein auf das Verhältnis von Königtum und Fürstentum gegründet. Sie hatte ihre ideelle, legitimierende Grundlage im Recht, das alle Bereiche des politischen Lebens durchdringen mußte. Nicht ohne Zustimmung derjenigen, die für das »Land« sprachen, sollte ein Herr die Rechte des Landes ändern, und auch die städtischen und gemeindlichen Freiheiten waren zu Bestandteilen der Rechtsordnung geworden, deren Eingliederung in eine übergreifende Organisation zumindest dem Anspruch nach nur unter Wahrung des Rechts geschehen durfte. Solche Ansprüche sind in der langen Entwicklung zum modernen Staat oft genug verletzt worden. Doch sie waren eine Realität auch als Idee, zumal wenn das Recht als Teil einer von Gott für die Menschen gesetzten Ordnung galt.

Bibliographie

Personen- und Ortsregister

Quellennachweise der Abbildungen

Vorbemerkung

Angesichts der kaum überschaubaren Fülle einschlägiger wissenschaftlicher Arbeiten stellt die Bibliographie eine Auswahl dar, die auf subjektiven Entscheidungen beruht. Sie bleibt eng auf den Text bezogen, will aber auch Zugänge zu Bereichen eröffnen, die im Rahmen dieses Werkes – oft zum Bedauern des Autors – nicht eingehender beschrieben werden konnten. Die Zusammenstellung soll verdeutlichen, auf welche Untersuchungen sich der Verfasser vornehmlich gestützt hat. Den wissenschaftlich interessierten Leser will sie auf neueste Arbeiten hinweisen, die deshalb verhältnismäßig breit berücksichtigt sind, selbst wenn die Ergebnisse nicht übernommen wurden. Der Leser, der den Wunsch nach weiterer Lektüre verspürt, soll rasch an die Werke herangeführt werden, die ihn in einzelnen Fragen eingehender informieren. Dem Charakter der »Propyläen Geschichte Deutschlands« entsprechend, werden Darstellungen mitberücksichtigt, die von Kennern für ein breiteres Publikum geschrieben wurden. Fremdsprachige Literatur ist in Übersetzungen, wo solche vorlagen, zitiert, obgleich sie hinsichtlich der sachlichen und terminologischen Präzision nicht immer befriedigen; in Klammern wird auf Sprache und Erscheinungsjahr der Originalausgabe hingewiesen. Mit Rücksicht auf den anvisierten Leserkreis und die Zugänglichkeit der Veröffentlichungen wurde bei vergleichbarem Informationswert deutschen Veröffentlichungen der Vorzug gegeben.

Nach Nennung der zusammenfassenden Darstellungen, Handbücher und Nachschlagewerke folgt die Bibliographie der Gliederung des Bandes. Werke, die zu einem der drei Hauptteile insgesamt gehören, wurden vorangestellt; bei der zu den einzelnen Kapiteln genannten Literatur wird bei Kurzzitaten durch den Vermerk »(s. o.)« auf diese eingangs genannten Werke verwiesen. Die Literaturangaben zu den einzelnen Kapiteln folgen, soweit möglich, den Darlegungen im Text; gelegentlich wird bei einem Kurzzitat durch »(zit.)« darauf hingewiesen, daß das betreffende Werk zu demselben Kapitel schon genannt wurde. Veröffentlichungen, die an mehreren Stellen zu nennen gewesen wären, wurden nach ihrem Schwerpunkt den einzelnen Kapiteln zugeteilt. Der Benutzer der Bibliographie sollte deshalb über die zum jeweiligen Kapitel genannten Werke hinaus die zuvor aufgeführte allgemeinere Literatur im Auge behalten und zugleich darauf achten, ob das ihn interessierende Thema noch in einem anderen Kontext angesprochen wird, wo er gegebenenfalls Hinweise auf weitere einschlägige Literatur finden kann.

Aus Gründen der Raumersparnis und der Übersichtlichkeit sind bei thematisch ausgerichteten Sammelbänden die Einzelbeiträge meist nicht separat aufgeführt worden. Der Verfasser hat gerade von solchen Werken in besonderem Maße profitiert; dem informationshungrigen Leser sei nachdrücklich empfohlen, sie möglichst oft heranzuziehen. Mit Gewinn wurden präzise Artikel in Fachlexika, insbesondere im »Handwörterbuch zur deutschen Rechtsgeschichte« und im »Lexikon des Mittelalters«, und die oft hervorragenden Kurzbiographien in den genannten Sammlungen konsultiert. Sie sind ebenfalls nicht einzeln aufgeführt, obwohl sich der Verfasser den Autoren verpflichtet weiß. Wo die Formulierung eines Autors mehr oder weniger wörtlich übernommen wurde, steht dessen Name im Text; die Nennung kann sich auf einen hier nicht eigens zitierten Artikel in einem Sammelband, Handbuch oder Sachlexikon beziehen.

Im übrigen herrscht an Titelbibliographien neueren Datums kein Mangel; jeder zusammenfassenden Darstellung ist normalerweise eine beigegeben. Der Leser, der Literatur in bezug auf einzelne Probleme oder Ereignisse sucht, sei nachdrücklich auf die Handbücher verwiesen, von denen der »Gebhardt« nach wie vor die verläßlichste Handreichung zur deutschen Geschichte bietet. Vom »Handbuch der europäischen Geschichte« liegt der seit langem angekündigte zweite Band noch immer nicht vor. Doch wird der Leser in dem bis zur Mitte des 11. Jahrhunderts reichenden ersten Band Hinweise auf Darstellungen der Geschichte anderer europäischer Länder finden, die auch die Zeit des Hochmittelalters umfassen. Die Bibliographie im dritten Band der »Propyläen Geschichte Deutschlands« nennt unter den allgemeinen Werken viele, die auch für diesen Band einschlägig sind.

Abkürzungen

AfD	=	Archiv für Diplomatik
AHP	=	Archivum Historiae Pontificiae
AKG	=	Archiv für Kulturgeschichte
AQDGM	=	Ausgewählte Quellen zur deutschen Geschichte des Mittelalters, Freiherr vom Stein-Gedächtnisausgabe

AUF	=	Archiv für Urkundenforschung
BDLG	=	Blätter für deutsche Landesgeschichte
CCM	=	Cahiers de civilisation médiévale
DA	=	Deutsches Archiv für Erforschung (bis Bd 7: für Geschichte) des Mittelalters
EHR	=	English Historical Review
FMSt	=	Frühmittelalterliche Studien
FS Beumann	=	Festschrift für H. Beumann zum 65. Geburtstag, Sigmaringen 1977
FS Fleckenstein	=	Institutionen, Kultur und Gesellschaft im Mittelalter, Festschrift für J. Fleckenstein zu seinem 65. Geburtstag, Sigmaringen 1984
FS Hausmann	=	Festschrift F. Hausmann, Graz 1977
FS Kempf	=	Studien zu Theologie, Politik und Recht im Mittelalter, Festschrift F. Kempf zu seinem 75. Geburtstag und 50jährigen Doktorjubiläum, Sigmaringen 1983
FS Schwineköper	=	Festschrift für B. Schwineköper zu seinem 70. Geburtstag, Sigmaringen 1982
FS Tellenbach	=	G. Tellenbach zum 65. Geburtstag, Freiburg i. Br. 1968
GWU	=	Geschichte in Wissenschaft und Unterricht
HGB	=	Hansische Geschichtsblätter
HJb	=	Historisches Jahrbuch
HJLG	=	Hessisches Jahrbuch für Landesgeschichte
HZ	=	Historische Zeitschrift
JEH	=	The Journal of ecclesiastical history
JFL	=	Jahrbuch für fränkische Landesforschung
JGMOD	=	Jahrbuch für die Geschichte Mittel- und Ostdeutschlands
MGH	=	Monumenta Germaniae Historica
MIÖG	=	Mitteilungen des Instituts für österreichische Geschichtsforschung
QFIAB	=	Quellen und Forschungen aus italienischen Archiven und Bibliotheken
RhVjB	=	Rheinische Vierteljahrsblätter
VSWG	=	Vierteljahrschrift für Sozial- und Wirtschaftsgeschichte
ZBLG	=	Zeitschrift für bayerische Landesgeschichte
ZfG	=	Zeitschrift für Geschichtswissenschaft
ZGO	=	Zeitschrift für die Geschichte des Oberrheins
ZHF	=	Zeitschrift für historische Forschung
ZKG	=	Zeitschrift für Kirchengeschichte
ZRG	=	Zeitschrift der Savigny-Stiftung für Rechtsgeschichte GA Germanistische Abteilung KA Kanonistische Abteilung

Gesamtdarstellungen, Handbücher, Sachlexika, Hilfsmittel

Zur Einordnung und zum Vergleich

H. Grundmann, Über die Welt des Mittelalters, in: *Propyläen Weltgeschichte,* Bd 11: G. Mann, A. Heuss und A. Nitschke (Hg.), Summa historica, Berlin 1965, 363–446.

G. Tellenbach, in: *Saeculum Weltgeschichte,* Bd 3, Freiburg i. Br. 1967, XIII–XXXIII; Bd 4, 1967, 158–401; Bd 5, 1970, 69–239 (weltgeschichtliche Perspektiven).

Propyläen Weltgeschichte, Bd 5: G. Mann und A. Nitschke (Hg.), Islam, Die Entstehung Europas, Berlin 1963.

Fischer Weltgeschichte, Bd 11: J. Le Goff, Das Hochmittelalter, Frankfurt am Main 1965.

R. Fossier (Hg.), *Le moyen âge,* 3 Bde, Bd 2: L'éveil de l'Europe, 950–1250, Paris 1982.

J. Le Goff, Kultur des europäischen Mittelalters, München 1970 (frz. 1964).

A. Borst, Lebensformen im Mittelalter, Frankfurt am Main 1973.

H. G. Beck, Das byzantinische Jahrtausend, München 1978.

G. E. von Grunebaum, Der Islam im Mittelalter, Zürich 1963.

Ältere Darstellungen: K. Hampe, Das Hochmittelalter, 1932, 4. Aufl., mit einem Nachwort von G. Tellenbach, Münster 1953; M. Bloch, Die Feu-

dalgesellschaft, Frankfurt am Main 1982 (frz. Paris 1939/1940).
Einführungen: H. Boockmann, Einführung in die Geschichte des Mittelalters, München ^{3}1985; R. Kurzrock (Hg.), Mittelalterforschung, in: Forschung und Information, Schriftenreihe der Rias-Funkuniversität, Bd 29, Berlin 1981.
Nützlichere neuere Bibliographien: H. Jakobs, Kirchenreform und Hochmittelalter 1046–1215, München 1984, 165–226 (dazu Überblick über die Forschung, 87–163); P. Moraw, in: *Propyläen Geschichte Deutschlands,* Bd 3, Berlin 1985, 425–429.
Tabellarische Übersichten: Der Große Ploetz, Auszug aus der Geschichte, 29., völlig neu bearbeitete Auflage, Freiburg i. Br. 1980.

Neuere Darstellungen
der Geschichte Deutschlands
im hohen Mittelalter

J. Fleckenstein, Grundlagen und Beginn der deutschen Geschichte, Göttingen 1974.
H. Fuhrmann, Deutsche Geschichte im hohen Mittelalter, Göttingen ^{2}1983.
J.-P. Cuvillier, L'Allemagne médiévale, Naissance d'un État, VIIIe–XIIIe siècles, Paris 1979.
H. Bartel (Hg.), *Deutsche Geschichte,* Bd 1: J. Herrmann (Hg.), Von den Anfängen bis zur Ausbildung des Feudalismus Mitte des 11. Jahrhunderts, Berlin (Ost) 1982; Bd 2: E. Engel und B. Töpfer (Hg.), Die entfaltete Feudalgesellschaft von der Mitte des 11. bis zu den siebziger Jahren des 15. Jahrhunderts, Berlin (Ost) 1983.
A. Haverkamp, Aufbruch und Gestaltung, Deutschland 1056–1273, München 1984.
Artikel »Deutschland«, in: *Lexikon des Mittelalters,* Bd 3, München 1986, Spalte 781–896.
K. Hampe, Deutsche Kaisergeschichte, bearbeitet von F. Baethgen, Heidelberg ^{8}1943.
W. Conze und V. Hentschel (Hg.), Ploetz Deutsche Geschichte, Freiburg i. Br. ^{3}1983.
Darstellungen zur Geschichte der einzelnen deutschen oder der angrenzenden Länder sind aufgeführt in: *Propyläen Geschichte Deutschlands,* Bd 3, 427; abweichend oder ergänzend:
M. Spindler (Hg.), *Handbuch der bayerischen Geschichte,* Bd 1, München ^{2}1981.
F. Petri und G. Droege (Hg.), Rheinische Geschichte, Bd 1/3, Düsseldorf 1983.
M. Parisse u.a. (Hg.), Lothringen, Geschichte eines Grenzlandes, Saarbrücken 1984 (frz. 1978).
J. Herrmann (Hg.), Die Slawen in Deutschland, Geschichte und Kultur der slawischen Stämme westlich von Oder und Neisse vom 6. bis 12. Jahrhundert, Ein Handbuch, Berlin (Ost) ^{3}1974.
F. Prinz, Böhmen im mittelalterlichen Europa, München 1984.
Storia d'Italia Einaudi, Bde 1ff., Turin 1972ff.
G. Tabacco, Egemonie sociali e strutture del potere nel medioevo italiano, Turin 1979.
Ph. Jones, Economia e società nell'Italia medievale, Turin 1980.

Handbücher

Gebhardt, *Handbuch der deutschen Geschichte,* hg. v. H. Grundmann, Bd 1, Stuttgart ^{9}1970 (Darstellung mit Literatur zu den einzelnen Ereignissen und Problemen).
Th. Schieder (Hg.), *Handbuch der europäischen Geschichte,* Bd 1: Th. Schieffer (Hg.), Europa im Wandel von der Antike zum Mittelalter, Stuttgart 1976 (bis Mitte 11. Jh., nach Ländern gegliedert, Anlage wie Gebhardt; in den Bibliographien Gesamtdarstellungen zur Geschichte aller europäischen Länder einschließlich des byzantinischen Reiches; Bd 2 seit langem angekündigt).
Handbuch der Schweizer Geschichte, Bd 1, Zürich 1972.
K. und M. Uhlirz, *Handbuch der Geschichte Österreich-Ungarns,* Bd 1, Graz ^{2}1963.
K. Bosl (Hg.), *Handbuch der Geschichte der böhmischen Länder,* Bd 1, Stuttgart 1967.
H. Aubin und W. Zorn (Hg.), *Handbuch der deutschen Wirtschafts- und Sozialgeschichte,* Bd 1, Stuttgart 1971.
H. Kellenbenz (Hg.), *Handbuch der europäischen Wirtschafts- und Sozialgeschichte,* Bd 2: J. A. van Houtte (Hg.), Europäische Wirtschafts- und Sozialgeschichte im Mittelalter, Stuttgart 1980.
H. Conrad, Deutsche Rechtsgeschichte, Bd 1, Karlsruhe ^{2}1962.
H. Jedin (Hg.), *Handbuch der Kirchengeschichte,* Bd 3, 1: Vom kirchlichen Frühmittelalter zur Gregorianischen Reform; Bd 3/2: Vom kirchlichen Hochmittelalter bis zum Vorabend der Reformation, Freiburg i. Br. 1966–1968.
H. E. Feine, Kirchliche Rechtsgeschichte, Die katholische Kirche, Köln ^{4}1964.
M. Schmaus, J. R. Geiselmann und A. Grillmeier (Hg.), *Handbuch der Dogmengeschichte,* Freiburg i. Br. 1951ff.

K. H. Rengstorf und S. von Kortzfleisch (Hg.), Kirche und Synagoge, Ein Handbuch zur Geschichte von Christen und Juden, Bd 1, Stuttgart 1968.
K. von See (Hg.), *Neues Handbuch der Literaturwissenschaft,* Bd 7: H. Krauss (Hg.), Europäisches Hochmittelalter, Wiesbaden 1981.

Sachwörterbücher

Lexikon des Mittelalters, Bde 1ff. (bis Bd 3: Erziehungs- und Bildungswesen), München 1980ff.
J. R. Strayer (Hg.), *Dictionary of the middle ages,* Bde 1ff. (bis Bd 6: Italian Literature), New York 1982ff.
A. Erler und E. Kaufmann (Hg.), *Handwörterbuch zur deutschen Rechtsgeschichte,* Bde 1ff. (bis Bd 4: Reich), Berlin 1971ff.
J. Höfer und K. Rahner (Hg.), *Lexikon für Theologie und Kirche,* Bde 1–10, Freiburg i. Br. [2]1957–1968.
G. Krause und G. Müller (Hg.), *Theologische Realenzyklopädie,* Bde 1ff. (bis Bd 14: Heimat), Berlin 1977ff.
E. Kirschbaum, G. Bandmann u. a. (Hg.), *Lexikon der christlichen Ikonographie,* 4 Bde, Rom 1968–1972.
P. Wirth (Hg.), *Reallexikon der Byzantinistik,* Bde 1ff., Amsterdam 1968ff.
R. Klauser und O. Meyer (Hg.), Clavis mediaevalis, Kleines Wörterbuch der Mittelalterforschung, Wiesbaden 1962.
H. Rössler u. a. (Hg.), *Sachwörterbuch zur deutschen Geschichte,* München 1958.

Biographien, Biographische Nachschlagewerke

G. Tellenbach, Zur Bedeutung der Personenforschung für die Erkenntnis des früheren Mittelalters, in: Freiburger Universitätsreden, Neue Folge Heft 25, Freiburg i. Br. 1957.
H. Heimpel, Th. Heuss und B. Reifenberg (Hg.), Die großen Deutschen, Deutsche Biographie, Bd 1: Karl der Große – Andreas Schlüter, Berlin 1956.
K. Fassmann (Hg.), Die Großen der Weltgeschichte, Bd 3: Harun al Raschid – Petrarca, Zürich 1973.
H. Beumann (Hg.), Kaisergestalten des Mittelalters, München 1984.
M. Greschat (Hg.), Gestalten der Kirchengeschichte, Bd 11: Papsttum 1, Stuttgart 1985; Bd 3: Mittelalter 1 (darin: Gelehrte, Ordensgründer, Heilige, Ketzer des 12. und 13. Jahrhunderts), Stuttgart 1983.
W. von den Steinen, Menschen im Mittelalter, Gesammelte Forschungen, Betrachtungen, Bilder (Hg.: P. von Moos), Bern 1967.
W. Goez, Gestalten des Hochmittelalters, Personengeschichtliche Essays im allgemeinhistorischen Kontext, Darmstadt 1983.
A. Borst, Mönche am Bodensee, 610–1525, Sigmaringen 1978.
Neue deutsche Biographie, Bde 1ff. (bis Bd 14: Locher-Freuler), Berlin 1953ff.
K. Ruh u. a. (Hg.), Die deutsche Literatur des Mittelalters, Verfasserlexikon, Bde 1ff. (bis Bd 6: Molitoris), Berlin [2]1978ff.
H. Rössler und G. Franz, Biographisches Wörterbuch zur deutschen Geschichte, neubearbeitet von K. Bosl u. a., 3 Bde, München [2]1973–1975.
G. Misch, Geschichte der Autobiographie, Bde 3 und 4, Frankfurt am Main 1959–1967.

Quellenkunde

H. Grundmann, Das Mittelalter-Problem, in: Jahrbuch der Akademie der Wissenschaften in Göttingen, 1967, 40–54.
A. Esch, Überlieferungs-Chance und Überlieferungs-Zufall als methodisches Problem des Historikers, in: HZ 240, 1985, 529–570.
H. Fuhrmann, Die Sorge um den rechten Text, in: DA 25, 1969, 1–16.
Ders., Das Zeitalter der Fälschungen, Überlegungen zum mittelalterlichen Wahrheitsbegriff, in: HZ 197, 1963, 529–554.
P. Lehmann, Vom Leben des Lateinischen im Mittelalter, in: Ders., Erforschung des Mittelalters, Bd 1, Stuttgart 1959, 62–81.
W. von den Steinen, Das mittelalterliche Latein als historisches Phänomen, in: Zeitschrift für schweizerische Kirchengeschichte 7, 1957, 1–27.
Geschichte der Textüberlieferung der antiken und mittelalterlichen Literatur, 2 Bde, Zürich 1961–1964 (in Bd 1: H. Hunger, Antikes und mittelalterliches Buch- und Schriftwesen, 25–147).
R. C. van Caenegem und F. L. Ganshof, Kurze Quellenkunde des westeuropäischen Mittelalters, Eine typologische, historische und bibliographische Einführung, Göttingen 1964 (niederländ. 1962, engl. [2]1978).
W. Wattenbach und R. Holtzmann, Deutsch-

lands Geschichtsquellen im Mittelalter, Die Zeit der Sachsen und Salier, 3 Bde, Neuausgabe besorgt von F. J. SCHMALE, Darmstadt 1967–1971.
W. WATTENBACH und F. J. SCHMALE, Deutschlands Geschichtsquellen im Mittelalter, Vom Tode Kaiser Heinrichs V. bis zum Interregnum, Bd 1, Darmstadt 1976.
H. GRUNDMANN, Geschichtsschreibung im Mittelalter, Gattungen, Epochen, Eigenart, Göttingen 1965.
F. J. SCHMALE, Funktion und Formen mittelalterlicher Geschichtsschreibung, Eine Einführung, Darmstadt 1985.
H. COING (Hg.), *Handbuch der Quellen und Literatur der neueren europäischen Privatrechtsgeschichte,* Bd 1: Das Mittelalter, 1100–1500, München 1973.
A. VON BRANDT, Werkzeug des Historikers, Eine Einführung in die historischen Hilfswissenschaften, Stuttgart [10]1983.
Tusculum Lexikon griechischer und lateinischer Autoren des Altertums und des Mittelalters, München [3]1982.
Lateinisch-deutsche Quellenausgaben in der Reihe AQDGM; nur Übersetzungen in der älteren Sammlung »Die Geschichtschreiber der deutschen Vorzeit« (92 Bände, Leipzig 1847–1892). Verstreut zahlreiche zweisprachige Ausgaben lateinischer und mittelhochdeutscher Autoren. Umfangreiche Sammlung übersetzter Quellenauszüge: W. LAUTEMANN und M. SCHLENKE (Hg.), Geschichte in Quellen, Bd 2: Mittelalter, München 1970. Grundlegend die Quelleneditionen in den Serien der »Monumenta Germaniae Historica«.

Atlanten

Großer historischer Weltatlas, Teil 2: Mittelalter, München 1970; E. W. ZEEDEN (Hg.), Erläuterungen, München 1983.
Westermann Großer Atlas zur Weltgeschichte, Braunschweig [9]1976.
Putzger Historischer Weltatlas, Berlin 1979.
dtv-Atlas zur Weltgeschichte, Karten und chronologischer Abriß, Bd 1, München 1964.
H. JEDIN, K. S. LATOURETTE und J. MARTIN (Hg.), *Atlas zur Kirchengeschichte,* Freiburg i. Br. 1970.
Hervorragende Arbeits- und Forschungsinstrumente stellen die regionalen Atlanten dar, die von den Historischen Kommissionen der einzelnen deutschen Länder herausgegeben werden, jeweils mit einem wissenschaftlichen Beiwort zu jeder Karte. Genannt seien als Beispiele (für Länder, zu deren Geschichte noch kein modernes Handbuch vorliegt):
Historischer Atlas von Baden-Württemberg, Stuttgart 1972ff. (nahezu abgeschlossen).
W. ALTER (Hg.), *Pfalzatlas,* Speyer 1963ff., Atlas 1964–1976, Textbände 1 und 2, 1964ff.

Verfassung, Lebensformen, Religion, Kunst

Recht und Herrschaft

H. COING, Das Recht als Element der europäischen Kultur, in: HZ 238, 1984, 1–17; R. VAN CAENEGEM, Das Recht im Mittelalter, in: W. FIKENTSCHER u.a. (Hg.), Entstehung und Wandel rechtlicher Traditionen, Freiburg i. Br. 1980, 609–667; K. KROESCHELL, Verfassungsgeschichte und Rechtsgeschichte des Mittelalters, und R. SPRANDEL, Perspektiven der Verfassungsgeschichtsschreibung aus der Sicht des Mittelalters, in: Gegenstand und Begriffe der Verfassungsgeschichtsschreibung, in: Der Staat, Beiheft 6, Berlin 1983, 47ff., 105ff.; G. WAITZ, Deutsche Verfassungsgeschichte, Bde 5 und 6: Die deutsche Reichsverfassung von der Mitte des 9. bis zur Mitte des 12. Jahrhunderts, Berlin [2]1893–1896; H. MITTEIS, Der Staat des hohen Mittelalters, Weimar [4]1953; DERS., Lehnrecht und Staatsgewalt, Untersuchungen zur mittelalterlichen Verfassungsgeschichte, Weimar 1933; F. L. GANSHOF, Was ist das Lehnswesen?, Darmstadt 1961 (frz. [3]1957); O. BRUNNER, Land und Herrschaft, Wien [5]1965; W. ULLMANN, Individuum und Gesellschaft im Mittelalter, Göttingen 1974 (engl. 1966); J. R. STRAYER, Die mittelalterlichen Grundlagen des modernen Staates, mit Einleitung von H. VOLLRATH, Köln 1975 (engl. 1970); R. SPRANDEL, Verfassung und Gesellschaft im Mittelalter, Paderborn 1975; H. K. SCHULZE, Grundstrukturen der Verfassung im Mittelalter, 2 Bde, Stuttgart 1985/1986; S. GAGNÉR, Studien zur Ideengeschichte der Gesetzgebung, Uppsala 1960; E. SCHMIDT, Einführung in die Geschichte der deutschen Strafrechtspflege, Göttingen [3]1965; W. SCHILD, Alte Gerichtsbarkeit, Vom Gottesurteil bis zum Beginn der modernen Rechtsprechung, München 1980; W. ULLMANN, Law and politics in the middle ages, An introduction to the sources of medieval political ideas, Ithaca, N.Y., 1975; D. MERTENS, Geschichte der politischen Ideen im Mittelalter, in: H. FENSKE, D. MERTENS, W. REIN-

HARD und K. ROSEN, Geschichte der politischen Ideen, Von Homer bis zur Gegenwart, Königstein/Taunus 1982, 119–200; P. E. SCHRAMM, Herrschaftszeichen und Staatssymbolik, 3 Bde, Stuttgart 1954–1956; DERS. und F. MÜTHERICH, Denkmale der deutschen Könige und Kaiser, München ²1981; R. ELZE, Insegne del potere sovrano e delegato in Occidente, in: Simboli e simbologia nell'alto medioevo, Spoleto 1976, 569–593; P. E. SCHRAMM, Die deutschen Kaiser und Könige in Bildern ihrer Zeit, 751–1190, Neuauflage hg. v. F. MÜTHERICH, München 1983; W. GOEZ, Translatio imperii, Ein Beitrag zur Geschichte des Geschichtsdenkens und der politischen Theorien im Mittelalter und in der frühen Neuzeit, Tübingen 1958; P. E. SCHRAMM, Der König von Frankreich, Das Wesen der Monarchie vom 9. zum 16. Jahrhundert, 2 Bde, Weimar ²1960; C. BRÜHL, Kronen- und Krönungsbrauch im frühen und hohen Mittelalter, in: HZ 234, 1982, 1–31; H. MITTEIS, Die deutsche Königswahl, Ihre Rechtsgrundlagen bis zur Goldenen Bulle, Brünn und München ²1944; U. REULING, Die Kur in Deutschland und Frankreich, Göttingen 1979; B. SCHNEIDMÜLLER, Reich und Thronfolgeregelung im hochmittelalterlichen Frankreich, in: HZ 238, 1984, 95–104; TH. VOGELSANG, Die Frau als Herrscherin im hohen Mittelalter, Göttingen 1954; F. KERN, Gottesgnadentum und Widerstandsrecht im früheren Mittelalter, Darmstadt ²1954; TH. MAYER, Das deutsche Königtum und sein Wirkungsbereich, in: DERS., Mittelalterliche Studien, Lindau 1959, 28–44; C. BRÜHL, Fodrum, Gistum, Servitium regis, Studien zu den wirtschaftlichen Grundlagen des Königtums im Frankenreich und in den fränkischen Nachfolgestaaten Deutschland, Frankreich und Italien vom 6. bis zur Mitte des 14. Jahrhunderts, 2 Bde, Köln 1968; W. METZ, Das Servitium regis, Zur Erforschung der wirtschaftlichen Grundlagen des hochmittelalterlichen Königtums, Darmstadt 1978; K. SCHMID, Über die Struktur des Adels im früheren Mittelalter, in: JFL 19, 1959, 1–23; K. F. WERNER, De nouveau sur un vieux thème, Les origines de la »noblesse« et de la »chevalerie«, in: Académie des inscriptions et belles-lettres, Comptes rendus des séances de l'année 1985, 186–200; TH. MAYER, Fürsten und Staat, Weimar 1950; H. MAURER, Der Herzog von Schwaben, Sigmaringen 1978; S. REYNOLDS, Kingdoms and communities in western Europe, 900–1300, Oxford 1984; Gute Auswahl zweisprachiger Texte: K. KROESCHELL, Deutsche Rechtsgeschichte, Bd 1, Köln 1985.

Gesellschaft, Wirtschaft

O. BRUNNER, Sozialgeschichte Europas im Mittelalter, Göttingen 1978 (aus: Historia Mundi, Bd 6, 1958, mit bibliographischen Hinweisen von W. RÖSENER); K. BOSL, Die Grundlagen der modernen Gesellschaft im Mittelalter, Bd 4/1 und 4/2, Stuttgart 1972; E. PITZ, Wirtschafts- und Sozialgeschichte Deutschlands im Mittelalter, Wiesbaden 1979; E. ENNEN und W. JANSSEN, Deutsche Agrargeschichte, Vom Neolithikum bis zur Schwelle des Industriezeitalters, Wiesbaden 1979; E. ENNEN, Die europäische Stadt im Mittelalter, Göttingen ³1979; A. SUHLE, Deutsche Münz- und Geldgeschichte von den Anfängen bis zum 15. Jahrhundert, Berlin ⁴1970; W. RÖSENER, Bauern im Mittelalter, München 1985; R. FOSSIER, Paysans d'occident, XIᵉ–XIVᵉ siècles, Paris 1984; E. ENNEN, Frauen im Mittelalter, München 1984; M. MOLLAT, Die Armen im Mittelalter, München 1984 (frz. 1978); G. DUBY und J. LE GOFF (Hg.), Famille et parenté dans l'Occident médiéval, Rom 1977; K. SCHMID, Über das Verhältnis von Person und Gemeinschaft im früheren Mittelalter, in: FMSt 1, 1967, 225–249; N. ELIAS, Die höfische Gesellschaft, Eine Untersuchung zur Soziologie des Königtums und der höfischen Aristokratie, Neuwied 1969; R. SPRANDEL, Gesellschaft und Literatur im Mittelalter, Paderborn 1982; J. BUMKE, Die höfische Kultur, Literatur und Gesellschaft im hohen Mittelalter, 2 Bde, München 1986 (umfassende Bibliographie, auch zur Sozialgeschichte).
Quellensammlungen: L. WEINRICH (Hg.), Quellen zur deutschen Verfassungs-, Wirtschafts- und Sozialgeschichte bis 1250, AQDGM 32, Darmstadt 1977; G. FRANZ (Hg.), Quellen zur Geschichte des deutschen Bauernstandes im Mittelalter, AQGMA 31, Darmstadt 1967; *Elenchus fontium historiae urbanae,* Bd 1, Leiden 1967; H. STOOB (Hg.), Urkunden zur Geschichte des Städtewesens in Mittel- und Niederdeutschland bis 1350, Köln 1985.

Kirche, Weltverständnis

R. KOTTJE und B. MÖLLER (Hg.), Ökumenische Kirchengeschichte, Bd 1, Mainz 1977; R. W. SOUTHERN, Kirche und Gesellschaft im Abendland des Mittelalters, Berlin 1976 (engl. 1970); A. HAUCK, Kirchengeschichte Deutschlands, Bd 3, Leipzig ³⁻⁴1906 (Zeitraum 911–1122); Bd 4, Leipzig ³⁻⁴1903 (Zeitraum 1122–1250); R. BÄUMER und A. Franzen, Papstgeschichte, Das Petrusamt in seiner Idee und in seiner geschichtlichen Verwirklichung in der Kirche, Freiburg/Schweiz 1974; H. Fuhrmann, Von Petrus zu Johannes Paul II., Das Papsttum: Gestalt und Gestalten, München 1980; J. Haller, Das Papsttum, Idee und Wirklichkeit, 5 Bde, Urach ^{2}1950–1953; W. Ullmann, Kurze Geschichte des Papsttums im Mittelalter, Berlin 1978 (engl. 1972); M. Pacaut, La papauté des origines au concile de Trente, Paris 1976; H. Zimmermann, Das Papsttum im Mittelalter, Eine Papstgeschichte im Spiegel der Historiographie, Stuttgart 1981; H. Fuhrmann, Die Wahl des Papstes – ein historischer Überblick, GWU 9, 1958, 762–780; H. Jedin, Kleine Konziliengeschichte, Die zwanzig Ökumenischen Konzilien im Rahmen der Kirchengeschichte, Freiburg i. Br. 1959; H. J. Sieben, Die Konzilsidee des lateinischen Mittelalters, Paderborn 1984; R. Krautheimer, Rome, profile of a city, 312–1308, Princeton 1980; Th. Klauser, Kleine abendländische Liturgiegeschichte, Bericht und Besinnung, Bonn 1965; M. Pacaut, Les ordres monastiques et religieux au moyen âge, Paris 1970; Ch. Brooke, Die große Zeit der Klöster, 1000–1300, Freiburg i. Br. 1976 (engl. 1974); J. Wollasch, Mönchtum des Mittelalters zwischen Kirche und Welt, München 1973; L. Moulin, La vie quotidienne des religieux au moyen âge, X^{e}–XVe siècles, Paris 1978; M. Parisse, Les nonnes au moyen âge, Le Puy 1984; G. Schreiber, Gemeinschaften des Mittelalters, Recht und Verfassung, Kult und Frömmigkeit, Münster 1948; K. Schmid (Hg.), Gedächtnis, das Gemeinschaft stiftet, München 1985; W. Goez, Die Einstellung zum Tode im Mittelalter, in: Der Grenzbereich zwischen Leben und Tod, Hamburg 1976, 111–153; H. Braet und W. Verbeke (Hg.), Death in the middle ages, Löwen 1983; H. Grundmann, Ketzergeschichte des Mittelalters, in: K. D. Schmidt und E. Wolf (Hg.), Die Kirche in ihrer Geschichte, Ein Handbuch, Bd 2, Lieferung G, Göttingen ^{3}1978; M. Lambert, Ketzerei im Mittelalter, Häresien von Bogomil bis Hus, München 1981 (engl. 1977); M. Erbstösser, Ketzer im Mittelalter, Stuttgart 1984; B. Blumenkranz, Juifs et chrétiens dans le monde occidental, 430–1096, Paris 1960; H. Liebeschütz, Synagoge und Ecclesia, Religionsgeschichtliche Studien über die Auseinandersetzungen der Kirche mit dem Judentum im Hochmittelalter, mit einem Nachwort von A. Patschovsky, Heidelberg 1983 (1938 abgeschlossen); R. W. Southern, Das Islambild des Mittelalters, Stuttgart 1981; J. Leclercq, F. Vandenbroucke und L. Bouyer, La spiritualité du moyen âge, Paris 1961; A. Vauchez, La spiritualité du moyen âge occidental, VIIIe–XIIe siècles, Paris 1975; R. und C. Brooke, Popular religion in the middle ages, Western Europe 1000–1300, London 1984; A. J. Gurjewitsch, Das Weltbild des mittelalterlichen Menschen, Dresden 1978 (= München 1980, russ. 1972); F. C. Copleston, Geschichte der Philosophie im Mittelalter, München 1976 (engl. 1972); H. Schipperges, Der Garten der Gesundheit, Medizin im Mittelalter, München 1985; A. Nitschke, Naturerkenntnis und politisches Handeln im Mittelalter, Stuttgart 1967.

Kunst, Literatur, Technik

K. Bittel u.a. (Hg.), *Propyläen Kunstgeschichte,* Bd 6: O. von Simson (Hg.), Das hohe Mittelalter, Berlin 1972; G. Duby, Die Kunst des Mittelalters, 3 Bde, Stuttgart 1984/85 (frz. 1966/67); A. Legner (Hg.), Ornamenta ecclesiae, Kunst und Künstler der Romanik, Katalog zur Ausstellung des Schnütgen-Museums, 3 Bde, Köln 1985; A. Legner, A. und J. Hirmer, Deutsche Kunst der Romanik, München 1982; W. von den Steinen, Homo caelestis, Das Wort der Kunst im Mittelalter, 2 Bde, Bern 1965; G. Bandmann, Mittelalterliche Architektur als Bedeutungsträger, Berlin 1951; W. Messerer, Einige Darstellungsprinzipien der Kunst im Mittelalter, in: Deutsche Vierteljahrsschrift für Literaturwissenschaft und Geistesgeschichte 36, 1962, 157–178; P. Bloch, Bildnis im Mittelalter, Herrscherbild – Grabbild – Stifterbild, in: Bilder vom Menschen in der Kunst des Abendlandes, Ausstellungskatalog, Berlin 1980, 107–120; *Propyläen Geschichte der Literatur,* Bd 2: Die mittelalterliche Welt, 600–1400, Berlin 1982; K. Bertau, Deutsche Literatur im europäischen Mittelalter, 2 Bde, München 1972/73; M. Wehrli, Geschichte der deutschen Literatur vom frühen Mittelalter bis zum Ende des 16. Jahrhunderts, Stuttgart 1980; W. Killy (Hg.), Die deutsche Literatur, Texte und Zeugnisse, Bd 1: H. de Boor (Hg.), Mittelalter, 2 Teile, München 1965; E. R. Curtius, Europäische Literatur und lateinisches Mittelalter, Bern ^{2}1954; K. Hauck, Mittellateinische Literatur, in: W. Stammler (Hg.), Deutsche Philologie im Aufriß, Berlin ^{2}1960, Spalte 2555–2624; P. Dronke, Die Lyrik des Mittelalters, München 1973 (engl. 1968); F. Ohly, Vom geistigen Sinn des Wortes im Mittelalter, in: Ders.,

Schriften zur mittelalterlichen Bedeutungsforschung, Darmstadt 1977, 1–31; R. HAMMERSTEIN, Die Musik der Engel, Untersuchungen zur Musikanschauung des Mittelalters, Bern 1962; P. GÜLKE, Mönche, Bürger, Minnesänger, Musik in der Gesellschaft des europäischen Mittelalters, Leipzig ²1980; S. ZAK, Musik als »Ehr und Zier« im mittelalterlichen Reich, Neuss 1979; P. STERNAGEL, Die Artes mechanicae im Mittelalter, Begriffs- und Bedeutungsgeschichte bis zum Ende des 13. Jahrhunderts, Kallmünz 1966; G. BINDING und N. NUSSBAUM, Der mittelalterliche Baubetrieb nördlich der Alpen in zeitgenössischen Darstellungen, Darmstadt 1978; J. HARVEY, The medieval architect, London 1972; L. WHITE JR., Die Ausbreitung der Technik, 500–1500, in: C. M. CIPOLLA und K. BORCHARDT (Hg.), Europäische Wirtschaftsgeschichte, Bd 1, Stuttgart 1978, 91–110.

Die Deutschen und ihr Reich

Hinweis: Der Essay versucht, dem Leser die dargestellte Epoche in ihren Grundzügen vor Augen zu führen. Insofern ist hier sowohl auf die bereits genannte zusammenfassende Literatur wie auf die zur detaillierten Behandlung in den Einzelkapiteln genannten Werke zu verweisen. Zitiert werden ausgewählte Beiträge zur historiographischen Einordnung und zur Bewertung der Epoche.

Perspektiven der Geschichtsschreibung: F. SCHNABEL, Der Ursprung der vaterländischen Studien, in: BDLG 88, 1951, 4–27; H. GOLLWITZER, Zur Auffassung der mittelalterlichen Kaiserpolitik im 19. Jahrhundert, in: Dauer und Wandel der Geschichte, Aspekte europäischer Vergangenheit, Festgabe für Kurt von Raumer, Münster 1966, 483–512; DERS., Zum Fragenkreis Architekturhistorismus und politische Ideologie, in: Zeitschrift für Kunstgeschichte 42, 1979, 1–14; DERS., Burgenrestauration: Historismus und Politik, in: Westfälische Zeitschrift 130, 1980, 70–90; Die Zeit der Staufer, Bd 3, Stuttgart 1977, 249ff. (mehrere Beiträge); A. BORST, Reden über die Staufer, Frankfurt am Main 1978; TH. NIPPERDEY, Deutsche Geschichte 1800–1866, München 1983, 498ff.; G. ALTHOFF und H. KELLER, Heinrich I. und Otto der Große, 2 Bde, Göttingen 1985, 7ff.; K.-G. FABER, Ausprägungen des Historismus, in: HZ 228, 1979, 1–21; E. SCHULIN, Historismus und Teleologie, in: Berichte zur Wissenschaftsgeschichte 5, 1982, 131–142; R. KOSELLECK, Standortbindung und Zeitlichkeit, Ein Beitrag zur historiographischen Erschließung der geschichtlichen Welt, in: DERS., W. J. MOMMSEN und J. RÜSEN (Hg.), Objektivität und Parteilichkeit in der Geschichtswissenschaft, München 1977; K.-H. METZ, Grundformen historiographischen Denkens, München 1979; O. G. OEXLE, Die Geschichtswissenschaft im Zeichen des Historismus, Bemerkungen zum Standort der Geschichtsforschung, in: HZ 238, 1984, 17–55; R. VIERHAUS, Handlungsspielräume zur Rekonstruktion historischer Prozesse, in: HZ 237, 1983, 289–309; H.-U. WEHLER (Hg.), Deutsche Historiker, 9 Bde, Göttingen 1971ff.; G. G. IGGERS, Deutsche Geschichtswissenschaft, München 1971 (engl. 1968); K.-F. WERNER, Das NS-Geschichtsbild und die deutsche Geschichtswissenschaft, Stuttgart 1967; E. W. BÖCKENFÖRDE, Die deutsche verfassungsgeschichtliche Forschung im 19. Jahrhundert, Berlin 1961; Gegenstand und Begriffe der Verfassungsgeschichtsschreibung, in: Der Staat, Beiheft 6, 1983.

Werden der europäischen Nationen, Imperium: G. TELLENBACH, Die Unteilbarkeit des Reiches, Ein Beitrag zur Entstehungsgeschichte Deutschlands und Frankreichs, in: HZ 163, 1941, 20–42; K. SCHMID, Das Problem der Unteilbarkeit des Reiches, in: DERS. (Hg.), Reich und Kirche vor dem Investiturstreit, Sigmaringen 1985, 1–15; H. BEUMANN und W. SCHRÖDER (Hg.), Aspekte der Nationenbildung im Mittelalter, Sigmaringen 1978; J. EHLERS, Elemente mittelalterlicher Nationsbildung in Frankreich, 10.–13. Jahrhundert, in: HZ 231, 1980, 565–587; F. GRAUS, Die Nationenbildung der Westslawen im Mittelalter, Sigmaringen 1980; H. BEUMANN (Hg.), Beiträge zur Bildung der französischen Nation im Früh- und Hochmittelalter, Sigmaringen 1983; K.-F. WERNER, Les nations et le sentiment national dans l'Europe médiévale, in: Revue historique 244, 1979, 285–304; B. ZIENTARA, Nationale Strukturen des Mittelalters, in: Saeculum 32, 1981, 301–316; L. SCHMUGGE, Über »nationale« Vorurteile im Mittelalter, in: DA 38, 1982, 439–459; J. EHLERS, Nation und Geschichte, Anmerkungen zu einem Versuch, in: ZHF 11, 1984, 205–218; G. TELLENBACH, Vom Zusammenleben der abendländischen Völker im Mittelalter, in: Festschrift für G. Ritter zu seinem 60. Geburtstag, Tübingen 1950, 1–60; H. BEUMANN, Unitas ecclesiae – unitas imperii – unitas regni, Von der imperialen Reichseinheitsidee zur Einheit der Regna, in: Nascita dell'Europa ed Europa carolingia: un'equazione da verificare, Settimane di Studio 27, Spoleto 1981, 531–571;

R. Folz, L'idée d'empire en Occident du 5e au 14e siècle, Paris 1953; W. Holtzmann, Das mittelalterliche Imperium und die werdenden Nationen, Köln 1953; K.-F. Werner, L'Empire carolingien et le Saint Empire, in: M. Duverger (Hg.), Le concept d'empire, Paris 1980, 151–198; W. Mohr, Alexander von Roes – Die Krise der universalen Reichsauffassung nach dem Interregnum, in: Universalismus und Partikularismus im Mittelalter, Berlin 1968, 270–300; P. Kirn, Politische Geschichte der deutschen Grenzen, Leipzig ^{4}1958.

Hochmittelalter als Epoche, Periodisierung: A. Esch, Zeitalter und Menschenalter, Die Perspektiven historischer Periodisierung, in: HZ 239, 1984, 309–351; O. Halecki, Europa, Grenzen und Gliederung seiner Geschichte, Darmstadt 1957 (engl. 1950); J. Huizinga, Zur Geschichte des Begriffs Mittelalter, in: Ders., Geschichte und Kultur, Stuttgart 1954, 213–227; H. Heimpel, Die Epochen der mittelalterlichen Geschichte, in: Ders., Der Mensch in seiner Gegenwart, Göttingen ^{2}1957, 42–66; W. Näf, Die Epochen der neueren Geschichte, Bd 1, Aarau 1954; O. Brunner, Das Problem einer europäischen Sozialgeschichte, und: »Feudalismus«, Ein Beitrag zur Begriffsgeschichte, in: Ders., Neue Wege der Verfassungs- und Sozialgeschichte, Göttingen ^{2}1968, 80ff., 128ff.; P. Lehmann, Vom Mittelalter und von der lateinischen Philologie des Mittelalters, in: Quellen und Untersuchungen zur lateinischen Philologie des Mittelalters 5, 1914, 1–25; Ders., Die Vielgestalt des 12. Jahrhunderts, in: HZ 178, 1954, 225–250; G. Tellenbach, Die abendländische Kirche des 10. und 11. Jahrhunderts im Ganzen der Kirchengeschichte, in: Aus Kirche und Reich, Festschrift für F. Kempf, Sigmaringen 1983, 125–130; J. Heinzle, Wann beginnt das Spätmittelalter?, in: Zeitschrift für deutsches Altertum 112, 1983, 207–223; J. Spörl, Das Alte und das Neue im Mittelalter, Studien zum Problem des mittelalterlichen Fortschrittsbewußtseins, in: HJb 50, 1930, 297–341, 498–524; W. Treadgold (Hg.), Renaissances before the Renaissance, Stanford, Calif., 1984; H. Mordek, Vergangenheit und Zukunft im Geschichtsdenken des Mittelalters, in: H. Löwe (Hg.), Geschichte und Zukunft, Berlin 1978, 33–49; J. Fleckenstein, Zum mittelalterlichen Geschichtsbewußtsein, Bemerkungen zu seiner Einheit und Mehrschichtigkeit, in: Archäologie und Geschichtsbewußtsein, München 1982, 53–67; Ders., Ortsbestimmung des Mittelalters: Das Problem der Periodisierung, und Th. Nipperdey, Mittelalter und Neuzeit: Das Problem historischer Nachwirkung, in: R. Kurzrock (Hg.), Mittelalterforschung, Berlin 1981, 9ff., 151ff.; H. Heimpel, Deutschlands Mittelalter – Deutschlands Schicksal, Zwei Reden, in: Freiburger Universitätsreden, Heft 12, 1933; Ders., Europa und seine mittelalterliche Grundlegung, in: Der Mensch (s.o.), 67–86; M. Seidlmayer, Das Mittelalter, Umrisse und Ergebnisse des Zeitalters, Unser Erbe, Regensburg 1948, Göttingen ^{2}1967; G. Barraclough, Die mittelalterlichen Grundlagen des modernen Deutschland, Weimar 1953 (engl. 1946); F. Heer, Aufgang Europas, Eine Studie zu den Zusammenhängen zwischen politischer Religiosität, Frömmigkeitsstil und dem Werden Europas im 12. Jahrhundert, Wien 1949; W. von den Steinen, Der Kosmos des Mittelalters, Von Karl dem Großen zu Bernhard von Clairvaux, Bern 1959; K. Bosl, Das Hochmittelalter in der deutschen und europäischen Geschichte, in: HZ 194, 1962, 529–567; H. Fuhrmann, Das Mittelalter, Lebensformen und Leitideen, in: U. Reiter (Hg.), ... keiner, dem Geschichte nicht etwas Wichtiges zu sagen hätte, München 1977, 21–46; G. Tabacco, Il cosmo del medioevo come processo aperto di strutture instabili, in: Società e storia 7, 1980, 1–33; L. Génicot, L'occident du Xe au XIIe siècle, in: Revue d'histoire ecclésiastique 78, 1983, 397–429; J. Szövérffy (Hg.), Mittelalterliche Komponenten des europäischen Bewußtseins, Mittelalterliches Colloquium im Wissenschaftskolleg zu Berlin, Berlin 1983; E. Müller-Mertens, Zum Verhältnis von Struktur und Dynamik in der mittelalterlichen Feudalentwicklung, in: Jahrbuch für Geschichte des Feudalismus 8, 1984, 9–22; G. Tellenbach, Die Bedeutung des Reformpapsttums für die Einigung des Abendlandes, in: Studi Gregoriani 2, 1947, 125–149; P. Rousset, La notion de chrétienté aux XIe et XIIe siècles, in: MA 69, 1963, 191–203; L. Schmugge, Kirche und Gesellschaft im Hochmittelalter, in: Jahres- und Tagungsbericht der Görresgesellschaft 1975, Paderborn 1975, 63–82; B. Bligny, L'église et le siècle de l'an mil au début du XIIe siècle, in: CCM X^{e}–XIIe siècles, 27, 1984, 5–33.

Vgl. die »Zur Einordnung und zum Vergleich« genannte Literatur am Anfang der Bibliographie.

Das Reich der Salier im Umbruch der frühmittelalterlichen Welt

K. SCHMID (Hg.), Reich und Kirche vor dem Investiturstreit, Sigmaringen 1985; G. TELLENBACH, Libertas, Kirche und Weltordnung im Zeitalter des Investiturstreites, Stuttgart 1936; J. FLECKENSTEIN (Hg.), Investiturstreit und Reichsverfassung, Sigmaringen 1973; U.-R. BLUMENTHAL, Der Investiturstreit, Stuttgart 1982; E. WERNER, Zwischen Canossa und Worms, Staat und Kirche 1077–1122, Berlin (Ost) 1973; W. GIESE, Der Stamm der Sachsen und das Reich in ottonischer und salischer Zeit, Wiesbaden 1979; H. KELLER, Schwäbische Herzöge als Thronbewerber, 1002–1077–1125, Zur Entwicklung von Reichsidee und Fürstenverantwortung, Wahlverständnis und Wahlverfahren im 11. und 12. Jahrhundert, in: ZGO 131, 1983, 123–162; P.E. HÜBINGER, Das Rheinland in der Wendezeit des Mittelalters, in: Annalen des Historischen Vereins für den Niederrhein 162, 1960, 7–34; R. KOTTJE, Zum Anteil Kölns an den geistigen Auseinandersetzungen in der Zeit des Investiturstreits und der gregorianischen Kirchenreform, in: RhVjB 41, 1977, 40–52; W. SCHLESINGER, Kirchengeschichte Sachsens im Mittelalter, Bd 1: Von den Anfängen kirchlicher Verkündigung bis zum Ende des Investiturstreites, Köln 1962; C. VIOLANTE, L'età della riforma della chiesa in Italia (1002–1122), in: N. VALERI (Hg.), Storia d'Italia, Bd 1, 1966, 69–276.

Die »deutschen Lande« an der Schwelle einer neuen Zeit

Popoli e paesi nella cultura altomedievale, 2 Bde, Spoleto 1983; D.M. WILSON (Hg.), Kulturen im Norden: Die Welt der Germanen, Kelten und Slawen, 400–1100 n.Chr., München 1980; H. LÖWE, Kaisertum und Abendland in ottonisch-frühsalischer Zeit, in: HZ 196, 1963, 529–562; C. BRÜHL, Die Anfänge der deutschen Geschichte, Wiesbaden 1972; G. TELLENBACH, Zur Geschichte der Päpste im 10. und frühen 11. Jahrhundert, in: FS Fleckenstein, 165–177; W. VON DEN STEINEN, Der Mensch in der ottonischen Weltordnung, in: Deutsche Vierteljahrsschrift für Literatur- und Geistesgeschichte 38, 1964, 1–23; H. FICHTENAU, Lebensordnungen des 10. Jahrhunderts, Studien über Denkart und Existenz im einstigen Karolingerreich, 2 Bde, Stuttgart 1984; E. POGNON, La vie quotidienne en l'an mille, Paris 1981; G. DUBY, L'an mil, ohne Ort 1967; D. VERHELST, Adso van Montier en Der en de angst voor het jaar Duisend, in: Tijdschrift voor Geschiedenis 90, 1977, 1–10; P. ROUSSET, Raoul Glaber interprète de la pensée commune au XIe siècle, in: Revue d'histoire de l'église de France 36, 1950, 5–24; R. KAISER, Selbsthilfe und Gewaltmonopol, Königliche Friedenswahrung in Deutschland und Frankreich im Mittelalter, in: FMSt 17, 1983, 251–279; H. KELLER, Grundlagen ottonischer Königsherrschaft, in: K. SCHMID (Hg.), Reich und Kirche vor dem Investiturstreit, Sigmaringen 1985, 17–34; DERS., Reichsstruktur und Herrschaftsauffassung in ottonisch-frühsalischer Zeit, in: FMSt 16, 1982, 74–128; E. HERZOG, Die ottonische Stadt, Die Anfänge der mittelalterlichen Stadtbaukunst in Deutschland, Berlin 1964; M. WARNKE, Bau und Überbau, Soziologie der mittelalterlichen Architektur nach den Schriftquellen, Frankfurt am Main 1976 (dazu J. WOLLASCH, in: Kunstchronik 30, 1977, 269ff.); W. GIESE, Zur Bautätigkeit von Bischöfen und Äbten des 10. bis 12. Jahrhunderts, in: DA 38, 1982, 388–438; G. BINDING (Hg.), Beiträge über Bauführung und Baufinanzierung im Mittelalter, Köln 1974; C. CHENEY, Church-building in the middle ages, in: DERS., Medieval texts and studies, Oxford 1973, 346–363; W. HANKE, Kunst und Geist, Das philosophische und theologische Gedankengut der Schrift »De Diversis Artibus« des Priesters und Mönches Theophilus Rugerus, Bonn 1962; G. BANDMANN, Die vorgotische Kirche als Himmelsstadt, in: FMSt 6, 1972, 67–93; H. BANNASCH, Das Bistum Paderborn unter den Bischöfen Rethar und Meinwerk, 983–1036, Paderborn 1972; M. BALZER, Zeugnisse für das Selbstverständnis Bischof Meinwerks von Paderborn, in: N. KAMP und J. WOLLASCH (Hg.), Tradition als historische Kraft, Berlin 1982, 267–296; DERS., Dortmund und Paderborn, Zwei Aufenthaltsorte der fränkischen und deutschen Könige in Westfalen, in: Westfälische Forschungen 32, 1982, 1–20; DERS., Paderborn, in: H. STOOB (Hg.), Westfälischer Städteatlas, Lieferung 2, Nr 11, Dortmund 1981; U. LOBBEDEY (Hg.), Die Ausgrabungen im Dom zu Paderborn 1978–1980 und 1983, 4 Bde, Bonn 1986; DERS., Der romanische Dom in Bremen, ein Werk Erzbischof Liemars, 1072–1101, in: FMSt 19, 1985, 312–329; G. BOES, L'abbaye de St. Trond, Des origines jusqu'à 1155, Tongern 1970; R. D'AUJOURD'HUI und G. HELMIG, Die Burkhardsche Stadtmauer aus dem späten 11. Jahrhundert, in: Basler Stadtbuch 1983, 233–242; U. ZIEGLER, Bischof Otto I. von Bamberg,

1102–1139, als Begründer einer neuen Verwaltungsorganisation des Hochstifts, in: Berichte des Historischen Vereins Bamberg 117, 1981, 49–55; TH. SCHIEFFER, Ein deutscher Bischof des 11. Jahrhunderts: Gerhard I. von Cambrai, 1012–1051, in: DA 1, 1937, 323–360; H.-W. GOETZ, Kirchenschutz, Rechtswahrung und Reform, Zu den Zielen und zum Wesen der frühen Gottesfriedenbewegung in Frankreich, in: Francia 11, 1984, 193–239.
Hauptquellen: M. PROU (Hg.), Rodulfus Glaber, Les cinq livres de ses histoires, Paris 1886; F. TENCKHOFF (Hg.), Vita Meinwerci episcopi Patherbrunnensis, Hannover 1921; L.C. BETHMANN (Hg.), Anonymus Haserensis, De episcopis Eichstetensibus, in: MGH Scriptores, Bd 7, Hannover 1846, 253–266; Adam von Bremen, Bischofsgeschichte der Hamburger Kirche, in: AQDGM 11, Darmstadt 1961, 135–503; R. KOEPKE (Hg.), Gesta abbatum Trudonensium auctore Rudolfo, in: MGH Scriptores, Bd 10, Hannover 1852, 213–448; Das Leben des Bischofs Otto von Bamberg von einem Prüfeninger Mönch, übersetzt von A. HOFMEISTER, Leipzig 1928; Herbords Leben des Bischofs Otto von Bamberg, übersetzt von H. PRUTZ, Leipzig 1894 (dazu: J. PETERSOHN, Otto von Bamberg und seine Biographen, Grundformen und Entwicklung des Ottobildes im hohen und späten Mittelalter, in: ZBLG 43, 1980, 3–27); O. LEHMANN-BROCKHAUS, Schriftquellen zur Kunstgeschichte des 11. und 12. Jahrhunderts für Deutschland, Lothringen und Italien, Bd 1, Berlin 1938.

Königsherrschaft in und über dem Rangstreit der Großen

H. BRESSLAU, Jahrbücher des Deutschen Reichs unter Konrad II., 2 Bde, Leipzig 1879 und 1884; E. STEINDORFF, Jahrbücher des Deutschen Reichs unter Heinrich III., 2 Bde, Leipzig 1874 und 1881; TH. SCHIEFFER, Heinrich II. und Konrad II., Die Umprägung des Geschichtsbildes durch die Kirchenreform des 11. Jahrhunderts, in: DA 8, 1951, 384–437; H. KELLER, Schwäbische Herzöge als Thronbewerber (s.o.), 140ff.; T. SCHMIDT, Kaiser Konrads II. Jugend und Familie, in: Geschichtsschreibung und geistiges Leben im Mittelalter, Festschrift zum 65. Geburtstag von H. Löwe, Köln 1978, 312–324; E. HLAWITSCHKA, Die Thronkandidaturen von 1002 und 1024, in: K. SCHMID (Hg.), Reich und Kirche (s.o.), 49–64; R. SCHMIDT, Königsumritt und Huldigung in ottonisch-salischer Zeit, in: Vorträge und Forschungen 6, Konstanz 1961, 97–233; H. SCHWARZMAIER, Reichenauer Gedenkbucheinträge aus der Anfangszeit der Regierung König Konrads II., in: Zeitschrift für Württembergische Landesgeschichte 22, 1963, 19–28; T. STRUVE, Die Interventionen Heinrichs IV. in den Diplomen seines Vaters, Instrument der Herrschaftssicherung des salischen Hauses, in: AfD 28, 1982, 190–222; H.L. ADELSON, The holy lance and the hereditary German monarchy, in: The Art Bulletin 48, 1966, 177–192; G. FRANCASTEL, Le droit au trône, Un problème de prééminence dans l'art chrétien d'occident du IVe au XIIe siècle, Paris 1973; K. SCHMID, Die Sorge der Salier um ihre Memoria, Zeugnisse, Erwägungen und Fragen, in: DERS. und J. WOLLASCH (Hg.), Memoria, Der geschichtliche Zeugniswert des liturgischen Gedenkens im Mittelalter, München 1984, 666–726; W. SAUERLÄNDER und J. WOLLASCH, Stiftergedenken und Stifterfiguren in Naumburg, ebd., 354–383; W. SAUERLÄNDER, Cluny und Speyer, in: J. FLECKENSTEIN (Hg.), Investiturstreit (s.o.), 9–31; H.E. KUBACH und W. HAAS, Der Dom zu Speyer, 3 Bde, Mainz 1972; W. EGER (Hg.), Geschichte der Stadt Speyer, Bd 1, Stuttgart 1982; J. WIEDER, Von den Kaiserbildern der Echternacher Buchmalerei, in: Bibliothek – Buch – Geschichte, K. Köster zum 65. Geburtstag, Frankfurt am Main 1977, 199–210; P. BLOCH, Das Bild des Menschen im Mittelalter: Herrscherbild – Grabbild – Stifterbild, in: Bilder vom Menschen in der Kunst des Mittelalters, Jubiläumsausstellung der Preußischen Museen Berlin 1830–1980, Berlin 1980, 105–142; W. SCHLESINGER, Meißener Dom und Naumburger Westchor, Münster 1952; K. SCHMID, Salische Gedenkstiftungen für fideles, servientes und milites, in: FS Fleckenstein, 245–264; K.J. BENZ, Kaiser Konrad II. und die Kirche, Ein Beitrag zur Historiographie des ersten Saliers, in: ZKG 88, 1977, 190–217; DERS., Kaiser Konrad II. (1024–1039) als kirchlicher Herrscher, Der Straßburger Adventsstreit und die Synode von 1038 im Kloster Limburg an der Haardt, in: Archiv für Liturgiewissenschaft 20/21, 1978/79, 56–80; P.F. KEHR, Vier Kapitel aus der Geschichte Kaiser Heinrichs III., Berlin 1931; P.G. SCHMIDT, Heinrich III., Das Bild des Herrschers in der Literatur seiner Zeit, in: DA 39, 1983, 582–590; K. SCHNITH, Recht und Friede, Zum Königsgedanken im Umkreis Heinrichs III., in: HJb 81, 1962, 22–57; R. RATHOFER, Structura codicis – ordo salutis, Zum Goldenen Evangelienbuch

Heinrichs III., in: A. ZIMMERMANN (Hg.), Mensura, Maß, Zahl und Zahlensymbolik im Mittelalter, Berlin 1983/84, 333–355; F.-R. ERKENS, Fürstliche Opposition in ottonisch-salischer Zeit, in: AKG 64, 1982, 307–370; I. HEIDRICH, Die Absetzung Herzog Adalberos von Kärnten durch Kaiser Konrad II. 1035, in: HJb 91, 1971, 70–94; K.-E. KLAAR, Die Herrschaft der Eppensteiner in Kärnten, Klagenfurt 1966, 90ff.; E. BOSHOF, Lothringen, Frankreich und das Reich in der Regierungszeit Heinrichs III., in: RhVjB 42, 1978, 63–127; DERS., Das Reich in der Krise, Überlegungen zum Regierungsausgang Heinrichs III., in: HZ 228, 1979, 265–287; W. MOHR, Geschichte des Herzogtums Lothringen, Bd 1: Geschichte des Herzogtums Groß-Lothringen (900–1048), Saarbrücken 1974; Bd 2: Niederlothringen bis zu seinem Aufgehen im Herzogtum Brabant (11.–13. Jahrhundert), Saarbrücken 1976; M. PARISSE, La noblesse lorraine, XIe–XIIIe siècle, 2 Bde, Paris 1976; U. LEWALD, Die Ezzonen, Das Schicksal eines rheinischen Fürstengeschlechts, in: RhVjB 43, 1979, 120–168; H.C. FAUSSNER, Königliches Designationsrecht und herzogliches Geblütsrecht, Zum Königtum und Herzogtum in Baiern im Hochmittelalter, Wien 1984; W. STRÖMER, Spielmannsdichtung und Geschichte, Die Beispiele »Herzog Ernst« und »König Rother«, in: ZBLG 43, 1980, 551–574.

Quellen: Wipo, Gesta Chuonradi imperatoris, in: AQDGM 11, Darmstadt 1973, 507–613; Hermann von Reichenau, Chronicon, ebd., 617–707.

Das Kaisertum Konrads II. und Heinrichs III.

H. BEUMANN, Zur Entwicklung transpersonaler Staatsvorstellungen, in: Das Königtum, Seine geistigen und rechtlichen Grundlagen, Sigmaringen 1956, 185–224; DERS., Das Imperium und die Regna bei Wipo, in: Aus Geschichte und Landeskunde, F. Steinbach zum 65. Geburtstag, Bonn 1960, 11–36; H.-D. KAHL, Der Chronist Arnulf von Mailand und das Problem der italienischen Königsweihen im 11. Jahrhundert, in: H. BEUMANN (Hg.), Historische Forschungen für W. Schlesinger, Köln 1974, 420–437; H. BLOCH, Beiträge zur Geschichte des Bischofs Leo von Vercelli und seiner Zeit, in: Neues Archiv 22, 1897, 11–136; G. ALTHOFF, Gebetsgedenken für Teilnehmer an Italienzügen, Ein bisher unbeachtetes Trienter Diptychon, in: FMSt 15, 1981, 36–67; G. SCHWARTZ, Die Besetzung der Bistümer Reichsitaliens unter den sächsischen und salischen Kaisern, 951–1122, Leipzig 1913; G. GRAF, Die weltlichen Widerstände in Reichsitalien gegen die Herrschaft der Ottonen und der beiden ersten Salier, 951–1056, Erlangen 1936; C BRÜHL, Das »Palatium« von Pavia und die »Honorantiae civitatis Papiae«, in: Pavia – capitale del regno, Atti del 4° Congresso internazionale di studi sull'alto medioevo, Spoleto 1969, 189–220; DERS., Königs-, Bischofs- und Stadtpfalzen in den Städten des »Regnum Italiae« vom 9. bis zum 13. Jahrhundert, in: H. BEUMANN (Hg.), Historische Forschungen für W. Schlesinger, Köln 1974, 400–419; H. KELLER, Der Gerichtsort in oberitalienischen und toskanischen Städten, Untersuchungen zur Stellung der Stadt im Herrschaftssystem des Regnum Italicum vom 9. bis 11. Jahrhundert, in: QFIAB 49, 1969, 1–72; G. DILCHER, Bischof und Stadtverfassung in Oberitalien, in: ZRG GA 81, 1964, 225–266; H. SCHWARZMAIER, Lucca und das Reich bis zum Ende des 11. Jahrhunderts, Studien zur Sozialstruktur einer Herzogsstadt in der Toskana, Tübingen 1972; H. KELLER, Adelsherrschaft und städtische Gesellschaft in Oberitalien, 9.–12. Jahrhundert, Tübingen 1979, 270ff.; H.E.J. COWDREY, Archbishop Aribert II of Milan, in: History 51, 1966, 1–15; H.H. ANTON, Bonifaz von Canossa, Markgraf von Tuszien, und die Italienpolitik der frühen Salier, in: HZ 214, 1972, 529–556; W. KÖLMEL, Die kaiserliche Herrschaft im Gebiet von Ravenna (Exarchat und Pentapolis) vor dem Investiturstreit, in: HJb 88, 1968, 257–299; C. VIOLANTE, Aspetti della politica italiana di Enrico III prima della sua discesa in Italia, 1039–1046, in: Rivista storica italiana 64, 1952, 157ff., 293ff.; K. SCHMID, Heinrich III. und Gregor VI. im Gebetsgedächtnis von Piacenza des Jahres 1046, in: H. FROMM, W. HARMS und U. RUBERG (Hg.), Verbum et signum, Bd 2, München 1975, 79–97; H. VOLLRATH, Kaisertum und Patriziat in den Anfängen des Investiturstreites, in: ZKG 85, 1974, 11–44; W. GOEZ, Imperator advocatus Romanae ecclesiae, in: FS Kempf, 315–328; K.-J. HERRMANN, Das Tuskulanerpapsttum (1012–1046), Benedikt VIII., Johannes XIX., Benedikt IX., Stuttgart 1973; H. ZIMMERMANN, Papstabsetzungen des Mittelalters, Graz 1968; R. TIMMEL und G. ZIMMERMANN, Bischof Suidger von Bamberg – Papst Clemens II., in: Fränkische Lebensbilder 10, 1982, 1–19; H. BEUMANN, Reformpäpste als Reichsbischöfe in der Zeit Heinrichs III., Ein Beitrag zur Geschichte des ottonisch-salischen Reichskirchensystems, in: Festschrift F. Hausmann, Graz 1977,

21–37; E. HLAWITSCHKA, Die Königsherrschaft der burgundischen Rudolfinger, Zum Erscheinen eines neuen MGH-Diplomata-Bandes, in: HJb 100, 1980, 444–456; H.-D. KAHL, Die Angliederung Burgunds an das mittelalterliche Imperium, Zum geschichtlichen Hintergrund des Schatzfundes von Corcelles-près-Payerne, in: Schweizerische Numismatische Rundschau 48, 1968, 13–105; I. SCHEIDING-WULKOPF, Lehnsherrliche Beziehungen der fränkisch-deutschen Könige zu anderen Staaten vom 9. bis zum Ende des 12. Jahrhunderts, Marburg 1948; H. JÄGER, Rechtliche Abhängigkeitsverhältnisse der östlichen Staaten vom Fränkisch-Deutschen Reich (Ende 8. bis Ende 11. Jahrhundert), Diss. Frankfurt am Main 1959 (Gelnhausen 1960); H. HOFFMANN, Böhmen und das deutsche Reich im hohen Mittelalter, in: JGMOD 18, 1969, 1–62; H.J. LANG, The fall of the monarchy of Mieszko II Lambert (1025–1034), in: Speculum 49, 1974, 623–639; H. LUDAT, Slawen und Deutsche im Mittelalter, Ausgewählte Aufsätze zu Fragen ihrer politischen, sozialen und kulturellen Beziehungen, Köln 1982; W. FRITZE, Frühzeit zwischen Ostsee und Donau, Ausgewählte Beiträge zum geschichtlichen Werden im östlichen Mitteleuropa vom 6. bis 13. Jahrhundert, Berlin 1982; Z.J. KOSZTOLNYIK, Five eleventh century Hungarian kings, Their policies and their relations with Rome, New York 1981; E. HOFFMANN, Beiträge zur Geschichte der Beziehungen zwischen dem deutschen und dem dänischen Reich für die Zeit von 934 bis 1035, in: CH. RADTKE und W. KÖRBER (Hg.), 850 Jahre St.-Petri-Dom zu Schleswig, Schleswig 1984, 105–132.

Quellen: F.-J. SCHMALE (Hg.), Die Briefe des Abtes Bern von Reichenau, Stuttgart 1961; E.L.B. VON OEFELE (Hg.), Annales Altahenses maiores, Hannover 1891.

Reich und Kirche

G. TELLENBACH, Die abendländische Kirche des 10. und 11. Jahrhunderts im Ganzen der Kirchengeschichte, in: FS Kempf, 125–130; L. SANTIFALLER, Zur Geschichte des ottonisch-salischen Reichskirchensystems, Graz ^{2}1964; J. FLECKENSTEIN, Zum Begriff der ottonisch-salischen Reichskirche, in: Geschichte – Wirtschaft – Gesellschaft, Festschrift für C. Bauer zum 75. Geburtstag, Berlin 1974, 61–71; DERS., Problematik und Gestalt der ottonisch-salischen Reichskirche, in: K. SCHMID (Hg.), Reich und Kirche (s.o.), Sigmaringen 1985. 83–98; T. REUTER, The »Imperial church system« of the ottonian and salian rulers, A reconsideration, in: Journal of ecclesiastical history 33, 1982, 347–374; J. FLECKENSTEIN, Die Hofkapelle der deutschen Könige, Bd 2: Die Hofkapelle im Rahmen der ottonisch-salischen Reichskirche, Stuttgart 1966; H. ZIELINSKI, Der Reichsepiskopat in spätottonischer und salischer Zeit, 1002–1125, Bd 1, Stuttgart 1984; J. FLECKENSTEIN, Rex canonicus, Über Entstehung und Bedeutung des mittelalterlichen Königskanonikats, in: Festschrift P.E. Schramm zum 65. Geburtstag, Wiesbaden 1964, Bd 1, 57–71; M. GROTEN, Von der Gebetsverbrüderung zum Königskanonikat, Zur Vorgeschichte und Entwicklung der Königskanonikate an den Dom- und Stiftskirchen des deutschen Reiches, in: HJb 103, 1983, 1–34; H. BOOCKMANN, Eine Urkunde Konrads II. für das Damenstift Obermünster in Regensburg, Zu einem verschenkten Königszepter und zum Königskanonikat, in: FS Fleckenstein, 207–219; H. FUHRMANN, Rex canonicus – rex clericus?, ebd., 321–326; J. WOLLASCH, Kaiser und Könige als Brüder der Mönche, Zum Herrscherbild in liturgischen Handschriften des 9.–11. Jahrhunderts, in: DA 40, 1984, 1–20; H. KELLER, Herrscherbild und Herrschaftslegitimation, Zur Deutung der ottonischen Denkmäler, in: FMSt 19, 1985, 290–311; L. BORNSCHEUER, Miseriae regum, Untersuchungen zum Krisen- und Todesgedanken in den herrschaftstheologischen Vorstellungen der ottonisch-salischen Zeit, Berlin 1968; P.E. SCHRAMM, Die Krönung in Deutschland bis zum Beginn des salischen Hauses, in: ZRG KA 55, 1935, 184–332; H.-W. KLEWITZ, Die Festkrönungen der deutschen Könige, in: ZRG KA 59, 1939, 48–96; H.J. BERBIG, Zur rechtlichen Relevanz von Ritus und Zeremoniell im römisch-deutschen Imperium, in: ZKG 92, 1981, 204–249; E. BOSHOF, Köln, Mainz, Trier, Die Auseinandersetzung um die Spitzenstellung im deutschen Episkopat in ottonisch-salischer Zeit, in: Jahrbuch des Kölnischen Geschichtsvereins 49, 1978, 19–48; TH. ZOTZ, Pallium et alia quaedam archiepiscopatus insignia, Zum Beziehungsgefüge und zu Rangfragen der Reichskirchen im Spiegel der päpstlichen Privilegierung des 10./11. Jahrhunderts, in: FS Schwineköper, 155–175; B. SCHWINEKÖPER, Christus-Reliquien-Verehrung und Politik, in: BDLG 117, 1981, 183–281; H. FUHRMANN, Provincia constat duodecim episcopatibus, Zum Patriarchatsplan Erzbischof Adalberts von Hamburg-Bremen, in: Studia Gratiana 9, 1967, 389–404; M. PARISSE, L'évêque impérial dans son diocèse, L'exemple Lorrain aux Xe et XIe siècles, in: FS Fleckenstein, 179–193; J.-L. KUPPER, Liège et l'église impériale, XIe/XIIe siècles, Paris 1981; K. SCHMID, Der Stifter und sein Gedenken, Die Vita Bennonis als Memorialzeugnis, in: N. KAMP und J. WOLLASCH (Hg.), Tradition als historische Kraft, Berlin 1982, 297–332; H.-P. WEHLT, Reichsabtei und König, dargestellt am Beispiel der Abtei Lorsch mit Ausblicken auf Hersfeld, Stablo und Fulda, Göttingen 1970; H.H. KAMINSKY, Studien zur Reichsabtei Corvey in der Salierzeit, Köln 1972; I. SCHWAB, Besitzungen der Abtei Prüm im 9. Jahrhundert, Geschichtlicher Atlas der Rheinlande, Beiheft 7/1, Köln 1982; D. HÄGERMANN, Eine Grundherrschaft des 13. Jahrhunderts im Spiegel des Frühmittelalters, Caesarius von Prüm und seine kommentierte Abschrift des Urbars von 893, in: RhVjB 45, 1981, 1–34; W. LIEBHART, Die Reichsabtei St. Ulrich und Afra zu Augsburg, Studien zu Besitz und Herrschaft, 1006–1803, Historischer Atlas von Bayern, Teil Schwaben, Reihe 2, Heft 2, München 1982; M. VAN REY, Der deutsche Fernbesitz der Klöster und Stifte der alten Diözese Lüttich vornehmlich an Rhein, Mosel, Ahr und in Rheinhessen, in: Annalen des Historischen Vereins für den Niederrhein 198, 1984, 30–89; H.H. ANTON, Der sogenannte Traktat »De ordinando pontifice«, Ein Rechtsgutachten im Zusammenhang mit der Synode von Sutri (1046), Bonn 1982; H. THOMAS, Zur Kritik an der Ehe Heinrichs III. mit Agnes von Poitou, in: FS Beumann, 224–235; M. BOYE, Die Synoden Deutschlands und Reichsitaliens von 922 bis 1059, in: ZRG KA 49, 1929, 131–284; F. KEMPF, Primatiale und episkopal-synodale Struktur der Kirche vor der gregorianischen Reform, in: AHP 16, 1978, 27–66; H.-W. KLEWITZ, Die Entstehung des Kardinalkollegiums, in: ZRG KA 56, 1936, 115–221; W. GOEZ, Papa qui et episcopus, Zum Selbstverständnis des Reformpapsttums im 11. Jahrhundert, in: AHP 8, 1970, 27–59; R. ELZE, Das Sacrum palatium Lateranense im 10. und 11. Jahrhundert, in: Studi Gregoriani 4, 1952, 27–54; L. SANTIFALLER, Über die Neugestaltung der äußeren Form der Papstprivilegien unter Leo IX., in: Festschrift für H. Wiesflecker zum 60. Geburtstag, Graz 1973, 29–38; J. WOLLASCH, Die Wahl des Papstes Nikolaus II., in: FS Tellenbach, 205–220; H.G. KRAUSE, Das Papstwahldekret von 1059 und seine Rolle im Investiturstreit, Rom 1960; F. KEMPF, Pier Damiani und das Papstwahldekret von 1059, in: AHP 2, 1964, 73–89; W. ULLMANN, Zum Papstwahldekret von 1059, in: ZRG KA 99, 1982, 32–51; E. LADNER, Theologie und Politik vor dem Investiturstreit, Kirchenreform, Cluny und Heinrich III., Baden bei Wien 1936; P. SCHMID, Der Begriff der kanonischen Wahl in den Anfängen des Investiturstreites, Stuttgart 1926; H.P. LAQUA, Traditionen und Leitbilder bei dem Ravennater Reformer Petrus Damiani, 1042–1052, München 1976; J. FLECKENSTEIN, Hofkapelle und Reichsepiskopat unter Heinrich IV., in: DERS. (Hg.), Investiturstreit (s.o.), 117–140; R. SCHIEFFER, Spirituales latrones, Zu den Hintergründen der Simonieprozesse in Deutschland zwischen 1069 und 1075, in: HJb 92, 1972, 19–60; T. SCHMIDT, Alexander II. (1061–1073) und die römische Reformgruppe seiner Zeit, Stuttgart 1977; K. JORDAN, Das Reformpapsttum und die abendländische Staatenwelt, in: Welt als Geschichte 18, 1958, 122–137.

Quellen: De ordinando pontifice, seu rectius de iudicando pontifice, in: AQDGM 12b, Darmstadt 1984, 46–67; L.C. BETHMANN (Hg.), Gundechari liber pontificalis Eichstetensis, in: MGH Scriptores 7, Hannover 1846.

Herrschaft und Volk

G. DUBY, Die drei Ordnungen, Das Weltbild des Feudalismus, Frankfurt 1981 (frz. 1978); O.G. OEXLE, Tria genera hominum, Zur Geschichte eines Deutungsschemas der sozialen Wirklichkeit in Antike und Mittelalter, in: FS Fleckenstein, 483–500; H. VOLLRATH, Herrschaft und Genossenschaft im Kontext frühmittelalterlicher Rechtsbeziehungen, in: HJb 102, 1982, 33–71; H.-W. GOETZ, Herrschaft und Recht in der frühmittelalterlichen Grundherrschaft, in: HJb 104, 1984, 392–410; E. WERNER, Ökonomische und soziale Strukturen im 10. und 11. Jahrhundert, in: ZfG 28, 1980, 455–468; O. KÖHLER, Das Bild des geistlichen Fürsten in den Viten des 10., 11. und 12. Jahrhunderts, Berlin 1935; M. KERNER, Studien zum Dekret des Bischofs Burchard von Worms, Diss. Aachen 1969; H.K. SCHULZE, Königsherrschaft und Königsmythos, Herrscher und Volk im politischen Denken des Hochmittelalters, in: FS Schwineköper, 177–186; E. WADLE, Heinrich IV. und die deutsche Friedensbewegung, in: J. FLECKENSTEIN (Hg.), Investiturstreit (s.o.), 141–173; H.-W. GOETZ, Der Kölner Gottesfriede von 1083, Beobachtungen über Anfänge, Tradition und Eigenart der deutschen Gottesfriedensbewegung, in: Jahrbuch des Kölnischen Geschichtsvereins 55, 1984, 39–76; G. GLAESKE, Die Erzbischöfe von Hamburg-Bremen als Reichsfürsten, 937–1258, Hildesheim 1962; W. LAMMERS, Das Hochmittelalter bis zur Schlacht von Bornhöved, Geschichte Schleswig-Holsteins, Bd 4/1, Neumünster 1981, 165 ff. (beste Darstellung zu Erzbischof Adalbert von Hamburg-Bremen); R. KAISER, Münzprivilegien und bischöfliche Münzprägung in Frankreich, Deutschland und Burgund im 9.–12. Jahrhundert, in: VSWG 63, 1976, 289–338; W. METZ, Marktrechtsfamilie und Kaufmannsfriede in ottonisch-salischer Zeit, in: BDLG 108, 1972, 28–55; E. FAIRON, Les donations de forêts aux Xe et XIe siècles en Lotharingie et en Allemagne, in: Revue Belge de philologie et d'histoire 4, 1925, 91–107 (Regesten 333–347); H. KASPERS, Comitatus nemoris, Die Waldgrafschaft zwischen Maas und Rhein, Untersuchungen zur Rechtsgeschichte der Forstgebiete des Aachen-Dürener Landes, Düren 1957; H. RUBNER, Das Wasgenwälder Damenstift Remiremont und sein Forstwesen, in: Zeitschrift für Agrargeschichte und Agrarsoziologie 14, 1966, 173–181; M. GROTEN, Das Aufkommen der bischöflichen Thronsiegel im deutschen Reich, in: HJb 100, 1980, 163–197; P. JOHANEK, Die Frühzeit der Siegelurkunde im Bistum Würzburg, Würzburg 1969; H.-U. ZIEGLER, Das Urkundenwesen der Bischöfe von Bamberg von 1007 bis 1139, Mit einem Ausblick auf das Ende des 12. Jahrhunderts, in: AfD 27, 1981, 1–110, und 28, 1982, 58–189; F. IRSIGLER, Divites und pauperes in der Vita Meinwerci, in: VSWG 57, 1970, 449–499; H.C. FAUSSNER, Die Acta Murensia als Quelle für die Rechtliche Volkskunde, in: L. CARLEN (Hg.), Forschungen zur Rechtsarchäologie und Rechtlichen Volkskunde, Bd 2, Zürich 1979, 105–121; K.-U. JÄSCHKE, Studien zu Quellen und Geschichte des Osnabrücker Zehntstreits unter Heinrich IV., in: AfD 9/10, 1963/64, 112–285, und 11/12, 1965/66, 280–402; A. DOPSCH, Herrschaft und Bauer in der deutschen Kaiserzeit, Stuttgart ^{2}1964; G. DUBY, Krieger und Bauern, Die Entwicklung von Wirtschaft und Gesellschaft im frühen Mittelalter, Frankfurt am Main ^{2}1981 (frz. 1973).

Mönchtum und christliche Gesellschaft

J. WOLLASCH, Mönchtum des Mittelalters zwischen Kirche und Welt, München 1973; DERS., Der Einfluß des Mönchtums auf Reich und Kirche vor dem Investiturstreit, in: K. SCHMID (Hg.), Reich und Kirche (s.o.), 35–48; G. TELLENBACH, Das Reformmönchtum und die Laien im 11. und 12. Jahrhundert, in: H. RICHTER (Hg.), Cluny, Beiträge zu Gestalt und Wirkung der cluniazensischen Reform, Darmstadt 1975, 371–400; G. TELLENBACH, »Gregorianische Reform«, Kritische Besinnungen, in: K. SCHMID (Hg.), Reich und Kirche (s.o.), 99–113; E. WERNER, Pauperes Christi, Studien zu den sozial-religiösen Bewegungen im Zeitalter des Reformpapsttums, Leipzig 1956; K. HALLINGER, Überlieferung und Steigerung im Mönchtum des 8. bis 12. Jahrhunderts, in: Studia Anselmiana 68, 1979, 125–187; H. KELLER, »Adelsheiliger« und Pauper Christi in Ekkeberts Vita sancti Haimeradi, in: FS Tellenbach, 307–324; H. GRUNDMANN, Adelsbekehrungen im Hochmittelalter, Conversi und nutriti im Kloster, ebd., 325–345; J. EHLERS, Adlige Stiftung und persönliche Konversion, in: Geschichte und Verfassungsgefüge, Frankfurter Festgabe für W. Schlesinger, Wiesbaden 1973, 32–55; J. WOLLASCH, Geschichtliche Hintergründe der Dortmunder Versammlung des Jahres 1005, in: Westfalen 58, 1980, 55–69; DERS., Gemeinschaftsbewußtsein und soziale Leistung im Mittelalter, in: FMSt 9, 1975, 268–286; K. SCHMID, Zum Stifterbild im Liller Evangelistar des 11. Jahrhunderts, in: FMSt 16, 1982, 143–160; DERS. und J. WOLLASCH (Hg.), Memoria, Der geschichtliche Zeugniswert des liturgischen Gedenkens im Mittelalter, München 1984; J. SEMMLER, Traditio und Königsschutz, Studien zur Geschichte der königlichen Monasteria, in: ZRG KA 76, 1959, 1–33; E. SACKUR, Die Cluniacenser in ihrer kirchlichen und allgemeingeschichtlichen Wirksamkeit bis zur Mitte des 11. Jahrhunderts, 2 Bde, Halle 1892 und 1894; H. RICHTER (Hg.), Cluny, Beiträge zu Gestalt und Wirkung der cluniazensischen Reform, Darmstadt 1975; N. BULST, Untersuchungen zu den Klosterreformen Wilhelms von Dijon (962–1031), Bonn 1973; J. SEMMLER, Die Klosterreform von Siegburg, Ihre Ausbreitung und ihr Reformprogramm im 11. und 12. Jahrhundert, Bonn 1959; K. SCHMID, Adel und Reform in Schwaben, in: J. FLECKENSTEIN (Hg.), Investiturstreit (s.o.), 295–319; H. JAKOBS, Die Hirsauer, Ihre Ausbreitung und Rechtsstellung im Zeitalter des Investiturstreites, Köln 1961; J. WOLLASCH, Muri und St. Blasien, Perspektiven schwäbischen Mönchtums in der Reform, in: DA 17, 1961, 420–446; K. SCHREINER, Mönchtum zwischen asketischem Anspruch und gesellschaftlicher Wirklichkeit, Spiritualität, Sozialverhalten und Sozialverfassung schwäbischer Reformmönche im Spiegel ihrer Geschichtsschreibung, in: Zeitschrift für Württembergische Landesgeschichte 41, 1982, 250–307; H. BÜTTNER, Abt Wilhelm von Hirsau und die Entwicklung der Rechtsstellung der Reformklöster im 11. Jahrhundert, in: Zeitschrift für Württembergische Landesgeschichte 25, 1966, 321–338; H.-J. WOLLASCH, Die Anfänge des Klosters St. Georgen im Schwarzwald, Zur Ausbildung der geschichtlichen Eigenart eines Klosters innerhalb der Hirsauer Reform, Freiburg i.Br. 1964; P. RASSOW, Über Erzbischof Rudhard von Mainz (1089–1109), in: DERS., Die geschichtliche Einheit des Abendlandes, Reden und Aufsätze, Köln 1960, 225–262; K. HONSELMANN, Corvey als Ausgangspunkt der Hirsauer Reform in Sachsen, in: Westfalen 58, 1980, 70–81; J. WOLLASCH, St. Alban in Basel, Zur Klostergründung eines exkommunizierten Bischofs im Investiturstreit, in: FS Fleckenstein, 285–303; H. MORDEK, Urban II., St. Blasien und die Anfänge des Baseler Klosters St. Alban, in: ZGO 131, 1983, 199–224; H. JAKOBS, Der Adel in der Klosterreform von St. Blasien, Köln 1968; Das tausendjährige St. Blasien, Zweihundertjähriges Domjubiläum, 2 Bde, Karlsruhe 1983; M. TÖPFER, Die Konversen der Zisterzienser, Untersuchungen über ihren Beitrag zur mittelalterlichen Blüte des Ordens, Berlin 1983; R. KOTTJE, Klosterbibliotheken und monastische Kultur in der zweiten Hälfte des 11. Jahrhunderts, in: ZfK 80, 1969, 145–162; DERS., Claustra sine armario?, Zum Unterschied von Kloster und Stift im Mittelalter, in: Consuetudines monasticae, Eine Festgabe für K. Hallinger aus Anlaß seines 70. Geburtstags, Rom 1982, 125–144; J. LAUDAGE, Priesterbild und Reformpapsttum im 11. Jahrhundert, Köln 1984; J.H. LYNCH, Simoniacal entry into religious life from 1000 to 1260, A social, economic and legal study, Columbia 1976; Y. CONGAR, Les laïcs et l'ecclésiologie des »ordines« chez les théologiens des XIe et XIIe siècles, in: I laici nella »societas christiana« dei secoli XI e XII, Mailand 1968, 83–117; C. VIOLANTE, La pataria milanese e la riforma ecclesiastica, Le premesse, 1045–1057, Rom 1957; H. KELLER, Pataria und Stadtverfassung – Stadtgemeinde und Reform: Mailand im Investiturstreit, in: J. FLECKENSTEIN (Hg.), Investiturstreit (s.o.), 321–350; G. DENZLER, Die Kanonikerbewegung und die gregorianische Reform im 11. Jahrhundert, in: Studi Gregoriani 9, 1972, 223–237; H. FUHRMANN, Papst Urban II. und der Stand der Regularkanoniker, München 1984; Y. CONGAR, Der Platz des Papsttums in der Kirchenfrömmigkeit der Reformer des 11. Jahrhunderts, in: Sentire Ecclesiam, H. Rahner, dem Sechzigjährigen, Freiburg i.Br. 1961, 196–217; A. NITSCHKE, Das Verständnis für Gregors Reformen im 11. Jahrhundert, in: Studi Gregoriani 9, 1972, 141–166; I.S. ROBINSON, Pope Gregory VII and episcopal authority, in: Viator 9, 1978, 103–131; L. MEULENBERG, Une question toujours ouverte: Grégoire VII et l'infaillibilité du pape, in: FS Kempf, 159–171.

Quellen: Ekkehard IV., St. Galler Klostergeschichten, übersetzt von H.F. HAEFELE, in: AQDGM 10, Darmstadt 1980; Die Chronik des Klosters Petershausen, neu hg. und übersetzt von O. FEGER, Lindau 1956.

Schicksal und Kämpfe Heinrichs IV.

G. MEYER VON KNONAU, Jahrbücher des Deutschen Reiches unter Heinrich IV. und Heinrich V., 3 Bde, Leipzig 1890–1909; J.F. BÖHMER, Regesta Imperii III: Salisches Haus, 3. Abt.: Die Regesten des Kaiserreichs unter Heinrich IV., 1056 (1050) bis 1106, 1. Lieferung: 1056 (1050)–1065, Köln 1984; E. BOSHOF, Heinrich IV., Herrscher an der Zeitenwende, Göttingen 1979; G. JENAL, Erzbischof Anno II. von Köln (1056–1075) und sein politisches Wirken, Ein Beitrag zur Geschichte der Reichs- und Territorialpolitik im 11. Jahrhundert, 2 Bde, Stuttgart 1974; Monumenta Annonis, Köln und Siegburg, Weltbild und Kunst im hohen Mittelalter, Ausstellungskatalog Köln 1975; D. LÜCK, Die Kölner Erzbischöfe Hermann II. und Anno II. als Erzkanzler der Römischen Kirche, in: AfD 16, 1970, 1–50; T. STRUVE, Die Romreise der Kaiserin Agnes, in: HJb 105, 1985, 1–29; K. REINDEL, Petrus Damiani in Bayern, in: Land und Reich, Stamm und Nation, Festschrift für M. Spindler, München 1984, Bd 1, 325–338; K. LEYSER, The crisis of medieval Germany, in: Proceedings of the British Academy 69, 1983, Oxford 1984, 409–443; W. GIESE, Der Stamm der Sachsen (s.o.); K. JORDAN, Der Harzraum in der Geschichte der deutschen Kaiserzeit, in: FS Beumann, 163–181; L. FENSKE, Adelsopposition und kirchliche Reformbewegung im östlichen Sachsen, Entstehung und Wirkung des sächsischen Widerstandes gegen das salische Königtum während des Investiturstreites, Göttingen 1977; K.H. LANGE, Die Stellung der Grafen von Northeim in der Reichsgeschichte des 11. und frühen 12. Jahrhunderts, in: Niedersächsisches Jahrbuch für Landesgeschichte 33, 1961,

1–107; W. Goez, Das Erzbistum Hamburg-Bremen im Investiturstreit, in: Jahrbuch der Wittheit zu Bremen 27, 1983, 29–47; B. Schwineköper, Königtum und Städte bis zum Ende des Investiturstreits, Sigmaringen 1977; P. Leidinger, Westfalen im Investiturstreit, in: Westfälische Zeitschrift 119, 1969, 267–314; R. Kottje, Zur Bedeutung der Bischofsstädte für Heinrich IV., in: HJb 97/98, 1978, 131–157; W. Steinböck, Erzbischof Gebhard von Salzburg (1060–1088), Ein Beitrag zur Geschichte Salzburgs im Investiturstreit, Wien 1972; W. Goez, Rainald von Como, Ein Bischof des 11. Jahrhunderts zwischen Kurie und Krone, in: H. Beumann (Hg.), Historische Forschungen für Walter Schlesinger, Köln 1974, 462–494; A. Nitschke, Die Ziele Heinrichs IV., Beobachtungen zum Wandel einer Staatsform, in: Wissenschaft, Wirtschaft und Technik, Studien zur Geschichte, Wilhelm Treue zum 60. Geburtstag, München 1969, 38–63; R. Schieffer, Gregor VII., Ein Versuch über die historische Größe, in: HJb 97/98, 1978, 87–107; I.S. Robinson, Pope Gregory VII (1073–1085), in: JEH 36, 1985, 439–483; J. Fleckenstein, Heinrich IV. und der deutsche Episkopat in den Anfängen des Investiturstreites, Ein Beitrag zur Problematik von Worms, Tribur und Canossa, in: FS Tellenbach, 221–236; Ch. Schneider, Prophetisches Sacerdotium und heilsgeschichtliches Regnum im Dialog, 1073–1077, Zur Geschichte Gregors VII. und Heinrichs IV., München 1972; W. Goez, Zur Erhebung und ersten Absetzung Papst Gregors VII., in: Römische Quartalschrift 63, 1968, 117–144; H. Zimmermann, Wurde Gregor VII. 1076 in Worms abgesetzt?, in: MIÖG 78, 1970, 121–131; J. Fleckenstein (Hg.), Investiturstreit und Reichsverfassung (s.o.); R. Schieffer, Die Entstehung des päpstlichen Investiturverbots für den deutschen König, Stuttgart 1981; H. Zimmermann, Der Canossagang von 1077, Wirkungen und Wirklichkeit, Mainz 1975; H. Kämpf (Hg.), Canossa als Wende, Ausgewählte Aufsätze zur neueren Forschung, Darmstadt 1963; E. Hlawitschka, Zwischen Tribur und Canossa, in: HJb 94, 1974, 25–45; I.S. Robinson, Pope Gregory VII, The princes and the pactum, 1077–1080, in: EHR 94, 1979, 721–756; C. Erdmann, Untersuchungen zu den Briefen Heinrichs IV., in: AUF 16, 1939, 184–253; J. Vogel, Gregor VII. und Heinrich IV. nach Canossa, Zeugnisse ihres Selbstverständnisses, Berlin 1983; Ders., Gottschalk von Aachen (Adalbero C) und Heinrichs IV. Briefe an die Römer (1081, 1082), in: Zeitschrift des Aachener Geschichtsvereins 90/91, 1983/84, 55–68; C. Mirbt, Die Publizistik im Zeitalter Gregors VII., Leipzig 1894; I.S. Robinson, Authority and resistance in the Investiture Contest, The polemical literature of the late eleventh century, Manchester 1978; Ders., The dissemination of the letters of Pope Gregory VII during the Investiture Contest, in: JEH 34, 1983, 175–193; F. Kempf, Ein zweiter Dictatus papae?, Ein Beitrag zum Depositionsanspruch Gregors VII., in: AHP 13, 1975, 119–139; P. de Leo, Ricerche sul liber ad Gebehardum di Manegoldo di Lautenbach, in: Rivista di storia e letteratura religiosa 10, 1974, 112–153; H. Fuhrmann, »Volkssouveränität« und »Herrschaftsvertrag« bei Manegold von Lautenbach, in: Festschrift für H. Krause, Köln 1975, 21–42; W. Hartmann, Manegold von Lautenbach und die Anfänge der Frühscholastik, in: DA 26, 1970, 47–149; J. Ziese, Wibert von Ravenna, Der Gegenpapst Clemens III. (1084–1100), Stuttgart 1982; I. Heidrich, Ravenna unter Erzbischof Wibert (1073–1100), Untersuchungen zur Stellung des Erzbischofs und Gegenpapstes in seiner Metropole, Sigmaringen 1983; J. Vogel, Zur Kirchenpolitik Heinrichs IV. nach seiner Kaiserkrönung und zur Wirksamkeit der Legaten Gregors VII. und Clemens' (III.) im deutschen Reich 1084/85, in: FMSt 16, 1982, 253–262; A. Becker, Papst Urban II., 1088–1099, Bd 1, Stuttgart 1964; D. Mertens, Christen und Juden zur Zeit des ersten Kreuzzuges, in: B. Martin und E. Schulin (Hg.), Die Juden als Minderheit in der Geschichte, München 1981, 46–67; M. Schluck, Die Vita Heinrici IV. Imperatoris, Ihre zeitgenössischen Quellen und ihr besonderes Verhältnis zum Carmen de bello Saxonico, Sigmaringen 1979; H. Beumann, Zur Verfasserfrage der Vita Heinrici IV., in: FS Fleckenstein, 305–315.

Quellen: Quellen zur Geschichte Kaiser Heinrichs IV., in: AQDGM 12, Darmstadt 1974; Lampert von Hersfeld, Annalen, in: AQDGM, 13, Darmstadt 1962; Quellen zum Investiturstreit, Teil 1: Ausgewählte Briefe Papst Gregors VII., in: AQDGM 12a, Darmstadt 1978, Teil 2: Schriften über den Streit zwischen Regnum und Sacerdotium, in: AQDGM 12b, Darmstadt 1984.

Fürstliches Bemühen um neue Stabilität

W. Bernhardi, Lothar von Supplinburg, Leipzig 1879; Ders., Konrad III., Leipzig 1883; A. Waas, Heinrich V., Gestalt und Verhängnis des letzten salischen Kaisers, München 1967; H.-J. STÜLLEIN, Das Itinerar Heinrichs V. in Deutschland, Diss. München 1970; C. SERVATIUS, Paschalis II. (1099–1118), Studien zu seiner Person und seiner Politik, Stuttgart 1979; U.-R. BLUMENTHAL, Patrimonia and regalia in 1111, in: Law, church and society, Essays in honor of St. Kuttner, Philadelphia 1977, 9–20; M. MINNINGER, Von Clermont zum Wormser Konkordat, Die Auseinandersetzungen um den Lebensnexus zwischen König und Episkopat, Köln 1978; M. STOLL, New perspectives on the struggle between Guy of Vienne and Henry V., in: AHP 18, 1980, 97–115; DIES., Calixtus II, A reinterpretation of his election and the end of the Investiture Contest, in: Studies in medieval und renaissance history, NS 3, 1980, 1–53; R. SPRANDEL, Ivo von Chartres und seine Stellung in der Kirchengeschichte, Stuttgart 1961; A. HOFMEISTER, Das Wormser Konkordat, Der Streit um seine Bedeutung, Darmstadt [2]1962; P. CLASSEN, Das Wormser Konkordat in der deutschen Verfassungsgeschichte, in: J. FLECKENSTEIN (Hg.), Investiturstreit (s.o.), 411–460; H.W. VOGT, Das Herzogtum Lothars von Süpplingenburg, 1106–1125, Hildesheim 1959; H. STOOB, Die Königswahl Lothars von Sachsen im Jahr 1125, in: H. BEUMANN (Hg.), Historische Forschungen für W. Schlesinger, Köln 1974, 438–461; H. KELLER, Schwäbische Herzöge als Thronbewerber (s.o.); L. SPEER, Kaiser Lothar III. und Erzbischof Adalbert I. von Mainz, Köln 1983; H. BÜTTNER, Das Erzstift Mainz und das Reich im 12. Jahrhundert, in: HJLG 9, 1959, 18–36; L. FALCK, Klosterfreiheit und Klosterschutz, Die Klosterpolitik der Mainzer Erzbischöfe von Adalbert I. bis Heinrich I. (1100–1153), in: Archiv für mittelrheinische Kirchengeschichte 8, 1956, 21–75; E. WADLE, Reichsgut und Königsherrschaft unter Lothar III. (1125–1137), Ein Beitrag zur Verfassungsgeschichte des 12. Jahrhunderts, Berlin 1969; K. MASCHER, Reichsgut und Komitat am Südharz im Hochmittelalter, Köln 1957; M.-L. CRONE, Untersuchungen zur Reichskirchenpolitik Lothars III. (1125–1137) zwischen reichskirchlicher Tradition und Reformkurie, Frankfurt am Main 1982; DIES., Der Ducatus Orientalis Franciae, Ein Beitrag zur Kirchengeschichte Lothars III., in: JFL 41, 1981, 1–21; H. STOOB, Westfalen und Niederlothringen in der Politik Lothars III., in: N. KAMP und J. WOLLASCH (Hg.), Tradition als historische Kraft, Berlin 1982, 350–371; H. STOOB, Gedanken zur Ostseepolitik Lothars III., in: FS Hausmann, 531–551; W. MALECZEK, Das Kardinalskollegium unter Innocenz II. und Anaklet II., in: AHP 19, 1981, 27–78; T. REUTER, Zur Anerkennung Papst Innocenz' II., Eine neue Quelle, in: DA 39, 1983, 395–416; F.-J. SCHMALE, Lothar III. und Friedrich I. als Könige und Kaiser, in: Probleme des 12. Jahrhunderts, Konstanz 1968, 33–52; F. HAUSMANN, Die Anfänge des staufischen Zeitalters unter Konrad III., ebd., 53–78; W. GIESE, Das Gegenkönigtum des Staufers Konrad, 1127–1135, in: ZRG GA 95, 1978, 202–220; R. SOMMERVILLE, Pope Honorius II, Conrad of Hohenstaufen and Lothar III, in: AHP 10, 1972, 341–346; F.-J. JAKOBI, Wibald von Stablo, 1098–1158, in: Rheinische Lebensbilder, Bd 9, Düsseldorf 1982, 7–39; Slawen und Deutsche zwischen Elbe und Oder, Katalog zur Ausstellung des Museums für Vor- und Frühgeschichte Preußischer Kulturbesitz, Berlin 1983.

Reichsbewußtsein und Reichsbegriff

E. MÜLLER-MERTENS, Regnum Teutonicum, Aufkommen und Verbreitung der deutschen Reichs- und Königsauffassung im früheren Mittelalter, Berlin 1970; H. BEUMANN, Regnum Teutonicum und rex Teutonicorum in ottonischer und salischer Zeit, in: AKG 55, 1973, 215–223; DERS., Der deutsche König als »Romanorum Rex«, Wiesbaden 1981; U. HOFFMANN, König, Adel und Reich im Urteil fränkischer und deutscher Historiker des 9.–11. Jahrhunderts, Diss. Freiburg i.Br. 1968; A. GAWLIK, Intervenienten und Zeugen in den Diplomen Kaiser Heinrichs IV. (1056–1105), Der Übergang von der Interventions- zur Zeugenformel, Kallmünz 1970; G. KOCH, Auf dem Wege zum Sacrum Imperium, Studien zur ideologischen Herrschaftsbegründung der deutschen Zentralgewalt im 11. und 12. Jahrhundert, Berlin 1972; H. HOFFMANN, Die Krone im hochmittelalterlichen Staatsdenken, in: Festschrift für H. Keller zum 60. Geburtstag, Darmstadt 1963, 71–85; DERS., Die Unveräußerlichkeit der Kronrechte im Mittelalter, in: DA 20, 1964, 389–474; P. CLASSEN, Corona imperii, Die Krone als Inbegriff des römisch-deutschen Reiches im 12. Jahrhundert, in: Festschrift P.E. Schramm zum 70. Geburtstag, Bd 1, Wiesbaden 1964, 90–101; M. HELLMANN (Hg.), Corona regni, Studien über die Krone als Symbol des Staates im späteren Mittelalter, Darmstadt 1961; K. JORDAN, Der Kaisergedanke in Ravenna zur Zeit Heinrichs IV., Ein Beitrag zur Vorgeschichte der staufischen Reichsidee, in: DA 2, 1938, 85–128;

B. Töpfer, Tendenzen zur Entsakralisierung der Herrscherwürde in der Zeit des Investiturstreites, in: Jahrbuch für Geschichte des Feudalismus 6, 1982, 163–171; H. Sciurie, Die Merseburger Grabplatte König Rudolfs von Schwaben und die Bewertung des Herrschers im 11. Jahrhundert, ebd., 173–183; K. Schmid, De regia stirpe Waiblingensium, Bemerkungen zum Selbstverständnis der Staufer, in: ZGO 124, 1976, 63–75; R.M. Herkenrath, Regnum und Imperium, Das »Reich« in der frühstaufischen Kanzlei, 1138–1155, Wien 1969; G. Wolf, Der »Honor Imperii« als Spannungsfeld von lex und sacramentum im Hochmittelalter, in: Miscellanea Mediaevalia 6, Berlin 1969, 189–207; H. Maurer, Chiavenna und die »Ehre« des Herzogtums Schwaben, Ein Beitrag zur Verfassungsgeschichte des 12. Jahrhunderts, in: FS Hausmann, 339–353; R. Schnell (Hg.), Die Reichsidee in der deutschen Dichtung des Mittelalters, Darmstadt 1983; H. Hoffmann, Die beiden Schwerter im Hochmittelalter, in: DA 20, 1964, 78–114; F. Kempf, Das mittelalterliche Kaisertum, Ein Deutungsversuch, in: Das Königtum, Seine geistigen und rechtlichen Grundlagen, Konstanz 1956, 225–242; W. Kölmel, Regimen Christianum, Weg und Ergebnisse des Gewaltverhältnisses und des Gewaltverständnisses (8.–14. Jahrhundert), Berlin 1970; P.E. Schramm, Böhmen und das Regnum, Die Verleihungen der Königswürde an die Herzöge von Böhmen (1085/86, 1158, 1198, 1203), in: FS Tellenbach, 346–364.
Quellen: Frutolfs und Ekkehards Chroniken und die Anonyme Kaiserchronik, in: AQDGM 15, Darmstadt 1972.

Die Neugestaltung der Lebensverhältnisse in der Entfaltung menschlichen Denkens und Handelns

K. Bosl, Europa im Aufbruch, Herrschaft, Gesellschaft und Kultur vom 10. bis 14. Jahrhundert, München 1980; M. Clagett, G. Post und R. Reynolds (Hg.), Twelfth century Europe and the foundations of modern society, Univ. of Wisconsin Press 1961; Probleme des 12. Jahrhunderts, Konstanz 1968; S.R. Packard, Twelfth century Europe, An interpretive essay, Amherst 1973; E. Werner, Stadt und Geistesleben im Hochmittelalter, 11.–13. Jahrhundert, Weimar 1980; A. Murray, Reason and society in the middle ages, Oxford 1985; La cristianità dei secoli XI e XII in occidente: coscienza e strutture di una società, Mailand 1983; Le istituzioni ecclesiastiche della societas cristiana dei secoli XI–XII, 2 Bde, Mailand 1974–1977; I laici nella societas cristiana dei secoli XI e XII, Mailand 1968; W. Lourdaux und D. Verhelst (Hg.), The concept of heresy in the middle ages, 11th–13th century, Löwen 1976.

Öffnung des Welthorizonts

G. Ladner, Homo viator, Medieval ideas on alienation and order, in: Speculum 42, 1967, 233–259; H. Fichtenau, Gentiler und europäischer Horizont an der Schwelle des ersten Jahrtausends, in: Römische historische Mitteilungen 23, 1981, 227–243; K. Bosl, Die horizontale Mobilität der europäischen Gesellschaft im Mittelalter und ihre Kommunikationsmittel, in: ZBLG 35, 1972, 40–53; H.C. Peyer, Das Reisekönigtum des Mittelalters, in: VSWG 51, 1964, 1–21; G. Tellenbach, Die Stadt Rom in der Sicht ausländischer Zeitgenossen, 800–1200, in: Saeculum 24, 1973, 1–40; H. Krabbo, Nordeuropa in der Vorstellung Adams von Bremen, in: HGB 36, 1909, 37–52; J. Vielliard (Hg.), Le guide du pèlerin de Saint-Jacques de Compostelle, Mâcon [3]1963 (lat.-frz.); L.J. Grill, Das Itinerar Ottos von Freising, in: FS Hausmann, 153–177; L. Schmugge, Die Anfänge des organisierten Pilgerverkehrs im Mittelalter, in: QFIAB 64, 1984, 1–83; Ders., »Pilgerfahrt macht frei«, Eine These zur Bedeutung des mittelalterlichen Pilgerwesens, in: Römische Quartalschrift 74, 1979, 16–31; E. Cohen, Roads of pilgrimage, A study in economic interaction, in: Studi medievali, 3ª serie, 21, 1980, 321–341; K. Kolb, Große Wallfahrten in Europa, Würzburg 1976; V. und H. Hell, Die große Wallfahrt des Mittelalters, Tübingen [3]1979; K. Herbers, Der Jakobskult des 12. Jahrhunderts und der »Liber sancti Jacobi«, Studien über das Verhältnis von Religion und Gesellschaft im hohen Mittelalter, Wiesbaden 1984; J. Stiennon, Le voyage des Liègeois à Saint Jacques de Compostelle en 1056, in: Mélanges F. Rousseau, Brüssel 1958, 553–581; G. Constable, Monarchisme et pèlerinage au Moyen Age, in: Revue historique 258, 1977, 3–27; M.N. Boyer, The bridge building brotherhoods, in: Speculum 39, 1964, 635–650; Ch.E. Roth, Vrais et faux pèlerins sur les routes des chansons de geste, in: La chanson de geste et le mythe carolingien, Mélanges R. Louis, 2 Bde, St.-Père-sous-Vézelay 1982, 1087–1103; E. Ennen, Stadt und Wallfahrt, in: Studien zu Volkskultur, Sprache und Landesgeschichte, Festschrift M. Zender, Bonn 1972, 1057–1075; J. HAU und N. IRSCH (Hg.), 800 Jahre St. Matthiaskirche in Trier, Trier 1948; R. LAUFNER, Die Fragmente des ältesten Pilgerbruderschaftsbuches von St. Matthias, Trier, zwischen 1150 und 1230, in: Zeitschrift für mittelrheinische Kirchengeschichte 7, 1955, 237–263; J. SYDOW, Stadtgeschichtliche Beobachtungen am ältesten Bruderschaftsbuch von St. Matthias zu Trier, in: Geschichtsschreibung und geistiges Leben im Mittelalter, Festschrift für H. Löwe, Köln 1978, 450–467; N. OHLER, Zuflucht der Armen, Zu den Mirakeln des heiligen Anno, in: RhVjB 48, 1984, 1–33; F. MICHEAU, Les itinéraires maritimes et continentaux des pèlerinages vers Jérusalem, in: Occident et Orient au Xe siècle, Paris 1979, 79–111; F. PARENTE, La conoscenza della Terra Santa come esperienza dell'Occidente cristiano dal IV secolo alle crociate, in: Popoli e paesi nella cultura altomedievale, Spoleto 1983, 231–316; A. GRABOIS, Le pèlerin occidental en Terre Sainte à l'époque des croisades et ses réalités, La relation de pèlerinage de Jean de Wurtzbourg, in: Études de civilisation médiévale, IXe–XIIe siècles, Mélanges E.-R. Labande, Poitiers 1974, 367–375; R. RÖHRICHT, Die Deutschen im Heiligen Lande, Innsbruck 1894; C. ERDMANN, Die Entstehung des Kreuzzugsgedankens, Stuttgart 1935; E.-D. HEHL, Kirche und Krieg im 12. Jahrhundert, Studien zu kanonischem Recht und politischer Wirklichkeit, Stuttgart 1980; C. MORRIS, Propaganda for war, The dissemination of the crusading ideal in the twelfth century, in: W.J. SHEILS (Hg.), The church and war, Oxford 1983, 79–101; H.E. MAYER, Geschichte der Kreuzzüge, Stuttgart ^{6}1985; Studies in the history of the crusading kingdom of Jerusalem, presented to Joshua Prawer, Jerusalem 1982; C. CAHEN, Orient et Occident au temps des croisades, Paris 1983; W. FISCHER und J. SCHNEIDER (Hg.), Das Heilige Land im Mittelalter, Begegnungen zwischen Orient und Okzident, Neustadt an der Aisch 1982; F. CARDINI, La société italienne et les croisades, in: Cahiers de civilisation médiévale 28, 1985, 19–33; M.-L. FAVREAU, Die italienische Levante-Piraterie und die Sicherheit der Seewege nach Syrien im 12. und 13. Jahrhundert, in: VSWG 65, 1978, 461–510; H. DICKERHOFF, Über die Staatsgründung des ersten Kreuzzuges, in: HJb 100, 1980, 95–130; H. MÖHRING, Byzanz und die Kreuzfahrerstaaten, in: HZ 234, 1981, 601–608; L. BUISSON, Erobererrecht, Vasallität und byzantinisches Staatsrecht auf dem ersten Kreuzzug, Göttingen 1985; A. ZIMMERMANN u.a. (Hg.), Orientalische Kultur und europäisches Mittelalter, Berlin 1985; F. GABRIELI (Hg.), Mohammed in Europa, 1300 Jahre Geschichte, Kunst, Kultur, München 1983; P. CLASSEN, Die geistesgeschichtliche Lage, Anstöße und Möglichkeiten, in: P. WEIMAR (Hg.), Die Renaissance der Wissenschaften im 12. Jahrhundert, Zürich 1981, 11–32; W. STEIN, Handels- und Verkehrsgeschichte der deutschen Kaiserzeit, Berlin 1922; A. SCHULTE, Geschichte des mittelalterlichen Handels und Verkehrs zwischen Westdeutschland und Italien mit Ausschluß von Venedig, Berlin 1900; G. RÖSCH, Venedig und das Reich, Handels- und verkehrspolitische Beziehungen in der deutschen Kaiserzeit, Tübingen 1982; B. KUSKE (Hg.), Quellen zur Geschichte des Kölner Handels und Verkehrs im Mittelalter, Bd 1: 12. Jahrhundert – 1449, Bonn 1923; W. HESS, Zoll, Markt und Münze im 11. Jahrhundert, Der älteste Koblenzer Zolltarif im Lichte der numismatischen Quellen, in: H. BEUMANN (Hg.), Historische Forschungen für W. Schlesinger, Köln 1974, 171–193; H. AMMANN, Die Anfänge des Aktivhandels und der Tucheinfuhr aus Nordwesteuropa nach dem Mittelmeergebiet, in: Studi in onore di A. Sapori, Mailand 1957, Bd 1, 275–310; A. SCHAUBE, Handelsgeschichte der romanischen Völker des Mittelmeergebietes bis zum Ende der Kreuzzüge, München 1906; G. HATZ, Handel und Verkehr zwischen dem Deutschen Reich und Schweden in der späten Wikingerzeit, Die deutschen Münzen des 10. und 11. Jahrhunderts in Schweden, Lund 1974; P. BERGHAUS, Westfälische Münzgeschichte, Münster 1974; G. HATZ, Schweizerische Münzen in den schwedischen Funden der späten Wikingerzeit, in: Schweizerische Numismatische Rundschau 58, 1979, 179–222; K. HELLE, Neueste norwegische Forschungen über deutsche Kaufleute in Norwegen und ihre Rolle im norwegischen Außenhandel im 12.–14. Jahrhundert, in: HGB 98, 1980, 23–38; E. CINTHIO, Den sydskandinaviska 1200-talstaden, ett kontinuitets och omlands problem, in: Bebyggelsehistorisk tidskrift 3, 1982, 33–40; P. HEINSIUS, Das Schiff der Hansischen Frühzeit, Weimar 1986; R.W. UNGER, The ship in the medieval economy, 600–1600, London 1980; H.C. PEYER, Gastfreundschaft und kommerzielle Gastlichkeit im Mittelalter, in: HZ 235, 1982, 265–288; G. CERWINKA, Völkercharakteristiken in historiographischen Quellen der Salier- und Stauferzeit, in: FS Hausmann, 59–79; L. SCHMUGGE, Über »nationale« Vorurteile im Mittelalter, in: DA 38, 1982, 439–459; I. OPELT, Slavenbeschimpfungen in Helmolds Chronik, in: Mittellateinisches Jahrbuch 19, 1984, 162–169; B. STEMBERGER, Zu den Judenverfolgungen in Deutschland zur Zeit der ersten beiden Kreuzzüge, in: Kairos 20, 1978, 53–72; F. REUTER, Warmaisa, 1000 Jahre Juden in Worms, in: Der Wormsgau, Beiheft 29, Worms 1984; H.G. VON MUTIUS, Rechtsentscheide rheinischer Rabbinen vor dem ersten Kreuzzug, Quellen über die sozialen und wirtschaftlichen Beziehungen zwischen Juden und Christen, 1. Halbband, Frankfurt am Main 1984.

Gestaltung der Kulturlandschaft

Hinweis: Zur Bevölkerungs- und Siedlungsgeschichte vgl. auch die eingangs genannte allgemeine Literatur und die Bibliographie von P. MORAW, in: *Propyläen Geschichte Deutschlands*, Bd 3, 430f.

J.C. RUSSELL, Die Bevölkerung Europas, in: C.M. CIPOLLA und K. BORCHARDT (Hg.), Bevölkerungsgeschichte Europas, München 1971, 9–57; E. KEYSER, Bevölkerungsgeschichte Deutschlands, Leipzig [3]1943; M. BORN, Die Entwicklung der deutschen Agrarlandschaft, Darmstadt 1974; H. BECK, D. DENECKE und H. JANKUHN (Hg.), Untersuchungen zur eisenzeitlichen und frühmittelalterlichen Flur in Mitteleuropa und ihrer Nutzung, 2 Bde, Göttingen 1980; K.H. SCHRÖDER und G. SCHWARZ, Die ländlichen Siedlungsformen in Mitteleuropa, Grundzüge und Probleme ihrer Entwicklung, Bad Godesberg 1969; H. JANKUHN, R. SCHÜTZEICHEL und F. SCHWIND (Hg.), Das Dorf der Eisenzeit und des frühen Mittelalters, Siedlungsform, wirtschaftliche Funktion, soziale Struktur, Göttingen 1977; F. CURSCHMANN, Hungersnöte im Mittelalter, Leipzig 1900; E. LE ROY LADURIE, Histoire du climat depuis l'an mil, Paris 1967; W. ABEL, Die deutsche Landwirtschaft vom frühen Mittelalter bis zum 19. Jahrhundert, Stuttgart [3]1978; K. LAMPRECHT, Deutsches Wirtschaftsleben im Mittelalter, Untersuchungen über die Entwicklung der materiellen Kultur des platten Landes aufgrund der Quellen zunächst des Mosellandes, 3 Bde, Leipzig 1885/86; K. BLASCHKE, Bevölkerungsgeschichte von Sachsen bis zur industriellen Revolution, Weimar 1967; H. JÄGER, Die Entwicklung der Kulturlandschaft im Kreise Hofgeismar, Göttingen 1951; W. JANSSEN, Zur Differenzierung des früh- und hochmittelalterlichen Siedlungsbildes im Rheinland, in: Die Stadt in der europäischen Geschichte, Festschrift für E. Ennen, Bonn 1972, 277–325; M. BALZER, Grundzüge der Siedlungsgeschichte, in: W. KOHL (Hg.), Westfälische Geschichte, Bd 1, Düsseldorf 1983, 231–273; TH. MAYER, Die Besiedlung und politische Erfassung des Schwarzwaldes im Hochmittelalter, in: ZGO 91, 1939, 500–522; E. LIEHL und W.D. SICK (Hg.), Der Schwarzwald, Beiträge zur Landeskunde, Bühl/Baden 1980; N. GRASS und F. MAIER-BÖTTCHER, Die Almwirtschaft in der Urzeit und im Mittelalter, in: Untersuchungen zur eisenzeitlichen und frühmittelalterlichen Flur (zit.), Teil 2, 229–286; A. RIGGENBACH, Der Marchenstreit zwischen Schwyz und Einsiedeln und die Entstehung der Eidgenossenschaft, Diss. Zürich 1965; P. KLÄUI, Untersuchungen zur Gütergeschichte des Klosters Einsiedeln vom 10. bis 14. Jahrhundert, in: Festgabe H. Nabholz, Aarau 1944, 78–120; L. CARLEN, Walser-Forschung 1800–1970, Eine Bibliographie, Visp 1973; G. BUDMIGER und P. ZINSLI (Hg.), Die Walser, Frauenfeld 1982; M. BUNDI, Zur Besiedlungs- und Wirtschaftsgeschichte Graubündens im Mittelalter, Chur 1982; K. REINECKE, Die Holländer-Urkunde Erzbischof Friedrichs I. von Hamburg-Bremen und die Kolonisation des Kirchspiels Horn, in: Bremisches Jahrbuch 52, 1972, 5–20; F. PETRI, Entstehung und Verbreitung der niederländischen Marschenkolonisation in Europa, mit Ausnahme der Ostsiedlung, in: Die deutsche Ostsiedlung des Mittelalters als Problem der europäischen Geschichte, Sigmaringen 1975, 695–754; DERS., Die Holländersiedlungen am klevischen Niederrhein und ihr Platz in der Geschichte der niederländisch-niederrheinischen Kulturbeziehungen, in: Festschrift M. Zender, Bonn 1972, 1117–1129; A.E. HOFMEISTER, Besiedlung und Verfassung der Stader Elbmarschen im Mittelalter, Bd 1, Hildesheim 1979; B.U. HUCKER, Adel und Bauern zwischen unterer Weser und Elbe im Mittelalter, in: Niedersächsisches Jahrbuch für Landesgeschichte 45, 1973, 97–113; A. VERHULST, Initiative comtale et développement économique en Flandre au XIIe siècle, Le rôle de Thierry et de Philippe d'Alsace (1128–1191), in: Miscellanea Mediaevalia in memoriam J.F. Niermeyer, Groningen 1967, 227–240; R. ENDRES, Die Rolle der Grafen von Schweinfurt in der Besiedlung Nordostbayerns, in: JFL 32, 1972, 1–43; E. HERRMANN, Zur mittelalterlichen Siedlungsgeschichte Oberfrankens, ebd., 39, 1979, 1–21; K. TYRAKOWSKI, Mittelalterliche Kolonisation und Ortsgründung im Frankenwald, ebd., 45, 1985, 1–15; W. SCHLESINGER (Hg.), Die deutsche Ostsiedlung des Mittelalters als Problem der europäischen Geschichte, Sigmaringen 1975 (grundlegende Studien als Ergebnis dreier internationaler Tagungen); W. LAMMERS, Das Hochmittelalter bis zur Schlacht von Bornhöved, Geschichte Schleswig-Holsteins 4/1, Neumünster 1981; H.W. PREHN, Gesellschaft, Wirtschaft und Verfassung in Altholstein, Diss. Hamburg 1958; H. SCHIECKEL, Zur Abwanderung einzelner Adelsfamilien aus dem Hinterland der Nordseeküste in die östlichen Marken im 12. und 13. Jahrhundert, in: Beiträge zur niedersächsischen Landesgeschichte, Festschrift für H. Patze, Hildesheim 1984, 118–124; A.G. KAACK, Slawen und Deutsche im Lande Lauenburg, Ratzeburg 1983; W. BUDESHEIM, Die Entwicklung der mittelalterlichen Kulturlandschaft des heutigen Kreises Herzogtum Lauenburg, unter besonderer Berücksichtigung der slawischen Besiedlung, Wiesbaden 1984; F. LOTTER, Die Konzeption des Wendenkreuzzuges, Ideengeschichtliche, kirchenrechtliche und historisch-politische Voraussetzungen der Missionierung von Elb- und Ostseeslawen um die Mitte des 12. Jahrhunderts, Sigmaringen 1977; H.-D. KAHL, Wie kam es 1174 zum »Wendenkreuzzug«?, in: Europa Slavica – Europa Orientalis, Festschrift für H. Ludat zum 70. Geburtstag, Berlin 1980, 286–296; O. ENGELS, Mission und Friede an der Reichsgrenze im Hochmittelalter, in: FS Kempf, 201–224; H.K. SCHULZE, Die Besiedlung der Mark Brandenburg im hohen und späten Mittelalter, in: JGMOD 28, 1979, 42–178; W. SCHLESINGER, Kirchengeschichte Sachsens im Mittelalter, Bd 2: Das Zeitalter der deutschen Ostsiedlung, 1100–1300, Köln 1962; H. QUIRIN, Herrschaftsbildung und Kolonisation im mitteldeutschen Osten, Göttingen 1949; K. SONNLEITNER, Die Slawenpolitik Heinrichs des Löwen im Spiegel einer Urkundenarenga, Ein Beitrag zum Thema Toleranz und Intoleranz im Mittelalter, in: AfD 26, 1980, 259–280; W. BEIN (Hg.), Schlesien im Hochmittelalter, Geschichte und Kultur der Siedelzeit, Würzburg 1982; J.J. MENZEL, Die schlesischen Lokationsurkunden des 13. Jahrhunderts, Würzburg 1977; F. MAKSAY, Das Agrarsiedlungssystem des mittelalterlichen Ungarn, in: Acta historica academiae scientiarum Hungaricae 24, 1978, 84–108; G. ROHDE, Die Ostbewegung des deutschen, polnischen und russischen Volkes im Mittelalter, Versuch eines Vergleichs, in: Europa Slavica – Europa Orientalis, Festschrift für H. Ludat zum 70. Geburtstag, Berlin 1980, 178–204; A. HAVERKAMP, Die Mosellande im 12. Jahrhundert, Motive zur Auswanderung?, in: Zeitschrift für siebenbürgische Landeskunde 4, 1981, 21–39; W. KAGEL, Bemerkungen zum Problem der bäuerlichen Abwanderung und Wachszinsigkeit im Kölner Raum im 12. und 13. Jahrhundert, in: Jahrbuch für Wirtschaftsgeschichte 1, 1982, 137–152; TH. NÄGLER, Zur Auswanderung aus Niederlothringen, Anselm von Braz, in: Forschungen zur Volks- und Landeskunde 23, Bukarest 1980, 107–109; S. EPPERLEIN, Bauernbedrückung und Bauernwiderstand im hohen Mittelalter, Berlin (Ost) 1960; W. RÖSENER, Bauernlegen durch klösterliche Grundherren im Hochmittelalter, in: Zeitschrift für Agrargeschichte und Agrarsoziologie 27, 1979, 60–93; H.K. SCHULZE, Rodungsfreiheit und Königsfreiheit, Zur Genesis und Kritik neuerer verfassungsgeschichtlicher Theorien, in: HZ 219, 1974, 529–550; L. WHITE JR., Die mittelalterliche Technik und der Wandel der Gesellschaft, München 1968 (engl. London 1962); U. BENTZIEN, Bauernarbeit im Feudalismus, Landwirtschaftliche Arbeitsgeräte und -verfahren in Deutschland von der Mitte des ersten Jahrtausends bis um 1800, Berlin (Ost) 1980; S. EPPERLEIN, Bäuerliche Arbeitsdarstellungen auf mittelalterlichen Bildzeugnissen, Zur geschichtlichen Motivation von Miniaturen und Graphiken vom 9. bis 15. Jahrhundert, in: Jahrbuch für Wirtschaftsgeschichte, 1976, 181–208; W. JANSSEN, Mittelalterliche Dorfsiedlung als archäologisches Problem, in: FMSt 2, 1968, 305–367; DERS., Dorf und Dorfformen des 7.–12. Jahrhunderts im Lichte neuer Ausgrabungen in Mittel- und Nordeuropa, in: Das Dorf der Eisenzeit und des frühen Mittelalters (zit.), 285–356; J. CHAPELOT und R. FOSSIER, Le village et la maison au moyen âge, Paris 1980; H. DOPSCH, Der Almkanal in Salzburg, Ein städtisches Kanalbauwerk des hohen Mittelalters in Vergangenheit und Gegenwart, in: J. SYDOW (Hg.), Städtische Versorgung und Entsorgung im Wandel der Geschichte, Sigmaringen 1981, 46–76; A. TIMM, Die Waldnutzung in Nordwestdeutschland, Köln 1960; D. LOHRMANN, Energieprobleme im Mittelalter, Zur Verknappung von Wasserkraft und Holz in Westeuropa bis zum Ende des 12. Jahrhunderts, in: VSWG 66, 1979, 297–316; G. PFEIFFER, Wasser und Wald als Faktoren der städtischen Entwicklung in Franken, in: JFL 32, 1972, 151–170; R. SPRANDEL, Das Eisengewerbe im Mittelalter, Stuttgart 1968; D. HÄGERMANN, Deutsches Königtum und Bergregal im Spiegel der Urkunden, Eine Dokumentation bis zum Jahre 1272, in: Der Anschnitt, Beiheft 2, 1984, 13–23; DERS., Herrschaftliche

Ordnungsprinzipien im Montanwesen des hohen Mittelalters, in: Technikgeschichte 52, 1985, 169–177; R. PALME, Die Entstehung des Tiroler Bergrechts, 1185–1214, in: MIÖG 92, 1984, 317–340; E. MASCHKE, Die Brücke im Mittelalter, in: HZ 224, 1977, 265–292; M. NICE BOYER, Medieval French bridges, A history, Cambridge, Mass. 1976; P. DINZELBACHER und H. KLEINSCHMIDT, Seelenbrücke und Brückenbau im mittelalterlichen England, in: Numen 31, 1984, 242–287; A. SCHÄFER, Die Höllentalstraße, Ihre Erschließung und ihre Bedeutung für den Handelsverkehr vom Mittelalter bis ins 19. Jahrhundert, in: Geschichte – Wirtschaft – Gesellschaft, Festschrift für C. Bauer zum 75. Geburtstag, Berlin 1974, 111–151; A. SIMON, Bibliographie zur Verkehrsgeschichte Deutschlands im Mittelalter, Das mittelalterliche Straßen- und Wegenetz, Trier 1985; L'homme et la route en Europe occidentale au moyen âge et aux temps modernes, in: Flaran 2, 1980; H. STOOB (Hg.), Die Stadt, Gestalt und Wandel bis zum industriellen Zeitalter, Köln [2]1985; Studien zu den Anfängen des europäischen Städtewesens, Konstanz 1958; M.W. BARLEY (Hg.), European towns, their archaeology and early history, London 1977; H. JANKUHN, W. SCHLESINGER und H. STEUER (Hg.), Vor- und Frühformen der europäischen Stadt im Mittelalter, 2 Bde, Göttingen 1973/74; E. LEHMANN, Bemerkungen zu den baulichen Anfängen der deutschen Stadt im frühen Mittelalter, in: La città nell'alto medioevo, Spoleto 1959, 559–600; W. NOACK, Stadtbaukunst und geistlich-weltliche Repräsentation im 11. Jahrhundert, in: Festschrift K. Bauch, München 1959, 29–49; H. BORGER und F.G. ZEHNDER, Köln, Die Stadt als Kunstwerk, Stadtansichten vom 15. bis 20. Jahrhundert, Köln 1982; K.-H. BLASCHKE, Studien zur Frühgeschichte des Städtewesens in Sachsen, in: Festschrift für W. Schlesinger, Bd 1, Köln 1973, 333–381; W. SCHICH, Würzburg im Mittelalter, Köln 1977; J.L. CHARLES, La ville de Saint-Trond au moyen âge, Des origines à la fin du XIVe siècle, Paris 1965; K. SCHULZ, Die Bedeutung der Stifter für die wirtschaftliche und soziale Entwicklung in niederrheinischen Städten, in: Klever Archiv 5, Kleve 1984, 29–45; H. KELLER, Die Zähringer und die Entwicklung Freiburgs zur Stadt, in: K. SCHMID (Hg.), Die Zähringer, Sigmaringen 1986, 17–29; B. SCHWINEKÖPER, Zur Problematik von Begriffen wie Stauferstädte, Zähringerstädte und ähnliche Bezeichnungen, in: E. MASCHKE und J. SYDOW (Hg.), Südwestdeutsche Städte im Zeitalter der Staufer, Sigmaringen 1980, 95–172; W. SCHLESINGER, Stadt und Burg im Lichte der Wortgeschichte, in: Studium generale 16, 1963, 433–444; G. KÖBLER, burg und stat – Burg und Stadt?, in: HJb 87, 1967, 305–325; J. SYDOW, Stadtbezeichnungen in Württemberg bis 1300, in: FS Schwineköper, 237–248; H. KOLLER, Hochmittelalterliche Stadtgründungen als Ordnungsproblem, in: Aspekte der Kultursoziologie, Zum 60. Geburtstag von M. Rassem, Berlin 1982, 259–273; W. HÜBENER, Alt-Lübeck und die Anfänge Lübecks, Überlegungen der Archäologie zu den Anfängen ihres »städtischen Wesens«, in: A. GRASSMANN (Hg.), Neue Forschungen zur Geschichte der Hansestadt Lübeck, Lübeck 1985, 7–25; P. LAVICKA, Hauptphasen der baulichen Entwicklung an der Stadthausgasse 14–20 von den mittelalterlichen Kernhäusern bis ins 20. Jahrhundert, in: Basler Zeitschrift für Geschichte und Altertumskunde 83, 1983, 365–373; G. ISENBERG, Die Ausgrabungen an der Bäckerstraße in Minden 1973–1976, Ein Vorbericht, in: Westfalen 54, 1976, 427–449; W. ERDMANN, Hochmittelalterliche Baulandgewinnung in Lübeck und das Problem der Lokalisierung beider Gründungssiedlungen, Erste Befunde aus den Gebieten Große Petersgrube und an der Untertrave, in: Lübecker Schriften zur Archäologie und Kunstgeschichte 6, 1982, 7–31; DERS., Entwicklungstendenzen des Lübecker Hausbaus 1100 bis um 1340, Eine Ideenskizze, ebd. 7, 1983, 19–38; H. STOOB, Bürgerliche Gemeindebauten in mitteleuropäischen Städten des 12.–15. Jahrhunderts, in: Wirtschaftskräfte und Wirtschaftswege, Festschrift für H. Kellenbenz, Bd 1, Stuttgart 1978, 51–82; A. WIEDENAU, Romanischer Wohnbau im Rheinland, Köln 1979 (Diss. 1978); R. HAMMEL, Lübeck, Frühe Stadtgeschichte und Archäologie, Kritische Betrachtungen aus der Sicht eines Historikers, in: Zeitschrift für Lübische Geschichte 64, 1984, 9–38.
Quellen: Helmold von Bosau, Chronica Slavorum, in: AQDGM 19, Darmstadt 1973.

Menschliches Zusammenwirken

H. KELLENBENZ und E. ENNEN (Hg.), Zwei Jahrtausende Kölner Wirtschaft, Bd 1: Von den Anfängen bis zum Ende des 17. Jahrhunderts, Köln 1975; H. AMMANN, Der hessische Raum in der mittelalterlichen Wirtschaft, in: HJLG 8, 1958, 37–70; E. ENNEN, Die Grundherrschaft St. Maximin und die Bauern zu Wasserbillig, in: H. BEUMANN (Hg.), Historische Forschungen für W.

Schlesinger, Köln 1974, 162–170; E. ENNEN, Wechselwirkungen mittelalterlicher Agrarwirtschaft und Stadtwirtschaft, aufgezeigt am Beispiel Köln, in: Cultus et Cognitio, Festschrift A. Gieyztor, Warschau 1976, 133–143; J.E. STRUICK, Utrechts Beziehungen zum flachen Land im Mittelalter, in: HGB 99, 1981, 1–9; G. DESPY, Les richesses de la terre, Cîteaux et Prémontré devant l'économie de profit aux XIIe et XIIIe siècles, in: Revue de l'université de Bruxelles 27, 1975, 400–422; R. SCHNEIDER, Stadthöfe der Zisterzienser, Zu ihrer Funktion und ihrer Bedeutung, in: Zisterzienser-Studien 4, 1979, 11–28; G. STEINWASCHER, Die Zisterzienserstadthöfe in Köln, Bergisch-Gladbach 1981; W. RÖSENER, Grangienwirtschaft und Grundbesitzorganisation südwestdeutscher Zisterzienserklöster vom 12. bis 14. Jahrhundert, in: K. ELM (Hg.), Die Zisterzienser, Ordensleben zwischen Ideal und Wirklichkeit, Ergänzungsband, Köln 1982, 137–164; D. LOHRMANN, Die Wirtschaftshöfe der Prämonstratenser im hohen und späten Mittelalter, in: H. PATZE (Hg.), Die Grundherrschaft im späten Mittelalter, Sigmaringen 1983, 205–240; J. JOESTER, Die Wirtschaftshöfe der Prämonstratenserstifte Steinfeld und Knechtsteden im 12.–13. Jahrhundert, in: W. JANSSEN und D. LOHRMANN (Hg.), Villa – Curtis – Grangia, Landwirtschaft zwischen Loire und Rhein von der Römerzeit zum Hochmittelalter, München und Zürich 1983, 222–241; E. WISPLINGHOFF, Bäuerliches Leben am Niederrhein im Rahmen der benediktinischen Grundherrschaft, ebd., 149–163; D. HÄGERMANN und K.-H. LUDWIG, Mittelalterliche Salinenbetriebe, Erläuterungen, Fragen und Ergänzungen zum Forschungsstand, in: Technikgeschichte 51, 1984, 155–189; CH. HIEGEL, Le sel en Lorraine du VIIIe au XIIIe siècle, in: Annales de l'Est, 5e série 33, 1981, 3–48; O. VOLK, Salzproduktion und Salzhandel mittelalterlicher Zisterzienserklöster, Sigmaringen 1984; D.W.H. SCHWARZ, Sachgüter und Lebensformen, Einführung in die materielle Kulturgeschichte des Mittelalters und der Neuzeit, Berlin 1970; W. JANSSEN, Essen und Trinken im frühen und hohen Mittelalter aus archäologischer Sicht, in: Festschrift für J.G.N. Renaud, Zutphen 1981, 324–337; CH. VERLINDEN, Marchands ou tisserants?, A propos des origines urbaines, in: Annales 27, 1972, 396–406; La formation et le développement des métiers au moyen âge, V[e]–XIVe siècles, Budapest 1977; H. JANKUHN, W. JANSSEN, R. SCHMIDT-WIEGAND und H. TIEFENBACH (Hg.), Das Handwerk in vor- und frühgeschichtlicher Zeit, 2 Bde, Göttingen 1981 und 1983, darin u.a.: W. JANSSEN, Die Bedeutung der mittelalterlichen Burg für die Wirtschafts- und Sozialgeschichte des Mittelalters, Bd 2, 261–316, und DERS., Gewerbliche Produktion des Mittelalters als Wirtschaftsfaktor im ländlichen Raum, ebd., 317–394; V. HUSA, Homo faber, Der Mensch und seine Arbeit, Die Arbeitswelt in der bildenden Kunst des 11.–17. Jahrhunderts, Wiesbaden 1971; T. ERB, Beobachtungen zum Stand der handwerklichen Arbeitsteilung im 11. Jahrhundert (Regnum Teutonicum), in: Jahrbuch für Wirtschaftsgeschichte 1982, 65–71; B. MALICH, Vergleichende Betrachtung zur Geschichte des Handwerks bis zum 11. Jahrhundert, Byzanz – Italien – Deutschland, in: Wissenschaftliche Zeitschrift Halle 33, 1984, 75–89; A.K. HÖMBERG, Zur Erforschung des westfälischen Städtewesens, in: Westfälische Forschungen 14, 1961, 8–41; B. SCHWINEKÖPER (Hg.), Gilden und Zünfte, Kaufmännische und gewerbliche Genossenschaften im frühen und hohen Mittelalter, Sigmaringen 1985; A. ZIMMERMANN (Hg.), Soziale Ordnungen im Selbstverständnis des Mittelalters, 2 Bde 1979/1980; K. FRIEDLAND (Hg.), Gilde und Korporation in den nordeuropäischen Städten des späten Mittelalters, Köln 1984; O.G. OEXLE, Die mittelalterliche Zunft als Forschungsproblem, Ein Beitrag zur Wissenschaftsgeschichte der Moderne, in: BDLG 118, 1982, 1–44; H. VON LOESCH, Die Kölner Zunfturkunden nebst anderen Kölner Gewerbeurkunden bis zum Jahre 1500, Bd 1, Bonn 1907; Artikel »Ehe« in: *Handwörterbuch zur deutschen Rechtsgeschichte*, und in: *Theologische Realenzyklopädie*; E. ENNEN, Frauen im Mittelalter, München 1984; Il matrimonio nella società altomedievale, 2 Bde, Spoleto 1977; CH.N.L. BROOKE, Aspects of marriage and law in the eleventh and twelfth centuries, in: ST. KUTTNER und K. PENNINGTON (Hg.), Proceedings of the fifth International congress of medieval canon law, Città del Vaticano 1980, 333–344; V. PFAFF, Das kirchliche Eherecht am Ende des 12. Jahrhunderts, in: ZRG KA 94, 1977, 20–46; G. DUBY, Ritter, Frau und Priester, Die Ehe im feudalen Frankreich, Frankfurt am Main 1985 (frz. 1981); M. DAVID, Le mariage dans la société féodale, in: Annales 36, 1981, 1050–1055; W. VAN HOECKE und A. WELKENHUYSEN (Hg.), Love and marriage in the twelfth century, Löwen 1981; J. LECLERCQ, Le mariage vu par les moines au XIIe siècle, Paris 1983; La femme dans les civilisations des Xe–XIIIe siècles, in: CCM 20, 1977, 93–263; R. SCHNELL, Praesumpta Mors, Zum Widerstreit von Deutschem, Römischem und Kanonischem Eherecht im »Guten Gerhard« Rudolfs von Ems (um 1215), in: ZRG GA 100, 1983, 181–212.

Ständische Differenzierung

L. GÉNICOT, Naissance, fonction et richesse, dans l'ordonnance de la société médiévale, Le cas de la noblesse du nord-ouest du continent, in: Problèmes de stratification sociale, Paris 1968, 83–100; G. TELLENBACH, Rechtlicher Anspruch und soziale Geltung in der Geschichte des Adels im hohen Mittelalter, in: La storia del diritto nel quadro delle scienze storiche, Florenz 1968, 349–359; W. SCHWER, Stand und Ständeordnung im Weltbild des Mittelalters, Paderborn 1934; A. ZIMMERMANN (Hg.), Soziale Ordnungen im Selbstverständnis des Mittelalters, Berlin 1979/80; T. STRUVE, Die Entwicklung der organologischen Staatsauffassung im Mittelalter, Stuttgart 1978; J. FLECKENSTEIN (Hg.), Herrschaft und Stand, Göttingen 1977; P. FELDBAUER, Der Herrenstand in Oberösterreich, Ursprünge, Anfänge, Frühformen, München 1972; O.P. CLAVADETSCHER, Nobilis, Edel, Fry, in: H. BEUMANN (Hg.), Historische Forschungen für W. Schlesinger, Köln 1974, 242–251; R. WENSKUS, H. JANKUHN und K. GRINDA (Hg.), Wort und Begriff »Bauer«, Göttingen 1975, darin auch: J. FLECKENSTEIN, Zur Frage der Abgrenzung von Bauer und Ritter, 246–253; DERS., Rittertum und ständische Ordnung, in: Mitteilungen der Max-Planck-Gesellschaft 3, 1972, 157–170; W. RÖSENER, Bauer und Ritter im Hochmittelalter, Aspekte ihrer Lebensform, Standesbildung und sozialen Differenzierung im 12. und 13. Jahrhundert, in: FS Fleckenstein, 665–692; G. ALTHOFF, Nunc fiant Christi milites, qui dudum extiterunt raptores, in: Saeculum 32, 1981, 317–333; H. KELLER, Adel, Rittertum und Ritterstand nach italienischen Zeugnissen des 11. 14. Jahrhunderts, in: FS Fleckenstein, 581–608; K. BOSL, Die familia als Grundstruktur der mittelalterlichen Gesellschaft, in: ZBLG 38, 1975, 403–424; DERS., Die Unfreiheit im Übergang von der archaischen Epoche zur Aufbruchsperiode der mittelalterlichen Gesellschaft, München 1973; G. TELLENBACH, Servitus und libertas nach den Traditionen der Abtei Remiremont, in: Saeculum 21, 1970, 228–234; H.H. HOFMANN, Sigena – oder: Was ist Freiheit?, in: H. BEUMANN (Hg.), Historische Forschungen für W. Schlesinger, Köln 1974, 194–214; K. BOSL, Die Reichsministerialität der Salier und Staufer, Ein Beitrag zur Geschichte des hochmittelalterlichen deutschen Volkes, Staates und Reiches, 2 Bde, Stuttgart 1950; V. RÖDEL, Der Besitz Werners II. von Bolanden (1194–1198), in: Pfalzatlas, Textband 2, Speyer 1971, 1197–1203; A. ECKHARDT, Das älteste Bolander Lehnsbuch, in: AfD 22, 1976, 317–344; M. PARISSE, Les ministériaux en Empire: servi ab omni jugo absoluti, in: Jahrbuch für westdeutsche Landesgeschichte 6, 1980, 1–24; B. ARNOLD, German knighthood 1050–1300, Oxford 1985 (über Ministerialität); E. LINCK, Sozialer Wandel in klösterlichen Grundherrschaften des 11.–13. Jahrhunderts, Studien zu den familiae von Gembloux, Stablo-Malmedy und St. Trond, Göttingen 1979; K. SCHULZ, Die Ministerialität als Problem der Stadtgeschichte, in: RhVjB 32, 1968, 184–219; DERS., Ministerialität und Bürgertum in Trier, Untersuchungen zur rechtlichen und sozialen Gliederung der Trierer Bürgerschaft vom ausgehenden 11. bis zum Ende des 14. Jahrhunderts, Bonn 1968; E. MASCHKE und J. SYDOW (Hg.), Stadt und Ministerialität, Stuttgart 1973; TH. ZOTZ, Städtisches Rittertum und Bürgertum in Köln um 1200, in: FS Fleckenstein, 609–638; M. GROTEN, Die Kölner Richerzeche im 12. Jahrhundert, Mit einer Bürgermeisterliste, in: RhVjB 48, 1984, 34–85; K. SCHULZ, Stadtrecht und Zensualität am Niederrhein, 12.–14. Jahrhundert, in: Klever Archiv 3, 1981, 13–36; DERS., Zum Problem der Zensualität im Hochmittelalter, in: Beiträge zur Wirtschafts- und Sozialgeschichte des Mittelalters, Festschrift für H. Helbig zum 65. Geburtstag, Köln 1976, 86–127; E. ENNEN, Die Forschungsproblematik Bürger und Stadt, von der Terminologie her gesehen, in: J. FLECKENSTEIN und K. STACKMANN (Hg.), Über Bürger, Stadt und städtische Literatur im Spätmittelalter, Göttingen 1980, 9–26; G. DILCHER, Die mittelalterliche deutsche Stadt in ihrer Heraushebung aus der grundherrschaftlich-agrarischen Welt des Hochmittelalters, in: Jus-Didaktik 4, 1977, 95–107; K. BOSL, Die Entstehung der bürgerlichen Freiheit im süddeutschen Raum, in: Les libertés urbaines et rurales du XIe au XIVe siècle, Brüssel 1968, 81–95; M. DAVID, Les »laboratores« du renouveau économique du XIIe siècle à la fin du XIVe siècle, in: Revue historique de droit français et étranger, 1959, 174–194, 295–325; T. STRUVE, Pedes Rei Publicae, Die dienenden Stände im Verständnis des Mittelalters, in: HZ 236, 1983, 1–48; W. BERSCHIN, Herrscher, Richter, Ritter, Frauen, Die Laienstände nach Bonizo, in: W. VAN HOECKE und A. WELKENHUYSEN (Hg.), Love and marriage in the twelfth century, Löwen 1981, 116–129; G. FRANZ, Geschichte des deutschen Bauernstandes vom frühen Mittelalter bis zum 19. Jahrhundert, Stuttgart 1970; P. DOLLINGER, Der bayerische Bauernstand vom 9. bis zum 13. Jahrhundert, München 1982 (frz. 1949); M. ERBSTÖSSER, Zur Struktur der bäuerlichen Klasse im deutschen Reich im ausgehenden 11. Jahrhundert, in: Jahrbuch für Regionalgeschichte 5, 1975, 254–264; W. TESKE, Laien, Laienmönche und Laienbrüder in der Abtei Cluny, in: FMSt 10, 1976, 248–322, und 11, 1977, 288–339; A. HAVERKAMP, Tenxwind von Andernach und Hildegard von Bingen, Zwei »Weltanschauungen«, in: FS Fleckenstein, 515–548.

Quellen: L. WALLACH, E. KÖNIG und K.O. MÜLLER (Hg.), Die Zwiefalter Chroniken Ortliebs und Bertholds, Sigmaringen 1978.

Wege christlicher Selbstverwirklichung

A. BORST, Religiöse und geistige Bewegungen im Hochmittelalter, in: G. MANN und A. NITSCHKE (Hg.), *Propyläen Weltgeschichte*, Bd 5, Berlin 1963, 489–561; H. GRUNDMANN, Religiöse Bewegungen im Mittelalter, Berlin 1935, Neudruck mit Nachtrag: Neue Beiträge zur Geschichte der religiösen Bewegungen im Mittelalter, Darmstadt 1961; E. WERNER, Häresie und Gesellschaft im 11. Jahrhundert, Berlin 1975; R. MANSELLI, Studi sulle eresie del secolo XII, Rom ²1975; J. DALARUN, Robert d'Arbrissel et les femmes, in: Annales 39, 1984, 1140–1160; M. SUTTOR, Le »Triumphus sancti Lamberti de castro Bullonio« et le catharisme à Liège au milieu du XIIᵉ siècle, in: Le moyen âge 91, 1985, 227–264; K. ELM (Hg.), Norbert von Xanten, Adliger, Ordensstifter, Kirchenfürst, Köln 1984; ST. WEINFURTER, Norbert von Xanten, Ordensstifter und »Eigenkirchenherr«, in: AKG 59, 1977, 66–98; N. BEWERUNGE, Der Ordenseintritt des Grafen Gottfried von Cappenberg, in: Archiv für mittelrheinische Kirchengeschichte 33, 1981, 63–81; W. KOHL, Die frühen Prämonstratenserklöster Nordwestdeutschlands im Spannungsfeld der großen Familien, in: FS Fleckenstein, 393–414; W. FROESE, On reforming the reformed, A study of the religious changes and the Premonstratensians in Saxony, in: Church history 54, 1985, 20–28; W. PETERS, Springiersbach und die Anfänge des Prämonstratenserstifts Wadgassen, in: Jahrbuch für westdeutsche Landesgeschichte 7, 1981, 1–15; K. ELM (Hg.), Die Zisterzienser, Ordensleben zwischen Ideal und Wirklichkeit, Katalog der Ausstellung (Aachen 1980), Bonn 1980; DERS. (Hg.), Ergänzungsband, Bonn 1982; G. DUBY, Der heilige Bernhard und die Kunst der Zisterzienser, Stuttgart 1981; K. HALLINGER, Die Anfänge von Cîteaux, in: FS Kempf, 225–235; J. WOLLASCH, Neue Quellen zur Geschichte der Cistercienser, in: ZKG 84, 1973, 188–231; Les plus anciens textes de Cîteaux, Sources, textes et notes historiques par J. BOUTON et J.B. VAN DAMME, Achel 1974; H. MEYER ZU ERMGASSEN, Congregatio Eberbacensis, Die Eberbacher Klostergemeinde, 1136–1250, in: HJLG 33, 1983, 1–36; W.E. GOODRICH, The Cistercian founders and the rule, Some reconsiderations, in: JEH 35, 1984, 358–375; H. KOLLER, Zur Frühgeschichte der Zisterzienser in Österreich, in: Jahrbuch für Geschichte des Feudalismus 6, 1982, 137–150; DERS., Die Entvogtung bei den Zisterziensern, in: Aus Geschichte und ihren Hilfswissenschaften, Festschrift für W. Heinemeyer zum 65. Geburtstag, Marburg 1979, 209–223; Y. CONGAR, Modèle monastique et modèle sacerdotal en Occident de Grégoire VII (1073–1085) à Innocent III (1198), in: Études de civilisation médiévale (IXᵉ–XIIᵉ siècles), Mélanges E.-R. Labande, Poitiers 1974, 153–160; F. KEMPF, Die Eingliederung der überdiözesanen Hierarchie in das Papalsystem des kanonischen Rechts von der gregorianischen Reform bis zu Innocenz III., in: AHP 18, 1980, 57–96; H. FUHRMANN, Das Reformpapsttum und die Rechtswissenschaft, in: Investiturstreit (s.o.), 175–203; DERS., Über die Heiligkeit des Papstes, in: Jahrbuch der Akademie der Wissenschaften Göttingen, 1980, 28–43; O. HAGENEDER, Die Häresie des Ungehorsams und das Entstehen des hierokratischen Papsttums, in: Römische Historische Mitteilungen 20, 1978, 29–47; F.-J. SCHMALE, Systematisches zu den Konzilien des Reformpapsttums im 12. Jahrhundert, in: Annales Historiae Conciliorum 6, 1974, 21–39; J. GAUDEMET, Le célibat ecclésiastique, le droit et la pratique du XIᵉ au XIIIᵉ siècle, in: ZRG KA 99, 1982, 1–31; P. CLASSEN, Der Häresie-Begriff bei Gerhoch von Reichersberg und in seinem Umkreis, in: W. LOURDAUX und D. VERHELST (Hg.), The concept of heresy in the middle ages (11th–13th century), Löwen 1976, 27–41; A. LAZZARINO DEL GROSSO, Armut und Reichtum im Denken Gerhochs von Reichersberg, München 1973; ST. WEINFURTER, Neuere Forschungen zu den Regularkanonikern im deutschen Reich des 11. und 12. Jahrhunderts, in: HZ 224, 1977, 379–397; DERS., Vita canonica und Eschatologie, Eine neue Quelle zum Selbstverständnis der Reformkanoniker des 12. Jahrhunderts aus dem Salzburger Reformkreis (mit Textedition), in: Secundum regulam vivere, Festschrift für P. N. Backmund OPraem, Windberg 1978, 139–167; DERS., Reformkanoniker und Reichsepiskopat im Hochmittelalter, in: HJb 97/98, 1978, 158–193; H. FUHRMANN, Papst Urban II. und der Stand der Regularkanoniker, München 1984; P. GEORGE, »Noble, chevalier, pénitent, martyr«, L'idéal de sainteté d'après une »Vita« mosane du XIIe siècle, in: Le moyen âge 89, 1983, 357–380; A. PH. BRÜCK (Hg.), Hildegard von Bingen, 1179–1979, Festschrift zum 800. Todestag der Heiligen, Mainz 1979; A. FÜHRKÖTTER, Hildegard von Bingen, in: Rheinische Lebensbilder 10, 1985, 7–30; DIES. (Hg.), Hildegard von Bingen, Briefwechsel, Salzburg 1965; B. NEWMAN, Hildegard of Bingen, Visions and validation, in: Church history 54, 1985, 163–175; CH. MEIER-STAUBACH, Eriugena im Nonnenkloster? Überlegungen zum Verhältnis von Prophetentum und Werkgestalt in den figmenta prophetica Hildegards von Bingen, in: FMSt 19, 1985, 466–497; W. LAMMERS, Gottschalks Wanderung im Jenseits, Zur Volksfrömmigkeit im 12. Jahrhundert nördlich der Elbe, Wiesbaden 1982; E. ASSMANN, Godeschalcus und Visio Godeschalci, Neumünster 1979; P. DINZELBACHER, Vision und Visionsliteratur im Mittelalter, Stuttgart 1981.

Glauben und Wissen

P. WEIMAR (Hg.), Die Renaissance der Wissenschaften im 12. Jahrhundert, Zürich 1981 (systematischer Überblick mit ausgezeichneten Beiträgen); R. L. BENSON und G. CONSTABLE (Hg.), Renaissance and renewal in the twelfth century, Cambridge 1982 (zahlreiche gute weiterführende Beiträge); J. FRIED (Hg.), Schulen und Studium im sozialen Wandel des hohen und späten Mittelalters, Sigmaringen 1986 (wichtige Beiträge); P. CLASSEN, Studium und Gesellschaft im Mittelalter, Stuttgart 1983 (Aufsätze, hg. v. J. FRIED); A. ESCH, Die Anfänge der Universität im Mittelalter, Berner Rektoratsrede, Bern 1985, 7–29; J. LE GOFF, Les intellectuels au moyen âge, Tardy 1957; J. KOCH (Hg.), Artes liberales, Von der antiken Bildung zur Wissenschaft des Mittelalters, Leiden 1959; PH. DELHAYE, L'organisation scolaire au XIIe siècle, in: Traditio 5, 1947, 211–268; J. LECLERCQ, Wissenschaft und Gottverlangen, Zur Mönchstheologie des Mittelalters, Düsseldorf 1963 (frz. 1957); W. VON DEN STEINEN, Scholastik und Monastik, in: Zeitschrift für deutsches Altertum und deutsche Literatur 89, 1959, 243–256; M.-D. CHENU, La théologie au douzième siècle, Paris [2]1966; M. A. SCHMIDT, Scholastik, in: K. D. SCHMIDT und E. WOLF (Hg.), Die Kirche in ihrer Geschichte, Bd 2, Göttingen 1969; C. H. HASKINS, Studies in medieval culture, New York o. J.; R. W. SOUTHERN, Medieval humanism, New York 1970; A. ZIMMERMANN (Hg.), Antiqui et moderni, Berlin 1974; M. GRESCHAT (Hg.), Gestalten der Kirchengeschichte, Bd 3, Stuttgart 1983; W. VON DEN STEINEN, Menschen im Mittelalter, Bern 1967; Pierre Abélard – Pierre le Vénérable, Les courants philosophiques, littéraires et artistiques en occident au milieu du XIIe siècle, Paris 1975; J. JOLIVET (Hg.), Abélard et son temps, Paris 1981; R. THOMAS (Hg.), Petrus Abaelardus (1079–1142), Person, Werk und Wirkung, Trier 1980; F. J. WORSTBROCK, Ein Planctus auf Petrus Abaelard, in: Mittellateinisches Jahrbuch 16, 1981, 166–173; A. BORST, Abaelard und Bernhard, in: HZ 186, 1958, 497–526; D. E. LUSCOMBE, The school of Peter Abelard, The influence of Abelard's thought in the early scholastic period, Cambridge 1969; L. KOLMER, Abaelard und Bernhard von Clairvaux in Sens, in: ZRG KA 98, 1981, 121–147; C. D. FERGUSON, Autobiography as therapy, Guibert de Nogent, Peter Abelard and the making of medieval autobiography, in: The journal of medieval and renaissance studies 13, 1983, 187–212; CH. BURNETT, Peter Abelard »Soliloquium«, A critical edition, in: Studi medievali, serie terza 25, 1984, 857–894; C. MEWS, The lists of heresies imputed to Peter Abelard, in: Revue bénédictine 95, 1985, 73–110; J. MIETHKE, Theologenprozesse in der ersten Phase ihrer institutionellen Ausbildung, Die Verfahren gegen Peter Abaelard und Gilbert von Poitiers, in: Viator 6, 1975, 87–116; G. CONSTABLE, The diversity of religious life and acceptance of social pluralism in the twelfth century, in: D. BEALES und G. BEST (Hg.), History, society and the churches, Essays in the honour of O. Chadwick, Cambridge 1985, 29–47; R. KÖHN, Monastisches Bildungsideal und weltgeistliches Wissensdenken, Zur Vorgeschichte des Mendikantenstreites an der Universität Paris, in: Die Auseinandersetzungen an der Pariser Universität im 13. Jahrhundert, Berlin 1976, 1–37; N. M. HÄRING, Die ersten Konflikte zwischen der Universität Paris und der kirchlichen Lehrautorität, ebd., 38–51; DERS., Auctoritas in der sozialen und intellektuellen Struktur des 12. Jahrhunderts, in: Soziale Ordnungen im Selbstverständnis des Mittelalters, Bd2, Berlin 1980, 517–533; M.L. ARDUINI, »Magistra ratione«, »Auctoritas«, »Traditio«, »Ratio« von Anselm bis Adelard von Bath, in: Benedictine culture, 750–1050, Löwen 1983, 190–233; H.-W. GOETZ, »Ratio« und »Fides«, Scholastische Philosophie und Theologie im Denken Ottos von Freising, in: Theologie und Philosophie 56, 1981, 232–243; J. GAUSS, Anselm von Canterbury, Zur Begegnung und Auseinandersetzung der Religionen, in: Saeculum 17, 1966, 277–363; CH. RENARDY, Le monde des maîtres universitaires du diocèse de Liège, 1140–1350, Paris 1979; H. GRUNDMANN, Der Brand von Deutz 1128 in der Darstellung Abt Ruperts von Deutz in: DA 22, 1966, 385–471; Der Brand von Deutz, im Jahre 1128, Auszüge aus dem Buch »De incendio« des Abtes Rupertus von Deutz, Aus dem Lateinischen übersetzt von W. Becker, in: Rechtsrheinisches Kölnisches Jahrbuch für Geschichte und Landeskunde 6, 1980, 121–140; J. VAN ENGEN, Rupert von Deutz und das sogenannte Chronicon sancti Laurentii Leodiensis, Zur Geschichte des Investiturstreites in Lüttich, in: DA 35, 1979, 33–81; M.L. ARDUINI, Ruperto di Deutz tra riforma della chiesa ed eschatologia, in: Recherches de théologie ancienne et médiévale 49, 1982, 90–120; J. VAN ENGEN, Rupert of Deutz and William of Saint-Thierry, in: Revue Bénédictine 93, 1983, 327–336; A.M. PIAZZONI, »Monachus licet scholasticus«, Guglielmo di Saint-Thierry e Ruperto di Deutz, in: Studi medievali, serie terza 25, 1984, 611–639; W. BERGES, Anselm von Havelberg in der Geistesgeschichte des 12. Jahrhunderts, in: JGMOD 5, 1956, 39–57; P. CLASSEN, Gerhoch von Reichersberg, Eine Biographie, Wiesbaden 1960; DERS., Zur Geschichte der Frühscholastik in Österreich und Bayern, in: MIÖG 67, 1959, 249–277; W. STELZER, Die Summa Monacensis (Summa »Inperatorie maiestati«) und der Neustifter Propst Konrad von Albeck, Ein Beitrag zur Verbreitung der französischen Kanonistik im frühstaufischen Deutschland, in: MIÖG 88, 1980, 94–112; J. EHLERS, Verfassungs- und sozialgeschichtliche Studien zum Bildungsgang Erzbischof Adalberts II. von Mainz, in: RhVjB 42, 1978, 161–184; J. FRIED, Gerard Pucelle und Köln, in: ZRG KA 99, 1982, 125–135; J. HOFMEIER, Die Trinitätslehre des Hugo von St. Viktor, dargestellt im Zusammenhang mit den trinitarischen Strömungen seiner Zeit, München 1963; J. EHLERS, Hugo von St. Viktor, Studien zum Geschichtsdenken und zur Geschichtsschreibung des 12. Jahrhunderts, Wiesbaden 1973; J. NEWELL, Rationalism in the school of Chartres, in: Vivarium 21, 1983, 108–126; G. SCHRIMPF, »Philosophia« – »philosophantes«, Zum Selbstverständnis der vor- und frühscholastischen Denker, in: Studi medievali, seria terza 23, 1982, 697–727; M. WILKS (Hg.), The world of John of Salisbury, Oxford 1984; M.-D. CHENU, Civilisation urbaine et théologie, L'école de St. Victor au XIIe siècle, in: Annales 29, 1974, 1253–1263; E. WERNER, Stadt und Geistesleben im Hochmittelalter, 11.–13. Jahrhundert, Weimar 1980; K. GUTH, Standesethos als Ausdruck hochmittelalterlicher Lebensform, Zur Gestalt des ethischen Humanismus in der Briefwelt des Johannes von Salisbury (1115/1120–1180), in: Freiburger Zeitschrift für Philosophie und Theologie 28, 1981, 111–132; C. MORRIS, Zur Verwaltungsethik, Die Intelligenz des 12. Jahrhunderts im politischen Leben, in: Saeculum 24, 1973, 241–250; K. ZEILLINGER, Das erste Roncaglische Lehensgesetz Friedrich Barbarossas, das Scholarenprivileg (Authentica Habita) und Gottfried von Viterbo, in: Römische Historische Mitteilungen 26, 1984, 191–217; A. NITSCHKE, Naturerkenntnis und politisches Handeln im Mittelalter, Stuttgart 1967; C. BAUER, Die mittelalterlichen Grundlagen des historischen Denkens, in: Hochland 55, 1962, 24–35; W. LAMMERS (Hg.), Geschichtsdenken und Geschichtsbild im Mittelalter, Darmstadt 1961; A. FUNKENSTEIN, Heilsplan und natürliche Entwicklung, Formen der Gegenwartsbestimmung im Geschichtsdenken des hohen Mittelalters, München 1965; M. BERNARDS, Geschichtsperiodisches Denken in der Theologie des 12. Jahrhunderts, in: Kölner Domblatt 26/27, 1967, 115–124; W. LAMMERS, Weltgeschichte und Zeitgeschichte bei Otto von Freising, Wiesbaden 1977; P. CLASSEN, Res gestae, universal history, apocalypse, vision of past and future, in: R.L. BENSON und G. CONSTABLE (Hg.), Renaissance and renewal in the twelfth century, Cambridge 1982, 387–417; H.-W. GOETZ, Das Geschichtsbild Ottos von Freising, Ein Beitrag zur historischen Vorstellungswelt und zur Geschichte des 12. Jahrhunderts, Köln 1984; H. GRUNDMANN, Studien über Joachim von Fiore, Darmstadt [2]1966; M. REEVES und B. HIRSCH-REICH, The »Figurae« of Joachim of Fiore, Oxford 1972; D.C. WEST und S. ZIMDARS-SWARTZ, Joachim of Fiore, A study of spiritual perception and history, Bloomington 1983; R.E. LERNER, Antichrists and antichrist in Joachim of Fiore, in: Speculum 60, 1985, 553–570; B. TÖPFER, Das kommende Reich des Friedens, Zur Entwicklung chiliastischer Zukunftshoffnungen im Hochmittelalter, Berlin (Ost) 1964; M. REEVES, The influence of prophecy in the later middle ages, A Study in Joachimism, Oxford 1969; F.J. SCHMALE, Mentalität und Berichtshorizont, Absicht und Situation hochmittelalterlicher Geschichtsschreiber, in: HZ 226, 1978, 1–16; N. LETTINCK, Geschiedbeschouwingen beleving van de eigen tijd in de eerste helft van de twaalfde eeuw, Amsterdam 1983; A.-D. VON DEN BRINCKEN, Raum und Zeit in der Geschichtsenzyklopädie des hohen Mittelalters, in: Beiträge zur Geschichte von Stadt und Stift Essen 96, 1981, 5–21; H.M. NOBIS, Zeitmaß und Kosmos im Mittelalter, in: Miscellanea Mediaevalia 16, 1984, 261–276; M. BERNARDS, Zur Frage des Weltbilds im Mittelalter, in: Rhein und Maas, Kunst und Kultur 800–1400, Bd 2: Berichte, Beiträge und Forschungen zum Themenkreis der Ausstellung und des Katalogs, Essen 1973; W. KÖLMEL, Imago mundi, Das Weltverständnis im Schrifttum des Investiturstreites, in: Studi Gregoriani 9, 1972, 167–198; V.I.J. FLINT, Honorius Augustodunensis, Imago mundi, in: Archives d'histoire doctrinale et littéraire du moyen âge 57, 1982, 7–153; H. GLASER, Sugers Vorstellungen von der geordneten Welt, in: HJb 80, 1960, 93–125; J. ZAHLTEN, Creatio mundi, Darstellungen der sechs Schöpfungstage und naturwissenschaftliches Weltbild im Mittelalter, Stuttgart 1979; T. CRAMER, »Ich sach swaz in der welte was«, Die Ordnung des Kosmos in Walthers zweitem Reichsspruch, in: Zeitschrift für deutsche Philologie 104, 1985, 70–85; F. OHLY, Deus geometra, Skizzen zur Geschichte einer Vorstellung von Gott, in: N. KAMP und J. WOLLASCH (Hg.), Tradition als historische Kraft, Berlin 1982, 1–42; J. VAN ENGEN, Theophilus Presbyter and Rupert of Deutz, The manual arts and benedictine theology in the early twelfth century, in: Viator 11, 1980, 147–163; G. OVITT, The status of the mechanical arts in medieval classification of learning, in: Viator 14, 1983, 89–105; E. FREISE, Roger von Helmarshausen in seiner monastischen Umwelt, in: FMSt 15, 1981, 180–293; C. MORRIS, The discovery of the individual, 1050–1200, London 1972; P. DRONKE, Poetic individuality in the middle ages, New departures in poetry (1000–1150), Oxford 1970.

Quellen: E. BROST (Hg.), Abaelard, Die Leidensgeschichte und der Briefwechsel mit Heloisa, Heidelberg [4]1979; Anselmus Cantuariensis, Cur Deus homo, Warum Gott Mensch geworden, lateinisch-deutsch, übersetzt von F.S. Schmitt, Darmstadt 1956; Hugo von St. Victor, Didascalicon, A medieval guide to the arts, übersetzt von J. Taylor, New York 1961; Otto von Freising, Chronica sive historia de duabus civitatibus, in: AQDGM 16, Darmstadt 1974.

Das Recht

E.-W. BÖCKENFÖRDE, Der Rechtsbegriff in seiner geschichtlichen Entwicklung, Aufriß eines Problems, in: Archiv für Begriffsgeschichte 12, 1968, 145–165; P. CLASSEN (Hg.), Recht und Schrift im Mittelalter, Sigmaringen 1977; F. KERN, Recht und Verfassung im Mittelalter, in: HZ 120, 1919, 1–79; H. KRAUSE, Königtum und Rechtsordnung in der Zeit der sächsischen und salischen Herrscher, in: ZRG GA 82, 1965, 1–98; K. KROESCHELL, Recht und Rechtsbegriff im 12. Jahrhundert, in: Probleme des 12. Jahrhunderts, Konstanz 1968, 309–335; H. KRAUSE, Dauer und Vergänglichkeit im mittelalterlichen Recht, in: ZRG GA 75, 1958, 206–251; R. WINTERSWYL, Das neue Recht, Untersuchungen zur frühmittelalterlichen Rechtsphilosophie, in: HJb 81, 1962, 58–79; F. ELSENER, Gesetz, Billigkeit und Gnade im kanonischen Recht, in: Summum ius summa iniuria, Tübingen 1963, 168–190; R. KRETZSCHMAR, Alger von Lüttichs Traktat »De misericordia et iustitia«, Ein kanonischer Konkordanzversuch aus der Zeit des Investiturstreits, Sigmaringen 1985; B.K. VOLLMANN, Der Strafprozeß im VIII. Fragment des »Ruodlieb«, in: K. GRUBMÜLLER u.a. (Hg.), Befund und Deutung, Tübingen 1979, 193–227; H. HATTENHAUER, Die Begnadigung im Spiegel der Legende, in: Zeitschrift für die gesamte Strafrechtswissenschaft 78, 1966, 184–213; M. HUISKES, Andernach im Mittelalter, Von den Anfängen bis zum Ende des 14. Jahrhunderts, Bonn 1980; G. OTTE, Die Rechtswissenschaft, in: P. WEIMAR (Hg.), Die Renaissance der Wissenschaften im 12. Jahrhundert, Zürich 1981, 123–142; J. FRIED, Die Entstehung des Juristenstandes im 12. Jahrhundert, Köln 1974; A. WOLF, Gesetzgebung und Kodifikation, in: P. WEIMAR (Hg.), Die Renaissance der Wissenschaften (zit.), 143–171; P. LANDAU, Die Entstehung der systematischen Dekretalensammlung und die europäische Kanonistik des 12. Jahrhunderts, in: ZRG KA 96, 1979, 120–148; H. MORDEK, Systematische Kanonessammlungen vor Gratian, Forschungsstand und neue Aufgaben, in: Proceedings of the sixth International congress of medieval canon law, Berkeley 1985, 185–201; C.G. FÜRST, Zur Rechtslehre Gratians, in: ZRG

KA 88, 1971, 275–284; W. ENGELMANN, Die Wiedergeburt der Rechtskultur in Italien durch die wissenschaftliche Lehre, Leipzig 1938; H. KRAUSE, Kaiserrecht und Rezeption, Heidelberg 1952; K.W. NÖRR, Zum institutionellen Rahmen der gelehrten Rechte im 12. Jahrhundert, in: Aspekte europäischer Rechtsgeschichte, Festschrift für H. Coing, Frankfurt am Main 1982, 233–244; W. STELZER, Gelehrtes Recht in Österreich, Von den Anfängen bis zum frühen 14. Jahrhundert, Wien 1982; H. APPELT, Friedrich Barbarossa und das römische Recht, in: Römische Historische Mitteilungen 5, 1961/62, 18–34, auch in: G. WOLF (Hg.), Friedrich Barbarossa, Darmstadt 1975, 58–82; TH. SZABÓ, Römischrechtliche Einflüsse auf die Beziehung des Herrschers zum Recht, Eine Studie zu vier Autoren aus der Umgebung Friedrich Barbarossas, in: QFIAB 53, 1973, 34–48; F. OLIVIER-MARTIN, Le roi de France et les mauvaises coutumes au moyen âge, in: ZRG GA 58, 1938, 108–137; J. GILISSEN, La loi et la coutume dans l'histoire du droit depuis le haut moyen âge, in: Rapports généraux au VIe congrès international de droit comparé, Brüssel 1962, 63–75; DERS., La coutume, in: Typologie des sources du moyen âge occidental 41, Turnhout 1982; B. DIESTELKAMP, Das Verhältnis von Gesetz und Gewohnheitsrecht, in: Rechtshistorische Studien, Festschrift H. Thieme, Köln 1977, 1–33; H. MAURER, Chiavenna und die »Ehre« des Herzogtums Schwaben, in: FS Hausmann, 339–353; M.T. CLANCHY, From memory to written record, England 1066–1307, London 1979; G. KÖBLER, Vorstufen der Rechtswissenschaft im mittelalterlichen Deutschland, in: ZRG GA 100, 1983, 75–118; R. SCHMIDT-WIEGAND, Der »Sachsenspiegel« Eikes von Repgow als Beispiel mittelalterlicher Fachliteratur, in: Zeitschrift für Literaturwissenschaft und Linguistik 51/52, 1983, 206–226; R. LIEBERWIRTH, Eike von Repchow und der Sachsenspiegel, Berlin (Ost) 1982; H. NOTTARP, Gottesurteilsstudien, München 1956; C. MORRIS, Judicium Dei, The social and political significance of the ordeal in the eleventh century, in: D. BAKER (Hg.), Church, society and politics, Oxford 1975, 95–111; R.C. VAN CAENEGEM, La preuve dans le droit du moyen âge occidental, Rapport de synthèse, in: La preuve, Bd 2: Moyen âge et temps modernes, Brüssel 1965, 691–754; V. ACHTER, Die Geburt der Strafe, Frankfurt am Main 1951; O. ENGELS, Vorstufen der Staatwerdung im Hochmittelalter, Zum Kontext der Gottesfriedensbewegung, in: HJb 97/98, 1978, 71–86; H.-W. GOETZ, Der Kölner Gottesfriede von 1083, Beobachtungen über Anfänge, Tradition und Eigenart der deutschen Gottesfriedensbewegung, in: Jahrbuch des Kölnischen Geschichtsvereins 55, 1984, 39–76; W. SCHNELBÖGL, Die innere Entwicklung der bayerischen Landfrieden des 13. Jahrhunderts, Heidelberg 1932; G. LANGE, Das Gerichtsverfahren gegen den jungen Helmbrecht, Versuch einer Deutung nach dem kodifizierten Recht der Landfriedensordnungen des 13. Jahrhunderts, in: Zeitschrift für deutsches Altertum 99, 1970, 222–234; F. BEYERLE, Der »Arme Heinrich« Hartmanns von Aue als Zeugnis mittelalterlichen Ständerechts, in: Kunst und Recht, Festschrift H. Fehr, Karlsruhe 1948, 28–46; H. FEHR, Die Dichtung des Mittelalters als Quelle des Rechts, in: Festschrift K. Haff, Innsbruck 1950, 62–66; R. SCHMIDT-WIEGAND, Kriemhilds Rache, Zu Funktion und Wertung des Rechts im Nibelungenlied, in: N. KAMP und J. WOLLASCH (Hg.), Tradition als historische Kraft, Berlin 1982, 372–387; R.N. COMBRIDGE, Das Recht im »Tristan« Gottfrieds von Straßburg, Berlin ²1964; F.R. JACOBY, Van den Vos Reinaerde, Legal elements in a Netherlands epic of the thirteenth century, München 1970; R. SCHNELL, Praesumpta Mors, Zum Widerstreit von Deutschem, Römischem und Kanonischem Eherecht im »Guten Gerhard« Rudolfs von Ems, in: ZRG GA 100, 1983, 181–212.

Einung und Gemeinde

H. VOLLRATH, Herrschaft und Genossenschaft im Kontext frühmittelalterlicher Rechtsbeziehungen, in: HJb 102, 1982, 33–71; H.-W. GOETZ, Herrschaft und Recht in der frühmittelalterlichen Grundherrschaft, in: HJb 104, 1984, 392–410; P. MICHAUD-QUANTIN, Universitas, Expressions du mouvement communautaire dans le moyen âge latin, Paris 1970; A. VERMEESCH, Essai sur les origines et la signification de la commune dans le nord de la France (XIe et XIIe siècles), Heule 1966; G. DILCHER, Die Entstehung der lombardischen Stadtkommune, Aalen 1967 (dazu: H. KELLER, in: HZ 211, 1970, 34–64); H. KELLER, Einwohnergemeinde und Kommune, Probleme der italienischen Stadtverfassung im 11. Jahrhundert, in: HZ 224, 1977, 561–579; G. TABACCO, Vescovi e comuni in Italia, in: Annali dell'Istituto storico italo-germanico 5, 1979, 253–282; P. RACINE, Evêque et cité dans le royaume d'Italie, Aux origines des communes italiennes, in: CCM 27, 1984, 129–139; A.

HAVERKAMP, Die Städte im Herrschafts- und Sozialgefüge Reichsitaliens, in: F. VITTINGHOFF (Hg.), Stadt und Herrschaft, in: HZ, Beiheft 7, 1982, 149–245; Les libertés urbaines et rurales du XIe au XIIe siècle, Brüssel 1968; G. DROEGE, Die städtische Kommunalbewegung im Rahmen der hochmittelalterlichen Freiheitsbewegung, in: Westfälische Forschungen 22, 1969/70, 42–49; DERS., Der Einfluß der mittelalterlichen Freiheitsbewegung auf die frühe Stadt, in: Civitatum communitas, Festschrift für H. Stoob zum 65. Geburtstag, Köln 1984, 56–70; K. ARNOLD, Freiheit im Mittelalter, in: HJb 104, 1984, 1–21; H. PLANITZ, Die deutsche Stadt im Mittelalter, Von der Römerzeit bis zu den Zunftkämpfen, Köln ²1965; B. DIESTELKAMP (Hg.), Beiträge zum hochmittelalterlichen Städtewesen, Köln 1982; H. STOOB (Hg.), Altständisches Bürgertum, Bd 1: Herrschaft und Gemeinverfassung, Darmstadt 1978; C. HAASE, Die Stadt des Mittelalters, Bd 2: Recht und Verfassung, Darmstadt 1972; W. EBEL, Der Bürgereid als Geltungsgrund und Gestaltungsprinzip des deutschen mittelalterlichen Stadtrechts, Weimar 1958; O.G. OEXLE, Liturgische Memoria und historische Erinnerung, Zur Frage nach dem Gruppenbewußtsein und dem Wissen der eigenen Geschichte in den mittelalterlichen Gilden, in: N. KAMP und J. WOLLASCH (Hg.), Tradition als historische Kraft, Berlin 1982, 323–340; G. DILCHER, Personale und lokale Strukturen kaufmännischen Rechts als Vorformen genossenschaftlichen Stadtrechts, in: Quellen und Darstellungen zur hansischen Geschichte 29, 1984, 65–77; W. SCHLESINGER, Vorstufen des Städtewesens im ottonischen Sachsen, in: Die Stadt in der europäischen Geschichte, Festschrift für E. Ennen, Bonn 1972, 234–258; W. VON GROOTE, Die Angaben Galberts über Personen und Gremien des »öffentlichen Rechts« in Flandern 1127, in: Handelingen der Maatschapij voor geschiedenis en oudheidkunde te Gent, N.S. 34, 1980, 109–123; H. SCHWARZWÄLDER, Geschichte der Bremer Bürgerweide, in: Bremisches Jahrbuch 48, 1962, 139–202; H. JAKOBS, Bruderschaft und Gemeinde, Köln im 12. Jahrhundert, in: Gilden und Zünfte, Sigmaringen 1985, 281–308; P. STRAIT, Cologne in the twelfth century, Gainesville 1974; E. ENNEN, Erzbischof und Stadtgemeinde in Köln bis zur Schlacht von Worringen (1288), in: F. PETRI (Hg.), Bischofs- und Kathedralstädte des Mittelalters und der frühen Neuzeit, Köln 1976, 28–47; H. STEHKÄMPER, Die rechtliche Absicherung der Stadt Köln gegen eine erzbischöfliche Landesherrschaft vor 1288, in: Die Stadt in der europäischen Geschichte, Festschrift für E. Ennen, 1972, 343–377; E. MÜLLER-MERTENS, Bürgerlich-städtische Autonomie in der Feudalgesellschaft, Begriff und geschichtliche Bedeutung, in: Autonomie, Wirtschaft und Kultur der Hansestädte, Weimar 1984, 11–34; V. HENN, »Stadtluft macht frei«? Beobachtungen an westfälischen Quellen des 12. bis 14. Jahrhunderts, in: Soest, Stadt–Territorium–Reich, Festschrift zum hundertjährigen Bestehen des Vereins für Geschichte und Heimatpflege Soest, Soester Zeitschrift 92/93, 1981, 181–213; T. DIEDERICH, Zum Quellenwert und Bedeutungsgehalt mittelalterlicher Städtesiegel, in: Aus Geschichte und ihren Hilfswissenschaften, Festschrift für W. Heinemeyer zum 65. Geburtstag, Marburg 1979, 269–285; H.J. BEKKER, Stadtpatrone und städtische Freiheit, Eine rechtsgeschichtliche Betrachtung des Kölner Dombildes, in: Beiträge zur Rechtsgeschichte, Gedächtnisschrift für H. Conrad, Paderborn 1979, 23–45; Das Problem der Freiheit in der deutschen und schweizerischen Geschichte, Konstanz 1955; Die Anfänge der Landgemeinde und ihr Wesen, 2 Bde, Konstanz 1964; K.S. BADER, Das mittelalterliche Dorf als Friedens- und Rechtsbereich, Weimar 1957; DERS., Dorfgenossenschaft und Dorfgemeinde, Köln 1962; H. THIEME, Introduction à l'étude comparative des communautés rurales, in: Les communautés rurales, Bd 1, Recueils de la Société Jean Bodin pour l'histoire comparative des institutions 1983, 15–21; H. WUNDER, Die bäuerliche Gemeinde in Deutschland, Göttingen 1986; F. PETRI, Zum Problem der herrschaftlichen und genossenschaftlichen Züge in der mittelalterlichen Marschensiedlung an der flämischen und niederländischen Nordseeküste, in: H. BEUMANN (Hg.), Historische Forschungen für W. Schlesinger, Köln 1974, 226–241; R. SABLONIER, Das Dorf im Übergang vom Hoch- zum Spätmittelalter, Untersuchungen zum Wandel ländlicher Gemeinschaftsformen im ostschweizerischen Raum, in: FS Fleckenstein, 727–745.

Adelshaus und Territorialherrschaft

K. SCHMID, Zur Problematik von Familie, Sippe und Geschlecht, Haus und Dynastie beim mittelalterlichen Adel, in: ZGO 105, 1957, 1–62; DERS., Heirat, Familienfolge, Geschlechterbewußtsein, in: Il matrimonio nella società altomedievale, Spoleto 1977, 103–137; DERS., Adel und Reform in Schwaben, in: J. FLECKENSTEIN (Hg.), Investiturstreit (s.o.), 295–319; K. SCHMID, Welfisches Selbstverständnis, in: FS Tellenbach, 389–416; H. PATZE (Hg.), Die Burgen im deutschen Sprachraum, Ihre rechts- und verfassungsgeschichtliche Bedeutung, 2 Bde, Sigmaringen 1976; W. MEYER, Rodung, Burg und Herrschaft, in: W. JANSSEN u.a. (Hg.), Burgen aus Holz und Stein, Olten 1979, 43–80; H. HINZ, Motte und Donjon, Zur Frühgeschichte der mittelalterlichen Adelsburg, Zeitschrift für Archäologie des Mittelalters, Beiheft 1, Köln 1980; A. ANTONOW, Planung und Bau von Burgen im süd- und südwestdeutschen Raum im 12. und 13. Jahrhundert, Untersuchungen zu Einzelfragen, in: H. JANKUHN u.a. (Hg.), Das Handwerk in vor- und frühgeschichtlicher Zeit, Teil 2: Archäologische und philologische Beiträge, Göttingen 1983, 535–594; TH. BILLER, Architektur der Defensive, Die Entwicklung der Adelsburg im Elsaß, 1150–1250, in: K. CLAUSBERG u.a. (Hg.), Bauwerk und Bildwerk im Hochmittelalter, Gießen 1981, 55–86; G. STREICH, Burg und Kirche während des deutschen Mittelalters, Untersuchungen zur Sakraltopographie von Pfalzen, Burgen und Herrensitzen, 2 Bde, Sigmaringen 1984; W. JANSSEN, Burg und Siedlung in Kurtrier bis zur Zeit Erzbischofs Balduin von Luxemburg, 1307–1354, in: Mélanges d'archéologie et d'histoire médiévales, Festschrift M. de Bonard, Genf 1982, 199–209; H. EBNER, Die Burg in historiographischen Werken des Mittelalters, in: FS Hausmann, 119–151; H. PATZE, Herrschaft und Territorium, in: Die Zeit der Staufer, Bd 3, Stuttgart 1977, 35–49; TH. MAYER, Der Staat der Herzöge von Zähringen, in: Freiburger Universitätsreden, 20, 1935, 3–31; K. SCHMID (Hg.), Die Zähringer, Eine Tradition und ihre Erforschung, Sigmaringen 1986; DERS., Die Burg Wiesneck und die Eroberung des Breisgaus durch Berthold II. im Jahre 1079, in: DERS. (Hg.), Kelten und Alemannen im Dreisamtal, Bühl/Baden 1983, 115–139; W. HAAS, Friedrich Barbarossa und Heinrich der Löwe beim Tausch von Badenweiler gegen Reichsgut am Harz (1158), in: ZGO 131, 1983, 253–269; H. SCHWARZMAIER, Hochadelsbesitz (Zähringer/Welfen), in: Historischer Atlas von Baden-Württemberg, Karte V/3 mit Beiwort, Stuttgart 1974; Die Grafen von Kyburg, Kyburger Tagung 1980, Olten 1981; H. PATZE, Die Entstehung der Landesherrschaft in Thüringen, Bd 1, Köln 1962; F. SCHWIND, Die Landgrafschaft Thüringen und der landgräfliche Hof zur Zeit der Elisabeth, in: Sankt Elisabeth, Sigmaringen 1981, 29–44; H.K. SCHULZE, Adelsherrschaft und Landesherrschaft, Studien zur Verfassungs- und Besitzgeschichte der Altmark, des ostsächsischen Raumes und des hannoverschen Wendlandes im hohen Mittelalter, Köln 1963; E. BOHM, Albrecht der Bär, Wibald von Stablo und die Anfänge der Mark Brandenburg, in: JGMOD 33, 1984, 62–91; TH.R. KRAUS, Die Entstehung der Landesherrschaft der Grafen von Berg bis zum Jahre 1225, Neustadt an der Aisch 1981; DERS., Studien zur Frühgeschichte der Grafen von Kleve und der Entstehung der klevischen Landesherrschaft, in: RhVjB 46, 1982, 1–47; A. GERLICH, Der Aufbau der Mainzer Herrschaft im Rheingau im Hochmittelalter, in: Nassauische Annalen 96, 1985, 9–28; S. JENKS, Die Anfänge des Würzburger Territorialstaates in der späteren Stauferzeit, 1198–1254, in: JFL 43, 1983, 103–116; G. DIEPHOLDER, Der Raum des heutigen Bayern um 1200, in: M. SPINDLER (Hg.), Bayerischer Geschichtsatlas, Blatt 19, 1969; M. NIKOLAY-PANTER, Terra und Territorium in Trier an der Wende vom Hoch- zum Spätmittelalter, in: RhVjB 47, 1983, 67–123.

Machtgrundlagen des Königtums

H. ANGERMEIER, König und Staat im deutschen Mittelalter, in: BDLG 117, 1981, 167–182; H. PATZE, Friedrich Barbarossa und die deutschen Fürsten, in: Die Zeit der Staufer, Bd 5, Stuttgart 1979, 35–75; H. APPELT, Kaiserurkunde und Fürstensentenz unter Friedrich Barbarossa, in: MIÖG 71, 1963, 33–47; F.X. VOLLMER, Besitz der Staufer, in: Historischer Atlas von Baden-Württemberg, Karte V/4 mit Beiwort, Stuttgart 1976; K. SCHMID, Graf Rudolf von Pfullendorf und Kaiser Friedrich I., Freiburg i.Br. 1954; H. BÜTTNER, Staufische Territorialpolitik im 12. Jahrhundert, in: Württembergisch Franken 47, 1963, 5–27; B. BRINKEN, Die Politik Konrads von Staufen in der Tradition der Rheinischen Pfalzgrafschaft, Der Widerstand gegen die Verdrängung der Pfalzgrafschaft aus dem Rheinland in der zweiten Hälfte des 12. Jahrhunderts, Bonn 1974; H. WERLE, Staufische Hausmachtpolitik am Rhein im 13. Jahrhundert, in: ZGO 117, 1969, 241–370; W. STÖRMER, Staufische Reichslandpolitik und hochadelige Herrschaftsbildung im Mainviereck, in: FS Hausmann, 505–529; M. SCHALLES-FISCHER, Pfalz und Fiskus Frankfurt, Eine Untersuchung zur Verfassungsgeschichte des fränkisch-deutschen Königtums, Göttingen 1969; W. HESS, Städtegründungen und Anfänge der Münzprägung in der staufischen Wetterau, in: BDLG 117, 1981, 97–111; F. KUBŮ, Die staufische Ministerialität im Egerland, in: JFL 43, 1983, 59–101; K. BOSL, Würzburg als Reichsbistum, in: Aus Verfassungs- und Landesgeschichte, Festschrift Th. Mayer, Bd 1, Lindau 1954, 161–181; U.-R. WEISS, Die Konstanzer Bischöfe im 12. Jahrhundert, Ein Beitrag zur Untersuchung der reichsbischöflichen Stellung im Kräftefeld kaiserlicher, päpstlicher und regional-diözesaner Politik, Sigmaringen 1975; P. CLASSEN, Das Wormser Konkordat in der deutschen Verfassungsgeschichte, in: J. FLECKENSTEIN (Hg.), Investiturstreit (s. o.), 411–460; W. GOEZ, Der Leihezwang, Eine Untersuchung zur Geschichte des deutschen Lehnrechts, Tübingen 1962; G. DROEGE, Landrecht und Lehnrecht im hohen Mittelalter, Bonn 1969; V. HENN, Das ligische Lehnswesen im Westen und Nordwesten des mittelalterlichen deutschen Reiches, München 1970; K.-F. KRIEGER, Die Lehnshoheit der deutschen Könige im Spätmittelalter (ca 1200–1437), Aalen 1979; R. SCHEYHING, Eide, Amtsgewalt und Bannleihe, Eine Untersuchung zur Bannleihe im hohen und späten Mittelalter, Köln 1960; TH. MAYER, Über Entstehung und Bedeutung der älteren deutschen Landgrafschaften, in: ZRG GA 58, 1938, 138–162; W. KIENAST, Untertaneneid und Treuevorbehalt in Frankreich und England, Weimar 1952; B. HEUSINGER, Servitium regis in der deutschen Kaiserzeit, 900–1250, in: AUF 8, 1923, 26–159; C. BRÜHL, Fodrum, Gistum, Servitium regis, 2 Bde, Köln 1968; W. METZ, Das Servitium regis, Darmstadt 1978; C. BRÜHL, Die wirtschaftliche Bedeutung der Pfalzen für die Versorgung des Hofes von der fränkischen bis zur Stauferzeit, in: GWU 16, 1965, 505–516; W. SCHLESINGER, Bischofssitze, Pfalzen und Städte im deutschen Itinerar Friedrich Barbarossas, in: Aus Stadt- und Wirtschaftsgeschichte Südwestdeutschlands, Festschrift für E. Maschke zum 75. Geburtstag, Stuttgart 1975, 1–56, M. WEIKMANN, Königsdienst und Königsgastung in der Stauferzeit, in: ZBLG 30, 1967, 314–332; TH. MARTIN, Die Pfalzen im 13. Jahrhundert, in: J. FLECKENSTEIN (Hg.), Herrschaft und Stand, Untersuchungen zur Sozialgeschichte im 13. Jahrhundert, Göttingen 1977, 277–301; H. KOLLER, Königspfalzen und Reichsstädte im südostdeutschen Raum, in: BDLG 120, 1984, 47–78; F. SCHWIND, Reichsstadt und Kaiserpfalz Gelnhausen, in: BDLG 117, 1981, 73–95; N. REIMANN, »In burgo Tremonia«, Pfalz und Reichsstadt Dortmund in der Stauferzeit, in: BDLG 120, 1984, 79–104; J. MILZ, Pfalz und Stadt Duisburg bis zum Ende des 13. Jahrhunderts, in: BDLG 120, 1984, 135–154; E. MEUTHEN, Karl der Große – Barbarossa – Aachen, in: W. BRAUNFELS (Hg.), Karl der Große, Lebenswerk und Nachleben, Bd 4, Düsseldorf 1967, 54–76; E. ENNEN, Aachen im Mittelalter, Sitz des Reiches – Ziel der Wallfahrt – Werk der Bürger, in: Zeitschrift des Aachener Geschichtsvereins 86/87, 1979/80 (erschienen 1981), 457–487; J. PETERSOHN, St. Denis – Westminster – Aachen, Die Karls-Translatio und ihre Vorbilder, in: DA 31, 1975, 420–454; D. FLACH, Untersuchungen zur Verfassung und Verwaltung des Aachener Reichsguts von der Karolingerzeit bis zur Mitte des 14. Jahrhunderts, Göttingen 1976; K. FINK und W. JANSSEN (Hg.), Königtum und Reichsgewalt am Niederrhein, Kleve 1983; J. FRIED, Der Regalienbegriff im 11. und 12. Jahrhundert, in: DA 29, 1973, 450–528; W. ULLMANN, Von Canossa nach Pavia, Zum Strukturwandel der Herrschaftsgrundlagen im salischen und staufischen Zeitalter, in: HJb 93, 1973, 265–300; DERS., Schranken der Königsgewalt im Mittelalter, in: HJb 91, 1971, 1–21.

Das deutsche Reich zwischen Weltkaisertum, päpstlicher Vollgewalt und Fürstenmacht

R. HAUSSHERR und CH. VÄTERLEIN (Hg.), Die Zeit der Staufer, Geschichte – Kunst – Kultur, Katalog der Ausstellung, 5 Bde, Stuttgart 1977–1979; O. ENGELS, Die Staufer, Stuttgart ³1984; B. TÖPFER und E. ENGEL, Vom staufischen Imperium zum Hausmachtkönigtum, Deutsche Geschichte vom Wormser Konkordat 1122 bis zur Doppelwahl von 1314, Weimar 1976; A. BORST, Reden über die Staufer, Frankfurt am Main 1978; F. HEER, Die Tragödie des Heiligen Reiches, 2 Bde, Stuttgart 1952; Selbstbewußtsein und Politik der Staufer, Göppingen 1977; R. KROHN u. a. (Hg.), Stauferzeit: Geschichte, Literatur, Kunst, Stuttgart 1979; G. BAAKEN, Recht und Macht in der Politik der Staufer, in: HZ 221, 1975, 553–570; W. VON GIESEBRECHT, Geschichte der deutschen Kaiserzeit, Bde 4–6, Braunschweig 1877–1895; E. MASCHKE, Das Geschlecht der Staufer, München 1943; H. SCHWARZMAIER, Die Heimat der Staufer, Bilder und Dokumente aus einhundert Jahren staufischer Geschichte in Südwestdeutschland, Sigmaringen 1976; DERS., Staufisches Land und staufische Welt im Übergang, Bilder und Dokumente aus Schwaben, Franken und dem Alpenland am

Ende der staufischen Herrschaft, Sigmaringen 1978; K. SCHMID (Hg.), Die Zähringer, Eine Tradition und ihre Erforschung, Sigmaringen 1986; DERS. und H. SCHADEK, Die Zähringer, Anstoß und Wirkung (Ausstellungskatalog), Sigmaringen 1986; H. PATZE, Die Welfen in der mittelalterlichen Geschichte Europas, in: BDLG 117, 1981, 139–165; DERS., Die Wittelsbacher in der mittelalterlichen Politik Europas, in: ZBLG 44, 1981, 33–79; R.-H. BAUTIER (Hg.), La France de Philippe-Auguste, le temps des mutations, Paris 1982; W. KIENAST, Deutschland und Frankreich in der Kaiserzeit (900–1270), Weltkaiser und Einzelkönige, 3 Bde, Stuttgart 1974/75.

Friedrich Barbarossa und die deutschen Fürsten

A. CARTELLIERI, Das Zeitalter Friedrich Barbarossas, 1150–1190, Aalen 1972; J.F. BÖHMER, Regesta Imperii, 4/2: Die Regesten des Kaiserreiches unter Friedrich I., 1152 (1122)–1190, 1. Lieferung: 1152 (1122)–1158, Wien 1980; H. SIMONSFELD, Jahrbücher des Deutschen Reiches unter Friedrich I., Bd 1: 1152–1158, Leipzig 1908; K. JORDAN, Friedrich Barbarossa, Kaiser des christlichen Abendlandes, Göttingen ²1967; P. MUNZ, Frederick Barbarossa, A study in medieval politics, London 1969; M. PACAUT, Friedrich Barbarossa, Stuttgart 1969 (frz. 1967); K. BOSL, Kaiser Friedrich Barbarossa, Reaktionär oder Staatsmann?, in: DERS., Mensch und Gesellschaft in der Geschichte Europas, München 1972, 233–251; F. OPLL, Amator ecclesiarum, Studien zur religiösen Haltung Friedrich Barbarossas, in: MIÖG 88, 1980, 70–93; R. MANSELLI und J. RIEDMANN (Hg.), Federico Barbarossa nel dibattito storiografico in Italia e in Germania, Bologna 1982; O. ENGELS, Beiträge zur Geschichte der Staufer im 12. Jahrhundert, in: DA 27, 1971, 373–456; H. APPELT, Heinrich der Löwe und die Wahl Friedrich Barbarossas, in: Festschrift für H. Wiesflecker, Graz 1973, 39–48; G. RAUCH, Die Bündnisse deutscher Herrscher mit Reichsangehörigen vom Regierungsantritt Friedrich Barbarossas bis zum Tod Rudolfs von Habsburg, Aalen 1966; H. HEINEMANN, Untersuchungen zur Geschichte der Zähringer in Burgund, in: AfD 29, 1983, 42–192, 30, 1984, 97–257; J.-L. KUPPER, La politique des ducs de Zähringen entre la Moselle et la mer du Nord dans la seconde moitié du XIIe siècle, in: Le moyen âge 78, 1972, 427–466; H. APPELT, Kaiserin Beatrix und das Erbe der Grafen von Burgund, in: FS Kempf, 275–283; E. KÖNIG (Hg.), Historia Welforum, Schwäbische Chroniken der Stauferzeit, Bd 1, Sigmaringen 1978; K. JORDAN, Heinrich der Löwe, Eine Biographie, München 1979; W.D. MOHRMANN (Hg.), Heinrich der Löwe, Göttingen 1980; O. ENGELS, Neue Aspekte zur Geschichte Friedrich Barbarossas und Heinrichs des Löwen, in: Selbstbewußtsein und Politik der Staufer, Göppingen 1977, 28–40; K. JORDAN, Heinrich der Löwe und seine Familie, in: AfD 27, 1981, 111–144; G. ALTHOFF, Heinrich der Löwe und das Stader Erbe, Zum Problem der Beurteilung des »Annalista Saxo«, in: DA 41, 1985, 66–100; R.M. HERKENRATH, Miszellen zu den Diplomen Friedrichs I., in: AfD 28, 1982, 238ff. (zu Föhring und München); O. ENGELS, Zur Entmachtung Heinrichs des Löwen, in: Festschrift für A. Kraus zum 60. Geburtstag, Kallmünz 1982, 45–59; K. HEINEMEYER, Der Prozeß Heinrichs des Löwen, in: BDLG 117, 1981, 1–59; B.U. HUCKER, Das Testament Heinrichs des Löwen, in: Niedersächsisches Jahrbuch 56, 1984, 193–201; Das Evangeliar Heinrichs des Löwen und das mittelalterliche Herrscherbild, München 1986 (Ausstellungskatalog); K. FELDMANN, Herzog Welf VI., Schwaben und das Reich, in: Zeitschrift für Württembergische Landesgeschichte 30, 1971, 308–326; H. BÜTTNER, Staufer und Welfen im politischen Kräftespiel zwischen Bodensee und Iller während des 12. Jahrhunderts, ebd. 20, 1961, 17–73, auch in: H. PATZE (Hg.), Schwaben und Schweiz im frühen und hohen Mittelalter, Sigmaringen 1972, 337–392; K. SCHMID, Graf Rudolf von Pfullendorf und Kaiser Friedrich I., Freiburg 1954; F. OPLL, Friedrich Barbarossa und das Oberrheingebiet, in: R. KROHN u.a. (Hg.), Stauferzeit (s.o.), Stuttgart 1979, 36–46; H. BÜTTNER, Das politische Handeln Friedrich Barbarossas im Jahre 1156, in: BDLG 106, 1970, 54–64; H. APPELT, Privilegium minus, Das staufische Kaisertum und die Babenberger in Österreich, Wien 1973; E. ZÖLLNER, Das Privilegium minus und seine Nachfolgebestimmungen in genealogischer Sicht, in: MIÖG 86, 1978, 1–26; K. LECHNER, Die Babenberger in Österreich, Wien 1947; K. KRAUS, Das Herzogtum der Wittelsbacher, in: Wittelsbach und Bayern, Bd I/1: Die Zeit der frühen Herzöge, München 1980, 165–200; P. FRIED, Die Chronik des Abtes Konrad von Scheyern (1206–1225) über die Gründung des Klosters Scheyern und die Anfänge des Hauses Wittelsbach, Deutsche Übersetzung mit einem Faksimile-Abdruck, Weißenhorn 1980; H. APPELT, Die Erhebung zum Herzogtum, in: G.

PFERSCHY (Hg.), Das Werden der Steiermark, Die Zeit der Traungauer, Graz 1980, 63–74; A.K. HÖMBERG, Westfalen und das sächsische Herzogtum, Münster 1963; O. ENGELS, Die Stauferzeit, in: Rheinische Geschichte, Bd 1/3, Düsseldorf 1983, 199–296; Köln–Westfalen, 1180–1980, Landesgeschichte zwischen Rhein und Weser, 2 Bde (Ausstellungskatalog), Lengerich 1980; F.L. GANSHOF, Brabant, Rheinland und Reich im 12., 13. und 14. Jahrhundert, Bonn 1938; F.-R. ERKENS, Zur verfassungsgeschichtlichen Stellung der Herzöge von Limburg im 12. und 13. Jahrhundert, in: RhVjB 43, 1979, 169–195; M. BRUWIER, Le domaine des comtes de Hainaut du Xe au XIIIe siècle, in: Revue de l'Université de Bruxelles 12, 1970, 491–509; H. APPELT, Böhmische Königswürde und staufisches Kaisertum, in: Aus Reichsgeschichte und Nordischer Geschichte, Festschrift für K. Jordan, Stuttgart 1972, 161–181; H. ANGERMEIER, König und Staat im deutschen Mittelalter, in: BDLG 117, 1981, 167–182; E. EICKHOFF, Friedrich Barbarossa im Orient, Kreuzzug und Tod Friedrichs I., Tübingen 1977.

Römischer Kaiser – Heiliges Reich

Probleme des 12. Jahrhunderts, Konstanz 1968; G. WOLF (Hg.), Friedrich Barbarossa, Darmstadt 1975 (wichtige Beiträge zur Kaiseridee); P. RASSOW, Honor imperii, Die neue Politik Friedrich Barbarossas 1152–1159, Darmstadt ²1961 (vgl. H. GRUNDMANN, in: HZ 164, 1941, 577–582); R.M. HERKENRATH, Regnum und Imperium, Das »Reich« in der frühstaufischen Kanzlei, 1138–1155, Wien 1969; F. KEMPF, Das mittelalterliche Kaisertum, Ein Deutungsversuch, in: Das Königtum, Seine geistlichen und rechtlichen Grundlagen, Konstanz 1956, 225–242; W. GOEZ, Imperator advocatus Romanae ecclesiae, in: FS Kempf, 315–328; K. ZEILLINGER, Friedrich Barbarossa, Wibald von Stablo und Eberhard von Bamberg, in: MIÖG 78, 1970, 210–223; A. NITSCHKE, Die Mitarbeiter des jungen Friedrich Barbarossa, in: Landesgeschichte und Geistesgeschichte, Festschrift für O. Herding zum 65. Geburtstag, Stuttgart 1977, 56–79; A. FRUGONI, »A pictura cepit«, in: Bullettino dell'Istituto storico italiano 78, 1967, 123–135; W. HEINEMEYER, »Beneficium – non feudum sed bonum factum«, Der Streit auf dem Reichstag zu Besançon 1157, in: AfD 15, 1969, 155–236; W. GREBE, Kaisertum und Papsttum in der Vorstellung und in der Politik Friedrich Barbarossas und Rainalds von Dassel, in: Jahrbuch des kölnischen Geschichtsvereins 45, 1974, 1–14; F. OPLL, Das Itinerar Kaiser Friedrich Barbarossas, 1152–1190, Wien 1978; G. TELLENBACH, Kaiser, Rom und Renovatio, Ein Beitrag zu einem großen Thema, in: N. KAMP und J. WOLLASCH (Hg.), Tradition als historische Kraft, Berlin 1982, 231–253; G. GATTERMANN, Die deutschen Fürsten auf der Reichsheerfahrt, Diss. Frankfurt am Main 1956; Popolo e stato in Italia nell'età di Federico Barbarossa, Alessandria e la Lega Lombarda, Turin 1970; Beiträge zur Geschichte Italiens im 12. Jahrhundert, Konstanz 1971; A. HAVERKAMP, Herrschaftsformen der Frühstaufer in Reichsitalien, 2 Bde, Stuttgart 1970/71; C. BRÜHL, Die Finanzpolitik Friedrich Barbarossas in Italien, in: HZ 213, 1971, 13–37; D. V.D. NAHMER, Zur Herrschaft Friedrich Barbarossas in Italien, in: Studi medievali, serie terza, 15, 1974, 587–703; F. OPLL, »Potestas Placentie«, Ein Beitrag zur Geschichte der staufischen Reichsherrschaft in der Lombardei, in: MIÖG 93, 1985, 31–45; V. COLORNI, Die drei verschollenen Gesetze des Reichstages bei Roncaglia, wieder aufgefunden in einer Pariser Handschrift, Aalen 1969; J. RIEDMANN, Die Beurkundung der Verträge Friedrich Barbarossas mit italienischen Städten, Studien zur diplomatischen Form von Vertragsurkunden im 12. Jahrhundert, Wien 1973; A. CARILE, Federico Barbarossa, i Veneziani e l'assedio di Ancona del 1173, in: Studi Veneziani 16, 1974, 3–31; P. CLASSEN, Die Komnenen und die Kaiserkrone des Westens, in: Journal of medieval history 3, 1977, 207–224; W. HEINEMEYER, Der Friede von Montebello (1175), in: DA 11, 1954/55, 101–139; H. ZIMMERMANN, Canossa 1077 und Venedig 1177 und Jahrhunderte danach, in: Studi Matildici, Modena 1978, 183–216; La pace di Costanza 1183, Un difficile equilibrio di poteri fra società italiana ed impero, Bologna 1984; Studi sulla pace di Costanza, Mailand 1984; J. FRIED, Friedrich Barbarossas Krönung in Arles (1178), in: HJb 103, 1983, 347–371; W. HOLTZMANN, Quellen und Forschungen zur Geschichte Friedrich Barbarossas, in: Neues Archiv 48, 1930, 384–413; W. MADERTONER, Die zwiespältige Papstwahl 1159, Wien 1978; W. ULLMANN, Von Canossa nach Pavia, Zum Strukturwandel der Herrschaftsgrundlagen im salischen und staufischen Zeitalter, in: HJb 93, 1973, 265–300; B. TÖPFER, Reges provinciales, Ein Beitrag zur staufischen Reichsideologie unter Kaiser Friedrich I., in: ZfG 22, 1974, 1348–1358; H.E. MAYER, Staufische Weltherrschaft? Zum Brief Heinrichs II. von England an Friedrich Barbarossa von 1157, in: Festschrift für K. Pivec, Innsbruck 1966, 265–278; M. Pacaut, Alexandre III, Etude sur la conception du pouvoir pontifical dans sa pensée et dans son œuvre, Paris 1956; R. Sommerville, Pope Alexander III and the council of Tours 1163, A study of ecclesiastical politics and institutions in the twelfth century, Berkeley 1977; J. Longère (Hg.), Le troisième concile de Latran (1179), Sa place dans l'histoire, Paris 1982; K. Jordan, Staufer und Kapetinger im 12. Jahrhundert, in: Francia 2, 1974, 136–151; E. Eickhoff, Macht und Sendung, Byzantinische Weltpolitik, Stuttgart 1981. *Quellen:* Quellen zu den Italienzügen und dem Kreuzzug Friedrichs I., AQDGM 27a, Darmstadt 1986.

Der Gewinn Siziliens und der Thronstreit

Th. Toeche, Kaiser Heinrich VI., Leipzig 1867; E. Winkelmann, Philipp von Schwaben und Otto IV. von Braunschweig, 2 Bde, Leipzig 1873 und 1878; G. Baaken, Die Regesten des Kaiserreiches unter Heinrich VI., 1165 (1190)–1197, Köln 1972; P. Zinsmaier, Miszellen zu den Stauferurkunden des 12. und 13. Jahrhunderts, 1, Nachträge zu den Regesten Heinrichs VI., in: DA 1980, 36, 202–206; J.F. Böhmer, Regesta Imperii V, Die Regesten des Kaiserreichs unter Philipp, Otto IV., Friedrich II., Heinrich (VII.), Conrad IV., Heinrich Raspe, Wilhelm und Richard, 1198–1272, 3 Bde, Innsbruck 1881–1901 (Nachträge und Ergänzungen, Köln 1983); G. Baaken, Die Altersfolge der Söhne Friedrich Barbarossas und die Königserhebung Heinrichs VI., in: DA 24, 1968, 46–78; H. Wolter, Die Verlobung Heinrichs VI. mit Konstanze von Sizilien im Jahre 1184, in: HJb 105, 1985, 30–51; J.J. Norwich, Die Normannen in Sizilien, 1130–1194, Wiesbaden 1971; V. Pfaff, Sieben Jahre päpstlicher Politik, Die Wirksamkeit der Päpste Lucius III., Urban III., Gregor VIII., in: ZRG KA 98, 1981, 148–212; Ders., Papst Clemens III. (1187–1191), ebd. 97, 1980, 261–316; P. Csendes, Die Anfänge der Kanzlei Heinrichs VI. und die Verhandlungen mit der Kurie in den Jahren 1188/89, in: MIÖG 82, 1974, 403–411; J. Petersohn, Der Vertrag des Römischen Senats mit Papst Clemens III. (1188) und das Pactum Friedrich Barbarossas mit den Römern (1167), in: MIÖG 82, 1974, 289–337; K. Baaken, Zu Wahl, Weihe und Krönung Papst Cölestins III., in: DA 41, 1985, 203–211; K. Jordan, Papst Cölestin III. und die Welfen zu Beginn seines Pontifikats, in: Aus Geschichte und ihren Hilfswissenschaften, Festschrift für W. Heinemeyer zum 65. Geburtstag, Marburg 1979, 242–256; J. Petersohn, Kaiser, Papst und praefectura Urbis zwischen Alexander III. und Innozenz III., Probleme der Besetzung und Chronologie der römischen Praefektur im letzten Viertel des 12. Jahrhunderts, in: QFIAB 60, 1980, 157–188; J. Gillingham, Richard Löwenherz, Eine Biographie, Düsseldorf 1981; I. Seltmann, Heinrich VI., Herrschaftspraxis und Umgebung, Erlangen 1983; P. Csendes, Die Kanzlei Kaiser Heinrichs VI., Wien 1981; W. Wolfarth, Kaiser Heinrich VI. und die oberitalienischen Städte (Lombardei und Piemont), Heidelberg 1939; E. Perels, Der Erbreichsplan Heinrichs VI., Berlin 1927; G. Baaken, Die Verhandlungen zwischen Kaiser Heinrich VI. und Papst Cölestin III. in den Jahren 1195–1197, in: DA 27, 1971, 457–513; Th. Kölzer, Urkunden und Kanzlei der Kaiserin Konstanze, Königin von Sizilien, 1195–1198, Köln 1983; R. Neumann, Parteibildungen im Königreich Sizilien während der Unmündigkeit Friedrichs II. (1198–1208), Frankfurt am Main 1986; V. Pfaff, Das Papsttum in der Weltpolitik des endenden 12. Jahrhunderts, in: MIÖG 82, 1974, 338–376; W. Maleczek, Papst und Kardinalskolleg von 1191 bis 1215, Die Kardinäle unter Coelestin III. und Innozenz III., Wien 1984; B. Moeller, Papst Innozenz III. und die Wende des Mittelalters, in: Ders. und G. Ruhbach (Hg.), Bleibendes im Wandel der Kirchengeschichte, Tübingen 1973, 151–167; H. Tillmann, Papst Innocenz III., Bonn 1954; F. Kempf, Papsttum und Kaisertum bei Innozenz III., Die geistigen und rechtlichen Grundlagen seiner Thronstreitpolitik, Rom 1954; M. Laufs, Politik und Rechte bei Innozenz III., Kaiserprivilegien, Thronstreitregister und Egerer Goldbulle in der Reichs- und Rekuperationspolitik Papst Innozenz' III., Köln 1980; D. Unverhau, Approbatio – Reprobatio, Studien zum päpstlichen Mitspracherecht bei Kaiserkrönung und Königswahl vom Investiturstreit bis zum ersten Prozeß Johanns XXII. gegen Ludwig IV., Lübeck 1973; B. Castorph, Die Ausbildung des römischen Königswahlrechts, Studien zur Wirkungsgeschichte der Dekretale »Venerabilem«, Göttingen 1978; R. Reisinger, Die römisch-deutschen Könige und ihre Wähler, 1198–1273, Aalen 1977; F. Kempf, Der »Favor apostolicus« bei der Wahl Friedrich Barbarossas und im deutschen Thronstreit (1198–1208), in: Speculum historiale, Festschrift für J. Spörl, Freiburg 1965,

469–478; A. WOLF, Les deux Lorrains et l'origine des princes électeurs du Saint-Empire, L'impact de l'ascendance sur l'institution, in: Francia 11, 1983, 241–256; E. BOSHOF, Erstkurrecht und Erzämtertheorie im Sachsenspiegel, in: TH. SCHIEDER (Hg.), Beiträge zur Geschichte des mittelalterlichen deutschen Königtums, HZ, Beiheft 2, 1973, 84–121; H. STÖBE, Der Abfall der Arnsteiner von Kaiser Friedrich II. und die Entstehung der brandenburgischen Kur, in: Wissenschaftliche Zeitschrift der Friedrich-Schiller-Universität Jena 6, 1956/57, 769–792; W. GIESE, Der Reichstag vom 8. September 1256 und die Entstehung des Alleinstimmrechts der Kurfürsten, in: DA 40, 1984, 562–590; E. SCHUBERT, Königswahl und Königtum im spätmittelalterlichen Reich, in: ZHF 4, 1977, 257–338; H. STEHKÄMPER, Der Kölner Erzbischof Adolf von Altena und die deutsche Königswahl (1195–1205), in: TH. SCHIEDER (Hg.), Beiträge (zit.), 5–83; DERS., Die reichspolitische Tätigkeit Bischof Hermanns II. von Münster (1174–1203), in: Westfälische Zeitschrift 106, 1956, 1–78; G. SCHEIBELREITER, Der deutsche Thronstreit 1198–1208 im Spiegel der Datierung von Privaturkunden, in: MIÖG 84, 1976, 337–377, und 85, 1977, 36–76; G. SERFAS, Die Entstehungszeit der »Sprüche im Reichston« Walthers von der Vogelweide, in: Zeitschrift für deutsche Philologie 102, 1983, 65–84; A. HAIDACHER, Über den Zeitpunkt der Exkommunikation Ottos IV. durch Papst Innozenz III., in: Römische Historische Mitteilungen 3, 1960, 132–185; B.U. HUCKER, Otto IV. in Bamberg, Beobachtungen zur Stellung des Welfenkaisers im ostfränkischen Raum, 1208–1214, in: Berichte des Historischen Vereins Bamberg 120, 1984, 79–90; H.E. HILPERT, Zwei Briefe Kaiser Ottos IV. an Johann Ohneland, in: DA 38, 1982, 123–140; H.M. SCHALLER, Ein Brief Innozenz' III. zur Königswahl Friedrichs II. 1212, in: FS Kempf, 295–307; P. ZINSMAIER, Miszellen zu den Stauferurkunden des 12. und 13. Jahrhunderts, 3, Die Kanzleinotare Friedrichs II. in der deutschen Königszeit, September 1212–August 1220, in: DA 38, 1982, 180–192; B. TÖPFER, Stellung und Aktivität der Bürgerschaft von Bischofsstädten während des staufisch-welfischen Thronstreites, in: DERS. (Hg.), Stadt und Städtebürgertum in der deutschen Geschichte des 13. Jahrhunderts, Berlin (Ost) 1976, 13–62; G. DUBY, Le dimanche de Bouvines, 27 juillet 1214, Paris 1973; H. MÖHRING, Eine Chronik aus der Zeit des dritten Kreuzzugs, Das sogenannte Itinerarium peregrinorum 1, in: Innsbrucker historische Studien 5, 1982, 149–167; R. ELZE, Eine Kaiserkrönung um 1200, in: FS Tellenbach, 365–373.

Städte und Höfe

J. BUMKE, Höfische Kultur, 2 Bde, München 1986 (mit umfassender Bibliographie); E. MASCHKE und J. SYDOW, Südwestdeutsche Städte im Zeitalter der Staufer, Sigmaringen 1980; W. RAUSCH (Hg.), Die Städte Mitteleuropas im 12. und 13. Jahrhundert, Linz 1963; Untersuchungen zur gesellschaftlichen Struktur der mittelalterlichen Städte in Europa, Konstanz 1966; B. TÖPFER (Hg.), Stadt und Städtebürgertum in der deutschen Geschichte des 13. Jahrhunderts, Berlin (Ost) 1976; K. FRITZE u.a. (Hg.), Bürgertum, Handelskapital, Städtebünde, Weimar 1975; C. MECKSEPER (Hg.), Stadt im Wandel, Kunst und Kultur des Bürgertums in Norddeutschland, 1150–1650, Ausstellungskatalog, 4 Bde, Stuttgart 1985; H. STEHKÄMPER, Geld bei den deutschen Königswahlen des 13. Jahrhunderts, in: Wirtschaftskräfte und Wirtschaftswege, Festschrift für H. Kellenbenz, Stuttgart 1978, Bd 1, 83–135; J. FRIED, Die Wirtschaftspolitik Friedrich Barbarossas in Deutschland, in: BDLG 120, 1984, 195–239; N. KAMP, Münzprägung und Münzpolitik der Staufer in Deutschland, in: Hamburger Beiträge zur Numismatik 17, 1963, 517–544; E. NAU, Münzen und Geld in der Stauferzeit, in: Die Zeit der Staufer (s.o.), Bd 3, 87–102; U. KLEIN, Münzstätten der Stauferzeit (etwa 1140–1270) in Deutschland und Italien, in: Schweizerische Numismatische Rundschau 56, 1977, 171–278; J. FICKER, Engelbert der Heilige, Erzbischof von Köln und Reichsverweser, Köln 1853 (zur Verschuldung der Erzbischöfe von Köln, mit Dokumenten); R. GRESKY, Die Finanzen der Welfen im 13. und 14. Jahrhundert, Hildesheim 1984; W. REICHERT, Finanzpolitik und Landesherrschaft, Zur Entwicklung der Grafschaft Katzenelnbogen vom 12. bis zum 14. Jahrhundert, Trier 1985; H.-W. NICKLIS, Geldgeschichtliche Probleme des 12. und 13. Jahrhunderts im Spiegel zeitgenössischer Geschichtsschreibung, Hamburg 1983; R.H. BAUTIER, Les foires de Champagne, Recherches sur une évolution historique, in: La foire, Brüssel 1953, 97–147; C. TIHON, Aperçus sur l'établissement des lombards dans les pays – bas au XIIIe siècle, in: Revue Belge de philologie et d'histoire 34, 1961, 334–364; F. VERCAUTEREN, Documents pour servir à l'histoire des financiers lombards en Belgique (1309), in: Bulletin de l'Institut historique Belge de Rome 26, 1950/1951, 43–67; J. SCHNEIDER, Les marchands siennois et la Lorraine au XIIIe siècle, in: Studi in onore di A. Sapori, Milano 1957, Bd 1, 393–399; R.D. FACE, The technics of business in the trade between the fairs of Champagne and the south of Europe in the twelfth and thirteenth centuries, in: Economic history revue 10, 1957/58, 427–438; J. RIEDMANN, Der »Dux de Sterlicco« (Herzog Leopold VI. von Österreich) und zwei »Canonici de Passo« als Schuldner Sieneser Bankiers, 1228/29, in: Römische Historische Mitteilungen 18, 1976, 31–44; H. PIRENNE (Hg.), Le livre de l'abbé Guillaume de Ryckel (1249–1272), Polyptique et comptes de l'abbaye de Saint-Trond au milieu du XIIIe siècle, Gent 1896; G. CONSTABLE, The financing of the crusades in the twelfth century, in: Studies in the history of the crusading kingdom of Jerusalem, presented to J. Prawer, Jerusalem 1982, 64–88; C. BAUER, Die Epochen der Papstfinanz, in: HZ 138, 1928, 457–503; K. ZEUMER, Die deutschen Städtesteuern, insbesondere die städtischen Reichssteuern im 12. und 13. Jahrhundert, Leipzig 1878; A. ERLER, Bürgerrecht und Steuerpflicht im mittelalterlichen Städtewesen, Frankfurt ²1963; H. STOOB, Die hochmittelalterliche Städtebildung im Okzident, in: DERS. (Hg.), Die Stadt, Gestalt und Wandel bis zum industriellen Zeitalter, Köln ²1985, 131–156; C. HAASE, Die Entstehung der westfälischen Städte, Münster ⁴1984; W. MAIER, Stadt und Reichsfreiheit, Entstehung und Aufstieg der elsässischen Hohenstaufenstädte mit besonderer Berücksichtigung des Wirkens Kaiser Friedrichs II., Diss. Freiburg (Schweiz) 1972; G. PFEIFFER (Hg.), Nürnberg, Geschichte einer europäischen Stadt, München 1971; M. PETRY, Die niederrheinische Stadt als Festung im Mittelalter, in: RhVjB 45, 1981, 44–74; W. HOLZ, Pfalzen und Burgen der Stauferzeit, Geschichte und Gestalt, Darmstadt 1981; A. BORST (Hg.), Das Rittertum im Mittelalter, Darmstadt 1976; J.M. VAN WINTER, Rittertum, Ideal und Wirklichkeit, München 1979 (niederländ. 1965); J. FLECKENSTEIN (Hg.), Das ritterliche Turnier im Mittelalter, Beiträge zu einer vergleichenden Formen- und Verhaltensgeschichte des Rittertums, Göttingen 1986 (zahlreiche wichtige Beiträge); ST.C. JAEGER, The origins of courtliness, Civilizing trends and the formation of courtly ideals, 939–1210, Philadelphia 1985; Das Ritterbild in Mittelalter und Renaissance, Düsseldorf 1985; J. BUMKE und TH. CRAMER (Hg.), Adelsherrschaft und Literatur, Bern 1980; K.B. KNAPPE, Repräsentation und Herrschaftszeichen, Zur Herrschaftsdarstellung in der vorhöfischen Epik, München 1974; J. BUMKE, Mäzene im Mittelalter, Die Gönner und Auftraggeber der höfischen Literatur in Deutschland, 1150–1300, München 1979; U. PETERS, Fürstenhof und höfische Dichtung, Der Hof Hermanns von Thüringen als literarisches Zentrum, Konstanz 1981; E. ZÖLLNER (Hg.), Das babenbergische Österreich, 976–1246, Wien 1978; K. BERTAU, Das deutsche Rolandslied und die Repräsentationskunst Heinrichs des Löwen (1968), in: J. BUMKE (Hg.), Literarisches Mäzenatentum, Ausgewählte Forschungen zur Rolle des Gönners und Auftraggebers in der mittelalterlichen Literatur, Darmstadt 1982, 331–370; D. BUSCHINGER, Le curé Konrad, adapteur de la »Chanson de Roland«, in: CCM 26, 1983, 95–115; B. WACHINGER, Sängerkrieg, München 1973; W. HARTUNG, Die Spielleute, Eine Randgruppe in der Gesellschaft des Mittelalters, Wiesbaden 1982; M. CURSCHMANN, Hören – Lesen – Sehen, Buch und Schriftlichkeit im Selbstverständnis der volkssprachlichen literarischen Kultur Deutschlands um 1200, in: Beiträge zur Geschichte der deutschen Sprache und Literatur 106, 1984, 218–257; G. SCHWEIKLE, Mittelalterliche Realität in deutscher höfischer Lyrik und Epik um 1200, in: Germanistisch-romanistische Monatsschrift 32, 1982, 265–285; A. MASSER, Die »Iwein«-Fresken von Burg Rodenegg in Südtirol und der zeitgenössische Ritterhelm, in: Zeitschrift für deutsches Altertum und deutsche Literatur 112, 1983, 177–198; J. FLECKENSTEIN, Friedrich Barbarossa und das Rittertum, Zur Bedeutung der großen Mainzer Hoftage von 1184 und 1188, in: Festschrift für H. Heimpel zum 70. Geburtstag, Bd 2, Göttingen 1972, 1023–1041; DERS., Vom Rittertum der Stauferzeit am Oberrhein, in: Alemannisches Jahrbuch 1979/80, 21–42; W.H. JACKSON, Knighthood and nobility in Gislebert of Mons' Chronicon Hanoniense and in twelfth-century German literature, in: The modern language review 75, 1980, 797–809; R. KÖHN, »Militia curialis«, Die Kritik am geistlichen Hofdienst bei Peter von Blois und in der lateinischen Literatur des 9.–12. Jahrhunderts, in: A. ZIMMERMANN (Hg.), Soziale Ordnungen im Selbstverständnis des Mittelalters, Bd 1, Berlin 1979, 227–257; W. BERGES, Die Fürstenspiegel des hohen und späten Mittelalters, Leipzig 1938; E. MASCHKE, Bürgerliche und adelige Welt in den deutschen Städten der Stauferzeit, in: Südwestdeutsche Städte im Zeitalter der Staufer (zit.), 9–27; O. BRUNNER, Zwei Studien zum Verhältnis von Bürgertum und Adel, in: DERS., Neue Wege der Verfassungs- und Sozialgeschichte, Göttingen ²1968, 240–280; J. FLECKENSTEIN, Vom Stadtadel im spätmittelalterlichen Deutschland, in: Zeitschrift für siebenbürgische Landeskunde 74, 1980, 1–13; TH. ZOTZ, Städtisches Rittertum und Bürgertum in Köln, in: FS Fleckenstein, 609–638; E. MASCHKE und J. SYDOW (Hg.), Stadt und Ministerialität, Stuttgart 1973; H. PLANITZ, Zur Geschichte des städtischen Meliorats, in: ZRG GA 67, 1950, 141–175; A. HAVERKAMP, Die »frühbürgerliche« Welt im hohen und späten Mittelalter, Landesgeschichte und Geschichte der städtischen Gesellschaft, in: HZ 221, 1975, 571–602; H.-M. KLINKENBERG, »Bürgerliche Bildung« im Mittelalter?, in: R. SCHÜTZEICHEL (Hg.), Studien zur deutschen Literatur des Mittelalters, Bonn 1979, 334–370; J. RICHTER, Ein Blick in das städtische Leben Westfalens im 13. Jahrhundert nach dem Palpanista, in: HGB 15, 1909, 475–481; R. MAERTINS, Weltorientierungen und wirtschaftliches Erfolgsstreben mittelalterlicher Großkaufleute, Das Beispiel Gent im 13. Jahrhundert, Köln 1976; H. KELLENBENZ (Hg.), Zwei Jahrtausende Kölner Wirtschaft, Bd 1, Köln 1975; H. STEHKÄMPER, Pro bono pacis, Albertus Magnus als Friedensmittler und Schiedsrichter, in: Aus Geschichte und ihren Hilfswissenschaften, Festschrift für W. Heinemeyer zum 65. Geburtstag, Marburg 1979, 297–382; P. SPIESS, Die Konkurrenz zwischen »städtischer« und »stadtherrlicher« Strafgerichtsbarkeit im 13. und 14. Jahrhundert anhand Nürnberger und Speyrer Rechtsquellen, in: ZRG GA 98, 1981, 291–306; W. SCHWEMMER, Das Bürgerhaus in Nürnberg, Tübingen 1972; E. STEPHAN, Das Bürgerhaus in Mainz, Tübingen 1974; R. STROBEL, Das Bürgerhaus in Regensburg (Mittelalter), Tübingen 1976; W. ERDMANN, Die Entwicklung des Lübecker Bürgerhauses im 13. und 14. Jahrhundert unter dem Einfluß der Profanarchitektur des Ostseeraumes, in: Die Heimat, Zeitschrift für Natur- und Landeskunde von Schleswig-Holstein und Hamburg 89, 1982, 220–232; H. KELLER, Gelnhausen im Rahmen der staufischen Stadtbaukunst, in: Geschichte und Verfassungsgefüge, Frankfurter Festgabe für W. Schlesinger, Wiesbaden 1973, 90–112; PH. DOLLINGER, Die Hanse, Stuttgart ³1981; H. STOOB, Die Hanse und Europa bis zum Aufgang der Neuzeit, in: Weltpolitik, Europagedanke, Regionalismus, Festschrift H. Gollwitzer, Münster 1982, 1–17; J. SCHILDHAUER, Die Hanse, Geschichte und Kultur, Stuttgart 1984; H. WECZERKA, Lübeck und der Ostseeraum im 12. und 13. Jahrhundert, in: A. GRASSMANN (Hg.), Neue Forschungen zur Geschichte der Hansestadt Lübeck, Lübeck 1985, 27–40; R. SCHMIDT-WIEGAND, Hanse und Gilde, Genossenschaftliche Organisationsformen im Bereich der Hanse und ihre Bezeichnungen, in: HGB 100, 1982, 21–40; H. AMMANN, Die Anfänge der deutsch-italienischen Wirtschaftsbeziehungen des Mittelalters, in: RhVjB 6/7, 1936/37, 179–194; G. RÖSCH, Die Wirtschaftsbeziehungen der Ostalpenländer zu Venedig am Beginn des 13. Jahrhunderts und ein Raubzug babenbergischer Ministerialen nach Ungarn, in: Zeitschrift des Historischen Vereins für Steiermark 70, 1979, 71–82; O. PICKL, Handel und Verkehr in der Steiermark zur Zeit der Traungauer, in: G. PFERSCHY (Hg.), Das Werden der Steiermark, Die Zeit der Traungauer, Festschrift zur 800. Wiederkehr der Erhebung zum Herzogtum, Graz 1980, 327–354; K. FLINK, Köln, das Reich und die Stadtentwicklung im nördlichen Rheinland, 1100–1250, in: BDLG 120, 1984, 155–193; P. LEIDINGER, Soest und das Erzstift Köln, Zum Verhältnis von Landesherrschaft und Stadt im 13. Jahrhundert, in: G. KÖHN (Hg.), Soest, Stadt – Territorium – Reich, Soest 1981, 85–113; H. SCHOPPMEYER, Der Bischof von Paderborn und seine Städte, Zugleich ein Beitrag zum Problem Landesherr und Stadt, Paderborn 1969; P. SCHMIDT, Die Anfänge der Regensburger Bürgerschaft und ihr Weg zur Stadtherrschaft, in: ZBLG 45, 1982, 483–539; G. LUNTOWSKI und N. REIMANN (Hg.), Dortmund, 1100 Jahre Stadtgeschichte, Dortmund 1982; D. DEMANDT, Stadtherrschaft und Stadtfreiheit im Spannungsfeld von Geistlichkeit und Bürgerschaft in Mainz, 11.–15. Jahrhundert, Wiesbaden 1977; U. LINDGREN, Stadtrecht als Ursache und Wirkung von Verwaltung, Über die Entwicklung von Verwaltungsformen im mittelalterlichen Augsburg, in: HJb 99, 1979, 133–160; V. PFAFF, Das Papsttum und die Freiheit der Bischofsstädte im 12. Jahrhundert, in: Archiv für Diplomatik 25, 1979, 59–104; E. MASCHKE, Epilog, Stadt und Herrschaft in Deutschland und Reichsitalien (Salier- und Stauferzeit), Ansätze zu einem Vergleich, in: F. VITTINGHOFF (Hg.), Stadt und Herrschaft, römische Kaiserzeit und hohes Mittelalter, München 1982, 299–330; G. MÖNCKE, Zur Problematik des Terminus »Freie Stadt« im 14. und 15. Jahrhundert, in: F. PETRI (Hg.), Bischofs- und Kathedralstädte des Mittelalters und der frühen Neuzeit, 1976, 84–94; H. STOOB, Formen und Wandel staufischen Verhaltens zum Städtewesen, in: DERS., Forschungen zum Städtewesen, Bd 1, Köln 1970, 51–72.

Quellen: Gesta Alberonis, in: AQDGM 22, Darmstadt 1973, 543–617; L. VANDERKINDERE (Hg.), Gislebert von Mons, Chronicon Heinoniense, Brüssel 1904; Walther von der Vogelweide, Gedichte, Mittelhochdeutscher Text und Übertragung, ausgewählt und übersetzt von P. WAPNEWSKI, Frankfurt am Main ²1963.

Neue Frömmigkeitsformen,
neue Erfahrungshorizonte

J. FLECKENSTEIN und M. HELLMANN (Hg.), Die geistlichen Ritterorden Europas, Sigmaringen 1980; H. BOOCKMANN, Der Deutsche Orden, Zwölf Kapitel aus seiner Geschichte, München 1981; A.J. FOREY, The emergence of the military order in the twelfth century, in: JEH 36, 1985, 175–195; M.L. FAVREAU, Studien zur Frühgeschichte des Deutschen Ordens, Stuttgart 1974; M. GRESCHAT (Hg.), Gestalten der Kirchengeschichte, Bd 3, Stuttgart 1983 (darin u.a.: Waldes, Dominikus, Franz von Assisi, Elisabeth von Thüringen, Albertus Magnus); K.-V. SELGE, Die ersten Waldenser, Mit Edition des Liber Antiheresis des Durandus von Osca, 2 Bde, Berlin 1967; DERS., Einige Aspekte des frühen Waldensertums, in: Theologische Zeitschrift 30, 1974, 131–137; M. SCHNEIDER, Europäisches Waldensertum im 13. und 14. Jahrhundert, Gemeinschaftsform, Frömmigkeit, sozialer Hintergrund, Berlin 1981; H. GRUNDMANN, Ketzergeschichte des Mittelalters, in: K.D. SCHMIDT und E. WOLF (Hg.), Die Kirche in ihrer Geschichte, Bd 2, Lieferung G, Teil 1, Göttingen ³1978; C. VIOLANTE, Hérésies urbaines et hérésies rurales en Italie du XIe au XIIIe siècle, in: Hérésies et sociétés dans l'époque préindustrielle, XIe–XVIIIe siècles, Paris 1968, 171–198; A. BORST, Die Katharer, Stuttgart 1953; Sankt Elisabeth, Fürstin – Dienerin – Heilige, Sigmaringen 1981 (mit Beiträgen zum historischen und religiösen Umfeld); U. ARNOLD und H. LIEBING (Hg.), Elisabeth, der Deutsche Orden und ihre Kirche, Festschrift zur siebenhundertjährigen Wiederkehr der Weihe der Elisabethkirche Marburg 1983, Marburg 1983; N. OHLER, Elisabeth von Thüringen, Fürstin im Dienst der Niedrigsten, Göttingen 1984; DERS., Alltag im Marburger Raum zur Zeit der heiligen Elisabeth, in: AKG 67, 1985, 1–40; J. MÜLLER, Sieche, Seuchen und Spitaldienst im Spiegel der Heiltätigkeit Elisabeths von Thüringen, Heilserwartungen und Heilungserfolge im Mittelalter, in: HJLG 32, 1982, 1–17; P. WUNDERLI (Hg.), Der kranke Mensch in Mittelalter und Renaissance, Düsseldorf 1986; R. SPRANDEL, Altersschicksal und Altersmoral, Die Geschichte der Einstellungen zum Altern nach der Pariser Bibelexegese des 12.–16. Jahrhunderts, Stuttgart 1981; W. PETERS, Zu den Anfängen der Heilig-Geist-Bruderschaften in der Diözese Köln am Ende des 12. Jahrhunderts, in: ZRG KA 102, 1985, 327–340; G. AKER, Die »Gute Frau«, Höfische Bewährung und asketische Selbstheiligung in einer Verserzählung der späten Stauferzeit, Frankfurt am Main 1983; Artikel »Beg(h)inen«, in: *Lexikon des Mittelalters*, Bd 1, München 1980, 1799–1803; Artikel »Bettelorden«, ebd., 2088–2093; A. VAUCHEZ, Sainteté, laïque au XIIIe siècle, La vie du bienheureux Facio de Cremone (1196–1272), in: Mélanges de l'Ecole française de Rome, Moyen âge, temps modernes 84, 1972, 13–53; K. ELM, Franziskus und Dominikus, Wirkungen und Antriebskräfte zweier Ordensstifter, in: Saeculum 23, 1972, 127–147; D. FLOOD (Hg.), Poverty in the middle ages, Werl/Westf. 1975; M. MOLLAT (Hg.), Etudes sur l'histoire de la pauvreté, Paris 1974; J.B. FREED, The friars and German society in the thirteenth century, Cambridge, Mass. 1977; K. ELM (Hg.), Stellung und Wirksamkeit der Bettelorden in der städtischen Gesellschaft, Berlin 1981; W. NIGG und T. SCHNEIDERS, Der Mann aus Assisi, Freiburg i.Br. 1975; K. ESSER, Anfänge und ursprüngliche Zielsetzungen des Ordens der Minderbrüder, Leiden 1966; K.-V. SELGE, Rechtsgestalt und Idee der frühen Gemeinschaft des Franz von Assisi, in: Erneuerung der Einen Kirche, Festschrift H. Bornkamm, Göttingen 1966, 1–31; DERS., Franz von Assisi und die römische Kurie, in: Zeitschrift für Theologie und Kirche 67, 1970, 129–161; G. WENDELBORN, Franziskus von Assisi, Wien 1977; R. MANSELLI, Franziskus, Der solidarische Bruder, Zürich 1984; G. MICCOLI, La proposta cristiana di Francesco d'Assisi, in: Studi medievali, serie terza, 24, 1983, 17–73; L. HARDICK, Nach Deutschland und England, Die Chroniken der Minderbrüder Jordan von Giano und Thomas von Eccleston, Werl/Westf. 1957; C. SUTTER, Johannes von Vicenza und die italienische Friedensbewegung im Jahre 1233, Freiburg i.Br. 1891; A. VAUCHEZ, Une campagne de pacification en Lombardie autour de 1233, L'action politique des ordres mendiants d'après la réforme des statuts communaux et les accords de paix, in: Mélanges d'archéologie et d'histoire 78, 1966, 503–549; H. STAHLEDER, Das Weltbild Bertholds von Regensburg, in: ZBLG 37, 1974, 728–798; A. HERTZ und H. N. LOOSE (Hg.), Dominikus und die Dominikaner, Freiburg i. Br. 1981; M. ARON, Un animateur de la jeunesse au XIIIe siècle, Vie, voyages du Bx Jourdain de Saxe, Maitre-des-arts à Paris et général des frères prêcheurs de 1222 à 1237, Paris 1931; H. CH. SCHEEBEN, Beiträge zur Geschichte Jordans von Sachsen, Vechta 1938; A. WALZ (Hg.), Beati Jordani de Saxonia epistulae, Rom 1951; K. PENNINGTON, Johannes Teutonicus and papal legates, in: AHP 21, 1983, 183–194; D. BERG, Kreuzzugsbewegung und Propagatio Fidei: Das Problem der Franziskanermission im 13. Jahrhundert und das Bild von der islamischen Welt in der zeitgenössischen Ordenshistoriographie, in: A. ZIMMERMANN u. a. (Hg.), Orientalische Kultur und europäisches Mittelalter, Berlin 1985, 59–76; G. GUZMAN, Simon of Saint-Quentin and the Dominican mission to the Mongol Baiju, A reappraisal, in: Speculum 46, 1971, 232–249; W. IMKAMP, Das Kirchenbild Innozenz' III. (1198–1216), Stuttgart 1983; L. BUISSON, Exempla und Tradition bei Innozenz III., in: FS Tellenbach, 458–476; J. MIETHKE, Geschichtsprozeß und zeitgenössisches Bewußtsein, Die Theorie des monarchischen Papats im hohen und späteren Mittelalter, in: HZ 226, 1978, 564–599; J.M. RAINER, Innozenz III. und das römische Recht, in: Römische Historische Mitteilungen 25, 1983, 15–33; V. PFAFF, Der Widerstand der Bischöfe gegen den päpstlichen Zentralismus um 1200, in: ZRG KA 97, 1980, 459–465; A. PATSCHOVSKY, Zur Ketzerverfolgung Konrads von Marburg, in: DA 37, 1981, 641–693; P. SEGL, Ketzer in Österreich, Untersuchungen über Häresie und Inquisition im Herzogtum Österreich im 13. und beginnenden 14. Jahrhundert, Paderborn 1984; L. KOLMER, Ad capiendas vulpes, Die Ketzerbekämpfung in Südfrankreich in der ersten Hälfte des 13. Jahrhunderts und die Ausbildung des Inquisitionsverfahrens, Bonn 1982; D. KURZE, Häresie und Minderheit im Mittelalter, in: HZ 229, 1979, 529–573; H. SCHÜPPERT, Kirchenkritik in der lateinischen Lyrik des 12. und 13. Jahrhunderts, München 1972; J. LE GOFF, Die Geburt des Fegefeuers, Stuttgart 1981; E. MÉGIER, Deux exemples de »prépurgatoire« chez les historiens, A propos de »La naissance du purgatoire« de Jacques Le Goff, in: CCM 28, 1985, 45–62; G. TELLENBACH, Irdischer Stand und Heilserwartung im Denken des Mittelalters, in: Festschrift für H. Heimpel zum 70. Geburtstag, Bd 2, Göttingen 1972, 1–16; Artikel »Ablaß«, in: *Lexikon des Mittelalters*, Bd 1, München 1980, 43–46; Artikel »Buße«, ebd., Bd 2, München 1983, 1123–1144; Artikel »Bußbücher«, ebd., 1118–1123; C. VOGEL, Le pécheur et la pénitence au moyen âge, Paris 1969; H. HATTENHAUER, Über Buße und Strafe im Mittelalter, in: ZRG GA 100, 1983, 53–74; K. FRANKL, Papstschisma und Frömmigkeit, Die »Ad-instar-Ablässe«, in: Römische Quartalschrift 72, 1977, 57–124, 184–247; F. EHRLE, Petrus Johannes Olivi, Sein Leben und seine Schriften, in: Archiv für Literatur und Kirchengeschichte 3, 1887, 409–552; D. BURR, Olivi on marriage, the conservative as prophet, in: Journal of medieval and renaissance studies 2, 1972, 183–204; J. GILCHRIST, The church and economic activity in the middle ages, London 1969; F. OHLY, Süße Nägel der Passion, Ein Beitrag zur theologischen Semantik, in: Collectanea philologica, Festschrift für H. Gipper zum 65. Geburtstag, Bd 2, Baden-Baden 1985, 403–613; DERS., Hohelied-Studien, Grundzüge einer Geschichte der Hoheliedauslegung des Abendlandes bis um 1200, Wiesbaden 1958; U. KÜSTERS, Der verschlossene Garten, Hohelied-Auslegung und monastische Lebensformen im 12. Jahrhundert, Düsseldorf 1985; J. LECLERCQ, The love of beauty as a means and an expression of the love and truth, in: Mittellateinisches Jahrbuch 16, 1981, 62–72; P. DINZELBACHER, Über die Entdeckung der Liebe im Hochmittelalter, in: Saeculum 32, 1981, 185–208; S. ROUILLAN-CASTEX, L'amour et la société féodale, in: Revue historique 272, 1984, 295–329; H. KUHN, Liebe und Gesellschaft im Mittelalter, Stuttgart 1982; X. VON ERZTDORFF, Tristan und Lanzelot, Zur Problematik der Liebe in den höfischen Romanen des 12. und frühen 13. Jahrhunderts, in: Germanistisch-romanistische Monatsschrift, Neue Folge 33, 1983, 21–52; V. MERTENS, Dienstminne, Tageliederotik und Eheliebe in den Liedern Wolframs von Eschenbach, in: Euphorion 77, 1983, 233–246; L. COGNET, Gottes Geburt in der Seele, Einführung in die deutsche Mystik, Freiburg i. Br. 1980; K. RUH, Vorbemerkungen zu einer neuen Geschichte der abendländischen Mystik, München 1982; P.-G. GIERATHS, Die deutsche Dominikanermystik des Mittelalters, in: FS Kempf, 431–445; W. FRÜHWALD, Albert der Große und die deutschsprachige Mystik des Mittelalters, in: Albert der Große, Ein Zeuge für Spiritualität und geistliche Bildung, Augsburg 1980, 23–49; F. ROTTER und R. WEIER, Nähe Gottes und Gottesfremde, Mystische Erfahrungen der Mechthild von Magdeburg, Aschaffenburg 1980; D. BERG, Armut und Wissenschaft, Beiträge zur Geschichte des Studienwesens der Bettelorden im 13. Jahrhundert, Düsseldorf 1977; M. GRABMANN, Der Einfluß Alberts des Großen auf das mittelalterliche Geistesleben, in: DERS., Mittelalterliches Geistesleben, Bd 2, München 1936, 325–412; A. NITSCHKE, Albertus Magnus, Ein Wegbereiter der modernen Wissenschaft, in: HZ 231, 1980, 1–20; G. MEYER u.a. (Hg.), Albertus Magnus, Mainz 1980; Albertus Magnus, Ausstellung zum 700. Todestag, Köln 1980; A. ZIMMERMANN, Thomas von Aquin und Siger von Brabant im Licht neuer Quellentexte, in: Literatur und Sprache im europäischen Mittelalter, Festschrift K. Langosch zum 70. Geburtstag, Darmstadt 1973, 417–447; DERS. (Hg.), Die Auseinandersetzungen an der Pariser Universität im 13. Jahrhundert, Berlin 1976; L. BOEHM, Das mittelalterliche Erziehungs- und Bildungswesen, in: *Propyläen Geschichte der Literatur*, Bd 2, Berlin 1982, 143–181; K. BOSL, Gesellschaftswandel, Religion und Kunst im hohen Mittelalter, München 1976; C. MORRIS, Individualism in twelfth-century religion, in: JEH 31, 1980, 195–206; C.W. BYNUM, Did the twelfth century discover the individual?, in: JEH 31, 1980, 1–17; H. JANTZEN, Die Gotik des Abendlandes, Köln 1962; O. VON SIMON, Die gotische Kathedrale, Beiträge zu ihrer Entstehung und Bedeutung, Darmstadt [2]1972; R. BUDDE, Deutsche romanische Skulptur, 1050–1250, München 1979; K. GERSTENBERG, Die deutschen Baumeisterbildnisse des Mittelalters, Berlin 1966; K. HOFFMANN, Stilwandel der Skulptur und Geschichte des Körpers, Überlegungen zum Forschungsstand, in: K. CLAUSBERG u.a. (Hg.), Bauwerk und Hochmittelalter, Gießen 1981, 141–144; W. SAUERLÄNDER, Intentio vera nostra est manifestare... ea, que sunt, sicut sunt, Bildtradition und Wirklichkeitserfahrung im Spannungsfeld der staufischen Kunst, in: R. KROHN u.a. (Hg.), Stauferzeit (s.o.), 119–131; W. SAUERLÄNDER, Die Naumburger Stifterfiguren, Rückblick und Fragen, in: Die Zeit der Staufer (s.o.), Bd 5, 169–245; B. SCHWINEKÖPER, Motivationen und Vorbilder für die Errichtung der Magdeburger Reitersäule, Ein Beitrag zur Geschichte des Reiterbildes im hohen Mittelalter, in: FS Fleckenstein, 343–392; M. DALLAPIAZZA, Häßlichkeit und Individualität, Ansätze zur Überwindung der Idealität des Schönen in Wolframs von Eschenbach »Parzival«, in: Deutsche Vierteljahrsschrift für Literaturwissenschaft und Geistesgeschichte 59, 1985, 400–421; L. DEIKE, Die Entstehung der Grundherrschaft in den Hollerkolonien an der Niederweser, Bremen 1959 (zu den Stedingerkämpfen); R. KÖHN, Die Verketzerung der Stedinger durch die Bremer Fastensynode, in: Bremisches Jahrbuch 57, 1979, 15–85; DERS., Die Teilnehmer an den Kreuzzügen gegen die Stedinger, in: Niedersächsisches Jahrbuch 53, 1981, 139–206; H. SCHMIDT, Zur Geschichte der Stedinger, Studien über Bauernfreiheit, Herrschaft und Religion an der Unterweser im 13. Jahrhundert, in: Bremisches Jahrbuch 60/61, 1982/83, 27–94.

Universalmonarchie und Landesherrschaft unter Friedrich II.

E. WINKELMANN, Kaiser Friedrich II., 2 Bde, Leipzig 1889 und 1897 (bis 1233); E. KANTOROWICZ, Kaiser Friedrich der Zweite, 2 Bde, Berlin 1927 und 1931; H.M. SCHALLER, Kaiser Friedrich II., Verwandler der Welt, Göttingen 1964; K. LEYSER, The emperor Frederick II, in: DERS., Medieval Germany and its neighbours, 900–1250, London 1982, 269–276; G. WOLF (Hg.), Stupor mundi, Zur Geschichte Friedrichs II. von Hohenstaufen, Darmstadt 1966; J. FLECKENSTEIN (Hg.), Probleme um Friedrich II., Sigmaringen 1974; K.J. HEINISCH, Kaiser Friedrich II. in Briefen und Berichten seiner Zeit, Darmstadt 1968; H. NETTE, Friedrich II. von Hohenstaufen in Selbstzeugnissen und Bilddokumenten, Hamburg 1975; H. CONRAD, TH. V.D. LIECK-BUYKEN, W. WAGNER (Hg. und Übers.), Die Konstitutionen Friedrichs II. für sein Königreich Sizilien, nach einer Handschrift des 13. Jahrhunderts, Köln 1973; H. DILCHER, Die sizilianische Gesetzgebung Kaiser Friedrichs II., Quellen der Constitutionen von Melfi und ihrer Novellen, Köln 1975; W. STÜRNER, Rerum necessitas und divina provisio, Zur Interpretation des Prooemiums der Konstitutionen von Melfi (1231), in: DA 39, 1983, 467–554; G. TABACCO, Potere, società e populo tra età normanna ed età sveva, Bari 1983; TH. KÖLZER, Die sizilianische Kanzlei von Kaiserin Konstanze bis König Manfred (1195–1266), in: DA 40, 1984, 532–561; N. KAMP, Der Episkopat und die Monarchie im staufischen Königreich Sizilien, in: QFIAB 64, 1984, 84–115; DERS., Die sizilischen Verwaltungsreformen Kaiser Friedrichs II. als Problem der Sozialgeschichte, in: QFIAB 62, 1982, 119–142; J.M. POWELL, Medieval monarchy and trade, The economic policy of Frederick II in the kingdom of Sicily, in: Studi medievali, serie terza, 3, 1962, 420–524; J.L. CUVILLIER, Milites in servitio, La sujétion de la haute noblesse à la bureaucratie dans le royaume de Sicile sous Frédéric II Hohenstaufen, in: FS Fleckenstein, 639–664; H. MEIER-WELCKER, Das Militärwesen Kaiser Friedrichs II., Landesverteidigung, Heer und Flotte im sizilischen »Modellstaat«, in: Militärgeschichtliche Mitteilungen 17, 1975, 9–48; C. MECKSEPER, Castel del Monte, Seine Voraussetzungen in der nordwesteuropäischen Baukunst, in: Zeitschrift für Kunstgeschichte, 33, 1970, 211–231; C.A. WILLEMSEN, Die Falkenjagd, Bilder aus dem Falkenbuch Friedrichs II., Leipzig 1943; H. GEORGEN, Der Ebulo-Codex als Ausdruck des Konflikts zwischen Städten und staufischem Hof, in: K. CLAUSBERG u.a. (Hg.), Bauwerk und Bildwerk im Hochmittelalter, Gießen 1981, 145–168; M.B. WELLAS, Griechisches aus dem Umkreis Kaiser Friedrichs II., München 1983; K. HAMPE (Hg.), Die Aktenstücke zum Frieden von S. Germano 1230, Berlin 1926; G. FASOLI, Federico II e la lega lombarda, in: Annali dell'Istituto storico italo-germanico in Trento 2, 1976, 39–74; W. GOEZ, Friedrich II. und Deutschland, in: Politik, Wirtschaft und Kunst des staufischen Lübecks, Lübeck 1976, 5–38; E. KLINGELHÖFER, Die Reichsgesetze von 1220, 1231/32 und 1235, Ihr Werden und ihre Wirkung im deutschen Staat Friedrichs II., Weimar 1955; E. SCHRADER, Zur Deutung der Fürstenprivilegien von 1220 und 1231/32, in: G. WOLF (Hg.), Stupor mundi (zit.), 420–454; E. ENGEL, Städtebünde im Reich von 1226–1314, in: Bürgertum, Handelskapital, Städtebünde, Weimar 1975, 177–209; G. BAAKEN, Salvo mandato et ordinatione nostra, Zur Rechtsgeschichte des Privilegs in spätstaufischer Zeit, in: Zeitschrift für württembergische Landesgeschichte 40, 1981, 11–33; P. CSENDES, Studien zum Urkundenwesen Kaiser Friedrichs II., in: MIÖG 88, 1980, 113–130; P. JOHANEK, Eike von Repgow, Hoyer von Falkenstein und die Entstehung des Sachsenspiegels, in: Civitatum communitas, Festschrift für H. Stoob zum 65. Geburtstag, Köln 1984, 716–755; R. SCHMIDT-WIEGAND, Der »Sachsenspiegel« Eikes von Repgow als Beispiel mittelalterlicher Fachliteratur, in: Zeitschrift für Literaturwissenschaft und Linguistik 51/52, 1983, 206–226; J. RIEDMANN, Die Übernahme der Hochstiftsverwaltung in Brixen und Trient durch Beauftragte Kaiser Friedrichs II. im Jahre 1236, in: MIÖG 88, 1980, 131–164; H. SCHWARZMAIER, Das Ende der Stauferzeit in Schwaben, Friedrich II. und Heinrich (VII.), in: Bausteine zur geschichtlichen Landeskunde von Baden-Württemberg, Stuttgart 1979, 113–127; R. BÜHRLEN, König Heinrich von Hohenstaufen (VII.), in: Jahrbuch für schwäbisch-fränkische Geschichte 28, 1976, 29–40; R. SCHMIDT-WIEGAND, Fortuna Caesarea, Friedrich II. und Heinrich (VII.) im Urteil zeitgenössischer Spruchdichter, in: R. KROHN u.a. (Hg.), Stauferzeit (s.o.), 195–205; W. JANSSEN, Die Erzbischöfe von Köln und ihr »Land« Westfalen im Spätmittelalter, in: Westfalen 58, 1980, 82–95; R. HOLBACH, Die Regierungszeit des Trierer Erzbischofs Arnold II. von Isenburg, Ein Beitrag zur Geschichte von Reich, Territorium und Kirche um die Mitte des 13. Jahrhunderts, in: RhVjB 47, 1983, 1–66; S. ZILLMANN, Die welfische Territorialpolitik im 13. Jahrhundert (1218–1267), Braunschweig 1975; W. WULZ, Der spätstaufische Geschichtsschreiber Burchard von Ursberg, Persönlichkeit und historisch-politisches Weltbild, Stuttgart 1982; E. THURNHER, Die deutsche Hofpoesie um Friedrich II. von Hohenstaufen, in: DA 31, 1975, 215–229; W. SEEGRÜN, Kirche, Papst und Kaiser nach den Anschauungen Kaiser Friedrichs II., in: HZ 207, 1968, 4–41; H.M. SCHALLER, Endzeit-Erwartung und Antichrist-Vorstellungen in der Politik des 13. Jahrhunderts, in: Festschrift für H. Heimpel, Bd 2, Göttingen 1972, 924–947; R. MANSELLI, Imperator homo est..., A proposito di un giudizio su Federico II, in: FS Kempf, 309–314; W. LAMMERS, Bild und Urteil in der Geschichtsschreibung, Beobachtungen an Darstellungen Friedrichs II. von Hohenstaufen, in: DERS., Vestigia mediaevalia, Ausgewählte Aufsätze, Wiesbaden 1979, 109–123; K. RUDOLF, Die Tataren 1241/42, Nachrichten und Wiedergabe, Korrespondenz und Historiographie, in: Römische Historische Mitteilungen 19, 1977, 79–107; TH. VON BOGYAY (Hg.), Der Mongolensturm, Berichte von Augenzeugen und Zeitgenossen, 1235–1250, Graz 1984; J. FRIED, Über den Universalismus der Freiheit im Mittelalter, in: HZ 240, 1985, 313–361.

Personen- und Ortsregister

Personen des Mittelalters, auch Herrscher, sind unter ihrem Namen (Vornamen) eingeordnet. Bei häufigeren Namen erscheinen zuerst die Amtsträger in der alphabetischen Folge ihrer Titel, danach die anderen Personen. Das Stichwort »Deutschland« wurde nicht aufgenommen.

Quellennachweise der Abbildungen

Auf dem Schutzumschlag:
Gerüstete Heilige. Zeichnung auf der unteren Hälfte eines Blattes aus einem zwischen dem letzten Viertel des 12. und dem Anfang des 13. Jahrhunderts am Oberrhein oder auf Sizilien entstandenen Musterbuch. Freiburg im Breisgau, Augustinermuseum.

Die Vorlagen für die Bilddokumente stammen von: A. C. L., Brüssel 121 innen; Amt für Denkmalpflege Basel 64 re.; Archiv der Prager Burg 280 innen oben li.; Bayerische Staatsbibliothek, München 289 unten li.; Klaus G. Beyer, Weimar 249 innen, 312 innen, 313 innen; Bildarchiv Foto Marburg 64 li. (Dr. Harald Busch), 169 re., 272, 320 (Dr. Harald Busch), 433, 464 unten; Ralf Böhm, Gelnhausen 384 unten; Minirel Création, Chenove 145; Deutsche Fotothek, Dresden 169 li.; Documentation Photographique, Paris 464 oben; Faksimile-Verlag, Luzern 144 Mitte; Dr. Hellmut Hell, Reutlingen 224 oben; Hirmer Fotoarchiv, München 49, 336 unten; Friedrich C. Hohnholt, Bremen 48, 144 oben; A. C. Kranzmayr, Steyr 321; Ingeborg Limmer, Bamberg 209; Henry Maitek, Köln-Lindenthal 169 innen re.; Manzotti, Piacenza 256; Leonard von Matt, Buochs 257; Ann Münchow, Aachen 120 innen, 208, 369 re., 384 oben; N. Natali, Ravenna 241; Photographie Giraudon, Paris 129 Mitte und unten; Pressebild Jeiter, Aachen 248 innen; Rheinisches Bildarchiv, Köln 81, 121, 248, 281 re., 369 li.; Prof. Dr. Karl Schmid, Freiburg im Breisgau 288 oben; Wilkin H. Spitta, Zeitlarn 368 li.; Staats- und Universitätsbibliothek Bamberg 312; Erich Tischler, Salzburg 128 re.; Chr. Treptow, Wolfenbüttel 193, 336 oben; Verlagsarchiv 481; Adam Wierzba, Krakau 168. – Alle übrigen Aufnahmen lieferten die in den Bildunterschriften und auf den Deckblättern erwähnten Archive, Bibliotheken, Museen und Sammlungen.

Die Erlaubnis zur Wiedergabe von Originalen erteilten freundlicherweise die in den Bildunterschriften, auf den Deckblättern und in den Fotonachweisen genannten Institutionen und privaten Besitzer.

CIP-Kurztitelaufnahme der Deutschen Bibliothek
Propyläen Geschichte Deutschlands
hrsg. von Dieter Groh unter Mitw. von Hagen Keller...
Berlin : Propyläen Verlag
NE: Groh, Dieter [Hrsg.]
Bd. 2. → Keller, Hagen: Zwischen regionaler Begrenzung und universalem Horizont. – 1986

Keller, Hagen:
Zwischen regionaler Begrenzung und universalem Horizont. 1024 bis 1250 / Hagen Keller. –
Berlin : Propyläen Verlag, 1986.
(Propyläen Geschichte Deutschlands ; Bd. 2)
ISBN 3-549-05812-8